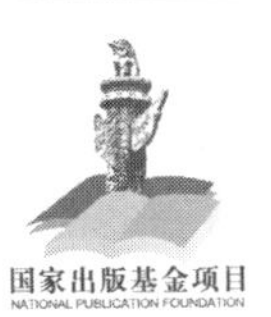

3

双语（汉蒙／汉藏／汉维）法律文化出版工程

汉蒙双语
导读常用最高人民法院司法解释及指导案例

（民事卷）·下

本书编写组　编

人民法院出版社
民族出版社

目　　录

第一章　民　　事

（六）合　　同

（七）劳动争议

ᠭᠠᠷᠴᠠᠭ

(ᠳᠤᠮᠳᠠᠳᠤ) ᠬᠡᠰᠡᠭ

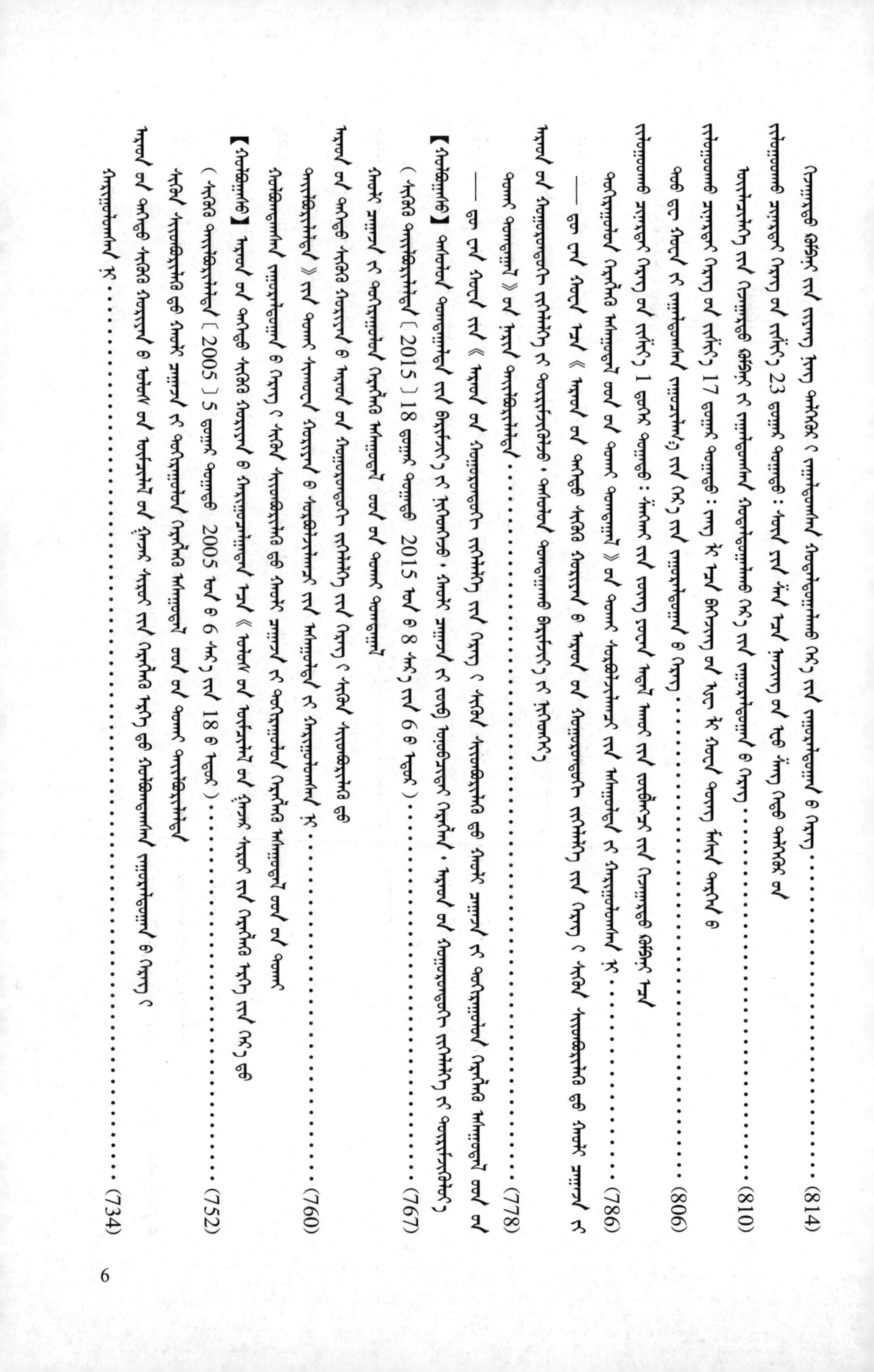

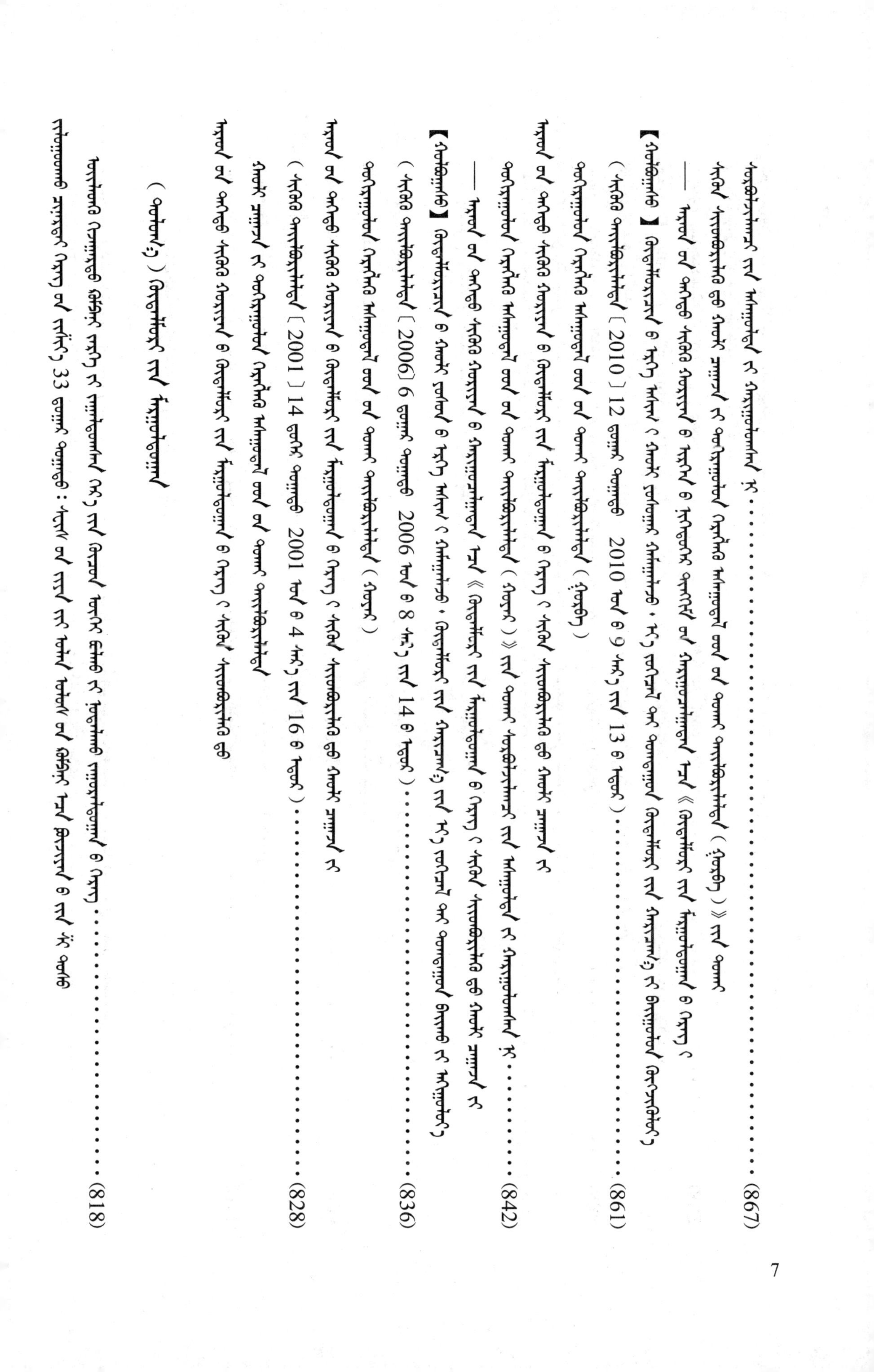

([illegible]) [illegible]

[illegible]

（六）合　　同

导读： 商品房买卖合同纠纷只是房地产纠纷中的一类案件。在最高人民法院 1995 年 12 月 27 日出台的《关于审理房地产管理法施行前房地产开发经营案件若干问题的解答》（以下简称《解答》）中，就人民法院审理《城市房地产管理法》施行以前的房地产纠纷案件如何适用法律的问题作出了解释。该《解答》涉及房地产开发经营的主体资格，国有土地使用权的出让、转让、抵押，合作建房，商品房预售，商品房买卖合同无效的处理等方面的内容。随着房地产业的迅猛发展和住房制度改革的深化，同时由于我国的不动产立法还不完善，市场机制也不健全，商品房交易行为很不规范，特别是一些房地产开发企业严重违反诚实信用原则，有的制作虚假广告，设立定金圈套，甚至一房多售，利用商品房买卖合同欺诈买受人，有的商品房面积严重缩水，有的商品房则存在严重质量问题，这都严重损害了买受人的合法权益。在消费者协会的统计资料中，商品房买卖纠纷被列为当前十大投诉热点之一，已经成为社会关注的焦点。由于商品房买卖合同纠纷逐年增加，而相关法律规定比较原则，人民法院在处理此类纠纷中也遇到了许多具体适用法律的问题。为了及时指导各级人民法院公正处理商品房买卖合同纠纷，依法保护商品房买卖合同当事人的合法权益，规范房地产市场的交易行为，最高人民法院制定了本解释。

本解释共 28 条，主要对商品房预售合同的效力、商品房销售广告、拆迁补偿安置、房屋面积缩水、商品房的交付使用及风险承担、商品房质量、商品房包销、商品房担保贷款（按揭）等方面如何具体适用法律作出明确的规定。其中，对出卖人严重违反诚实信用原则、损害买受人利益的恶意违约、欺诈等行为，明确规定可以适用惩罚性赔偿原则。

本解释的公布实施，有利于推动我国住房制度的改革和商品房市场健康发展。有利于充分保护买受人的合法权益和制裁违法经营行为。也为人民法院正确、及时处理商品房买卖合同纠纷，公平保护当事人合法权益提供了法律依据。

最高人民法院

关于审理商品房买卖合同纠纷案件适用法律若干问题的解释

法释〔2003〕7号

（2003年3月24日最高人民法院审判委员会第1267次会议通过
2003年4月28日最高人民法院公告公布
自2003年6月1日起施行）

为正确、及时审理商品房买卖合同纠纷案件，根据《中华人民共和国民法通则》《中华人民共和国合同法》《中华人民共和国城市房地产管理法》《中华人民共和国担保法》等相关法律，结合民事审判实践，制定本解释。

第一条 （适用范围）本解释所称的商品房买卖合同，是指房地产开发企业（以下统称为出卖人）将尚未建成或者已竣工的房屋向社会销售并转移房屋所有权于买受人，买受人支付价款的合同。

第二条 （商品房预售合同的效力）出卖人未取得商品房预售许可证明，与买受人订立的商品房预售合同，应当认定无效，但是在起诉前取得商品房预售许可证明的，可以认定有效。

第三条 （销售广告视为合同要约的条件）商品房的销售广告和宣传资料为要约邀请，但是出卖人就商品房开发规划范围内的房屋及相关设施所作的说明和允诺具体确定，并对商品房买卖合同的订立以及房屋价格的确定有重大影响的，应当视为要约。该说明和允诺即使未载入商品房买卖合同，亦应当视为合同内容，当事人违反的，应当承担违约责任。

第四条 （商品房认购协议中定金的处理）出卖人通过认购、订购、预订等方式向买受人收受定金作为订立商品房买卖合同担保的，如果因当事人一方原因未能订立商品房买卖合同，应当按照法律关于定金的规定处理；因不可归责于当事人双方的事由，导致商品房买卖合同未能订立的，出卖人应当将定金返还买受人。

第五条 （预约合同与本约合同的认定）商品房的认购、订购、预订等协议具备《商品房销售管理办法》第十六条规定的商品房买卖合同的主要内容，并且出卖人已经按照约定收受购房款的，该协议应当认定为商品房买卖合同。

第六条 （登记备案与预售合同的效力）当事人以商品房预售合同未按照法律、行政法规规定办理登记备案手续为由，请求确认合同无效的，不予支持。

当事人约定以办理登记备案手续为商品房预售合同生效条件的，从其约定，但当事人一方已经履行主要义务，对方接受的除外。

第七条 （拆迁补偿安置协议的优先权）拆迁人与被拆迁人按照所有权调换形式订立拆迁补偿安置协议，明确约定拆迁人以位置、用途特定的房屋对被拆迁人予以补偿安置，如果拆迁人将该补偿安置房屋另行出卖给第三人，被拆迁人请求优先取得补偿安置房屋的，应予支持。

被拆迁人请求解除拆迁补偿安置协议的，按照本解释第八条的规定处理。

第八条 （恶意违约与惩罚性赔偿）具有下列情形之一，导致商品房买卖合同目的不能实现的，无法取得房屋的买受人可以请求解除合同、返还已付购房款及利息、赔偿损失，并可以请求出卖人承担不超过已付购房款一倍的赔偿责任：

（一）商品房买卖合同订立后，出卖人未告知买受人又将该房屋抵押给第三人；

（二）商品房买卖合同订立后，出卖人又将该房屋出卖给第三人。

第九条 （欺诈行为与惩罚性赔偿）出卖人订立商品房买卖合同时，具有下列情形之一，导致合同无效或者被撤销、解除的，买受人可以请求返还已付购房款及利息、赔偿损失，并可以请求出卖人承担不超过已付购房款一倍的赔偿责任：

（一）故意隐瞒没有取得商品房预售许可证明的事实或者提供虚假商品房预售许可证明；

（二）故意隐瞒所售房屋已经抵押的事实；

（三）故意隐瞒所售房屋已经出卖给第三人或者为拆迁补偿安置房屋的事实。

第十条 （第三人主张商品房买卖合同无效）买受人以出卖人与第三人恶意串通，另行订立商品房买卖合同并将房屋交付使用，导致其无法取得房屋为由，请求确认出卖人与第三人订立的商品房买卖合同无效的，应予支持。

第十一条 （房屋的转移占有及风险转移）对房屋的转移占有，视为房屋的交付使用，但当事人另有约定的除外。

房屋毁损、灭失的风险，在交付使用前由出卖人承担，交付使用后由买受人承担；

买受人接到出卖人的书面交房通知，无正当理由拒绝接收的，房屋毁损、灭失的风险自书面交房通知确定的交付使用之日起由买受人承担，但法律另有规定或者当事人另有约定的除外。

第十二条　（房屋主体质量不合格）因房屋主体结构质量不合格不能交付使用，或者房屋交付使用后，房屋主体结构质量经核验确属不合格，买受人请求解除合同和赔偿损失的，应予支持。

第十三条　（房屋质量瑕疵）因房屋质量问题严重影响正常居住使用，买受人请求解除合同和赔偿损失的，应予支持。

交付使用的房屋存在质量问题，在保修期内，出卖人应当承担修复责任；出卖人拒绝修复或者在合理期限内拖延修复的，买受人可以自行或者委托他人修复。修复费用及修复期间造成的其他损失由出卖人承担。

第十四条　（房屋面积误差）出卖人交付使用的房屋套内建筑面积或者建筑面积与商品房买卖合同约定面积不符，合同有约定的，按照约定处理；合同没有约定或者约定不明确的，按照以下原则处理：

（一）面积误差比绝对值在3%以内（含3%），按照合同约定的价格据实结算，买受人请求解除合同的，不予支持；

（二）面积误差比绝对值超出3%，买受人请求解除合同、返还已付购房款及利息的，应予支持。买受人同意继续履行合同，房屋实际面积大于合同约定面积的，面积误差比在3%以内（含3%）部分的房价款由买受人按照约定的价格补足，面积误差比超出3%部分的房价款由出卖人承担，所有权归买受人；房屋实际面积小于合同约定面积的，面积误差比在3%以内（含3%）部分的房价款及利息由出卖人返还买受人，面积误差比超过3%部分的房价款由出卖人双倍返还买受人。

第十五条　（商品房买卖合同解除权的行使和期限）根据《合同法》第九十四条的规定，出卖人迟延交付房屋或者买受人迟延支付购房款，经催告后在三个月的合理期限内仍未履行，当事人一方请求解除合同的，应予支持，但当事人另有约定的除外。

法律没有规定或者当事人没有约定，经对方当事人催告后，解除权行使的合理期限为三个月。对方当事人没有催告的，解除权应当在解除权发生之日起一年内行使；逾期不行使的，解除权消灭。

第十六条　（违约金数额的调整）当事人以约定的违约金过高为由请求减少的，应当以违约金超过造成的损失30%为标准适当减少；当事人以约定的违约金低于造成的损

失为由请求增加的，应当以违约造成的损失确定违约金数额。

第十七条　（违约金数额的确定）商品房买卖合同没有约定违约金数额或者损失赔偿额计算方法，违约金数额或者损失赔偿额可以参照以下标准确定：

逾期付款的，按照未付购房款总额，参照中国人民银行规定的金融机构计收逾期贷款利息的标准计算。

逾期交付使用房屋的，按照逾期交付使用房屋期间有关主管部门公布或者有资格的房地产评估机构评定的同地段同类房屋租金标准确定。

第十八条　（办理房屋权属证书迟延的责任）由于出卖人的原因，买受人在下列期限届满未能取得房屋权属证书的，除当事人有特殊约定外，出卖人应当承担违约责任：

（一）商品房买卖合同约定的办理房屋所有权登记的期限；

（二）商品房买卖合同的标的物为尚未建成房屋的，自房屋交付使用之日起 90 日；

（三）商品房买卖合同的标的物为已竣工房屋的，自合同订立之日起 90 日。

合同没有约定违约金或者损失数额难以确定的，可以按照已付购房款总额，参照中国人民银行规定的金融机构计收逾期贷款利息的标准计算。

第十九条　（办理房屋权属证书不能的责任）商品房买卖合同约定或者《城市房地产开发经营管理条例》第三十三条规定的办理房屋所有权登记的期限届满后超过一年，由于出卖人的原因，导致买受人无法办理房屋所有权登记，买受人请求解除合同和赔偿损失的，应予支持。

第二十条　（商品房包销合同的性质）出卖人与包销人订立商品房包销合同，约定出卖人将其开发建设的房屋交由包销人以出卖人的名义销售的，包销期满未销售的房屋，由包销人按照合同约定的包销价格购买，但当事人另有约定的除外。

第二十一条　（商品房包销合同的违约责任）出卖人自行销售已经约定由包销人包销的房屋，包销人请求出卖人赔偿损失的，应予支持，但当事人另有约定的除外。

第二十二条　（包销人在商品房买卖合同中的诉讼地位）对于买受人因商品房买卖合同与出卖人发生的纠纷，人民法院应当通知包销人参加诉讼；出卖人、包销人和买受人对各自的权利义务有明确约定的，按照约定的内容确定各方的诉讼地位。

第二十三条　（商品房买卖合同的解除权）商品房买卖合同约定，买受人以担保贷款方式付款，因当事人一方原因未能订立商品房担保贷款合同并导致商品房买卖合同不能继续履行的，对方当事人可以请求解除合同和赔偿损失。因不可归责于当事人双方的事由未能订立商品房担保贷款合同并导致商品房买卖合同不能继续履行的，当事人可以

请求解除合同，出卖人应当将收受的购房款本金及其利息或者定金返还买受人。

第二十四条　（担保贷款合同的解除权）因商品房买卖合同被确认无效或者被撤销、解除，致使商品房担保贷款合同的目的无法实现，当事人请求解除商品房担保贷款合同的，应予支持。

第二十五条　（担保贷款合同与商品房买卖合同的合并审理）以担保贷款为付款方式的商品房买卖合同的当事人一方请求确认商品房买卖合同无效或者撤销、解除合同的，如果担保权人作为有独立请求权第三人提出诉讼请求，应当与商品房担保贷款合同纠纷合并审理；未提出诉讼请求的，仅处理商品房买卖合同纠纷。担保权人就商品房担保贷款合同纠纷另行起诉的，可以与商品房买卖合同纠纷合并审理。

商品房买卖合同被确认无效或者被撤销、解除后，商品房担保贷款合同也被解除的，出卖人应当将收受的购房贷款和购房款的本金及利息分别返还担保权人和买受人。

第二十六条　（出卖人可以成为担保贷款合同纠纷的诉讼参加人）买受人未按照商品房担保贷款合同的约定偿还贷款，亦未与担保权人办理商品房抵押登记手续，担保权人起诉买受人，请求处分商品房买卖合同项下买受人合同权利的，应当通知出卖人参加诉讼；担保权人同时起诉出卖人时，如果出卖人为商品房担保贷款合同提供保证的，应当列为共同被告。

第二十七条　（出卖人不应成为担保贷款合同纠纷的当事人）买受人未按照商品房担保贷款合同的约定偿还贷款，但是已经取得房屋权属证书并与担保权人办理了商品房抵押登记手续，抵押权人请求买受人偿还贷款或者就抵押的房屋优先受偿的，不应当追加出卖人为当事人，但出卖人提供保证的除外。

第二十八条　（本解释的施行）本解释自 2003 年 6 月 1 日起施行。

《中华人民共和国城市房地产管理法》施行后订立的商品房买卖合同发生的纠纷案件，本解释公布施行后尚在一审、二审阶段的，适用本解释。

《中华人民共和国城市房地产管理法》施行后订立的商品房买卖合同发生的纠纷案件，在本解释公布施行前已经终审，当事人申请再审或者按照审判监督程序决定再审的，不适用本解释。

《中华人民共和国城市房地产管理法》施行前发生的商品房买卖行为，适用当时的法律、法规和《最高人民法院〈关于审理房地产管理法施行前房地产开发经营案件若干问题的解答〉》。

【链　　接】

最高人民法院有关负责人就《关于审理商品房买卖合同纠纷案件适用法律若干问题的解释》答记者问

一、出台司法解释的背景

问：最高人民法院在 2003 年 5 月 7 日发布了《关于审理商品房买卖合同纠纷案件适用法律若干问题的解释》（以下简称本解释），请您谈谈为什么要出台这一解释。

答：商品房买卖合同纠纷只是房地产纠纷中的一类案件。在最高人民法院 1995 年 12 月 27 日出台的《关于审理房地产管理法施行前房地产开发经营案件若干问题的解答》（以下简称《解答》）中，就人民法院审理《城市房地产管理法》施行以前的房地产纠纷案件如何适用法律的问题作出了解释。该《解答》涉及房地产开发经营的主体资格，国有土地使用权的出让、转让、抵押，合作建房，商品房预售，商品房买卖合同无效的处理等方面的内容。随着房地产业的迅猛发展和住房制度改革的深化，同时由于我国的不动产立法还不完善，市场机制也不健全，商品房交易行为很不规范，特别是一些房地产开发企业严重违反诚实信用原则，有的制作虚假广告，设立定金圈套，甚至一房多售，利用商品房买卖合同欺诈买受人，有的商品房面积严重缩水，有的商品房则存在严重质量问题，这都严重损害了买受人的合法权益。在消费者协会的统计资料中，商品房买卖纠纷被列为当前十大投诉热点之一，已经成为社会关注的焦点。由于商品房买卖合同纠纷逐年增加，而相关法律规定比较原则，人民法院在处理此类纠纷中也遇到了许多具体适用法律的问题。为了及时指导各级人民法院公正处理商品房买卖合同纠纷，依法保护商品房买卖合同当事人的合法权益，规范房地产市场的交易行为，最高人民法院决定制定关于如何处理当前商品房买卖合同纠纷的司法解释。从 2001 年开始，民一庭在起草本解释过程中，多次进行调研、论证，并广泛征求各级法院、全国人大法工委、国土资源部、建设部、专家学者、律师、房地产开发企业、消费者协会等各方面意见，最后经最高人民法院审判委员会讨论通过了本解释。

本解释与《解答》相比，调整范围没有《解答》宽泛，但在处理商品房买卖纠纷方面比《解答》更为明确、具体。本解释共 28 条，主要对商品房预售合同的效力、商品房销售广告、拆迁补偿安置、房屋面积缩水、商品房的交付使用及风险承担、商品房质量、商品房包销、商品房担保贷款（按揭）等方面如何具体适用法律作出明确的规定。

其中，对出卖人严重违反诚实信用原则、损害买受人利益的恶意违约、欺诈等行为，明确规定可以适用惩罚性赔偿原则。

二、集资房、房改房、经济适用房不适用本解释

问：本解释为何只调整商品房买卖纠纷，而不调整其他的房屋买卖纠纷？

答：我国目前存在着多种类型的房屋，有房地产开发企业建造的商品房、政府组织建设的经济适用房、公房改制出售的房改房、单位集资房、个人所有的私有房等。经济适用房、房改房、集资房等房屋不能自由买卖，其交易要受到国家政策的调整，比如，需要补交土地出让金或者相当于土地出让金的价款或者居住一定年限后方可出售，而私有房屋的买卖与商品房买卖又有所不同。从房地产交易市场的实际情况来看，房屋买卖的主流为商品房买卖，而且人民法院受理的房屋买卖纠纷主要也是商品房买卖纠纷。同时，由于此类纠纷不仅关系到国家住房制度改革措施的推进，而且涉及广大人民群众的切身利益，因此，本解释将其调整的范围明确限定为商品房买卖行为，包括商品房预售和商品房现售。

三、不轻易确认合同无效

问：本解释在对合同效力的认定上，是如何体现促进商品房市场健康发展和维护稳定的商品房交易秩序这一目标的？

答：商品房买卖合同的效力不仅关系着交易关系的稳定和当事人合法权益的保护，而且关系到商品房市场的健康发展。本解释根据《合同法》的规定，对当事人在平等自愿基础上订立的合同，只要没有《合同法》第五十二条规定的合同无效情形，就应尽量尊重双方当事人的意思表示，不轻易确认合同无效。同时要求法官应当注意区分司法审判权和行政管理权的不同职能，正确行使审判权。因此，人民法院对出卖人预售资格的审查，主要是看其是否取得商品房预售许可证明，对其他预售条件的审查主要是行政管理部门的权限。对商品房买卖合同的登记备案问题，我们认为这应当属于行政管理部门的一种合同管理措施，不是确认合同效力的必要条件。本解释对此予以明确，避免了司法审判权与行政管理权之间的冲突。另外，考虑到我国房地产市场目前的实际情况，本解释第二条还明确规定当事人在向人民法院起诉前取得商品房预售许可证明的，可视为其具备预售资格。这样，人民法院在适用法律过程中既能维护法律的严肃性，又能维护合同的严肃性，确保当事人合同权利的实现。

四、销售广告可以成为合同内容

问：本解释对社会普遍关注的商品房销售过程中的一些虚假销售广告是如何认定和处理的？

答：销售宣传广告作为商品销售行之有效的一种手段，广泛存在于商品房交易市场。目前90%以上的商品房是通过宣传广告进行促销的。由于我国商品房市场管理机制尚不健全，对销售宣传广告缺乏有效的规范管理，出卖人为获取最大利润，在进行销售时往往作出一些虚假、夸大不实的宣传，导致纠纷出现，扰乱了商品房市场秩序。为依法及时有效地解决此类纠纷，本解释根据《合同法》第十五条的规定，对商业广告原则上认定为一种要约邀请，一般情况下不能将未订入合同中的宣传广告内容作为合同内容。但出卖人在销售广告和宣传资料中，如果就其开发出售的商品房及相关设施所作的说明和允诺具体确定，并由此对买受人决定订立合同以及房屋价格的确定有重大影响的，在买受人就此内容提出订立合同时，该销售广告内容的对象就已特定化，根据《合同法》第十四条关于要约的规定，本解释明确规定应将该内容视为要约，而买卖合同的订立则视为买受人对出卖人要约的承诺。在这种特定的情形下，即使该说明和允诺没有明确订立在合同之中，也应当认定为合同内容，当事人违反该内容的，应当承担违约责任。这一解释有利于保护买受人权益和规范出卖人的销售行为，建立和维护市场诚信制度。

五、五种情形适用惩罚性赔偿责任

问：本解释中所规定的惩罚性赔偿责任是否就是《中华人民共和国消费者权益保护法》（以下简称《消费者权益保护法》）第四十九条的具体适用？

答：惩罚性赔偿责任制度是来源于英美法系国家的一项民事制度，最早主要适用于侵权责任，但后来逐渐被广泛适用于合同纠纷。美国司法部的研究资料表明，1985年至1995年的十年间，法院将惩罚性赔偿责任适用于合同纠纷中的数量是侵权案件的3倍。在我国，人民法院审理合同纠纷案件特别是商品房买卖合同纠纷案件能否适用惩罚性赔偿责任的问题，学术界和实务界往往将此归结到是否适用《消费者权益保护法》第四十九条的争论上来。不可否认，《消费者权益保护法》第四十九条确立的双倍赔偿开创了我国惩罚性赔偿责任制度的立法先河，有力地保护了消费者的合法权益。1999年10月1日起施行的《合同法》第一百一十三条中也明确规定："经营者对消费者提供商品或者服务有欺诈的，依照《中华人民共和国消费者权益保护法》的规定承担损害赔偿责任。"而且从《合同法》第一百一十四条第二款的规定看，对当事人在合同中约定的

违约金不是过分高于实际损失的情况也予以认可，而在这高于实际损失的违约金中就包含了对违约方违约行为的惩罚。这些规定都已突破了传统民法中合同赔偿责任只在于填补损失而不在于惩罚的理念。

我们根据《合同法》《消费者权益保护法》已经确立的惩罚性赔偿责任原则，结合我国民事审判实践和商品房买卖合同纠纷的实际情况，在本解释的第八条、第九条中明确规定了商品房买卖过程中因出卖人恶意违约和欺诈，致使买受人无法取得房屋的，可以适用惩罚性赔偿责任的五种情形：一是商品房买卖合同订立后，出卖人未告知买受人又将该房屋抵押给第三人；二是商品房买卖合同订立后，出卖人又将该房屋出卖给第三人；三是订立合同时，出卖人故意隐瞒没有取得商品房预售许可证明的事实或者提供虚假商品房预售许可证明；四是在订立合同时，出卖人故意隐瞒所售房屋已经抵押的事实；五是订立合同时，出卖人故意隐瞒所售房屋已经出卖给第三人或者为拆迁补偿安置房屋的事实。由此五种情形导致商品房买卖合同被确认无效或者被撤销、解除时，买受人除可请求出卖人返还已付购房款及利息、赔偿损失外，还可以请求出卖人承担不超过已付购房款一倍的赔偿责任。这些规定将有利于有效制裁和遏制欺诈、恶意违约等摒弃诚实信用原则、严重损害市场交易安全的行为，维护守约方的合法权益，促进社会诚信制度的确立。

此外，从《商品房销售管理办法》第二十条关于面积误差绝对值超出3%部分的房价款实行双倍返还的惩罚性规定执行情况来看，也已经得到社会的普遍认可。因此，本解释将惩罚性赔偿责任适用于商品房买卖合同纠纷的部分情形已具备了良好的社会基础。

由此可见，本解释规定的惩罚性赔偿责任是以《合同法》第一百一十三条和《消费者权益保护法》第四十九条规定的惩罚性赔偿责任原则为依据的，但不是对《消费者权益保护法》第四十九条规定的直接适用。本解释所规定的惩罚性赔偿责任在适用条件和结果上都与《消费者权益保护法》第四十九条的规定有所不同。这样既注意到依法有效维护买受人的合法权益，又考虑到商品房开发经营过程中的实际情况，有利于促进房地产市场的健康发展。

六、“交钥匙”算不算房屋的交付使用

问：实践中，许多当事人因对“房屋交付使用”有不同理解而发生纠纷，本解释对此是如何处理的?

答：审判实践存在着许多当事人因对商品房买卖合同中约定的“房屋交付使用”理

解不同而发生的争议。出卖人往往认为“房屋交付使用”就是“交钥匙”，而买受人则认为，“房屋交付使用”不仅是领取房屋钥匙，还应同时办理交付房屋的所有权证书。由此就引发了许多纠纷，这主要涉及出卖人应否承担违约责任的问题。

根据《合同法》第一百三十三条和第一百三十五条的规定，商品房买卖合同的出卖人负有向买受人交付房屋并转移房屋所有权的义务。所谓房屋的交付使用，就是出卖人将已建成的房屋转移给买受人占有，其外在表现主要是将房屋的钥匙交付给买受人。但房屋的交付使用并不意味着房屋所有权的转移。对于一般动产，在标的物交付的同时所有权即发生转移，出卖人只要将标的物交付给买受人即履行了转移所有权的义务。而对于不动产，根据我国《城市房地产管理法》的规定，只有在办理登记手续后，房屋所有权才发生移转。因此，本解释第十一条明确规定，对房屋的转移占有，视为房屋的交付使用。这也就是人们常说的“交钥匙”。只要出卖人在合同约定的期限内将房屋转移给买受人占有，就视为出卖人履行了“房屋交付使用”的义务，但这并不表示房屋所有权移转义务的履行。

当然，根据法律规定，商品房买卖合同的当事人可以对“房屋交付使用”的内容进行特别约定。如果当事人在合同中明确约定“房屋交付使用”不仅是转移占有房屋，而且同时要转移房屋所有权的，就应当按照约定来确定当事人双方的权利义务内容。在此约定下，出卖人不仅应当在合同约定的期限内向买受人“交钥匙”，而且应当将房屋所有权移转于买受人，否则，将承担违约责任。如果当事人仅约定了“房屋交付使用”的时间，而未明确约定其中包括房屋所有权转移的，出卖人只要在约定的期限内将房屋移转给买受人占用，即“交钥匙”，就应认定出卖人按期履行了“房屋交付使用”的义务。至于房屋所有权移转义务的履行期限，当事人既可以另行约定，也可以按照《城市房地产开发经营管理条例》的规定来确定。

七、对包销期满未售房屋的处理

问：针对商品房包销这类新问题，本解释是如何处理的？

答：包销是从香港、我国台湾地区引进内地的一种商品房销售方式。内地法律、行政法规对此都没有明确的规定，理论界和实务界对包销合同的性质认识也不一致。为了准确界定商品房包销合同的性质，统一对此类纠纷的处理原则，首先，根据《合同法》第七条、第八条、第一百二十四条规定的原则，本解释将包销合同定性为无名合同。其次，根据《合同法》的规定和包销的实际做法，本解释对当事人违反包销合同的责任予以明确。

本解释第二十条规定，如果包销合同约定明确，应当按照约定确定双方的权利义务；如果当事人对包销期满后未出售房屋的归属没有约定的，应当按照包销价格由包销人购买。本解释第二十一条规定，如果出卖人违反包销合同约定，自行出卖已经约定由包销人销售的房屋，应当承担违约责任，赔偿包销人的损失。第三，根据《民事诉讼法》的规定，本解释对包销人在商品房买卖合同纠纷中的诉讼地位也予以明确。

八、如何妥善处理商品房“按揭”贷款纠纷

问：商品房担保贷款与商品房“按揭”之间有何联系，本解释又是如何处理此类问题的？

答：商品房担保贷款，也就是人们通常所说的商品房“按揭”。“按揭”作为一种融资购楼方式，从香港传入我国内地后得到广泛推广，目前已经成为买受人购买商品房或者融资的一种主要方式。由于我国内地法律没有关于“按揭”的规定，而且实务中所称的“按揭”与香港、英美法系所称的“按揭”也有所不同，因此，对我国出现的商品房“按揭”性质的认识也不统一。对人民法院来说，买受人以“按揭”方式购买商品房而发生的纠纷也是一种新类型的案件，对此类纠纷应如何处理，我国法律没有明确的规定。但它作为一种民事纠纷，在其符合《民事诉讼法》规定的案件受理条件下，人民法院既不能不予受理，法官也不能拒绝裁判。所以，本解释根据《合同法》《民事诉讼法》《担保法》及相关法律规定的原则，将商品房“按揭”贷款统称为商品房担保贷款，并在总结审判实践经验的基础上，对审理商品房担保贷款纠纷案件中遇到的主要问题作出了相应的规定。

一是明确了当事人行使商品房买卖合同解除权的条件。对当事人在签订商品房买卖合同时，明确约定以担保贷款方式付款的，如因当事人一方的原因或者不可归责于当事人双方的原因，买受人不能签订担保贷款合同而导致买卖合同无法继续履行的情况，应当允许当事人解除合同，否则买受人没有能力支付购房款，也无法实现商品房买卖合同的目的。

二是明确了当事人行使担保贷款合同解除权的条件。买受人签订商品房担保贷款合同的目的是为了购买商品房，当商品房买卖合同被确认无效或者被撤销、解除时，买受人贷款已经失去了意义，如果不允许解除合同，对买受人是不利的。同时，贷款银行在没有任何担保的情况下将大量的贷款供给买受人，也将面临很大的风险。因此，本解释第二十四条规定，在商品房买卖合同被确认无效或者被撤销、解除时，当事人可以请求解除担保贷款合同。

此外，本解释第二十五条、二十六条、二十七条还对人民法院处理此类纠纷的程序性问题作出了具体的规定。

九、本解释的出台有利于法律适用的统一

问：最后请您谈谈制定这个司法解释的意义。

答：第一，本解释的公布实施，有利于推动我国住房制度的改革和商品房市场健康发展。我国取消福利性住房分配制度后，城镇居民的住房转向市场化和商品化。为了推进住房制度改革的深化，必须维护商品房市场的正常秩序。但由于我国商品房市场仍处于发育阶段，不仅相关的法律不完善，而且政府的一些行政行为和市场主体的一些经营行为也不规范，特别是虚假广告、无证销售、面积缩水等不法行为，不仅背离了市场诚信原则，而且引发了许多纠纷，影响了社会的稳定，阻碍了我国住房制度改革的进程。因此，本解释的出台对规范房地产开发经营行为，维护商品房市场秩序，促进商品房市场诚信体系的建立，推动我国住房制度改革的深化，都将产生积极的影响。

第二，本解释的公布实施，有利于保护买受人的合法权益。房屋是人类赖以生存的基础。据相关资料表明，目前商品住房近 90% 是由个人购买的。商品房买卖作为一种民事合同法律关系，当事人双方均应平等地受法律保护。但由于商品房市场的特殊性和实际情况，买受人相对于出卖人而言处于弱势地位，而出卖人也往往利用其优势地位损害买受人的利益。本解释的起草和制订，始终体现了在对双方当事人平等保护的前提下，注重对买受人这些处于弱势地位群体的合法权益的保护，体现了以人为本的精神。例如，在对商品房销售广告和宣传资料的认定、惩罚性赔偿责任的适用、房屋质量和面积误差的处理问题上均依法明确了出卖人负有较重的责任。当然，明确责任的目的主要是为了制裁某些出卖人违背诚信原则和违法经营的行为。只要出卖人重合同、守信用、合法经营，就不会承担相关的责任。所以，本解释的公布和实施，对充分保护买受人的合法权益和制裁违法经营行为具有非常重要的意义。

第三，本解释的公布实施，有利于国家法制的统一。商品房买卖合同纠纷作为一种法律关系比较复杂的民事案件，由于我国相关的法律还不完善，所以，近几年来，各级人民法院在处理此类纠纷时适用法律也不完全统一。这不仅不利于平等保护当事人的合法权益，也不符合法制统一的原则。本解释的制定出台，为人民法院正确、及时处理商品房买卖合同纠纷，公平保护当事人合法权益提供了法律依据，有利于实现人民法院公正与效率的工作主题，更有利于维护我国法制的统一。

导读：买卖合同纠纷是合同纠纷中的一类案件。根据《中华人民共和国民法通则》《中华人民共和国合同法》《中华人民共和国物权法》《中华人民共和国民事诉讼法》等法律规定，2012年5月10日，最高人民法院印发《关于审理买卖合同纠纷案件适用法律问题的解释》。该《解释》分买卖合同的成立及效力、标的物交付和所有权转移、标的物风险负担、标的物检验、违约责任、所有权保留、特种买卖、其他问题八部分，解释共46条。

该《解释》从两方面对合同法相关制度进行完善，一是细化了买卖合同中相关法条规定，比如证明合同关系的证据认定、标的物毁损灭失的风险负担规则、标的物检验期间适用规则、细化所有权保留制度等，统一了相关规则在司法实践中的法律适用标准；二是填补了《合同法》某些领域的空白，针对一物数卖的所有权归属规则、违约责任的混合过错原则、损益相抵原则等，澄清了相关问题的法律适用困惑，有助于更好地发挥保护当事人合法权益的作用。

最高人民法院
关于审理买卖合同纠纷案件适用法律问题的解释

法释〔2012〕8号

（2012年3月31日最高人民法院审判委员会第1545次会议通过
2012年5月10日最高人民法院公告公布
自2012年7月1日起施行）

为正确审理买卖合同纠纷案件，根据《中华人民共和国民法通则》《中华人民共和国合同法》《中华人民共和国物权法》《中华人民共和国民事诉讼法》等法律的规定，结合审判实践，制定本解释。

一、买卖合同的成立及效力

第一条 （买卖合同成立的证明与认定）当事人之间没有书面合同，一方以送货单、收货单、结算单、发票等主张存在买卖合同关系的，人民法院应当结合当事人之间的交

易方式、交易习惯以及其他相关证据，对买卖合同是否成立作出认定。

对账确认函、债权确认书等函件、凭证没有记载债权人名称，买卖合同当事人一方以此证明存在买卖合同关系的，人民法院应予支持，但有相反证据足以推翻的除外。

第二条 （预约效力·违约救济）当事人签订认购书、订购书、预订书、意向书、备忘录等预约合同，约定在将来一定期限内订立买卖合同，一方不履行订立买卖合同的义务，对方请求其承担预约合同违约责任或者要求解除预约合同并主张损害赔偿的，人民法院应予支持。

第三条 （无权处分·买卖合同效力）当事人一方以出卖人在缔约时对标的物没有所有权或者处分权为由主张合同无效的，人民法院不予支持。

出卖人因未取得所有权或者处分权致使标的物所有权不能转移，买受人要求出卖人承担违约责任或者要求解除合同并主张损害赔偿的，人民法院应予支持。

第四条 （电子交易合同成立及效力）人民法院在按照合同法的规定认定电子交易合同的成立及效力的同时，还应当适用电子签名法的相关规定。

二、标的物交付和所有权转移

第五条 （电子信息产品的交付）标的物为无需以有形载体交付的电子信息产品，当事人对交付方式约定不明确，且依照合同法第六十一条的规定仍不能确定的，买受人收到约定的电子信息产品或者权利凭证即为交付。

第六条 （多交标的物之保管）根据合同法第一百六十二条的规定，买受人拒绝接收多交部分标的物的，可以代为保管多交部分标的物。买受人主张出卖人负担代为保管期间的合理费用的，人民法院应予支持。

买受人主张出卖人承担代为保管期间非因买受人故意或者重大过失造成的损失的，人民法院应予支持。

第七条 （有关单证和资料的范围）合同法第一百三十六条规定的“提取标的物单证以外的有关单证和资料”，主要应当包括保险单、保修单、普通发票、增值税专用发票、产品合格证、质量保证书、质量鉴定书、品质检验证书、产品进出口检疫书、原产地证明书、使用说明书、装箱单等。

第八条 （发票的证明力）出卖人仅以增值税专用发票及税款抵扣资料证明其已履行交付标的物义务，买受人不认可的，出卖人应当提供其他证据证明交付标的物的事实。

合同约定或者当事人之间习惯以普通发票作为付款凭证，买受人以普通发票证明已

经履行付款义务的，人民法院应予支持，但有相反证据足以推翻的除外。

第九条 （普通动产·多重买卖的履行顺序）出卖人就同一普通动产订立多重买卖合同，在买卖合同均有效的情况下，买受人均要求实际履行合同的，应当按照以下情形分别处理：

（一）先行受领交付的买受人请求确认所有权已经转移的，人民法院应予支持；

（二）均未受领交付，先行支付价款的买受人请求出卖人履行交付标的物等合同义务的，人民法院应予支持；

（三）均未受领交付，也未支付价款，依法成立在先合同的买受人请求出卖人履行交付标的物等合同义务的，人民法院应予支持。

第十条 （特殊动产·多重买卖的履行顺序）出卖人就同一船舶、航空器、机动车等特殊动产订立多重买卖合同，在买卖合同均有效的情况下，买受人均要求实际履行合同的，应当按照以下情形分别处理：

（一）先行受领交付的买受人请求出卖人履行办理所有权转移登记手续等合同义务的，人民法院应予支持；

（二）均未受领交付，先行办理所有权转移登记手续的买受人请求出卖人履行交付标的物等合同义务的，人民法院应予支持；

（三）均未受领交付，也未办理所有权转移登记手续，依法成立在先合同的买受人请求出卖人履行交付标的物和办理所有权转移登记手续等合同义务的，人民法院应予支持；

（四）出卖人将标的物交付给买受人之一，又为其他买受人办理所有权转移登记，已受领交付的买受人请求将标的物所有权登记在自己名下的，人民法院应予支持。

三、标的物风险负担

第十一条 （标的物需要运输）合同法第一百四十一条第二款第（一）项规定的“标的物需要运输的”，是指标的物由出卖人负责办理托运，承运人系独立于买卖合同当事人之外的运输业者的情形。标的物毁损、灭失的风险负担，按照合同法第一百四十五条的规定处理。

第十二条 （特定地点风险转移规则）出卖人根据合同约定将标的物运送至买受人指定地点并交付给承运人后，标的物毁损、灭失的风险由买受人负担，但当事人另有约定的除外。

第十三条　（路货买卖出卖人隐瞒风险事实之风险负担）出卖人出卖交由承运人运输的在途标的物，在合同成立时知道或者应当知道标的物已经毁损、灭失却未告知买受人，买受人主张出卖人负担标的物毁损、灭失的风险的，人民法院应予支持。

第十四条　（未经特定的标的物风险负担）当事人对风险负担没有约定，标的物为种类物，出卖人未以装运单据、加盖标记、通知买受人等可识别的方式清楚地将标的物特定于买卖合同，买受人主张不负担标的物毁损、灭失的风险的，人民法院应予支持。

四、标的物检验

第十五条　（标的物数量和外观瑕疵检验）当事人对标的物的检验期间未作约定，买受人签收的送货单、确认单等载明标的物数量、型号、规格的，人民法院应当根据合同法第一百五十七条的规定，认定买受人已对数量和外观瑕疵进行了检验，但有相反证据足以推翻的除外。

第十六条　（向第三人履行情形之检验标准）出卖人依照买受人的指示向第三人交付标的物，出卖人和买受人之间约定的检验标准与买受人和第三人之间约定的检验标准不一致的，人民法院应当根据合同法第六十四条的规定，以出卖人和买受人之间约定的检验标准为标的物的检验标准。

第十七条　（提出异议的合理期间）人民法院具体认定合同法第一百五十八条第二款规定的“合理期间”时，应当综合当事人之间的交易性质、交易目的、交易方式、交易习惯、标的物的种类、数量、性质、安装和使用情况、瑕疵的性质、买受人应尽的合理注意义务、检验方法和难易程度、买受人或者检验人所处的具体环境、自身技能以及其他合理因素，依据诚实信用原则进行判断。

合同法第一百五十八条第二款规定的“两年”是最长的合理期间。该期间为不变期间，不适用诉讼时效中止、中断或者延长的规定。

第十八条　（检验期间或质量保证期间过短）约定的检验期间过短，依照标的物的性质和交易习惯，买受人在检验期间内难以完成全面检验的，人民法院应当认定该期间为买受人对外观瑕疵提出异议的期间，并根据本解释第十七条第一款的规定确定买受人对隐蔽瑕疵提出异议的合理期间。

约定的检验期间或者质量保证期间短于法律、行政法规规定的检验期间或者质量保证期间的，人民法院应当以法律、行政法规规定的检验期间或者质量保证期间为准。

第十九条　（瑕疵异议之效果）买受人在合理期间内提出异议，出卖人以买受人已

经支付价款、确认欠款数额、使用标的物等为由，主张买受人放弃异议的，人民法院不予支持，但当事人另有约定的除外。

第二十条 （异议期间经过后之法律效果）合同法第一百五十八条规定的检验期间、合理期间、两年期间经过后，买受人主张标的物的数量或者质量不符合约定的，人民法院不予支持。

出卖人自愿承担违约责任后，又以上述期间经过为由翻悔的，人民法院不予支持。

五、违约责任

第二十一条 （质量保证金）买受人依约保留部分价款作为质量保证金，出卖人在质量保证期间未及时解决质量问题而影响标的物的价值或者使用效果，出卖人主张支付该部分价款的，人民法院不予支持。

第二十二条 （修理费用之负担）买受人在检验期间、质量保证期间、合理期间内提出质量异议，出卖人未按要求予以修理或者因情况紧急，买受人自行或者通过第三人修理标的物后，主张出卖人负担因此发生的合理费用的，人民法院应予支持。

第二十三条 （减价责任）标的物质量不符合约定，买受人依照合同法第一百一十一条的规定要求减少价款的，人民法院应予支持。当事人主张以符合约定的标的物和实际交付的标的物按交付时的市场价值计算差价的，人民法院应予支持。

价款已经支付，买受人主张返还减价后多出部分价款的，人民法院应予支持。

第二十四条 （逾期付款违约金）买卖合同对付款期限作出的变更，不影响当事人关于逾期付款违约金的约定，但该违约金的起算点应当随之变更。

买卖合同约定逾期付款违约金，买受人以出卖人接受价款时未主张逾期付款违约金为由拒绝支付该违约金的，人民法院不予支持。

买卖合同约定逾期付款违约金，但对账单、还款协议等未涉及逾期付款责任，出卖人根据对账单、还款协议等主张欠款时请求买受人依约支付逾期付款违约金的，人民法院应予支持，但对账单、还款协议等明确载有本金及逾期付款利息数额或者已经变更买卖合同中关于本金、利息等约定内容的除外。

买卖合同没有约定逾期付款违约金或者该违约金的计算方法，出卖人以买受人违约为由主张赔偿逾期付款损失的，人民法院可以中国人民银行同期同类人民币贷款基准利率为基础，参照逾期罚息利率标准计算。

第二十五条 （违反从给付义务的合同解除）出卖人没有履行或者不当履行从给付

义务，致使买受人不能实现合同目的，买受人主张解除合同的，人民法院应当根据合同法第九十四条第（四）项的规定，予以支持。

第二十六条 （违约解除与违约金条款）买卖合同因违约而解除后，守约方主张继续适用违约金条款的，人民法院应予支持；但约定的违约金过分高于造成的损失的，人民法院可以参照合同法第一百一十四条第二款的规定处理。

第二十七条 （调整违约金的释明权）买卖合同当事人一方以对方违约为由主张支付违约金，对方以合同不成立、合同未生效、合同无效或者不构成违约等为由进行免责抗辩而未主张调整过高的违约金的，人民法院应当就法院若不支持免责抗辩，当事人是否需要主张调整违约金进行释明。

一审法院认为免责抗辩成立且未予释明，二审法院认为应当判决支付违约金的，可以直接释明并改判。

第二十八条 （定金和赔偿损失之并用）买卖合同约定的定金不足以弥补一方违约造成的损失，对方请求赔偿超过定金部分的损失的，人民法院可以并处，但定金和损失赔偿的数额总和不应高于因违约造成的损失。

第二十九条 （可得利益损失之赔偿）买卖合同当事人一方违约造成对方损失，对方主张赔偿可得利益损失的，人民法院应当根据当事人的主张，依据合同法第一百一十三条、第一百一十九条、本解释第三十条、第三十一条等规定进行认定。

第三十条 （混合过错规则）买卖合同当事人一方违约造成对方损失，对方对损失的发生也有过错，违约方主张扣减相应的损失赔偿额的，人民法院应予支持。

第三十一条 （损益相抵规则）买卖合同当事人一方因对方违约而获有利益，违约方主张从损失赔偿额中扣除该部分利益的，人民法院应予支持。

第三十二条 （瑕疵担保责任减免特约之效力）合同约定减轻或者免除出卖人对标的物的瑕疵担保责任，但出卖人故意或者因重大过失不告知买受人标的物的瑕疵，出卖人主张依约减轻或者免除瑕疵担保责任的，人民法院不予支持。

第三十三条 （物的瑕疵担保违约责任）买受人在缔约时知道或者应当知道标的物质量存在瑕疵，主张出卖人承担瑕疵担保责任的，人民法院不予支持，但买受人在缔约时不知道该瑕疵会导致标的物的基本效用显著降低的除外。

六、所有权保留

第三十四条 （所有权保留的适用范围）买卖合同当事人主张合同法第一百三十四

条关于标的物所有权保留的规定适用于不动产的，人民法院不予支持。

第三十五条 （出卖人取回权）当事人约定所有权保留，在标的物所有权转移前，买受人有下列情形之一，对出卖人造成损害，出卖人主张取回标的物的，人民法院应予支持：

（一）未按约定支付价款的；

（二）未按约定完成特定条件的；

（三）将标的物出卖、出质或者作出其他不当处分的。

取回的标的物价值显著减少，出卖人要求买受人赔偿损失的，人民法院应予支持。

第三十六条 （取回权的限制）买受人已经支付标的物总价款的百分之七十五以上，出卖人主张取回标的物的，人民法院不予支持。

在本解释第三十五条第一款第（三）项情形下，第三人依据物权法第一百零六条的规定已经善意取得标的物所有权或者其他物权，出卖人主张取回标的物的，人民法院不予支持。

第三十七条 （已取回标的物之再出卖）出卖人取回标的物后，买受人在双方约定的或者出卖人指定的回赎期间内，消除出卖人取回标的物的事由，主张回赎标的物的，人民法院应予支持。

买受人在回赎期间内没有回赎标的物的，出卖人可以另行出卖标的物。

出卖人另行出卖标的物的，出卖所得价款依次扣除取回和保管费用、再交易费用、利息、未清偿的价金后仍有剩余的，应返还原买受人；如有不足，出卖人要求原买受人清偿的，人民法院应予支持，但原买受人有证据证明出卖人另行出卖的价格明显低于市场价格的除外。

七、特种买卖

第三十八条 （分期付款的界定及无效特约）合同法第一百六十七条第一款规定的“分期付款”，系指买受人将应付的总价款在一定期间内至少分三次向出卖人支付。

分期付款买卖合同的约定违反合同法第一百六十七条第一款的规定，损害买受人利益，买受人主张该约定无效的，人民法院应予支持。

第三十九条 （解约扣款的规制）分期付款买卖合同约定出卖人在解除合同时可以扣留已受领价金，出卖人扣留的金额超过标的物使用费以及标的物受损赔偿额，买受人请求返还超过部分的，人民法院应予支持。

当事人对标的物的使用费没有约定的，人民法院可以参照当地同类标的物的租金标准确定。

第四十条 （样品质量与文字说明不一致的处理）合同约定的样品质量与文字说明不一致且发生纠纷时当事人不能达成合意，样品封存后外观和内在品质没有发生变化的，人民法院应当以样品为准；外观和内在品质发生变化，或者当事人对是否发生变化有争议而又无法查明的，人民法院应当以文字说明为准。

第四十一条 （同意购买的推定）试用买卖的买受人在试用期内已经支付一部分价款的，人民法院应当认定买受人同意购买，但合同另有约定的除外。

在试用期内，买受人对标的物实施了出卖、出租、设定担保物权等非试用行为的，人民法院应当认定买受人同意购买。

第四十二条 （试用买卖之排除）买卖合同存在下列约定内容之一的，不属于试用买卖。买受人主张属于试用买卖的，人民法院不予支持：

（一）约定标的物经过试用或者检验符合一定要求时，买受人应当购买标的物；

（二）约定第三人经试验对标的物认可时，买受人应当购买标的物；

（三）约定买受人在一定期间内可以调换标的物；

（四）约定买受人在一定期间内可以退还标的物。

第四十三条 （试用买卖使用费）试用买卖的当事人没有约定使用费或者约定不明确，出卖人主张买受人支付使用费的，人民法院不予支持。

八、其他问题

第四十四条 （抗辩与反诉）出卖人履行交付义务后诉请买受人支付价款，买受人以出卖人违约在先为由提出异议的，人民法院应当按照下列情况分别处理：

（一）买受人拒绝支付违约金、拒绝赔偿损失或者主张出卖人应当采取减少价款等补救措施的，属于提出抗辩；

（二）买受人主张出卖人应支付违约金、赔偿损失或者要求解除合同的，应当提起反诉。

第四十五条 （权利转让等有偿合同之参照适用）法律或者行政法规对债权转让、股权转让等权利转让合同有规定的，依照其规定；没有规定的，人民法院可以根据合同法第一百二十四条和第一百七十四条的规定，参照适用买卖合同的有关规定。

权利转让或者其他有偿合同参照适用买卖合同的有关规定的，人民法院应当首先引

用合同法第一百七十四条的规定，再引用买卖合同的有关规定。

第四十六条 （本解释效力和溯及力）本解释施行前本院发布的有关购销合同、销售合同等有偿转移标的物所有权的合同的规定，与本解释抵触的，自本解释施行之日起不再适用。

本解释施行后尚未终审的买卖合同纠纷案件，适用本解释；本解释施行前已经终审，当事人申请再审或者按照审判监督程序决定再审的，不适用本解释。

最高人民法院
关于审理建设工程施工合同纠纷案件适用法律问题的解释

法释〔2004〕14号

（2004年9月29日最高人民法院审判委员会第1327次会议通过
2004年10月25日最高人民法院公告公布
自2005年1月1日起施行）

根据《中华人民共和国民法通则》《中华人民共和国合同法》《中华人民共和国招标投标法》《中华人民共和国民事诉讼法》等法律规定，结合民事审判实际，就审理建设工程施工合同纠纷案件适用法律的问题，制定本解释。

第一条 （建设工程施工合同无效的情形）建设工程施工合同具有下列情形之一的，应当根据合同法第五十二条第（五）项的规定，认定无效：

（一）承包人未取得建筑施工企业资质或者超越资质等级的；

（二）没有资质的实际施工人借用有资质的建筑施工企业名义的；

（三）建设工程必须进行招标而未招标或者中标无效的。

第二条 （合同无效，工程验收合格的处理原则）建设工程施工合同无效，但建设工程经竣工验收合格，承包人请求参照合同约定支付工程价款的，应予支持。

第三条 （合同无效，工程验收不合格的处理原则）建设工程施工合同无效，且建设工程经竣工验收不合格的，按照以下情形分别处理：

（一）修复后的建设工程经竣工验收合格，发包人请求承包人承担修复费用的，应予支持；

（二）修复后的建设工程经竣工验收不合格，承包人请求支付工程价款的，不予支持。

因建设工程不合格造成的损失，发包人有过错的，也应承担相应的民事责任。

第四条　（违法转包、分包合同的处理原则）承包人非法转包、违法分包建设工程或者没有资质的实际施工人借用有资质的建筑施工企业名义与他人签订建设工程施工合同的行为无效。人民法院可以根据民法通则第一百三十四条规定，收缴当事人已经取得的非法所得。

第五条　（施工中取得资质的，按有效处理）承包人超越资质等级许可的业务范围签订建设工程施工合同，在建设工程竣工前取得相应资质等级，当事人请求按照无效合同处理的，不予支持。

第六条　（垫资原则按有效处理）当事人对垫资和垫资利息有约定，承包人请求按照约定返还垫资及其利息的，应予支持，但是约定的利息计算标准高于中国人民银行发布的同期同类贷款利率的部分除外。

当事人对垫资没有约定的，按照工程欠款处理。

当事人对垫资利息没有约定，承包人请求支付利息的，不予支持。

第七条　（劳务分包与工程转包）具有劳务作业法定资质的承包人与总承包人、分包人签订的劳务分包合同，当事人以转包建设工程违反法律规定为由请求确认无效的，不予支持。

第八条　（发包人的合同解除权）承包人具有下列情形之一，发包人请求解除建设工程施工合同的，应予支持：

（一）明确表示或者以行为表明不履行合同主要义务的；

（二）合同约定的期限内没有完工，且在发包人催告的合理期限内仍未完工的；

（三）已经完成的建设工程质量不合格，并拒绝修复的；

（四）将承包的建设工程非法转包、违法分包的。

第九条　（承包人的合同解除权）发包人具有下列情形之一，致使承包人无法施工，且在催告的合理期限内仍未履行相应义务，承包人请求解除建设工程施工合同的，应予支持：

（一）未按约定支付工程价款的；

（二）提供的主要建筑材料、建筑构配件和设备不符合强制性标准的；

（三）不履行合同约定的协助义务的。

第十条　（解除合同后的处理原则）建设工程施工合同解除后，已经完成的建设工程质量合格的，发包人应当按照约定支付相应的工程价款；已经完成的建设工程质量不合格的，参照本解释第三条规定处理。

因一方违约导致合同解除的，违约方应当赔偿因此而给对方造成的损失。

第十一条　（承包人拒绝修复的处理原则）因承包人的过错造成建设工程质量不符合约定，承包人拒绝修理、返工或者改建，发包人请求减少支付工程价款的，应予支持。

第十二条　（质量缺陷的处理原则）发包人具有下列情形之一，造成建设工程质量缺陷，应当承担过错责任：

（一）提供的设计有缺陷；

（二）提供或者指定购买的建筑材料、建筑构配件、设备不符合强制性标准；

（三）直接指定分包人分包专业工程。

承包人有过错的，也应当承担相应的过错责任。

第十三条　（未经验收擅自使用的责任）建设工程未经竣工验收，发包人擅自使用后，又以使用部分质量不符合约定为由主张权利的，不予支持；但是承包人应当在建设工程的合理使用寿命内对地基基础工程和主体结构质量承担民事责任。

第十四条　（实际竣工时间的确定）当事人对建设工程实际竣工日期有争议的，按照以下情形分别处理：

（一）建设工程经竣工验收合格的，以竣工验收合格之日为竣工日期；

（二）承包人已经提交竣工验收报告，发包人拖延验收的，以承包人提交验收报告之日为竣工日期；

（三）建设工程未经竣工验收，发包人擅自使用的，以转移占有建设工程之日为竣工日期。

第十五条　（质量争议期间的处理）建设工程竣工前，当事人对工程质量发生争议，工程质量经鉴定合格的，鉴定期间为顺延工期期间。

第十六条　（工程价款的计算标准）当事人对建设工程的计价标准或者计价方法有约定的，按照约定结算工程价款。

因设计变更导致建设工程的工程量或者质量标准发生变化，当事人对该部分工程价款不能协商一致的，可以参照签订建设工程施工合同时当地建设行政主管部门发布的计

价方法或者计价标准结算工程价款。

建设工程施工合同有效，但建设工程经竣工验收不合格的，工程价款结算参照本解释第三条规定处理。

第十七条 （工程款利息的计算标准）当事人对欠付工程价款利息计付标准有约定的，按照约定处理；没有约定的，按照中国人民银行发布的同期同类贷款利率计息。

第十八条 （工程款利息的起算标准）利息从应付工程价款之日计付。当事人对付款时间没有约定或者约定不明的，下列时间视为应付款时间：

（一）建设工程已实际交付的，为交付之日；

（二）建设工程没有交付的，为提交竣工结算文件之日；

（三）建设工程未交付，工程价款也未结算的，为当事人起诉之日。

第十九条 （工程量计算）当事人对工程量有争议的，按照施工过程中形成的签证等书面文件确认。承包人能够证明发包人同意其施工，但未能提供签证文件证明工程量发生的，可以按照当事人提供的其他证据确认实际发生的工程量。

第二十条 （逾期不结算的后果）当事人约定，发包人收到竣工结算文件后，在约定期限内不予答复，视为认可竣工结算文件的，按照约定处理。承包人请求按照竣工结算文件结算工程价款的，应予支持。

第二十一条 （“黑白合同”的认定）当事人就同一建设工程另行订立的建设工程施工合同与经过备案的中标合同实质性内容不一致的，应当以备案的中标合同作为结算工程价款的根据。

第二十二条 （按固定价款结算）当事人约定按照固定价结算工程价款，一方当事人请求对建设工程造价进行鉴定的，不予支持。

第二十三条 （可以不全部鉴定）当事人对部分案件事实有争议的，仅对有争议的事实进行鉴定，但争议事实范围不能确定，或者双方当事人请求对全部事实鉴定的除外。

第二十四条 （建设工程不适用专属管辖规定）建设工程施工合同纠纷以施工行为地为合同履行地。

第二十五条 （总承包人、发包人、施工人为共同被告）因建设工程质量发生争议的，发包人可以以总承包人、分包人和实际施工人为共同被告提起诉讼。

第二十六条 （实际施工人利益的保护）实际施工人以转包人、违法分包人为被告起诉的，人民法院应当依法受理。

实际施工人以发包人为被告主张权利的，人民法院可以追加转包人或者违法分包人

为本案当事人。发包人只在欠付工程价款范围内对实际施工人承担责任。

第二十七条　（保修责任）因保修人未及时履行保修义务，导致建筑物毁损或者造成人身、财产损害的，保修人应当承担赔偿责任。

保修人与建筑物所有人或者发包人对建筑物毁损均有过错的，各自承担相应的责任。

第二十八条　（本解释的实施）本解释自二〇〇五年一月一日起施行。

施行后受理的第一审案件适用本解释。

施行前最高人民法院发布的司法解释与本解释相抵触的，以本解释为准。

【链　　接】

依法保护当事人权益　促进建筑市场健康发展

——最高人民法院有关负责人就《关于审理建设工程施工合同纠纷案件适用法律问题的解释》答记者问

为了贯彻执行《民法通则》《合同法》《招标投标法》等法律规定，最高人民法院审判委员会第1327次会议讨论通过了《关于审理建设工程施工合同纠纷案件适用法律问题的解释》（以下简称《解释》）。值此司法解释公布之际，最高人民法院有关负责人就司法解释的有关问题接受了本报记者的采访。

一、司法解释出台的背景

问：请您介绍一下最高人民法院为什么要制定这个司法解释，这个司法解释的公布有何重要意义？

答：最高人民法院做出这个司法解释主要是基于以下两个方面的考虑，一是为了给国家关于清理工程拖欠款和农民工工资重大部署的实施提供司法保障。因为，近年来我国的建筑业发展很快，建筑业吸纳了大量的农民工就业，并拉动了诸多相关行业的发展，建筑业已经成为我国国民经济发展的新的增长点。在建筑业快速发展的同时，也出现了一些问题，如：建设工程质量问题、建筑市场行为不规范问题、投资不足问题，特别是投资不足问题造成了大量拖欠工程款和农民工工资的现象，已经严重侵害了建筑企业和进城务工人员的合法权益。这既是一个经济问题，又是一个社会问题，更是一个法律问

题，引起了党中央和国务院领导的高度重视，国家已经采取专项措施予以治理，本《解释》主要是从法律上提供更加明确、有力的保障。二是由于有些法律规定还比较原则，人民法院在审理建设工程施工合同纠纷案件时，对某些法律问题在具体适用上认识不统一，如无效合同处理原则，合同解除条件，质量不合格工程、未完工程的工程价款结算问题，工程质量缺陷的责任，工程欠款利息的起算时间等，不解决这些法律适用问题，不仅影响到人民法院司法的公正性、统一性和审判的效率，而且也不利于尽快解决拖欠工程款和农民工工资问题。因此，为了配合国家专项措施的实施，统一人民法院执法尺度，公平保护各方当事人的合法权益，维护建筑市场的正常秩序，促进建筑行业的健康发展，最高人民法院决定制定这个司法解释。

根据最高人民法院工作部署，自 2002 年 3 月起，最高人民法院民事审判第一庭开始着手《解释》的起草工作。在起草过程中召开了各种类型的座谈会，反复听取了立法部门、国务院主管部门、建筑施工企业、房地产开发企业、执业律师、专家学者、工程造价和工程质量鉴定中介机构等有关方面意见，于 2003 年 11 月形成了司法解释稿。为了确保司法解释能够集中民智，体现民意，更好地维护公平与正义，依法保护各方当事人的合法权益，2003 年 12 月 15 日将起草的司法解释在《人民法院报》和人民法院网上公布，公开向社会征询意见。这个司法解释受到了社会各界的广泛关注，社会各界以不同的形式提出修改意见近千条，我们在对相关意见进行整理归纳、认真研究后，形成了《解释》的送审稿，并经最高人民法院审判委员会第 1327 次会议讨论通过。我相信，它的公布和实施，对规范建筑市场行为，促进我国建筑行业的发展，确保建设工程质量，维护人民生命财产的安全，公平保护建设工程施工合同各方当事人的合法权益，都将起到积极作用。

二、尽量维护合同的效力

问：调整建设工程施工合同纠纷案件的法律中，强制性条款很多，为何只列举 5 种合同无效的情形？

答：建设工程施工合同受到不同领域的多部法律及其他规范性文件调整。法律、行政法规和部颁规章中调整建设工程施工合同的强制性规范就有六十多条，如果违反这些规范都以违反法律强制性规定为由而认定合同无效，不符合《合同法》的立法本意，不利于维护合同稳定性，也不利于保护各方当事人的合法权益，同时也会破坏建筑市场的正常秩序。我们认为，法律和行政法规中的强制性规定，有的属于行政管理规范，如果

当事人违反了这些规范应当受到行政处罚，但是不应当影响民事合同的效力。从相关法律、行政法规的强制性规范内容看，可分为两类：一是保障建设工程质量的规范，二是维护建筑市场公平竞争秩序的规范。《解释》第一条和第四条将这两大类分为以下五种情形：一是承包人未取得建筑施工企业资质或者超越资质等级的；二是没有资质的实际施工人借用有资质的建筑施工企业名义的；三是建设工程必须进行招标而未招标或者中标无效的；四是承包人非法转包建设工程的；五是承包人违法分包建设工程的。当然，《民法通则》和《合同法》等基本法律规定的合同无效的情形，也应当适用于建设工程施工合同。

三、合同无效但建设工程质量合格的，也可参照合同约定结算工程价款

问：按照《解释》规定，合同被确认无效，如果建设工程经竣工验收合格的，可以参照合同约定结算工程价款，这是否违反《民法通则》和《合同法》关于无效合同的处理原则？

答：《合同法》第五十八条规定，合同无效或者被撤销后，因该合同取得的财产，应当予以返还；不能返还或者没有必要返还的，应当折价补偿。建设工程施工合同具有特殊性，合同履行的过程，就是将劳动和建筑材料物化在建筑产品的过程。合同被确认无效后，已经履行的内容不能适用返还的方式使合同恢复到签约前的状态，而只能按照折价补偿的方式处理。从建设工程施工合同的实际履行情况看，当合同被确认无效后，有两种折价补偿方式，一是以工程定额为标准，通过鉴定确定建设工程价值，考虑到目前我国建筑市场的实际情况，有的发包人签订合同时往往把工程价款压得很低，如果合同被确认无效还按照第一方案折价补偿，将会造成无效合同比有效合同的工程价款还高，这超出了当事人签订合同的预期。二是参照合同约定结算工程价款。这种折价补偿的方式不仅符合双方当事人在订立合同时的真实意思，而且还可以节省鉴定费用，提高诉讼效率。因此，通过对以上两种折价补偿方案的比较，根据我国建筑行业的现状，衡平合同各方当事人的利益，在《解释》第二条规定，建设工程施工合同被确认无效以后，建设工程质量合格的，可以参照合同约定结算工程价款。《解释》确立了参照合同约定结算工程价款的折价补偿原则。这与《民法通则》《合同法》第五十八条的规定并不矛盾，而是在处理无效的建设工程施工合同纠纷案件中具体体现了《合同法》规定的无效处理原则。

《解释》第二条规定适用的无效合同仅指合同标的物为质量合格的建设工程，不包

括质量不合格的建设工程。建设工程质量合格，包括两方面的意思，一是建设工程经竣工验收合格，二是建设工程经竣工验收不合格，但是经过承包人修复后，再验收合格。总之，只要建设工程经过验收合格，即使确认合同无效，也可以按照合同约定结算工程价款。

四、对质量不合格又不能修复的工程可以不支付工程价款

问：如果建设工程经竣工验收不合格的，不支付工程价款是否公平，承包人因此受到的损失，有过错的发包人是否也应当承担赔偿责任？

答：《解释》第三条第一款第（二）项规定：合同无效，修复后的建设工程经竣工验收不合格，承包人请求支付工程价款的，不予支持。制定此项规定我们是这样考虑的：

一是建设工程施工合同属于特殊形式的承揽合同，法律规定承包人的主要合同义务就是按照合同约定向发包人交付合格的建设工程，如果承包人交付的建设工程质量不合格，发包人订立合同的目的就无法实现，发包人不仅可以拒绝受领该工程，而且也可以不支付工程价款。这是民事法律调整加工承揽关系的原则。

二是根据《解释》规定，承包人对经验收不合格的建设工程可以进行修复，经过修复建设工程质量合格的，发包人应当按照约定支付工程价款；如果经修复建设工程仍不合格的，该工程就没有利用价值，在这样的情况下让发包人支付工程价款是不公平的。

三是不能按照合同约定支付工程价款，当然会给承包人造成损失，但承包人是建设工程的建设者，对工程质量不合格应当承担主要责任，因此，一般说来，造成的损失也应当由承包人承担。但是，如果发包人对造成工程质量不合格也有过错的，也应当承担与过错相适应的责任。也就是说，在发包人有过错的情况下，发包人虽然可以不承担按照合同约定支付工程价款的给付义务，但是应当对承包人不能得到工程价款的损失按照过错承担赔偿责任。《解释》第三条第二款规定：因建设工程不合格造成的损失，发包人有过错的，也应承担相应的民事责任。《合同法》第五十八条规定，合同无效后，有过错的一方应当赔偿对方因此受到的损失，双方都有过错的，应当各自承担相应的责任。承、发包双方当事人按照过错分别承担相应的责任，这样规定不仅符合建筑市场的实际情况和民法原则，同时也有利于承包人重视建设工程质量，加强对工程质量的监督和管理。

必须指出的是，关于建设工程经验收不合格，发包人可以不支付工程价款的规定，除合同无效情形外，也适用于有效合同。《解释》第十条、第十六条规定，建设工程施工合同履行中承包人交付的工程质量不合格或者合同因解除而停止履行时，建设工程经验收质量不合格的，参照《解释》第三条规定处理。

五、对垫资条款不作无效处理

问：根据《解释》第六条规定，可否认为垫资是合法的？这是否与以往法院对垫资条款无效的处理原则相矛盾？《解释》认定垫资有效是出于什么考虑？

答：以前，人民法院认为建设工程施工合同中的垫资、带资条款或者当事人另行签订的垫资合同的性质为企业法人间违规拆借资金，这种行为违反了原国家计划委员会、建设部和财政部联合发布的《关于严格禁止在工程建设中带资承包的通知》的规定，但对于是否应当认定垫资条款无效，却有不同认识。

在司法解释起草过程中，我们考虑到，一是建筑市场垫资比较普遍，发包人要求承包人垫资，如果承包人不带资、垫资也难以承揽到工程，如果不承认垫资有效，不利于保护承包人的合法权益。二是我国已经加入WTO，建筑市场是开放的，建筑市场的主体可能是本国的企业，也可能是外国的企业，而国际建筑市场是允许垫资的，如果我们认定垫资一律无效，违反国际惯例，与国际建筑市场的发展潮流相悖。三是根据《合同法》第五十二条规定，必须是违反法律、行政法规的强制性规定，才能认定合同无效。但是从法律规定的层次看，《关于严格禁止在工程建设中带资承包的通知》不属于法律、行政法规，至多归为部颁规章，不能成为人民法院认定合同条款无效的法律依据。

基于以上考虑，《解释》规定当事人对垫资及其利息有约定，请求按照合同约定返还垫资款和利息的，应当予以支持。从而确立了垫资合同有效的处理原则。根据《解释》规定，当事人对垫资利息计算标准的约定不能超过国家法定基准利率；如超出，对超出部分不予保护。

六、解除合同的条件更加明确

问：从司法解释的规定看，似乎对合同的解除规定了较严格的条件，出于什么考虑？

答：根据《合同法》规定，合同解除分为约定解除和法定解除两种。从《合同法》的规定看，法定解除主要是适用于当事人不履行合同的主要义务，致使合同的目的无法实现的情形，《解释》第八条和第九条的规定，主要是对《合同法》第九十四条关于合同解除权规定适用于建设工程施工合同的具体化，其目的是通过明确解除合同的条件，防止合同随意被解除，从而保证建设工程施工合同全面实际履行。

《解释》第八条是规定了发包人的解除权，该条规定：承包人具有下列情形之一，发包人请求解除建设工程施工合同的，应予支持：（1）明确表示或者以行为表明不履行合同主要义务的；（2）合同约定的期限内没有完工，且在发包人催告的合理期限内

仍未完工的；（3）已经完成的建设工程质量不合格，并拒绝修复的；（4）将承包的建设工程非法转包、违法分包的。承包人的上述行为都属不履行合同主要义务的行为，并且会导致发包人按质按期获得建设工程的合同目的难以实现，依法应当准许发包人解除合同。

第九条规定了承包人的解除权。该条规定：发包人具有下列情形之一，致使承包人无法施工，且在催告的合理期限内仍未履行相应义务，承包人请求解除建设工程施工合同的，应予支持：一是未按约定支付工程价款的；二是提供的主要建筑材料、建筑构配件和设备不符合强制性标准的；三是不履行合同约定的协助义务的。

七、发包人对工程质量缺陷有过错的，也应承担责任

问：建设工程质量的缺陷应当由承包人负责，为什么还要发包人对工程质量缺陷承担责任？

答：建设工程的质量关系到公共安全，为了确保建设工程质量，《合同法》《建筑法》等法律、行政法规或者部颁规章都作出了许多具体规定，如有关承包人施工资质、工程分包、工程验收、工程保修、工程监理、建材供应等方面的规定，这些规定的核心都是为了保证工程质量。一般来讲，承包人的主要合同义务就是按照合同约定和国家标准施工，将合格的建设工程交付发包人，如果工程质量有缺陷，应由承包人承担责任。但在特殊情况下，建设工程质量缺陷与发包人的过错有关，如果发包人不承担相应的责任，都让承包人承担责任是不公平的。因此，《解释》第十二条规定，发包人提供的设计有缺陷，提供或指定购买的建筑材料、建筑构配件、设备不符合强制性标准，直接指定分包人分包专业工程的，应当承担责任。

八、发包人收到结算报告后逾期不答复的视为认可

问：从法律上讲工程价款结算是当事人的行为，结算报告是承包人单方作出的，未经发包人认可不能作为结算依据。司法解释规定按照结算报告结算工程价款有何依据？

答：一般情况下，应当按照合同约定结算工程价款，工程经竣工验收合格后，双方就应当结算。结算中，一般先由承包人提交竣工结算报告，由发包人审核。而有的发包人收到承包人提交的工程结算文件后迟迟不予答复或者根本不予答复，以达到拖欠或者不支付工程价款的目的。这种行为严重侵害了承包人的合法权益。为了制止这种不法行为，建设部发布的《建筑工程施工发包与承包计价管理办法》第十六条规定，发包人应

当在收到竣工结算文件后的约定期限内予以答复。逾期未答复的，竣工结算文件视为已被认可。合同对答复期限没有明确约定的，可认为约定期限均为 28 天。这条规定对制止发包人无正当理由拖欠工程款的不法行为，保护承包人的合法权益发挥了很大作用。为了更好地约束双方当事人，使建设部的这条规定更具有可操作性，《解释》第二十条明确规定，当事人约定，发包人收到竣工结算文件后，在约定期限内不予答复，视为认可竣工结算文件的，按照约定处理。承包人请求按照竣工结算文件结算工程价款的，应予支持，体现了充分尊重合同当事人约定的原则。

九、拖欠工程价款，应当支付利息

问：拖欠工程价款就应当支付利息，司法解释为何专门对此问题作出规定？

答：从法理上讲，利息属于法定孳息，应当自工程欠款发生时起算，但由于建设工程是按形象进度付款的，许多案件难以确定工程欠款发生之日，因此，各级法院对拖欠工程款的利息应当从何时计付，认识不一，掌握的标准也不统一。有的从一审法庭辩论终结前起算，有的从一审举证期限届满前起算，还有的从终审判决确定工程价款给付之日起算。为了统一拖欠工程价款的利息计付时间，维护合同双方的合法权益，《解释》第十八条规定，利息从应付工程价款之日计付。当事人对付款时间没有约定或者约定不明的，下列时间视为应付款时间：（1）建设工程已实际交付的，为交付之日；（2）建设工程没有交付的，为提交竣工结算文件之日；（3）建设工程未交付，工程价款也未结算的，为当事人起诉之日。这是根据建设工程施工合同的不同履行情况，把工程欠款利息的起算时间分为三种情况。建设工程是一种特殊的商品，建设工程的交付也是一种交易行为，一方交付商品，对方就应当付款，该款就产生利息；建设工程因结算不下来而未交付的，为了促使发包人积极履行给付工程价款的主要义务，把承包人提交结算报告的时间作为工程价款利息的起算时间具有一定的合理性。当事人因结算纠纷起诉到法院，承包人起诉之日就是以法律手段向发包人要求履行付款义务之时，人民法院对其合法权益应予以保护。

十、"黑白合同"应以备案的中标合同为准

问：在建设工程招投标中，有的当事人为了获取不正当利益，在签订中标合同前后，往往就同一工程项目再签订一份或者多份与中标合同的工程价款等主要内容不一致的合同，如果出现"黑白合同"，应当按照哪一份合同结算？

答：在招投标的工程价款结算纠纷案件中，一方当事人主张按照“黑合同”结算，对方当事人则主张按照“白合同”结算的，《解释》第二十一条明确规定：应当以“白合同”即备案的中标合同作为结算工程价款的依据。为什么不能以“黑合同”作为结算依据呢？这是因为法律、行政法规规定中标合同的变更必须经过法定程序，“黑合同”虽然可能是当事人真实意思表示，但由于合同形式不合法，不产生变更“白合同”的法律效力。当事人签订中标合同后，如果出现了变更合同的法定事由，双方协商一致后可以变更合同；但是合同变更的内容，应当及时到有关部门备案，如果未到有关部门备案，就不能成为结算的依据。这样，就能从根本上制止不法行为的发生，有利于维护建筑市场公平竞争秩序，也有利于招标投标法的贯彻实施。

十一、加强了对农民工合法权益的保护

问：《解释》第二十六条第二款规定是否存在突破合同相对性的问题？作出这样的规定是否会损害发包人利益？

答：《解释》第二十六条规定是为保护农民工的合法权益作出的规定。因为建筑业吸收了大量的农民工就业，但由于建设工程的非法转包和违法分包，造成许多农民工辛苦一年往往还拿不到工资。为了有利地保护农民工合法权益，《解释》第二十六条规定，实际施工人以发包人为被告主张权利的，人民法院可以追加转包人或者违法分包人为本案当事人，发包人只在欠付工程价款的范围内对实际施工人承担责任。从该条的规定看：

一是实际施工人可以发包人为被告起诉。从建筑市场的情况看，承包人与发包人订立建设工程施工合同后，往往又将建设工程转包或者违法分包给第三人，第三人就是实际施工人。按照合同的相对性来讲，实际施工人应当向与其有合同关系的承包人主张权利，而不应当向发包人主张权利。但是从实际情况看，有的承包人将工程转包收取一定的管理费用后，没有进行工程结算或者对工程结算不主张权利，由于实际施工人与发包人没有合同关系，这样导致实际施工人没有办法取得工程款，而实际施工人不能得到工程款则直接影响到农民工工资的发放。因此，如果不允许实际施工人向发包人主张权利，不利于对农民工利益的保护。

二是承包人将建设工程非法转包、违法分包后，建设工程施工合同的义务都是由实际施工人履行的。实际施工人与发包人已经全面实际履行了发包人与承包人之间的合同并形成了事实上的权利义务关系。在这种情况下，如果不允许实际施工人向发包人主张权利，不利于对实际施工人利益的保护。基于此种考虑，《解释》第二十六条规定实际

施工人可以向发包人主张权利，但发包人仅在欠付工程款的范围内对实际施工人承担责任，如果发包人已经将工程价款全部支付给承包人的，发包人就不应当再承担支付工程价款的责任。因此，发包人只在欠付工程价款范围内对实际施工人承担责任，并不会损害发包人的权益。

三是为了方便案件审理，《解释》第二十六条还规定，人民法院可以追加转包人或者违法分包人为本案当事人，考虑到案件的审理涉及到两个合同法律关系，如果转包人或者违法分包人不参加到诉讼的过程中来，许多案件的事实没有办法查清，所以人民法院可以根据案件的实际情况追加转包人或者违法分包人为共同被告或者案件的第三人；实际施工人可以发包人、承包人为共同被告主张权利。这样规定，既能够方便查清案件的事实，分清当事人的责任，也便于实际施工人实现自己的权利。

导读：为规范房地产市场的国有土地使用权合同纠纷司法解释，指导各级人民法院公正及时地处理房地产纠纷案件，规范房地产市场交易行为，促进房地产市场健康发展，最高人民法院制定了本解释。

本解释共28条，本解释调整的范围只限于涉及国有土地使用权的合同纠纷案件，不包括集体所有土地。在对欠缺生效条件合同的效力认定处理上，本解释采取了补救性的措施，即当事人只要在向人民法院起诉前，符合法律、行政法规规定的条件，不存在《合同法》第五十二条规定的无效情形，就应当认定合同有效，尽量尊重当事人双方的意思表示，不轻易确认合同无效，以促进合同加速履行和社会资源的有效利用。此外，在合同的解除上，本解释严格当事人行使解除权的条件，只有在出现根本违约，合同目的无法实现的情况下，当事人请求解除的才予以支持。本解释对开发区管委会订立的土地使用权合同效力认定作出区别对待的规定。

本解释的公布实施，有利于推动我国房地产市场各项制度的改革和土地交易市场健康有序地发展。有利于保护房地产市场开发经营主体和广大人民群众的合法权益。为人民法院正确、及时处理房地产纠纷案件，维护房地产市场秩序，公平保护当事人合法权益提供了有力的法律武器。

最高人民法院
关于审理涉及国有土地使用权合同纠纷案件适用法律问题的解释

法释〔2005〕5号

（2004年11月23日最高人民法院审判委员会第1334次会议通过
2005年6月18日最高人民法院公告公布
自2005年8月1日起施行）

根据《中华人民共和国民法通则》《中华人民共和国合同法》《中华人民共和国土地管理法》《中华人民共和国城市房地产管理法》等法律规定，结合民事审判实践，就审理涉及国有土地使用权合同纠纷案件适用法律的问题，制定本解释。

一、土地使用权出让合同纠纷

第一条　（土地使用权出让合同）本解释所称的土地使用权出让合同，是指市、县人民政府土地管理部门作为出让方将国有土地使用权在一定年限内让与受让方，受让方支付土地使用权出让金的协议。

第二条　（开发区管理委员会出让土地行为的处理）开发区管理委员会作为出让方与受让方订立的土地使用权出让合同，应当认定无效。

本解释实施前，开发区管理委员会作为出让方与受让方订立的土地使用权出让合同，起诉前经市、县人民政府土地管理部门追认的，可以认定合同有效。

第三条　（协议出让土地价格的确定）经市、县人民政府批准同意以协议方式出让的土地使用权，土地使用权出让金低于订立合同时当地政府按照国家规定确定的最低价的，应当认定土地使用权出让合同约定的价格条款无效。

当事人请求按照订立合同时的市场评估价格交纳土地使用权出让金的，应予支持；受让方不同意按照市场评估价格补足，请求解除合同的，应予支持。因此造成的损失，由当事人按照过错承担责任。

第四条　（对未办理批准手续合同的处理）土地使用权出让合同的出让方因未办理土地使用权出让批准手续而不能交付土地，受让方请求解除合同的，应予支持。

第五条　（土地出让金的调整）受让方经出让方和市、县人民政府城市规划行政主管部门同意，改变土地使用权出让合同约定的土地用途，当事人请求按照起诉时同种用途的土地出让金标准调整土地出让金的，应予支持。

第六条　（对擅自改变土地用途合同的处理）受让方擅自改变土地使用权出让合同约定的土地用途，出让方请求解除合同的，应予支持。

二、土地使用权转让合同纠纷

第七条　（土地使用权转让合同）本解释所称的土地使用权转让合同，是指土地使用权人作为转让方将出让土地使用权转让于受让方，受让方支付价款的协议。

第八条　（未办理权属变更登记的合同有效）土地使用权人作为转让方与受让方订立土地使用权转让合同后，当事人一方以双方之间未办理土地使用权变更登记手续为由，请求确认合同无效的，不予支持。

第九条　（未取得土地使用权证的转让合同的效力认定）转让方未取得出让土地使用权证书与受让方订立合同转让土地使用权，起诉前转让方已经取得出让土地使用权证

书或者有批准权的人民政府同意转让的，应当认定合同有效。

第十条　（一地数转合同的处理原则）土地使用权人作为转让方就同一出让土地使用权订立数个转让合同，在转让合同有效的情况下，受让方均要求履行合同的，按照以下情形分别处理：

（一）已经办理土地使用权变更登记手续的受让方，请求转让方履行交付土地等合同义务的，应予支持；

（二）均未办理土地使用权变更登记手续，已先行合法占有投资开发土地的受让方请求转让方履行土地使用权变更登记等合同义务的，应予支持；

（三）均未办理土地使用权变更登记手续，又未合法占有投资开发土地，先行支付土地转让款的受让方请求转让方履行交付土地和办理土地使用权变更登记等合同义务的，应予支持；

（四）合同均未履行，依法成立在先的合同受让方请求履行合同的，应予支持。

未能取得土地使用权的受让方请求解除合同、赔偿损失的，按照《中华人民共和国合同法》的有关规定处理。

第十一条　（划拨土地转让未经批准的无效）土地使用权人未经有批准权的人民政府批准，与受让方订立合同转让划拨土地使用权的，应当认定合同无效。但起诉前经有批准权的人民政府批准办理土地使用权出让手续的，应当认定合同有效。

第十二条　（划拨土地转为出让土地的纠纷处理）土地使用权人与受让方订立合同转让划拨土地使用权，起诉前经有批准权的人民政府同意转让，并由受让方办理土地使用权出让手续的，土地使用权人与受让方订立的合同可以按照补偿性质的合同处理。

第十三条　（划拨土地直接转让的纠纷处理）土地使用权人与受让方订立合同转让划拨土地使用权，起诉前经有批准权的人民政府决定不办理土地使用权出让手续，并将该划拨土地使用权直接划拨给受让方使用的，土地使用权人与受让方订立的合同可以按照补偿性质的合同处理。

三、合作开发房地产合同纠纷

第十四条　（合作开发房地产合同）本解释所称的合作开发房地产合同，是指当事人订立的以提供出让土地使用权、资金等作为共同投资，共享利润、共担风险合作开发房地产为基本内容的协议。

第十五条　（房地产开发经营资质）合作开发房地产合同的当事人一方具备房地产

开发经营资质的，应当认定合同有效。

当事人双方均不具备房地产开发经营资质的，应当认定合同无效。但起诉前当事人一方已经取得房地产开发经营资质或者已依法合作成立具有房地产开发经营资质的房地产开发企业的，应当认定合同有效。

第十六条 （划拨土地未经批准合作开发的无效）土地使用权人未经有批准权的人民政府批准，以划拨土地使用权作为投资与他人订立合同合作开发房地产的，应当认定合同无效。但起诉前已经办理批准手续的，应当认定合同有效。

第十七条 （增加投资数额分担比例的确定）投资数额超出合作开发房地产合同的约定，对增加的投资数额的承担比例，当事人协商不成的，按照当事人的过错确定；因不可归责于当事人的事由或者当事人的过错无法确定的，按照约定的投资比例确定；没有约定投资比例的，按照约定的利润分配比例确定。

第十八条 （建筑面积减少的分配处理）房屋实际建筑面积少于合作开发房地产合同的约定，对房屋实际建筑面积的分配比例，当事人协商不成的，按照当事人的过错确定；因不可归责于当事人的事由或者当事人过错无法确定的，按照约定的利润分配比例确定。

第十九条 （违章建筑不予分配）在下列情形下，合作开发房地产合同的当事人请求分配房地产项目利益的，不予受理；已经受理的，驳回起诉：

（一）依法需经批准的房地产建设项目未经有批准权的人民政府主管部门批准；

（二）房地产建设项目未取得建设工程规划许可证；

（三）擅自变更建设工程规划。

因当事人隐瞒建设工程规划变更的事实所造成的损失，由当事人按照过错承担。

第二十条 （建筑面积增加的分配处理）房屋实际建筑面积超出规划建筑面积，经有批准权的人民政府主管部门批准后，当事人对超出部分的房屋分配比例协商不成的，按照约定的利润分配比例确定。对增加的投资数额的承担比例，当事人协商不成的，按照约定的投资比例确定；没有约定投资比例的，按照约定的利润分配比例确定。

第二十一条 （违章建筑损失的承担）当事人违反规划开发建设的房屋，被有批准权的人民政府主管部门认定为违法建筑责令拆除，当事人对损失承担协商不成的，按照当事人过错确定责任；过错无法确定的，按照约定的投资比例确定责任；没有约定投资比例的，按照约定的利润分配比例确定责任。

第二十二条 （利润分配比例的确定）合作开发房地产合同约定仅以投资数额确定

利润分配比例，当事人未足额交纳出资的，按照当事人的实际投资比例分配利润。

第二十三条　（房屋预售款不得充抵投资）合作开发房地产合同的当事人要求将房屋预售款充抵投资参与利润分配的，不予支持。

第二十四条　（名为合作实为土地使用权转让）合作开发房地产合同约定提供土地使用权的当事人不承担经营风险，只收取固定利益的，应当认定为土地使用权转让合同。

第二十五条　（名为合作实为房屋买卖）合作开发房地产合同约定提供资金的当事人不承担经营风险，只分配固定数量房屋的，应当认定为房屋买卖合同。

第二十六条　（名为合作实为借款）合作开发房地产合同约定提供资金的当事人不承担经营风险，只收取固定数额货币的，应当认定为借款合同。

第二十七条　（名为合作实为租赁）合作开发房地产合同约定提供资金的当事人不承担经营风险，只以租赁或者其他形式使用房屋的，应当认定为房屋租赁合同。

四、其　　他

第二十八条　（本解释的适用和效力）本解释自 2005 年 8 月 1 日起施行；施行后受理的第一审案件适用本解释。

本解释施行前最高人民法院发布的司法解释与本解释不一致的，以本解释为准。

【链　　接】

最高人民法院有关负责人就《关于审理涉及国有土地使用权合同纠纷适用法律问题的解释》答新华社记者问

继 2003 年 4 月 28 日公布《关于审理商品房买卖合同纠纷案件适用法律若干问题的解释》后，最高人民法院于 2005 年 6 月 18 日公布旨在规范房地产市场的国有土地使用权合同纠纷司法解释，指导各级人民法院公正及时地处理房地产纠纷案件，规范房地产市场交易行为，促进房地产市场健康发展。新华社记者就有关问题采访了最高人民法院有关负责人。

一、集体土地和农用土地不适用新司法解释

这位负责人表示，《土地管理法》第二条规定，我国实行土地全民所有制和劳动群

众集体所有制，全民所有即国家所有。与土地所有制相对应，我国目前土地使用权也可分国有土地使用权和集体土地使用权两类。根据《城市房地产管理法》的规定，房地产开发是指在依法取得的国有土地使用权的土地上进行基础设施、房屋建设的行为，由此决定房地产开发所需要的土地仅限于国有土地，而非集体土地；城市规划区内的集体所有的土地，经依法征用转为国有土地后，该幅国有土地的使用权方可有偿出让。《土地管理法》也明确规定，任何单位和个人进行建设，需要使用土地的，必须依法申请使用国有土地；农民集体所有的土地的使用权不得出让、转让或者出租用于非农业建设。因此，新出台的司法解释调整的范围只限于涉及国有土地使用权的合同纠纷案件，不包括集体所有土地。

按照《土地管理法》确立的土地用途管制制度和基本农田保护制度，我国土地分为农用地、建设用地和未利用地，严格限制农用地转为建设用地。在国有土地上，对于按照土地利用总体规划划入基本农田保护区的农用地要严格管理，因房地产开发建设需要使用国有建设用地的，可通过出让或者划拨的方式取得；涉及农用地转为建设用地的，应当办理农用地转用审批手续。因此，本司法解释调整的国有土地范围为国有建设用地，不包括国有农用地。

二、不轻易确认合同无效

这位负责人表示，合同效力的认定不仅关系着土地交易关系的稳定和当事人合法权益的保护，而且关系到房地产市场的有序发展。因此，司法解释根据《合同法》的规定，结合社会现状和审判实际，在对欠缺生效条件合同的效力认定处理上，采取了补救性的措施，即当事人只要在向人民法院起诉前，符合法律、行政法规规定的条件，不存在《合同法》第五十二条规定的无效情形，就应当认定合同有效，尽量尊重当事人双方的意思表示，不轻易确认合同无效，以促进合同加速履行和社会资源的有效利用。

此外，在合同的解除上，司法解释严格当事人行使解除权的条件，只有在出现根本违约，合同目的无法实现的情况下，当事人请求解除的才予以支持。

三、开发区管委会订立的土地出让合同无效

这位负责人表示，《土地管理法》和《城市房地产管理法》规定，土地使用权出让合同的出让方为市、县人民政府土地管理部门，其他部门无权出让。但由于以往土地市场管理不规范，特别是对各类开发区内的土地管理缺乏有效措施，导致了一些开发区的

国有土地出让、转让呈现无序状态，开发区管委会擅自出让土地的情况较为严重，引发了大量的合同纠纷。针对上述情况，目前国务院已经对全国土地市场部署开展治理整顿工作，其中开发区即为整治的重点。

为配合国务院此项工作，在综合相关部门意见的基础上，司法解释对开发区管委会订立的土地使用权合同效力认定作出区别对待的规定。首先，为配合国务院开展的土地市场整治工作，加大促进国土管理部门对土地市场的管理力度，司法解释明确将不具备法定主体资格的开发区管委会与受让人订立的土地使用权出让合同按无效处理，对今后土地出让行为可以给予有效规范。其次，考虑到我国目前实际情况，对开发区管委会遗留下的为数不少的出让土地问题，仍采取一定的补救手段，即在起诉前经过市、县人民政府土地管理部门追认的，可以认定有效，同时为防止追认手段的滥用，有效规范今后的土地出让行为，对追认的范围限定在本司法解释实施之前的情况。司法解释实施以后，开发区管委会再行订立的土地使用权出让合同一律按照无效处理。通过宽严相济的规定，对此类纠纷给予合理解决。

四、司法解释有利于构建和谐社会

这位负责人表示，据相关资料表明，随着城镇居民住房的商品化和市场化，目前房地产开发建设的商品房近 90% 由个人购买，而商品房的开发建设与土地市场具有直接的关系。司法解释的公布实施，有利于推动我国房地产市场各项制度的改革和土地交易市场健康有序地发展。有利于保护房地产市场开发经营主体和广大人民群众的合法权益。

司法解释的公布实施，还有利于法制的统一和社会主义和谐社会的构建。房地产作为不动产，属于民事财产权的范畴，应由《物权法》进行调整。现行的《土地管理法》和《城市房地产管理法》作为行政性法律，主要是从行政管理的角度对房地产的开发经营行为加以规定。由于目前我国还没有完善的不动产法律，《物权法》也尚未出台，因此，人民法院在处理法律关系复杂的房地产纠纷案件时缺乏具体明确的法律依据，适用法律不统一。这不仅不利于平等保护当事人的合法权益，也不符合法制统一原则的要求。司法解释的制定出台，为人民法院正确、及时处理房地产纠纷案件，维护房地产市场秩序，公平保护当事人合法权益提供了有力的法律武器。

导读：为贯彻党的十八届四中全会提出的全面推进依法治国的重大战略部署，切实加强社会主义法治建设，充分保护人民群众和广大民事主体在民间借贷活动中的合法权益，维护正常的资金融通秩序，最高人民法院制定了本规定。

本规定共33条，主要规定了民间借贷的界定、民间借贷案件的受理与管辖、民间借贷案件涉及民事案件和刑事案件交叉的规定、民间借贷合同的效力、互联网借贷平台的责任、民间借贷合同与买卖合同混合情形的认定、企业间借贷的效力、民间借贷合同无效的认定、虚假民事诉讼的处理、民间借贷的利率与利息等问题。

本规定统一了民间借贷案件的裁判标准。

最高人民法院
关于审理民间借贷案件适用法律若干问题的规定

法释〔2015〕18号

（2015年6月23日最高人民法院审判委员会第1655次会议通过
2015年8月6日最高人民法院公告公布
自2015年9月1日起施行）

为正确审理民间借贷纠纷案件，根据《中华人民共和国民法通则》《中华人民共和国物权法》《中华人民共和国担保法》《中华人民共和国合同法》《中华人民共和国民事诉讼法》《中华人民共和国刑事诉讼法》等相关法律之规定，结合审判实践，制定本规定。

第一条　（民间借贷行为及主体范围的界定）本规定所称的民间借贷，是指自然人、法人、其他组织之间及其相互之间进行资金融通的行为。

经金融监管部门批准设立的从事贷款业务的金融机构及其分支机构，因发放贷款等相关金融业务引发的纠纷，不适用本规定。

第二条　（民间借贷案件起诉条件的规定）出借人向人民法院起诉时，应当提供借据、收据、欠条等债权凭证以及其他能够证明借贷法律关系存在的证据。

当事人持有的借据、收据、欠条等债权凭证没有载明债权人，持有债权凭证的当事

人提起民间借贷诉讼的，人民法院应予受理。被告对原告的债权人资格提出有事实依据的抗辩，人民法院经审理认为原告不具有债权人资格的，裁定驳回起诉。

第三条　（民间借贷合同履行地的确定）借贷双方就合同履行地未约定或者约定不明确，事后未达成补充协议，按照合同有关条款或者交易习惯仍不能确定的，以接受货币一方所在地为合同履行地。

第四条　（担保人的诉讼地位）保证人为借款人提供连带责任保证，出借人仅起诉借款人的，人民法院可以不追加保证人为共同被告；出借人仅起诉保证人的，人民法院可以追加借款人为共同被告。

保证人为借款人提供一般保证，出借人仅起诉保证人的，人民法院应当追加借款人为共同被告；出借人仅起诉借款人的，人民法院可以不追加保证人为共同被告。

第五条　（发现犯罪嫌疑的案件的处理）人民法院立案后，发现民间借贷行为本身涉嫌非法集资犯罪的，应当裁定驳回起诉，并将涉嫌非法集资犯罪的线索、材料移送公安或者检察机关。

公安或者检察机关不予立案，或者立案侦查后撤销案件，或者检察机关作出不起诉决定，或者经人民法院生效判决认定不构成非法集资犯罪，当事人又以同一事实向人民法院提起诉讼的，人民法院应予受理。

第六条　（犯罪嫌疑的处理）人民法院立案后，发现与民间借贷纠纷案件虽有关联但不是同一事实的涉嫌非法集资等犯罪的线索、材料的，人民法院应当继续审理民间借贷纠纷案件，并将涉嫌非法集资等犯罪的线索、材料移送公安或者检察机关。

第七条　（裁定中止诉讼）民间借贷的基本案件事实必须以刑事案件审理结果为依据，而该刑事案件尚未审结的，人民法院应当裁定中止诉讼。

第八条　（民刑分离原则）借款人涉嫌犯罪或者生效判决认定其有罪，出借人起诉请求担保人承担民事责任的，人民法院应予受理。

第九条　（自然人之间借贷合同的生效时间）具有下列情形之一，可以视为具备合同法第二百一十条关于自然人之间借款合同的生效要件：

（一）以现金支付的，自借款人收到借款时；

（二）以银行转账、网上电子汇款或者通过网络贷款平台等形式支付的，自资金到达借款人账户时；

（三）以票据交付的，自借款人依法取得票据权利时；

（四）出借人将特定资金账户支配权授权给借款人的，自借款人取得对该账户实际

支配权时；

（五）出借人以与借款人约定的其他方式提供借款并实际履行完成时。

第十条　（其他民间借贷合同的生效时间）除自然人之间的借款合同外，当事人主张民间借贷合同自合同成立时生效的，人民法院应予支持，但当事人另有约定或者法律、行政法规另有规定的除外。

第十一条　（企业间借贷合同的效力）法人之间、其他组织之间以及它们相互之间为生产、经营需要订立的民间借贷合同，除存在合同法第五十二条、本规定第十四条规定的情形外，当事人主张民间借贷合同有效的，人民法院应予支持。

第十二条　（企业内部集资的效力）法人或者其他组织在本单位内部通过借款形式向职工筹集资金，用于本单位生产、经营，且不存在合同法第五十二条、本规定第十四条规定的情形，当事人主张民间借贷合同有效的，人民法院应予支持。

第十三条　（涉嫌犯罪的民间借贷合同效力及担保人的民事责任）借款人或者出借人的借贷行为涉嫌犯罪，或者已经生效的判决认定构成犯罪，当事人提起民事诉讼的，民间借贷合同并不当然无效。人民法院应当根据合同法第五十二条、本规定第十四条之规定，认定民间借贷合同的效力。

担保人以借款人或者出借人的借贷行为涉嫌犯罪或者已经生效的判决认定构成犯罪为由，主张不承担民事责任的，人民法院应当依据民间借贷合同与担保合同的效力、当事人的过错程度，依法确定担保人的民事责任。

第十四条　（民间借贷合同无效的情形）具有下列情形之一，人民法院应当认定民间借贷合同无效：

（一）套取金融机构信贷资金又高利转贷给借款人，且借款人事先知道或者应当知道的；

（二）以向其他企业借贷或者向本单位职工集资取得的资金又转贷给借款人牟利，且借款人事先知道或者应当知道的；

（三）出借人事先知道或者应当知道借款人借款用于违法犯罪活动仍然提供借款的；

（四）违背社会公序良俗的；

（五）其他违反法律、行政法规效力性强制性规定的。

第十五条　（因其他法律关系产生的借贷的处理）原告以借据、收据、欠条等债权凭证为依据提起民间借贷诉讼，被告依据基础法律关系提出抗辩或者反诉，并提供证据

证明债权纠纷非民间借贷行为引起的，人民法院应当依据查明的案件事实，按照基础法律关系审理。

当事人通过调解、和解或者清算达成的债权债务协议，不适用前款规定。

第十六条 （当事人的举证责任和事实审查标准）原告仅依据借据、收据、欠条等债权凭证提起民间借贷诉讼，被告抗辩已经偿还借款，被告应当对其主张提供证据证明。被告提供相应证据证明其主张后，原告仍应就借贷关系的成立承担举证证明责任。

被告抗辩借贷行为尚未实际发生并能作出合理说明，人民法院应当结合借贷金额、款项交付、当事人的经济能力、当地或者当事人之间的交易方式、交易习惯、当事人财产变动情况以及证人证言等事实和因素，综合判断查证借贷事实是否发生。

第十七条 （欠缺借款合同案件的举证责任）原告仅依据金融机构的转账凭证提起民间借贷诉讼，被告抗辩转账系偿还双方之前借款或其他债务，被告应当对其主张提供证据证明。被告提供相应证据证明其主张后，原告仍应就借贷关系的成立承担举证证明责任。

第十八条 （负有举证义务的原告无正当理由拒不到庭的法律后果）根据《关于适用〈中华人民共和国民事诉讼法〉的解释》第一百七十四条第二款之规定，负有举证证明责任的原告无正当理由拒不到庭，经审查现有证据无法确认借贷行为、借贷金额、支付方式等案件主要事实，人民法院对其主张的事实不予认定。

第十九条 （民间借贷虚假诉讼的判断标准）人民法院审理民间借贷纠纷案件时发现有下列情形，应当严格审查借贷发生的原因、时间、地点、款项来源、交付方式、款项流向以及借贷双方的关系、经济状况等事实，综合判断是否属于虚假民事诉讼：

（一）出借人明显不具备出借能力；

（二）出借人起诉所依据的事实和理由明显不符合常理；

（三）出借人不能提交债权凭证或者提交的债权凭证存在伪造的可能；

（四）当事人双方在一定期间内多次参加民间借贷诉讼；

（五）当事人一方或者双方无正当理由拒不到庭参加诉讼，委托代理人对借贷事实陈述不清或者陈述前后矛盾；

（六）当事人双方对借贷事实的发生没有任何争议或者诉辩明显不符合常理；

（七）借款人的配偶或合伙人、案外人的其他债权人提出有事实依据的异议；

（八）当事人在其他纠纷中存在低价转让财产的情形；

（九）当事人不正当放弃权利；

（十）其他可能存在虚假民间借贷诉讼的情形。

第二十条 （对虚假民间借贷诉讼的处理）经查明属于虚假民间借贷诉讼，原告申请撤诉的，人民法院不予准许，并应当根据民事诉讼法第一百一十二条之规定，判决驳回其请求。

诉讼参与人或者其他人恶意制造、参与虚假诉讼，人民法院应当依照民事诉讼法第一百一十一条、第一百一十二条和第一百一十三条之规定，依法予以罚款、拘留；构成犯罪的，应当移送有管辖权的司法机关追究刑事责任。

单位恶意制造、参与虚假诉讼的，人民法院应当对该单位进行罚款，并可以对其主要负责人或者直接责任人员予以罚款、拘留；构成犯罪的，应当移送有管辖权的司法机关追究刑事责任。

第二十一条 （民间借贷合同中保证条款的认定）他人在借据、收据、欠条等债权凭证或者借款合同上签字或者盖章，但未表明其保证人身份或承担保证责任，或者通过其他事实不能推定其为保证人，出借人请求其承担保证责任的，人民法院不予支持。

第二十二条 （互联网借贷平台责任）借贷双方通过网络贷款平台形成借贷关系，网络贷款平台的提供者仅提供媒介服务，当事人请求其承担担保责任的，人民法院不予支持。

网络贷款平台的提供者通过网页、广告或者其他媒介明示或者有其他证据证明其为借贷提供担保，出借人请求网络贷款平台的提供者承担担保责任的，人民法院应予支持。

第二十三条 （企业法定代表人签订的民间借贷合同的认定与处理）企业法定代表人或负责人以企业名义与出借人签订民间借贷合同，出借人、企业或者其股东能够证明所借款项用于企业法定代表人或负责人个人使用，出借人请求将企业法定代表人或负责人列为共同被告或者第三人的，人民法院应予准许。

企业法定代表人或负责人以个人名义与出借人签订民间借贷合同，所借款项用于企业生产经营，出借人请求企业与个人共同承担责任的，人民法院应予支持。

第二十四条 （让与担保）当事人以签订买卖合同作为民间借贷合同的担保，借款到期后借款人不能还款，出借人请求履行买卖合同的，人民法院应当按照民间借贷法律关系审理，并向当事人释明变更诉讼请求。当事人拒绝变更的，人民法院裁定驳回起诉。

按照民间借贷法律关系审理作出的判决生效后，借款人不履行生效判决确定的金钱债务，出借人可以申请拍卖买卖合同标的物，以偿还债务。就拍卖所得的价款与应偿还借款本息之间的差额，借款人或者出借人有权主张返还或补偿。

第二十五条　（未约定利息或约定利息不明的处理）借贷双方没有约定利息，出借人主张支付借期内利息的，人民法院不予支持。

自然人之间借贷对利息约定不明，出借人主张支付利息的，人民法院不予支持。除自然人之间借贷的外，借贷双方对借贷利息约定不明，出借人主张利息的，人民法院应当结合民间借贷合同的内容，并根据当地或者当事人的交易方式、交易习惯、市场利率等因素确定利息。

第二十六条　（民间借贷利率上限的规定）借贷双方约定的利率未超过年利率24%，出借人请求借款人按照约定的利率支付利息的，人民法院应予支持。

借贷双方约定的利率超过年利率36%，超过部分的利息约定无效。借款人请求出借人返还已支付的超过年利率36%部分的利息的，人民法院应予支持。

第二十七条　（本金数额认定）借据、收据、欠条等债权凭证载明的借款金额，一般认定为本金。预先在本金中扣除利息的，人民法院应当将实际出借的金额认定为本金。

第二十八条　（民间借贷复利）借贷双方对前期借款本息结算后将利息计入后期借款本金并重新出具债权凭证，如果前期利率没有超过年利率24%，重新出具的债权凭证载明的金额可认定为后期借款本金；超过部分的利息不能计入后期借款本金。约定的利率超过年利率24%，当事人主张超过部分的利息不能计入后期借款本金的，人民法院应予支持。

按前款计算，借款人在借款期间届满后应当支付的本息之和，不能超过最初借款本金与以最初借款本金为基数，以年利率24%计算的整个借款期间的利息之和。出借人请求借款人支付超过部分的，人民法院不予支持。

第二十九条　（逾期利率的处理）借贷双方对逾期利率有约定的，从其约定，但以不超过年利率24%为限。

未约定逾期利率或者约定不明的，人民法院可以区分不同情况处理：

（一）既未约定借期内的利率，也未约定逾期利率，出借人主张借款人自逾期还款之日起按照年利率6%支付资金占用期间利息的，人民法院应予支持；

（二）约定了借期内的利率但未约定逾期利率，出借人主张借款人自逾期还款之日起按照借期内的利率支付资金占用期间利息的，人民法院应予支持。

第三十条　（逾期利息、违约金、其他费用并存的处理）出借人与借款人既约定了逾期利率，又约定了违约金或者其他费用，出借人可以选择主张逾期利息、违约金或者其他费用，也可以一并主张，但总计超过年利率24%的部分，人民法院不予支持。

第三十一条　（借款人自愿支付利息）没有约定利息但借款人自愿支付，或者超过约定的利率自愿支付利息或违约金，且没有损害国家、集体和第三人利益，借款人又以不当得利为由要求出借人返还的，人民法院不予支持，但借款人要求返还超过年利率36% 部分的利息除外。

第三十二条　（借款人提前偿还借款及其法律后果）借款人可以提前偿还借款，但当事人另有约定的除外。

借款人提前偿还借款并主张按照实际借款期间计算利息的，人民法院应予支持。

第三十三条　（本解释时间效力）本规定公布施行后，最高人民法院于 1991 年 8 月 13 日发布的《关于人民法院审理借贷案件的若干意见》同时废止；最高人民法院以前发布的司法解释与本规定不一致的，不再适用。

【链　　接】

统一裁判标准　正确适用法律　规范民间借贷

——杜万华详解《关于审理民间借贷案件适用法律若干问题的规定》

2015 年 8 月 6 日上午，最高人民法院召开新闻发布会，通报了《关于审理民间借贷案件适用法律若干问题的规定》（以下简称《规定》）的有关情况，最高人民法院审判委员会专职委员杜万华出席新闻发布会，并对这部司法解释的主要内容进行了详细的解释和说明。

一、关于民间借贷的界定

《规定》明确了民间借贷司法解释的适用范围，对民间借贷行为及主体范围予以明确界定。民间借贷是社会经济发展过程中相对于国家正规金融行业自发形成的一种民间融资信用形式，在我国有着久远的历史和深厚的传统，且被社会广泛熟悉，“民间借贷”这一称谓已经约定俗成。在我国，借贷市场主要由金融机构借贷和民间借贷组成。《规定》解决的是自然人、法人和其他组织之间因资金融通而发生的争议。《规定》第一条第一款开宗明义：“本规定所称的民间借贷，是指自然人、法人、其他组织之间及其相

互之间进行资金融通的行为。”这个界定体现了民间借贷行为特有的本质和主体范围。从称谓的形式上明晰了与国家金融监管机构间的区别，也从借贷主体的适用范围上与金融机构进行了区分。

二、关于民间借贷案件的受理与管辖

从民间借贷现实情况来看，民间借贷的资金大多属于民间的自有或闲散资金，具有松散性、广泛性的特征。由于借贷关系的双方当事人之间又多有亲属关系或同事、同乡、同学等社会关系，在借贷形式上往往表现出简单性和随意性。不签订书面借款合同或仅仅由借款人出具一张内容简单的借据、收据或欠条的情形较为常见。一旦发生纠纷，借贷双方往往很难举出充分证据证明其主张或进行抗辩。此时，人民法院是否应受理此类案件在司法实践中素有争议。《规定》的这一部分主要明确了民间借贷案件的起诉条件、民间借贷合同履行地的确定以及保证人的诉讼地位等问题，为立案登记制背景下更好地发挥司法对民间借贷纠纷的受理和管辖提供了法律依据。

三、关于民间借贷案件涉及民事案件和刑事案件交叉的规定

民间借贷案件往往与非法吸收公众存款、集资诈骗、非法经营等案件交织在一起，出现由同一法律事实或相互交叉的两个法律事实引发的、一定程度上交织在一起的民事案件和刑事案件，即民刑交叉案件。

民刑交叉问题主要包括民刑程序的协调与实体责任的确定两个方面，《规定》在这一部分明确：对于涉嫌非法集资犯罪的民间借贷案件，人民法院应当不予受理或者驳回起诉，并将涉嫌非法集资犯罪的线索、材料移送公安或者检察机关；对于与民间借贷案件虽有关联但不是同一事实的犯罪，人民法院应当将犯罪线索、材料移送侦查机关，但民间借贷案件仍然继续审理；借款人涉嫌非法集资等犯罪或者生效判决认定其有罪，出借人起诉请求担保人承担民事责任的，人民法院应予受理。

四、关于民间借贷合同的效力

民间借贷合同的效力判断，在司法实践中有着重要的意义。只有基于有效的民间借贷合同，一方当事人才能向另一方当事人主张其按照合同约定履行义务，也才能涉及违约责任的承担以及合同的解除等问题。

鉴于民间借贷合同的特殊性，《规定》在这一部分主要规定了以下内容：自然人之

间民间借贷合同的生效要件；企业之间为了生产经营需要签订的民间借贷合同，只要不违反《合同法》第五十二条和《规定》第十四条规定内容的，应当认定民间借贷合同的效力（这也是《规定》最重要的条款之一）；企业因生产经营的需要在单位内部通过借款形式向职工筹集资金签订的民间借贷合同有效；借款人或者出借人的借贷行为涉嫌犯罪，或者已经生效的判决认定构成犯罪，民间借贷合同并不当然无效，而应当根据《合同法》第五十二条和《规定》第十四条规定的内容确定民间借贷合同的效力。

五、关于互联网借贷平台的责任

近年来，随着互联网及其相关技术的发展，互联网金融在我国得到了迅速发展。我国已经形成了有别于国外 P2P 网络借贷模式的新特点，同时也产生了平台角色复杂、监管主体缺位、信用系统缺乏等新问题。

在当前涉及 P2P 网络借贷平台的法律规范缺失的情况下，为了更好地保护当事人的合法权益，进一步促进我国网络小额借贷资本市场良好发展，《规定》对于 P2P 涉及居间和担保两个法律关系时，是否应当以及如何承担民事责任分别作出了规定。按照《规定》中的条款内容，借贷双方通过 P2P 网络借贷平台形成借贷关系，网络借贷平台的提供者仅提供媒介服务，则不承担担保责任。如果 P2P 网络借贷平台的提供者通过网页、广告或者其他媒介明示或者有其他证据证明其为借贷提供担保，根据出借人的请求，人民法院可以判决 P2P 网络借贷平台的提供者承担担保责任。

六、关于民间借贷合同与买卖合同混合情形的认定

在民间借贷实践中，当前有一种现象是当事人双方为避免债务人无力偿还借款，往往在签订民间借贷合同的同时或在其后签订买卖合同（以房屋买卖合同为主），约定债务人不能偿还债款本息的，则履行买卖合同。《规定》明确规定，当事人以签订买卖合同作为民间借贷合同的担保，借款到期后借款人不能还款，出借人请求履行买卖合同的，人民法院应当按照民间借贷法律关系审理。按照民间借贷法律关系审理作出的判决生效后，借款人不履行生效判决确定的金钱债务，出借人可以申请拍卖买卖合同标的物，以偿还债务。

七、关于企业间借贷的效力

对于企业与企业之间的借贷，按照央行 1996 年颁布的《贷款通则》和最高人民法

院相关司法解释的规定，一般以违反国家金融监管而被认定为无效。但是，近年来随着我国社会主义市场经济的不断发展，许多企业尤其是中小微企业在经营过程中存在着周转资金短缺、融资渠道不畅的发展瓶颈，于是民间借贷或者相互之间拆借资金成为其融资的重要渠道。

“时移则法易。”根据目前的实际情况，最高人民法院经研究认为，对于企业之间的民间借贷应当给予有条件的认可。《规定》为此明确，企业为了生产经营的需要而相互拆借资金，司法应当予以保护。这一规定有利于维护企业自主经营、保护企业法人人格完整，也有利于缓解企业“融资难”“融资贵”等顽疾，满足企业自身经营的需要。

允许企业之间融资，绝非意味着可以对企业之间的借贷完全听之任之、放任自流。解禁并非完全放开，生产经营型企业从事经常性放贷业务，必然严重扰乱金融秩序，造成金融监管紊乱。这种行为客观上损害了社会公共利益，必须从效力上作出否定性评价。为此，《规定》专门对企业间借贷应当认定无效的情形作出了具体规定。

八、关于民间借贷合同无效的规定

对于无效合同的认定，事关合同效力的维护及市场经营秩序的安全和稳定，亦事关社会公共利益的保护。《规定》具体列举了民间借贷合同应当认定为无效的情形，包括：套取金融机构信贷资金又高利转贷给借款人，且借款人事先知道或者应当知道的；以向其他企业借贷或者向本单位职工集资取得的资金又转贷给借款人牟利，且借款人事先知道或者应当知道的；出借人事先知道或者应当知道借款人借款用于违法犯罪活动仍然提供借款的；违背社会公序良俗的；其他违反法律、行政法规效力性强制性规定的。

九、关于虚假民事诉讼的处理

经过调研发现，当前民事审判领域存在许多虚假诉讼，在民间借贷案件中尤为突出。如何有效遏制民间借贷纠纷中的虚假诉讼，是摆在审判实践中的一个突出难题，也是亟待解决的一个课题。

《规定》结合了虚假民间借贷诉讼审判实践的调研结果，吸收了实践中的有益经验做法，采纳了综合判断的规范模式，并总结出了可能属于虚假民间借贷诉讼的十种行为，如出借人明显不具备出借能力，出借人起诉所依据的事实和理由明显不符合常理，出借人不能提交债权凭证或者提交的债权凭证存在伪造的可能等，以供审判人员审理案件时借鉴、参考。当然，正确识别虚假民间借贷诉讼，还要求审判人员基于自身的审判经验

的积累，对生活的认知能力的提高，结合借贷发生的原因、时间、地点、款项来源、交付方式、款项流向以及借贷双方的关系、经济状况等事实，综合判断是否属于虚假民事诉讼。

十、关于民间借贷的利率与利息

利率的规制是民间借贷的核心问题，也是《规定》的重要内容之一。党的十八届三中全会确定了金融市场化改革，其中一个很重要的方面就是利率市场化。但是，利率市场化绝不意味着利率无限化，更不意味着利率无序化，必须对民间借贷利率的上限进行管控。对民间借贷利率的规制，除应当考虑政府及金融监管部门监管的便利，还要考虑作为市场主体的借贷双方的真正需求。

《规定》有关民间借贷利率和利息的内容主要包括：借贷双方没有约定利息，或者自然人之间借贷对利息约定不明，出借人无权主张借款人支付借期内利息；借贷双方约定的利率未超过年利率 24%，出借人有权请求借款人按照约定的利率支付利息，但如果借贷双方约定的利率超过年利率 36%，则超过年利率 36% 部分的利息应当被认定无效，借款人有权请求出借人返还已支付的超过年利率 36% 部分的利息；预先在本金中扣除利息的，人民法院应当按照实际出借的金额认定本金；除借贷双方另有约定的外，借款人可以提前偿还借款，并按照实际借款期间计算利息。

规范民间借贷　统一裁判标准

——杜万华就《最高人民法院关于审理民间借贷案件适用法律若干问题的规定》答记者问

为贯彻党的十八届四中全会提出的全面推进依法治国的重大战略部署，切实加强社会主义法治建设，充分保护人民群众和广大民事主体在民间借贷活动中的合法权益，维护正常的资金融通秩序，最高人民法院根据《中华人民共和国民法通则》《中华人民共和国物权法》《中华人民共和国担保法》《中华人民共和国合同法》《中华人民共和国民事诉讼法》《中华人民共和国刑事诉讼法》等相关法律之规定，结合审判实践，经审判委员会五次专题讨论，通过了《最高人民法院关于审理民间借贷案件适用法律若干问题的规定》（以下简称《规定》）。值此司法解释公布之际，最高人民法院审判委员会

专职委员杜万华就《规定》的有关问题接受了记者的采访。

问：请您具体给我们解释一下《规定》出台的具体原因是什么，该解释与 1991 年出台的《最高人民法院关于人民法院审理借贷案件的若干意见》（以下简称《若干意见》）相比最大的不同是什么？

答：谢谢你提这个问题。其实民间借贷由来已久，在我国几千年的历史中一直都存在，并延续到现在。在世界各国也存在民间借贷。对于民间借贷这种现象，封建时期的官府进行管制也是长期的，比如说古代明清时期，管制的利率不能超过三分，如果再高就以刑法手段处理。新中国成立以后，最高人民法院最早于 50 年代初对东北辽宁就有过一个关于民间借贷的批复，里面就确定了四倍利率这样一个做法，以后长期以来这个四倍利率一直在审判实践中运用，1991 年，我院曾针对借贷案件问题颁布了《若干意见》，当时制定那个解释的时候继续沿用了这个做法。

现在为什么在这样一个时代，要重新全面地修改制定民间借贷的司法解释呢？1991 年的《若干意见》是根据 1979 年以来改革开放的情况，总结当时的审判经验作出的。这个规定对于推动我国的社会主义市场经济的发展和完善发挥了很大的作用。但是此后，我国经济社会发生了翻天覆地的变化，特别是 1993 年，我们确立了要建立中国特色的社会主义以来，变化就更加巨大。我觉得这个变化产生了一种新的需求，至少有这么几点：

第一，民间借贷的内容发生了变化，以前老百姓的民间借贷主要是生活性借贷，例如生活缺钱，向朋友亲戚借点。生产经营性借贷所占的比重相对较低。但是经过改革开放 30 多年来，我们国民的财富在增长，因此民间借贷的内容也在发生变化。就目前来讲，生产经营性的借贷大幅度上扬，相反，生活性的民间借贷大幅度下降。大家生活的周围恐怕很少有朋友因为生活窘迫借款，这个所占的比重已经比较低了。这是我们要考虑的一个因素。

第二，这几十年来民间借贷的主体发生了很大的变化，以前民间借贷的主体几乎都是自然人，在计划经济时代，很少有企业借贷的，在改革开放特别是 1993 年之后，借贷的主体逐渐地从自然人之间的借贷、自然人与企业之间的借贷发展到企业与企业之间的借贷，主体变化很多，甚至发展到企业的负责人以自然人的身份借贷，借贷以后又用于企业，这样的情况非常复杂。这是第二种变化，也是我们面对这样的情况需要考虑的现实。

第三，民间借贷大量出现以后，现在非法集资的现象在我国从南到北、从东到西非常普遍，因此民间借贷与非法集资犯罪往往交叉，这种情况也比较多。怎样把这两方面的情形理清楚，既要打击非法集资，因为非法集资所产生的恶果很大，会破坏我们的金融秩序、经济秩序，甚至危及社会稳定，但又不能说“一刀切”的将民间借贷都不要了，这会对我们的生产经营产生很大影响，怎么样厘清这个问题确实是当前司法工作中的难题，是需要考虑的。

第四，刚才所说的企业与企业之间的借贷已经非常普遍，以前企业间拆借是不合法的，但是出现了许多规避借贷行为被认定为无效的种种企业借贷运作模式，怎样规范企业之间的借贷，也是我们必须要着重考虑的一个问题。

第五，随着社会主义经济体制的改革不断深入，利率的市场化是一个必然的趋势，而且中央也在大力推进。在利率市场化的背景之下，出现了一些新情况，比如说央行在2013年7月就规定了不再公布同期贷款基准利率，而最高人民法院1991年《若干意见》是要以同期贷款基准利率为标准，按四倍来计算借贷合同的利息是否受民事法律保护的。一旦不公布同期贷款基准利率，大量的案子将没办法审理了，所以在这种情况下，我们就不能不对以往的司法解释进行修改。这就是为什么在这样的背景下制定《规定》的主要原因。

问：民间借贷因涉嫌非法集资而触犯刑事法律的现象是非常普遍的，在此类案件中，当事人既有向公安机关报案要求追究犯罪嫌疑人刑事责任的，也有向人民法院提起民事诉讼的，请问《规定》是如何协调刑事与民事的关系的？

答：民间借贷的司法解释确实涉及民刑交叉的问题，在审判实践中，存在着大量的民间借贷纠纷案件都与非法吸收公众存款犯罪和集资诈骗犯罪等刑事案件交错的情况。在这种情况之下，如何来协调处理刑事案件和民事案件是我们当前处理民间借贷纠纷中比较重要的一个问题。

在2014年3月，最高人民法院、最高人民检察院和公安部曾经共同颁布了《关于办理非法集资刑事案件适用法律若干问题的意见》（以下简称《意见》）。按照此《意见》，人民法院在审理民事案件中如果发现有非法集资的犯罪，应当要将案件移送公安机关或者检察机关。这一次我们制定司法解释的时候，实际上就对这个问题进行了重申，也就是重新把它规定到我们的民事司法解释里面来。之所以如此规定，是因为非法集资案件涉及不特定的多数人的利益，在处理上应当坚持一体化解决的原则，防止有的受害

人获得足额清偿而有的受害人却根本不能得到补偿的现象发生。因此，只要是涉及非法集资犯罪的案件，民事案件审理中发现了就要移送，法院就不再审理了，这是一种处理方式。

第二种处理方式，如果在审理民间借贷案件的过程中，发现涉及非法集资等犯罪的线索与材料，在这种情况下该怎么办？比如，有人非法集资，把非法集资来的钱又转贷给他人，后者转贷会形成民间借贷案件，对这类案件怎么办？我们新的司法解释第六条作了规定，涉及非法集资线索的材料，我们应当要移送到公安机关或者是检察机关，但是对于后面的民间借贷的那部分案件还要继续审理。

第三种情况，在审理非法集资的案件过程中，可能会涉及担保人的担保责任问题，我们在审理案件中不能因为一部分当事人的非法集资犯罪就认定整个合同无效，担保人的担保责任也没了，这是不行的。遇到这种情况，只要当事人要起诉担保人，对这类案件，人民法院是应当予以受理的。

第四种情况，如果民间借贷的案件审理过程中，案件的基本事实需要刑事案件查清以后才能继续审理的，这类案件就应当中止审理，因为犯罪事实的行为可能涉及民间借贷案件的基本事实，基本案件事实可能涉及主体、权利义务的确定等，这种情况下我们要先刑后民，先把刑事案件结案了，我们民事案件才能恢复审理。

问：在《规定》里提到有 24% 和 36% 这样两个数字，您刚才也说了民间借贷年利率以前是按照银行的同期利率四倍来计算，为何要作出这样的修订，请您再具体说一说。

答：你的问题涉及本司法解释的核心问题，就是利率问题。为什么这么规定？我们本次规定利率有几个特点：第一，规定的利率是一个固定利率，而不是像以前是参照央行同期贷款基准利率。第二，我们划了“两线三区”。首先划了第一根线，就是民事法律应予保护的固定利率为年利率的 24%。第二条线是年利率 36% 以上的借贷合同为无效，通过这两线，划分了三个区域，一个是无效区，一个是自然债务区，一个是司法保护区。为什么考虑 24% 的利率？刚才在前面已经讲到，年利率四倍的历史源远流长，其实在古代的时候月利率两分，也就是大约 24% 的含义。我们在制定司法解释的时候就研究过从古到今利率的变化，特别是 1990 年以来央行设定的整个利率的线索，我们研究发现，央行设定的贷款基准利率变化比较大，最低是百分之二点几，最高的是百分之十二点几，中间较多的是 5% 至 8%，最后我们折中就选了 6%，又参照传统四倍的含义，四六二十四，就是这样来的。因此，24% 的利率是长期以来我们在审判实践中所确立的

一个执法标准，实际上也是从古至今在民间利率方面的一条规则，不算我们的独创。

第二，为什么要规定 36% 以上无效？按照 1991 年《若干意见》，规定的是银行贷款基准利率的四倍，超过部分不受法律保护。这个不受法律保护的含义，就是说你要向人民法院起诉，要求动用国家强制力来保护你所获得利息，超过四倍不保护，但是如果当事人愿意自动履行的，法院是认可的，如果当事人履行了以后，再反悔想要回来，法院是不支持的，1991 年《若干意见》是这个含义。我们总结这么多年来经济发展的情况发现，实体经济所创造的利润相应来说肯定没有这么高，如果我们不把高利贷控制住，对于实体经济，特别是对于中小微企业的发展是不利的。所以这次规定了年利率 36% 以上就无效，这个无效的含义是，如果当事人原来自愿偿还了利息，基于合同无效，还可以要求返还，这是对 1991 年《若干意见》的重大的修改。规定 36% 以上无效，是基于现实社会的实际情况，经商请相关主管部门，同时也参考了国外的一些立法例而划定的。国外有一些地区也规定，在利率无效的情况下是要返还的。对于 24% 至 36% 之间的这一部分，我们把它作为一个自然债务看待，如果要提起诉讼，要求法院保护，法院不会保护，但是当事人愿意自动履行，法院也不反对。

问：认定企业之间借贷行为合法有效，可以说是这部司法解释的亮点之一，之前司法实践一般都认定为是无效的，《规定》在认定企业之间的拆借行为效力上是一律认定为合法有效，还是有一定的限制性条件？

答：这个问题实际上涉及如何认识企业之间的借贷问题。的确正如你说的，我们对于企业之间借贷的认识有一个发展过程，这与我们国家的经济体制改革、经济发展是相适应的。以往，企业与企业之间的借贷被认定为是无效的，为什么要认定无效呢？因为当时基于 1996 年央行发布的《贷款通则》，加之最高人民法院也作了一些司法解释，认为企业与企业之间的借贷会破坏金融秩序，因此，在当时的情况下认定企业与企业之间借贷的合同是无效的。而且，这个规则一直到现在都没有废，但是随着经济的发展，特别是社会主义法治的不断健全和完善，这一规则出现了一些问题。第一，1999 年《合同法》生效，《合同法》规定，要认定合同无效只能依据国家的法律和行政法规。从现有的国家法律和行政法规来讲，没有明确规定企业与企业之间的借贷是无效的。当然《贷款通则》是规定了，但是它属于一个部门规章，它的法律效力等级还没有上升到行政法规和法律的层面。《合同法》颁行以后，就面临着法律上的冲突。第二个原因是与《物权法》的冲突。2007 年，我国颁布了《物权法》，按照《物权法》的规定，物权的权利

人有权依法自由地处分自己的财产，货币资金当然是属于他的财产，他当然可以处分。如果依据《贷款通则》就无权处分，显然，这样的规则与《物权法》的规定有冲突。基于这样的情况，近几年来，我们依据现有的法律作了调整，其实我们的实际案例已经突破了原来的规定。包括最高人民法院审理的案子，依据《合同法》《物权法》等的规则，2005年以后陆续审结了一批企业与企业之间借贷的合同为有效合同的案件，示范效应是积极的，效果也很好。近几年来，我们在总结审判工作所取得的经验基础上，明确规定了把企业与企业之间的借贷有条件地认定为有效。这次司法解释的第十一条，对企业之间融资有效是作了一定界定的，法人之间、其他组织之间以及他们相互之间为生产经营需要订立的民间借贷合同，除存在《合同法》第五十二条和《规定》第十四条规定的情形以外，当事人主张合同有效的予以支持。根据这一条规定，企业与企业之间的合同的有效是要限定这个合同是为生产和经营需要而订立的借款合同。如果作为一个生产经营性企业不搞生产经营，变成一个专业放贷人，把钱拿去放贷，甚至从银行套取现金再去放贷，是不行的。司法解释规定这样的合同就会被认定为无效。同时，在解释中还规定了如果企业向其他企业借贷，或者从本单位职工集资，本来是为本单位的生产、经营需要，但却没有投入企业经营，而去放贷，这也要认定为无效。所以我们这次对企业的放开是一个有限度的放开，企业之间如果有闲散资金，因为对方是为了生产、经营需要，而不是为了借钱去放贷，这种合同应当是有效的，仅仅限于这个范围。这样做的目的既解决企业资金的短缺，又维护了我们国家的金融安全，国家金融不安全，我们经济发展就没保障。

问：现实生活中可能有的借款人在没有约定利息的情况下自愿支付利息，或者支付的利息超过了24%，但是没有超过36%的情况下，事后又反悔，能否向法院主张要求出借人返还已付的利息，《规定》如何协调两者之间的利益平衡？

答：我们现在规定的利息利率是24%，在24%以内当事人起诉到人民法院，人民法院对这类利息只要不突破24%，都要给予法律保护。当然在实践之中，确实有这样一个情况，有些当事人约定的利息是超过24%，没有超过36%，因为36%就是无效，24%与36%之间的，这一段的债务我们把它叫作自然债务。这类债务如果当事人依据合同，向人民法院起诉要求保护这个区间的利息，人民法院是不予法律保护的。所以起诉到法院不予以保护，但是这个合同如果约定利率以后，借款人按照合同的约定偿还了利息，这个偿还是有效的，如果偿还以后又反悔，向法院起诉要求返还超过24%部分利息的，

不能支持。但超过 36% 以上的是无效，即使自愿给付了，也可基于合同无效要求返还。

问：我们注意到，《规定》特别强调，出借人向人民法院起诉时，应当提供债权凭证或者能够证明借贷关系存在的证据。这一规定是否与立案登记制相矛盾？

答：这一规定不仅与立案登记制不矛盾，而且还相辅相成。早在 3000 多年前的西周时期，人们把借贷契约称为“傅别”，西周的《周礼》就有“听称责以傅别”的记载，说的是官员审理借贷纠纷时必须要有凭据、证据。从司法实践情况看，民间借贷纠纷案件中，当事人为证明存在借贷关系所提交的证据多为借据、收据、欠条等债权凭证，这些大都属于书证范畴。当然，债权凭证的表现形式不仅限于《规定》已列明的“借据、收据、欠条”等形式，还包括能够证明借贷关系存在的其他证据，如短信、微信、博客、网上聊天记录等电子数据以及录音录像等视听资料。总之，原告向法院起诉，必须提供相应的证据证明，这是民事诉讼的基本要求。只要符合《民事诉讼法》第一百一十九条规定的起诉条件的，人民法院都要受理。对于不符合法定起诉条件的，即使已经进行了立案登记，也不能进入实体程序，人民法院应当通知当事人补交相关证据材料。上述规定也有利于防止当事人滥用诉权。

问：民间借贷纠纷中，经常会有其他人在借条、欠条或者收据上签名，并容易引发纠纷。请问，《规定》是如何规范这一问题的？

答：经过调研，我们发现，审判实践中存在相当多的纠纷是由于在他人出具的借条或者欠条上签名而引发对民事责任承担的争执，进而引发矛盾形成诉讼。应当看到，传统的民间借贷更多地存在于熟人社会中，基于亲属、朋友、同事或者其他社会关系，他人或者作为借款人的保证人，或者作为借贷的见证人，或者作为中间人，或者出于其他原因而在借据上签字。然而，他人的签字是否意味着其应当承担保证责任，则存有争议。

正是由于民间借贷实践中，第三人在债权凭证或者借款合同中签字盖章的法律意义具有多种可能性，所以本司法解释才作出明确规定，包括三层意思：第一，仅有他人签名或者盖章的，不足以认定保证人身份，他人也就不承担保证责任。所谓“仅有”，是指既未在借款凭证或借款合同中表明保证人身份，也未在其中约定保证条款并指向签字或盖章人，同时也无其他证据证明该签字或盖章人为保证人。第二，只有在通过其他事实不能推定其为保证人的情况下，才能作出他人非为保证人的判断。第三，仅有第三人在其中签字或者盖章，但其中表明了签字或者盖章人是保证人，或者通过其他条款或事

实能够推定出其为保证人的，则应当对借款承担担保责任。

问：民间借贷中，借款人向他人借钱时一般要出具欠条，相应地，出借人起诉时也要持有欠条作为证明借贷关系存在的证据。仅仅提供借据或者银行的转账凭证，是否能够认定借贷关系已经发生？《规定》就借贷关系成立的举证证明责任问题有哪些新的内容？

答：您提的这个问题很有针对性和专业性。民间借贷案件的事实审查，是民间借贷案件审理的难点和重点。民间借贷案件的基本事实，包括借贷合意是否形成、款项是否交付、本金数额、利息约定等多个方面，其中借贷事实是否真实发生是民间借贷案件的首要基本事实，也是全案展开的基本依据。

民间借贷案件的事实认定，大多是由法官根据经验法则，通过对证据材料的审查和其证明力的认定、判断、取舍，并对比各方当事人不同证据的证明力，推断当事人之间既往发生的法律关系的事实过程的。这一过程中所涵盖的经验法则的选择与运用，证据证明力的判断等，都很难通过明确的法律规则来实现，更多的是依靠法官的自由心证。正因如此，司法实践中对于借贷关系是否发生的基本事实作出判断和认定的标准，存在一定程度的差异。虽然完全统一法官心证结果在客观上不可能实现，但通过更精细化的指引，规范事实认定的方向和进路，却是十分必要和可行的。

随着民间借贷市场的不断发展壮大，且游离于正规金融体系之外，这种活动容易伴生非法集资、非法吸收公众存款、金融欺诈等违法犯罪行为，危害借款人利益，冲击金融市场秩序。另外，民间借贷主体的法律意识淡薄，交易手续不完备，借贷行为隐蔽性强，也容易引起法律纠纷。现实中，原告提起诉讼往往仅依据借据等债权凭证或者仅依据金融机构转账凭证作为证明借贷关系已经发生的证据，如果被告抗辩已经偿还借款，或者被告抗辩转账系偿还双方之前借款或其他债务，在此情况下，就存在着证明责任的承担问题，而不能仅仅依据借据、收据、欠条等，简单地认定借贷关系已经发生以及已经发生的借贷关系的内容。为此，《规定》提出了有关举证责任分配的要求，即被告应当对其抗辩的主张提出相应的证据加以证明，而不能仅仅一辩了之。如果被告提不出相应的证据，或者提供的证据不足以证明其主张的，则一般要认定借贷关系已经发生。当然，如果被告提供了证据证明其主张的，此时举证证明责任发生转移，应当由原告就借贷关系的成立承担举证证明责任。

需要强调的是，对于当事人主张系现金交付的民间借贷，《规定》明确要求应当结

合借贷金额、款项交付、当事人的经济能力、当地或者当事人之间的交易方式、交易习惯、当事人财产变动情况以及证人证言等事实和因素，综合判断查证借贷事实是否发生。这一规定也是近年来对司法实践的经验总结，对于证据和事实认定起到了很好的指引作用，加强了对广大法官甄别真实借贷关系的针对性和可操作性，有利于实现维护借款人合法权益，遏制违法犯罪活动的法律效果。我们将这一经验进行了修改与整合，吸收到司法解释中，作为民间借贷案件中事实审查的规定，从而明确了此类案件的举证责任、审查内容和审查标准。

问：我们注意到，《规定》特别强调要加大对虚假诉讼的防范和制裁，为什么如此关注这一问题？

答：经过调研发现，当前，民事审判领域存在许多虚假诉讼，在民间借贷案件中尤为突出。如何有效遏制民间借贷纠纷中的虚假诉讼，是摆在审判实践中的一个突出难题，也是亟待解决的一个课题。

虚假的民间借贷诉讼往往包裹在“合法”的外衣下，以正常合法的程序进入到法院，造假者们通过精心设计各种骗局，以混淆视听迷惑法官，从而获得对其有利的判决。此类案件利益关系复杂，且往往使真正权利人的利益无法得到保障，一旦法院支持了虚假诉讼当事人的利益，则不但无法化解纠纷，反而更加激化了当事人之间的矛盾，极易引发和激化社会冲突。总之，虚假民间借贷诉讼既侵犯了真实权利人的利益，又浪费了有限的司法资源；既扰乱正常的司法审判秩序，又影响了社会稳定。

虽然《民事诉讼法》第一百一十二条中新增加了对虚假诉讼的规定，但实践中审判人员很难明确识别、认定虚假诉讼，而《民事诉讼法》中“虚假诉讼构成犯罪的，依法追究刑事责任”的一般性规定，在《刑法》中也并没有相对应的条款，没有具体的罪名，也没有相应的处罚措施。立法的不完善致使虚假民间借贷诉讼的违法成本非常低，诉讼当事人恶意串通、虚构法律关系向法院提起诉讼所追求的不法利益，与当事人制造、参与虚假诉讼付出的成本的巨大差异对当事人作出不法行为产生了不当的激励。因此，必须加大对虚假诉讼的预防和打击，以维持诚实守信的诉讼环境。

如何识别虚假诉讼是遏制虚假诉讼所面临的首要问题。之前，法院对调解率的片面强调，容易给当事人进行虚假诉讼提供便利；法官对调解的偏好也使调解中对事实的查明大打折扣。在虚假民间借贷诉讼案件中，由于双方当事人之间系恶意串通，不存在激烈的诉辩对抗，而且有时提交给法院的证据可能就是双方共同伪造的，这就给法官鉴别

虚假诉讼增加了难度。对于这一问题，各级法院在司法实践过程中形成了不同的处理方式，但也达成了基本共识，即应当在民间借贷案件审理过程中加强对证据的审查力度。《规定》结合了虚假民间借贷诉讼审判实践的调研结果，吸收了实践中有益的经验做法，采纳了综合判断的规范模式，并具体列举了可能属于虚假民间借贷诉讼的十种行为，以供审判人员审理案件时适用。当然，正确识别虚假民间借贷诉讼还要求审判人员基于自身的审判经验和对生活的认知，结合借贷发生的原因、时间、地点、款项来源、交付方式、款项流向以及借贷双方的关系、经济状况等事实，综合判断是否属于虚假民事诉讼。

经审理，发现属于虚假诉讼的，人民法院除判决驳回原告的请求外，还要严格按照《规定》的内容，对恶意制造、参与虚假诉讼的诉讼参与人依法予以罚款、拘留；构成犯罪的，必须要移送有管辖权的司法机关追究刑事责任。

问：随着互联网金融的迅猛发展，许多民间借贷改变了传统的交易模式，而由网络交易快速完成。作为新生事物的 P2P 网络借贷，《规定》采取了哪些措施进行规制？

答：自从 1979 年孟加拉国经济学家穆罕默德·尤努斯最初提出 P2P 概念，并将小额信贷和互联网技术相连接以来，P2P 网络借贷逐步进入了人们的视野，并于 2007 年正式进入我国。2013 年以来，P2P 网络借贷出现井喷式发展，在一年之内由最初的几十家增长到几千家，从而不仅实现了数量上的增长，在借贷种类和方式上也得到扩张。应当看到，P2P 网贷有助于一般人群、小微企业获得所需的融资，弥补银行借贷的空白，帮助传统借贷中难以获得融资的企业和个人得到资金支持。我国已经形成了有别于国外 P2P 网贷模式的新特点，同时也产生了平台角色复杂、监管主体缺位、信用系统缺乏等新问题，其中最主要的是 P2P 利用投资理财为幌子，参与非法集资。据统计，2014 年，P2P 网络借贷平台涉嫌非法集资发案数、涉案金额、参与集资人数分别是 2013 年全年的 11 倍、16 倍和 39 倍，今年上半年仍然有较大幅度的增长。

在当前涉及 P2P 网络借贷平台的法律规范缺失的情况下，为了更好地保护当事人的合法权益，进一步促进我国网络小额借贷资本市场良好发展，《规定》分别对于 P2P 涉及居间和担保两种法律关系时，是否应当以及如何承担民事责任作出了规定。按照《规定》中的条款内容，如果借贷双方通过 P2P 网贷平台形成借贷关系，P2P 网络贷款平台的提供者仅提供媒介服务，则其对于民间借贷形成的债务不承担担保责任；如果 P2P 网贷平台的提供者通过网页、广告或者其他媒介明示或者有其他证据证明其为借贷提供担

保，根据出借人的请求，人民法院应当判决 P2P 网贷平台的提供者承担担保责任。

今后，最高人民法院还将继续加强对 P2P 网络借贷平台法律规制的调研，密切关注这一新型事物的发展态势，结合行业特点和法律关系，制定更加充实详细的司法解释或者规范性文件，以司法的手段维护互联网对创业、创新的支撑作用，推动各类要素资源集聚、开放和共享，为形成大众创业、万众创新的浓厚氛围提供有力的司法保障。

问：实践中存在大量企业法定代表人以个人名义借贷用于企业生产经营，或者以企业名义借贷用于个人消费的现象，从而引发纠纷。请问，《规定》如何规范此类问题，在民事责任的承担方面作了哪些新的规定？

答：企业作为法律拟制的人，在社会经济生活中的一切活动均要通过其法定代表人来实施。一般来讲，按照法人的代表人制度理论，法定代表人的行为就可以认定为企业行为。但是根据同一理论，鉴于法定代表人自然人和代表人的双重身份，企业承受法定代表人行为的法律后果，必须是其行使"代表行为"的情况下，具体表现为以法人的名义行为和在授权的范围内行为。

《规定》出台以前，司法实践中一直认定企业间借贷无效，基于对企业间借贷无效的规避和对资金融通的需求，实践中出现的法定代表人以个人名义借贷，用于企业生产经营的情况比较突出。为了保护出借人的利益，《规定》明确，法定代表人以个人名义签订借贷合同，但是所借款项用于生产经营的，出借人可以请求企业与个人共同承担责任。但也要看到，有的企业的法定代表人虽以企业名义借款，但所借款项却用于个人生活和消费，为避免企业合法权益遭到损害，对于出借人、企业或者其股东能够提出证据证明的，在诉讼中人民法院可以应出借人的请求将法定代表人列为共同被告或者第三人。作出这样的规定，能够有效防止法定代表人滥用代表权，能够达到均衡保护企业和出借人双方合法权益的目标。

问：实践中还有一种现象，就是借款人往往通过买卖合同作为民间借贷合同的担保。一旦发生纠纷后，出借人往往要求履行买卖合同，进而取得标的物的所有权。请您介绍一下此类案件的处理思路。

答：正如您刚才所讲，民间借贷实践中，借贷双方当事人通过签订买卖合同作为民间借贷合同的担保，是民间借贷中比较典型的纠纷类型。债权人为避免债务人无力偿还

借款，往往与债务人签订买卖合同（以房屋买卖合同为主），约定债务人不能偿还债款本息的，则履行买卖合同。在最高人民法院出台《规定》之前，各地法院的处理方式千差万别，导致法律适用标准不一，影响了法律的权威性。此类案件的处理，关系到人民法院裁判的统一，关系到当事人切身利益的维护。同时，正确处理此类案件，对于防范虚假诉讼，健全担保规范，促进经济健康发展具有重要意义。

目前，从审判实践看，买卖与借贷交叉混合主要有两种类型：一是以买卖作为民间借贷的担保，二是双方既有真实的买卖关系同时又有借贷的法律关系。由于前者最为常见且问题最多，因此，《规定》仅针对前者作出相应的规范。对于以买卖合同作为民间借贷合同的担保，在借期届满后借款人无法偿还本金利息的，出借人往往要求履行买卖合同，进而达到其直接获取买卖标的物的目的。我们认为，此种情形下的买卖合同应当视为类似于担保合同，其效力依附于作为主合同的民间借贷法律关系。正因如此，出借人撇开主合同而要求直接履行作为从合同的买卖合同的，实际上是颠倒了主从合同关系。对此，人民法院应当按照民间借贷法律关系审理双方之间的纠纷。只有从程序上作出如此规定，才能使双方的权利义务关系真正归位到正确的实体关系中去。如果出借人坚持要求审理买卖合同的，则应当裁定驳回其起诉。

按照民间借贷法律关系审理作出的判决生效后，借款人不履行生效判决确定的偿还本息的金钱给付债务，出借人可以申请拍卖买卖合同标的物，以偿还债务。《规定》作出这样的制度设计，是对债务人不履行债务时依法处置担保物的必然安排，其目的在于保护债权人的合法权益不受侵害。但是，任何制度设计都要坚持公平、公正的原则，在保护债权人利益的同时，也不能忽视对债务人合法权益的保护，而通过拍卖程序可以有效防止估价过高或者过低，损害另一方当事人利益。因此，《规定》要求，应当通过拍卖而非估价的方式处理标的物，以体现公平原则。此外，《规定》还特别强调，通过拍卖标的物所得的价款与应偿还借款本息之间的差额，借款人或者出借人有权主张返还或者补偿。这一规定能够在当事人之间实现利益平衡，体现了公正原则，从而真正完成从程序正义到实质正义的嬗变。

导读：本指导案例旨在解决二手房买卖活动中买方与中介公司因“跳单”引发的纠纷。该案例确认：居间合同中禁止买方利用中介公司提供的房源信息，却撇开该中介公司与卖方签订房屋买卖合同的约定具有约束力，即买方不得“跳单”违约；但是同一房源信息经多个中介公司发布，买方通过上述正当途径获取该房源信息的，有权在多个中介公司中选择报价低、服务好的中介公司促成交易，此行为不属于“跳单”违约。从而既保护中介公司合法权益，促进中介服务市场健康发展，维护市场交易诚信，又促进房屋买卖中介公司之间公平竞争，提高服务质量，保护消费者的合法权益。

指导案例1号　上海中原物业顾问有限公司诉陶德华居间合同纠纷案

（最高人民法院审判委员会讨论通过　2011年12月20日发布）

关键词

民事　居间合同　二手房买卖　违约

裁判要点

房屋买卖居间合同中关于禁止买方利用中介公司提供的房源信息却绕开该中介公司与卖方签订房屋买卖合同的约定合法有效。但是，当卖方将同一房屋通过多个中介公司挂牌出售时，买方通过其他公众可以获知的正当途径获得相同房源信息的，买方有权选择报价低、服务好的中介公司促成房屋买卖合同成立，其行为并没有利用先前与之签约中介公司的房源信息，故不构成违约。

相关法条

《中华人民共和国合同法》第四百二十四条

基本案情

原告上海中原物业顾问有限公司（简称中原公司）诉称：被告陶德华利用中原公司提供的上海市虹口区株洲路某号房屋销售信息，故意跳过中介，私自与卖方直接签订购房合同，违反了《房地产求购确认书》的约定，属于恶意“跳单”行为，请求法院判令陶德华按约支付中原公司违约金1.65万元。

被告陶德华辩称：涉案房屋原产权人李某某委托多家中介公司出售房屋，中原公司并非独家掌握该房源信息，也非独家代理销售。陶德华并没有利用中原公司提供的信息，不存在“跳单”违约行为。

法院经审理查明：2008 年下半年，原产权人李某某到多家房屋中介公司挂牌销售涉案房屋。2008 年 10 月 22 日，上海某房地产经纪有限公司带陶德华看了该房屋；11 月 23 日，上海某房地产顾问有限公司（简称某房地产顾问公司）带陶德华之妻曹某某看了该房屋；11 月 27 日，中原公司带陶德华看了该房屋，并于同日与陶德华签订了《房地产求购确认书》。该《确认书》第 2.4 条约定，陶德华在验看过该房地产后六个月内，陶德华或其委托人、代理人、代表人、承办人等与陶德华有关联的人，利用中原公司提供的信息、机会等条件但未通过中原公司而与第三方达成买卖交易的，陶德华应按照与出卖方就该房地产买卖达成的实际成交价的 1%，向中原公司支付违约金。当时中原公司对该房屋报价 165 万元，而某房地产顾问公司报价 145 万元，并积极与卖方协商价格。11 月 30 日，在某房地产顾问公司居间下，陶德华与卖方签订了房屋买卖合同，成交价 138 万元。后买卖双方办理了过户手续，陶德华向某房地产顾问公司支付佣金 1.38 万元。

裁判结果

上海市虹口区人民法院于 2009 年 6 月 23 日作出（2009）虹民三（民）初字第 912 号民事判决：被告陶德华应于判决生效之日起十日内向原告中原公司支付违约金 1.38 万元。宣判后，陶德华提出上诉。上海市第二中级人民法院于 2009 年 9 月 4 日作出（2009）沪二中民二（民）终字第 1508 号民事判决：一、撤销上海市虹口区人民法院（2009）虹民三（民）初字第 912 号民事判决；二、中原公司要求陶德华支付违约金 1.65 万元的诉讼请求，不予支持。

裁判理由

法院生效裁判认为：中原公司与陶德华签订的《房地产求购确认书》属于居间合同性质，其中第 2.4 条的约定，属于房屋买卖居间合同中常有的禁止“跳单”格式条款，其本意是为防止买方利用中介公司提供的房源信息却“跳”过中介公司购买房屋，从而使中介公司无法得到应得的佣金，该约定并不存在免除一方责任、加重对方责任、排除对方主要权利的情形，应认定有效。根据该条约定，衡量买方是否“跳单”违约的关键，是看买方是否利用了该中介公司提供的房源信息、机会等条件。如果买方并未利用该中介公司提供的信息、机会等条件，而是通过其他公众可以获知的正当途径获得同一房源信息，则买方有权选择报价低、服务好的中介公司促成房屋买卖合同成立，而不构成“跳

单”违约。本案中，原产权人通过多家中介公司挂牌出售同一房屋，陶德华及其家人分别通过不同的中介公司了解到同一房源信息，并通过其他中介公司促成了房屋买卖合同成立。因此，陶德华并没有利用中原公司的信息、机会，故不构成违约，对中原公司的诉讼请求不予支持。

导读：本指导案例旨在明确个人为生活消费需要购买家用汽车的，其权益应受《中华人民共和国消费者权益保护法》的保护。

指导案例17号　张莉诉北京合力华通汽车服务有限公司买卖合同纠纷案

（最高人民法院审判委员会讨论通过　2013年11月8日发布）

关键词

民事　买卖合同　欺诈　家用汽车

裁判要点

1. 为家庭生活消费需要购买汽车，发生欺诈纠纷的，可以按照《中华人民共和国消费者权益保护法》处理。

2. 汽车销售者承诺向消费者出售没有使用或维修过的新车，消费者购买后发现系使用或维修过的汽车，销售者不能证明已履行告知义务且得到消费者认可的，构成销售欺诈，消费者要求销售者按照消费者权益保护法赔偿损失的，人民法院应予支持。

相关法条

《中华人民共和国消费者权益保护法》第二条、第五十五条第一款（该款系2013年10月25日修改，修改前为第四十九条）

基本案情

2007年2月28日，原告张莉从被告北京合力华通汽车服务有限公司（简称合力华通公司）购买上海通用雪佛兰景程轿车一辆，价格138000元，双方签有《汽车销售合同》。该合同第七条约定："……卖方保证买方所购车辆为新车，在交付之前已作了必要的检验和清洁，车辆路程表的公里数为18公里且符合卖方提供给买方的随车交付文件中所列的各项规格和指标……"合同签订当日，张莉向合力华通公司交付了购车款138000元，同时支付了车辆购置税12400元、一条龙服务费500元、保险费6060元。同日，合力华通公司将雪佛兰景程轿车一辆交付张莉，张莉为该车办理了机动车登记手续。2007年5月13日，张莉在将车辆送合力华通公司保养时，发现该车曾于2007年1月17日进行

过维修。

审理中，合力华通公司表示张莉所购车辆确曾在运输途中造成划伤，于2007年1月17日进行过维修，维修项目包括右前叶子板喷漆、右前门喷漆、右后叶子板喷漆、右前门钣金、右后叶子板钣金、右前叶子板钣金，维修中更换底大边卡扣、油箱门及前叶子板灯总成。送修人系该公司业务员。合力华通公司称，对于车辆曾进行维修之事已在销售时明确告知张莉，并据此予以较大幅度优惠，该车销售定价应为151900元，经协商后该车实际销售价格为138000元，还赠送了部分装饰。为证明上述事实，合力华通公司提供了车辆维修记录及有张莉签字的日期为2007年2月28日的车辆交接验收单一份，在车辆交接验收单备注一栏中注有"加1/4油，此车右侧有钣喷修复，按约定价格销售"。合力华通公司表示该验收单系该公司保存，张莉手中并无此单。对于合力华通公司提供的上述两份证据，张莉表示对于车辆维修记录没有异议，车辆交接验收单中的签字确系其所签，但合力华通公司在销售时并未告知车辆曾有维修，其在签字时备注一栏中没有"此车右侧有钣喷修复，按约定价格销售"字样。

裁判结果

北京市朝阳区人民法院于2007年10月作出（2007）朝民初字第18230号民事判决：一、撤销张莉与合力华通公司于2007年2月28日签订的《汽车销售合同》；二、张莉于判决生效后七日内将其所购的雪佛兰景程轿车退还合力华通公司；三、合力华通公司于判决生效后七日内退还张莉购车款十二万四千二百元；四、合力华通公司于判决生效后七日内赔偿张莉购置税一万二千四百元、服务费五百元、保险费六千零六十元；五、合力华通公司于判决生效后七日内加倍赔偿张莉购车款十三万八千元；六、驳回张莉其他诉讼请求。宣判后，合力华通公司提出上诉。北京市第二中级人民法院于2008年3月13日作出（2008）二中民终字第00453号民事判决：驳回上诉，维持原判。

裁判理由

法院生效裁判认为：原告张莉购买汽车系因生活需要自用，被告合力华通公司没有证据证明张莉购买该车用于经营或其他非生活消费，故张莉购买汽车的行为属于生活消费需要，应当适用《中华人民共和国消费者权益保护法》。

根据双方签订的《汽车销售合同》约定，合力华通公司交付张莉的车辆应为无维修记录的新车，现所售车辆在交付前实际上经过维修，这是双方共同认可的事实，故本案争议的焦点为合力华通公司是否事先履行了告知义务。

车辆销售价格的降低或优惠以及赠送车饰是销售商常用的销售策略，也是双方当事

人协商的结果，不能由此推断出合力华通公司在告知张莉汽车存在瑕疵的基础上对其进行了降价和优惠。合力华通公司提交的有张莉签名的车辆交接验收单，因系合力华通公司单方保存，且备注一栏内容由该公司不同人员书写，加之张莉对此不予认可，该验收单不足以证明张莉对车辆以前维修过有所了解。故对合力华通公司抗辩称其向张莉履行了瑕疵告知义务，不予采信，应认定合力华通公司在售车时隐瞒了车辆存在的瑕疵，有欺诈行为，应退车还款并增加赔偿张莉的损失。

导读：本指导案例旨在明确消费者明知食品有质量问题而购买的，有权主张10倍惩罚性赔偿。这一方面能够强化对消费者权益的法律保护，激发消费者的维权意识，鼓励食品消费者积极与食品违法行为做斗争，投诉、举报生产经营假冒伪劣商品行为，从而有利于群众监督食品安全，净化食品市场环境；另一方面能够对违法经营者起到震慑作用，促使生产经营企业加强管理，诚信经营，把食品安全和质量永远放在第一位，确保食品安全，从而防范和减少食品纠纷的发生。

指导案例23号　孙银山诉南京欧尚超市有限公司江宁店买卖合同纠纷案

（最高人民法院审判委员会讨论通过　2014年1月26日发布）

关键词

民事　买卖合同　食品安全　十倍赔偿

裁判要点

消费者购买到不符合食品安全标准的食品，要求销售者或者生产者依照食品安全法规定支付价款十倍赔偿金或者依照法律规定的其他赔偿标准赔偿的，不论其购买时是否明知食品不符合安全标准，人民法院都应予支持。

相关法条

《中华人民共和国食品安全法》第九十六条第二款

基本案情

2012年5月1日，原告孙银山在被告南京欧尚超市有限公司江宁店（简称欧尚超市江宁店）购买“玉兔牌”香肠15包，其中价值558.6元的14包香肠已过保质期。孙银山到收银台结账后，即径直到服务台索赔，后因协商未果诉至法院，要求欧尚超市江宁店支付14包香肠售价十倍的赔偿金5586元。

裁判结果

江苏省南京市江宁区人民法院于2012年9月10日作出（2012）江宁开民初字第646号民事判决：被告欧尚超市江宁店于判决发生法律效力之日起10日内赔偿原告孙银

山 5586 元。宣判后，双方当事人均未上诉，判决已发生法律效力。

裁判理由

法院生效裁判认为：关于原告孙银山是否属于消费者的问题。《中华人民共和国消费者权益保护法》第二条规定："消费者为生活消费需要购买、使用商品或者接受服务，其权益受本法保护；本法未作规定的，受其他有关法律、法规保护。"消费者是相对于销售者和生产者的概念。只要在市场交易中购买、使用商品或者接受服务是为了个人、家庭生活需要，而不是为了生产经营活动或者职业活动需要的，就应当认定为"为生活消费需要"的消费者，属于消费者权益保护法调整的范围。本案中，原被告双方对孙银山从欧尚超市江宁店购买香肠这一事实不持异议，据此可以认定孙银山实施了购买商品的行为，且孙银山并未将所购香肠用于再次销售经营，欧尚超市江宁店也未提供证据证明其购买商品是为了生产经营。孙银山因购买到超过保质期的食品而索赔，属于行使法定权利。因此，欧尚超市江宁店认为孙银山"买假索赔"不是消费者的抗辩理由不能成立。

关于被告欧尚超市江宁店是否属于销售明知是不符合食品安全标准食品的问题。《中华人民共和国食品安全法》（以下简称《食品安全法》）第三条规定："食品生产经营者应当依照法律、法规和食品安全标准从事生产经营活动，对社会和公众负责，保证食品安全，接受社会监督，承担社会责任。"该法第二十八条第（八）项规定，超过保质期的食品属于禁止生产经营的食品。食品销售者负有保证食品安全的法定义务，应当对不符合安全标准的食品自行及时清理。欧尚超市江宁店作为食品销售者，应当按照保障食品安全的要求储存食品，及时检查待售食品，清理超过保质期的食品，但欧尚超市江宁店仍然摆放并销售货架上超过保质期的"玉兔牌"香肠，未履行法定义务，可以认定为销售明知是不符合食品安全标准的食品。

关于被告欧尚超市江宁店的责任承担问题。《食品安全法》第九十六条第一款规定："违反本法规定，造成人身、财产或者其他损害的，依法承担赔偿责任。"第二款规定："生产不符合食品安全标准的食品或者销售明知是不符合食品安全标准的食品，消费者除要求赔偿损失外，还可以向生产者或者销售者要求支付价款十倍的赔偿金。"当销售者销售明知是不符合安全标准的食品时，消费者可以同时主张赔偿损失和支付价款十倍的赔偿金，也可以只主张支付价款十倍的赔偿金。本案中，原告孙银山仅要求欧尚超市江宁店支付售价十倍的赔偿金，属于当事人自行处分权利的行为，应予支持。关于被告欧尚超市江宁店提出原告明知食品过期而购买，希望利用其错误谋求利益，不应予以十

倍赔偿的主张，因前述法律规定消费者有权获得支付价款十倍的赔偿金，因该赔偿获得的利益属于法律应当保护的利益，且法律并未对消费者的主观购物动机作出限制性规定，故对其该项主张不予支持。

导读：本指导案例旨在明确债务人与其关联公司恶意串通逃债的，债权人可以请求法院确认债务人转让财产的合同无效；同时划分了合同无效后返还财产适用《合同法》第五十八条与第五十九条的界限。这不仅明确了"恶意串通"的具体认定标准，解决了合同无效后如何返还财产问题，而且有利于有效惩治违背诚信、恶意逃债行为，维护债权人合法权益和公平安全的市场经济秩序。

指导案例33号　瑞士嘉吉国际公司诉福建金石制油有限公司等确认合同无效纠纷案

（最高人民法院审判委员会讨论通过　2014年12月18日发布）

关键词

民事　确认合同无效　恶意串通　财产返还

裁判要点

1. 债务人将主要财产以明显不合理低价转让给其关联公司，关联公司在明知债务人欠债的情况下，未实际支付对价的，可以认定债务人与其关联公司恶意串通、损害债权人利益，与此相关的财产转让合同应当认定为无效。

2. 《中华人民共和国合同法》第五十九条规定适用于第三人为财产所有权人的情形，在债权人对债务人享有普通债权的情况下，应当根据《中华人民共和国合同法》第五十八条的规定，判令因无效合同取得的财产返还给原财产所有人，而不能根据第五十九条规定直接判令债务人的关联公司因"恶意串通，损害第三人利益"的合同而取得的债务人的财产返还给债权人。

相关法条

《中华人民共和国合同法》第五十二条第二项

《中华人民共和国合同法》第五十八条、第五十九条

基本案情

瑞士嘉吉国际公司（Cargill International SA，简称嘉吉公司）与福建金石制油有限公司（以下简称福建金石公司）以及大连金石制油有限公司、沈阳金石豆业有限公司、

四川金石油粕有限公司、北京珂玛美嘉粮油有限公司、宜丰香港有限公司（该六公司以下统称金石集团）存在商业合作关系。嘉吉公司因与金石集团买卖大豆发生争议，双方在国际油类、种子和脂类联合会仲裁过程中于2005年6月26日达成《和解协议》，约定金石集团将在五年内分期偿还债务，并将金石集团旗下福建金石公司的全部资产，包括土地使用权、建筑物和固着物、所有的设备及其他财产抵押给嘉吉公司，作为偿还债务的担保。2005年10月10日，国际油类、种子和脂类联合会根据该《和解协议》作出第3929号仲裁裁决，确认金石集团应向嘉吉公司支付1337万美元。2006年5月，因金石集团未履行该仲裁裁决，福建金石公司也未配合进行资产抵押，嘉吉公司向福建省厦门市中级人民法院申请承认和执行第3929号仲裁裁决。2007年6月26日，厦门市中级人民法院经审查后裁定对该仲裁裁决的法律效力予以承认和执行。该裁定生效后，嘉吉公司申请强制执行。

2006年5月8日，福建金石公司与福建田源生物蛋白科技有限公司（以下简称田源公司）签订一份《国有土地使用权及资产买卖合同》，约定福建金石公司将其国有土地使用权、厂房、办公楼和油脂生产设备等全部固定资产以2569万元人民币（以下未特别注明的均为人民币）的价格转让给田源公司，其中国有土地使用权作价464万元、房屋及设备作价2105万元，应在合同生效后30日内支付全部价款。王晓琪和柳锋分别作为福建金石公司与田源公司的法定代表人在合同上签名。福建金石公司曾于2001年12月31日以482.1万元取得本案所涉32138平方米国有土地使用权。2006年5月10日，福建金石公司与田源公司对买卖合同项下的标的物进行了交接。同年6月15日，田源公司通过在中国农业银行漳州支行的账户向福建金石公司在同一银行的账户转入2500万元。福建金石公司当日从该账户汇出1300万元、1200万元两笔款项至金石集团旗下大连金石制油有限公司账户，用途为往来款。同年6月19日，田源公司取得上述国有土地使用权证。

2008年2月21日，田源公司与漳州开发区汇丰源贸易有限公司（以下简称汇丰源公司）签订《买卖合同》，约定汇丰源公司购买上述土地使用权及地上建筑物、设备等，总价款为2669万元，其中土地价款603万元、房屋价款334万元、设备价款1732万元。汇丰源公司于2008年3月取得上述国有土地使用权证。汇丰源公司仅于2008年4月7日向田源公司付款569万元，此后未付其余价款。

田源公司、福建金石公司、大连金石制油有限公司及金石集团旗下其他公司的直接或间接控制人均为王政良、王晓莉、王晓琪、柳锋。王政良与王晓琪、王晓莉是父女关

系，柳锋与王晓琪是夫妻关系。2009 年 10 月 15 日，中纺粮油进出口有限责任公司（以下简称中纺粮油公司）取得田源公司 80% 的股权。2010 年 1 月 15 日，田源公司更名为中纺粮油（福建）有限公司（以下简称中纺福建公司）。

汇丰源公司成立于 2008 年 2 月 19 日，原股东为宋明权、杨淑莉。2009 年 9 月 16 日，中纺粮油公司和宋明权、杨淑莉签订《股权转让协议》，约定中纺粮油公司购买汇丰源公司 80% 的股权。同日，中纺粮油公司（甲方）、汇丰源公司（乙方）、宋明权和杨淑莉（丙方）及沈阳金豆食品有限公司（丁方）签订《股权质押协议》，约定：丙方将所拥有汇丰源公司 20% 的股权质押给甲方，作为乙方、丙方、丁方履行“合同义务”之担保；“合同义务”系指乙方、丙方在《股权转让协议》及《股权质押协议》项下因“红豆事件”而产生的所有责任和义务；“红豆事件”是指嘉吉公司与金石集团就进口大豆中掺杂红豆原因而引发的金石集团涉及的一系列诉讼及仲裁纠纷以及与此有关的涉及汇丰源公司的一系列诉讼及仲裁纠纷。还约定，下述情形同时出现之日，视为乙方和丙方的“合同义务”已完全履行：（1）因“红豆事件”而引发的任何诉讼、仲裁案件的全部审理及执行程序均已终结，且乙方未遭受财产损失；（2）嘉吉公司针对乙方所涉合同可能存在的撤销权因超过法律规定的最长期间（五年）而消灭。2009 年 11 月 18 日，中纺粮油公司取得汇丰源公司 80% 的股权。汇丰源公司成立后并未进行实际经营。

由于福建金石公司已无可供执行的财产，导致无法执行，嘉吉公司遂向福建省高级人民法院提起诉讼，请求：一是确认福建金石公司与中纺福建公司签订的《国有土地使用权及资产买卖合同》无效；二是确认中纺福建公司与汇丰源公司签订的国有土地使用权及资产《买卖合同》无效；三是判令汇丰源公司、中纺福建公司将其取得的合同项下财产返还给财产所有人。

裁判结果

福建省高级人民法院于 2011 年 10 月 23 日作出（2007）闽民初字第 37 号民事判决，确认福建金石公司与田源公司（后更名为中纺福建公司）之间的《国有土地使用权及资产买卖合同》、田源公司与汇丰源公司之间的《买卖合同》无效；判令汇丰源公司于判决生效之日起三十日内向福建金石公司返还因上述合同而取得的国有土地使用权，中纺福建公司于判决生效之日起三十日内向福建金石公司返还因上述合同而取得的房屋、设备。宣判后，福建金石公司、中纺福建公司、汇丰源公司提出上诉。最高人民法院于 2012 年 8 月 22 日作出（2012）民四终字第 1 号民事判决，驳回上诉，维持原判。

裁判理由

最高人民法院认为：因嘉吉公司注册登记地在瑞士，本案系涉外案件，各方当事人对适用中华人民共和国法律审理本案没有异议。本案源于债权人嘉吉公司认为债务人福建金石公司与关联企业田源公司、田源公司与汇丰源公司之间关于土地使用权以及地上建筑物、设备等资产的买卖合同，因属于《中华人民共和国合同法》第五十二条第二项"恶意串通，损害国家、集体或者第三人利益"的情形而应当被认定无效，并要求返还原物。本案争议的焦点问题是：福建金石公司、田源公司（后更名为中纺福建公司）、汇丰源公司相互之间订立的合同是否构成恶意串通、损害嘉吉公司利益的合同？本案所涉合同被认定无效后的法律后果如何？

一、关于福建金石公司、田源公司、汇丰源公司相互之间订立的合同是否构成"恶意串通，损害第三人利益"的合同

首先，福建金石公司、田源公司在签订和履行《国有土地使用权及资产买卖合同》的过程中，其实际控制人之间系亲属关系，且柳锋、王晓琪夫妇分别作为两公司的法定代表人在合同上签署。因此，可以认定在签署以及履行转让福建金石公司国有土地使用权、房屋、设备的合同过程中，田源公司对福建金石公司的状况是非常清楚的，对包括福建金石公司在内的金石集团因"红豆事件"被仲裁裁决确认对嘉吉公司形成1337万美元债务的事实是清楚的。

其次，《国有土地使用权及资产买卖合同》订立于2006年5月8日，其中约定田源公司购买福建金石公司资产的价款为2569万元，国有土地使用权作价464万元、房屋及设备作价2105万元，并未根据相关会计师事务所的评估报告作价。一审法院根据福建金石公司2006年5月31日资产负债表，以其中载明固定资产原价44042705.75元、扣除折旧后固定资产净值为32354833.70元，而《国有土地使用权及资产买卖合同》中对房屋及设备作价仅2105万元，认定《国有土地使用权及资产买卖合同》中约定的购买福建金石公司资产价格为不合理低价是正确的。在明知债务人福建金石公司欠债权人嘉吉公司巨额债务的情况下，田源公司以明显不合理低价购买福建金石公司的主要资产，足以证明其与福建金石公司在签订《国有土地使用权及资产买卖合同》时具有主观恶意，属恶意串通，且该合同的履行足以损害债权人嘉吉公司的利益。

第三，《国有土地使用权及资产买卖合同》签订后，田源公司虽然向福建金石公司在同一银行的账户转账2500万元，但该转账并未注明款项用途，且福建金石公司于当

日将2500万元分两笔汇入其关联企业大连金石制油有限公司账户；又根据福建金石公司和田源公司当年的财务报表，并未体现该笔2500万元的入账或支出，而是体现出田源公司尚欠福建金石公司“其他应付款”121224155.87元。一审法院据此认定田源公司并未根据《国有土地使用权及资产买卖合同》向福建金石公司实际支付价款是合理的。

第四，从公司注册登记资料看，汇丰源公司成立时股东构成似与福建金石公司无关，但在汇丰源公司股权变化的过程中可以看出，汇丰源公司在与田源公司签订《买卖合同》时对转让的资产来源以及福建金石公司对嘉吉公司的债务是明知的。《买卖合同》约定的价款为2669万元，与田源公司从福建金石公司购入该资产的约定价格相差不大。汇丰源公司除已向田源公司支付569万元外，其余款项未付。一审法院据此认定汇丰源公司与田源公司签订《买卖合同》时恶意串通并足以损害债权人嘉吉公司的利益，并无不当。

综上，福建金石公司与田源公司签订的《国有土地使用权及资产买卖合同》、田源公司与汇丰源公司签订的《买卖合同》，属于恶意串通、损害嘉吉公司利益的合同。根据《合同法》第五十二条第二项的规定，均应当认定无效。

二、关于本案所涉合同被认定无效后的法律后果

对于无效合同的处理，人民法院一般应当根据《合同法》第五十八条“合同无效或者被撤销后，因该合同取得的财产，应当予以返还；不能返还或者没有必要返还的，应当折价补偿。有过错的一方应当赔偿对方因此所受到的损失，双方都有过错的，应当各自承担相应的责任”的规定，判令取得财产的一方返还财产。本案涉及的两份合同均被认定无效，两份合同涉及的财产相同，其中国有土地使用权已经从福建金石公司经田源公司变更至汇丰源公司名下，在没有证据证明本案所涉房屋已经由田源公司过户至汇丰源公司名下、所涉设备已经由田源公司交付汇丰源公司的情况下，一审法院直接判令取得国有土地使用权的汇丰源公司、取得房屋和设备的田源公司分别就各自取得的财产返还给福建金石公司并无不妥。

《合同法》第五十九条规定：“当事人恶意串通，损害国家、集体或者第三人利益的，因此取得的财产收归国家所有或者返还集体、第三人。”该条规定应当适用于能够确定第三人为财产所有权人的情况。本案中，嘉吉公司对福建金石公司享有普通债权，本案所涉财产系福建金石公司的财产，并非嘉吉公司的财产，因此，只能判令将系争财产返还给福建金石公司，而不能直接判令返还给嘉吉公司。

（七）劳动争议

导读：《劳动法》颁布实施以后，随着我国劳动用工制度和社会保障制度的改革，劳动关系不断发生新的变化，全国法院审理的劳动争议案件每年约以20%的速度递增，成为民事审判中的热点和难点。为了适应劳动争议审判工作的需要，最高人民法院制定了本解释。

本解释共21条，主要就劳动争议案件的受理、管辖、诉讼主体、举证责任、合同解除、判案依据、仲裁裁决的审查执行等一些亟须明确的问题，作出了相应的解释。

最高人民法院
关于审理劳动争议案件适用法律若干问题的解释

法释〔2001〕14号

（2001年3月22日最高人民法院审判委员会第1165次会议通过
2001年4月16日最高人民法院公告公布
自2001年4月30日起施行）

为正确审理劳动争议案件，根据《中华人民共和国劳动法》（以下简称《劳动法》）和《中华人民共和国民事诉讼法》（以下简称《民事诉讼法》）等相关法律之规定，就适用法律的若干问题，作如下解释。

第一条　（受理范围）劳动者与用人单位之间发生的下列纠纷，属于《劳动法》第二条规定的劳动争议，当事人不服劳动争议仲裁委员会作出的裁决，依法向人民法院起诉的，人民法院应当受理：

（一）劳动者与用人单位在履行劳动合同过程中发生的纠纷；

（二）劳动者与用人单位之间没有订立书面劳动合同，但已形成劳动关系后发生的纠纷；

（三）劳动者退休后，与尚未参加社会保险统筹的原用人单位因追索养老金、医疗费、工伤保险待遇和其他社会保险费而发生的纠纷。

第二条　（对不属劳动争议不受理仲裁不服起诉的处理）劳动争议仲裁委员会以当事人申请仲裁的事项不属于劳动争议为由，作出不予受理的书面裁决、决定或者通知，当事人不服，依法向人民法院起诉的，人民法院应当分别情况予以处理：

（一）属于劳动争议案件的，应当受理；

（二）虽不属于劳动争议案件，但属于人民法院主管的其他案件，应当依法受理。

第三条　（对超期不受理仲裁不服起诉的处理）劳动争议仲裁委员会根据《劳动法》第八十二条之规定，以当事人的仲裁申请超过60日期限为由，作出不予受理的书面裁决、决定或者通知，当事人不服，依法向人民法院起诉的，人民法院应当受理；对确已超过仲裁申请期限，又无不可抗力或者其他正当理由的，依法驳回其诉讼请求。

第四条　（主体不适格的处理）劳动争议仲裁委员会以申请仲裁的主体不适格为由，作出不予受理的书面裁决、决定或者通知，当事人不服，依法向人民法院起诉的，经审查，确属主体不适格的，裁定不予受理或者驳回起诉。

第五条　（对纠错裁决不服起诉的处理）劳动争议仲裁委员会为纠正原仲裁裁决错误重新作出裁决，当事人不服，依法向人民法院起诉的，人民法院应当受理。

第六条　（对增加诉求的处理）人民法院受理劳动争议案件后，当事人增加诉讼请求的，如该诉讼请求与讼争的劳动争议具有不可分性，应当合并审理；如属独立的劳动争议，应当告知当事人向劳动争议仲裁委员会申请仲裁。

第七条　（对不属法院受案范围的仲裁事项起诉的处理）劳动争议仲裁委员会仲裁的事项不属于人民法院受理的案件范围，当事人不服，依法向人民法院起诉的，裁定不予受理或者驳回起诉。

第八条　（管辖）劳动争议案件由用人单位所在地或者劳动合同履行地的基层人民法院管辖。

劳动合同履行地不明确的，由用人单位所在地的基层人民法院管辖。

第九条　（双方均起诉的处理）当事人双方不服劳动争议仲裁委员会作出的同一仲裁裁决，均向同一人民法院起诉的，先起诉的一方当事人为原告，但对双方的诉讼请求，人民法院应当一并作出裁决。

当事人双方就同一仲裁裁决分别向有管辖权的人民法院起诉的，后受理的人民法院应当将案件移送给先受理的人民法院。

第十条　（用人单位合并分立的当事人认定）用人单位与其他单位合并的，合并前发生的劳动争议，由合并后的单位为当事人；用人单位分立为若干单位的，其分立前发生的劳动争议，由分立后的实际用人单位为当事人。

用人单位分立为若干单位后，对承受劳动权利义务的单位不明确的，分立后的单位均为当事人。

第十一条　（用人单位招用未解除劳动合同的劳动者导致争议的当事人确定）用人单位招用尚未解除劳动合同的劳动者，原用人单位与劳动者发生的劳动争议，可以列新的用人单位为第三人。

原用人单位以新的用人单位侵权为由向人民法院起诉的，可以列劳动者为第三人。

原用人单位以新的用人单位和劳动者共同侵权为由向人民法院起诉的，新的用人单位和劳动者列为共同被告。

第十二条　（涉及承包的劳动争议当事人确定）劳动者在用人单位与其他平等主体之间的承包经营期间，与发包方和承包方双方或者一方发生劳动争议，依法向人民法院起诉的，应当将承包方和发包方作为当事人。

第十三条　（用人单位负举证责任的情形）因用人单位作出的开除、除名、辞退、解除劳动合同、减少劳动报酬、计算劳动者工作年限等决定而发生的劳动争议，用人单位负举证责任。

第十四条　（劳动合同无效的劳动报酬和赔偿）劳动合同被确认为无效后，用人单位对劳动者付出的劳动，一般可参照本单位同期、同工种、同岗位的工资标准支付劳动报酬。

根据《劳动法》第九十七条之规定，由于用人单位的原因订立的无效合同，给劳动者造成损害的，应当比照违反和解除劳动合同经济补偿金的支付标准，赔偿劳动者因合同无效所造成的经济损失。

第十五条　（用人单位迫使劳动者提出解除合同的处理）用人单位有下列情形之一，迫使劳动者提出解除劳动合同的，用人单位应当支付劳动者的劳动报酬和经济补偿，并可支付赔偿金：

（一）以暴力、威胁或者非法限制人身自由的手段强迫劳动的；

（二）未按照劳动合同约定支付劳动报酬或者提供劳动条件的；

（三）克扣或者无故拖欠劳动者工资的；

（四）拒不支付劳动者延长工作时间工资报酬的；

（五）低于当地最低工资标准支付劳动者工资的。

第十六条　（合同期满继续工作的处理）劳动合同期满后，劳动者仍在原用人单位工作，原用人单位未表示异议的，视为双方同意以原条件继续履行劳动合同。一方提出终止劳动关系的，人民法院应当支持。

根据《劳动法》第二十条之规定，用人单位应当与劳动者签订无固定期限劳动合同而未签订的，人民法院可以视为双方之间存在无固定期限劳动合同关系，并以原劳动合同确定双方的权利义务关系。

第十七条　（对部分仲裁事项不服的仲裁裁决不生效）劳动争议仲裁委员会作出仲裁裁决后，当事人对裁决中的部分事项不服，依法向人民法院起诉的，劳动争议仲裁裁决不发生法律效力。

第十八条　（部分劳动者起诉的处理）劳动争议仲裁委员会对多个劳动者的劳动争议作出仲裁裁决后，部分劳动者对仲裁裁决不服，依法向人民法院起诉的，仲裁裁决对提出起诉的劳动者不发生法律效力；对未提出起诉的部分劳动者，发生法律效力，如其申请执行的，人民法院应当受理。

第十九条　（用人单位规章制度作为审理依据的条件）用人单位根据《劳动法》第四条之规定，通过民主程序制定的规章制度，不违反国家法律、行政法规及政策规定，并已向劳动者公示的，可以作为人民法院审理劳动争议案件的依据。

第二十条　（法院撤销与变更）用人单位对劳动者作出的开除、除名、辞退等处理，或者因其他原因解除劳动合同确有错误的，人民法院可以依法判决予以撤销。

对于追索劳动报酬、养老金、医疗费以及工伤保险待遇、经济补偿金、培训费及其他相关费用等案件，给付数额不当的，人民法院可以予以变更。

第二十一条　（不予执行的情形）当事人申请人民法院执行劳动争议仲裁机构作出的发生法律效力的裁决书、调解书，被申请人提出证据证明劳动争议仲裁裁决书、调解书有下列情形之一，并经审查核实的，人民法院可以根据《民事诉讼法》第二百一十三条之规定，裁定不予执行：

（一）裁决的事项不属于劳动争议仲裁范围，或者劳动争议仲裁机构无权仲裁的；

（二）适用法律确有错误的；

（三）仲裁员仲裁该案时，有徇私舞弊、枉法裁决行为的；

（四）人民法院认定执行该劳动争议仲裁裁决违背社会公共利益的。

人民法院在不予执行的裁定书中，应当告知当事人在收到裁定书之次日起30日内，可以就该劳动争议事项向人民法院起诉。

导读：本解释为最高人民法院适用《劳动法》的系列解释之二，共18条，主要是从程序上明确了当事人如何依法维权，如何在现行法律框架下给劳动者设置一个便捷、有效的司法保护程序。对劳动合同的违约金、竞业限制、续订无固定期限劳动合同等问题，以及集体合同争议、人事争议、社会保险费争议、工伤赔偿争议等问题，确定根据劳动用工制度、社会保障制度的调整状况，作出了相应的解释。

本解释回答了广大法官适用法律上所疑惑的一些问题，对帮助他们准确掌握司法尺度，促进办案的公正无疑具有重要意义。

最高人民法院
关于审理劳动争议案件适用法律若干问题的解释（二）

法释〔2006〕6号

（2006年7月10日最高人民法院审判委员会第1393次会议通过
2006年8月14日最高人民法院公告公布　自2006年10月1日起施行）

为正确审理劳动争议案件，根据《中华人民共和国劳动法》《中华人民共和国民事诉讼法》等相关法律规定，结合民事审判实践，对人民法院审理劳动争议案件适用法律的若干问题补充解释如下：

第一条　（劳动争议发生之日）人民法院审理劳动争议案件，对下列情形，视为劳动法第八十二条规定的“劳动争议发生之日”：

（一）在劳动关系存续期间产生的支付工资争议，用人单位能够证明已经书面通知劳动者拒付工资的，书面通知送达之日为劳动争议发生之日。用人单位不能证明的，劳动者主张权利之日为劳动争议发生之日。

（二）因解除或者终止劳动关系产生的争议，用人单位不能证明劳动者收到解除或者终止劳动关系书面通知时间的，劳动者主张权利之日为劳动争议发生之日。

（三）劳动关系解除或者终止后产生的支付工资、经济补偿金、福利待遇等争议，劳动者能够证明用人单位承诺支付的时间为解除或者终止劳动关系后的具体日期的，用

人单位承诺支付之日为劳动争议发生之日。劳动者不能证明的，解除或者终止劳动关系之日为劳动争议发生之日。

第二条　（拖欠工资纠纷）拖欠工资争议，劳动者申请仲裁时劳动关系仍然存续，用人单位以劳动者申请仲裁超过六十日为由主张不再支付的，人民法院不予支持。但用人单位能够证明劳动者已经收到拒付工资的书面通知的除外。

第三条　（工资欠条纠纷）劳动者以用人单位的工资欠条为证据直接向人民法院起诉，诉讼请求不涉及劳动关系其他争议的，视为拖欠劳动报酬争议，按照普通民事纠纷受理。

第四条　（合同解除或者终止的纠纷）用人单位和劳动者因劳动关系是否已经解除或者终止，以及应否支付解除或终止劳动关系经济补偿金产生的争议，经劳动争议仲裁委员会仲裁后，当事人依法起诉的，人民法院应予受理。

第五条　（违反合同附随义务的纠纷）劳动者与用人单位解除或者终止劳动关系后，请求用人单位返还其收取的劳动合同定金、保证金、抵押金、抵押物产生的争议，或者办理劳动者的人事档案、社会保险关系等移转手续产生的争议，经劳动争议仲裁委员会仲裁后，当事人依法起诉的，人民法院应予受理。

第六条　（社会保险纠纷）劳动者因为工伤、职业病，请求用人单位依法承担给予工伤保险待遇的争议，经劳动争议仲裁委员会仲裁后，当事人依法起诉的，人民法院应予受理。

第七条　（非劳动争议）下列纠纷不属于劳动争议：

（一）劳动者请求社会保险经办机构发放社会保险金的纠纷；

（二）劳动者与用人单位因住房制度改革产生的公有住房转让纠纷；

（三）劳动者对劳动能力鉴定委员会的伤残等级鉴定结论或者对职业病诊断鉴定委员会的职业病诊断鉴定结论的异议纠纷；

（四）家庭或者个人与家政服务人员之间的纠纷；

（五）个体工匠与帮工、学徒之间的纠纷；

（六）农村承包经营户与受雇人之间的纠纷。

第八条　（先行部分仲裁的纠纷）当事人不服劳动争议仲裁委员会作出的预先支付劳动者部分工资或者医疗费用的裁决，向人民法院起诉的，人民法院不予受理。

用人单位不履行上述裁决中的给付义务，劳动者依法向人民法院申请强制执行的，人民法院应予受理。

第九条　（个体工商户的当事人地位）劳动者与起有字号的个体工商户产生的劳动争议诉讼，人民法院应当以营业执照上登记的字号为当事人，但应同时注明该字号业主的自然情况。

第十条　（劳动力派遣）劳动者因履行劳动力派遣合同产生劳动争议而起诉，以派遣单位为被告；争议内容涉及接受单位的，以派遣单位和接受单位为共同被告。

第十一条　（双方起诉时的当事人）劳动者和用人单位均不服劳动争议仲裁委员会的同一裁决，向同一人民法院起诉的，人民法院应当并案审理，双方当事人互为原告和被告。在诉讼过程中，一方当事人撤诉的，人民法院应当根据另一方当事人的诉讼请求继续审理。

第十二条　（仲裁申请期间的中止）当事人能够证明在申请仲裁期间内因不可抗力或者其他客观原因无法申请仲裁的，人民法院应当认定申请仲裁期间中止，从中止的原因消灭之次日起，申请仲裁期间连续计算。

第十三条　（仲裁申请期间的中断）当事人能够证明在申请仲裁期间内具有下列情形之一的，人民法院应当认定申请仲裁期间中断：

（一）向对方当事人主张权利；

（二）向有关部门请求权利救济；

（三）对方当事人同意履行义务。

申请仲裁期间中断的，从对方当事人明确拒绝履行义务，或者有关部门作出处理决定或明确表示不予处理时起，申请仲裁期间重新计算。

第十四条　（财产保全的救助）在诉讼过程中，劳动者向人民法院申请采取财产保全措施，人民法院经审查认为申请人经济确有困难，或有证据证明用人单位存在欠薪逃匿可能的，应当减轻或者免除劳动者提供担保的义务，及时采取保全措施。

第十五条　（申请强制执行期限的告知）人民法院作出的财产保全裁定中，应当告知当事人在劳动仲裁机构的裁决书或者在人民法院的裁判文书生效后三个月内申请强制执行。逾期不申请的，人民法院应当裁定解除保全措施。

第十六条　（合同的优先适用）用人单位制定的内部规章制度与集体合同或者劳动合同约定的内容不一致，劳动者请求优先适用合同约定的，人民法院应予支持。

第十七条　（劳动争议调解协议的效力）当事人在劳动争议调解委员会主持下达成的具有劳动权利义务内容的调解协议，具有劳动合同的约束力，可以作为人民法院裁判的根据。

当事人在劳动争议调解委员会主持下仅就劳动报酬争议达成调解协议，用人单位不履行调解协议确定的给付义务，劳动者直接向人民法院起诉的，人民法院可以按照普通民事纠纷受理。

第十八条　（生效时间）本解释自二〇〇六年十月一日起施行。本解释施行前本院颁布的有关司法解释与本解释规定不一致的，以本解释的规定为准。

本解释施行后，人民法院尚未审结的一审、二审案件适用本解释。本解释施行前已经审结的案件，不得适用本解释的规定进行再审。

【链　　接】

保护劳动者合法权益　促进劳动关系和谐稳定

——最高人民法院负责人就《关于审理劳动争议案件适用法律若干问题的解释（二）》答记者问

一、解释以维护和谐劳动关系为价值取向

问：请您介绍一下最高人民法院制定这一司法解释的背景和意义？

答：《劳动法》颁布实施以后，随着我国劳动用工制度和社会保障制度的改革，劳动关系不断发生新的变化，全国法院审理的劳动争议案件每年约以 20% 的速度递增，成为民事审判中的热点和难点。

为了适应劳动争议审判工作的需要，最高人民法院曾于 2001 年 4 月 16 日颁布了《关于审理劳动争议案件适用法律若干问题的解释》（法释〔2001〕14 号），就劳动争议案件的受理、管辖、诉讼主体、举证责任、合同解除、判案依据、仲裁裁决的审查执行等一些亟须明确的问题，作出了相应的解释。对劳动合同的违约金、竞业限制、续订无固定期限劳动合同等问题，以及集体合同争议、人事争议、社会保险费争议、工伤赔偿争议、欠薪逃匿纠纷等问题，确定根据劳动用工制度、社会保障制度的调整状况，按照"成熟一个、制定一个"的方针，适时出台解释。

从 2003 年底，最高人民法院民一庭开始起草《关于审理劳动争议案件适用法律若干问题的解释（二）》（以下简称《解释二》），并广泛征求社会各界的意见。2004 年底，因为《劳动合同法》的起草工作被正式提上议事日程，我们又根据立法部门的建议，

将解释草稿中可能与《劳动合同法》重复的内容予以删除，进一步征求意见。2005年4月，中央政法委下发了《关于依法及时处理企业劳动纠纷，切实维护社会稳定的通知》，要求抓紧对有关法律作出司法解释，进一步完善处理劳动纠纷的法律制度。最高人民法院据此再次调整了《解释二》的内容，立足于解决实践的亟须，确定对有些现在还不成熟的意见留待今后逐步解决，解释稿进一步修改后认真听取了全国人大常委会法工委、国务院法制办、劳动和社会保障部、全国总工会、中国企联以及相关专家学者的意见，经最高人民法院审判委员会讨论，通过了这部司法解释。

出台这个司法解释具有以下意义：

一是便于广大劳动者准确理解掌握《劳动法》的规定，促进依法维权。《劳动法》是一个新的法律门类，颁布实施专门的《劳动法》调整劳动关系在我国也只有十多年的历史。我国过去长期实行的是劳动用工由国家统包统管，国家是劳动用工的唯一主体，国家运用行政管理的手段管理调整劳动关系，劳动者不太关心劳动关系中权利义务内容，即使产生纠纷一般通过行政渠道予以解决。

《劳动法》为劳动者和用人单位解决劳动争议设置了“协商—调解—仲裁—诉讼”的渠道，但广大劳动者对依法维权既不是很熟悉，也不是很习惯，产生纠纷往往找错了解决的部门，错过了仲裁的时机；还有一些劳动者不懂得依法维权，而是采取一些过激手段，诸如集体停产停工、毁坏生产设备，集体上访堵塞交通要道、围攻政府机关，或者制造个人跳楼自杀、暴力追索工资等错误和违法的做法。

我们这个司法解释主要是从程序上明确了当事人如何依法维权，如何在现行法律框架下给劳动者设置一个便捷、有效的司法保护程序。

二是便于各级人民法院的法官准确掌握司法尺度，促进司法公正。劳动争议案件作为新类型的民事案件，劳动关系与一般的民事关系、劳动合同与普通的民事合同相比，在当事人主体地位的平等性、当事人意思表达的自由性、国家关于劳动基准的强制性等方面都有很大的差别，与广大法官审理的其他民事案件在适用法律上有很大的差异，集中体现在《劳动法》的规定比较原则，配套的法律法规还在不断制定和完善过程中，我们制定这个司法解释，回答了广大法官适用法律上所疑惑的一些问题，对帮助他们准确掌握司法尺度，促进办案的公正无疑具有重要意义。

三是有利于规范企业劳动用工制度和管理制度改革，促进其建立符合社会主义市场经济要求的劳动用工制度。我们在这个司法解释中提出了用人单位拒付工资、解除劳动合同必须使用书面的形式，长期拖欠工资不能以超过六十日申请仲裁期限抗辩拒付，违

法收取就业保证金、不依法办理劳动者人事档案、社保档案移转手续要依法处理，在劳动力派遣关系中用人单位要承担连带责任，集体合同具有高于企业内部规章的效力等等处理劳动争议案件的方法，必将给各类用人单位规范劳动用工制度和企业管理制度带来积极的促进作用。

四是有利于建立稳定和谐的劳动关系，促进社会主义和谐社会的建设。我们在这个司法解释中突出了解决劳动者讨要工资难的一些诉讼措施，突出了保护劳动者诉权的司法程序，肯定了建立多元化的劳动争议处理机制，肯定了劳动争议调解委员会主持达成的调解协议的应有效力，提倡劳动者应当首先向用人单位主张权利，确定直接主张权利也是申请仲裁期限中断的一种形式，强化了集体合同的效力层次，等等，核心就是促进劳动争议得到及时、有效、公正的解决，消除劳资矛盾，减少劳资对抗，促进劳资关系的和谐发展，促进社会主义和谐社会的建设。

二、解释充分征集了民意，汇聚了民智

问：这个解释涉及亿万劳动者和广大用人单位的利益，是否充分听取了他们的意见？

答：最高人民法院本着司法为民的指导思想，为了使司法解释能够更好地反映民意、集中民智，从 2002 年起我们就决定将一些重要的司法解释在起草过程中公开征求社会各界人士的意见。

本解释在起草过程中，最高人民法院民一庭多次召开座谈会，在法院系统内部向全国 31 个高级人民法院，40 多个中级人民法院和基层人民法院，以及本院相关审判业务部门征求意见，对外多次向立法机关、行政主管部门，特别是向中华全国总工会、中国企业联合会、全国工商联，以及最高人民法院特邀咨询员、劳动法学者和律师征求意见。

2004 年 9 月 30 日，该解释征求意见稿由《人民法院报》《中国劳动保障报》“中国法院网”公布，向社会各界征求意见。各界读者给予了高度关心和积极参与，我们共收到网民在网上提出的修改意见 1294 条，群众来信 203 封。法院系统、相关部门、专家学者以及广大群众的修改意见，我们均作了认真的归纳、整理和吸收，现在有的条文就是根据大家提出的意见修改或者制定的。最高人民法院审判委员会讨论该司法解释时，委员们严格把关，对许多重大疑难问题作了抉择。

三、从有利于劳动者维权界定“劳动争议发生之日”

问：解释第一条首先解释“劳动争议发生之日”，用意何在?

答：《劳动法》第八十二条规定，当事人申请劳动仲裁的期限是六十日，自劳动争议发生之日起算。如何理解“劳动争议发生之日”，也就是如何掌握劳动者知道或者应当知道其权利受到侵害，涉及六十日期限的准确计算，涉及劳动者的诉权能否得到有效保护，广大劳动者非常关心，地方法院也经常询问。

《劳动法》从立法上规定劳动争议申请仲裁的期限是六十日，本意是为了促使劳动争议尽快得到解决，使企业的正常生产秩序及时得到恢复，劳动者的合法权益尽快得到保护，生活秩序尽快得到安定，本意是积极的。但在实践中这一规定又变成了一把双刃剑，一方面要约束当事人双方尽快解决纠纷，使劳动关系尽快得到和谐稳定，另一方面也使一些劳动者因为对法律程序了解不够、申请仲裁不及时，从而丧失了仲裁的机会。实践中，更有一些用人单位利用劳动者法律知识淡薄或者劳动者所处的弱势地位，主张欠发工资、欠交社会保险费超过六十日申请仲裁期限的就不再支付，导致劳动者投诉无门，社会矛盾激化。为了解决这个问题，考虑到实践中对上述问题的理解争议，主要发生在欠薪纠纷、解除合同的经济补偿金纠纷方面，这个司法解释有针对性地解释：拖欠工资的争议，以用人单位“书面拒绝”作为界定争议发生的标准，否则以“劳动者主张权利之日”作为标准。解除劳动合同发生的欠薪和补偿纠纷，推定“解除合同之日”为劳动者应当知道权利受侵害的日期，但用人单位承诺了支付日期的，以期日届满之日为标准。

四、持续拖欠工资不得以超过六十日申请仲裁期限抗辩拒付

问：欠薪纠纷是当前劳动关系领域比较突出的矛盾，司法解释规定了什么新的措施?

答：当前社会各界就劳动关系领域关注和反映比较强烈的问题是长期拖欠工资和欠薪逃匿两种情况。中央政法委〔2005〕18号文件也提出，最高人民法院要抓紧对欠薪逃匿等问题进行研究，尽快出台相关司法解释。长期拖欠工资和恶意欠薪，一方面是一部分企业妄图借六十日仲裁申请期限消灭债权，导致劳资矛盾激化；另一方面也导致一些案件证据难以厘清，纠纷难以裁断，因此，必须提出司法对策解决这个突出问题。

从我国现阶段的国情来看，劳动还是劳动者谋生和维持家庭生活来源的基本手段，工资既是一个社会分配问题，关系到国民收入的分配和消费，关系到社会和谐，也反映

出经济发展和职工群众的生活保障问题，关系到人民群众的切身利益。因此，本解释第二条规定，在劳动关系存续期间，用人单位连续拖欠工资但以六十日仲裁时效进行抗辩拒付的，人民法院不予支持。作出这一解释的依据是，虽然《劳动法》有工资应当按月发放的规定，但要求劳动者在劳动关系存续期间，每月都要通过仲裁或者诉讼的手段讨要工资，不符合立法本意，也不符合人情伦理。因为从劳动关系的社会伦理上讲，劳动者对用人单位由于经营困难等原因造成的一时不能及时发放工资要有一个合理的容忍度，不应当每个月都要运用仲裁等强硬手段讨要工资，而且现阶段社会就业形势严峻，要求劳动者既要运用法律救济手段解决工资问题，又要保住“饭碗”，显然不合情理，因此，对拖欠工资的时效保护要从宽。

其次，对欠薪逃匿的问题，我们在解释的第十四条规定，劳动者有证据证明用人单位存在欠薪逃匿可能的，人民法院接受其财产保全申请时，应当减轻或者免除劳动者提供担保的义务，及时采取保全措施。这就给广大的劳动者提供了一个简便高效的保护手段。

五、凭工资欠条可以直接向法院起诉

问：对广大进城务工人员（俗称“农民工”）的工资拖欠纠纷，司法解释有无规定相应的保护措施？

答：为广大进城务工人员（俗称“农民工”）提供有效的劳动法保护，特别是积极解决建筑领域拖欠农民工工资的问题，既是党中央、国务院高度关心的问题，也是最高人民法院一直着力解决的问题。在过去的有关司法解释和司法文件中，我院规定了相关的保护措施。这个解释主要的新意就是明确劳动者以单位的工资欠条作为证据可以直接向人民法院起诉。这项措施也是方便广大农民工依法追索工资的举措。

作出此解释是因为审判实践中，有的法院将农民工凭工资欠条追讨工资当作劳务报酬纠纷，依据《民法通则》的规定按照普通民事案件直接处理；有的法院则按照劳动争议案件对待，要求仲裁前置，走“一裁两审”的法律程序。从审判的社会效果来看，后一种处理方式程序相对繁琐，时间消耗较长，农民工往往难以等待，特别是农民工的工资到了岁末年尾就会出现讨要高峰，外出务工者急于拿到工钱后返乡过年，长时间的等待容易引发恶性事件。如果依据《民法通则》的规定，对持工资欠条直接起诉到法院的，视为追讨劳务报酬，就可以不经仲裁程序，及时保护劳动者应得的工资收入，对劳动者来说就是一个满意的结果，这也是广大农民工满意的选择。至于在普通的民事审判中如

何贯彻最低工资的强制性标准并审查工资欠条的合法性？我们认为，无论从《劳动法》保护劳动者工资的角度，还是从民法上保护劳动报酬的角度，用人单位支付的工资标准都不能低于当地政府公布的最低工资标准；从工资具有社会分配的属性考虑，还应当参照用人单位相同工种、相同岗位的人员工资标准支付劳动者应得的工资；无故拖欠工资的，应当依法支付 25% 的赔偿金。这与我们民事审判实践中将大量的劳务报酬纠纷作为普通民事案件处理的方针是一致的。

当然，司法解释第三条是为了顺应当前社会的现实需求，突出人民法院“司法为民”的指导思想，及时有效保护劳动者的权益，尊重当事人的选择，直接作为普通民事案件处理。如果劳动者愿意将此类纠纷申请劳动仲裁，通过仲裁处理纠纷也是可以的。

六、不得非法扣押劳动者证件、档案、押金

问：现在有些用人单位强迫劳动者交保证金，解除合同时不退还，或者解除劳动合同后不给劳动者办理人事档案、社会保险关系等手续移转的，法院是否处理？

答：禁止用人单位向劳动者收取保证劳动合同订立和履行的定金、保证金、抵押金、抵押物，禁止扣押劳动者的身份证件、工资档案、人事档案、社会保险档案，是国家劳动和社会保障行政主管部门有明确规定的。但在实践中，还是有一些用人单位不依法办事，违法收取保证金等，劳动者为了就业，不敢在劳动关系存在期间向劳动监察部门投诉，直到解除劳动关系时寄希望通过仲裁或者诉讼手段给予救济，也有的用人单位出于义愤，对劳动者提出解除劳动合同的，以扣押丢弃人事档案、社保档案等手段予以制裁，导致劳动者再就业困难，利益受损。这个司法解释在向社会公开征求意见时，很多网民和读者向我院反映，希望对上述两个问题从司法解释上也加以规制。我们经过研究认为，这些要求是符合立法本意的。《劳动法》规定因履行劳动合同产生的争议可以诉讼到法院，劳动合同解除和解除合同后产生的附随义务纠纷也应属于劳动合同履行争议的延伸，应当扩大在上述情况下对劳动者的救济渠道。所以，解释第五条规定：劳动者与用人单位解除或者终止劳动关系后，请求用人单位返还其收取的劳动合同定金、保证金、抵押金、抵押物产生的争议，或者办理劳动者的人事档案、社会保险关系等移转手续产生的争议，经劳动争议仲裁委员会仲裁后，当事人依法起诉的，人民法院应予受理。

七、工伤赔偿案件应当及时受理

问：现阶段我国的安全生产事故、职业病事故以及交通事故比较多，由此造成的工伤事故也就比较多，司法解释是否规定了相应的救济措施？

答：高度工业化的社会大生产和高速发展的交通运输工具，在给人类带来生产力提高和交通便捷的同时，也产生了大量的工伤事故。我国政府正在积极采取有力措施加大安全生产监督管理和职业病防治的力度，但工伤事故现阶段还是难以完全避免的，因此，国家也同时在大力推行工伤保险制度，以使伤病职工得到及时的救治、康复和必要的赔偿。相关法律法规给因工伤残的职工设置的救济渠道有两个：一是已经建立工伤保险关系的，由用人单位和社保经办机构分别承担给付相应的工伤保险待遇；二是还没有给职工建立工伤保险关系的，由用人单位依照工伤保险的法定标准给予一次性赔偿。在司法实践中有一个问题长期以来有争议，就是用人单位以外的第三人侵权行为造成劳动者工伤的如何处理，是否可以在得到民事侵权赔偿后享受工伤待遇？这个司法解释第六条明确，劳动者因为工伤、职业病，请求用人单位依法承担给予工伤保险待遇的争议，经劳动争议仲裁委员会仲裁后，当事人依法起诉的，人民法院应予受理。也就是说，不论是什么原因造成的工伤，受伤职工（包括工亡职工的近亲属）都可以依法享受工伤待遇。当然，依照法律规定，工伤赔偿案件中，只有请求用人单位给付工伤待遇的争议属于民事案件，请求工伤保险经办机构给予工伤保险待遇的争议则属于行政案件，要通过行政诉讼的途径予以解决。

八、劳动者打官司将更明确、更方便、更有效

问：这个司法解释在方便劳动者维权方面规定了哪些便民措施？

答：这个司法解释的主要内容是对劳动争议案件的诉讼程序进一步加以明确和细化。除了我前面所讲的追索工资的问题已经从程序上作出了便民的规定外，为了保障劳动者的合法权益能得到及时有效的保护，体现对困难职工、弱势群体的及时救助，这个司法解释还确定了以下一些便民措施：

第一，明确了六类纠纷不属于劳动争议，给当事人提供诉讼指引。

第二，规定在劳动争议案件仲裁或者诉讼的过程中，对仲裁机构作出的预先支付劳动者部分工资和医疗费的裁决，人民法院可以根据劳动者的申请，及时采取执行措施。

第三，确定了申请仲裁期限中断和中止的制度，即当事人能够证明在申请仲裁期间内因为不可抗力或者其他客观原因无法申请仲裁的，人民法院应当认定申请仲裁期间中

止，从中止的原因消灭之次日起，申请仲裁期间连续计算。当事人能够证明在申请仲裁期间内具有下列情形之一的，人民法院应当认定申请仲裁期间中断：（1）向对方当事人主张权利的；（2）向有关部门请求权利救济的；（3）对方当事人同意履行义务的。

第四，规定双方当事人均不服仲裁裁决向人民法院起诉的，人民法院应当合并审理，当事人的诉讼地位体现为互为原告和被告，以解决立审分离，立了两个案子后又动员后起诉的当事人撤诉或变更诉讼地位等问题，切实体现双方当事人诉讼地位平等的问题。

第五，明确经济确有困难的劳动者向法院申请财产保全，可以不提供担保。

第六，规定人民法院作出的财产保全裁定中应当告知当事人在劳动仲裁机构的裁决书或者在人民法院的裁判文书生效后三个月内申请强制执行。

第七，确认了当事人在劳动争议调解委员会主持下达成的具有劳动权利义务内容的调解协议，具有劳动合同的约束力，可以作为人民法院裁判的根据。当事人在劳动争议调解委员会主持下仅就劳动报酬争议达成调解协议，用人单位不履行调解协议确定的给付义务，劳动者直接向人民法院起诉的，人民法院可以按照普通民事纠纷受理。

九、倡导多元手段化解劳资矛盾

问：这个解释如何体现运用多元的手段解决劳动争议？

答：《劳动法》规定解决劳动争议的渠道是“协商—调解—仲裁—诉讼”，因此，诉讼是处理劳动争议的一种手段，而不是唯一的手段。我们在解释第十三条规定劳动争议的仲裁申请期间因向对方当事人主张权利、向有关部门申请权利救济或者对方当事人同意履行义务而中断，就是意味着当事人之间的协商解决纠纷、有关部门的调解、仲裁、行政处理都是解决劳动争议的有效手段，都是有利于劳动争议最终得到圆满解决，而不会妨碍或者制约当事人诉权的行使和保护。征求意见过程中，部分法院和工会系统还提出，随着劳动争议纠纷的逐年增加，加强调解工作，提高调解效率，对于及时化解劳动关系领域的矛盾，减轻人民法院的诉讼压力，越来越重要。故建议，劳动争议经劳动争议调解委员会或者区域性、行业性劳动争议调解组织主持调解，由双方当事人达成的调解协议，应具有劳动合同的效力，应当作为人民法院裁判的根据。这个建议得到多数部门的支持。还有的同志主张，一方当事人不履行解决工资争议达成的调解协议，对方当事人可以直接向人民法院起诉。上述主张的理由是：《劳动法》第八十条第二款规定：“劳动争议经调解达成协议的，当事人应当履行”，这就说明劳动争议调解协议已经不是没有法律拘束力的协议，为了快速解决纠纷，可以设置快速解决纠纷的渠道。综合各

方意见，解释稿第十七条规定，对于经过劳动争议调解委员会调解达成的协议，应当视为具有劳动合同的约束力，可以作为人民法院裁判的依据；只涉及劳动报酬的调解协议，一方当事人反悔的，另一方当事人可以直接向人民法院起诉。这是对运用调解手段化解劳动争议的一个肯定性规定，对进一步发挥各级劳动争议调解委员会的调解职能，及时化解劳动争议无疑会起到积极的促进作用。

十、依法赋予劳动合同和集体合同的优先效力

问：解释第十六条规定劳动合同和集体合同比单位的规章制度具有优先适用的效力，如何理解？

答：人民法院审理劳动争议案件的基本目的之一，就是为了既保护广大劳动者的合法权益不受侵犯，又维护和支持用人单位依法行使劳动用工自主权，促进企业加强规范管理和民主管理，健全劳动用工的规章制度。为了预防和减少劳动争议，倡导运用协商对话、集体谈判的机制建立和谐劳动关系，维护和推行集体劳动合同制，解释第十六条规定了用人单位所制定的内部规章制度与集体合同或者劳动合同约定的内容不一致，劳动者请求优先适用合同约定的，人民法院应予支持。这就确定了集体合同的优先适用效力，主要目的是为了防止用人单位、特别是企业的经营管理者不正当行使劳动用工管理权，借少数人的民主侵害多数职工依法享有的民主权利，从而促进劳动力市场管理秩序的规范。

十一、劳动合同和人事争议处理的相关问题将再作出解释

问：这个司法解释与征求意见稿相比，删减了有关劳动合同的内容，是否将来还要作出解释？

答：本解释在起草初始，曾经根据各地法院的建议，规定了劳动关系认定、劳动合同续签、劳动合同中止履行、劳动合同违约金、竞业限制等问题的处理意见，征求意见的过程中，有关立法部门开始了《劳动合同法》的起草工作，劳动合同法草案现在已经由立法机关公布征求全民意见，因此我们根据有关部门的建议，未再就上述相关问题作出解释。待《劳动合同法》公布实施以后，遇有新的疑难问题，我们再视情况作出解释。在本解释的起草过程中，一些法院和其他部门还提出，希望对人事争议的法律适用问题一并作出解释和规定。经过研究，考虑到人事争议处理的法律体制目前还在改革之中，虽然一些法院根据我院相关司法解释的规定已经开始受理人事争议案件，遇到了一些问

题，但是人事争议的处理与劳动争议的处理在我国现阶段还是采取两种不同的模式，因此人事争议的法律适用问题留待今后专题研究比较合适，故本解释未作出规定。这个司法解释现在取名为《解释二》，只要司法实践需要，最高人民法院将会及时出台《解释三》，核心的目的，就是为了及时满足广大劳动者的需求和审判实践的需求。

导读：2008年，《劳动合同法》和《劳动争议调解仲裁法》相继实施，这两部法律分别对于劳动合同的订立、履行、变更、解除和终止以及劳动争议纠纷的处理作出了全面、翔实的规定，最高人民法院根据立法的变化，及时制定了本解释。

本解释为最高人民法院适用《劳动法》的系列解释之三，共18条，主要关涉劳动争议处理的程序性问题，规定了以下主要问题：不具备合法经营资格的用人单位及其出资人要承担责任，企业自主改制引发的争议人民法院予以受理，不具备合法经营资格的用人单位及其出资人要承担责任，以挂靠等形式借用资质的，出借方要承担责任，仲裁遗漏当事人的不必重新仲裁，企业停薪留职人员、内退人员等可与新的用人单位建立劳动关系，一裁终局的认定标准更加明确，起诉与撤裁发生矛盾时优先适用起诉程序。

本解释具有以下重要的意义：一是便于广大劳动者准确理解法律规定，促进依法维权；二是便于各级人民法院准确掌握司法尺度，促进司法公正；三是便于规范劳动争议纠纷案件处理程序，促进裁审衔接；四是便于构建和发展和谐稳定的劳动关系，促进社会和谐。

最高人民法院
关于审理劳动争议案件适用法律若干问题的解释（三）

法释〔2010〕12号

（2010年7月12日最高人民法院审判委员会第1489次会议通过
2010年9月13日最高人民法院公告公布
自2010年9月14日起施行）

为正确审理劳动争议案件，根据《中华人民共和国劳动法》《中华人民共和国劳动合同法》《中华人民共和国劳动争议调解仲裁法》《中华人民共和国民事诉讼法》等相关法律规定，结合民事审判实践，特作如下解释。

第一条　（社会保险争议的范围）劳动者以用人单位未为其办理社会保险手续，且社会保险经办机构不能补办导致其无法享受社会保险待遇为由，要求用人单位赔偿损失

而发生争议的，人民法院应予受理。

第二条　（企业改制引发纠纷的处理）因企业自主进行改制引发的争议，人民法院应予受理。

第三条　（支付加付赔偿金争议的受理）劳动者依据劳动合同法第八十五条规定，向人民法院提起诉讼，要求用人单位支付加付赔偿金的，人民法院应予受理。

第四条　（不具备合法经营资格的主体确定）劳动者与未办理营业执照、营业执照被吊销或者营业期限届满仍继续经营的用人单位发生争议的，应当将用人单位或者其出资人列为当事人。

第五条　（挂靠等借用他人营业执照情形下的主体确定）未办理营业执照、营业执照被吊销或者营业期限届满仍继续经营的用人单位，以挂靠等方式借用他人营业执照经营的，应当将用人单位和营业执照出借方列为当事人。

第六条　（追加当事人）当事人不服劳动人事争议仲裁委员会作出的仲裁裁决，依法向人民法院提起诉讼，人民法院审查认为仲裁裁决遗漏了必须共同参加仲裁的当事人的，应当依法追加遗漏的人为诉讼当事人。

被追加的当事人应当承担责任的，人民法院应当一并处理。

第七条　（达到法定退休年龄人员的用工认定）用人单位与其招用的已经依法享受养老保险待遇或领取退休金的人员发生用工争议，向人民法院提起诉讼的，人民法院应当按劳务关系处理。

第八条　（企业停薪留职人员、内退人员的用工认定）企业停薪留职人员、未达到法定退休年龄的内退人员、下岗待岗人员以及企业经营性停产放长假人员，因与新的用人单位发生用工争议，依法向人民法院提起诉讼的，人民法院应当按劳动关系处理。

第九条　（加班事实的举证责任分配）劳动者主张加班费的，应当就加班事实的存在承担举证责任。但劳动者有证据证明用人单位掌握加班事实存在的证据，用人单位不提供的，由用人单位承担不利后果。

第十条　（处分协议效力的认定）劳动者与用人单位就解除或者终止劳动合同办理相关手续、支付工资报酬、加班费、经济补偿或者赔偿金等达成的协议，不违反法律、行政法规的强制性规定，且不存在欺诈、胁迫或者乘人之危情形的，应当认定有效。

前款协议存在重大误解或者显失公平情形，当事人请求撤销的，人民法院应予支持。

第十一条　（当事人签收调解书后又反悔的处理）劳动人事争议仲裁委员会作出的调解书已经发生法律效力，一方当事人反悔提起诉讼的，人民法院不予受理；已经受理

的，裁定驳回起诉。

第十二条　（对仲裁机构逾期未受理或仲裁的处理）劳动人事争议仲裁委员会逾期未作出受理决定或仲裁裁决，当事人直接提起诉讼的，人民法院应予受理，但申请仲裁的案件存在下列事由的除外：

（一）移送管辖的；

（二）正在送达或送达延误的；

（三）等待另案诉讼结果、评残结论的；

（四）正在等待劳动人事争议仲裁委员会开庭的；

（五）启动鉴定程序或者委托其他部门调查取证的；

（六）其他正当事由。

当事人以劳动人事争议仲裁委员会逾期未作出仲裁裁决为由提起诉讼的，应当提交劳动人事争议仲裁委员会出具的受理通知书或者其他已接受仲裁申请的凭证或证明。

第十三条　（终局裁决的认定）劳动者依据调解仲裁法第四十七条第（一）项规定，追索劳动报酬、工伤医疗费、经济补偿或者赔偿金，如果仲裁裁决涉及数项，每项确定的数额均不超过当地月最低工资标准十二个月金额的，应当按照终局裁决处理。

第十四条　（对仲裁申请事项同时包含终局裁决事项和非终局裁决事项的处理）劳动人事争议仲裁委员会作出的同一仲裁裁决同时包含终局裁决事项和非终局裁决事项，当事人不服该仲裁裁决向人民法院提起诉讼的，应当按照非终局裁决处理。

第十五条　（对同时起诉与申请撤销仲裁裁决的处理）劳动者依据调解仲裁法第四十八条规定向基层人民法院提起诉讼，用人单位依据调解仲裁法第四十九条规定向劳动人事争议仲裁委员会所在地的中级人民法院申请撤销仲裁裁决的，中级人民法院应不予受理；已经受理的，应当裁定驳回申请。

被人民法院驳回起诉或者劳动者撤诉的，用人单位可以自收到裁定书之日起三十日内，向劳动人事争议仲裁委员会所在地的中级人民法院申请撤销仲裁裁决。

第十六条　（撤销仲裁裁决案件的上诉权）用人单位依照调解仲裁法第四十九条规定向中级人民法院申请撤销仲裁裁决，中级人民法院作出的驳回申请或者撤销仲裁裁决的裁定为终审裁定。

第十七条　（申请支付令案件的处理）劳动者依据劳动合同法第三十条第二款和调解仲裁法第十六条规定向人民法院申请支付令，符合民事诉讼法第十七章督促程序规定的，人民法院应予受理。

依据劳动合同法第三十条第二款规定申请支付令被人民法院裁定终结督促程序后，劳动者就劳动争议事项直接向人民法院起诉的，人民法院应当告知其先向劳动人事争议仲裁委员会申请仲裁。

依据调解仲裁法第十六条规定申请支付令被人民法院裁定终结督促程序后，劳动者依据调解协议直接向人民法院提起诉讼的，人民法院应予受理。

第十八条　（撤裁期间的执行）劳动人事争议仲裁委员会作出终局裁决，劳动者向人民法院申请执行，用人单位向劳动人事争议仲裁委员会所在地的中级人民法院申请撤销的，人民法院应当裁定中止执行。

用人单位撤回撤销终局裁决申请或者其申请被驳回的，人民法院应当裁定恢复执行。仲裁裁决被撤销的，人民法院应当裁定终结执行。

用人单位向人民法院申请撤销仲裁裁决被驳回后，又在执行程序中以相同理由提出不予执行抗辩的，人民法院不予支持。

【链　　接】

依法维护劳动者权益　构建和发展和谐稳定的劳动关系

——最高人民法院民事审判第一庭负责人就《关于审理劳动争议案件适用法律若干问题的解释（三）》答记者问

2010 年 9 月 14 日，《最高人民法院关于审理劳动争议案件适用法律若干问题的解释（三）》（以下简称《解释三》）开始施行，值此司法解释公布之际，最高人民法院民事审判第一庭负责人就《解释三》的有关问题接受了记者的采访。

一、以构建和发展和谐稳定的劳动关系为价值取向

问：请您介绍一下最高人民法院制定这一司法解释的背景和意义？

答：随着我国劳动用工制度的深刻变革，劳动法律制度的不断完善，全国法院审理的劳动争议案件数量突飞猛进地增长，呈现出数量膨胀化、内容复杂化、区间多样化、诉讼群体化和难度增大化的特点。最高人民法院曾先后于 2001 年 4 月和 2006 年 8 月分别公布了《关于审理劳动争议案件适用法律若干问题的解释》（法释〔2001〕14 号）和

《关于审理劳动争议案件适用法律若干问题的解释（二）》（法释〔2006〕6号）两个司法解释。2008年，《劳动合同法》和《劳动争议调解仲裁法》相继实施，这两部法律分别对于劳动合同的订立、履行、变更、解除和终止以及劳动争议纠纷的处理作出了全面、详实的规定，因此，有必要根据立法的变化，及时制定新的司法解释。出台这部司法解释具有以下重要的意义：一是便于广大劳动者准确理解法律规定，促进依法维权；二是便于各级人民法院准确掌握司法尺度，促进司法公正；三是便于规范劳动争议纠纷案件处理程序，促进裁审衔接；四是便于构建和发展和谐稳定的劳动关系，促进社会和谐。

二、从合法、务实的角度界定社会保险争议的范围

问：社会保险尤其是养老保险争议，一直是劳动者普遍关注的话题，这部司法解释对此规定了哪些新的举措？

答：《劳动争议调解仲裁法》确定了社会保险争议属于劳动争议，但是否应把所有的社会保险争议不加区别地纳入人民法院受案范围，确是一个在实践中争议广泛的问题，需要司法解释进一步明确。我们研究认为，用人单位、劳动者和社保机构就欠费等发生争议，是征收与缴纳之间的纠纷，属于行政管理的范畴，带有社会管理的性质，不是单一的劳动者与用人单位之间的社保争议。因此，对于那些已经由用人单位办理了社保手续，但因用人单位欠缴、拒缴社会保险费或者因缴费年限、缴费基数等发生的争议，应由社保管理部门解决处理，不应纳入人民法院受案范围。对于因用人单位没有为劳动者办理社会保险手续，且社会保险经办机构不能补办导致劳动者不能享受社会保险待遇，要求用人单位赔偿损失的，则属于典型的社保争议纠纷，人民法院应依法受理。

三、企业自主改制引发的争议人民法院予以受理

问：当前，因企业改制引发的诸如下岗、买断工龄、提前退休等问题，由于没有明确法律规定，人民法院往往不予受理此类案件，《解释三》是否有新的突破？

答：针对企业改制过程中出现的特殊情况，特别是政府行为主导的企业改制，我们一直认为，企业职工下岗、整体拖欠职工工资是企业制度改革和劳动用工制度改革中出现的特殊现象，不是履行劳动合同中的问题，由此引发的纠纷，应当由政府有关部门按照企业改制的政策规定统筹解决，不属于劳动争议案件，不应以民事案件立案审理。随着我国经济体制改革的逐步深入，不论是国有企业还是民营企业，其改制已越来越呈现出多元化特征，而不局限于政府或相关部门主导。对于企业自主改制引发的争议处理，

完全是在法律规定的层面上进行，因此，对于这部分劳动争议案件，人民法院责无旁贷，应依法予以受理。

四、不具备合法经营资格的用人单位及其出资人要承担责任

问：实践中，劳动者付出劳动后，用人单位往往以自己不具备合法经营资格为借口逃避责任，司法解释有无规定相应的保护措施?

答：不具备合法经营资格主要包括未办理营业执照、营业执照被吊销或者营业期限届满仍继续经营这三种情况。非法用工主体由于违反工商登记的规定，理应受到行政处罚，但行政违法行为不应影响到其民事行为的效力。只要非法用人单位与劳动者之间签订的不是违反法律强行性规定、违背社会善良风俗和社会公共道德的劳动合同，即便存在非法用工，也应当承认其劳动关系的存在。这样，当纠纷发生时，就可按照法律倾斜于劳动者的原则，由用人单位承担相应的责任，并且，当用人单位不存在或者无力承担责任时，出资人应当依法予以承担责任。

五、以挂靠等形式借用资质的，出借方要承担责任

问：实践中，经常会有不具备合法经营资格的用人单位以挂靠等形式借用他人营业执照经营这一现象，当与劳动者发生劳动争议后，应当如何确定诉讼主体?

答：就出借营业执照一方而言，由于其出借行为导致了劳动者有理由相信招用他的用人单位具备合法经营资格，甚至认为出借营业执照一方即是用人单位。正是基于这些足以使其产生合理认识的表象，劳动者才付出了劳动。因此，当劳动者因追索劳动报酬、经济补偿或者赔偿金与用人单位发生争议时，亦应当把出借营业执照一方列为当事人，并且要承担相应的责任。实践中还需要注意的是，不论以挂靠等形式出借营业执照是否为有偿，均不影响其作为当事人的地位。

六、仲裁遗漏当事人的不必重新仲裁

问：劳动争议仲裁机构作出的仲裁裁决遗漏了必须共同参加诉讼的当事人的，是否需要再次仲裁?

答：对于已经作出的仲裁裁决遗漏了必须共同参加诉讼的当事人的，仲裁机构不能自行追加或经当事人申请追加后再次重新仲裁。当事人可依照《劳动争议调解仲裁法》的规定，直接向人民法院提起诉讼后，经当事人申请或者依职权追加后一并参加诉讼。

对于被追加的当事人应当承担责任的，人民法院就应当直接作出调解或依法判决其承担责任。

七、企业停薪留职人员、内退人员等可与新的用人单位建立劳动关系

问：企业停薪留职人员、内退人员、下岗待岗人员、企业经营性停产放长假人员重新就业的，可否与新的用人单位建立劳动关系，本司法解释如何保护这类人员的权益？

答：我们在制定司法解释时，结合法律法规，规定了停薪留职人员、内退人员、下岗待岗人员、企业经营性停产放长假人员与新用人单位之间的用工关系应认定为劳动关系。相应地，劳动者与新的用人单位之间因劳动关系产生的争议也应当适用劳动法律、法规。具体来说，第一，新的用人单位有缴纳社会保险的义务。在停薪留职、提前退休、下岗待岗、企业经营性停产放长假等情形下，劳动者与新用人单位建立用工关系的，应当由新用人单位与劳动者按照相关规定缴纳社会保险费用。第二，发生工伤事故时新的用人单位有赔偿的义务。根据相关政策、法规依据可知，在劳动者于新用人单位工作期间发生工伤事故的，应当由新用人单位承担工伤待遇的各项义务。第三，在劳动合同解除或终止后新的用人单位有补偿的义务。在劳动者与新用人单位解除或终止劳动合同的，有关解除权的产生、行使以及解除或终止后的法律后果包括经济补偿金、赔偿金等事项，都应当适用《劳动法》和《劳动合同法》的相关规定。

八、加班费举证责任的分配更加科学、合理

问：《劳动合同法》和《劳动争议调解仲裁法》颁布实施后，涉及加班费的劳动争议案件占了很大一部分，新的司法解释如何分配加班费的举证责任？

答：由于劳动者所能提供的加班证据极其有限，这类证据大都由用人单位持有，劳动者很难取得。在这种情况下，由劳动者举证证明其加班天数及加班费数额的多少，将置劳动者于不利之地。反之，若将加班费列入举证责任倒置的范围，由用人单位举证，当用人单位不提供加班证据或提供不出否认加班事实的证据，则推定劳动者所称的加班事实成立，这样既缺乏法律依据，也会诱使劳动者不顾客观实际随意主张加班费。

因《劳动争议调解仲裁法》第六条规定了劳动争议适用“谁主张、谁举证”的原则，追索加班费案件也不应例外。劳动者主张加班费应当就加班事实举证，考虑到劳动者举证的实际困难，对劳动者的举证不能过于苛求，可适当减轻劳动者的举证责任，只要劳动者一方提出的基本证据或者说初步证据可以证明有加班的事实，即可视为其举证责任

已经完成。劳动者提供的加班证据既可以是考勤表、交接班记录、加班通知；也可以是工资条、证人证言等，凡是能够证明其加班的证据都可以提供。同样，对于劳动者主张加班事实的证据由用人单位掌握管理的，劳动者仍然要对这一主张负有举证责任，当劳动者举证证明了加班事实的证据属于用人单位掌握管理后，用人单位即应当提供；用人单位不提供的，就应当承担不利后果。只有这样，才能避免劳动者滥用举证责任分配从而导致对用人单位极其不公正的后果。

九、加付赔偿金可由人民法院一并审理

问：《劳动合同法》第八十五条规定了加付赔偿金，这一规定是否意味着只能由劳动行政部门作出处理？新的司法解释对此是否有所创新？

答：加付赔偿金问题规定在《劳动合同法》第八十五条，但对于加付赔偿金纠纷，司法实践中处于主流地位的观点却是应当去司法化，即不属于人民法院受案范围。对于《劳动合同法》第八十五条正确的理解应当是：对于用人单位拖欠劳动者劳动报酬、加班费或者经济补偿的，劳动者可以向法院起诉，要求用人单位支付劳动报酬、加班费或者经济补偿，同时也可以主张加付的赔偿金。但其加付的赔偿金如果想要获得法院的支持，必须有一个前提，即劳动者必须就用人单位拖欠其劳动报酬、加班费或者经济补偿的违法行为先向劳动行政部门投诉，劳动行政部门在责令用人单位限期支付后，用人单位仍未支付，此种情况下才存在加付赔偿金，如果未经过这一前提程序，劳动者直接主张加付赔偿金，人民法院是不予支持的。

十、仲裁机构有正当理由逾期作出受理决定或仲裁裁决，当事人不能直接向法院起诉

问：《劳动争议调解仲裁法》规定，劳动争议仲裁机构应当在 45 日内作出仲裁裁决，最迟可再延长 15 天。这是否意味着超过 60 日未作出裁决的，当事人可以直接向人民法院起诉？

答：我国目前的劳动争议处理实行的是“一调一裁两审”制度。仲裁是诉讼前置程序，不经仲裁，当事人不能直接向人民法院提起诉讼。案件通过调解和仲裁，有利于劳动争议能够尽可能在比较平和的气氛中得到解决，尽量减少打官司。所以，如果仲裁机构因为有正当事由而不能在法定期限内作出处理决定的，应当尽可能从时间上给予一定宽限，使劳动争议能够在最初阶段予以化解，而不必继续漫长的诉讼程序。这种做法有利于维

护“一调一裁两审”制度的稳定，避免了该制度流于形式，从而防止大量劳动争议案件未经仲裁便径行进入审判程序。总结审判经验，本司法解释规定仲裁程序存在下列事由即为正当事由，即使逾期当事人也不能直接向法院起诉：（1）移送管辖的；（2）正在送达或送达延误的；（3）等待诉讼、评残结论的；（4）启动鉴定程序，或委托其他部门调查取证的；（5）因正当理由，案件正在劳动人事争议仲裁委员会等待仲裁的；（6）其他正当事由。

十一、一裁终局的认定标准更加明确

问：司法实践中各地对一裁终局的认定比较混乱，标准非常不统一。这部司法解释是否对此进行了相应规范？

答：一裁终局制度是《劳动争议调解仲裁法》的最大亮点。遗憾的是，该条第（一）项是以“不超过当地月最低工资标准十二个月金额”作为认定一裁终局标准的限制条件，但是，这一金额是以劳动者仲裁请求数额还是以仲裁机构最终裁决数额为依据？此外，如果仲裁裁决涉及数项，是以数项之和为依据进行判断还是以分项计算数额为依据进行判断？在立法没有规定的情况下，需要司法解释作出明确规定，以统一裁判尺度，更好地发挥一裁终局制度的作用。

首先，当劳动者申请的数额与仲裁机构裁决的数额不一致时，应以劳动人事争议仲裁委员会作出最终裁决的数额作为标准，判断是否超过当地月最低工资标准十二个月金额。如果以劳动者申请的数额作为判断标准，由于劳动仲裁案件不收费用，很容易出现劳动者漫天要价，超过当地月最低工资标准十二个月金额现象，这将使一裁终局制度形同虚设。

其次，如果仲裁裁决涉及数项，每一项均不超过当地月最低工资标准十二个月金额，不论数项之和是否超过，该仲裁裁决为终局裁决。

十二、既有终局裁决事项又有非终局裁决事项的仲裁裁决为非终局裁决

问：在同一仲裁裁决中，如果仲裁裁决涉及数项，有的裁项为终局裁决，有的裁项为非终局裁决，该仲裁裁决应当如何认定？

答：为统一全国法院裁决尺度和认定标准，本着简便实用、易于操作和保护劳动者合法权益的处理原则，本司法解释规定，对于在同一仲裁中劳动者请求既有终局事项又有非终局事项的，应统一按照非一裁终局的原则处理，不能按终局事项和非终局事项分

别处理。当事人（不论是劳动者还是用人单位）如不服本裁决，均可自收到裁决书之日起 15 日内向人民法院起诉。

十三、起诉与撤裁发生矛盾时优先适用起诉程序

问：按照《劳动争议调解仲裁法》的规定，对于一裁终局的仲裁裁决，劳动者向基层法院起诉的同时，用人单位向中级法院申请撤销仲裁裁决，应当如何处理?

答：劳动者向人民法院提起诉讼的同时，用人单位也向中级人民法院申请撤销，即上述两类异议程序同时启动时，是否应同时进行，还是由某一程序吞并另一程序，或者是在处理顺序上存在一定的先后关系，《劳动争议调解仲裁法》没有明确规定。另外，根据人民法院管辖第一审民事案件的有关规定，劳动者不服仲裁裁决应向基层人民法院提起诉讼，而根据《劳动争议调解仲裁法》的规定，用人单位申请撤销仲裁裁决应向劳动争议仲裁委员会所在地的中级人民法院提出，两类程序的管辖分属不同法院也增加了协调两类程序的难度。

第一，因用人单位申请撤销仲裁裁决的目的就是使纠纷进入诉讼，所以在两类程序关系的处理上，以采取诉讼程序吞并仲裁裁决撤销程序为宜。即劳动者就终局裁决向基层人民法院起诉，而用人单位向中级人民法院申请撤销仲裁裁决的，中级人民法院应不予受理。已经受理的，应裁定终结诉讼。基层人民法院审理案件时，对用人单位的抗辩应一并处理。

第二，劳动者起诉后又撤诉的，经征询用人单位一方意见，用人单位要求继续审理的，人民法院可不予准许撤诉并仍对整个案件进行审理；用人单位也认为不需要继续审理的，可以准许劳动者撤诉。

第三，劳动者因超过起诉期间被驳回起诉的，用人单位自收到裁定书之日起三十日内可以向仲裁委员会所在地的中级人民法院申请撤销仲裁裁决。

十四、有关《劳动合同法》的其他相关问题将再作出解释

问：我们注意到《解释三》以程序性规定为主，这是否意味着将来还要作新的司法解释?

答：劳动法领域涉及范围广，社会关注大，全国各地做法大相径庭，政策实施千差万别，因此，劳动争议司法解释的制定，既不能过于超前，又不能迟延滞后。我们确定了劳动争议司法解释的制定必须根据我国经济社会发展形势，结合劳动争议案件审判实

践，按照先易后难、先程序后实体、分层次、有步骤的原则进行。《解释三》主要关涉劳动争议处理的程序性问题，该解释通过之后，我们将立即着手对《劳动合同法》中的实体问题进行调研，尽早出台《解释四》。实际上我们在起草《解释三》时也一并为《解释四》作出了一些前期准备工作。

导读：劳动关系是最重要的社会关系之一，牵涉千家万户，关乎社会稳定。2008年《劳动合同法》和《劳动争议调解仲裁法》相继颁布实施以来，人民法院审理劳动争议案件成为民事审判工作的重点、热点和难点。人民法院面临着统一适用法律难度加大的困境没有得到根本改变，许多法律适用问题未在立法层面得到进一步明确，亟待继续制定司法解释加以规范和指引。为此，最高人民法院制定了本解释。

本解释共15条，主要涉及了劳动关系中的实体问题。

最高人民法院
关于审理劳动争议案件适用法律若干问题的解释（四）

法释〔2013〕4号

（2012年12月31日最高人民法院审判委员会第1566次会议通过
2013年1月18日最高人民法院公告公布
自2013年2月1日起施行）

为正确审理劳动争议案件，根据《中华人民共和国劳动法》《中华人民共和国劳动合同法》《中华人民共和国劳动争议调解仲裁法》《中华人民共和国民事诉讼法》等相关法律规定，结合民事审判实践，就适用法律的若干问题，作如下解释：

第一条　（仲裁不予受理后又起诉的处理）劳动人事争议仲裁委员会以无管辖权为由对劳动争议案件不予受理，当事人提起诉讼的，人民法院按照以下情形分别处理：

（一）经审查认为该劳动人事争议仲裁委员会对案件确无管辖权的，应当告知当事人向有管辖权的劳动人事争议仲裁委员会申请仲裁；

（二）经审查认为该劳动人事争议仲裁委员会有管辖权的，应当告知当事人申请仲裁，并将审查意见书面通知该劳动人事争议仲裁委员会，劳动人事争议仲裁委员会仍不受理，当事人就该劳动争议事项提起诉讼的，应予受理。

第二条　（仲裁裁决类型的确定）仲裁裁决的类型以仲裁裁决书确定为准。

仲裁裁决书未载明该裁决为终局裁决或非终局裁决，用人单位不服该仲裁裁决向基

层人民法院提起诉讼的，应当按照以下情形分别处理：

（一）经审查认为该仲裁裁决为非终局裁决的，基层人民法院应予受理；

（二）经审查认为该仲裁裁决为终局裁决的，基层人民法院不予受理，但应告知用人单位可以自收到不予受理裁定书之日起三十日内向劳动人事争议仲裁委员会所在地的中级人民法院申请撤销该仲裁裁决；已经受理的，裁定驳回起诉。

第三条　（中级人民法院对申请撤销终局裁决案件的程序性处理）中级人民法院审理用人单位申请撤销终局裁决的案件，应当组成合议庭开庭审理。经过阅卷、调查和询问当事人，对没有新的事实、证据或者理由，合议庭认为不需要开庭审理的，可以不开庭审理。

中级人民法院可以组织双方当事人调解。达成调解协议的，可以制作调解书。一方当事人逾期不履行调解协议的，另一方可以申请人民法院强制执行。

第四条　（人民调解委员会主持下仅就给付义务达成的调解协议的司法确认）当事人在人民调解委员会主持下仅就给付义务达成的调解协议，双方认为有必要的，可以共同向人民调解委员会所在地的基层人民法院申请司法确认。

第五条　（计算经济补偿时工作年限的确定）劳动者非因本人原因从原用人单位被安排到新用人单位工作，原用人单位未支付经济补偿，劳动者依照劳动合同法第三十八条规定与新用人单位解除劳动合同，或者新用人单位向劳动者提出解除、终止劳动合同，在计算支付经济补偿或赔偿金的工作年限时，劳动者请求把在原用人单位的工作年限合并计算为新用人单位工作年限的，人民法院应予支持。

用人单位符合下列情形之一的，应当认定属于“劳动者非因本人原因从原用人单位被安排到新用人单位工作”：

（一）劳动者仍在原工作场所、工作岗位工作，劳动合同主体由原用人单位变更为新用人单位；

（二）用人单位以组织委派或任命形式对劳动者进行工作调动；

（三）因用人单位合并、分立等原因导致劳动者工作调动；

（四）用人单位及其关联企业与劳动者轮流订立劳动合同；

（五）其他合理情形。

第六条　（未约定竞业限制经济补偿的处理）当事人在劳动合同或者保密协议中约定了竞业限制，但未约定解除或者终止劳动合同后给予劳动者经济补偿，劳动者履行了竞业限制义务，要求用人单位按照劳动者在劳动合同解除或者终止前十二个月平均工资

的 30% 按月支付经济补偿的，人民法院应予支持。

前款规定的月平均工资的 30% 低于劳动合同履行地最低工资标准的，按照劳动合同履行地最低工资标准支付。

第七条　（劳动合同的解除对竞业限制条款效力的影响）当事人在劳动合同或者保密协议中约定了竞业限制和经济补偿，当事人解除劳动合同时，除另有约定外，用人单位要求劳动者履行竞业限制义务，或者劳动者履行了竞业限制义务后要求用人单位支付经济补偿的，人民法院应予支持。

第八条　（劳动者对竞业限制约定的解除）当事人在劳动合同或者保密协议中约定了竞业限制和经济补偿，劳动合同解除或者终止后，因用人单位的原因导致三个月未支付经济补偿，劳动者请求解除竞业限制约定的，人民法院应予支持。

第九条　（用人单位对竞业限制约定的解除）在竞业限制期限内，用人单位请求解除竞业限制协议时，人民法院应予支持。

在解除竞业限制协议时，劳动者请求用人单位额外支付劳动者三个月的竞业限制经济补偿的，人民法院应予支持。

第十条　（劳动者违反竞业限制约定的法律责任）劳动者违反竞业限制约定，向用人单位支付违约金后，用人单位要求劳动者按照约定继续履行竞业限制义务的，人民法院应予支持。

第十一条　（劳动合同变更形式）变更劳动合同未采用书面形式，但已经实际履行了口头变更的劳动合同超过一个月，且变更后的劳动合同内容不违反法律、行政法规、国家政策以及公序良俗，当事人以未采用书面形式为由主张劳动合同变更无效的，人民法院不予支持。

第十二条　（解除劳动合同未提前通知工会的后果）建立了工会组织的用人单位解除劳动合同符合劳动合同法第三十九条、第四十条规定，但未按照劳动合同法第四十三条规定事先通知工会，劳动者以用人单位违法解除劳动合同为由请求用人单位支付赔偿金的，人民法院应予支持，但起诉前用人单位已经补正有关程序的除外。

第十三条　（经营期限届满经济补偿金的支付）劳动合同法施行后，因用人单位经营期限届满不再继续经营导致劳动合同不能继续履行，劳动者请求用人单位支付经济补偿的，人民法院应予支持。

第十四条　（涉外劳动关系的认定）外国人、无国籍人未依法取得就业证件即与中国境内的用人单位签订劳动合同，以及香港特别行政区、澳门特别行政区和台湾地区居

民未依法取得就业证件即与内地用人单位签订劳动合同，当事人请求确认与用人单位存在劳动关系的，人民法院不予支持。

持有《外国专家证》并取得《外国专家来华工作许可证》的外国人，与中国境内的用人单位建立用工关系的，可以认定为劳动关系。

第十五条 （本解释的效力）本解释施行前本院颁布的有关司法解释与本解释抵触的，自本解释施行之日起不再适用。

本解释施行后尚未终审的劳动争议纠纷案件，适用本解释；本解释施行前已经终审，当事人申请再审或者按照审判监督程序决定再审的，不适用本解释。

【链　　接】

正确审理劳动争议案件　依法构建和谐劳动关系

——最高人民法院民一庭负责人就《最高人民法院关于审理劳动争议案件适用法律若干问题的解释（四）》答记者问

2013年1月31日，最高人民法院发布了《关于审理劳动争议案件适用法律若干问题的解释（四）》（以下简称《解释（四）》）。最高人民法院民一庭负责人近日在接受记者采访时表示，劳动关系是最重要的社会关系之一，依法妥善维护劳动关系稳定是人民法院民事审判的重要职责。《解释（四）》的公布实施，对于维护劳动者合法权益，规范劳动争议案件正确处理，促进司法公正，构建和谐劳动关系等方面，均具有重要意义。

问：最高人民法院曾于2010年9月公布实施了《关于审理劳动争议案件适用法律法律若干问题的解释（三）》（以下简称《解释（三）》），两年多之后又出台劳动争议司法解释（四）（以下简称《解释（四）》），这样密集出台有关劳动争议的司法解释背景是什么？

答：我们知道，劳动关系是最重要的社会关系之一，劳动关系和谐是社会的最大和谐。社会主义市场经济体制的建立与完善，对劳动关系的调整提出了与其相适应的客观要求，党的十八大也明确提出了构建和谐劳动关系的总体要求。劳动关系牵涉千家万户，关乎社会稳定，劳动关系不和谐，必然会给整个社会的稳定带来隐患。2008年《劳动合同法》

和《劳动争议调解仲裁法》相继颁布实施以来，人民法院审理劳动争议案件成为民事审判工作的重点、热点和难点。从全国法院审理的劳动争议案件情况看，2008年新收一审劳动争议案件29.55万件，2009年新收31.86万件，此后，2010至2012年新收均在30万件左右。劳动争议案件数量的居高，折射出社会形势的深刻变化：

第一，从国际环境看，全球经济一体化、国际化程度日益提高，美国次贷危机引发的国际金融危机一波三折，世界经济增速下降，市场信心普遍动摇。处于不同发展阶段的国家和经济体尤其是经济大国，无一脱身于危机之外，世界经济发展的不稳定性、不确定性仍在扩大，形势十分复杂严峻。

第二，从国内环境看，我国经济转型升级的紧迫性、艰巨性与世界经济结构深度调整的剧变力、震荡力广度交融。特别是对外贸易受到严重冲击，许多行业和企业经营困难，用人单位谋生存、求发展的压力进一步增大。与此同时，劳动者要求增加劳动报酬、改善工作环境、提高福利待遇的期望值也逐步上升，这给用人单位带来极大的压力。用人单位难以满足劳动者诉求时，劳动关系中的各种矛盾日益显现。

第三，从立法层面看，《劳动合同法》和《劳动争议调解仲裁法》实施之后，这两部法律分别从实体法和程序法方面，为劳动者维护自身权益提供了更为周全的保护，也为规范劳动争议纠纷提供了多维途径。此后，国务院颁布了《劳动合同法实施条例》，全国人大常委会颁布实施了《社会保险法》，并于2012年年末修改了《劳动合同法》。这些法律法规的颁布和修订，使得劳动者在仲裁或诉讼中相对弱势的地位已经有所改变，劳动者运用法律维护自身权益的意识越来越强，维权能力越来越高，人民法院受理的劳动争议案件也越来越多。

第四，从用工情况看，尽管《劳动合同法》已经实施五年了，但一些用人单位出于追求自身利益最大化，用工成本最低化的目的，仍然漠视劳动者合法利益，恶意规避法律法规，违法用工、侵害劳动者权益的情形依然普遍存在。一些用人单位观念陈旧，依然维持原有的用人观念和人事制度，与《劳动合同法》倡导的现代劳资关系理念存在较大差距。劳资双方矛盾相对积累，碰撞日益激烈，导致大量案件涌入仲裁或者诉讼领域。

第五，从司法实践看，在劳动争议案件数量居高的同时，人民法院面临着统一适用法律难度加大的困境没有得到根本改变，许多法律适用问题未在立法层面得到进一步明确，一定程度上滞后于社会经济形势的发展和审判实践的需要。此外，劳动用工关系进一步朝多元化方向发展，劳动者诉讼请求日益复杂，社会敏感度高、法律依据不明确的新类型案件日渐增多，案件处理难度日趋加大，亟待继续制定司法解释加以规范和指引。

在《解释（四）》起草过程中，最高人民法院先后召开多次座谈会，征求立法机关、行政主管部门、有关部委、专家学者、相关行业以及各级人民法院的意见，并通过《人民法院报》、中国法院网向全社会公开征求意见。社会反响强烈，各界热切关注，广大劳动者特别期待。我们先后收到来信800多封，邮件1500多个。在广泛听取和充分吸收社会各界意见的基础上，经最高人民法院审判委员会第1566次会议讨论研究，最终通过了《解释（四）》。应当说，这一司法解释征集了民意，汇聚了民智。这也是自2001年以来，最高人民法院针对调整和规范同一社会关系的案件，出台件数最多的司法解释。

问：《解释（四）》主要涉及了劳动关系中的实体问题，司法解释是更加倾向保护劳动者还是更侧重于劳动关系的平衡？

答：早在《劳动合同法》的制定时，社会上就有"单保护"和"双保护"的争论。我们认为，在劳动关系中，大多数劳动者是弱势一方，因此，适当向劳动者倾斜是对的。应当看到，法律是社会关系和社会利益的调整器，任何立法都是对权利义务的分配和社会利益的配置，必须在多元利益主体之间寻找结合点，努力达到各种利益主体特别是同一矛盾体中相对方之间的利益平衡。但是，如果过分扩大劳动者权益保护，加大企业责任，就会使企业用人自主权受到束缚，难以实行优胜劣汰的灵活管理，影响人力资源的优化配置，最终影响企业的市场竞争力。如果劳动者权益保护不到位，对企业责任要求过少，就会影响劳动力供给，不利于高素质的健康的职工队伍的形成，最终企业利益也会受到损害。因此，我们在制定《解释（四）》时既向劳动者倾斜保护，又充分注重二者之间的利益平衡，确保劳动关系和谐。譬如，劳动者和用人单位约定了竞业限制的，用人单位在竞业限制的期限内可以解除竞业限制，但是，劳动者请求用人单位额外支付三个月的竞业限制经济补偿的，人民法院应予支持。从这一规定看，要求用人单位额外支付三个月的补偿更有利于保护劳动者的生存权，同时又维护了用人单位经营管理自主权，从而在二者之间实现了较好的利益平衡。

问：人民法院在劳动争议纠纷案件的审判工作中，如何正确处理诉讼程序和仲裁程序的对接？

答：目前，我国劳动争议纠纷案件的处理实行"一调一裁两审"的争议解决机制。实现劳动争议诉讼程序和仲裁程序的有效衔接，有利于最大限度地发挥司法资源的整体效益，最大可能地降低当事人的诉累，最低成本地实现司法的公平与公正。要建立与劳

动争议仲裁委员会的沟通协调机制，积极探索和创建诉讼程序与仲裁程序有效衔接的新规则、新制度。要准确把握劳动争议调解仲裁法的意旨和精神，严格执行案件管辖的规定。对于劳动人事争议仲裁委员会以无管辖权为由不予受理的劳动争议案件，当事人起诉到法院的，经审查认为该劳动争议仲裁委员会确无管辖权的，应当告知当事人向有管辖权仲裁委员会申请仲裁；如果该仲裁委员会有管辖权，则应告知当事人先向仲裁委员会申请仲裁，只有该仲裁委员会坚持不予受理的，当事人才可以向人民法院提起诉讼。

问：对于小额劳动案件，法律规定了一裁终局，但实践中这一制度的实施却出现了一些新的问题，譬如裁决书中未列明裁决的类型究竟是否属于一裁终局。人民法院对此情况应当如何处理？

答：根据《调解仲裁法》规定，劳动人事争议仲裁委员会作出的仲裁裁决包括终局裁决和非终局裁决两种类型，且仲裁机构应当在裁决书中注明裁决书的类型并告知当事人的诉讼权利。但审判实践中，经常遇到以下两种情形：一是仲裁机构错误地将终局裁决认定为非终局裁决，或将非终局裁决认定为终局裁决；二是仲裁机构作出的裁决书中既未注明裁决书类型，也不告知当事人诉讼权利。这两种情形的存在使得人民法院很难判断仲裁裁决究竟是终局还是非终局裁决，并进而对当事人行使诉讼权利产生很大障碍，通过司法解释规范这一问题显得尤为重要。

对于已经注明裁决类型的，人民法院无需对裁决类型作出实体性评价，仅凭裁决书注明的类型即可进行程序性处理，即使仲裁机构认定裁决类型确有错误。这样规定的目的在于尊重仲裁机构对裁决类型的判断，防止基层人民法院和中级人民法院就仲裁裁决类型认识不一，导致在立案上互相扯皮推诿，不利于当事人诉权的正当行使。对于未注明裁决类型的，用人单位不服该裁决向基层法院起诉的，由基层法院通过程序性审查确定裁决类型，进而确定相应的管辖权法院。

需要说明的是，对于用人单位向中级法院申请撤销仲裁裁决的，中级法院同样可以参照此条款的规定适用。

问：劳动合同法规定，用人单位解除劳动合同时，需要依法向劳动者支付经济补偿，但实践中有的用人单位采取分立、合并、工作调动甚至通过关联企业轮流与劳动者订立劳动合同的方式规避支付经济补偿的年限。《解释（四）》对此有什么新的举措加以规范？

答：经济补偿是国家调节劳动关系的一种经济手段，是对劳动者以往做出贡献的补

偿，是企业承担社会责任的主要方式之一。实践中，一些集团公司因经营需要，在不同的用人单位之间进行业务划拨，将劳动者从一个用人单位指派、转移到另一个用人单位。此时，劳动者与原用人单位的劳动合同终止，劳动者需要与新的用人单位重新订立劳动合同，劳动者在原来用人单位的工作年限将被合并计算为新用人单位的工作年限。在解除劳动合同时，只要新的用人单位依法应当支付劳动者经济补偿或赔偿金，在计算支付经济补偿或赔偿金的工作年限时，都应当把劳动者在原用人单位的工作年限合并计算为新用人单位工作年限，以确定经济补偿或赔偿金的具体数额。

《解释（四）》规定，用人单位符合下列情形之一的，应当认定属于“劳动者非因本人原因从原用人单位被安排到新用人单位工作”：（1）劳动者仍在原工作场所、工作岗位工作，劳动合同主体由原用人单位变更为新用人单位；（2）用人单位以组织委派或任命形式对劳动者进行工作调动；（3）因用人单位合并、分立等原因导致劳动者工作调动；（4）用人单位及其关联企业与劳动者轮流订立劳动合同；（5）其他合理情形。

问：用人单位为了保护自己的商业秘密，往往与劳动者订立竞业限制协议，有的协议约定了经济补偿，有的则未约定。对于没有约定经济补偿的，如何能够更好地保护劳动者权益？

答：劳动关系具有特定的人身属性，由劳动者对用人单位忠诚义务演化出的保密义务，并进而扩展为竞业限制制度，蕴含了用人单位财产权益和劳动者劳动权利两者之间的矛盾，成为一个必须予以调整的法律问题。竞业限制的重要内容主要有两个：一是劳动者应当履行竞业限制义务；二是用人单位应当支付经济补偿。竞业限制经济补偿金不能包含在工资中，只能在劳动关系结束后，在竞业限制期限内按月给予劳动者。

实践中，有的用人单位和劳动者虽约定了竞业限制但未约定经济补偿，而劳动者又履行了竞业限制义务的，此时，如果认定竞业限制无效，则对劳动者不公平。因此，在承认双方的约定有效的前提下，责令用人单位承担支付经济补偿的责任，更有利于保护劳动者的合法权益。但由于双方未事先约定经济补偿的计算标准，因此，司法实践中可以借鉴市场实践中的一些既有作法，以劳动者解除劳动合同前一年的月平均工资的30%且不低于当地最低工资标准，作为参照计算的依据。

问：用人单位与劳动者约定了竞业限制和经济补偿，劳动者或者用人单位违法解除劳动合同的，对竞业限制是否有影响，劳动者还要继续履行竞业限制吗？

答：用人单位和劳动者事先约定了竞业限制和经济补偿，但由于用人单位或者劳动者违法解除劳动合同，竞业限制对双方是否仍然具有约束力，这是一个司法实践中争议强烈又必须解决的问题。我们认为，不论是用人单位还是劳动者违法解除合同，都不必然导致竞业限制的约定失效。劳动合同解除实行的是法定制度，而竞业限制实行的是约定制度，竞业限制具有相对独立性，其与解除劳动合同属于并列关系，而非逻辑递进关系。当用人单位违反不同的义务时，劳动者可以依据不同的法律规定获得相应的救济。所以，用人单位违法解除劳动合同不影响竞业限制约定的有效性。对于用人单位违法解除劳动合同，《劳动合同法》已经为劳动者提供了相应的民事补偿或救济措施，以制裁用人单位的违法解除行为。用人单位承担了相应法律责任后，劳动者和用人单位双方理应受竞业限制协议的约束。《解释（四）》正是基于上述法律原理作出了规定。这样的规定同样有利于对用人的单位的商业秘密加以保护，否则劳动者从事与用人单位有竞争关系的业务，会导致市场公平竞争秩序的紊乱。因此，《解释（四）》将竞业限制条款的有效性与违法解除劳动合同相分离，有助于正确区分二者的关系。

问：用人单位和劳动者约定了竞业限制和经济补偿，但用人单位不支付劳动者经济补偿，劳动者还需要继续履行竞业限制义务吗？

答：用人单位与劳动者签订的有效竞业限制协议是一个双务合同：用人单位负有按月支付经济补偿的义务；劳动者负有竞业限制的义务。劳动者获得的经济补偿，是劳动者履行竞业限制期间的主要生活来源。如果因用人单位方面的原因导致其未按协议约定向劳动者支付经济补偿的，用人单位的行为构成根本违约，按照合同法原理，一方根本违约，另一方享有法定解除权。据此，《解释（四）》规定：当事人在劳动合同或者保密协议中约定了竞业限制和经济补偿，劳动合同解除或者终止后，因用人单位的原因导致三个月未支付经济补偿，劳动者请求解除竞业限制约定的，人民法院应予支持。

实践中，有的劳动者为了规避竞业限制，故意注销自己的银行账户或者卡号，导致用人单位无法往账户或者卡号里存钱。此时用人单位并无过错，劳动者仍然应当履行竞业限制。

由于竞业限制涉及保护用人单位的商业秘密，不同于其他一般合同。如果用人单位仅一个月未支付经济补偿，劳动者即可解除竞业限制，这对于用人单位而言过于苛刻，

也不利于对商业秘密或者与知识产权有关事项的保密；同样如果用人单位很长时间未支付经济补偿，劳动者却还要履行竞业限制，则不利于对劳动者生存权的保护。因此，《解释（四）》借鉴其他司法解释规定，确定了三个月的合理期限。

问：用人单位单方解除劳动合同，按照法律规定应当事先将理由通知工会。如果用人单位没有通知工会即解除劳动合同，是否属于违法？

答：工会作为劳动者的群众性组织，依法维护劳动者合法权益也是其最基本的使命之一。为了充分发挥工会的作用，缓解矛盾，减少劳动争议的发生，法律规定，用人单位凡是要单方解除劳动合同的，都必须将解除理由通知工会，工会对用人单位解除劳动合同享有知情权。既然法律明确规定用人单位解除劳动合同应当事先将理由通知工会，只要用人单位未事先通知工会，就属于程序性违法。没有程序正义就没有实体正义，程序违法亦属于违法，理所当然应当承担违法解除劳动合同的法律后果（依照《劳动合同法》第八十七条规定向劳动者支付赔偿金）。如果权力的行使未遵守法律规定的程序，那么主张权力的行使也不应得到法律的支持。因此，用人单位解除劳动合同未事先通知工会，就应当向劳动者支付赔偿金，从而在程序上加大对劳动者权益的保护，以彰显法律的严肃性。

法律的目的不在于惩罚，而在于督促用人单位正确履行法定程序，依法行使解除权。只要用人单位通过合理方式补正了相关程序，及时通知工会并听取工会意见的，可不再承担赔偿金的责任。因此，《解释（四）》规定，在起诉前用人单位已经补正有关程序的，可不支付赔偿金。

问：外国人、无国籍人以及台港澳居民在华工作的人数逐年增多，他们有的与用人单位签订了劳动合同，有的没有签订。如何看待这些人与国内企业的用工关系？

答：随着我国对外发放的日渐加深，来华工作的外国人、无国籍人越来越多，与此同时涉外劳动争议案件数量也随之增长。为正确规范涉外劳动关系，依法维护外国人合法权益，《解释（四）》进一步明确了涉外劳动关系的司法认定标准。按照有关规定，外国人、无国籍人以及台港澳居民没有办理合法就业手续，未取得《外国人就业证》《台港澳人员就业证》等证件的，他们不是适格的劳动者，因而不能与用人单位之间建立劳动关系。对于持有《外国专家证》并取得《外国专家来华工作许可证》的外国人，与中国境内的用人单位建立用工关系的，可以认定为劳动关系。

问：涉及劳动争议案件的审理已经出台四个司法解释了，以后打算采取什么措施继续做好劳动案件审判工作？以后还会继续制定新的司法解释吗？

答：劳动争议案件在一定时期内仍将是民事纠纷案件中的热点和难点，最高人民法院和地方各级人民法院将着重做好以下几个方面的工作，为构建和谐劳动关系作出积极贡献：

一是坚持平等保护，切实维护劳动者和用人单位的合法权益。我国劳动关系中的矛盾本质上是非对抗性的人民内部矛盾，矛盾双方具有根本利益的高度一致性和具体利益的相对差异性。在审理劳动争议纠纷案件时，既要依法维护劳动者合法权益，也要促进用人单位的生存发展，鼓励平等协商，提倡互利共赢，防止“杀鸡取卵”，避免“竭泽而渔”。

二是坚持裁审衔接，切实健全劳动争议纠纷解决机制。要以司法解释理顺裁审衔接为契机，主动与仲裁机构进行沟通协调，加强劳动争议仲裁与诉讼的衔接机制，采取点面结合的方式，拓宽和改进衔接中不顺畅的地方，真正把一调一裁两审制的劳动争议处理机制落到实处。

二是坚持监督指导，切实加强劳动争议案件审判指导力度。最高人民法院和各高级人民法院将着力加大对劳动争议案件审判工作的指导和监督，切实履行监督职能，指导各地法院继续推广建立专业的劳动争议审判组织，努力使劳动争议案件在审判结构、审判方法、审判能力和审判质量等方面实现创新和发展。同时，帮助民事法院认真总结劳动案件审判经验，不断提高司法效能。

四是坚持调解优先，切实发挥诉讼调解和人民调解的作用。处理劳动争议，要高度重视调解的功能作用，进一步发挥人民调解在劳动关系纠纷解决体系中的基础地位和作用，不断改进和完善调解制度，拓宽司法为民、惠及社会的渠道。

今后，我们还将及时梳理劳动争议审判中存在的问题，总结审判经验，对于疑难复杂的问题，我们将通过出台指导性意见或规范性文件的形式予以统一规范，必要时依照程序向全国人大常委会提出修改相关法律法规的建议。

导读：本指导案例旨在明确用人单位不能仅因劳动者在考核中居于末位等次而单方解除劳动合同。

指导案例18号　中兴通讯（杭州）有限责任公司诉王鹏劳动合同纠纷案

（最高人民法院审判委员会讨论通过　2013年11月8日发布）

关键词

民事　劳动合同　单方解除

裁判要点

劳动者在用人单位等级考核中居于末位等次，不等同于“不能胜任工作”，不符合单方解除劳动合同的法定条件，用人单位不能据此单方解除劳动合同。

相关法条

《中华人民共和国劳动合同法》第三十九条、第四十条

基本案情

2005年7月，被告王鹏进入原告中兴通讯（杭州）有限责任公司（以下简称中兴通讯）工作，劳动合同约定王鹏从事销售工作，基本工资每月3840元。该公司的《员工绩效管理办法》规定：员工半年、年度绩效考核分别为S、A、C1、C2四个等级，分别代表优秀、良好、价值观不符、业绩待改进；S、A、C（C1、C2）等级的比例分别为20%、70%、10%；不胜任工作原则上考核为C2。王鹏原在该公司分销科从事销售工作，2009年1月后因分销科解散等原因，转岗至华东区从事销售工作。2008年下半年、2009年上半年及2010年下半年，王鹏的考核结果均为C2。中兴通讯认为，王鹏不能胜任工作，经转岗后，仍不能胜任工作，故在支付了部分经济补偿金的情况下解除了劳动合同。

2011年7月27日，王鹏提起劳动仲裁。同年10月8日，仲裁委作出裁决：中兴通讯支付王鹏违法解除劳动合同的赔偿金余额36596.28元。中兴通讯认为其不存在违法解除劳动合同的行为，故于同年11月1日诉至法院，请求判令不予支付解除劳动合同

赔偿金余额。

裁判结果

浙江省杭州市滨江区人民法院于2011年12月6日作出（2011）杭滨民初字第885号民事判决：原告中兴通讯（杭州）有限责任公司于本判决生效之日起十五日内一次性支付被告王鹏违法解除劳动合同的赔偿金余额36596.28元。宣判后，双方均未上诉，判决已发生法律效力。

裁判理由

法院生效裁判认为：为了保护劳动者的合法权益，构建和发展和谐稳定的劳动关系，《中华人民共和国劳动法》《中华人民共和国劳动合同法》对用人单位单方解除劳动合同的条件进行了明确限定。原告中兴通讯以被告王鹏不胜任工作，经转岗后仍不胜任工作为由，解除劳动合同，对此应负举证责任。根据《员工绩效管理办法》的规定，“C（C1、C2）考核等级的比例为10%”，虽然王鹏曾经考核结果为C2，但是C2等级并不完全等同于“不能胜任工作”，中兴通讯仅凭该限定考核等级比例的考核结果，不能证明劳动者不能胜任工作，不符合据此单方解除劳动合同的法定条件。虽然2009年1月王鹏从分销科转岗，但是转岗前后均从事销售工作，并存在分销科解散导致王鹏转岗这一根本原因，故不能证明王鹏系因不能胜任工作而转岗。因此，中兴通讯主张王鹏不胜任工作，经转岗后仍然不胜任工作的依据不足，存在违法解除劳动合同的情形，应当依法向王鹏支付经济补偿标准二倍的赔偿金。

（八）环境资源

导读：《侵权责任法》专章规定了“环境污染责任”。但是，有关环境污染责任的规定与民法通则、环境保护法以及各环境保护单行法衔接适用问题不明确，审判实践中常常出现对环境污染责任归责原则、责任构成以及数人侵权责任划分等法律适用不统一的问题，亟需出台司法解释进行指导。同时，新修改的民事诉讼法以及环境保护法增加了环境公益诉讼，有必要在司法解释中对公益诉讼的举证责任、责任划分等问题予以明确。为此，最高人民法院制定了本解释。本解释是最高人民法院继 2015 年 1 月 7 日起开始施行的《关于审理环境民事公益诉讼案件适用法律若干问题的解释》之后颁布的第二个审理环境责任纠纷案件的司法解释。与环境民事公益诉讼司法解释相比，本解释不仅适用于普通环境民事诉讼案件，也适用于环境民事公益诉讼案件。

本解释共 19 条，重点对环境侵权责任纠纷案件的归责原则和减责免责事由、数人分别或者共同排污时的对内对外责任承担、被侵权人和污染者之间的证明责任分配原则、环境污染案件中有关行为保全和证据保全以及环境污染案件中有关鉴定意见、专家辅助人意见等有关证据的适用问题进行了规定。

本解释旨在统一审理环境侵权责任纠纷案件的裁判标准，解决司法实践中的疑难问题。

最高人民法院
关于审理环境侵权责任纠纷案件适用法律若干问题的解释

法释〔2015〕12号

（2015年2月9日最高人民法院审判委员会第1644次会议通过
2015年6月1日最高人民法院公告公布
自2015年6月3日起施行）

为正确审理环境侵权责任纠纷案件，根据《中华人民共和国侵权责任法》《中华人民共和国环境保护法》《中华人民共和国民事诉讼法》等法律的规定，结合审判实践，制定本解释。

第一条 因污染环境造成损害，不论污染者有无过错，污染者应当承担侵权责任。污染者以排污符合国家或者地方污染物排放标准为由主张不承担责任的，人民法院不予支持。

污染者不承担责任或者减轻责任的情形，适用海洋环境保护法、水污染防治法、大气污染防治法等环境保护单行法的规定；相关环境保护单行法没有规定的，适用侵权责任法的规定。

第二条 两个以上污染者共同实施污染行为造成损害，被侵权人根据侵权责任法第八条规定请求污染者承担连带责任的，人民法院应予支持。

第三条 两个以上污染者分别实施污染行为造成同一损害，每一个污染者的污染行为都足以造成全部损害，被侵权人根据侵权责任法第十一条规定请求污染者承担连带责任的，人民法院应予支持。

两个以上污染者分别实施污染行为造成同一损害，每一个污染者的污染行为都不足以造成全部损害，被侵权人根据侵权责任法第十二条规定请求污染者承担责任的，人民法院应予支持。

两个以上污染者分别实施污染行为造成同一损害，部分污染者的污染行为足以造成全部损害，部分污染者的污染行为只造成部分损害，被侵权人根据侵权责任法第十一

条规定请求足以造成全部损害的污染者与其他污染者就共同造成的损害部分承担连带责任，并对全部损害承担责任的，人民法院应予支持。

第四条 两个以上污染者污染环境，对污染者承担责任的大小，人民法院应当根据污染物的种类、排放量、危害性以及有无排污许可证、是否超过污染物排放标准、是否超过重点污染物排放总量控制指标等因素确定。

第五条 被侵权人根据侵权责任法第六十八条规定分别或者同时起诉污染者、第三人的，人民法院应予受理。

被侵权人请求第三人承担赔偿责任的，人民法院应当根据第三人的过错程度确定其相应赔偿责任。

污染者以第三人的过错污染环境造成损害为由主张不承担责任或者减轻责任的，人民法院不予支持。

第六条 被侵权人根据侵权责任法第六十五条规定请求赔偿的，应当提供证明以下事实的证据材料：

（一）污染者排放了污染物；

（二）被侵权人的损害；

（三）污染者排放的污染物或者其次生污染物与损害之间具有关联性。

第七条 污染者举证证明下列情形之一的，人民法院应当认定其污染行为与损害之间不存在因果关系：

（一）排放的污染物没有造成该损害可能的；

（二）排放的可造成该损害的污染物未到达该损害发生地的；

（三）该损害于排放污染物之前已发生的；

（四）其他可以认定污染行为与损害之间不存在因果关系的情形。

第八条 对查明环境污染案件事实的专门性问题，可以委托具备相关资格的司法鉴定机构出具鉴定意见或者由国务院环境保护主管部门推荐的机构出具检验报告、检测报告、评估报告或者监测数据。

第九条 当事人申请通知一至两名具有专门知识的人出庭，就鉴定意见或者污染物认定、损害结果、因果关系等专业问题提出意见的，人民法院可以准许。当事人未申请，人民法院认为有必要的，可以进行释明。

具有专门知识的人在法庭上提出的意见，经当事人质证，可以作为认定案件事实的根据。

第十条 负有环境保护监督管理职责的部门或者其委托的机构出具的环境污染事件调查报告、检验报告、检测报告、评估报告或者监测数据等，经当事人质证，可以作为认定案件事实的根据。

第十一条 对于突发性或者持续时间较短的环境污染行为，在证据可能灭失或者以后难以取得的情况下，当事人或者利害关系人根据民事诉讼法第八十一条规定申请证据保全的，人民法院应当准许。

第十二条 被申请人具有环境保护法第六十三条规定情形之一，当事人或者利害关系人根据民事诉讼法第一百条或者第一百零一条规定申请保全的，人民法院可以裁定责令被申请人立即停止侵害行为或者采取污染防治措施。

第十三条 人民法院应当根据被侵权人的诉讼请求以及具体案情，合理判定污染者承担停止侵害、排除妨碍、消除危险、恢复原状、赔礼道歉、赔偿损失等民事责任。

第十四条 被侵权人请求恢复原状的，人民法院可以依法裁判污染者承担环境修复责任，并同时确定被告不履行环境修复义务时应当承担的环境修复费用。

污染者在生效裁判确定的期限内未履行环境修复义务的，人民法院可以委托其他人进行环境修复，所需费用由污染者承担。

第十五条 被侵权人起诉请求污染者赔偿因污染造成的财产损失、人身损害以及为防止污染扩大、消除污染而采取必要措施所支出的合理费用的，人民法院应予支持。

第十六条 下列情形之一，应当认定为环境保护法第六十五条规定的弄虚作假：

（一）环境影响评价机构明知委托人提供的材料虚假而出具严重失实的评价文件的；

（二）环境监测机构或者从事环境监测设备维护、运营的机构故意隐瞒委托人超过污染物排放标准或者超过重点污染物排放总量控制指标的事实的；

（三）从事防治污染设施维护、运营的机构故意不运行或者不正常运行环境监测设备或者防治污染设施的；

（四）有关机构在环境服务活动中其他弄虚作假的情形。

第十七条 被侵权人提起诉讼，请求污染者停止侵害、排除妨碍、消除危险的，不受环境保护法第六十六条规定的时效期间的限制。

第十八条 本解释适用于审理因污染环境、破坏生态造成损害的民事案件，但法律和司法解释对环境民事公益诉讼案件另有规定的除外。

相邻污染侵害纠纷、劳动者在职业活动中因受污染损害发生的纠纷，不适用本解释。

第十九条 本解释施行后，人民法院尚未审结的一审、二审案件适用本解释规定。本解释施行前已经作出生效裁判的案件，本解释施行后依法再审的，不适用本解释。

本解释施行后，最高人民法院以前颁布的司法解释与本解释不一致的，不再适用。

【链　　接】

最高人民法院研究室负责人就《关于审理环境侵权责任纠纷案件适用法律若干问题的解释》答记者问

最高人民法院6月1日发布了《最高人民法院关于审理环境侵权责任纠纷案件适用法律若干问题的解释》（以下简称《解释》），自2015年6月3日起施行。就如何正确理解适用和贯彻落实好《解释》，最高人民法院研究室负责人就相关问题回答了记者提问。

问：请谈谈《解释》的起草背景和经过。

答：环境是人类赖以生存的各种自然因素的总体，切实保护和改善环境关系到人民群众生命健康、社会和谐安定和中华民族的永续发展。当前，我国面临环境污染严重、生态系统退化的严峻形势。对此，人民群众反映强烈，党中央高度关注。党的十八大把生态文明建设纳入中国特色社会主义事业五位一体的总体布局，并提出了“建设美丽中国”的美好愿景。十八届三中、四中全会分别通过的《决定》，均强调“用严格的法律制度保护生态环境”。

《侵权责任法》专章规定了“环境污染责任”。但是，有关环境污染责任的规定与民法通则、环境保护法以及各环境保护单行法衔接适用问题不明确，审判实践中常常出现对环境污染责任归责原则、责任构成以及数人侵权责任划分等法律适用不统一的问题，亟需出台司法解释进行指导。同时，新修改的民事诉讼法以及环境保护法增加了环境公益诉讼，有必要在司法解释中对公益诉讼的举证责任、责任划分等问题予以明确。为此，最高人民法院着手起草本《解释》。起草过程中，起草小组先后到山东、福建、贵州、北京、江苏等地深入调查研究，充分听取各级法院的意见，尤其是环保法官的意见；四次召开专家研讨会，认真听取侵权法、环保法、民诉法等专家意见。2014年8月，征

求了最高人民法院立案庭等十个部门的意见，反馈意见共计 43 条；10 月，征求了全国各高院意见，反馈意见共计 112 条；同时，征求了全国人大常委会法工委、国务院法制办、环保部、司法部、中华环保联合会等外单位意见，反馈意见共计 26 条。根据各方面反馈意见，反复研究，数易其稿，完成了起草工作。2015 年 2 月 9 日，最高人民法院审判委员会第 1644 次会议审议并通过了《解释》。

问：请谈谈《解释》与《最高人民法院关于审理环境民事公益诉讼案件适用法律若干问题的解释》的关系。

答：2015 年 1 月 6 日，最高人民法院公布了《最高人民法院关于审理环境民事公益诉讼案件适用法律若干问题的解释》（以下简称《环境公益诉讼解释》），1 月 7 日已开始施行。

新修改的民事诉讼法和环境保护法均规定了环境民事公益诉讼与私益诉讼。这两类诉讼在案件事实认定、责任承担等方面存在共性，同时公益诉讼在诉讼主体、诉讼目的、诉讼请求等方面又不同于私益诉讼。为此，最高人民法院起草了本《解释》与《环境公益诉讼解释》，其中，本《解释》既适用于环境民事公益诉讼，又适用于环境民事私益诉讼，规定两类诉讼共同适用的一般规则，重点规范污染者如何承担责任等实体问题；《环境公益诉讼解释》仅规定适用于公益诉讼的特殊规则，重点规范环境公益诉讼的当事人、管辖等程序性问题。

问：数个污染者实施污染环境行为造成损害的，应当如何承担责任？

答：数个污染者实施污染环境行为，包括两种情形：一是数个污染者共同实施污染环境行为；二是数个污染者分别实施污染环境行为。本《解释》第二、三条分别规定了这两种情形。

第一，数个污染者共同实施污染环境行为造成被侵权人损害的，应当依照侵权责任法第八条规定承担连带责任。

第二，数个污染者分别实施污染环境行为造成同一损害的，要区分三种情况：一是两个以上污染者分别实施污染环境行为造成同一损害，每一个污染者的污染行为都足以造成全部损害的，被侵权人依据侵权责任法第十一条规定请求污染者承担连带责任的，人民法院应予支持。二是两个以上污染者分别实施污染环境行为造成同一损害，每一个污染者的污染行为都不足以造成全部损害的，被侵权人依据侵权责任法第十二条规定请

求污染者承担责任的，人民法院应予支持。三是两个以上污染者分别实施污染环境行为造成同一损害，部分污染者的污染行为足以造成全部损害，部分污染者的污染行为只造成部分损害的，被侵权人依据侵权责任法第十一条规定请求造成全部损害的污染者与其他污染者就共同造成的损害部分承担连带责任，其余损害由造成全部损害的污染者承担责任的，人民法院应予支持。

需要注意的是，本《解释》第二、三条规定的是数个污染者实施污染环境行为造成损害，对外应当如何承担责任的问题。如果要确定数个污染者之间内部应当如何分担责任，应当适用本《解释》第四条规定：两个以上污染者共同或者分别实施污染环境行为造成损害，需要确定污染者之间责任大小的，人民法院应当根据污染物的种类、排放量、危害性以及有无排污许可证、是否超过污染物排放标准、是否超过重点污染物排放总量控制指标等因素确定。

问：因第三人的过错污染环境造成损害的，应当如何承担责任？

答：实践中，有些污染环境行为是由于污染者与被侵权人之外的第三人的过错导致的。这种情况下，为了充分保护被侵权人的合法权益，侵权责任法第六十八条规定，被侵权人可以选择请求污染者或者第三人赔偿。但是，侵权责任法并未明确污染者与第三人的诉讼地位、污染者对污染环境行为也有过错的，第三人应当如何承担责任以及污染者能否以第三人过错为由主张减免责任的问题。为此，本《解释》第五条规定了三个方面的内容：一是被侵权人依据侵权责任法第六十八条规定分别或者同时起诉污染者、第三人的，人民法院应予受理。二是被侵权人请求第三人承担赔偿责任的，人民法院应当按照第三人的过错程度确定其相应赔偿责任。三是污染者以第三人过错造成损害为由主张不承担责任或者减轻责任的，人民法院不予支持。

问：环境侵权责任纠纷案件中，被侵权人请求赔偿的，应当提供哪些证明材料？

答：环境污染侵权行为具有复杂性、技术性强、信息不对称等特点，为充分保护被侵权人的合法权益，侵权责任法第六十六条规定了因果关系的举证责任倒置原则，即由污染者就法律规定的不承担责任或者减轻责任的情形及其行为与损害之间不存在因果关系承担举证责任。但是，因果关系的举证责任倒置并不意味着被侵权人不承担任何举证责任。对此，本《解释》第六条作出明确规定：被侵权人请求环境损害赔偿时，应当提供证明以下事实的证据材料：第一，污染者排放了污染物，即污染者实施了排污行为；

第二，被侵权人的损害结果，即被侵权人有损害事实；第三，污染者排放的污染物或者其次生污染物与损害结果之间具有关联性。需要注意的是，人民法院对被侵权人就污染行为与损害结果之间存在因果关系的举证责任要求非常低，只需要证明两者之间存在关联性即可。

问：环境侵权责任纠纷案件所涉的环境污染专门性问题难以确定的，应当如何处理？

答：审理环境污染民事案件，常常涉及污染物认定、损失评估、因果关系认定等专门性问题，需要由司法鉴定机构出具鉴定意见。但是，目前具有环境污染鉴定资质的机构较少、鉴定周期长、费用昂贵，难以满足办案实践需求。鉴于此，本《解释》参照《最高人民法院、最高人民检察院关于办理环境污染刑事案件适用法律若干问题的解释》，明确规定：对案件所涉的环境污染专门性问题难以确定的，可以委托具备相关资格的司法鉴定机构出具鉴定意见或者由国务院环境保护部门推荐的机构出具检验、检测或者监测报告。

问：在审理环境侵权责任纠纷案件中如何充分发挥专家的作用？

答：环境侵权责任纠纷案件涉及很多技术性、专业性问题，当事人依据自身的知识往往不能适应诉讼的需要，法官以及当事人委托的诉讼代理人一般也是在法律上有专长，但对案件事实中存在的技术性问题也不一定能清楚。为充分保障当事人的诉讼权利，维护当事人的正当权益，有助于法官居中裁判和对事实的正确认定，本《解释》依据《民事诉讼法》第七十九条规定，明确规定了有专门知识的人出庭的程序、出庭的作用。第一，有专门知识的人出庭的程序。需要由专门知识的人出庭的，应当由当事人向人民法院提出申请，说明理由。当事人没有申请的，人民法院认为必要的，可以向其释明；第二，有专门知识的人出庭的作用。有专门知识的人出庭，主要是对鉴定意见或者污染物认定、损害后果、因果关系等专业问题提出意见。并且，具有专门知识的人在法庭上提出的意见，经当事人质证，可以作为认定案件事实的根据。

问：环境侵权责任纠纷案件中如何运用保全措施？

答：依据民事诉讼法的规定，保全包括证据保全、财产保全和行为保全。本《解释》针对环境侵权责任纠纷案件的特点，规定了证据保全和行为保全。第一，关于证据保全。

环境污染损害中，证据经常因自身的原因发生变化而灭失。为了避免因证据灭失或者以后难以取得的情况出现，导致案件事实难以确定，本《解释》规定，当事人或者利害关系人可以依法向人民法院申请证据保全。第二，关于行为保全。一般而言，行为保全包含两层含义：要求被申请人作出某种行为或者禁止被申请人作出某种行为。实践中，多家环保法庭探索采取“环保禁令”等方式，允许申请人向人民法院申请颁发禁止令，在诉前或者诉讼中禁止污染者排污，及时制止被申请人的污染行为，取得了很好的社会效果。本《解释》吸收了这些有益经验，明确规定在以下四种情形下，人民法院可以根据当事人或者利害关系人的申请，裁定责令被申请人立即停止侵害行为或者采取污染防治措施：一是建设项目未依法进行环境影响评价，被责令停止建设，拒不执行的；二是违反法律规定，未取得排污许可证排污污染物，被责令停止排污，拒不执行的；三是通过暗管、渗井、渗坑、灌注或者篡改、伪造监测数据，或者不正常运行防治污染设施等逃避监管的方式违法排放污染物的；四是生产、使用国家明令禁止生产、使用的农药，被责令改正，拒不改正的。

问：在环境侵权责任纠纷案件中，污染者应当承担哪些民事责任？

答：根据《侵权责任法》第十五条规定，承担侵权责任的方式主要有：停止侵害；排除妨碍；消除危险；返还财产；恢复原状；赔偿损失；赔礼道歉；消除影响、恢复名誉等八种。其中，“返还财产”属于典型的物上请求权，“消除影响、恢复名誉”属于典型的人格权范畴。根据环境损害行为的特点，返还财产、消除影响、恢复名誉一般不适用于环境侵权责任纠纷案件。为此，本《解释》规定，人民法院应当根据被侵权人的诉讼请求以及具体案情，合理判定污染者承担停止侵害、排除妨碍、消除危险、恢复原状、赔礼道歉、赔偿损失等民事责任。其中，“恢复原状”主要是要求损害者承担治理污染和修复生态的责任，包括原地恢复与异地恢复。如果损害者不治理、修复或者没有能力治理、修复的，人民法院可以委托有关单位代履行，费用由污染者承担。“赔偿损失”包括被侵权人因污染行为而造成的财产损失、人身损失以及为防止污染扩大、消除污染而采取的必要合理措施所发生的费用。

问：应当如何认定环境保护法中所指的“弄虚作假”？

答：《环境保护法》第六十五条规定，环境影响评价机构、环境监测机构以及从事环境监测设备和防治污染设施维护、运营的机构，在有关环境服务活动中弄虚作假，对

造成的环境污染和生态破坏负有责任的，除依照有关法律法规规定予以处罚外，还应当与造成环境污染和生态破坏的其他责任者承担连带责任。为了增强本条的实际操作性，统一法律适用标准，本《解释》第十六条规定，有下列情形之一的，应当认定为环境保护法第六十五条规定的弄虚作假：一是环境影响评价机构与委托人恶意串通或者明知委托人提供的材料虚假而出具严重失实的评价文件的；二是环境监测机构或者从事环境监测设备维护、运营的机构与委托人恶意串通，隐瞒委托人超过污染物排放标准或者超过重点污染物排放总量控制指标的事实的；三是从事防治污染设施维护、运营的机构与委托人恶意串通导致设施不能正常运行的；四是有关机构在环境服务活动中因其他弄虚作假造成环境污染的情形。

第二章　民事诉讼

导读：立案是保障当事人行使诉讼权利的第一环节，是人民法院启动诉讼程序和连接审判工作的传送带，对保障法律实施和提高审判质效意义重大。党的十八届四中全会指出："改革法院案件受理制度，变立案审查为立案登记制，对人民法院依法应该受理的案件，做到有案必立、有诉必理，保障当事人诉权。"为全面贯彻落实党的十八届四中全会精神，依法推行立案登记制改革，最高人民法院成立了立案改革调研小组，充分调研论证后制定两个文件，即：《最高人民法院关于人民法院推行立案登记制改革的意见》和本规定，前者侧重于从宏观上规范立案登记制改革，后者立足于从操作上明确登记立案流程。

本规定共20条，主要对以下问题作出规定：关于起诉、自诉提交的诉状和材料要求；关于登记立案的程序；关于登记立案监督；关于强化立案服务；关于推动多元化纠纷解决机制建设；关于惩治虚假诉讼、恶意诉讼和无理缠诉。

本规定对于全面推行立案登记制改革，切实保护公民、法人和其他组织依法行使诉权，实现人民法院依法、及时受理案件，有着积极的意义。

最高人民法院
关于人民法院登记立案若干问题的规定

法释〔2015〕8号

（2015年4月13日最高人民法院审判委员会第1647次会议通过
2015年4月15日最高人民法院公告公布
自2015年5月1日起施行）

为保护公民、法人和其他组织依法行使诉权，实现人民法院依法、及时受理案件，根据《中华人民共和国民事诉讼法》《中华人民共和国行政诉讼法》《中华人民共和国刑事诉讼法》等法律规定，制定本规定。

第一条　（立案登记范围）人民法院对依法应该受理的一审民事起诉、行政起诉和刑事自诉，实行立案登记制。

第二条　（起诉、自诉）对起诉、自诉，人民法院应当一律接收诉状，出具书面凭证并注明收到日期。

对符合法律规定的起诉、自诉，人民法院应当当场予以登记立案。

对不符合法律规定的起诉、自诉，人民法院应当予以释明。

第三条　（诉状）人民法院应当提供诉状样本，为当事人书写诉状提供示范和指引。

当事人书写诉状确有困难的，可以口头提出，由人民法院记入笔录。符合法律规定的，予以登记立案。

第四条　（民事起诉状记明事项）民事起诉状应当记明以下事项：

（一）原告的姓名、性别、年龄、民族、职业、工作单位、住所、联系方式，法人或者其他组织的名称、住所和法定代表人或者主要负责人的姓名、职务、联系方式；

（二）被告的姓名、性别、工作单位、住所等信息，法人或者其他组织的名称、住所等信息；

（三）诉讼请求和所根据的事实与理由；

（四）证据和证据来源；

（五）有证人的，载明证人姓名和住所。

行政起诉状参照民事起诉状书写。

第五条 （刑事自诉状记明事项）刑事自诉状应当记明以下事项：

（一）自诉人或者代为告诉人、被告人的姓名、性别、年龄、民族、文化程度、职业、工作单位、住址、联系方式；

（二）被告人实施犯罪的时间、地点、手段、情节和危害后果等；

（三）具体的诉讼请求；

（四）致送的人民法院和具状时间；

（五）证据的名称、来源等；

（六）有证人的，载明证人的姓名、住所、联系方式等。

第六条 （当事人提交材料）当事人提出起诉、自诉的，应当提交以下材料：

（一）起诉人、自诉人是自然人的，提交身份证明复印件；起诉人、自诉人是法人或者其他组织的，提交营业执照或者组织机构代码证复印件、法定代表人或者主要负责人身份证明书；法人或者其他组织不能提供组织机构代码的，应当提供组织机构被注销的情况说明；

（二）委托起诉或者代为告诉的，应当提交授权委托书、代理人身份证明、代为告诉人身份证明等相关材料；

（三）具体明确的足以使被告或者被告人与他人相区别的姓名或者名称、住所等信息；

（四）起诉状原本和与被告或者被告人及其他当事人人数相符的副本；

（五）与诉请相关的证据或者证明材料。

第七条 （当事人提交材料之补正）当事人提交的诉状和材料不符合要求的，人民法院应当一次性书面告知在指定期限内补正。

当事人在指定期限内补正的，人民法院决定是否立案的期间，自收到补正材料之日起计算。

当事人在指定期限内没有补正的，退回诉状并记录在册；坚持起诉、自诉的，裁定或者决定不予受理、不予立案。

经补正仍不符合要求的，裁定或者决定不予受理、不予立案。

第八条 （对当事人提出的起诉、自诉不能当场判定合法的处理）对当事人提出的起诉、自诉，人民法院当场不能判定是否符合法律规定的，应当作出以下处理：

（一）对民事、行政起诉，应当在收到起诉状之日起七日内决定是否立案；

（二）对刑事自诉，应当在收到自诉状次日起十五日内决定是否立案；

（三）对第三人撤销之诉，应当在收到起诉状之日起三十日内决定是否立案；

（四）对执行异议之诉，应当在收到起诉状之日起十五日内决定是否立案。

人民法院在法定期间内不能判定起诉、自诉是否符合法律规定的，应当先行立案。

第九条　（不予受理或不予立案）人民法院对起诉、自诉不予受理或者不予立案的，应当出具书面裁定或者决定，并载明理由。

第十条　（不予登记立案）人民法院对下列起诉、自诉不予登记立案：

（一）违法起诉或者不符合法律规定的；

（二）涉及危害国家主权和领土完整的；

（三）危害国家安全的；

（四）破坏国家统一和民族团结的；

（五）破坏国家宗教政策的；

（六）所诉事项不属于人民法院主管的。

第十一条　（交纳诉讼费）登记立案后，当事人未在法定期限内交纳诉讼费的，按撤诉处理，但符合法律规定的缓、减、免交诉讼费条件的除外。

第十二条　（移送）登记立案后，人民法院立案庭应当及时将案件移送审判庭审理。

第十三条　（投诉）对立案工作中存在的不接收诉状、接收诉状后不出具书面凭证，不一次性告知当事人补正诉状内容，以及有案不立、拖延立案、干扰立案、既不立案又不作出裁定或者决定等违法违纪情形，当事人可以向受诉人民法院或者上级人民法院投诉。

人民法院应当在受理投诉之日起十五日内，查明事实，并将情况反馈当事人。发现违法违纪行为的，依法依纪追究相关人员责任；构成犯罪的，依法追究刑事责任。

第十四条　（诉讼服务）为方便当事人行使诉权，人民法院提供网上立案、预约立案、巡回立案等诉讼服务。

第十五条　（多元化纠纷解决机制）人民法院推动多元化纠纷解决机制建设，尊重当事人选择人民调解、行政调解、行业调解、仲裁等多种方式维护权益，化解纠纷。

第十六条　（维护登记立案秩序）人民法院依法维护登记立案秩序，推进诉讼诚信建设。对干扰立案秩序、虚假诉讼的，根据民事诉讼法、行政诉讼法有关规定予以罚款、拘留；构成犯罪的，依法追究刑事责任。

第十七条　（起诉、自诉的含义）本规定的“起诉”，是指当事人提起民事、行政诉讼；“自诉”，是指当事人提起刑事自诉。

第十八条　（按照本规定执行）强制执行和国家赔偿申请登记立案工作，按照本规定执行。

上诉、申请再审、刑事申诉、执行复议和国家赔偿申诉案件立案工作，不适用本规定。

第十九条　（人民法庭登记立案工作）人民法庭登记立案工作，按照本规定执行。

第二十条　（生效）本规定自 2015 年 5 月 1 日起施行。以前有关立案的规定与本规定不一致的，按照本规定执行。

导读：为依法保障和规范人民陪审员参加审判活动，最高人民法院根据《全国人民代表大会常务委员会关于完善人民陪审员制度的决定》等法律的规定，结合审判实际，制定了本规定。

本规定共10条，主要对人民陪审员和法官共同组成合议庭的情形、人民陪审员的抽取确定、人民陪审员的依法回避、人民陪审员的权利和职责等作出规定。

最高人民法院
关于人民陪审员参加审判活动若干问题的规定

法释〔2010〕2号

（2009年11月23日最高人民法院审判委员会第1477次会议通过
2010年1月12日最高人民法院公告公布
自2010年1月14日起施行）

为依法保障和规范人民陪审员参加审判活动，根据《全国人民代表大会常务委员会关于完善人民陪审员制度的决定》等法律的规定，结合审判实际，制定本规定。

第一条 人民法院审判第一审刑事、民事、行政案件，属于下列情形之一的，由人民陪审员和法官共同组成合议庭进行，适用简易程序审理的案件和法律另有规定的案件除外：

（一）涉及群体利益的；

（二）涉及公共利益的；

（三）人民群众广泛关注的；

（四）其他社会影响较大的。

第二条 第一审刑事案件被告人、民事案件原告或者被告、行政案件原告申请由人民陪审员参加合议庭审判的，由人民陪审员和法官共同组成合议庭进行。

人民法院征得前款规定的当事人同意由人民陪审员和法官共同组成合议庭审判案件的，视为申请。

第三条 第一审人民法院决定适用普通程序审理案件后应当明确告知本规定第二条

的当事人，在收到通知五日内有权申请由人民陪审员参加合议庭审判案件。

人民法院接到当事人在规定期限内提交的申请后，经审查符合本规定的，应当组成有人民陪审员参加的合议庭进行审判。

第四条 人民法院应当在开庭七日前采取电脑生成等方式，从人民陪审员名单中随机抽取确定人民陪审员。

第五条 特殊案件需要具有特定专业知识的人民陪审员参加审判的，人民法院可以在具有相应专业知识的人民陪审员范围内随机抽取。

第六条 人民陪审员确有正当理由不能参加审判活动，或者当事人申请其回避的理由经审查成立的，人民法院应当及时重新确定其他人选。

第七条 人民陪审员参加合议庭评议案件时，有权对事实认定、法律适用独立发表意见，并独立行使表决权。

人民陪审员评议案件时应当围绕事实认定、法律适用充分发表意见并说明理由。

第八条 合议庭评议案件时，先由承办法官介绍案件涉及的相关法律、审查判断证据的有关规则，后由人民陪审员及合议庭其他成员充分发表意见，审判长最后发表意见并总结合议庭意见。

第九条 人民陪审员同合议庭其他组成人员意见分歧，要求合议庭将案件提请院长决定是否提交审判委员会讨论决定的，应当说明理由；人民陪审员提出的要求及理由应当写入评议笔录。

第十条 人民陪审员应当认真阅读评议笔录，确认无误后签名；发现评议笔录与评议内容不一致的，应当要求更正后签名。

人民陪审员应当审核裁判文书文稿并签名。

导读：2000 年，最高人民法院制定了《关于审判人员严格执行回避制度的若干规定》（法发〔2000〕5 号，以下简称《回避若干规定》），对审判人员在诉讼活动中执行回避制度作出了统一规定，取得了良好效果。随着审判工作的发展和变化，出现了一些新的情况和问题，《回避若干规定》难以完全满足司法实践的需要。《回避若干规定》在性质上属于规范性司法文件，效力层级比司法解释低。将审判人员在诉讼活动中执行回避制度的相关规定升格为司法解释，有利于提高其法律效力，促进审判人员严格执行回避制度，确保司法廉洁。为此，最高人民法院依据有关法律规定，并结合人民法院审判工作实际，在《回避若干规定》的基础上制定出台了本规定。

本规定共 15 条，对诉讼活动中审判人员自行回避或申请回避的情形、职权回避、当事人及其法定代理人申请回避权利的告知、调解案件的回避问题、审判人员及法院其他工作人员从人民法院离任后担任诉讼代理人或辩护人的限制、对审判人员违反回避规定行为的监督及处分等内容进行了详细的规定。

本规定对于维护司法公正，进一步规范诉讼活动中审判人员的回避行为，有着重要意义。

最高人民法院
关于审判人员在诉讼活动中执行回避制度若干问题的规定

法释〔2011〕12 号

（2011 年 4 月 11 日最高人民法院审判委员会第 1517 次会议通过
2011 年 6 月 10 日最高人民法院公告公布
自 2011 年 6 月 13 日起施行）

为进一步规范审判人员的诉讼回避行为，维护司法公正，根据《中华人民共和国人民法院组织法》《中华人民共和国法官法》《中华人民共和国民事诉讼法》《中华人民共和国刑事诉讼法》《中华人民共和国行政诉讼法》等法律规定，结合人民法院审判工作实际，制定本规定。

第一条　（审判人员自行回避）审判人员具有下列情形之一的，应当自行回避，当事人及其法定代理人有权以口头或者书面形式申请其回避：

（一）是本案的当事人或者与当事人有近亲属关系的；

（二）本人或者其近亲属与本案有利害关系的；

（三）担任过本案的证人、翻译人员、鉴定人、勘验人、诉讼代理人、辩护人的；

（四）与本案的诉讼代理人、辩护人有夫妻、父母、子女或者兄弟姐妹关系的；

（五）与本案当事人之间存在其他利害关系，可能影响案件公正审理的。

本规定所称近亲属，包括与审判人员有夫妻、直系血亲、三代以内旁系血亲及近姻亲关系的亲属。

第二条　（当事人及其法定代理人申请回避）当事人及其法定代理人发现审判人员违反规定，具有下列情形之一的，有权申请其回避：

（一）私下会见本案一方当事人及其诉讼代理人、辩护人的；

（二）为本案当事人推荐、介绍诉讼代理人、辩护人，或者为律师、其他人员介绍办理该案件的；

（三）索取、接受本案当事人及其受托人的财物、其他利益，或者要求当事人及其受托人报销费用的；

（四）接受本案当事人及其受托人的宴请，或者参加由其支付费用的各项活动的；

（五）向本案当事人及其受托人借款，借用交通工具、通讯工具或者其他物品，或者索取、接受当事人及其受托人在购买商品、装修住房以及其他方面给予的好处的；

（六）有其他不正当行为，可能影响案件公正审理的。

第三条　（审判人员不得重复参与同一案件审判程序）凡在一个审判程序中参与过本案审判工作的审判人员，不得再参与该案其他程序的审判。但是，经过第二审程序发回重审的案件，在一审法院作出裁判后又进入第二审程序的，原第二审程序中合议庭组成人员不受本条规定的限制。

第四条　（院长或审判委员会决定回避）审判人员应当回避，本人没有自行回避，当事人及其法定代理人也没有申请其回避的，院长或者审判委员会应当决定其回避。

第五条　（法院的告知义务）人民法院应当依法告知当事人及其法定代理人有申请回避的权利，以及合议庭组成人员、书记员的姓名、职务等相关信息。

第六条　（调解案件中的告知义务）人民法院依法调解案件，应当告知当事人及其法定代理人有申请回避的权利，以及主持调解工作的审判人员及其他参与调解工作的人

员的姓名、职务等相关信息。

第七条 （违反回避规定的处理）第二审人民法院认为第一审人民法院的审理有违反本规定第一条至第三条规定的，应当裁定撤销原判，发回原审人民法院重新审判。

第八条 （审判人员及法院其他工作人员的任职限制）审判人员及法院其他工作人员从人民法院离任后二年内，不得以律师身份担任诉讼代理人或者辩护人。

审判人员及法院其他工作人员从人民法院离任后，不得担任原任职法院所审理案件的诉讼代理人或者辩护人，但是作为当事人的监护人或者近亲属代理诉讼或者进行辩护的除外。

本条所规定的离任，包括退休、调离、解聘、辞职、辞退、开除等离开法院工作岗位的情形。

本条所规定的原任职法院，包括审判人员及法院其他工作人员曾任职的所有法院。

第九条 （审判人员及法院其他工作人员近亲属的限制）审判人员及法院其他工作人员的配偶、子女或者父母不得担任其所任职法院审理案件的诉讼代理人或者辩护人。

第十条 （人民法院对违反回避规定的诉讼代理人或辩护人的处理）人民法院发现诉讼代理人或者辩护人违反本规定第八条、第九条的规定的，应当责令其停止相关诉讼代理或者辩护行为。

第十一条 （当事人及其法定代理人、诉讼代理人、辩护人的举报权）当事人及其法定代理人、诉讼代理人、辩护人认为审判人员有违反本规定行为的，可以向法院纪检、监察部门或者其他有关部门举报。受理举报的人民法院应当及时处理，并将相关意见反馈给举报人。

第十二条 （对不依法自行回避的审判人员的处理）对明知具有本规定第一条至第三条规定情形不依法自行回避的审判人员，依照《人民法院工作人员处分条例》的规定予以处分。

对明知诉讼代理人、辩护人具有本规定第八条、第九条规定情形之一，未责令其停止相关诉讼代理或者辩护行为的审判人员，依照《人民法院工作人员处分条例》的规定予以处分。

第十三条 （审判人员、法院其他工作人员的范围）本规定所称审判人员，包括各级人民法院院长、副院长、审判委员会委员、庭长、副庭长、审判员和助理审判员。

本规定所称法院其他工作人员，是指审判人员以外的在编工作人员。

第十四条 （人民陪审员、书记员和执行员适用回避制度）人民陪审员、书记员和

执行员适用审判人员回避的有关规定，但不属于本规定第十三条所规定人员的，不适用本规定第八条、第九条的规定。

第十五条 （以本规定为准）自本规定施行之日起，《最高人民法院关于审判人员严格执行回避制度的若干规定》（法发〔2000〕5号）即行废止；本规定施行前本院发布的司法解释与本规定不一致的，以本规定为准。

【链　　接】

最高人民法院有关部门负责人就出台任职回避制度实施方案答记者问

日前，最高人民法院印发了《关于落实任职回避制度的实施方案》。最高人民法院有关部门负责人就相关问题回答了记者的提问。

问：制定实施方案的背景和过程如何？

答：自《最高人民法院关于对配偶子女从事律师职业的法院领导干部和审判执行岗位法官实行任职回避的规定（试行）》颁布施行后，各级人民法院积极响应，已在本院及辖区法院陆续开展了思想动员和需任职回避人员的情况摸排工作，一些符合任职回避条件的法官也已经做好了随时转岗的准备工作。为了确保任职回避制度在各级人民法院规范、有序、平稳、顺利地落实到位，最高人民法院一方面密切关注各级人民法院贯彻落实此项制度的工作动态及思想动向，一方面多次召开不同类型人员的座谈会，广泛听取法院领导干部、任职回避人员以及有关单位和部门的意见，并在此基础上形成了《关于落实任职回避制度的实施方案》。与此同时，为进一步统一各级人民法院对落实这一制度的思想认识，帮助部分干警消除对落实这一制度的思想顾虑，最高人民法院相关部门还研究编撰了《法院领导干部及审判执行岗位法官任职回避指导手册》，目前也已经同时印发各高级人民法院。

问：实施方案对落实任职回避制度的方法步骤是怎样规定的？

答：落实任职回避制度的工作共分六步推进：第一步是宣传动员，要求各级人民法

院通过开会动员、座谈讨论及个别谈心等形式，组织动员干警认真学习任职回避规定原文及实施方案和指导手册。第二步是个人申报，要求各级人民法院的所有在编人员都要在填报《法院工作人员配偶子女从事律师业务情况申报表》。第三步是审核公示，要求各级人民法院对个人申报情况进行初步审核并在本院范围内进行公示。第四步是汇总上报，要求各级人民法院组织人事部门列出本院应回避人员名册并逐级层报至最高人民法院。第五步是提出申请，要求配偶子女从事律师职业的法院领导干部和审判执行岗位法官统一填报《任职回避申请书》。第六步是岗位调整，要求各级人民法院结合干部下派、岗位交流等工作，分期分批地对符合任职回避条件的人员办理职务变动或岗位调整手续。

问：实施方案对落实任职回避的工作提出了哪些要求？

答：实施方案对各级人民法院落实任职回避制度的工作提出了五点要求：一是加强组织领导，要求各级人民法院（没有任职回避人员或任职回避人员极少的基层人民法院除外）都要成立任职回避制度落实工作领导小组和领导小组办公室，并具体承担组织推动任职回避制度的落实工作。二是做好思想工作，要求各级人民法院认真做好任职回避人员及其亲属的思想工作，争取他们对实施任职回避制度的理解和支持；符合任职回避条件的法院领导干部要本着身教重于言教的原则，在落实任职回避制度工作中率先垂范。三是妥善安排岗位，要求各级人民法院的主要领导和组织人事部门要尽力为任职回避人员重新上岗作出妥善安排，并在客观条件允许的情况下尽量做到组织安排与个人意愿相统一。四是确保工作进度，要求各级人民法院在今年年底前至少应将本院 80% 以上的任职回避人员调整安排到位。五是严肃组织纪律，要求各级人民法院要将任职回避制度的落实情况作为年终考核的重要内容和评先评优的重要依据。对于工作不力、敷衍塞责、无故拖延的法院要进行通报批评；对采取隐瞒不报、弄虚作假、规避任职回避行为的人员要严肃查处。

问：指导手册的主要内容有哪些？

答：指导手册共分四个部分：第一部分为任职回避制度的相关文件，主要登载了任职回避规定及实施方案原文。第二部分为任职回避制度的制定情况，主要介绍了最高人民法院制定任职回避规定的经过、意义及法律政策依据。第三部分为任职回避制度的相关问题解答，主要针对任职回避制度颁布前后一些同志提出的疑问和任职回避制度执行中可能遇到的问题进行了解答和阐释。第四部分为部分地方人民法院的经验材料，主要

采撷了上海市高级人民法院、重庆市高级人民法院及江苏省常州市中级人民法院探索推行法官与律师互为亲属的一方退出机制的成功经验，供各级人民法院在贯彻落实任职回避规定的工作中引为借鉴。

导读：为了彻底解决人民群众反映强烈的案件超审限，久拖不决、久拖不执问题，实现最高人民法院的重大工作部署，全面维护司法公正，最高人民法院在充分调查研究的基础上，针对法院在执行审限制度上存在的突出问题，依照《刑事诉讼法》《民事诉讼法》和《行政诉讼法》的有关规定制定了本规定。

本规定共24条，系统地归纳了诉讼法对各类案件审理期限的规定；针对案件执行审理期限中的薄弱环节，明确了立案、结案时间及审理期限的计算标准；从严格执行审限制度提高审判效率的目的出发，完善了法律的规定；针对实践中久拖不决、久拖不执的主要原因，进一步明确了有关办案环节应当遵守的期限；对监督、检查执行案件审理期限的工作作出了专门的规定，为建立现代审判管理运行机制提供了制度上的保障。

最高人民法院
关于严格执行案件审理期限制度的若干规定

法释〔2000〕29号

（2000年9月14日最高人民法院审判委员会第1130次会议通过
2000年9月22日最高人民法院公告公布
自2000年9月28日起施行）

为提高诉讼效率，确保司法公正，根据刑事诉讼法、民事诉讼法、行政诉讼法和海事诉讼特别程序法的有关规定，现就人民法院执行案件审理期限制度的有关问题规定如下：

一、各类案件的审理、执行期限

第一条 适用普通程序审理的第一审刑事公诉案件、被告人被羁押的第一审刑事自诉案件和第二审刑事公诉、刑事自诉案件的期限为一个月，至迟不得超过一个半月；附带民事诉讼案件的审理期限，经本院院长批准，可以延长两个月。有《刑事诉讼法》第一百二十六条规定情形之一的，经省、自治区、直辖市高级人民法院批准或者决定，审理期限可以再延长一个月；最高人民法院受理的刑事上诉、刑事抗诉案件，经最高人民法院决定，审理期限可以再延长一个月。

适用普通程序审理的被告人未被羁押的第一审刑事自诉案件，期限为六个月；有特殊情况需要延长的，经本院院长批准，可以延长三个月。

适用简易程序审理的刑事案件，审理期限为二十日。

第二条 适用普通程序审理的第一审民事案件，期限为六个月；有特殊情况需要延长的，经本院院长批准，可以延长六个月，还需延长的，报请上一级人民法院批准，可以再延长三个月。

适用简易程序审理的民事案件，期限为三个月。

适用特别程序审理的民事案件，期限为三十日；有特殊情况需要延长的，经本院院长批准，可以延长三十日，但审理选民资格案件必须在选举日前审结。

审理第一审船舶碰撞、共同海损案件的期限为 1 年；有特殊情况需要延长的，经本院院长批准，可以延长六个月。

审理对民事判决的上诉案件，审理期限为三个月；有特殊情况需要延长的，经本院院长批准，可以延长三个月。

审理对民事裁定的上诉案件，审理期限为三十日。

对罚款、拘留民事决定不服申请复议的，审理期限为五日。

审理涉外民事案件，根据民事诉讼法第二百四十八条的规定，不受上述案件审理期限的限制。

审理涉港、澳、台的民事案件的期限，参照审理涉外民事案件的规定办理。

第三条 审理第一审行政案件的期限为三个月；有特殊情况需要延长的，经高级人民法院批准可以延长三个月。高级人民法院审理第一审案件需要延长期限的，由最高人民法院批准，可以延长三个月。

审理行政上诉案件的期限为两个月；有特殊情况需要延长的，由高级人民法院批准，可以延长两个月。高级人民法院审理的第二审案件需要延长期限的，由最高人民法院批准，可以延长两个月。

第四条 按照审判监督程序重新审理的刑事案件的期限为三个月；需要延长期限的，经本院院长批准，可以延长三个月。

裁定再审的民事、行政案件，根据再审适用的不同程序，分别执行第一审或第二审审理期限的规定。

第五条 执行案件应当在立案之日起六个月内执结，非诉执行案件应当在立案之日起三个月内执结；有特殊情况需要延长的，经本院院长批准，可以延长三个月，还需延

长的，层报高级人民法院备案。

委托执行的案件，委托的人民法院应当在立案后一个月内办理完委托执行手续，受委托的人民法院应当在收到委托函件后三十日内执行完毕。未执行完毕，应当在期限届满后十五日内将执行情况函告委托人民法院。

刑事案件没收财产刑应当即时执行。

刑事案件罚金刑，应当在判决、裁定发生法律效力后三个月内执行完毕，至迟不超过六个月。

二、立案、结案时间及审理期限的计算

第六条 第一审人民法院收到起诉书（状）或者执行申请书后，经审查认为符合受理条件的应当在七日内立案；收到自诉人自诉状或者口头告诉的，经审查认为符合自诉案件受理条件的应当在十五日内立案。

改变管辖的刑事、民事、行政案件，应当在收到案卷材料后的三日内立案。

第二审人民法院应当在收到第一审人民法院移送的上（抗）诉材料及案卷材料后的五日内立案。

发回重审或指令再审的案件，应当在收到发回重审或指令再审裁定及案卷材料后的次日内立案。

按照审判监督程序重新审判的案件，应当在作出提审、再审裁定（决定）的次日立案。

第七条 立案机构应当在决定立案的三日内将案卷材料移送审判庭。

第八条 案件的审理期限从立案次日起计算。

由简易程序转为普通程序审理的第一审刑事案件的期限，从决定转为普通程序次日起计算；由简易程序转为普通程序审理的第一审民事案件的期限，从立案次日起连续计算。

第九条 下列期间不计入审理、执行期限：

（一）刑事案件对被告人作精神病鉴定的期间；

（二）刑事案件因另行委托、指定辩护人，法院决定延期审理的，自案件宣布延期审理之日起至第十日止准备辩护的时间；

（三）公诉人发现案件需要补充侦查，提出延期审理建议后，合议庭同意延期审理的期间；

（四）刑事案件二审期间，检察院查阅案卷超过七日后的时间；

（五）因当事人、诉讼代理人、辩护人申请通知新的证人到庭、调取新的证据、申请重新鉴定或者勘验，法院决定延期审理一个月之内的期间；

（六）民事、行政案件公告、鉴定的期间；

（七）审理当事人提出的管辖权异议和处理法院之间的管辖争议的期间；

（八）民事、行政、执行案件由有关专业机构进行审计、评估、资产清理的期间；

（九）中止诉讼（审理）或执行至恢复诉讼（审理）或执行的期间；

（十）当事人达成执行和解或者提供执行担保后，执行法院决定暂缓执行的期间；

（十一）上级人民法院通知暂缓执行的期间；

（十二）执行中拍卖、变卖被查封、扣押财产的期间。

第十条　人民法院判决书宣判、裁定书宣告或者调解书送达最后一名当事人的日期为结案时间。如需委托宣判、送达的，委托宣判、送达的人民法院应当在审限届满前将判决书、裁定书、调解书送达受托人民法院。受托人民法院应当在收到委托书后七日内送达。

人民法院判决书宣判、裁定书宣告或者调解书送达有下列情形之一的，结案时间遵守以下规定：

（一）留置送达的，以裁判文书留在受送达人的住所日为结案时间；

（二）公告送达的，以公告刊登之日为结案时间；

（三）邮寄送达的，以交邮日期为结案时间；

（四）通过有关单位转交送达的，以送达回证上当事人签收的日期为结案时间。

三、案件延长审理期限的报批

第十一条　刑事公诉案件、被告人被羁押的自诉案件，需要延长审理期限的，应当在审理期限届满 7 日以前，向高级人民法院提出申请；被告人未被羁押的刑事自诉案件，需要延长审理期限的，应当在审理期限届满十日前向本院院长提出申请。

第十二条　民事案件应当在审理期限届满十日前向本院院长提出申请；还需延长的，应当在审理期限届满十日前向上一级人民法院提出申请。

第十三条　行政案件应当在审理期限届满十日前向高级人民法院或者最高人民法院提出申请。

第十四条　对于下级人民法院申请延长办案期限的报告，上级人民法院应当在审理期限届满三日前作出决定，并通知提出申请延长审理期限的人民法院。

需要本院院长批准延长办案期限的，院长应当在审限届满前批准或者决定。

四、上诉、抗诉二审案件的移送期限

第十五条　被告人、自诉人、附带民事诉讼的原告人和被告人通过第一审人民法院提出上诉的刑事案件，第一审人民法院应当在上诉期限届满后三日内将上诉状连同案卷、证据移送第二审人民法院。被告人、自诉人、附带民事诉讼的原告人和被告人直接向上级人民法院提出上诉的刑事案件，第一审人民法院应当在接到第二审人民法院移交的上诉状后三日内将案卷、证据移送上一级人民法院。

第十六条　人民检察院抗诉的刑事二审案件，第一审人民法院应当在上诉、抗诉期届满后三日内将抗诉书连同案卷、证据移送第二审人民法院。

第十七条　当事人提出上诉的二审民事、行政案件，第一审人民法院收到上诉状，应当在五日内将上诉状副本送达对方当事人。人民法院收到答辩状，应当在五日内将副本送达上诉人。

人民法院受理人民检察院抗诉的民事、行政案件的移送期限，比照前款规定办理。

第十八条　第二审人民法院立案时发现上诉案件材料不齐全的，应当在两日内通知第一审人民法院。第一审人民法院应当在接到第二审人民法院的通知后五日内补齐。

第十九条　下级人民法院接到上级人民法院调卷通知后，应当在五日内将全部案卷和证据移送，至迟不超过十日。

五、对案件审理期限的监督、检查

第二十条　各级人民法院应当将审理案件期限情况作为审判管理的重要内容，加强对案件审理期限的管理、监督和检查。

第二十一条　各级人民法院应当建立审理期限届满前的催办制度。

第二十二条　各级人民法院应当建立案件审理期限定期通报制度。对违反诉讼法规定，超过审理期限或者违反本规定的情况进行通报。

第二十三条　审判人员故意拖延办案，或者因过失延误办案，造成严重后果的，依照《人民法院审判纪律处分办法（试行）》第五十九条的规定予以处分。

审判人员故意拖延移送案件材料，或者接受委托送达后，故意拖延不予送达的，参照《人民法院审判纪律处分办法（试行）》第五十九条的规定予以处分。

第二十四条　本规定发布前有关审理期限规定与本规定不一致的，以本规定为准。

导读：人民法院的裁判文书必须有正当的裁判依据，才能保证裁判结果的正当性和权威性，但如何引用作为裁判依据的规范性法律文件，一直欠缺全面、明确的详细规定。法律和司法解释关于人民法院裁判文书如何引用规范性法律文件的规定很少，已有的规定不够详细明确，实践中仍然存在较多问题，有必要统一进行规范。根据中央要求，最高人民法院决定规范人民法院在制作裁判文书中的法律引用。经过充分调研和论证，并征求立法机关的意见后，最高人民法院审判委员会讨论通过了本规定。

本规定共8条，只解决法律引用的问题，不解决法律适用问题。主要从以下几个方面作出规定：（1）调解协议的司法确认程序属于特别程序；（2）关于司法确认案件的管辖；（3）关于申请司法确认应当准备的材料；（4）关于司法确认案件的受理；（5）关于司法确认案件的审查期限；（6）关于司法确认案件的审查方式；（7）关于确认决定的法律效果；（8）关于案外人权利的救济方式。

本规定是最高人民法院第一次系统、全面地对民事、刑事和行政裁判文书引用规范性法律文件问题作出明确规定，对于进一步规范人民法院裁判文书引用法律、法规等规范性法律文件工作，提高裁判质量，确保司法统一，维护法律权威，将具有积极的意义。

最高人民法院
关于裁判文书引用法律、法规等规范性法律文件的规定

法释〔2009〕14号

（2009年7月13日最高人民法院审判委员会第1470次会议通过
2009年10月26日最高人民法院公告公布
自2009年11月4日起施行）

为进一步规范裁判文书引用法律、法规等规范性法律文件的工作，提高裁判质量，确保司法统一，维护法律权威，根据《中华人民共和国立法法》等法律规定，制定本规定。

第一条　（规范性法律文书引用的基本规则）人民法院的裁判文书应当依法引用相关法律、法规等规范性法律文件作为裁判依据。引用时应当准确完整写明规范性法律文

件的名称、条款序号，需要引用具体条文的，应当整条（款、项）引用。

第二条　（引用多个规范性法律文件的顺序）并列引用多个规范性法律文件的，引用顺序如下：法律及法律解释、行政法规、地方性法规、自治条例或者单行条例、司法解释。同时引用两部以上法律的，应当先引用基本法律，后引用其他法律。引用包括实体法和程序法的，先引用实体法，后引用程序法。

第三条　（刑事裁判文书引用规范性法律文件）刑事裁判文书应当引用法律、法律解释或者司法解释。刑事附带民事诉讼裁判文书引用规范性法律文件，同时适用本规定第四条规定。

第四条　（民事裁判文书引用规范性法律文件）民事裁判文书应当引用法律、法律解释或者司法解释。对于应当适用的行政法规、地方性法规或者自治条例和单行条例，可以直接引用。

第五条　（行政裁判文书引用规范性法律文件）行政裁判文书应当引用法律、法律解释、行政法规或者司法解释。对于应当适用的地方性法规、自治条例和单行条例、国务院或者国务院授权的部门公布的行政法规解释或者行政规章，可以直接引用。

第六条　（裁判说理依据的规范性法律文件）对于本规定第三条、第四条、第五条规定之外的规范性文件，根据审理案件的需要，经审查认定为合法有效的，可以作为裁判说理的依据。

第七条　（规范性法律文件冲突的解决）人民法院制作裁判文书确需引用的规范性法律文件之间存在冲突，根据立法法等有关法律规定无法选择适用的，应当依法提请有决定权的机关作出裁决，不得自行在裁判文书中认定相关规范性法律文件的效力。

第八条　（以本规定为准）本院以前发布的司法解释与本规定不一致的，以本规定为准。

导读：民事诉讼证据问题是民事诉讼的核心问题，但我国《民事诉讼法》对证据的规定比较原则，长期以来，由于缺乏可供遵循的具体的证据规则，既容易造成法官对证据的审查判断产生过多的不确定性和偏差，影响案件的质量，又容易使一些当事人利用证据问题搞突然袭击、拖延诉讼，损害对方当事人的利益。这种情况很不利于人民法院对当事人诉讼权利的平等保护和审判效率的提高，是影响民事审判公正与效率的价值目标的重要因素。为实现民事审判公正与效率，深化民事审判制度改革，确保统一、公正地适用国家的法律，最高人民法院制定了本规定。

本规定6部分，共83条，主要包括以下内容：（1）通过对《民事诉讼法》第六十四条第一款“谁主张，谁举证”的原则作具体化的解释，完善了举证责任的分配规则；（2）通过对《民事诉讼法》第六十四条第二款人民法院调查收集证据的情形作出进一步的解释，明确了人民法院调查收集证据的范围和条件；（3）对《民事诉讼法》第一百二十五条和一百七十九条“新的证据”进行解释，规范了举证时限问题；（4）进一步明确民事诉讼的证明要求和证明标准；（5）完善了法官依法独立审查判断证据的原则；（6）完善了非法证据的判断标准。

本规定解决了民事诉讼证据规则不统一的问题，对于完善我国民事诉讼证据制度，实现民事审判公正与效率，有着积极意义。

最高人民法院
关于民事诉讼证据的若干规定

法释〔2001〕33号

（2001年12月6日最高人民法院审判委员会第1201次会议通过
2001年12月21日最高人民法院公告公布
自2002年4月1日起施行）

为保证人民法院正确认定案件事实，公正、及时审理民事案件，保障和便利当事人依法行使诉讼权利，根据《中华人民共和国民事诉讼法》（以下简称《民事诉讼法》）等有关法律的规定，结合民事审判经验和实际情况，制定本规定。

一、当事人举证

第一条　（关于起诉的证据要求）原告向人民法院起诉或者被告提出反诉，应当附有符合起诉条件的相应的证据材料。

第二条　（举证责任的含义和举证责任分配的一般规则）当事人对自己提出的诉讼请求所依据的事实或者反驳对方诉讼请求所依据的事实有责任提供证据加以证明。

没有证据或者证据不足以证明当事人的事实主张的，由负有举证责任的当事人承担不利后果。

第三条　（人民法院的举证指导和当事人申请调查收集证据）人民法院应当向当事人说明举证的要求及法律后果，促使当事人在合理期限内积极、全面、正确、诚实地完成举证。

当事人因客观原因不能自行收集的证据，可申请人民法院调查收集。

第四条　（举证责任倒置规则）下列侵权诉讼，按照以下规定承担举证责任：

（一）因新产品制造方法发明专利引起的专利侵权诉讼，由制造同样产品的单位或者个人对其产品制造方法不同于专利方法承担举证责任；

（二）高度危险作业致人损害的侵权诉讼，由加害人就受害人故意造成损害的事实承担举证责任；

（三）因环境污染引起的损害赔偿诉讼，由加害人就法律规定的免责事由及其行为与损害结果之间不存在因果关系承担举证责任；

（四）建筑物或者其他设施以及建筑物上的搁置物、悬挂物发生倒塌、脱落、坠落致人损害的侵权诉讼，由所有人或者管理人对其无过错承担举证责任；

（五）饲养动物致人损害的侵权诉讼，由动物饲养人或者管理人就受害人有过错或者第三人有过错承担举证责任；

（六）因缺陷产品致人损害的侵权诉讼，由产品的生产者就法律规定的免责事由承担举证责任；

（七）因共同危险行为致人损害的侵权诉讼，由实施危险行为的人就其行为与损害结果之间不存在因果关系承担举证责任；

（八）因医疗行为引起的侵权诉讼，由医疗机构就医疗行为与损害结果之间不存在因果关系及不存在医疗过错承担举证责任。

有关法律对侵权诉讼的举证责任有特殊规定的，从其规定。

第五条　（合同案件的举证责任分配）在合同纠纷案件中，主张合同关系成立并生

效的一方当事人对合同订立和生效的事实承担举证责任；主张合同关系变更、解除、终止、撤销的一方当事人对引起合同关系变动的事实承担举证责任。

对合同是否履行发生争议的，由负有履行义务的当事人承担举证责任。

对代理权发生争议的，由主张有代理权一方当事人承担举证责任。

第六条　（劳动争议案件中特殊事项的举证责任分配）在劳动争议纠纷案件中，因用人单位作出开除、除名、辞退、解除劳动合同、减少劳动报酬、计算劳动者工作年限等决定而发生劳动争议的，由用人单位负举证责任。

第七条　（特殊情形下举证责任分配的原则）在法律没有具体规定，依本规定及其他司法解释无法确定举证责任承担时，人民法院可以根据公平原则和诚实信用原则，综合当事人举证能力等因素确定举证责任的承担。

第八条　（自认规则）诉讼过程中，一方当事人对另一方当事人陈述的案件事实明确表示承认的，另一方当事人无需举证。但涉及身份关系的案件除外。

对一方当事人陈述的事实，另一方当事人既未表示承认也未否认，经审判人员充分说明并询问后，其仍不明确表示肯定或者否定的，视为对该项事实的承认。

当事人委托代理人参加诉讼的，代理人的承认视为当事人的承认。但未经特别授权的代理人对事实的承认直接导致承认对方诉讼请求的除外；当事人在场但对其代理人的承认不作否认表示的，视为当事人的承认。

当事人在法庭辩论终结前撤回承认并经对方当事人同意，或者有充分证据证明其承认行为是在受胁迫或者重大误解情况下作出且与事实不符的，不能免除对方当事人的举证责任。

第九条　（自认之外的其他免除举证责任的情形）下列事实，当事人无需举证证明：

（一）众所周知的事实；

（二）自然规律及定理；

（三）根据法律规定或者已知事实和日常生活经验法则，能推定出的另一事实；

（四）已为人民法院发生法律效力的裁判所确认的事实；

（五）已为仲裁机构的生效裁决所确认的事实；

（六）已为有效公证文书所证明的事实。

前款（一）、（三）、（四）、（五）、（六）项，当事人有相反证据足以推翻的除外。

第十条　（优先提供原件或者原物的原则）当事人向人民法院提供证据，应当提供原件或者原物。如需自己保存证据原件、原物或者提供原件、原物确有困难的，可以提

供经人民法院核对无异的复制件或者复制品。

第十一条 （域外证据的形式要求）当事人向人民法院提供的证据系在中华人民共和国领域外形成的，该证据应当经所在国公证机关予以证明，并经中华人民共和国驻该国使领馆予以认证，或者履行中华人民共和国与该所在国订立的有关条约中规定的证明手续。

当事人向人民法院提供的证据是在香港、澳门、台湾地区形成的，应当履行相关的证明手续。

第十二条 （对外文书证或者资料的译本要求）当事人向人民法院提供外文书证或者外文说明资料，应当附有中文译本。

第十三条 （涉及国家、社会或他人利益的无争议事实的举证）对双方当事人无争议但涉及国家利益、社会公共利益或者他人合法权益的事实，人民法院可以责令当事人提供有关证据。

第十四条 （关于提交、签收证据材料的要求）当事人应当对其提交的证据材料逐一分类编号，对证据材料的来源、证明对象和内容作简要说明，签名盖章，注明提交日期，并依照对方当事人人数提出副本。

人民法院收到当事人提交的证据材料，应当出具收据，注明证据的名称、份数和页数以及收到的时间，由经办人员签名或者盖章。

二、人民法院调查收集证据

第十五条 （人民法院依职权调查收集证据的范围）《民事诉讼法》第六十四条规定的“人民法院认为审理案件需要的证据”，是指以下情形：

（一）涉及可能有损国家利益、社会公共利益或者他人合法权益的事实；

（二）涉及依职权追加当事人、中止诉讼、终结诉讼、回避等与实体争议无关的程序事项。

第十六条 （人民法院依当事人申请调查收集证据的范围）除本规定第十五条规定的情形外，人民法院调查收集证据，应当依当事人的申请进行。

第十七条 （当事人可以申请人民法院调查收集证据的情形）符合下列条件之一的，当事人及其诉讼代理人可以申请人民法院调查收集证据：

（一）申请调查收集的证据属于国家有关部门保存并须人民法院依职权调取的档案材料；

（二）涉及国家秘密、商业秘密、个人隐私的材料；

（三）当事人及其诉讼代理人确因客观原因不能自行收集的其他材料。

第十八条　（当事人申请人民法院调查收集证据的形式）当事人及其诉讼代理人申请人民法院调查收集证据，应当提交书面申请。申请书应当载明被调查人的姓名或者单位名称、住所地等基本情况、所要调查收集的证据的内容、需要由人民法院调查收集证据的原因及其要证明的事实。

第十九条　（当事人申请调查收集证据的期限和复议程序）当事人及其诉讼代理人申请人民法院调查收集证据，不得迟于举证期限届满前七日。

人民法院对当事人及其诉讼代理人的申请不予准许的，应当向当事人或其诉讼代理人送达通知书。当事人及其诉讼代理人可以在收到通知书的次日起3日内向受理申请的人民法院书面申请复议一次。人民法院应当在收到复议申请之日起5日内作出答复。

第二十条　（人民法院调查收集书证的程序要求）调查人员调查收集的书证，可以是原件，也可以是经核对无误的副本或者复制件。是副本或者复制件的，应当在调查笔录中说明来源和取证情况。

第二十一条　（人民法院调查收集物证的程序要求）调查人员调查收集的物证应当是原物。被调查人提供原物确有困难的，可以提供复制品或者照片。提供复制品或者照片的，应当在调查笔录中说明取证情况。

第二十二条　（人民法院调查收集视听资料的程序要求）调查人员调查收集计算机数据或者录音、录像等视听资料的，应当要求被调查人提供有关资料的原始载体。提供原始载体确有困难的，可以提供复制件。提供复制件的，调查人员应当在调查笔录中说明其来源和制作经过。

第二十三条　（证据保全的原则规定）当事人依据《民事诉讼法》第七十四条的规定向人民法院申请保全证据，不得迟于举证期限届满前七日。

当事人申请保全证据的，人民法院可以要求其提供相应的担保。

法律、司法解释规定诉前保全证据的，依照其规定办理。

第二十四条　（关于证据保全的程序性规定）人民法院进行证据保全，可以根据具体情况，采取查封、扣押、拍照、录音、录像、复制、鉴定、勘验、制作笔录等方法。

人民法院进行证据保全，可以要求当事人或者诉讼代理人到场。

第二十五条　（当事人申请鉴定的期限及相关的法律后果）当事人申请鉴定，应当在举证期限内提出。符合本规定第二十七条规定的情形，当事人申请重新鉴定的除外。

对需要鉴定的事项负有举证责任的当事人，在人民法院指定的期限内无正当理由不提出鉴定申请或者不预交鉴定费用或者拒不提供相关材料，致使对案件争议的事实无法通过鉴定结论予以认定的，应当对该事实承担举证不能的法律后果。

第二十六条　（确定鉴定机构、鉴定人员的原则）当事人申请鉴定经人民法院同意后，由双方当事人协商确定有鉴定资格的鉴定机构、鉴定人员，协商不成的，由人民法院指定。

第二十七条　（对人民法院委托的鉴定结论申请重新鉴定的条件）当事人对人民法院委托的鉴定部门作出的鉴定结论有异议申请重新鉴定，提出证据证明存在下列情形之一的，人民法院应予准许：

（一）鉴定机构或者鉴定人员不具备相关的鉴定资格的；

（二）鉴定程序严重违法的；

（三）鉴定结论明显依据不足的；

（四）经过质证认定不能作为证据使用的其他情形。

对有缺陷的鉴定结论，可以通过补充鉴定、重新质证或者补充质证等方法解决的，不予重新鉴定。

第二十八条　（对当事人自行委托的鉴定结论申请重新鉴定的条件）一方当事人自行委托有关部门作出的鉴定结论，另一方当事人有证据足以反驳并申请重新鉴定的，人民法院应予准许。

第二十九条　（鉴定书的审查）审判人员对鉴定人出具的鉴定书，应当审查是否具有下列内容：

（一）委托人姓名或者名称、委托鉴定的内容；

（二）委托鉴定的材料；

（三）鉴定的依据及使用的科学技术手段；

（四）对鉴定过程的说明；

（五）明确的鉴定结论；

（六）对鉴定人鉴定资格的说明；

（七）鉴定人员及鉴定机构签名盖章。

第三十条　（勘验笔录）人民法院勘验物证或者现场，应当制作笔录，记录勘验的时间、地点、勘验人、在场人、勘验的经过、结果，由勘验人、在场人签名或者盖章。对于绘制的现场图应当注明绘制的时间、方位、测绘人姓名、身份等内容。

第三十一条　（文件、材料的摘录）摘录有关单位制作的与案件事实相关的文件、材料，应当注明出处，并加盖制作单位或者保管单位的印章，摘录人和其他调查人员应当在摘录件上签名或者盖章。

摘录文件、材料应当保持内容相应的完整性，不得断章取义。

三、举证时限与证据交换

第三十二条　（对被告答辩的一般性要求）被告应当在答辩期届满前提出书面答辩，阐明其对原告诉讼请求及所依据的事实和理由的意见。

第三十三条　（举证期限的确定和告知）人民法院应当在送达案件受理通知书和应诉通知书的同时向当事人送达举证通知书。举证通知书应当载明举证责任的分配原则与要求、可以向人民法院申请调查取证的情形、人民法院根据案件情况指定的举证期限以及逾期提供证据的法律后果。

举证期限可以由当事人协商一致，并经人民法院认可。

由人民法院指定举证期限的，指定的期限不得少于三十日，自当事人收到案件受理通知书和应诉通知书的次日起计算。

第三十四条　（逾期举证的后果及对诉讼请求的增加、变更和提出反诉的时间要求）当事人应当在举证期限内向人民法院提交证据材料，当事人在举证期限内不提交的，视为放弃举证权利。

对于当事人逾期提交的证据材料，人民法院审理时不组织质证。但对方当事人同意质证的除外。

当事人增加、变更诉讼请求或者提起反诉的，应当在举证期限届满前提出。

第三十五条　（人民法院告知当事人变更诉讼请求的情形）诉讼过程中，当事人主张的法律关系的性质或者民事行为的效力与人民法院根据案件事实作出的认定不一致的，不受本规定第三十四条规定的限制，人民法院应当告知当事人可以变更诉讼请求。

当事人变更诉讼请求的，人民法院应当重新指定举证期限。

第三十六条　（举证期限的延长）当事人在举证期限内提交证据材料确有困难的，应当在举证期限内向人民法院申请延期举证，经人民法院准许，可以适当延长举证期限。当事人在延长的举证期限内提交证据材料仍有困难的，可以再次提出延期申请，是否准许由人民法院决定。

第三十七条　（证据交换的适用范围）经当事人申请，人民法院可以组织当事人在

开庭审理前交换证据。

人民法院对于证据较多或者复杂疑难的案件，应当组织当事人在答辩期届满后、开庭审理前交换证据。

第三十八条　（证据交换的时间及与举证期限的关系）交换证据的时间可以由当事人协商一致并经人民法院认可，也可以由人民法院指定。

人民法院组织当事人交换证据的，交换证据之日举证期限届满。当事人申请延期举证经人民法院准许的，证据交换日相应顺延。

第三十九条　（证据交换的程序性要求及证据交换的目的）证据交换应当在审判人员的主持下进行。

在证据交换的过程中，审判人员对当事人无异议的事实、证据应当记录在卷；对有异议的证据，按照需要证明的事实分类记录在卷，并记载异议的理由。通过证据交换，确定双方当事人争议的主要问题。

第四十条　（再次进行证据交换）当事人收到对方交换的证据后提出反驳并提出新证据的，人民法院应当通知当事人在指定的时间进行交换。

证据交换一般不超过两次。但重大、疑难和案情特别复杂的案件，人民法院认为确有必要再次进行证据交换的除外。

第四十一条　（新的证据的范围）《民事诉讼法》第一百二十五条第一款规定的“新的证据”，是指以下情形：

（一）一审程序中的新的证据包括：当事人在一审举证期限届满后新发现的证据；当事人确因客观原因无法在举证期限内提供，经人民法院准许，在延长的期限内仍无法提供的证据。

（二）二审程序中的新的证据包括：一审庭审结束后新发现的证据；当事人在一审举证期限届满前申请人民法院调查取证未获准许，二审法院经审查认为应当准许并依当事人申请调取的证据。

第四十二条　（新的证据的提出时间）当事人在一审程序中提供新的证据的，应当在一审开庭前或者开庭审理时提出。

当事人在二审程序中提供新的证据的，应当在二审开庭前或者开庭审理时提出；二审不需要开庭审理的，应当在人民法院指定的期限内提出。

第四十三条　（不属于新的证据的后果及可视为新的证据的情形）当事人举证期限届满后提供的证据不是新的证据的，人民法院不予采纳。

当事人经人民法院准许延期举证，但因客观原因未能在准许的期限内提供，且不审理该证据可能导致裁判明显不公的，其提供的证据可视为新的证据。

第四十四条　（再审程序中的新的证据）《民事诉讼法》第一百七十九条第一款第（一）项规定的“新的证据”，是指原审庭审结束后新发现的证据。

当事人在再审程序中提供新的证据的，应当在申请再审时提出。

第四十五条　（对新的证据的抗辩）一方当事人提出新的证据的，人民法院应当通知对方当事人在合理期限内提出意见或者举证。

第四十六条　（新的证据对原裁判的影响及有关费用和损失的负担）由于当事人的原因未能在指定期限内举证，致使案件在二审或者再审期间因提出新的证据被人民法院发回重审或者改判的，原审裁判不属于错误裁判案件。一方当事人请求提出新的证据的另一方当事人负担由此增加的差旅、误工、证人出庭作证、诉讼等合理费用以及由此扩大的直接损失，人民法院应予支持。

四、质　　证

第四十七条　（质证的原则性要求）证据应当在法庭上出示，由当事人质证。未经质证的证据，不能作为认定案件事实的依据。

当事人在证据交换过程中认可并记录在卷的证据，经审判人员在庭审中说明后，可以作为认定案件事实的依据。

第四十八条　（不公开质证的证据）涉及国家秘密、商业秘密和个人隐私或者法律规定的其他应当保密的证据，不得在开庭时公开质证。

第四十九条　（原件、原物优先规则）对书证、物证、视听资料进行质证时，当事人有权要求出示证据的原件或者原物。但有下列情况之一的除外：

（一）出示原件或者原物确有困难并经人民法院准许出示复制件或者复制品的；

（二）原件或者原物已不存在，但有证据证明复制件、复制品与原件或原物一致的。

第五十条　（质证的对象）质证时，当事人应当围绕证据的真实性、关联性、合法性，针对证据证明力有无以及证明力大小，进行质疑、说明与辩驳。

第五十一条　（质证的顺序）质证按下列顺序进行：

（一）原告出示证据，被告、第三人与原告进行质证；

（二）被告出示证据，原告、第三人与被告进行质证；

（三）第三人出示证据，原告、被告与第三人进行质证。

人民法院依照当事人申请调查收集的证据，作为提出申请的一方当事人提供的证据。

人民法院依照职权调查收集的证据应当在庭审时出示，听取当事人意见，并可就调查收集该证据的情况予以说明。

第五十二条　（多个诉讼请求的案件的质证）案件有两个以上独立的诉讼请求的，当事人可以逐个出示证据进行质证。

第五十三条　（证人资格）不能正确表达意志的人，不能作为证人。

待证事实与其年龄、智力状况或者精神健康状况相适应的无民事行为能力人和限制民事行为能力人，可以作为证人。

第五十四条　（传唤证人作证的申请及费用的负担）当事人申请证人出庭作证，应当在举证期限届满 10 日前提出，并经人民法院许可。

人民法院对当事人的申请予以准许的，应当在开庭审理前通知证人出庭作证，并告知其应当如实作证及作伪证的法律后果。

证人因出庭作证而支出的合理费用，由提供证人的一方当事人先行支付，由败诉一方当事人承担。

第五十五条　（证人出庭作证的原则）证人应当出庭作证，接受当事人的质询。

证人在人民法院组织双方当事人交换证据时出席陈述证言的，可视为出庭作证。

第五十六条　（证人确有困难不能出庭的情形及作证方式）《民事诉讼法》第七十条规定的“证人确有困难不能出庭”，是指有下列情形：

（一）年迈体弱或者行动不便无法出庭的；

（二）特殊岗位确实无法离开的；

（三）路途特别遥远，交通不便难以出庭的；

（四）因自然灾害等不可抗力的原因无法出庭的；

（五）其他无法出庭的特殊情况。

前款情形，经人民法院许可，证人可以提交书面证言或者视听资料或者通过双向视听传输技术手段作证。

第五十七条　（证人的表达方式及意见证据规则）出庭作证的证人应当客观陈述其亲身感知的事实。证人为聋哑人的，可以其他表达方式作证。

证人作证时，不得使用猜测、推断或者评论性的语言。

第五十八条　（证人作证的隔离原则）审判人员和当事人可以对证人进行询问。证人不得旁听法庭审理；询问证人时，其他证人不得在场。人民法院认为有必要的，可以

让证人进行对质。

第五十九条　（鉴定人应当出庭接受质询）鉴定人应当出庭接受当事人质询。

鉴定人确因特殊原因无法出庭的，经人民法院准许，可以书面答复当事人的质询。

第六十条　（询问证人、鉴定人、勘验人的方式）经法庭许可，当事人可以向证人、鉴定人、勘验人发问。

询问证人、鉴定人、勘验人不得使用威胁、侮辱及不适当引导证人的言语和方式。

第六十一条　（具有专门知识的人员出庭协助质证）当事人可以向人民法院申请由一至二名具有专门知识的人员出庭就案件的专门性问题进行说明。人民法院准许其申请的，有关费用由提出申请的当事人负担。

审判人员和当事人可以对出庭的具有专门知识的人员进行询问。

经人民法院准许，可以由当事人各自申请的具有专门知识的人员就有关案件中的问题进行对质。

具有专门知识的人员可以对鉴定人进行询问。

第六十二条　（质证笔录）法庭应当将当事人的质证情况记入笔录，并由当事人核对后签名或者盖章。

五、证据的审核认定

第六十三条　（"法律真实"的证明要求）人民法院应当以证据能够证明的案件事实为依据依法作出裁判。

第六十四条　（法官依法独立审查判断证据的原则）审判人员应当依照法定程序，全面、客观地审核证据，依据法律的规定，遵循法官职业道德，运用逻辑推理和日常生活经验，对证据有无证明力和证明力大小独立进行判断，并公开判断的理由和结果。

第六十五条　（单一证据的审核认定）审判人员对单一证据可以从下列方面进行审核认定：

（一）证据是否原件、原物，复印件、复制品与原件、原物是否相符；

（二）证据与本案事实是否相关；

（三）证据的形式、来源是否符合法律规定；

（四）证据的内容是否真实；

（五）证人或者提供证据的人，与当事人有无利害关系。

第六十六条　（案件全部证据的审核认定）审判人员对案件的全部证据，应当从各

证据与案件事实的关联程度、各证据之间的联系等方面进行综合审查判断。

第六十七条 （调解或和解中的让步不构成自认） 在诉讼中，当事人为达成调解协议或者和解的目的作出妥协所涉及的对案件事实的认可，不得在其后的诉讼中作为对其不利的证据。

第六十八条 （非法证据的判断标准和排除规则） 以侵害他人合法权益或者违反法律禁止性规定的方法取得的证据，不能作为认定案件事实的依据。

第六十九条 （补强证据规则） 下列证据不能单独作为认定案件事实的依据：

（一）未成年人所作的与其年龄和智力状况不相当的证言；

（二）与一方当事人或者其代理人有利害关系的证人出具的证言；

（三）存有疑点的视听资料；

（四）无法与原件、原物核对的复印件、复制品；

（五）无正当理由未出庭作证的证人证言。

第七十条 （有完全证明力的证据） 一方当事人提出的下列证据，对方当事人提出异议但没有足以反驳的相反证据的，人民法院应当确认其证明力：

（一）书证原件或者与书证原件核对无误的复印件、照片、副本、节录本；

（二）物证原物或者与物证原物核对无误的复制件、照片、录像资料等；

（三）有其他证据佐证并以合法手段取得的、无疑点的视听资料或者与视听资料核对无误的复制件；

（四）一方当事人申请人民法院依照法定程序制作的对物证或者现场的勘验笔录。

第七十一条 （鉴定结论的证明力） 人民法院委托鉴定部门作出的鉴定结论，当事人没有足以反驳的相反证据和理由的，可以认定其证明力。

第七十二条 （相反证据和反驳证据的证明力） 一方当事人提出的证据，另一方当事人认可或者提出的相反证据不足以反驳的，人民法院可以确认其证明力。

一方当事人提出的证据，另一方当事人有异议并提出反驳证据，对方当事人对反驳证据认可的，可以确认反驳证据的证明力。

第七十三条 （“高度盖然性”的证明标准） 双方当事人对同一事实分别举出相反的证据，但都没有足够的依据否定对方证据的，人民法院应当结合案件情况，判断一方提供证据的证明力是否明显大于另一方提供证据的证明力，并对证明力较大的证据予以确认。

因证据的证明力无法判断导致争议事实难以认定的，人民法院应当依据举证责任分

配的规则作出裁判。

第七十四条　（事实自认和证据认可的效力）诉讼过程中，当事人在起诉状、答辩状、陈述及其委托代理人的代理词中承认的对己方不利的事实和认可的证据，人民法院应当予以确认，但当事人反悔并有相反证据足以推翻的除外。

第七十五条　（妨碍举证的推定）有证据证明一方当事人持有证据无正当理由拒不提供，如果对方当事人主张该证据的内容不利于证据持有人，可以推定该主张成立。

第七十六条　（当事人陈述的证明力）当事人对自己的主张，只有本人陈述而不能提出其他相关证据的，其主张不予支持。但对方当事人认可的除外。

第七十七条　（最佳证据规则）人民法院就数个证据对同一事实的证明力，可以依照下列原则认定：

（一）国家机关、社会团体依职权制作的公文书证的证明力一般大于其他书证；

（二）物证、档案、鉴定结论、勘验笔录或者经过公证、登记的书证，其证明力一般大于其他书证、视听资料和证人证言；

（三）原始证据的证明力一般大于传来证据；

（四）直接证据的证明力一般大于间接证据；

（五）证人提供的对与其有亲属或者其他密切关系的当事人有利的证言，其证明力一般小于其他证人证言。

第七十八条　（证人证言的审核认定）人民法院认定证人证言，可以通过对证人的智力状况、品德、知识、经验、法律意识和专业技能等的综合分析作出判断。

第七十九条　（心证公开）人民法院应当在裁判文书中阐明证据是否采纳的理由。

对当事人无争议的证据，是否采纳的理由可以不在裁判文书中表述。

六、其　　他

第八十条　（对证人、鉴定人、勘验人合法权益的保护）对证人、鉴定人、勘验人的合法权益依法予以保护。

当事人或者其他诉讼参与人伪造、毁灭证据，提供假证据，阻止证人作证，指使、贿买、胁迫他人作伪证，或者对证人、鉴定人、勘验人打击报复的，依照《民事诉讼法》第一百零二条的规定处理。

第八十一条　（简易程序的特别规定）人民法院适用简易程序审理案件，不受本解释中第三十二条、第三十三条第三款和第七十九条规定的限制。

第八十二条　（司法解释冲突的解决）本院过去的司法解释，与本规定不一致的，以本规定为准。

第八十三条　（本解释的施行）本规定自 2002 年 4 月 1 日起施行。2002 年 4 月 1 日尚未审结的一审、二审和再审民事案件不适用本规定。

本规定施行前已经审理终结的民事案件，当事人以违反本规定为由申请再审的，人民法院不予支持。

本规定施行后受理的再审民事案件，人民法院依据《民事诉讼法》第一百八十六条的规定进行审理的，适用本规定。

【链　　接】

最高人民法院有关负责人在公布《关于民事诉讼证据的若干规定》新闻发布会上的讲话

（2001 年 12 月 30 日）

各位记者：

《最高人民法院关于民事诉讼证据的若干规定》（以下简称本规定）于 2001 年 12 月 6 日经最高人民法院审判委员会第 1201 次会议通过，于今天公布。这是我国第一部比较系统地针对民事诉讼证据问题作出的司法解释，对我国的民事审判工作的发展和民事诉讼制度的完善必将产生重要而深远的影响。下面，我就这一司法解释的起草情况、主要内容和意义作出简要介绍和说明。

一、司法解释的起草情况和主要内容

民事诉讼证据问题，是民事诉讼的核心问题。最高人民法院在《人民法院五年改革纲要》中，就提出要完善我国的民事诉讼证据制度，2000 年将民事诉讼证据问题作为 22 个重点调研课题之一，2001 年又将制定民事诉讼证据的司法解释确定为五项重点改革内容之一。在起草司法解释的过程中，我们广泛征求了全国人大法工委、中华全国律

师协会、全国各级人民法院和专家学者的意见，多次赴我国东部、中部和西部有代表性的地区进行调研。历经十数次修改，由最高人民法院审判委员会讨论通过。

本规定全文六部分，共八十三条，主要包括以下内容：

（一）通过对《民事诉讼法》第六十四条第一款“谁主张，谁举证”的原则作具体化的解释，完善了举证责任的分配规则

《民事诉讼法》第六十四条第一款规定了“当事人对自己提出的主张，有责任提供证据”，即“谁主张，谁举证”的原则，这是我国民事诉讼制度关于举证责任分配的基本原则。由于缺乏可操作性的具体规定，这一原则无法完全解决实践中的举证责任分配问题。不少当事人对举证责任的内容和后果不明确，缺乏举证的积极性和举证意识，审判人员对有些案件的举证责任分配也难以作出判断。这不仅不利于当事人权利的保护，影响审判效率，对审判的权威性和公正性也容易造成消极影响。为此，本规定根据《民事诉讼法》等有关法律的规定，在总结审判实践经验的基础上，对举证责任分配问题作出具体解释，即：“当事人对自己提出的诉讼请求所依据的事实或者反驳对方诉讼请求所依据的事实，有责任提供证据加以证明。没有证据或者证据不足以证明当事人的事实主张的，由负有举证责任的当事人承担不利后果。”同时，对实践中经常遇到的专利侵权、高度危险作业致人损害、环境污染致人损害、搁置物或悬挂物致人损害、饲养动物致人损害、缺陷产品致人损害、共同危险行为致人损害、医疗行为侵权等类型的侵权诉讼应当如何适用举证责任倒置的问题，也在《规定》第四条作出了具体解释。

（二）通过对《民事诉讼法》第六十四条第二款人民法院调查收集证据的情形作出进一步的解释，明确了人民法院调查收集证据的范围和条件

《民事诉讼法》第六十四条第二款规定：“当事人及其诉讼代理人因客观原因不能自行收集的证据，或者人民法院认为审理案件需要的证据，人民法院应当调查收集。”该规定对于“人民法院认为审理案件需要的证据”没有规定明确的范围，没有明确在当事人“因客观原因不能自行收集”时，人民法院调查收集证据的范围和条件。因此，本规定在《民事诉讼法》的基础上，根据审判实践经验，在第十五条中将“人民法院认为审理案件需要的证据”明确为两种情形：一是涉及可能有损国家利益、社会公共利益或者他人合法权益的事实，二是与诉讼实体内容无关的诉讼程序事项。同时，在第十七条中规定了当事人及其诉讼代理人可以向人民法院申请调查收集证据的三种情况：（1）申请调查收集的证据属于国家有关部门保存并须人民法院依职权调取的档案材料；（2）涉及国家秘密、商业秘密、个人隐私的材料；（3）当事人及其诉讼代理人确因客观原因

不能自行收集的其他材料。这样，即对法官的职权作出必要的限制，也有利于更加公平地保护当事人的诉讼权利。

（三）对《民事诉讼法》第一百二十五条和一百七十九条“新的证据”进行解释，规范了举证时限问题

《民事诉讼法》第一百二十五条规定：“当事人可以在法庭上提出新的证据。”由于新的证据的范围不明确，审判实践中，一些当事人在庭审前不提供证据，在庭审中经常搞突然袭击，或者一审不提供证据，在二审或再审中提出证据，达到拖延诉讼的目的。这不仅违反了诚实信用原则，损害了另一方当事人的合法权益，而且严重干扰诉讼活动的正常进行，浪费了有限的审判资源，是妨碍审判效率提高的重要原因之一。虽然我国《海事诉讼特别程序法》第八十四条规定“当事人应当在开庭审理前完成举证”，但由于《民事诉讼法》对当事人的举证期限没有明确规定，对审理期限却有着严格的规定，当事人随意提出新证据的情形导致人民法院许多案件难以在审限内审结，影响了当事人合法权益的及时保护，影响了人民法院的威信和法律实施的效果。

人民法院要在法律规定的期限内审结案件，就应当根据不同案件的具体情况，对整个诉讼活动作出合理的安排。各个诉讼阶段的期限有些是有法律规定的，有的是由人民法院指定的。因此，本规定根据《民事诉讼法》第七十五条“期间包括法定期间和人民法院指定的期间”的规定，在第三十三条中规定人民法院在送达受理案件通知书和应诉通知书时，可以根据案件情况指定举证期限以及逾期提供证据的法律后果。为保障当事人的证据权利，该条还规定由人民法院指定举证期限的，指定的期限不得少于三十日。同时，第三十四条规定了“当事人应当在举证期限内向人民法院提交证据材料，当事人在举证期限内不提交的，视为放弃举证权利”。这样，有利于各个诉讼主体按照法律规定的期间和人民法院指定的期间完成自己的诉讼义务，确保案件的及时审结。为了充分保护当事人的诉讼权利和实体权利，本规定第四十一条对《民事诉讼法》第一百二十五条第一款中规定当事人可以在法庭上提出的“新的证据”作出了具体解释：（1）一审程序中的新的证据包括：当事人在一审举证期限届满后新发现的证据；当事人确因客观原因无法在举证期限内提供，经人民法院准许，在延长的期限内仍无法提供的证据。（2）二审程序中的新的证据包括：一审庭审结束后新发现的证据；当事人在一审举证期限届满前申请人民法院调查取证未获准许，二审法院经审查认为应当准许并依当事人申请调取的证据。当事人举证期限届满后提供的证据不是新的证据的，人民法院不予采纳。同时本规定第四十四条还对《民事诉讼法》第一百七十九条第一款第（一）项规定的“新的

证据”明确为“原审庭审结束后新发现的证据”。此外，对于与举证时限关系密切的证据交换问题，《规定》也作出了比较详细的规定。通过上述解释，有利于庭前固定证据、固定争议焦点、固定诉讼请求，切实提高审判效率。

（四）进一步明确民事诉讼的证明要求和证明标准

《民事诉讼法》第七条规定：“人民法院审理民事案件必须以事实为根据，以法律为准绳。”事实是客观存在的反映，因此，诉讼活动应当把“客观真实”作为追求的最高目标。但是案件的事实是靠证据来证明的，《民事诉讼法》第六十三条规定：“证据必须查证属实，才能作为认定事实的根据。”因此，人民法院根据法律规定的诉讼程序查明的事实，实质上是一种法律上的真实。作为民事诉讼的证明要求，应当努力追求“法律真实”与“客观真实”相一致，但民事诉讼的特点决定了，在程序公正、公开的条件下，人民法院只能以通过依法审核认定证据所确认的案件事实，作为裁判的依据。也就是说，民事诉讼中查明的案件事实不可能每一个事实都与已经发生的客观事实完全一样。但民事纠纷是应当依法及时作出裁判的，因此，本规定第六十三条进一步明确，人民法院应当以证据能够证明的案件事实为依据依法作出裁判。

在民事诉讼证据无法达到确实充分，所证明的事实不能达到完全排除其他可能性的情况下，本规定第七十三条规定：“双方当事人对同一事实分别举出相反的证据，但都没有足够的依据否定对方证据的，人民法院应当结合案件情况，判断一方提供证据的证明力是否明显大于另一方提供证据的证明力，并对证明力较大的证据予以确认。因证据的证明力无法判断导致争议事实难以认定的，人民法院应当依据举证责任分配的规则作出裁判。”

（五）完善了法官依法独立审查判断证据的原则

《民事诉讼法》第六十四条规定：“人民法院应当依照法定程序，全面客观审查判断证据。”由于该规定比较原则，法官在审查判断证据时容易产生裁量权过大的问题。为此，本规定第六十四条在《民事诉讼法》第六十四条的基础上，进一步明确了法官依法独立审查判断证据的原则。即：“审判人员应当依照法定程序，全面、客观地审核证据，依据法律的规定，遵循法官职业道德，运用逻辑推理和日常生活经验，对证据有无证明力和证明力大小独立进行判断，并公开判断的理由和结果。”

（六）完善了非法证据的判断标准

根据《民事诉讼法》规定的原则，一般认为，只有经过合法收集的证据材料才能作为证据使用，非法证据不具有证明力。因此，本规定第六十八条在原有司法解释的基础

上，进一步完善和明确了非法证据的判断标准，将非法证据限定在“以侵害他人合法权益或者违反法律禁止性规定的方法取得的证据”的范围。也就是说，除以侵害他人合法权益（如违反社会公共利益和社会公德侵犯他人隐私）或者违反法律禁止性规定的方法（如擅自将窃听器安装到他人住处进行窃听）取得的证据外，其他情形不得视为非法证据。

二、司法解释的意义

1. 本规定的公布实施，是最高人民法院为实现民事审判公正与效率的又一重大举措，对于实现民事审判的公正与效率的目标，具有十分积极的促进作用。公正与效率是肖扬院长多次强调的21世纪人民法院审判工作的主题。长期以来，由于法律的规定比较原则，又没有系统、具体的民事诉讼证据的司法解释，既容易造成法官自由裁量权太大，导致部分案件裁判不公，又容易使一些当事人利用证据规则不完善搞突然袭击、拖延诉讼，损害对方当事人的利益。这种情况的存在，影响了人民法院对当事人诉讼权利的平等保护和审判效率的提高，是妨碍民事审判公正与效率目标实现的重要因素之一。本规定的公布，对保护当事人权利，实现民事审判公正与效率具有十分积极的意义。

2. 本规定的公布实施，是人民法院深化改革的重要措施，对于加快审判改革的进程将起到积极的推动作用。我国的民事审判制度改革经过十多年的理论研究和审判实践，已经为完善我国的民事诉讼制度提供了很多有益的经验，实践证明，证据问题已成为改革向前推进的瓶颈之一。因此，本规定以《民事诉讼法》等有关法律为依据，进一步完善了我国的民事诉讼证据制度，解决了审判实践中的突出问题，对于保障人民法院的改革依法有序进行也将起到十分积极的作用。

3. 本规定的公布实施，将更加方便人民群众利用诉讼法律武器维护自己的权益，也更便于法官依法独立、公正、正确地行使审判权。本规定通过对《民事诉讼法》等有关法律规定的解释和细化，使老百姓对打官司感到更加方便，对如何打官司更加清楚，对官司输赢的原因更加明白。也使人民法院能够更加有效地保护当事人的诉讼权利和民事权利。

4. 本规定的公布实施，是最高人民法院为适应我国加入世贸组织后民事审判的需要所采取的一项重要措施，对于完善我国入世后的法制环境有着十分积极的意义。统一的证据规则是法制统一的重要组成部分，我国加入世贸组织后，如果缺乏统一的证据规则，人民法院不能统一、公正地适用国家的法律，就可能使民事案件演变为国家间的争

端，这不仅会使我国的司法陷于被动，而且影响我国的经济利益和经济安全。本规定解决了民事诉讼证据规则不统一的问题，对于完善我国加入世界贸易组织后法制环境，有着积极意义。

此外，本规定实施后，通过进一步总结审判实践中的情况和问题，也可以为《民事诉讼法》的修改和制定《民事证据法》积累经验。

最高人民法院民一庭负责人就《关于民事诉讼证据的若干规定》答记者问

问：请您谈一谈《最高人民法院关于民事诉讼证据的若干规定》（以下简称本规定）这一司法解释的背景和意义。

答：这一司法解释的出台，第一是完善我国民事诉讼证据制度，实现公正与效率的必然要求。我国《民事诉讼法》对证据的规定比较原则，长期以来，由于缺乏可供遵循的具体的证据规则，既容易造成法官对证据的审查判断产生过多的不确定性和偏差，影响案件的质量，又容易使一些当事人利用证据问题搞突然袭击、拖延诉讼，损害对方当事人的利益。这种情况的存在，很不利于人民法院对当事人诉讼权利的平等保护和审判效率的提高，是影响民事审判公正与效率的价值目标的重要因素。最高人民法院制定关于民事诉讼证据的司法解释，是实现民事审判公正与效率的一项重要措施。

第二，是深化民事审判制度改革的要求。民事诉讼证据问题是民事诉讼的核心问题，民事审判方式改革从20世纪80年代后期开始发展到今天，证据问题已成为改革向前推进的瓶颈之一。审判实践中，有些当事人和律师对于诉讼中应如何举证、举哪些证、会有什么法律后果，不够明确，有的审判人员对如何指导当事人举证、如何具体确定举证责任的分配、如何组织当事人质证、如何认定证据等一系列问题不够明确，使一些诉讼活动和改革措施难以协调推进。因此，根据《民事诉讼法》的规定，制定一部比较系统的、统一的民事诉讼证据的司法解释，不仅是审判实践的迫切需要，也是保障人民法院依法有序进行改革的客观要求。

第三，也是我国加入世界贸易组织的要求。近年来，一些地方法院为解决审判实践中的民事诉讼证据问题，在审判方式改革的过程中制定了各自的证据规则，摸索了一些有益的经验，但是由于各地法院的证据规则不尽一致，容易造成执法上的不统一，不符合我国《宪法》关于法律面前人人平等的原则，也不符合世贸组织关于法制统一原则的

要求。统一的证据规则是法制统一的重要组成部分，我国加入世贸组织后，如果缺乏统一的证据规则，人民法院不能统一、公正地适用国家的法律，就可能使一般的案件演变为国家间的争端，这不仅会使我国的司法陷于被动，而且影响我国的经济利益和经济安全。

为此，最高人民法院在1999年制定的《人民法院五年改革纲要》中，就提出要完善民事诉讼证据制度，2000年又将其确定为22个重点调研课题之一，2001年将制定民事诉讼证据的司法解释确定为五项重点改革内容之一，并指定主管民事审判的几位副院长负责此项工作，由民一庭负责起草，有关业务庭室参加。在广泛征求全国人大常委会法工委、中华全国律师协会、专家学者和全国各级人民法院意见的基础上，经过十多次比较大的修改后，最高人民法院审判委员会讨论通过了这一司法解释。

问：关于当事人举证，我国《民事诉讼法》虽有“谁主张，谁举证”的原则规定，但由于不够明确具体，实践中不易操作。司法解释是如何解决这一问题的?

答：《民事诉讼法》第六十四条规定的“当事人对自己提出的主张，有责任提供证据”，是我国民事诉讼制度关于举证责任分配的基本原则。这一规定过于原则，实践中不易操作，不能完全解决举证责任分配的问题。审判人员在某些情况下对举证责任的分配难以进行判断，对于当事人未尽到自己的举证责任应承担什么后果，规定也不明确。因此，当事人缺乏举证的积极性和诉讼风险意识。举证责任问题中太多的模糊性和不确定性，不仅不利于当事人权利的保护，也容易给审判的权威性和公正性造成消极影响。为此，本规定根据法律规定的原则，在总结审判实践经验的基础上，从以下几个方面对《民事诉讼法》关于举证责任的规定作具体化的解释：一是完善举证责任分配的一般规则。《民事诉讼法》对于举证责任的分配只在第六十四条规定了基本原则，没有明确如何具体分配举证责任以及举证责任的后果。本规定在第二条首先对《民事诉讼法》的举证责任原则予以细化，对当事人没有证据或者证据不足以证明其事实主张的后果予以明确，在第五条、第六条中对合同纠纷案件和劳动争议案件中特殊事实的举证责任分配作了规定。通过上述规定，完善了举证责任分配的一般规则。二是进一步完善了举证责任倒置规则。《最高人民法院关于适用〈中华人民共和国民事诉讼法〉若干问题的意见》第七十四条规定了举证责任倒置的情形，但不够具体，对于倒置哪些事实的举证责任仍不明确。为此，本规定根据《民法通则》等实体法的规定和宗旨，总结审判实践经验和法学界的理论成果，在第四条对特殊类型的侵权案件适用举证责任倒置的情形予以具体化，进一步完善了举

证责任倒置规则。三是为特殊情形下举证责任的分配提供规则。考虑到实践中举证责任问题的复杂性，本规定在第七条对依据法律和司法解释无法确定举证责任的承担者时，法官应当按照什么原则和考虑的因素去分配当事人的举证责任作出规定。同时，本规定在第三条明确了人民法院对当事人举证进行指导的职责和当事人申请人民法院调查取证的权利。通过上述规定，不仅在很大程度上解决了《民事诉讼法》第六十四条在审判实践中的操作性问题，也进一步明确了人民法院对当事人举证的指导职责，强调了对当事人诉讼权利的保护，完善了我国举证责任的分配规则，确保举证责任制度的进一步推行能够取得良好的效果。

问：依据这一司法解释，人民法院在什么情况下调查收集证据？

答：《民事诉讼法》第六十四条第二款关于人民法院调查收集证据规定了两种情形：一是当事人及其诉讼代理人因客观原因不能自行收集的证据，二是人民法院认为审理案件需要的证据。由于法律没有对这两种情形的证据作出更加明确、具体的规定，实践中，受我国传统法律文化的影响，容易出现法官过多地依职权调查收集证据的现象，或者因缺乏有关规范对该调查而不予调查的现象，不利于发挥当事人在诉讼中的积极性，不利于当事人诉讼权利和实体权利的平等保护，也不利于法官保持中立地位和公正形象。

强化当事人举证责任，弱化和规范人民法院调查收集证据的职能，是现阶段我国民事审判方式改革的要求。为此，本规定第十五条在《民事诉讼法》第六十四条的基础上，将“人民法院认为审理案件需要的证据”的范围明确解释为两种情形：一是为保护国家利益、社会公共利益和诉讼外第三人的合法权益，对于涉及可能有损国家利益、社会公共利益或者他人合法权益的事实，人民法院应当依职权调查收集证据；二是对于如回避、依职权追加当事人等与当事人争议的实体权利不直接相关的诉讼程序事项，人民法院不依职权调查收集，民事诉讼程序无法推进，因此，应当由人民法院依职权调查收集。对于不属于第十五条规定的情形的，人民法院一般不得依职权而只能依当事人的申请调查收集证据。

关于当事人及其诉讼代理人因客观原因不能自行收集的证据，本规定第十七条作出了进一步解释，明确了当事人及其诉讼代理人申请人民法院调查收集证据的条件，这类情形，主要是指国家有关部门保存的档案材料或者涉及国家秘密、商业秘密、个人隐私的材料。符合本规定第十七条规定的条件的，当事人及其诉讼代理人可以申请人民法院调查收集证据。

问：理论界和实务界普遍认为，我国民事诉讼实行的是“证据随时提出主义”，司法解释规定的“举证时限”的依据是什么？

答：《民事诉讼法》第一百二十五条规定：“当事人可以在法庭上提出新的证据。”据此，理论界和实务界普遍认为，我国民事诉讼对当事人举证采取“证据随时提出主义”，当事人在法庭审理的各个阶段均可提出新的证据。我们认为，该规定的本意在于保障当事人发现新的证据时向法庭提出的权利，并不是鼓励当事人的任何证据随时向法庭提出。由于法律和司法解释一直对于哪些证据属于可以在法庭上提出的新的证据不明确。因此，审判实践中，一些当事人滥用诉讼权利，在庭审前不提供证据，在庭审中搞突然袭击，或者一审不提供证据，在二审或再审中提出证据，达到拖延诉讼的目的。这不仅违反了诚实信用原则，对于另一方当事人极不公平，而且严重干扰诉讼活动的正常进行，增加当事人的诉讼成本，也造成人民法院大量的重复劳动，浪费了有限的审判资源，是妨碍审判效率提高的重要原因。民事诉讼的目的是通过解决当事人之间的争议维护其合法权益，当事人不断变更诉讼请求、提供证据，争议的焦点问题就无法固定，人民法院难以进行正常的审理，对当事人的合法权益也无法给予及时的保护。同时，由于《民事诉讼法》对当事人的举证期限没有明确规定，对审理期限却有着严格的规定，当事人随时举证的情形导致人民法院部分案件难以在审限内审结，社会各界对此意见较大，影响了人民法院的威信和法律实施的效果。

事实上，我国民事诉讼制度并不排斥举证时限。《海事诉讼特别程序法》第八十四条规定：“当事人应当在开庭审理前完成举证。”人民法院要在法律规定的期限内审结案件，就应当根据不同案件的具体情况，对整个诉讼活动作出合理的安排。各个诉讼主体只有按照法律规定的期间和人民法院指定的期间完成自己的诉讼义务，才能确保案件的及时审结。因此，本规定根据《民事诉讼法》第七十五条第一款关于“期间包括法定期间和人民法院指定的期间”的规定，在第三十三条中规定人民法院在送达案件受理通知书和应诉通知书时，可以根据案件情况指定举证期限以及逾期提供证据的法律后果。并在第三十四条中将其解释为“当事人在举证期限内不提交的，视为放弃举证权利”。为克服“证据随时提出主义”的弊端，充分保护当事人的诉讼权利，提高人民法院的审判效率，本规定以与时俱进的精神，一方面，对《民事诉讼法》第七十五条第一款人民法院指定期间作进一步解释，明确其法律效力；另一方面，对《民事诉讼法》第一百二十五条第一款和第一百七十九条第一款第（一）项“新的证据”的内容予以明确，并对与举证时限关系密切的证据交换问题也作出规定，以实现庭前固定证据、固定争点

的目的。

问：司法解释如何界定“新的证据”？为什么作出这种界定？

答：《民事诉讼法》中“新的证据”规定在第一百二十五条和第一百七十九条。第一百二十五条第一款规定：“当事人在法庭上可以提出新的证据”；第一百七十九条第一款规定，当事人申请再审，“有新的证据，足以推翻原判决、裁定的”，人民法院应当再审。但是，什么样的证据属于“新的证据”，“新的证据”应当如何提出，《民事诉讼法》没有明确。因此，明确、科学地界定“新的证据”的含义，是公正及时地保护当事人权利的迫切要求，也是审判实践的迫切需要。

本规定在第四十一条和第四十二条针对一审、二审的不同情况，对《民事诉讼法》第一百二十五条第一款的“新的证据”和“在法庭上提出”作出解释。为保障《民事诉讼法》第七十五条第一款“人民法院指定的期间”的法律效果落到实处，避免人民法院指定或者认可的举证期间流于形式，防止恶意的当事人利用证据搞突然袭击，保障举证期限内因客观原因无法提供证据的当事人的诉讼权利，本规定将一审程序的新的证据界定为一审举证期限届满后新发现的证据或者举证期限内因客观原因无法提供且在延长的期限内仍无法提供的证据。关于二审程序中新的证据，一方面，考虑到时间上的衔接，将新发现证据的时间确定在一审庭审结束后；另一方面，考虑到在当事人申请人民法院调查取证的情形下，一审未准许当事人的申请，二审认为应当准许并依当事人的申请调取的证据，也是当事人在一审期间因客观原因无法在举证期限内提交的证据，从保护当事人诉讼权利出发，应当视为二审程序中的新的证据。为防止一方当事人滥用诉讼权利损害对方当事人的合法权益，维护生效裁判的稳定性和权威性，本规定将《民事诉讼法》第一百七十九条规定的“新的证据”解释为原审庭审结束后新发现的证据。当事人以新的证据申请再审的，应当在申请再审时提供该证据。

无论在一审程序、二审程序还是再审程序中，当事人主张有新的证据的，都应当对司法解释规定的相应的新的证据的情形承担举证责任。

问：本规定第六十三条规定：“人民法院应当以证据能够证明的案件事实为依据依法作出裁判”，对此应如何理解？

答：《民事诉讼法》第七条规定：“人民法院审理民事案件必须以事实为根据，以法律为准绳。”事实是客观存在的反映，因此，诉讼活动应当把“客观真实”作为追求

的最高目标。但是案件的事实是靠证据来证明的，《民事诉讼法》第六十三条规定：“证据必须查证属实，才能作为认定事实的根据。”因此，人民法院根据法律规定的诉讼程序查明的事实，实质上是一种法律上的真实。作为民事诉讼的证明要求，应当努力追求“法律真实”与“客观真实”相一致，但民事诉讼的特点决定，在程序公正、公开的条件下，人民法院只能以通过依法审核认定证据所确认的案件事实，作为裁判的依据。也就是说，民事诉讼中查明的案件事实不可能每一个事实都与已经发生的客观事实完全一样。但民事纠纷是应当依法及时作出裁判的，因此，本规定第六十三条进一步明确，人民法院应当以证据能够证明的案件事实为依据依法作出裁判。

问：审判人员应当依据什么原则审查判断证据?

答：本规定第六十四条确立了法官依法独立审查判断证据的原则。

《民事诉讼法》第六十四条规定：“人民法院应当依照法定程序，全面客观审查判断证据。”由于该规定比较原则，法官在审查判断证据时容易产生裁量权过大的问题。为此，本规定第六十四条在《民事诉讼法》第六十四条的基础上，进一步明确了法官依法独立审查判断证据的原则。即：“审判人员应当依照法定程序，全面、客观地审核证据，依据法律的规定，遵循法官职业道德，运用逻辑推理和日常生活经验，对证据有无证明力和证明力大小独立进行判断，并公开判断的理由和结果。”

问：依据司法解释，未经对方同意录制的音像资料能不能作为证据?

答：本规定在第六十八条确定了非法证据的判断标准和排除规则。关于非法证据标准问题，最高人民法院曾经作出法复〔1995〕2号《关于未经对方当事人同意私自录制其谈话取得的资料不能作为证据使用的批复》，将录音资料的证据合法性标准限定在经对方当事人同意，未经对方同意私自录制的，不具有合法性，不能作为证据使用。从这几年审判实践的效果来看，采用这种非法证据的标准，虽然有它积极的一面，但是经过实践和理论上的进一步研究，许多人认为，未经对方当事人同意私自录制音像资料的情况是很复杂的，实践中一方当事人主张同意对方当事人录像其谈话的情形是极其罕见的。而依据这个批复，审判人员即使确信证据内容的真实性也无法对权利人予以保护，因此，对于这些证据材料应当根据不同情况区别对待。为此，本规定第六十八条重新明确了非法证据的判断标准，即除以侵害他合法权益（如违反社会公共利益或者社会公德侵害他人隐私）或者违反法律禁止性规定的方法（如擅自将窃听器安装到他人住处进行窃听）

取得的证据外，其他情形不得视为非法证据。

问：依据司法解释，双方当事人举出的证据相互矛盾，又都不能否定对方证据的，人民法院如何对案件事实作出认定？

答：实践中确实存在这种情况：双方当事人就同一事实分别提出相反证据，这些证据都能够在一定程度上支持其各自的主张，又都不足以否定对方的证据。这种情况下，对案件事实的认定，涉及证明标准的问题。

我国《民事诉讼法》没有明确民事诉讼的证明标准。实践中，在证明某一事实的证据无法达到确凿程度情况下如何处理，经常使很多审判人员感到困惑。根据审判实践经验，民事诉讼与刑事诉讼的证明标准是有差异的，不同案件证据证明所能达到的程度往往也是有差别的。由于法官是不能拒绝裁判的，所以，在民事诉讼证据无法达到确实充分，所证明的事实不能达到完全排除其他可能性的情况下，只有按照“高度盖然性”的证明标准作出判断。因此，本规定第七十三条规定，在双方当事人对同一事实举出相反证据且都无法否定对方证据的情况下，由人民法院对当事人证据的证明力进行衡量。如果一方提供的证据的证明力明显大于另一方，则可以认为证明力较大的证据支持的事实具有高度盖然性，人民法院应当依据这一事实作出裁判。如果通过证明力的比较，仍无法对争议事实作出认定，争议事实仍处于真伪不明的状态，审判人员应当依据举证责任的分配规则作出裁判，由承担举证责任的一方当事人承担不利后果。这是民事诉讼的特点和规律决定的。这一司法解释公布后，有待于广大审判人员尽快掌握和熟练运用，也有待于社会各界对司法理念的理解与维护，才能在实施过程中取得良好的法律效果和社会效果。

最高人民法院

关于适用《关于民事诉讼证据的若干规定》中有关举证时限规定的通知

2008年12月11日　　法发〔2008〕42号

全国地方各级人民法院、各级军事法院、各铁路运输中级法院和基层法院、各海事法院，新疆生产建设兵团各级法院：

《最高人民法院关于民事诉讼证据的若干规定》（以下简称《证据规定》）自2002年4月1日施行以来，对于指导和规范人民法院的审判活动，提高诉讼当事人的证据意识，促进民事审判活动公正有序地开展，起到了积极的作用。但随着新情况、新问题的出现，一些地方对《证据规定》中的个别条款，特别是有关举证时限的规定理解不统一。为切实保障当事人诉讼权利的充分行使，保障人民法院公正高效行使审判权，现将适用《证据规定》中举证时限规定等有关问题通知如下：

一、关于第三十三条第三款规定的举证期限问题。《证据规定》第三十三条第三款规定的举证期限是指在适用一审普通程序审理民事案件时，人民法院指定当事人提供证据证明其主张的基础事实的期限，该期限不得少于三十日。但是人民法院在征得双方当事人同意后，指定的举证期限可以少于三十日。前述规定的举证期限届满后，针对某一特定事实或特定证据或者基于特定原因，人民法院可以根据案件的具体情况，酌情指定当事人提供证据或者反证的期限，该期限不受“不得少于三十日”的限制。

二、关于适用简易程序审理案件的举证期限问题。适用简易程序审理的案件，人民法院指定的举证期限不受《证据规定》第三十三条第三款规定的限制，可以少于三十日。简易程序转为普通程序审理，人民法院指定的举证期限少于三十日的，人民法院应当为当事人补足不少于三十日的举证期限。但在征得当事人同意后，人民法院指定的举证期限可以少于三十日。

三、关于当事人提出管辖权异议后的举证期限问题。当事人在一审答辩期内提出管辖权异议的，人民法院应当在驳回当事人管辖权异议的裁定生效后，依照《证据规定》

第三十三条第三款的规定，重新指定不少于三十日的举证期限。但在征得当事人同意后，人民法院可以指定少于三十日的举证期限。

四、关于对人民法院依职权调查收集的证据提出相反证据的举证期限问题。人民法院依照《证据规定》第十五条调查收集的证据在庭审中出示后，当事人要求提供相反证据的，人民法院可以酌情确定相应的举证期限。

五、关于增加当事人时的举证期限问题。人民法院在追加当事人或者有独立请求权的第三人参加诉讼的情况下，应当依照《证据规定》第三十三条第三款的规定，为新参加诉讼的当事人指定举证期限。该举证期限适用于其他当事人。

六、关于当事人申请延长举证期限的问题。当事人申请延长举证期限经人民法院准许的，为平等保护双方当事人的诉讼权利，延长的举证期限适用于其他当事人。

七、关于增加、变更诉讼请求以及提出反诉时的举证期限问题。当事人在一审举证期限内增加、变更诉讼请求或者提出反诉，或者人民法院依照《证据规定》第三十五条的规定告知当事人可以变更诉讼请求后，当事人变更诉讼请求的，人民法院应当根据案件的具体情况重新指定举证期限。当事人对举证期限有约定的，依照《证据规定》第三十三条第二款的规定处理。

八、关于二审新的证据举证期限的问题。在第二审人民法院审理中，当事人申请提供新的证据的，人民法院指定的举证期限，不受“不得少于三十日”的限制。

九、关于发回重审案件举证期限问题。发回重审的案件，第一审人民法院在重新审理时，可以结合案件的具体情况和发回重审的原因等情况，酌情确定举证期限。如果案件是因违反法定程序被发回重审的，人民法院在征求当事人的意见后，可以不再指定举证期限或者酌情指定举证期限。但案件因遗漏当事人被发回重审的，按照本通知第五条处理。如果案件是因认定事实不清、证据不足发回重审的，人民法院可以要求当事人协商确定举证期限，或者酌情指定举证期限。上述举证期限不受“不得少于三十日”的限制。

十、关于新的证据的认定问题。人民法院对于“新的证据”，应当依照《证据规定》第四十一条、第四十二条、第四十三条、第四十四条的规定，结合以下因素综合认定：

（一）证据是否在举证期限或者《证据规定》第四十一条、第四十四条规定的其他期限内已经客观存在；

（二）当事人未在举证期限或者司法解释规定的其他期限内提供证据，是否存在故意或者重大过失的情形。

导读：为了公正审理涉及人民调解协议的民事案件，最高人民法院根据《民法通则》《合同法》《民事诉讼法》，参照《人民调解委员会组织条例》，结合民事审判经验和实际情况，制定了本规定。

本规定共13条，主要对人民调解协议的性质、涉及人民调解协议的民事案件的种类与受理条件，人民法院对调解协议效力的认定，以及加强对人民调解工作的业务指导等内容作出了明确规定。

最高人民法院
关于审理涉及人民调解协议的民事案件的若干规定

法释〔2002〕29号

（2002年9月5日由最高人民法院审判委员会第1240次会议通过
2002年9月16日最高人民法院公告公布
自2002年11月1日起施行）

为了公正审理涉及人民调解协议的民事案件，根据《中华人民共和国民法通则》《中华人民共和国合同法》《中华人民共和国民事诉讼法》，参照《人民调解委员会组织条例》，结合民事审判经验和实际情况，对审理涉及人民调解协议的民事案件的有关问题作如下规定：

第一条 经人民调解委员会调解达成的、有民事权利义务内容，并由双方当事人签字或者盖章的调解协议，具有民事合同性质。当事人应当按照约定履行自己的义务，不得擅自变更或者解除调解协议。

第二条 当事人一方向人民法院起诉，请求对方当事人履行调解协议的，人民法院应当受理。

当事人一方向人民法院起诉，请求变更或者撤销调解协议，或者请求确认调解协议无效的，人民法院应当受理。

第三条 当事人一方起诉请求履行调解协议，对方当事人反驳的，有责任对反驳诉讼请求所依据的事实提供证据予以证明。

当事人一方起诉请求变更或者撤销调解协议，或者请求确认调解协议无效的，有责任对自己的诉讼请求所依据的事实提供证据予以证明。

当事人一方以原纠纷向人民法院起诉，对方当事人以调解协议抗辩的，应当提供调解协议书。

第四条 具备下列条件的，调解协议有效：

（一）当事人具有完全民事行为能力；

（二）意思表示真实；

（三）不违反法律、行政法规的强制性规定或者社会公共利益。

第五条 有下列情形之一的，调解协议无效：

（一）损害国家、集体或者第三人利益；

（二）以合法形式掩盖非法目的；

（三）损害社会公共利益；

（四）违反法律、行政法规的强制性规定。

人民调解委员会强迫调解的，调解协议无效。

第六条 下列调解协议，当事人一方有权请求人民法院变更或者撤销：

（一）因重大误解订立的；

（二）在订立调解协议时显失公平的；

一方以欺诈、胁迫的手段或者乘人之危，使对方在违背真实意思的情况下订立的调解协议，受损害方有权请求人民法院变更或者撤销。

当事人请求变更的，人民法院不得撤销。

第七条 有下列情形之一的，撤销权消灭：

（一）具有撤销权的当事人自知道或者应当知道撤销事由之日起一年内没有行使撤销权；

（二）具有撤销权的当事人知道撤销事由后明确表示或者以自己的行为放弃撤销权。

第八条 无效的调解协议或者被撤销的调解协议自始没有法律约束力。调解协议部分无效，不影响其他部分效力的，其他部分仍然有效。

第九条 调解协议的诉讼时效，适用民法通则第一百三十五条的规定。

原纠纷的诉讼时效因人民调解委员会调解而中断。

调解协议被撤销或者被认定无效后，当事人以原纠纷起诉的，诉讼时效自调解协议

被撤销或者被认定无效的判决生效之日起重新计算。

第十条 具有债权内容的调解协议，公证机关依法赋予强制执行效力的，债权人可以向被执行人住所地或者被执行人的财产所在地人民法院申请执行。

第十一条 基层人民法院及其派出的人民法庭审理涉及人民调解协议的民事案件，一般应当适用简易程序。

第十二条 人民法院审理涉及人民调解协议的民事案件，调解协议被人民法院已经发生法律效力的判决变更、撤销，或者被确认无效的，可以适当的方式告知当地的司法行政机关或者人民调解委员会。

第十三条 本规定自 2002 年 11 月 1 日起施行。

人民法院审理民事案件涉及 2002 年 11 月 1 日以后达成的人民调解协议的，适用本规定。

导读：诉讼调解是我国重要的诉讼制度，是人民法院行使审判权的重要方式。调解作为重要的诉讼机制，具有解决纠纷的独特优势，被国际司法界称为“东方经验”。《民事诉讼法》实施十多年来，人民法院诉讼调解工作取得了很大的成绩和进展，人民法院调解结案的比例一直处于较高水平。但各地法院调解工作中也存在一些问题，做法不一，影响司法统一。最高人民法院2003年把诉讼调解规范化作为专门问题提上工作议程，成立了调研组，对法院调解工作的整体情况和存在的问题作了全面调查研究。在广泛调查研究和征求社会各界意见的基础了起草了本规定，目的就是为了进一步完善和加强调解工作，维护司法统一，充分发挥调解作用，深入落实司法为民的要求。

本规定共24条，主要从以下几个方面完善了人民法院民事调解制度：（1）进一步明确调解作为民事诉讼的一项原则；（2）设立了答辩期满前进行调解的规则；（3）调解组织适度社会化；（4）调解协议内容开放性；（5）建立调解激励机制；（6）当事人可以自愿选择调解协议的生效方式。

本规定进一步完善和加强了诉讼调解工作，对于维护司法统一，充分发挥调解作用，深入落实司法为民的要求，有着积极意义。

最高人民法院
关于人民法院民事调解工作若干问题的规定

法释〔2004〕12号

（2004年8月18日最高人民法院审判委员会第1321次会议通过
2004年9月16日最高人民法院公告公布
自2004年11月1日起施行）

为了保证人民法院正确调解民事案件，及时解决纠纷，保障和方便当事人依法行使诉讼权利，节约司法资源，根据《中华人民共和国民事诉讼法》等法律的规定，结合人民法院调解工作的经验和实际情况，制定本规定。

第一条 人民法院对受理的第一审、第二审和再审民事案件，可以在答辩期满后裁判作出前进行调解。在征得当事人各方同意后，人民法院可以在答辩期满前进行调解。

第二条 对于有可能通过调解解决的民事案件，人民法院应当调解。但适用特别程序、督促程序、公示催告程序、破产还债程序的案件，婚姻关系、身份关系确认案件以及其他依案件性质不能进行调解的民事案件，人民法院不予调解。

第三条 根据民事诉讼法第八十七条的规定，人民法院可以邀请与当事人有特定关系或者与案件有一定联系的企业事业单位、社会团体或者其他组织，和具有专门知识、特定社会经验、与当事人有特定关系并有利于促成调解的个人协助调解工作。

经各方当事人同意，人民法院可以委托前款规定的单位或者个人对案件进行调解，达成调解协议后，人民法院应当依法予以确认。

第四条 当事人在诉讼过程中自行达成和解协议的，人民法院可以根据当事人的申请依法确认和解协议制作调解书。双方当事人申请庭外和解的期间，不计入审限。

当事人在和解过程中申请人民法院对和解活动进行协调的，人民法院可以委派审判辅助人员或者邀请、委托有关单位和个人从事协调活动。

第五条 人民法院应当在调解前告知当事人主持调解人员和书记员姓名以及是否申请回避等有关诉讼权利和诉讼义务。

第六条 在答辩期满前人民法院对案件进行调解，适用普通程序的案件在当事人同意调解之日起 15 天内，适用简易程序的案件在当事人同意调解之日起 7 天内未达成调解协议的，经各方当事人同意，可以继续调解。延长的调解期间不计入审限。

第七条 当事人申请不公开进行调解的，人民法院应当准许。

调解时当事人各方应当同时在场，根据需要也可以对当事人分别作调解工作。

第八条 当事人可以自行提出调解方案，主持调解的人员也可以提出调解方案供当事人协商时参考。

第九条 调解协议内容超出诉讼请求的，人民法院可以准许。

第十条 人民法院对于调解协议约定一方不履行协议应当承担民事责任的，应予准许。

调解协议约定一方不履行协议，另一方可以请求人民法院对案件作出裁判的条款，人民法院不予准许。

第十一条 调解协议约定一方提供担保或者案外人同意为当事人提供担保的，人民法院应当准许。

案外人提供担保的，人民法院制作调解书应当列明担保人，并将调解书送交担保人。担保人不签收调解书的，不影响调解书生效。

当事人或者案外人提供的担保符合担保法规定的条件时生效。

第十二条 调解协议具有下列情形之一的，人民法院不予确认：

（一）侵害国家利益、社会公共利益的；

（二）侵害案外人利益的；

（三）违背当事人真实意思的；

（四）违反法律、行政法规禁止性规定的。

第十三条 根据民事诉讼法第九十条第一款第（四）项规定，当事人各方同意在调解协议上签名或者盖章后生效，经人民法院审查确认后，应当记入笔录或者将协议附卷，并由当事人、审判人员、书记员签名或者盖章后即具有法律效力。当事人请求制作调解书的，人民法院应当制作调解书送交当事人。当事人拒收调解书的，不影响调解协议的效力。一方不履行调解协议的，另一方可以持调解书向人民法院申请执行。

第十四条 当事人不能对诉讼费用如何承担达成协议的，不影响调解协议的效力。人民法院可以直接决定当事人承担诉讼费用的比例，并将决定记入调解书。

第十五条 对调解书的内容既不享有权利又不承担义务的当事人不签收调解书的，不影响调解书的效力。

第十六条 当事人以民事调解书与调解协议的原意不一致为由提出异议，人民法院审查后认为异议成立的，应当根据调解协议裁定补正民事调解书的相关内容。

第十七条 当事人就部分诉讼请求达成调解协议的，人民法院可以就此先行确认并制作调解书。

当事人就主要诉讼请求达成调解协议，请求人民法院对未达成协议的诉讼请求提出处理意见并表示接受该处理结果的，人民法院的处理意见是调解协议的一部分内容，制作调解书的记入调解书。

第十八条 当事人自行和解或者经调解达成协议后，请求人民法院按照和解协议或者调解协议的内容制作判决书的，人民法院不予支持。

第十九条 调解书确定的担保条款条件或者承担民事责任的条件成就时，当事人申请执行的，人民法院应当依法执行。

不履行调解协议的当事人按照前款规定承担了调解书确定的民事责任后，对方当事人又要求其承担民事诉讼法第二百二十九条规定的迟延履行责任的，人民法院不予支持。

第二十条 调解书约定给付特定标的物的，调解协议达成前该物上已经存在的第三人的物权和优先权不受影响。第三人在执行过程中对执行标的物提出异议的，应当按照

民事诉讼法第二百零四条规定处理。

第二十一条 人民法院对刑事附带民事诉讼案件进行调解，依照本规定执行。

第二十二条 本规定实施前人民法院已经受理的案件，在本规定施行后尚未审结的，依照本规定执行。

第二十三条 本规定实施前最高人民法院的有关司法解释与本规定不一致的，适用本规定。

第二十四条 本规定自 2004 年 11 月 1 日起实施。

【链　　接】

最高人民法院负责人就《关于人民法院民事调解工作若干问题的规定》答记者问

问：最高人民法院即将公布《最高人民法院关于人民法院民事调解工作若干问题的规定》（以下简称本规定），定于 11 月 1 日起正式实施。请您介绍一下出台本规定的背景。

答：各位知道，诉讼调解是我国重要的诉讼制度，是人民法院行使审判权的重要方式。调解作为重要的诉讼机制，具有解决纠纷的独特优势，被国际司法界称为“东方经验”。《民事诉讼法》实施十多年来，人民法院诉讼调解工作取得了很大的成绩和进展，人民法院调解结案的比例一直处于较高水平。但近些年来，由于民事案件数量大量增加，法院审判力量相对不足，一些法院过分强调“一步到庭”“当庭宣判”，对调解重视不够，该调不调，能调不调，调解结案率下降，上诉、申诉率上升，信访压力增大。各地法院针对调解工作中存在的问题，采取了一些针对性的措施，取得了一些成果，但也出现了各地做法不一，影响司法统一的问题。最高人民法院对此非常重视，2003 年把诉讼调解规范化作为专门问题提上工作议程，成立了调研组，对法院调解工作的整体情况和存在的问题作了全面调查研究。在广泛调查研究和征求社会各界意见的基础了起草了本规定，目的就是为了进一步完善和加强调解工作，维护司法统一，充分发挥调解作用，深入落实司法为民的要求。

问：刚才您谈到诉讼调解作为一种审判方式具有自身的独特优势，这显然是与裁判相对比的。请您谈谈诉讼调解的优势体现在哪几个方面。

答：诉讼调解的优势非常明显，我认为主要体现在以下四个方面：首先，调解让诉讼更加“人性化”。调解强调当事人的积极参与，通过当事人自愿协商而不是法官依法裁判来解决纠纷，整个诉讼过程当事人都非常清楚，容易理解和接受。其次，调解可以有效降低诉讼的对抗性。调解强调当事人之间的友好协商和妥协，促进当事人之间互谅互让和友好合作。大降低和弱化了当事人之间的对抗性，有利于社会的和谐与稳定。再次，调解更符合诉讼效益的要求。调解具有简便、高效、经济的特点，调解方式灵活，能减轻当事人的诉讼负担，也能节约司法资源。最后，也是更重要的，调解结案更符合“司法公正”的实质要求。只有当事人自己最清楚纠纷的真相和他的利益所在，所以他们自愿选择的处理结果应当说是最符合他们的利益需求的，也最接近当事人追求的实体公正。

因此，也有利于当事人的自觉履行。

问：本规定在充分发挥诉讼调解优势方面有哪些规定？

答：本规定的目的就是为了进一步加强诉讼调解，充分发挥诉讼调解优势。诉讼调解各项优势的充分发挥，一定要遵从诉讼调解内在的规律，因此诉讼调解工作的原则是必须要遵守的。本规定遵从了调解自愿、调解合法、调解保密和灵活性四大原则。调解自愿以确保当事人通过自己的真实意思来解决相互之间的权利义务关系，调解结果切实符合当事人自己的利益要求。本规定进一步细化了确保调解自愿的规则，明确规定了当事人有决定是否调解的自愿，有决定调解开始时机的自愿，有选择调解方式的自愿，有是否达成调解协议的自愿，有决定调解书生效方式的自愿等。

调解应当合法。调解合法原则包括程序合法与实体合法两个方面。本规定对调解启动、调解方式、调解组织、调解协议内容、调解协议的确认、调解协议和调解书的生效、调解书的执行等程序方式作出了较详细的规定，以切实保障当事人的诉讼权利能够充分行使。调解在实体上合法就是要求调解协议的内容不得违反法律、行政法规的禁止性规定。本规定明确规定，对调解协议的内容是否违反法律、行政法规的禁止性规定，是否有损害当事人之外的他人的合法权益，是否侵害国家利益、社会公共利益等违法情形，以及是否违反当事人自愿原则等，由法院负责审查，并对调解协议的合法性予以确认。

保密原则也是诉讼调解应当遵从的重要原则之一。调解成功的基本前提是要消除当事人的一切后顾之忧，给当事人创造一个和谐可信赖的环境和氛围。调解当事人主要通过谈判协商来解决争议，往往涉及各自多方面的商业秘密和个人隐私，即使构不成商业秘密和个人隐私的一些情况，当事人通常也不愿意对外公开。各国司法实践中，均采取多种措施来保障调解内容在保密的条件下进行。

灵活性原则是指调解活动在法律规定的程序范围内可以灵活安排。调解活动本身是非强制的，因此创造一个和谐、信任、宽松的气氛有利于调解的成功。本规定规定对调解启动的时间、调解的方式、调解的地点、主持调解的人员、调解协议生效的方式、是否制作调解书等规定当事人可以自由选择。

问：本规定主要从哪些方面对人民法院民事调解制度进行了完善，相关规定应当如何理解？

答：本规定主要从以下几个方面完善了人民法院民事调解制度：

（一）进一步明确调解作为民事诉讼的一项原则

本规定进一步强调了人民法院审理民事案件必须全面贯彻调解工作的基本原则。这体现在两个方面：一是明确规定了调解适用的诉讼阶段。本规定第一条规定，对第一审、第二审和再审民事案件都适用调解。在受理案件之后到庭审结束作出裁判之前，人民法院都可以对民事案件进行调解。二是明确规定了人民法院调解民事案件的范围。本规定第二条规定，对于有调解可能的民事案件，人民法院都应当进行调解。也就是说除了适用特别程序、督促程序、公示催告程序、破产还债程序的案件，婚姻关系、身份关系确认案件以及其他依案件性质不能进行调解的民事案件，人民法院不进行调解外，其他案件都应当进行调解。

（二）设立了答辩期满前进行调解的规则

对在案件受理后，答辩期满前能否对案件进行调解，《民事诉讼法》没有明确规定。实践中有的法院采取这种做法，效果很好，所以本规定第一条第二款对此作了明确的规定："在征得当事人各方同意后，人民法院可以在答辩期满前进行调解。"这一阶段调解只能在当事人同意的情况下才进行调解，不会影响当事人的诉讼权利。答辩期满前的调解有两种启动的方式，一是当事人申请调解的，可以立即进入调解程序；二是由法院主动征得各方当事人同意也可以进行调解。但在答辩期满前法院不得以职权主动启动调解程序。同时，为避免答辩期满前的调解时间过长会拖延诉讼，本规定对这一阶段的调解时间作了限制，答辩期满前进行调解的，在时间上要进行限制。

（三）调解组织适度社会化

为解决审判力量严重不足，以提高诉讼效率，确保司法公正，本规定对调解人员的范围作出了扩大性规定。调解组织的社会化主要通过两种方式实现，一是邀请协助调解，就是人民法院依法可以邀请与当事人有特定关系或者与案件有一定联系的企业事业单位、社会团体或者其他组织，和具有专门知识、特定社会经验、与当事人有特定关系并有利于促成调解的个人协助调解工作。二是邀请主持调解，就是在经各方当事人同意后，人民法院委托有法律知识、相关工作经验或者与案件所涉问题有专门知识的单位或者个人对案件进行调解，如技术专家、居委会、人民调解组织、行业主管部门。经调解达成调解协议的，由人民法院依法予以确认，与法官主持调解产生相同的效果。

（四）调解协议内容开放性

本规定规定，调解协议的内容超出诉讼请求范围的，人民法院应当准许。当事人进行协商解决他们之间的纠纷，往往不单单是一个纠纷，他们通常会对各项法律关系一并

解决，达成一揽子协议。一揽子协议的内容通常就会超出当事人诉讼请求的范围。如果不承认当事人这种协议，当事人之间的纠纷就很难解决。而且相关问题也会再诉诸法院，为了方便当事人，本规定明确规定对此可以依法予以审查，只要不违反法律、行政法规的禁止性规定，不侵害国家、社会、他人的合法权益，就可以确认其有效。

（五）建立调解激励机制

尽管多数调解协议能够得到当事人自觉地履行，进入强制执行程序的案件较少。但一旦发生不履行调解协议或者调解书的情况，债权人则会认为在调解时作出了让步而后悔。正是这种顾虑也影响了当事人进行调解的积极性。为消除当事人这种顾虑，促进当事人达成调解协议，本规定规定了调解履行的两种激励机制：一是当事人可以在调解协议中约定一方不履行调解协议时承担额外的民事责任，经人民法院确认后，在发生一方不履行调解协议时，另一方当事人可以直接申请人民法院强制执行；二是当事人可以为履行调解协议设定担保，一旦不履行调解协议的情况产生，另一方可以向法院申请强制执行担保人的财产或者担保物，以保证他的债权得到及时的实现。

（六）当事人可以自愿选择调解协议的生效方式

实践中存在当事人一方在签收调解书之前无故反悔，有意以此拖延诉讼的情况，严重影响了调解效率，浪费了审判资源，增加了当事人诉讼成本，违背了诉讼诚信原则。为此，本规定规定调解达成协议并经审判人员审核后，双方当事人同意该调解协议经双方签名或者盖章生效的，该调解协议自双方签名或者盖章时起生效，与签收调解书具有相同的法律效力。如此规定，有利于培育当事人诚信意识，避免当事人随意反悔，确保法院调解工作取得良好的法律效果和社会效果。

问：有媒体曾说诉讼调解司法解释的出台将为人民法院调解工作开创新的春天，请您谈谈看法。

答：是的。我也是这么认为的。我们应当看到，在当前全面建设小康社会的新的历史时期，通过调解审结案件，对于化解各类社会矛盾纠纷，维护社会稳定，服务发展第一要务均具有十分重要的意义。我相信，本规定的出台，将有力地推动各级人民法院进一步贯彻落实“司法为民”要求，严格执行“能调则调、该判则判，判调结合”的审判原则，认真负责做好调解工作，人民法院的调解工作将更加规范，调解效率将进一步提高，审判工作将更加公正，人民法院调解工作将上一个新的台阶。这必将为我国全面建设小康社会创造公正高效的司法环境和稳定和谐的社会环境作出更大的贡献。

导读：司法确认程序是完善多元纠纷解决机制的重要内容。2010年8月，全国人大常委会过了《中华人民共和国人民调解法》。该法第三十三条规定，经人民调解委员会调解达成调解协议后，双方当事人认为有必要的，可以自调解协议生效之日起三十日内共同向人民法院申请司法确认。该法的实施，标志着多元纠纷解决机制改革进入了一个新的发展阶段。

2009年7月，最高人民法院公布了《关于建立健全诉讼与非诉讼相衔接的矛盾纠纷解决机制的若干意见》，对各类调解与诉讼的衔接机制、各类仲裁与诉讼的衔接机制进行了规范，扩大了赋予合同效力的调解协议的范围，允许当事人申请确认和执行调解协议。最高人民法院一直十分关注司法确认程序在实践中的运转情况。经过认真研究，起草制定了本规定。

本规定共13条，主要从以下几个方面作出规定：（1）调解协议的司法确认程序属于特别程序；(2)关于司法确认案件的管辖；(3)关于申请司法确认应当准备的材料；（4）关于司法确认案件的受理；（5）关于司法确认案件的审查期限；（6）关于司法确认案件的审查方式；(7)关于确认决定的法律效果；(8)关于案外人权利的救济方式。

本规定进一步明确和细化了司法确认案件的程序问题，进一步明确了确认的条件和范围，有利于维护国家和社会公共利益、当事人及案外人的合法权益。通过规范对调解协议的审查与确认方式，有利于鼓励当事人选择人民调解途径化解矛盾纠纷，进一步发挥人民调解在化解矛盾纠纷、维护社会和谐稳定中的积极作用，对于进一步健全诉讼与非诉讼相衔接的矛盾纠纷解决机制产生重要影响。

最高人民法院
关于人民调解协议司法确认程序的若干规定

法释〔2011〕5号

（2011年3月21日由最高人民法院审判委员会第1515次会议通过
2011年3月23日最高人民法院公告公布
自2011年3月30日施行）

为了规范经人民调解委员会调解达成的民事调解协议的司法确认程序，进一步建立健全诉讼与非诉讼相衔接的矛盾纠纷解决机制，依照《中华人民共和国民事诉讼法》和《中华人民共和国人民调解法》的规定，结合审判实际，制定本规定。

第一条　（司法确认适用范围）当事人根据《中华人民共和国人民调解法》第三十三条的规定共同向人民法院申请确认调解协议的，人民法院应当依法受理。

第二条　（司法确认案件的管辖）当事人申请确认调解协议的，由主持调解的人民调解委员会所在地基层人民法院或者它派出的法庭管辖。

人民法院在立案前委派人民调解委员会调解并达成调解协议，当事人申请司法确认的，由委派的人民法院管辖。

第三条　（司法确认的申请）当事人申请确认调解协议，应当向人民法院提交司法确认申请书、调解协议和身份证明、资格证明，以及与调解协议相关的财产权利证明等证明材料，并提供双方当事人的送达地址、电话号码等联系方式。委托他人代为申请的，必须向人民法院提交由委托人签名或者盖章的授权委托书。

第四条　（司法确认的受理）人民法院收到当事人司法确认申请，应当在三日内决定是否受理。人民法院决定受理的，应当编立“调确字”案号，并及时向当事人送达受理通知书。双方当事人同时到法院申请司法确认的，人民法院可以当即受理并作出是否确认的决定。

有下列情形之一的，人民法院不予受理：

（一）不属于人民法院受理民事案件的范围或者不属于接受申请的人民法院管辖

的；

（二）确认身份关系的；

（三）确认收养关系的；

（四）确认婚姻关系的。

第五条　（司法确认案件的审查期限）人民法院应当自受理司法确认申请之日起十五日内作出是否确认的决定。因特殊情况需要延长的，经本院院长批准，可以延长十日。

在人民法院作出是否确认的决定前，一方或者双方当事人撤回司法确认申请的，人民法院应当准许。

第六条　（司法确认案件的审查方式）人民法院受理司法确认申请后，应当指定一名审判人员对调解协议进行审查。人民法院在必要时可以通知双方当事人同时到场，当面询问当事人。当事人应当向人民法院如实陈述申请确认的调解协议的有关情况，保证提交的证明材料真实、合法。人民法院在审查中，认为当事人的陈述或者提供的证明材料不充分、不完备或者有疑义的，可以要求当事人补充陈述或者补充证明材料。当事人无正当理由未按时补充或者拒不接受询问的，可以按撤回司法确认申请处理。

第七条　（不予确认调解协议效力的情形）具有下列情形之一的，人民法院不予确认调解协议效力：

（一）违反法律、行政法规强制性规定的；

（二）侵害国家利益、社会公共利益的；

（三）侵害案外人合法权益的；

（四）损害社会公序良俗的；

（五）内容不明确，无法确认的；

（六）其他不能进行司法确认的情形。

第八条　（确认决定文书形式）人民法院经审查认为调解协议符合确认条件的，应当作出确认决定书；决定不予确认调解协议效力的，应当作出不予确认决定书。

第九条　（确认决定文书效力）人民法院依法作出确认决定后，一方当事人拒绝履行或者未全部履行的，对方当事人可以向作出确认决定的人民法院申请强制执行。

第十条　（案外人权利救济）案外人认为经人民法院确认的调解协议侵害其合法权益的，可以自知道或者应当知道权益被侵害之日起一年内，向作出确认决定的人民法院申请撤销确认决定。

第十一条　（费用）人民法院办理人民调解协议司法确认案件，不收取费用。

第十二条 （向司法行政机关及人民调解委员会通报情况）人民法院可以将调解协议不予确认的情况定期或者不定期通报同级司法行政机关和相关人民调解委员会。

第十三条 （法院调解员名册中的调解员调解达成协议后的司法确认）经人民法院建立的调解员名册中的调解员调解达成协议后，当事人申请司法确认的，参照本规定办理。人民法院立案后委托他人调解达成的协议的司法确认，按照《最高人民法院关于人民法院民事调解工作若干问题的规定》（法释〔2004〕12号）的有关规定办理。

【链 接】

关于《最高人民法院关于人民调解协议司法确认程序的若干规定》的新闻发布稿

（2011年3月29日）

各位记者：

大家上午好！今天新闻发布会的主题是向各位通报《最高人民法院关于人民调解协议司法确认程序的若干规定》（以下简称《若干规定》）的有关情况。下面，我把《若干规定》的起草背景、主要内容向各位作一简要介绍。

一、《若干规定》的起草背景

司法确认程序是完善多元纠纷解决机制的重要内容。2010年8月28日，《中华人民共和国人民调解法》正式通过，并已于2011年1月1日起施行。《人民调解法》第三十三条规定，经人民调解委员会调解达成调解协议后，双方当事人认为有必要的，可以自调解协议生效之日起三十日内共同向人民法院申请司法确认。该法的实施，标志着多元纠纷解决机制改革进入了一个新的发展阶段。

2009年7月，最高人民法院公布了《关于建立健全诉讼与非诉讼相衔接的矛盾纠纷解决机制的若干意见》，对各类调解与诉讼的衔接机制、各类仲裁与诉讼的衔接机制进行了规范，扩大了赋予合同效力的调解协议的范围，允许当事人申请确认和执行调解协议。

近两年来，最高人民法院一直十分关注司法确认程序在实践中的运转情况。经过认

真研究，起草了《最高人民法院关于人民调解协议司法确认程序的若干规定（稿）》。在起草过程中，最高人民法院先后征求了全国人大常委会法工委、国务院法制办、司法部、公安部等单位的意见，得到了各相关部门的大力支持和帮助。同时，最高人民法院召开了有关学者参加的专家论证会，进行了充分论证。2011 年 3 月，最高人民法院审判委员会讨论通过《若干规定》。

二、《若干规定》的特点

《若干规定》是最高人民法院在推动建立健全诉讼与非诉讼相衔接的矛盾纠纷解决机制过程中取得的又一阶段性成果。《若干规定》内容具有以下鲜明特点：

第一，便民。《若干规定》在三个方面体现了便民的特点。一是当事人在达成调解协议后，如果认为有必要进行司法确认的，可以就近申请确认。人民法庭与人民调解组织联系密切，地理位置也更近，当事人如果选择到人民法庭申请确认，人民法庭应当依法及时受理并审查。二是要求人民法院尽可能减少当事人往返法院的次数，在受理的时候，具备确认条件的，可以当场作出确认决定。当事人同时到法院的，如果条件成熟，法院应当立即予以审查确认。即使不能当即做出是否确认的决定，法院也应尽量当即决定是否受理，尽量减少当事人往返法院的次数。三是不收取当事人费用。

第二，快捷。人民法院受理司法确认案件时的审查期限不超过 3 天，受理后的审查期限也比较短。为了在较短的时间内完成确认工作，当事人应当积极配合人民法院，按照要求及时提交有关材料，如司法确认申请书、调解协议和身份证明、资格证明，以及与调解协议相关的财产权利证明等证明材料，并提供双方当事人的送达地址、电话号码等联系方式。委托他人代为申请的，必须向人民法院提交由委托人签名或者盖章的授权委托书。

第三，严谨。首先，当事人要在申请书中承诺：申请人出于解决纠纷的目的自愿达成协议，没有恶意串通、规避法律的行为；如果因为该协议内容而给他人造成损害的，愿意承担相应的民事责任和其他法律责任。其次，人民法院在必要时可以通知双方当事人同时到场，当面询问当事人。法官当面询问当事人，有利于防止当事人恶意申请确认。为避免确认的调解协议损害国家利益、社会公共利益和他人合法权益，人民法院可以在必要时要求当事人提交相关证明材料。当事人不提供的，应当承担相应后果。在审查之后，人民法院认为有下列情形之一的，将不予确认调解协议的效力：一是违反法律、行政法规强制性规定的；二是侵害国家利益、社会公共利益的；三是侵害案外人合法权益的；

四是损害社会公序良俗的；五是内容不明确，无法确认的；六是其他不能进行司法确认的情形。这些规定都有利于维护司法确认程序的严肃性。

三、《若干规定》的主要内容

调解协议的司法确认程序属于特别程序。根据人民调解法的规定，《若干规定》对司法确认程序中的一些具体问题作了明确的规定，主要包括：司法确认案件管辖、申请司法确认的条件、案件受理、审查期限、审查方式、不予确认的情形、法律文书、效力、案外人权利救济、费用、向司法行政机关及人民调解委员会通报情况、经法院建立的调解员名册中的调解员调解达成协议后当事人申请确认如何办理等。

关于司法确认案件的管辖。为方便当事人就近、及时申请司法确认，《若干规定》明确司法确认案件由主持调解的人民调解委员会所在地基层人民法院或者它的派出法庭管辖。人民法院在正式立案前委派人民调解委员会调解并达成调解协议，当事人申请司法确认的，由委派的人民法院管辖。

关于申请司法确认应当准备的材料。当事人申请确认调解协议，应当向人民法院提交司法确认申请书、调解协议和身份证明、资格证明，以及与调解协议相关的财产权利证明等证明材料，并提供双方当事人的送达地址、电话号码等联系方式。委托他人代为申请的，必须向人民法院提交由委托人签名或者盖章的授权委托书。提交申请书、调解协议、提供申请人的送达地址、电话号码及其他联系方式可以方便人民法院与当事人、调解组织取得联系。提供必要的证明材料有利于法院对调解协议的效力进行审查。

关于司法确认案件的受理。人民法院收到当事人司法确认申请，应当在三日内决定是否受理。人民法院决定受理的，应当编立“调确字”案号，并及时向当事人送达受理通知书。双方当事人同时到法院申请司法确认的，人民法院可以当即受理并作出是否确认的决定。

关于司法确认案件的审查期限。人民法院应当自受理司法确认申请之日起十五日内作出是否确认的决定。因特殊情况需要延长的，经本院院长批准，可以延长十日。在人民法院作出是否确认的决定前，一方或者双方当事人撤回司法确认申请的，人民法院应当准许。从各地法院目前审查确认案件情况看，审查确认案件十几天的时间基本可以满足工作需要。

关于司法确认案件的审查方式。人民法院受理司法确认申请后，应当指定一名审判人员对调解协议进行审查。人民法院在必要时可以通知双方当事人同时到场，当面询问

当事人。当事人应当向人民法院如实陈述申请确认的调解协议的有关情况，保证提交的证明材料真实、合法。人民法院在审查中，认为当事人的陈述或者提供的证明材料不充分、不完备或者有疑义的，可以要求当事人补充陈述或者补充证明材料。当事人无正当理由未按时补充或者拒不接受询问的，可以按撤回司法确认申请处理。

关于确认决定的法律效果。人民法院经审查认为调解协议符合确认条件的，应当作出确认决定书；决定不予确认调解协议效力的，应当作出不予确认决定书。人民法院依法作出确认决定后，一方当事人拒绝履行或者未全部履行的，对方当事人可以向作出确认决定的人民法院申请强制执行。

关于案外人权利的救济方式。案外人认为经人民法院确认的调解协议侵害其合法权益的，可以自知道或者应当知道权益被侵害之日起一年内，向作出确认决定的人民法院提起诉讼。

《若干规定》的出台，进一步明确和细化了司法确认案件的程序问题，进一步明确了确认的条件和范围，有利于维护国家和社会公共利益、当事人及案外人的合法权益。通过规范对调解协议的审查与确认方式，有利于鼓励当事人选择人民调解途径化解矛盾纠纷，进一步发挥人民调解在化解矛盾纠纷、维护社会和谐稳定中的积极作用，对于进一步健全诉讼与非诉讼相衔接的矛盾纠纷解决机制必将产生重要影响。

我要向大家通报的内容就是这些，谢谢大家！

导读：2006 年 12 月 19 日，国务院发布《诉讼费用交纳办法》，自 2007 年 4 月 1 日起施行，最高人民法院此前颁布的《人民法院诉讼收费办法》和《〈人民法院诉讼收费办法〉补充规定》同时不再适用。

《诉讼费用交纳办法》共 56 条，分别对诉讼费用交纳范围、诉讼费用交纳标准、诉讼费用的交纳和退还、诉讼费用的负担、司法救助、诉讼费用的监督和管理等问题做出了具体的规定。为贯彻落实本办法，最高人民法院于 2007 年 4 月 20 日发布《关于适用〈诉讼费用交纳办法〉的通知》，通知对《办法》实施后的收费衔接、当事人未按照规定交纳案件受理费或者申请费的后果、诉讼费用的负担、执行申请费和破产申请费的收取、司法求助的申请和批准程序、各省、自治区、直辖市案件受理费和申请费的具体交纳标准等问题作出部署。

诉讼费用交纳办法

（2006 年 12 月 19 日中华人民共和国国务院令第 481 号公布
自 2007 年 4 月 1 日起施行）

第一章　总　　则

第一条　根据《中华人民共和国民事诉讼法》（以下简称民事诉讼法）和《中华人民共和国行政诉讼法》（以下简称行政诉讼法）的有关规定，制定本办法。

第二条　当事人进行民事诉讼、行政诉讼，应当依照本办法交纳诉讼费用。

本办法规定可以不交纳或者免予交纳诉讼费用的除外。

第三条　在诉讼过程中不得违反本办法规定的范围和标准向当事人收取费用。

第四条　国家对交纳诉讼费用确有困难的当事人提供司法救助，保障其依法行使诉讼权利，维护其合法权益。

第五条　外国人、无国籍人、外国企业或者组织在人民法院进行诉讼，适用本办法。

外国法院对中华人民共和国公民、法人或者其他组织，与其本国公民、法人或者其他组织在诉讼费用交纳上实行差别对待的，按照对等原则处理。

第二章　诉讼费用交纳范围

第六条　当事人应当向人民法院交纳的诉讼费用包括：

（一）案件受理费；

（二）申请费；

（三）证人、鉴定人、翻译人员、理算人员在人民法院指定日期出庭发生的交通费、住宿费、生活费和误工补贴。

第七条　案件受理费包括：

（一）第一审案件受理费；

（二）第二审案件受理费；

（三）再审案件中，依照本办法规定需要交纳的案件受理费。

第八条　下列案件不交纳案件受理费：

（一）依照民事诉讼法规定的特别程序审理的案件；

（二）裁定不予受理、驳回起诉、驳回上诉的案件；

（三）对不予受理、驳回起诉和管辖权异议裁定不服，提起上诉的案件；

（四）行政赔偿案件。

第九条　根据民事诉讼法和行政诉讼法规定的审判监督程序审理的案件，当事人不交纳案件受理费。但是，下列情形除外：

（一）当事人有新的证据，足以推翻原判决、裁定，向人民法院申请再审，人民法院经审查决定再审的案件；

（二）当事人对人民法院第一审判决或者裁定未提出上诉，第一审判决、裁定或者调解书发生法律效力后又申请再审，人民法院经审查决定再审的案件。

第十条　当事人依法向人民法院申请下列事项，应当交纳申请费：

（一）申请执行人民法院发生法律效力的判决、裁定、调解书，仲裁机构依法作出的裁决和调解书，公证机构依法赋予强制执行效力的债权文书；

（二）申请保全措施；

（三）申请支付令；

（四）申请公示催告；

（五）申请撤销仲裁裁决或者认定仲裁协议效力；

（六）申请破产；

（七）申请海事强制令、共同海损理算、设立海事赔偿责任限制基金、海事债权登记、船舶优先权催告；

（八）申请承认和执行外国法院判决、裁定和国外仲裁机构裁决。

第十一条 证人、鉴定人、翻译人员、理算人员在人民法院指定日期出庭发生的交通费、住宿费、生活费和误工补贴，由人民法院按照国家规定标准代为收取。

当事人复制案件卷宗材料和法律文书应当按实际成本向人民法院交纳工本费。

第十二条 诉讼过程中因鉴定、公告、勘验、翻译、评估、拍卖、变卖、仓储、保管、运输、船舶监管等发生的依法应当由当事人负担的费用，人民法院根据谁主张、谁负担的原则，决定由当事人直接支付给有关机构或者单位，人民法院不得代收代付。

人民法院依照民事诉讼法第十一条第三款规定提供当地民族通用语言、文字翻译的，不收取费用。

第三章 诉讼费用交纳标准

第十三条 案件受理费分别按照下列标准交纳：

（一）财产案件根据诉讼请求的金额或者价额，按照下列比例分段累计交纳：

1. 不超过 1 万元的，每件交纳 50 元；

2. 超过 1 万元至 10 万元的部分，按照 2. 5% 交纳；

3. 超过 10 万元至 20 万元的部分，按照 2% 交纳；

4. 超过 20 万元至 50 万元的部分，按照 1. 5% 交纳；

5. 超过 50 万元至 100 万元的部分，按照 1% 交纳；

6. 超过 100 万元至 200 万元的部分，按照 0. 9% 交纳；

7. 超过 200 万元至 500 万元的部分，按照 0. 8% 交纳；

8. 超过 500 万元至 1000 万元的部分，按照 0. 7% 交纳；

9. 超过 1000 万元至 2000 万元的部分，按照 0. 6% 交纳；

10. 超过 2000 万元的部分，按照 0. 5% 交纳。

（二）非财产案件按照下列标准交纳：

1. 离婚案件每件交纳 50 元至 300 元。涉及财产分割，财产总额不超过 20 万元的，不另行交纳；超过 20 万元的部分，按照 0.5% 交纳。

2. 侵害姓名权、名称权、肖像权、名誉权、荣誉权以及其他人格权的案件，每件交纳 100 元至 500 元。涉及损害赔偿，赔偿金额不超过 5 万元的，不另行交纳；超过 5 万元至 10 万元的部分，按照 1% 交纳；超过 10 万元的部分，按照 0.5% 交纳。

3. 其他非财产案件每件交纳 50 元至 100 元。

（三）知识产权民事案件，没有争议金额或者价额的，每件交纳 500 元至 1000 元；有争议金额或者价额的，按照财产案件的标准交纳。

（四）劳动争议案件每件交纳 10 元。

（五）行政案件按照下列标准交纳：

1. 商标、专利、海事行政案件每件交纳 100 元；

2. 其他行政案件每件交纳 50 元。

（六）当事人提出案件管辖权异议，异议不成立的，每件交纳 50 元至 100 元。

省、自治区、直辖市人民政府可以结合本地实际情况在本条第（二）项、第（三）项、第（六）项规定的幅度内制定具体交纳标准。

第十四条 申请费分别按照下列标准交纳：

（一）依法向人民法院申请执行人民法院发生法律效力的判决、裁定、调解书，仲裁机构依法作出的裁决和调解书，公证机关依法赋予强制执行效力的债权文书，申请承认和执行外国法院判决、裁定以及国外仲裁机构裁决的，按照下列标准交纳：

1. 没有执行金额或者价额的，每件交纳 50 元至 500 元。

2. 执行金额或者价额不超过 1 万元的，每件交纳 50 元；超过 1 万元至 50 万元的部分，按照 1.5% 交纳；超过 50 万元至 500 万元的部分，按照 1% 交纳；超过 500 万元至 1000 万元的部分，按照 0.5% 交纳；超过 1000 万元的部分，按照 0.1% 交纳。

3. 符合民事诉讼法第五十五条第四款规定，未参加登记的权利人向人民法院提起诉讼的，按照本项规定的标准交纳申请费，不再交纳案件受理费。

（二）申请保全措施的，根据实际保全的财产数额按照下列标准交纳：

财产数额不超过 1000 元或者不涉及财产数额的，每件交纳 30 元；超过 1000 元至 10 万元的部分，按照 1% 交纳；超过 10 万元的部分，按照 0.5% 交纳。但是，当事人申请保全措施交纳的费用最多不超过 5000 元。

（三）依法申请支付令的，比照财产案件受理费标准的 1/3 交纳。

（四）依法申请公示催告的，每件交纳 100 元。

（五）申请撤销仲裁裁决或者认定仲裁协议效力的，每件交纳 400 元。

（六）破产案件依据破产财产总额计算，按照财产案件受理费标准减半交纳，但是，最高不超过30万元。

（七）海事案件的申请费按照下列标准交纳：

1. 申请设立海事赔偿责任限制基金的，每件交纳1000元至1万元；

2. 申请海事强制令的，每件交纳1000元至5000元；

3. 申请船舶优先权催告的，每件交纳1000元至5000元；

4. 申请海事债权登记的，每件交纳1000元；

5. 申请共同海损理算的，每件交纳1000元。

第十五条 以调解方式结案或者当事人申请撤诉的，减半交纳案件受理费。

第十六条 适用简易程序审理的案件减半交纳案件受理费。

第十七条 对财产案件提起上诉的，按照不服一审判决部分的上诉请求数额交纳案件受理费。

第十八条 被告提起反诉、有独立请求权的第三人提出与本案有关的诉讼请求，人民法院决定合并审理的，分别减半交纳案件受理费。

第十九条 依照本办法第九条规定需要交纳案件受理费的再审案件，按照不服原判决部分的再审请求数额交纳案件受理费。

第四章 诉讼费用的交纳和退还

第二十条 案件受理费由原告、有独立请求权的第三人、上诉人预交。被告提起反诉，依照本办法规定需要交纳案件受理费的，由被告预交。追索劳动报酬的案件可以不预交案件受理费。

申请费由申请人预交。但是，本办法第十条第（一）项、第（六）项规定的申请费不由申请人预交，执行申请费执行后交纳，破产申请费清算后交纳。

本办法第十一条规定的费用，待实际发生后交纳。

第二十一条 当事人在诉讼中变更诉讼请求数额，案件受理费依照下列规定处理：

（一）当事人增加诉讼请求数额的，按照增加后的诉讼请求数额计算补交；

（二）当事人在法庭调查终结前提出减少诉讼请求数额的，按照减少后的诉讼请求数额计算退还。

第二十二条 原告自接到人民法院交纳诉讼费用通知次日起7日内交纳案件受理

费；反诉案件由提起反诉的当事人自提起反诉次日起7日内交纳案件受理费。

上诉案件的案件受理费由上诉人向人民法院提交上诉状时预交。双方当事人都提起上诉的，分别预交。上诉人在上诉期内未预交诉讼费用的，人民法院应当通知其在7日内预交。

申请费由申请人在提出申请时或者在人民法院指定的期限内预交。

当事人逾期不交纳诉讼费用又未提出司法救助申请，或者申请司法救助未获批准，在人民法院指定期限内仍未交纳诉讼费用的，由人民法院依照有关规定处理。

第二十三条 依照本办法第九条规定需要交纳案件受理费的再审案件，由申请再审的当事人预交。双方当事人都申请再审的，分别预交。

第二十四条 依照民事诉讼法第三十六条、第三十七条、第三十八条、第三十九条规定移送、移交的案件，原受理人民法院应当将当事人预交的诉讼费用随案移交接收案件的人民法院。

第二十五条 人民法院审理民事案件过程中发现涉嫌刑事犯罪并将案件移送有关部门处理的，当事人交纳的案件受理费予以退还；移送后民事案件需要继续审理的，当事人已交纳的案件受理费不予退还。

第二十六条 中止诉讼、中止执行的案件，已交纳的案件受理费、申请费不予退还。中止诉讼、中止执行的原因消除，恢复诉讼、执行的，不再交纳案件受理费、申请费。

第二十七条 第二审人民法院决定将案件发回重审的，应当退还上诉人已交纳的第二审案件受理费。

第一审人民法院裁定不予受理或者驳回起诉的，应当退还当事人已交纳的案件受理费；当事人对第一审人民法院不予受理、驳回起诉的裁定提起上诉，第二审人民法院维持第一审人民法院作出的裁定的，第一审人民法院应当退还当事人已交纳的案件受理费。

第二十八条 依照民事诉讼法第一百三十七条规定终结诉讼的案件，依照本办法规定已交纳的案件受理费不予退还。

第五章　诉讼费用的负担

第二十九条 诉讼费用由败诉方负担，胜诉方自愿承担的除外。

部分胜诉、部分败诉的，人民法院根据案件的具体情况决定当事人各自负担的诉讼费用数额。

共同诉讼当事人败诉的，人民法院根据其对诉讼标的的利害关系，决定当事人各自负担的诉讼费用数额。

第三十条 第二审人民法院改变第一审人民法院作出的判决、裁定的，应当相应变更第一审人民法院对诉讼费用负担的决定。

第三十一条 经人民法院调解达成协议的案件，诉讼费用的负担由双方当事人协商解决；协商不成的，由人民法院决定。

第三十二条 依照本办法第九条第（一）项、第（二）项的规定应当交纳案件受理费的再审案件，诉讼费用由申请再审的当事人负担；双方当事人都申请再审的，诉讼费用依照本办法第二十九条的规定负担。原审诉讼费用的负担由人民法院根据诉讼费用负担原则重新确定。

第三十三条 离婚案件诉讼费用的负担由双方当事人协商解决；协商不成的，由人民法院决定。

第三十四条 民事案件的原告或者上诉人申请撤诉，人民法院裁定准许的，案件受理费由原告或者上诉人负担。

行政案件的被告改变或者撤销具体行政行为，原告申请撤诉，人民法院裁定准许的，案件受理费由被告负担。

第三十五条 当事人在法庭调查终结后提出减少诉讼请求数额的，减少请求数额部分的案件受理费由变更诉讼请求的当事人负担。

第三十六条 债务人对督促程序未提出异议的，申请费由债务人负担。债务人对督促程序提出异议致使督促程序终结的，申请费由申请人负担；申请人另行起诉的，可以将申请费列入诉讼请求。

第三十七条 公示催告的申请费由申请人负担。

第三十八条 本办法第十条第（一）项、第（八）项规定的申请费由被执行人负担。

执行中当事人达成和解协议的，申请费的负担由双方当事人协商解决；协商不成的，由人民法院决定。

本办法第十条第（二）项规定的申请费由申请人负担，申请人提起诉讼的，可以将该申请费列入诉讼请求。

本办法第十条第（五）项规定的申请费，由人民法院依照本办法第二十九条规定决定申请费的负担。

第三十九条 海事案件中的有关诉讼费用依照下列规定负担：

（一）诉前申请海事请求保全、海事强制令的，申请费由申请人负担；申请人就有关海事请求提起诉讼的，可将上述费用列入诉讼请求；

（二）诉前申请海事证据保全的，申请费由申请人负担；

（三）诉讼中拍卖、变卖被扣押船舶、船载货物、船用燃油、船用物料发生的合理费用，由申请人预付，从拍卖、变卖价款中先行扣除，退还申请人；

（四）申请设立海事赔偿责任限制基金、申请债权登记与受偿、申请船舶优先权催告案件的申请费，由申请人负担；

（五）设立海事赔偿责任限制基金、船舶优先权催告程序中的公告费用由申请人负担。

第四十条　当事人因自身原因未能在举证期限内举证，在二审或者再审期间提出新的证据致使诉讼费用增加的，增加的诉讼费用由该当事人负担。

第四十一条　依照特别程序审理案件的公告费，由起诉人或者申请人负担。

第四十二条　依法向人民法院申请破产的，诉讼费用依照有关法律规定从破产财产中拨付。

第四十三条　当事人不得单独对人民法院关于诉讼费用的决定提起上诉。

当事人单独对人民法院关于诉讼费用的决定有异议的，可以向作出决定的人民法院院长申请复核。复核决定应当自收到当事人申请之日起 15 日内作出。

当事人对人民法院决定诉讼费用的计算有异议的，可以向作出决定的人民法院请求复核。计算确有错误的，作出决定的人民法院应当予以更正。

第六章　司法救助

第四十四条　当事人交纳诉讼费用确有困难的，可以依照本办法向人民法院申请缓交、减交或者免交诉讼费用的司法救助。

诉讼费用的免交只适用于自然人。

第四十五条　当事人申请司法救助，符合下列情形之一的，人民法院应当准予免交诉讼费用：

（一）残疾人无固定生活来源的；

（二）追索赡养费、扶养费、抚育费、抚恤金的；

（三）最低生活保障对象、农村特困定期救济对象、农村五保供养对象或者领取失

业保险金人员，无其他收入的；

（四）因见义勇为或者为保护社会公共利益致使自身合法权益受到损害，本人或者其近亲属请求赔偿或者补偿的；

（五）确实需要免交的其他情形。

第四十六条 当事人申请司法救助，符合下列情形之一的，人民法院应当准予减交诉讼费用：

（一）因自然灾害等不可抗力造成生活困难，正在接受社会救济，或者家庭生产经营难以为继的；

（二）属于国家规定的优抚、安置对象的；

（三）社会福利机构和救助管理站；

（四）确实需要减交的其他情形。

人民法院准予减交诉讼费用的，减交比例不得低于30%。

第四十七条 当事人申请司法救助，符合下列情形之一的，人民法院应当准予缓交诉讼费用：

（一）追索社会保险金、经济补偿金的；

（二）海上事故、交通事故、医疗事故、工伤事故、产品质量事故或者其他人身伤害事故的受害人请求赔偿的；

（三）正在接受有关部门法律援助的；

（四）确实需要缓交的其他情形。

第四十八条 当事人申请司法救助，应当在起诉或者上诉时提交书面申请、足以证明其确有经济困难的证明材料以及其他相关证明材料。

因生活困难或者追索基本生活费用申请免交、减交诉讼费用的，还应当提供本人及其家庭经济状况符合当地民政、劳动保障等部门规定的公民经济困难标准的证明。

人民法院对当事人的司法救助申请不予批准的，应当向当事人书面说明理由。

第四十九条 当事人申请缓交诉讼费用经审查符合本办法第四十七条规定的，人民法院应当在决定立案之前作出准予缓交的决定。

第五十条 人民法院对一方当事人提供司法救助，对方当事人败诉的，诉讼费用由对方当事人负担；对方当事人胜诉的，可以视申请司法救助的当事人的经济状况决定其减交、免交诉讼费用。

第五十一条 人民法院准予当事人减交、免交诉讼费用的，应当在法律文书中载明。

第七章　诉讼费用的管理和监督

第五十二条　诉讼费用的交纳和收取制度应当公示。人民法院收取诉讼费用按照其财务隶属关系使用国务院财政部门或者省级人民政府财政部门印制的财政票据。案件受理费、申请费全额上缴财政，纳入预算，实行收支两条线管理。

人民法院收取诉讼费用应当向当事人开具缴费凭证，当事人持缴费凭证到指定代理银行交费。依法应当向当事人退费的，人民法院应当按照国家有关规定办理。诉讼费用缴库和退费的具体办法由国务院财政部门商最高人民法院另行制定。

在边远、水上、交通不便地区，基层巡回法庭当场审理案件，当事人提出向指定代理银行交纳诉讼费用确有困难的，基层巡回法庭可以当场收取诉讼费用，并向当事人出具省级人民政府财政部门印制的财政票据；不出具省级人民政府财政部门印制的财政票据的，当事人有权拒绝交纳。

第五十三条　案件审结后，人民法院应当将诉讼费用的详细清单和当事人应当负担的数额书面通知当事人，同时在判决书、裁定书或者调解书中写明当事人各方应当负担的数额。

需要向当事人退还诉讼费用的，人民法院应当自法律文书生效之日起 15 日内退还有关当事人。

第五十四条　价格主管部门、财政部门按照收费管理的职责分工，对诉讼费用进行管理和监督；对违反本办法规定的乱收费行为，依照法律、法规和国务院相关规定予以查处。

第八章　附　　则

第五十五条　诉讼费用以人民币为计算单位。以外币为计算单位的，依照人民法院决定受理案件之日国家公布的汇率换算成人民币计算交纳；上诉案件和申请再审案件的诉讼费用，按照第一审人民法院决定受理案件之日国家公布的汇率换算。

第五十六条　本办法自 2007 年 4 月 1 日起施行。

导读：本指导案例涉及抗诉、当事人撤诉和《民事诉讼法》第一百四十条裁定适用范围等法律适用问题，对尊重和保障当事人合法民事权益和诉讼权利，维护生效裁判的稳定性，实现案结事了人和，促进和谐社会建设具有重要意义。

指导案例7号　牡丹江市宏阁建筑安装有限责任公司诉牡丹江市华隆房地产开发有限责任公司、张继增建设工程施工合同纠纷案

（最高人民法院审判委员会讨论通过　2012年4月9日发布）

关键词

民事诉讼　抗诉　申请撤诉　终结审查

裁判要点

人民法院接到民事抗诉书后，经审查发现案件纠纷已经解决，当事人申请撤诉，且不损害国家利益、社会公共利益或第三人利益的，应当依法作出对抗诉案终结审查的裁定；如果已裁定再审，应当依法作出终结再审诉讼的裁定。

相关法条

《中华人民共和国民事诉讼法》第一百四十条第一款第（十一）项

基本案情

2009年6月15日，黑龙江省牡丹江市华隆房地产开发有限责任公司（简称华隆公司）因与牡丹江市宏阁建筑安装有限责任公司（简称宏阁公司）、张继增建设工程施工合同纠纷一案，不服黑龙江省高级人民法院同年2月11日作出的〔2008〕黑民一终字第173号民事判决，向最高人民法院申请再审。最高人民法院于同年12月8日作出〔2009〕民申字第1164号民事裁定，按照审判监督程序提审本案。在最高人民法院民事审判第一庭提审期间，华隆公司鉴于当事人之间已达成和解且已履行完毕，提交了撤回再审申请书。最高人民法院经审查，于2010年12月15日以〔2010〕民提字第63号民事裁定准许其撤回再审申请。

申诉人华隆公司在向法院申请再审的同时，也向检察院申请抗诉。2010年11月12

日，最高人民检察院受理后决定对本案按照审判监督程序提出抗诉。2011 年 3 月 9 日，最高人民法院立案一庭收到最高人民检察院高检民抗〔2010〕58 号民事抗诉书后进行立案登记，同月 11 日移送审判监督庭审理。最高人民法院审判监督庭经审查发现，华隆公司曾向本院申请再审，其纠纷已解决，且申请检察院抗诉的理由与申请再审的理由基本相同，遂与最高人民检察院沟通并建议其撤回抗诉，最高人民检察院不同意撤回抗诉。再与华隆公司联系，华隆公司称当事人之间已就抗诉案达成和解且已履行完毕，纠纷已经解决，并于同年 4 月 13 日再次向最高人民法院提交了撤诉申请书。

裁判结果

最高人民法院于 2011 年 7 月 6 日以〔2011〕民抗字第 29 号民事裁定书，裁定本案终结审查。

裁判理由

最高人民法院认为：对于人民检察院抗诉再审的案件，或者人民法院依据当事人申请或依据职权裁定再审的案件，如果再审期间当事人达成和解并履行完毕，或者撤回申诉，且不损害国家利益、社会公共利益的，为了尊重和保障当事人在法定范围内对本人合法权利的自由处分权，实现诉讼法律效果与社会效果的统一，促进社会和谐，人民法院应当根据《最高人民法院关于适用〈中华人民共和国民事诉讼法〉审判监督程序若干问题的解释》第三十四条的规定，裁定终结再审诉讼。

本案中，申诉人华隆公司不服原审法院民事判决，在向最高人民法院申请再审的同时，也向检察机关申请抗诉。在本院提审期间，当事人达成和解，华隆公司向本院申请撤诉。由于当事人有权在法律规定的范围内自由处分自己的民事权益和诉讼权利，其撤诉申请意思表示真实，已裁定准许其撤回再审申请，本案当事人之间的纠纷已得到解决，且本案并不涉及国家利益、社会公共利益或第三人利益，故检察机关抗诉的基础已不存在，本案已无按抗诉程序裁定进入再审的必要，应当依法裁定本案终结审查。

导读：本指导案例旨在正确处理诉讼外和解协议与判决的效力关系。该案例确认：对于当事人在二审期间达成诉讼外和解协议后撤诉的，当事人应当依约履行。一方当事人不履行或不完全履行和解协议的，另一方当事人可以申请人民法院执行一审生效判决。从而既尊重当事人对争议标的的自由处分权，强调了协议必须信守履行的规则，又维护了人民法院生效裁判的权威。

指导案例2号　吴梅诉四川省眉山西城纸业有限公司买卖合同纠纷案

（最高人民法院审判委员会讨论通过　2011年12月20日发布）

关键词

民事诉讼　执行　和解　撤回上诉　不履行和解协议　申请执行一审判决

裁判要点

民事案件二审期间，双方当事人达成和解协议，人民法院准许撤回上诉的，该和解协议未经人民法院依法制作调解书，属于诉讼外达成的协议。一方当事人不履行和解协议，另一方当事人申请执行一审判决的，人民法院应予支持。

相关法条

《中华人民共和国民事诉讼法》第二百零七条第二款

基本案情

原告吴梅系四川省眉山市东坡区吴梅收旧站业主，从事废品收购业务。约自2004年开始，吴梅出售废书给被告四川省眉山西城纸业有限公司（简称西城纸业公司）。2009年4月14日双方通过结算，西城纸业公司向吴梅出具欠条载明：今欠到吴梅废书款壹佰玖拾柒万元整（￥1970000.00）。同年6月11日，双方又对后期货款进行了结算，西城纸业公司向吴梅出具欠条载明：今欠到吴梅废书款伍拾肆万捌仟元整（￥548000.00）。因经多次催收上述货款无果，吴梅向眉山市东坡区人民法院起诉，请求法院判令西城纸业公司支付货款251.8万元及利息。被告西城纸业公司对欠吴梅货款251.8万元没有异议。

一审法院经审理后判决：被告西城纸业公司在判决生效之日起十日内给付原告吴梅货款 251.8 万元及违约利息。宣判后，西城纸业公司向眉山市中级人民法院提起上诉。二审审理期间，西城纸业公司于 2009 年 10 月 15 日与吴梅签订了一份还款协议，商定西城纸业公司的还款计划，吴梅则放弃了支付利息的请求。同年 10 月 20 日，西城纸业公司以自愿与对方达成和解协议为由申请撤回上诉。眉山市中级人民法院裁定准予撤诉后，因西城纸业公司未完全履行和解协议，吴梅向一审法院申请执行一审判决。眉山市东坡区人民法院对吴梅申请执行一审判决予以支持。西城纸业公司向眉山市中级人民法院申请执行监督，主张不予执行原一审判决。

裁判结果

眉山市中级人民法院于 2010 年 7 月 7 日作出〔2010〕眉执督字第 4 号复函认为：根据吴梅的申请，一审法院受理执行已生效法律文书并无不当，应当继续执行。

裁判理由

法院认为：西城纸业公司对于撤诉的法律后果应当明知，即一旦法院裁定准予其撤回上诉，眉山市东坡区人民法院的一审判决即为生效判决，具有强制执行的效力。虽然二审期间双方在自愿基础上达成的和解协议对相关权利义务作出约定，西城纸业公司因该协议的签订而放弃行使上诉权，吴梅则放弃了利息，但是该和解协议属于双方当事人诉讼外达成的协议，未经人民法院依法确认制作调解书，不具有强制执行力。西城纸业公司未按和解协议履行还款义务，违背了双方约定和诚实信用原则，故对其以双方达成和解协议为由，主张不予执行原生效判决的请求不予支持。

导读：本指导案例旨在明确债权受让人在案件进入执行程序前可以直接申请执行，无需法院裁定变更申请执行人。这就统一裁判方式，明确解决申请执行主体的变更问题，有利于提高执行工作效率，维护当事人合法权益。

指导案例34号　李晓玲、李鹏裕申请执行厦门海洋实业（集团）股份有限公司、厦门海洋实业总公司执行复议案

（最高人民法院审判委员会讨论通过　2014年12月18日发布）

关键词

民事诉讼　执行复议　权利承受人　申请执行

裁判要点

生效法律文书确定的权利人在进入执行程序前合法转让债权的，债权受让人即权利承受人可以作为申请执行人直接申请执行，无需执行法院作出变更申请执行人的裁定。

相关法条

《中华人民共和国民事诉讼法》第二百三十六条第一款

基本案情

原告投资2234中国第一号基金公司（Investments 2234 China Fund Ⅰ B.V.，以下简称2234公司）与被告厦门海洋实业（集团）股份有限公司（以下简称海洋股份公司）、厦门海洋实业总公司（以下简称海洋实业公司）借款合同纠纷一案，2012年1月11日由最高人民法院作出终审判决，判令：海洋实业公司应于判决生效之日起偿还2234公司借款本金2274万元及相应利息；2234公司对蜂巢山路3号的土地使用权享有抵押权。在该判决作出之前的2011年6月8日，2234公司将其对于海洋股份公司和海洋实业公司的2274万元本金债权转让给李晓玲、李鹏裕，并签订《债权转让协议》。2012年4月19日，李晓玲、李鹏裕依据上述判决和《债权转让协议》向福建省高级人民法院（以下简称福建高院）申请执行。4月24日，福建高院向海洋股份公司、海洋实业公司发出（2012）闽执行字第8号执行通知。海洋股份公司不服该执行通知，以执行通知中直接

变更执行主体缺乏法律依据，申请执行人李鹏裕系公务员，其受让不良债权行为无效，由此债权转让合同无效为主要理由，向福建高院提出执行异议。福建高院在异议审查中查明：李鹏裕系国家公务员，其本人称，在债权转让中，未实际出资，并已于2011年9月退出受让的债权份额。

福建高院认为：第一，关于债权转让合同效力问题。根据《最高人民法院关于审理涉及金融不良债权转让案件工作座谈会纪要》（以下简称《纪要》）第六条关于金融资产管理公司转让不良债权存在“受让人为国家公务员、金融监管机构工作人员”的情形无效和《中华人民共和国公务员法》第五十三条第十四项明确禁止国家公务员从事或者参与营利性活动等相关规定，作为债权受让人之一的李鹏裕为国家公务员，其本人购买债权受身份适格的限制。李鹏裕称已退出所受让债权的份额，该院受理的执行案件未做审查仍将李鹏裕列为申请执行人显属不当。第二，关于执行通知中直接变更申请执行主体的问题。最高人民法院（2009）执他字第1号《关于判决确定的金融不良债权多次转让人民法院能否裁定变更申请执行主体请示的答复》（以下简称1号答复）认为：“《最高人民法院关于人民法院执行工作若干问题的规定（试行）》（以下简称《执行规定》），已经对申请执行人的资格予以明确。其中第18条第1款规定：‘人民法院受理执行案件应当符合下列条件：……（2）申请执行人是生效法律文书确定的权利人或其继承人、权利承受人。’该条中的‘权利承受人’，包含通过债权转让的方式承受债权的人。依法从金融资产管理公司受让债权的受让人将债权再行转让给其他普通受让人的，执行法院可以依据上述规定，依债权转让协议以及受让人或者转让人的申请，裁定变更申请执行主体”。据此，该院在执行通知中直接将本案受让人作为申请执行主体，未作出裁定变更，程序不当，遂于2012年8月6日作出（2012）闽执异字第1号执行裁定，撤销（2012）闽执行字第8号执行通知。

李晓玲不服，向最高人民法院申请复议，其主要理由如下：第一，李鹏裕的公务员身份不影响其作为债权受让主体的适格性。第二，申请执行前，两申请人已同2234公司完成债权转让，并通知了债务人（即被执行人），是合法的债权人；根据《执行规定》有关规定，申请人只要提交生效法律文书、承受权利的证明等，即具备申请执行人资格，这一资格在立案阶段已予审查，并向申请人送达了案件受理通知书；1号答复适用于执行程序中依受让人申请变更的情形，而本案申请人并非在执行过程中申请变更执行主体，因此不需要裁定变更申请执行主体。

裁判结果

最高人民法院于2012年12月11日作出（2012）执复字第26号执行裁定：撤销福建高院（2012）闽执异字第1号执行裁定书，由福建高院向两被执行人重新发出执行通知书。

裁判理由

最高人民法院认为：本案申请复议中争议焦点问题是，生效法律文书确定的权利人在进入执行程序前合法转让债权的，债权受让人即权利承受人可否作为申请执行人直接申请执行，是否需要裁定变更申请执行主体，以及执行中如何处理债权转让合同效力争议问题。

一、关于是否需要裁定变更申请执行主体的问题。变更申请执行主体是在根据原申请执行人的申请已经开始了的执行程序中，变更新的权利人为申请执行人。根据《执行规定》第18条、第20条的规定，权利承受人有权以自己的名义申请执行，只要向人民法院提交承受权利的证明文件，证明自己是生效法律文书确定的权利承受人的，即符合受理执行案件的条件。这种情况不属于严格意义上的变更申请执行主体，但二者的法律基础相同，故也可以理解为广义上的申请执行主体变更，即通过立案阶段解决主体变更问题。1号答复的意见是，《执行规定》第18条可以作为变更申请执行主体的法律依据，并且认为债权受让人可以视为该条规定中的权利承受人。本案中，生效判决确定的原权利人2234公司在执行开始之前已经转让债权，并未作为申请执行人参加执行程序，而是权利受让人李晓玲、李鹏裕依据《执行规定》第18条的规定直接申请执行。因其申请已经法院立案受理，受理的方式不是通过裁定而是发出受理通知，债权受让人已经成为申请执行人，故并不需要执行法院再作出变更主体的裁定，然后发出执行通知，而应当直接发出执行通知。实践中有的法院在这种情况下先以原权利人作为申请执行人，待执行开始后再作出变更主体裁定，因其只是增加了工作量，而并无实质性影响，故并不被认为程序上存在问题。但不能由此反过来认为没有作出变更主体裁定是程序错误。

二、关于债权转让合同效力争议问题，原则上应当通过另行提起诉讼解决，执行程序不是审查判断和解决该问题的适当程序。被执行人主张转让合同无效所援引的《纪要》第五条也规定：在受让人向债务人主张债权的诉讼中，债务人提出不良债权转让合同无效抗辩的，人民法院应告知其向同一人民法院另行提起不良债权转让合同无效的诉讼；债务人不另行起诉的，人民法院对其抗辩不予支持。关于李鹏裕的申请执行人资格问题。

因本案在异议审查中查明，李鹏裕明确表示其已经退出债权受让，不再参与本案执行，故后续执行中应不再将李鹏裕列为申请执行人。但如果没有其他因素，该事实不影响另一债权受让人李晓玲的受让和申请执行资格。李晓玲要求继续执行的，福建高院应以李晓玲为申请执行人继续执行。

附：

最高人民法院民事司法解释、指导性案例索引

一、司法解释

※ 最高人民法院印发《关于贯彻执行〈中华人民共和国民法通则〉若干问题的意见（试行）》的通知

（1988年4月2日）

最高人民法院关于城市街道办事处是否应当独立承担民事责任的批复

（法释〔1997〕1号　1997年7月14日）

最高人民法院关于人民法院能否对信用证开证保证金采取冻结和扣划措施问题的规定

（法释〔1997〕4号　1997年9月3日）

最高人民法院关于对被执行人存在银行的凭证式国库券可否采取执行措施问题的批复

（法释〔1998〕2号　1998年2月10日）

最高人民法院关于适用法发〔1996〕28号司法解释问题的批复

（法释〔1998〕3号　1998年2月13日）

最高人民法院关于如何理解《关于适用〈中华人民共和国民事诉讼法〉若干问题的意见》第三十一条第二款的批复

（法释〔1998〕5号　1998年4月17日）

最高人民法院关于对案外人的财产能否进行保全问题的批复

（法释〔1998〕10号　1998年5月19日）

最高人民法院关于人民法院认可台湾地区有关法院民事判决的规定

（法释〔1998〕11号　1998年5月22日）

最高人民法院关于经商检局检验出口的商品被退回应否将商检局列为经济合同质量纠纷案件当事人问题的批复

（法释〔1998〕12号　1998年6月23日）

最高人民法院关于民事经济审判方式改革问题的若干规定

（法释〔1998〕14号　1998年7月6日）

最高人民法院关于人民法院执行工作若干问题的规定（试行）

（法释〔1998〕15号　1998年7月8日）

最高人民法院关于审理当事人申请撤销仲裁裁决案件几个具体问题的批复

（法释〔1998〕16号　1998年7月21日）

最高人民法院关于人民法院发现本院作出的诉前保全裁定和在执行程序中作出的裁定确有错误以及人民检察院对人民法院作出的诉前保全裁定提出抗诉人民法院应当如何处理的批复

（法释〔1998〕17号　1998年7月30日）

最高人民法院关于第二审法院裁定按自动撤回上诉处理的案件第一审法院能否再审问题的批复

（法释〔1998〕19号　1998年8月10日）

最高人民法院关于未被续聘的仲裁员在原参加审理的案件裁决书上签名，人民法院应当执行该仲裁裁决书的批复

（法释〔1998〕21号　1998年8月31日）

最高人民法院关于人民法院不予受理人民检察院单独就诉讼费负担裁定提出抗诉问题的批复

（法释〔1998〕22号　1998年8月31日）

最高人民法院关于劳动仲裁委员会逾期不作出仲裁裁决或者作出不予受理通知的劳动争议案件人民法院应否受理的批复

（法释〔1998〕24号　1998年9月2日）

最高人民法院关于能否将国有土地使用权折价抵偿给抵押权人问题的批复

（法释〔1998〕25号　1998年9月3日）

最高人民法院关于审理名誉权案件若干问题的解释

（法释〔1998〕26号　1998年8月31日）

最高人民法院关于确认仲裁协议效力几个问题的批复

（法释〔1998〕27号　1998年10月26日）

最高人民法院关于承认和执行外国仲裁裁决收费及审查期限问题的规定

（法释〔1998〕28号　1998年11月14日）

最高人民法院关于诉前财产保全几个问题的批复

（法释〔1998〕29号　1998年11月27日）

最高人民法院关于依据何种标准计算电话费滞纳金问题的批复

（法释〔1998〕31号　1998年12月29日）

最高人民法院关于人民检察院对民事调解书提出抗诉人民法院应否受理问题的批复

（法释〔1999〕4号　1999年2月9日）

最高人民法院关于交通事故中的财产损失是否包括被损车辆停运损失问题的批复

（法释〔1999〕5号　1999年2月11日）

最高人民法院关于当事人对人民法院撤销仲裁裁决的裁定不服申请再审人民法院是否受理问题的批复

（法释〔1999〕6号　1999年2月11日）

最高人民法院关于超过诉讼时效期间借款人在催款通知单上签字或者盖章的法律效力问题的批复

（法释〔1999〕7号　1999年2月11日）

最高人民法院关于逾期付款违约金应当按照何种标准计算问题的批复

（法释〔1999〕8号　1999年2月12日）

最高人民法院关于内地与香港特别行政区法院相互委托送达民商事司法文书的安排

（法释〔1999〕9号　1999年3月29日）

最高人民法院关于当事人持台湾地区有关法院民事调解书或者有关机构出具或确认的调解协议书向人民法院申请认可人民法院应否受理的批复

（法释〔1999〕10号　1999年4月27日）

最高人民法院关于人民法院是否受理因邮电部门电报稽延纠纷提起诉讼问题的批复

（法释〔1999〕11号　1999年6月9日）

最高人民法院关于被盗机动车辆肇事后由谁承担损害赔偿责任问题的批复

（法释〔1999〕13号　1999年6月25日）

最高人民法院关于内地与香港特别行政区相互执行仲裁裁决的安排

（法释〔2000〕3号　2000年1月24日）

最高人民法院关于人民法院受理申请承认外国法院离婚判决案件有关问题的规定

（法释〔2000〕6号　2000年2月29日）

最高人民法院关于如何处理人民检察院提出的暂缓执行建议问题的批复

（法释〔2000〕16号　2000年7月10日）

最高人民法院关于人民检察院对撤销仲裁裁决的民事裁定提起抗诉人民法院应如何处理问题的批复

（法释〔2000〕17号　2000年7月10日）

最高人民法院关于人民法院对经劳动争议仲裁裁决的纠纷准予撤诉或驳回起诉后劳动争议仲裁裁决从何时起生效的解释

（法释〔2000〕18号　2000年7月10日）

最高人民法院关于如何处理农村五保对象遗产问题的批复

（法释〔2000〕23号　2000年7月25日）

最高人民法院关于当事人对仲裁协议的效力提出异议由哪一级人民法院管辖问题的批复

（法释〔2000〕25号　2000年8月8日）

※ 最高人民法院关于严格执行案件审理期限制度的若干规定

（法释〔2000〕29号　2000年9月22日）

最高人民法院关于修改《最高人民法院关于逾期付款违约金应当按照何种标准计算问题的批复》的批复

（法释〔2000〕34号　2000年11月15日）

最高人民法院关于购买人使用分期付款购买的车辆从事运输因交通事故造成他人财产损失保留车辆所有权的出卖方不应承担民事责任的批复

（法释〔2000〕38号　2000年12月1日）

最高人民法院关于人民检察院对不撤销仲裁裁决的民事裁定提出抗诉人民法院应否受理问题的批复

（法释〔2000〕46号　2000年12月13日）

最高人民法院关于适用督促程序若干问题的规定

（法释〔2001〕2号　2001年1月8日）

最高人民法院关于确定民事侵权精神损害赔偿责任若干问题的解释

（法释〔2001〕7号　2001年3月8日）

最高人民法院关于当事人持台湾地区有关法院支付命令向人民法院申请认可人民法院应否受理的批复

（法释〔2001〕13号　2001年4月10日）

※ 最高人民法院关于审理劳动争议案件适用法律若干问题的解释

（法释〔2001〕14号　2001年4月16日）

最高人民法院关于内地与澳门特别行政区法院就民商事案件相互委托送达司法文书和调取证据的安排

（法释〔2001〕26号　2001年8月27日）

最高人民法院关于冻结、拍卖上市公司国有股和社会法人股若干问题的规定

（法释〔2001〕28 号　2001 年 9 月 21 日）

※ 最高人民法院关于适用《中华人民共和国婚姻法》若干问题的解释（一）

（法释〔2001〕30 号　2001 年 12 月 25 日）

※ 最高人民法院关于民事诉讼证据的若干规定

（法释〔2001〕33 号　2001 年 12 月 21 日）

最高人民法院关于涉外民商事案件诉讼管辖若干问题的规定

（法释〔2002〕5 号　2002 年 2 月 25 日）

最高人民法院关于国有工业企业以机器设备等财产为抵押物与债权人签订的抵押合同的效力问题的批复

（法释〔2002〕14 号　2002 年 6 月 18 日）

最高人民法院关于向外国公司送达司法文书能否向其驻华代表机构送达并适用留置送达问题的批复

（法释〔2002〕15 号　2002 年 6 月 18 日）

最高人民法院关于建设工程价款优先受偿权问题的批复

（法释〔2002〕16 号　2002 年 6 月 20 日）

最高人民法院关于民事损害赔偿案件当事人的再审申请超出原审诉讼请求人民法院是否应当再审问题的批复

（法释〔2002〕19 号　2002 年 7 月 18 日）

最高人民法院关于当事人对按自动撤回上诉处理的裁定不服申请再审人民法院应如何处理问题的批复

（法释〔2002〕20 号　2002 年 7 月 19 日）

最高人民法院关于产品侵权案件的受害人能否以产品的商标所有人为被告提起民事诉讼的批复

（法释〔2002〕22 号　2002 年 7 月 11 日）

最高人民法院关于人民法院对民事案件发回重审和指令再审有关问题的规定

（法释〔2002〕24 号　2002 年 7 月 31 日）

※ 最高人民法院关于审理涉及人民调解协议的民事案件的若干规定

（法释〔2002〕29 号　2002 年 9 月 16 日）

最高人民法院关于诉讼代理人查阅民事案件材料的规定

（法释〔2002〕39 号　2002 年 11 月 15 日）

※ 最高人民法院关于审理商品房买卖合同纠纷案件适用法律若干问题的解释

（法释〔2003〕7 号　2003 年 4 月 28 日）

最高人民法院关于在民事审判工作中适用《中华人民共和国工会法》若干问题的解释

（法释〔2003〕11 号　2003 年 6 月 25 日）

最高人民法院关于人民法院审理事业单位人事争议案件若干问题的规定

（法释〔2003〕13 号　2003 年 8 月 27 日）

最高人民法院关于适用简易程序审理民事案件的若干规定

（法释〔2003〕15 号　2003 年 9 月 10 日）

※ 最高人民法院关于适用《中华人民共和国婚姻法》若干问题的解释（二）

（法释〔2003〕19 号　2003 年 12 月 25 日）

※ 最高人民法院关于审理人身损害赔偿案件适用法律若干问题的解释

（法释〔2003〕20 号　2003 年 12 月 26 日）

最高人民法院关于破产清算组在履行职责过程中违约或侵权等民事纠纷案件诉讼管辖问题的批复

（法释〔2004〕5 号　2004 年 6 月 21 日）

最高人民法院关于解除劳动合同的劳动争议仲裁申请期限应当如何起算问题的批复

（法释〔2004〕8 号　2004 年 7 月 26 日）

最高人民法院关于当事人对驳回其申请撤销仲裁裁决的裁定不服而申请再审，人民法院不予受理问题的批复

（法释〔2004〕9 号　2004 年 7 月 26 日）

※ 最高人民法院关于人民法院民事调解工作若干问题的规定

（法释〔2004〕12 号　2004 年 9 月 16 日）

最高人民法院关于以法院专递方式邮寄送达民事诉讼文书的若干规定

（法释〔2004〕13 号　2004 年 9 月 17 日）

※ 最高人民法院关于审理建设工程施工合同纠纷案件适用法律问题的解释

（法释〔2004〕14 号　2004 年 10 月 25 日）

最高人民法院关于人民法院民事执行中查封、扣押、冻结财产的规定

（法释〔2004〕15 号　2004 年 11 月 4 日）

最高人民法院关于人民法院民事执行中拍卖、变卖财产的规定

（法释〔2004〕16 号　2004 年 11 月 15 日）

最高人民法院关于审理出口退税托管账户质押贷款案件有关问题的规定

（法释〔2004〕18 号　2004 年 11 月 22 日）

最高人民法院关于依据原告起诉时提供的被告住址无法送达应如何处理问题的批复

（法释〔2004〕17 号　2004 年 11 月 25 日）

最高人民法院关于对与证券交易所监管职能相关的诉讼案件管辖与受理问题的规定

（法释〔2005〕1 号　2005 年 1 月 25 日）

※ 最高人民法院关于新疆生产建设兵团人民法院案件管辖权问题的若干规定（汉维版专有）

（法释〔2005〕4 号　2005 年 5 月 24 日）

※ 最高人民法院关于审理涉及国有土地使用权合同纠纷案件适用法律问题的解释

（法释〔2005〕5 号　2005 年 6 月 18 日）

※ 最高人民法院关于审理涉及农村土地承包纠纷案件适用法律问题的解释

（法释〔2005〕6 号　2005 年 7 月 29 日）

最高人民法院关于银行储蓄卡密码被泄露导致存款被他人骗取引起的储蓄合同纠纷应否作为民事案件受理问题的批复

（法释〔2005〕7 号　2005 年 7 月 25 日）

最高人民法院关于当事人申请承认澳大利亚法院出具的离婚证明书人民法院应否受理问题的批复

（法释〔2005〕8 号　2005 年 7 月 26 日）

最高人民法院关于当事人达不成拆迁补偿安置协议就补偿安置争议提起民事诉讼人民法院应否受理问题的批复

（法释〔2005〕9 号　2005 年 8 月 1 日）

最高人民法院关于当事人申请财产保全错误造成案外人损失应否承担赔偿责任问题的解释

（法释〔2005〕11 号　2005 年 8 月 15 日）

最高人民法院关于人民法院执行设定抵押的房屋的规定

（法释〔2005〕14 号　2005 年 12 月 14 日）

最高人民法院关于内地与澳门特别行政区关于相互认可和执行民商事判决的安排

（法释〔2006〕2号　2006年3月21日）

最高人民法院关于涉外民事或商事案件司法文书送达问题若干规定

（法释〔2006〕5号　2006年8月10日）

※ 最高人民法院关于审理劳动争议案件适用法律若干问题的解释（二）

（法释〔2006〕6号　2006年8月14日）

最高人民法院关于适用《中华人民共和国仲裁法》若干问题的解释

（法释〔2006〕7号　2006年8月23日）

最高人民法院关于内地与澳门特别行政区相互认可和执行仲裁裁决的安排

（法释〔2007〕17号　2007年12月12日）

最高人民法院关于涉台民事诉讼文书送达的若干规定

（法释〔2008〕4号　2008年4月17日）

最高人民法院关于内地与香港特别行政区法院相互认可和执行当事人协议管辖的民商事案件判决的安排

（法释〔2008〕9号　2008年7月3日）

※ 最高人民法院关于审理民事案件适用诉讼时效制度若干问题的规定

（法释〔2008〕11号　2008年8月21日）

最高人民法院关于适用《中华人民共和国民事诉讼法》执行程序若干问题的解释

（法释〔2008〕13号　2008年11月3日）

最高人民法院关于适用《中华人民共和国民事诉讼法》审判监督程序若干问题的解释

（法释〔2008〕14号　2008年11月25日）

最高人民法院关于当事人对具有强制执行效力的公证债权文书的内容有争议提起诉讼人民法院是否受理问题的批复

（法释〔2008〕17号　2008年12月22日）

最高人民法院关于调整司法解释等文件中引用《中华人民共和国民事诉讼法》条文序号的决定

（法释〔2008〕18号　2008年12月16日）

最高人民法院关于涉港澳民商事案件司法文书送达问题若干规定

（法释〔2009〕2号　2009年3月9日）

最高人民法院关于人民法院认可台湾地区有关法院民事判决的补充规定

（法释〔2009〕4号　2009年4月24日）

最高人民法院关于在执行工作中如何计算迟延履行期间的债务利息等问题的批复

（法释〔2009〕6号　2009年5月11日）

最高人民法院关于审理建筑物区分所有权纠纷案件具体应用法律若干问题的解释

（法释〔2009〕7号　2009年5月14日）

最高人民法院关于审理物业服务纠纷案件具体应用法律若干问题的解释

（法释〔2009〕8号　2009年5月15日）

最高人民法院关于审理城镇房屋租赁合同纠纷案件具体应用法律若干问题的解释

（法释〔2009〕11号　2009年7月30日）

※ 最高人民法院关于裁判文书引用法律、法规等规范性法律文件的规定

（法释〔2009〕14号　2009年10月26日）

最高人民法院关于人民法院委托评估、拍卖和变卖工作的若干规定

（法释〔2009〕16号　2009年11月12日）

最高人民法院关于审理民事级别管辖异议案件若干问题的规定

（法释〔2009〕17号　2009年11月12日）

※ 最高人民法院关于人民陪审员参加审判活动若干问题的规定

（法释〔2010〕2号　2010年1月12日）

最高人民法院关于审理铁路运输人身损害赔偿纠纷案件适用法律若干问题的解释

（法释〔2010〕5号　2010年3月3日）

最高人民法院关于限制被执行人高消费的若干规定

（法释〔2010〕8号　2010年7月1日）

※ 最高人民法院关于审理劳动争议案件适用法律若干问题的解释（三）

（法释〔2010〕12号　2010年9月13日）

最高人民法院关于审理旅游纠纷案件适用法律若干问题的规定

（法释〔2010〕13号　2010年10月26日）

最高人民法院关于对被监禁或被劳动教养的人提起的民事诉讼如何确定案件管辖问题的批复

（法释〔2010〕16号　2010年12月9日）

最高人民法院关于审理涉台民商事案件法律适用问题的规定

（法释〔2010〕19号　2010年12月27日）

最高人民法院关于判决生效后当事人将判决确认的债权转让债权受让人对该判决不服提出再审申请人民法院是否受理问题的批复

（法释〔2011〕2号　2011年1月7日）

※ 最高人民法院关于人民调解协议司法确认程序的若干规定

（法释〔2011〕5号　2011年3月23日）

最高人民法院关于委托执行若干问题的规定

（法释〔2011〕11号　2011年5月3日）

※ 最高人民法院关于审判人员在诉讼活动中执行回避制度若干问题的规定

（法释〔2011〕12号　2011年6月10日）

最高人民法院关于人民法院办理海峡两岸送达文书和调查取证司法互助案件的规定

（法释〔2011〕15号　2011年6月14日）

※ 最高人民法院关于适用《中华人民共和国婚姻法》若干问题的解释（三）

（法释〔2011〕18号　2011年8月9日）

最高人民法院关于人民法院委托评估、拍卖工作的若干规定

（法释〔2011〕21号　2011年9月7日）

最高人民法院关于审理买卖合同纠纷案件适用法律问题的解释

（法释〔2012〕8号　2012年5月10日）

最高人民法院关于铁路运输法院案件管辖范围的若干规定

（法释〔2012〕10号　2012年7月17日）

最高人民法院关于军事法院管辖民事案件若干问题的规定

（法释〔2012〕11号　2012年8月28日）

最高人民法院关于国有土地开荒后用于农耕的土地使用权转让合同纠纷案件如何适用法律问题的批复

（法释〔2012〕14号　2012年9月4日）

※ 最高人民法院关于审理道路交通事故损害赔偿案件适用法律若干问题的解释

（法释〔2012〕19号　2012年11月27日）

最高人民法院关于修改后的民事诉讼法施行时未结案件适用法律若干问题的规定

（法释〔2012〕23号　2012年12月28日）

最高人民法院关于适用《中华人民共和国涉外民事关系法律适用法》若干问题的解释（一）

（法释〔2012〕24号　2012年12月28日）

※ 最高人民法院关于审理劳动争议案件适用法律若干问题的解释（四）

（法释〔2013〕4号　2013年1月18日）

最高人民法院关于依据国际公约和双边司法协助条约办理民商事案件司法文书送达和调查取证司法协助请求的规定

（法释〔2013〕11号　2013年4月7日）

最高人民法院关于公布失信被执行人名单信息的若干规定

（法释〔2013〕17号　2013年7月16日）

最高人民法院关于网络查询、冻结被执行人存款的规定

（法释〔2013〕20号　2013年8月29日）

最高人民法院关于人事争议申请仲裁的时效期间如何计算的批复

（法释〔2013〕23号　2013年9月12日）

※ 最高人民法院关于审理食品药品纠纷案件适用法律若干问题的规定

（法释〔2013〕28号　2013年12月23日）

※ 最高人民法院关于人民法院登记立案若干问题的规定

（法释〔2015〕8号　2015年4月15日）

※ 最高人民法院关于审理环境侵权责任纠纷案件适用法律若干问题的解释

（法释〔2015〕12号　2015年6月1日）

※ 最高人民法院关于审理民间借贷案件适用法律若干问题的规定

（法释〔2015〕18号　2015年8月6日）

※ 最高人民法院关于适用《中华人民共和国物权法》若干问题的解释（一）

（法释〔2016〕5号　2016年2月22日）

二、指导性案例

※ 指导案例1号　上海中原物业顾问有限公司诉陶德华居间合同纠纷案

※ 指导案例2号　吴梅诉四川省眉山西城纸业有限公司买卖合同纠纷案

※ 指导案例7号　牡丹江市宏阁建筑安装有限责任公司诉牡丹江市华隆房地产开发有限责任公司、张继增建设工程施工合同纠纷案

※ 指导案例 17 号　张莉诉北京合力华通汽车服务有限公司买卖合同纠纷案

※ 指导案例 18 号　中兴通讯（杭州）有限责任公司诉王鹏劳动合同纠纷案

※ 指导案例 19 号　赵春明等诉烟台市福山区汽车运输公司卫德平等机动车交通事故责任纠纷案

※ 指导案例 23 号　孙银山诉南京欧尚超市有限公司江宁店买卖合同纠纷案

※ 指导案例 24 号　荣宝英诉王阳、永诚财产保险股份有限公司江阴支公司机动车交通事故责任纠纷案

※ 指导案例 33 号　瑞士嘉吉国际公司诉福建金石制油有限公司等确认合同无效纠纷案

※ 指导案例 34 号　李晓玲、李鹏裕申请执行厦门海洋实业（集团）股份有限公司、厦门海洋实业总公司执行复议案

※ 指导案例 35 号　广东龙正投资发展有限公司与广东景茂拍卖行有限公司委托拍卖执行复议案

※ 指导案例 37 号　上海金纬机械制造有限公司与瑞士瑞泰克公司仲裁裁决执行复议案

※ 指导案例 50 号　李某、郭某阳诉郭某和、童某某继承纠纷案

※ 指导案例 51 号　阿卜杜勒·瓦希德诉中国东方航空股份有限公司航空旅客运输合同纠纷案

※ 指导案例 53 号　福建海峡银行股份有限公司福州五一支行诉长乐亚新污水处理有限公司、福州市政工程有限公司金融借款合同纠纷案

※ 指导案例 56 号　韩凤彬诉内蒙古九郡药业有限责任公司等产品责任纠纷管辖权异议案

三、司法文件

最高人民法院关于在经济审判工作中严格执行《中华人民共和国民事诉讼法》的若干规定

（1994 年 12 月 22 日）

※ 诉讼费用交纳办法

（2006 年 12 月 19 日）

※ 最高人民法院关于适用《关于民事诉讼证据的若干规定》中有关举证时限规定的通知

（2008 年 12 月 11 日）

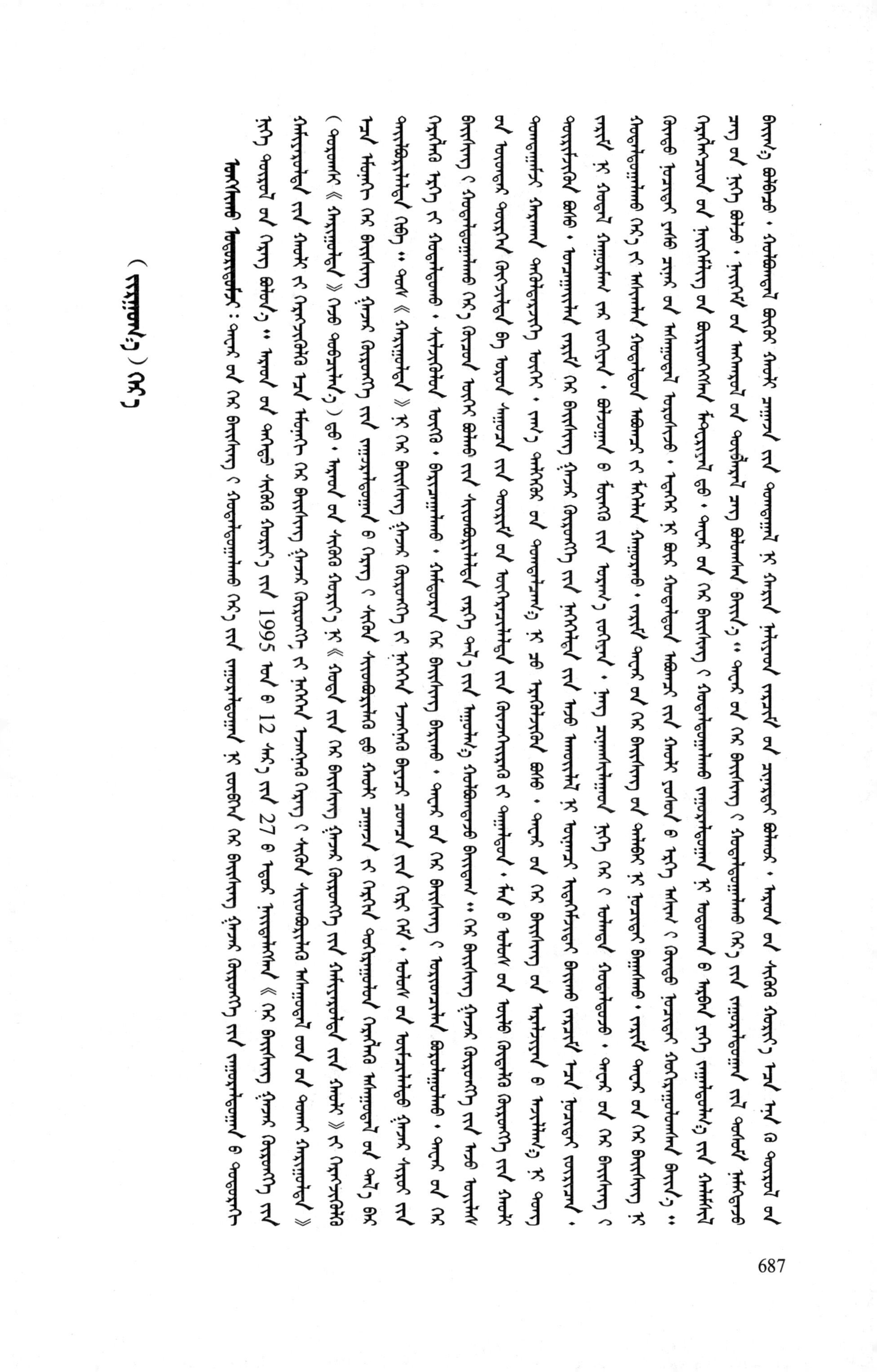

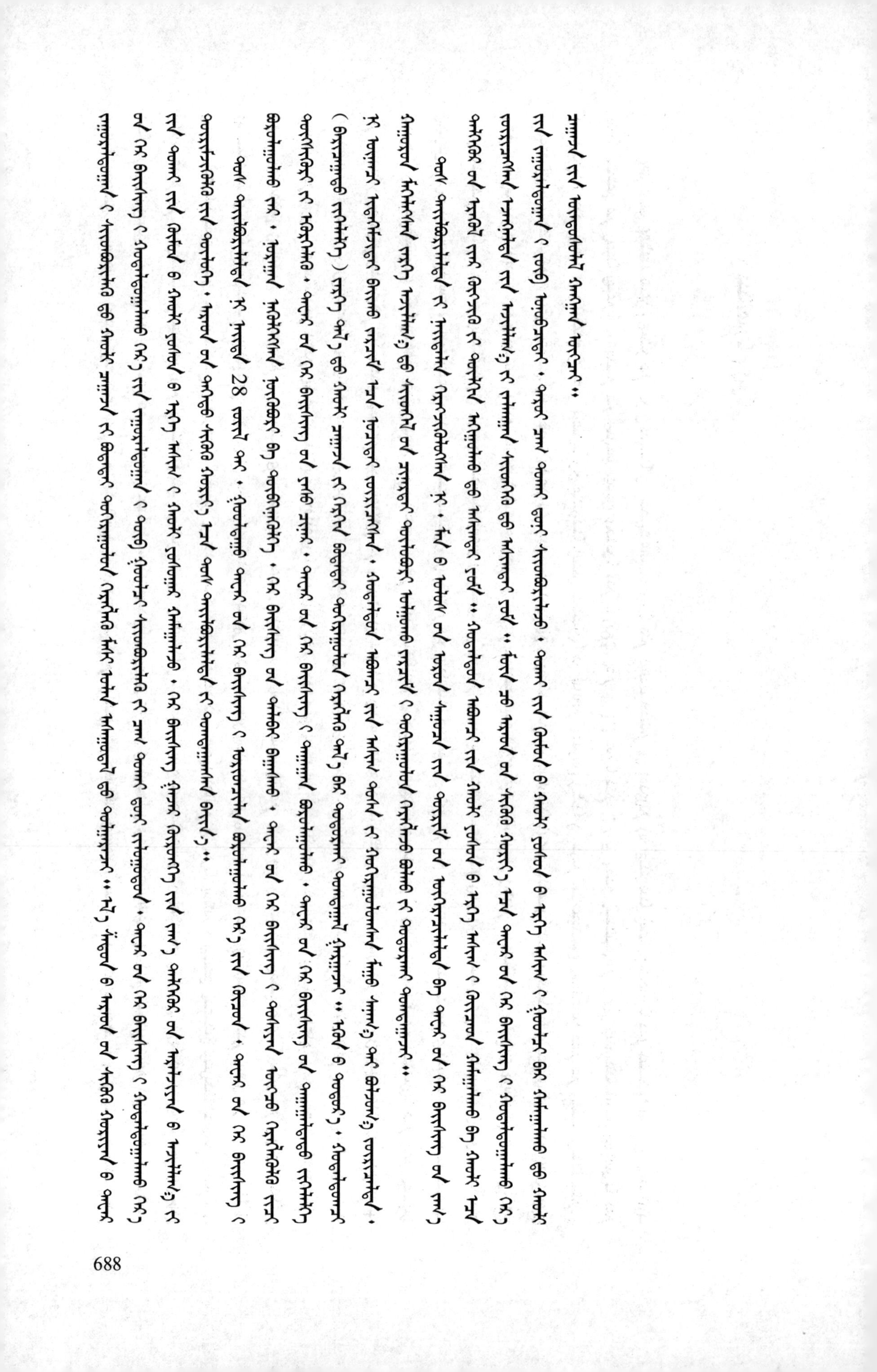

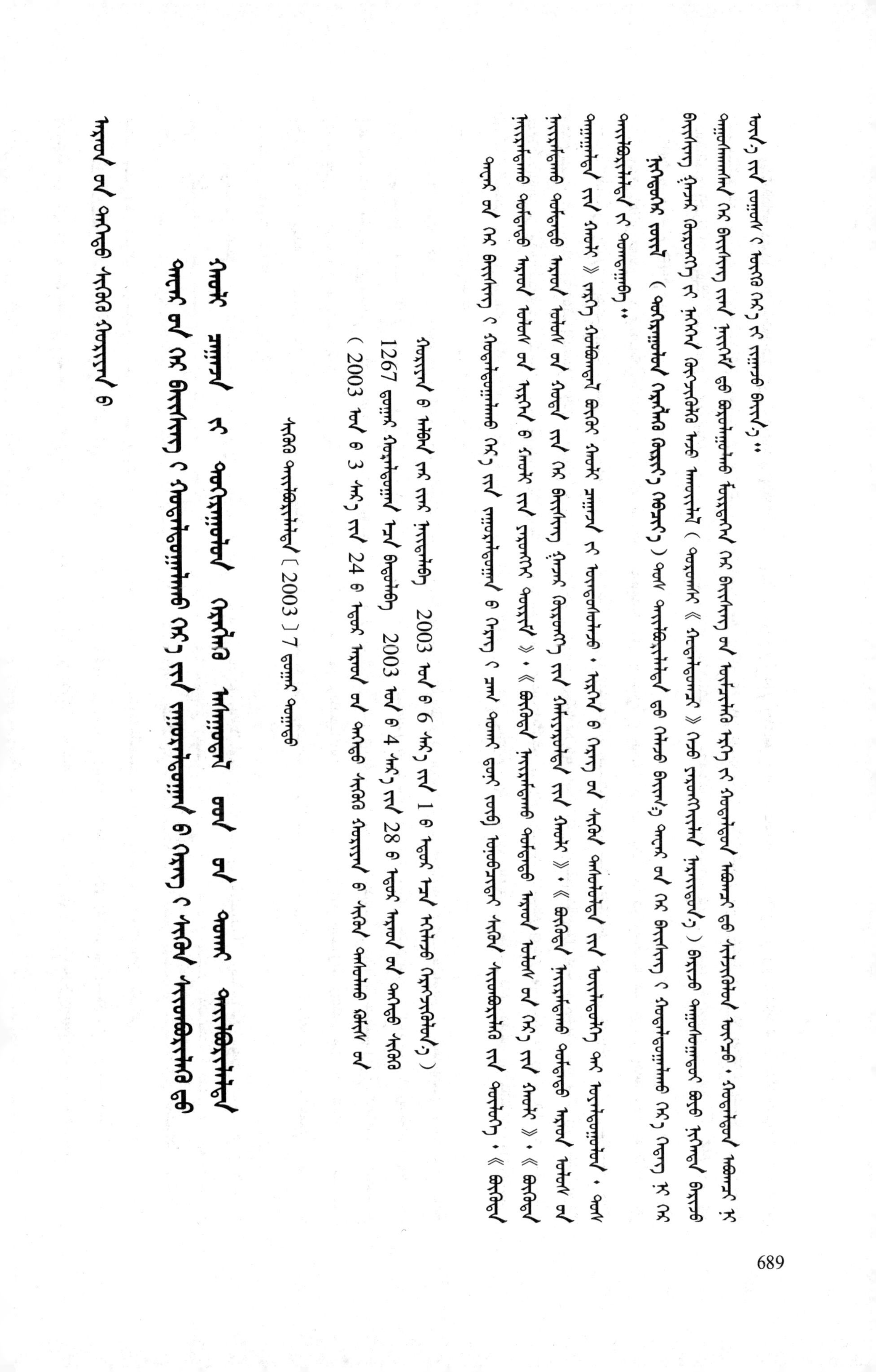

[illegible]

[illegible] [2003] 7 [illegible]

(2003 [illegible] 3 [illegible] 24 [illegible]
1267 [illegible] 2003 [illegible] 4 [illegible] 28 [illegible]
[illegible] 2003 [illegible] 6 [illegible] 1 [illegible])

[illegible]

ᠭᠤᠷᠪᠠᠳᠤᠭᠠᠷ ᠬᠡᠰᠡᠭ (ᠮᠣᠩᠭᠣᠯ ᠤᠨ ᠨᠢᠭᠤᠴᠠ ᠲᠣᠪᠴᠢᠶᠠᠨ ᠤ [illegible]) [illegible] ᠮᠣᠩᠭᠣᠯ ᠤᠨ ᠨᠢᠭᠤᠴᠠ ᠲᠣᠪᠴᠢᠶᠠᠨ ᠤ [illegible] ᠃

ᠳᠥᠷᠪᠡᠳᠦᠭᠡᠷ ᠬᠡᠰᠡᠭ ([illegible]) ᠮᠣᠩᠭᠣᠯ ᠤᠨ ᠨᠢᠭᠤᠴᠠ ᠲᠣᠪᠴᠢᠶᠠᠨ [illegible] ᠃

ᠲᠠᠪᠤᠳᠤᠭᠠᠷ ᠬᠡᠰᠡᠭ (ᠮᠣᠩᠭᠣᠯ ᠤᠨ ᠨᠢᠭᠤᠴᠠ ᠲᠣᠪᠴᠢᠶᠠᠨ ᠤ [illegible]) [illegible] ᠃

ᠵᠢᠷᠭᠤᠳᠤᠭᠠᠷ ᠬᠡᠰᠡᠭ ([illegible]) ᠮᠣᠩᠭᠣᠯ ᠤᠨ ᠨᠢᠭᠤᠴᠠ ᠲᠣᠪᠴᠢᠶᠠᠨ ᠤ [illegible] ᠃

ᠲᠣᠯᠣᠳᠤᠭᠠᠷ ᠬᠡᠰᠡᠭ ([illegible]) [illegible] ᠮᠣᠩᠭᠣᠯ ᠤᠨ ᠨᠢᠭᠤᠴᠠ ᠲᠣᠪᠴᠢᠶᠠᠨ ᠤ [illegible]

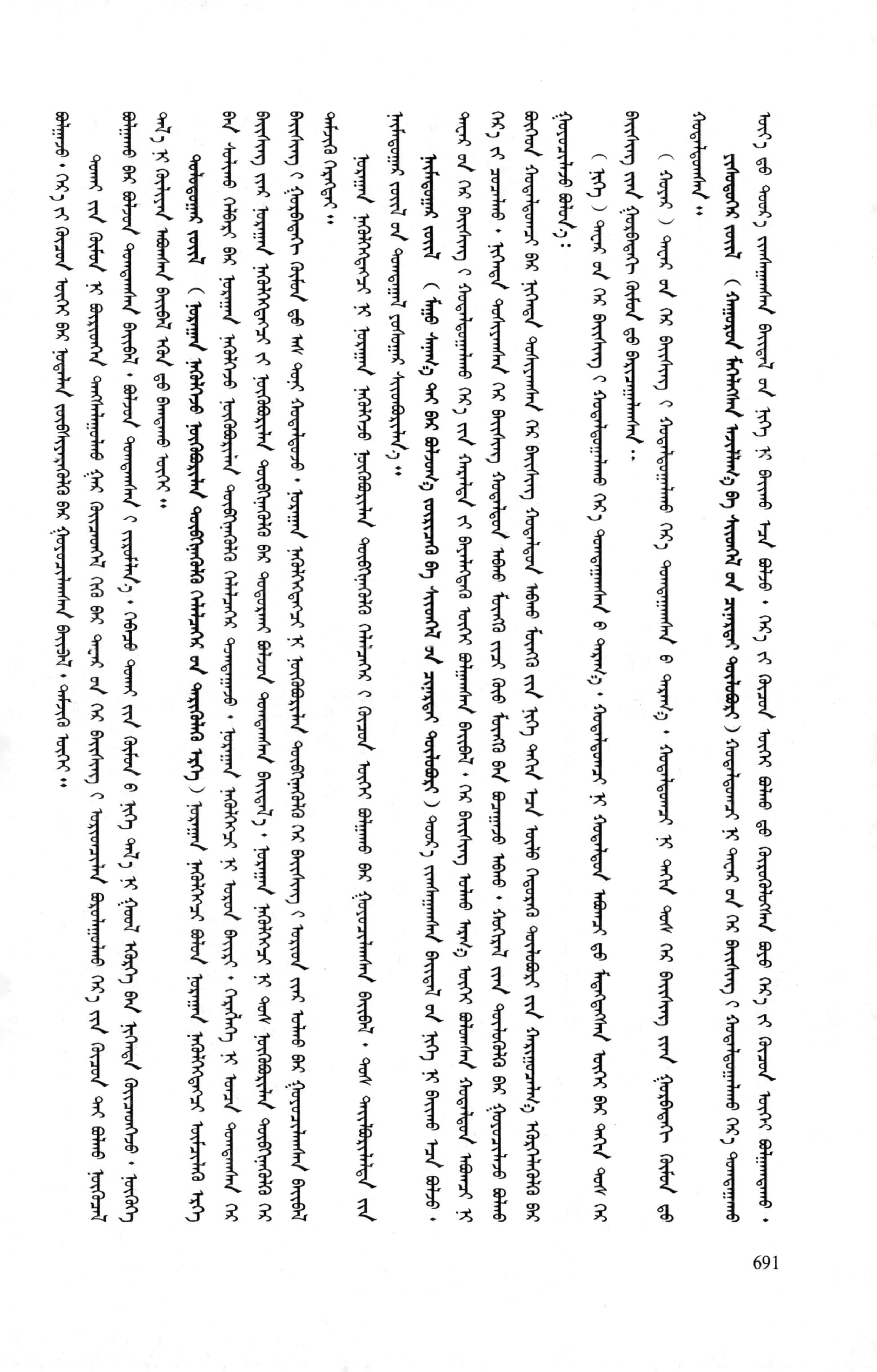

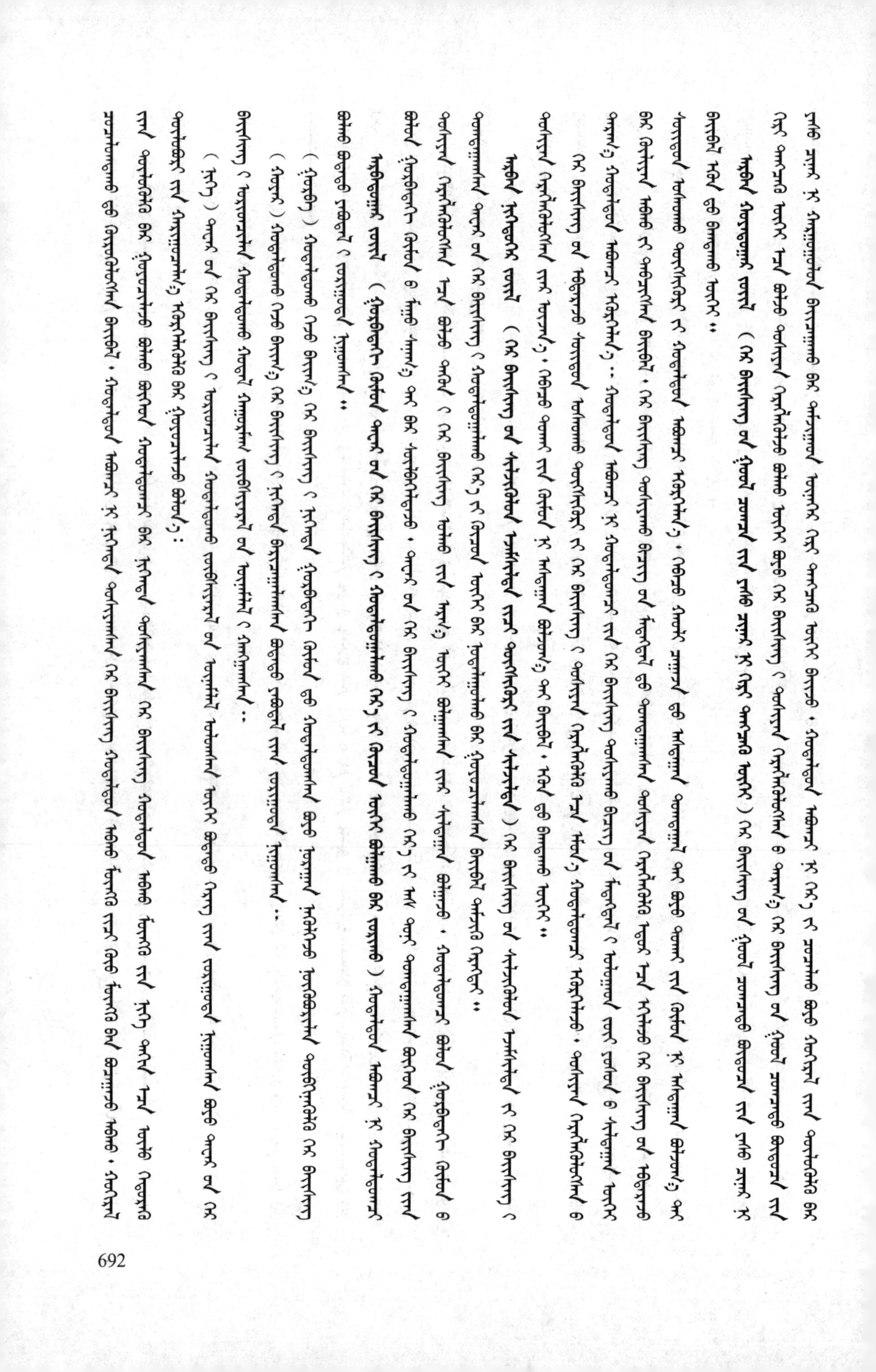

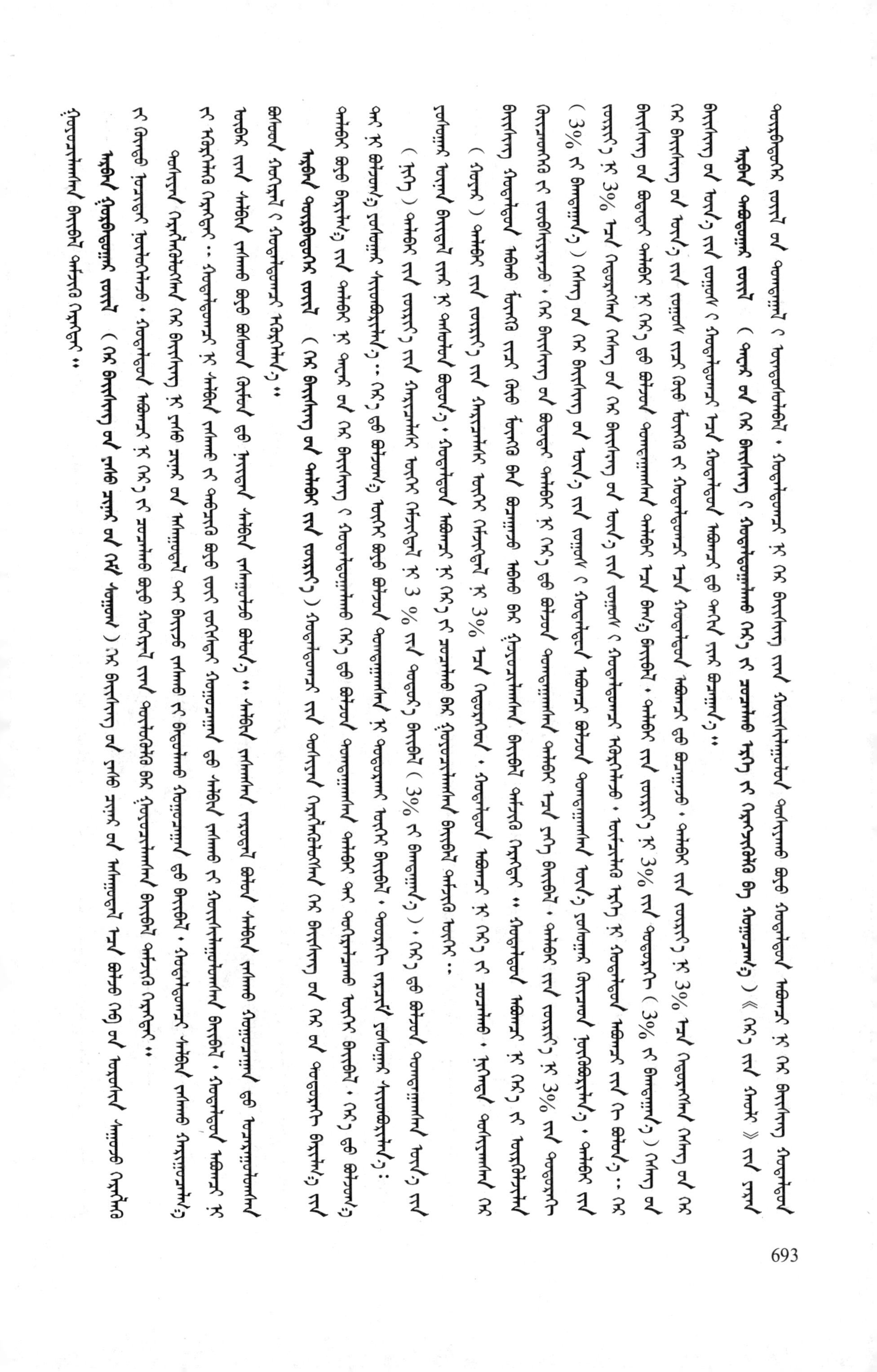

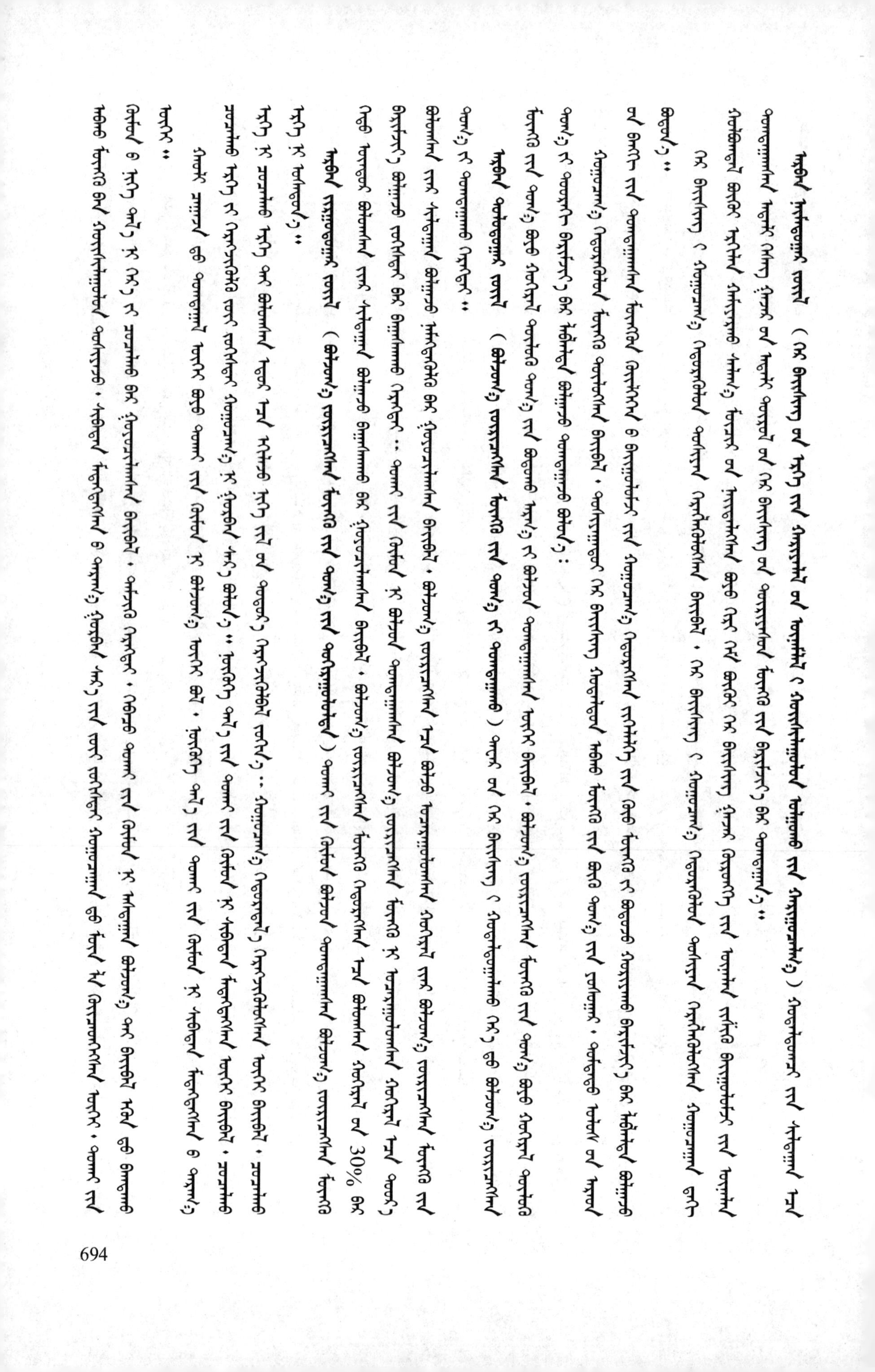

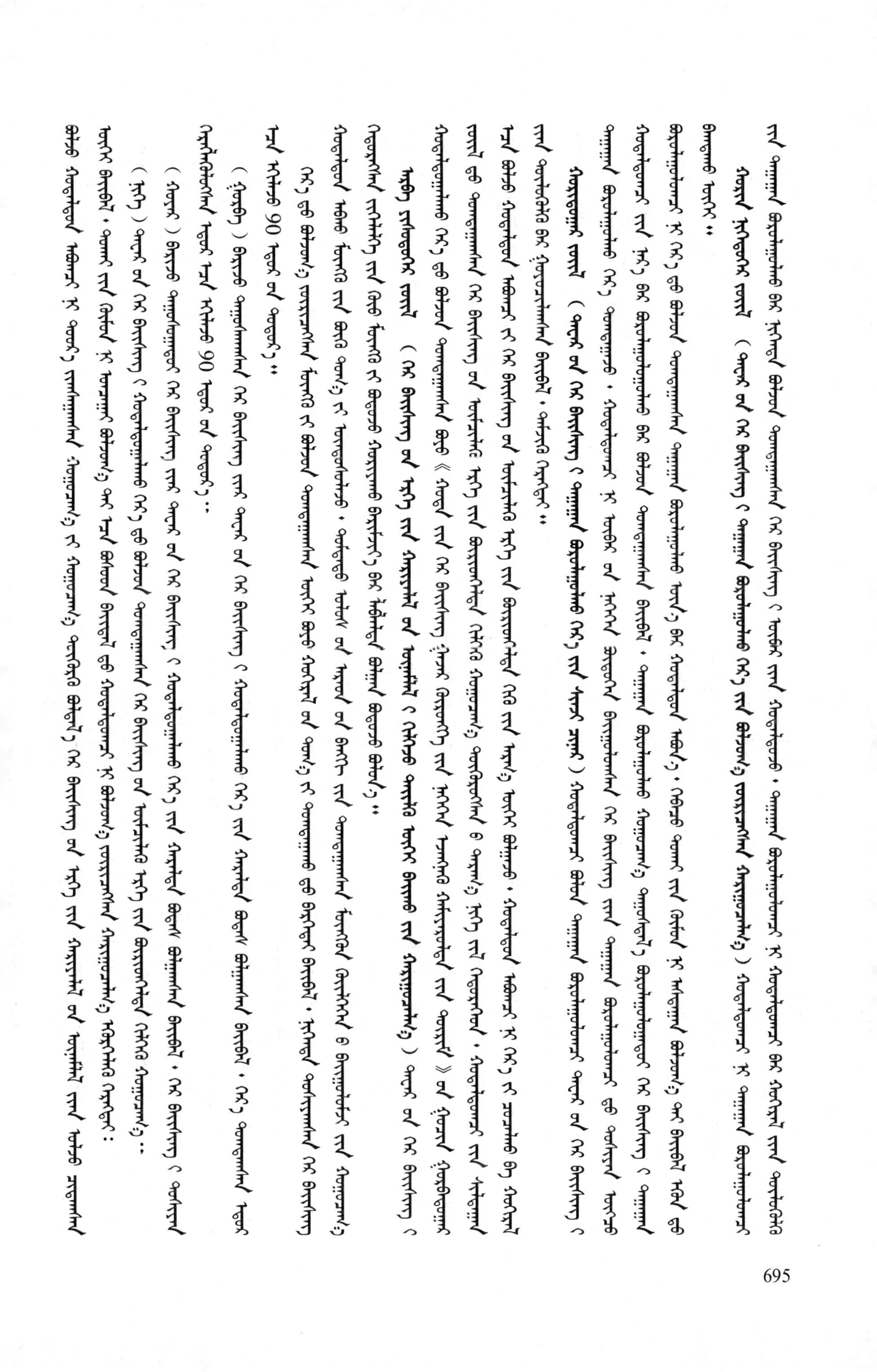

[illegible]

[illegible]

[illegible]

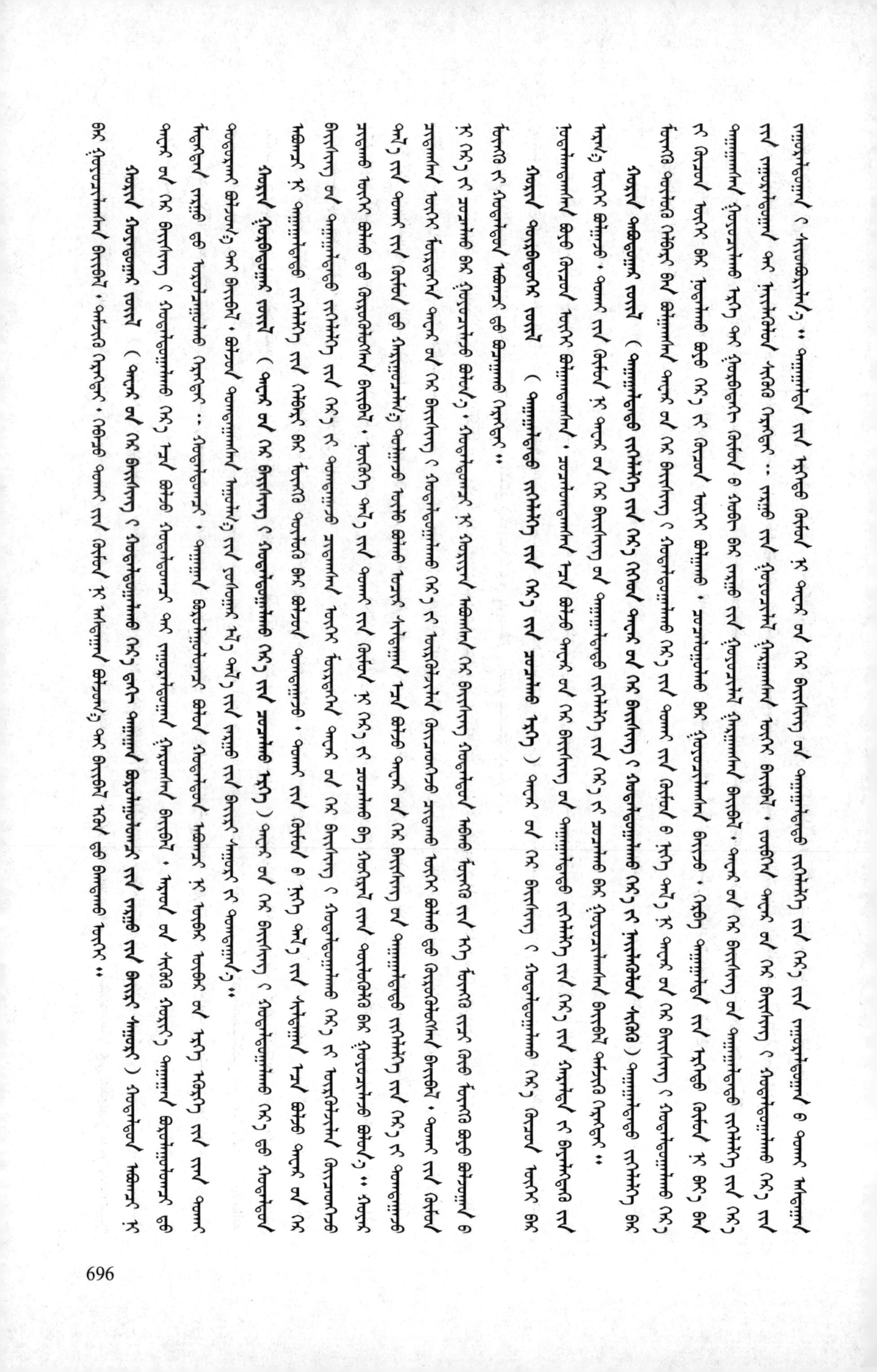

[illegible]

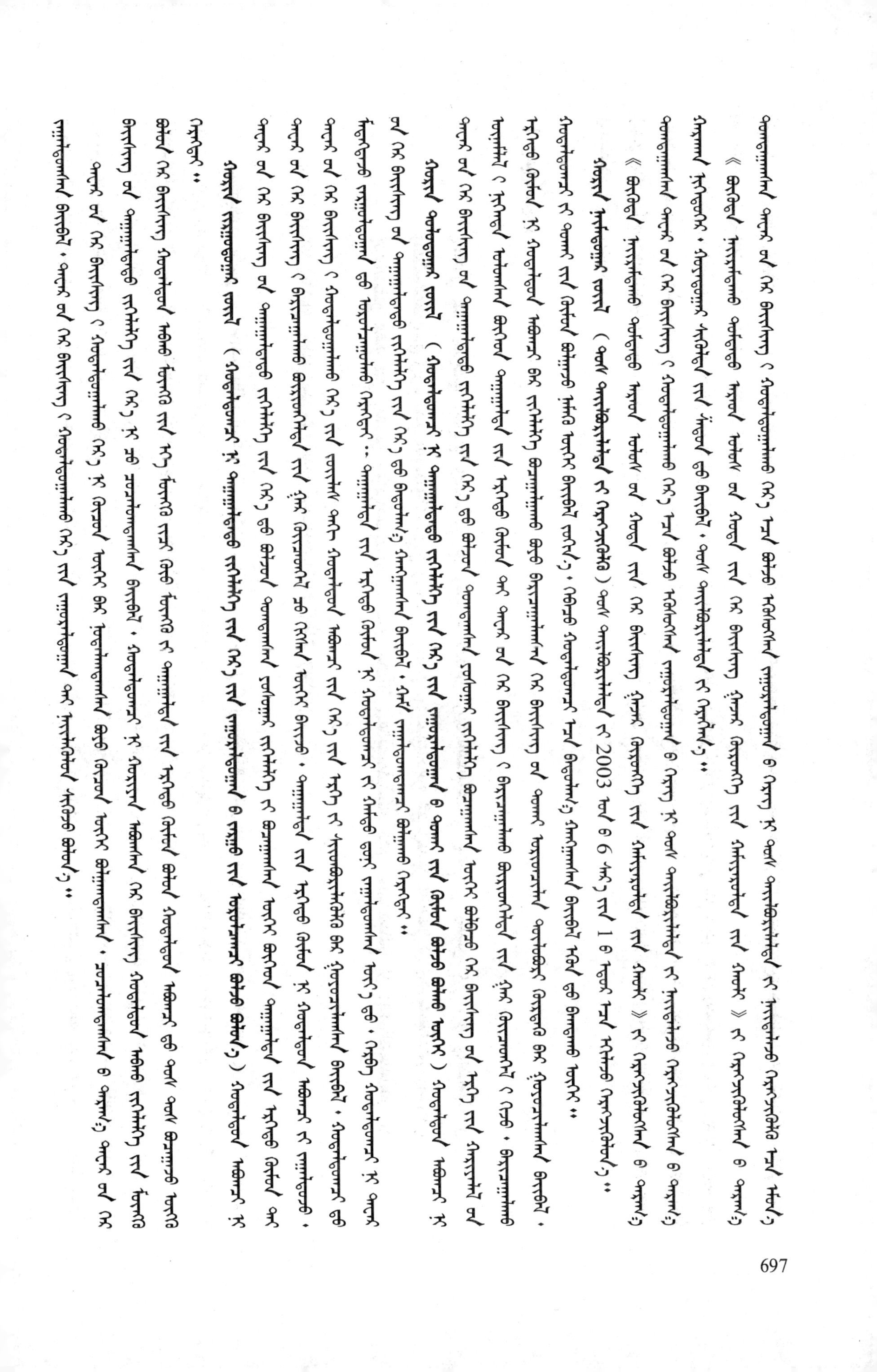

[illegible] [illegible]

[illegible] ::

《 [illegible] [illegible] [illegible] [illegible] [illegible] 》 [illegible]

[illegible] 〈 [illegible] 》 [illegible]

[illegible] ::

【 ᠲᠠᠶᠢᠯᠪᠤᠷᠢ 】

> [illegible] 《 [illegible] 》 [illegible] 《 [illegible] 》 [illegible]

ᠨᠢᠭᠡ᠂ [illegible]

[illegible] 2003 ᠣᠨ ᠤ 5 ᠰᠠᠷ᠎ᠠ ᠶᠢᠨ 7 ᠤ ᠡᠳᠦᠷ 《 [illegible] 》 [illegible] ([illegible] 《 [illegible] 》 [illegible]) [illegible] ᠃

[illegible] : [illegible] 1995 ᠣᠨ ᠤ 12 ᠰᠠᠷ᠎ᠠ ᠶᠢᠨ 27 ᠤ ᠡᠳᠦᠷ [illegible] 《 [illegible] :: [illegible] 《

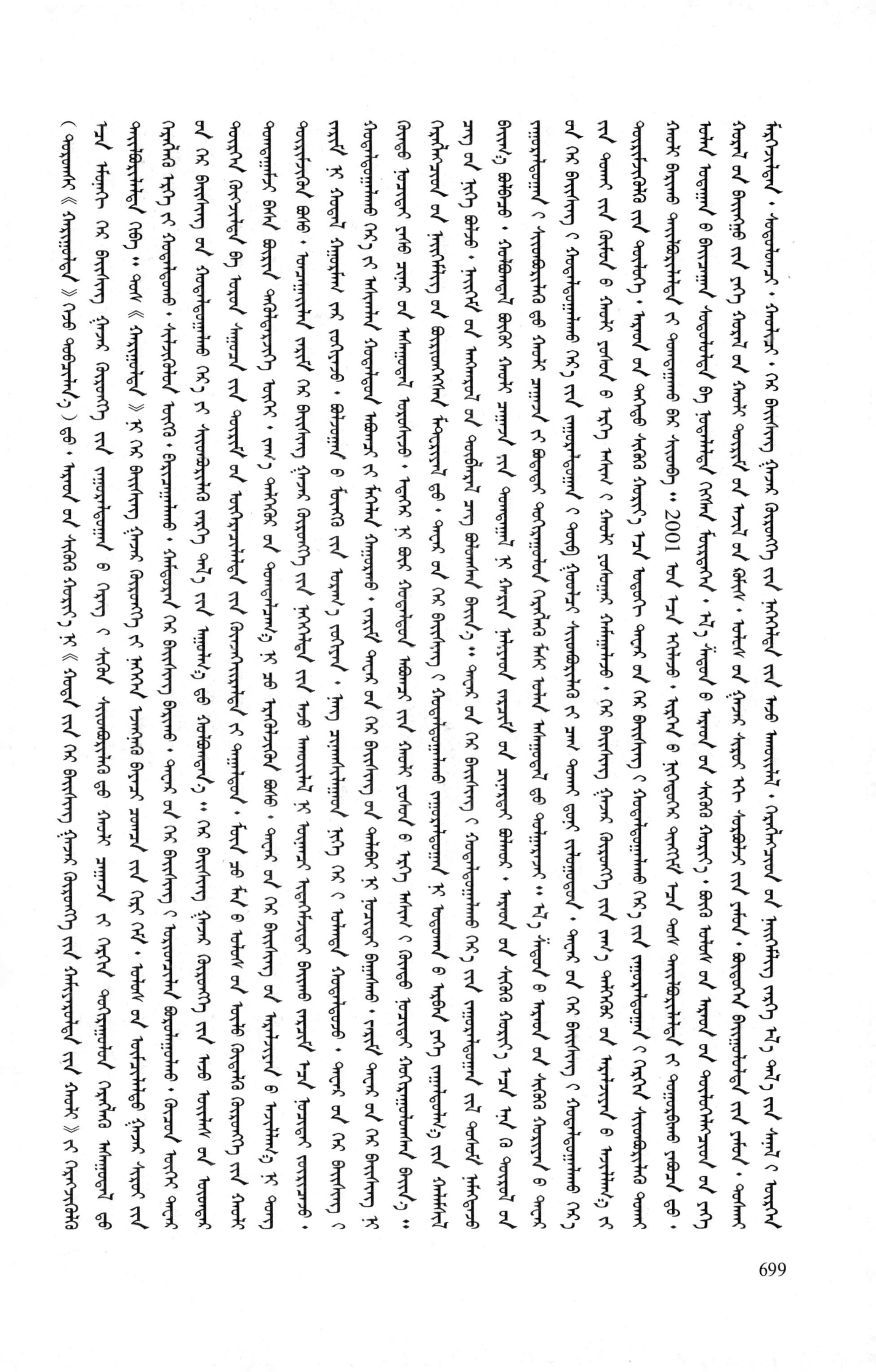

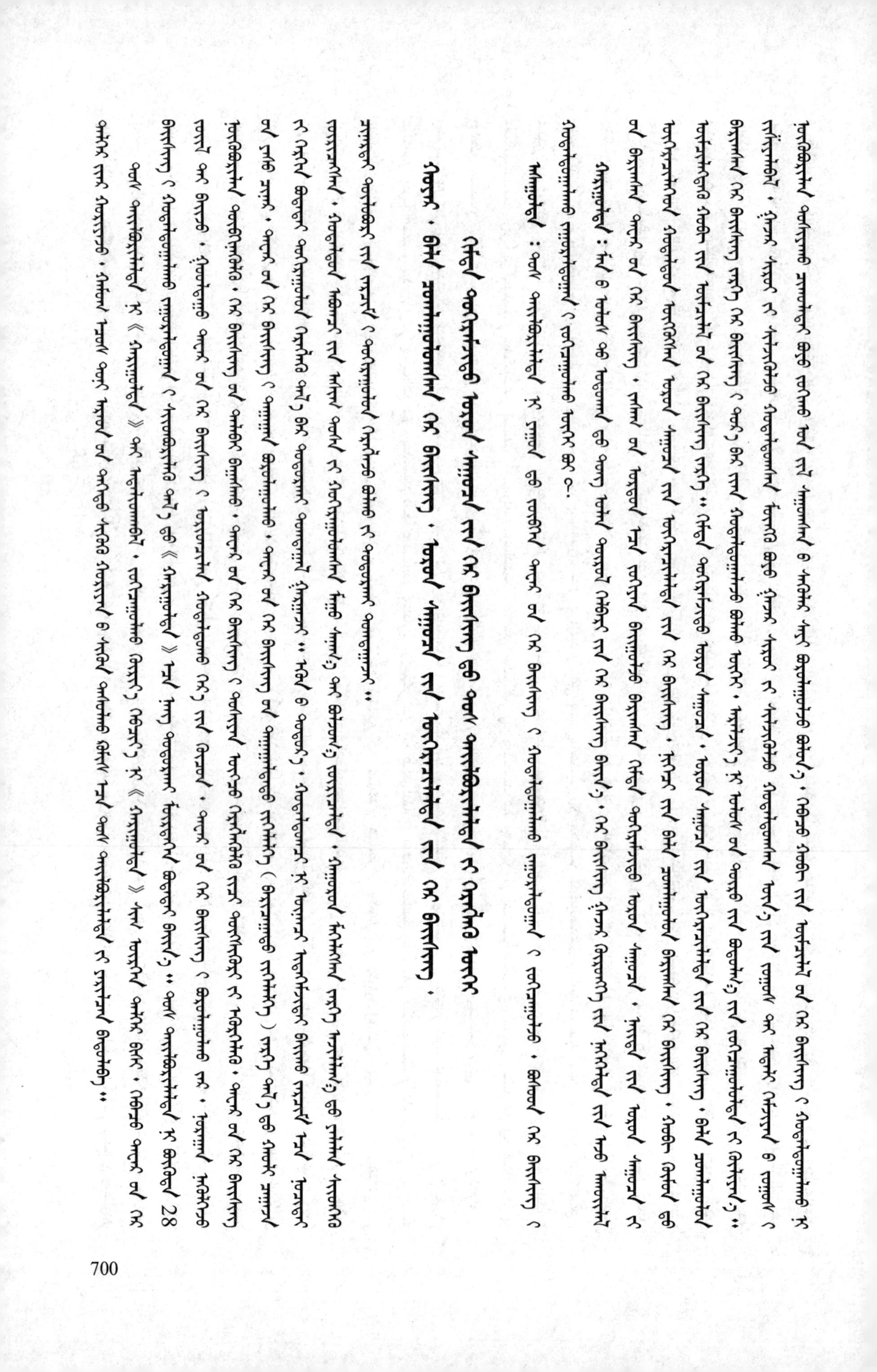

[illegible] ᠃

[illegible] 28 [illegible] ᠃

[illegible]

[illegible] ?

[illegible]

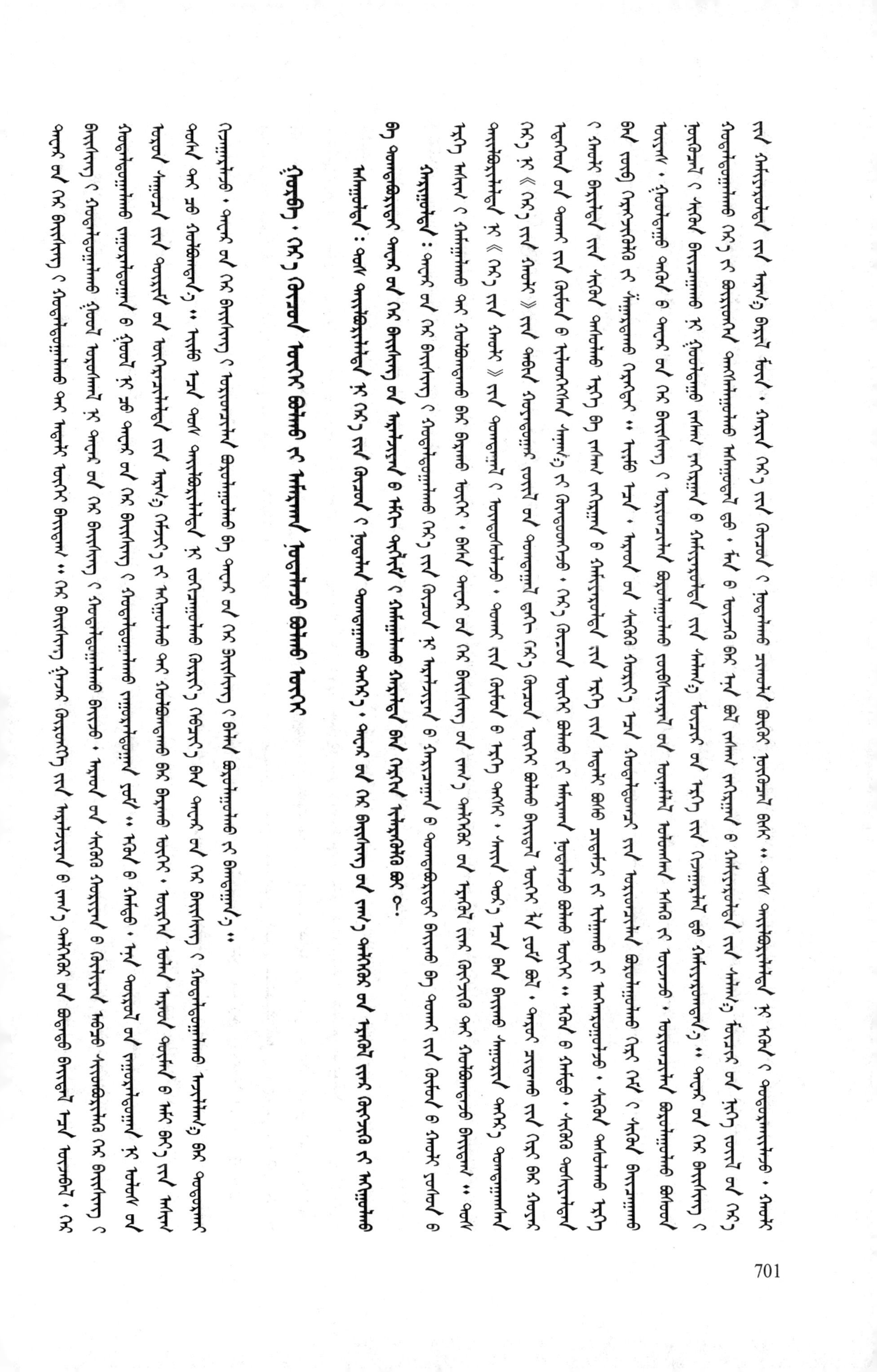

[illegible]

[illegible]

[illegible]

[illegible]

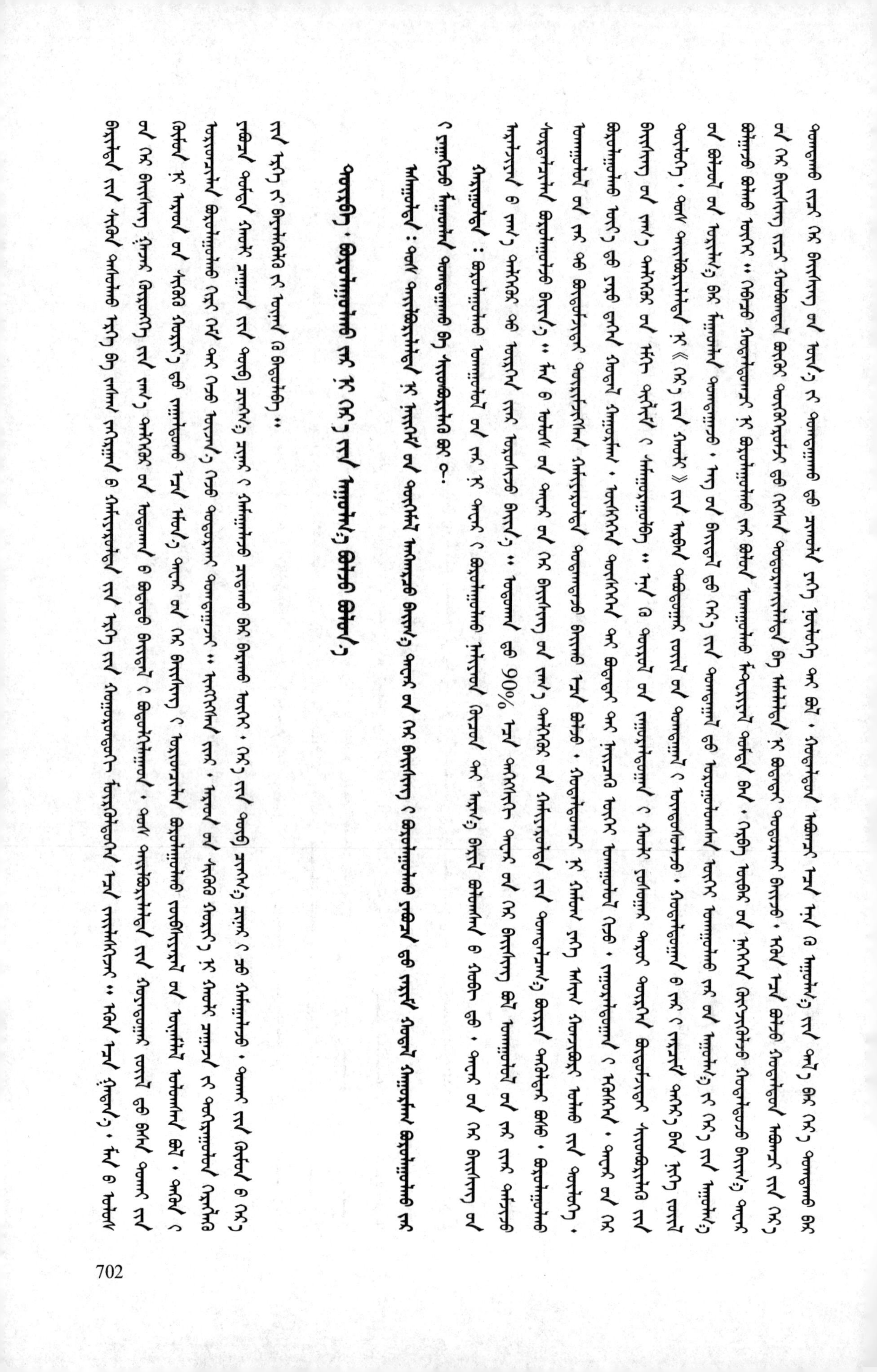

ᠲᠠᠪᠤ᠂ ᠮᠣᠩᠭᠣᠯ ᠬᠡᠯᠡᠨ ᠦ ᠪᠠᠷᠢᠮᠲᠠ ᠳᠤ ᠲᠣᠭᠠᠨ ᠪᠦᠷᠢᠳᠬᠡᠯ ᠦᠨ ᠠᠷᠭ᠎ᠠ ᠶᠢ ᠬᠡᠷᠡᠭᠯᠡᠭᠰᠡᠨ ᠨᠢ

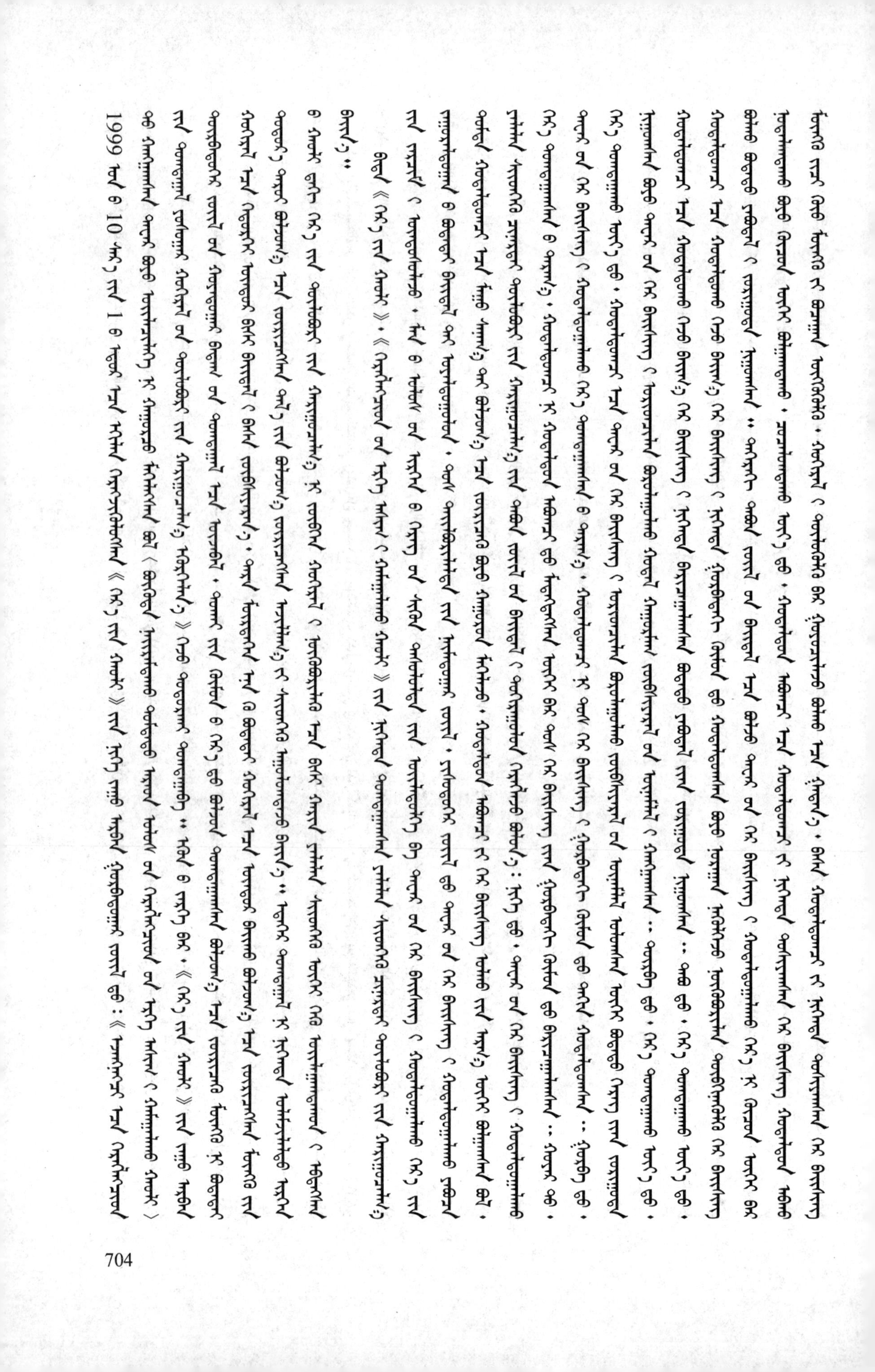

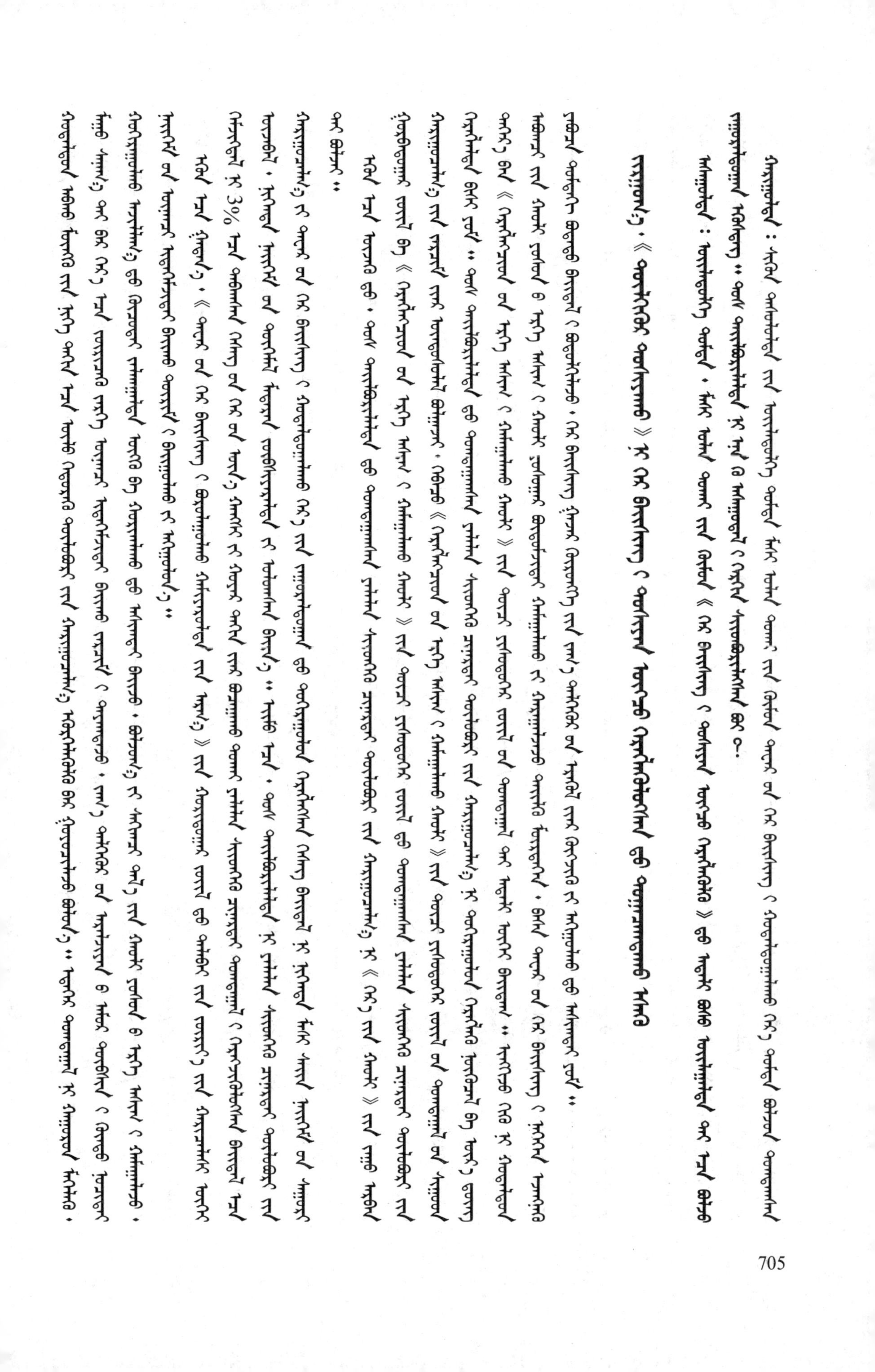

[illegible]

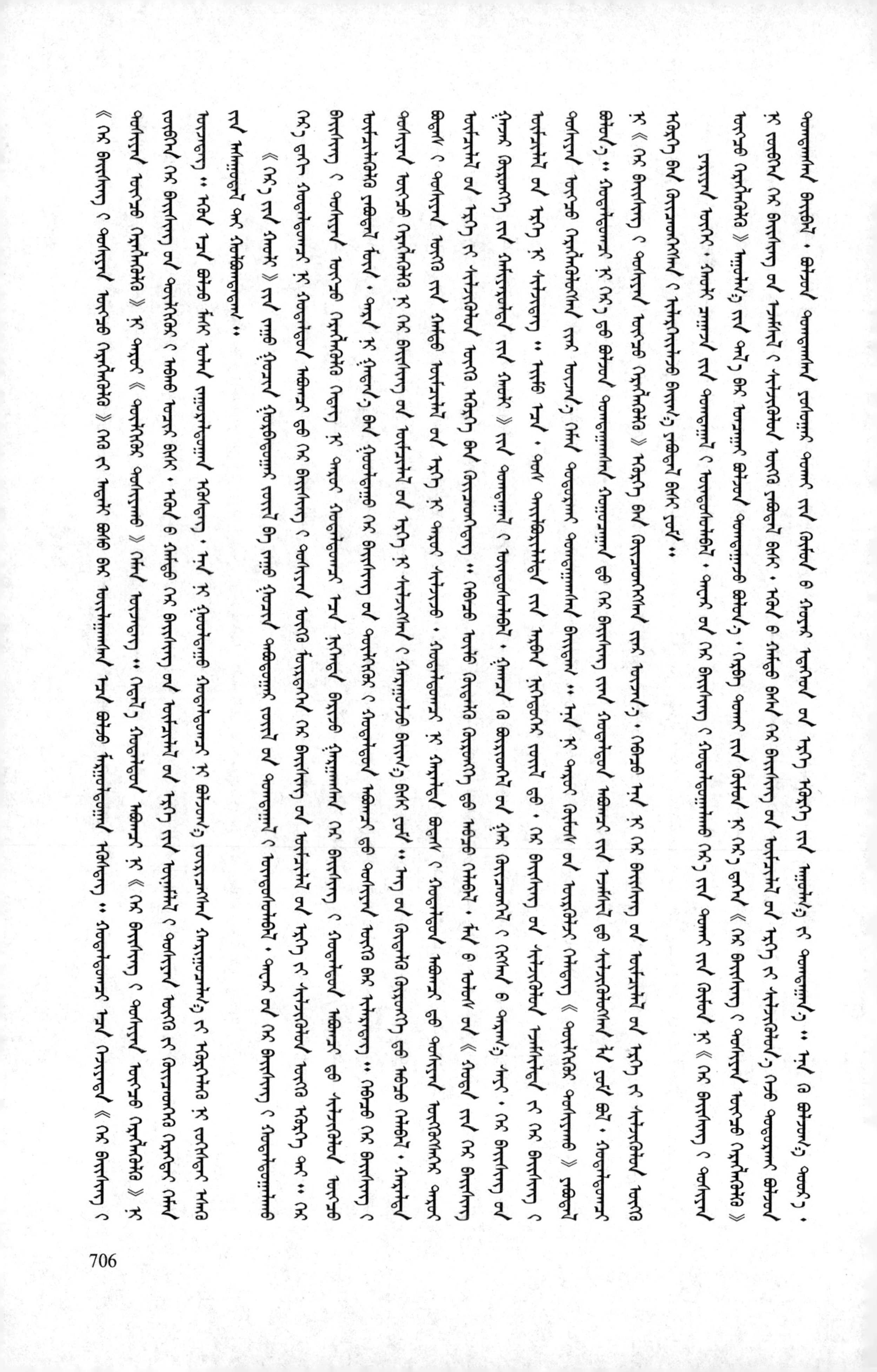

[illegible]

[illegible]

[illegible]

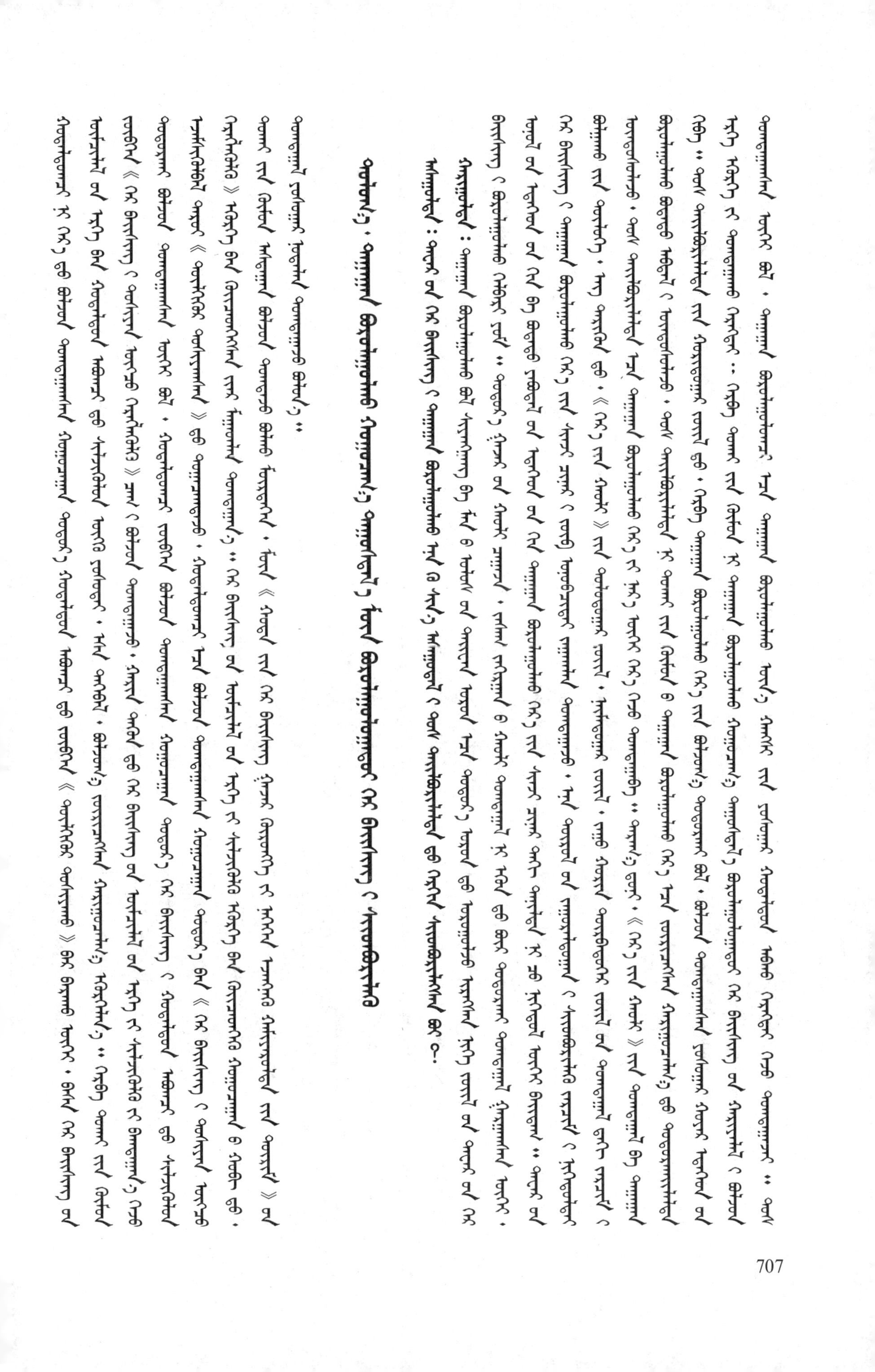

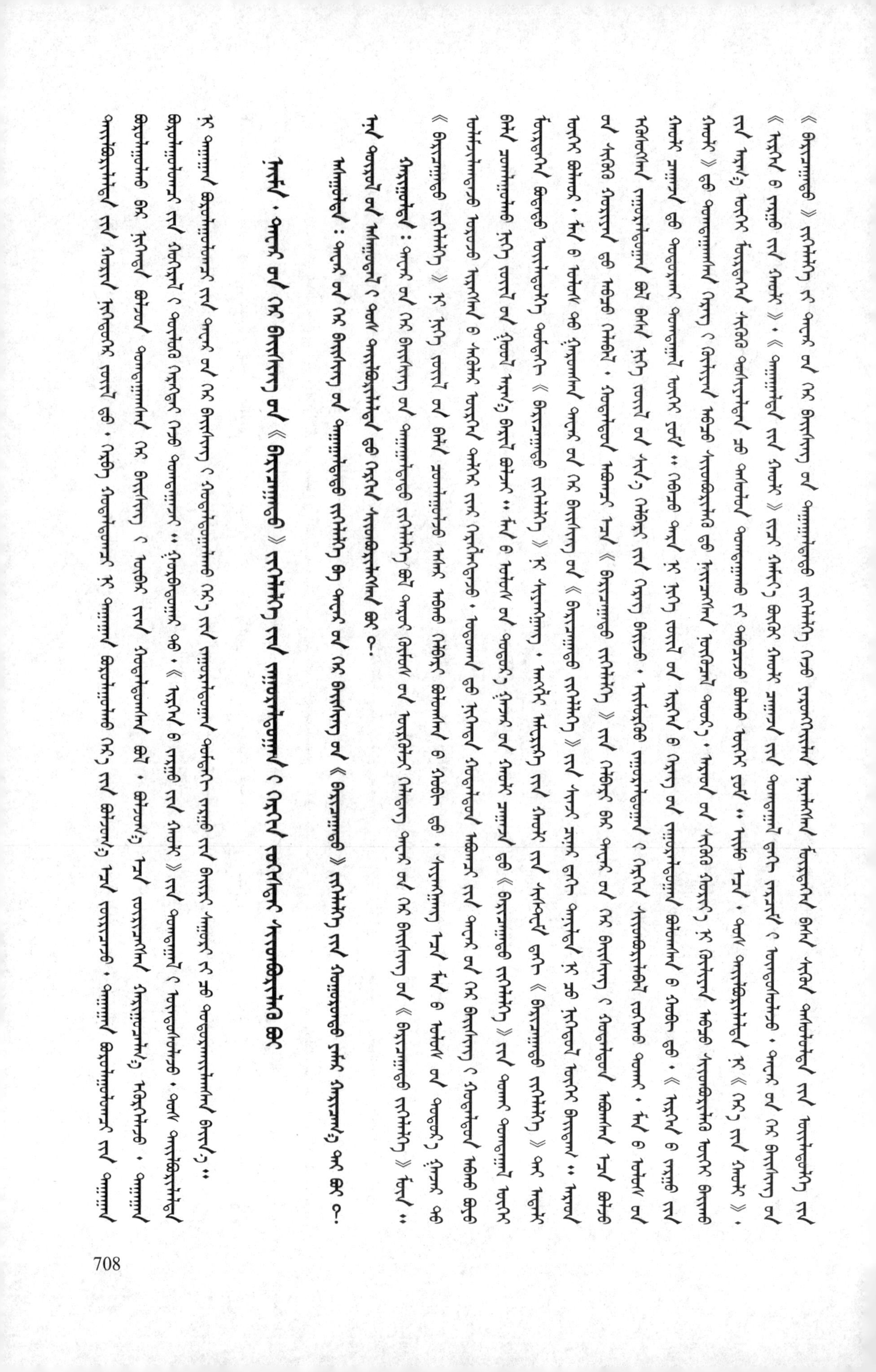

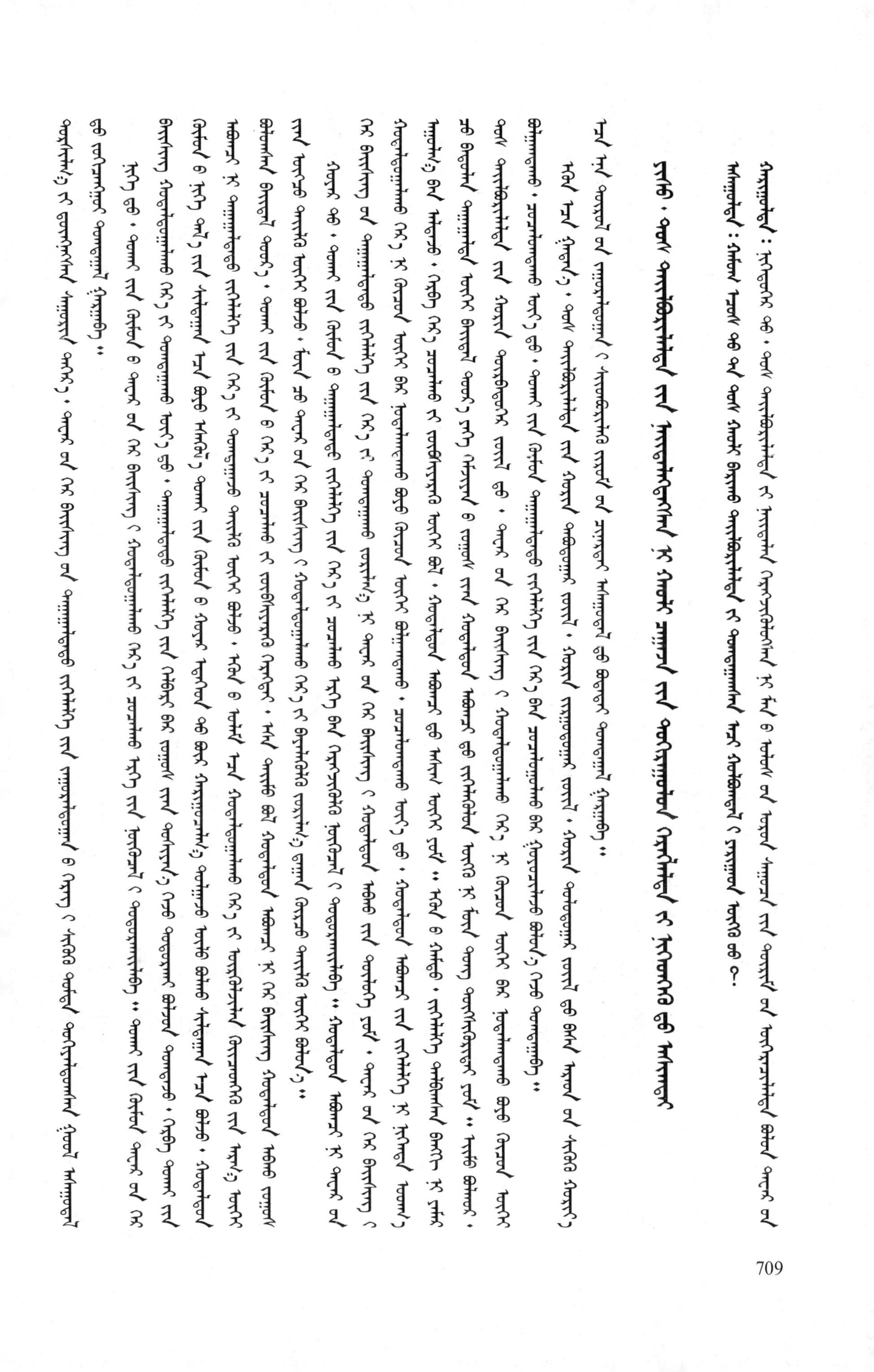

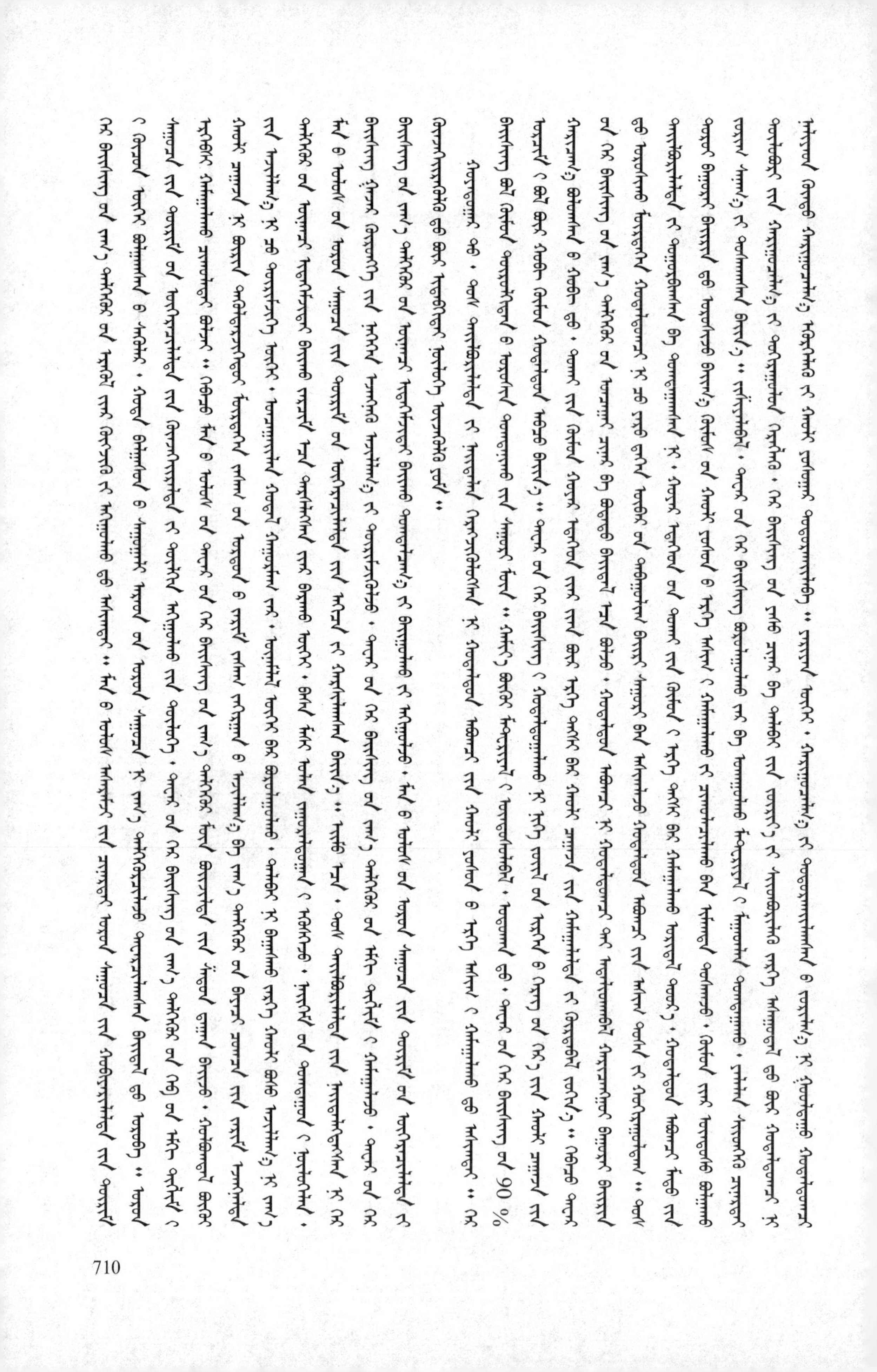

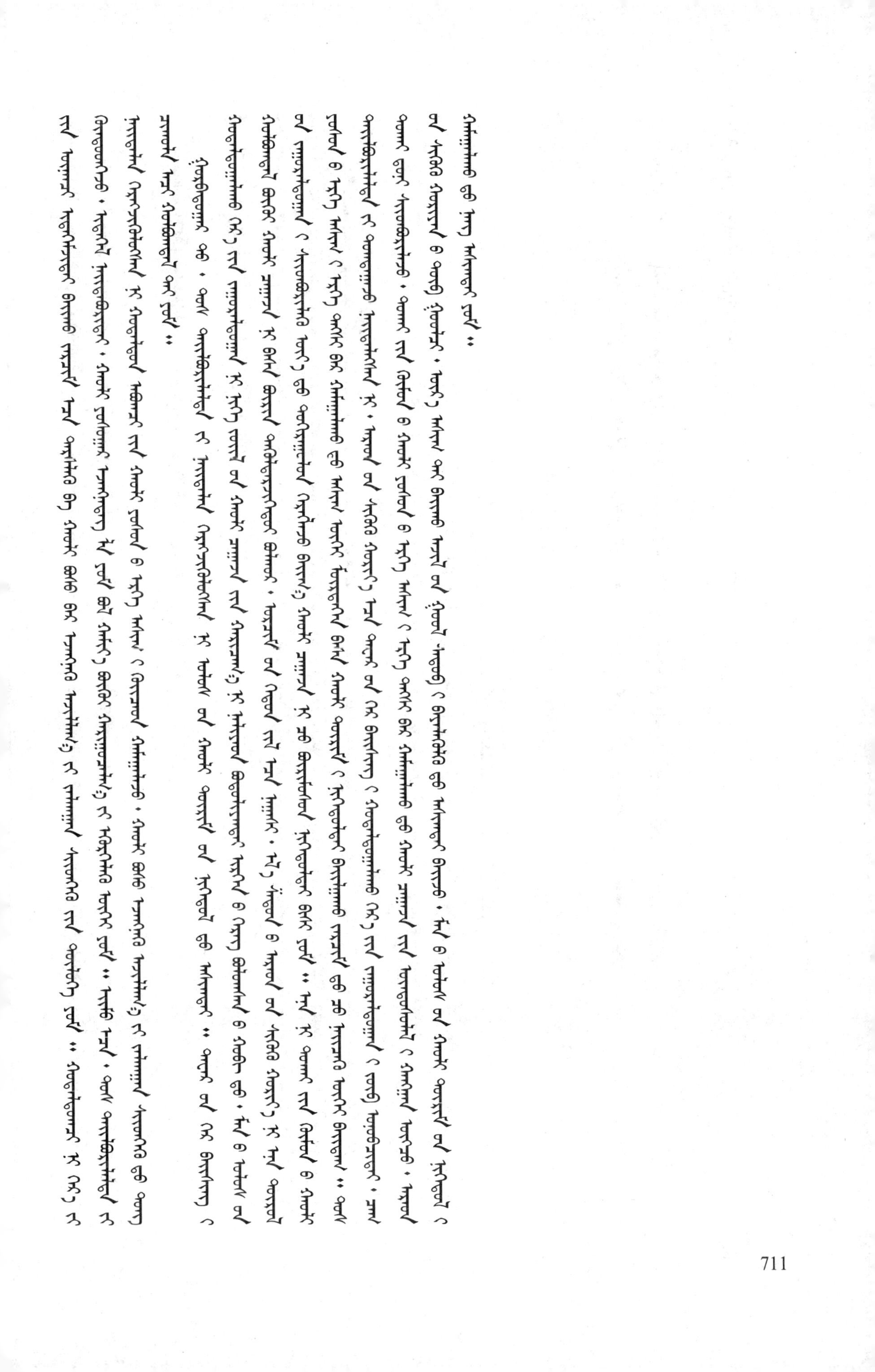

ᠵᠢᠴᠢ ᠪᠤᠰᠤᠳ ᠬᠢ ᠪᠠᠷᠢᠮᠲᠠ ᠪᠢᠴᠢᠭ ᠨᠣᠲᠤᠯᠭ᠎ᠠ᠂ ᠪᠠᠷᠢᠮᠲᠠ ᠨᠣᠲᠠᠯᠭ᠎ᠠ᠂ ᠬᠡᠷᠡᠭ ᠤᠨ ᠨᠥᠬᠦᠴᠡᠯ᠂ ᠨᠣᠲᠤᠯᠭ᠎ᠠ᠂ ᠬᠤᠪᠢ ᠬᠥᠮᠦᠨ ᠦ ᠰᠢᠭᠦᠬᠦ ᠶᠠᠮᠤᠨ ᠤ ᠬᠠᠷᠢᠭᠤᠴᠠᠯᠭ᠎ᠠ ᠲᠠᠢ ᠪᠠ
ᠬᠤᠷᠢᠶᠠᠩᠭᠤᠢ ᠬᠡᠰᠡᠭ (ᠰᠢᠭᠦᠬᠦ ᠶᠠᠮᠤᠨ ᠤ ᠪᠠᠷᠢᠮᠲᠠ ᠶᠢ ᠬᠦᠯᠢᠶᠡᠨ ᠠᠪᠬᠤ ᠪᠠᠷ ᠵᠦᠢᠲᠡᠢ) ᠪᠣᠯᠤᠨ ᠲᠡᠷᠡ ᠪᠠᠷᠢᠮᠲᠠ ᠶᠢᠨ ᠰᠢᠯᠭᠠᠨ ᠪᠠᠲᠤᠯᠠᠬᠤ ᠳᠤ ᠬᠦ ᠬᠡᠷᠡᠭᠯᠡᠨ᠎ᠡ᠃

ᠲᠠᠪᠤ᠂ ᠰᠢᠭᠦᠬᠦ ᠶᠠᠮᠤᠨ ᠤ ᠪᠠᠷᠢᠮᠲᠠ ᠶᠢᠨ ᠲᠤᠬᠠᠢ ᠪᠤᠰᠤᠳ ᠠᠰᠠᠭᠤᠳᠠᠯ

ᠲᠤᠰ ᠵᠢᠭᠠᠯᠲᠠ ᠶᠢ ᠨᠡᠢᠲᠡᠯᠡᠭᠰᠡᠨ ᠡᠳᠦᠷ ᠡᠴᠡ ᠡᠬᠢᠯᠡᠨ ᠬᠡᠷᠡᠭᠵᠢᠭᠦᠯᠦᠨ᠎ᠡ᠃
ᠲᠤᠰ ᠵᠢᠭᠠᠯᠲᠠ ᠨᠡᠢᠲᠡᠯᠡᠭᠰᠡᠨ ᠡᠴᠡ ᠬᠣᠢᠰᠢ᠂ ᠬᠡᠷᠡᠭ ᠤᠨ ᠵᠢᠭᠠᠯᠲᠠ ᠶᠢᠨ ᠲᠤᠬᠠᠢ ᠲᠤᠰ ᠵᠢᠭᠠᠯᠲᠠ 《ᠪᠦᠭᠦᠳᠡ ᠨᠠᠶᠢᠷᠠᠮᠳᠠᠬᠤ ᠳᠤᠮᠳᠠᠳᠤ ᠠᠷᠠᠳ ᠤᠯᠤᠰ ᠤᠨ ᠬᠡᠷᠡᠭ ᠦᠨ ᠵᠢᠭᠠᠯᠲᠠ ᠶᠢᠨ ᠬᠠᠤᠯᠢ》᠂《ᠪᠦᠭᠦᠳᠡ ᠨᠠᠶᠢᠷᠠᠮᠳᠠᠬᠤ ᠳᠤᠮᠳᠠᠳᠤ ᠠᠷᠠᠳ ᠤᠯᠤᠰ ᠤᠨ ᠰᠢᠭᠦᠬᠦ ᠶᠠᠮᠤᠨ ᠤ ᠬᠠᠤᠯᠢ》᠂《ᠪᠦᠭᠦᠳᠡ ᠨᠠᠶᠢᠷᠠᠮᠳᠠᠬᠤ ᠳᠤᠮᠳᠠᠳᠤ ᠠᠷᠠᠳ ᠤᠯᠤᠰ ᠤᠨ ᠢᠷᠭᠡᠨ ᠦ ᠬᠠᠤᠯᠢ》᠂《ᠪᠦᠭᠦᠳᠡ ᠨᠠᠶᠢᠷᠠᠮᠳᠠᠬᠤ ᠳᠤᠮᠳᠠᠳᠤ ᠠᠷᠠᠳ ᠤᠯᠤᠰ ᠤᠨ ᠬᠡᠷᠡᠭ ᠦᠨ ᠵᠢᠭᠠᠯᠲᠠ ᠶᠢᠨ ᠬᠠᠤᠯᠢ》 ᠵᠡᠷᠭᠡ ᠬᠠᠤᠯᠢ ᠶᠢᠨ ᠳᠦᠷᠢᠮ ᠢ ᠬᠠᠷᠭᠠᠯᠵᠠᠬᠤ ᠪᠣᠯ᠂ ᠰᠢᠭᠦᠬᠦ ᠶᠠᠮᠤᠨ ᠤ ᠪᠠᠷᠢᠮᠲᠠ ᠶᠢᠨ ᠲᠤᠬᠠᠢ ᠲᠤᠰ ᠵᠢᠭᠠᠯᠲᠠ ᠶᠢ ᠮᠥᠷᠳᠡᠯᠡᠨ᠎ᠡ᠃

(2012 ᠣᠨ ᠤ 3 ᠰᠠᠷ᠎ᠠ ᠶᠢᠨ 31 ᠤ ᠡᠳᠦᠷ ᠳᠡᠭᠡᠳᠦ ᠠᠷᠠᠳ ᠤᠨ ᠱᠢᠭᠦᠬᠦ ᠶᠠᠮᠤᠨ ᠤ ᠱᠢᠭᠦᠨ ᠲᠠᠰᠤᠯᠬᠤ ᠵᠥᠪᠯᠡᠯ ᠦᠨ
1545 ᠳᠤᠭᠠᠷ ᠬᠤᠷᠠᠯ ᠢᠶᠠᠷ ᠪᠠᠲᠤᠯᠠᠵᠤ᠂ 2012 ᠣᠨ ᠤ 5 ᠰᠠᠷ᠎ᠠ ᠶᠢᠨ 10 ᠤ ᠡᠳᠦᠷ ᠳᠡᠭᠡᠳᠦ ᠠᠷᠠᠳ ᠤᠨ ᠱᠢᠭᠦᠬᠦ
ᠶᠠᠮᠤᠨ ᠤ ᠨᠡᠢᠲᠡᠯᠡᠯ ᠢᠶᠠᠷ ᠨᠡᠢᠲᠡᠯᠡᠵᠦ᠂ 2012 ᠣᠨ ᠤ 7 ᠰᠠᠷ᠎ᠠ ᠶᠢᠨ 1 ᠦ ᠡᠳᠦᠷ ᠡᠴᠡ ᠡᠬᠢᠯᠡᠨ ᠬᠡᠷᠡᠭᠵᠢᠭᠦᠯᠦᠨ᠎ᠡ)

ᠱᠢᠭᠦᠨ ᠲᠠᠶᠢᠯᠪᠤᠷᠢᠯᠠᠯ〔2012〕8 ᠳ᠋ᠤᠭᠠᠷ ᠳ᠋ᠤᠭᠠᠷ

ᠳᠡᠭᠡᠳᠦ ᠠᠷᠠᠳ ᠤᠨ ᠱᠢᠭᠦᠬᠦ ᠶᠠᠮᠤᠨ ᠤ ᠬᠤᠳᠠᠯᠳᠤᠨ ᠠᠪᠬᠤ ᠬᠤᠳᠠᠯᠳᠤᠬᠤ ᠭᠡᠷ᠎ᠡ ᠶᠢᠨ ᠵᠢᠭᠦᠷ ᠤᠨ ᠬᠡᠷᠡᠭ ᠢ ᠰᠢᠭᠦᠨ ᠬᠢᠶᠠᠭᠠᠬᠤ ᠳᠤ ᠬᠠᠤᠯᠢ ᠶᠢ ᠬᠡᠷᠡᠭᠯᠡᠬᠦ ᠠᠰᠠᠭᠤᠳᠠᠯ ᠤᠨ ᠲᠤᠬᠠᠢ ᠲᠠᠶᠢᠯᠪᠤᠷᠢ

ᠬᠠᠤᠯᠢ ᠶᠢ ᠬᠡᠷᠡᠭᠯᠡᠬᠦ ᠠᠰᠠᠭᠤᠳᠠᠯ ᠤᠨ ᠤ

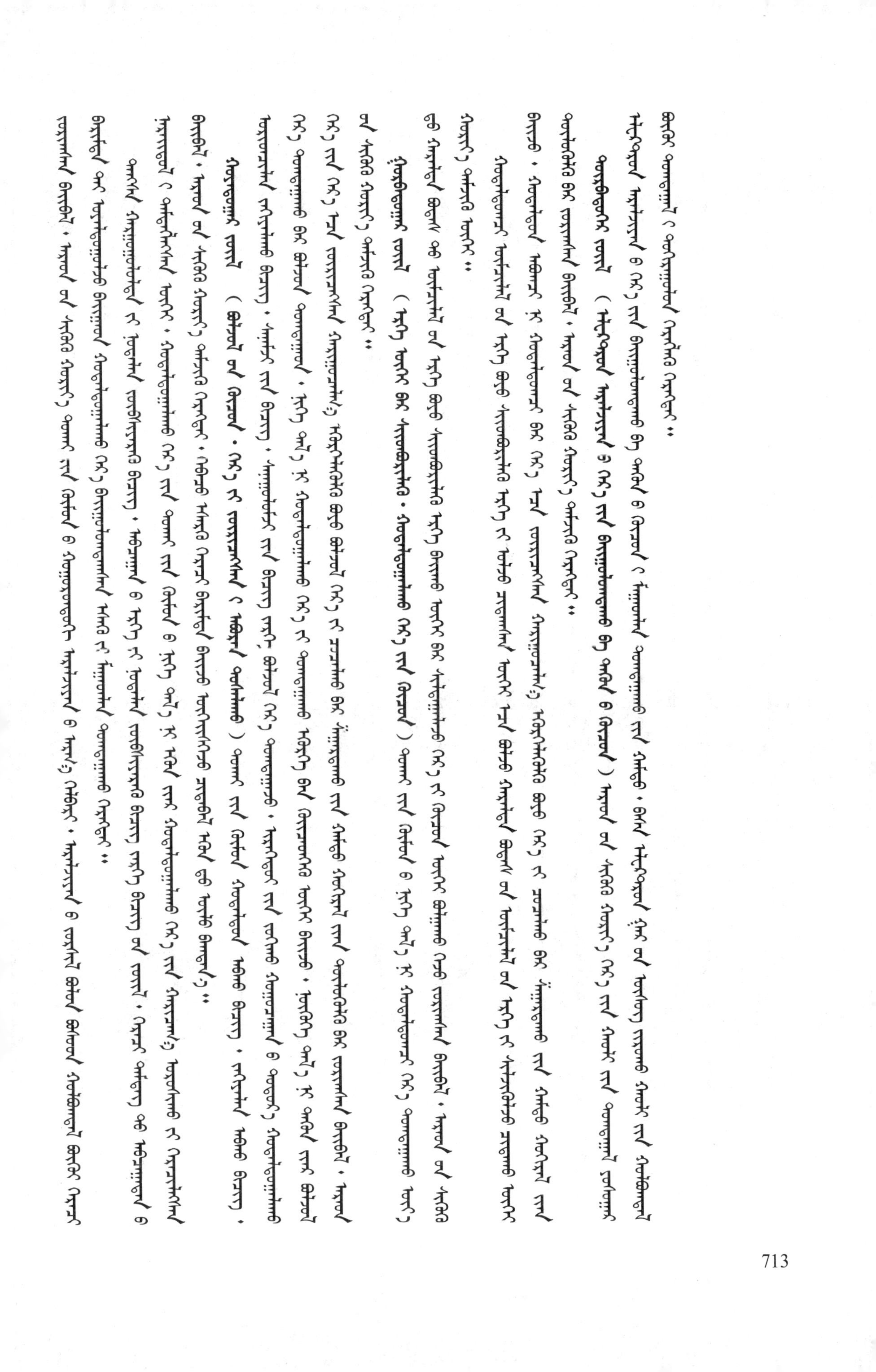

[illegible] ::

[illegible]
[illegible] ([illegible]) [illegible]
[illegible] ::

[illegible]
[illegible]
[illegible] ::

[illegible]
[illegible] ([illegible]) [illegible]
[illegible] ::

[illegible]
[illegible]
[illegible]
[illegible] ([illegible]) [illegible]
[illegible] ::

[illegible]
[illegible]
[illegible] ::

[illegible]

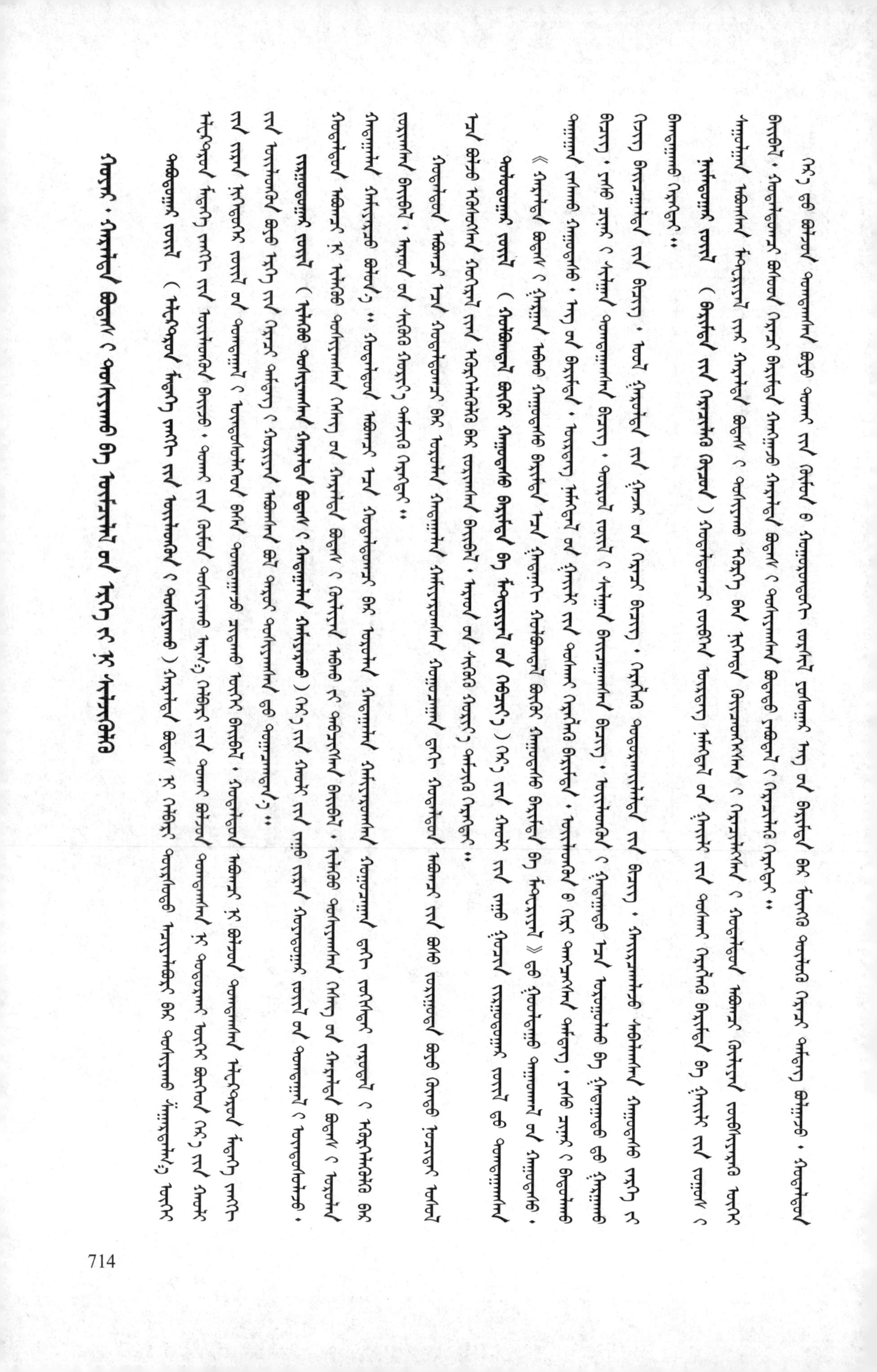

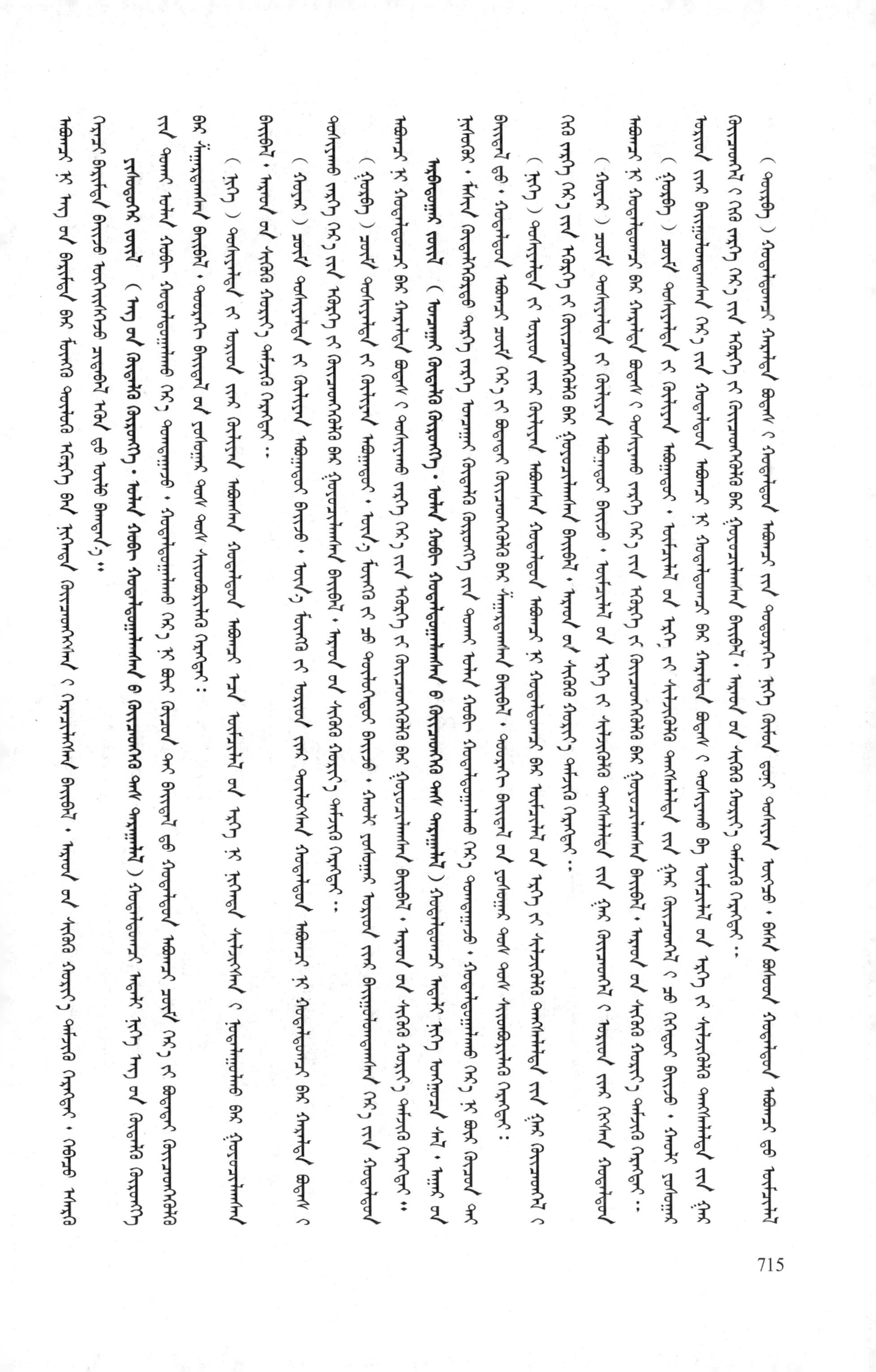

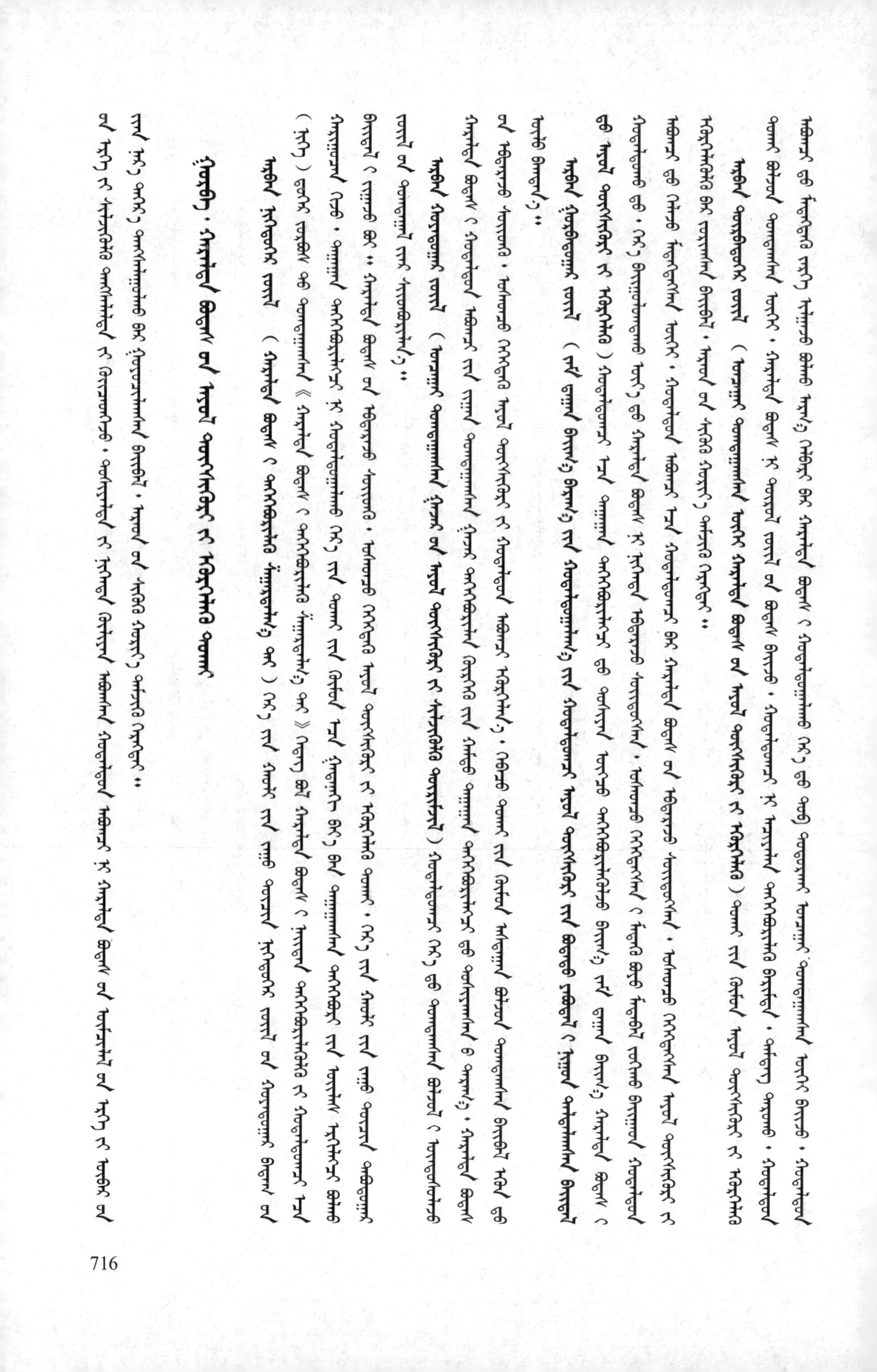

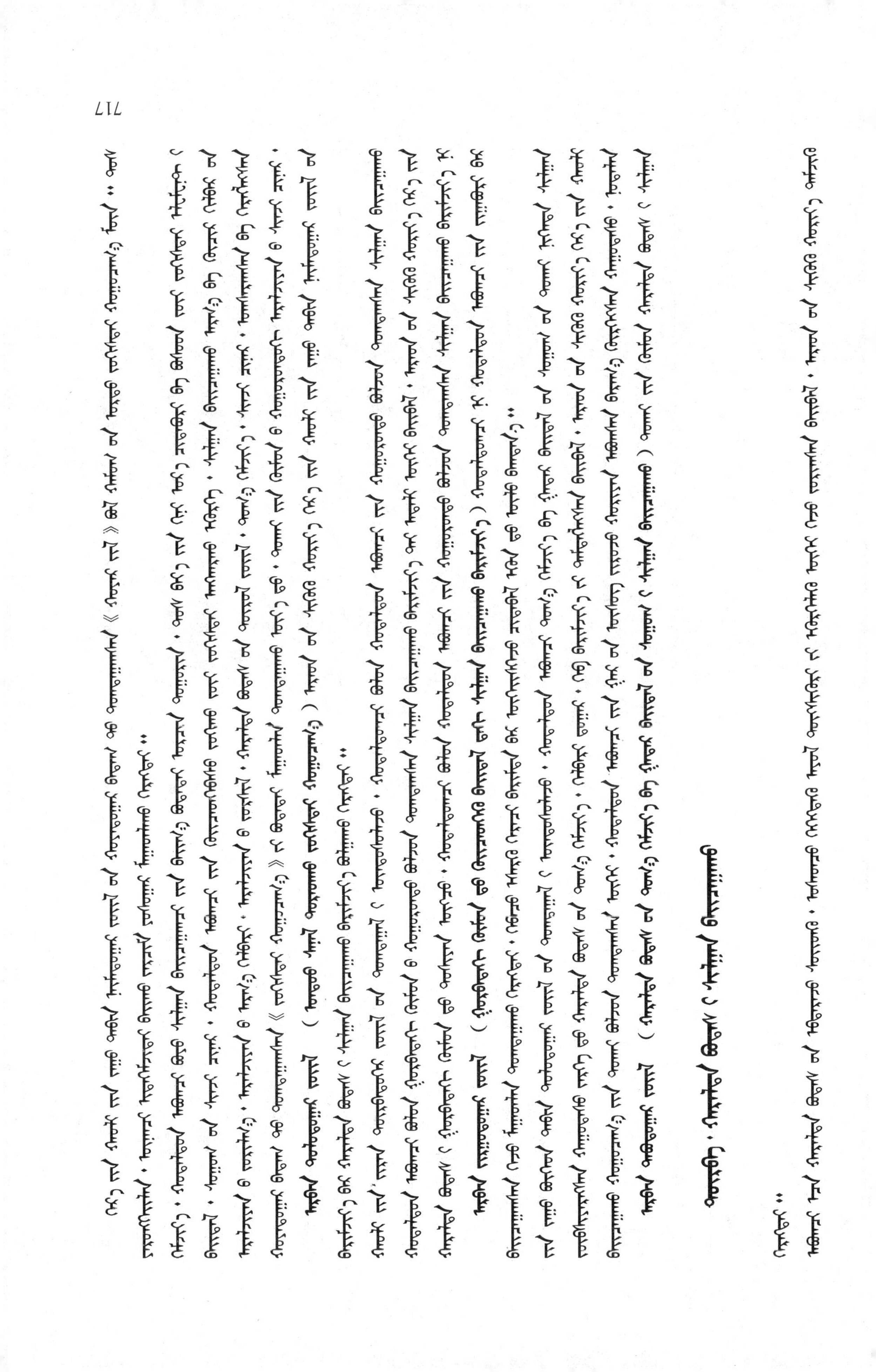

[illegible]

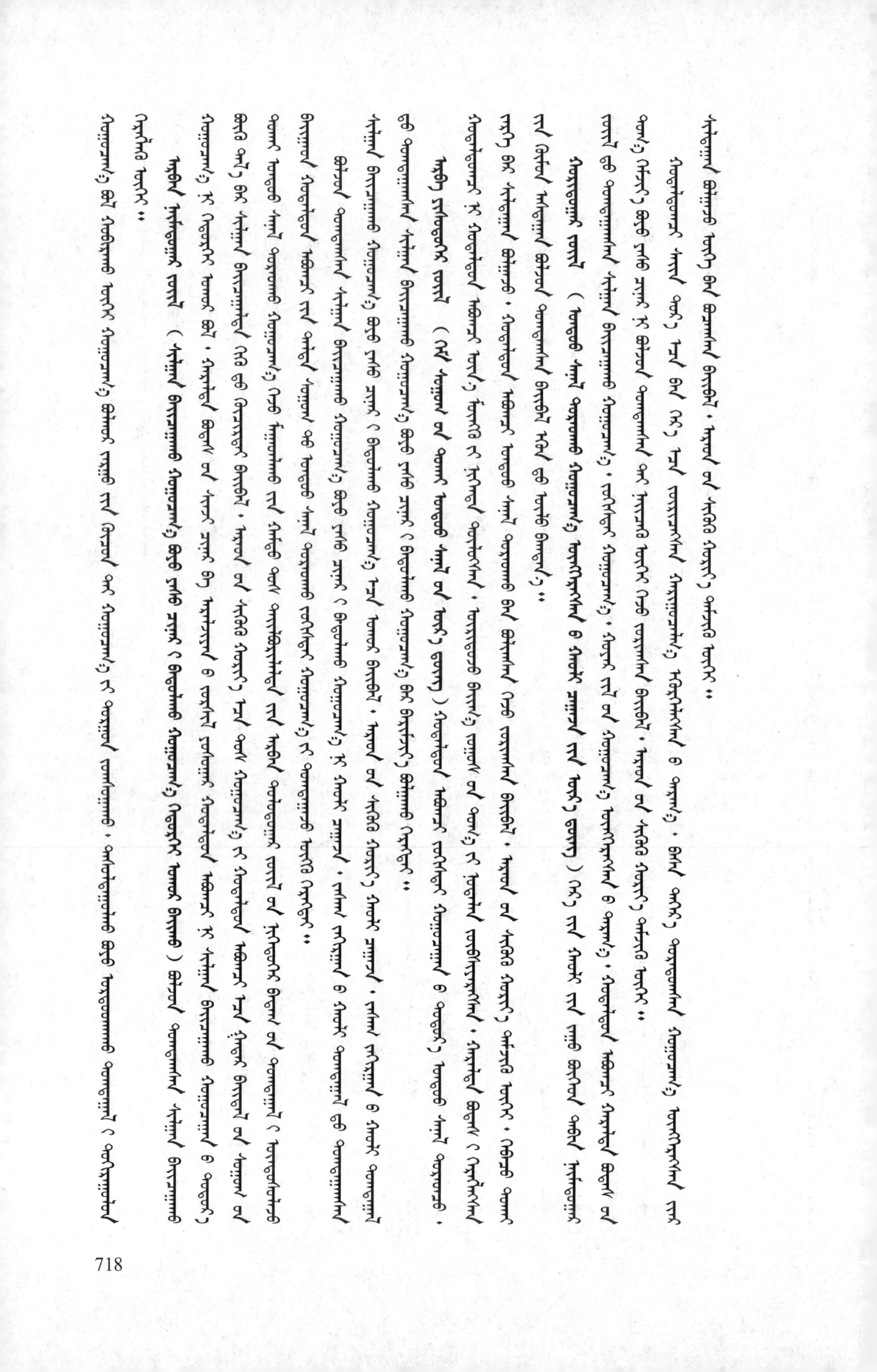

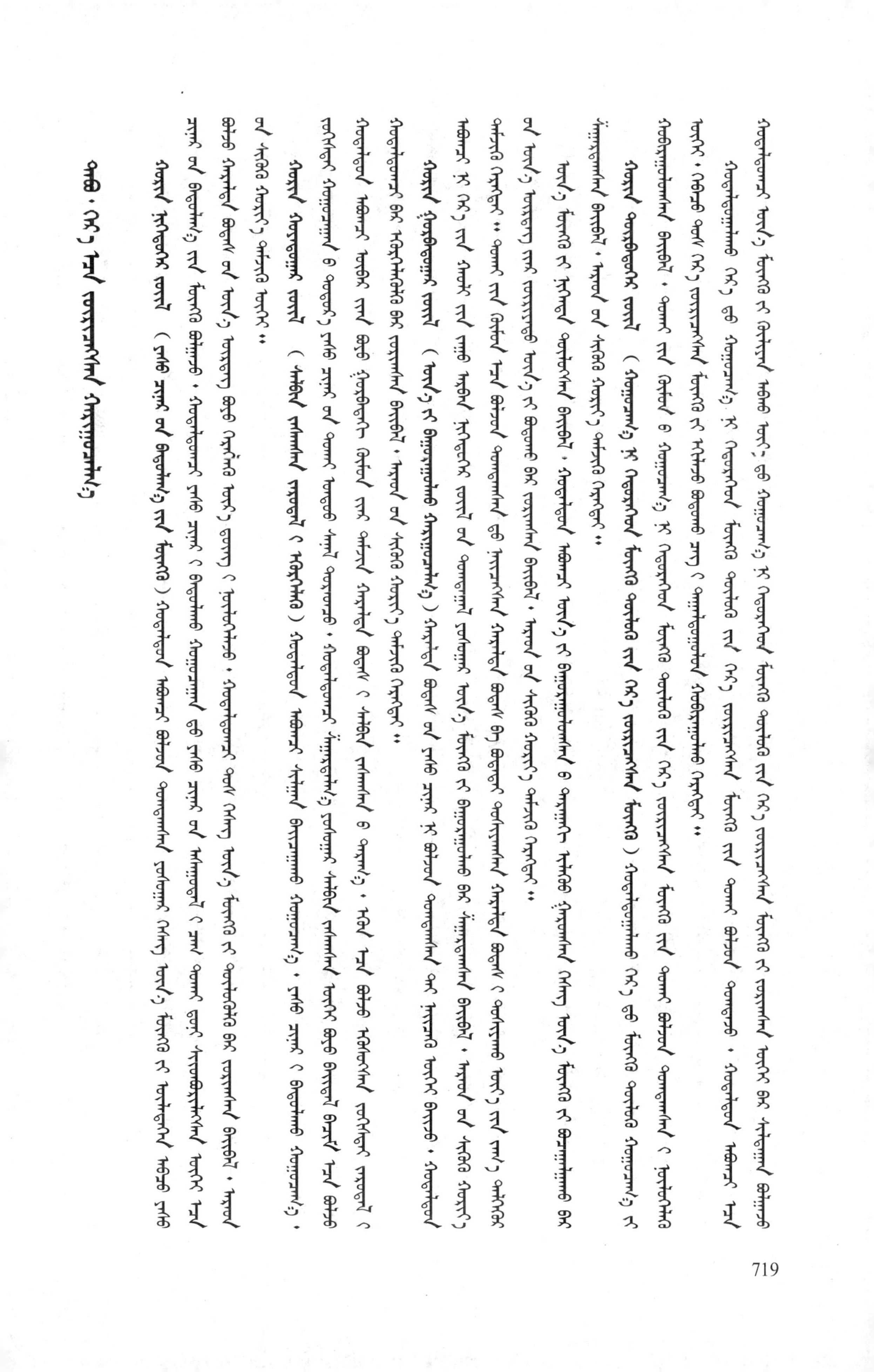

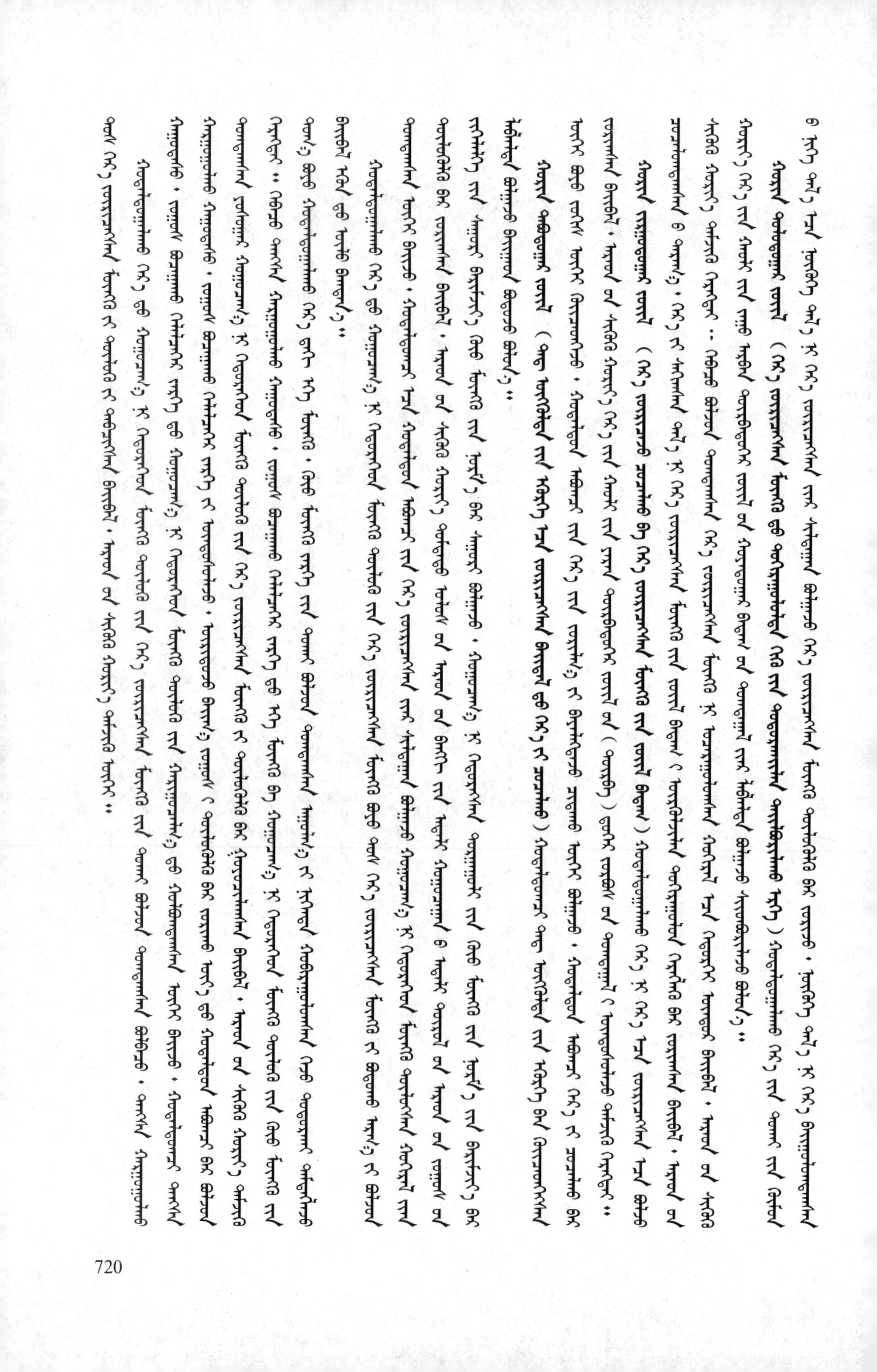

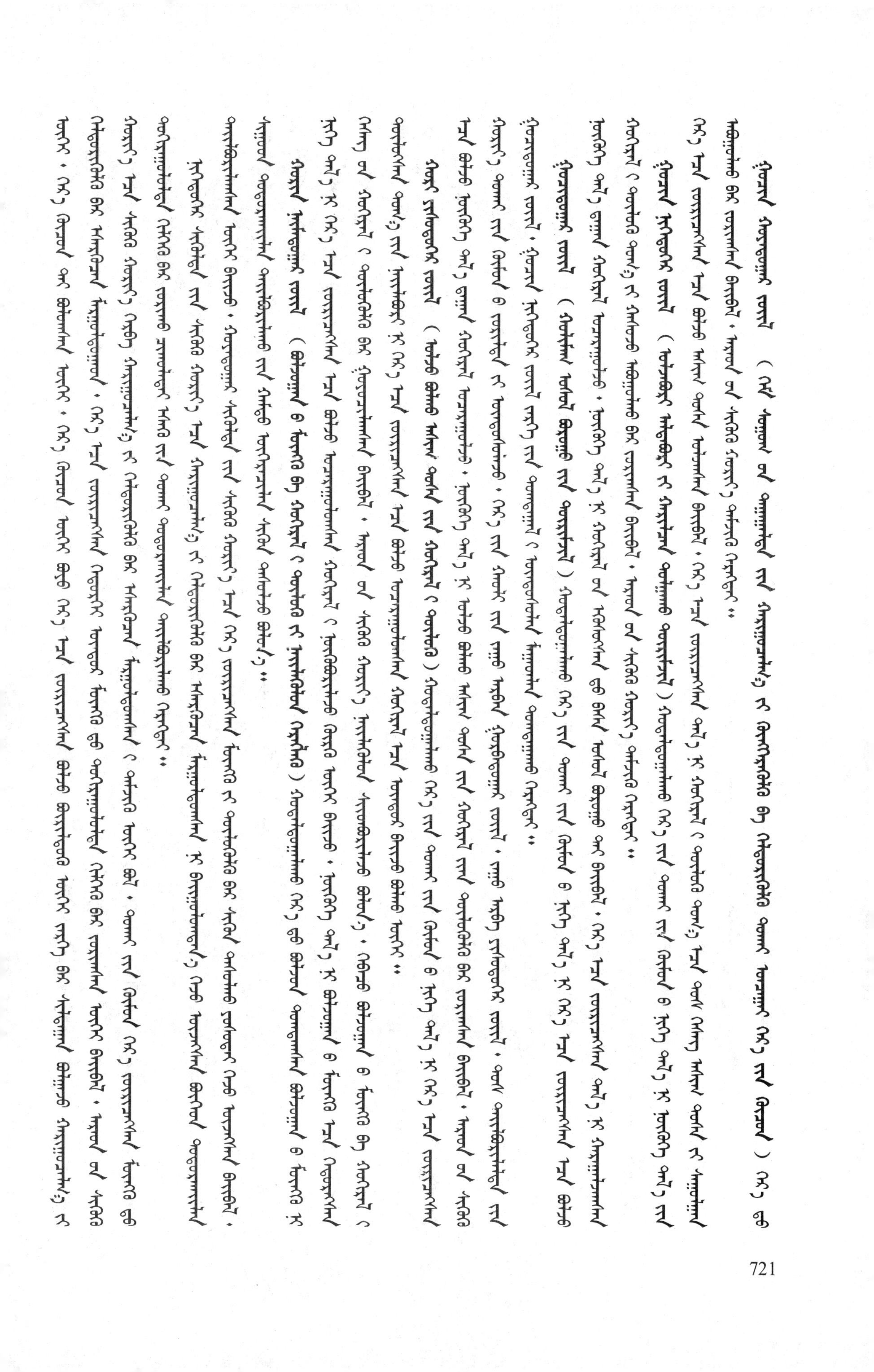

[illegible]

ᠳᠠᠭᠠᠭᠤᠯᠤᠯ᠂ ᠨᠡᠶᠢᠯᠡᠯᠲᠡ ᠶᠢᠨ ᠬᠠᠷᠢᠴᠠᠭ᠎ᠠ

ᠬᠠᠷᠢᠴᠠᠭ᠎ᠠ ᠶᠢᠨ ᠪᠦᠷᠢᠯᠳᠦᠬᠦᠨ [illegible]

[illegible]

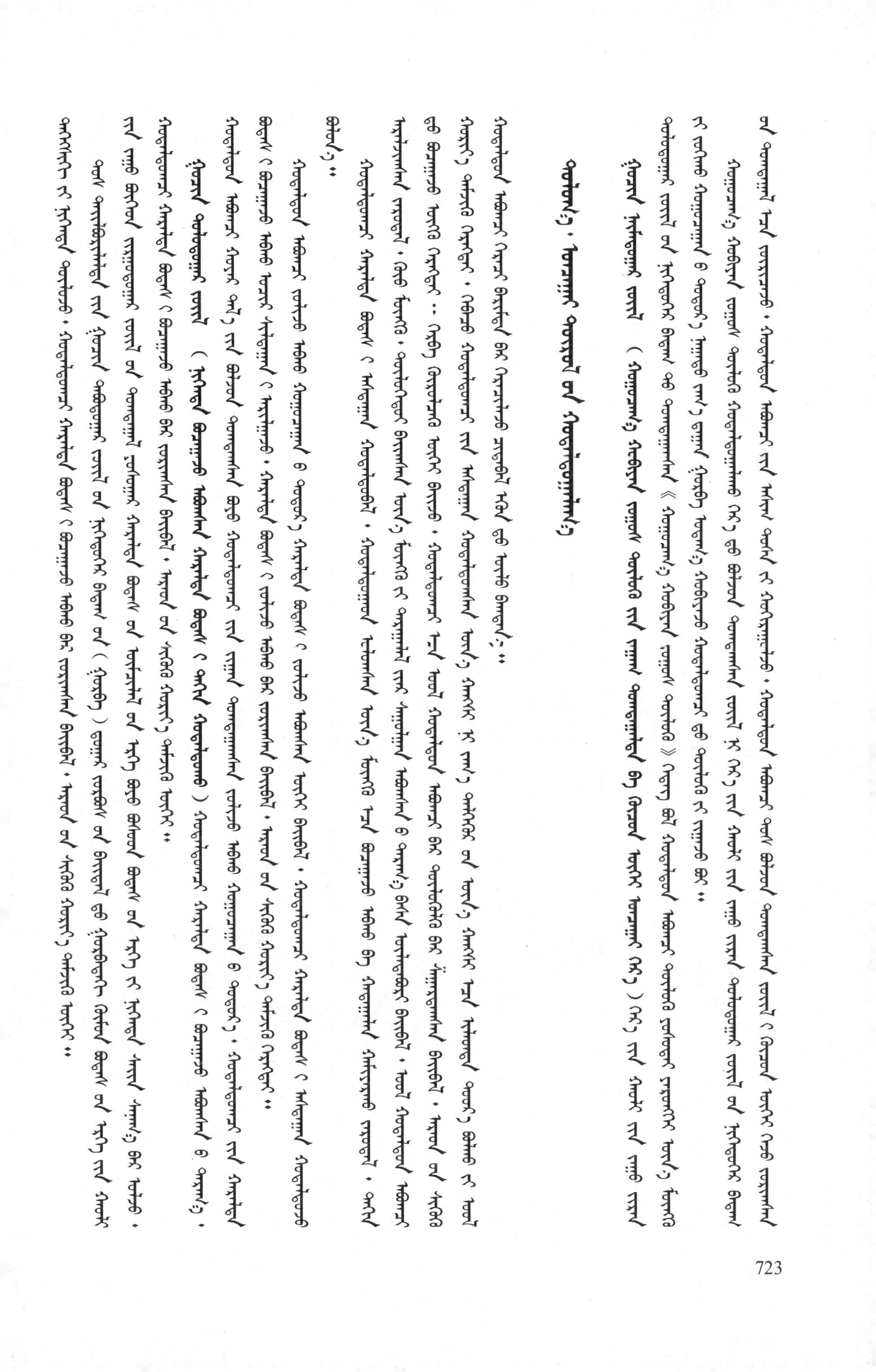

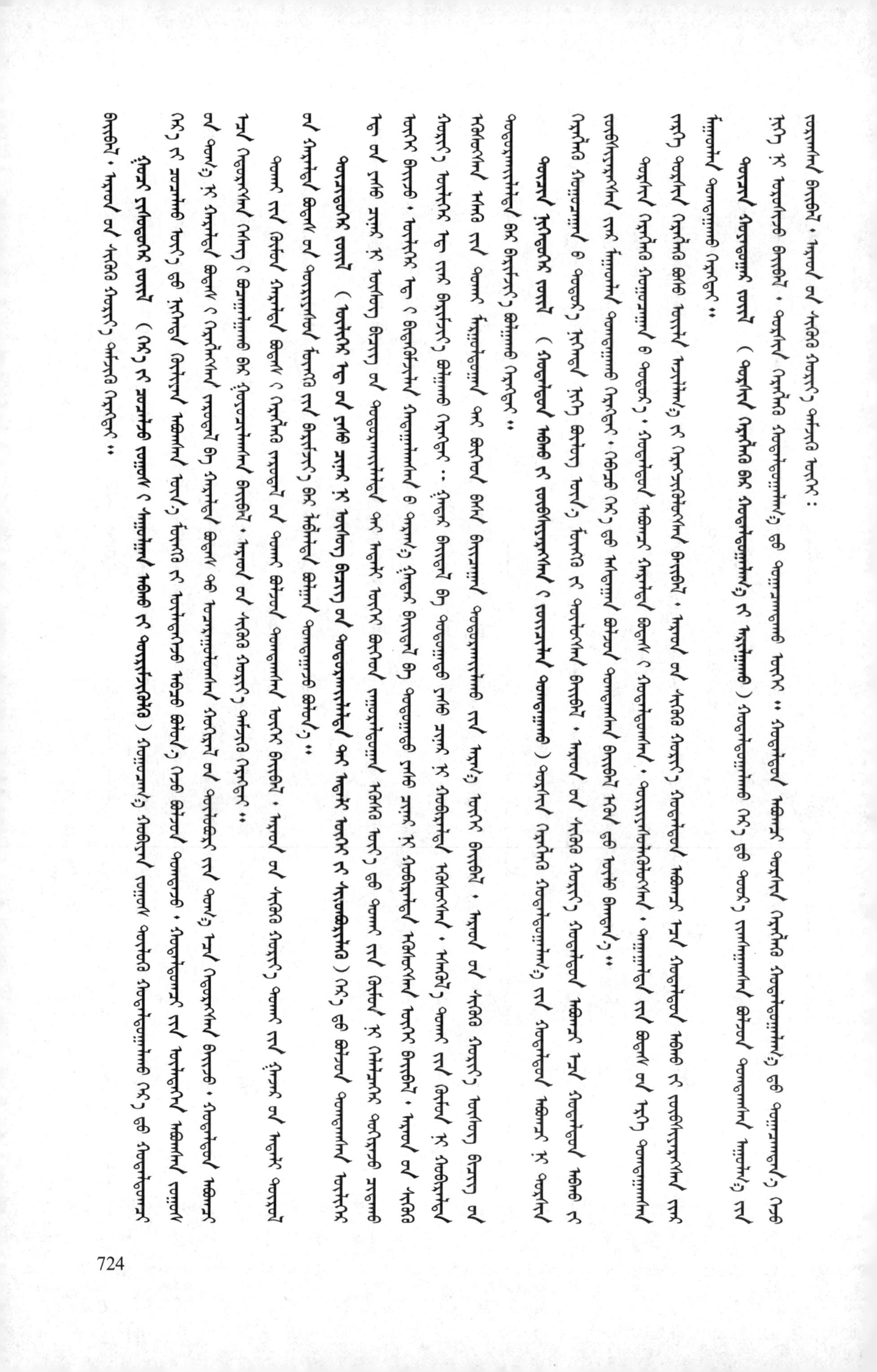

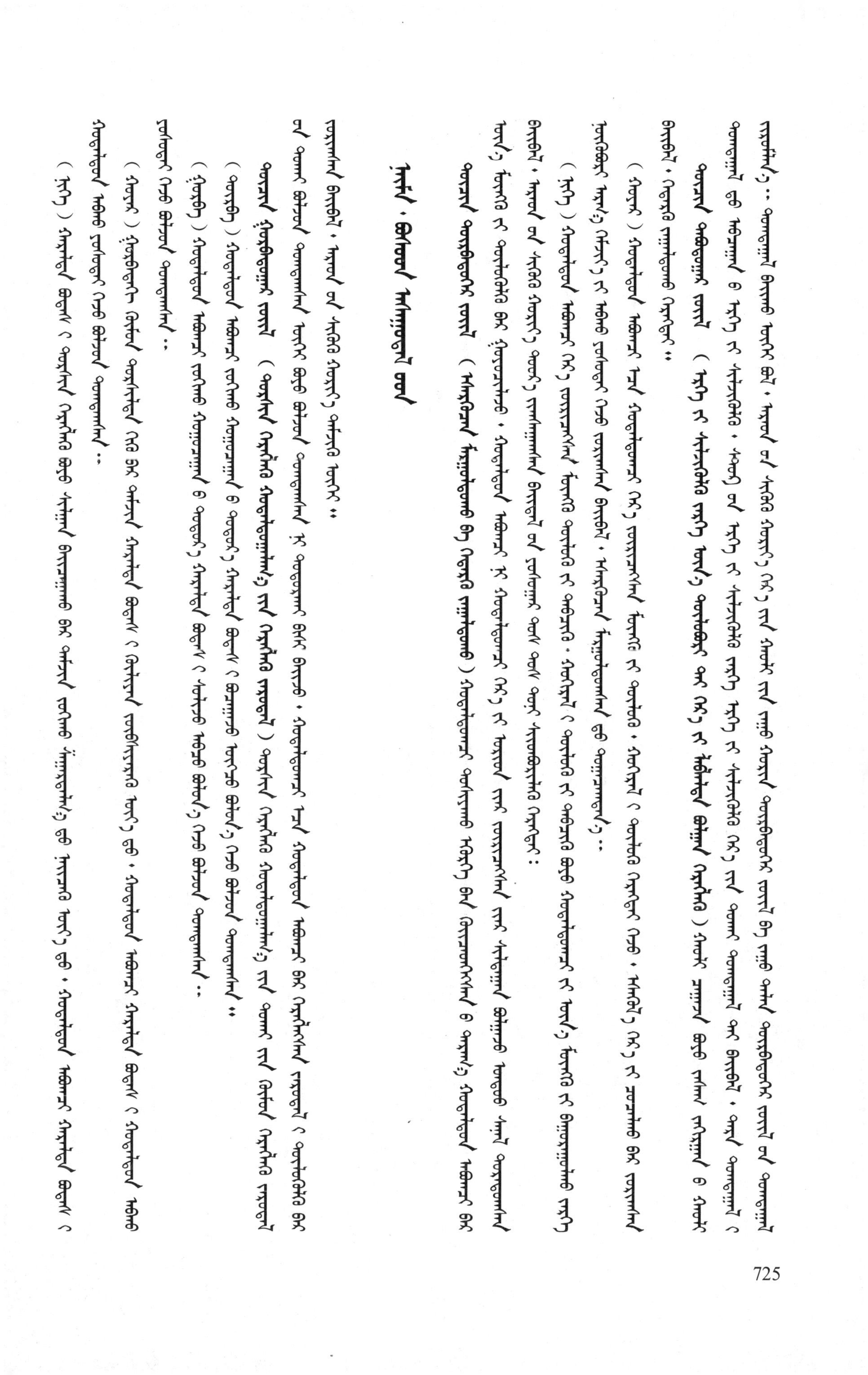

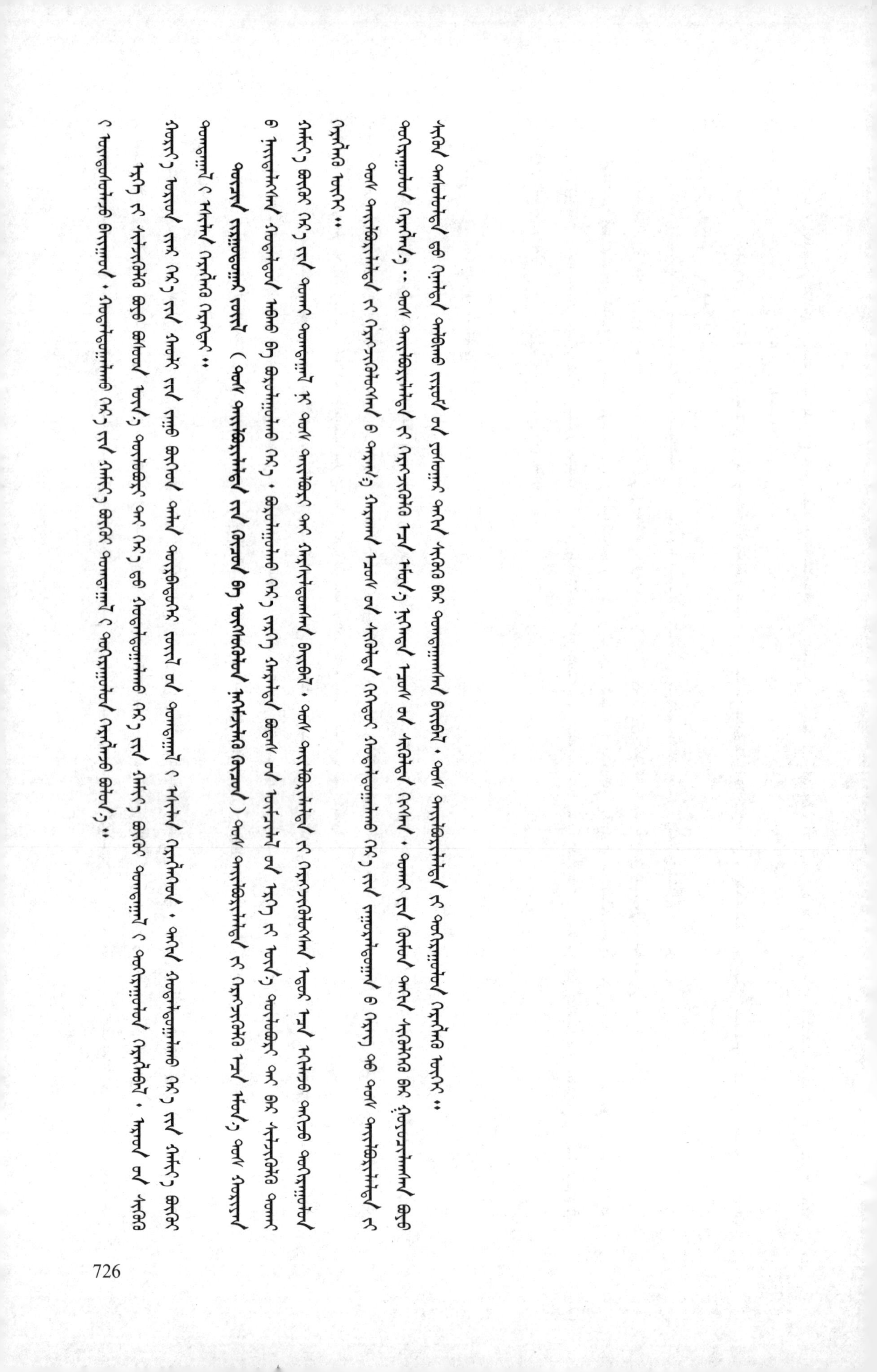

ᠤᠯᠤᠰ ᠤᠨ ᠲᠠᠲᠠᠪᠤᠷᠢ ᠶᠢᠨ ᠶᠡᠷᠦᠩᠬᠡᠢ ᠭᠠᠵᠠᠷ ᠤ

ᠪᠠᠷᠠᠭ᠎ᠠ ᠪᠦᠲᠦᠭᠡᠭᠳᠡᠬᠦᠨ ᠳᠦ ᠪᠠᠷᠢᠮᠲᠠ ᠪᠠᠷᠢᠮᠲᠠ ᠪᠠᠷᠠᠭ᠎ᠠ ᠵᠢᠴ ᠳᠦ ᠬᠠᠮᠢᠶᠠᠷᠤᠭᠳᠠᠬᠤ ᠶᠢᠨ ᠲᠣᠬᠢᠶᠠᠯᠳᠤᠯ ᠤ
ᠬᠢᠨᠠᠨ ᠬᠢᠨᠠᠯᠲᠠ ᠶᠢᠨ ᠳᠦ ᠬᠠᠮᠢᠶᠠᠷᠤᠯᠤᠨ ᠵᠠᠰᠠᠬᠤ ᠲᠣᠬᠢᠶᠠᠯᠳᠤᠭᠤᠯᠤᠯ ᠤᠨ ᠰᠢᠯᠭᠠᠨ ᠨᠢᠭᠠᠯᠲᠠ ᠶᠢᠨ ᠪᠠᠷᠢᠮᠲᠠ ᠵᠢᠭᠠᠨ ᠬᠠᠮᠢᠶᠠᠷᠤᠭᠤᠯᠬᠤ

ᠲᠠᠲᠠᠪᠤᠷᠢ ᠬᠠᠮᠢᠶᠠᠷᠤᠭᠤᠯᠬᠤ〔2004〕14 ᠳᠤᠭᠠᠷ ᠲᠤᠱᠢᠶᠠᠯ

(2004 ᠣᠨ ᠤ 9 ᠰᠠᠷ᠎ᠠ ᠶᠢᠨ 29 ᠦ ᠡᠳᠦᠷ ᠤᠯᠤᠰ ᠤᠨ ᠲᠠᠲᠠᠪᠤᠷᠢ ᠶᠢᠨ ᠶᠡᠷᠦᠩᠬᠡᠢ ᠭᠠᠵᠠᠷ ᠤ ᠲᠠᠲᠠᠪᠤᠷᠢ ᠬᠠᠮᠢᠶᠠᠷᠤᠭᠤᠯᠬᠤ ᠬᠤᠷᠠᠯ ᠤᠨ 1327
ᠳᠤᠭᠠᠷ ᠬᠤᠷᠠᠯᠳᠠᠭᠠᠨ ᠢᠶᠠᠷ ᠪᠠᠲᠤᠯᠠᠭᠰᠠᠨ 2004 ᠣᠨ ᠤ 10 ᠰᠠᠷ᠎ᠠ ᠶᠢᠨ 25 ᠦ ᠡᠳᠦᠷ ᠤᠯᠤᠰ ᠤᠨ ᠲᠠᠲᠠᠪᠤᠷᠢ ᠶᠢᠨ ᠶᠡᠷᠦᠩᠬᠡᠢ ᠭᠠᠵᠠᠷ
ᠶᠠᠭ ᠨᠡᠶᠢᠲᠡᠯᠡᠭᠰᠡᠨ ᠡᠴᠡ ᠪᠡᠨ ᠡᠬᠢᠯᠡᠨ 2005 ᠣᠨ ᠤ 1 ᠰᠠᠷ᠎ᠠ ᠶᠢᠨ 1 ᠦ ᠡᠳᠦᠷ ᠡᠴᠡ ᠡᠬᠢᠯᠡᠨ ᠬᠡᠷᠡᠭᠵᠢᠭᠦᠯᠦᠨ᠎ᠡ)

ᠪᠠᠷᠠᠭ᠎ᠠ ᠪᠦᠲᠦᠭᠡᠭᠳᠡᠬᠦᠨ ᠳᠦ ᠪᠠᠷᠢᠮᠲᠠ ᠪᠠᠷᠢᠮᠲᠠ ᠪᠠᠷᠠᠭ᠎ᠠ ᠵᠢᠴ ᠳᠦ ᠬᠠᠮᠢᠶᠠᠷᠤᠭᠳᠠᠬᠤ ᠶᠢᠨ ᠲᠣᠬᠢᠶᠠᠯᠳᠤᠯ ᠤ ᠬᠢᠨᠠᠨ ᠬᠢᠨᠠᠯᠲᠠ ᠶᠢᠨ ᠳᠦ ᠬᠠᠮᠢᠶᠠᠷᠤᠯᠤᠨ ᠵᠠᠰᠠᠬᠤ ᠲᠣᠬᠢᠶᠠᠯᠳᠤᠭᠤᠯᠤᠯ ᠤᠨ ᠰᠢᠯᠭᠠᠨ ᠨᠢᠭᠠᠯᠲᠠ ᠶᠢᠨ ᠳᠦ ᠬᠠᠮᠢᠶᠠᠷᠤᠯᠤᠨ ᠵᠠᠰᠠᠬᠤ ᠲᠣᠬᠢᠶᠠᠯᠳᠤᠭᠤᠯᠬᠤ ᠶᠢᠨ ᠲᠥᠯᠥᠭᠡ᠂ ᠬᠠᠨᠳᠤ ᠶᠢᠨ ᠲᠣᠬᠢᠶᠠᠯᠳᠤᠯ ᠤᠨ ᠬᠢᠨᠠᠨ ᠬᠢᠨᠠᠯᠲᠠ ᠶᠢᠨ ᠪᠠᠶᠢᠴᠠᠭᠠᠯᠲᠠ ᠶᠢ ᠰᠠᠢᠵᠢᠷᠠᠭᠤᠯᠬᠤ ᠶᠢᠨ ᠲᠥᠯᠥᠭᠡ᠂ ᠬᠠᠨᠳᠤ ᠶᠢᠨ ᠠᠷᠠᠳ ᠤᠨ ᠪᠠᠷᠠᠭ᠎ᠠ ᠵᠢᠴ ᠤᠨ 《ᠪᠠᠷᠠᠭ᠎ᠠ ᠵᠢᠴ ᠦᠨ ᠬᠠᠭᠤᠯᠢ》 ᠪᠠᠷᠠᠭ᠎ᠠ ᠵᠢᠴ ᠦᠨ ᠬᠤᠪᠢ ᠵᠢᠴ ᠤᠨ ᠲᠣᠬᠢᠶᠠᠯᠳᠤᠯ ᠤᠨ ᠬᠠᠭᠤᠯᠢ᠂ ᠬᠠᠨᠳᠤ ᠶᠢᠨ ᠪᠠᠷᠠᠭ᠎ᠠ ᠪᠦᠲᠦᠭᠡᠭᠳᠡᠬᠦᠨ ᠦ ᠵᠢᠴ ᠤᠨ ᠪᠦᠷᠢᠳᠬᠡᠯ ᠦᠨ ᠬᠠᠭᠤᠯᠢ᠂ 《ᠪᠠᠷᠠᠭ᠎ᠠ ᠪᠠᠷᠢᠮᠲᠠ ᠶᠢᠨ ᠲᠠᠲᠠᠪᠤᠷᠢ ᠶᠢᠨ ᠲᠣᠬᠢᠶᠠᠯᠳᠤᠯ ᠤᠨ ᠵᠢᠴ ᠳᠦ ᠬᠠᠮᠢᠶᠠᠷᠤᠭᠳᠠᠬᠤ ᠪᠠᠷᠠᠭ᠎ᠠ ᠶᠢᠨ ᠬᠠᠭᠤᠯᠢ》᠂《ᠪᠠᠷᠠᠭ᠎ᠠ ᠪᠠᠷᠢᠮᠲᠠ ᠶᠢᠨ ᠲᠠᠲᠠᠪᠤᠷᠢ ᠶᠢᠨ ᠲᠣᠬᠢᠶᠠᠯᠳᠤᠯ ᠤᠨ ᠵᠢᠴ ᠳᠦ ᠬᠠᠮᠢᠶᠠᠷᠤᠭᠳᠠᠬᠤ ᠬᠠᠨᠳᠤ ᠶᠢᠨ ᠪᠠᠷᠠᠭ᠎ᠠ ᠶᠢᠨ ᠬᠠᠭᠤᠯᠢ》᠂《ᠪᠠᠷᠠᠭ᠎ᠠ ᠪᠠᠷᠢᠮᠲᠠ ᠶᠢᠨ ᠲᠠᠲᠠᠪᠤᠷᠢ ᠶᠢᠨ ᠲᠣᠬᠢᠶᠠᠯᠳᠤᠯ ᠤᠨ ᠵᠢᠴ ᠳᠦ ᠬᠠᠮᠢᠶᠠᠷᠤᠭᠳᠠᠬᠤ ᠠᠷᠠᠳ ᠤᠨ ᠪᠠᠷᠠᠭ᠎ᠠ ᠶᠢᠨ ᠬᠠᠭᠤᠯᠢ》᠂ ᠲᠠᠲᠠᠪᠤᠷᠢ ᠶᠢᠨ ᠲᠣᠬᠢᠶᠠᠯᠳᠤᠯ ᠤᠨ ᠵᠢᠴ ᠤᠨ ᠬᠠᠮᠢᠶᠠᠷᠤᠯᠤᠨ ᠵᠠᠰᠠᠬᠤ ᠶᠢ ᠲᠣᠭᠲᠠᠭᠠᠪᠠ᠃

ᠪᠠᠷᠠᠭ᠎ᠠ ᠪᠦᠲᠦᠭᠡᠭᠳᠡᠬᠦᠨ ᠳᠦ ᠪᠠᠷᠢᠮᠲᠠ ᠪᠠᠷᠢᠮᠲᠠ ᠪᠠᠷᠠᠭ᠎ᠠ ᠵᠢᠴ ᠳᠦ ᠬᠠᠮᠢᠶᠠᠷᠤᠭᠳᠠᠬᠤ ᠶᠢᠨ ᠲᠣᠬᠢᠶᠠᠯᠳᠤᠯ (ᠪᠠᠷᠠᠭ᠎ᠠ ᠪᠦᠲᠦᠭᠡᠭᠳᠡᠬᠦᠨ ᠳᠦ ᠪᠠᠷᠢᠮᠲᠠ ᠪᠠᠷᠢᠮᠲᠠ ᠪᠠᠷᠠᠭ᠎ᠠ ᠵᠢᠴ ᠤᠨ ᠪᠦᠷᠢᠳᠬᠡᠯ ᠦᠨ ᠪᠠᠶᠢᠴᠠᠭᠠᠯᠲᠠ) ᠶᠢ ᠰᠢᠯᠭᠠᠨ ᠪᠠᠲᠤᠯᠠᠬᠤ ᠳᠤ ᠬᠠᠮᠢᠶᠠᠷᠤᠯᠤᠨ ᠵᠠᠰᠠᠬᠤ᠃

(ᠬᠤᠷᠠ) ᠲᠠᠲᠠᠪᠤᠷᠢ ᠶᠢᠨ ᠪᠠᠷᠠᠭ᠎ᠠ ᠪᠦᠲᠦᠭᠡᠭᠳᠡᠬᠦᠨ ᠳᠦ ᠪᠠᠷᠢᠮᠲᠠ ᠶᠢᠨ ᠬᠠᠮᠢᠶᠠᠷᠤᠭᠳᠠᠬᠤ ᠲᠣᠬᠢᠶᠠᠯᠳᠤᠯ ᠤᠨ ᠪᠠᠷᠢᠮᠲᠠ ᠶᠢᠨ ᠬᠤᠷᠠ ᠶᠢ ᠪᠠᠷᠢᠮᠲᠠ᠂ ᠵᠢᠴ ᠦᠨ ᠪᠦᠷᠢᠳᠬᠡᠯ ᠦᠨ ᠰᠢᠯᠭᠠᠨ ᠪᠠᠲᠤᠯᠠᠬᠤ ᠳᠤ (ᠬᠤᠪᠢ) ᠲᠣᠭᠠᠨ ᠪᠦᠷᠢᠳᠬᠡᠯ ᠳᠦ ᠬᠠᠮᠢᠶᠠᠷᠤᠯᠤᠨ ᠵᠠᠰᠠᠬᠤ ᠪᠠᠷᠢᠮᠲᠠ ᠶᠢᠨ ᠵᠢᠴ ᠦᠨ ᠬᠤᠪᠢ ᠶᠢ ᠬᠠᠮᠢᠶᠠᠷᠤᠯᠤᠨ ᠵᠠᠰᠠᠬᠤ ᠲᠤ ᠪᠠᠷᠢᠮᠲᠠ ᠪᠦᠷᠢᠳᠬᠡᠯ ᠦᠨ ᠵᠢᠴ ᠢ ᠲᠣᠭᠠᠴᠠᠬᠤ ᠳᠤ ᠲᠤᠰ ᠲᠤ ᠠᠵᠢᠯᠯᠠᠨ᠎ᠠ᠃

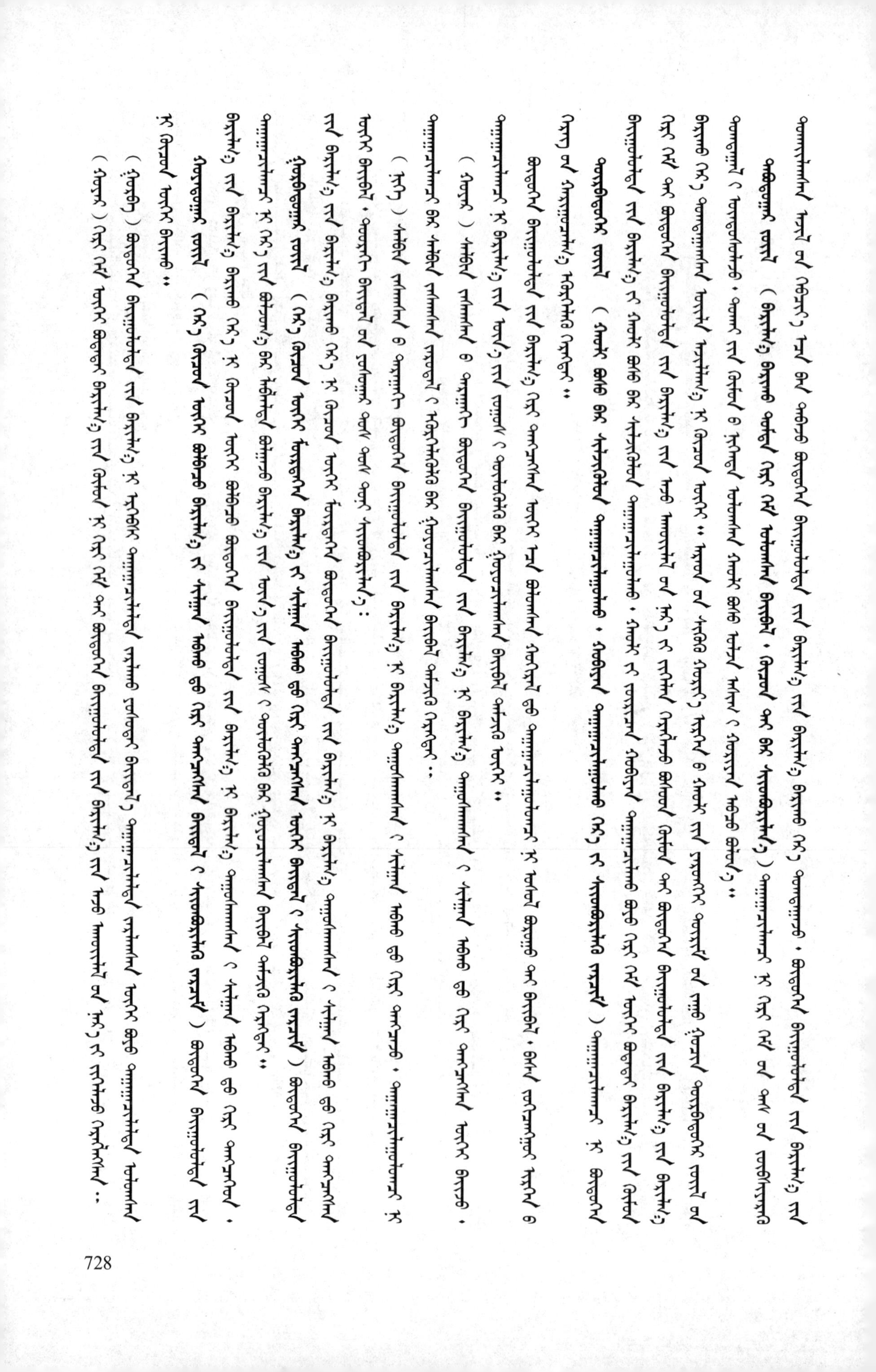

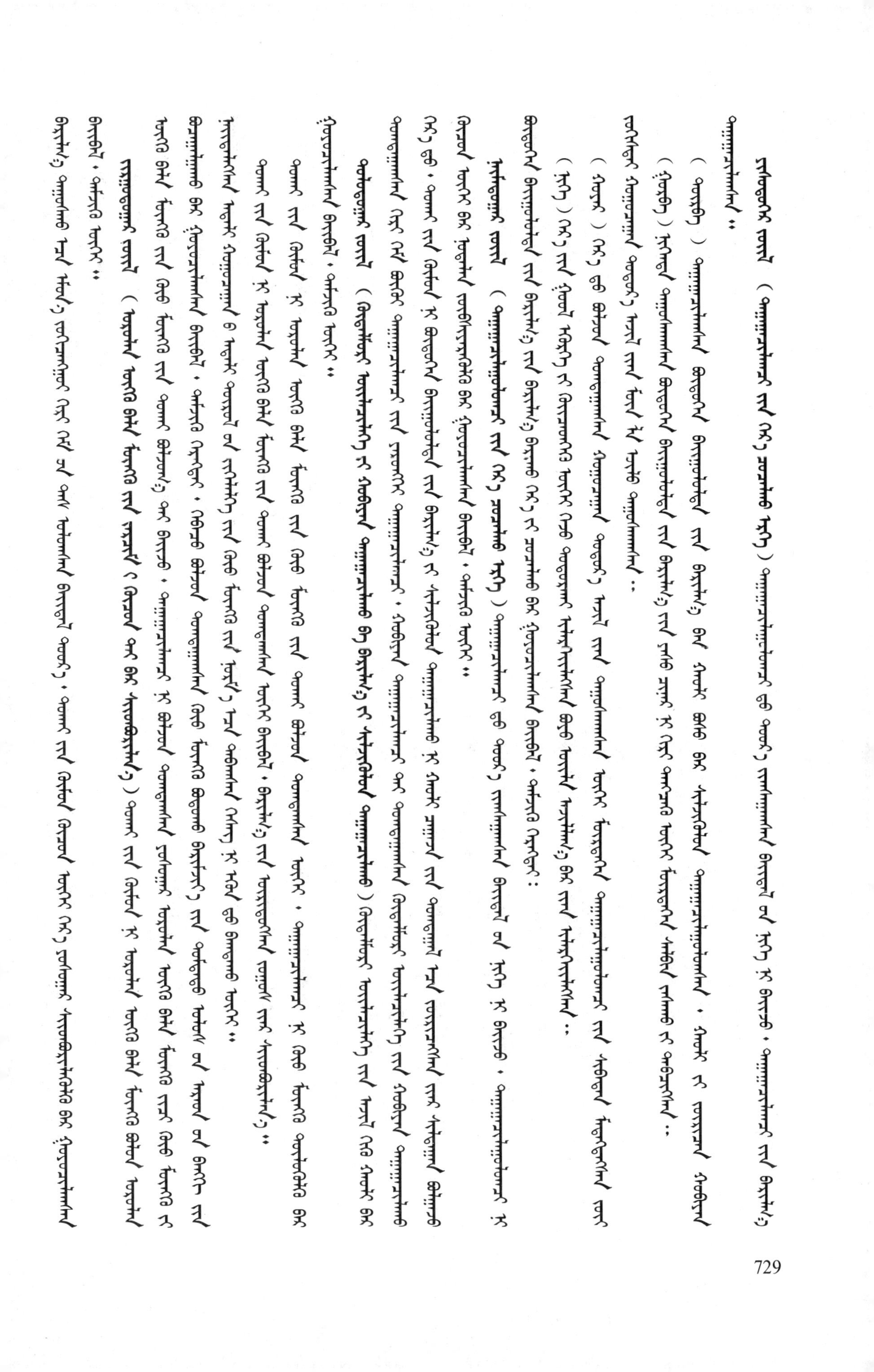

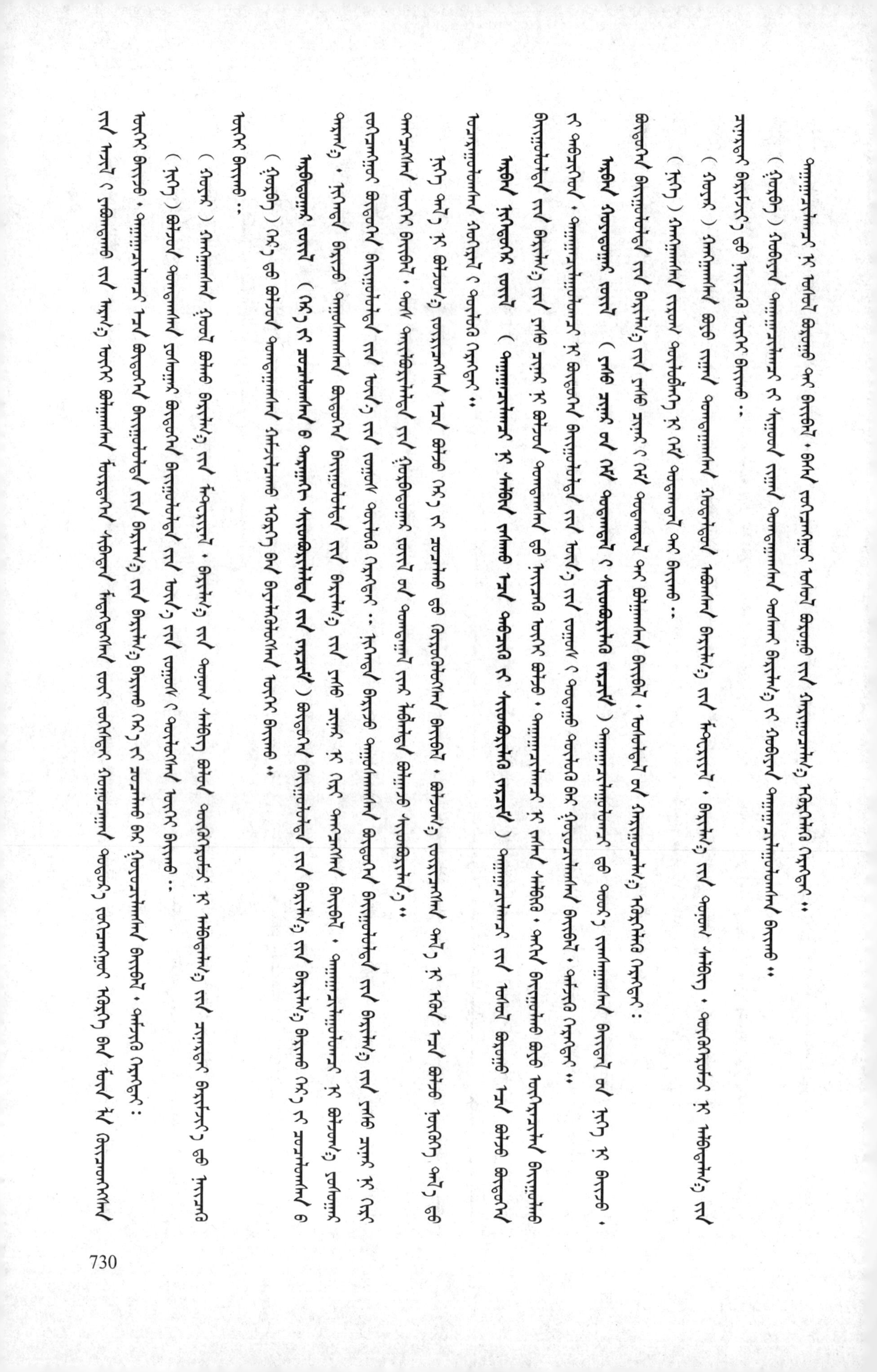

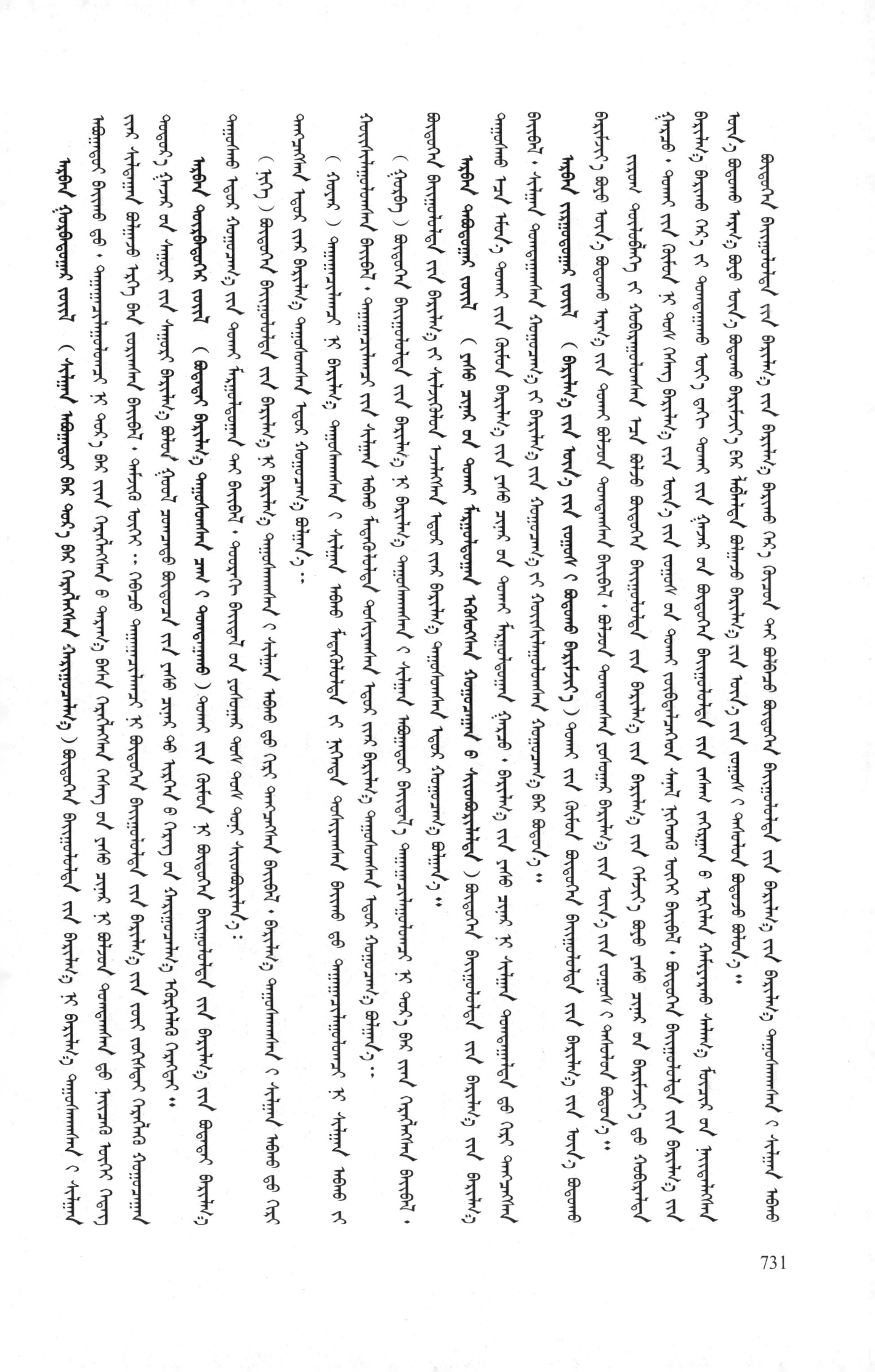

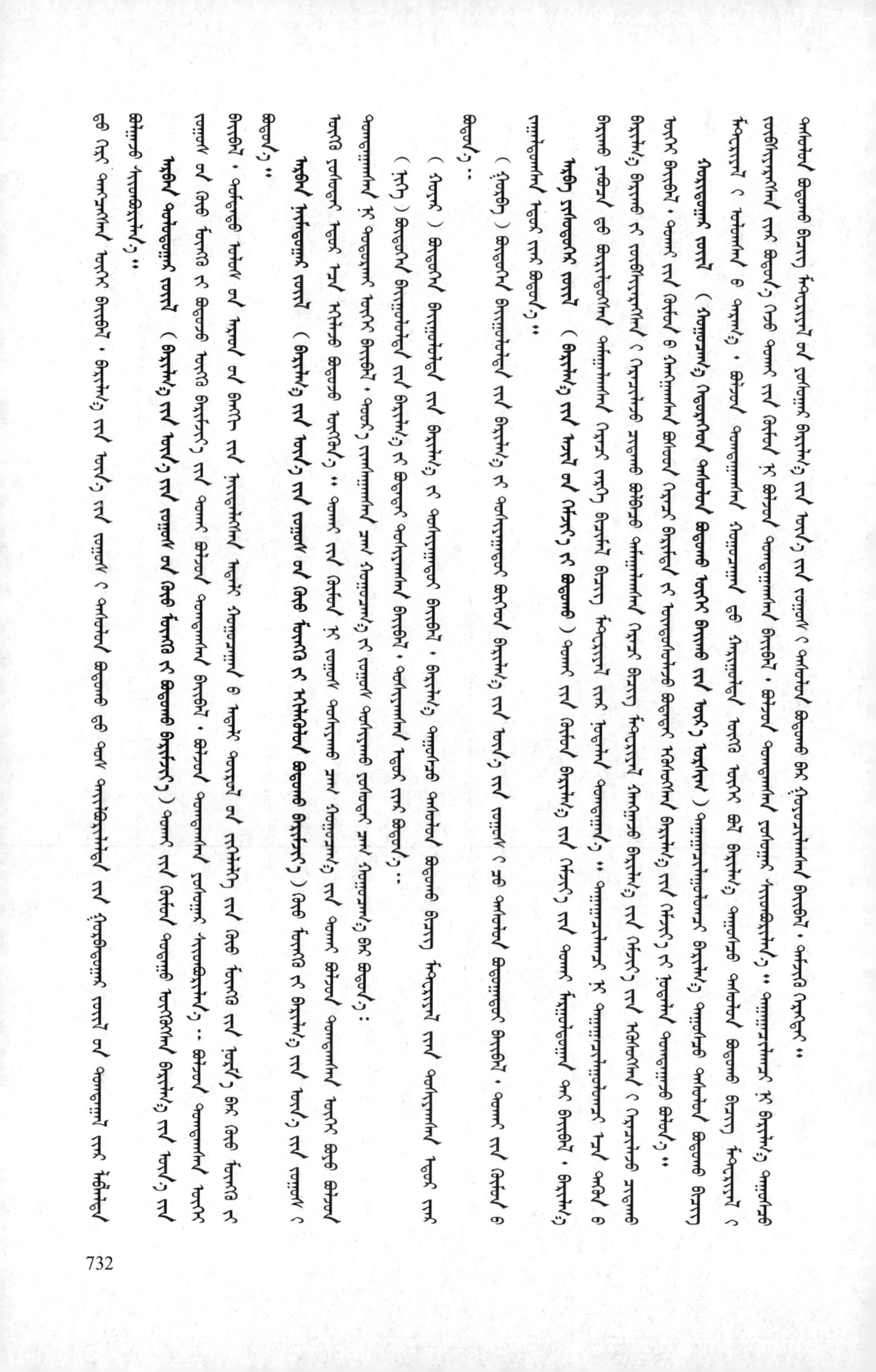

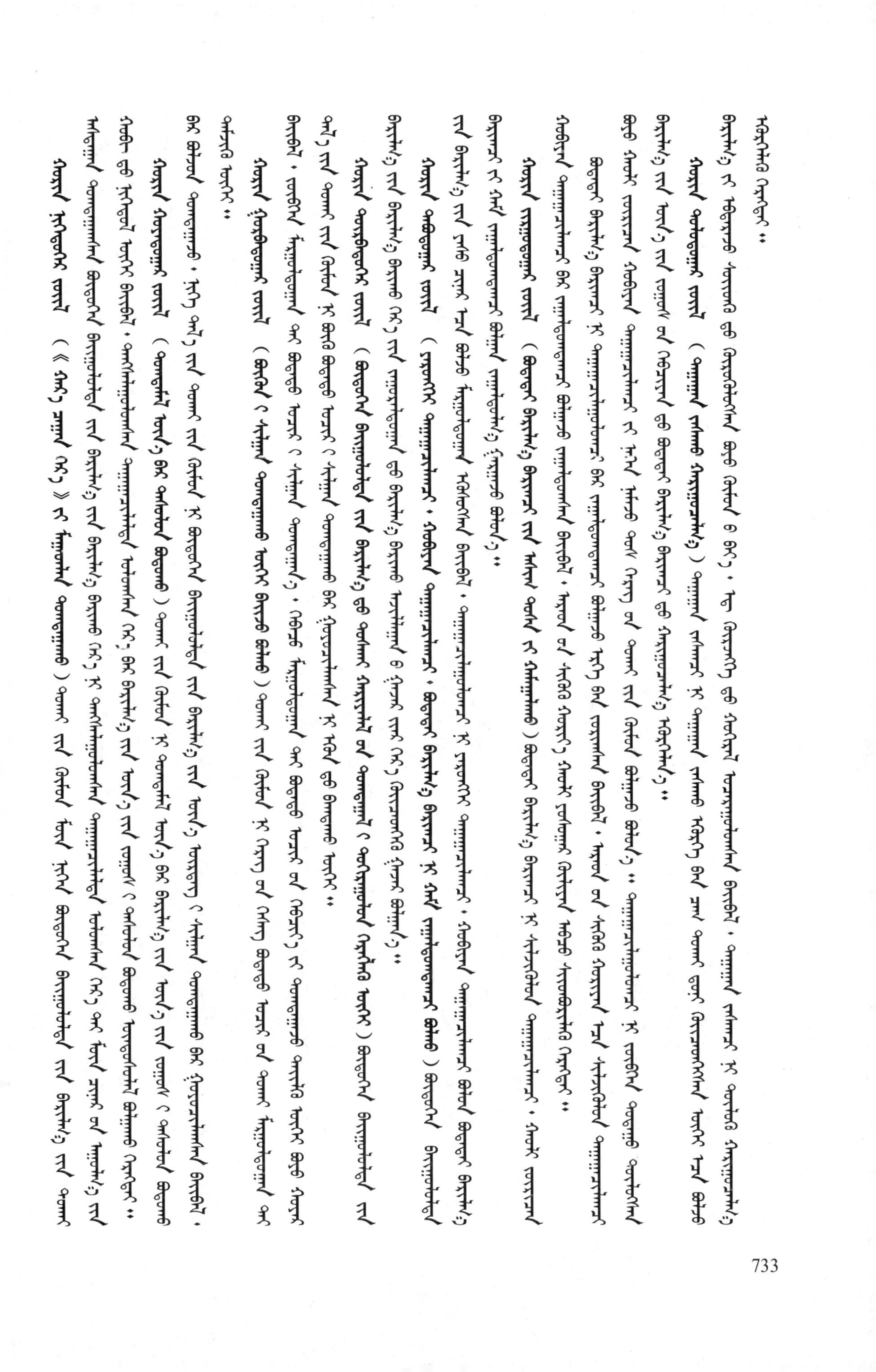

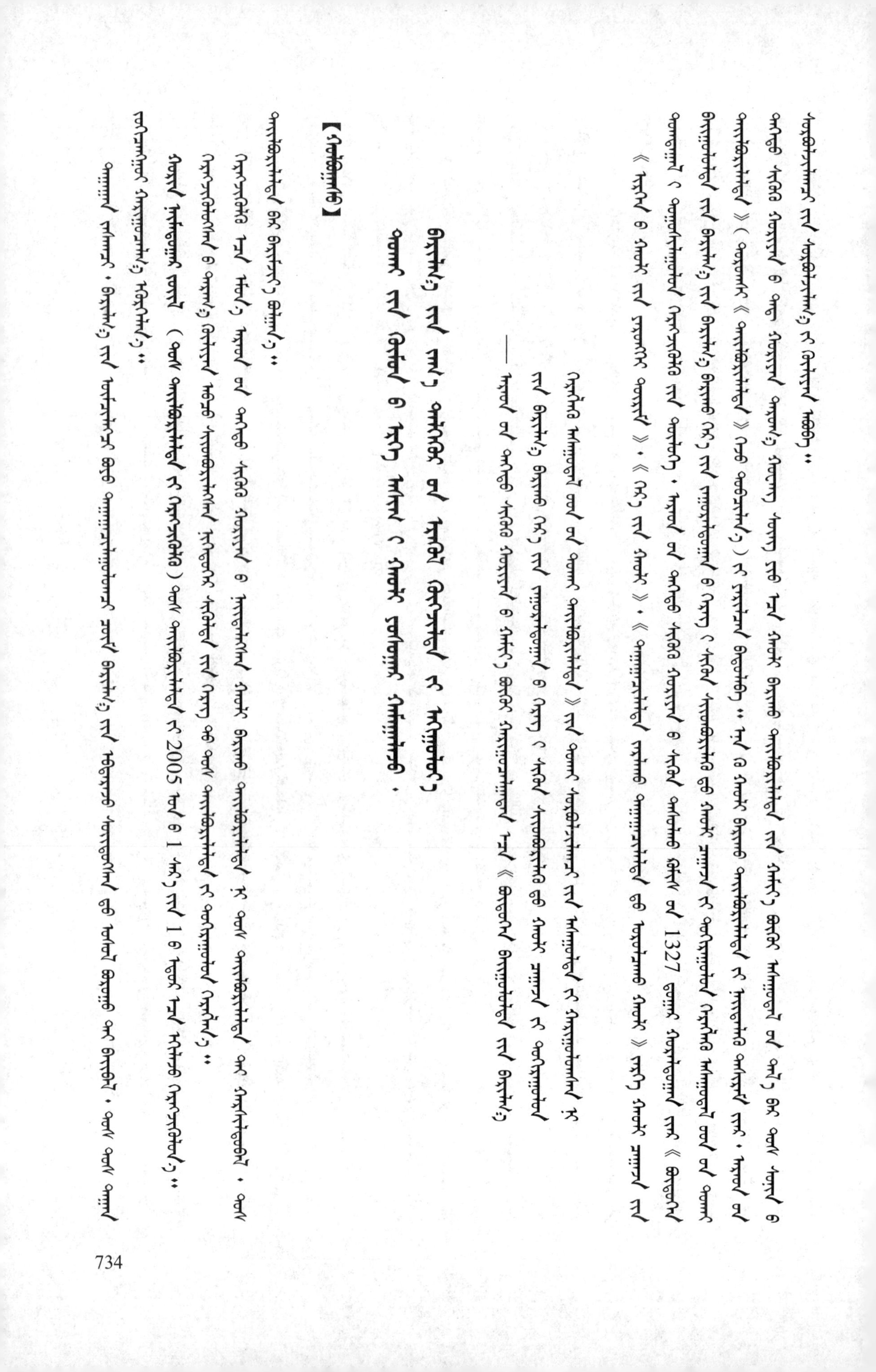

[illegible] ::

[illegible] 1327 [illegible] 《 [illegible] 》 [illegible] 《 [illegible] 》 · 《 [illegible] 》 · 《 [illegible] 》

[illegible] 《 [illegible] 》 [illegible]
—— [illegible]

[illegible]

【[illegible]】

[illegible] ::

[illegible] ([illegible]) [illegible] 2005 [illegible] 1 [illegible] 1 [illegible] ::

[illegible] ::

ᠨᠢᠭᠡ᠂ ᠬᠠᠮᠲᠤ ᠪᠠᠢᠳᠠᠯ ᠤᠨ ᠨᠡᠶᠢᠲᠡᠯᠡᠭᠰᠡᠨ ᠤ ᠬᠡᠯᠪᠡᠷᠢ ᠪᠠᠢᠳᠠᠯ

ᠳᠡᠭᠡᠳᠦ᠄ ᠠᠩᠬᠠᠨ ᠤ ᠳᠡᠭᠡᠳᠦ ᠬᠢᠵᠠᠭᠠᠷ ᠲᠣᠭᠠᠨ ᠪᠣᠯ ᠨᠢᠭᠡ ᠤ ᠬᠠᠮᠲᠤ ᠪᠠᠢᠳᠠᠯ ᠤᠨ ᠨᠡᠶᠢᠲᠡᠯᠡᠭᠰᠡᠨ ᠦ ᠲᠣᠭᠠᠨ ᠪᠣᠯᠤᠨ᠎ᠠ᠃

ᠳᠣᠣᠷᠠᠬᠢ᠄ ᠠᠩᠬᠠᠨ ᠤ ᠳᠣᠣᠷᠠᠬᠢ ᠬᠢᠵᠠᠭᠠᠷ ᠲᠣᠭᠠᠨ ᠪᠣᠯ ᠨᠢᠭᠡ ᠤ ᠬᠠᠮᠲᠤ ᠪᠠᠢᠳᠠᠯ ᠤᠨ ᠨᠡᠶᠢᠲᠡᠯᠡᠭᠰᠡᠨ ᠦ ᠲᠣᠭᠠᠨ ᠪᠣᠯᠤᠨ᠎ᠠ᠃

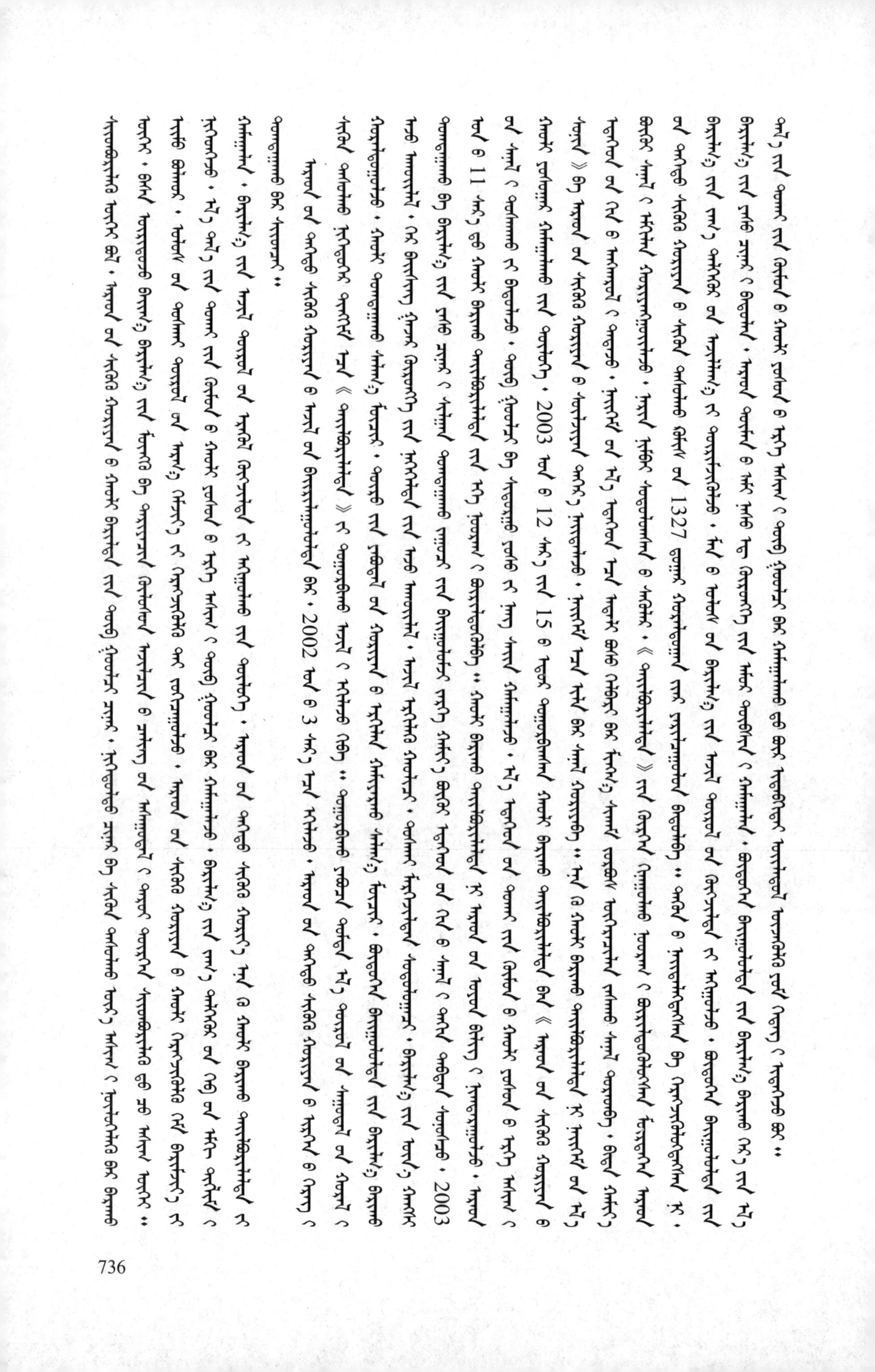

[illegible]

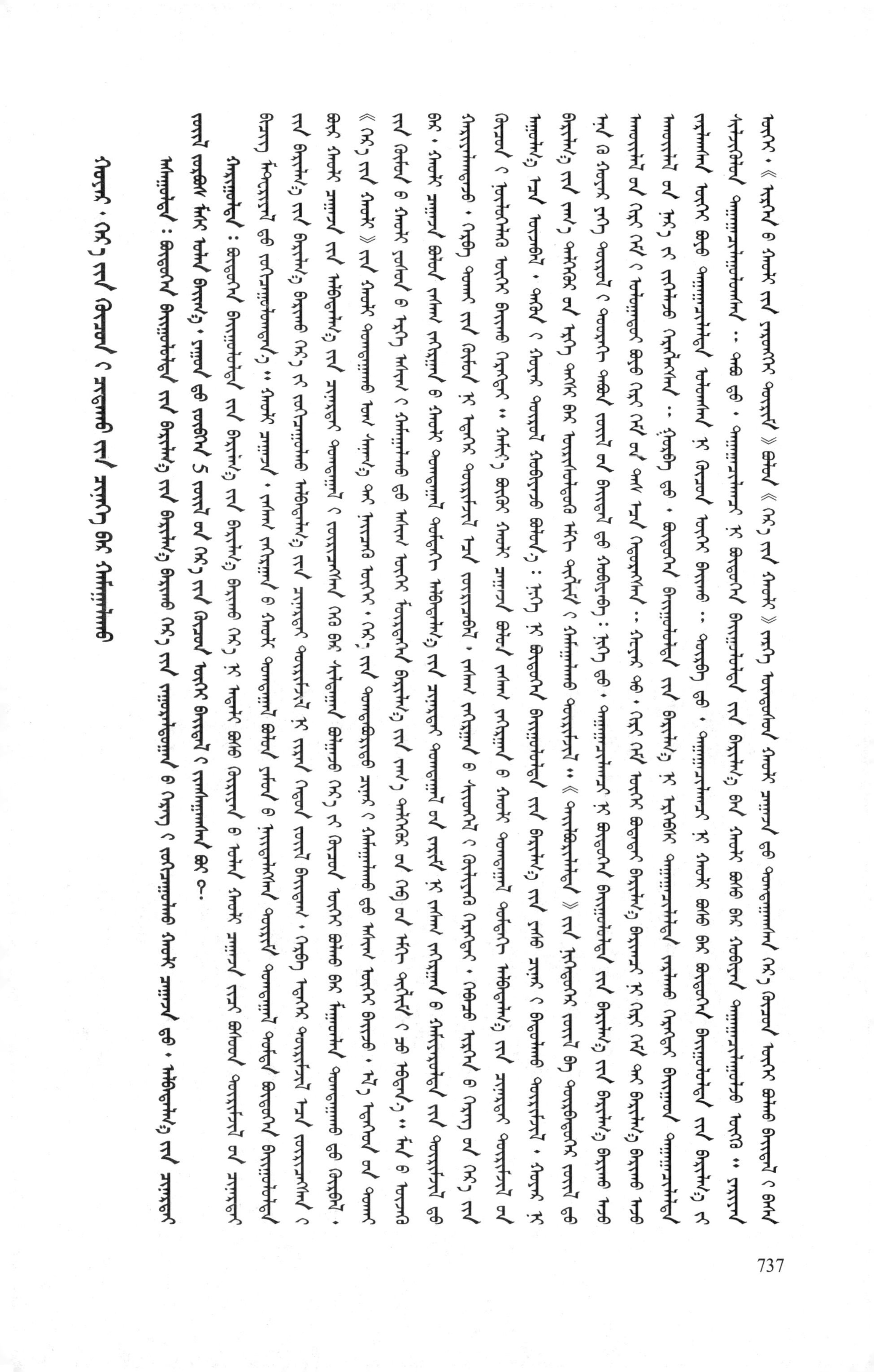

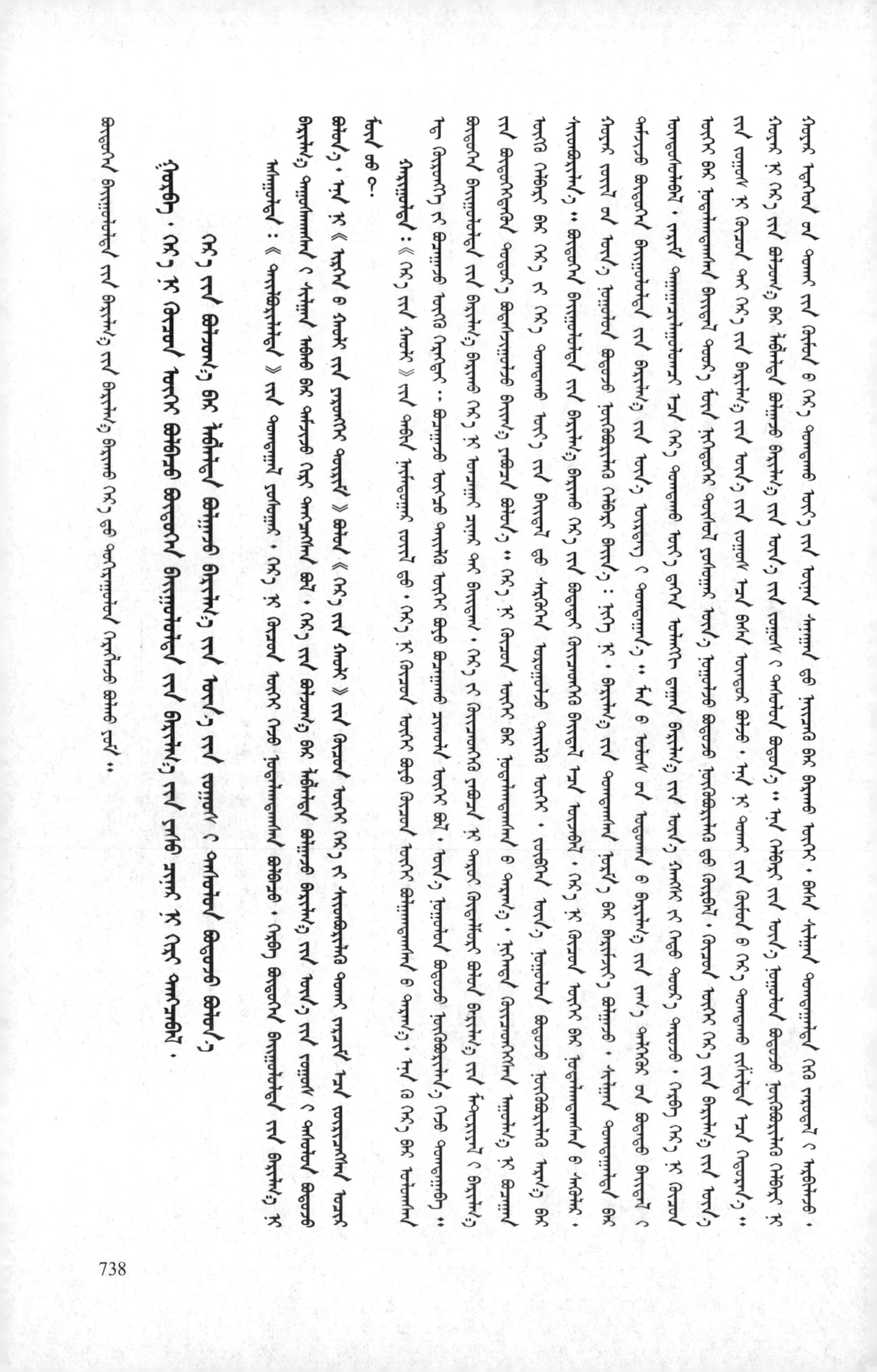

ᠰᠢᠨᠵᠢᠯᠡᠭᠳᠡᠬᠦᠨ ᠦ ᠬᠡᠷᠡᠭᠯᠡᠯᠲᠡ ᠮᠥᠨ᠎ᠡ᠃

ᠬᠡᠯᠡᠨ ᠦ ᠬᠡᠯᠡᠯᠭᠡ ᠶᠢ ᠰᠤᠳᠤᠯᠬᠤ ᠪᠢᠴᠢᠭ᠌ ᠦᠨ ᠪᠣᠯ ᠤ᠃ ᠬᠡᠯᠡᠨ ᠦ ᠰᠢᠨᠵᠢᠯᠡᠯ ᠦᠨ ᠬᠡᠯᠡ ᠶᠢᠨ ᠪᠢᠴᠢᠭ᠌ ᠦᠨ ᠬᠡᠯᠡ᠂ ᠶᠠᠷᠢᠶᠠᠨ ᠦ ᠬᠡᠯᠡ ᠶᠢᠨ ᠰᠢᠨᠵᠢᠯᠡᠭᠡ ᠶᠢᠨ ᠪᠢᠴᠢᠭ᠌ ᠦᠨ ᠬᠡᠯᠡ ᠶᠢᠨ ᠶᠠᠷᠢᠶᠠᠨ ᠦ ᠬᠡᠯᠡ ᠲᠠᠢ ᠬᠠᠷᠢᠴᠠᠭ᠎ᠠ ᠶᠢ ᠰᠤᠳᠤᠯᠬᠤ ᠨᠢ᠂ ᠪᠢᠴᠢᠭ᠌ ᠦᠨ ᠬᠡᠯᠡ ᠶᠢᠨ ᠬᠦᠷᠢᠶᠡᠯᠡᠩ᠂ ᠰᠢᠨᠵᠢᠯᠡᠬᠦ ᠪᠢᠴᠢᠭ᠌ ᠦᠨ ᠬᠡᠯᠡ ᠶᠢᠨ ᠪᠠᠶᠢᠳᠠᠯ᠄ ᠲᠤᠬᠠᠢ ᠶᠢᠨ ᠰᠢᠨᠵᠢᠯᠡᠬᠦ ᠬᠡᠷᠡᠭᠲᠡᠢ᠃

ᠪᠢᠴᠢᠭ᠌ ᠦᠨ ᠪᠠ ᠪᠢᠴᠢᠭ᠌ ᠦᠨ ᠬᠡᠯᠡ ᠶᠢᠨ ᠮᠣᠩᠭᠣᠯ ᠤᠨ ᠬᠡᠯᠡᠨ ᠦ ᠪᠢᠴᠢᠭ᠌ ᠪᠠᠶᠢᠳᠠᠯ

ᠬᠤᠪᠢᠰᠬᠠᠯ᠂ ᠲᠦᠪ ᠲᠦᠯᠬᠢᠭᠦᠷ ᠤᠨ ᠶᠠᠷᠢᠶᠠᠨ ᠬᠡᠯᠡ ᠪᠣᠯᠤᠨ ᠰᠢᠨᠵᠢᠯᠡᠭᠡ ᠠᠯᠳᠠᠭᠠ ᠪᠠ ᠬᠡᠯᠡᠨ ᠪᠠᠶᠢᠳᠠᠯ

ᠪᠠᠶᠢᠭᠤᠯᠬᠤ ᠪᠢᠴᠢᠭ᠌ ᠦᠨ ᠬᠡᠯᠡ ᠶᠢᠨ ᠬᠡᠯᠡ ᠶᠢᠨ ᠮᠣᠩᠭᠣᠯ ᠤᠨ ᠬᠡᠯᠡᠨ ᠦ ᠪᠠᠶᠢᠳᠠᠯ ᠪᠠᠶᠢᠨ᠎ᠠ᠃

ᠪᠢᠴᠢᠭ᠌ ᠦᠨ ᠬᠡᠯᠡᠨ ᠦ ᠬᠡᠯᠡ ᠶᠢᠨ ᠰᠤᠳᠤᠯᠭ᠎ᠠ ᠳᠤ ᠲᠡᠦᠬᠡ ᠶᠢᠨ ᠬᠡᠯᠡ ᠰᠤᠳᠤᠯᠤᠯ ᠲᠡᠷᠡ ᠬᠡᠯᠡ᠂ ᠲᠡᠷᠡ ᠨᠢ ᠦᠶᠡ ᠶᠢᠨ ᠬᠡᠯᠡ ᠦᠭᠡ ᠶᠢᠨ ᠬᠡᠯᠡᠯᠭᠡ ᠪᠠᠶᠢᠳᠠᠯ ᠲᠡᠷᠡ ᠶᠢᠨ ᠪᠢᠴᠢᠭ᠌ ᠦᠨ ᠬᠡᠯᠡᠨ ᠦ ᠰᠢᠨᠵᠢᠯᠡᠭᠡ ᠶᠢᠨ ᠬᠡᠯᠡ ᠪᠢᠴᠢᠭ᠌ ᠤᠨ ᠬᠡᠯᠡᠯᠭᠡ ᠶᠢᠨ ᠬᠡᠯᠡ ᠶᠢᠨ ᠪᠠᠶᠢᠳᠠᠯ᠃ ᠬᠡᠯᠡᠯᠴᠡᠭᠡᠨ ᠦ᠂ ᠪᠢᠴᠢᠭ᠌ ᠦᠨ ᠬᠡᠯᠡ ᠶᠢᠨ ᠪᠢᠴᠢᠭ᠌ ᠦᠨ ᠨᠢ ᠶᠠᠷᠢᠶᠠᠨ ᠦ ᠬᠡᠯᠡ ᠶᠢᠨ ᠰᠢᠨᠵᠢᠯᠡᠭᠡ ᠶᠢᠨ ᠬᠡᠯᠡᠨ ᠦ ᠪᠠᠶᠢᠳᠠᠯ᠄ ᠲᠡᠷᠡ ᠨᠢ ᠪᠢᠴᠢᠭ᠌ ᠦᠨ ᠬᠡᠯᠡ ᠶᠢᠨ ᠬᠡᠯᠡ ᠪᠠᠶᠢᠳᠠᠯ ᠢ ᠰᠢᠨᠵᠢᠯᠡᠬᠦ ᠬᠡᠷᠡᠭᠲᠡᠢ ᠪᠣᠯ ᠪᠢᠴᠢᠭ᠌ ᠦᠨ ᠬᠡᠯᠡ ᠶᠢᠨ ᠶᠠᠷᠢᠶᠠᠨ ᠦ ᠬᠡᠯᠡ᠂ ᠲᠡᠷᠡ ᠨᠢ ᠪᠢᠴᠢᠭ᠌ ᠦᠨ ᠬᠡᠯᠡ ᠶᠢᠨ ᠪᠢᠴᠢᠭ᠌ ᠦᠨ ᠬᠡᠯᠡ ᠶᠢᠨ ᠰᠤᠳᠤᠯᠬᠤ ᠬᠡᠯᠡ᠃ ᠪᠢᠴᠢᠭ᠌ ᠦᠨ 《ᠮᠣᠩᠭᠣᠯ ᠤᠨ ᠨᠢᠭᠤᠴᠠ ᠲᠣᠪᠴᠢᠶᠠᠨ》 ᠤ ᠬᠡᠯᠡ ᠶᠢᠨ ᠰᠤᠳᠤᠯᠤᠯ ᠤᠨ ᠬᠡᠯᠡᠨ ᠦ ᠬᠡᠯᠡ ᠲᠡᠷᠡ ᠨᠢ ᠬᠡᠯᠡ ᠶᠢᠨ ᠰᠤᠳᠤᠯᠤᠯ ᠲᠡᠷᠡ ᠶᠢᠨ ᠬᠡᠯᠡ ᠶᠢᠨ ᠪᠠᠶᠢᠳᠠᠯ ᠤᠨ ᠬᠡᠯᠡ ᠶᠢᠨ ᠬᠡᠯᠡ ᠶᠢᠨ ᠰᠤᠳᠤᠯᠤᠯ ᠪᠠᠶᠢᠨ᠎ᠠ᠃

ᠬᠡᠯᠡ᠂ ᠲᠡᠦᠬᠡ ᠶᠢᠨ ᠬᠡᠯᠡ ᠪᠢᠴᠢᠭ᠌ ᠦᠨ ᠬᠡᠯᠡ ᠶᠢᠨ ᠪᠢᠴᠢᠭ᠌ ᠦᠨ ᠪᠢᠴᠢᠭ᠌ ᠦᠨ ᠬᠡᠯᠡ ᠶᠢᠨ ᠰᠤᠳᠤᠯᠤᠯ ᠤᠨ ᠬᠡᠯᠡᠨ ᠦ 《ᠲᠡᠷᠡ ᠶᠢᠨ ᠬᠡᠯᠡ》 ᠪᠣᠯ ᠬᠡᠯᠡᠨ ᠦ ᠰᠤᠳᠤᠯᠤᠯ ᠤᠨ ᠬᠡᠯᠡ᠃ ᠲᠡᠷᠡ ᠨᠢ 《ᠬᠡᠯᠡ ᠶᠢᠨ ᠲᠡᠷᠡ ᠶᠢᠨ ᠮᠣᠩᠭᠣᠯ ᠬᠡᠯᠡ》᠂《ᠲᠡᠷᠡ ᠶᠢᠨ ᠬᠡᠯᠡ》 ᠶᠢᠨ ᠬᠡᠯᠡ ᠰᠤᠳᠤᠯᠤᠯ ᠤᠨ ᠬᠡᠯᠡ ᠶᠢᠨ ᠰᠤᠳᠤᠯᠤᠯ ᠢ ᠰᠤᠳᠤᠯᠬᠤ᠃《ᠮᠣᠩᠭᠣᠯ ᠤᠨ ᠨᠢᠭᠤᠴᠠ ᠲᠣᠪᠴᠢᠶᠠᠨ》 ᠪᠣᠯ ᠲᠡᠷᠡ ᠶᠢᠨ ᠪᠢᠴᠢᠭ᠌ ᠦᠨ ᠬᠡᠯᠡ ᠪᠢᠴᠢᠭ᠌ ᠦᠨ ᠬᠡᠯᠡ ᠶᠢᠨ ᠶᠠᠷᠢᠶᠠᠨ ᠦ ᠬᠡᠯᠡ ᠶᠢᠨ ᠰᠢᠨᠵᠢᠯᠡᠭᠡ ᠶᠢᠨ ᠬᠡᠯᠡ ᠪᠢᠴᠢᠭ᠌ ᠦᠨ ᠬᠡᠯᠡ ᠶᠢᠨ ᠪᠢᠴᠢᠭ᠌ ᠦᠨ ᠰᠤᠳᠤᠯᠤᠯ ᠪᠣᠯᠤᠨ᠎ᠠ᠂ ᠲᠡᠷᠡ ᠶᠢᠨ ᠪᠢᠴᠢᠭ᠌ ᠦᠨ ᠬᠡᠯᠡ ᠶᠢᠨ ᠶᠠᠷᠢᠶᠠᠨ ᠦ ᠬᠡᠯᠡ ᠶᠢᠨ ᠰᠢᠨᠵᠢᠯᠡᠭᠡ ᠶᠢᠨ ᠬᠡᠯᠡ ᠪᠠᠶᠢᠳᠠᠯ᠃《ᠮᠣᠩᠭᠣᠯ ᠤᠨ ᠨᠢᠭᠤᠴᠠ ᠲᠣᠪᠴᠢᠶᠠᠨ》 ᠤ ᠬᠡᠯᠡ ᠶᠢᠨ ᠰᠤᠳᠤᠯᠤᠯ ᠪᠣᠯ ᠪᠢᠴᠢᠭ᠌ ᠦᠨ ᠬᠡᠯᠡ ᠶᠢᠨ ᠪᠢᠴᠢᠭ᠌ ᠦᠨ ᠬᠡᠯᠡ ᠶᠢᠨ ᠲᠡᠷᠡ ᠨᠢ ᠲᠡᠦᠬᠡ ᠶᠢᠨ ᠬᠡᠯᠡ ᠪᠣᠯᠤᠨ ᠰᠤᠳᠤᠯᠤᠯ ᠤᠨ ᠬᠡᠯᠡ᠂ ᠪᠢᠴᠢᠭ᠌ ᠦᠨ ᠬᠡᠯᠡ ᠳᠤ ᠪᠢᠴᠢᠭ᠌ ᠦᠨ ᠬᠡᠯᠡ ᠶᠢᠨ ᠬᠡᠯᠡ ᠶᠢᠨ ᠰᠤᠳᠤᠯᠤᠯ ᠤᠨ ᠬᠡᠯᠡ ᠶᠢᠨ ᠰᠤᠳᠤᠯᠤᠯ᠂ ᠲᠡᠷᠡ ᠶᠢᠨ ᠬᠡᠯᠡ ᠶᠢᠨ ᠬᠡᠯᠡ ᠳᠤ ᠬᠡᠯᠡ ᠶᠢᠨ ᠪᠢᠴᠢᠭ᠌ ᠦᠨ ᠬᠡᠯᠡ ᠶᠢᠨ ᠬᠡᠯᠡ ᠶᠢᠨ ᠰᠤᠳᠤᠯᠤᠯ᠂

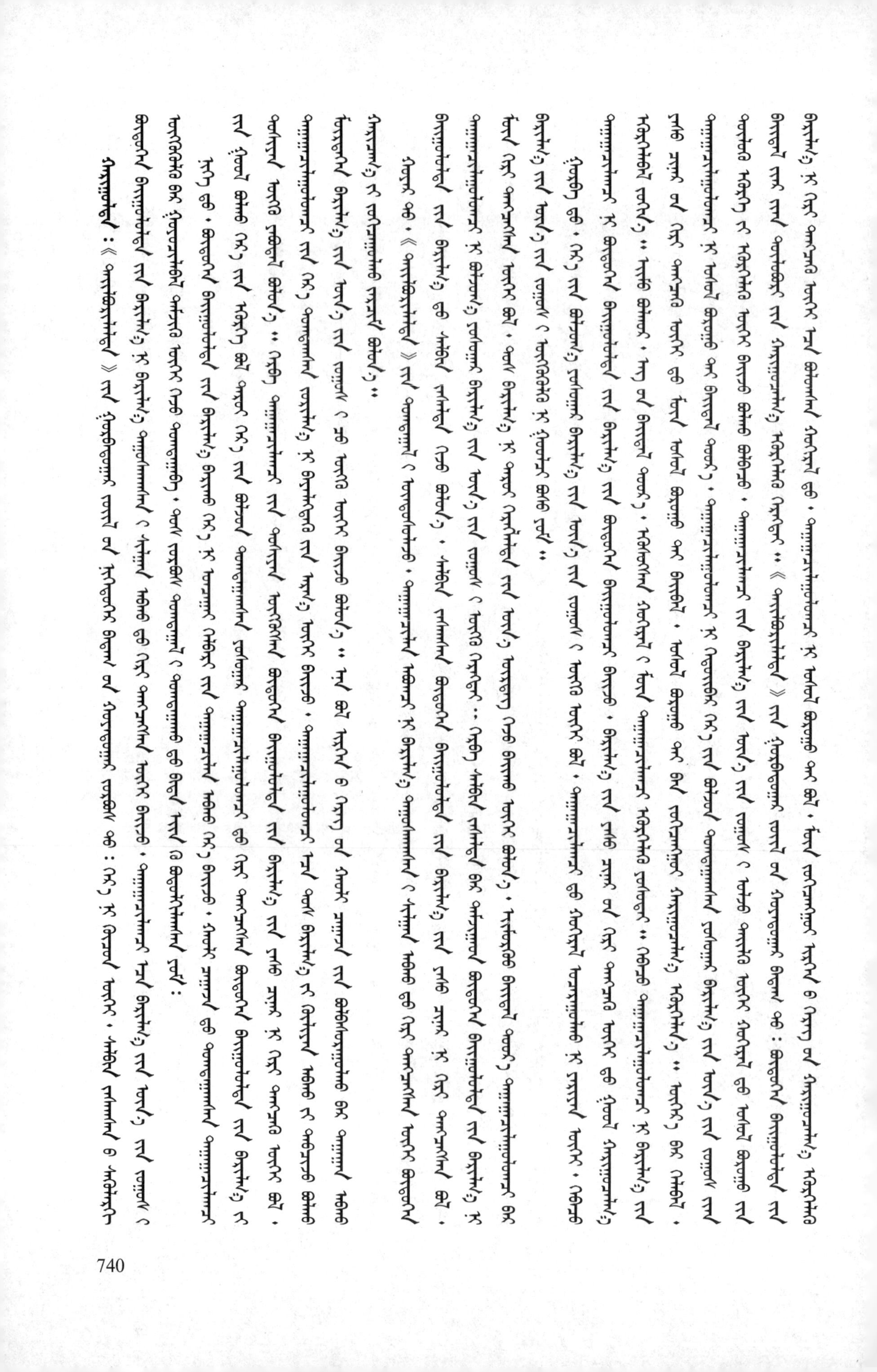

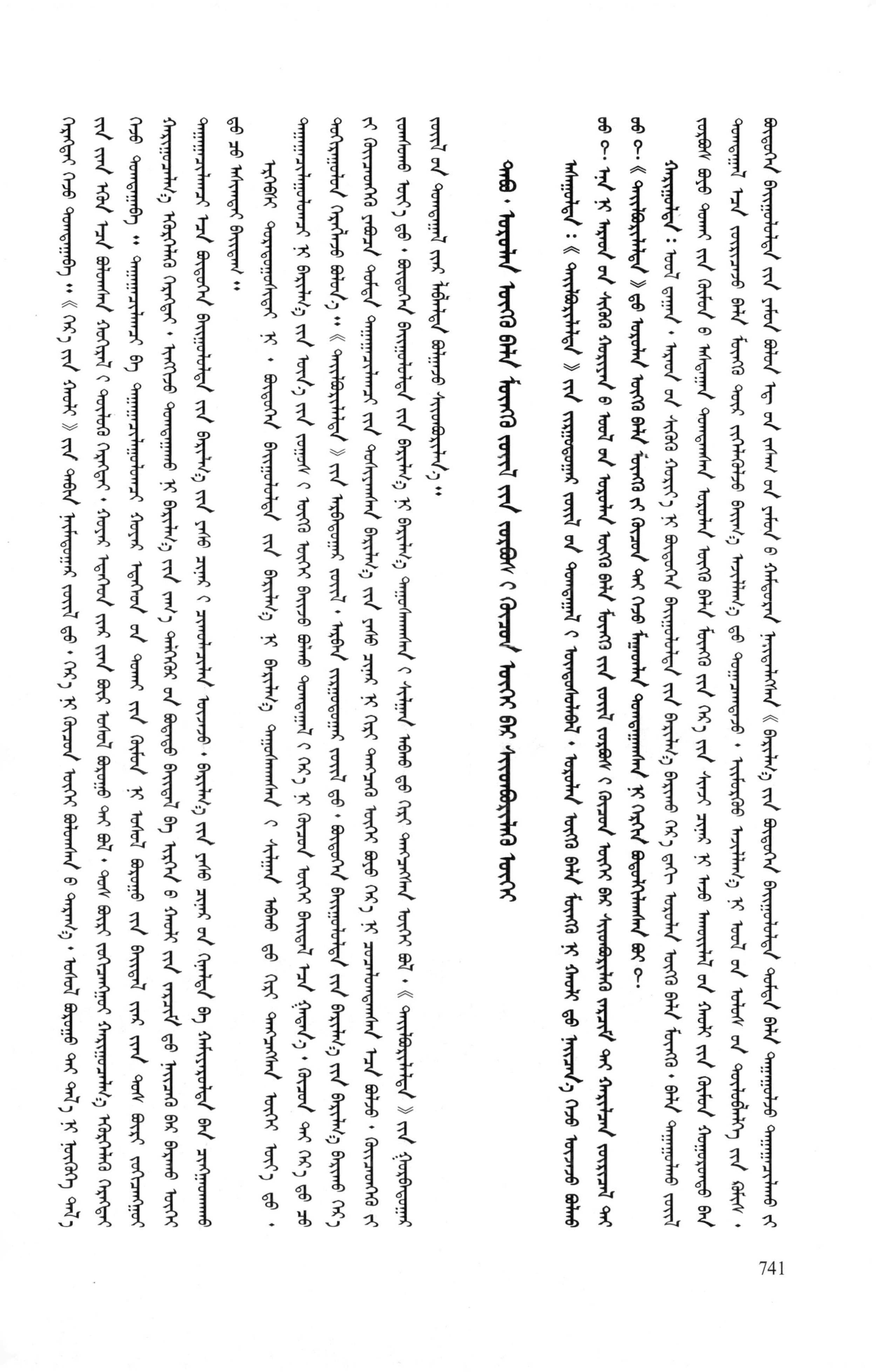

[illegible]

[illegible]

[illegible]

ᠠᠰᠠᠭᠤᠯᠲᠠ : [illegible]

ᠬᠠᠷᠢᠭᠤᠯᠲᠠ : [illegible]

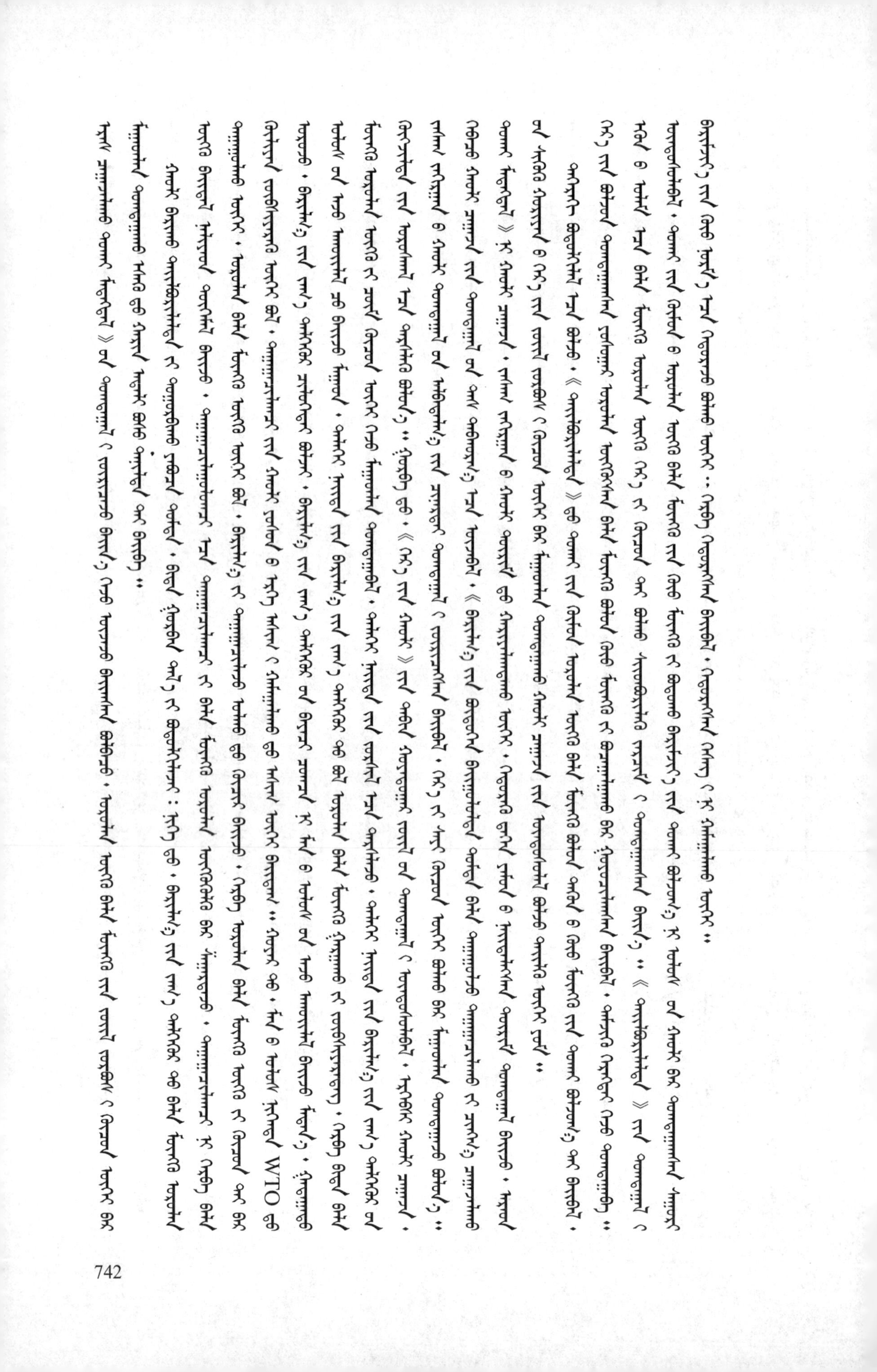

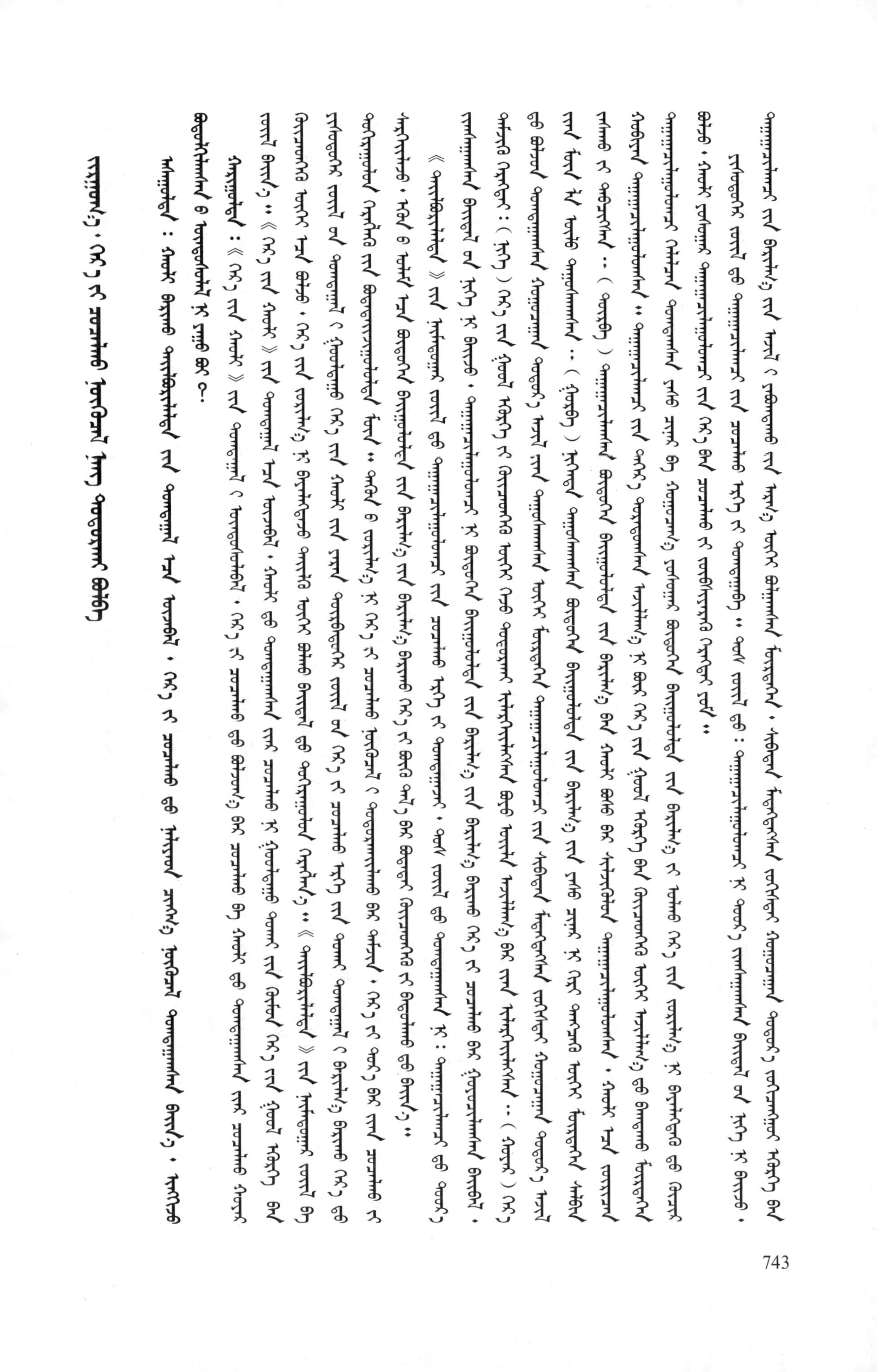

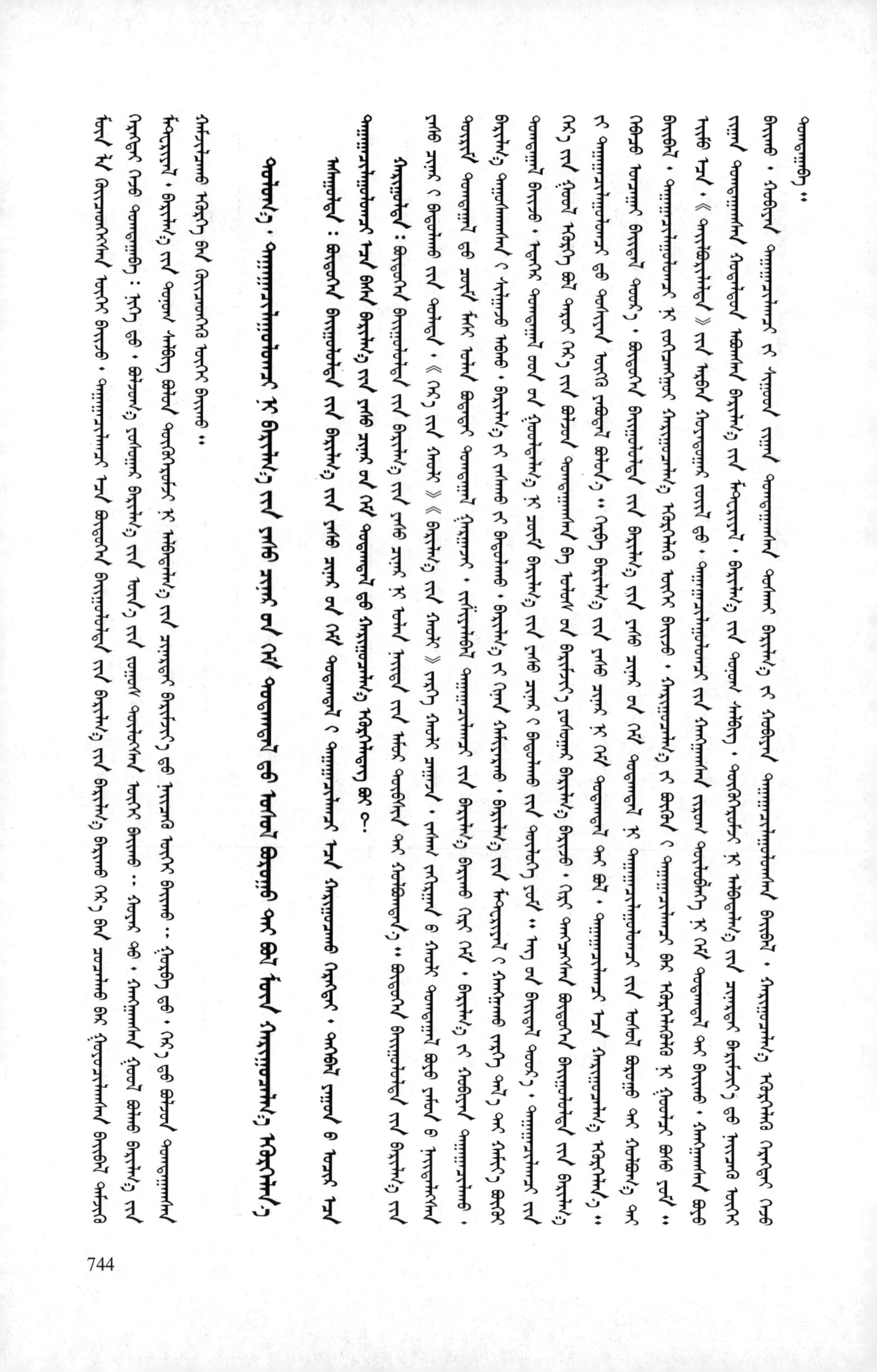

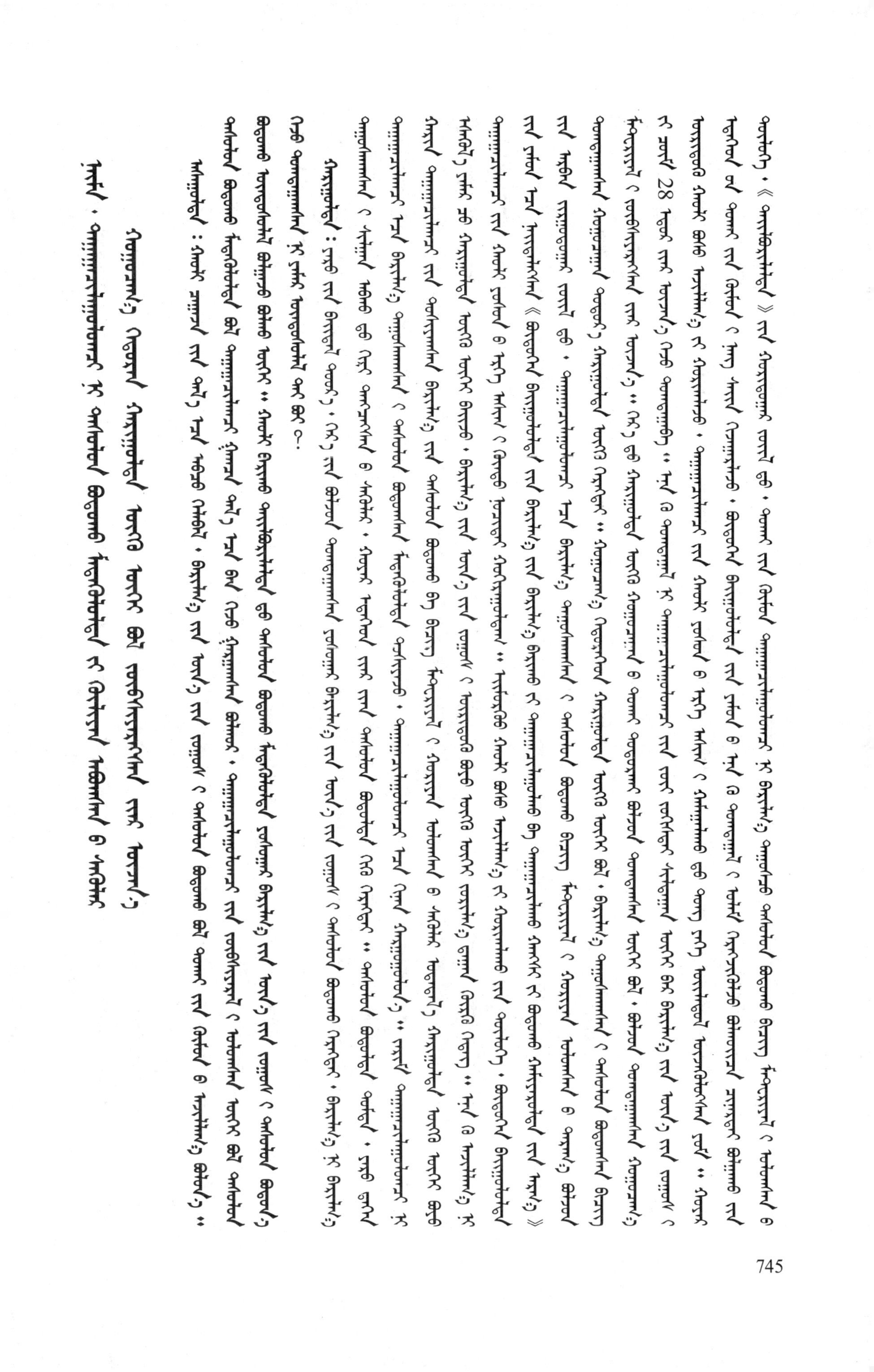

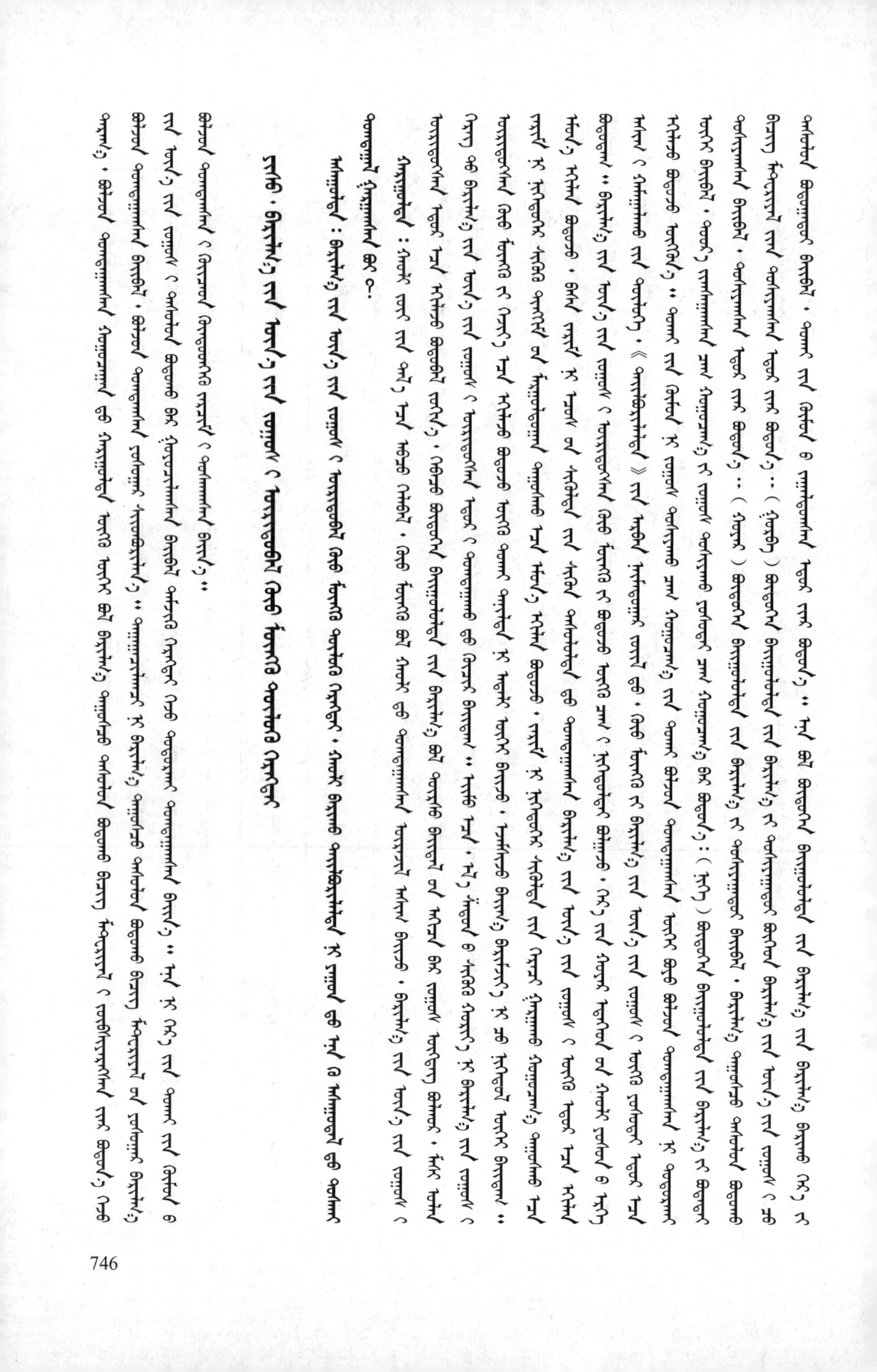

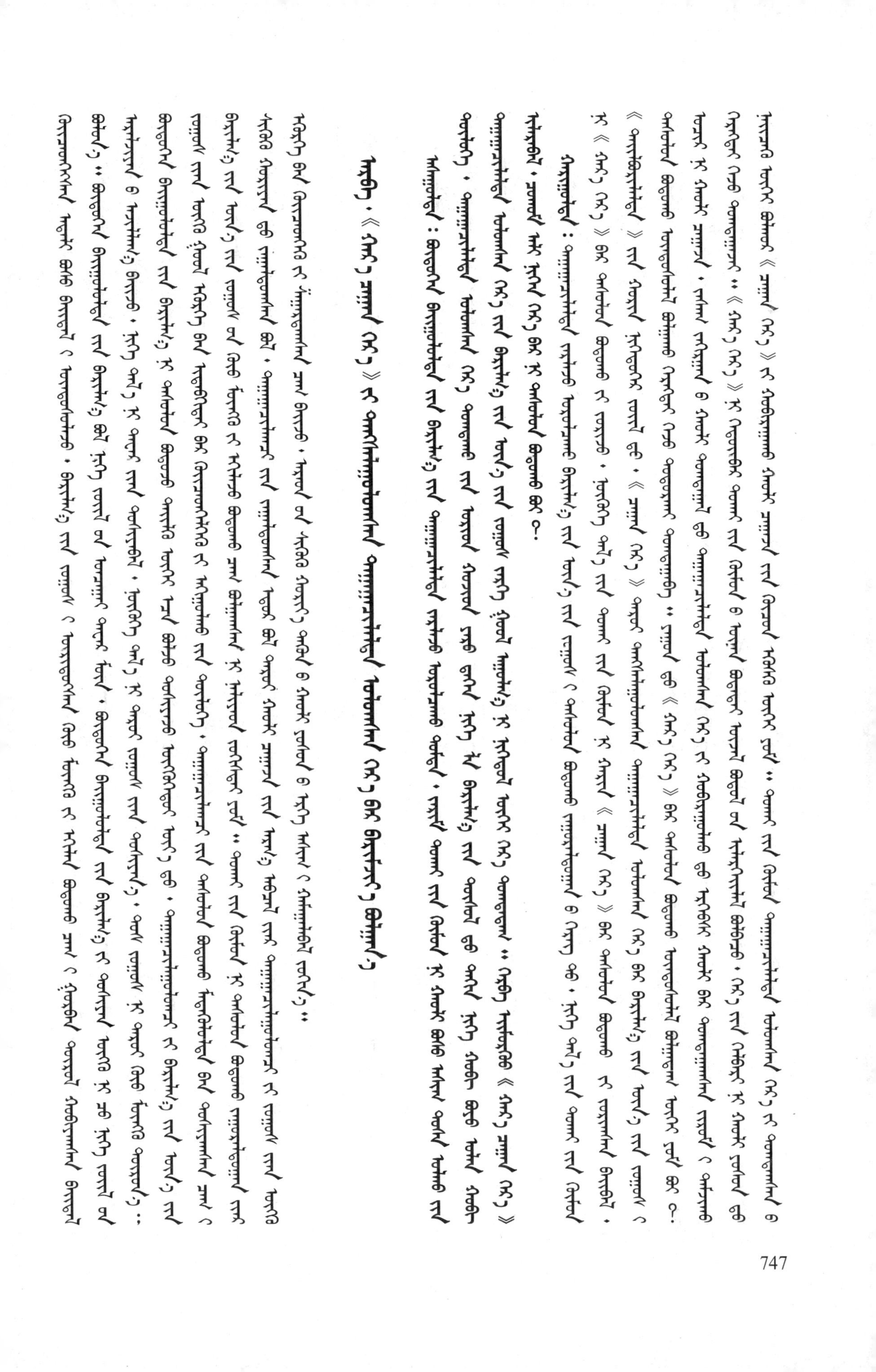

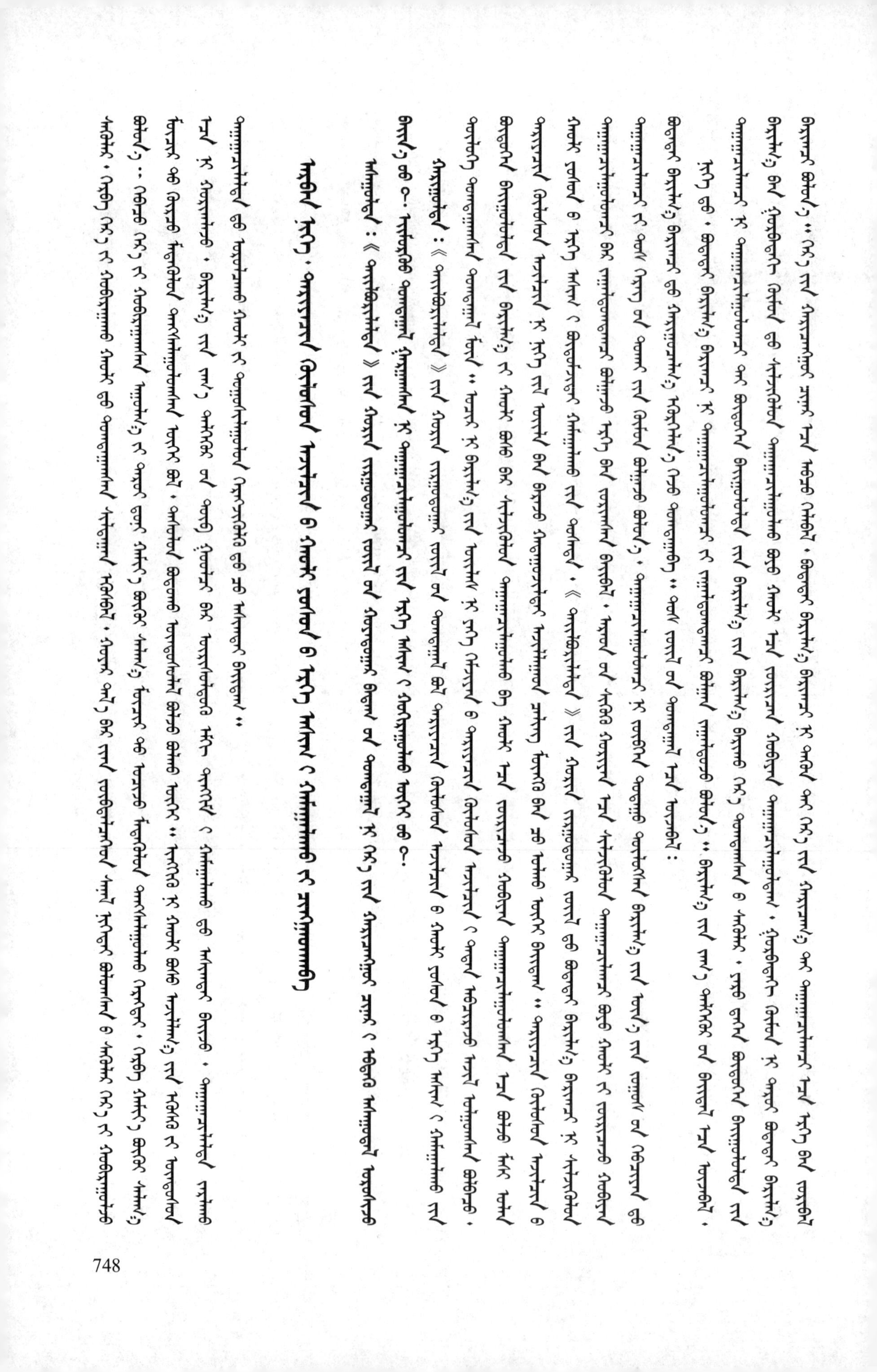

[illegible]

[illegible]

[illegible]

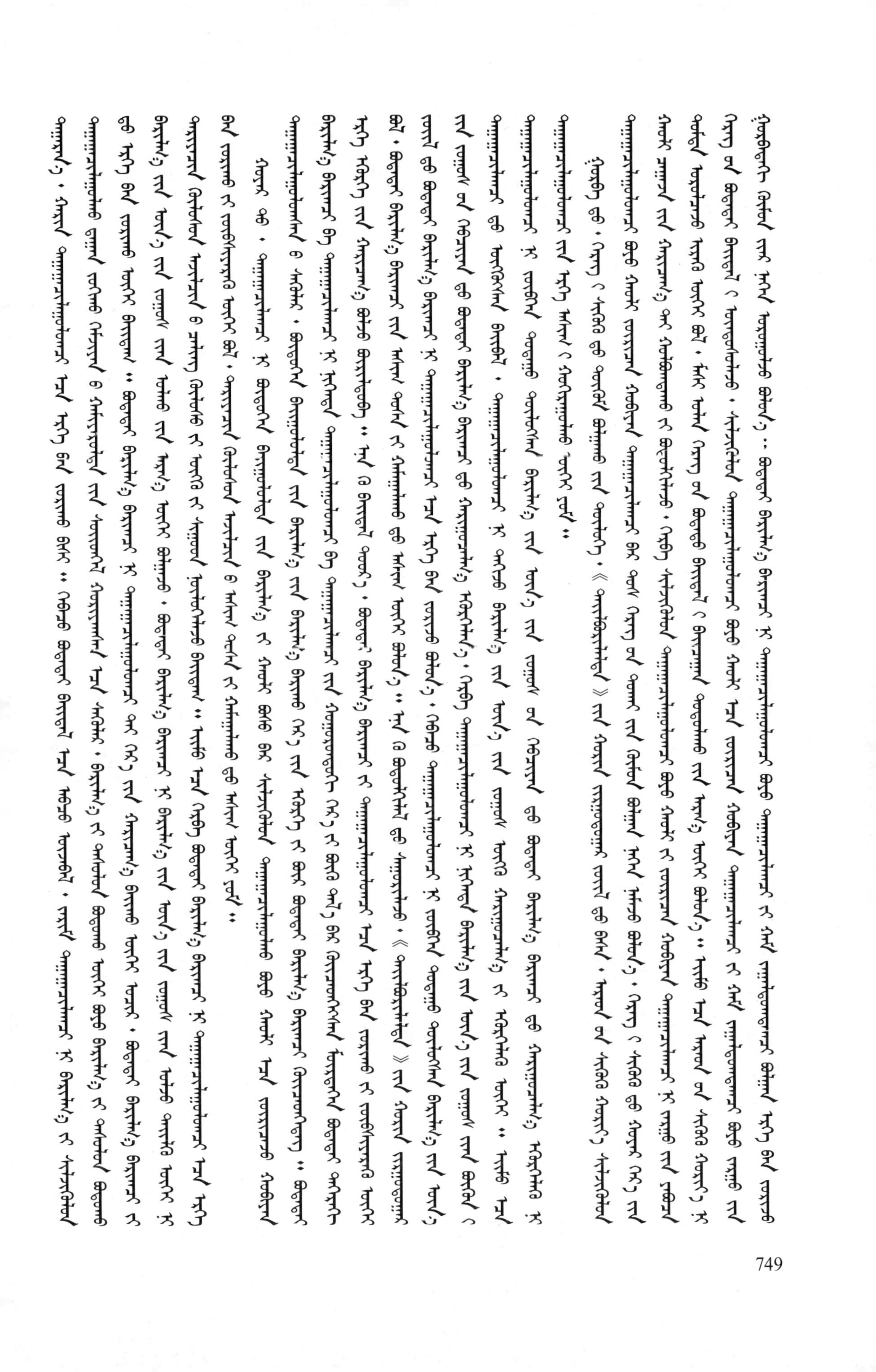

[illegible] ::
[illegible] ᠪᠠᠢᠨ᠎ᠠ ::

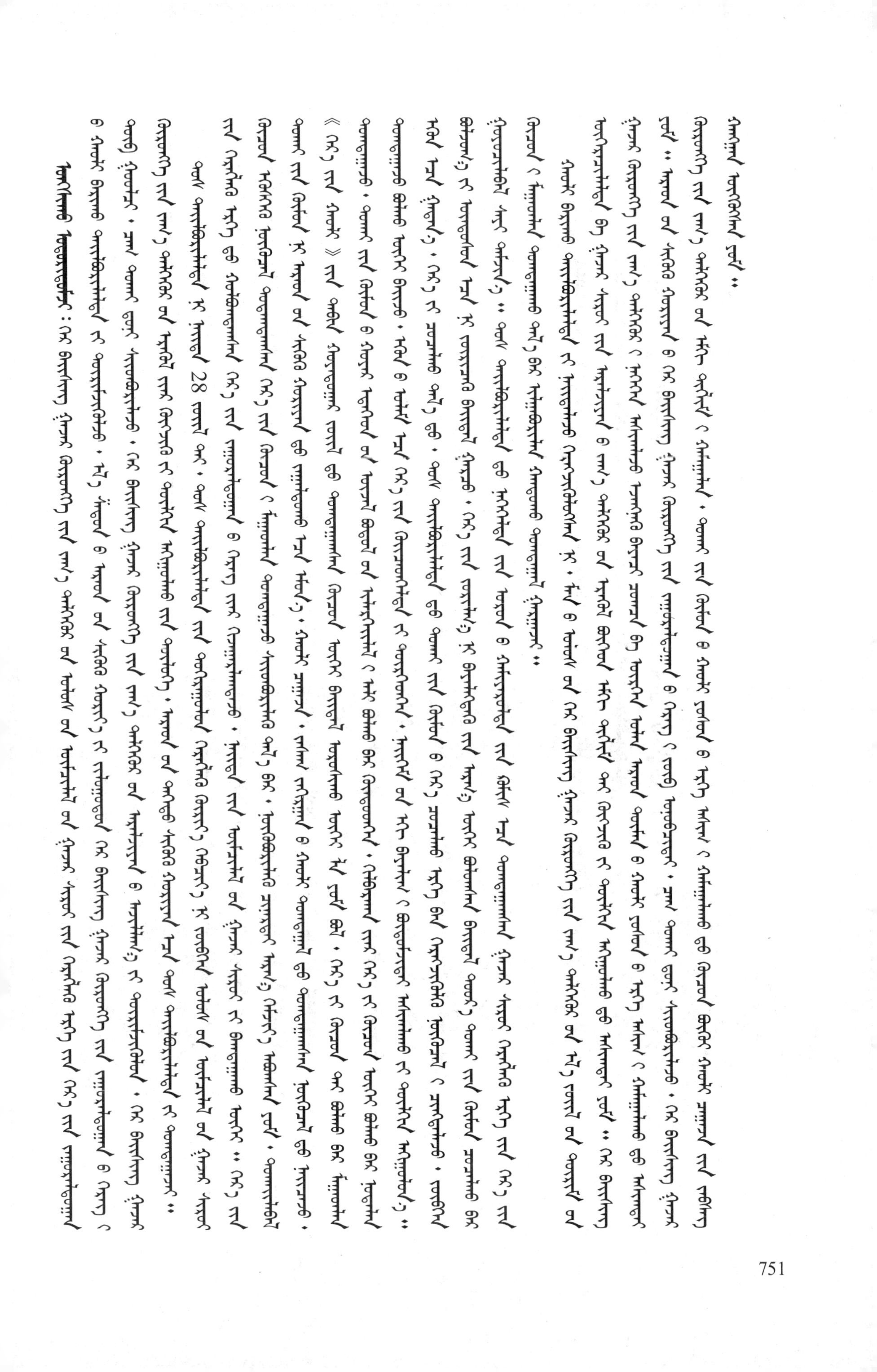

[illegible]

[illegible]

ᠬᠠᠤᠯᠢ ᠲᠠᠢᠯᠪᠤᠷᠢᠯᠠᠯ〔2005〕5 ᠳᠦᠭᠡᠷ ᠳ᠋ᠤᠭᠠᠷ

(2004 ᠣᠨ ᠤ 11 ᠰᠠᠷ᠎ᠠ ᠶᠢᠨ 23 ᠤ ᠡᠳᠦᠷ ᠤᠯᠤᠰ ᠤᠨ ᠳᠡᠭᠡᠳᠦ ᠠᠷᠠᠳ ᠤᠨ ᠱᠦᠭᠦᠬᠦ ᠶᠠᠮᠤᠨ ᠤ ᠱᠦᠭᠦᠨ ᠲᠠᠰᠤᠯᠬᠤ ᠵᠥᠪᠯᠡᠯ ᠦᠨ 1334 ᠳᠦᠭᠡᠷ ᠬᠤᠷᠠᠯ ᠢᠶᠠᠷ ᠪᠠᠲᠤᠯᠠᠵᠤ 2005 ᠣᠨ ᠤ 6 ᠰᠠᠷ᠎ᠠ ᠶᠢᠨ 18 ᠤ ᠡᠳᠦᠷ ᠤᠯᠤᠰ ᠤᠨ ᠳᠡᠭᠡᠳᠦ ᠠᠷᠠᠳ ᠤᠨ ᠱᠦᠭᠦᠬᠦ ᠶᠠᠮᠤᠨ ᠤ ᠨᠡᠶᠢᠲᠡ ᠶᠢᠨ ᠵᠠᠷᠯᠠᠯ ᠢᠶᠠᠷ 2005 ᠣᠨ ᠤ 8 ᠰᠠᠷ᠎ᠠ ᠶᠢᠨ 1 ᠡᠳᠦᠷ ᠡᠴᠡ ᠡᠬᠢᠯᠡᠨ ᠬᠡᠷᠡᠭᠵᠢᠭᠦᠯᠦᠨ᠎ᠡ)

[illegible]

ᠨᠢᠭᠡ᠂ ᠭᠡᠷ ᠡᠬᠡᠨᠡᠷ ᠨᠥᠬᠦᠷ ᠦᠨ ᠬᠠᠮᠲᠤ ᠥᠮᠴᠢ ᠶᠢ ᠬᠤᠪᠢᠶᠠᠷᠢᠯᠠᠬᠤ ᠮᠠᠷᠭᠤᠭᠠᠨ ᠤ ᠰᠢᠭᠦᠨ ᠲᠠᠰᠤᠯᠲᠠ

[illegible]

[illegible]

[illegible]

[illegible]

[illegible]

ᠪᠣᠯᠪᠠᠰᠤᠷᠠᠭᠤᠯᠬᠤ ᠲᠡᠬᠢ (ᠬᠡᠯᠡᠨ ᠬᠡᠯᠡᠬᠦ ᠶᠢᠨ ᠬᠠᠷᠢᠴᠠᠭ᠎ᠠ ᠳᠤ ᠬᠡᠷᠡᠭᠯᠡᠭᠡ ᠶᠢᠨ ᠤᠳᠬ᠎ᠠ) ᠬᠡᠯᠡᠨ ᠬᠡᠯᠡᠬᠦ ᠶᠢᠨ ᠬᠡᠷᠡᠭᠯᠡᠭᠡ ᠳᠦ ᠬᠡᠷᠡᠭᠯᠡᠭᠳᠡᠬᠦ ᠬᠡᠯᠡᠨ ᠬᠡᠯᠡᠬᠦ ᠶᠢᠨ ᠤᠳᠬ᠎ᠠ ᠪᠣᠯᠤᠨ᠎ᠠ ᠃

ᠤᠳᠬ᠎ᠠ᠂ ᠬᠡᠯᠡᠨ ᠬᠡᠯᠡᠬᠦ ᠶᠢᠨ ᠬᠠᠷᠢᠴᠠᠭ᠎ᠠ ᠳᠤ ᠬᠡᠷᠡᠭᠯᠡᠭᠡ ᠶᠢᠨ ᠤᠳᠬ᠎ᠠ ᠶᠢᠨ ᠰᠤᠳᠤᠯᠤᠯ

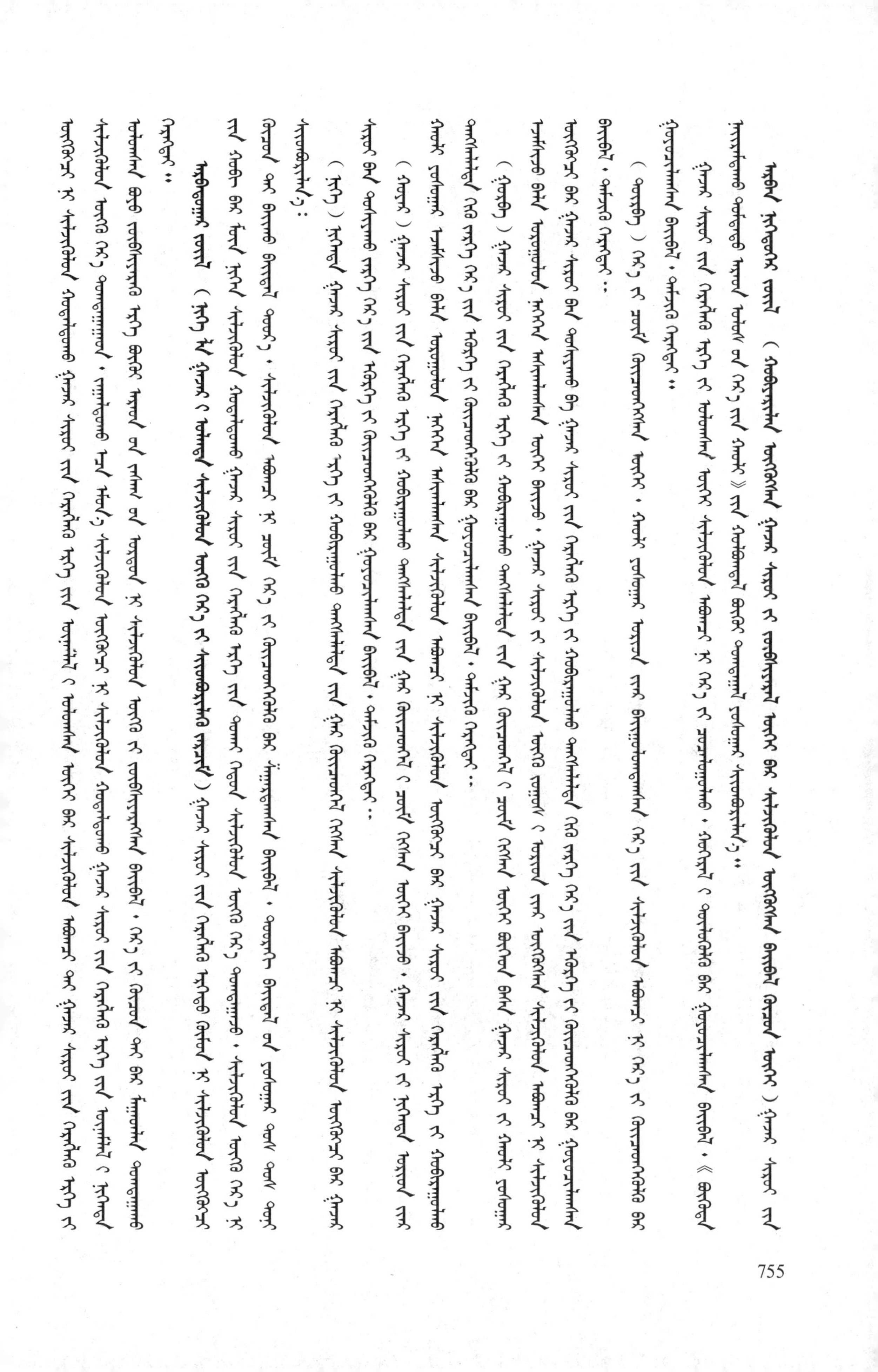

[illegible]

[illegible]

[illegible]

[illegible]

[illegible]

[illegible]

[illegible]

[illegible]

[illegible]

[illegible]

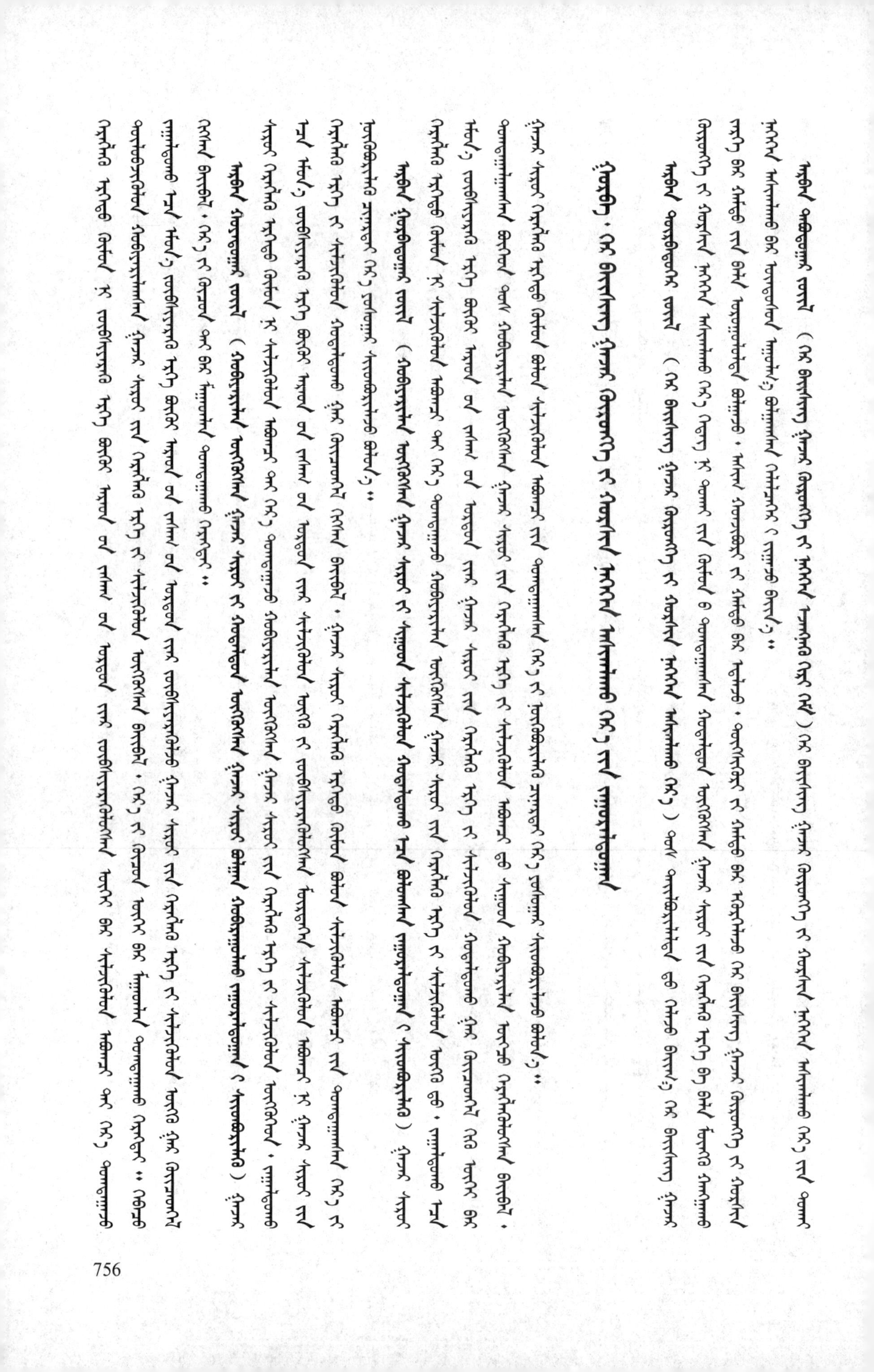

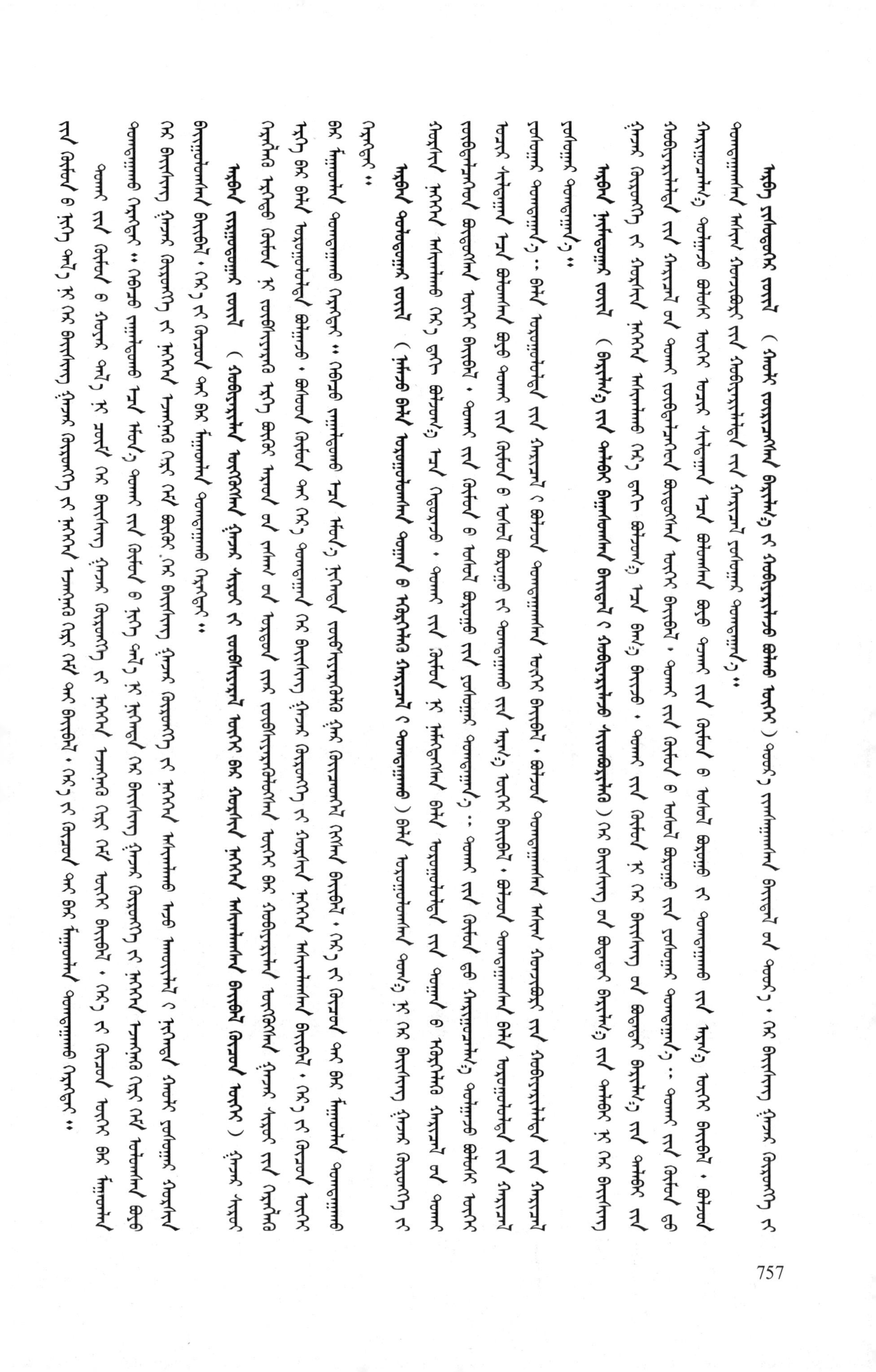

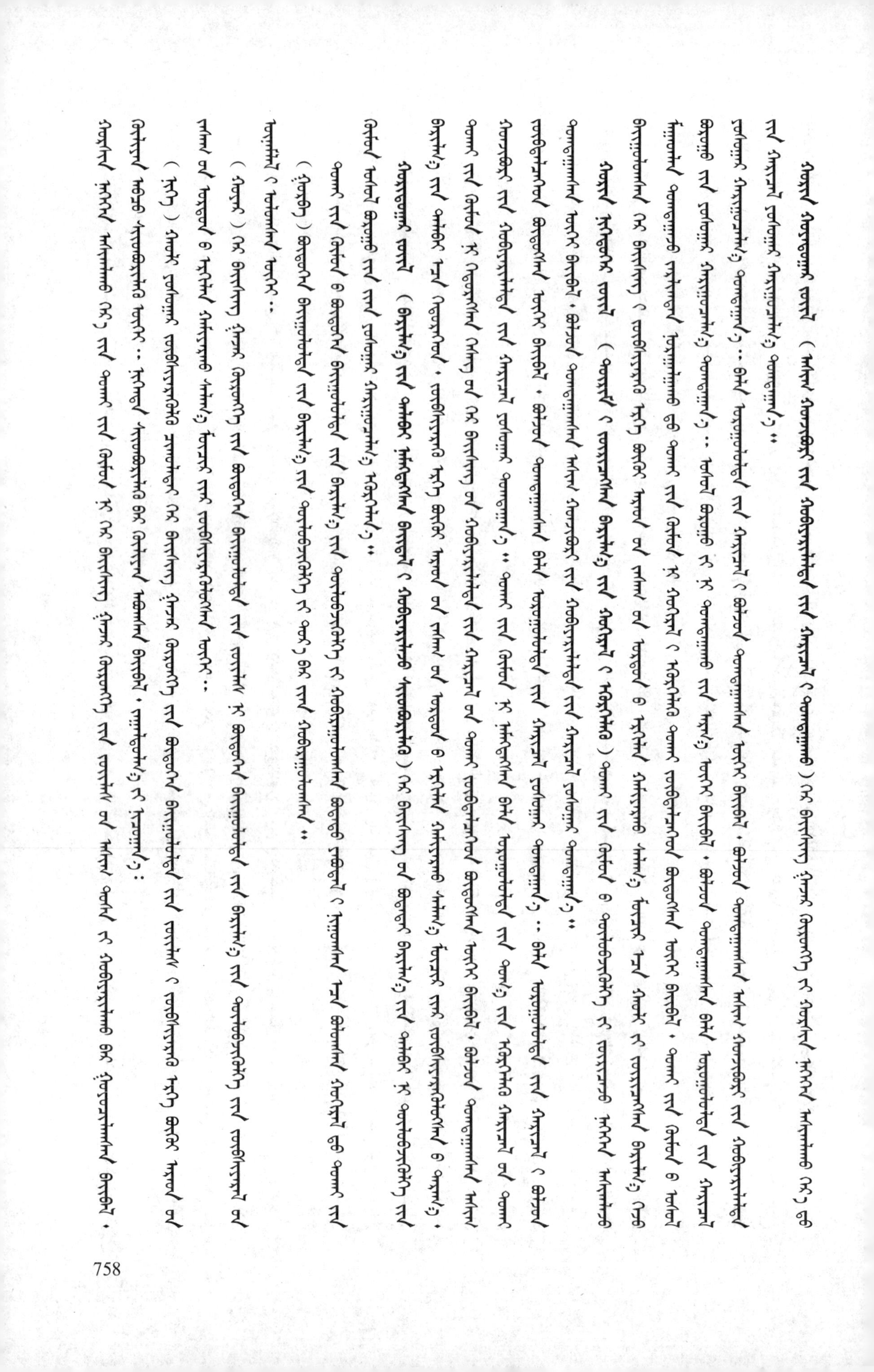

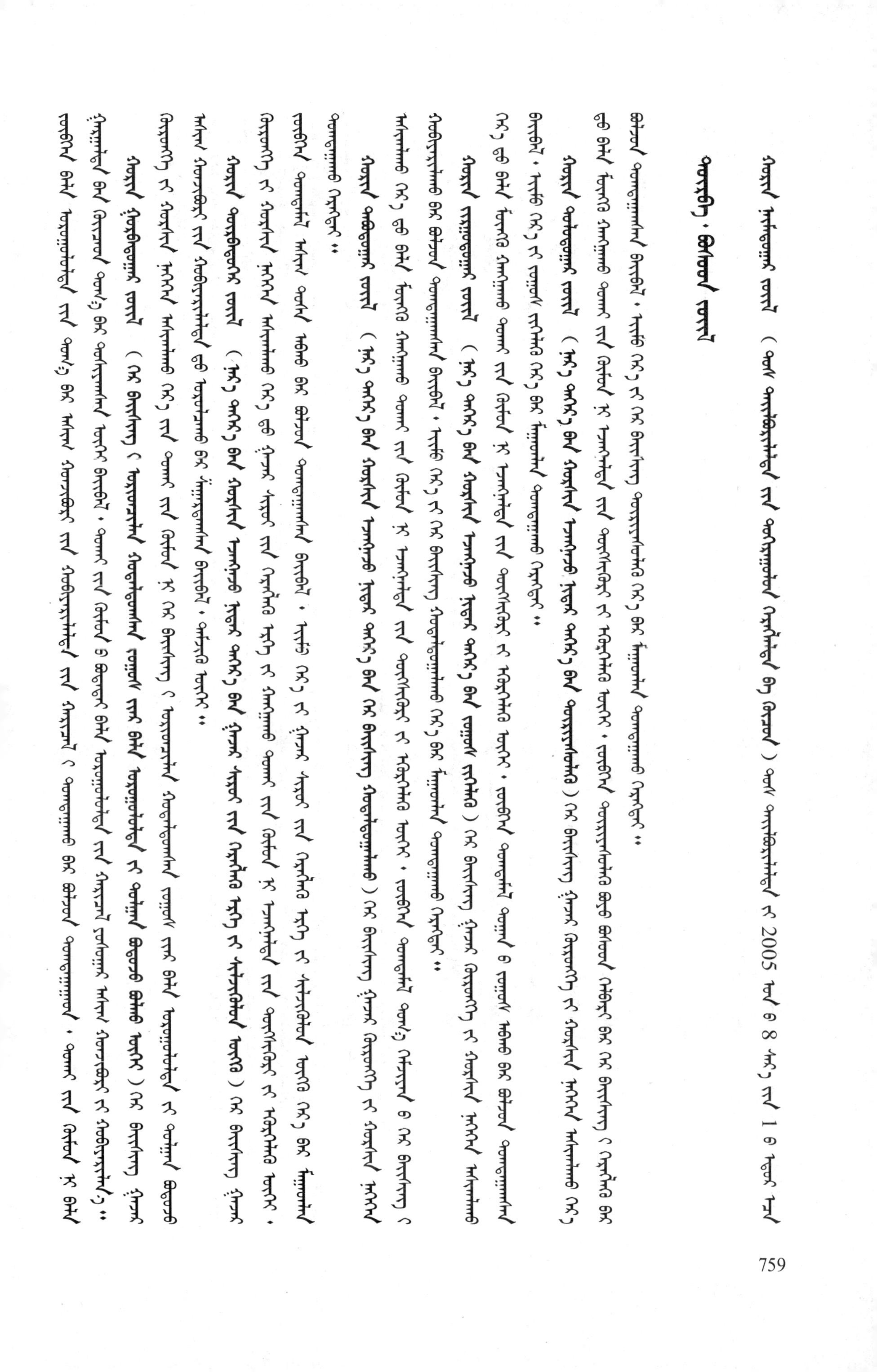

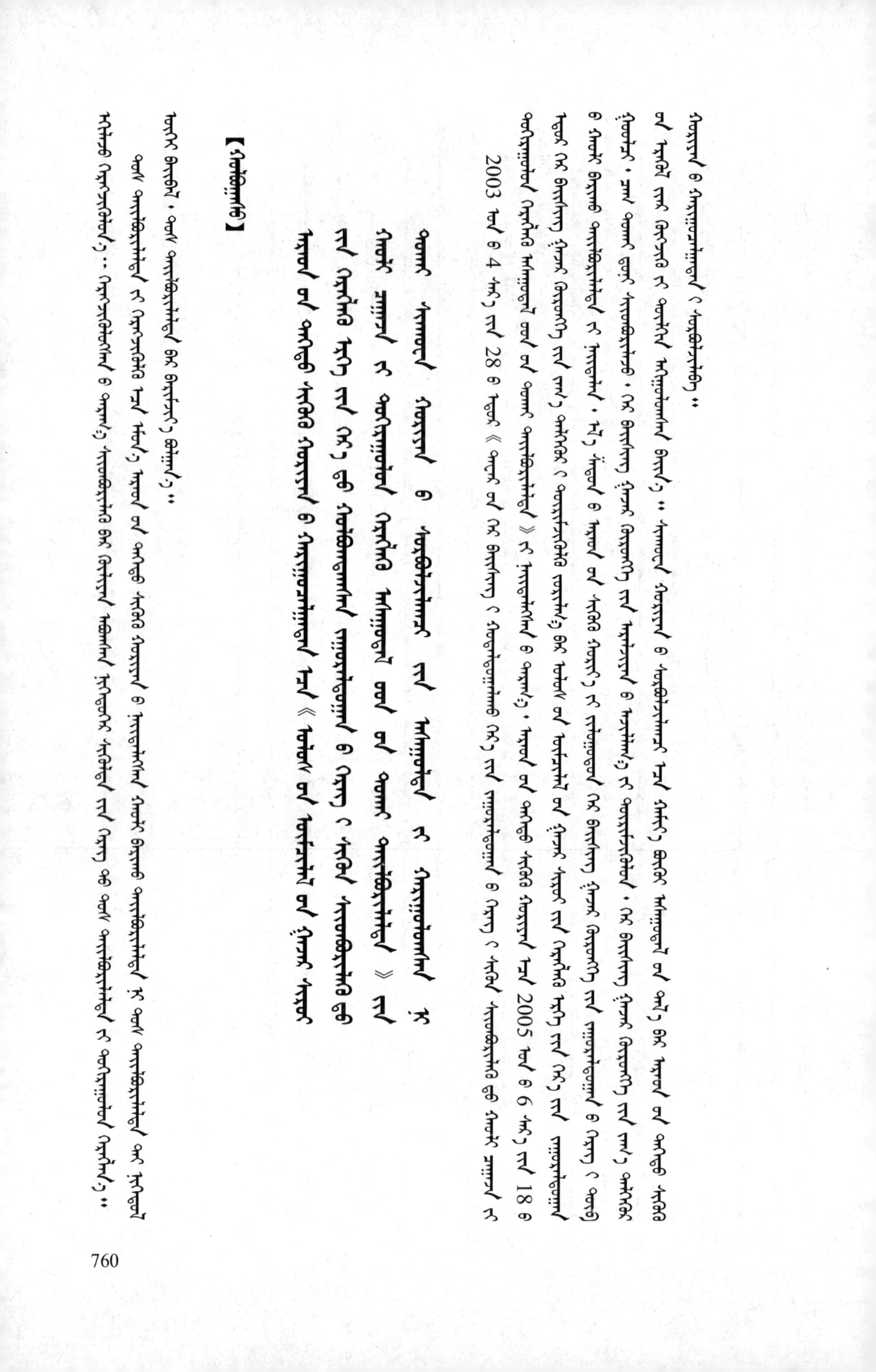

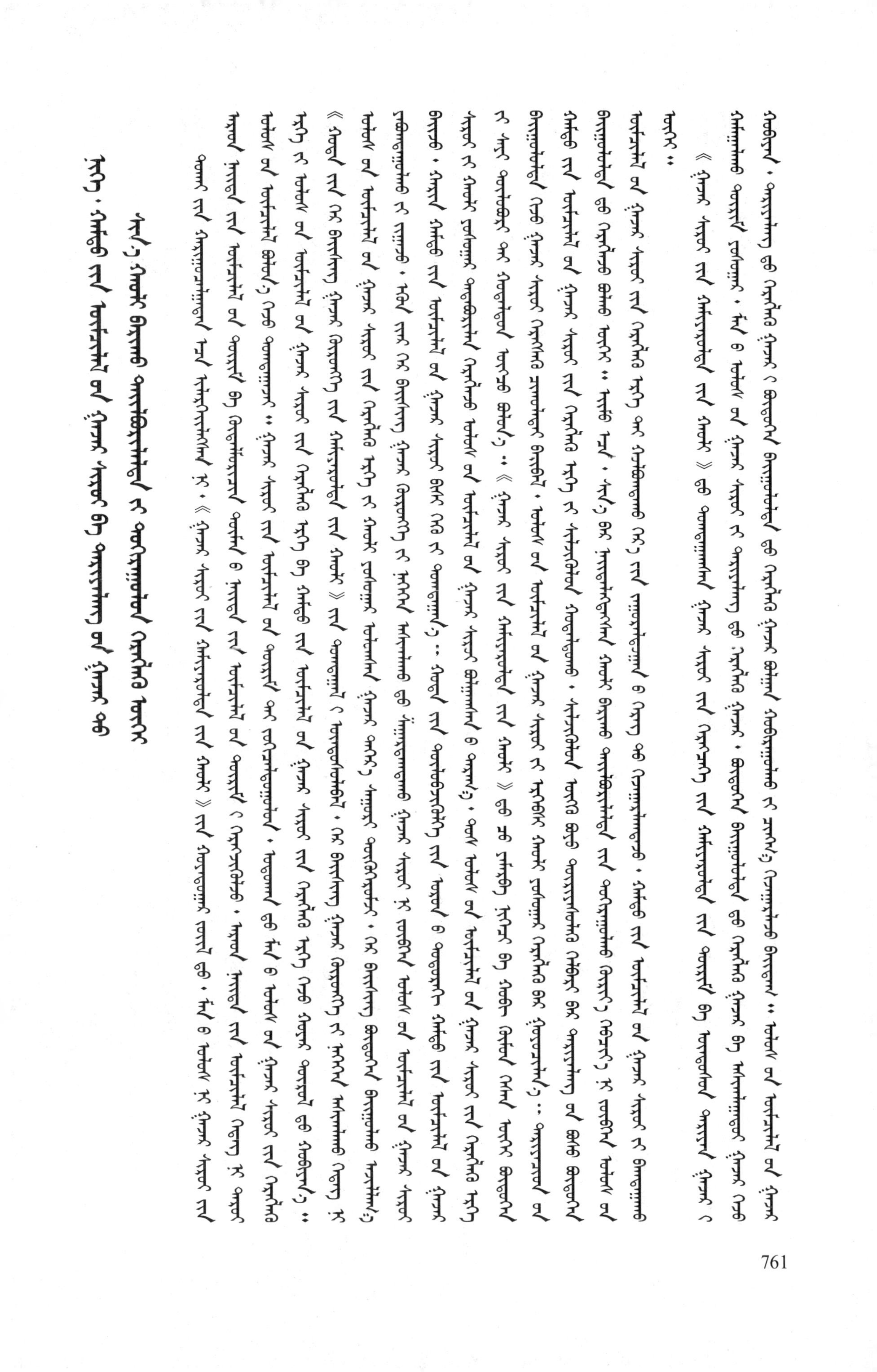

ᠭᠤᠷᠪᠠ ᠂ ᠮᠣᠩᠭᠣᠯ ᠤᠨ ᠲᠡᠦᠬᠡ ᠰᠤᠳᠤᠯᠤᠯ ᠤᠨ ᠬᠥᠭᠵᠢᠯᠲᠡ ᠶᠢᠨ ᠦᠢᠯᠡ ᠪᠢᠴᠢᠭ

ᠭᠠᠵᠠᠷ᠂ ᠤᠰᠤᠯᠠᠯᠲᠠ ᠶᠢᠨ ᠲᠣᠭᠠᠨ ᠤ ᠪᠦᠷᠢᠳᠬᠡᠯ ᠦᠨ ᠪᠦᠲᠦᠭᠡᠯ ᠳᠦ ᠨᠥᠯᠦᠭᠡᠯᠡᠭᠰᠡᠨ
ᠭᠠᠵᠠᠷ ᠤᠰᠤᠨ ᠤ ᠨᠥᠬᠦᠴᠡᠯ ᠦᠨ ᠦᠢᠯᠡᠳᠦᠯ ᠢ ᠬᠡᠮᠵᠢᠬᠦ ᠠᠷᠭ᠎ᠠ

[illegible]

[illegible]

764

ᠲᠠᠪᠤ᠂ ᠰᠤᠷᠭᠠᠨ ᠬᠦᠮᠦᠵᠢᠯ ᠮᠡᠷᠭᠡᠵᠢᠯᠲᠡᠨ ᠢ ᠣᠯᠠᠨ ᠲᠠᠯ᠎ᠠ ᠪᠠᠷ ᠬᠦᠮᠦᠵᠢᠭᠦᠯᠬᠦ ᠳᠦ ᠠᠩᠬᠠᠷᠬᠤ

ᠪᠠᠷᠢᠮᠲᠠ ᠶᠢᠨ ᠡᠷᠬᠡ ᠶᠢᠨ ᠬᠠᠮᠠᠭᠠᠯᠠᠯᠲᠠ ᠶᠢᠨ ᠬᠦᠷᠢᠶ᠎ᠡ ᠪᠣᠯᠣᠨ ᠶᠠᠭᠤᠮ ᠪᠠᠷᠢᠮᠲᠠ ᠪᠣᠯᠭᠠᠨ ᠦᠭᠬᠦ ᠶᠢᠨ ᠡᠷᠬᠡ ᠢ ᠬᠡᠷᠡᠭᠵᠢᠭᠦᠯᠬᠦ ᠳᠦ ᠪᠠᠷᠢᠮᠲᠠᠯᠠᠨ᠎ᠠ ᠃

ᠪᠠᠷᠢᠮᠲᠠ ᠬᠥᠷᠥᠩᠭᠡ ᠪᠣᠯᠭᠠᠭᠰᠠᠨ ᠶᠢᠨ ᠡᠷᠬᠡ ᠢ ᠲᠠᠯᠪᠢᠭᠰᠠᠨ ᠡᠳ ᠬᠥᠷᠥᠩᠭᠡ ᠶᠢᠨ ᠦᠨ᠎ᠡ ᠶᠢ ᠪᠠᠷᠢᠮᠲᠠ ᠪᠣᠯᠭᠠᠨ ᠠᠰᠢᠭᠯᠠᠬᠤ ᠶᠢᠨ ᠡᠷᠬᠡ ᠶᠢᠨ ᠬᠡᠮᠵᠢᠶ᠎ᠡ ᠳᠦ ᠪᠠᠭᠲᠠᠭᠠᠨ᠎ᠠ ᠃

765

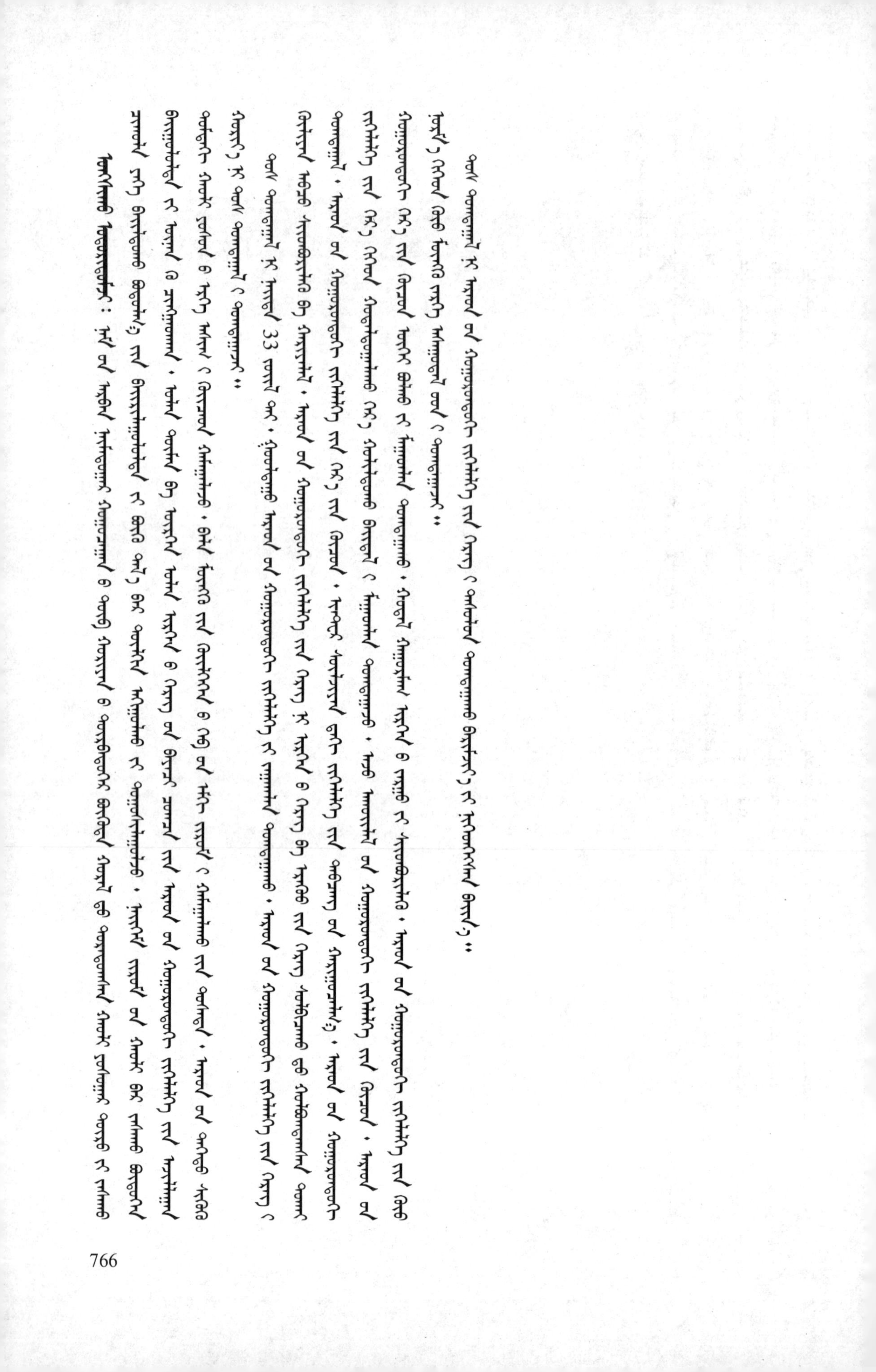

[illegible]

[illegible]

[illegible] 33 [illegible]

[illegible]

[illegible] : [illegible]

ᠢᠷᠭᠡᠳ ᠦᠨ ᠬᠣᠭᠣᠷᠣᠨᠳᠣᠬᠢ ᠵᠡᠭᠡᠯᠢ ᠵᠡᠭᠡᠯᠡᠬᠦ ᠶᠢᠨ

ᠢᠷᠭᠡᠳ ᠦᠨ ᠬᠣᠭᠣᠷᠣᠨᠳᠣᠬᠢ ᠵᠡᠭᠡᠯᠢ ᠵᠡᠭᠡᠯᠡᠬᠦ ᠶᠢᠨ ᠬᠡᠷᠡᠭ ᠢ ᠱᠢᠭᠦᠨ ᠲᠠᠰᠤᠯᠬᠤ ᠳᠤ
ᠬᠠᠤᠯᠢ ᠴᠠᠭᠠᠵᠠ ᠬᠡᠷᠡᠭᠯᠡᠬᠦ ᠬᠡᠳᠦᠨ ᠠᠰᠠᠭᠤᠳᠠᠯ ᠤᠨ ᠲᠤᠬᠠᠢ ᠵᠠᠭᠠᠯᠲᠠ

ᠬᠠᠤᠯᠢ ᠲᠠᠶᠢᠯᠪᠤᠷᠢᠯᠠᠯ 〔2015〕18 ᠳ᠋ᠤᠭᠠᠷ ᠳ᠋ᠤᠭᠠᠷ

(2015 ᠣᠨ ᠤ 6 ᠰᠠᠷ᠎ᠠ ᠶᠢᠨ 23 ᠤ ᠡᠳᠦᠷ ᠳᠡᠭᠡᠳᠦ ᠠᠷᠠᠳ ᠤᠨ ᠱᠡᠭᠦᠬᠡ ᠶᠢᠨ ᠭᠠᠵᠠᠷ ᠤᠨ ᠱᠢᠭᠦᠨ ᠲᠠᠰᠤᠯᠬᠤ ᠵᠥᠪᠯᠡᠯ ᠦᠨ 1655
ᠤᠳᠠᠭ᠎ᠠ ᠶᠢᠨ ᠬᠤᠷᠠᠯ ᠳᠤ ᠪᠠᠲᠤᠯᠠᠭᠰᠠᠨ 2015 ᠣᠨ ᠤ 8 ᠰᠠᠷ᠎ᠠ ᠶᠢᠨ 6 ᠤ ᠡᠳᠦᠷ ᠳᠡᠭᠡᠳᠦ ᠠᠷᠠᠳ ᠤᠨ ᠱᠡᠭᠦᠬᠡ ᠶᠢᠨ ᠭᠠᠵᠠᠷ ᠤᠨ
ᠵᠠᠷᠯᠠᠯ ᠢᠶᠠᠷ ᠨᠡᠶᠢᠲᠡᠯᠡᠭᠰᠡᠨ 2015 ᠣᠨ ᠤ 9 ᠰᠠᠷ᠎ᠠ ᠶᠢᠨ 1 ᠡᠴᠡ ᠡᠬᠢᠯᠡᠨ ᠬᠡᠷᠡᠭᠵᠢᠭᠦᠯᠦᠨ᠎ᠡ)

ᠢᠷᠭᠡᠳ ᠦᠨ ᠬᠣᠭᠣᠷᠣᠨᠳᠣᠬᠢ ᠵᠡᠭᠡᠯᠢ ᠵᠡᠭᠡᠯᠡᠬᠦ ᠮᠠᠷᠭᠠᠭᠠᠨ ᠤ ᠬᠡᠷᠡᠭ ᠢ ᠵᠥᠪ ᠱᠢᠭᠦᠨ ᠲᠠᠰᠤᠯᠬᠤ ᠶᠢᠨ ᠲᠥᠯᠥᠭᠡ᠂ 《ᠳᠤᠮᠳᠠᠳᠤ ᠠᠷᠠᠳ ᠢᠪᠡᠭᠡᠯ ᠤᠯᠤᠰ ᠤᠨ ᠢᠷᠭᠡᠨ ᠦ ᠬᠠᠤᠯᠢ ᠶᠢᠨ ᠶᠡᠷᠦᠩᠬᠡᠢ ᠵᠦᠢᠯ》᠂《ᠳᠤᠮᠳᠠᠳᠤ ᠠᠷᠠᠳ ᠢᠪᠡᠭᠡᠯ ᠤᠯᠤᠰ ᠤᠨ ᠡᠳ ᠬᠥᠷᠥᠩᠭᠡ ᠶᠢᠨ ᠡᠷᠬᠡ ᠶᠢᠨ ᠬᠠᠤᠯᠢ》᠂《ᠳᠤᠮᠳᠠᠳᠤ ᠠᠷᠠᠳ ᠢᠪᠡᠭᠡᠯ ᠤᠯᠤᠰ ᠤᠨ ᠪᠠᠲᠤᠯᠠᠨ ᠳᠠᠭᠠᠭᠠᠬᠤ ᠬᠠᠤᠯᠢ》᠂《ᠳᠤᠮᠳᠠᠳᠤ ᠠᠷᠠᠳ ᠢᠪᠡᠭᠡᠯ ᠤᠯᠤᠰ ᠤᠨ ᠭᠡᠷ᠎ᠡ ᠶᠢᠨ ᠬᠠᠤᠯᠢ》᠂《ᠳᠤᠮᠳᠠᠳᠤ ᠠᠷᠠᠳ ᠢᠪᠡᠭᠡᠯ ᠤᠯᠤᠰ ᠤᠨ ᠢᠷᠭᠡᠨ ᠦ ᠬᠡᠷᠡᠭ ᠦᠨ ᠵᠠᠷᠭᠤ ᠶᠢᠨ ᠬᠠᠤᠯᠢ》᠂《ᠳᠤᠮᠳᠠᠳᠤ ᠠᠷᠠᠳ ᠢᠪᠡᠭᠡᠯ ᠤᠯᠤᠰ ᠤᠨ ᠡᠷᠦᠭᠦ ᠶᠢᠨ ᠬᠡᠷᠡᠭ ᠦᠨ ᠵᠠᠷᠭᠤ ᠶᠢᠨ ᠬᠠᠤᠯᠢ》 ᠵᠡᠷᠭᠡ ᠬᠠᠷᠢᠯᠴᠠᠭ᠎ᠠ ᠪᠦᠬᠦᠢ ᠬᠠᠤᠯᠢ ᠶᠢᠨ ᠵᠠᠭᠠᠯᠲᠠ ᠶᠢ ᠦᠨᠳᠦᠰᠦᠯᠡᠨ᠂ ᠱᠢᠭᠦᠨ ᠲᠠᠰᠤᠯᠬᠤ ᠪᠣᠳᠠᠲᠤ ᠠᠵᠢᠯ ᠲᠠᠢ ᠤᠶᠠᠯᠳᠤᠭᠤᠯᠤᠨ ᠡᠨᠡ ᠵᠠᠭᠠᠯᠲᠠ ᠶᠢ ᠲᠣᠭᠲᠠᠭᠠᠪᠠ᠃

ᠨᠢᠭᠡᠳᠦᠭᠡᠷ ᠵᠦᠢᠯ (ᠢᠷᠭᠡᠳ ᠦᠨ ᠬᠣᠭᠣᠷᠣᠨᠳᠣᠬᠢ ᠵᠡᠭᠡᠯᠢ ᠵᠡᠭᠡᠯᠡᠬᠦ ᠶᠢᠨ ᠤᠳᠬ᠎ᠠ ᠪᠠ ᠬᠡᠷᠡᠭᠯᠡᠬᠦ ᠬᠡᠮᠵᠢᠶ᠎ᠡ) ᠡᠨᠡ ᠵᠠᠭᠠᠯᠲᠠ ᠳᠤ ᠬᠡᠯᠡᠭᠰᠡᠨ ᠢᠷᠭᠡᠳ ᠦᠨ ᠬᠣᠭᠣᠷᠣᠨᠳᠣᠬᠢ ᠵᠡᠭᠡᠯᠢ ᠵᠡᠭᠡᠯᠡᠬᠦ ᠭᠡᠳᠡᠭ ᠨᠢ ᠪᠡᠶ᠎ᠡ ᠬᠦᠮᠦᠨ᠂ ᠬᠠᠤᠯᠢ ᠶᠢᠨ ᠡᠷᠬᠡᠲᠦ᠂ ᠪᠤᠰᠤᠳ ᠪᠠᠶᠢᠭᠤᠯᠤᠯᠭ᠎ᠠ ᠶᠢᠨ ᠬᠣᠭᠣᠷᠣᠨᠳᠣ ᠮᠥᠩᠭᠥ ᠬᠥᠷᠥᠩᠭᠡ ᠰᠢᠯᠵᠢᠭᠦᠯᠬᠦ ᠦᠢᠯᠡ ᠶᠠᠪᠤᠳᠠᠯ ᠢ ᠵᠢᠭᠠᠵᠤ ᠪᠠᠶᠢᠨ᠎ᠠ᠃

ᠰᠠᠩᠬᠦᠦ ᠶᠢᠨ ᠬᠢᠨᠠᠨ ᠬᠠᠮᠢᠶᠠᠷᠤᠬᠤ ᠪᠠᠢᠭᠤᠯᠤᠮᠵᠢ ᠶᠢᠨ ᠪᠠᠲᠤᠯᠠᠯ ᠢᠶᠠᠷ ᠪᠠᠢᠭᠤᠯᠤᠭᠳᠠᠭᠰᠠᠨ᠂ ᠵᠡᠭᠡᠯᠢ ᠶᠢᠨ ᠠᠵᠢᠯ ᠡᠷᠬᠢᠯᠡᠳᠡᠭ ᠰᠠᠩᠬᠦᠦ ᠶᠢᠨ ᠪᠠᠢᠭᠤᠯᠤᠮᠵᠢ ᠪᠠ ᠲᠡᠭᠦᠨ ᠦ ᠰᠠᠯᠠᠭ᠎ᠠ ᠪᠠᠢᠭᠤᠯᠤᠮᠵᠢ

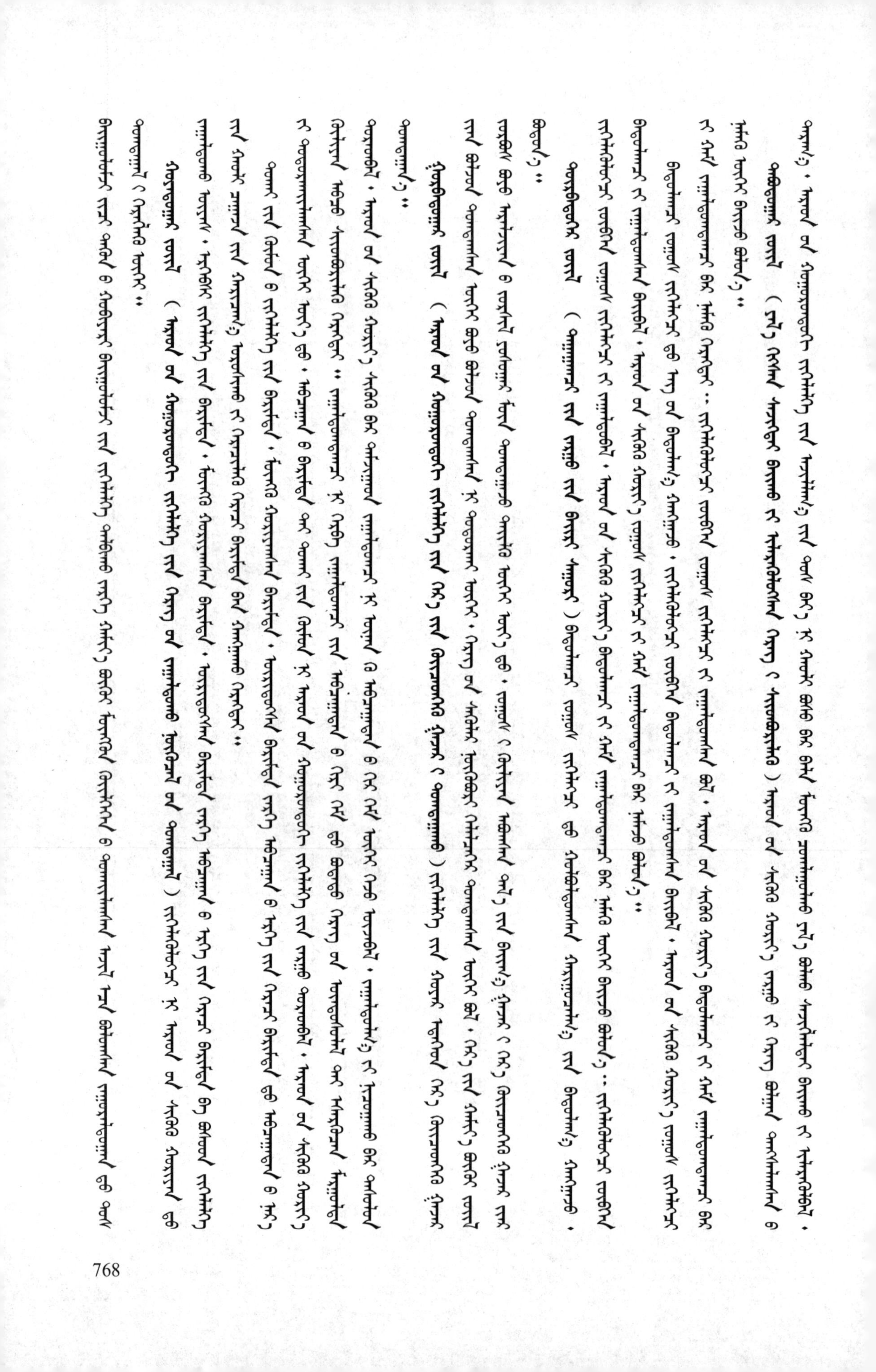

[illegible]

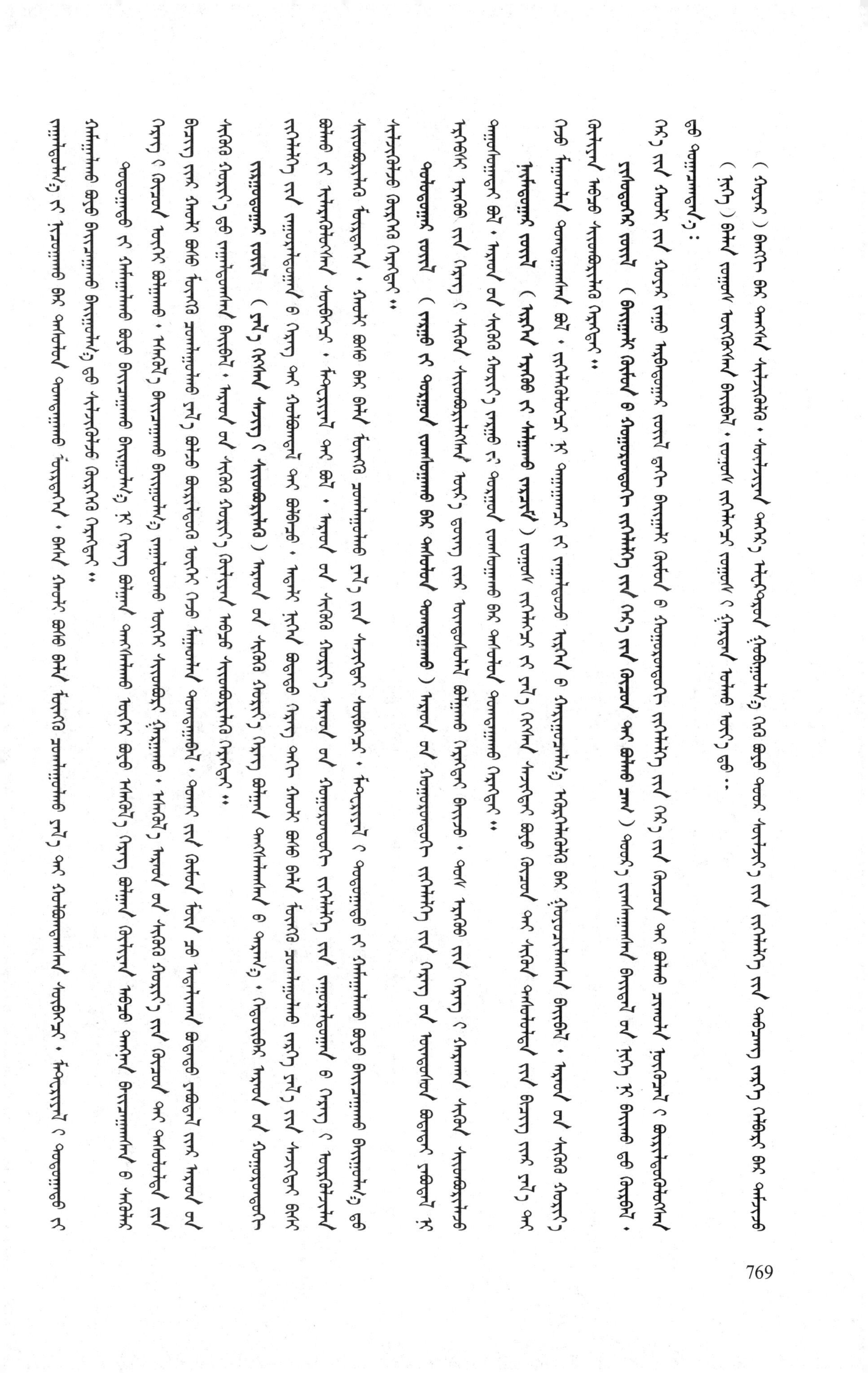

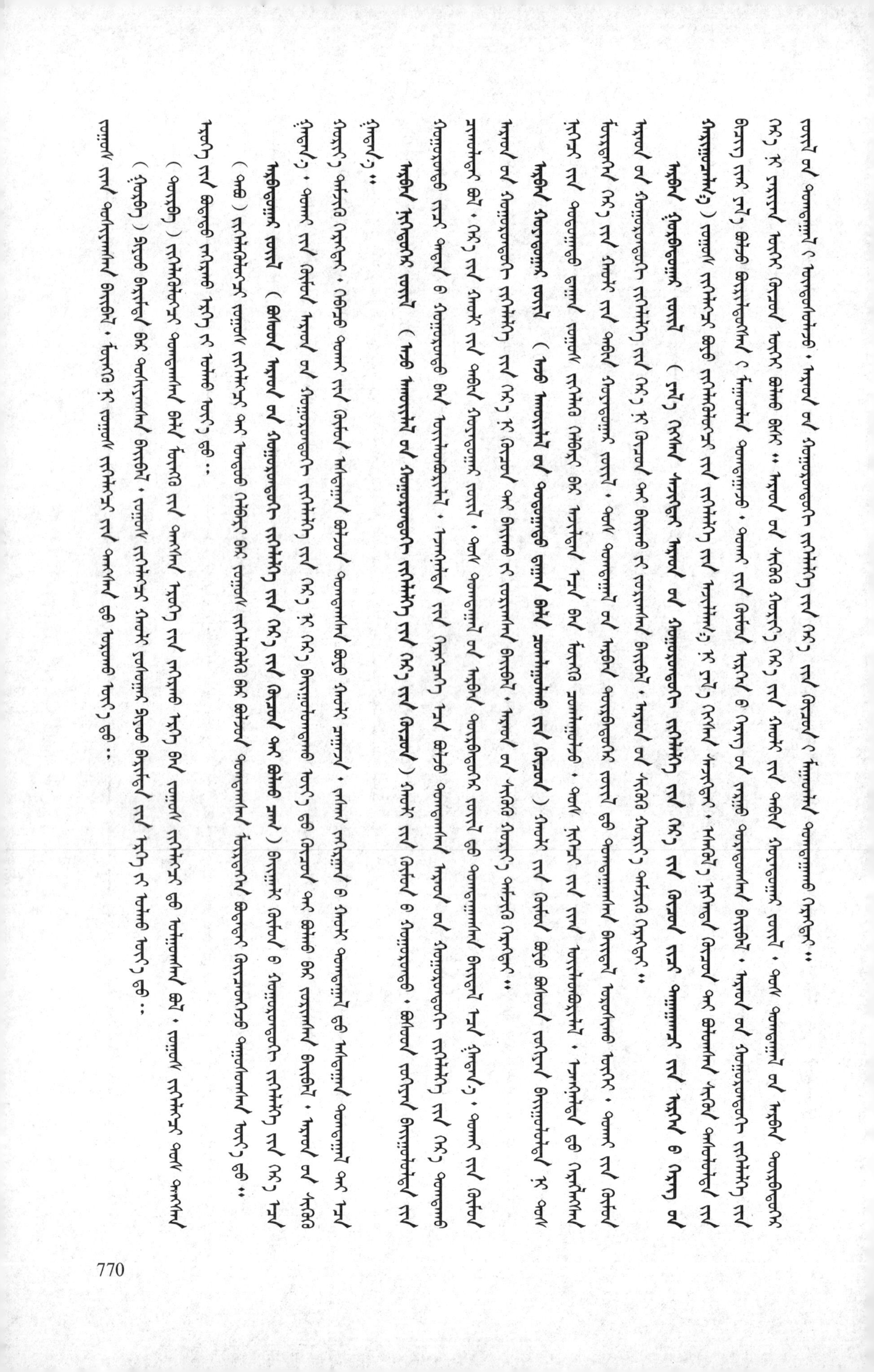

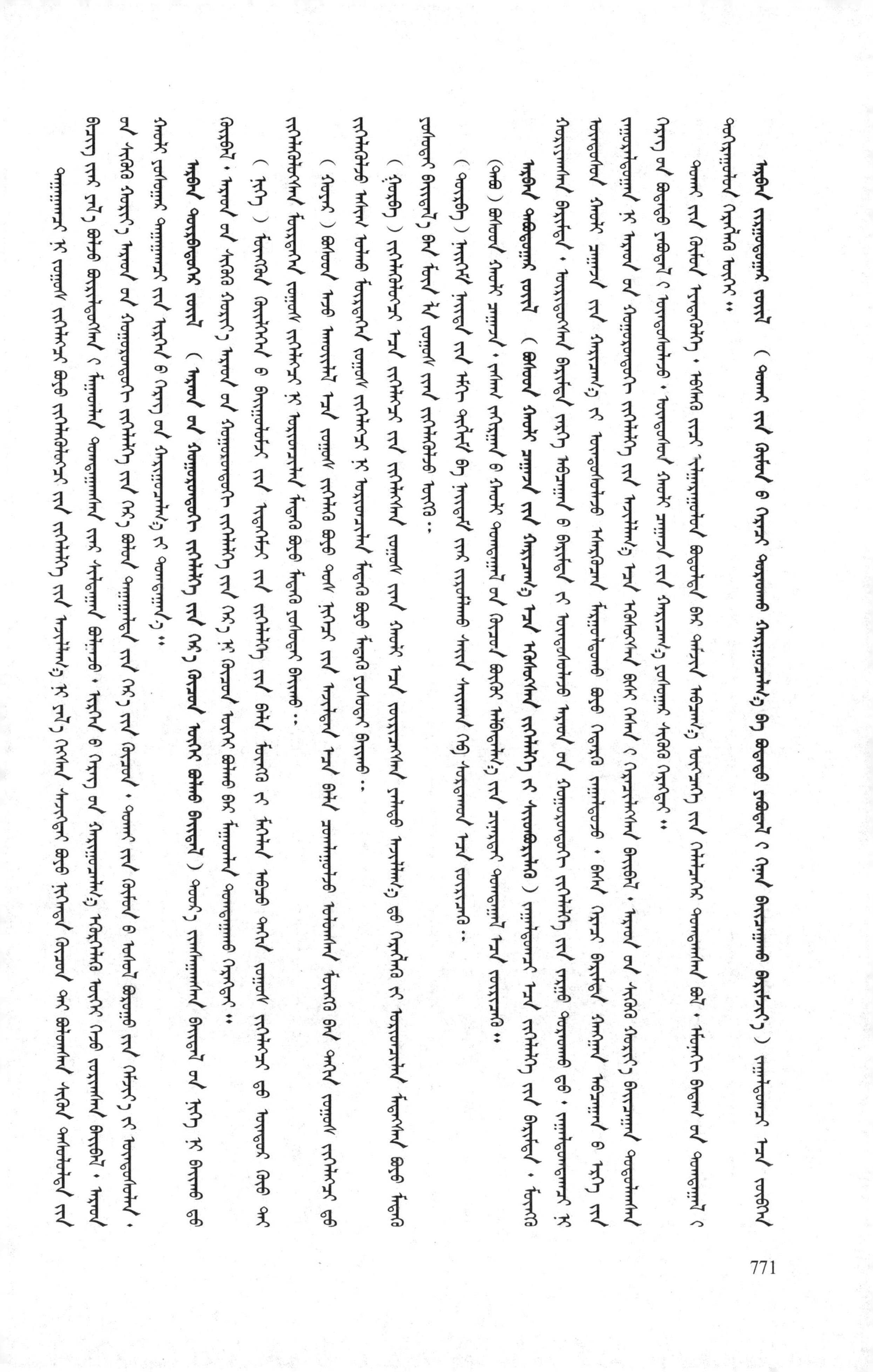

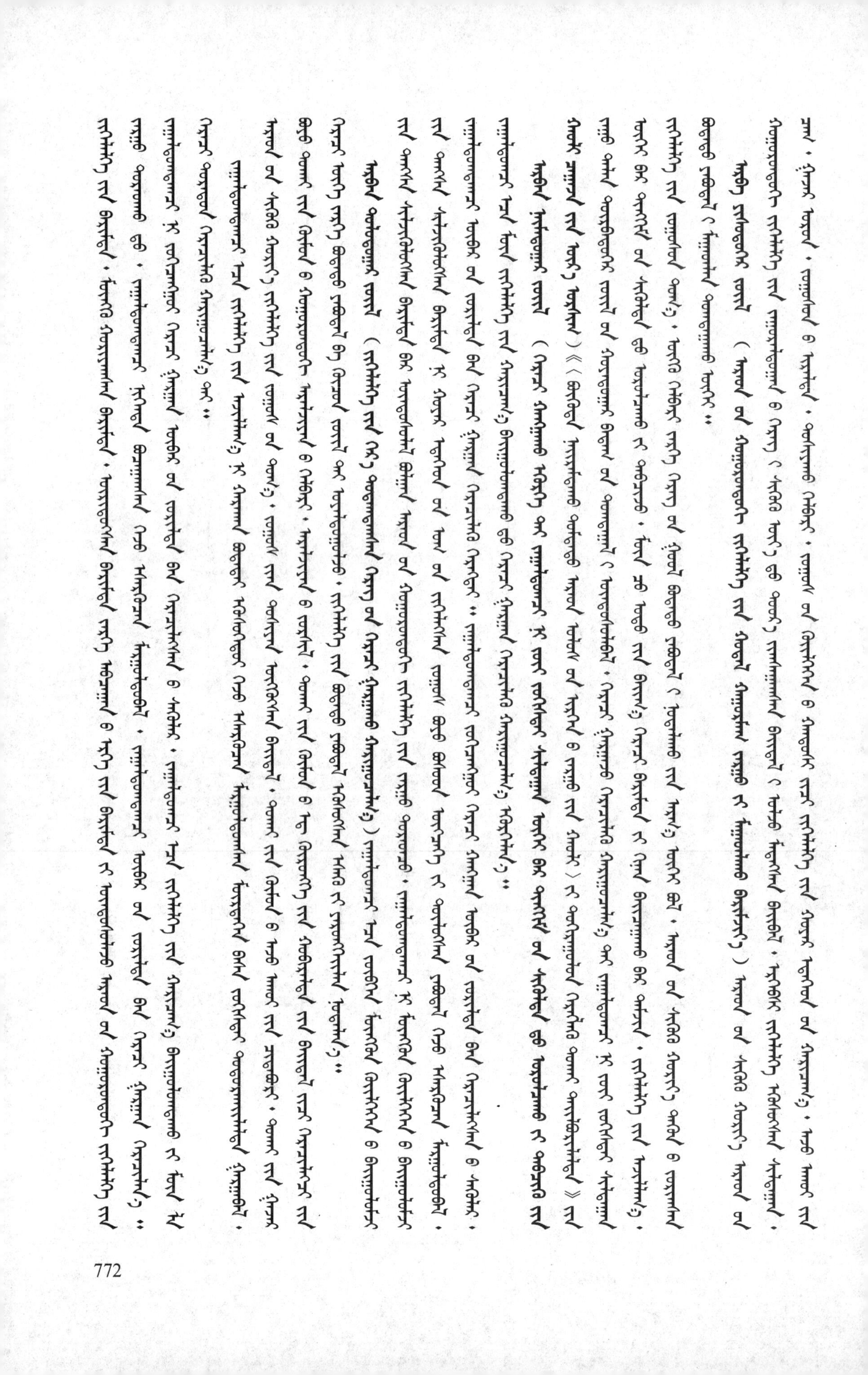

[illegible]

[illegible]

[illegible]

[illegible]

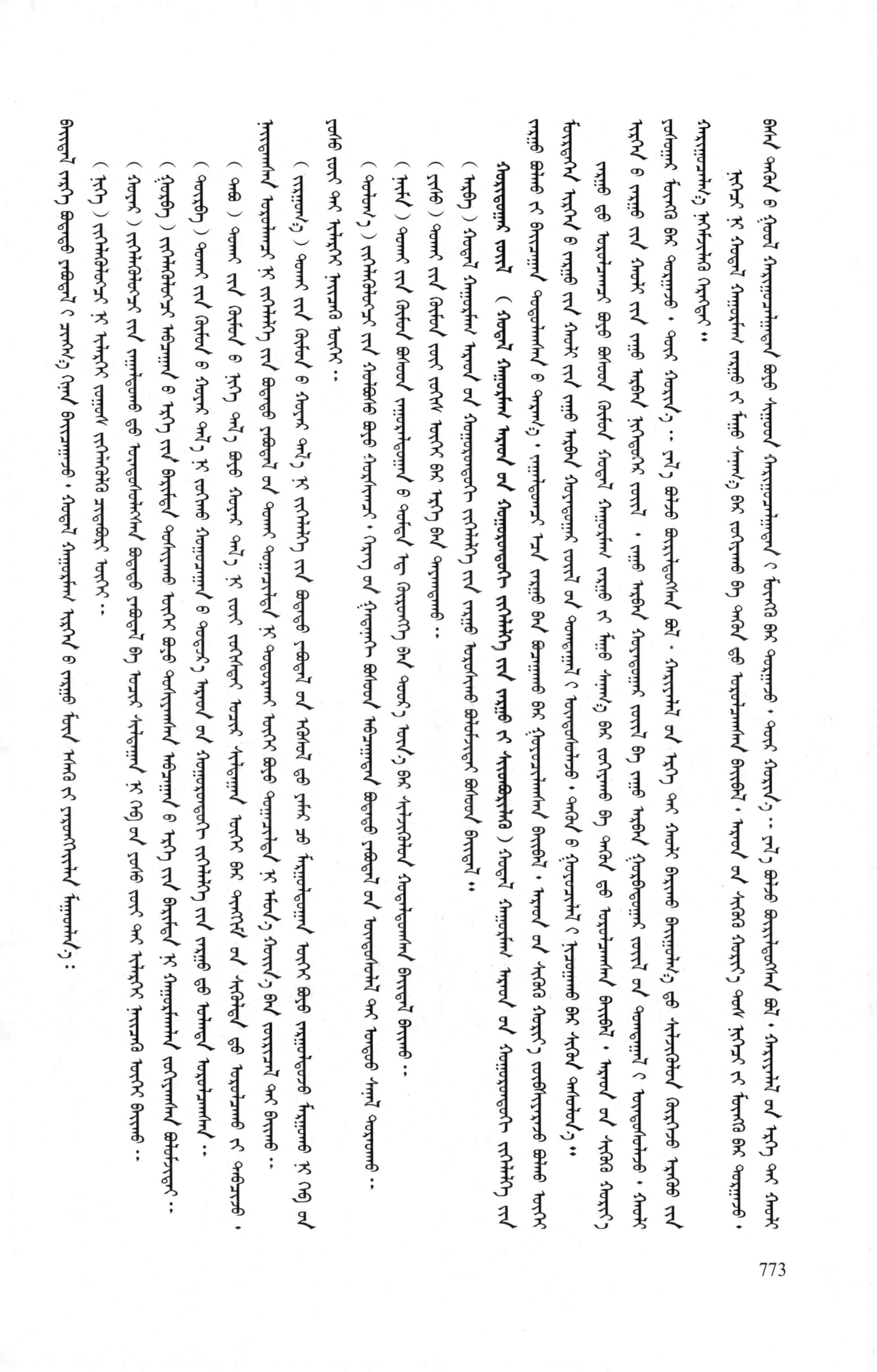

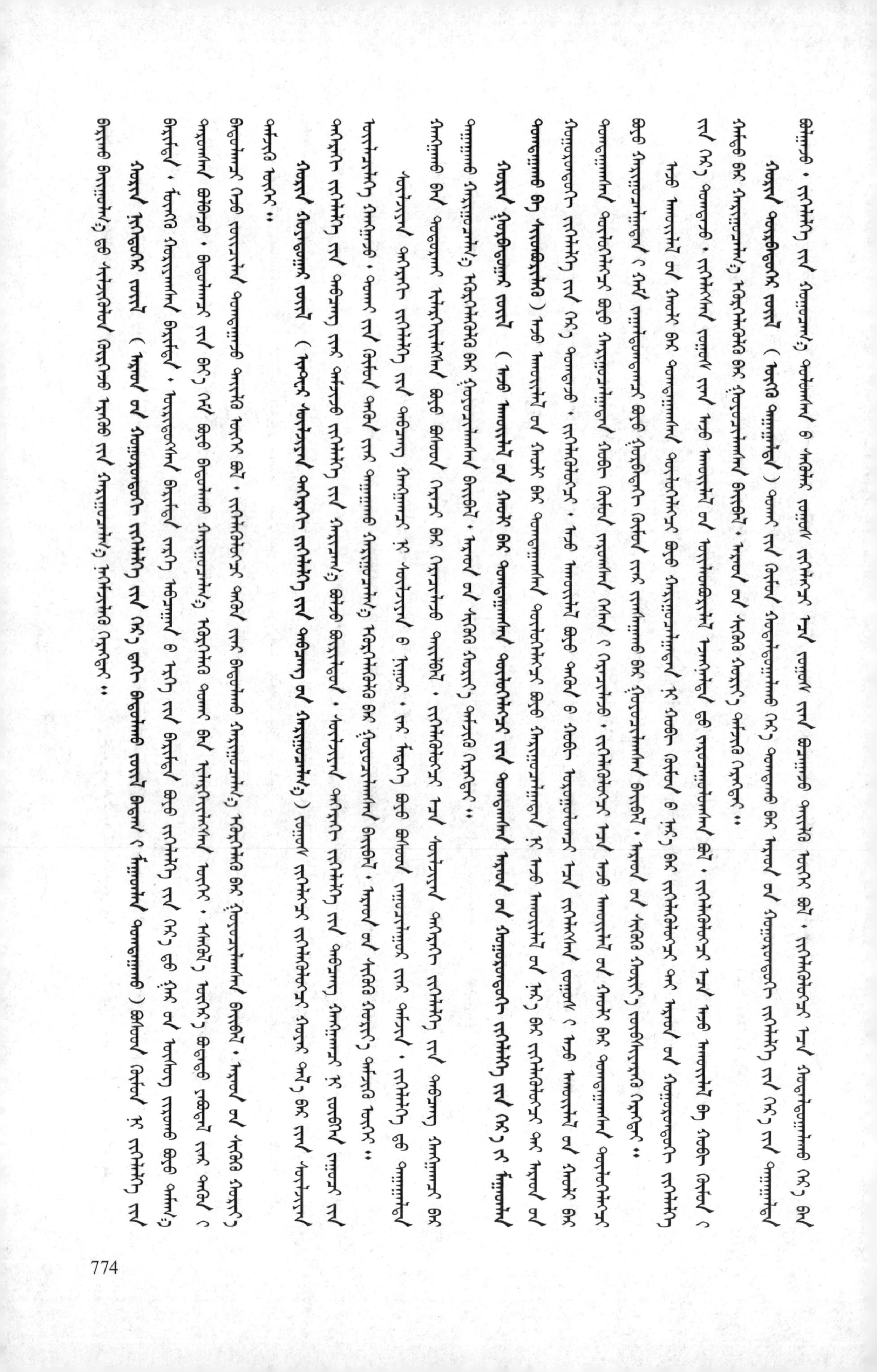

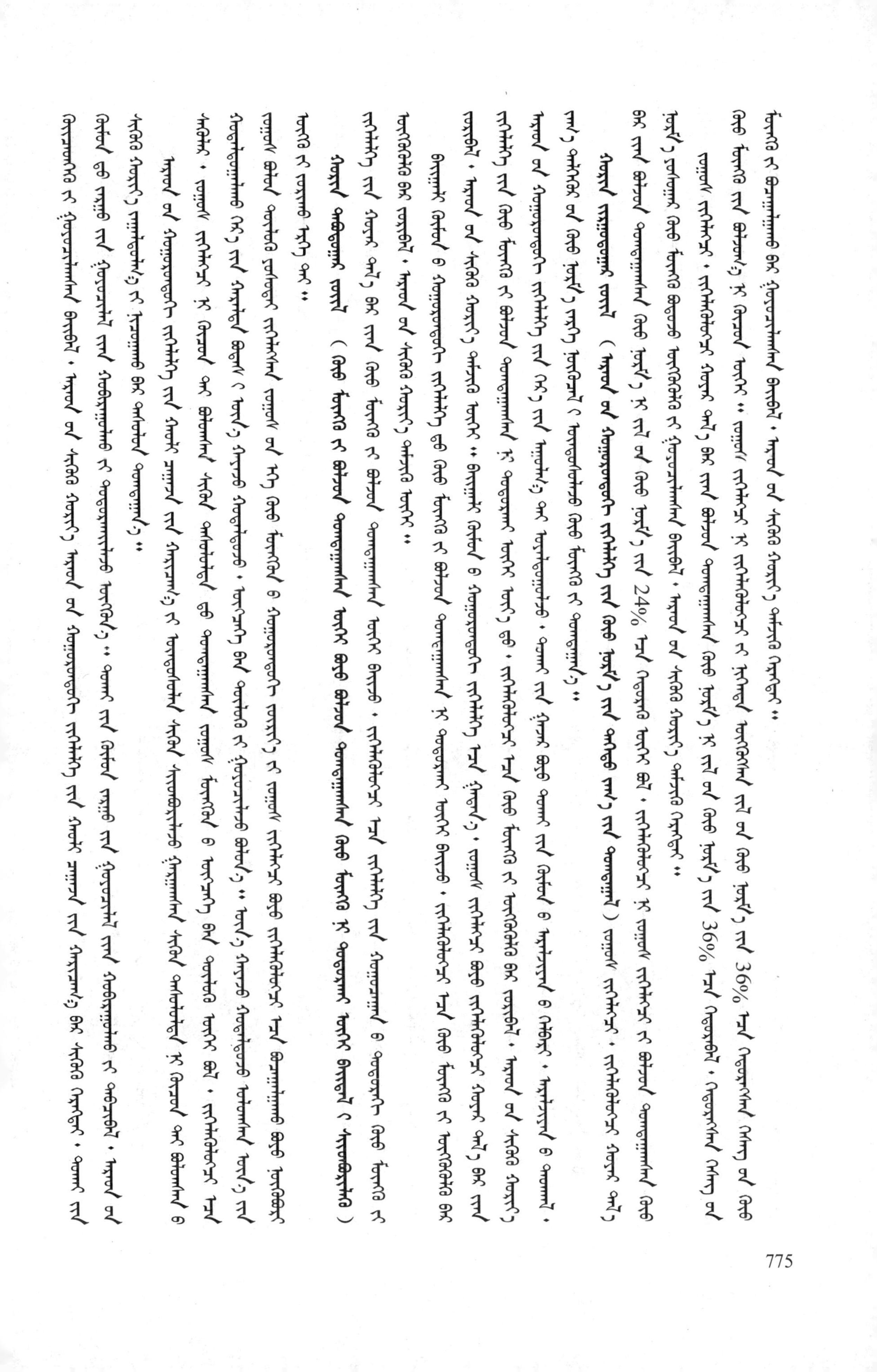

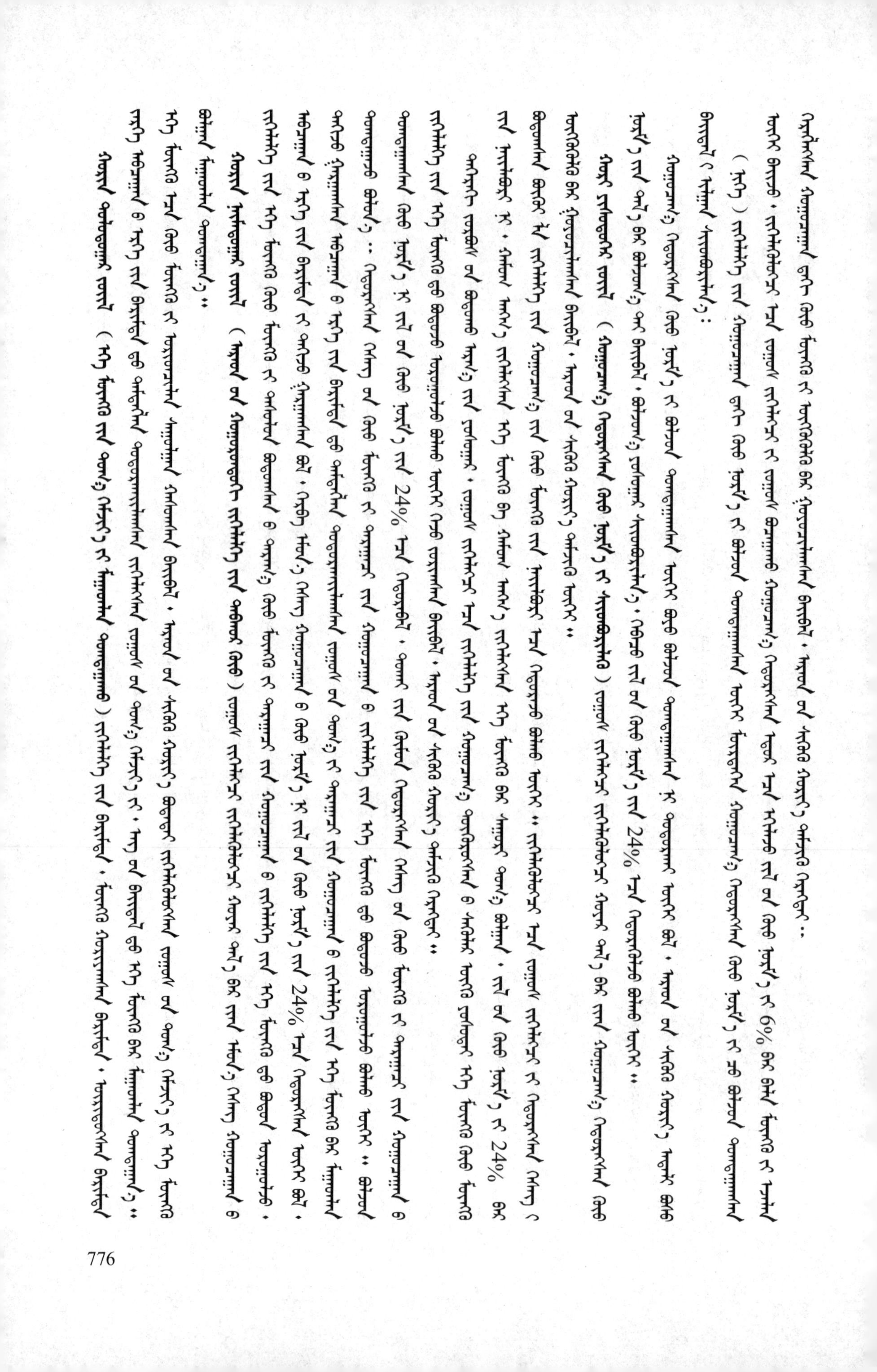

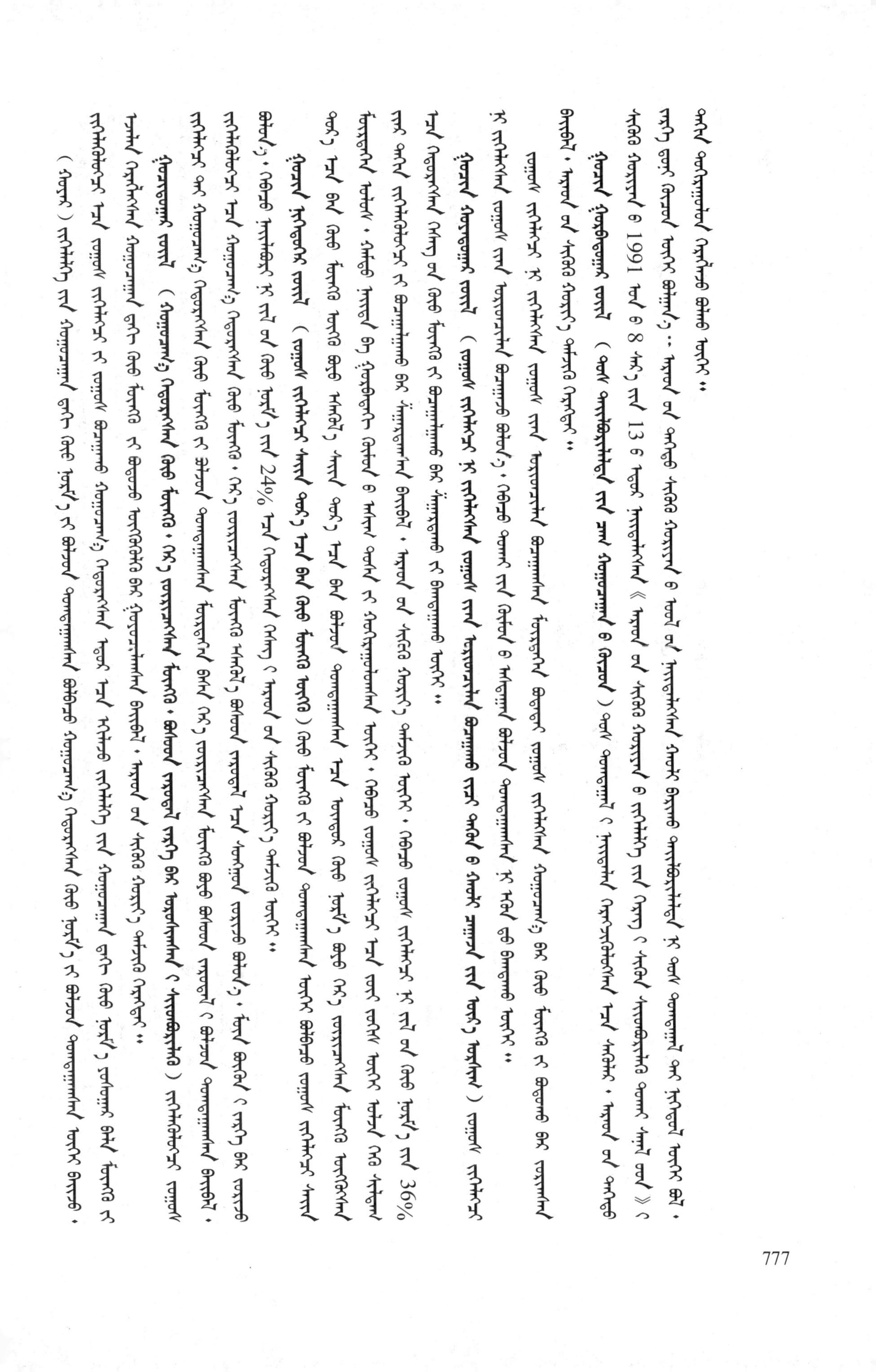

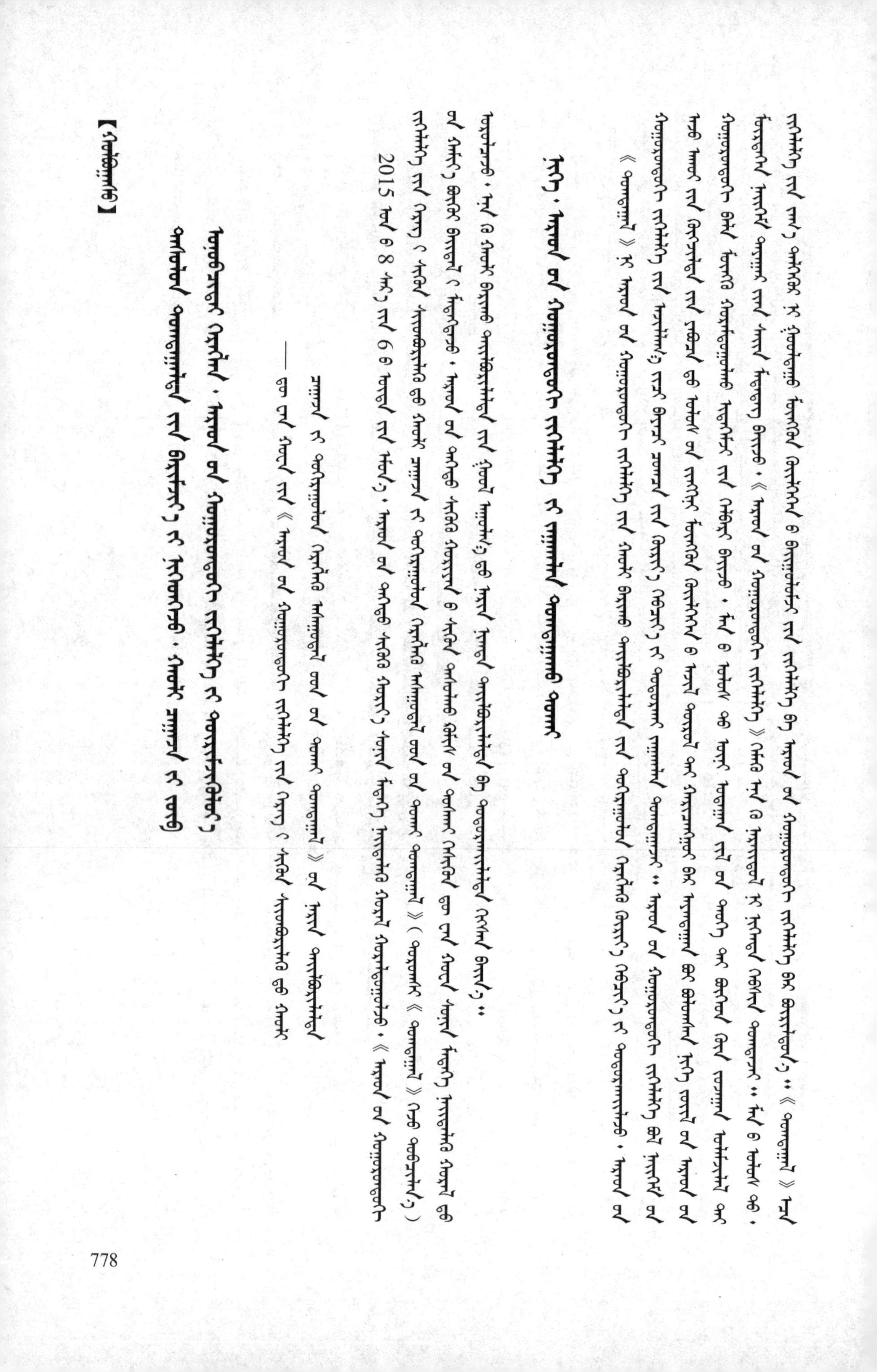

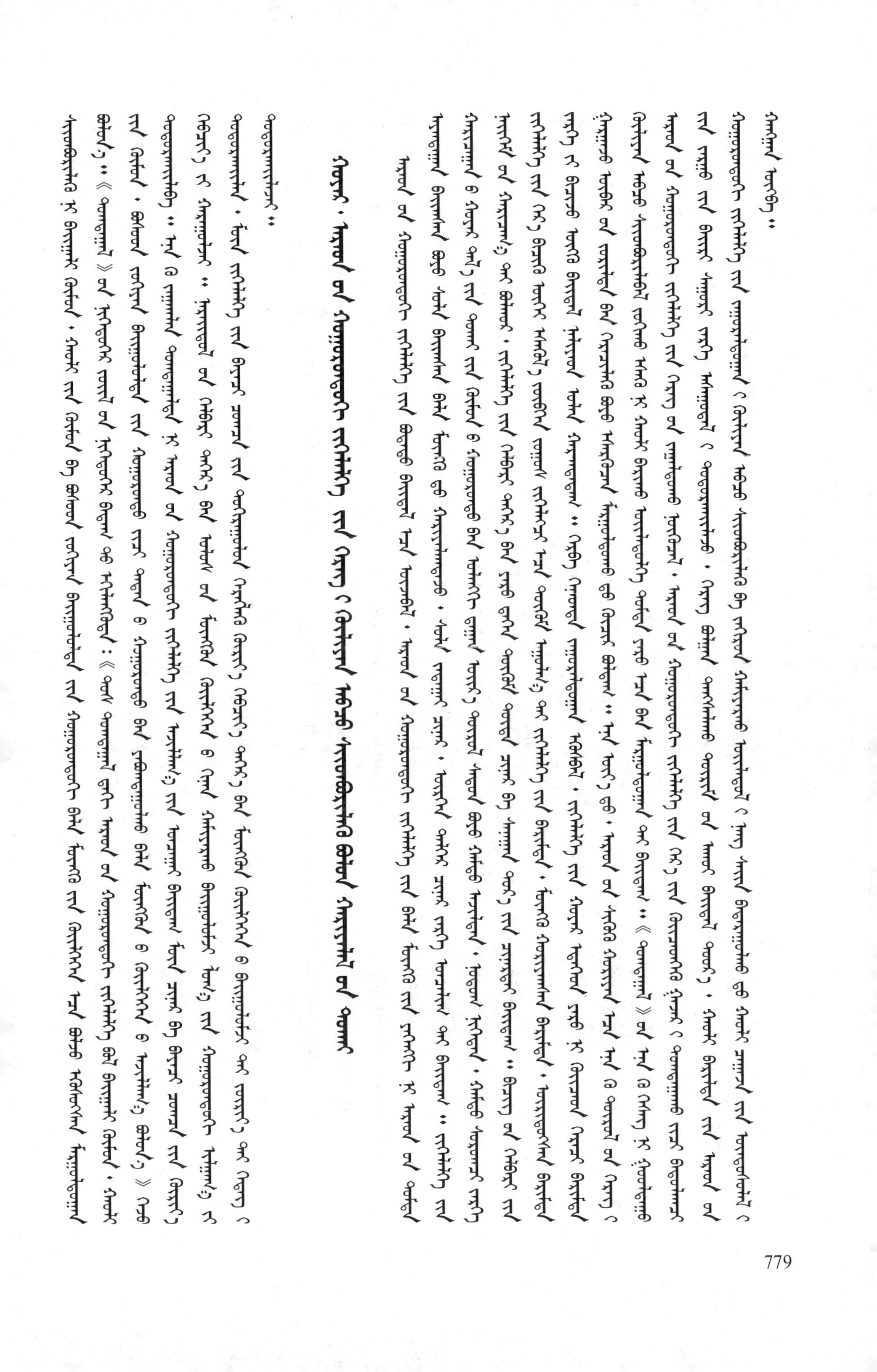

[illegible]

[illegible]

[illegible]

ᠭᠤᠷᠪᠠᠳᠤᠭᠠᠷ᠂ ᠮᠣᠩᠭᠣᠯ ᠤᠨ ᠨᠢᠭᠤᠴᠠ ᠲᠣᠪᠴᠢᠶᠠᠨ ᠳᠠᠬᠢ ᠬᠦᠮᠦᠨ ᠢ ᠮᠣᠩᠭᠣᠯ ᠤᠨ ᠬᠦᠮᠦᠨ ᠦ ᠰᠤᠳᠤᠯᠬᠤ ᠳᠤ ᠬᠦᠮᠦᠨ ᠰᠤᠳᠤᠯᠤᠯ ᠤᠨ ᠠᠷᠭ᠎ᠠ ᠵᠦᠢ

[illegible]

[illegible]

ᠳᠥᠷᠪᠡᠳᠦᠭᠡᠷ᠂ ᠮᠣᠩᠭᠣᠯ ᠤᠨ ᠨᠢᠭᠤᠴᠠ ᠲᠣᠪᠴᠢᠶᠠᠨ ᠳᠠᠬᠢ ᠡᠮᠡᠭᠲᠡᠢ ᠴᠦᠢ

[illegible]

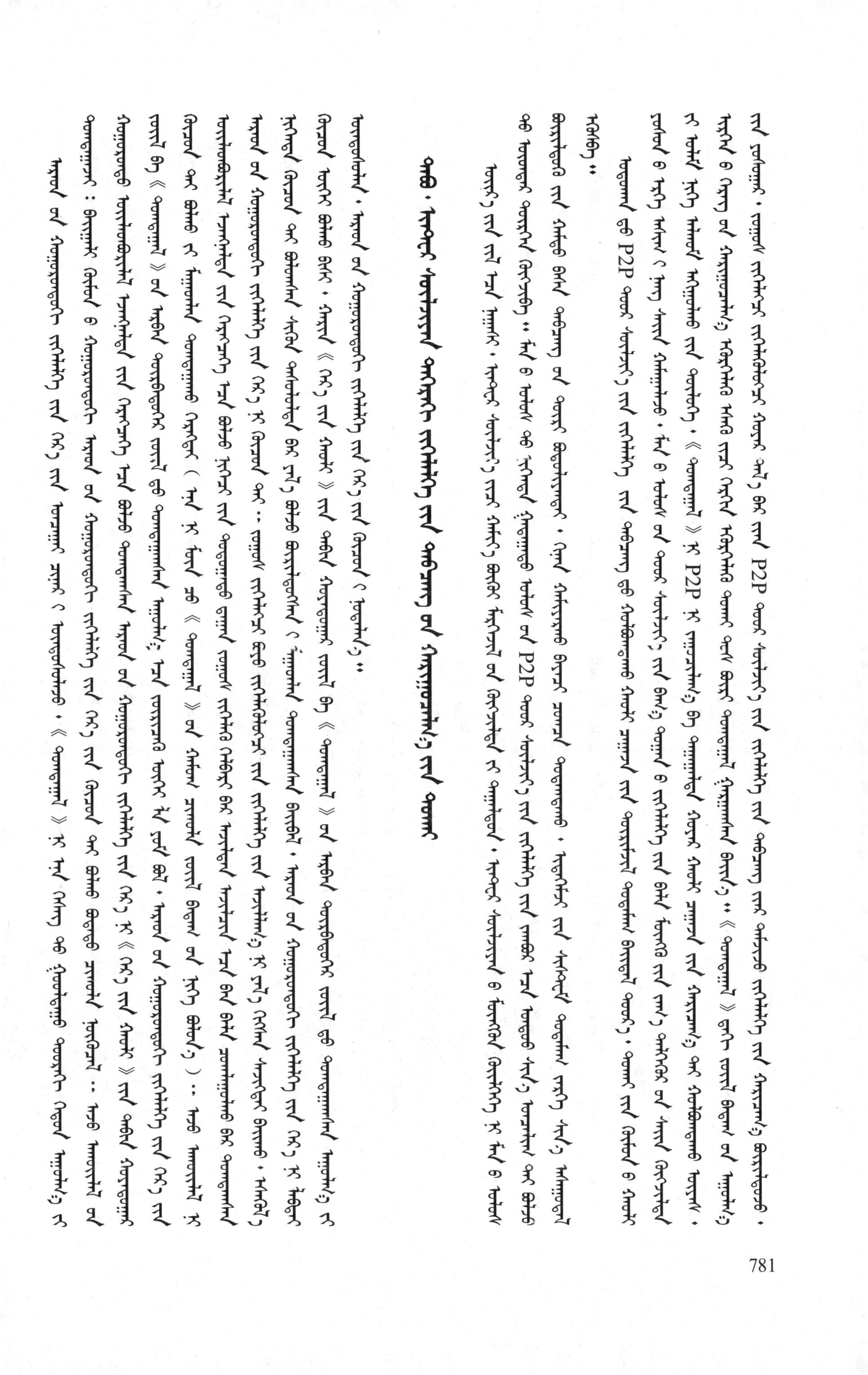

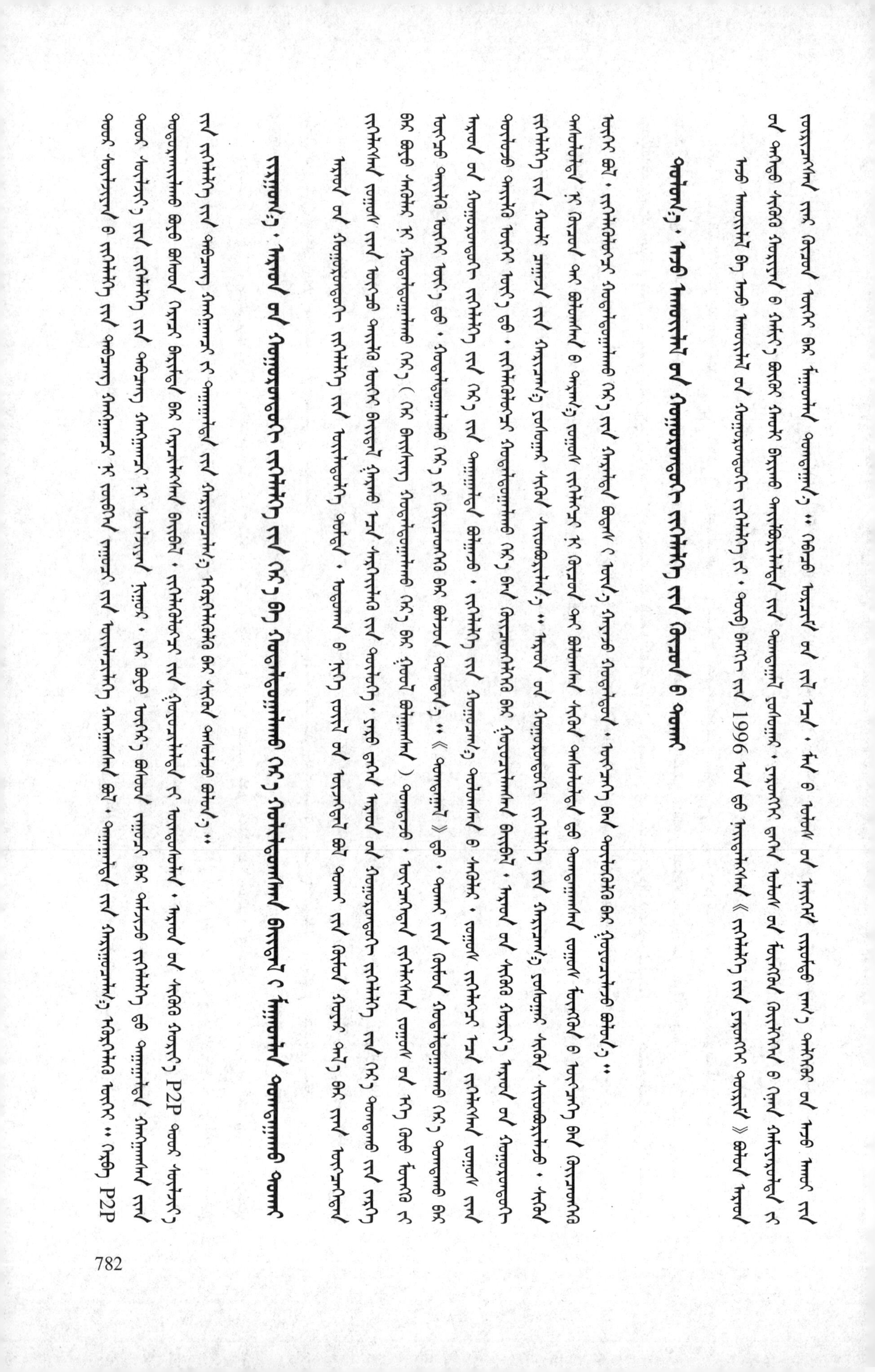

[illegible] P2P [illegible]

[illegible] P2P [illegible]

[illegible]

[illegible]

[illegible]

[illegible]

[illegible] 1996 [illegible]

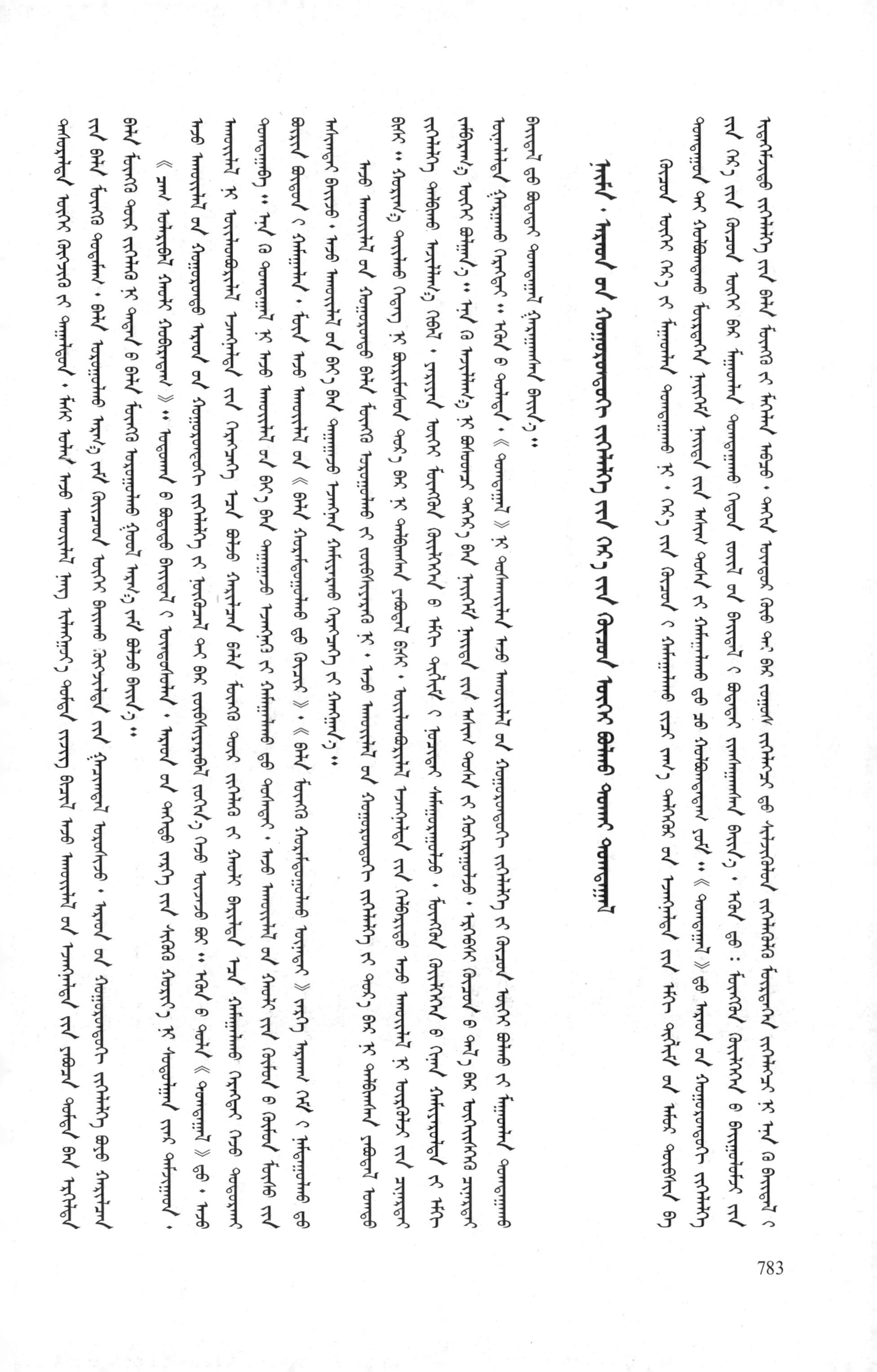

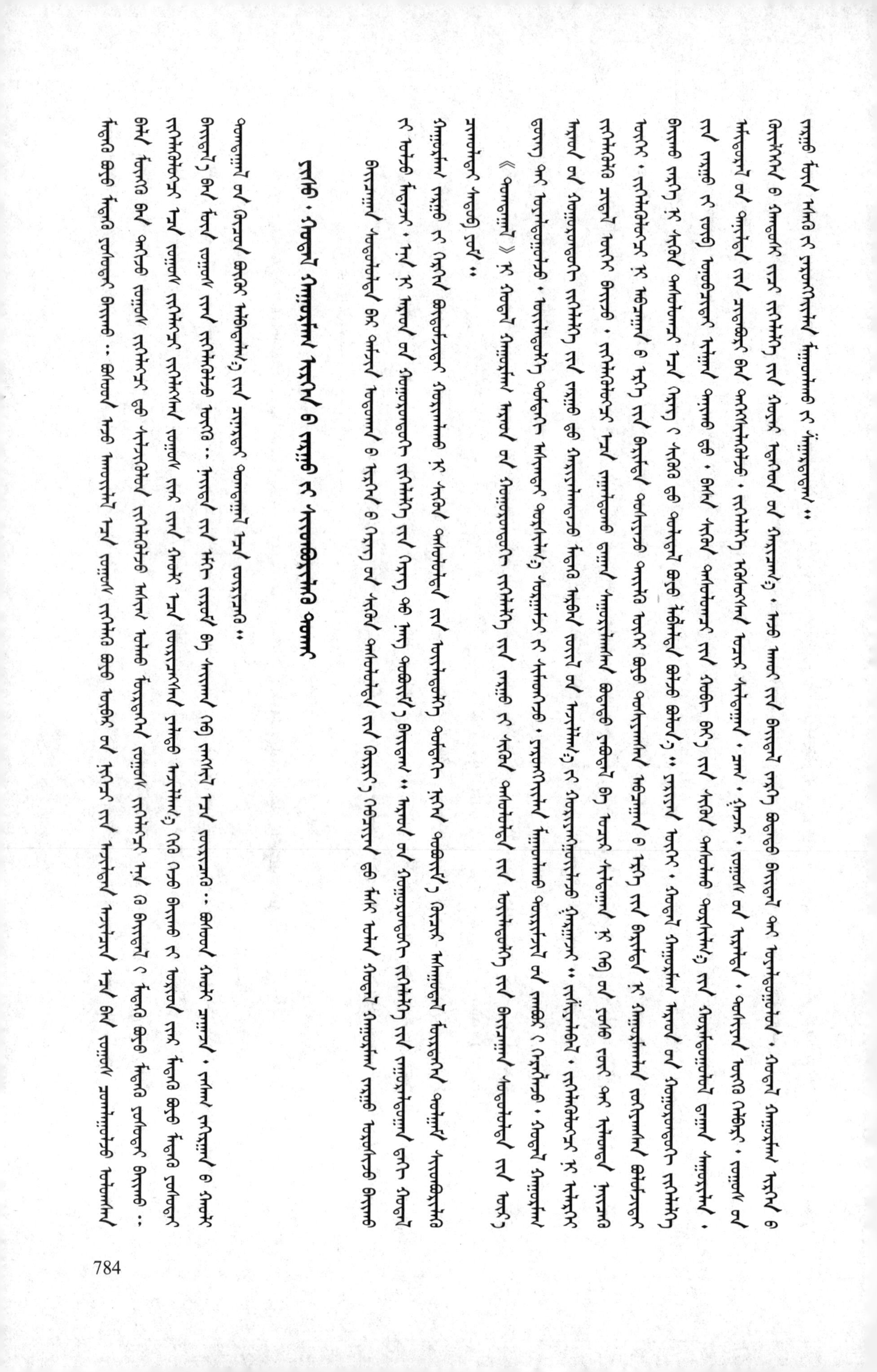

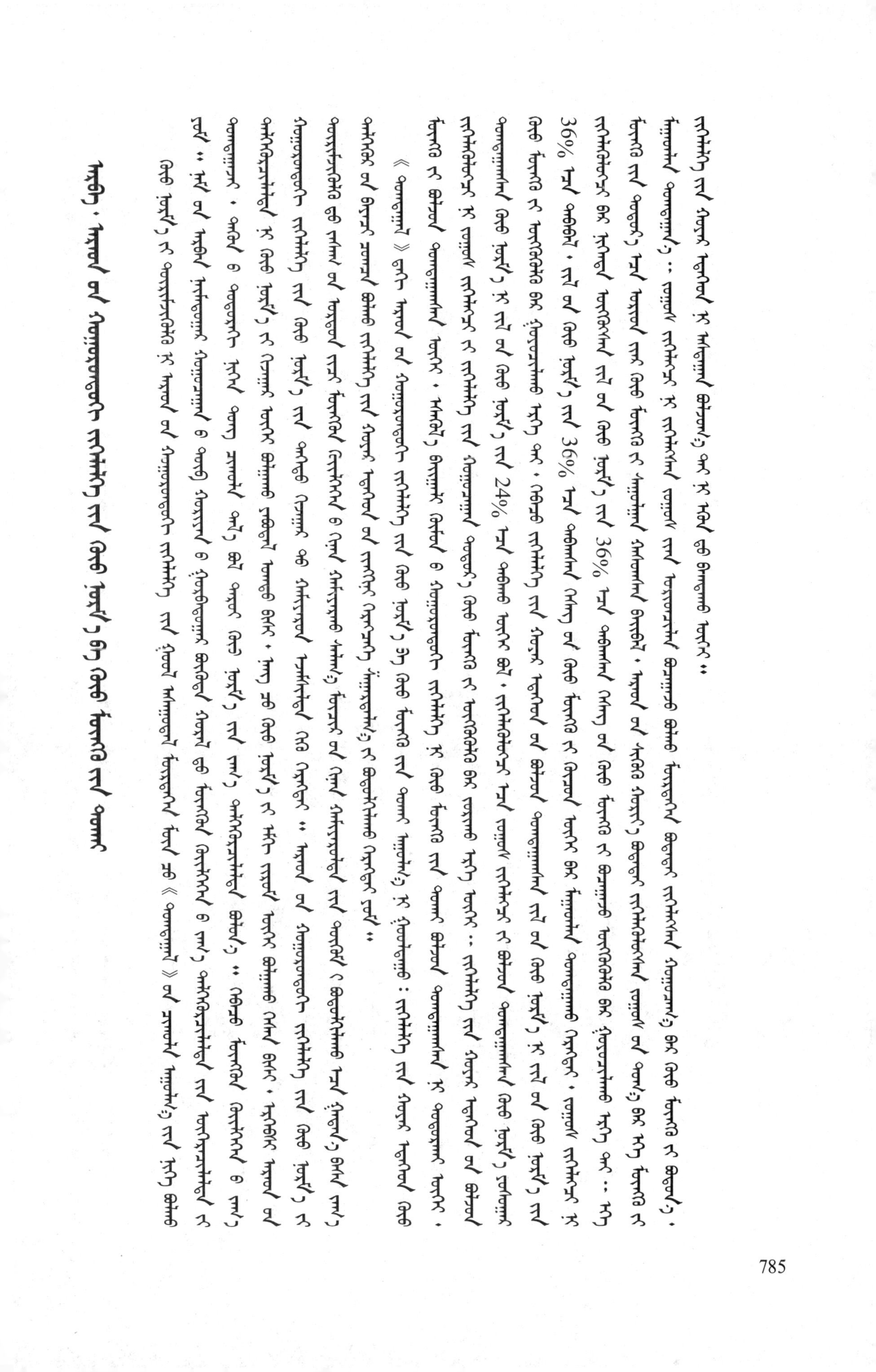

[illegible]

ᠮᠣᠩᠭᠣᠯ ᠤᠨ ᠤᠯᠠᠮᠵᠢᠯᠠᠯᠲᠤ ᠵᠢᠷᠤᠭ ᠢ ᠪᠠᠶᠠᠵᠢᠭᠤᠯᠤᠭᠰᠠᠨ ᠂ ᠰᠢᠨᠡᠴᠢᠯᠡᠭᠰᠡᠨ ᠪᠦᠲᠦᠭᠡᠯ ᠦᠨ ᠲᠤᠬᠠᠢ

—— ᠪᠠᠨ ᠳᠣᠷᠵᠢ ᠶᠢᠨ 《 ᠮᠣᠩᠭᠣᠯ ᠤᠨ ᠰᠣᠶᠣᠯ ᠤᠨ ᠪᠣᠳᠠᠰ ᠤᠨ ᠤᠯᠠᠮᠵᠢᠯᠠᠯᠲᠤ ᠵᠢᠷᠤᠭ ᠤᠨ ᠬᠡᠪ ᠮᠠᠶᠢᠭ ᠢ ᠰᠢᠨᠡᠴᠢᠯᠡᠨ ᠬᠥᠭᠵᠢᠭᠦᠯᠬᠦ ᠪᠣᠯᠪᠠᠰᠤᠷᠠᠯ ᠤᠨ ᠵᠢᠷᠤᠭ 》 ᠤᠨ ᠤᠷᠠᠨ ᠰᠡᠳᠭᠡᠭᠳᠡᠬᠦᠨ ᠦ ᠦᠨᠡᠯᠡᠯᠲᠡ

ᠮᠣᠩᠭᠣᠯ ᠤᠨ ᠤᠯᠠᠮᠵᠢᠯᠠᠯᠲᠤ ᠵᠢᠷᠤᠭ ᠤᠨ ᠬᠥᠭᠵᠢᠯ ᠤᠨ ᠲᠡᠦᠬᠡᠨ ᠳᠦ ᠪᠠᠨ ᠳᠣᠷᠵᠢ ᠶᠢᠨ 《 ᠮᠣᠩᠭᠣᠯ ᠤᠨ ᠰᠣᠶᠣᠯ ᠤᠨ ᠪᠣᠳᠠᠰ 》 ᠤᠨ ᠤᠯᠠᠮᠵᠢᠯᠠᠯᠲᠤ ᠵᠢᠷᠤᠭ ᠤᠨ ᠬᠡᠪ ᠮᠠᠶᠢᠭ ᠢ ᠰᠢᠨᠡᠴᠢᠯᠡᠨ ᠬᠥᠭᠵᠢᠭᠦᠯᠬᠦ ᠳᠤ ᠣᠷᠣᠯᠴᠠᠭᠰᠠᠨ ᠶᠡᠬᠡ ᠠᠴᠢ ᠬᠣᠯᠪᠣᠭᠳᠠᠯ ᠲᠠᠢ ᠪᠣᠯᠪᠠ ᠃ ᠮᠣᠩᠭᠣᠯ ᠤᠨ ᠤᠯᠠᠮᠵᠢᠯᠠᠯᠲᠤ ᠵᠢᠷᠤᠭ ᠤᠨ ᠤᠷᠠᠨ ᠰᠡᠳᠭᠡᠭᠳᠡᠬᠦᠨ ᠦ ᠬᠡᠪ ᠮᠠᠶᠢᠭ ᠢ ᠤᠯᠠᠮᠵᠢᠯᠠᠨ ᠬᠥᠭᠵᠢᠭᠦᠯᠬᠦ ᠶᠢᠨ ᠲᠥᠯᠦᠭᠡ ᠃ 《 ᠪᠣᠭᠳᠠ ᠴᠢᠩᠭᠢᠰ ᠬᠠᠭᠠᠨ ᠤ ᠮᠣᠩᠭᠣᠯ ᠤᠯᠤᠰ ᠢ ᠪᠠᠶᠢᠭᠤᠯᠤᠭᠰᠠᠨ ᠨᠢ 》 ᠂ 《 ᠪᠣᠭᠳᠠ ᠴᠢᠩᠭᠢᠰ ᠬᠠᠭᠠᠨ ᠤ ᠮᠣᠩᠭᠣᠯ ᠤᠯᠤᠰ ᠤᠨ ᠬᠠᠭᠠᠨ ᠰᠢᠷᠡᠭᠡ ᠳᠦ ᠰᠠᠭᠤᠭᠰᠠᠨ ᠨᠢ 》 ᠂ 《 ᠪᠣᠭᠳᠠ ᠴᠢᠩᠭᠢᠰ ᠬᠠᠭᠠᠨ ᠤ ᠮᠣᠩᠭᠣᠯ ᠤᠯᠤᠰ ᠤᠨ ᠲᠥᠷᠥ ᠶᠢ ᠪᠠᠶᠢᠭᠤᠯᠤᠭᠰᠠᠨ ᠨᠢ 》 ᠂ 《 ᠪᠣᠭᠳᠠ ᠴᠢᠩᠭᠢᠰ ᠬᠠᠭᠠᠨ ᠤ ᠮᠣᠩᠭᠣᠯ ᠤᠯᠤᠰ ᠤᠨ ᠬᠠᠭᠤᠯᠢ ᠴᠠᠭᠠᠵᠠ ᠶᠢ ᠲᠣᠭᠲᠠᠭᠠᠭᠰᠠᠨ ᠨᠢ 》 ᠵᠡᠷᠭᠡ ᠪᠦᠲᠦᠭᠡᠯ ᠦᠳ ᠢ ᠵᠢᠷᠤᠭ ᠤᠨ ᠬᠡᠯᠡ ᠪᠡᠷ ᠢᠯᠡᠷᠬᠡᠢᠯᠡᠭᠰᠡᠨ ᠪᠠᠢᠨ᠎ᠠ ᠃ ᠡᠳᠡᠭᠡᠷ ᠪᠦᠲᠦᠭᠡᠯ ᠦᠳ ᠨᠢ ᠮᠣᠩᠭᠣᠯ ᠤᠨ ᠲᠦᠦᠬᠡ ᠶᠢᠨ ᠬᠡᠷᠡᠭ ᠶᠠᠪᠤᠳᠠᠯ ᠢ ᠤᠯᠠᠮᠵᠢᠯᠠᠯᠲᠤ ᠵᠢᠷᠤᠭ ᠤᠨ ᠠᠷᠭ᠎ᠠ ᠪᠠᠷ ᠰᠢᠨᠡᠴᠢᠯᠡᠨ ᠢᠯᠡᠷᠬᠡᠢᠯᠡᠭᠰᠡᠨ ᠪᠣᠯᠤᠨ 《 ᠮᠣᠩᠭᠣᠯ ᠤᠨ ᠰᠣᠶᠣᠯ ᠤᠨ ᠪᠣᠳᠠᠰ 》 ᠤᠨ ᠤᠷᠠᠨ ᠰᠡᠳᠭᠡᠭᠳᠡᠬᠦᠨ ᠦ ᠦᠨᠡ ᠴᠡᠨᠡᠭ ᠢ ᠢᠯᠡᠷᠬᠡᠢᠯᠡᠨ᠎ᠡ ᠃ ᠪᠠᠨ ᠳᠣᠷᠵᠢ ᠶᠢᠨ 《 ᠮᠣᠩᠭᠣᠯ ᠤᠨ ᠰᠣᠶᠣᠯ ᠤᠨ ᠪᠣᠳᠠᠰ 》 ᠤᠨ ᠤᠯᠠᠮᠵᠢᠯᠠᠯᠲᠤ ᠵᠢᠷᠤᠭ ᠤᠨ ᠤᠷᠠᠨ ᠰᠡᠳᠭᠡᠭᠳᠡᠬᠦᠨ ᠦ ᠦᠨᠡᠯᠡᠯᠲᠡ ᠶᠢ ᠲᠣᠳᠤᠷᠬᠠᠢᠯᠠᠪᠠ ᠃

ᠲᠡᠷᠡ ᠨᠢ 1991 ᠣᠨ ᠳᠤ 《 ᠮᠣᠩᠭᠣᠯ ᠤᠨ ᠰᠣᠶᠣᠯ ᠤᠨ ᠪᠣᠳᠠᠰ 》 ᠤᠨ ᠤᠯᠠᠮᠵᠢᠯᠠᠯᠲᠤ ᠵᠢᠷᠤᠭ ᠤᠨ ᠦᠵᠡᠰᠬᠦᠯᠡᠩ ᠳᠦ ᠣᠷᠣᠯᠴᠠᠭᠰᠠᠨ ᠪᠠᠢᠨ᠎ᠠ ᠄ 《 ᠮᠣᠩᠭᠣᠯ ᠤᠨ ᠰᠣᠶᠣᠯ ᠤᠨ ᠪᠣᠳᠠᠰ 》 (ᠲᠣᠪᠴᠢᠶᠠᠨ 《 ᠪᠣᠳᠠᠰ 》) ᠪᠣᠯᠤᠨ

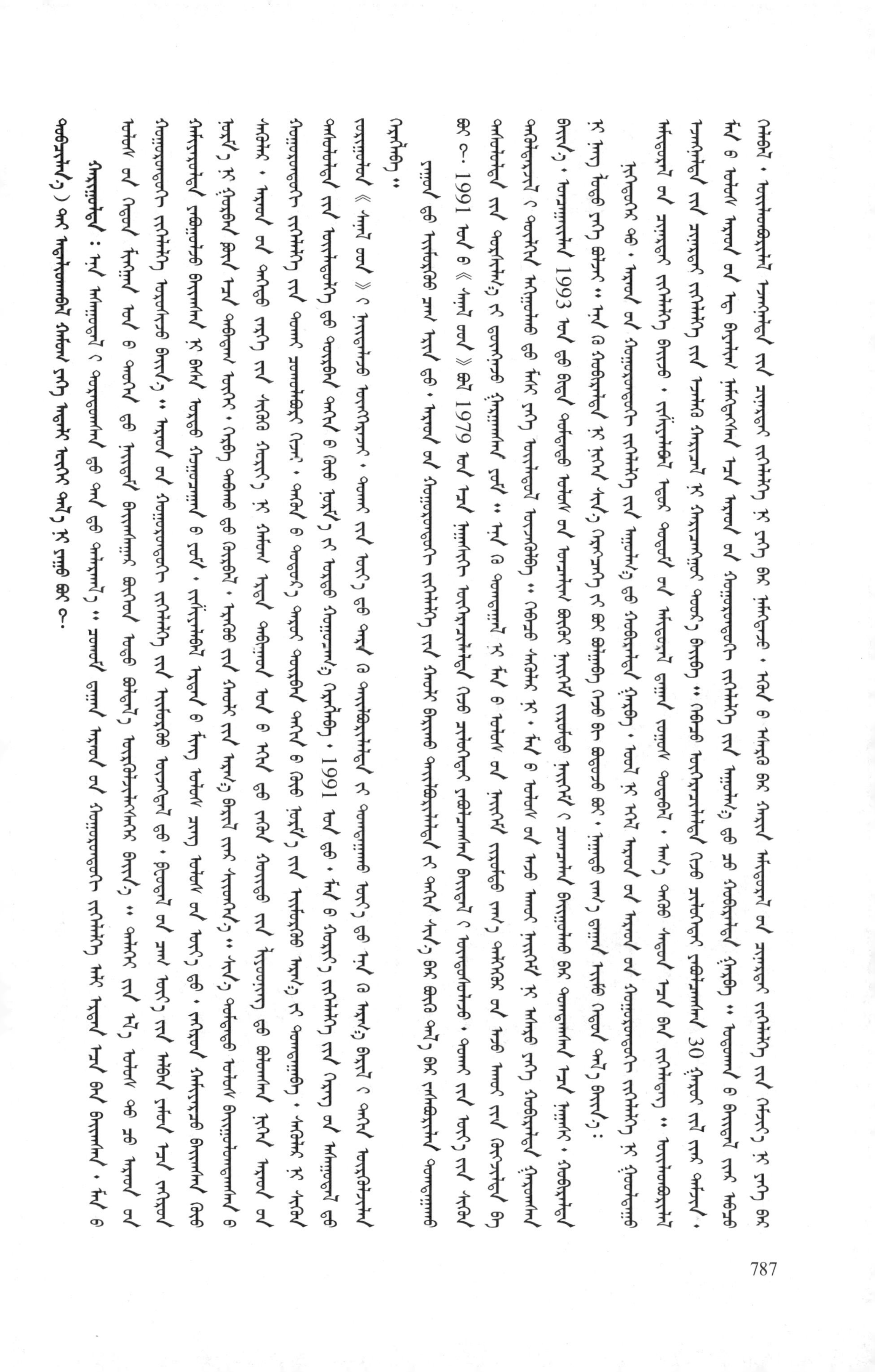

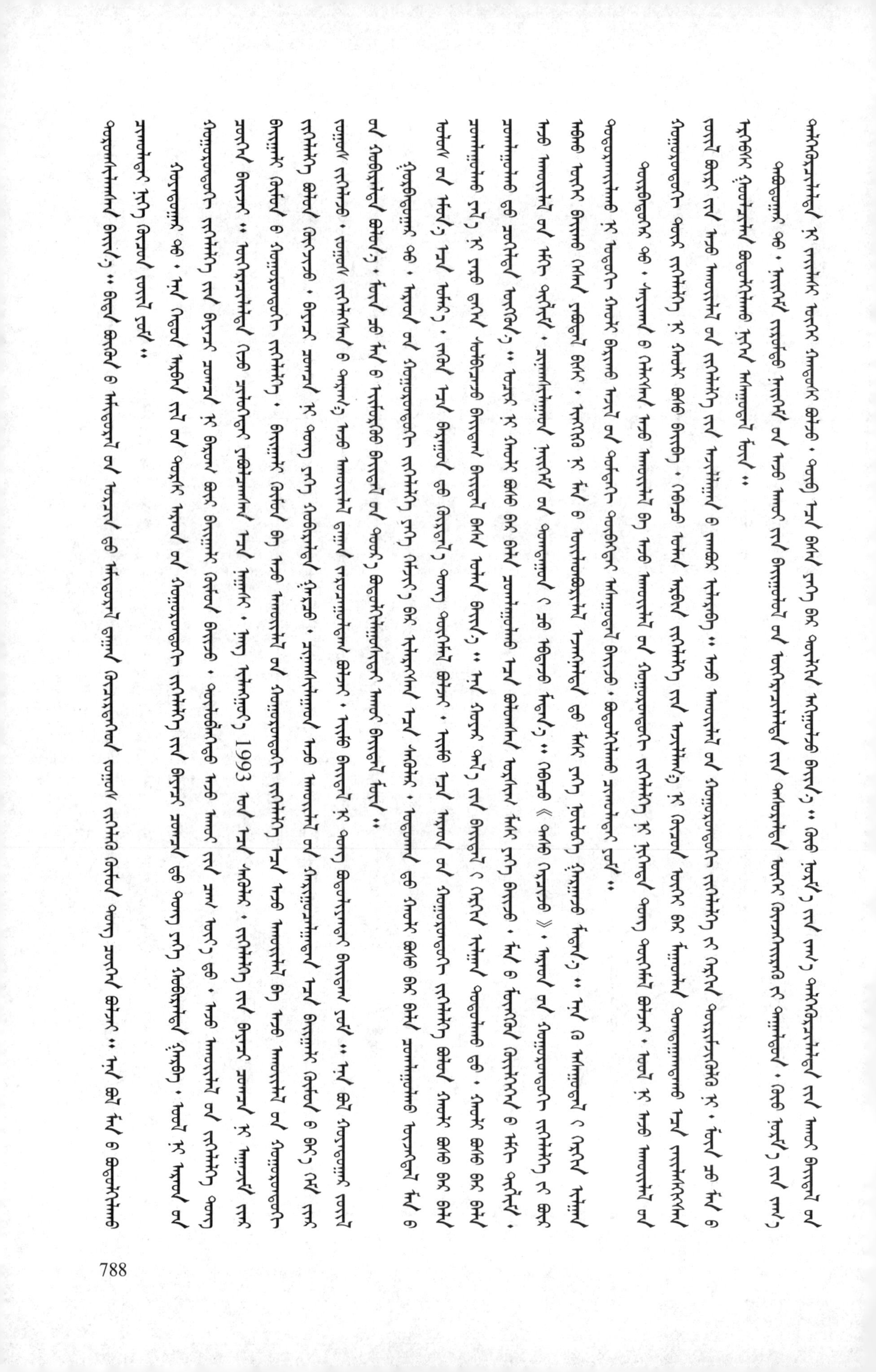

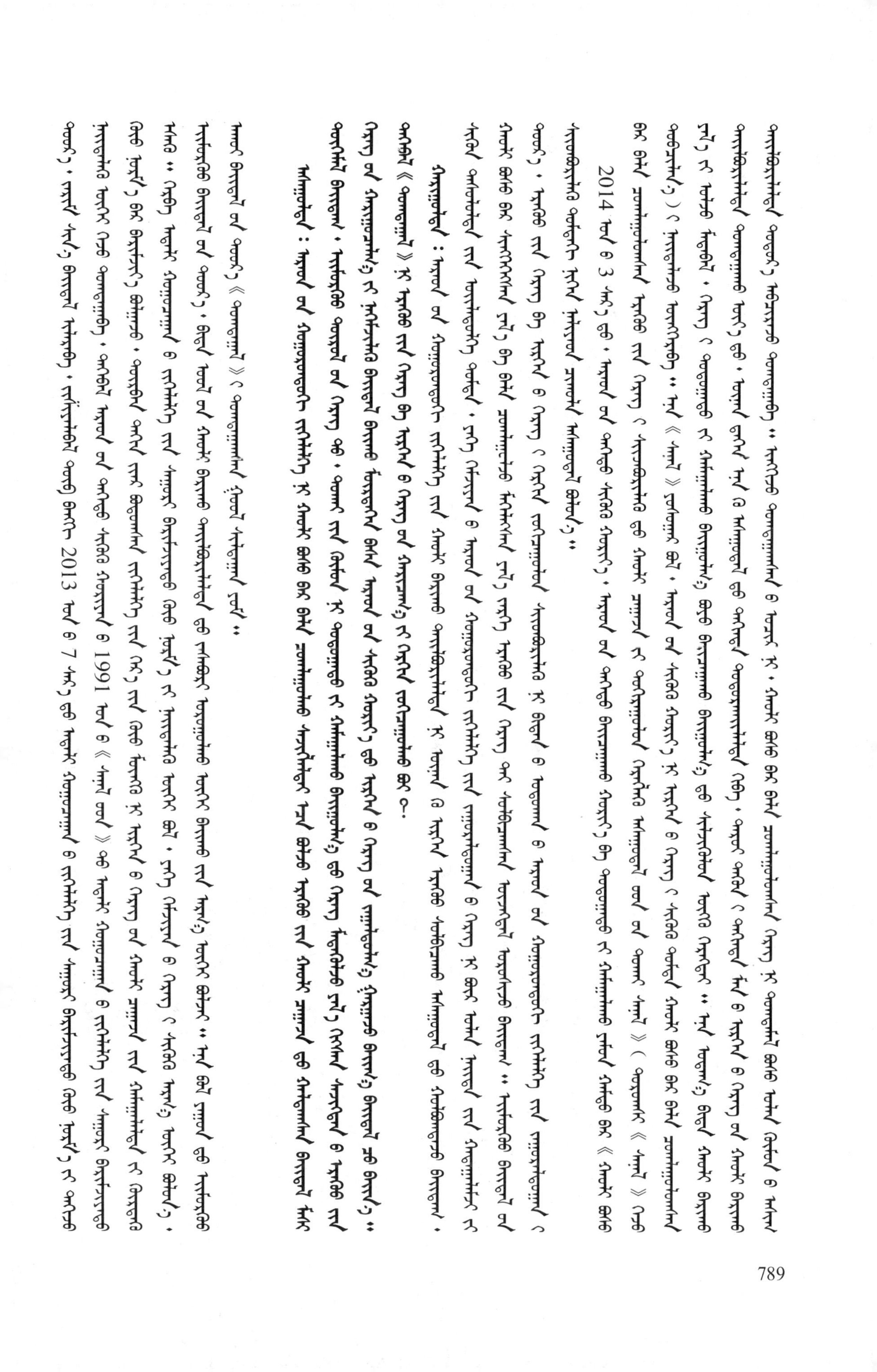

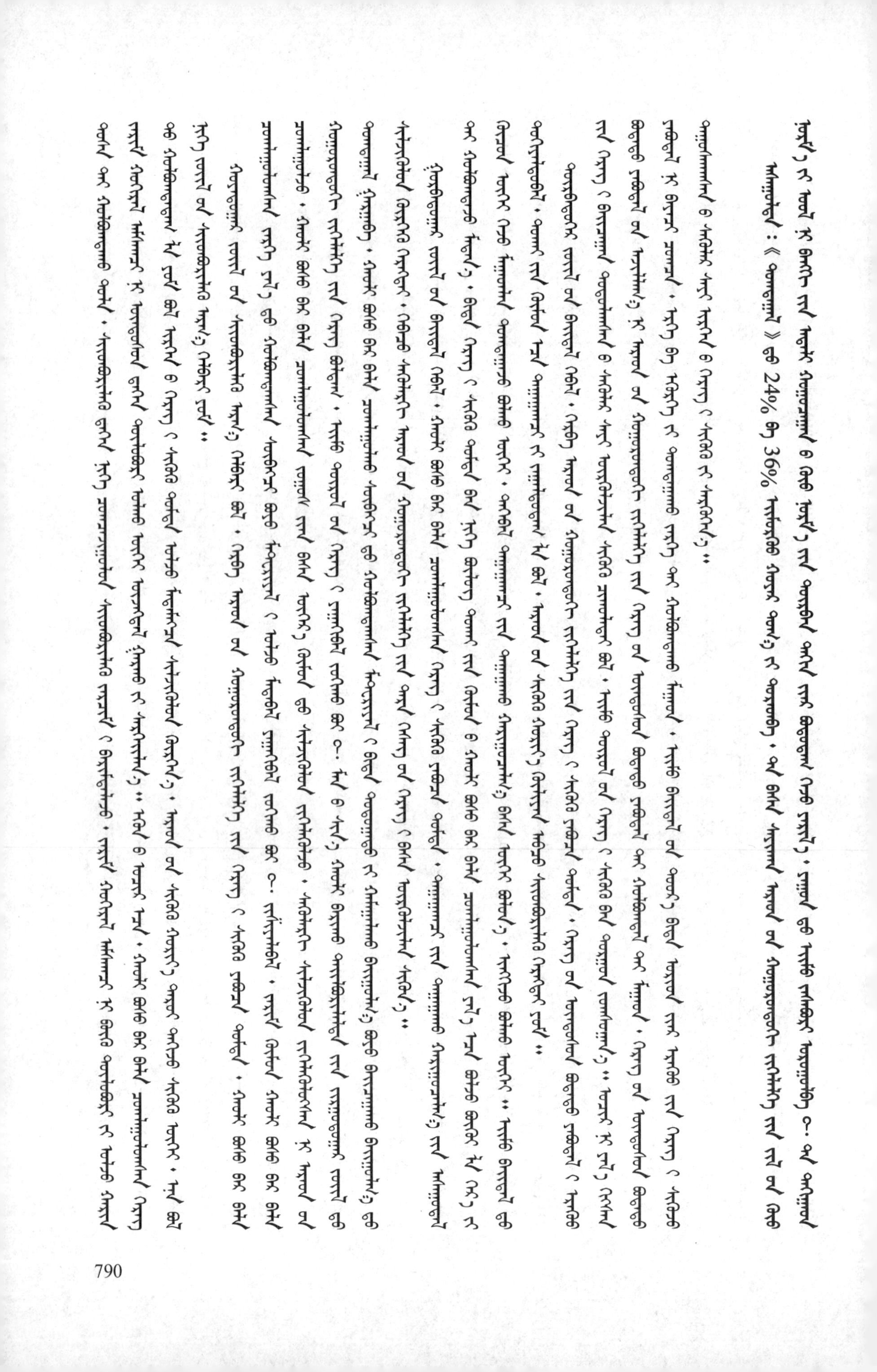

[illegible] 《 [illegible] 》 [illegible] 24% [illegible] 36% [illegible]

[illegible] ::

[illegible] ::

[illegible] ::

[illegible] ::

[illegible] ::

[illegible]

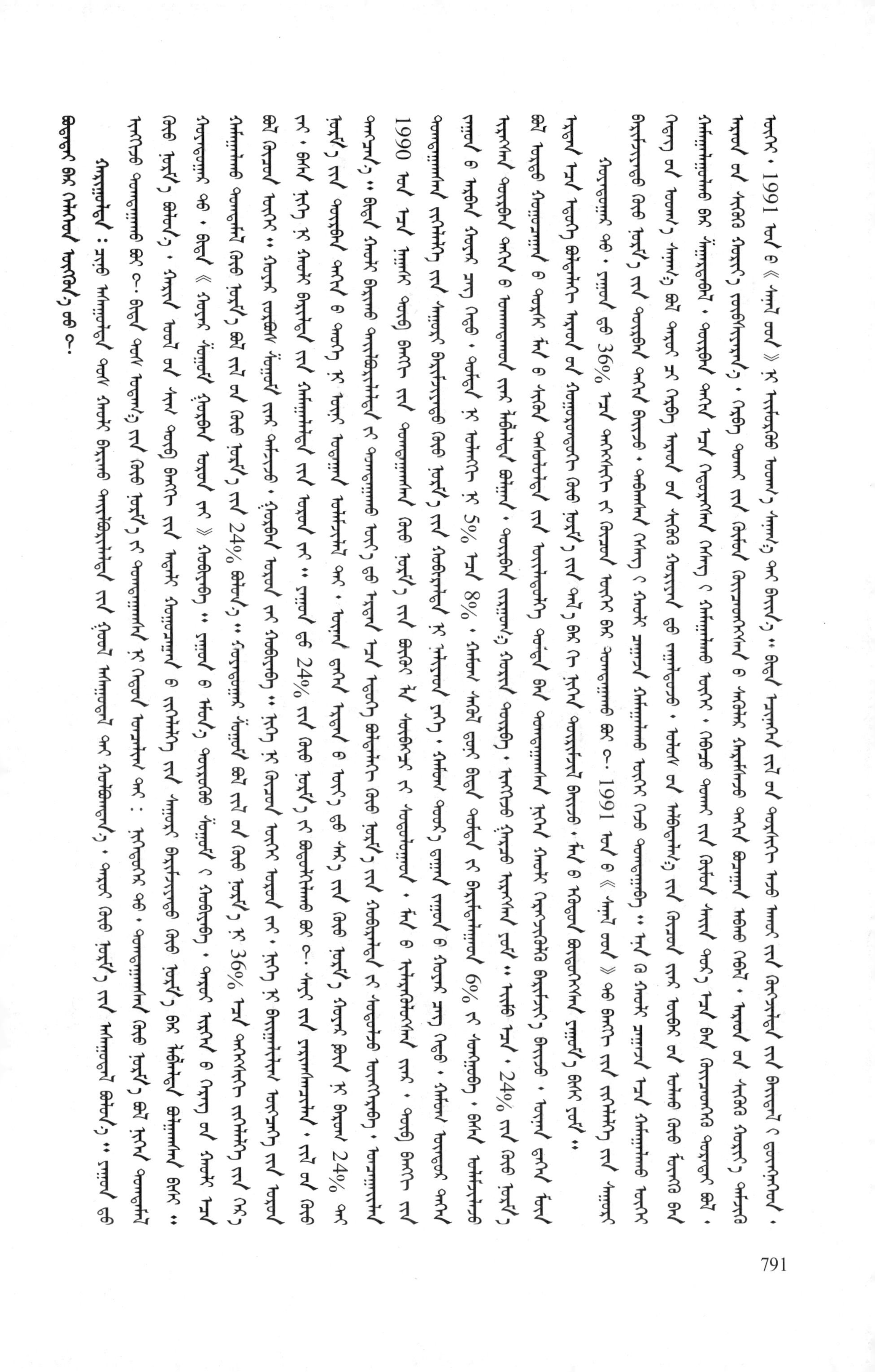

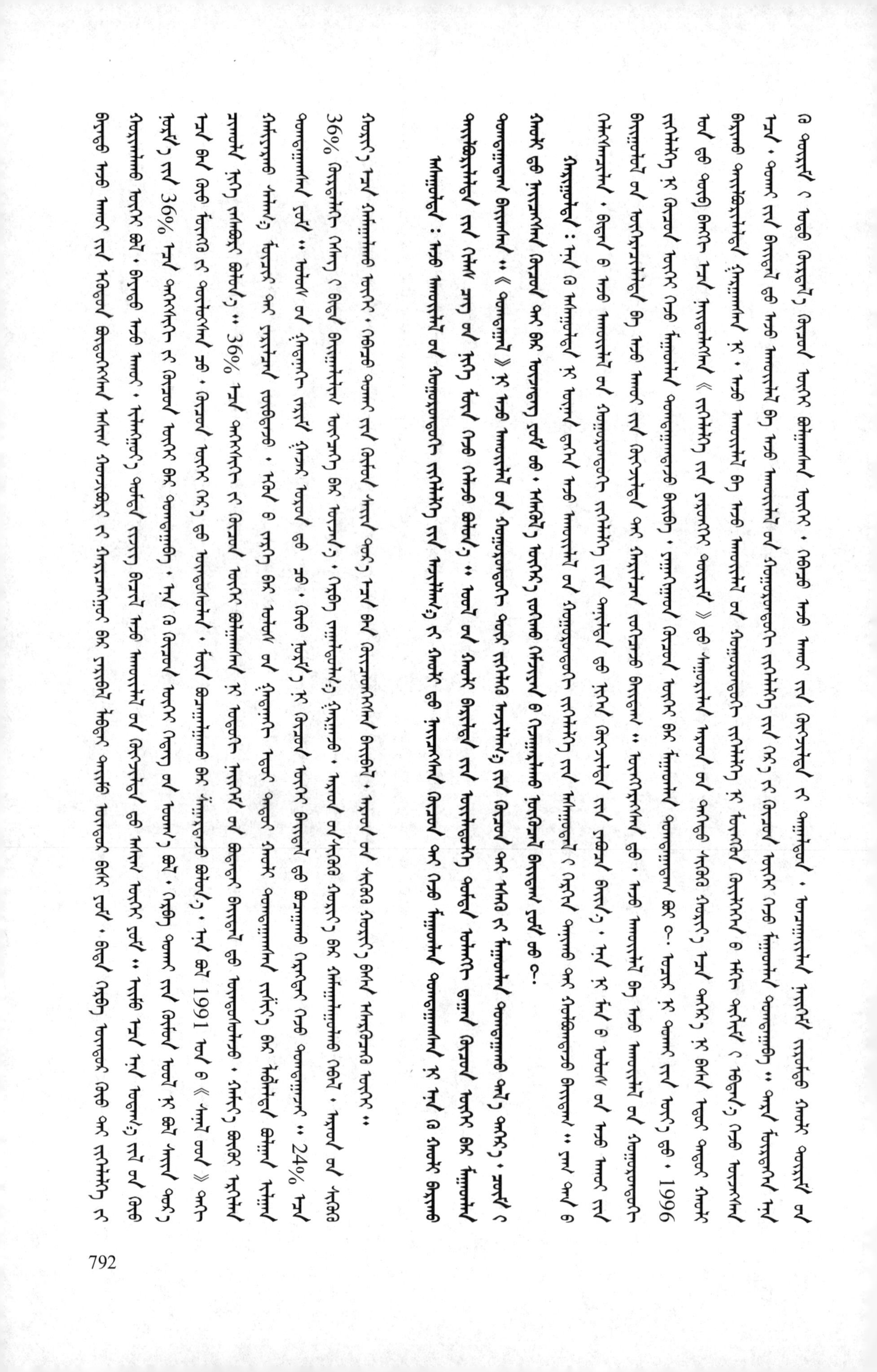

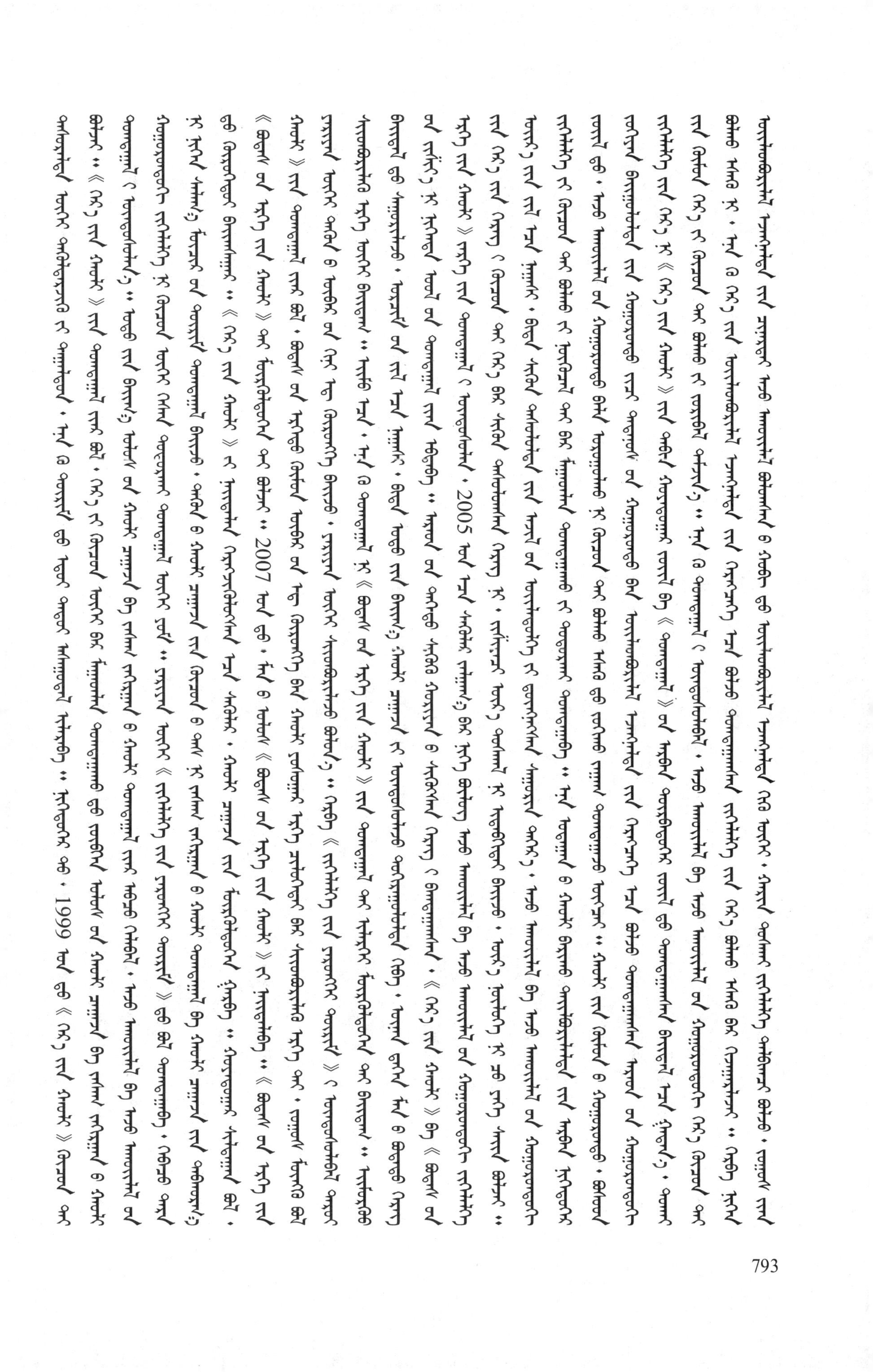

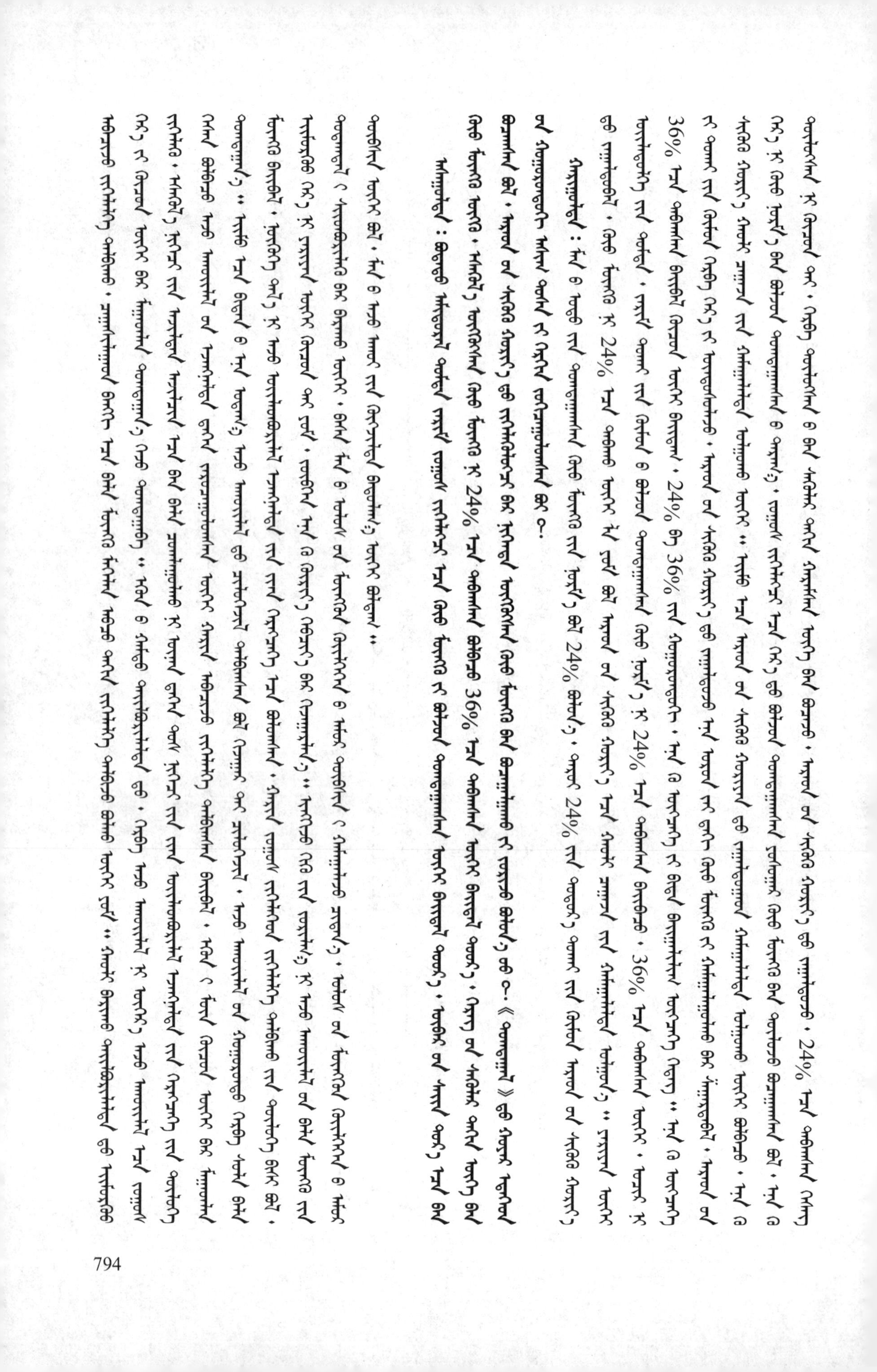

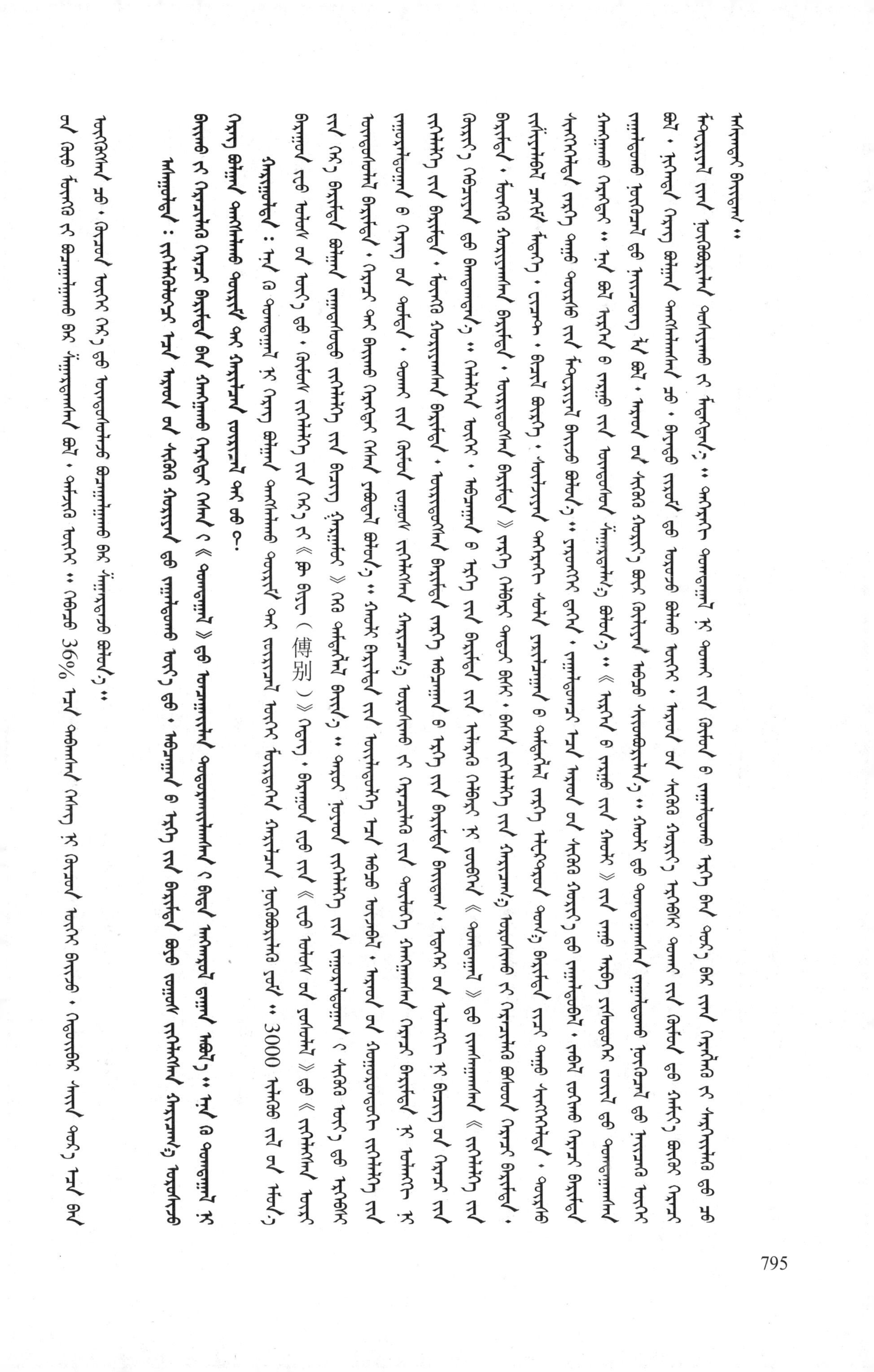

[illegible] ::

[illegible]

[illegible] 《[illegible] (傅别) 》 [illegible]

[illegible] :: 3000 [illegible]

[illegible]

[illegible] :: [illegible] 36% [illegible] ::

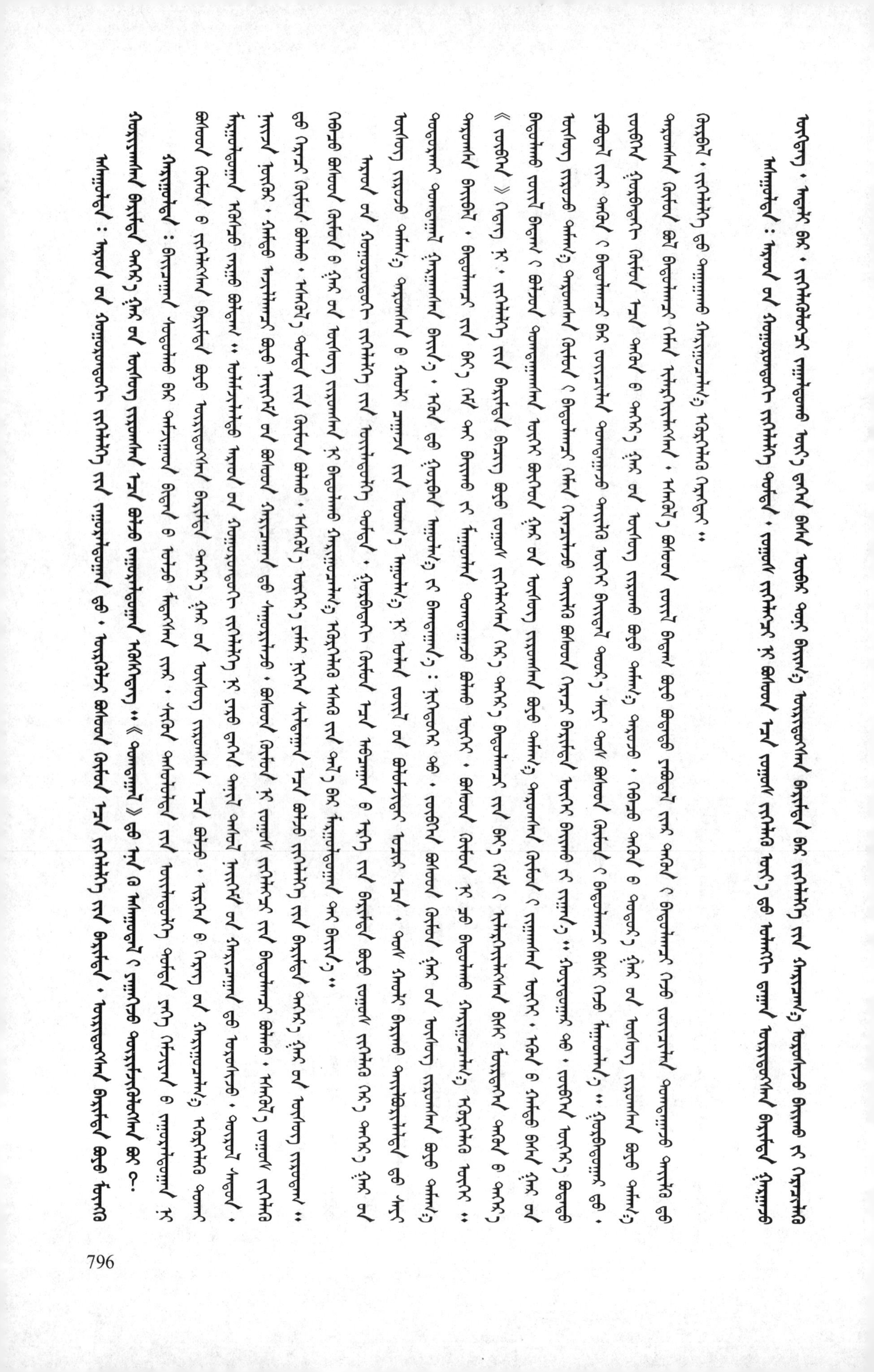

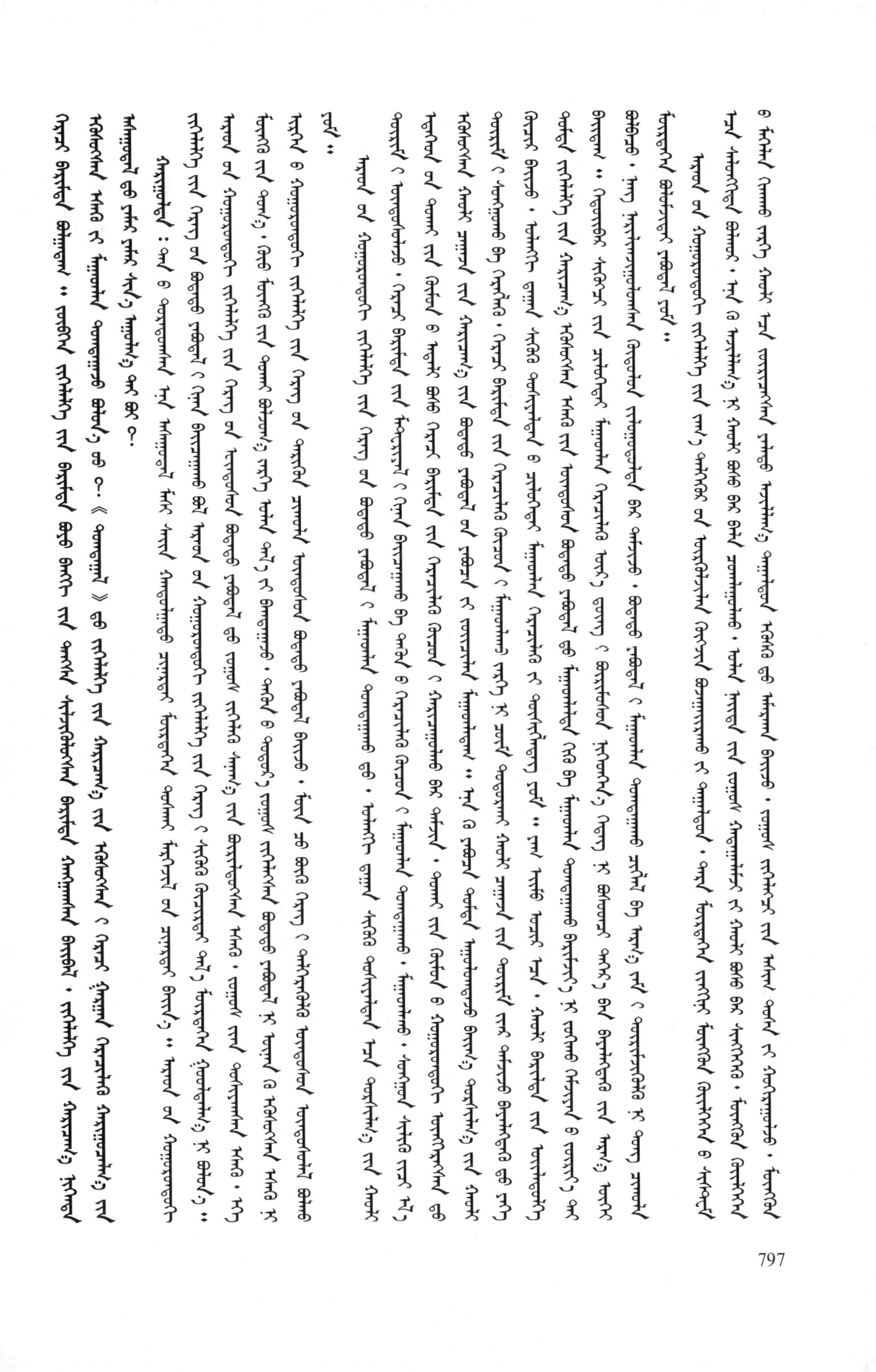

[illegible]

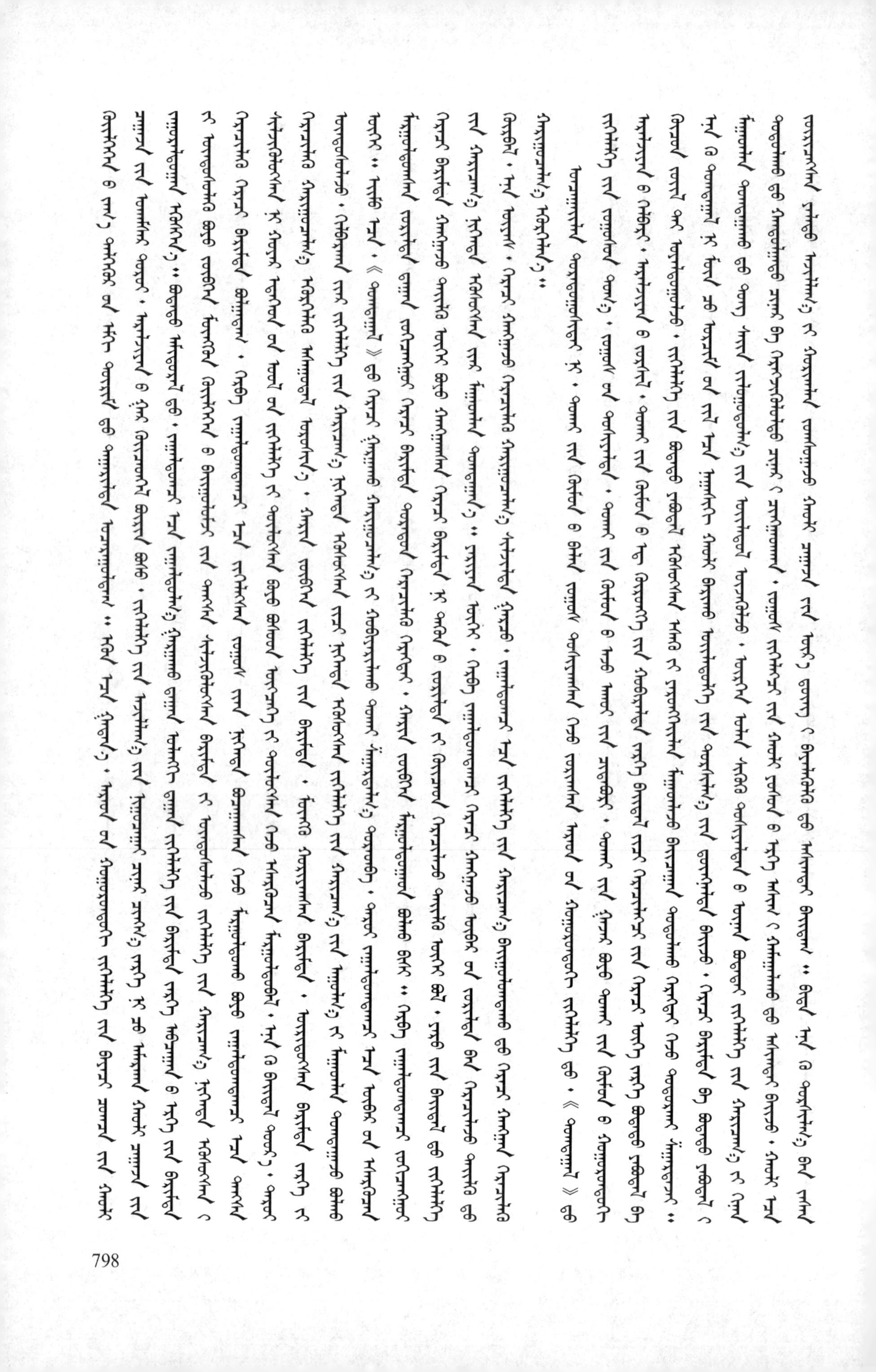

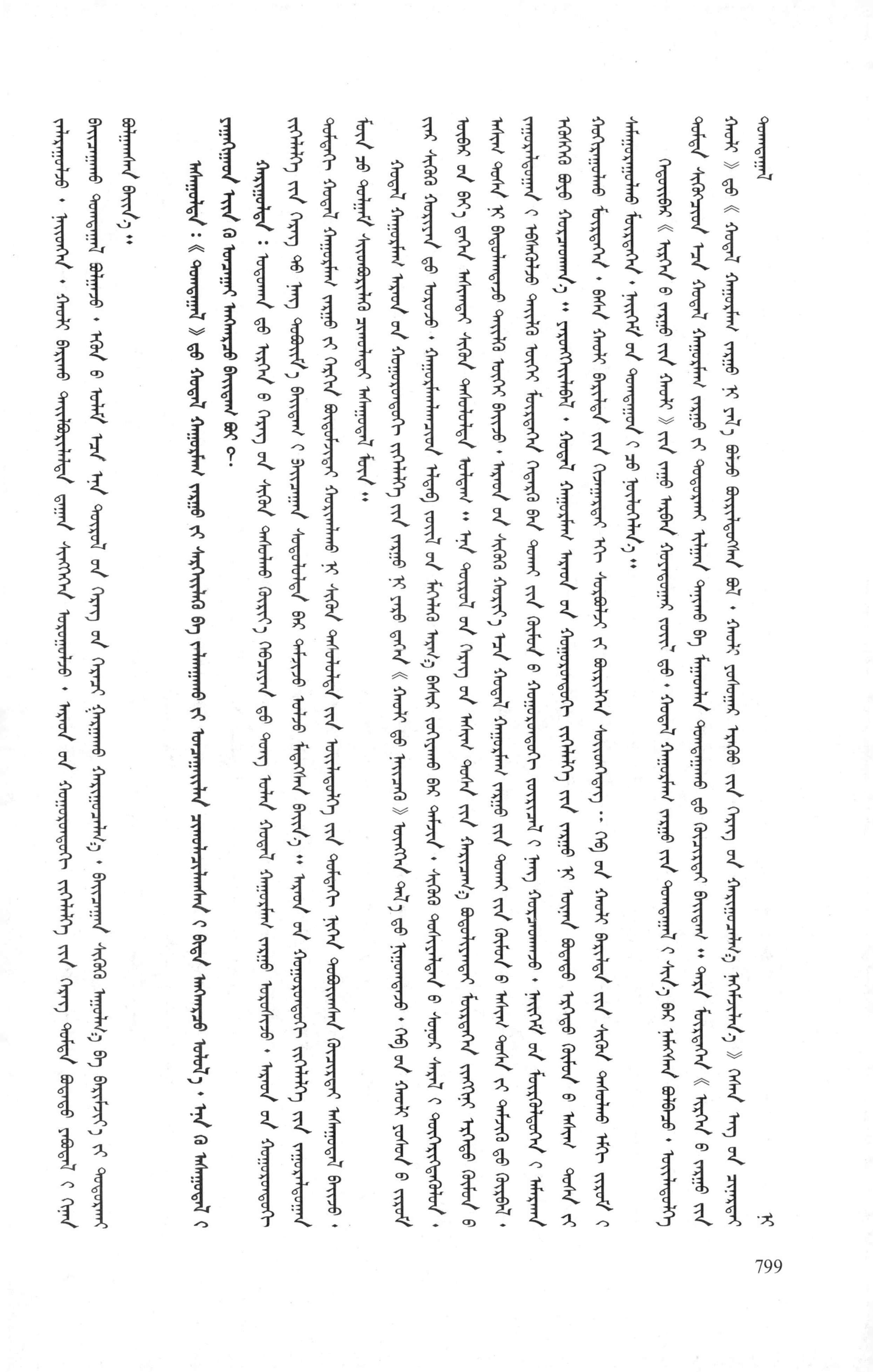

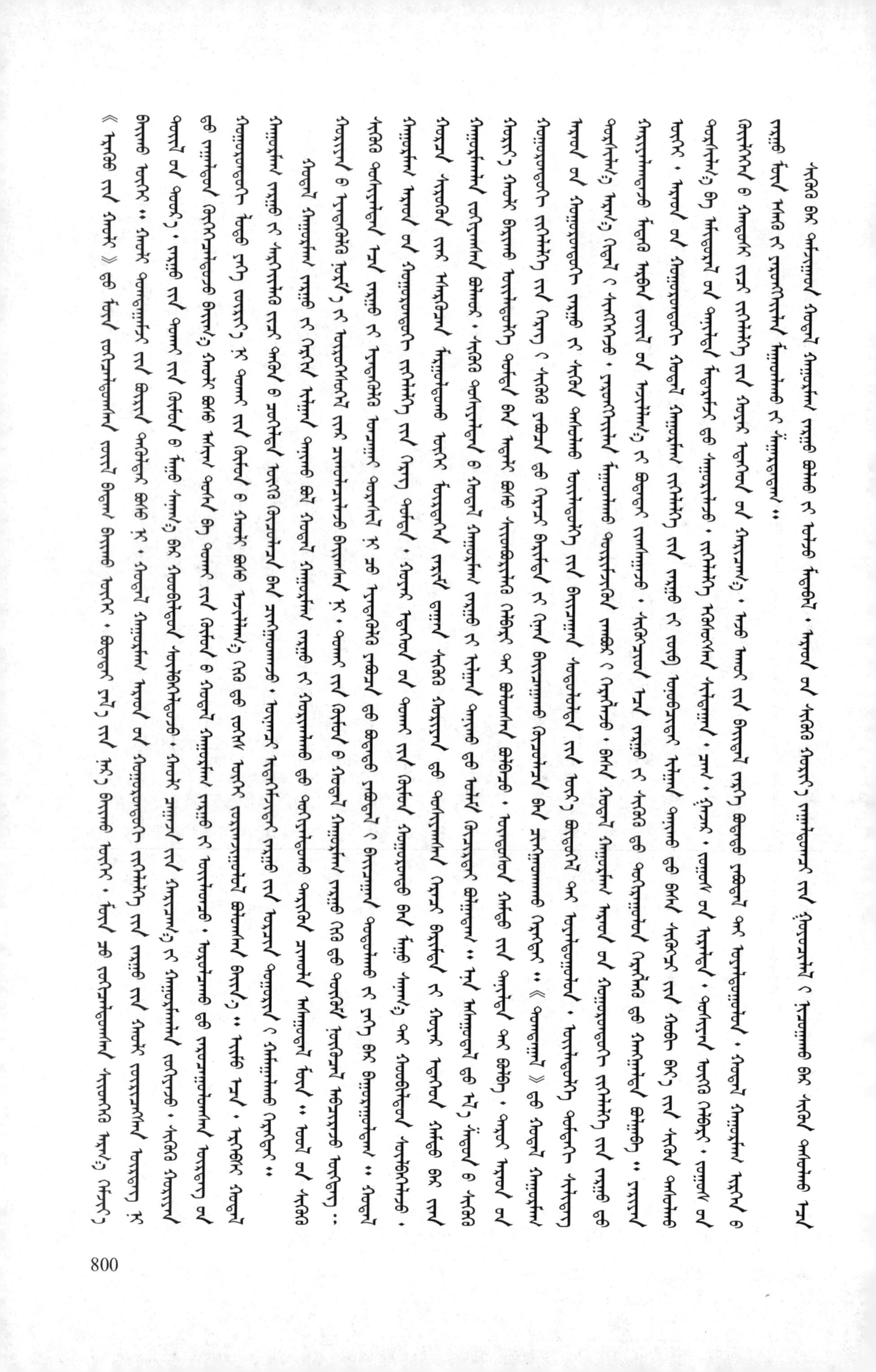

ᠬᠡᠮᠵᠢᠶ᠎ᠡ ᠦ P2P ᠵᠡᠭᠡᠯᠢᠯᠡᠯᠲᠡ ᠶᠢᠨ ᠲᠠᠪᠴᠠᠩ ᠤᠨ ᠲᠣᠭ᠎ᠠ ᠨᠢ ᠡᠷᠴᠢᠮᠲᠡᠢ ᠨᠡᠮᠡᠭᠳᠡᠭᠰᠡᠨ ᠪᠣᠯᠤᠨ᠎ᠠ ᠂ ᠬᠠᠷᠢᠨ ᠡᠨᠡ ᠦᠶ᠎ᠡ ᠳᠦ ᠵᠢᠷᠤᠮ

2014 ᠣᠨ ᠤ ᠂ P2P ᠵᠡᠭᠡᠯᠢᠯᠡᠯᠲᠡ ᠶᠢᠨ ᠲᠠᠪᠴᠠᠩ ᠤᠨ ᠡᠷᠰᠳᠡᠯ ᠢ ᠬᠤᠷᠢᠶᠠᠩᠭᠤᠢᠯᠠᠪᠠᠯ ᠂

P2P ᠶᠢ ᠬᠥᠭᠵᠢᠭᠦᠯᠬᠦ ᠳᠦ ᠬᠢᠨᠠᠯᠲᠠ ᠶᠢ ᠴᠢᠩᠭᠠᠳᠬᠠᠬᠤ ᠂ ᠰᠢᠨ᠎ᠡ ᠵᠠᠰᠠᠭ ᠤᠨ ᠬᠠᠷᠢᠯᠴᠠᠭ᠎ᠠ ᠶᠢ ᠵᠣᠬᠢᠴᠠᠭᠤᠯᠬᠤ ᠨᠢ ᠴᠢᠤᠯᠠᠯᠲᠠ ᠶᠢᠨ ᠡᠷᠬᠢᠮ ᠠᠰᠠᠭᠤᠳᠠᠯ ᠪᠣᠯᠵᠤ ᠪᠠᠢᠨ᠎ᠠ ::

ᠪᠣᠯᠤᠨ᠎ᠠ :: ᠡᠨᠡ ᠦ ᠬᠡᠮᠵᠢᠶ᠎ᠡ ᠪᠡᠷ ᠬᠡᠷᠡᠭᠵᠢᠬᠦ ᠶᠢᠨ ᠬᠠᠮᠲᠤ ᠳᠤ P2P ᠵᠡᠭᠡᠯᠢᠯᠡᠯᠲᠡ ᠶᠢᠨ ᠲᠠᠪᠴᠠᠩ ᠤᠨ ᠵᠠᠰᠠᠭ ᠲᠥᠷᠥ ᠶᠢᠨ ᠬᠢᠨᠠᠯᠲᠠ ᠶᠢ ᠴᠢᠩᠭᠠᠳᠬᠠᠬᠤ ᠂

ᠪᠠᠷ ᠬᠡᠷᠡᠭᠵᠢᠭᠦᠯᠬᠦ ᠶᠢᠨ ᠬᠠᠮᠲᠤ ᠳᠤ ᠪᠠᠢᠭᠤᠯᠤᠯᠭ᠎ᠠ ᠶᠢᠨ ᠪᠣᠳᠣᠯᠭ᠎ᠠ ᠳᠤ ᠬᠥᠷᠥᠩᠭᠡ ᠵᠠᠷᠤᠴᠠᠯ ᠂ ᠵᠡᠭᠡᠯᠢᠯᠡᠯᠲᠡ ᠶᠢᠨ ᠬᠢᠨᠠᠯᠲᠠ ᠶᠢ ᠴᠢᠩᠭᠠᠳᠬᠠᠬᠤ ᠬᠡᠷᠡᠭᠲᠡᠢ :: P2P ᠵᠡᠭᠡᠯᠢᠯᠡᠯᠲᠡ ᠶᠢᠨ ᠲᠠᠪᠴᠠᠩ ᠢ ᠬᠢᠨᠠᠬᠤ ᠨᠢ ᠂

ᠬᠠᠷᠢᠭᠤᠴᠠᠯᠭ᠎ᠠ ᠶᠢᠨ ᠲᠠᠭᠠᠯᠠᠯ ᠂ 2007 ᠣᠨ ᠤ ᠡᠬᠢᠨ ᠦ ᠦᠶ᠎ᠡ ᠡᠴᠡ ᠡᠬᠢᠯᠡᠭᠰᠡᠨ ᠬᠥᠭᠵᠢᠯᠲᠡ :: 2013 ᠣᠨ ᠳᠤ ᠬᠦᠷᠴᠦ ᠂ P2P ᠵᠡᠭᠡᠯᠢᠯᠡᠯᠲᠡ ᠶᠢᠨ ᠲᠠᠪᠴᠠᠩ ᠢ ᠬᠢᠨᠠᠬᠤ ᠬᠠᠮᠲᠤ ᠶᠢᠨ ᠬᠦᠷᠢᠶᠡᠨ ᠦ

ᠬᠠᠷᠢᠴᠠᠯ ᠤᠨ ᠬᠥᠷᠥᠩᠭᠡ ᠵᠠᠷᠤᠴᠠᠯ ᠤᠨ ᠪᠠᠢᠭᠤᠯᠤᠯᠲᠠ ᠶᠢᠨ ᠵᠢᠷᠤᠮ ᠂ P2P ᠵᠡᠭᠡᠯᠢᠯᠡᠯᠲᠡ ᠶᠢᠨ ᠲᠠᠪᠴᠠᠩ ᠢ ᠳᠡᠮᠵᠢᠬᠦ ᠪᠣᠳᠣᠯᠭ᠎ᠠ ᠶᠢᠨ ᠬᠠᠷᠢᠯᠴᠠᠭ᠎ᠠ ᠶᠢᠨ ᠂ ᠪᠣᠯᠤᠨ᠎ᠠ ::

ᠨᠡᠬᠡᠮᠵᠢᠯᠡ : 1979 ᠣᠨ ᠤ ᠪᠠᠢᠭᠤᠯᠤᠯᠭ᠎ᠠ ᠶᠢᠨ ᠬᠥᠷᠥᠩᠭᠡ ᠶᠢᠨ ᠬᠠᠷᠢᠴᠠᠯ ᠂ P2P ᠶᠢᠨ ᠬᠥᠭᠵᠢᠯᠲᠡ ᠶᠢᠨ ᠵᠢᠷᠤᠮ ᠂ ᠪᠣᠳᠣᠯᠭ᠎ᠠ ᠂

ᠬᠢᠨᠠᠯᠲᠠ ᠶᠢᠨ ᠰᠠᠯᠠᠭ᠎ᠠ ᠶᠢᠨ ᠪᠣᠳᠣᠯᠭ᠎ᠠ ᠂ ᠵᠠᠰᠠᠭ ᠲᠥᠷᠥ ᠶᠢᠨ ᠪᠣᠳᠣᠯᠭ᠎ᠠ :: ᠡᠨᠡ ᠦᠭᠡ ᠪᠡᠷ P2P ᠵᠡᠭᠡᠯᠢᠯᠡᠯᠲᠡ ᠶᠢᠨ ᠲᠠᠪᠴᠠᠩ ᠢ 《 ᠬᠢᠨᠠᠯᠲᠠ 》 ᠳᠤ

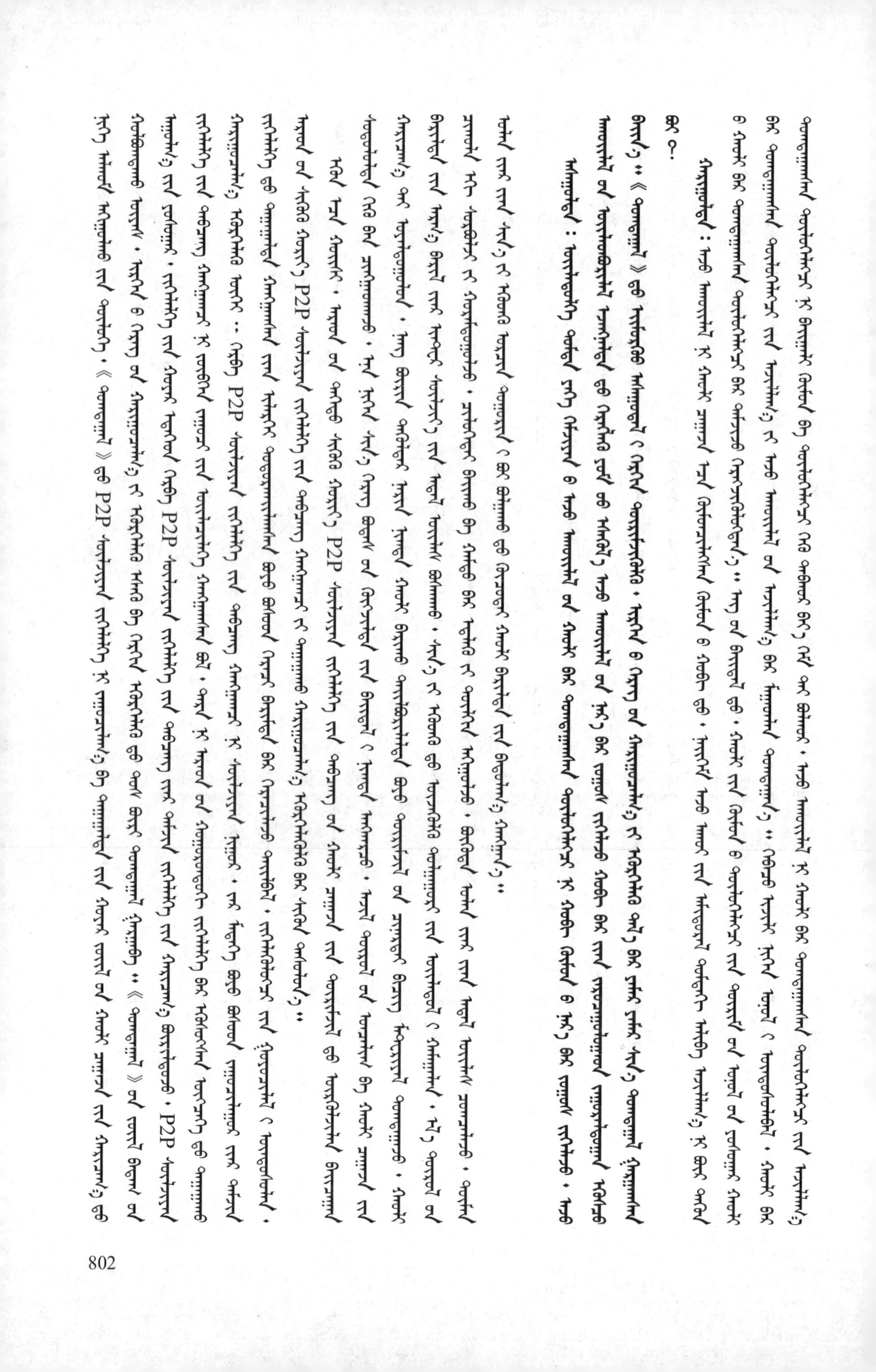

[illegible]

ᠰᠤᠷᠭᠠᠭᠤᠯᠢ ᠶᠢᠨ ᠪᠣᠯᠪᠠᠰᠤᠷᠠᠯ ᠤᠨ ᠠᠵᠢᠯ ᠢ ᠡᠷᠬᠢᠯᠡᠬᠦ ᠪᠠᠶᠢᠳᠠᠯ ᠢ ᠬᠠᠷᠢᠭᠤᠴᠠᠯᠭ᠎ᠠ ᠲᠠᠢ ᠪᠠᠷ ᠪᠡᠶᠡᠯᠡᠭᠦᠯᠬᠦ ᠶᠢᠨ ᠲᠥᠯᠥᠭᠡ ᠂

ᠠᠰᠠᠭᠤᠯᠲᠠ : ᠶᠠᠭᠤ ᠶᠢᠨ ᠲᠥᠯᠦᠭᠡ ᠰᠤᠷᠭᠠᠭᠤᠯᠢ ᠶᠢᠨ ᠪᠣᠯᠪᠠᠰᠤᠷᠠᠯ ᠤᠨ ᠬᠠᠮᠢᠶᠠᠷᠤᠭᠰᠠᠳ ᠤᠨ ᠦᠦᠷᠭᠡ ᠶᠢ ᠲᠣᠭᠲᠠᠭᠠᠬᠤ ᠬᠡᠷᠡᠭᠲᠡᠢ ᠪᠣᠯᠪᠠᠯ ᠤᠤ ?

ᠬᠠᠷᠢᠭᠤᠯᠲᠠ : ᠰᠤᠷᠭᠠᠭᠤᠯᠢ ᠶᠢᠨ ᠪᠣᠯᠪᠠᠰᠤᠷᠠᠯ ᠤᠨ ᠠᠵᠢᠯ ᠢ ᠬᠠᠷᠢᠭᠤᠴᠠᠬᠤ ᠨᠢ ᠰᠤᠷᠭᠠᠭᠤᠯᠢ ᠶᠢᠨ ᠦᠨᠳᠦᠰᠦᠨ ᠦᠦᠷᠭᠡ ᠮᠥᠨ ᠪᠣᠯᠤᠨ᠎ᠠ ᠄ ᠡᠨᠡ ᠦᠦᠷᠭᠡ ᠶᠢ ᠪᠡᠶᠡᠯᠡᠭᠦᠯᠬᠦ ᠶᠢᠨ ᠲᠥᠯᠥᠭᠡ ᠂ ᠬᠠᠷᠢᠭᠤᠴᠠᠬᠤ ᠬᠦᠮᠦᠰ ᠦᠨ ᠦᠦᠷᠭᠡ ᠶᠢ ᠲᠣᠳᠣᠷᠬᠠᠢ ᠲᠣᠭᠲᠠᠭᠠᠬᠤ ᠬᠡᠷᠡᠭᠲᠡᠢ ᠪᠣᠯᠤᠨ᠎ᠠ ᠄᠄

[illegible]

ᠡᠨᠡ ᠬᠠᠷᠢᠭᠤᠴᠠᠯᠭ᠎ᠠ ᠶᠢᠨ ᠲᠣᠭᠲᠠᠭᠠᠯ ᠢ ᠰᠠᠬᠢᠨ ᠮᠦᠷᠳᠡᠬᠦ ᠶᠢᠨ ᠲᠥᠯᠥᠭᠡ ᠂ ᠰᠤᠷᠭᠠᠭᠤᠯᠢ ᠶᠢᠨ ᠪᠣᠯᠪᠠᠰᠤᠷᠠᠯ ᠤᠨ ᠬᠠᠮᠢᠶᠠᠷᠤᠭᠰᠠᠳ ᠤᠨ ᠦᠦᠷᠭᠡ ᠶᠢ ᠲᠣᠳᠣᠷᠬᠠᠢ ᠬᠤᠪᠢᠶᠠᠷᠢᠯᠠᠬᠤ ᠬᠡᠷᠡᠭᠲᠡᠢ ᠪᠣᠯᠤᠨ᠎ᠠ ᠄᠄

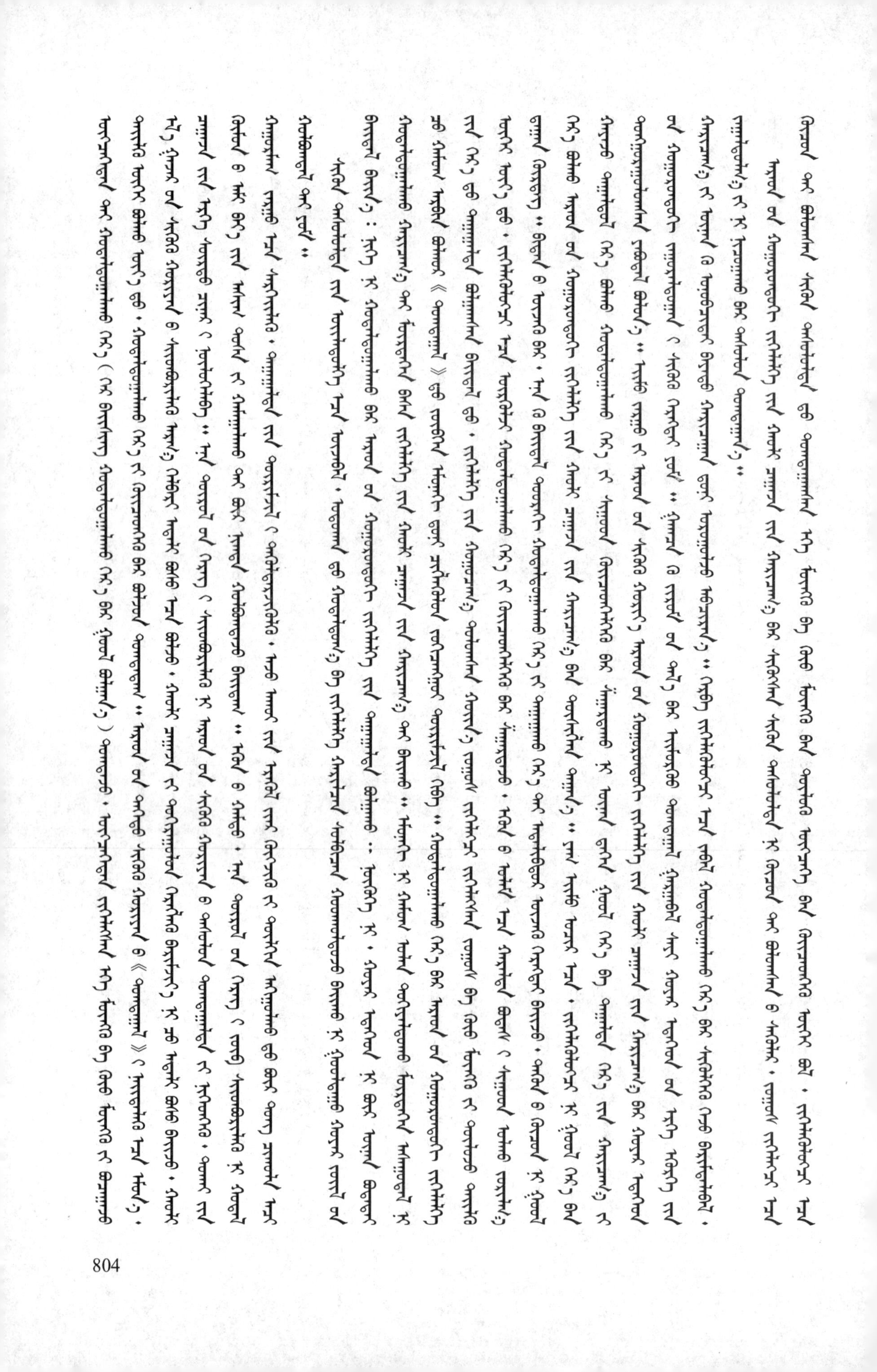

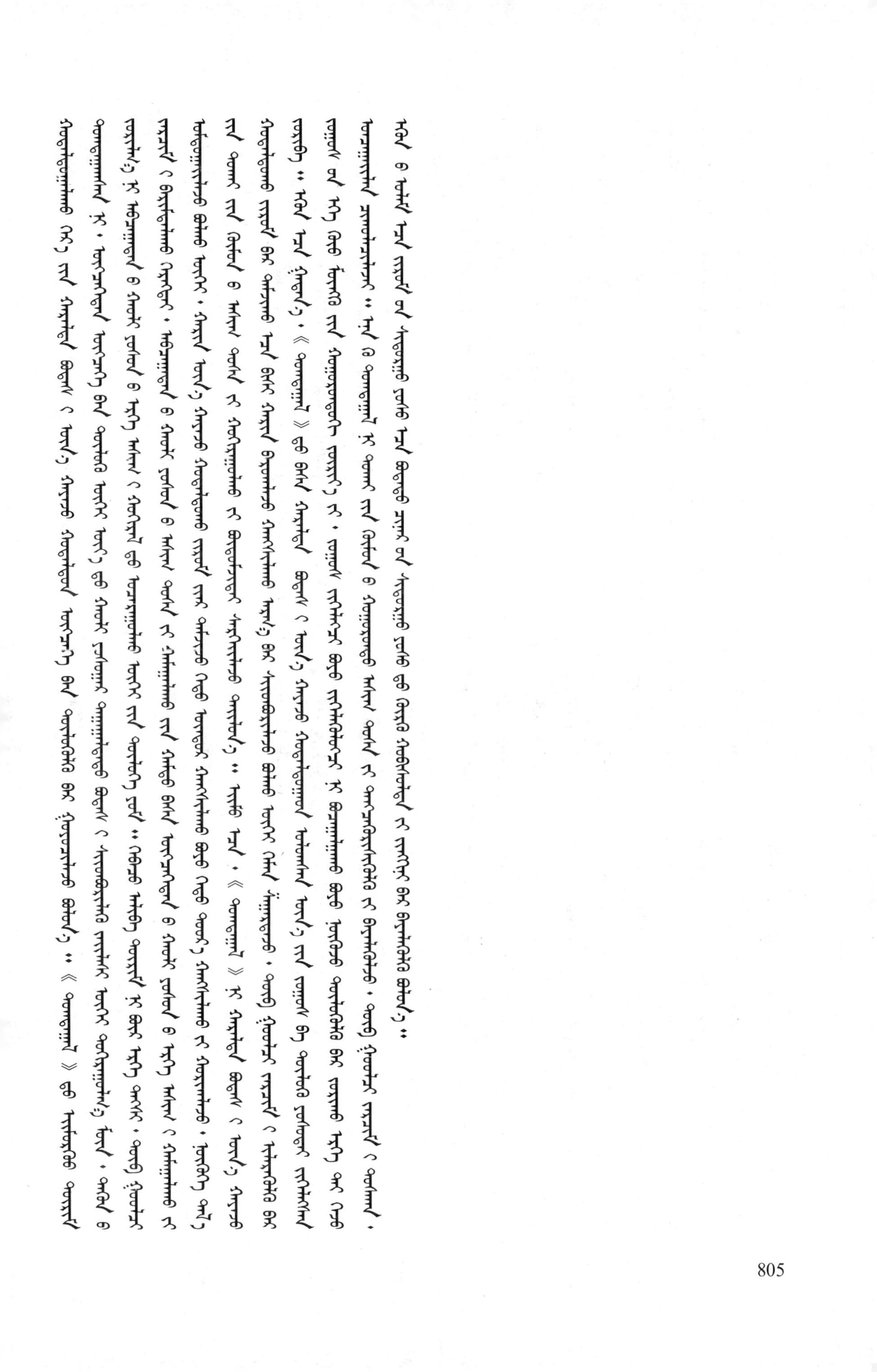

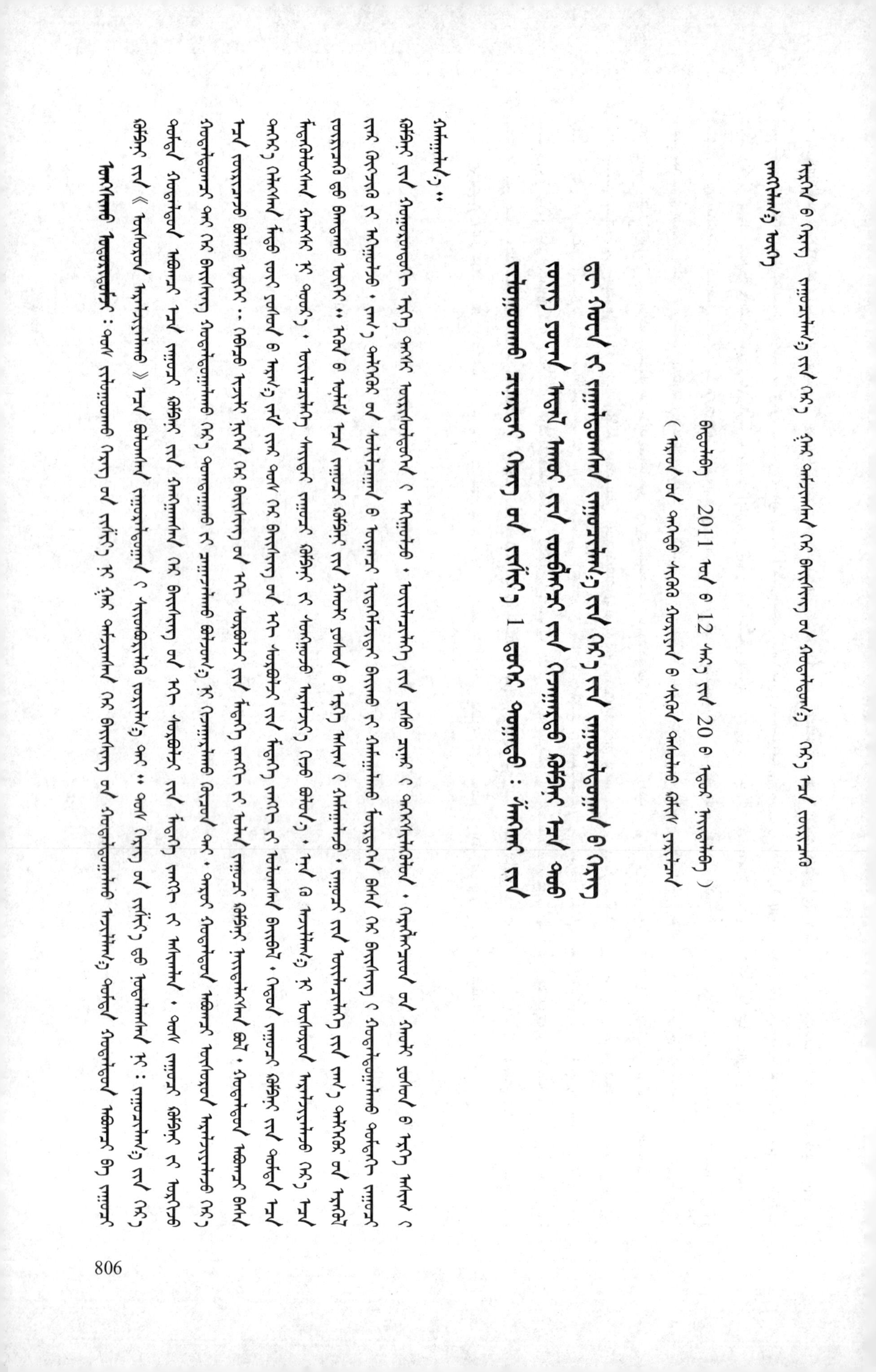

[illegible]

([illegible] 2011 [illegible] 12 [illegible] 20 [illegible])

[illegible] 1 [illegible]

[illegible]

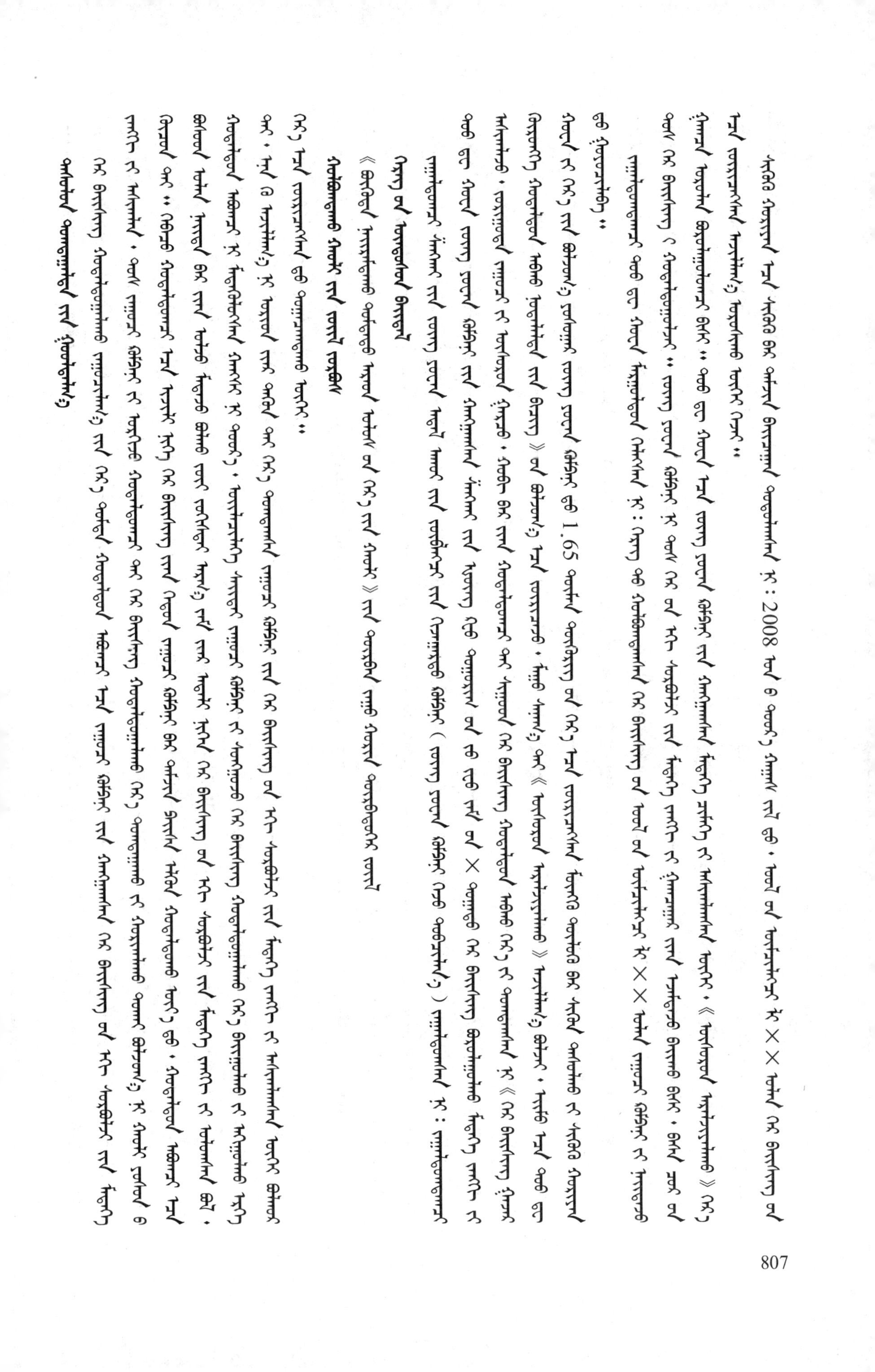

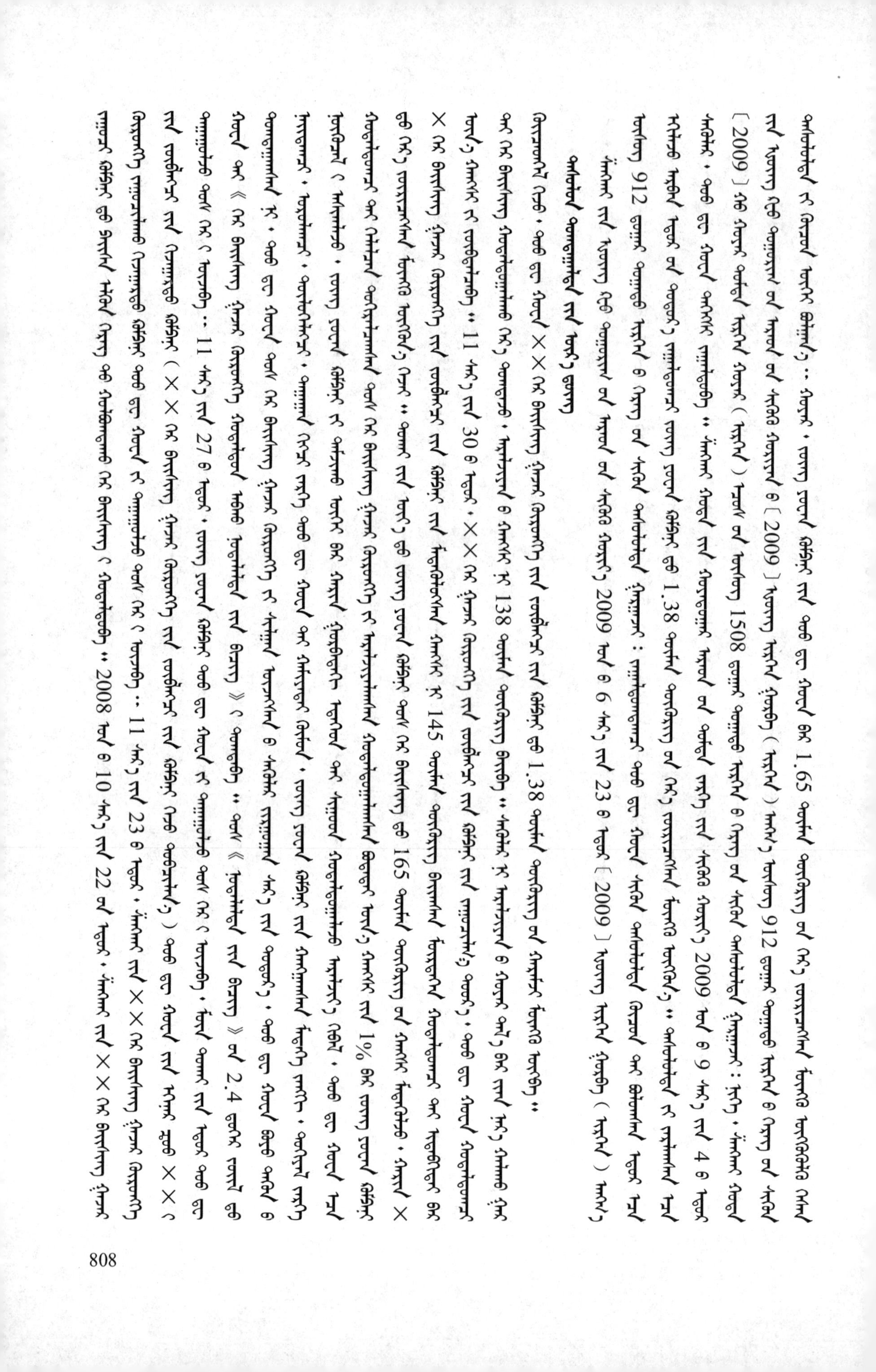

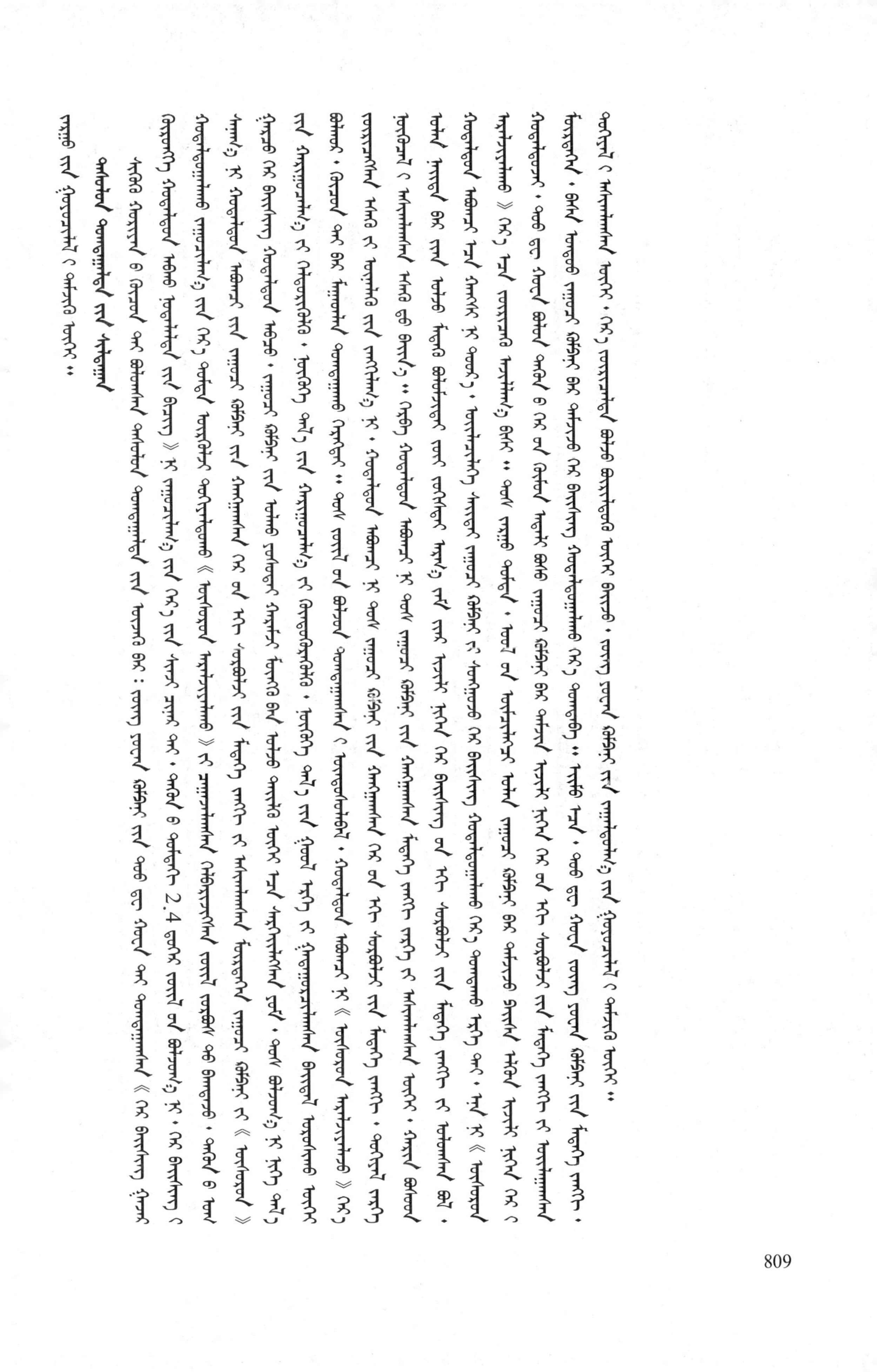

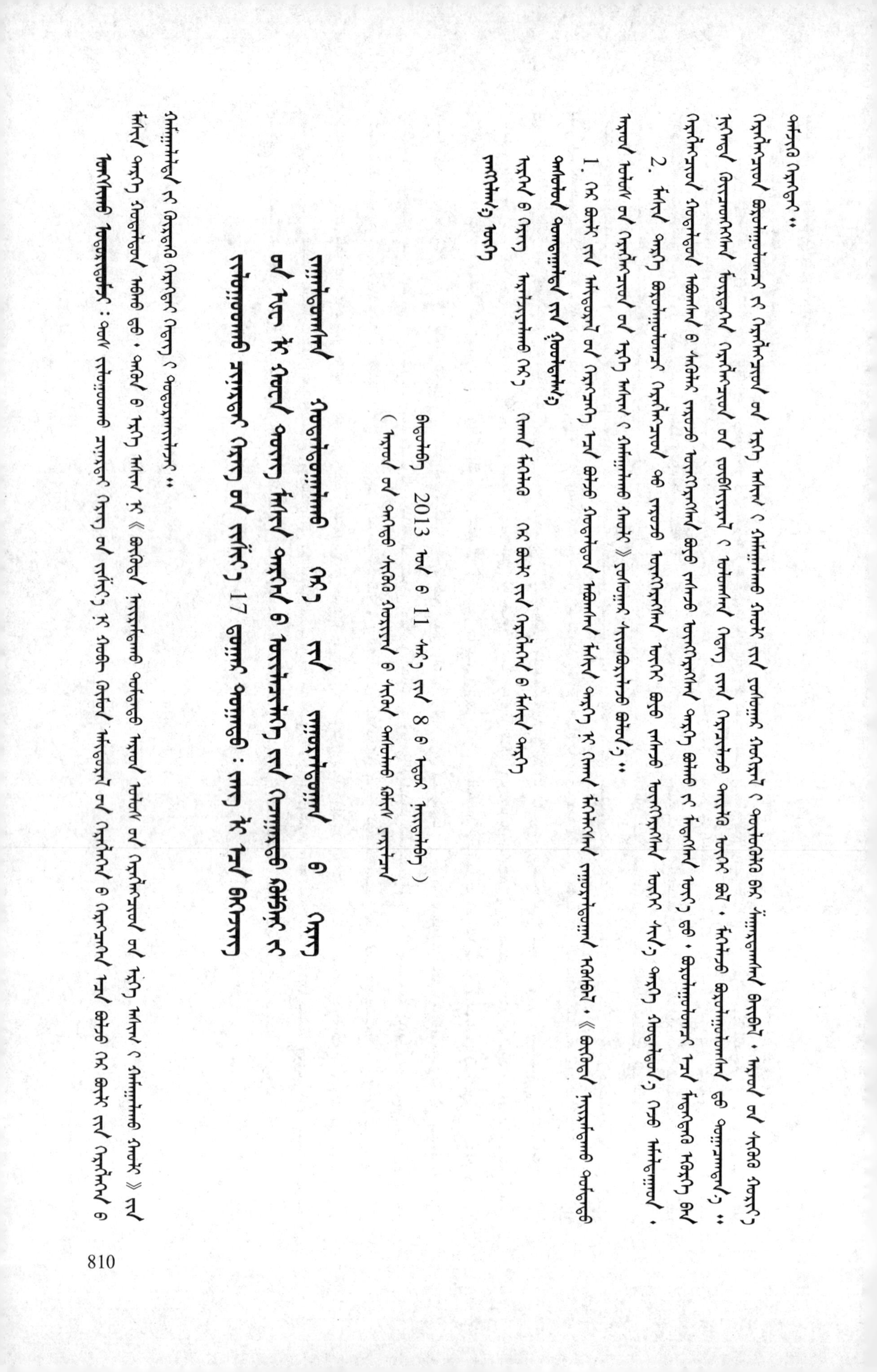

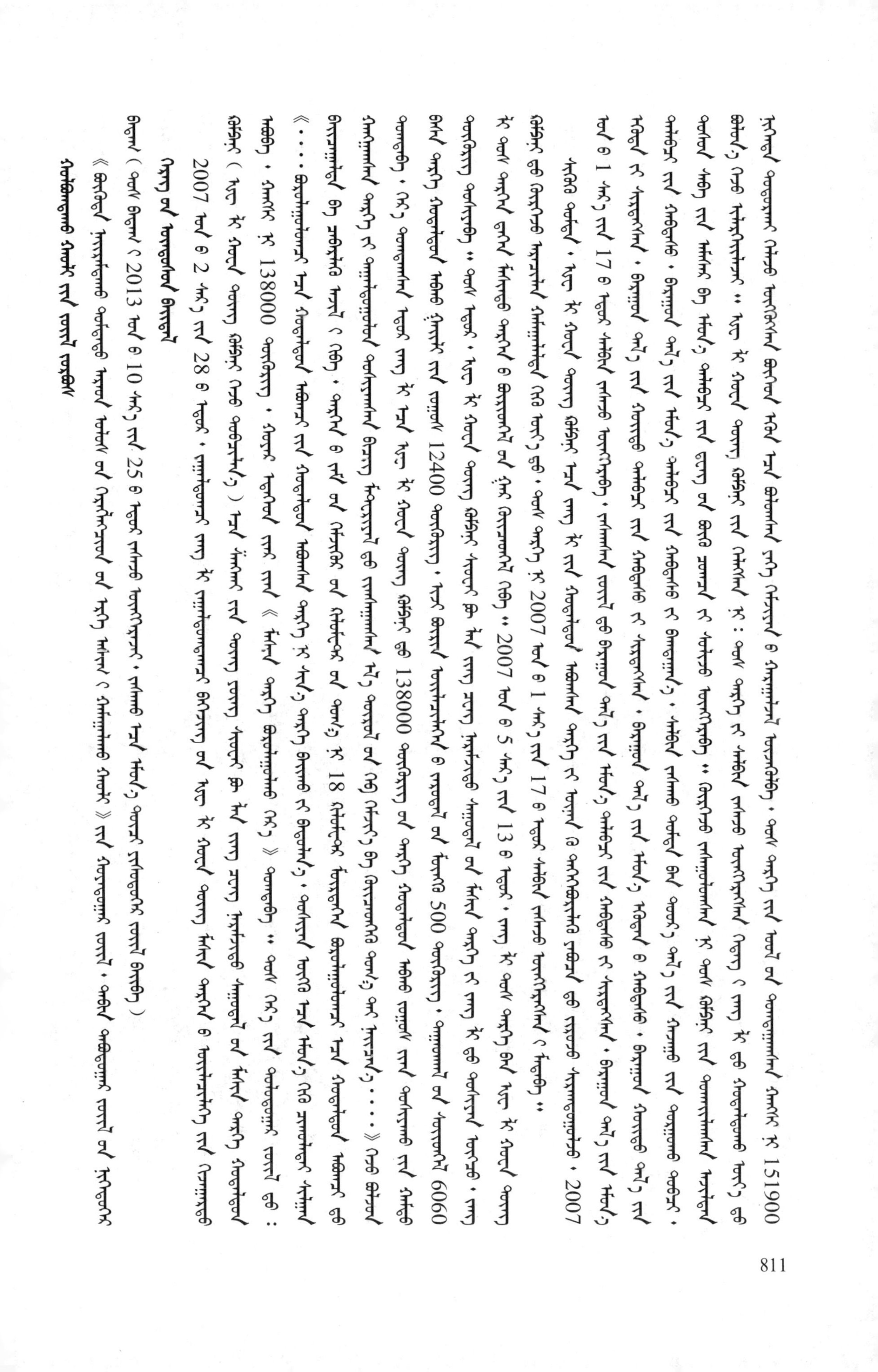

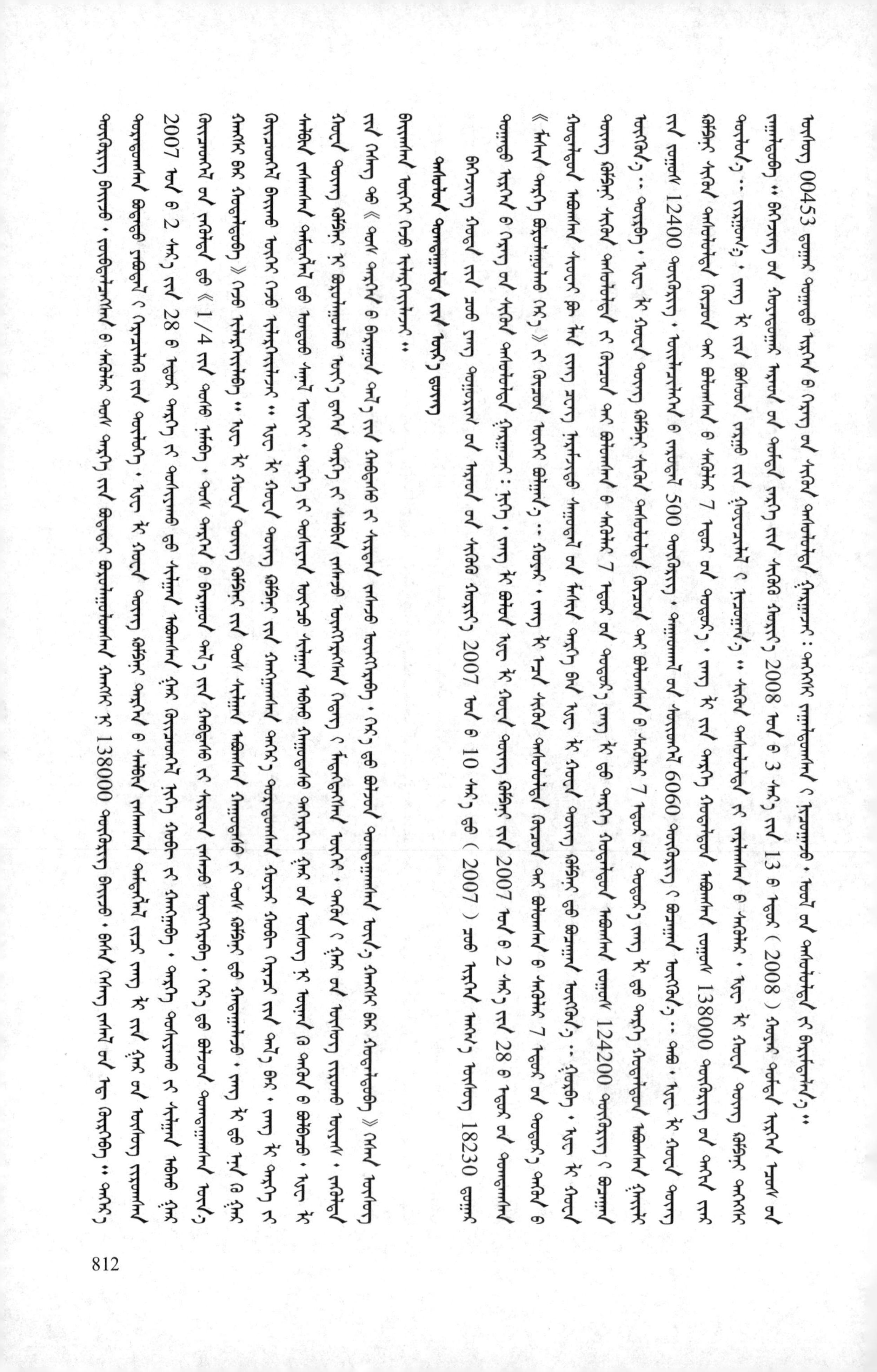

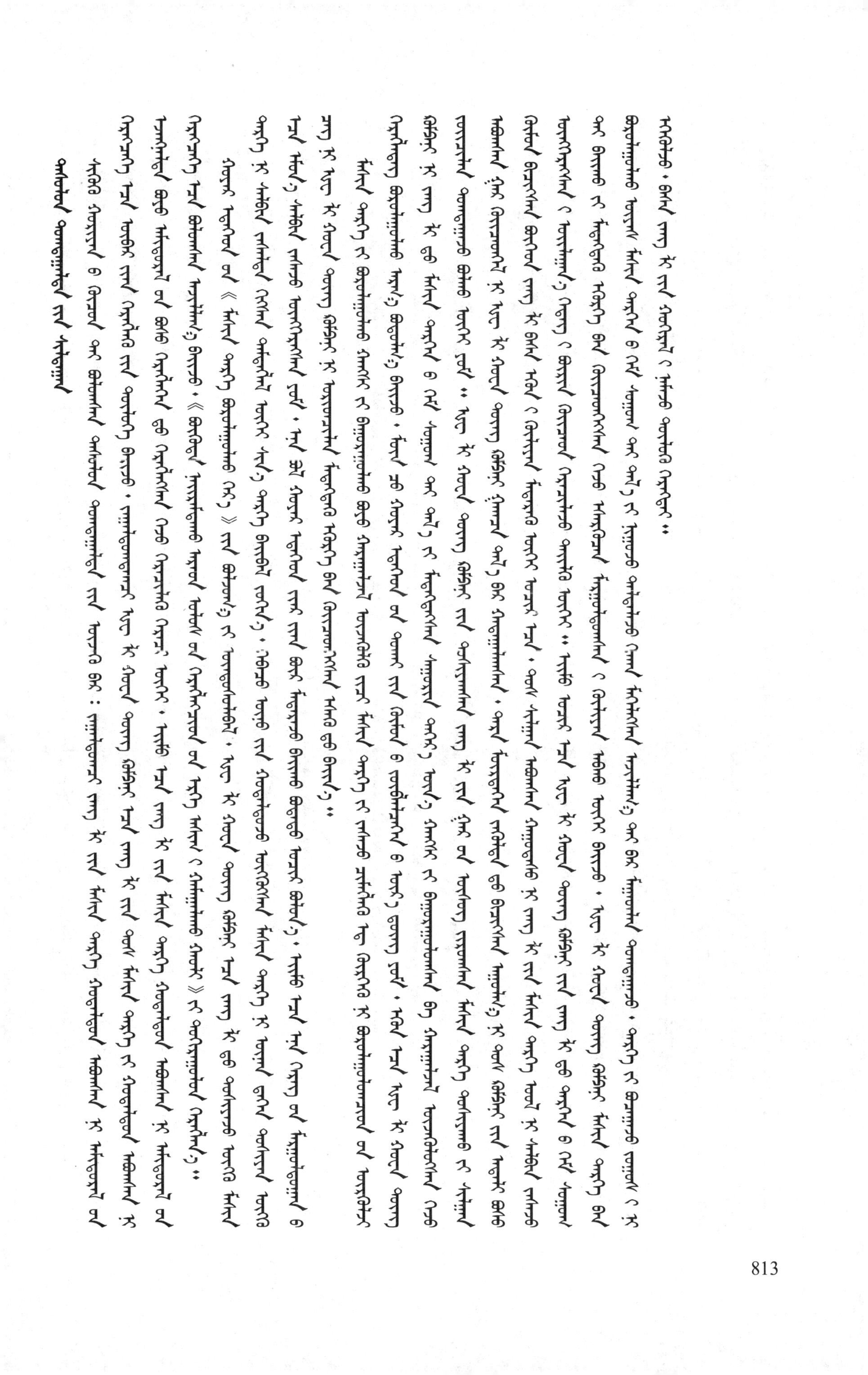

[illegible]

[illegible]

[illegible]

[illegible]

[illegible]

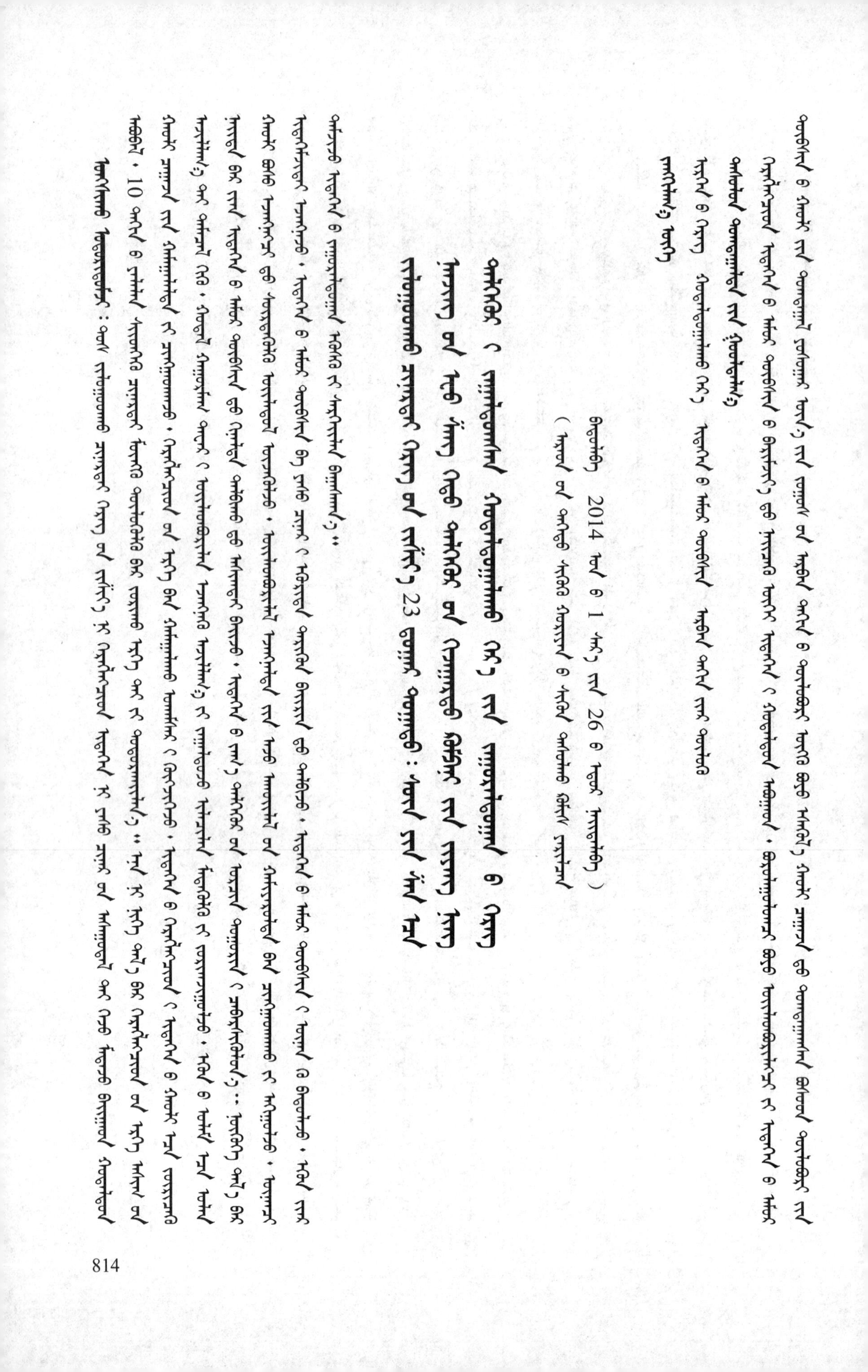

[illegible]

[illegible] 2014 [illegible] 1 [illegible] 26 [illegible])

[illegible] 23 [illegible]

[illegible] 10 [illegible]

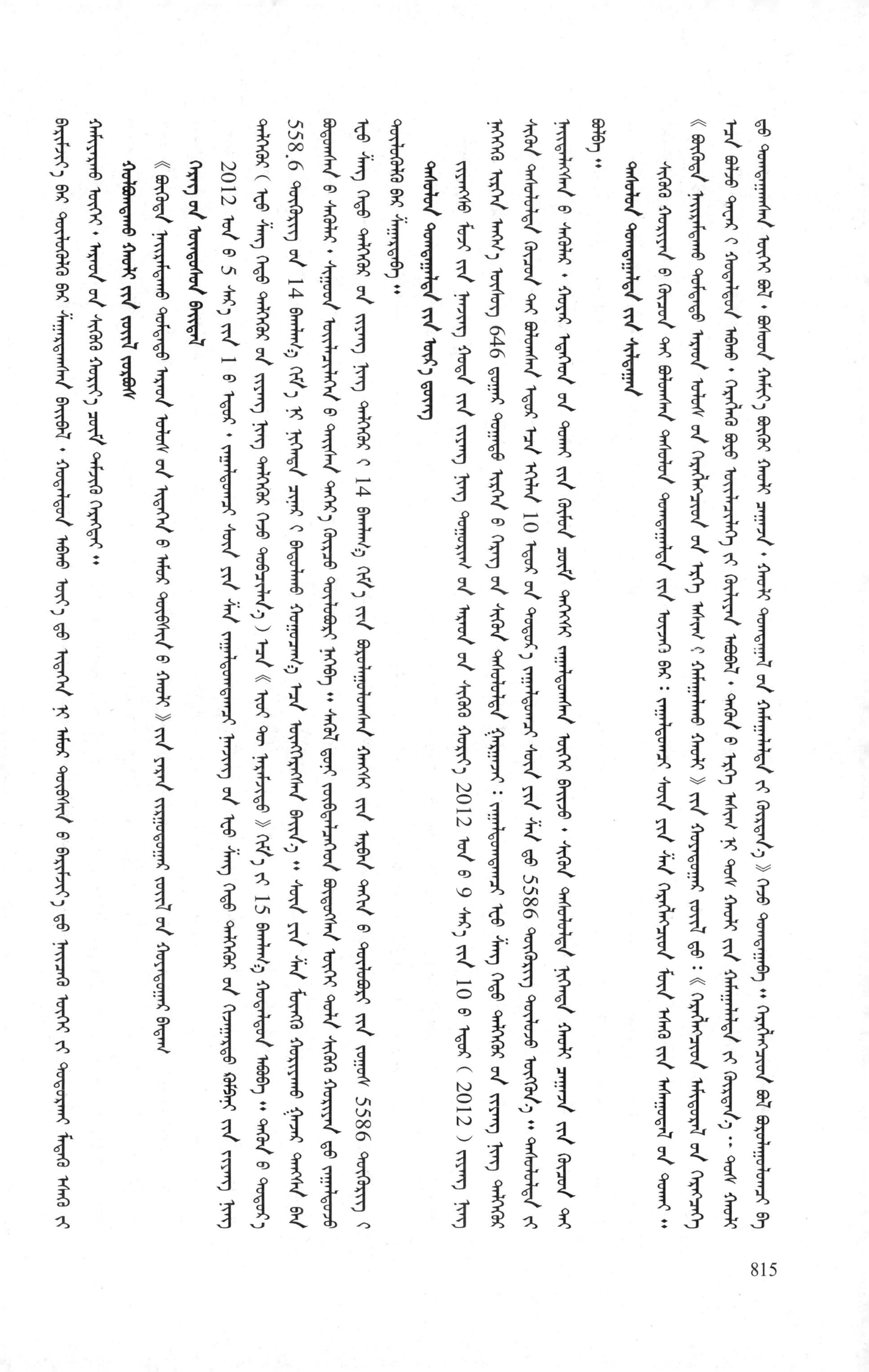

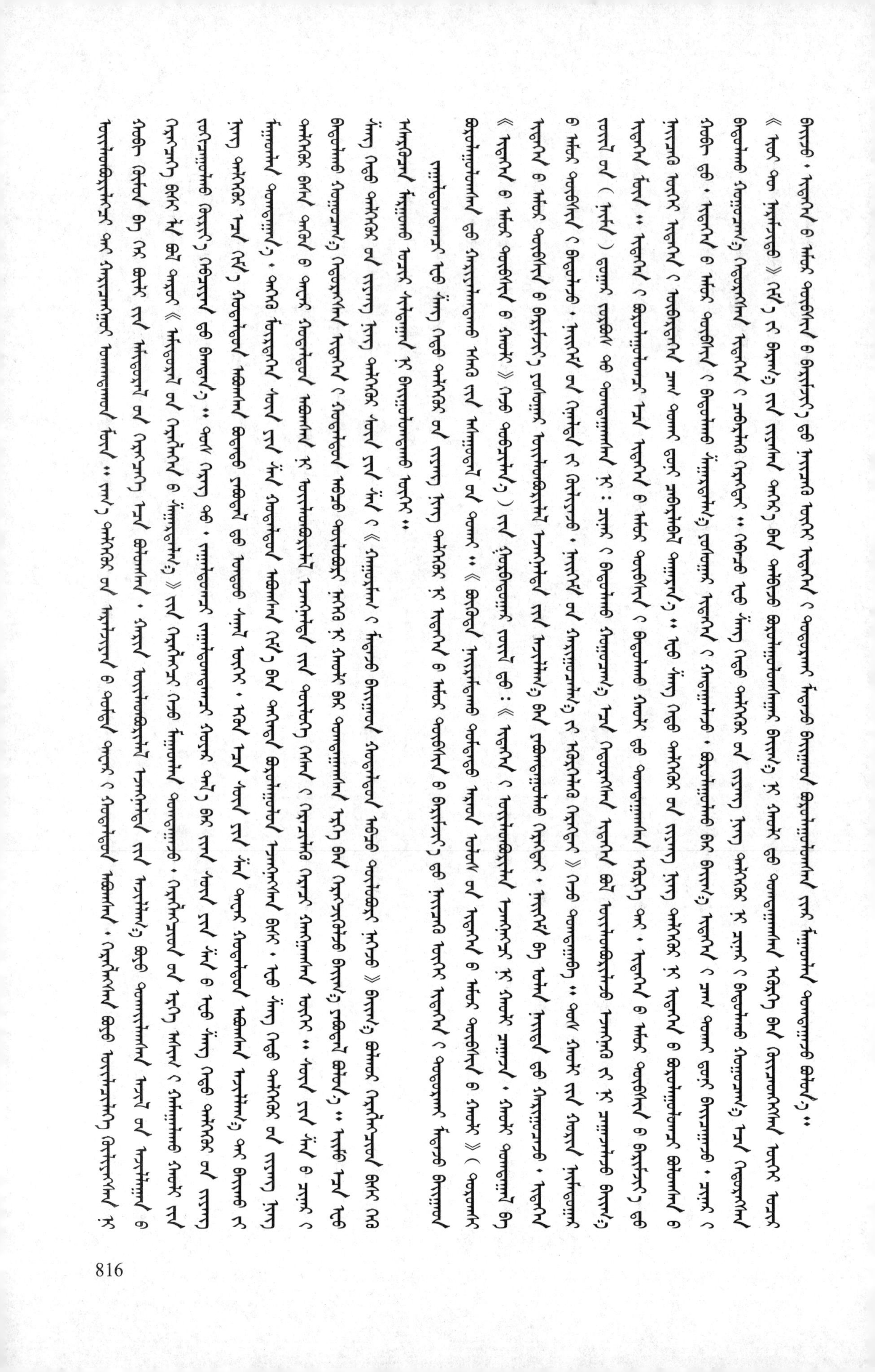

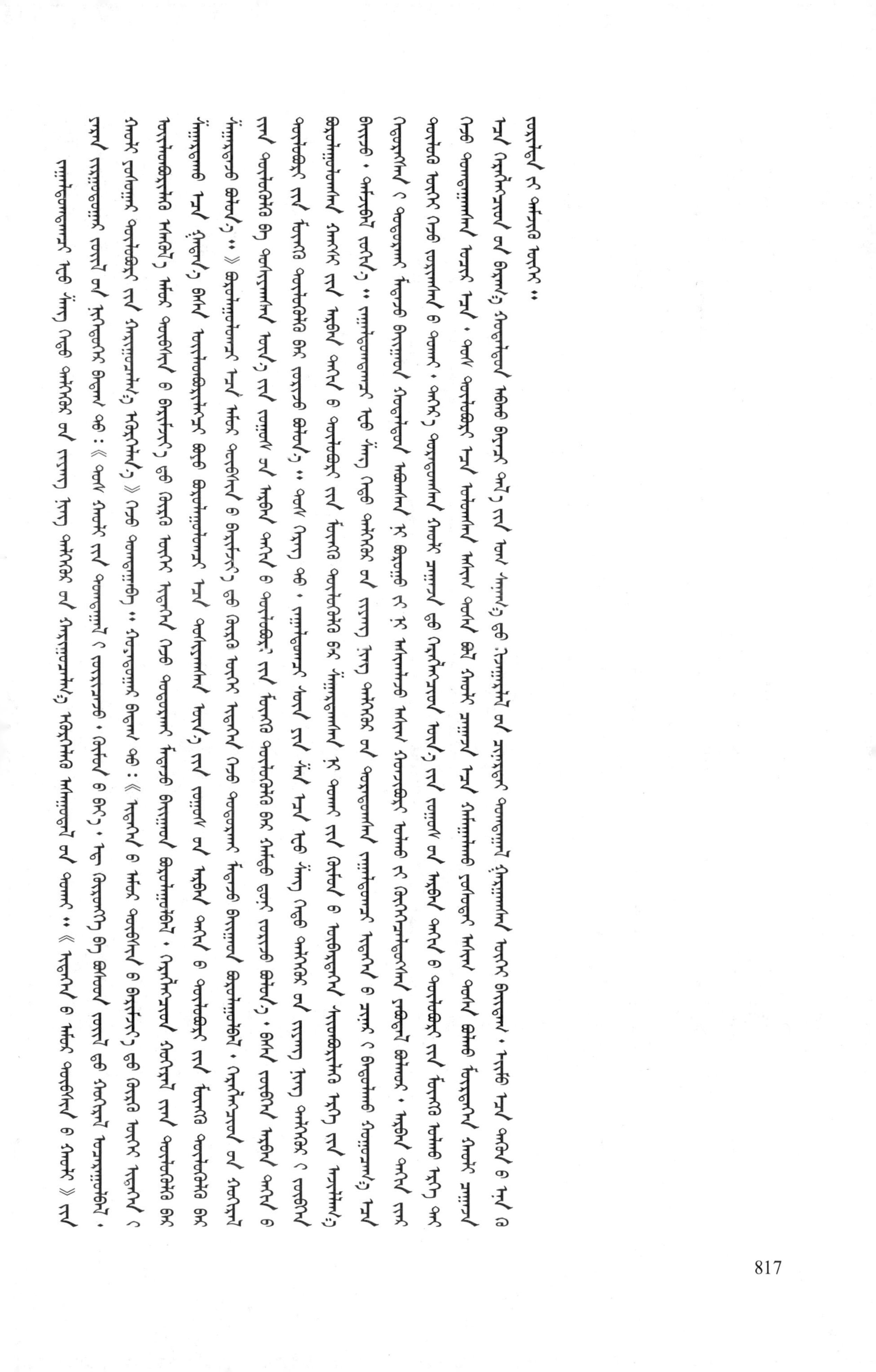

[illegible] ᠬᠡᠷᠡᠭᠵᠢᠭᠦᠯᠦᠨ᠎ᠡ᠃

[illegible] 33 ᠳ᠋ᠤᠭᠠᠷ [illegible] : [illegible]

([illegible]
ᠪᠠᠲᠤᠯᠠᠭᠠᠳ 2014 ᠣᠨ ᠤ 12 ᠰᠠᠷ᠎ᠠ ᠶᠢᠨ 18 ᠤ ᠡᠳᠦᠷ ᠨᠡᠢᠲᠡᠯᠡᠪᠡ)

[illegible]

1. [illegible]

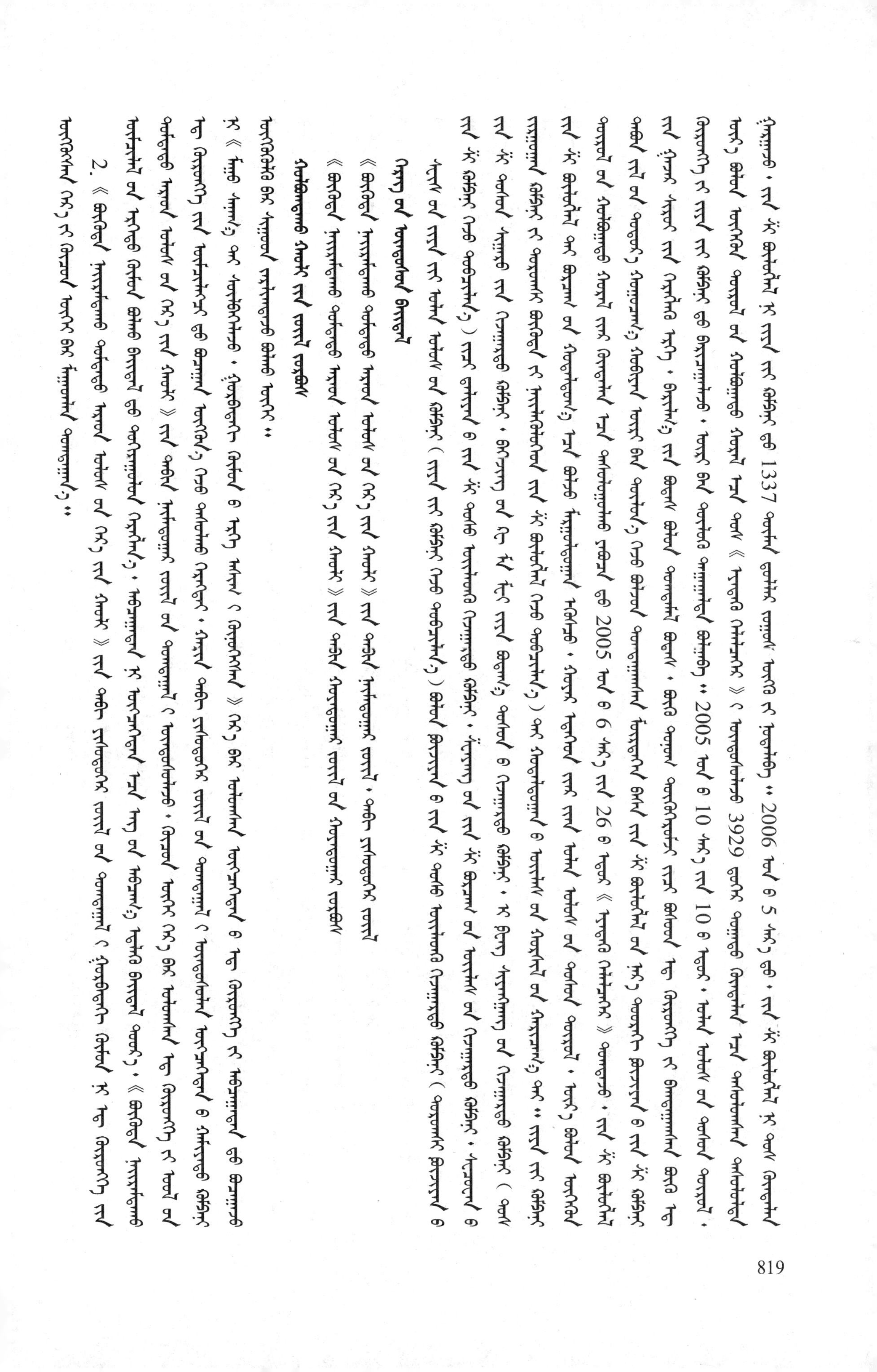

[illegible] 1337 [illegible] 2006 [illegible] 5 [illegible]

[illegible] 3929 [illegible] 2005 [illegible] 10 [illegible] 10 [illegible]

[illegible] 2005 [illegible] 6 [illegible] 26 [illegible]

[illegible]

[illegible]

2. [illegible]

819

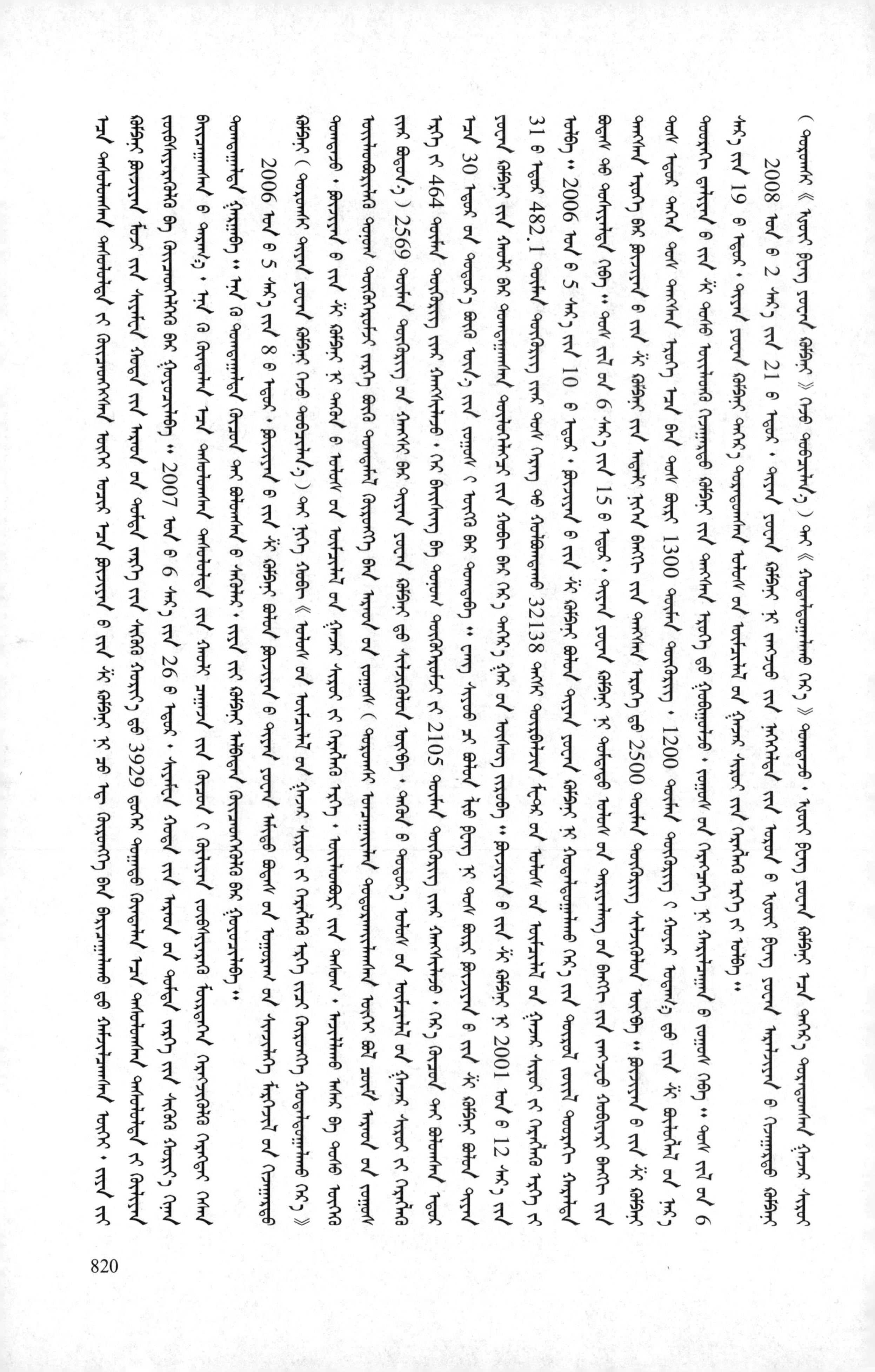

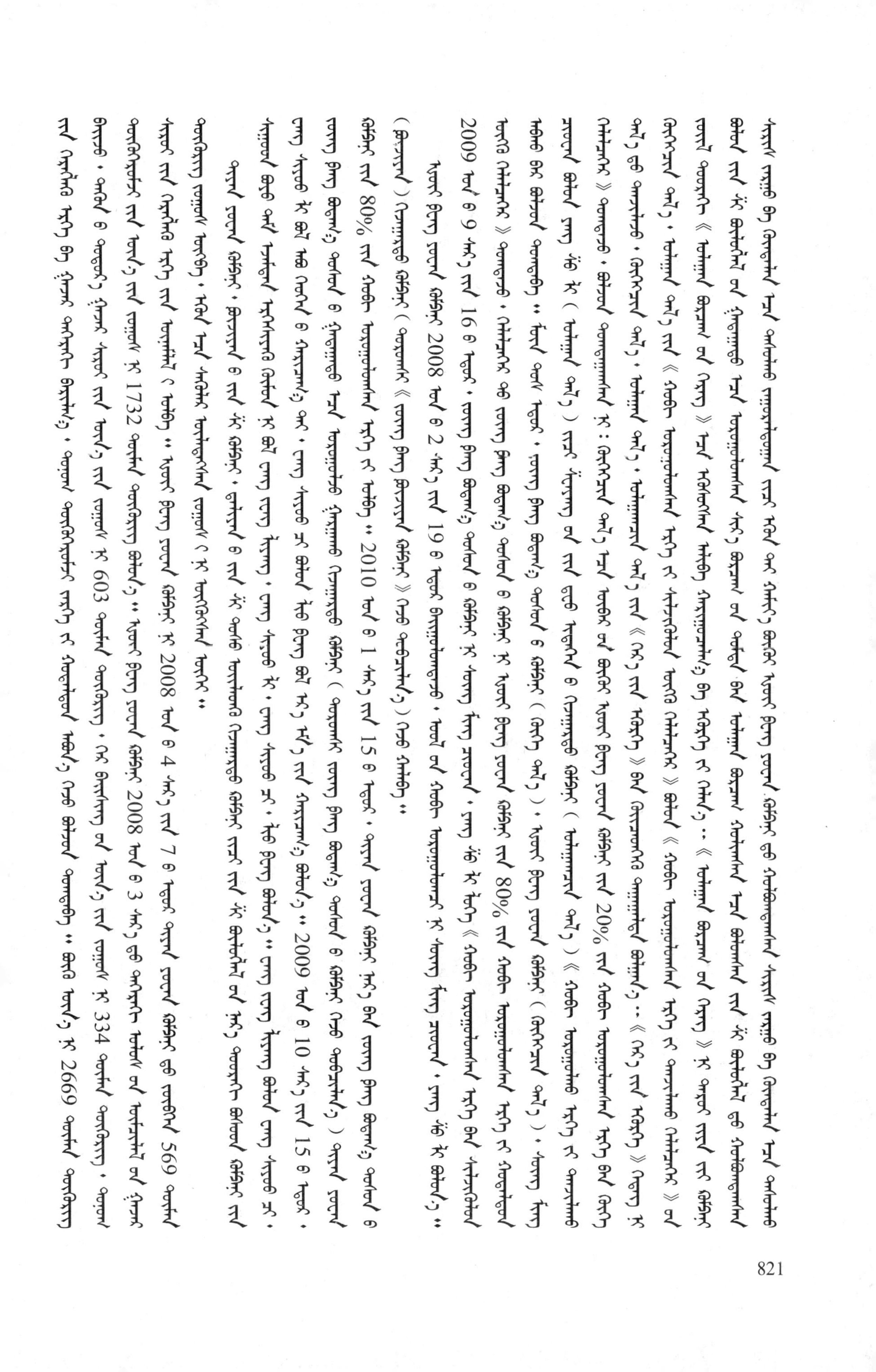

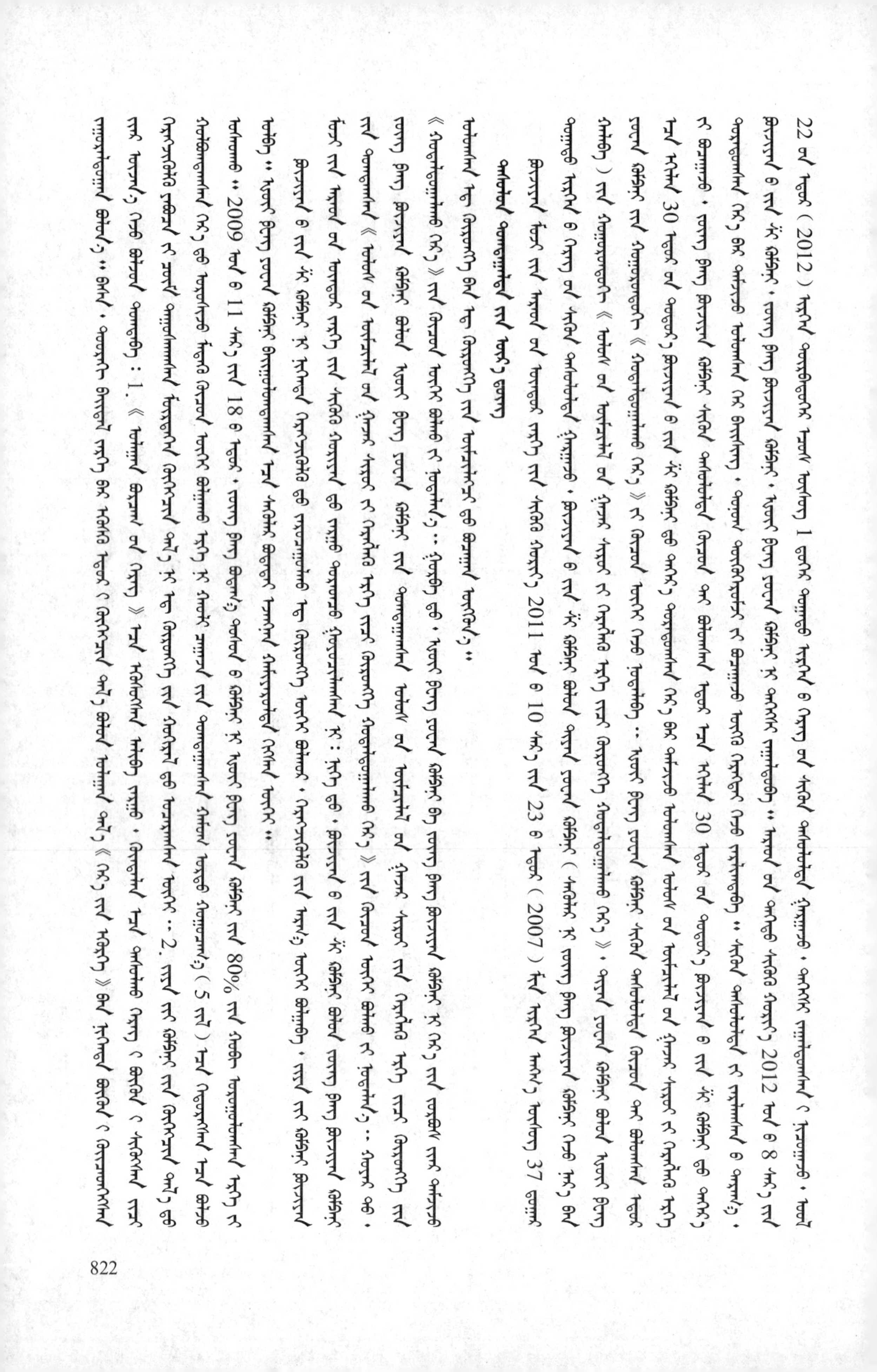

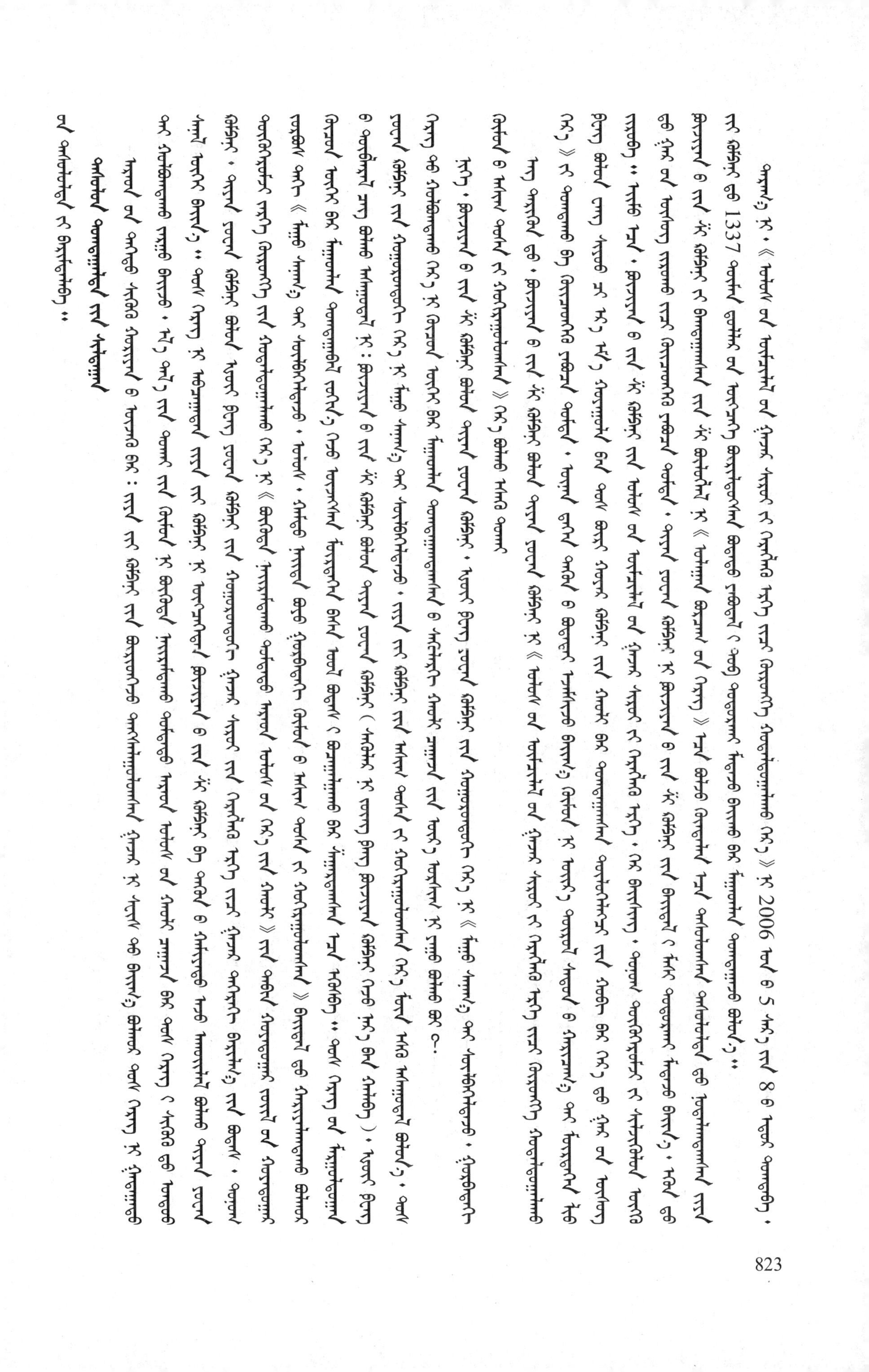

ᠣᠷᠣᠨ ᠳᠤ ... 464 ᠲᠦᠮᠡ ᠶᠤᠸᠠᠨ ... 2569 ᠲᠦᠮᠡ ᠶᠤᠸᠠᠨ ...

... 2006 ᠣᠨ ᠤ 5 ᠰᠠᠷ᠎ᠠ ᠶᠢᠨ 31 ᠤ ᠡᠳᠦᠷ ...

... 44042705.75 ᠶᠤᠸᠠᠨ ... 32354833.70 ...

... 2105 ᠲᠦᠮᠡ ᠶᠤᠸᠠᠨ ... 2105 ᠲᠦᠮᠡ ᠶᠤᠸᠠᠨ ...

... 2500 ᠲᠦᠮᠡ ᠶᠤᠸᠠᠨ ... 2500 ᠲᠦᠮᠡ ᠶᠤᠸᠠᠨ ... 2500 ᠲᠦᠮᠡ ᠶᠤᠸᠠᠨ ... 2500 ᠲᠦᠮᠡ ᠶᠤᠸᠠᠨ ... ᠪᠣᠯᠤᠨ᠎ᠠ ::

... 12122415.87 ᠶᠤᠸᠠᠨ ... ::

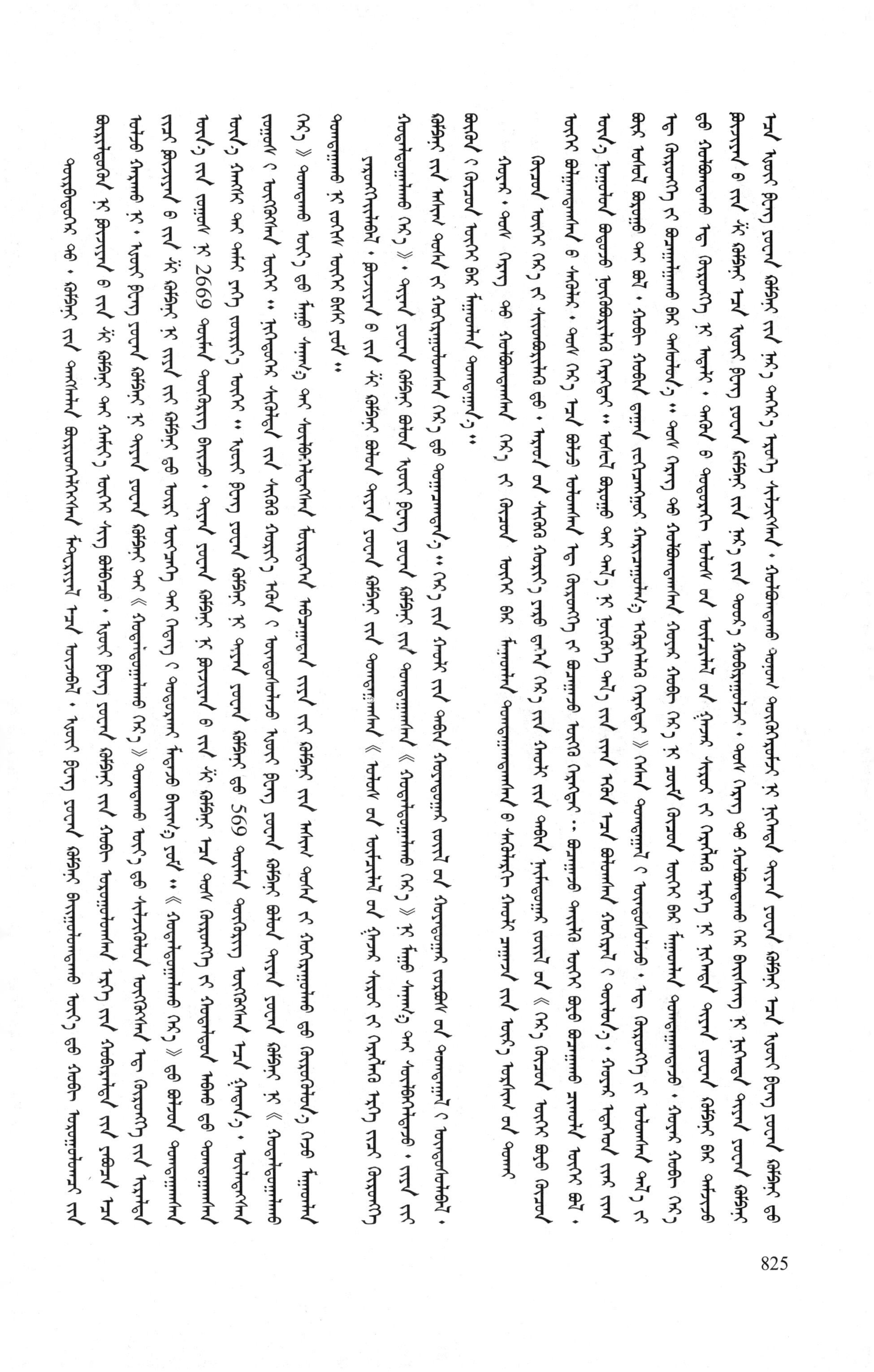

[illegible]

[illegible]

[illegible] 569 [illegible] 2669 [illegible]

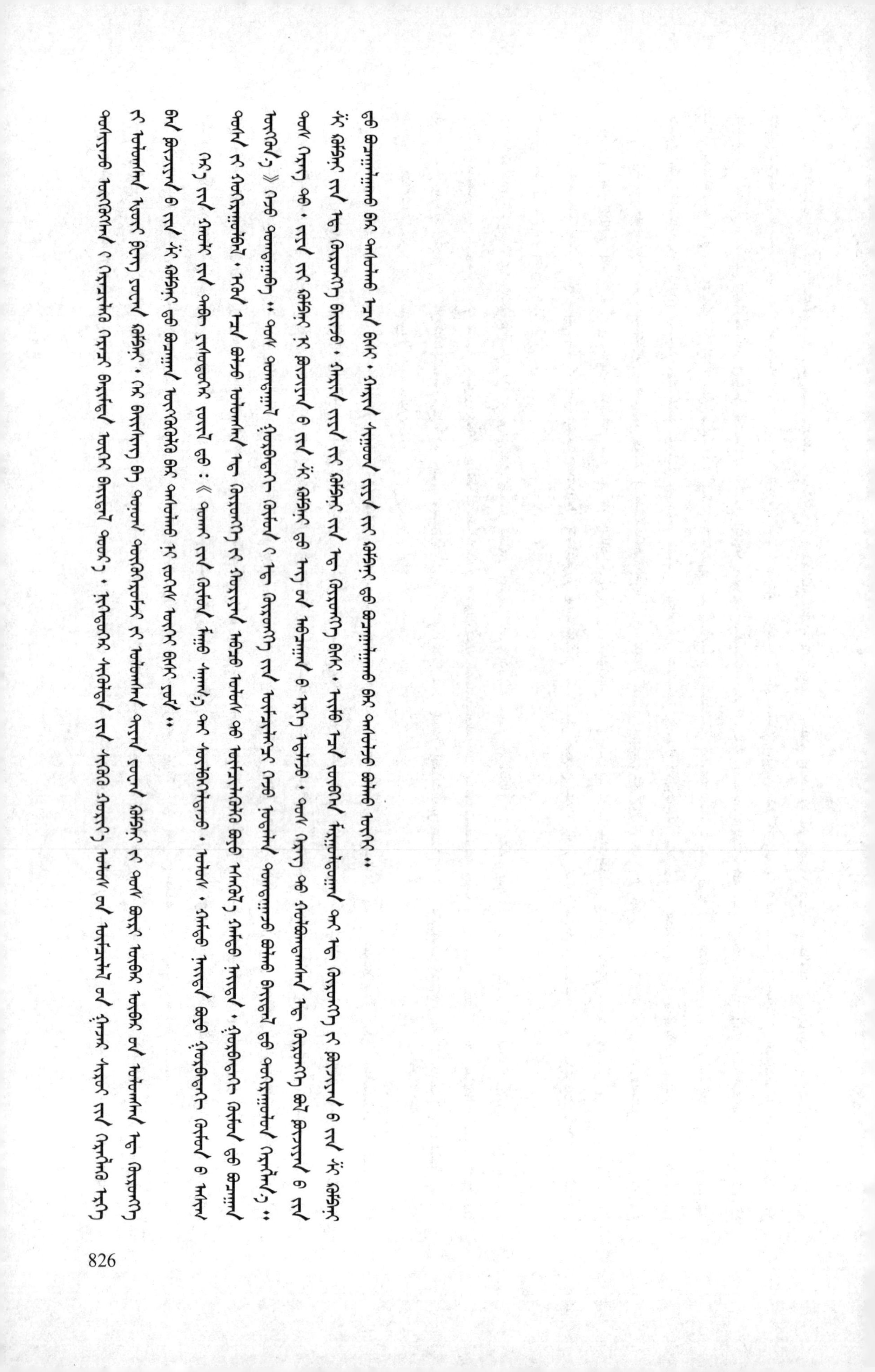

(ᠮᠣᠩᠭᠣᠯ) ᠪᠢᠴᠢᠭ᠌ ᠦᠨ ᠰᠣᠶᠣᠯ

ᠮᠣᠩᠭᠣᠯ ᠪᠢᠴᠢᠭ᠌ : 《 ᠪᠢᠴᠢᠭ᠌ ᠦᠨ ᠰᠣᠶᠣᠯ 》 ᠳᠤ [illegible] ᠪᠢᠴᠢᠭ᠌ ᠦᠨ [illegible]

[illegible] 20% ᠦᠨ [illegible]

[illegible] 21 [illegible]

ᠳᠡᠭᠡᠳᠦ ᠠᠷᠠᠳ ᠤᠨ ᠱᠠᠭᠦᠬᠡ ᠶᠢᠨ ᠭᠠᠵᠠᠷ ᠤᠨ

ᠬᠥᠳᠡᠯᠮᠦᠷᠢ ᠶᠢᠨ ᠮᠠᠷᠭᠠᠭᠠᠨ ᠤ ᠬᠡᠷᠡᠭ ᠢ ᠰᠢᠭᠦᠨ ᠬᠡᠪᠯᠡᠬᠦ ᠳᠦ ᠬᠠᠤᠯᠢ ᠴᠠᠭᠠᠵᠠ ᠶᠢ ᠬᠡᠷᠡᠭᠯᠡᠬᠦ ᠶᠢᠨ ᠵᠠᠷᠢᠮ ᠠᠰᠠᠭᠤᠳᠠᠯ ᠤᠨ ᠲᠤᠬᠠᠢ ᠲᠠᠶᠢᠯᠪᠤᠷᠢ

ᠬᠠᠤᠯᠢ ᠲᠠᠶᠢᠯᠪᠤᠷᠢ〔2001〕14 ᠳ᠋ᠤᠭᠠᠷ ᠨᠣᠮᠧᠷ

(2001 ᠣᠨ ᠤ 3 ᠰᠠᠷ᠎ᠠ ᠶᠢᠨ 22 ᠨᠤ ᠡᠳᠦᠷ ᠳᠡᠭᠡᠳᠦ ᠠᠷᠠᠳ ᠤᠨ ᠱᠠᠭᠦᠬᠡ ᠶᠢᠨ ᠭᠠᠵᠠᠷ ᠤᠨ ᠱᠠᠭᠦᠬᠡ ᠶᠢᠨ ᠵᠥᠪᠯᠡᠯ ᠦᠨ 1165 ᠳ᠋ᠤᠭᠠᠷ ᠬᠤᠷᠠᠯ ᠳᠠᠭᠠᠨ ᠪᠠᠲᠤᠯᠠᠵᠤ᠂ 2001 ᠣᠨ ᠤ 4 ᠰᠠᠷ᠎ᠠ ᠶᠢᠨ 16 ᠤ ᠡᠳᠦᠷ ᠳᠡᠭᠡᠳᠦ ᠠᠷᠠᠳ ᠤᠨ ᠱᠠᠭᠦᠬᠡ ᠶᠢᠨ ᠭᠠᠵᠠᠷ ᠤᠨ ᠮᠡᠳᠡᠭᠳᠡᠯ ᠢᠶᠡᠷ ᠨᠡᠶᠢᠲᠡᠯᠡᠵᠦ᠂ 2001 ᠣᠨ ᠤ 4 ᠰᠠᠷ᠎ᠠ ᠶᠢᠨ 30 ᠤ ᠡᠳᠦᠷ ᠡᠴᠡ ᠡᠬᠢᠯᠡᠨ ᠬᠡᠷᠡᠭᠵᠢᠭᠦᠯᠦᠨ᠎ᠡ)

ᠬᠥᠳᠡᠯᠮᠦᠷᠢ ᠶᠢᠨ ᠮᠠᠷᠭᠠᠭᠠᠨ ᠤ ᠬᠡᠷᠡᠭ ᠢ ᠵᠥᠪ ᠰᠢᠭᠦᠨ ᠬᠡᠪᠯᠡᠬᠦ ᠶᠢᠨ ᠲᠥᠯᠦᠭᠡ᠂ 《ᠳᠤᠮᠳᠠᠳᠤ ᠠᠷᠠᠳ ᠤᠨ ᠪᠦᠭᠦᠳᠡ ᠨᠠᠶᠢᠷᠠᠮᠳᠠᠬᠤ ᠣᠯᠠᠨ ᠠᠴᠠ ᠤᠯᠤᠰ ᠤᠨ ᠬᠥᠳᠡᠯᠮᠦᠷᠢ ᠶᠢᠨ ᠬᠠᠤᠯᠢ》᠂ 《ᠳᠤᠮᠳᠠᠳᠤ ᠠᠷᠠᠳ ᠤᠨ ᠪᠦᠭᠦᠳᠡ ᠨᠠᠶᠢᠷᠠᠮᠳᠠᠬᠤ ᠣᠯᠠᠨ ᠠᠴᠠ ᠤᠯᠤᠰ ᠤᠨ ᠢᠷᠭᠡᠨ ᠦ ᠵᠠᠷᠭᠤ ᠶᠢᠨ ᠬᠠᠤᠯᠢ》 ᠵᠡᠷᠭᠡ ᠬᠠᠮᠢᠶ᠎ᠠ ᠪᠦᠬᠦᠢ ᠬᠠᠤᠯᠢ ᠴᠠᠭᠠᠵᠠ ᠶᠢᠨ ᠲᠣᠭᠲᠠᠭᠠᠯ ᠢ ᠦᠨᠳᠦᠰᠦᠯᠡᠨ᠂ ᠬᠠᠤᠯᠢ ᠴᠠᠭᠠᠵᠠ ᠶᠢ ᠬᠡᠷᠡᠭᠯᠡᠬᠦ ᠶᠢᠨ ᠵᠠᠷᠢᠮ ᠠᠰᠠᠭᠤᠳᠠᠯ ᠢ ᠳᠣᠣᠷᠠᠬᠢ ᠮᠡᠲᠦ ᠲᠠᠶᠢᠯᠪᠤᠷᠢᠯᠠᠪᠠ:

ᠨᠢᠭᠡᠳᠦᠭᠡᠷ ᠵᠦᠢᠯ (ᠬᠥᠳᠡᠯᠮᠦᠷᠢ ᠶᠢᠨ ᠮᠠᠷᠭᠠᠭᠠᠨ ᠤ ᠬᠡᠷᠡᠭ ᠦᠨ ᠬᠡᠮᠵᠢᠶ᠎ᠡ) ᠬᠥᠳᠡᠯᠮᠦᠷᠢ ᠡᠷᠬᠢᠯᠡᠭᠴᠢ ᠪᠠ ᠬᠥᠳᠡᠯᠮᠦᠷᠢ ᠡᠷᠬᠢᠯᠡᠭᠴᠢ ᠶᠢ ᠬᠡᠷᠡᠭᠯᠡᠭᠴᠢ ᠠᠭᠤᠯᠠᠭᠤᠷ ᠤᠨ ᠬᠣᠭᠣᠷᠤᠨᠳᠤ ᠡᠭᠦᠰᠦᠭᠰᠡᠨ ᠳᠣᠣᠷᠠᠬᠢ ᠮᠠᠷᠭᠠᠭᠠᠨ ᠢ᠂ ᠬᠥᠳᠡᠯᠮᠦᠷᠢ ᠶᠢᠨ ᠮᠠᠷᠭᠠᠭᠠᠨ ᠤ ᠵᠣᠭᠰᠤᠭᠠᠯ ᠢ ᠪᠠᠷᠢᠮᠲᠠᠯᠠᠪᠠᠯ᠂ ᠬᠥᠳᠡᠯᠮᠦᠷᠢ ᠶᠢᠨ ᠮᠠᠷᠭᠠᠭᠠᠨ ᠢ ᠵᠣᠬᠢᠴᠠᠭᠤᠯᠬᠤ ᠵᠥᠪᠯᠡᠯ ᠦᠨ ᠰᠢᠢᠳᠪᠦᠷᠢ ᠪᠠᠷ ᠡᠰᠡᠷᠭᠦᠴᠡᠵᠦ ᠪᠠᠶᠢᠭᠠ ᠪᠣᠯ ᠬᠦᠮᠦᠨ ᠦ ᠱᠠᠭᠦᠬᠡ ᠳᠦ ᠵᠠᠷᠭᠤ ᠮᠡᠳᠦᠭᠦᠯᠪᠡᠯ᠂ ᠬᠦᠮᠦᠨ ᠦ ᠱᠠᠭᠦᠬᠡ ᠶᠢᠨ ᠭᠠᠵᠠᠷ ᠤᠨ ᠬᠦᠯᠢᠶᠡᠨ ᠠᠪᠤᠭᠠᠳ ᠰᠢᠭᠦᠨ ᠬᠡᠪᠯᠡᠬᠦ ᠶᠣᠰᠣᠲᠠᠢ:

(ᠨᠢᠭᠡ) ᠬᠥᠳᠡᠯᠮᠦᠷᠢ ᠡᠷᠬᠢᠯᠡᠭᠴᠢ ᠪᠠ ᠬᠥᠳᠡᠯᠮᠦᠷᠢ ᠡᠷᠬᠢᠯᠡᠭᠴᠢ ᠶᠢ ᠬᠡᠷᠡᠭᠯᠡᠭᠴᠢ ᠠᠭᠤᠯᠠᠭᠤᠷ ᠬᠥᠳᠡᠯᠮᠦᠷᠢ ᠶᠢᠨ ᠭᠡᠷ᠎ᠡ ᠭᠦᠢᠴᠡᠳᠬᠡᠬᠦ ᠶᠠᠪᠤᠴᠠ ᠳᠤ ᠡᠭᠦᠰᠦᠭᠰᠡᠨ ᠮᠠᠷᠭᠠᠭᠠᠨ ᠪᠠᠶᠢᠨ᠎ᠠ..

(ᠭᠤᠷᠪᠠ) [illegible] ..

(ᠳᠥᠷᠪᠡ) [illegible] ..

ᠵᠢᠷᠭᠤᠳᠤᠭᠠᠷ ᠵᠦᠢᠯ ([illegible]) [illegible] :

(ᠨᠢᠭᠡ) [illegible] ..

(ᠬᠣᠶᠠᠷ) [illegible] ..

ᠲᠣᠯᠣᠳᠤᠭᠠᠷ ᠵᠦᠢᠯ ([illegible]) [illegible] 60 [illegible] ..

ᠨᠠᠢᠮᠠᠳᠤᠭᠠᠷ ᠵᠦᠢᠯ ([illegible]) [illegible]

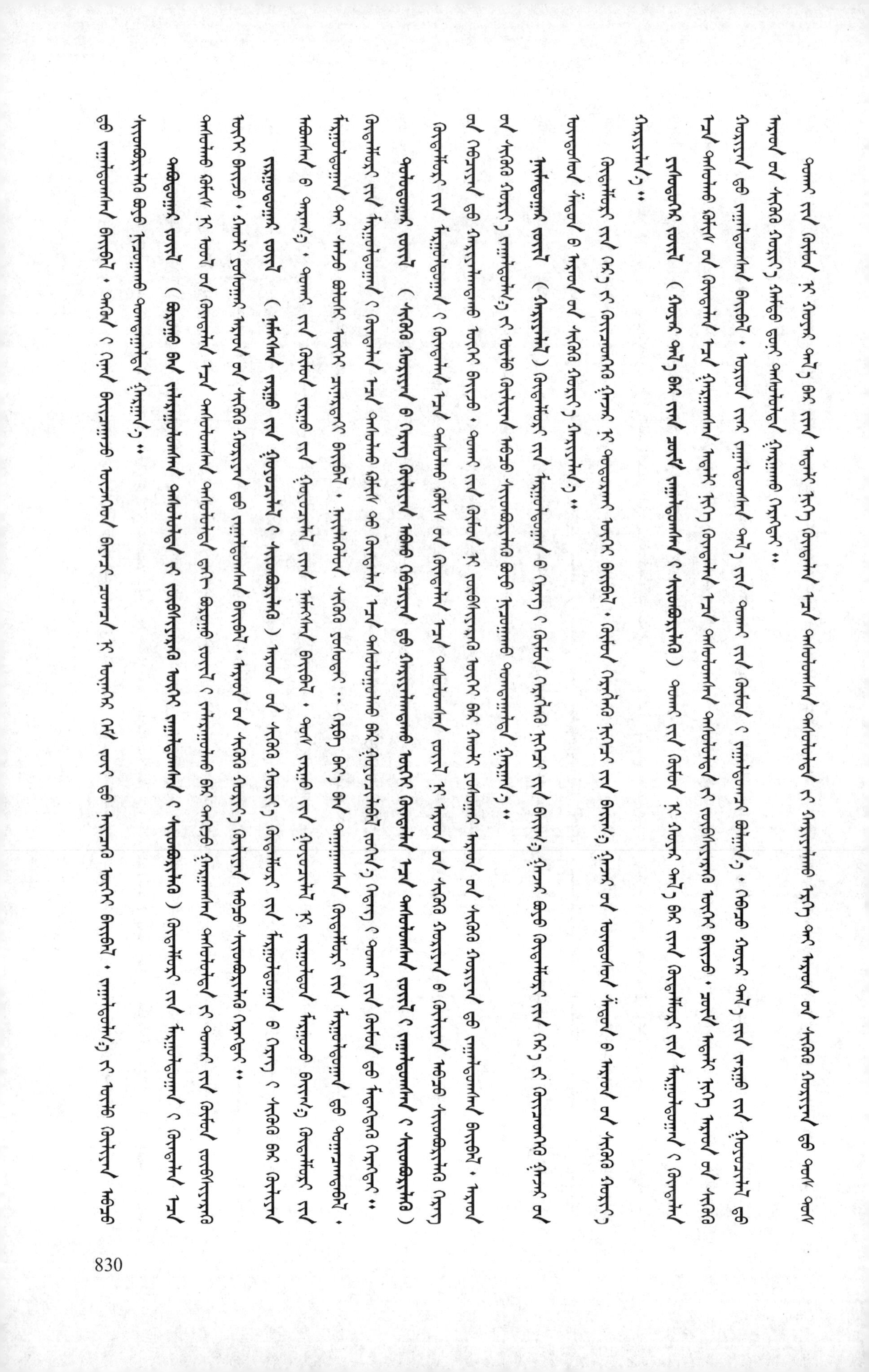

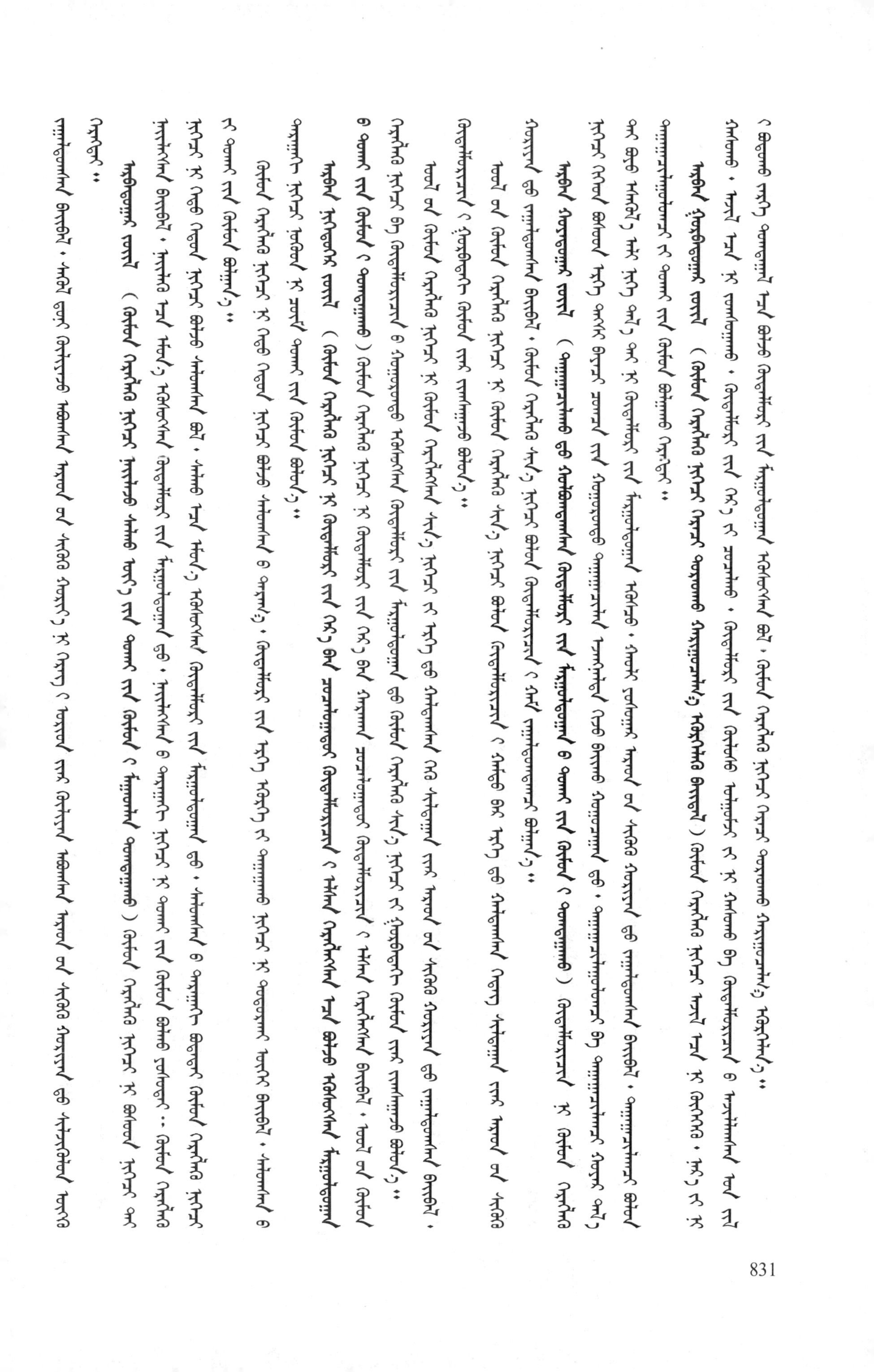

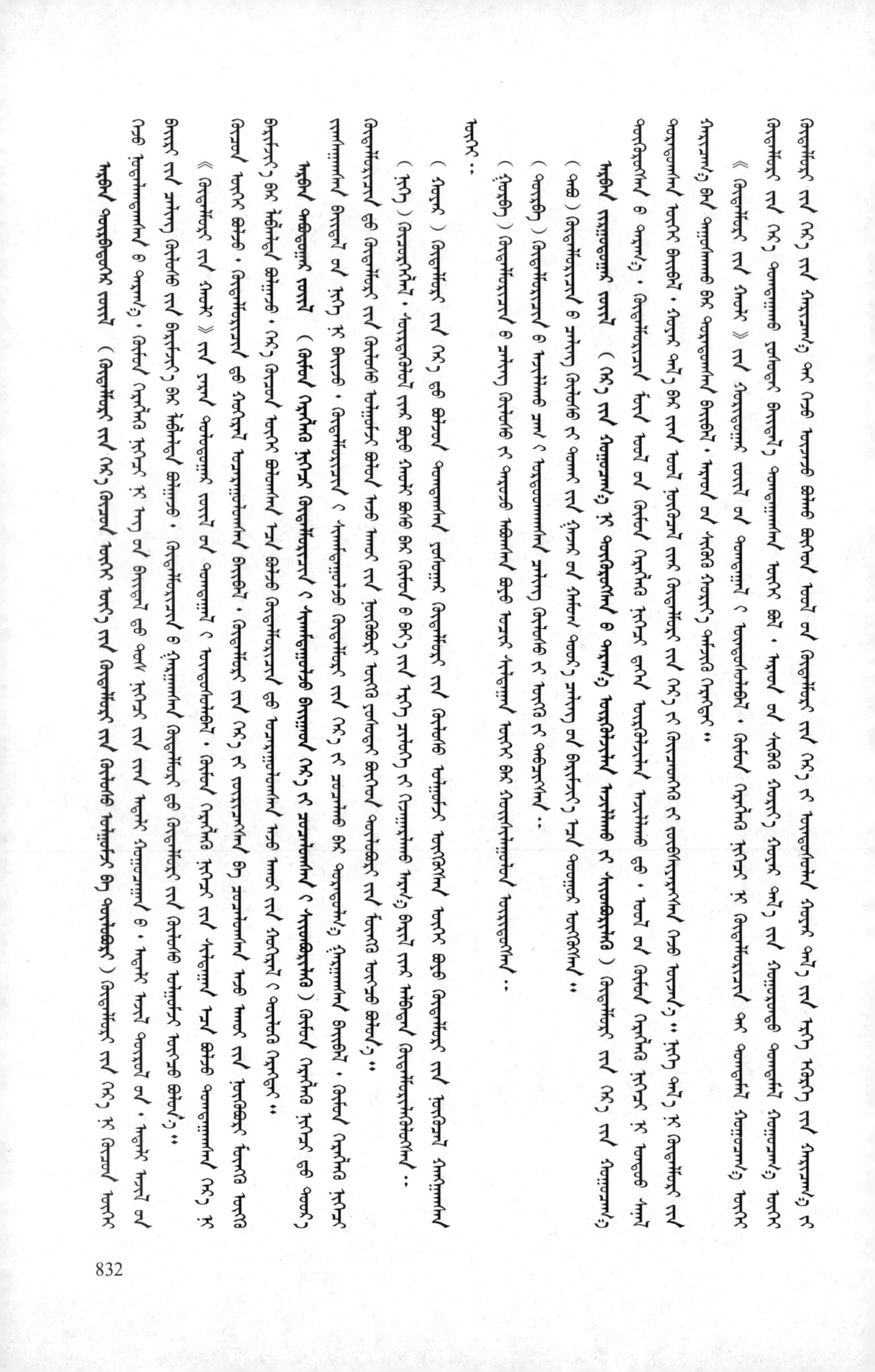

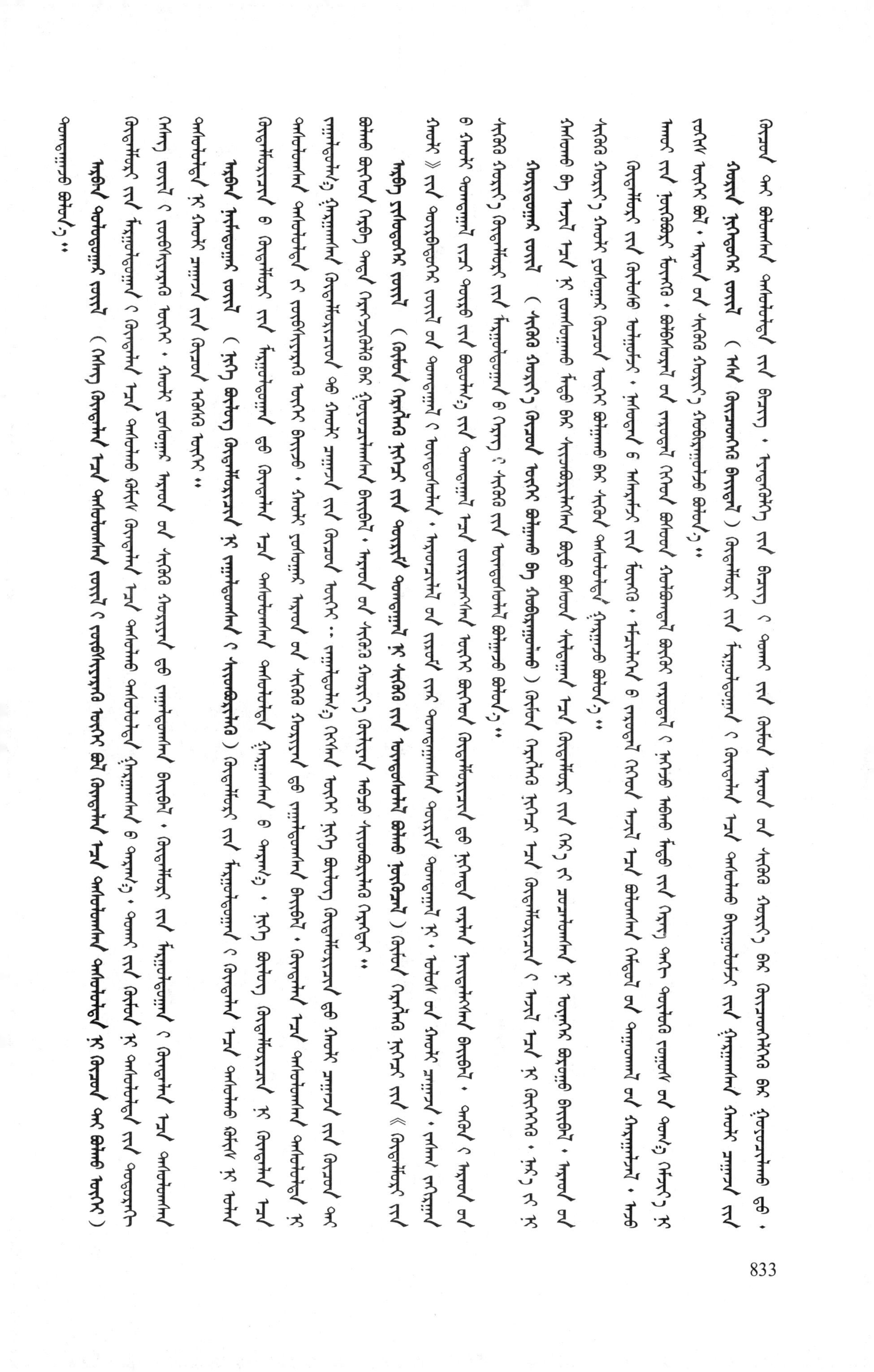

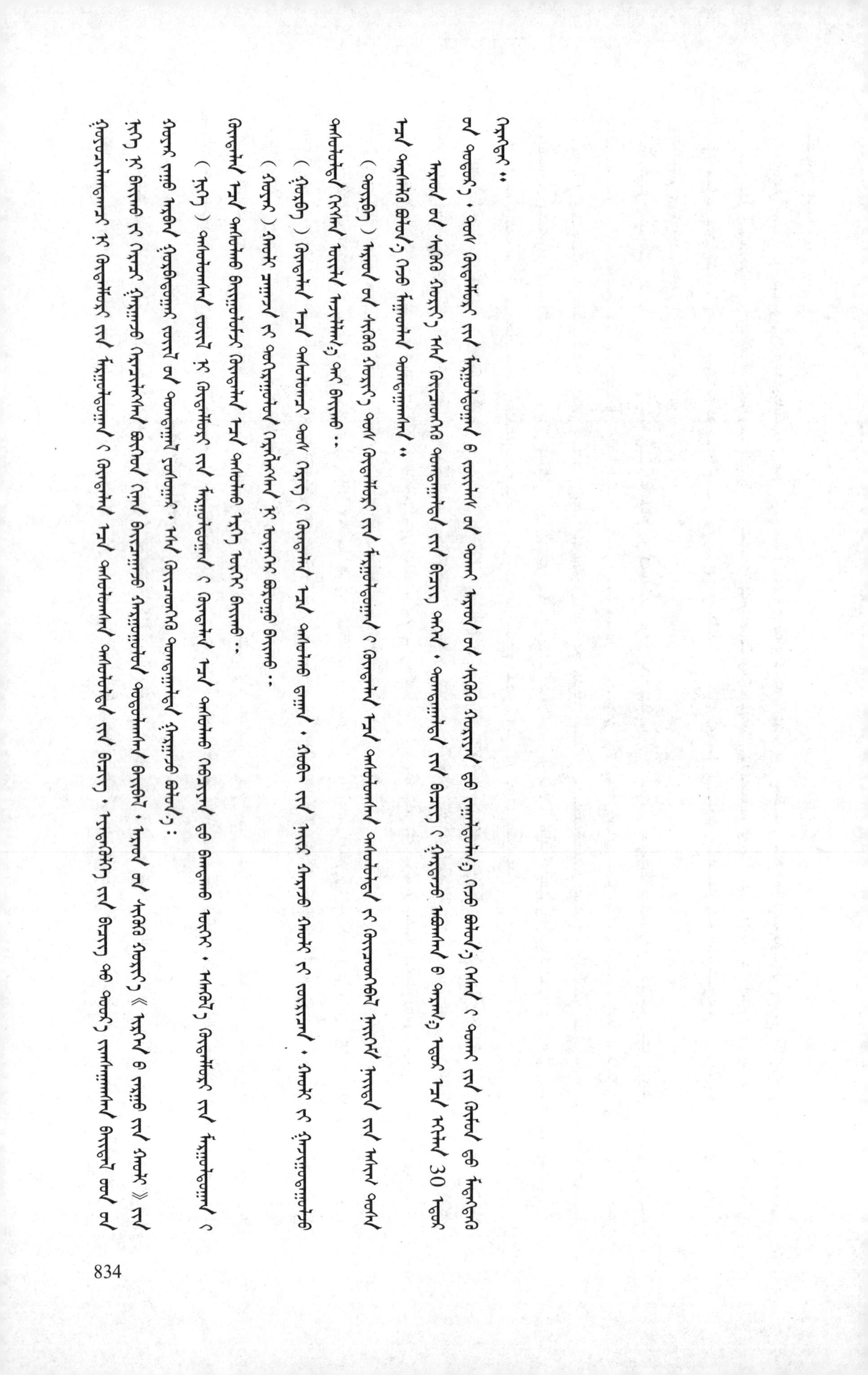

[illegible] ::

[illegible] ::

([illegible]) [illegible] ::

([illegible]) [illegible]

([illegible]) [illegible] ::

[illegible] ::

([illegible]) [illegible] :

[illegible]

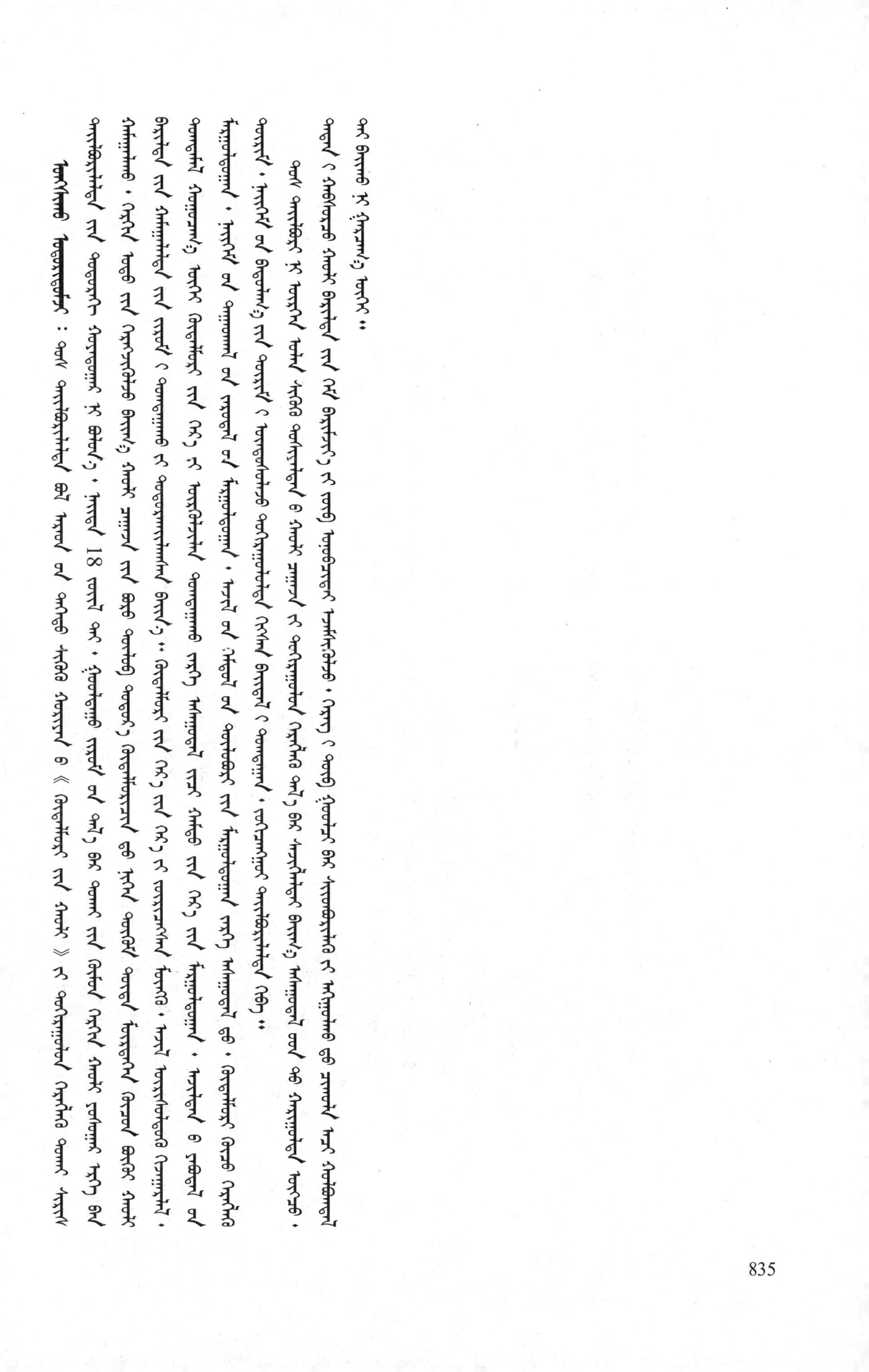

[illegible]

ᠬᠡᠷᠡᠭᠵᠢᠭᠦᠯᠬᠦ ᠪᠠᠷ ᠨᠡᠢᠲᠡᠯᠡᠭᠰᠡᠨ 2006 ᠣᠨ ᠤ 10 ᠰᠠᠷ᠎ᠠ ᠶᠢᠨ 1 ᠤ ᠡᠳᠦᠷ ᠡᠴᠡ ᠬᠡᠷᠡᠭᠵᠢᠭᠦᠯᠦᠨ᠎ᠡ)
1393 ᠳᠤᠭᠠᠷ ᠬᠤᠷᠠᠯ ᠳᠤ ᠪᠠᠲᠤᠯᠠᠭᠰᠠᠨ 2006 ᠣᠨ ᠤ 8 ᠰᠠᠷ᠎ᠠ ᠶᠢᠨ 14 ᠤ ᠡᠳᠦᠷ ᠦᠨ ᠳᠡᠭᠡᠳᠦ ᠠᠷᠠᠳ ᠤᠨ
(2006 ᠣᠨ ᠤ 7 ᠰᠠᠷ᠎ᠠ ᠶᠢᠨ 10 ᠤ ᠡᠳᠦᠷ ᠦᠨ ᠳᠡᠭᠡᠳᠦ ᠠᠷᠠᠳ ᠤᠨ ᠰᠢᠭᠦᠬᠦ ᠶᠢᠨ

ᠰᠢᠭᠦᠬᠦ ᠲᠠᠢᠯᠪᠤᠷᠢᠯᠠᠯ [2006] 6 ᠳ᠋ᠤᠭᠠᠷ ᠳ᠋ᠤᠭᠠᠷ

[illegible]

ᠬᠠᠮᠲᠤ ᠶᠢᠨ ᠠᠷᠠᠳ ᠤᠨ ᠰᠢᠭᠦᠬᠦ ᠭᠠᠷᠭᠠᠭᠰᠠᠨ ᠤ

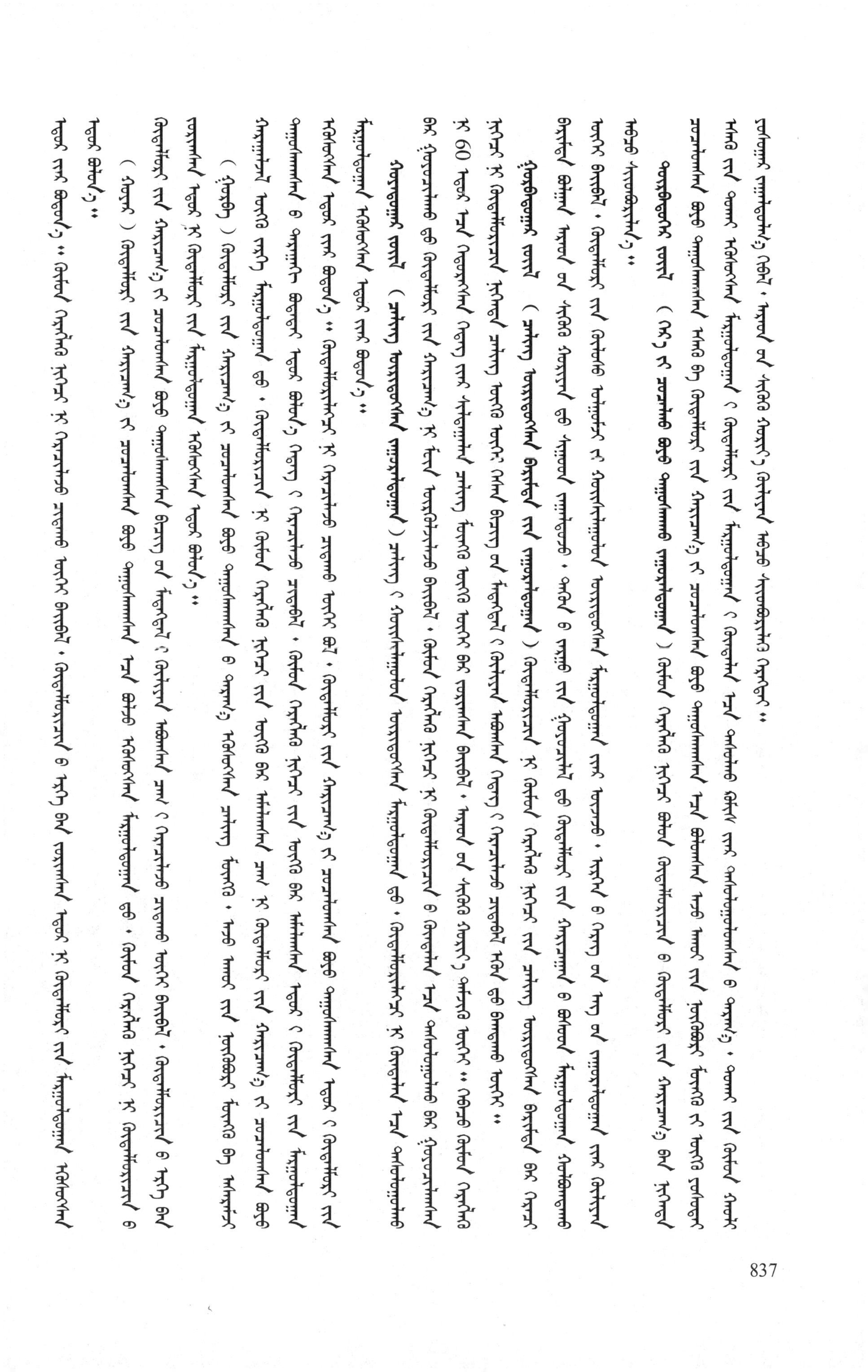

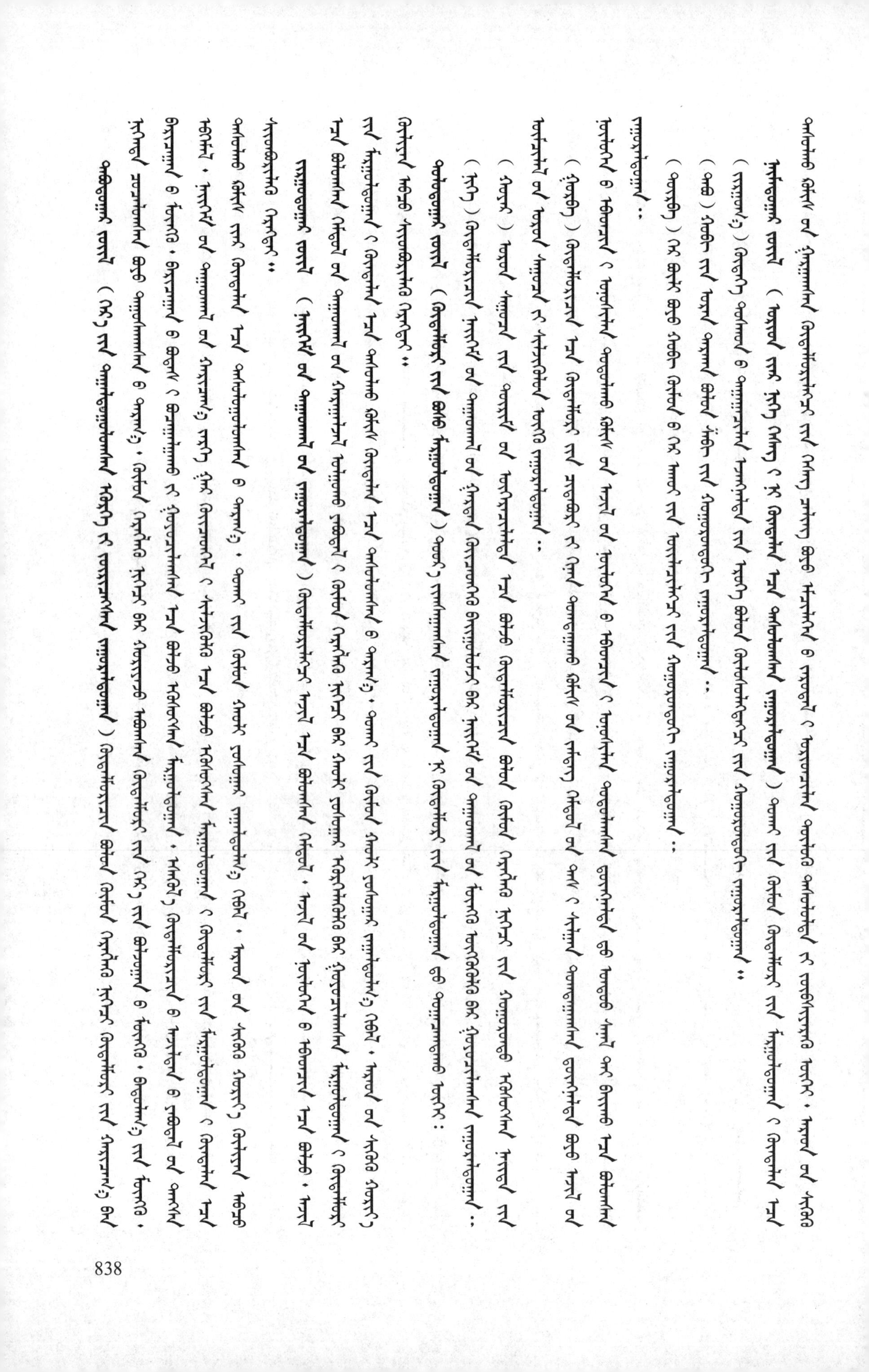

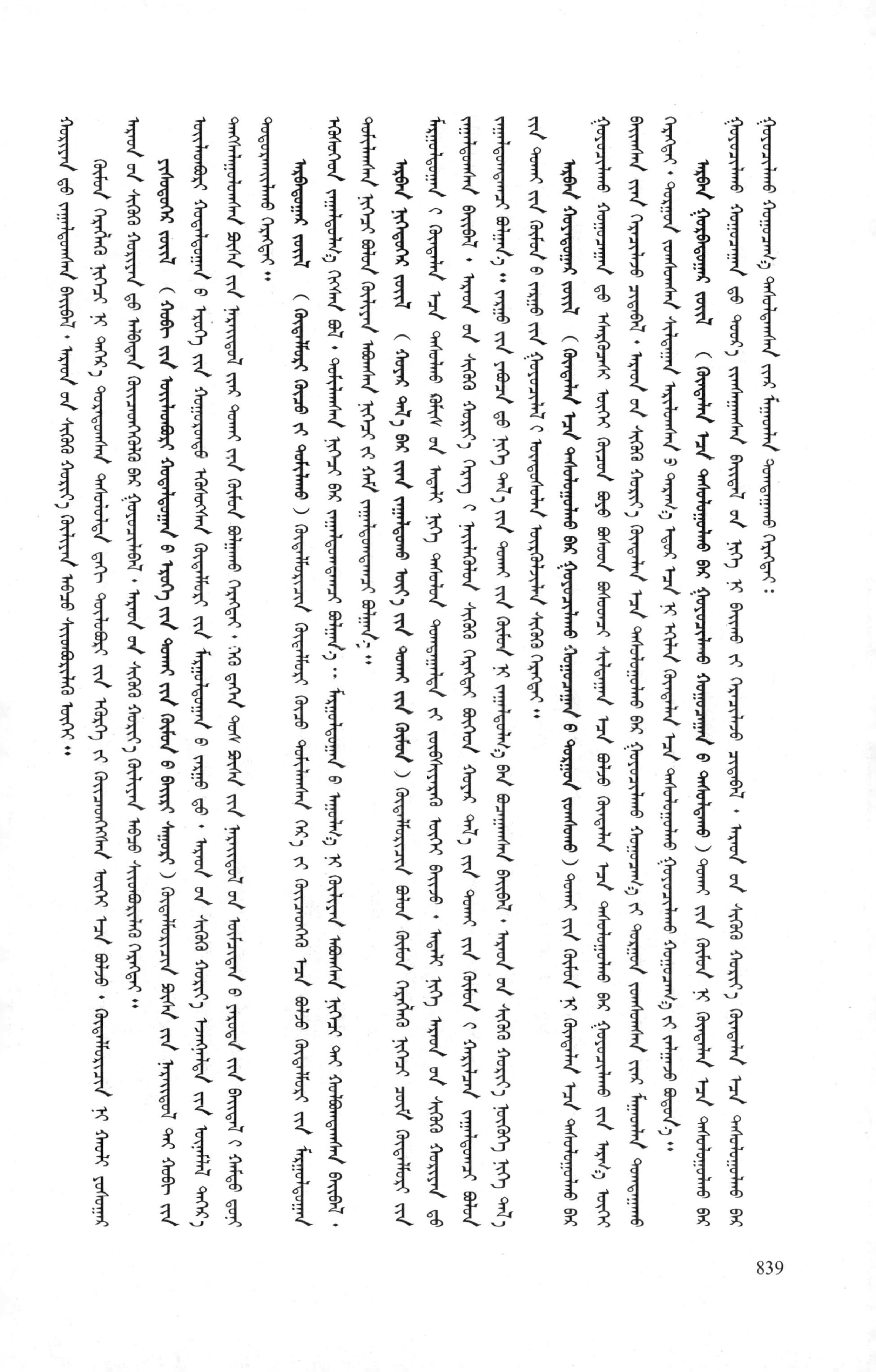

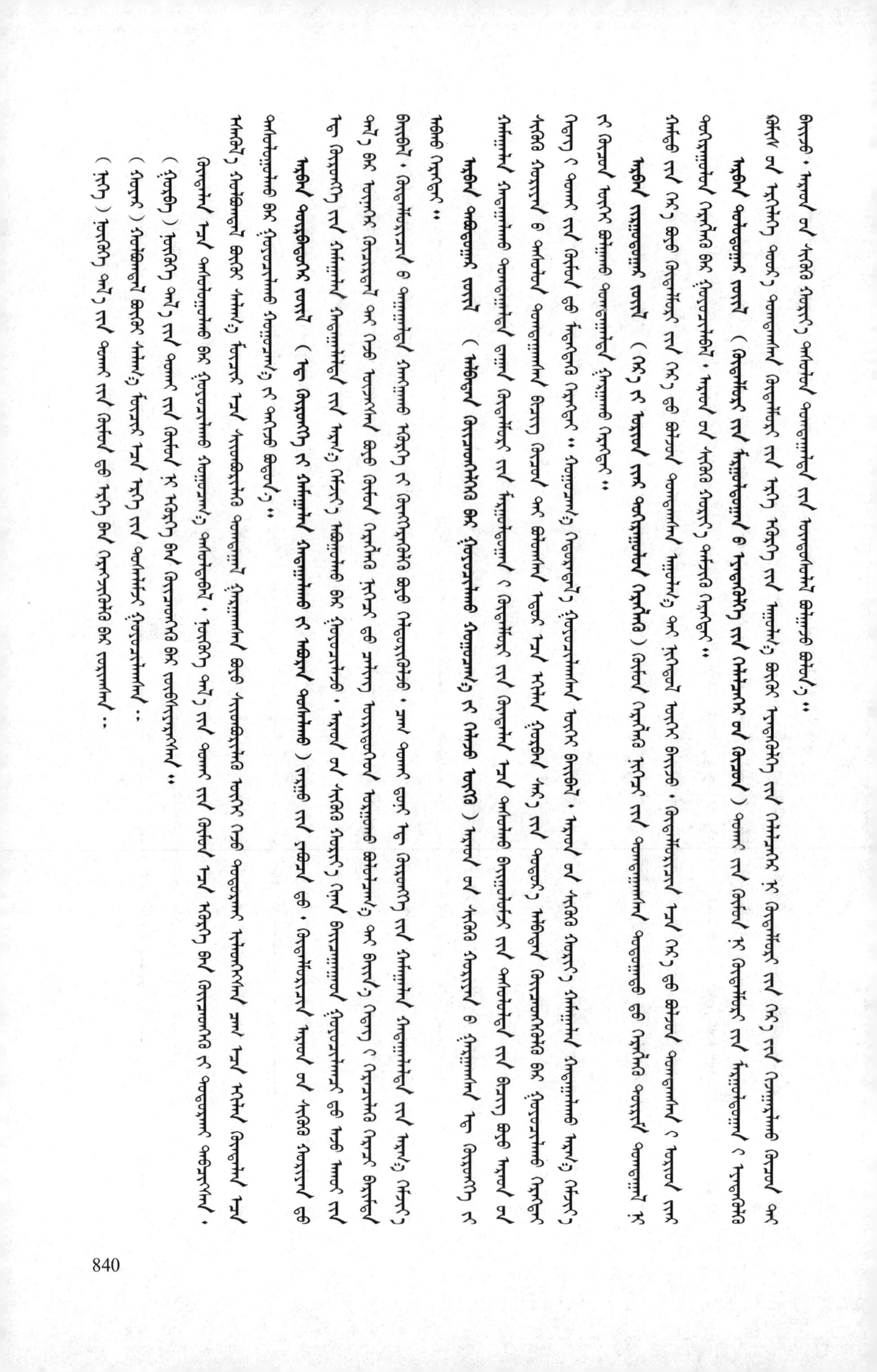

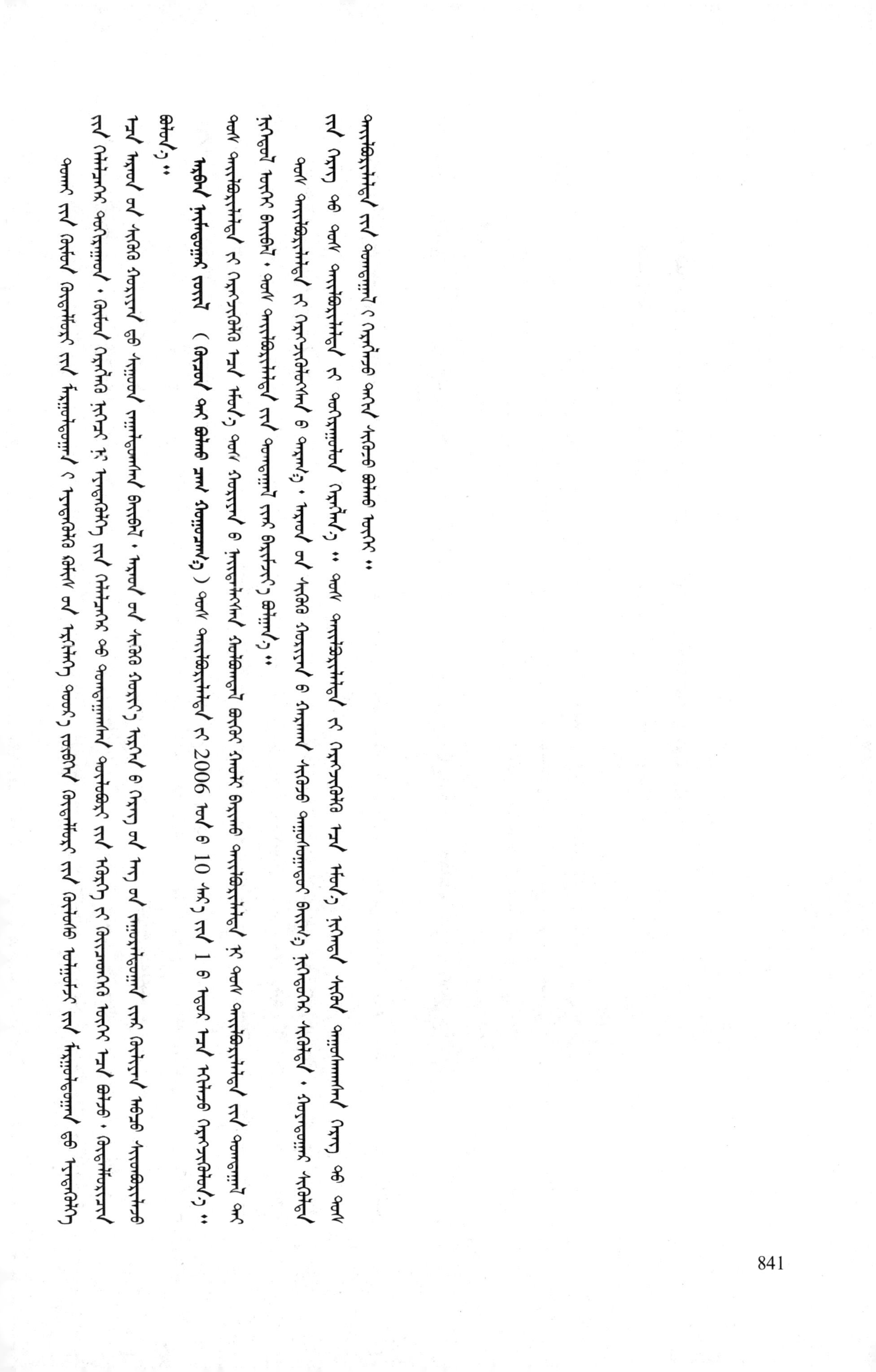

[illegible] ::

[illegible]

[illegible] ([illegible]) [illegible] 2006 ᠣᠨ ᠤ 10 ᠰᠠᠷ᠎ᠠ ᠶᠢᠨ 1 [illegible] ::

[illegible]

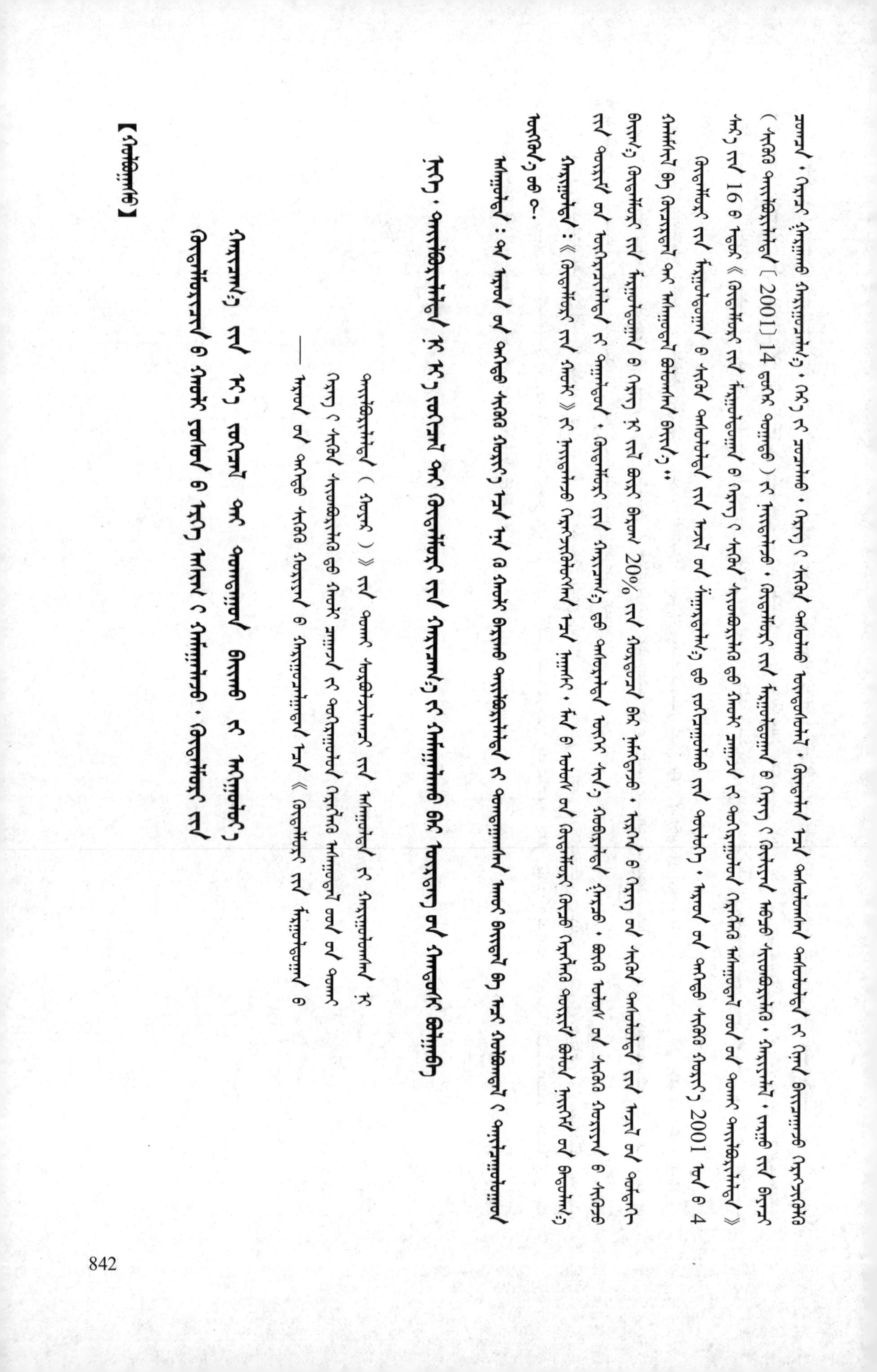

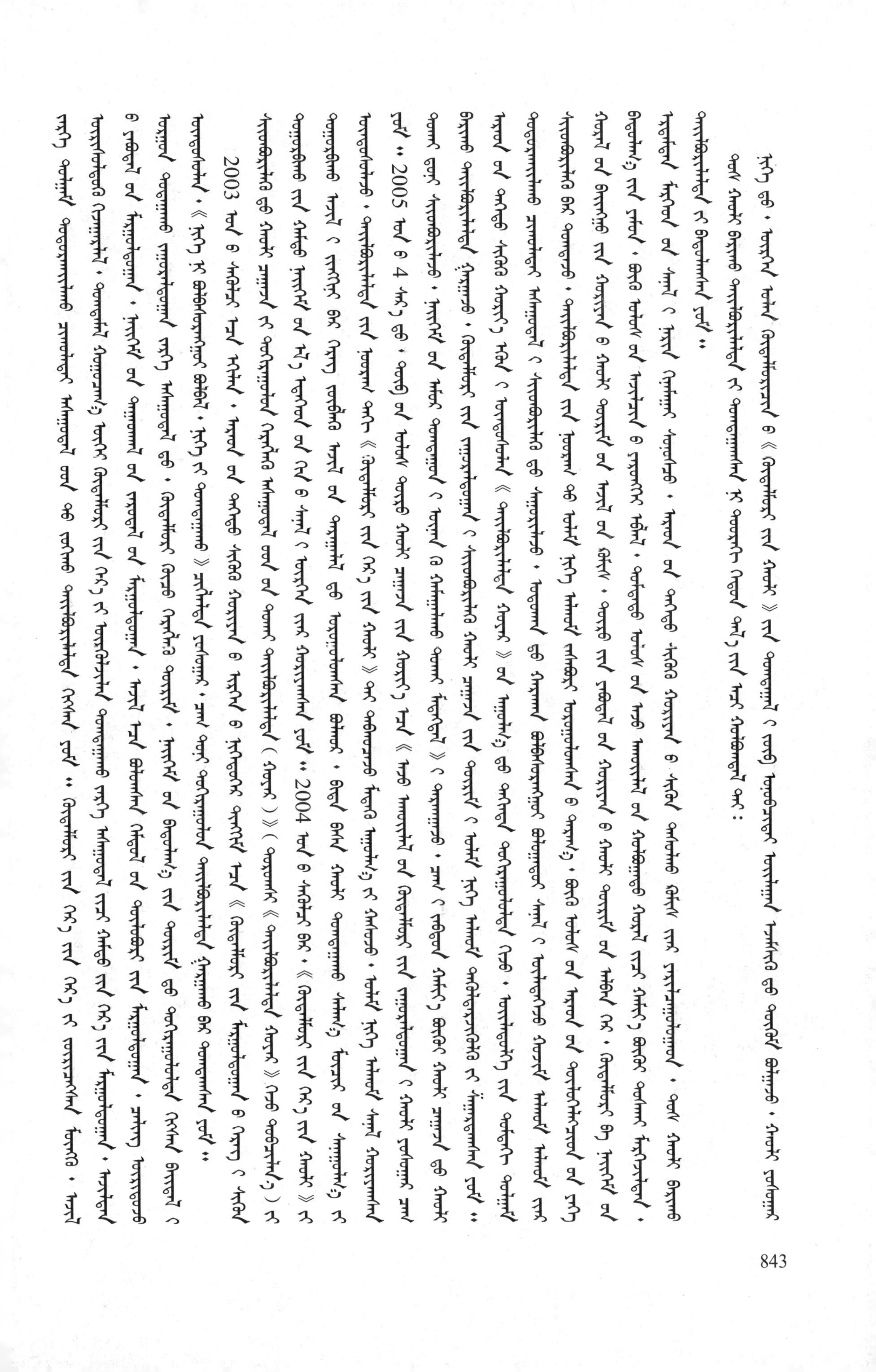

[illegible]

2005 ᠣᠨ ᠤ 4 ᠰᠠᠷ᠎ᠠ ᠳᠤ᠂ [illegible]

2004 ᠣᠨ ᠤ [illegible]

2003 ᠣᠨ ᠤ [illegible]

[illegible]

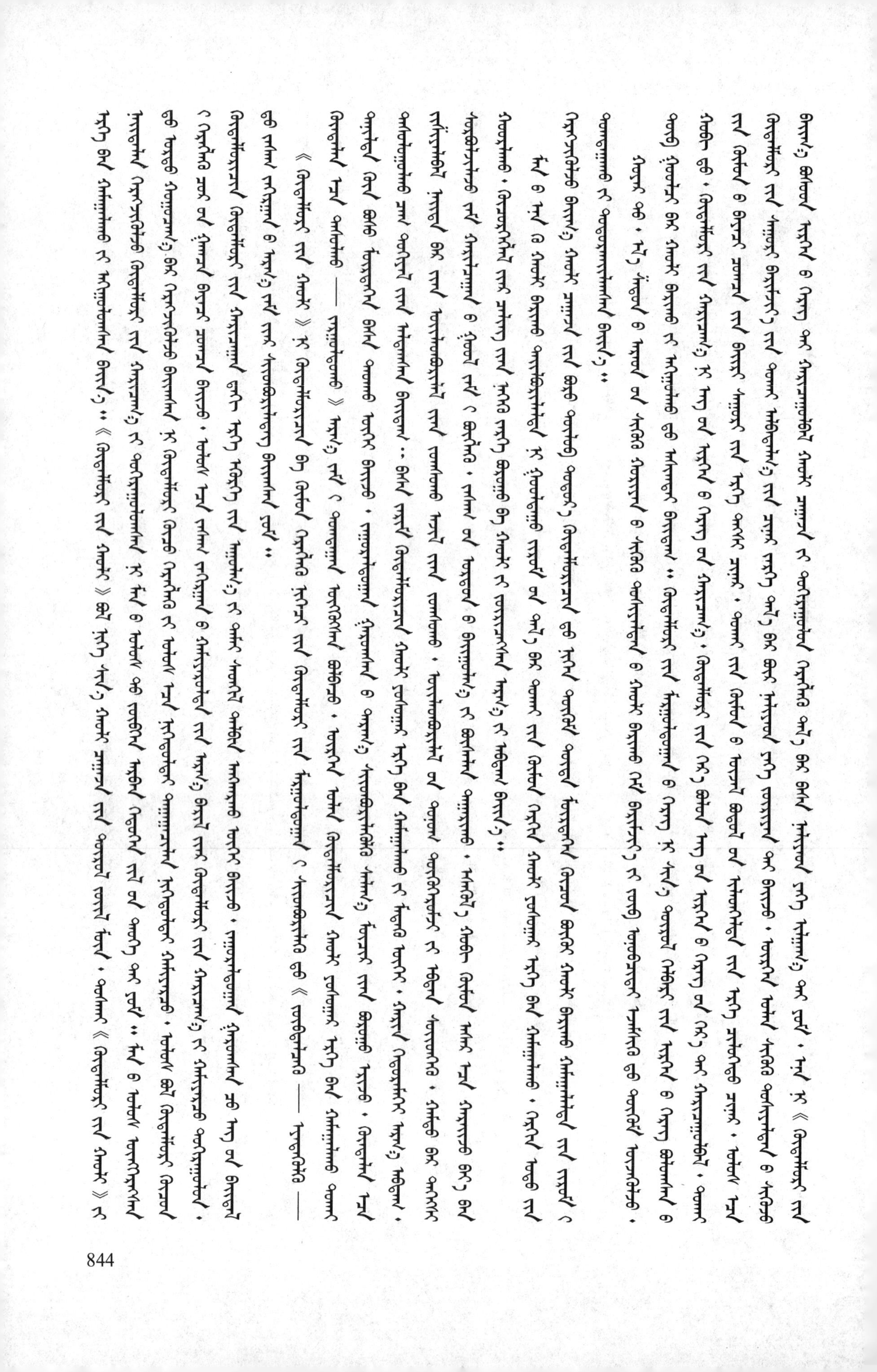

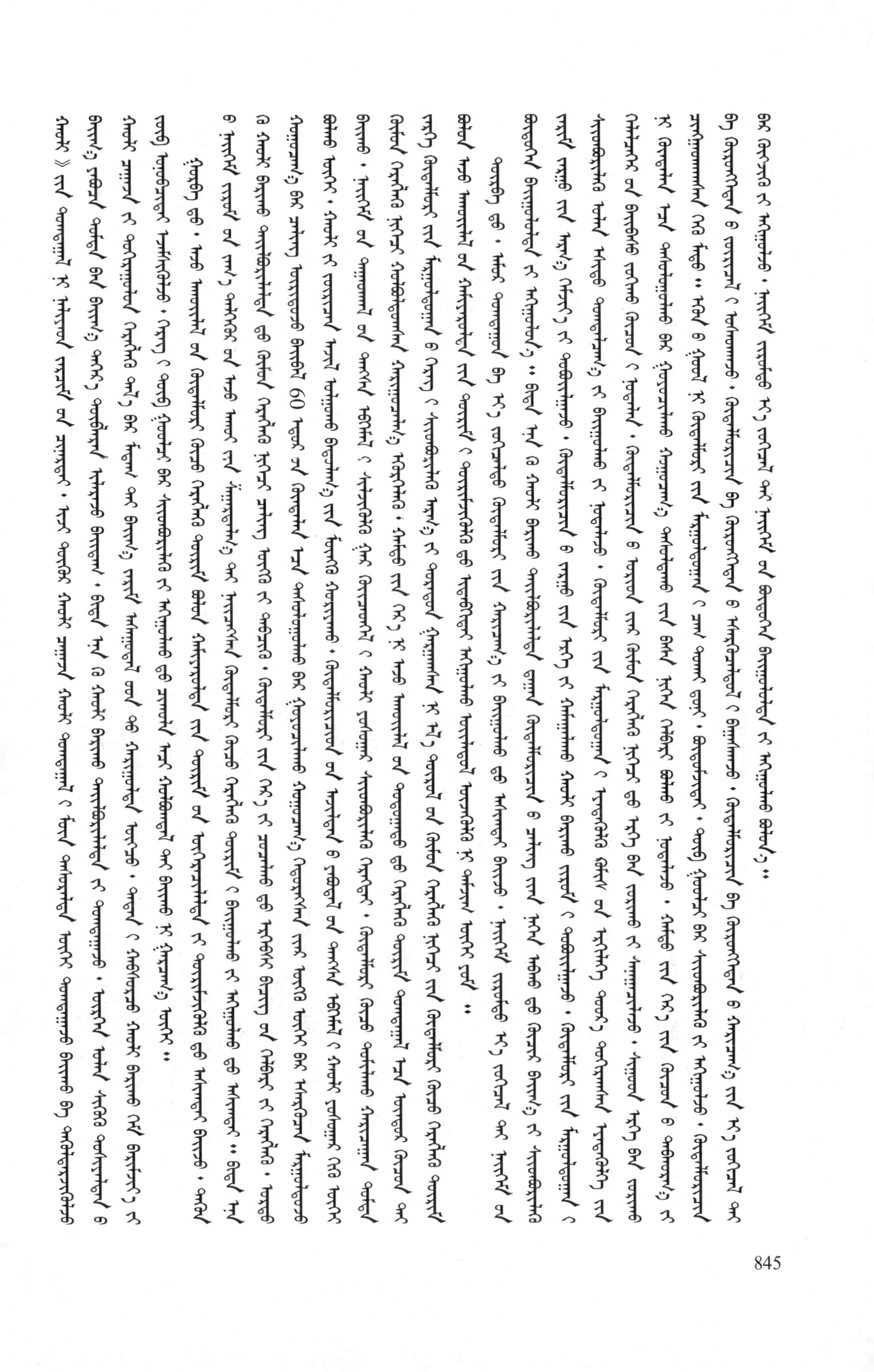

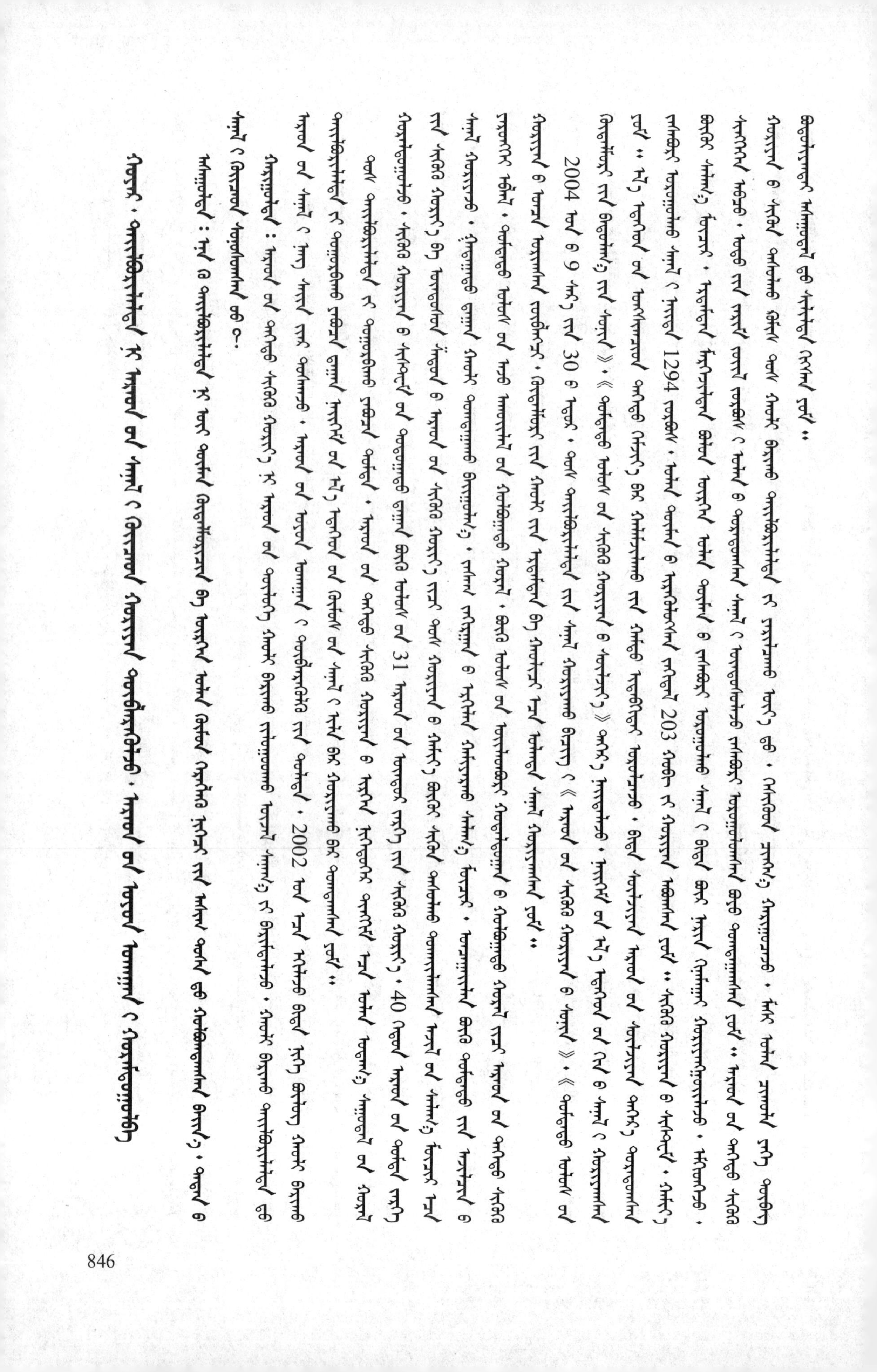

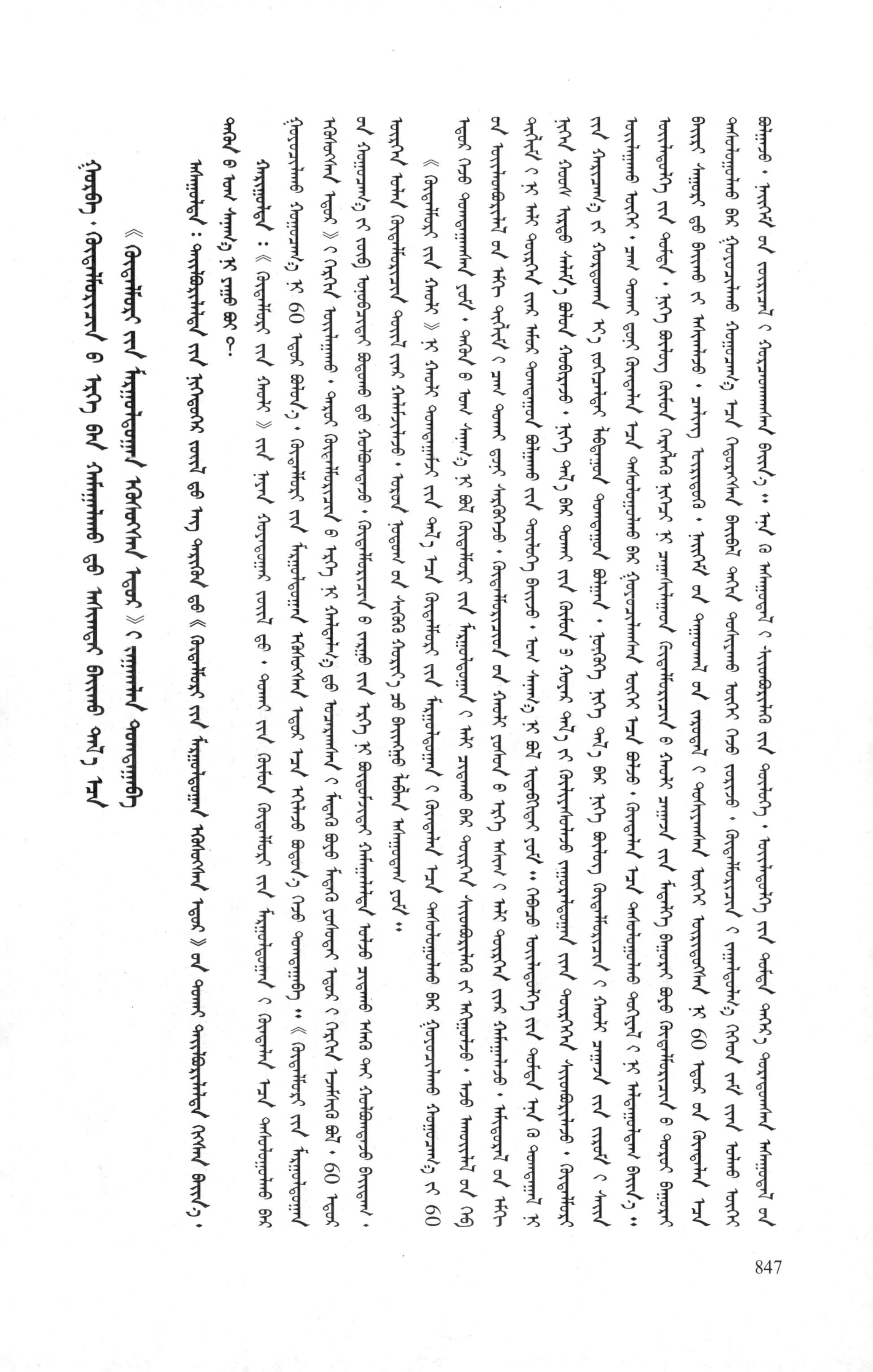

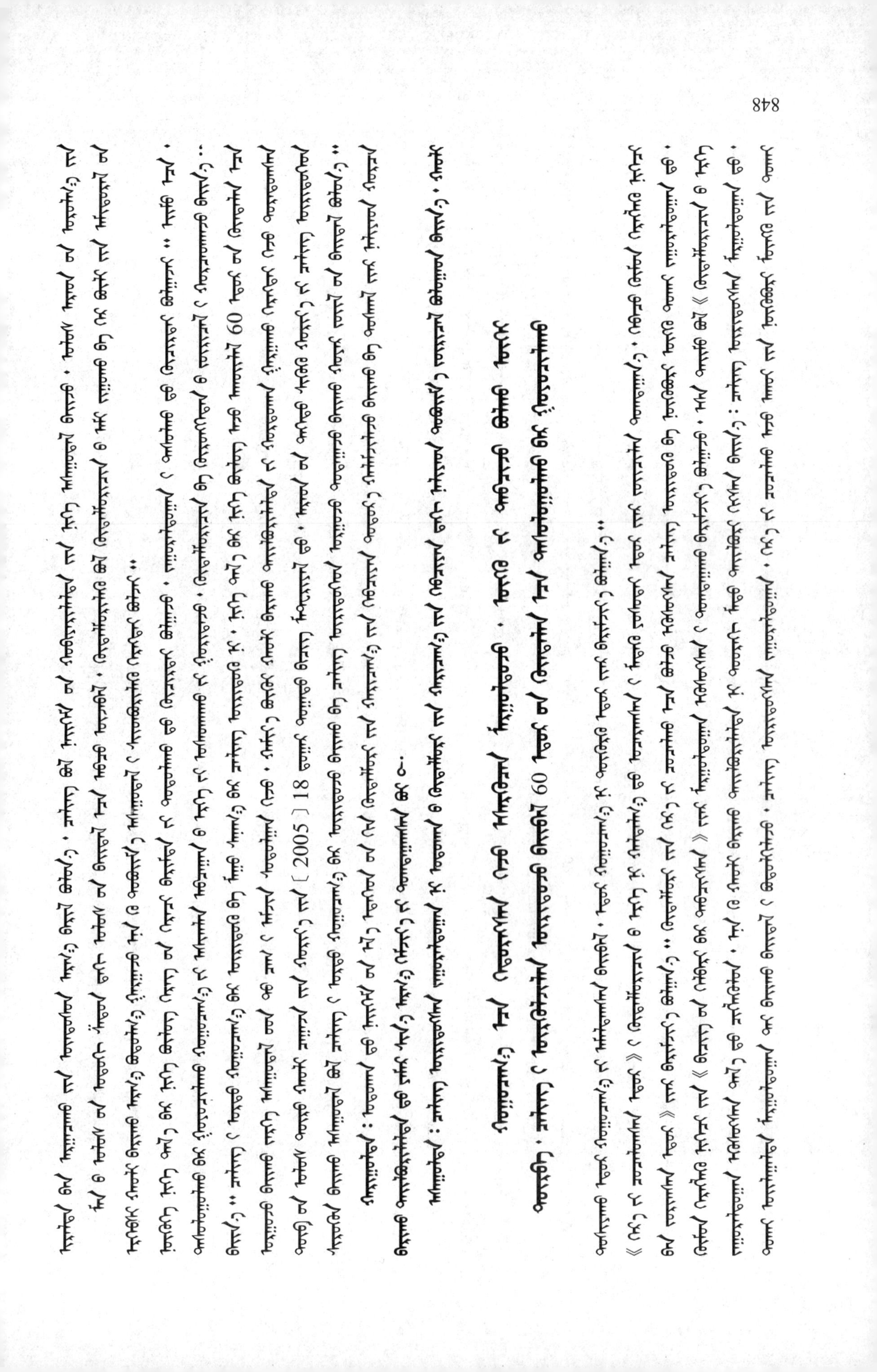

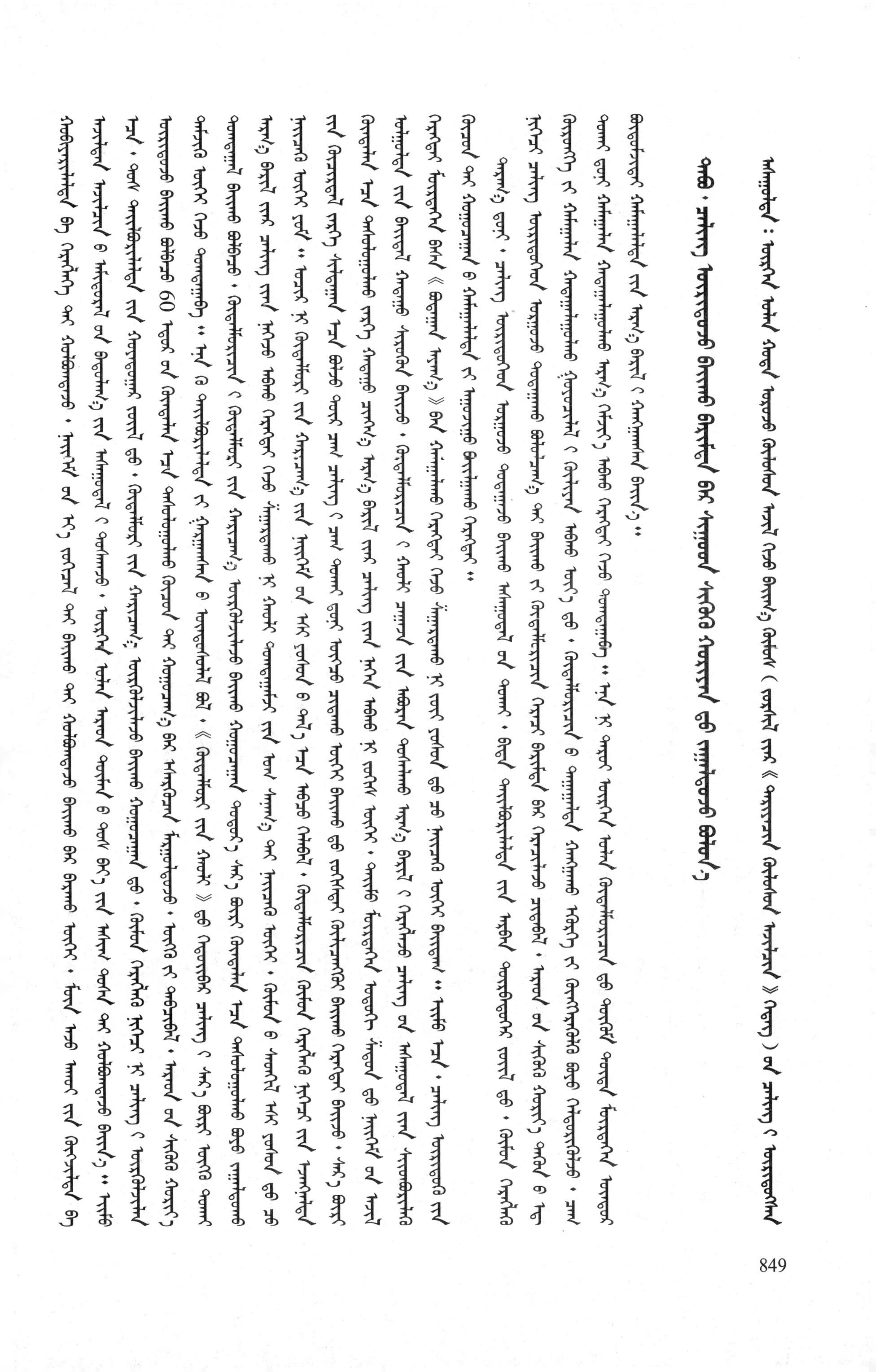

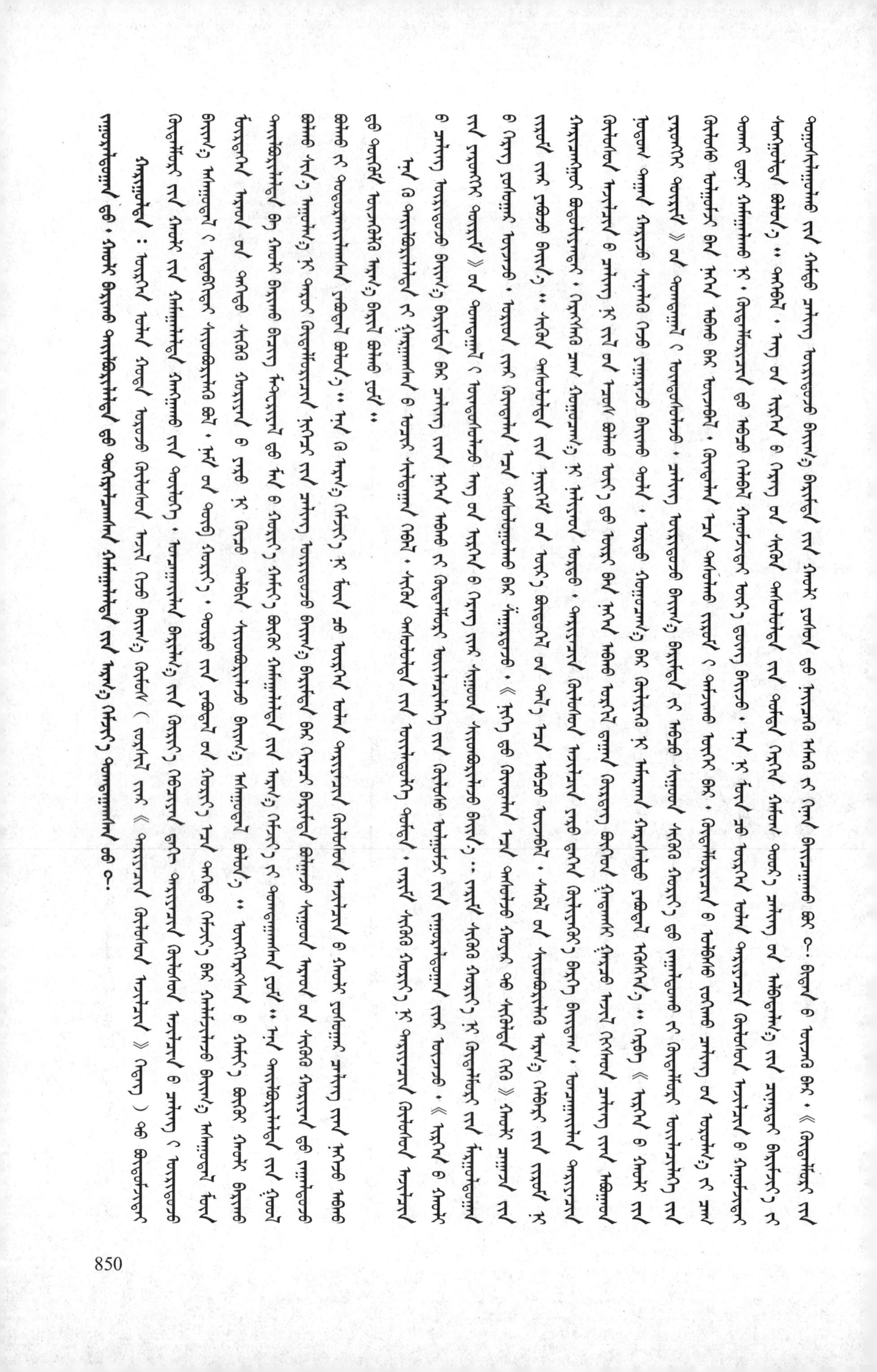

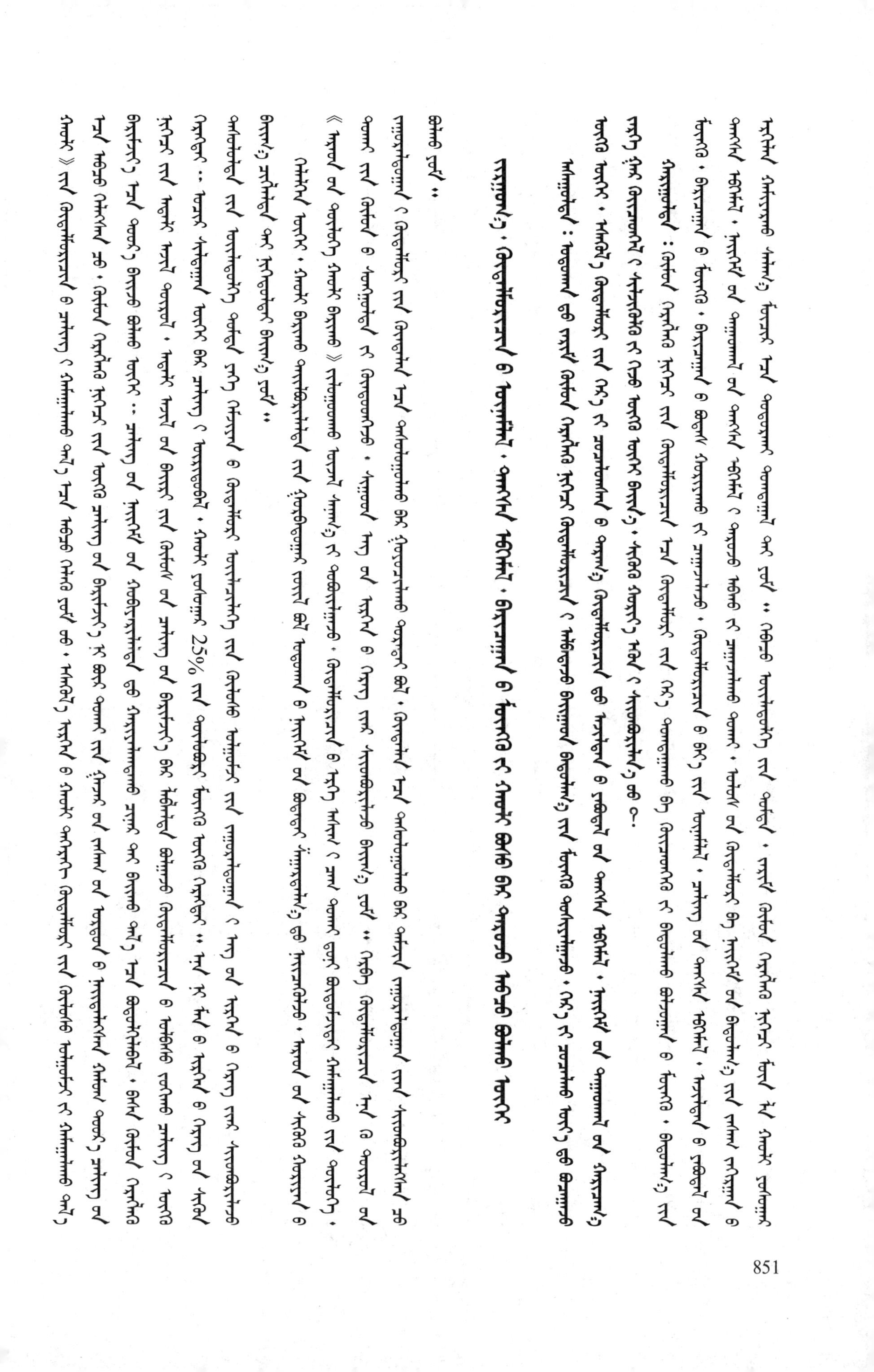

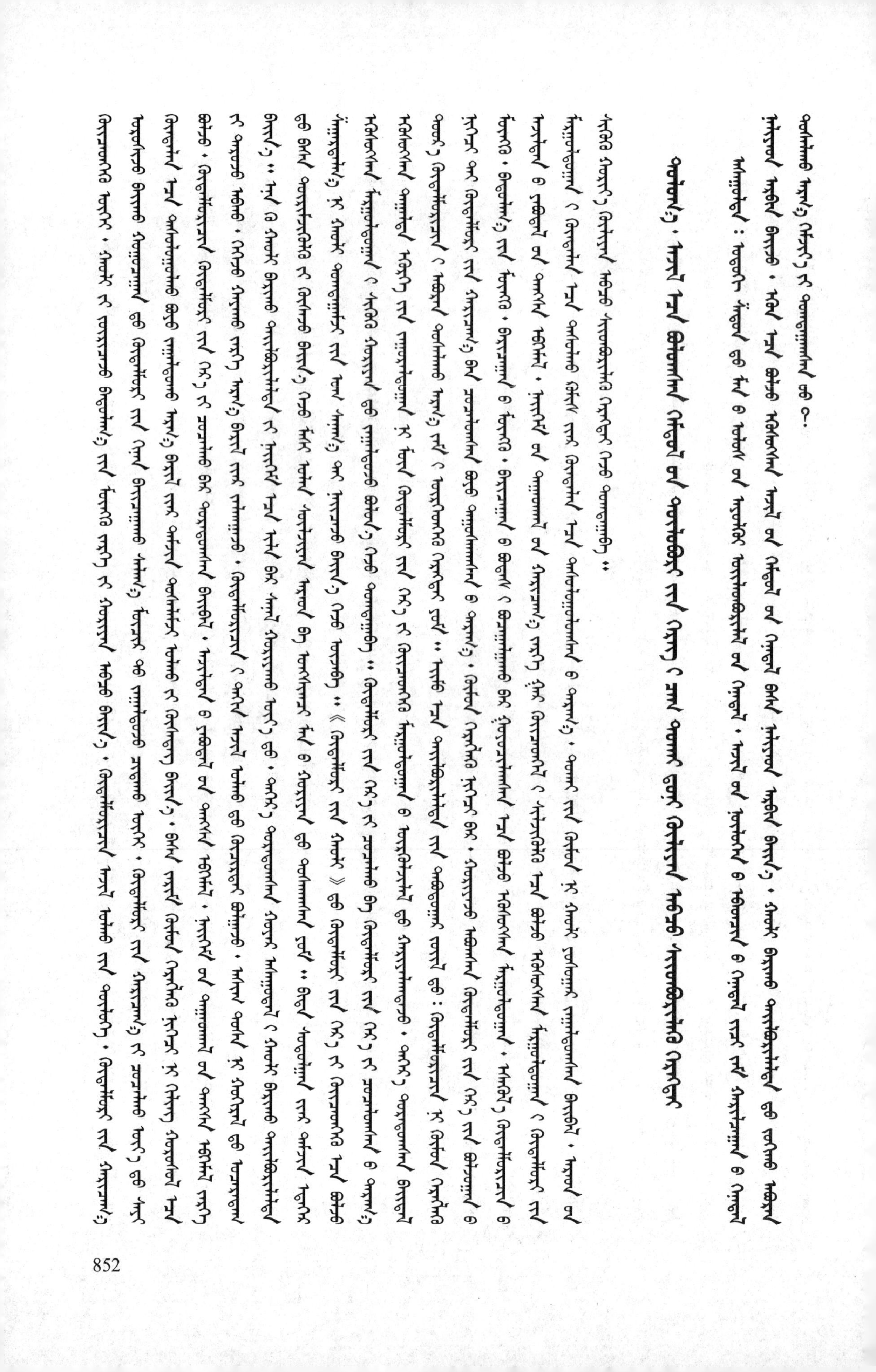

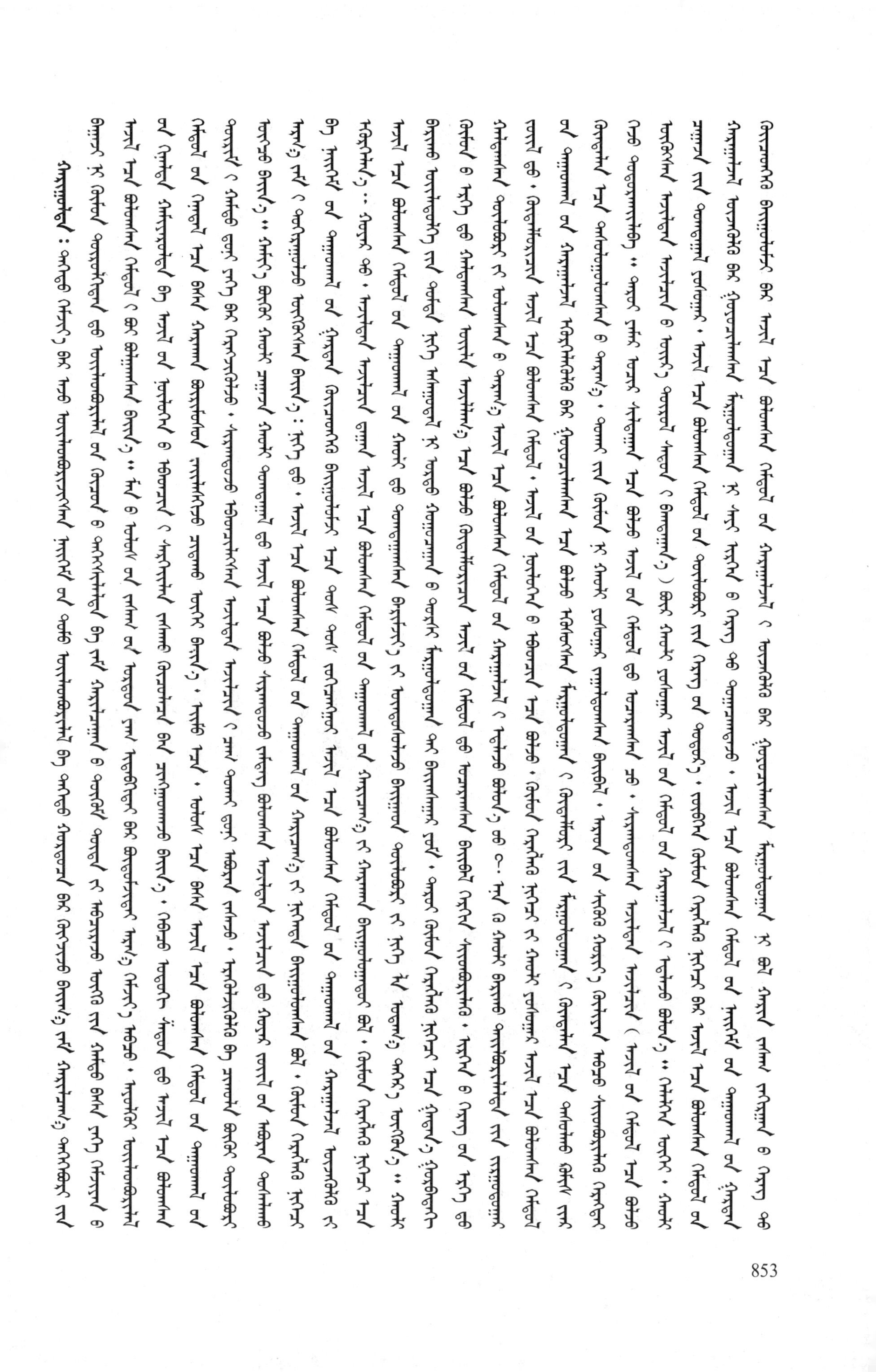

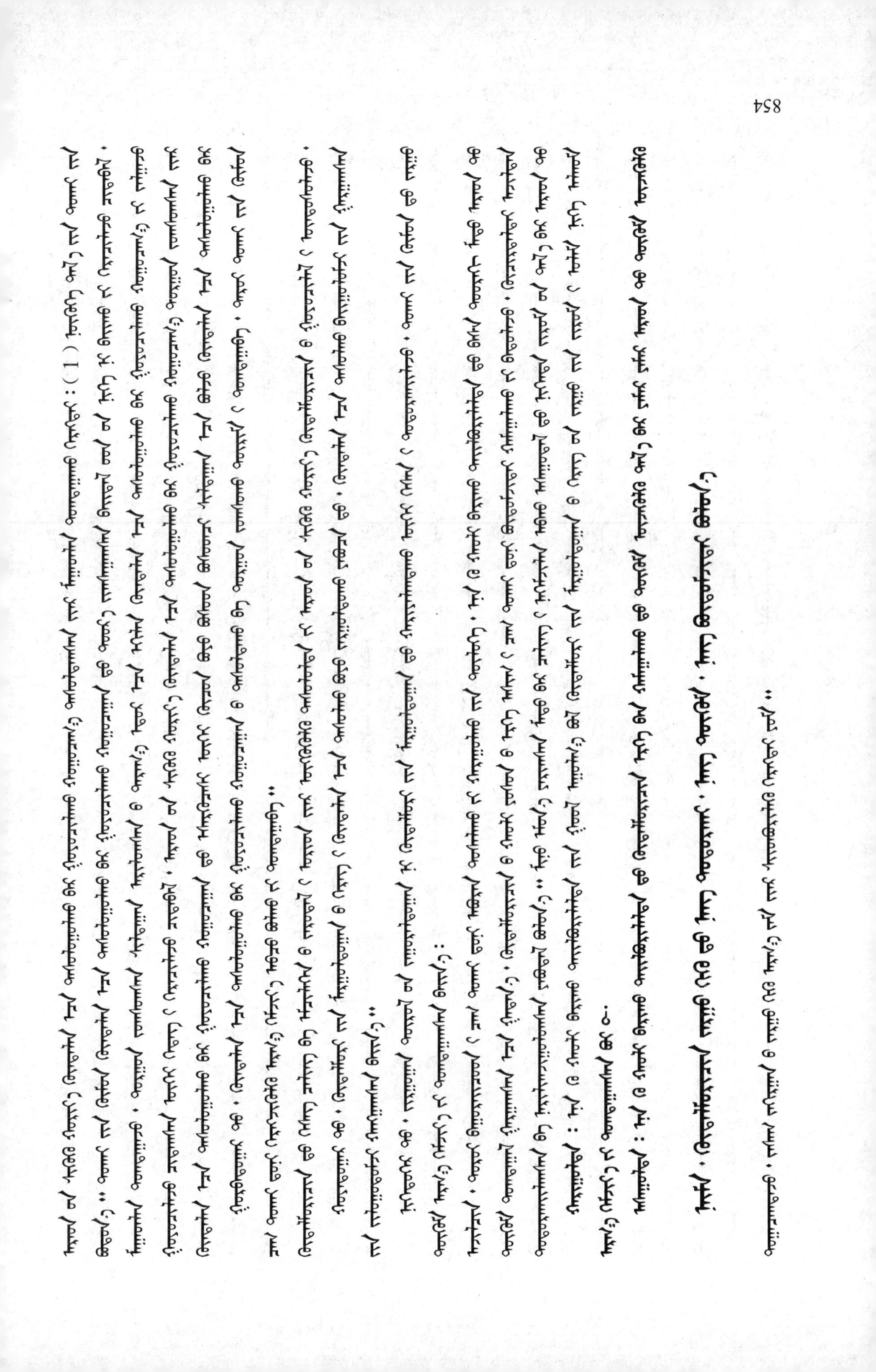

ᠲᠣᠭᠣᠯᠠᠭᠳᠠᠭᠰᠠᠨ ᠪᠠᠢᠨ᠎ᠠ ::
ᠪᠢᠴᠢᠭᠯᠡᠭᠰᠡᠨ ᠲᠠᠢ ᠬᠦᠮᠦᠨ ᠨᠢ ᠰᠤᠷᠤᠯᠴᠠᠭ᠎ᠠ ᠶᠢᠨ ᠬᠡᠷᠡᠭ ᠲᠦ ᠰᠤᠷᠭᠠᠭᠤᠯᠢ ᠳᠡᠭᠡᠷᠡ ᠪᠠᠷᠢᠮᠲᠠ ᠪᠣᠯᠪᠠ · ᠬᠦᠮᠦᠨ ᠨᠢ ᠰᠤᠷᠤᠯᠴᠠᠭ᠎ᠠ ᠶᠢᠨ ᠬᠡᠷᠡᠭ ᠦᠨ ᠲᠥᠯᠦᠪ ᠵᠢ ᠢᠯᠡᠷᠡᠬᠦᠯᠦᠨ ᠬᠡᠮᠵᠢᠭᠳᠡᠬᠦ ᠨᠢ ᠪᠣᠯᠪᠠ ::

(2) ᠰᠤᠷᠭᠠᠭᠤᠯᠢ ᠶᠢᠨ ᠬᠦᠮᠦᠵᠢᠯ ᠦᠨ ᠪᠠᠢᠳᠠᠯ ::
(3) ᠰᠤᠷᠤᠯᠴᠠᠭ᠎ᠠ ᠶᠢᠨ ᠬᠦᠮᠦᠨ ᠦ ᠬᠡᠷᠡᠭ ᠦᠨ ᠪᠠᠢᠳᠠᠯ

855

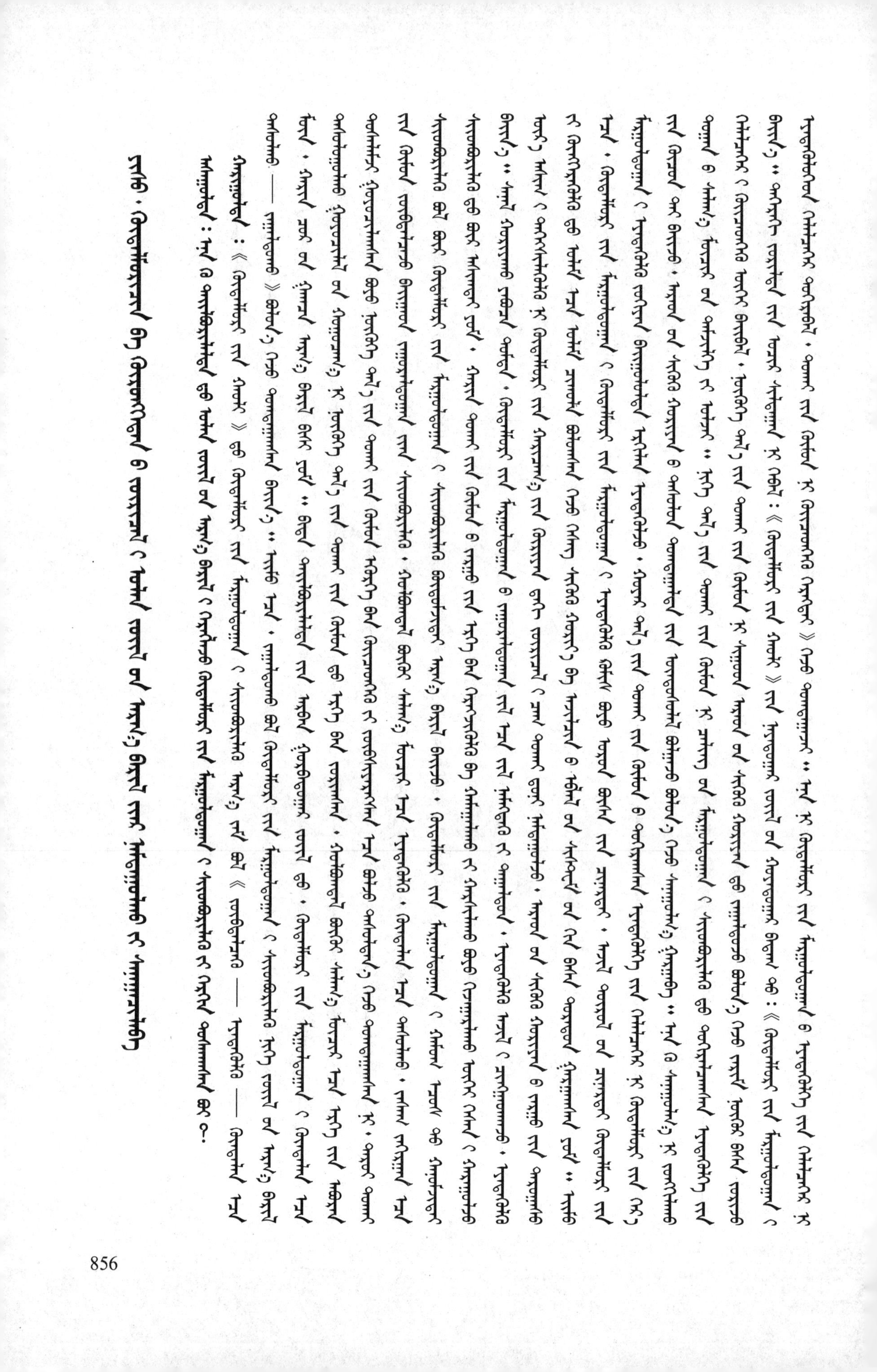

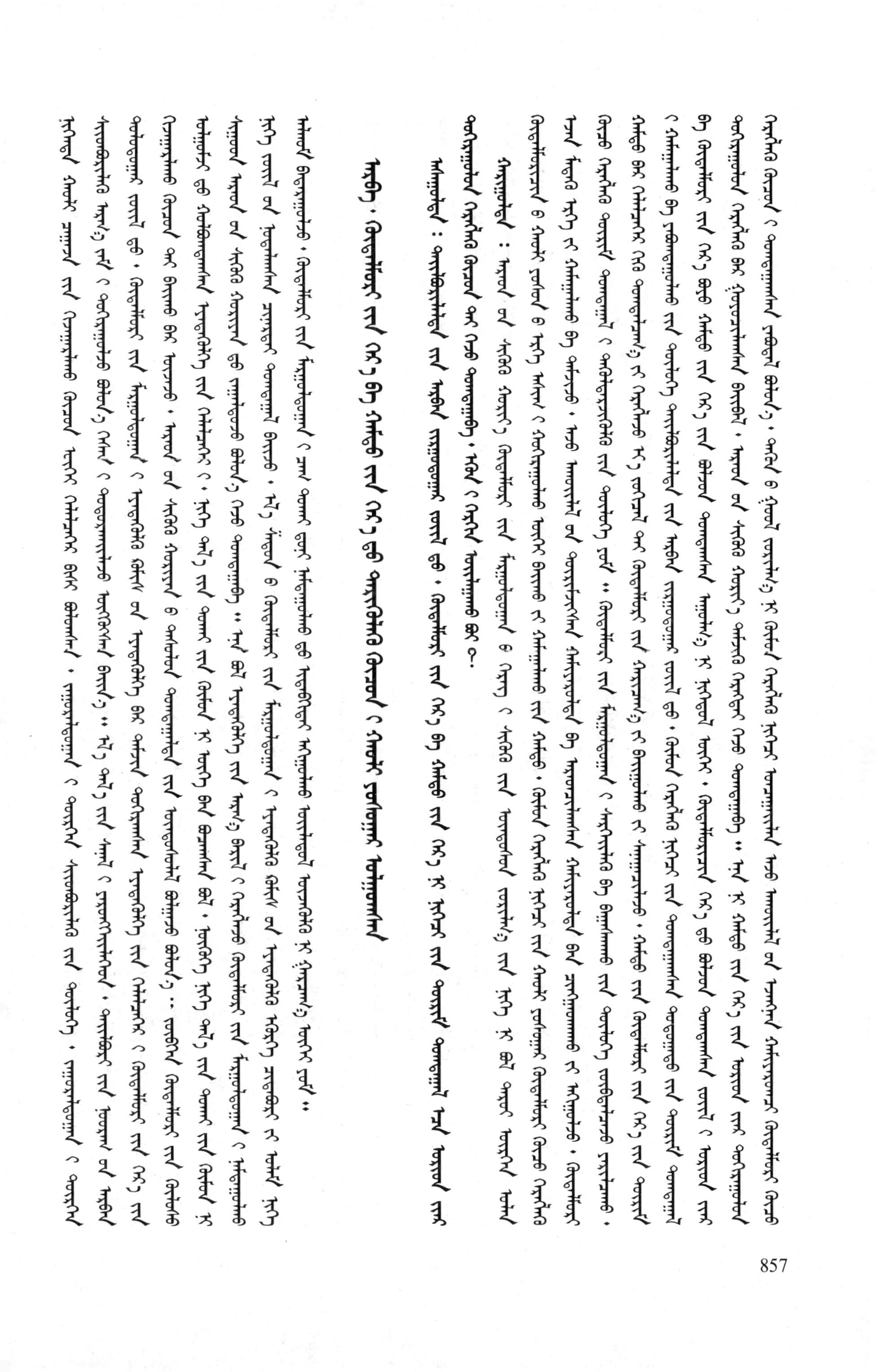

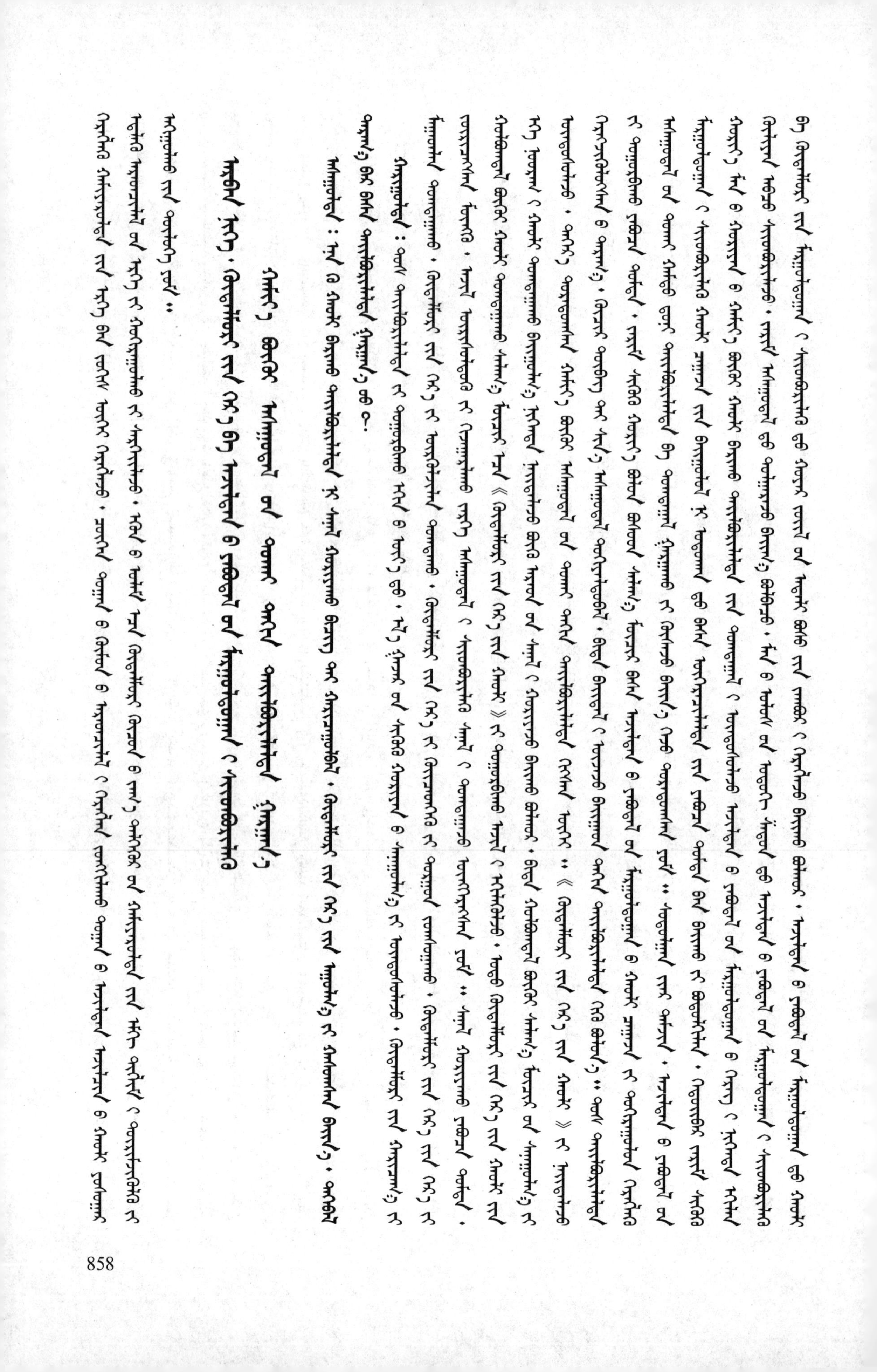

ᠠᠰᠠᠭᠤᠳᠠᠯ ᠢ ᠪᠣᠳᠣᠯᠴᠠᠭᠤᠯᠬᠤ ᠬᠠᠷᠢᠭᠤᠴᠠᠭ᠎ᠠ ᠮᠠᠰᠢᠳᠤᠭᠤᠨ ᠳᠤ ᠪᠣᠯᠤᠨ ᠬᠠᠯᠠᠮᠵᠢ ᠪᠣᠯᠤᠨ ᠬᠠᠷᠢᠭᠤᠴᠠᠭ᠎ᠠ ᠲᠠᠢ ᠬᠡᠷᠡᠭᠵᠢᠭᠦᠯᠬᠦ ᠶᠢᠨ ᠡᠰᠡᠷᠭᠦ ᠵᠢᠷᠤᠮᠯᠠᠯ ᠪᠣᠯᠤᠨ ᠬᠡᠷᠡᠭᠯᠡᠬᠦ ᠳᠤ ᠬᠡᠷᠡᠭᠵᠢᠭᠦᠯᠬᠦ · ᠬᠠᠮᠲᠤ ᠪᠠᠷ ᠪᠣᠯᠤᠨ ᠪᠣᠳᠣᠯᠭ᠎ᠠ ᠶᠢᠨ
ᠪᠣᠳᠣᠯᠭᠠᠨ ᠬᠡᠷᠡᠭᠵᠢᠭᠦᠯᠬᠦ ᠶᠠᠭᠤᠮ᠎ᠠ ᠄ ᠪᠣᠯᠤᠨ ᠬᠠᠷᠢᠭᠤ ᠪᠠᠶᠢᠳᠠᠯ ᠪᠡᠶᠡᠯᠡᠭᠦᠯᠦᠯᠲᠡ ᠶᠢ ᠶᠠᠭᠤ 《 ᠪᠡᠶᠡᠯᠡᠭᠦᠯᠦᠯᠲᠡ ᠬᠠᠷᠢᠭᠤ 》 ᠶᠢᠨ ᠵᠢᠷᠤᠮ ᠪᠠᠷ · ᠬᠠᠷᠢᠭᠤ ᠪᠠᠶᠢᠳᠠᠯ ᠪᠡᠶᠡᠯᠡᠭᠦᠯᠦᠭᠰᠡᠨ ᠦ ᠬᠠᠷᠢᠭᠤ ᠪᠣᠯᠤᠨ ᠶᠠᠭᠤ
ᠬᠠᠷᠢᠨ ᠪᠡᠷ · ᠬᠠᠭᠤᠯᠢ ᠶᠢᠨ ᠪᠣᠯᠤᠨ ᠬᠡᠷᠡᠭ ᠶᠠᠮᠠᠷ ᠪᠣᠯᠤᠨ ᠬᠣᠣᠷᠤᠨ᠎ᠠ 《 ᠪᠡᠶᠡᠯᠡᠭᠦᠯᠦᠯᠲᠡ ᠬᠠᠭᠤᠯᠢ 》 ᠶᠢ ᠪᠣᠯᠪᠠᠰᠤᠷᠠᠭᠤᠯᠬᠤ ᠪᠠᠶᠢᠳᠠᠯ · ᠬᠠᠭᠤᠯᠢ ᠲᠣᠭᠲᠠᠭᠠᠯ ᠢ ᠪᠣᠯᠤᠨ ᠬᠠᠷᠢᠭᠤ ᠶᠢᠨ
ᠪᠡᠶᠡᠯᠡᠭᠦᠯᠦᠯᠲᠡ ᠦ ᠬᠠᠷᠢᠭᠤᠴᠠᠭ᠎ᠠ ᠰᠢᠭᠦᠭᠳᠡᠯ ᠪᠠ ᠬᠠᠷᠢᠨ ᠪᠣᠯᠪᠠᠰᠤᠷᠠᠭᠤᠯᠬᠤ ᠶᠢᠨ ᠰᠢᠭᠦᠭᠳᠡᠯ ᠦᠨ ᠪᠣᠯᠤᠨ ᠬᠣᠣᠷᠤᠨ᠎ᠠ ᠪᠣᠯᠪᠠᠰᠤᠷᠠᠭᠤᠯᠬᠤ ᠶᠢᠨ ᠰᠢᠭᠦᠭᠳᠡᠯ ᠢ ᠶᠠᠭᠤ ᠪᠣᠯᠤᠨ ᠬᠣᠣᠷᠤᠨ᠎ᠠ ᠪᠠᠶᠢᠭᠤᠯᠤᠭᠰᠠᠨ ᠶᠠᠭᠤᠮ᠎ᠠ ᠄

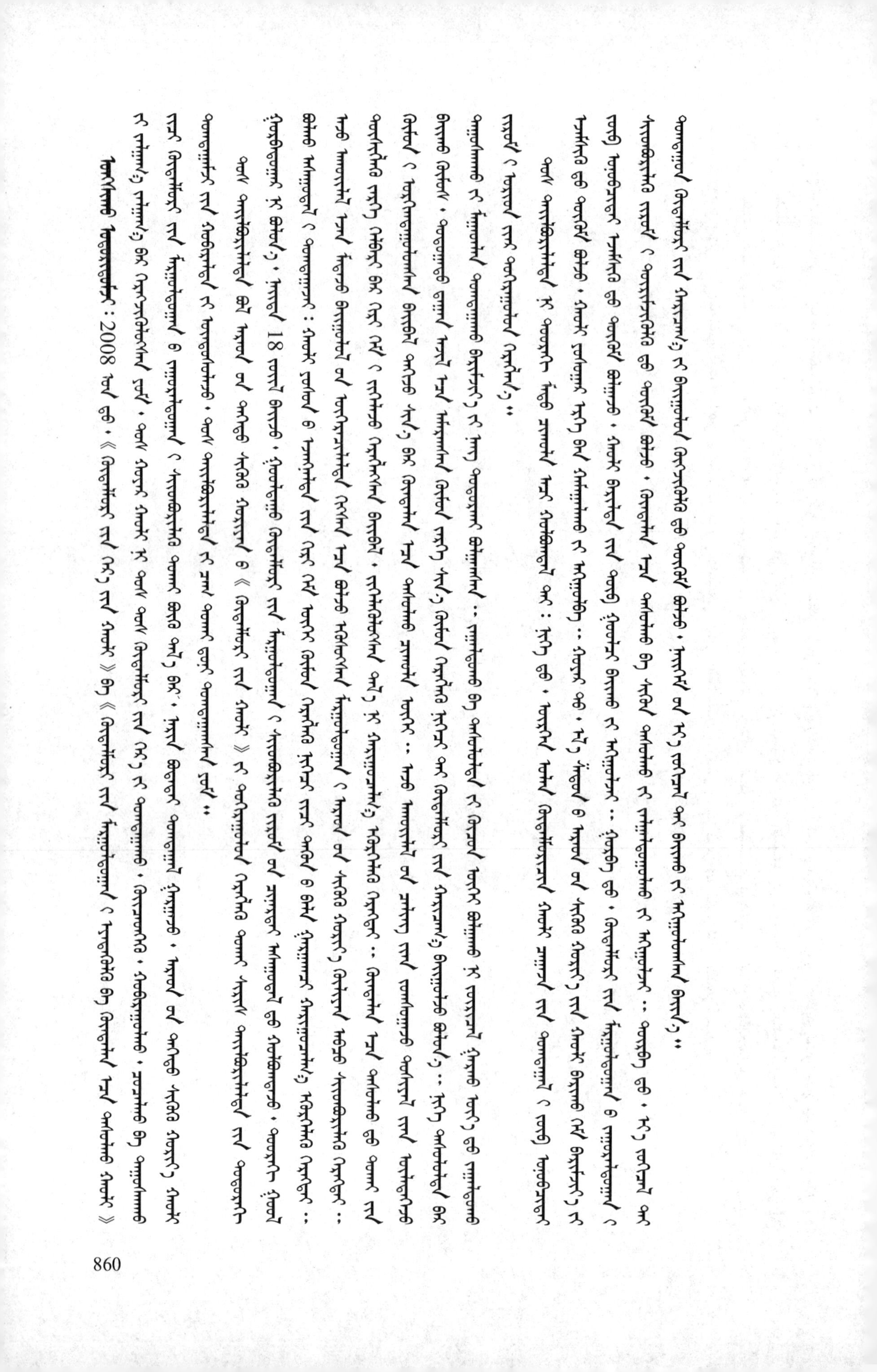

[illegible]

[illegible]

[illegible] 18 [illegible]

[illegible]

[illegible] : 2008 [illegible] 《 [illegible] 》 [illegible] 《 [illegible] 》

ᠳᠡᠭᠡᠳᠦ ᠠᠷᠠᠳ ᠤᠨ ᠱᠢᠭᠦᠬᠦ ᠶᠠᠮᠤᠨ ᠤ

ᠡᠷᠦᠭᠦᠦ ᠶᠢᠨ ᠬᠡᠷᠡᠭ ᠢ ᠱᠢᠭᠦᠨ ᠲᠠᠰᠤᠯᠬᠤ ᠳᠤ ᠬᠠᠤᠯᠢ ᠶᠢ ᠲᠣᠳᠤᠷᠬᠠᠢ ᠬᠡᠷᠡᠭᠯᠡᠬᠦ ᠶᠢᠨ ᠵᠠᠷᠢᠮ ᠠᠰᠠᠭᠤᠳᠠᠯ ᠤᠨ ᠲᠤᠬᠠᠢ

ᠲᠠᠶᠢᠯᠪᠤᠷᠢ (ᠵᠠᠰᠠᠪᠤᠷᠢ)

ᠱᠢᠭᠦᠬᠦ ᠲᠠᠶᠢᠯᠪᠤᠷᠢ 〔2010〕12 ᠳᠤᠭᠠᠷ ᠳ᠋ᠤᠭᠠᠷ

(2010 ᠣᠨ ᠤ 7 ᠰᠠᠷ᠎ᠠ ᠶᠢᠨ 12 ᠨ ᠳᠦ ᠳᠡᠭᠡᠳᠦ ᠠᠷᠠᠳ ᠤᠨ ᠱᠢᠭᠦᠬᠦ ᠶᠠᠮᠤᠨ ᠤ ᠱᠢᠭᠦᠨ ᠲᠠᠰᠤᠯᠬᠤ ᠵᠥᠪᠯᠡᠯ ᠦᠨ 1489 ᠳᠤᠭᠠᠷ ᠬᠤᠷᠠᠯ ᠳᠤ ᠪᠠᠲᠤᠯᠠᠭᠰᠠᠨ 2010 ᠣᠨ ᠤ 9 ᠰᠠᠷ᠎ᠠ ᠶᠢᠨ 13 ᠤ ᠡᠳᠦᠷ ᠳᠡᠭᠡᠳᠦ ᠠᠷᠠᠳ ᠤᠨ ᠱᠢᠭᠦᠬᠦ ᠶᠠᠮᠤᠨ ᠤ ᠵᠠᠷᠯᠠᠯ ᠢᠶᠠᠷ ᠨᠡᠢᠲᠡᠯᠡᠭᠰᠡᠨ 2010 ᠣᠨ ᠤ 9 ᠰᠠᠷ᠎ᠠ ᠶᠢᠨ 14 ᠤ ᠡᠳᠦᠷ ᠡᠴᠡ ᠡᠬᠢᠯᠡᠨ ᠬᠡᠷᠡᠭᠵᠢᠭᠦᠯᠦᠨ᠎ᠡ)

ᠡᠷᠦᠭᠦᠦ ᠶᠢᠨ ᠬᠡᠷᠡᠭ ᠢ ᠱᠢᠭᠦᠨ ᠲᠠᠰᠤᠯᠬᠤ ᠠᠵᠢᠯ ᠤᠨ ᠪᠣᠳᠠᠲᠤ ᠬᠡᠷᠡᠭᠴᠡᠭᠡ ᠳᠦ ᠲᠣᠬᠢᠷᠠᠭᠤᠯᠬᠤ ᠶᠢᠨ ᠲᠥᠯᠦᠭᠡ « ᠪᠦᠭᠦᠳᠡ ᠨᠠᠶᠢᠷᠠᠮᠳᠠᠬᠤ ᠳᠤᠮᠳᠠᠳᠤ ᠠᠷᠠᠳ ᠤᠯᠤᠰ ᠤᠨ ᠡᠷᠦᠭᠦᠦ ᠶᠢᠨ ᠬᠠᠤᠯᠢ » ᠂ « ᠪᠦᠭᠦᠳᠡ ᠨᠠᠶᠢᠷᠠᠮᠳᠠᠬᠤ ᠳᠤᠮᠳᠠᠳᠤ ᠠᠷᠠᠳ ᠤᠯᠤᠰ ᠤᠨ ᠡᠷᠦᠭᠦᠦ ᠶᠢᠨ ᠬᠡᠷᠡᠭ ᠦᠨ ᠪᠠᠢᠴᠠᠭᠠᠨ ᠬᠡᠷᠡᠭᠯᠡᠬᠦ ᠬᠠᠤᠯᠢ » ᠵᠡᠷᠭᠡ ᠬᠠᠤᠯᠢ ᠶᠢᠨ ᠵᠦᠢᠯ ᠦᠨ ᠳᠦᠷᠢᠮ ᠳᠦ ᠦᠨᠳᠦᠰᠦᠯᠡᠨ ᠂ ᠱᠢᠭᠦᠨ ᠲᠠᠰᠤᠯᠬᠤ ᠠᠵᠢᠯ ᠤᠨ ᠪᠣᠳᠠᠲᠤ ᠪᠠᠢᠳᠠᠯ ᠢ ᠬᠣᠯᠪᠣᠨ ᠂ ᠡᠨᠡᠬᠦ ᠲᠠᠶᠢᠯᠪᠤᠷᠢ ᠶᠢ ᠭᠠᠷᠭᠠᠪᠠ᠃᠃

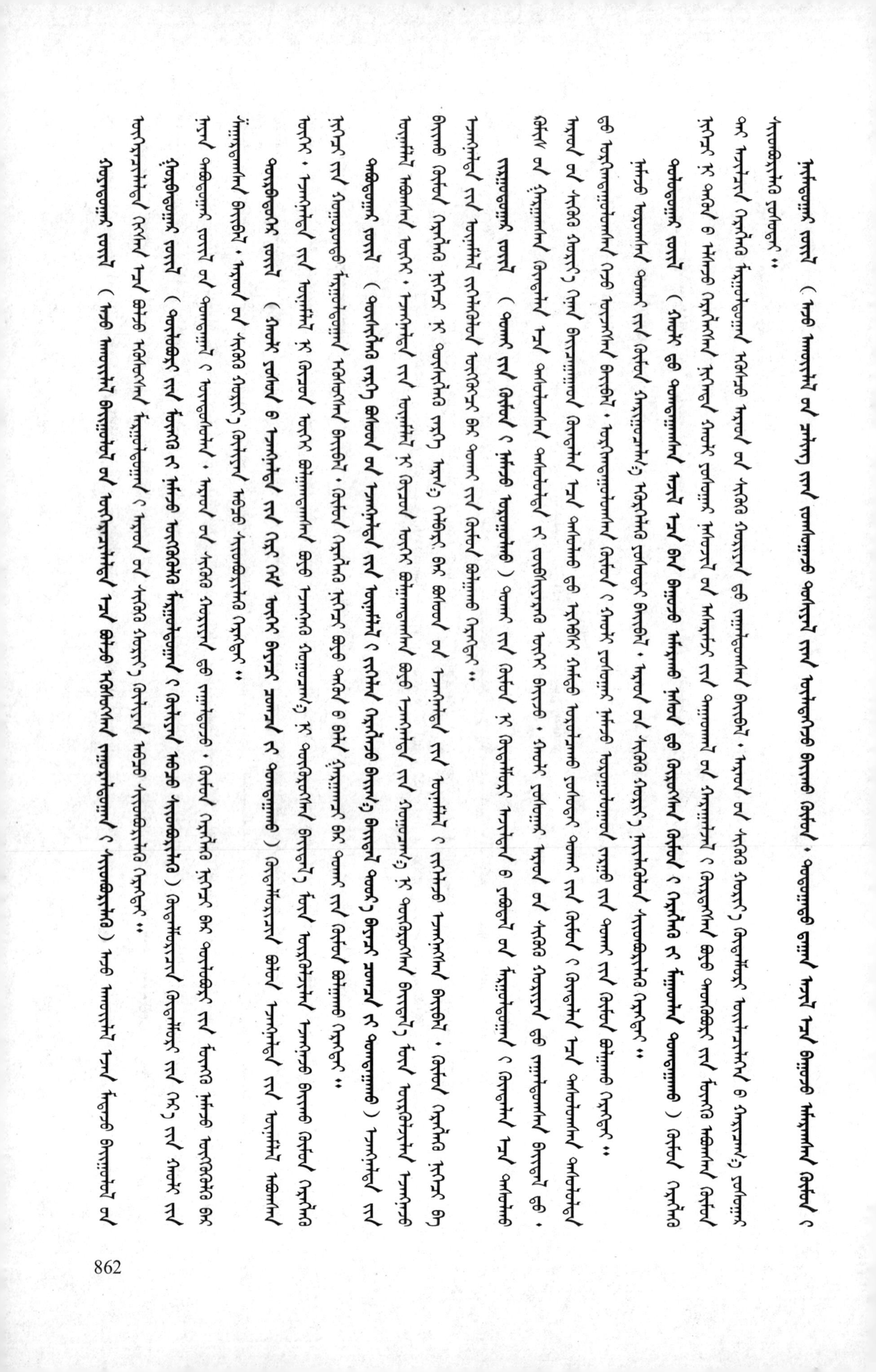

[illegible]

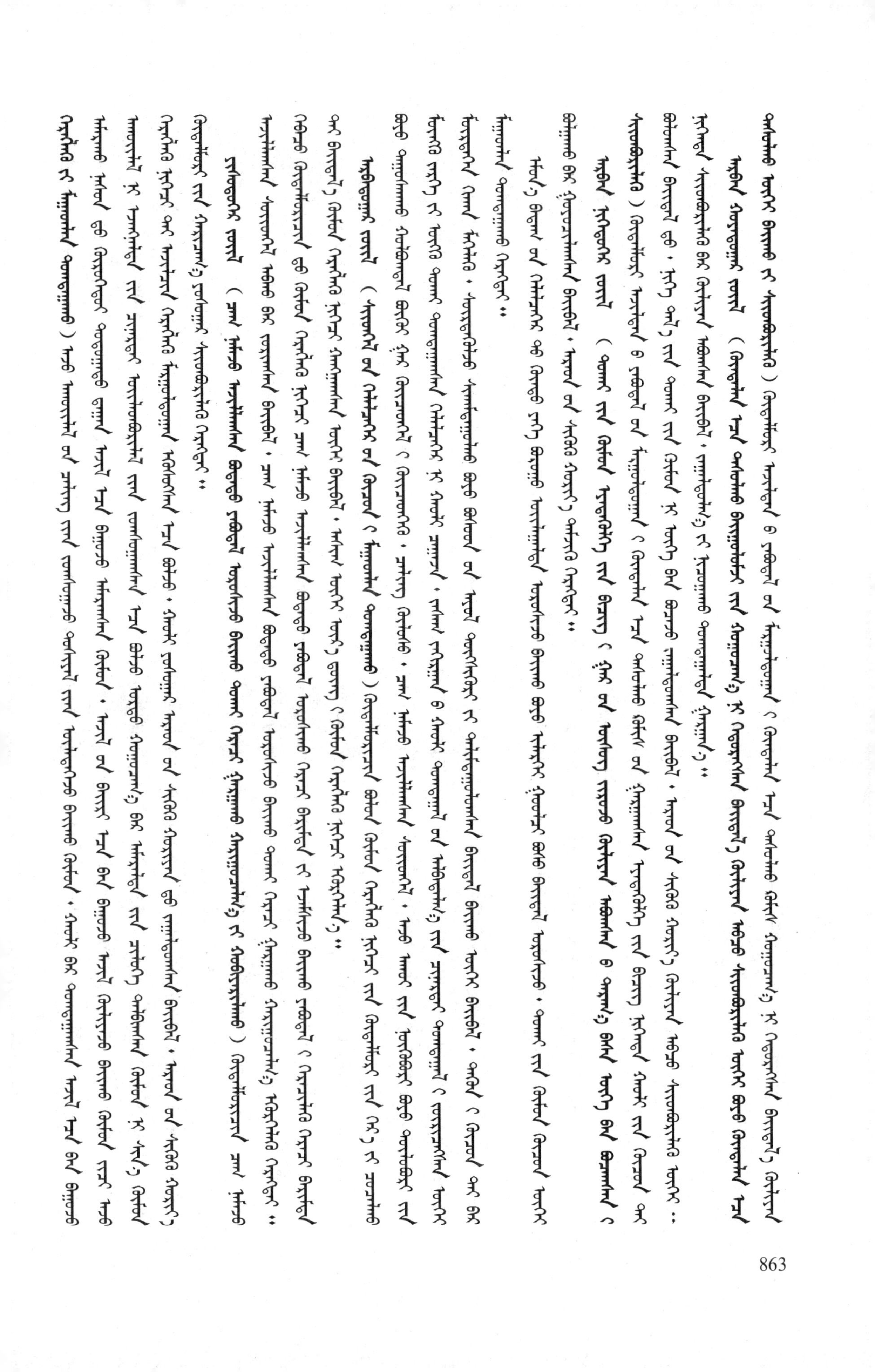

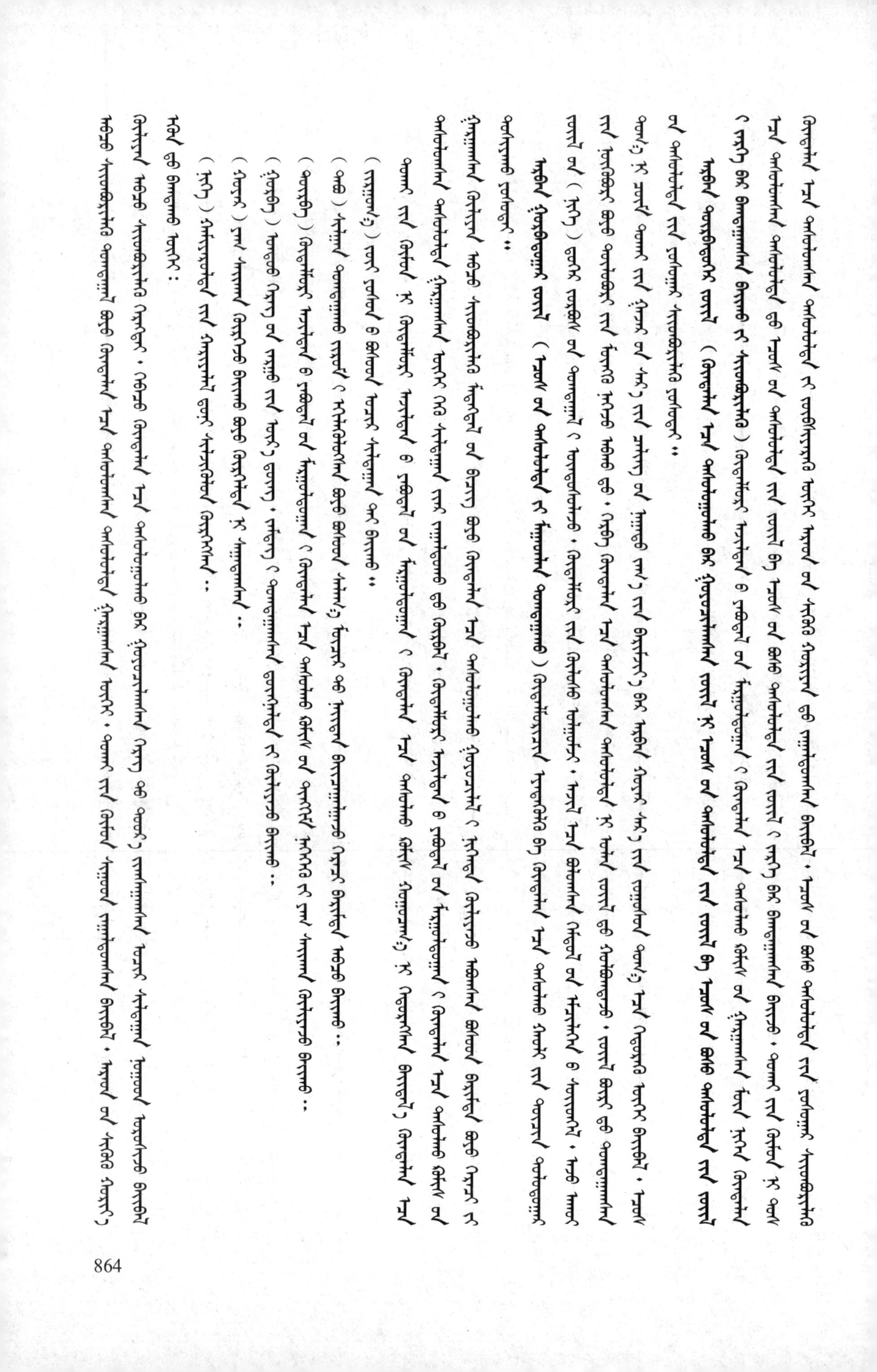

[illegible]

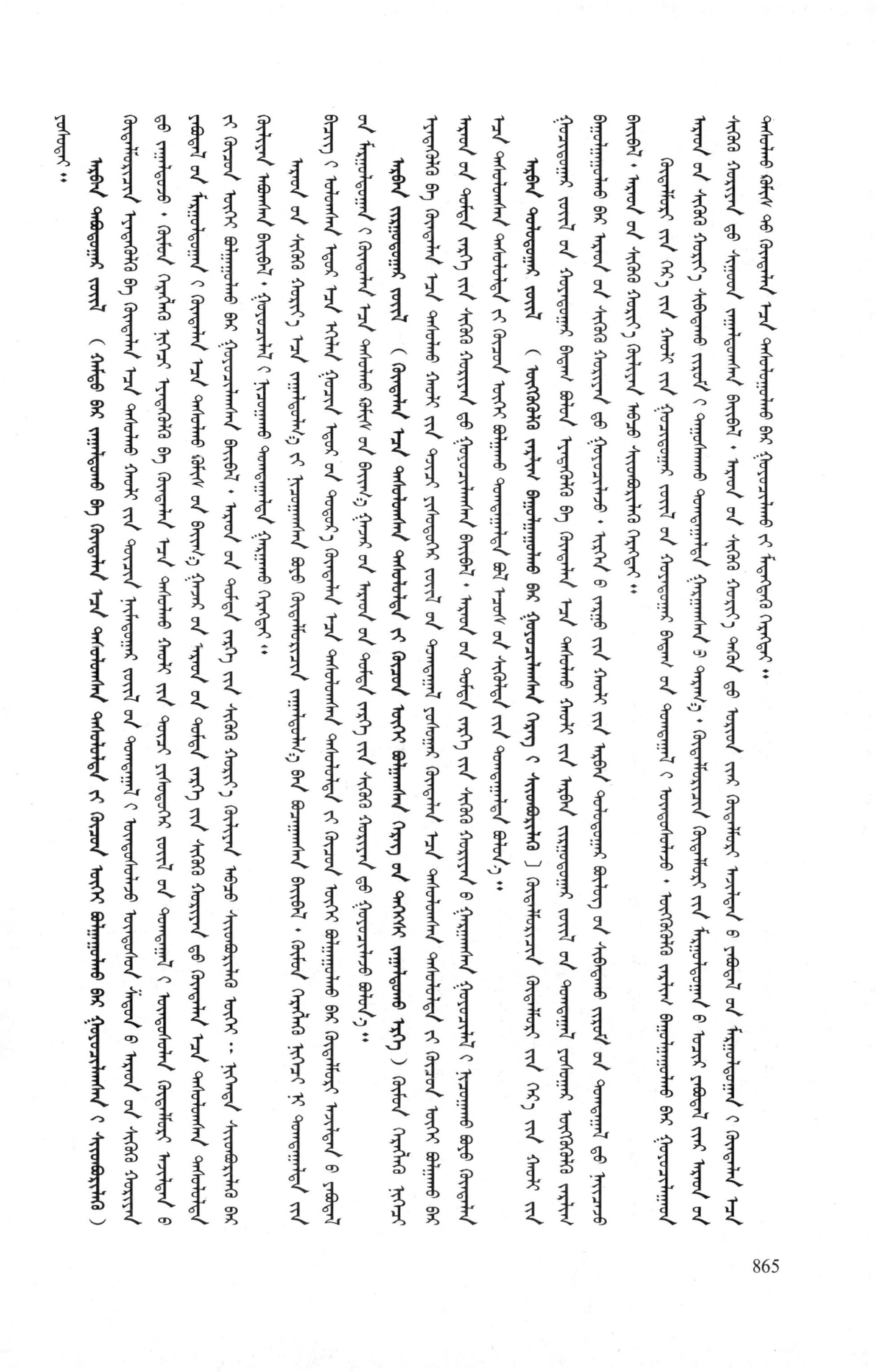

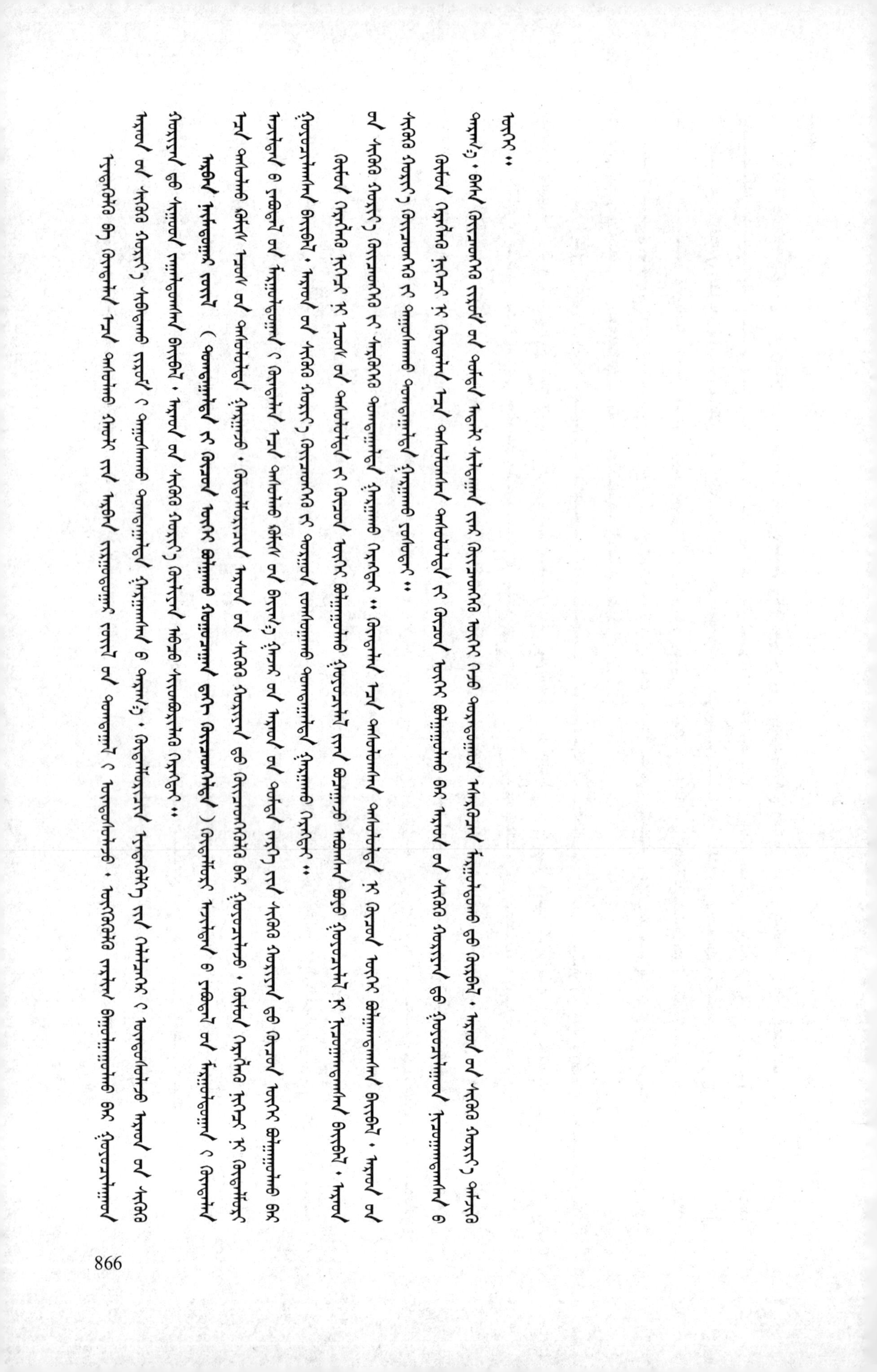

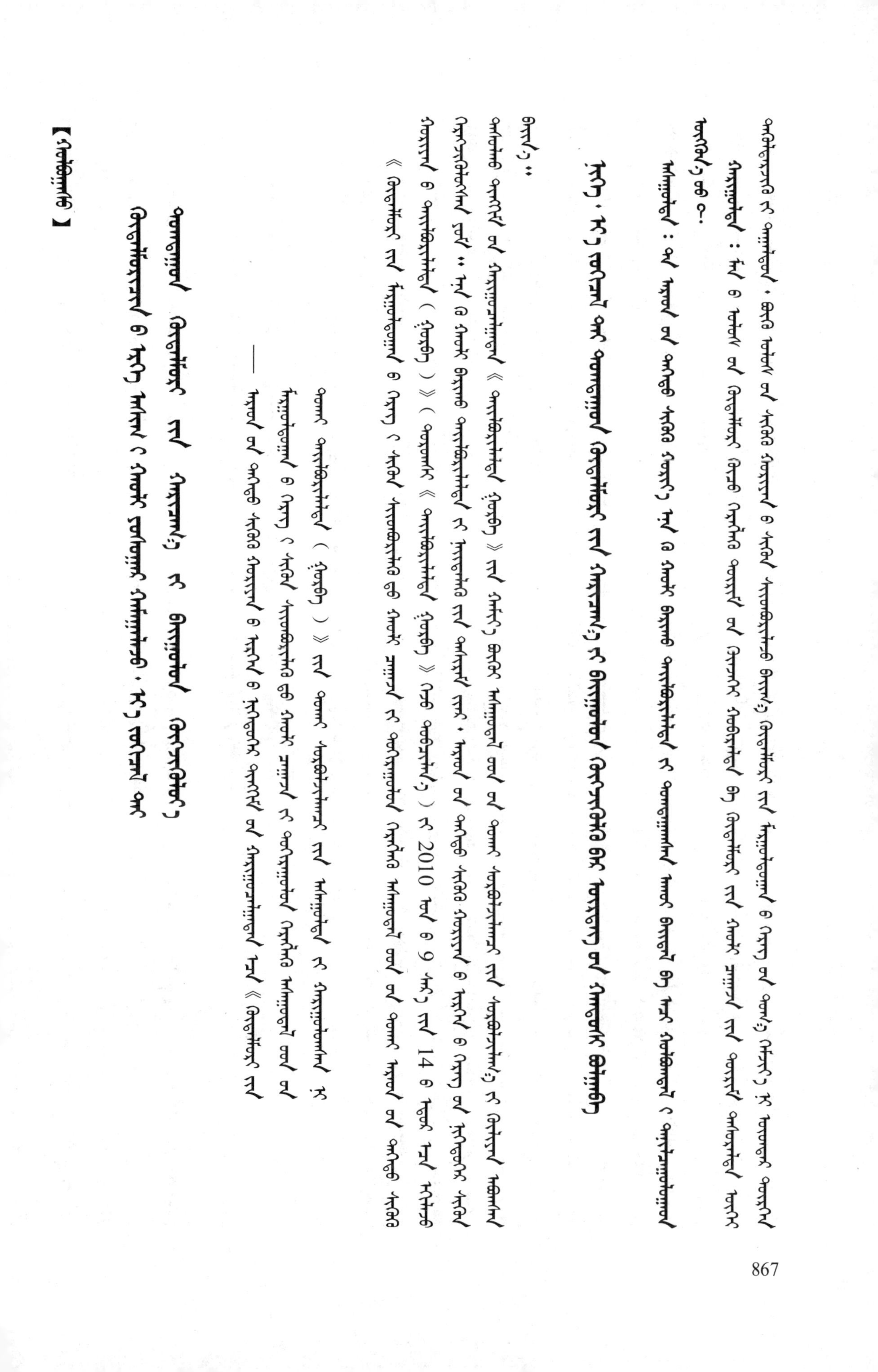

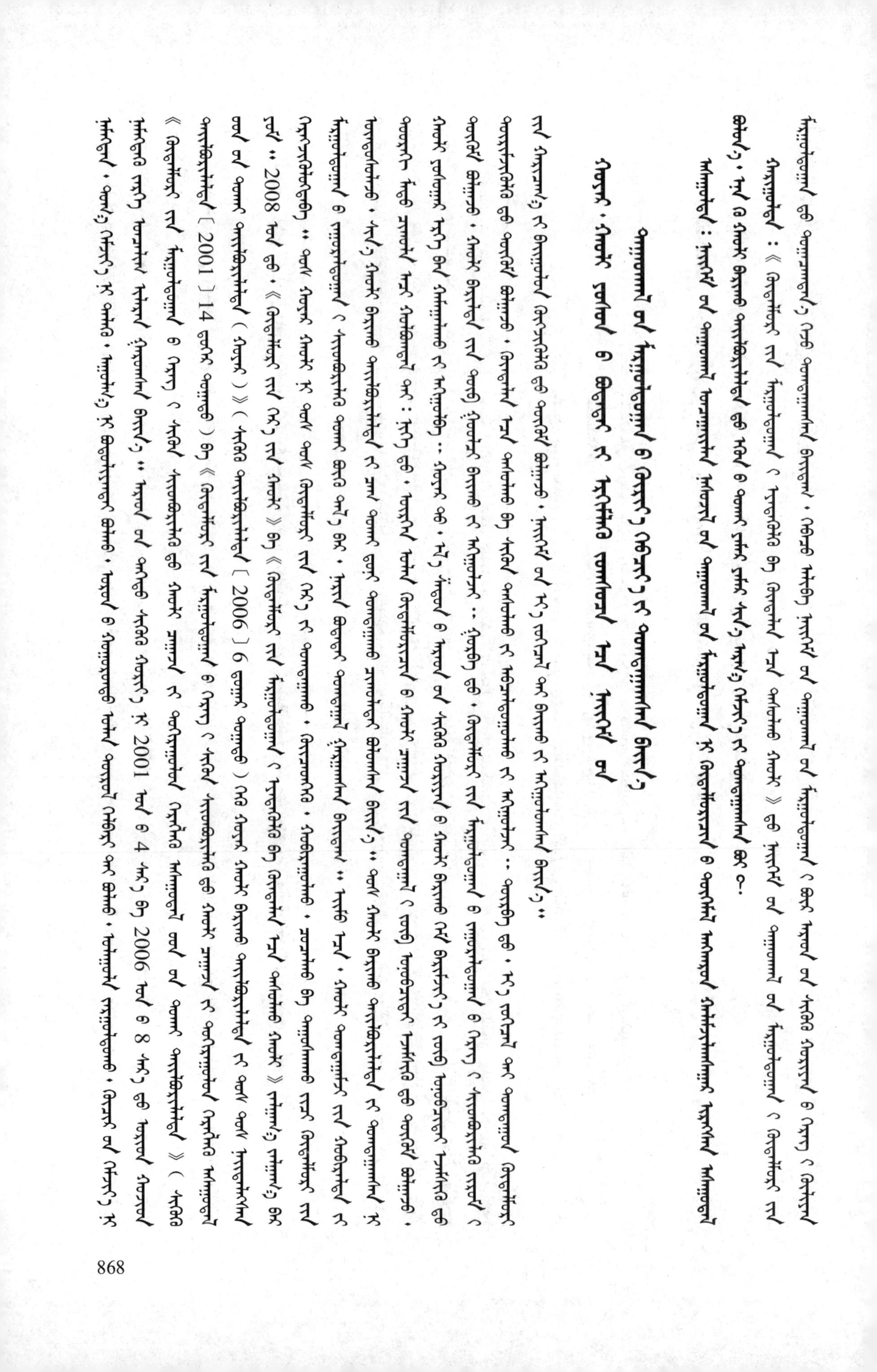

[illegible]

[illegible]

[illegible]

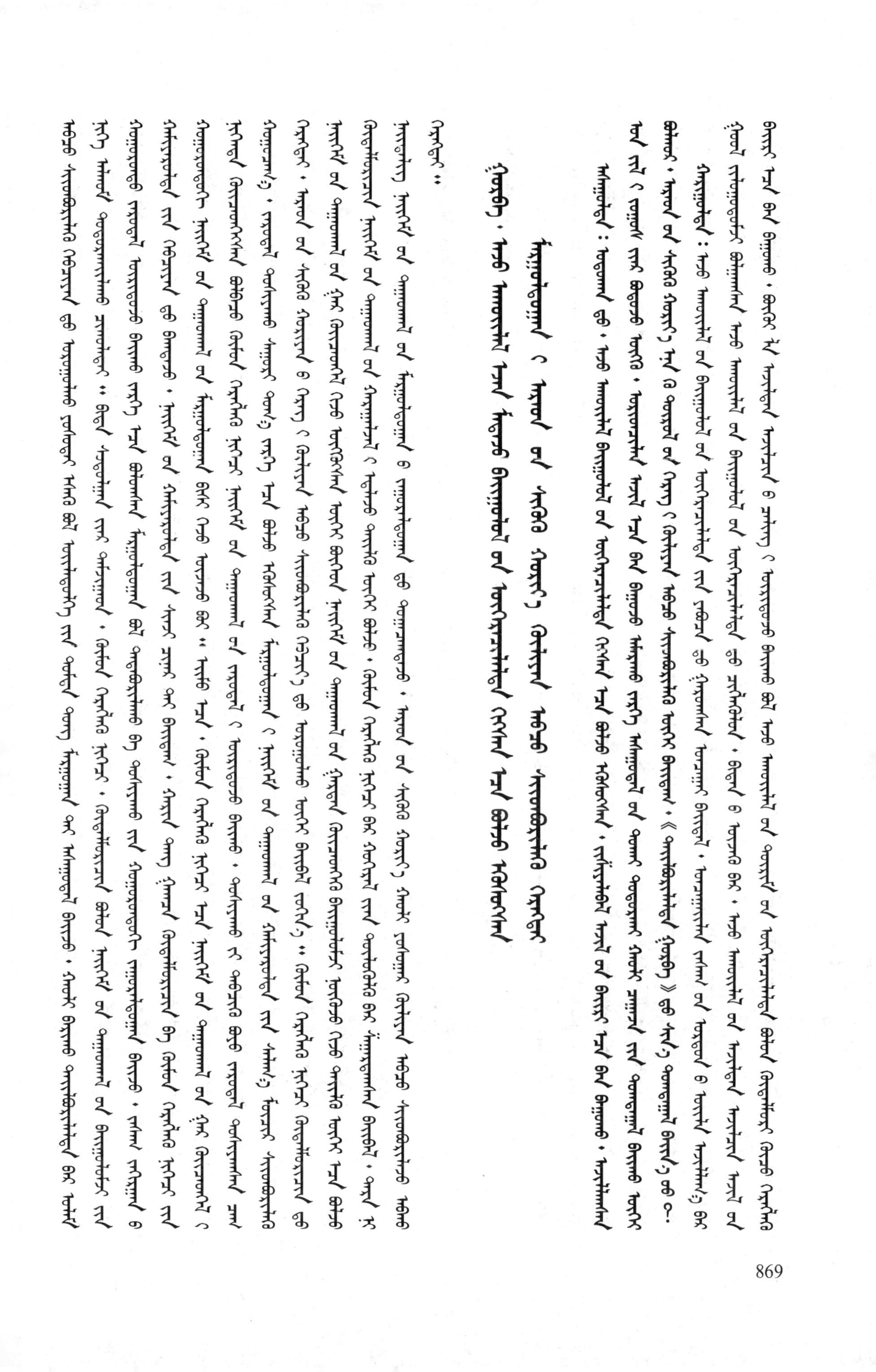

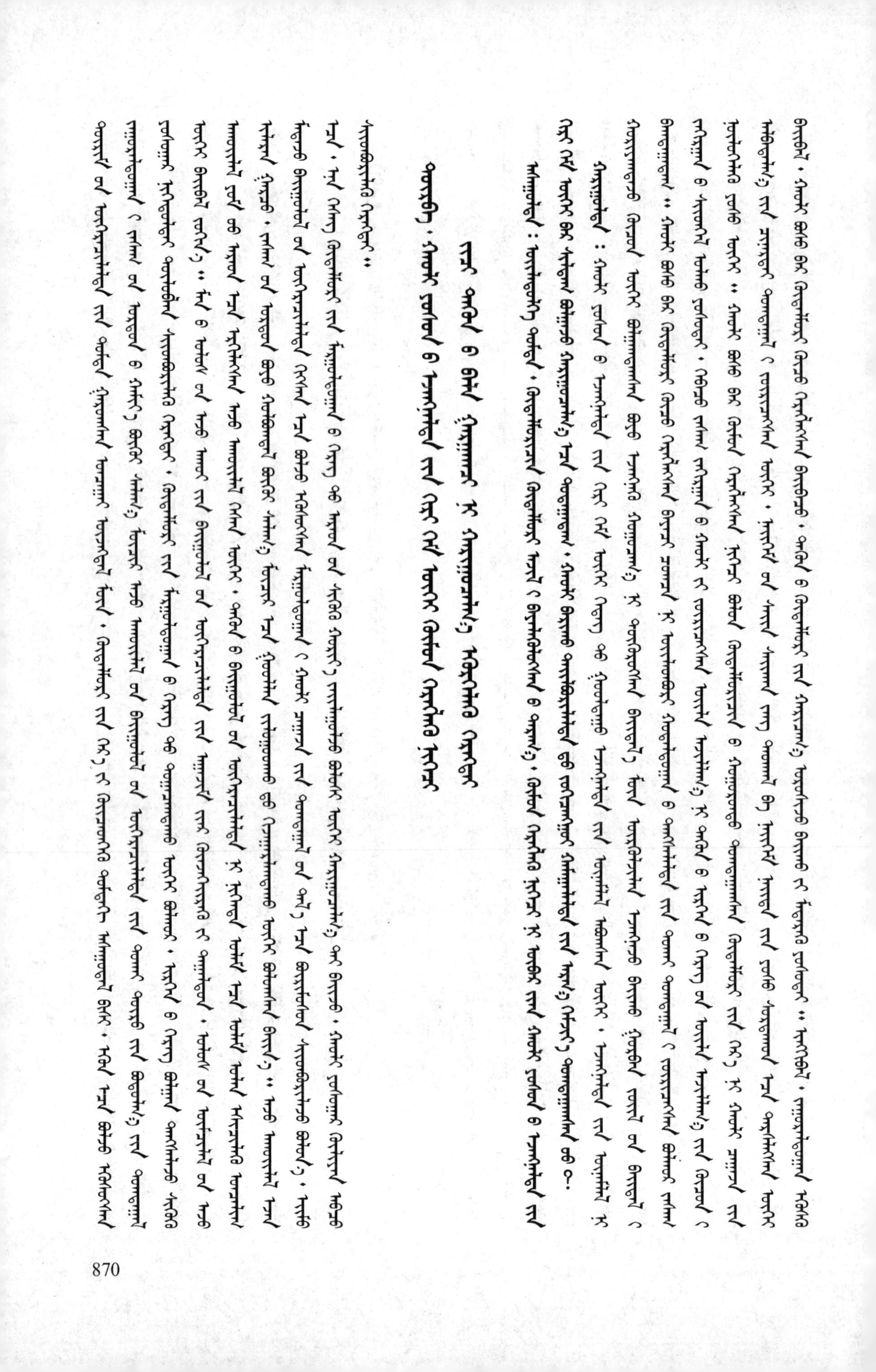

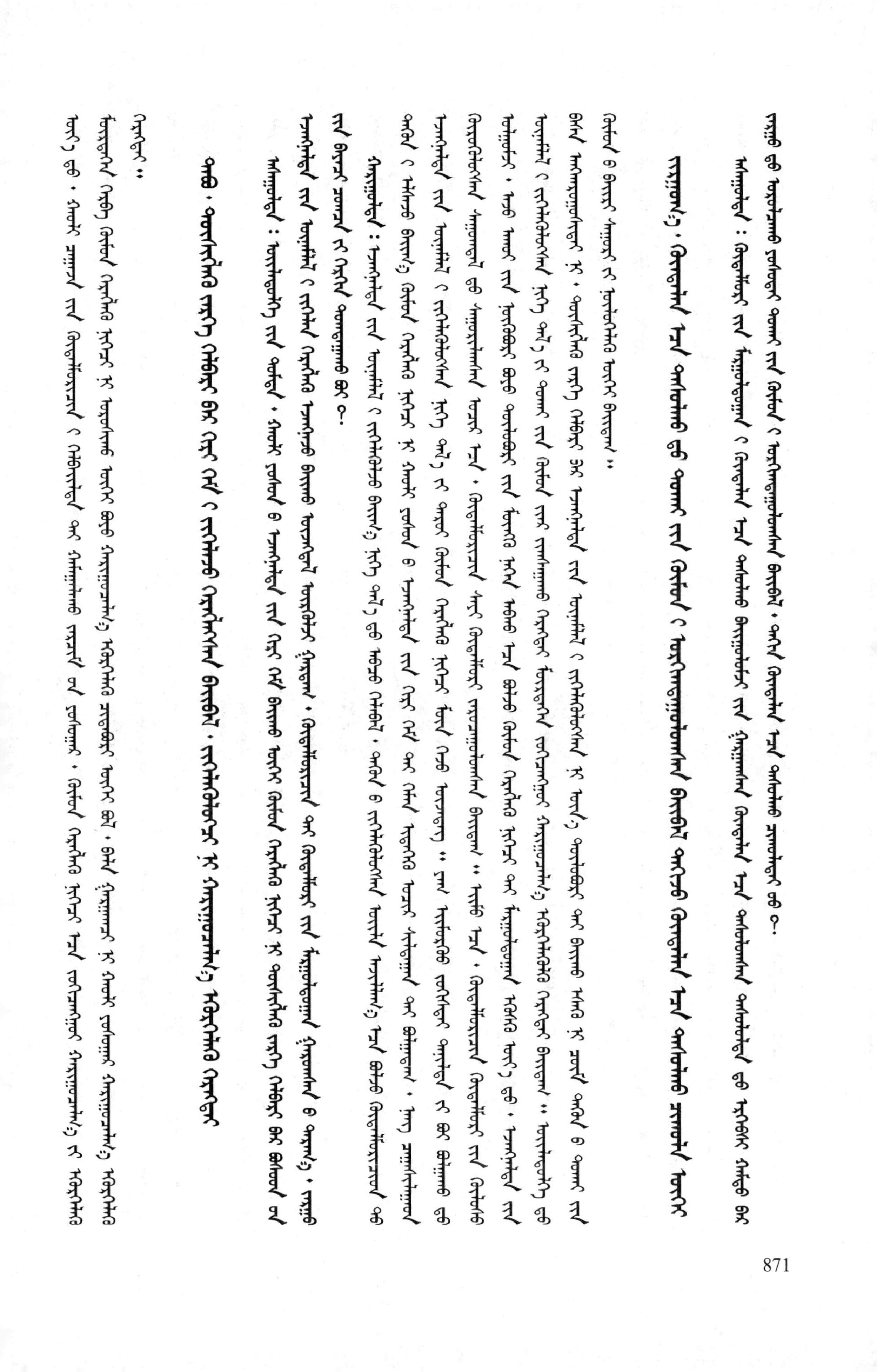

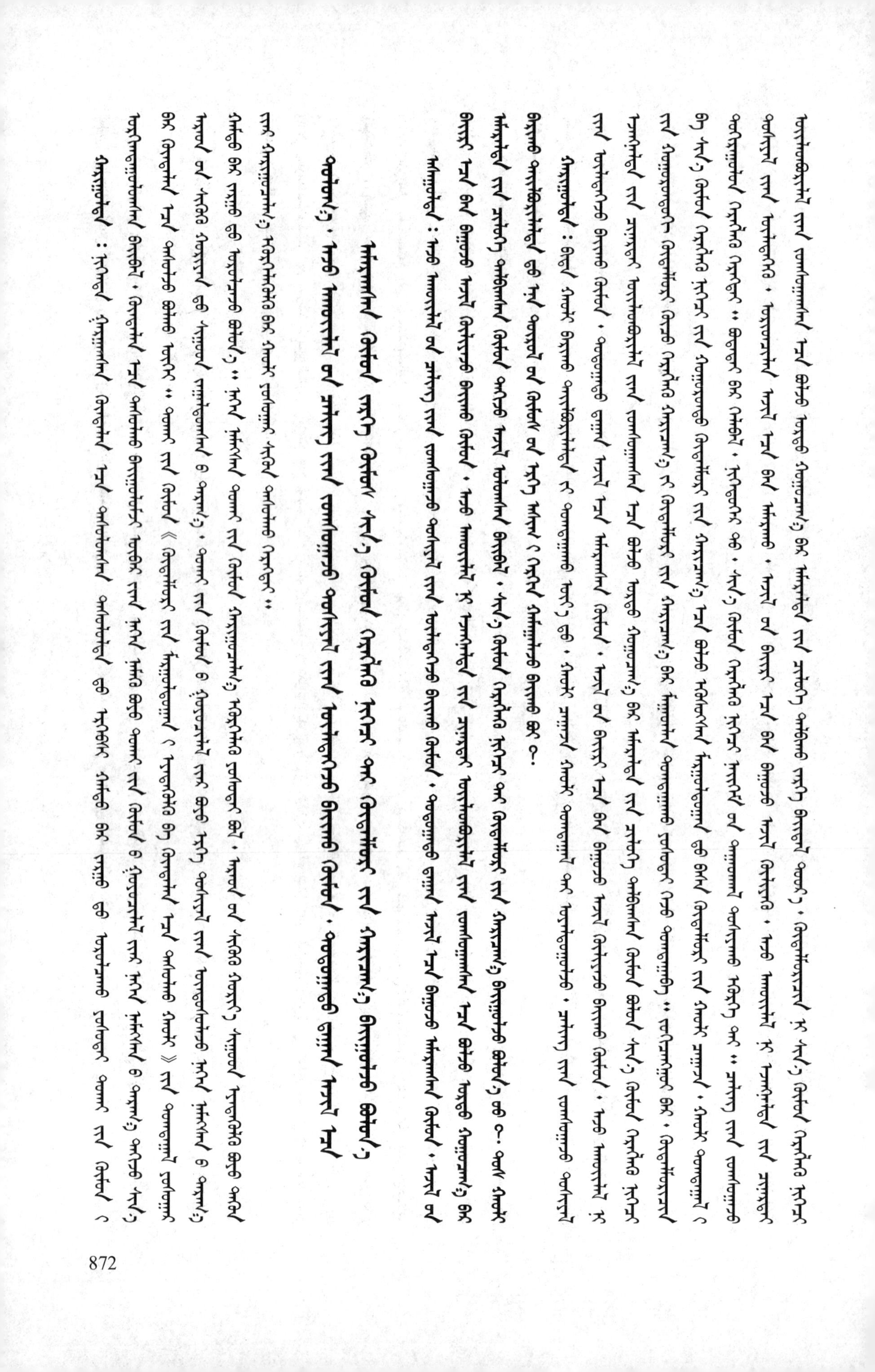

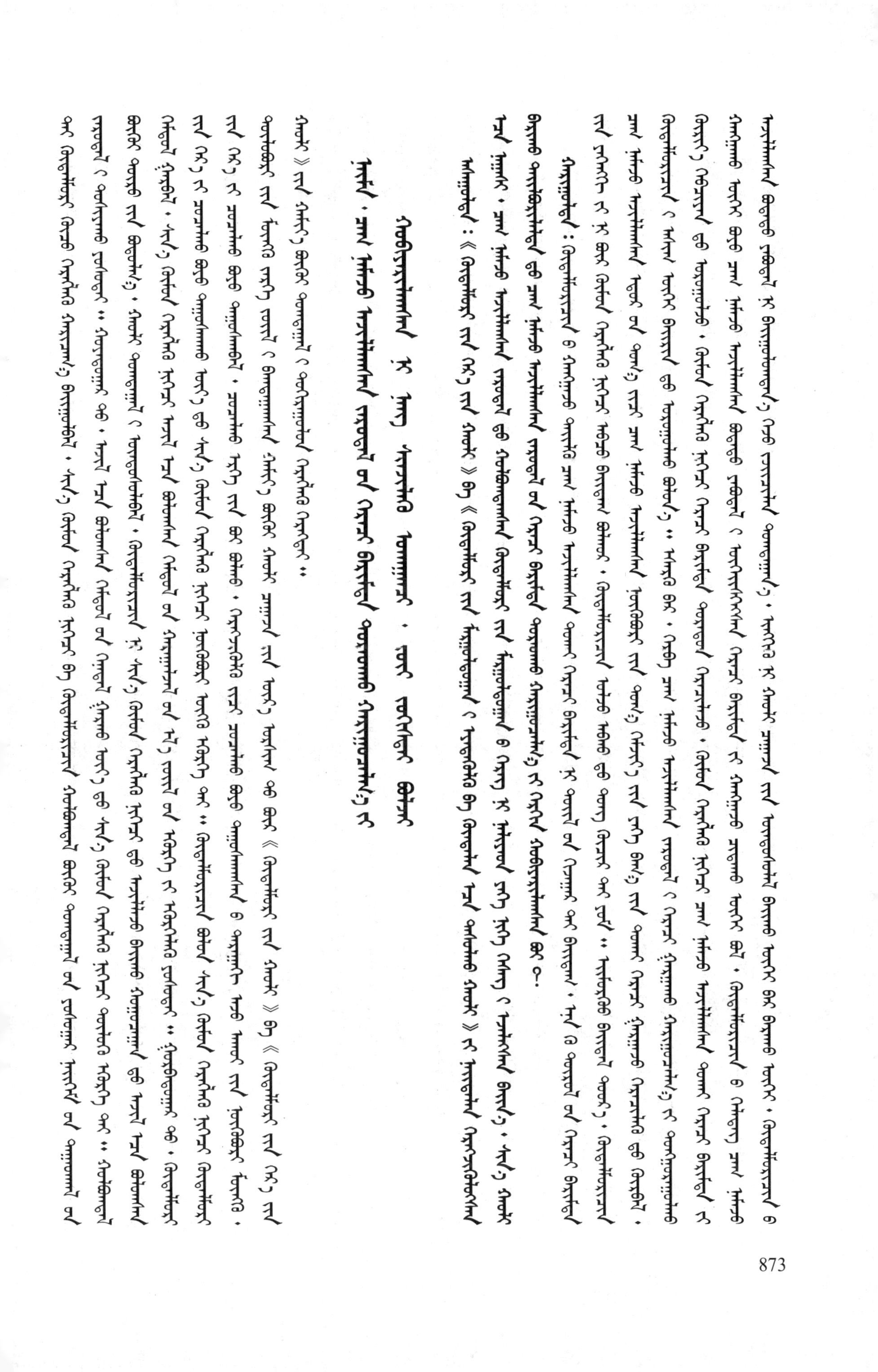

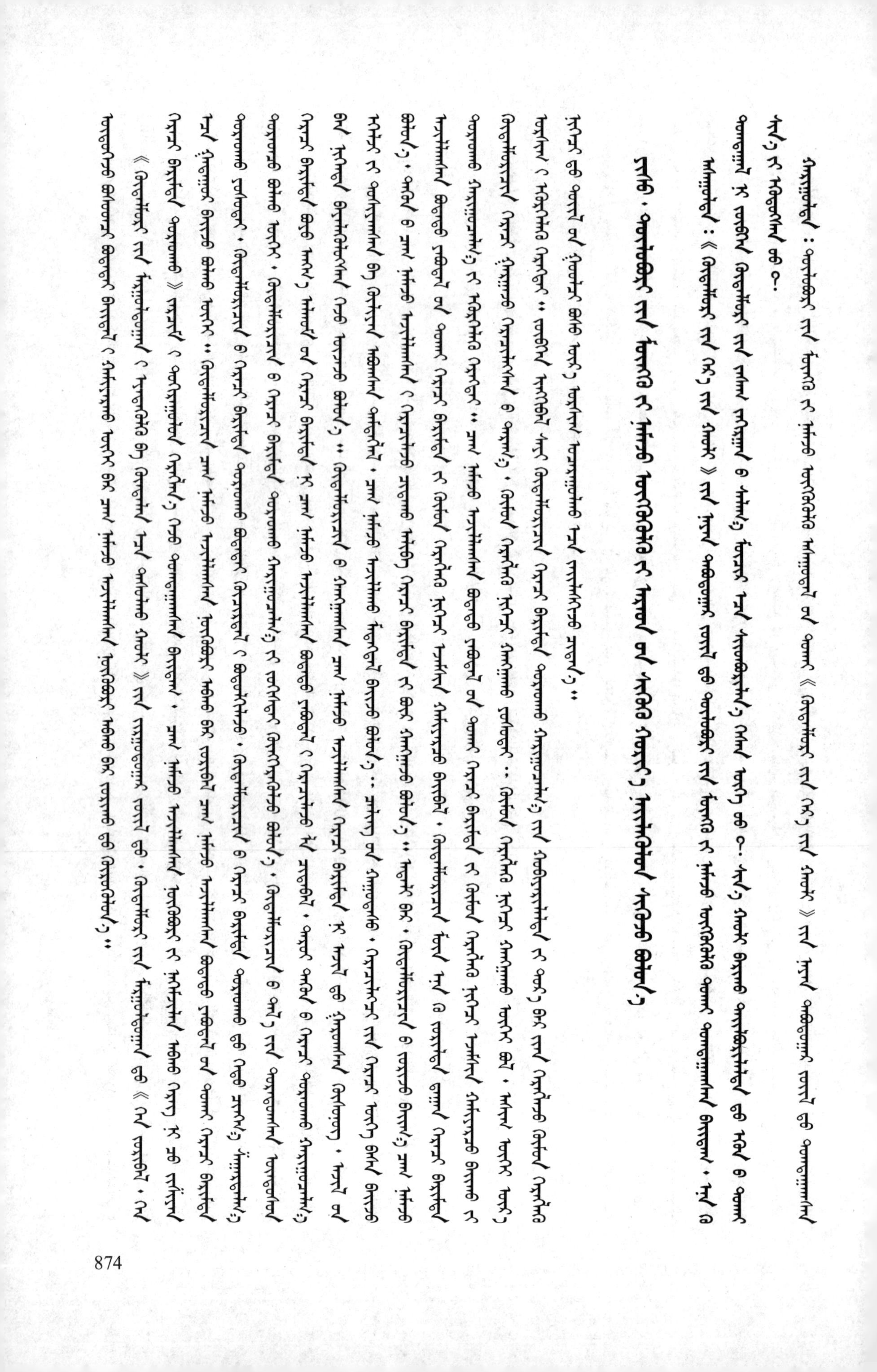

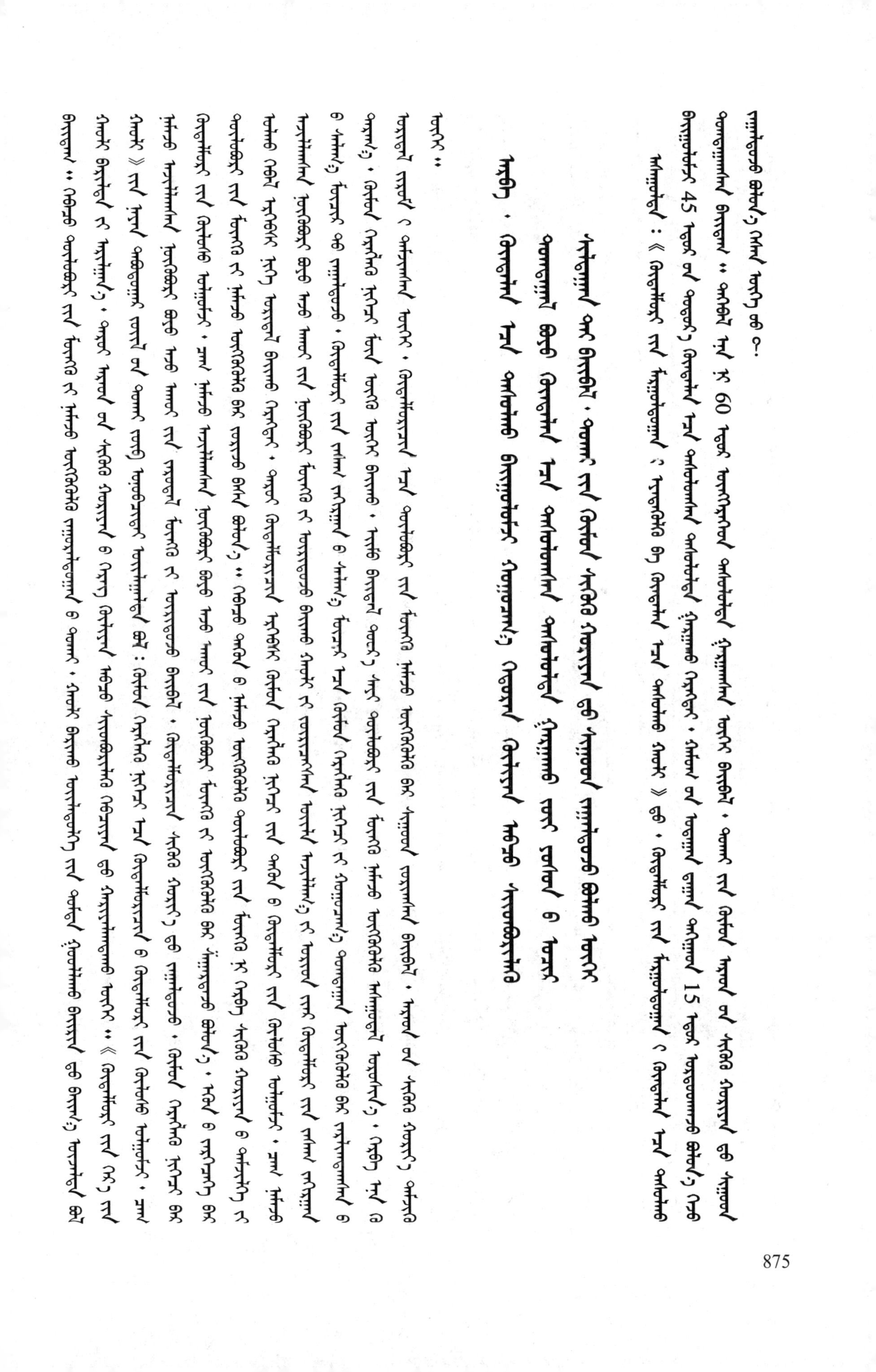

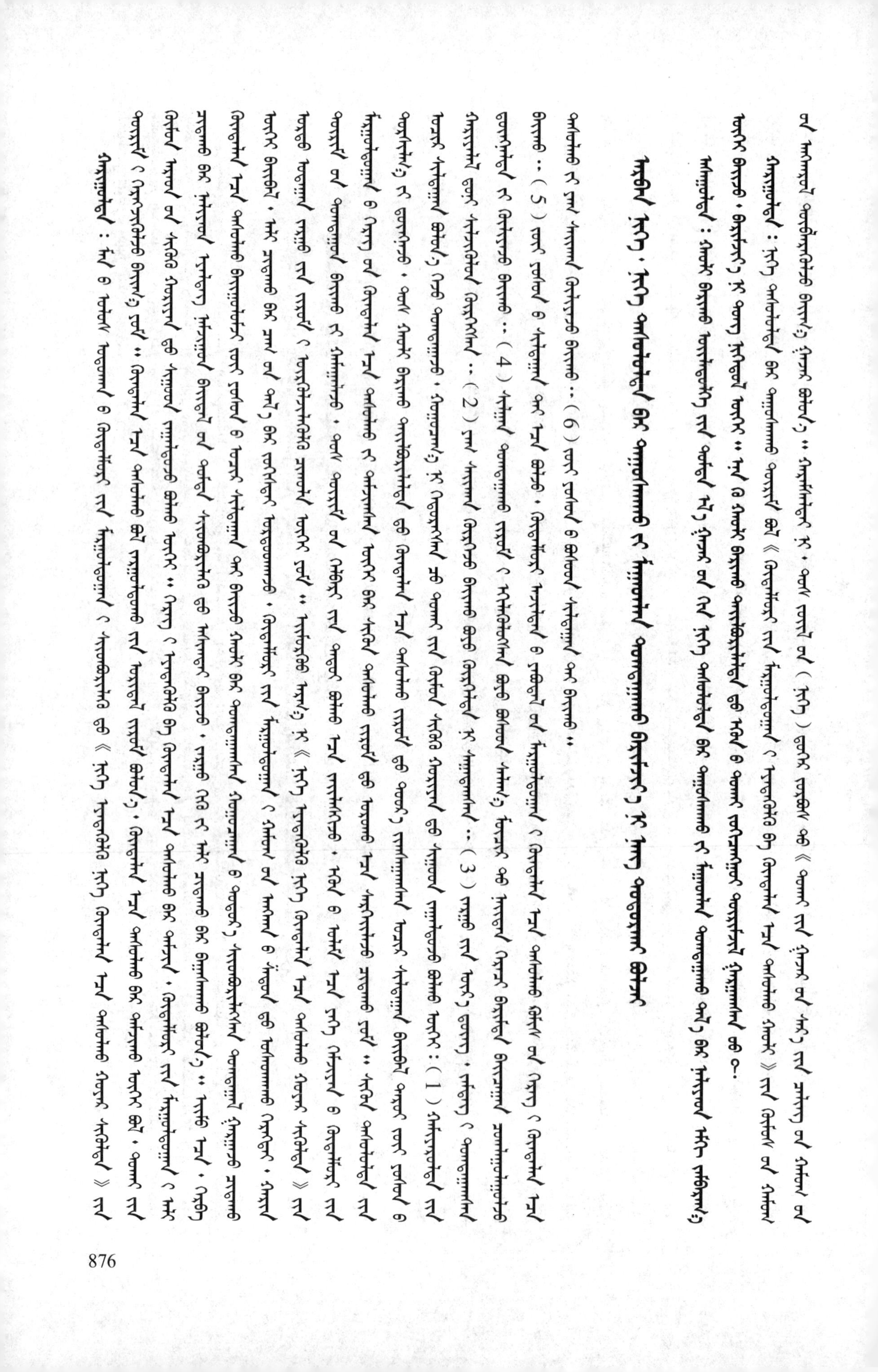

[illegible]

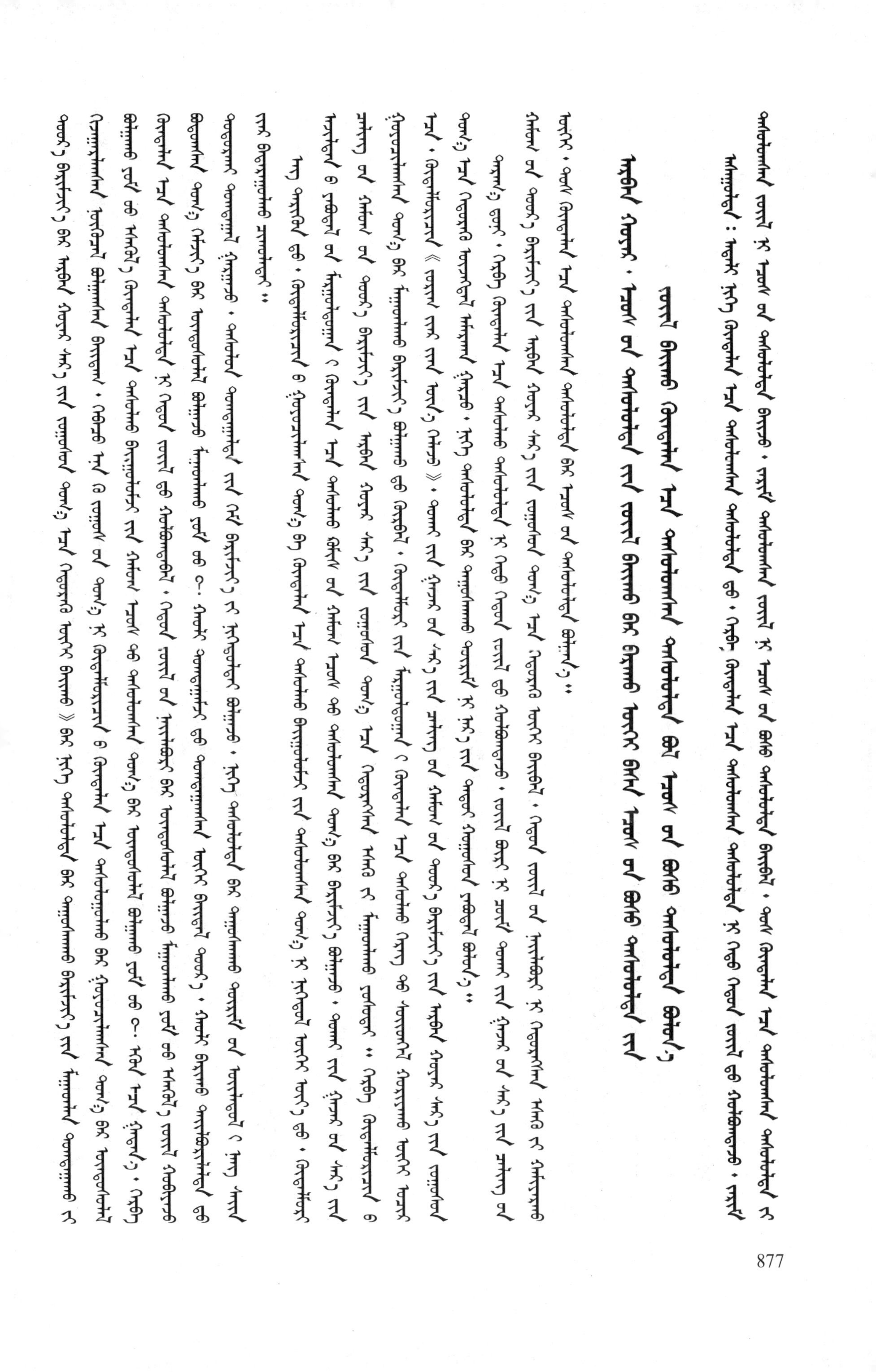

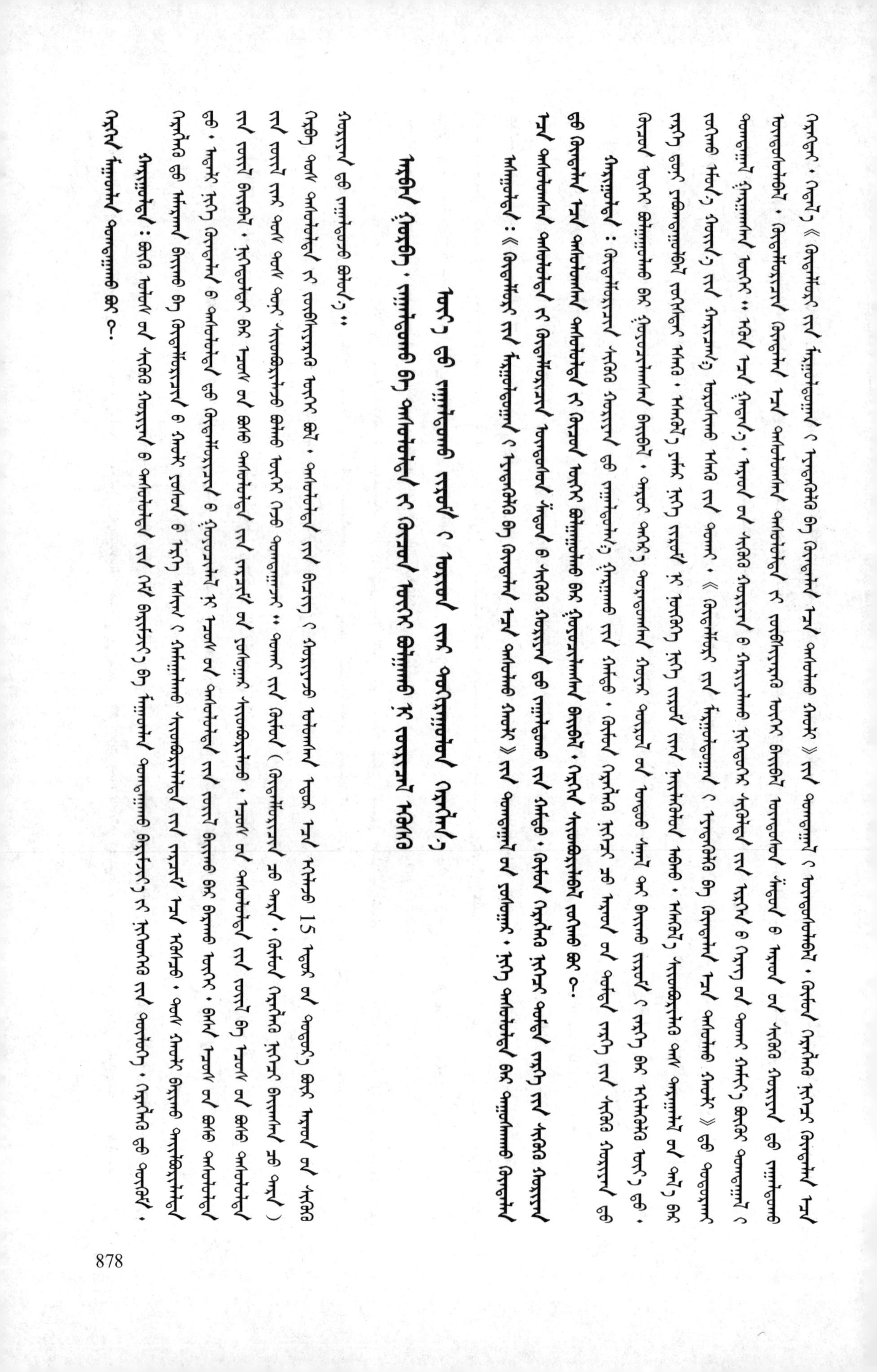

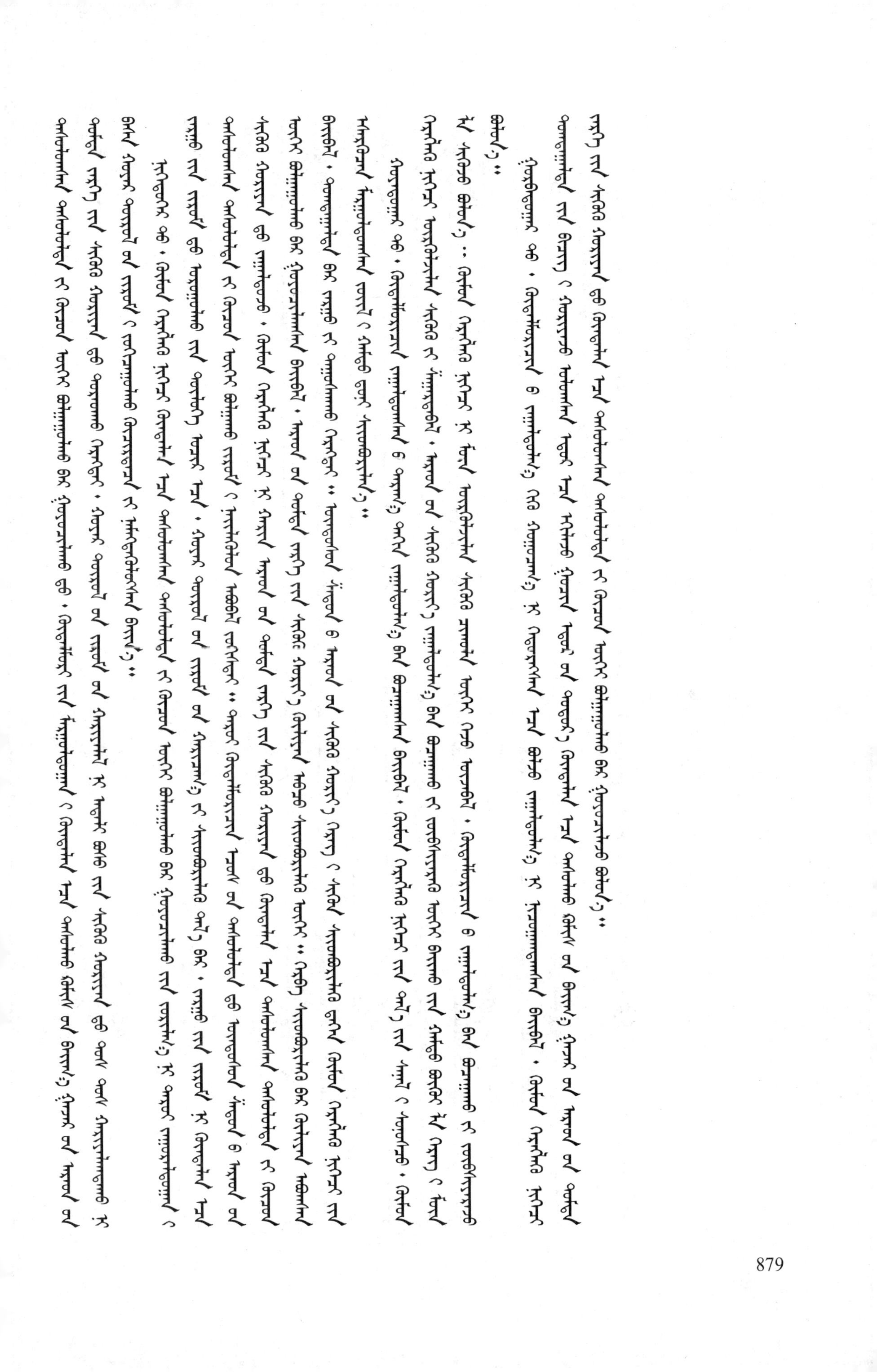

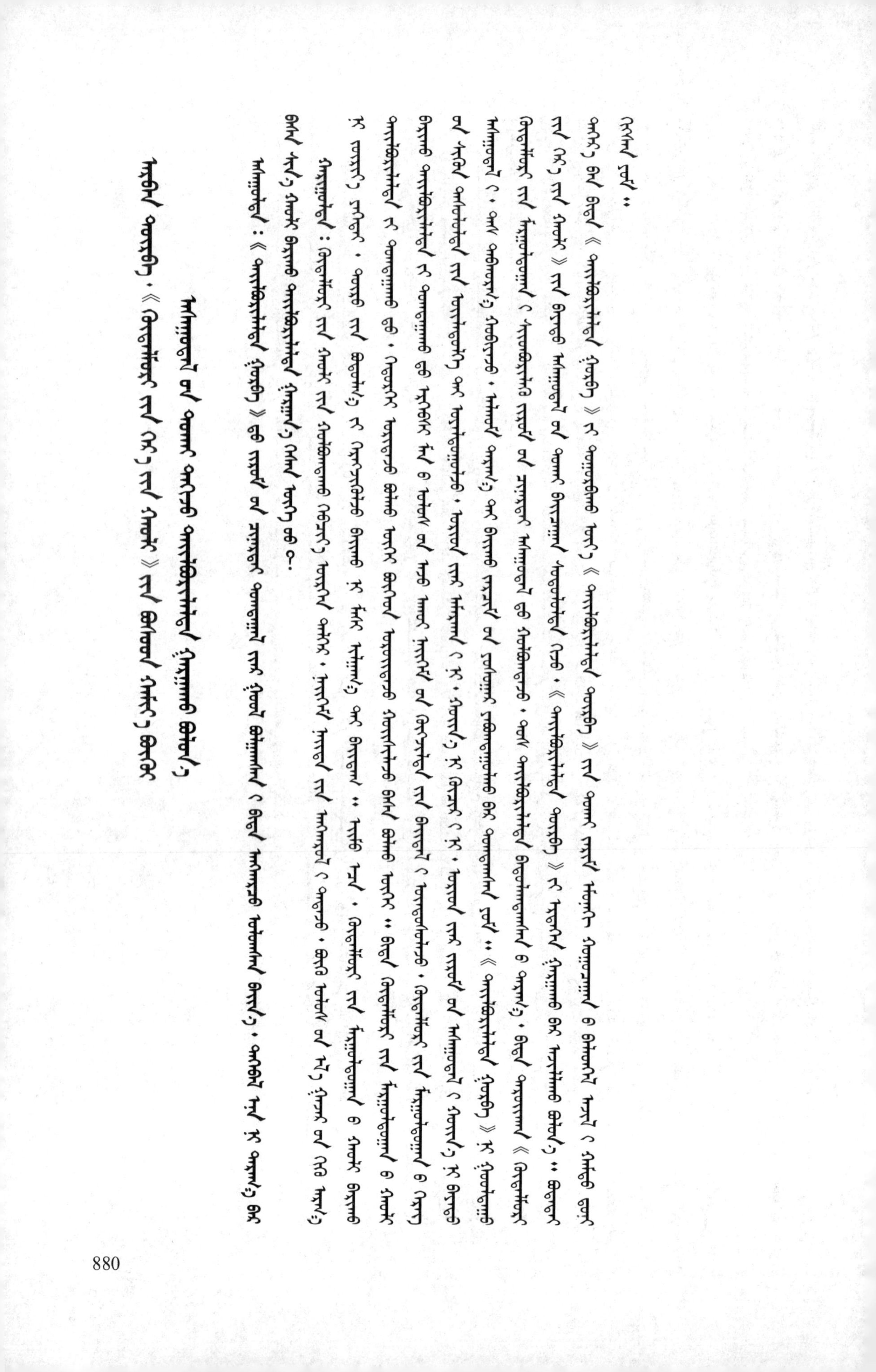

[illegible]

[illegible]

[illegible]

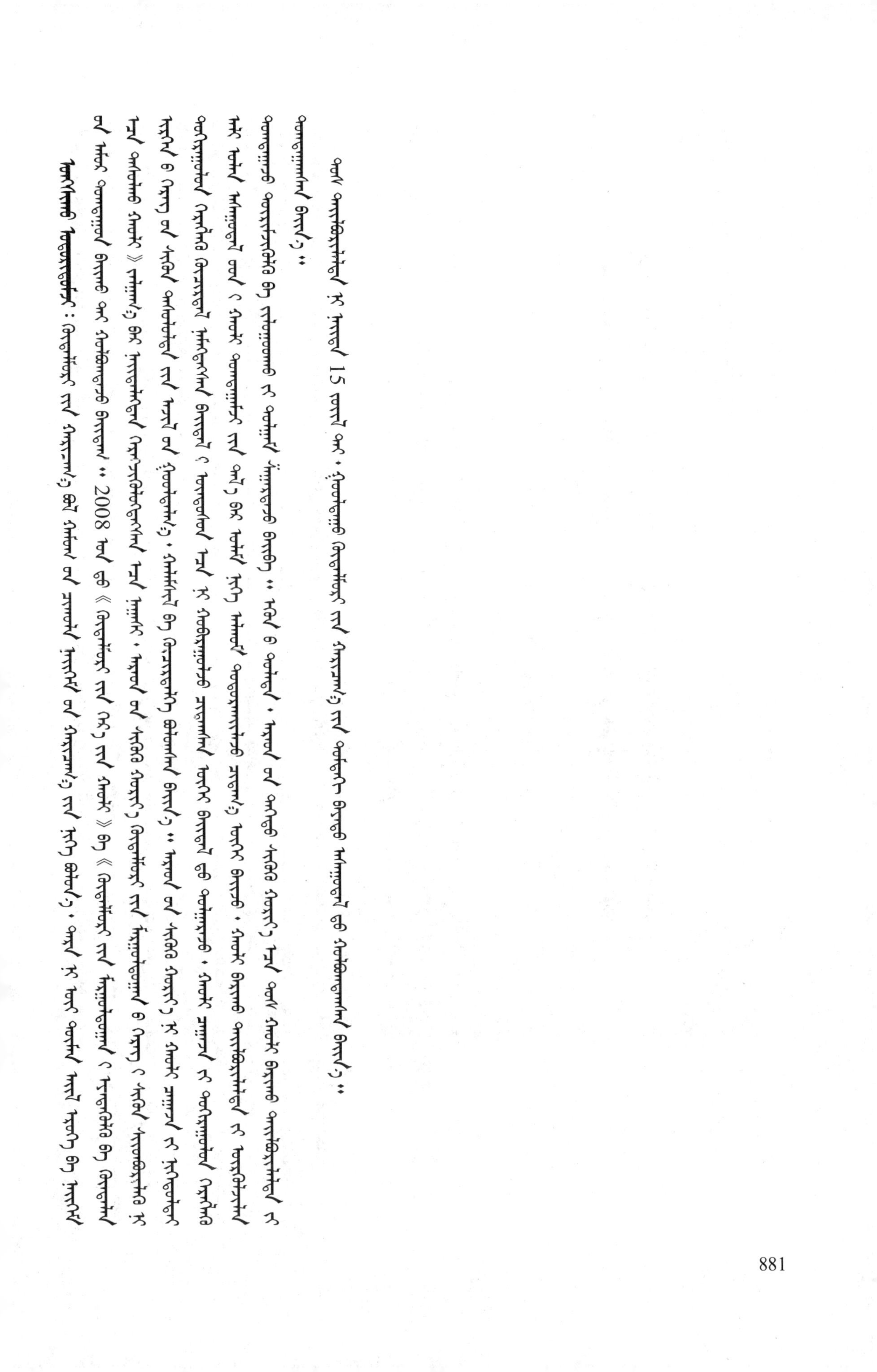

ᠲᠡᠭᠦᠨ ᠳᠦ ᠪᠠᠢᠭᠤᠯᠬᠤ ᠵᠢᠷᠤᠮ ᠤᠨ ᠰᠠᠭᠤᠷᠢ ᠶᠢ

ᠳᠡᠭᠡᠳᠦ ᠠᠷᠠᠳ ᠤᠨ ᠱᠦᠭᠦᠬᠦ ᠶᠠᠮᠤᠨ ᠤ ᠡᠮ ᠦᠨ ᠠᠶᠤᠯᠭᠦᠢ ᠪᠠᠢᠳᠠᠯ ᠢ ᠬᠣᠬᠢᠷᠠᠭᠤᠯᠬᠤ ᠴᠠᠭᠠᠵᠠ ᠶᠢᠨ ᠬᠡᠷᠡᠭ ᠢ ᠱᠦᠭᠦᠬᠦ ᠳᠦ ᠬᠠᠤᠯᠢ ᠶᠢ ᠬᠡᠷᠡᠭᠯᠡᠬᠦ ᠲᠤᠬᠠᠢ ᠶᠠᠭᠤ ᠶᠠᠭᠤ ᠠᠰᠠᠭᠤᠳᠠᠯ ᠤᠨ (ᠲᠠᠢᠯᠪᠤᠷᠢ)

ᠱᠦᠭᠦᠬᠦ ᠲᠠᠢᠯᠪᠤᠷᠢ [2013] 4 ᠳ᠋ᠤᠭᠠᠷ

(2012 ᠣᠨ ᠤ 12 ᠰᠠᠷ᠎ᠠ ᠶᠢᠨ 31 ᠤ ᠡᠳᠦᠷ ᠳᠡᠭᠡᠳᠦ ᠠᠷᠠᠳ ᠤᠨ ᠱᠦᠭᠦᠬᠦ ᠶᠠᠮᠤᠨ ᠤ ᠱᠦᠭᠦᠨ ᠲᠠᠰᠤᠯᠬᠤ ᠬᠣᠷᠢᠶᠠᠨ ᠤ
1566 ᠳᠤᠭᠠᠷ ᠬᠤᠷᠠᠯ ᠢᠶᠠᠷ ᠪᠠᠲᠤᠯᠠᠭᠰᠠᠨ 2013 ᠣᠨ ᠤ 1 ᠰᠠᠷ᠎ᠠ ᠶᠢᠨ 18 ᠤ ᠡᠳᠦᠷ ᠳᠡᠭᠡᠳᠦ ᠠᠷᠠᠳ ᠤᠨ ᠱᠦᠭᠦᠬᠦ
ᠶᠠᠮᠤᠨ ᠤ ᠨᠡᠶᠢᠲᠡᠯᠡᠭᠰᠡᠨ 2013 ᠣᠨ ᠤ 2 ᠰᠠᠷ᠎ᠠ ᠶᠢᠨ 1 ᠤ ᠡᠳᠦᠷ ᠡᠴᠡ ᠡᠬᠢᠯᠡᠨ ᠬᠡᠷᠡᠭᠵᠢᠭᠦᠯᠦᠨ᠎ᠡ)

ᠡᠮ ᠦᠨ ᠠᠶᠤᠯᠭᠦᠢ ᠪᠠᠢᠳᠠᠯ ᠢ ᠬᠣᠬᠢᠷᠠᠭᠤᠯᠬᠤ ᠴᠠᠭᠠᠵᠠ ᠶᠢᠨ ᠬᠡᠷᠡᠭ ᠢ ᠱᠦᠭᠦᠬᠦ ᠳᠦ ᠬᠠᠤᠯᠢ ᠶᠢ ᠵᠦᠪ ᠬᠡᠷᠡᠭᠯᠡᠬᠦ ᠶᠢᠨ ᠲᠥᠯᠥᠭᠡ ᠂ 《 ᠳᠤᠮᠳᠠᠳᠤ ᠠᠷᠠᠳ ᠤᠨ ᠤᠯᠤᠰ ᠤᠨ ᠴᠠᠭᠠᠵᠠ ᠶᠢᠨ ᠬᠠᠤᠯᠢ 》 ᠶᠢᠨ ᠵᠢᠷᠤᠮ ᠤᠨ ᠳᠠᠭᠠᠤ ᠂ ᠡᠮ ᠦᠨ ᠠᠶᠤᠯᠭᠦᠢ ᠪᠠᠢᠳᠠᠯ ᠢ ᠬᠣᠬᠢᠷᠠᠭᠤᠯᠬᠤ ᠴᠠᠭᠠᠵᠠ ᠶᠢᠨ ᠬᠡᠷᠡᠭ ᠢ ᠱᠦᠭᠦᠬᠦ ᠳᠦ ᠬᠠᠤᠯᠢ ᠶᠢ ᠬᠡᠷᠡᠭᠯᠡᠬᠦ ᠶᠠᠭᠤ ᠶᠠᠭᠤ ᠠᠰᠠᠭᠤᠳᠠᠯ ᠢ ᠳᠣᠣᠷᠠᠬᠢ ᠮᠡᠲᠦ ᠲᠠᠢᠯᠪᠤᠷᠢᠯᠠᠪᠠ ᠄

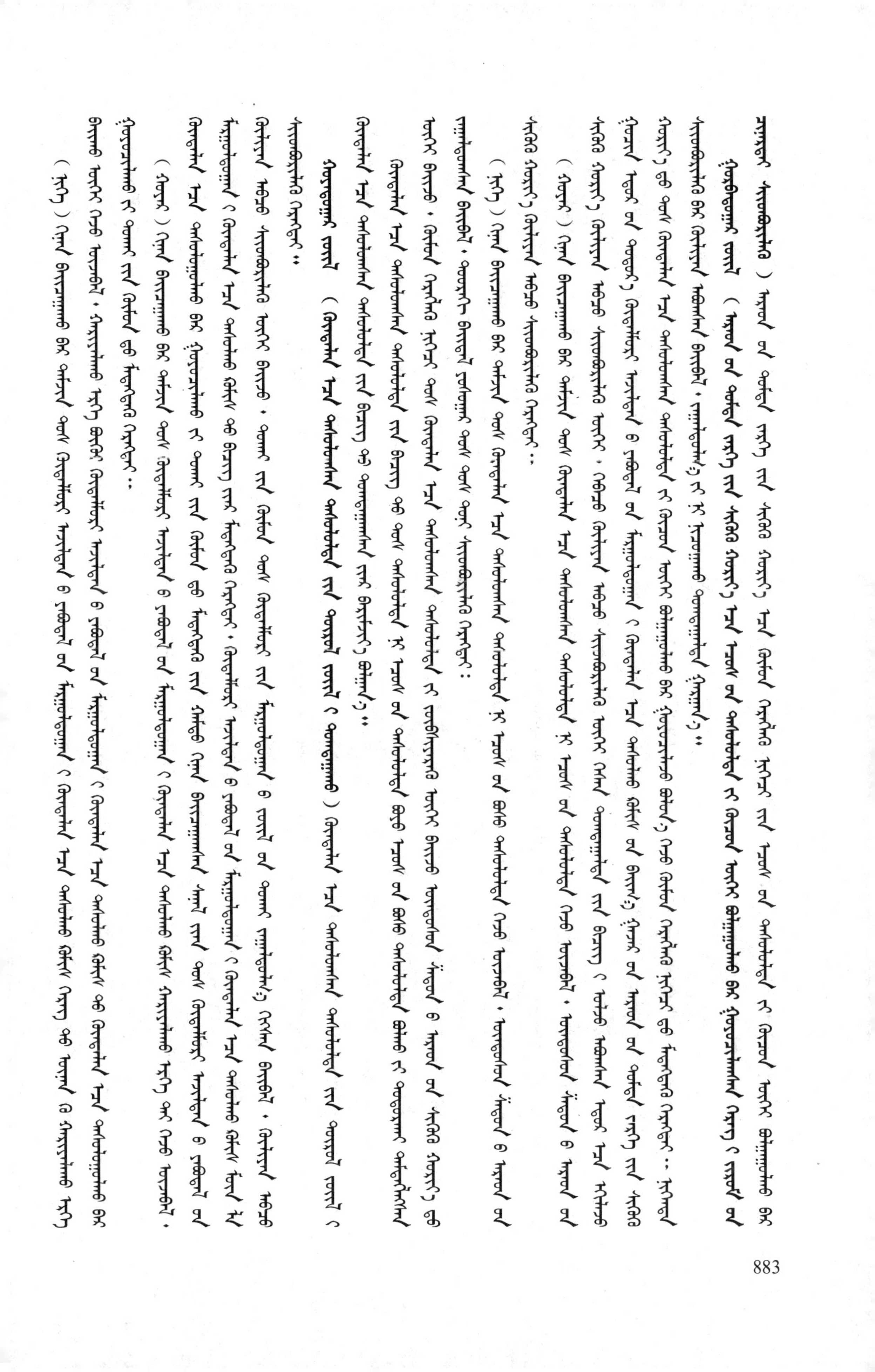

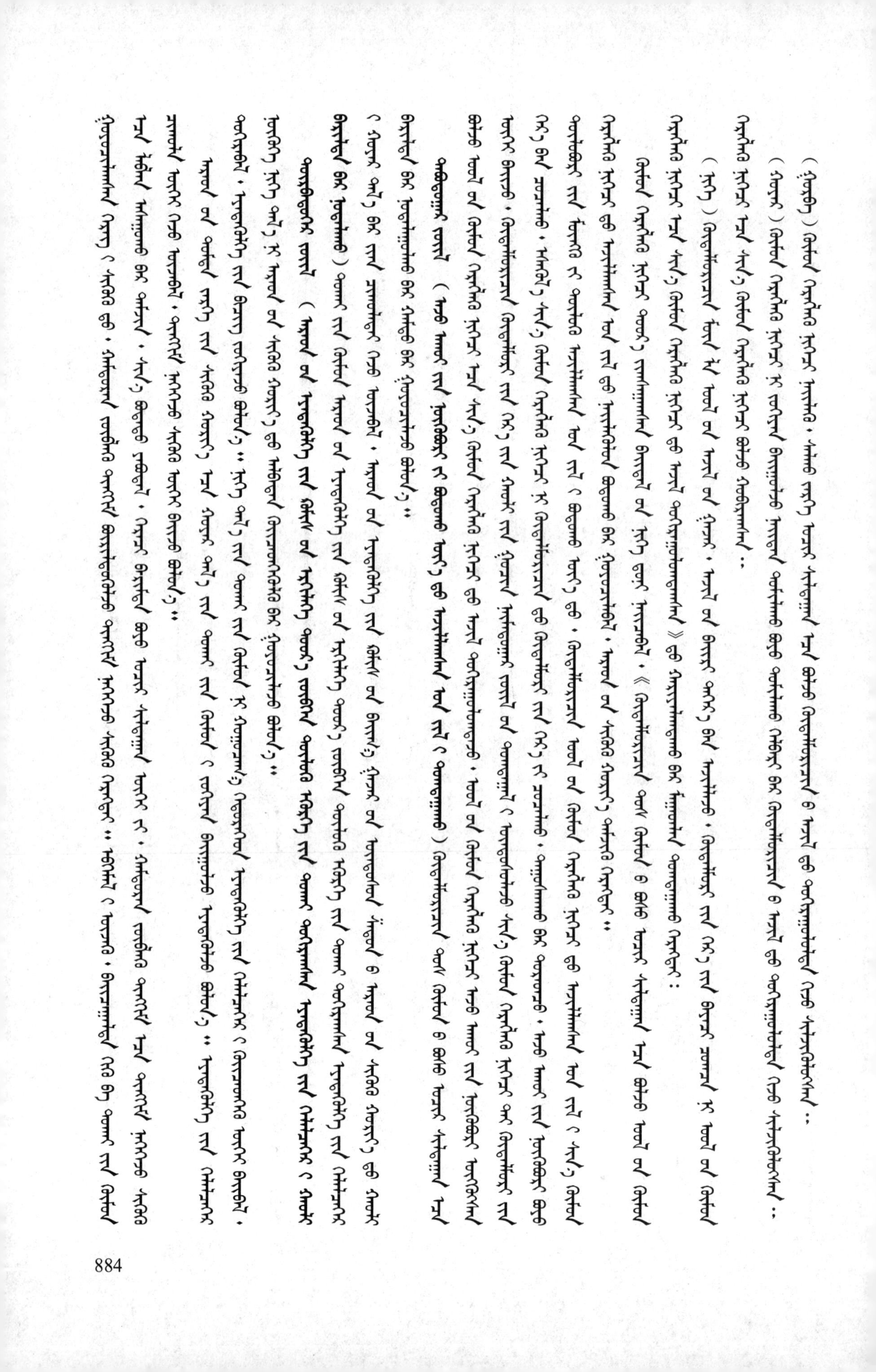

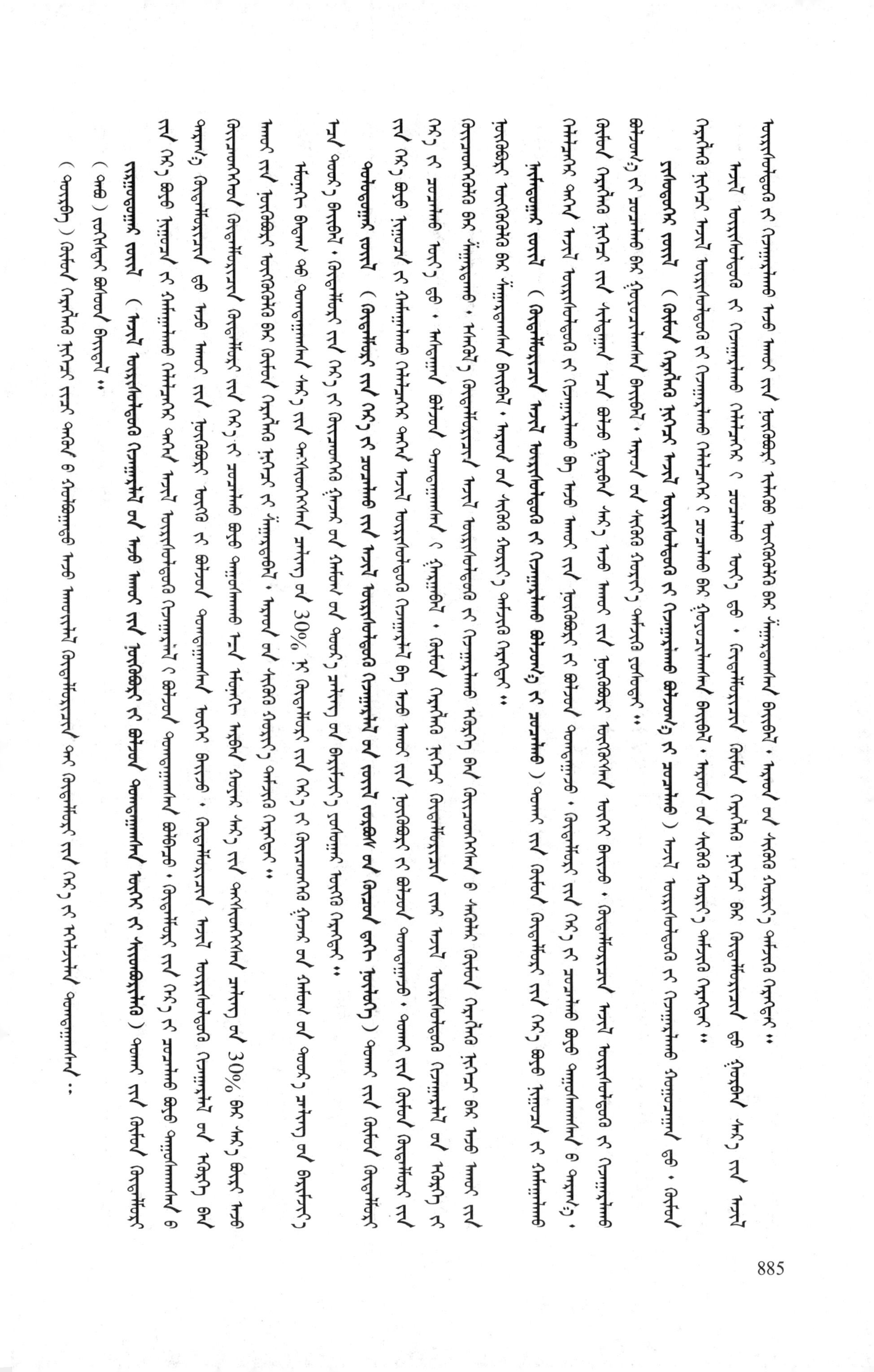

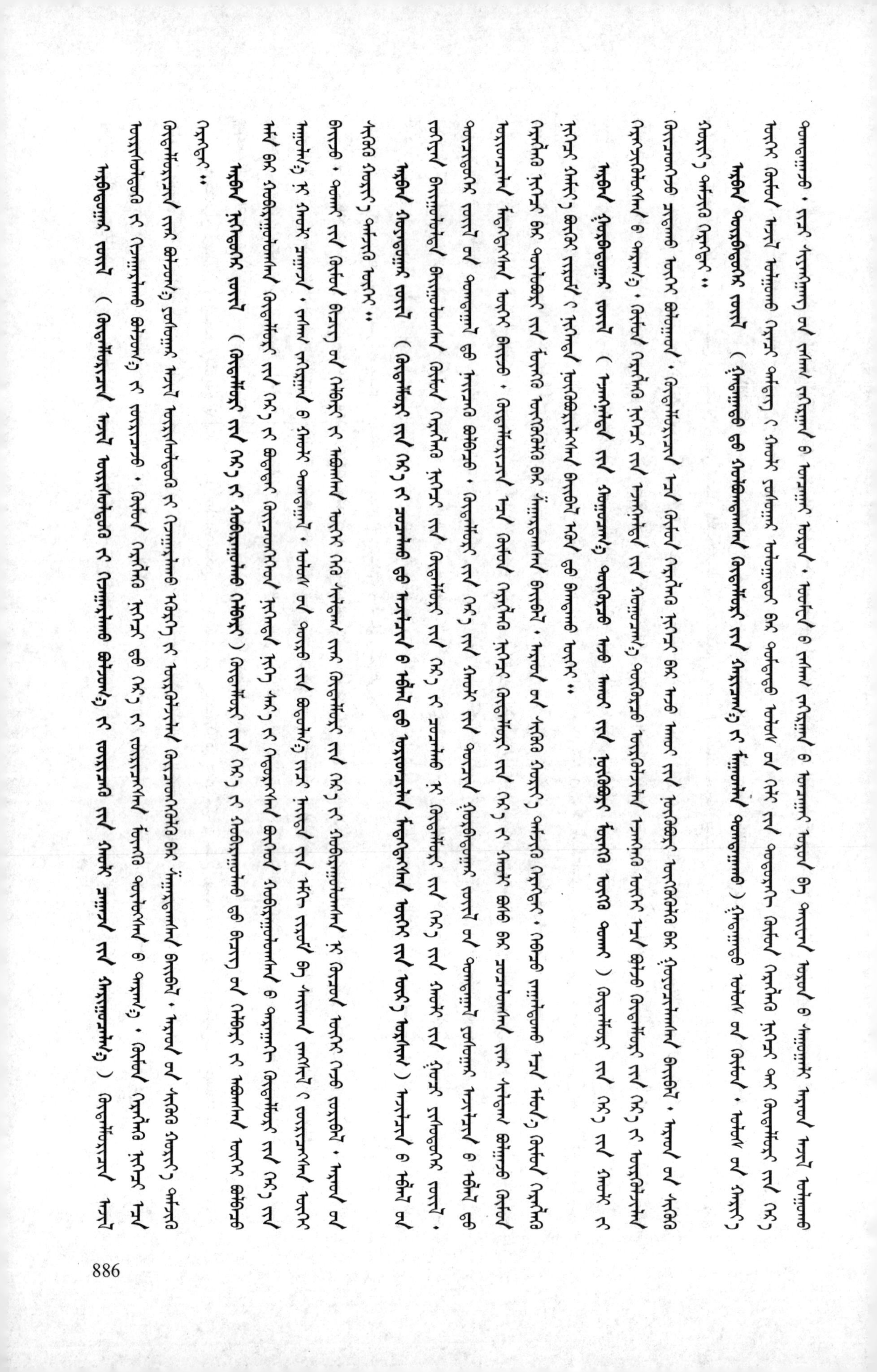

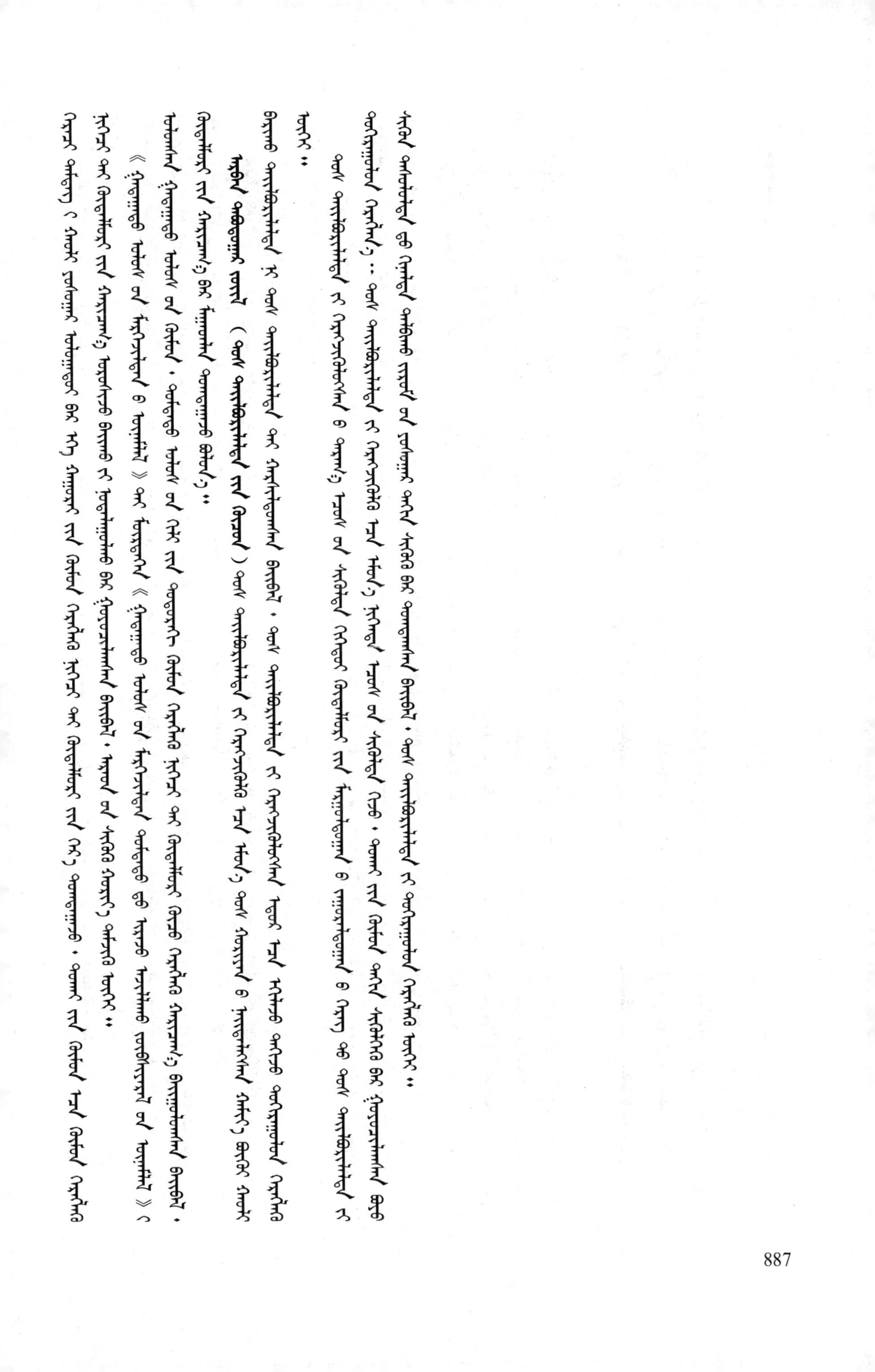

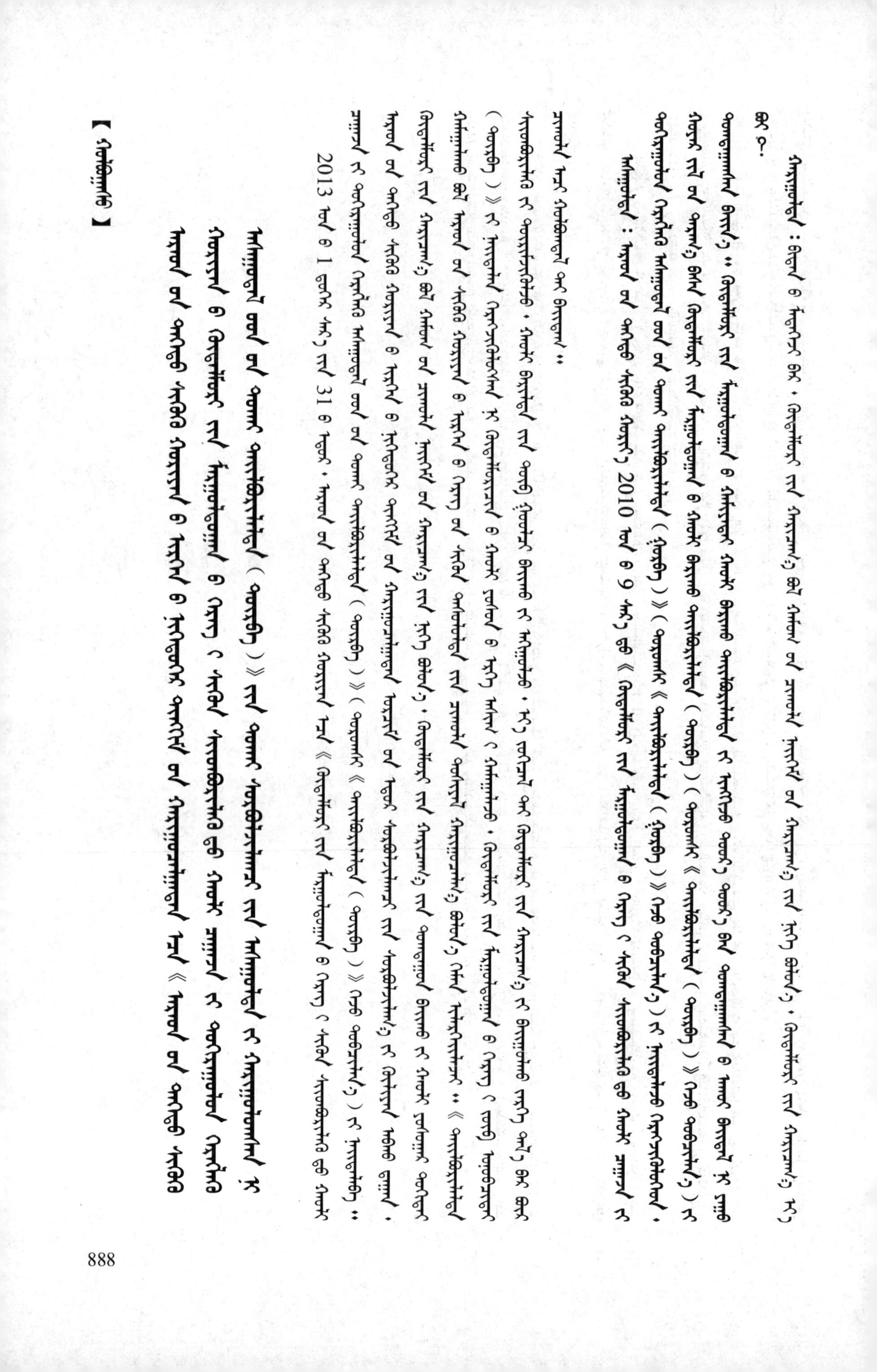

[illegible] : [illegible]
[illegible]

[illegible]
[illegible]
[illegible]
[illegible] 2010 [illegible] 9 [illegible]

[illegible]
[illegible]
[illegible]
[illegible]
[illegible]
[illegible]
[illegible]
[illegible] 2013 [illegible] 1 [illegible] 31 [illegible]

[illegible]

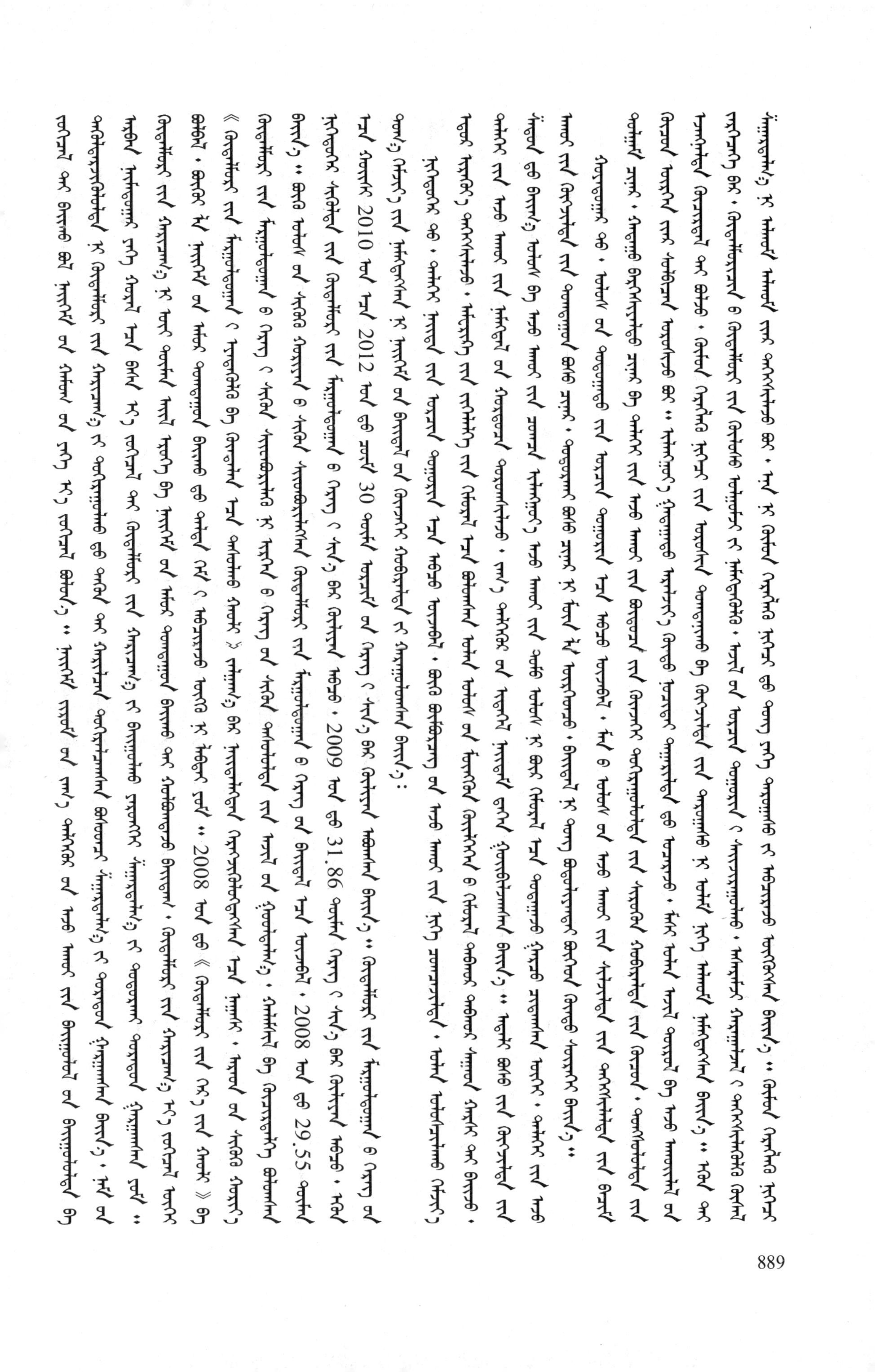

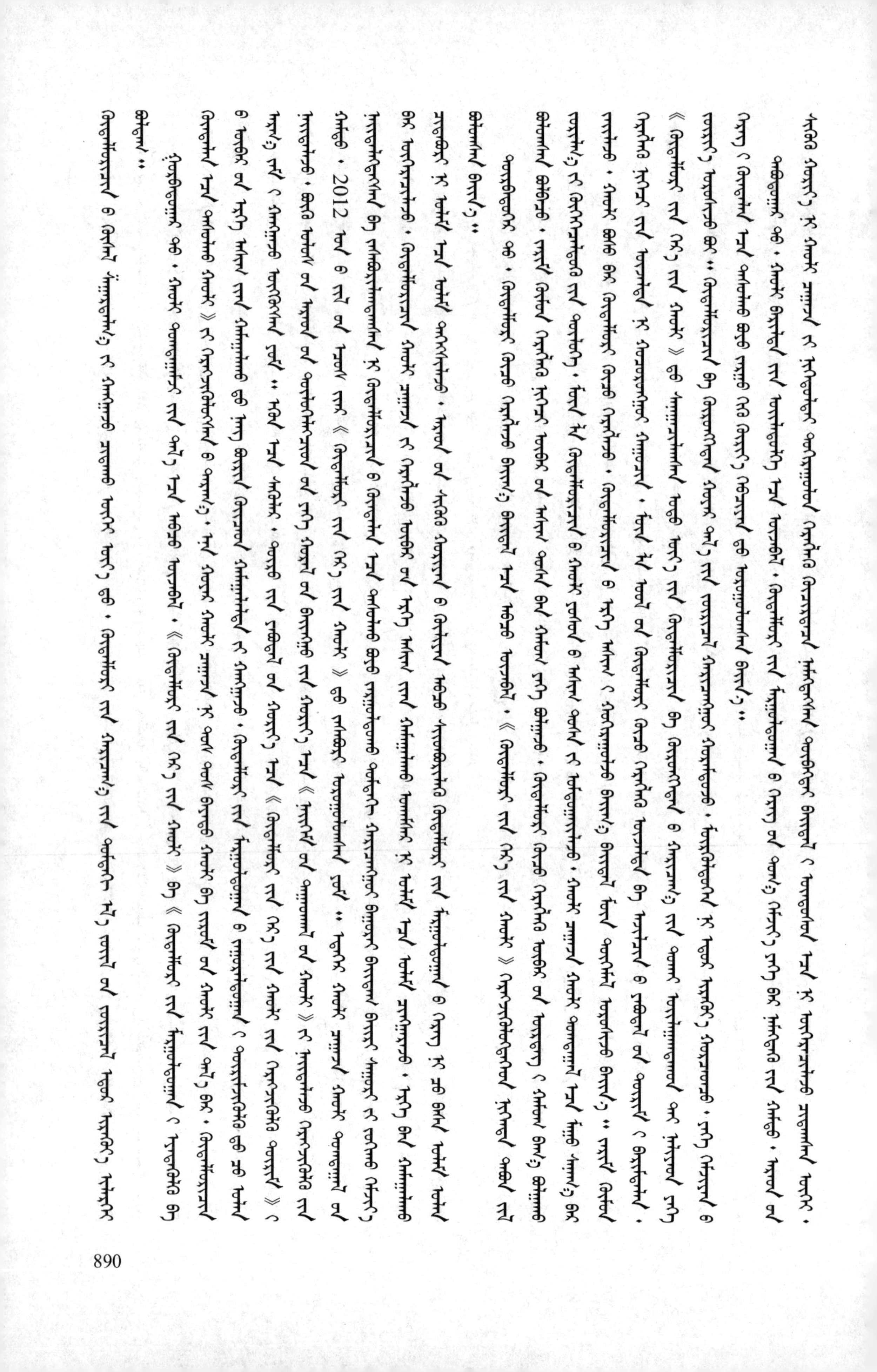

[illegible]
[illegible]
[illegible] ::
[illegible]
[illegible]
[illegible]
[illegible]
[illegible]
[illegible]
[illegible]
[illegible] ::
[illegible]
[illegible]
[illegible] 2012 [illegible]
[illegible]
[illegible]
[illegible]
[illegible]
[illegible] ::
[illegible]

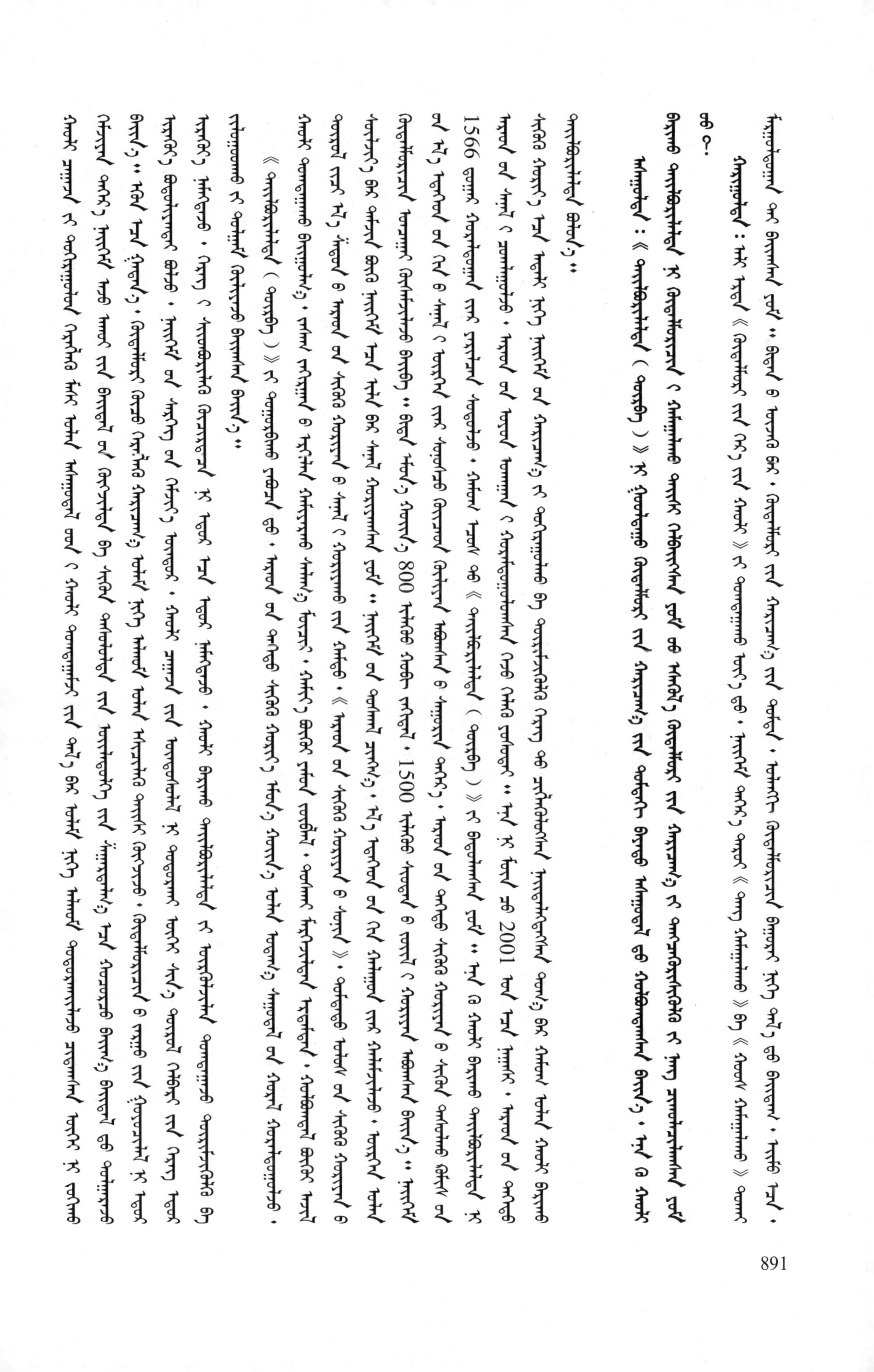

[illegible] ·

[illegible] : [illegible] 《[illegible]》 [illegible] 《[illegible]》 [illegible] 《[illegible]》 [illegible] ?

[illegible] : 《[illegible] ([illegible]) 》 [illegible] ·

[illegible] ::

[illegible] 2001 [illegible] · [illegible] 1566 [illegible] · [illegible] 《[illegible] ([illegible]) 》 [illegible] :: [illegible] · [illegible] 800 [illegible] · 1500 [illegible] :: [illegible] :: [illegible] · [illegible] · 《[illegible]》 · [illegible] · [illegible] · [illegible] · [illegible] ·

《[illegible] ([illegible]) 》 [illegible] · [illegible] ::

[illegible] · [illegible] · [illegible] · [illegible] · [illegible] :: [illegible] · [illegible] · [illegible] :: [illegible]

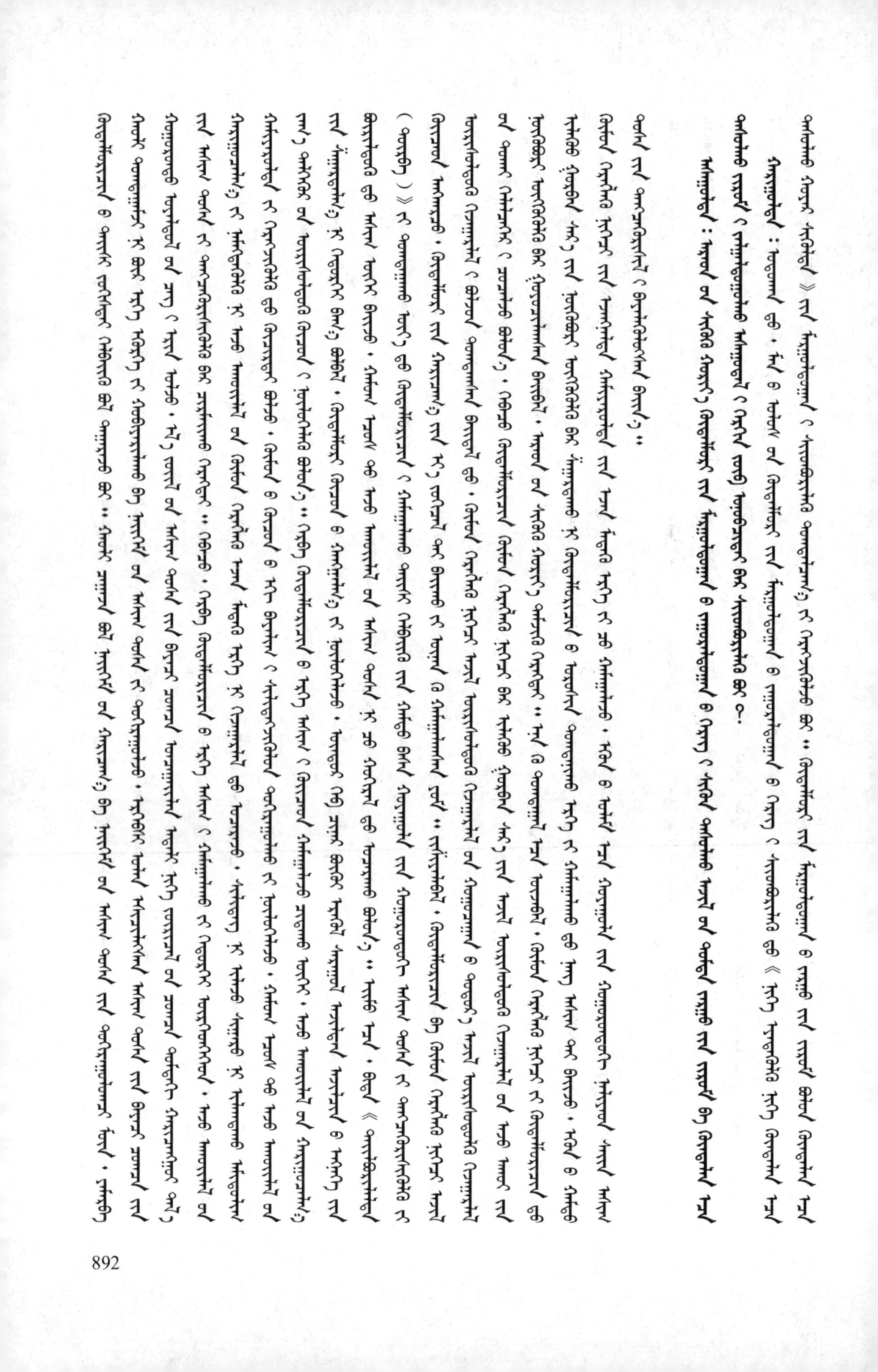

[illegible]

[illegible]

[illegible]

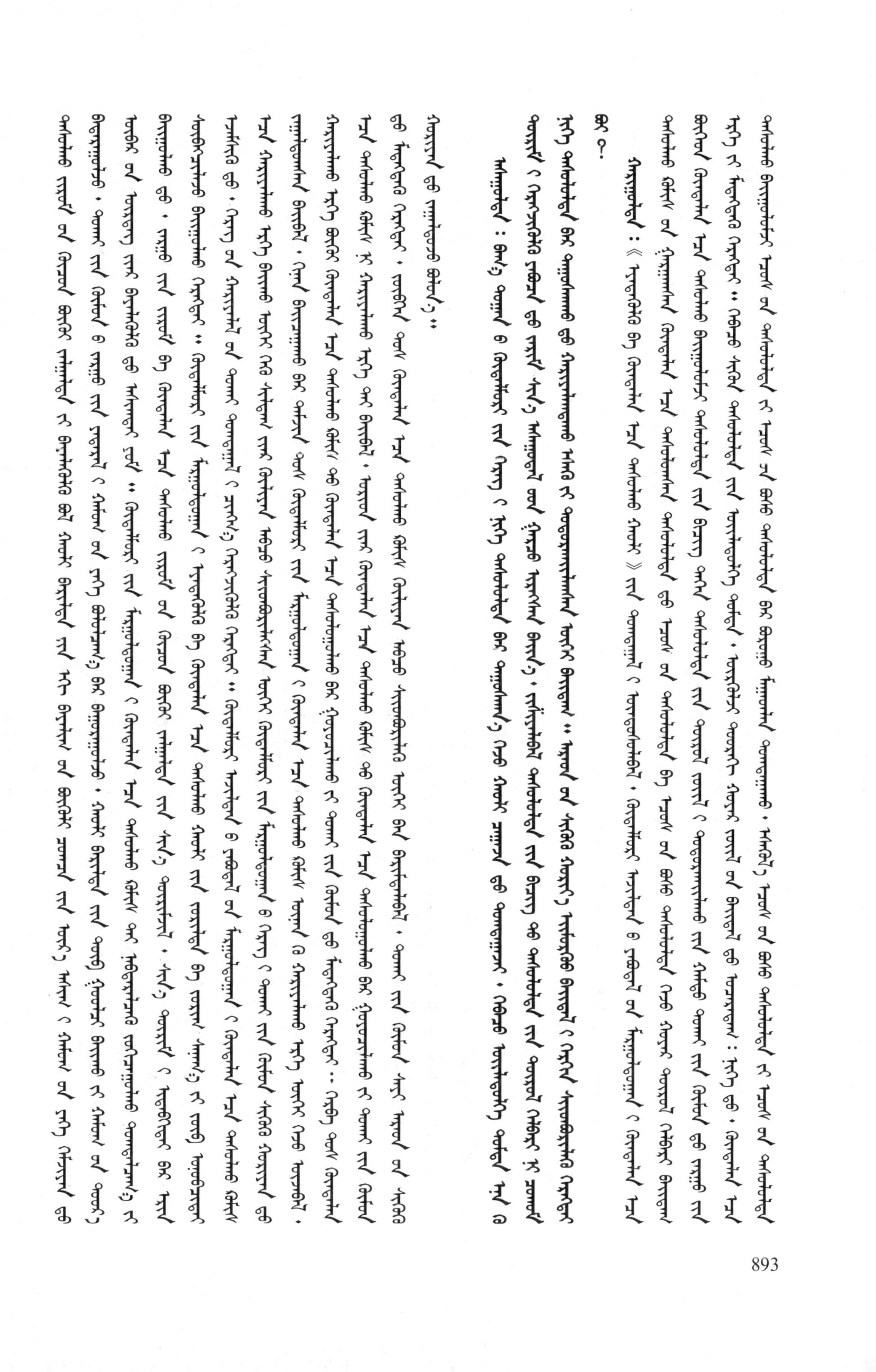

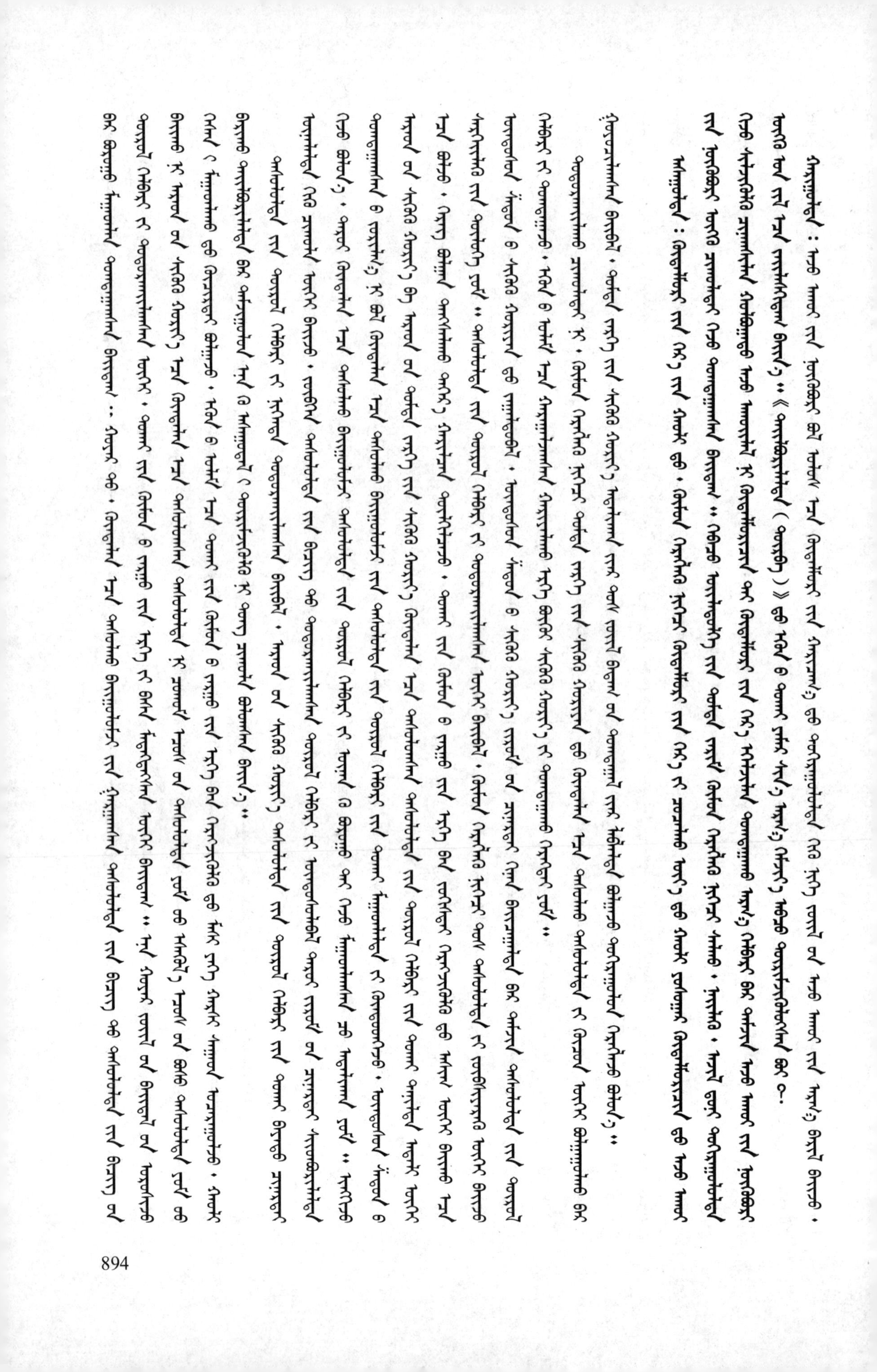

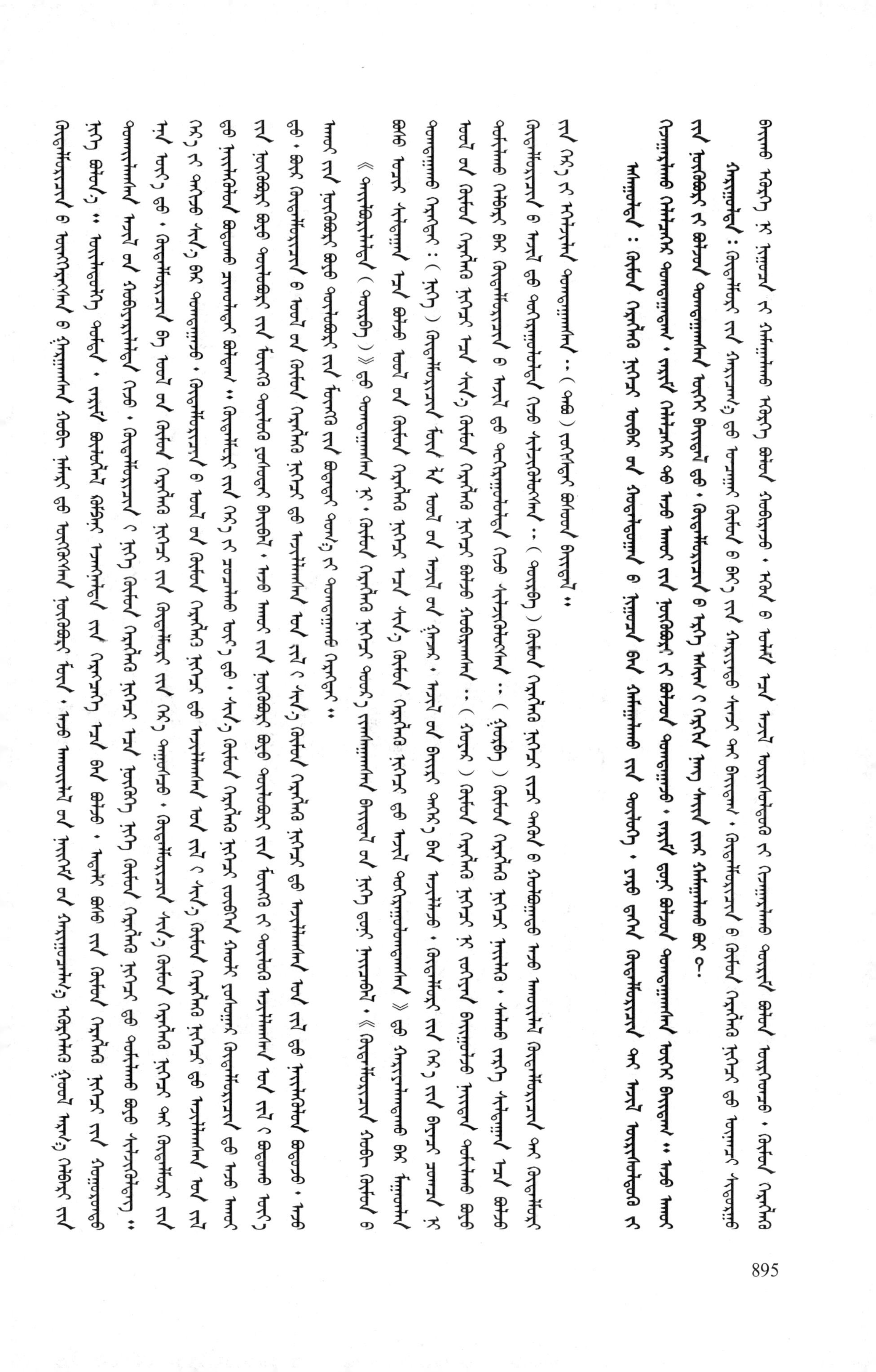

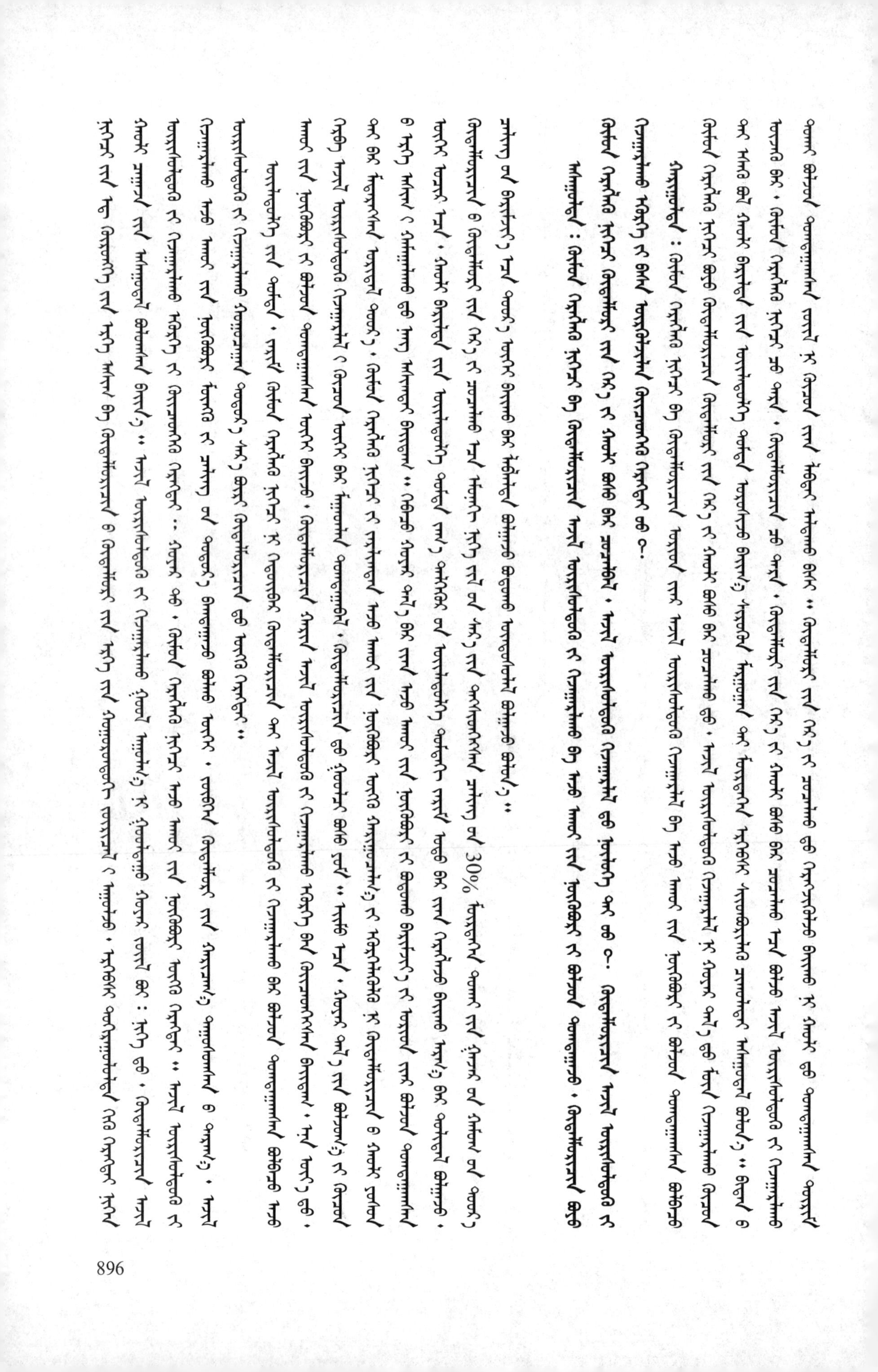

ᠪᠣᠯᠤᠨ᠎ᠠ ᠂ [illegible] ᠬᠡᠷᠡᠭᠲᠡᠢ ᠶᠤᠮ ᠃

ᠠᠰᠠᠭᠤᠯᠲᠠ : [illegible] ᠤᠤ ?

ᠬᠠᠷᠢᠭᠤᠯᠲᠠ : [illegible]

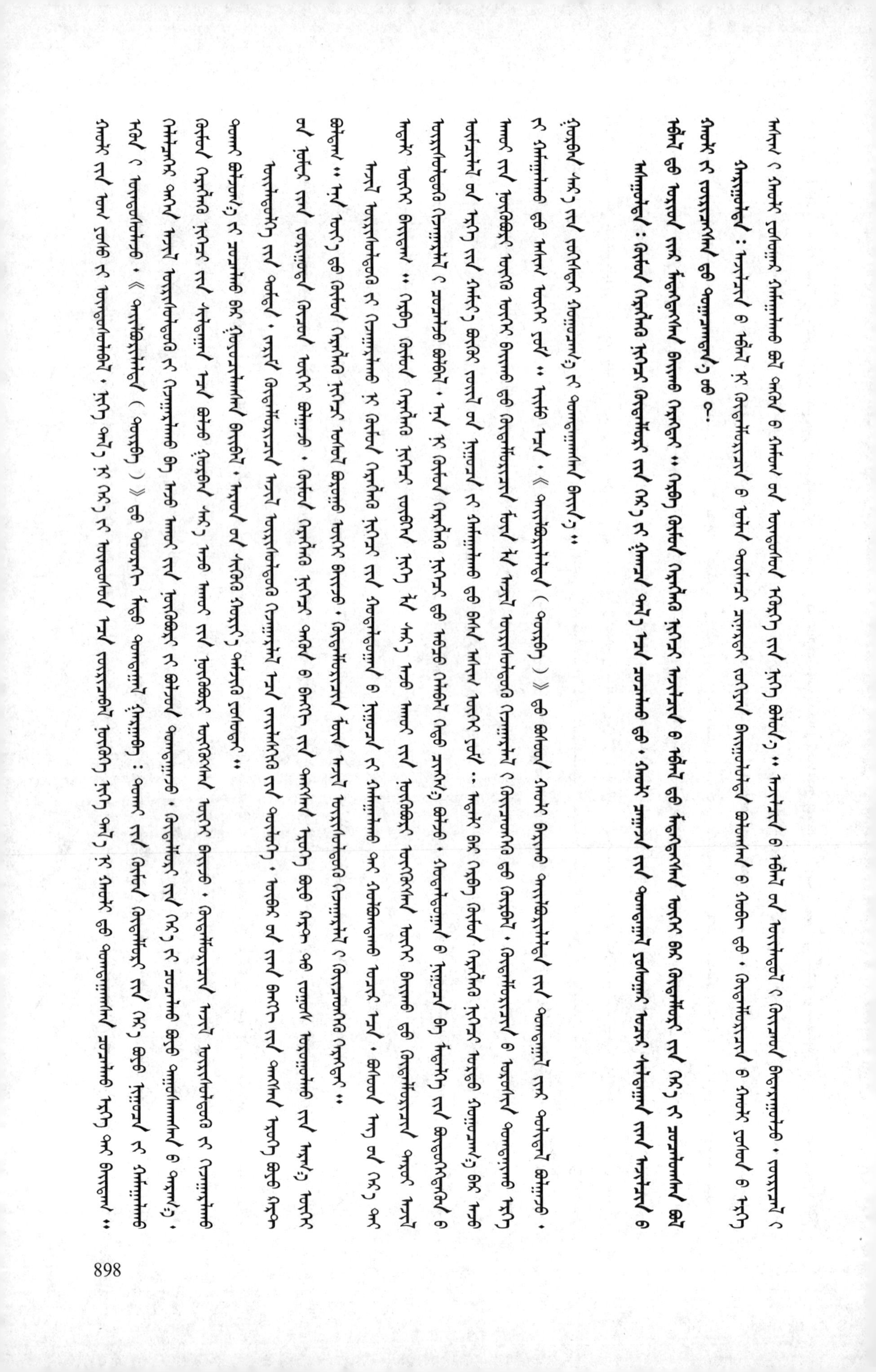

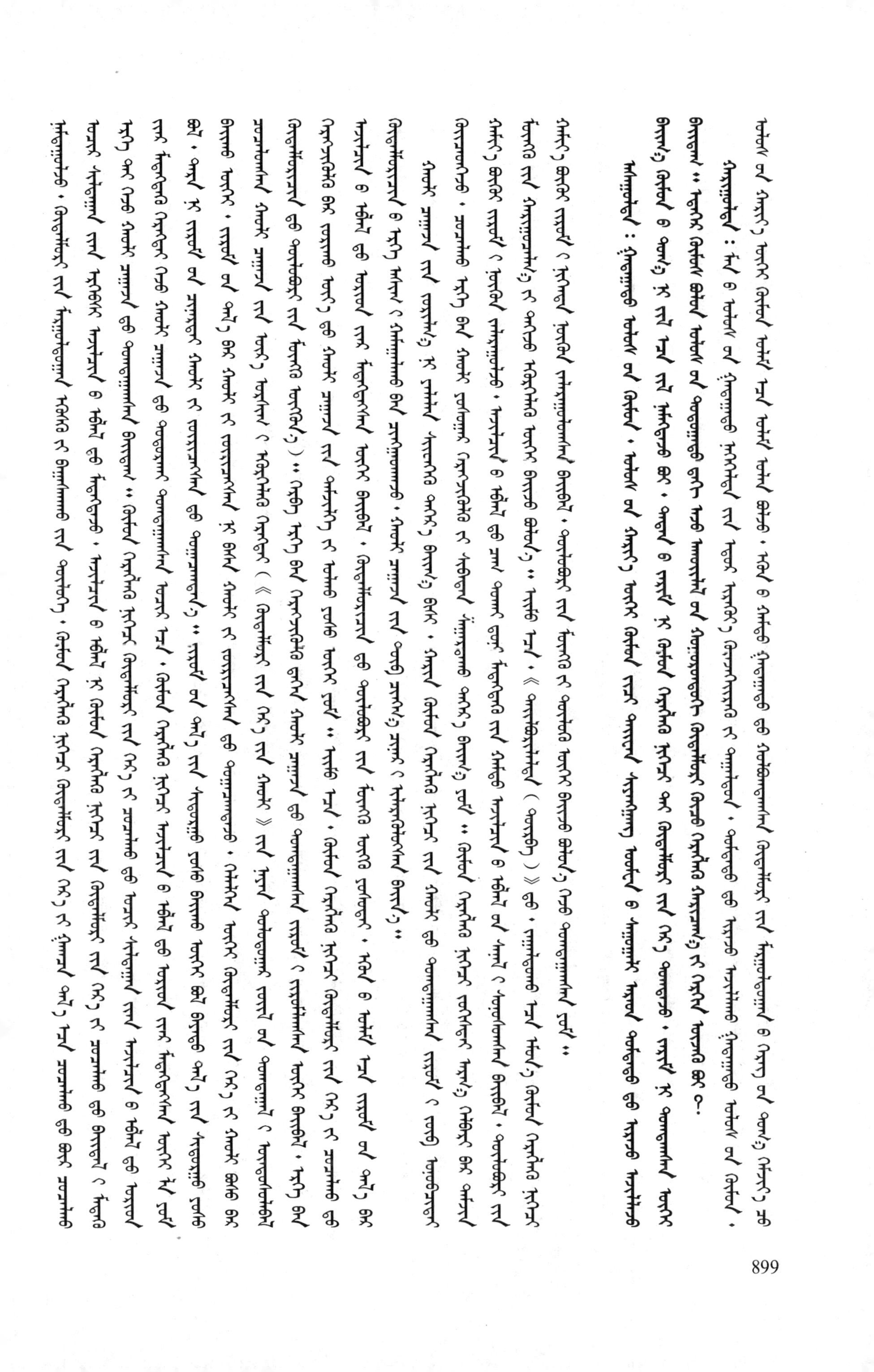

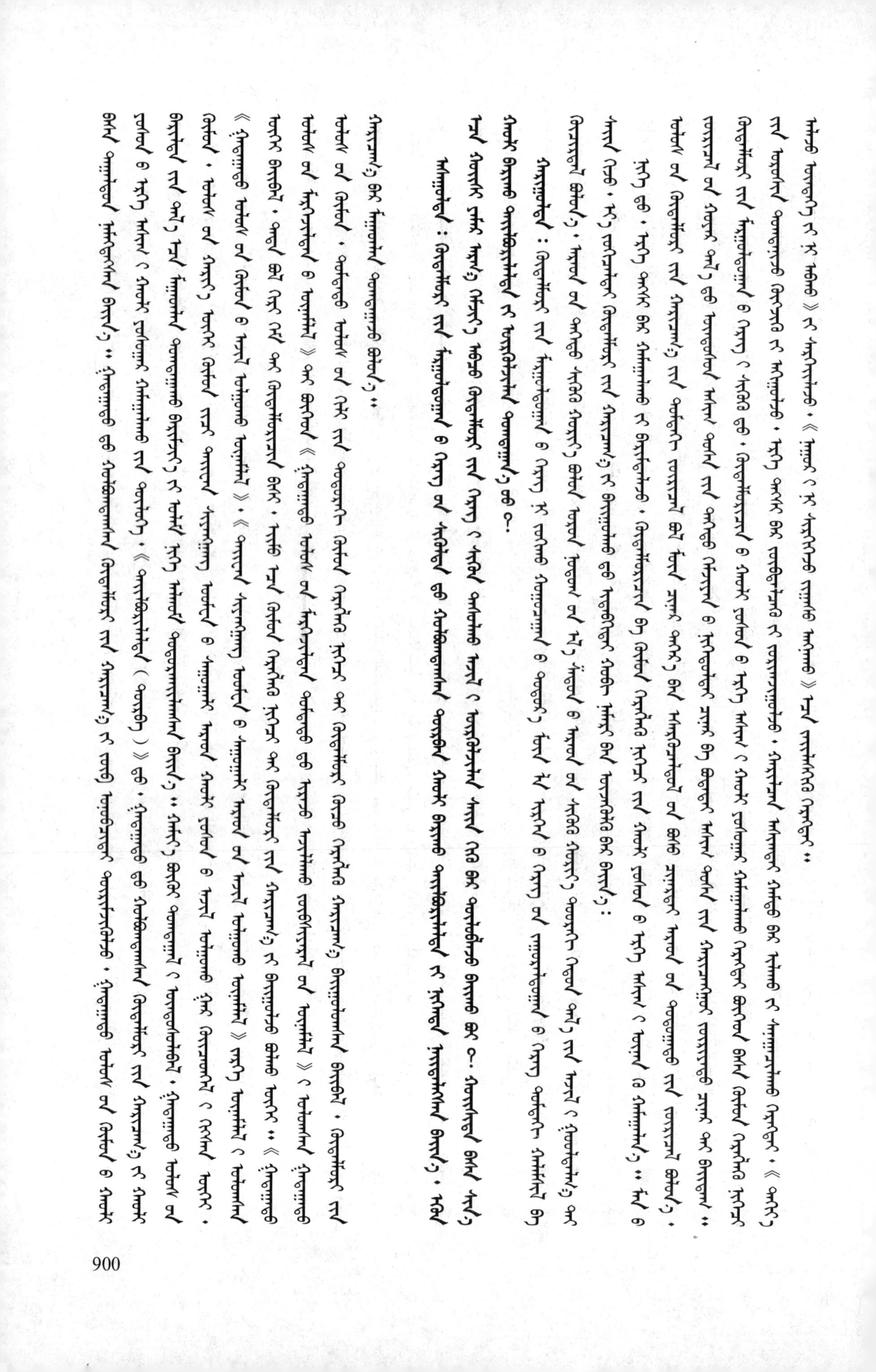

[illegible]

ᠶᠠᠭᠤᠷ ᠮᠠᠨ ᠂ ᠬᠤᠪᠢᠰᠬᠠᠯ ᠤᠨ ᠰᠤᠷᠭᠠᠭᠤᠯᠢ ᠶᠢᠨ ᠪᠠᠢᠳᠠᠯ ᠢ ᠰᠠᠢᠵᠢᠷᠠᠭᠤᠯᠬᠤ ᠳᠤ ᠬᠦᠴᠦ ᠨᠡᠮᠡᠷᠢ ᠣᠷᠣᠭᠤᠯᠬᠤ ᠬᠡᠷᠡᠭᠲᠡᠢ ᠪᠠᠢᠨ᠎ᠠ ᠃ ᠳᠠᠭᠤᠰᠬᠠᠭᠰᠠᠨ ᠨᠢ ᠰᠤᠷᠭᠠᠨ ᠬᠦᠮᠦᠵᠢᠯ ᠦᠨ ᠠᠵᠢᠯ ᠢ ᠪᠠᠢᠭᠤᠯᠬᠤ ᠳᠤ ᠣᠨᠴᠠ ᠴᠢᠬᠤᠯᠠ ᠠᠴᠢ ᠬᠣᠯᠪᠣᠭᠳᠠᠯ ᠲᠠᠢ ᠪᠠᠢᠨ᠎ᠠ ᠃᠃

ᠪᠠᠢᠳᠠᠯ ᠳᠤᠷ ᠶᠠᠭᠤᠨ ᠤ ᠪᠤᠢ ᠪᠣᠯᠪᠠᠰᠤ ᠶᠢ ᠬᠠᠷᠢᠭᠤᠯᠬᠤ ᠰᠤᠷᠭᠠᠭᠤᠯᠢ ᠶᠢᠨ ᠬᠡᠷᠡᠭᠯᠡᠭᠡ ᠶᠢ ᠲᠣᠳᠣᠷᠬᠠᠢ ᠪᠣᠯᠭᠠᠬᠤ ᠬᠡᠷᠡᠭᠲᠡᠢ ᠃᠃

[illegible] :: [illegible]

[illegible] 18 [illegible]

([illegible])
[illegible] 2013 ᠣᠨ ᠤ 11 ᠰᠠᠷ᠎ᠠ ᠶᠢᠨ 8 ᠤ ᠡᠳᠦᠷ [illegible])

[illegible]

[illegible] ::

[illegible]

[illegible] 2005 ᠣᠨ ᠤ 7 ᠰᠠᠷ᠎ᠠ ᠳᠤ [illegible] ([illegible]) [illegible] 3840 [illegible] ([illegible]) [illegible] :: [illegible] 《 [illegible] 》 [illegible] : [illegible]

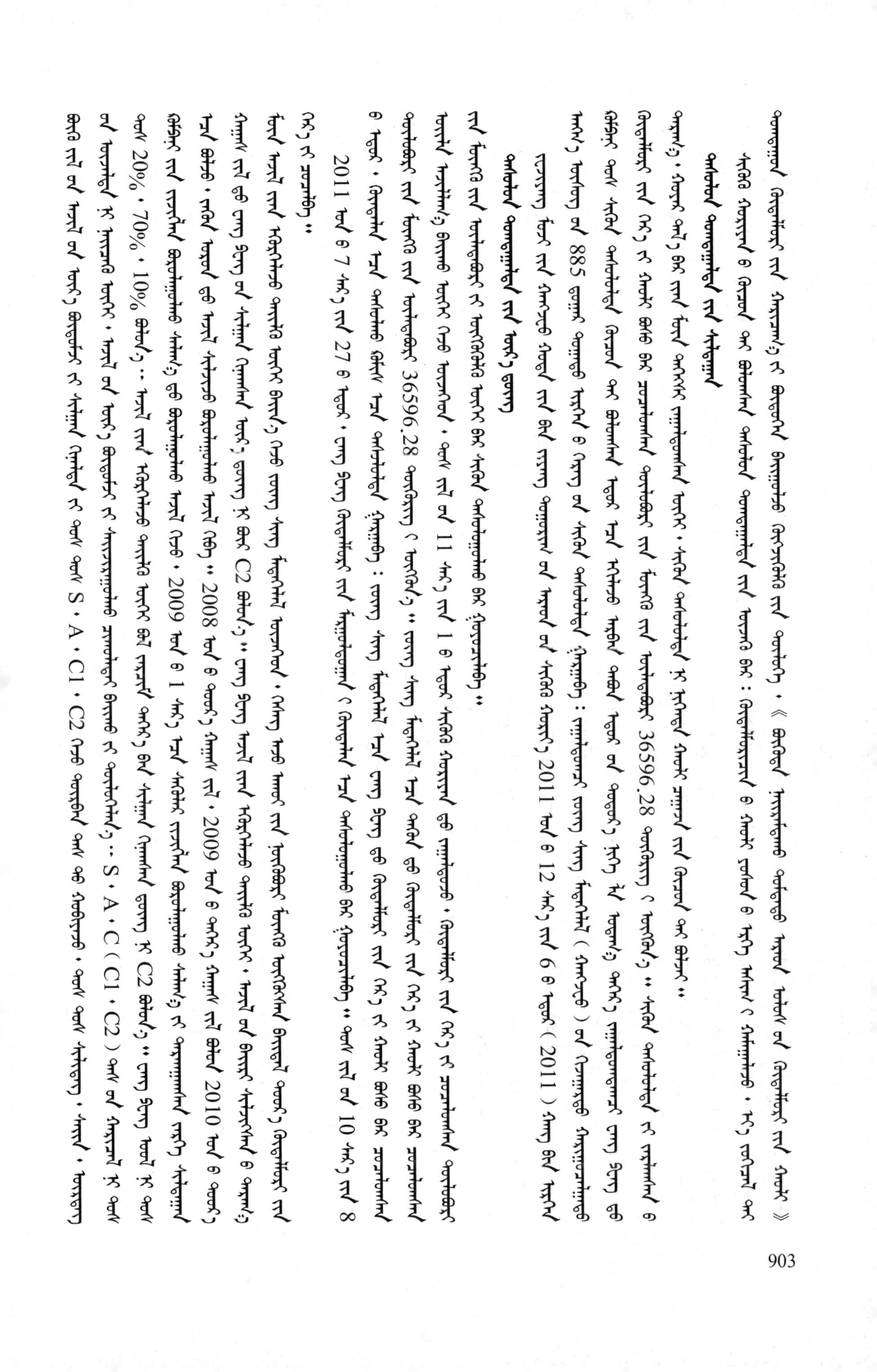

[illegible] 《[illegible]》 [illegible]

[illegible]

[illegible]

[illegible] 36596.28 [illegible] 885 [illegible] 2011 [illegible] 12 [illegible] 6 [illegible] (2011) [illegible]

[illegible]

[illegible] 11 [illegible] 1 [illegible] 36596.28 [illegible]

2011 [illegible] 7 [illegible] 27 [illegible] 10 [illegible] 8 [illegible]

[illegible] C2 [illegible] 2008 [illegible] 2009 [illegible] 2010 [illegible] 2009 [illegible] 1 [illegible] 20% · 70% · 10% [illegible] C2 [illegible] S · A · C (C1 · C2) [illegible] S · A · C1 · C2 [illegible]

《ᠪᠠᠶᠢᠭᠤᠯᠤᠯ ᠨᠠᠶᠢᠷᠠᠭᠤᠯᠬᠤ ᠰᠢᠨᠵᠢᠯᠡᠬᠦ ᠤᠬᠠᠭᠠᠨ ᠤ ᠰᠡᠳᠬᠦᠯ ᠦᠨ ᠬᠡᠪᠯᠡᠯ ᠦᠨ ᠪᠠᠷᠢᠮᠲᠠ 》 ᠶᠢ ᠪᠠᠷᠢᠮᠲᠠ ᠴᠢᠭᠯᠠᠯ ᠪᠣᠯᠭᠠᠨ ᠲᠣᠭᠲᠠᠭᠠᠬᠤ ᠰᠤᠷᠪᠤᠯᠵᠢ ᠶᠢᠨ ᠬᠡᠪᠯᠡᠯ ᠪᠣᠯᠤᠨ ᠡᠷᠳᠡᠮ ᠰᠢᠨᠵᠢᠯᠡᠬᠦ ᠤᠬᠠᠭᠠᠨ ᠤ ᠨᠡᠢᠲᠡᠯᠡᠯ ᠦᠨ ᠵᠢᠯ ᠦᠨ ᠳᠡᠭᠡᠷ᠎ᠡ ᠨᠡᠢᠲᠡᠯᠡᠭᠰᠡᠨ ᠪᠠᠶᠢᠬᠤ ᠃ ᠬᠡᠪᠯᠡᠯ ᠦᠨ ᠡᠷᠬᠡ ᠶᠢᠨ ᠰᠤᠷᠪᠤᠯᠵᠢ ᠶᠢᠨ ᠬᠡᠮᠵᠢᠶ᠎ᠡ ᠶᠢ ᠬᠠᠷᠭᠤᠭᠤᠯᠵᠤ ᠰᠠᠨᠠᠯ ᠤᠨ ᠵᠢᠷᠤᠮ ᠤᠨ ᠲᠦᠪᠰᠢᠨ ᠳᠦ ᠬᠦᠷᠦᠭᠰᠡᠨ ᠪᠠᠶᠢᠬᠤ ᠡᠰᠡᠬᠦ ᠵᠢᠨ ᠃ 《 ᠰᠡᠳᠬᠦᠯ ᠦᠨ ᠬᠡᠪᠯᠡᠯ ᠦᠨ ᠴᠢᠨᠠᠷ ᠤᠨ ᠦᠨᠡᠯᠡᠯᠲᠡ 》 ᠶᠢᠨ C (C1 · C2) ᠵᠡᠷᠭᠡ ᠶᠢᠨ ᠲᠣᠭ᠎ᠠ ᠨᠢ ᠡᠩ ᠦᠨ ᠰᠡᠳᠬᠦᠯ ᠦᠨ ᠲᠣᠭ᠎ᠠ ᠶᠢᠨ 10% ᠡᠴᠡ ᠬᠡᠲᠦᠷᠡᠬᠦ ᠦᠭᠡᠢ 》 · ᠡᠩ ᠦᠨ ᠵᠡᠷᠭᠡ ᠶᠢᠨ ᠰᠡᠳᠬᠦᠯ ᠢ C2 ᠵᠡᠷᠭᠡ ᠪᠣᠯᠭᠠᠨ ᠲᠣᠭᠲᠠᠭᠠᠨ᠎ᠠ · C2 ᠵᠡᠷᠭᠡ ᠶᠢᠨ 《 ᠰᠡᠳᠬᠦᠯ ᠦᠨ ᠬᠡᠪᠯᠡᠯ ᠦᠨ ᠵᠡᠷᠭᠡ ᠶᠢᠨ ᠲᠣᠭᠲᠠᠭᠠᠯ ᠢ ᠦᠨᠡᠯᠡᠨ ᠲᠣᠭᠲᠠᠭᠠᠬᠤ ᠪᠠᠷᠢᠮᠲᠠ ᠵᠢᠨ ᠬᠡᠪᠯᠡᠯ 》 ᠤᠨ ᠬᠠᠮᠲᠤ ᠬᠡᠷᠡᠭᠵᠢᠭᠦᠯᠦᠭᠳᠡᠨ᠎ᠡ ᠃ 2009 ᠣᠨ ᠤ 1 ᠰᠠᠷ᠎ᠠ ᠳᠤ ᠡᠩ ᠦᠨ ᠵᠡᠷᠭᠡ ᠶᠢᠨ ᠰᠡᠳᠬᠦᠯ ᠦᠨ ᠬᠡᠪᠯᠡᠯ ᠦᠨ ᠬᠠᠮᠲᠤ ᠲᠣᠭᠲᠠᠭᠠᠭᠰᠠᠨ ᠨᠢ ᠪᠣᠯᠪᠠᠰᠤᠷᠠᠭᠰᠠᠨ ᠪᠣᠯᠤᠨ᠎ᠠ · ᠡᠩ ᠦᠨ ᠰᠡᠳᠬᠦᠯ ᠦᠨ ᠬᠡᠪᠯᠡᠯ ᠦᠨ ᠡᠷᠬᠡ ᠶᠢᠨ ᠵᠢᠯ ᠦᠨ ᠳᠡᠭᠡᠷ᠎ᠡ ᠨᠡᠢᠲᠡᠯᠡᠭᠰᠡᠨ ᠪᠠᠶᠢᠬᠤ ᠰᠣᠩᠭᠣᠭᠳᠠᠭᠰᠠᠨ ᠰᠡᠳᠬᠦᠯ ᠦᠨ ᠡᠷᠬᠡ ᠶᠢᠨ ᠵᠡᠷᠭᠡ ᠶᠢ ᠲᠣᠭᠲᠠᠭᠠᠬᠤ ᠪᠠᠷᠢᠮᠲᠠ ᠪᠣᠯᠭᠠᠨ᠎ᠠ ᠃ ᠡᠩ ᠦᠨ ᠰᠡᠳᠬᠦᠯ ᠦᠨ ᠵᠢᠯ ᠦᠨ ᠳᠡᠭᠡᠷ᠎ᠡ ᠡᠷᠬᠡ ᠶᠢᠨ ᠵᠡᠷᠭᠡ ᠶᠢ ᠲᠣᠭᠲᠠᠭᠠᠬᠤ ᠪᠠᠷᠢᠮᠲᠠ ᠶᠢᠨ ᠪᠣᠯᠪᠠᠰᠤᠷᠠᠭᠰᠠᠨ ᠪᠠᠶᠢᠬᠤ ᠵᠠᠷᠯᠢᠭ ᠢ ᠬᠡᠷᠡᠭᠵᠢᠭᠦᠯᠬᠦ ᠪᠣᠯᠤᠨ᠎ᠠ ᠃

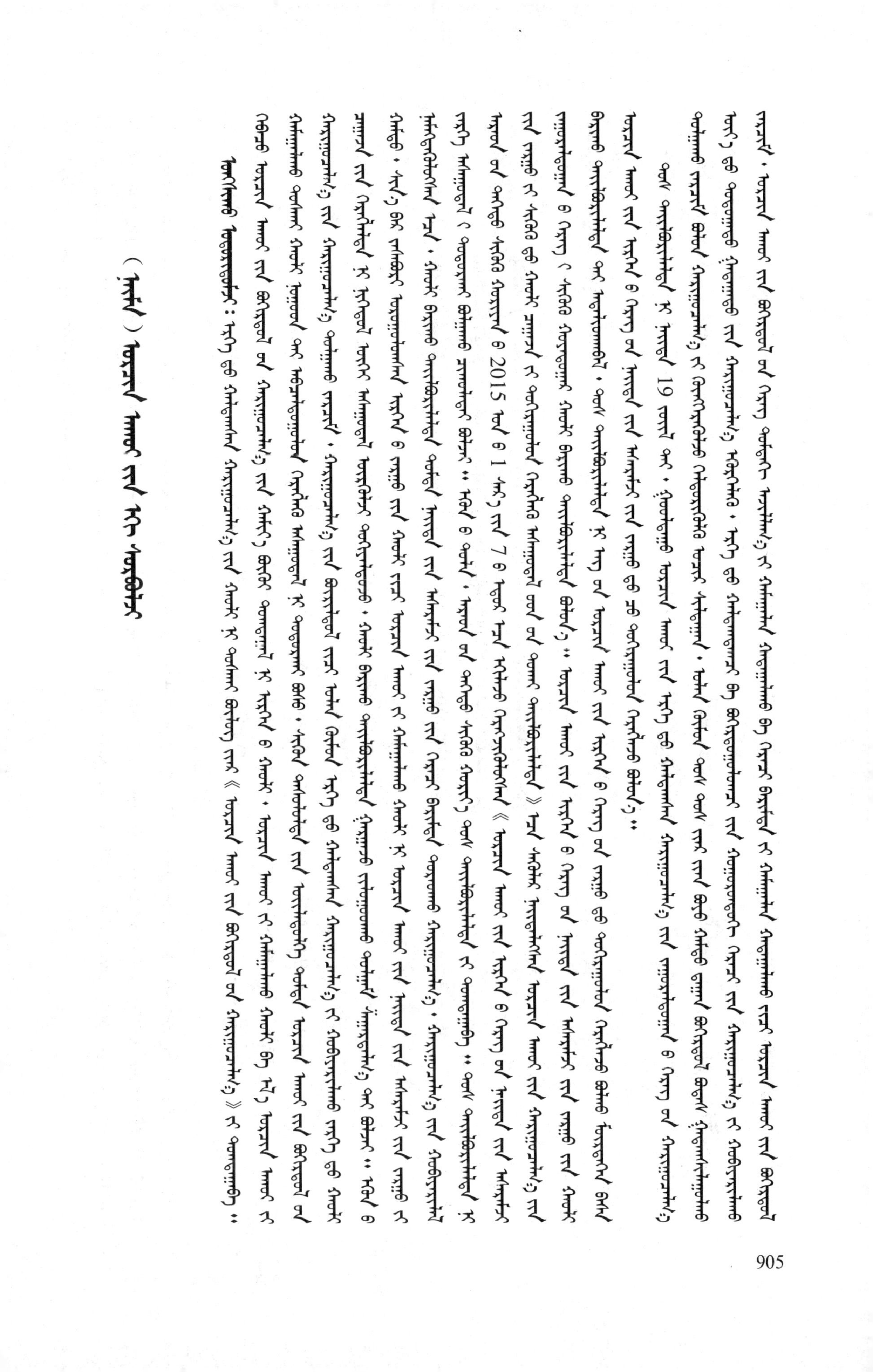

ᠣᠷᠴᠢᠨ ᠲᠣᠭᠣᠷᠢᠨ ᠢ ᠬᠣᠬᠢᠷᠠᠭᠤᠯᠤᠭᠰᠠᠨ ᠬᠠᠷᠢᠭᠤᠴᠠᠯᠭ᠎ᠠ ᠶᠢᠨ ᠮᠠᠷᠭᠤᠯᠳᠤᠭᠠᠨ ᠤ ᠬᠡᠷᠡᠭ ᠢ ᠰᠢᠭᠦᠨ ᠬᠢᠶᠠᠬᠤ ᠳᠤ ᠬᠠᠮᠠᠭᠠᠯᠠᠬᠤ ᠬᠡᠷᠡᠭᠵᠢᠭᠦᠯᠦᠨ᠎ᠡ ::

ᠡᠨᠡ ᠲᠠᠶᠢᠯᠪᠤᠷᠢᠯᠠᠯ ᠢ ᠬᠡᠷᠡᠭᠵᠢᠭᠦᠯᠬᠦ ᠡᠴᠡ ᠡᠮᠦᠨ᠎ᠡ ᠳᠡᠭᠡᠳᠦ ᠠᠷᠠᠳ ᠤᠨ ᠱᠦᠭᠦᠬᠦ ᠶᠠᠮᠤᠨ ᠤ ᠨᠡᠢᠲᠡᠯᠡᠭᠰᠡᠨ ᠣᠷᠴᠢᠨ ᠲᠣᠭᠣᠷᠢᠨ ᠢ ᠬᠣᠬᠢᠷᠠᠭᠤᠯᠤᠭᠰᠠᠨ ᠬᠠᠷᠢᠭᠤᠴᠠᠯᠭ᠎ᠠ ᠶᠢᠨ ᠮᠠᠷᠭᠤᠯᠳᠤᠭᠠᠨ ᠤ ᠬᠡᠷᠡᠭ ᠢ ᠰᠢᠭᠦᠨ ᠬᠢᠶᠠᠬᠤ ᠳᠤ ᠬᠡᠷᠡᠭᠯᠡᠨ᠎ᠡ ::

ᠳᠡᠭᠡᠳᠦ ᠠᠷᠠᠳ ᠤᠨ ᠱᠦᠭᠦᠬᠦ ᠶᠠᠮᠤᠨ ᠤ

ᠳᠡᠭᠡᠳᠦ ᠠᠷᠠᠳ ᠤᠨ ᠱᠦᠭᠦᠬᠦ ᠶᠠᠮᠤᠨ ᠤ ᠣᠷᠴᠢᠨ ᠲᠣᠭᠣᠷᠢᠨ ᠢ ᠬᠣᠬᠢᠷᠠᠭᠤᠯᠤᠭᠰᠠᠨ ᠬᠠᠷᠢᠭᠤᠴᠠᠯᠭ᠎ᠠ ᠶᠢᠨ ᠮᠠᠷᠭᠤᠯᠳᠤᠭᠠᠨ ᠤ ᠬᠡᠷᠡᠭ ᠢ ᠰᠢᠭᠦᠨ ᠬᠢᠶᠠᠬᠤ ᠳᠤ ᠬᠠᠤᠯᠢ ᠲᠣᠭᠲᠠᠭᠠᠯ ᠢ ᠬᠡᠷᠡᠭᠯᠡᠬᠦ ᠶᠢᠨ ᠬᠡᠳᠦᠨ ᠠᠰᠠᠭᠤᠳᠠᠯ ᠤᠨ ᠲᠠᠶᠢᠯᠪᠤᠷᠢ

ᠬᠠᠤᠯᠢ ᠲᠠᠶᠢᠯᠪᠤᠷᠢᠯᠠᠯ〔2015〕12 ᠳᠤᠭᠠᠷ ᠳ᠋ᠤᠭᠠᠷ

(2015 ᠣᠨ ᠤ 2 ᠰᠠᠷ᠎ᠠ ᠶᠢᠨ 9 ᠦ ᠡᠳᠦᠷ ᠳᠡᠭᠡᠳᠦ ᠠᠷᠠᠳ ᠤᠨ ᠱᠦᠭᠦᠬᠦ ᠶᠠᠮᠤᠨ ᠤ ᠱᠦᠭᠦᠨ ᠲᠠᠰᠤᠯᠬᠤ ᠵᠥᠪᠯᠡᠯ ᠦᠨ 1644 ᠳᠦᠭᠡᠷ ᠬᠤᠷᠠᠯ ᠢᠶᠠᠷ ᠪᠠᠲᠤᠯᠠᠪᠠ 2015 ᠣᠨ ᠤ 6 ᠰᠠᠷ᠎ᠠ ᠶᠢᠨ 1 ᠦ ᠡᠳᠦᠷ ᠳᠡᠭᠡᠳᠦ ᠠᠷᠠᠳ ᠤᠨ ᠱᠦᠭᠦᠬᠦ ᠶᠠᠮᠤᠨ ᠤ ᠮᠡᠳᠡᠭᠳᠡᠯ ᠢᠶᠡᠷ ᠨᠡᠢᠲᠡᠯᠡᠪᠡ 2015 ᠣᠨ ᠤ 6 ᠰᠠᠷ᠎ᠠ ᠶᠢᠨ 3 ᠤ ᠡᠳᠦᠷ ᠡᠴᠡ ᠡᠬᠢᠯᠡᠨ ᠬᠡᠷᠡᠭᠵᠢᠭᠦᠯᠦᠨ᠎ᠡ)

ᠣᠷᠴᠢᠨ ᠲᠣᠭᠣᠷᠢᠨ ᠢ ᠬᠣᠬᠢᠷᠠᠭᠤᠯᠤᠭᠰᠠᠨ ᠬᠠᠷᠢᠭᠤᠴᠠᠯᠭ᠎ᠠ ᠶᠢᠨ ᠮᠠᠷᠭᠤᠯᠳᠤᠭᠠᠨ ᠤ ᠬᠡᠷᠡᠭ ᠢ ᠵᠥᠪ ᠰᠢᠭᠦᠨ ᠬᠢᠶᠠᠬᠤ ᠶᠢᠨ ᠲᠥᠯᠦᠭᠡ᠂《ᠪᠦᠭᠦᠳᠡ ᠨᠠᠶᠢᠷᠠᠮᠳᠠᠬᠤ ᠳᠤᠮᠳᠠᠳᠤ ᠠᠷᠠᠳ ᠤᠯᠤᠰ ᠤᠨ ᠡᠷᠬᠡ ᠴᠢᠯᠦᠭᠡ ᠵᠢᠨ ᠬᠣᠬᠢᠷᠠᠭᠤᠯᠤᠭᠰᠠᠨ ᠬᠠᠷᠢᠭᠤᠴᠠᠯᠭ᠎ᠠ ᠶᠢᠨ ᠬᠠᠤᠯᠢ》《ᠪᠦᠭᠦᠳᠡ ᠨᠠᠶᠢᠷᠠᠮᠳᠠᠬᠤ ᠳᠤᠮᠳᠠᠳᠤ ᠠᠷᠠᠳ ᠤᠯᠤᠰ ᠤᠨ ᠣᠷᠴᠢᠨ ᠲᠣᠭᠣᠷᠢᠨ ᠢ ᠬᠠᠮᠠᠭᠠᠯᠠᠬᠤ ᠬᠠᠤᠯᠢ》《ᠪᠦᠭᠦᠳᠡ ᠨᠠᠶᠢᠷᠠᠮᠳᠠᠬᠤ ᠳᠤᠮᠳᠠᠳᠤ ᠠᠷᠠᠳ ᠤᠯᠤᠰ ᠤᠨ ᠢᠷᠭᠡᠨ ᠦ ᠵᠠᠷᠭᠤ ᠮᠠᠯᠭᠠᠯᠳᠤᠬᠤ ᠬᠠᠤᠯᠢ》ᠵᠡᠷᠭᠡ ᠬᠠᠤᠯᠢ ᠶᠢᠨ ᠵᠣᠭᠰᠠᠭᠠᠯᠲᠠ ᠶᠢ ᠦᠨᠳᠦᠰᠦᠯᠡᠵᠦ᠂ ᠱᠦᠭᠦᠨ ᠲᠠᠰᠤᠯᠬᠤ ᠠᠵᠢᠯ ᠤᠨ ᠪᠣᠳᠠᠲᠠᠢ ᠪᠠᠢᠳᠠᠯ ᠢ ᠤᠶᠠᠯᠳᠤᠭᠤᠯᠤᠨ ᠪᠠᠷ᠂ ᠡᠨᠡ ᠲᠠᠶᠢᠯᠪᠤᠷᠢᠯᠠᠯ ᠢ ᠲᠣᠭᠲᠠᠭᠠᠪᠠ ::

ᠰᠠᠨᠠᠭᠠᠳᠤᠭᠰᠠᠨ ᠢᠶᠡᠷ ᠪᠣᠯᠤᠨ᠎ᠠ ᠂ ᠬᠠᠮᠤᠭ ᠤᠨ ᠳᠡᠭᠡᠳᠦ ᠪᠣᠯᠬᠤ ᠪᠣᠯᠤᠨ᠎ᠠ ::

ᠪᠣᠳᠢᠰᠠᠳᠤᠸᠠᠨᠠᠷ ᠤᠨ ᠲᠠᠭᠠᠯᠠᠯ ᠭᠡᠳᠡᠭ ᠨᠢ ᠬᠠᠮᠤᠭ ᠰᠠᠶᠢᠨ ᠨᠣᠮ ᠢ ᠰᠣᠨᠣᠰᠬᠤ ᠳᠤᠷᠠᠲᠠᠢ ᠪᠣᠯᠬᠤ ᠶᠢ ᠬᠡᠯᠡᠨ᠎ᠡ ᠂ ᠲᠡᠭᠦᠨ ᠢ ᠰᠣᠨᠣᠰᠤᠭᠰᠠᠨ ᠳᠤ ᠪᠠᠶᠠᠰᠬᠤ ᠪᠣᠯᠤᠨ᠎ᠠ ᠂ ᠪᠣᠳᠢᠰᠠᠳᠤᠸᠠᠨᠠᠷ ᠤᠨ ᠪᠠᠶᠠᠰᠬᠤ ᠲᠠᠭᠠᠯᠠᠯ ᠤᠨ ᠭᠠᠵᠠᠷ ᠪᠣᠯᠤᠨ᠎ᠠ ᠂ ᠪᠣᠳᠢᠰᠠᠳᠤᠸᠠᠨᠠᠷ ᠤᠨ ᠰᠡᠳᠬᠢᠯ ᠢ ᠬᠣᠶᠠᠷ ᠬᠤᠪᠢ ᠳᠤ ᠬᠤᠪᠢᠶᠠᠨ᠎ᠠ ᠂ ᠲᠡᠭᠦᠨ ᠦ ᠨᠢᠭᠡ ᠨᠢ ᠪᠣᠳᠢᠰᠠᠳᠤᠸᠠᠨᠠᠷ ᠤᠨ ᠰᠡᠳᠬᠢᠯ ᠪᠣᠯᠤᠨ᠎ᠠ ᠂ ᠨᠥᠭᠦᠭᠡ ᠨᠢ ᠪᠣᠳᠢᠰᠠᠳᠤᠸᠠᠨᠠᠷ ᠤᠨ ᠪᠠᠶᠠᠰᠬᠤ ᠲᠠᠭᠠᠯᠠᠯ ᠪᠣᠯᠤᠨ᠎ᠠ ::

ᠳᠥᠷᠪᠡᠳᠦᠭᠡᠷ ᠪᠣᠳᠢᠰᠠᠳᠤᠸᠠᠨᠠᠷ ᠤᠨ ᠰᠡᠳᠬᠢᠯ ᠢ ᠲᠡᠭᠦᠰ ᠦᠭᠡᠢ ᠬᠡᠮᠵᠢᠶ᠎ᠡ ᠦᠭᠡᠢ ᠪᠣᠯᠭᠠᠬᠤ ᠶᠢ ᠬᠡᠯᠡᠨ᠎ᠡ ᠂ ᠲᠡᠭᠦᠨ ᠢ ᠪᠣᠳᠢᠰᠠᠳᠤᠸᠠᠨᠠᠷ ᠤᠨ ᠬᠡᠮᠵᠢᠶ᠎ᠡ ᠦᠭᠡᠢ ᠰᠡᠳᠬᠢᠯ ᠭᠡᠨ᠎ᠡ ::

ᠲᠠᠪᠤᠳᠤᠭᠠᠷ ᠪᠣᠳᠢᠰᠠᠳᠤᠸᠠᠨᠠᠷ ᠤᠨ ᠰᠡᠳᠬᠢᠯ ᠢ ᠲᠡᠭᠦᠰ ᠦᠭᠡᠢ ᠬᠡᠮᠵᠢᠶ᠎ᠡ ᠦᠭᠡᠢ ᠪᠣᠯᠭᠠᠬᠤ ᠶᠢ ᠬᠡᠯᠡᠨ᠎ᠡ ᠂ ᠲᠡᠭᠦᠨ ᠢ ᠪᠣᠳᠢᠰᠠᠳᠤᠸᠠᠨᠠᠷ ᠤᠨ ᠬᠡᠮᠵᠢᠶ᠎ᠡ ᠦᠭᠡᠢ ᠪᠠᠶᠠᠰᠬᠤ ᠲᠠᠭᠠᠯᠠᠯ ᠭᠡᠨ᠎ᠡ ::

ᠵᠢᠷᠭᠤᠳᠤᠭᠠᠷ ᠬᠡᠰᠡᠭ ᠳᠥᠷᠪᠡᠨ ᠬᠡᠮᠵᠢᠶ᠎ᠡ ᠦᠭᠡᠢ ᠪᠣᠳᠢᠰᠠᠳᠤᠸᠠᠨᠠᠷ ᠤᠨ ᠪᠠᠶᠠᠰᠬᠤ ᠲᠠᠭᠠᠯᠠᠯ ᠤᠨ ᠳᠣᠲᠣᠷ᠎ᠠ ᠬᠠᠮᠤᠭ ᠤᠨ ᠳᠡᠭᠡᠳᠦ ᠪᠣᠯᠬᠤ ᠶᠢ ᠬᠡᠯᠡᠨ᠎ᠡ ::

ᠳᠣᠯᠣᠳᠤᠭᠠᠷ ᠬᠡᠰᠡᠭ ᠳᠥᠷᠪᠡᠨ ᠬᠡᠮᠵᠢᠶ᠎ᠡ ᠦᠭᠡᠢ ᠪᠣᠳᠢᠰᠠᠳᠤᠸᠠᠨᠠᠷ ᠤᠨ ᠰᠡᠳᠬᠢᠯ ᠢ ᠨᠢᠭᠡ ᠪᠣᠯᠭᠠᠨ ᠬᠣᠶᠠᠷ ᠲᠦ ᠪᠣᠳᠢᠰᠠᠳᠤᠸᠠᠨᠠᠷ ᠤᠨ ᠬᠣᠭᠣᠰᠣᠨ ᠴᠢᠨᠠᠷ ᠢ ᠰᠣᠨᠣᠰᠬᠤ ᠳᠤ ᠬᠦᠷᠬᠦ ᠪᠣᠯᠤᠨ᠎ᠠ ::

ᠪᠣᠳᠢᠰᠠᠳᠤᠸᠠᠨᠠᠷ ᠤᠨ ᠬᠣᠭᠣᠰᠣᠨ ᠴᠢᠨᠠᠷ ᠢ ᠮᠡᠳᠡᠬᠦ ᠳᠤ ᠮᠡᠳᠡᠭᠰᠡᠨ ᠪᠠᠷ ᠂ ᠬᠠᠮᠤᠭ ᠨᠣᠮ ᠤᠨ ᠵᠠᠷᠯᠢᠭ ᠢ ᠪᠠᠷᠢᠬᠤ ᠳᠤ ᠬᠦᠷᠬᠦ ᠪᠣᠯᠤᠨ᠎ᠠ ᠂ ᠲᠡᠭᠦᠨ ᠦ ᠬᠠᠷᠢᠭᠤ ᠪᠣᠯᠤᠨ᠎ᠠ ᠂ ᠪᠣᠳᠢᠰᠠᠳᠤᠸᠠᠨᠠᠷ ᠤᠨ ᠬᠣᠭᠣᠰᠣᠨ ᠴᠢᠨᠠᠷ ᠪᠣᠯᠤᠨ᠎ᠠ ::

ᠬᠣᠶᠠᠳᠤᠭᠠᠷ ᠪᠣᠳᠢᠰᠠᠳᠤᠸᠠᠨᠠᠷ ᠤᠨ ᠰᠡᠳᠬᠢᠯ ᠢ ᠡᠬᠢᠯᠡᠵᠦ ᠂ ᠰᠡᠳᠬᠢᠯ ᠢ ᠦᠷᠢᠯᠬᠢᠬᠦ ᠵᠢᠷᠤᠮ ᠢ ᠬᠡᠯᠡᠨ᠎ᠡ :: ᠪᠣᠳᠢᠰᠠᠳᠤᠸᠠᠨᠠᠷ ᠤᠨ ᠬᠠᠮᠤᠭ ᠤᠨ ᠳᠡᠭᠡᠳᠦ ᠰᠡᠳᠬᠢᠯ ᠢ ᠡᠬᠢᠯᠡᠨ ᠦᠷᠢᠯᠬᠢᠬᠦ ᠳᠤ ᠪᠠᠶᠠᠰᠬᠤ ᠲᠠᠭᠠᠯᠠᠯ ᠪᠣᠯᠤᠨ᠎ᠠ ::

ᠨᠡᠭᠡᠭᠡᠬᠦ ᠲᠠᠯᠠ ᠮᠠᠨᠳᠠᠯ ᠤᠨ ᠪᠣᠳᠢᠰᠠᠳᠤᠸᠠᠨᠠᠷ ᠶᠠᠭᠤᠨ ᠬᠡᠮᠡᠭᠰᠡᠨ ᠂ ᠪᠣᠳᠢᠰᠠᠳᠤᠸᠠᠨᠠᠷ ᠢ ᠮᠠᠲᠠᠷ ᠪᠣᠯᠤᠨ ᠪᠣᠳᠢᠰᠠᠳᠤᠸᠠ ᠶᠢᠨ

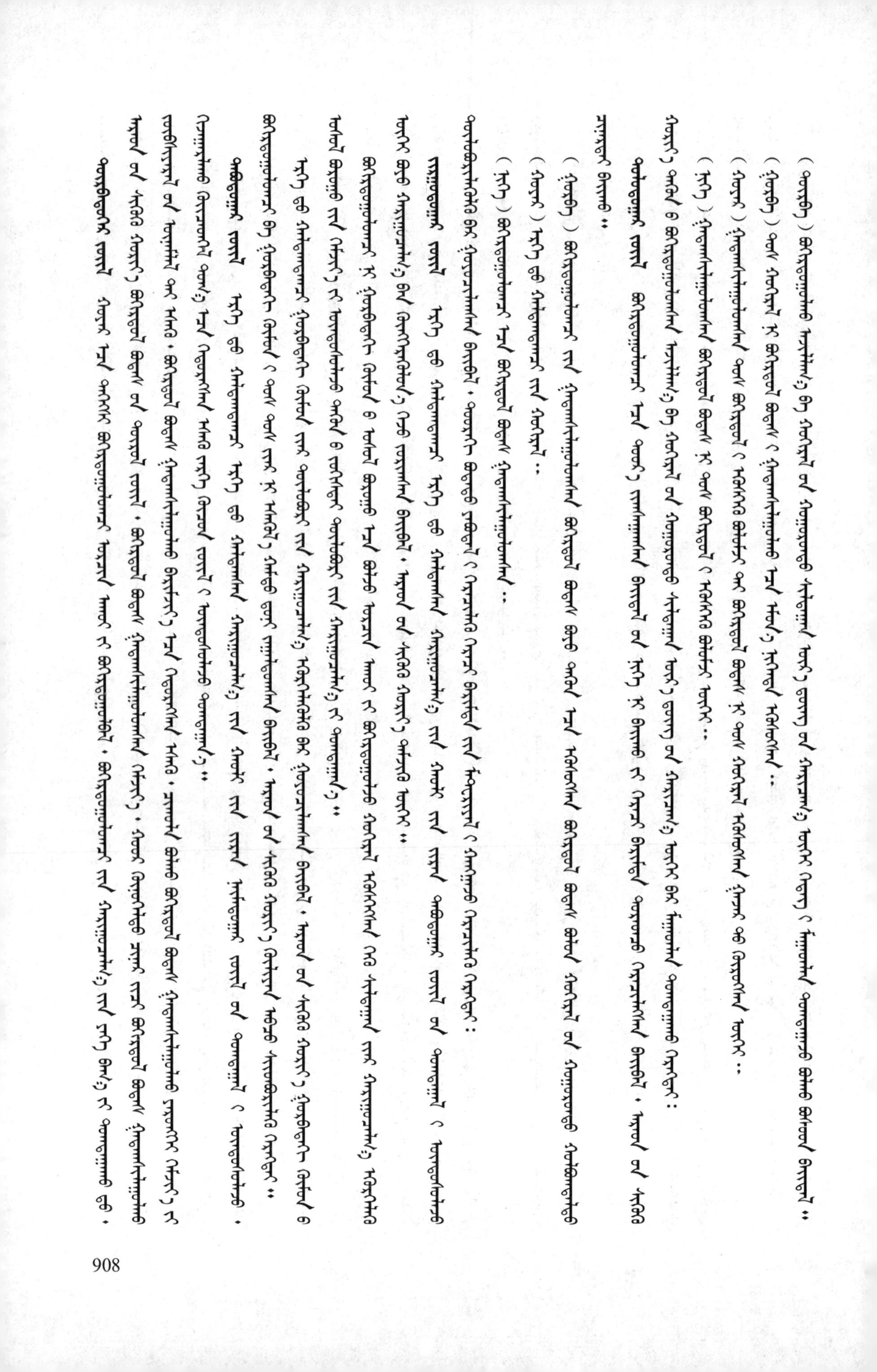

908

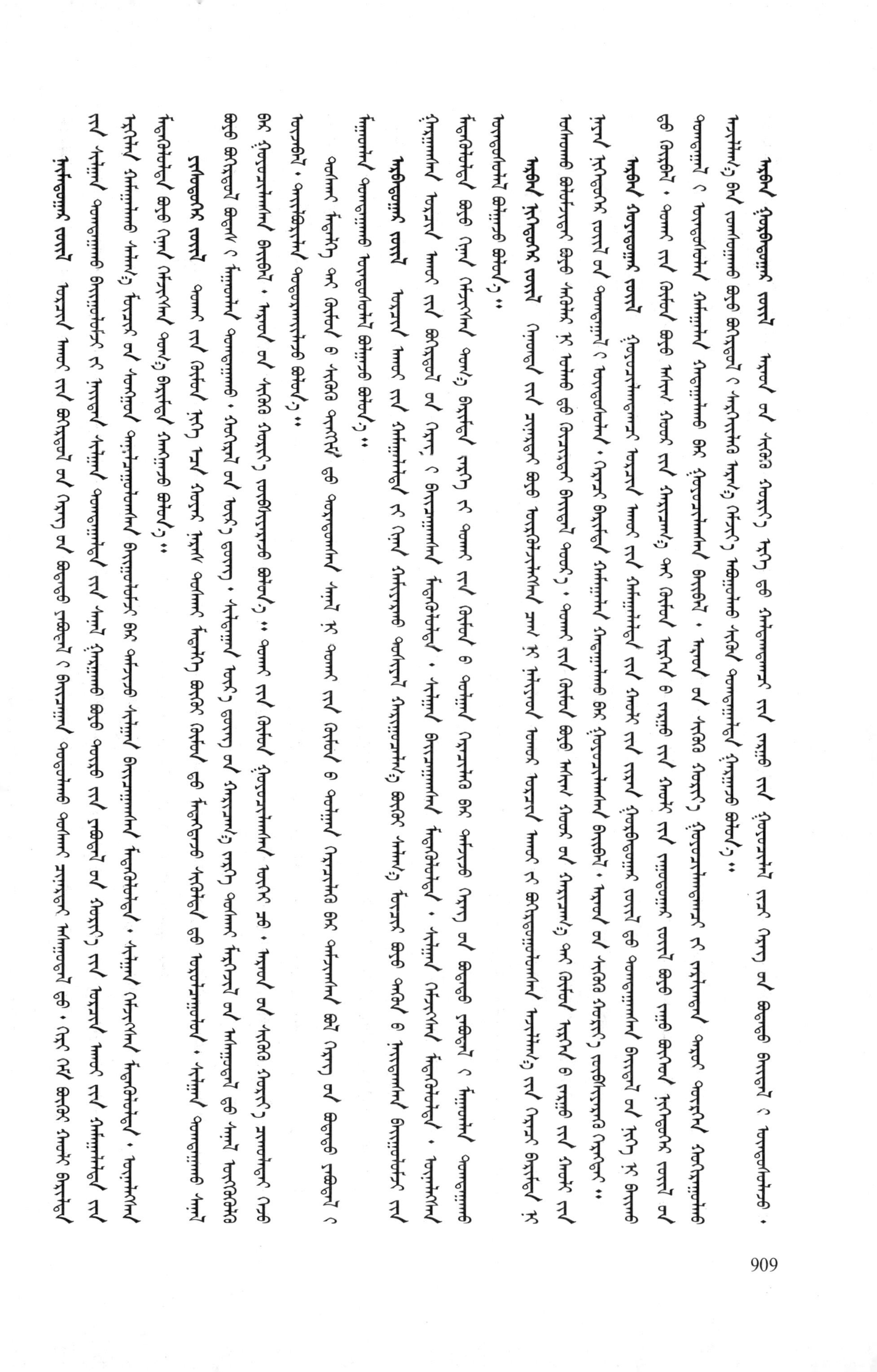

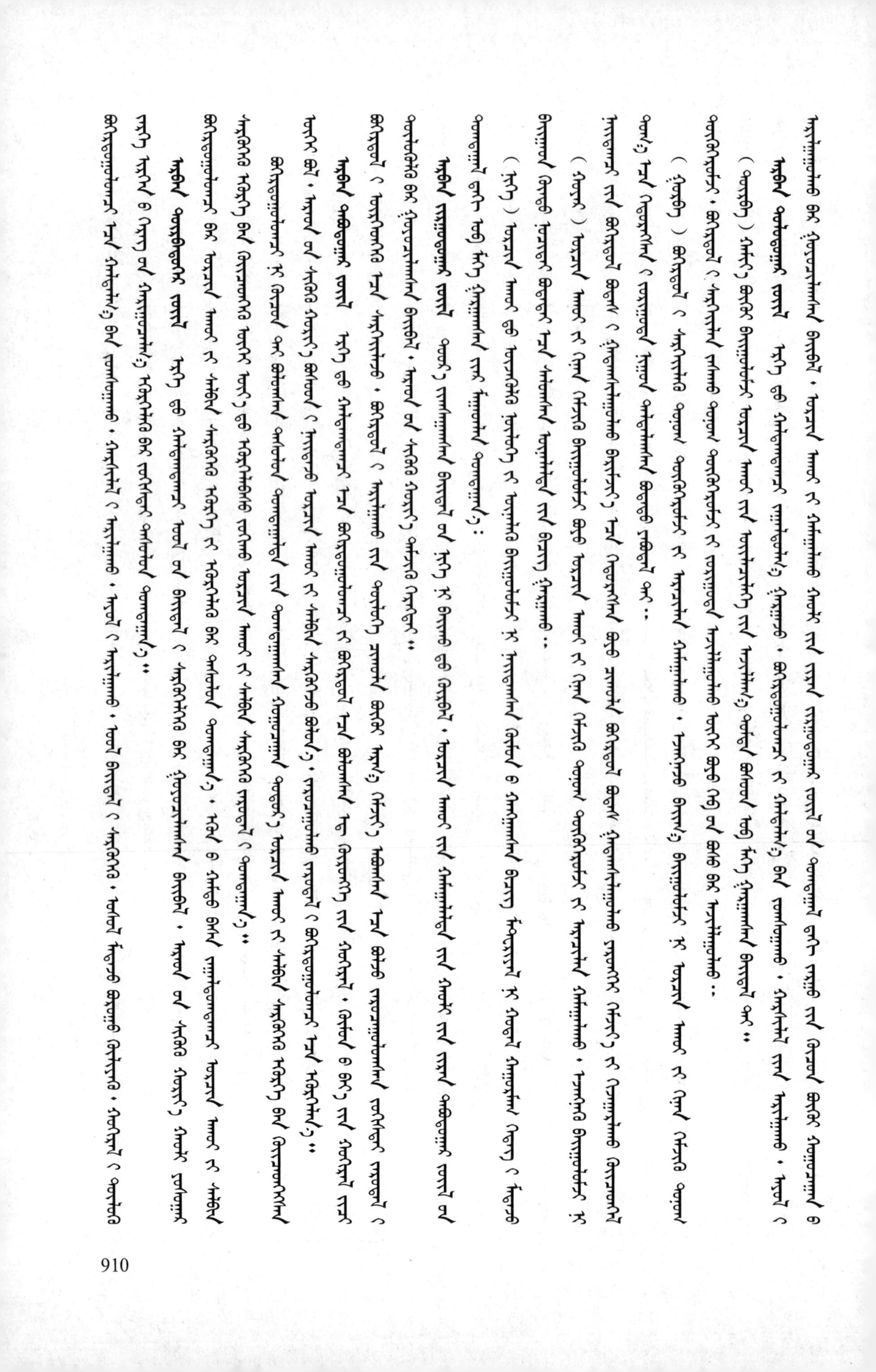

[illegible]) ᠶᠢ [illegible] ᠂ 2015 ᠣᠨ ᠤ 6 ᠰᠠᠷ᠎ᠠ ᠶᠢᠨ 3 ᠤ ᠡᠳᠦᠷ [illegible] 《 [illegible] 》 [illegible] 《 [illegible] 》) [illegible] 《 [illegible] 》 [illegible] 6 ᠰᠠᠷ᠎ᠠ ᠶᠢᠨ 1 ᠤ ᠡᠳᠦᠷ 《 [illegible] 》 [illegible]

[illegible] 》 [illegible] 《 [illegible]

【[illegible]】

[illegible] ::

[illegible] ::

[illegible] ::

[illegible] ::

[illegible] ::

[illegible] ::

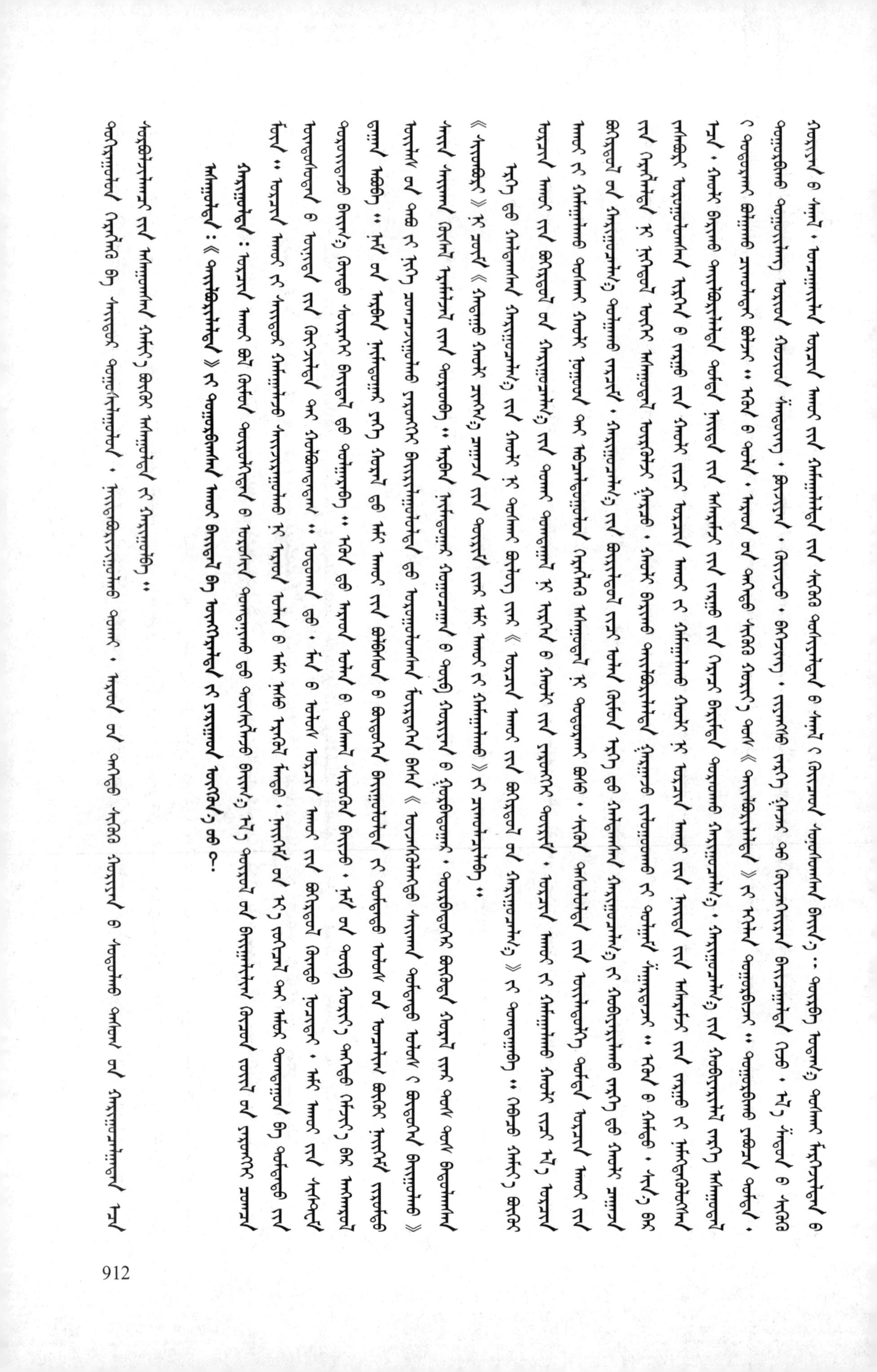

ᠳᠤᠷ ᠳᠠᠭᠤᠨ ᠤ ᠵᠢ ᠬᠥᠭᠵᠢᠭᠦᠯᠦᠯᠲᠡ ᠶᠢᠨ ᠴᠢᠭᠯᠡᠯ ᠪᠠᠶᠢᠨ᠎ᠠ ᠄ ᠬᠠᠷᠢᠨ ᠬᠠᠳᠠᠭᠠᠯᠠᠭᠰᠠᠨ ᠤ ᠳᠦᠷᠢᠮ ᠳᠦ ᠪᠠᠨ ᠬᠥᠭᠵᠢᠭᠦᠯᠦᠯᠲᠡ ᠶᠢᠨ ᠴᠢᠭᠯᠡᠯ ᠢ ᠲᠠᠨᠢᠭᠤᠯᠬᠤ᠂ ᠪᠦᠲᠦᠭᠡᠯ ᠦᠨ ᠣᠳᠣ ᠶᠢᠨ

ᠳᠤᠷ ᠲᠣᠭᠤᠷᠢᠮ ᠤᠨ ᠬᠥᠭᠵᠢᠯ ᠳᠦ ᠳᠤᠰᠬᠠᠯ ᠪᠣᠯᠤᠭᠰᠠᠨ ᠬᠠᠷᠢᠨ ᠬᠠᠳᠠᠭᠠᠯᠠᠭᠰᠠᠨ ᠤ ᠳᠦᠷᠢᠮ ᠳᠦ ᠪᠠᠨ ᠬᠥᠭᠵᠢᠭᠦᠯᠦᠯᠲᠡ ᠶᠢᠨ ᠴᠢᠭᠯᠡᠯ ᠢ ᠲᠣᠭᠲᠠᠭᠠᠬᠤ

《ᠰᠤᠷᠭᠠᠯ ᠬᠦᠮᠦᠵᠢᠯ》 ᠪᠠ 《ᠲᠠᠯᠠᠭᠠᠷ ᠬᠢᠭᠡᠬᠦ》 ᠶᠢᠨ ᠬᠠᠷᠢᠴᠠᠭ᠎ᠠ ᠄ ᠬᠠᠷᠢᠨ 《ᠰᠤᠷᠭᠠᠯ ᠬᠦᠮᠦᠵᠢᠯ》 ᠢ ᠲᠣᠭᠲᠠᠭᠠᠭᠰᠠᠨ ᠤ ᠳᠠᠷᠠᠭ᠎ᠠ

ᠳᠤᠷ ᠶᠠᠭᠤ ᠶᠠᠭᠤ ᠪᠣᠯᠤᠭᠰᠠᠨ ᠪᠤᠢ ᠬᠡᠮᠡᠬᠦ ᠳᠦ ᠬᠠᠷᠢᠭᠤᠯᠲᠠ ᠥᠭᠬᠦ ᠶᠢᠨ ᠲᠥᠯᠦᠭᠡ ᠂ ᠮᠢᠨᠢ ᠪᠡᠷ ᠪᠣᠯ ᠄

ᠰᠤᠷᠭᠠᠭᠤᠯᠢ ᠶᠢᠨ ᠤᠳᠤᠷᠢᠳᠤᠯᠭ᠎ᠠ ᠶᠢᠨ ᠪᠣᠳᠣᠯᠭ᠎ᠠ ᠂ ᠰᠤᠷᠭᠠᠭᠤᠯᠢ ᠶᠢᠨ ᠬᠥᠭᠵᠢᠯ ᠦᠨ ᠵᠠᠭᠪᠤᠷ ᠂

ᠬᠥᠭᠵᠢᠯ ᠦᠨ ᠲᠥᠯᠥᠪᠯᠡᠭᠡ ᠶᠢ ᠲᠣᠭᠲᠠᠭᠠᠬᠤ ᠄ ᠮᠢᠨᠢ ᠪᠣᠳᠣᠯ ᠢᠶᠠᠷ ᠬᠠᠷᠢᠨ ᠬᠠᠳᠠᠭᠠᠯᠠᠭᠰᠠᠨ ᠤ ᠳᠦᠷᠢᠮ ᠳᠦ ᠪᠠᠨ

ᠲᠡᠭᠦᠨ ᠦ ᠬᠥᠭᠵᠢᠭᠦᠯᠦᠯᠲᠡ ᠶᠢᠨ ᠴᠢᠭᠯᠡᠯ ᠢ ᠲᠣᠭᠲᠠᠭᠠᠬᠤ ᠶᠢ ᠠᠯᠬᠤᠮ ᠠᠯᠬᠤᠮ ᠢᠶᠠᠷ ᠮᠡᠳᠡᠭᠳᠡᠭᠦᠯᠦᠭᠰᠡᠨ ᠄

《ᠰᠤᠷᠭᠠᠯ ᠬᠦᠮᠦᠵᠢᠯ ᠦᠨ ᠬᠥᠭᠵᠢᠯ ᠦᠨ ᠲᠥᠯᠥᠪᠯᠡᠭᠡ》 (ᠰᠤᠷᠭᠠᠭᠤᠯᠢ ᠶᠢᠨ ᠬᠥᠭᠵᠢᠯ) ᠢ ᠪᠡᠯᠡᠳᠬᠡᠬᠦ᠂ 1 ᠰᠠᠷ᠎ᠠ ᠶᠢᠨ 7 ᠤ ᠡᠳᠦᠷ ᠬᠦᠮᠦᠵᠢᠯ ᠤᠨ

ᠦᠨᠳᠦᠰᠦᠨ ᠬᠦᠮᠦᠵᠢᠯ ᠦᠨ ᠬᠥᠭᠵᠢᠯ ᠦᠨ ᠲᠥᠯᠥᠪᠯᠡᠭᠡ ᠶᠢᠨ ᠠᠵᠢᠯ ᠤᠨ ᠬᠡᠯᠡᠯᠴᠡᠭᠡᠨ ᠤ ᠬᠤᠷᠠᠯ ᠳᠤ 《ᠰᠤᠷᠭᠠᠯ ᠬᠦᠮᠦᠵᠢᠯ》 (ᠬᠤᠷᠠᠯ ᠤᠨ

ᠮᠡᠳᠡᠭᠡᠯᠡᠯ: 2015 ᠣᠨ ᠤ 1 ᠰᠠᠷ᠎ᠠ ᠶᠢᠨ 6 ᠤ ᠡᠳᠦᠷ᠂ ᠰᠢᠨᠬᠤᠸᠠ ᠶᠢᠨ ᠮᠡᠳᠡᠭᠡ ᠶᠢᠨ ᠠᠭᠡᠨᠲᠯᠢᠭ 《ᠰᠢᠨᠬᠤᠸᠠ ᠶᠢᠨ ᠮᠡᠳᠡᠭᠡ ᠶᠢᠨ ᠠᠭᠡᠨᠲᠯᠢᠭ ᠤᠨ ᠦᠨᠳᠦᠰᠦᠨ ᠬᠦᠮᠦᠵᠢᠯ ᠤᠨ ᠲᠥᠯᠥᠪᠯᠡᠭᠡ ᠶᠢᠨ

ᠠᠵᠢᠯ ᠤᠨ ᠬᠡᠯᠡᠯᠴᠡᠭᠡᠨ ᠤ ᠬᠤᠷᠠᠯ ᠳᠤ 《ᠰᠤᠷᠭᠠᠯ ᠬᠦᠮᠦᠵᠢᠯ》 ᠤᠨ ᠲᠤᠬᠠᠢ ᠪᠠᠷ ᠶᠠᠭᠤ ᠶᠠᠭᠤ ᠶᠢ ᠲᠣᠭᠲᠠᠭᠠᠭᠰᠠᠨ ᠪᠤᠢ?

ᠰᠤᠷᠪᠤᠯᠵᠢ: 《ᠰᠤᠷᠭᠠᠯ ᠬᠦᠮᠦᠵᠢᠯ》 ᠪᠣᠯ 《ᠰᠢᠨᠬᠤᠸᠠ ᠶᠢᠨ ᠮᠡᠳᠡᠭᠡ ᠶᠢᠨ ᠠᠭᠡᠨᠲᠯᠢᠭ ᠤᠨ ᠦᠨᠳᠦᠰᠦᠨ ᠬᠦᠮᠦᠵᠢᠯ ᠤᠨ ᠲᠥᠯᠥᠪᠯᠡᠭᠡ ᠶᠢᠨ ᠠᠵᠢᠯ ᠤᠨ ᠬᠡᠯᠡᠯᠴᠡᠭᠡᠨ ᠦ

ᠤᠨ ᠡᠳᠦᠷ᠂ ᠰᠢᠨᠬᠤᠸᠠ ᠶᠢᠨ ᠮᠡᠳᠡᠭᠡ ᠶᠢᠨ ᠠᠭᠡᠨᠲᠯᠢᠭ ᠤᠨ ᠦᠨᠳᠦᠰᠦᠨ ᠠᠵᠢᠯ ᠤᠨ 1644 ᠣᠨ ᠠᠴᠠ ᠡᠬᠢᠯᠡᠨ 《ᠰᠤᠷᠭᠠᠯ ᠬᠦᠮᠦᠵᠢᠯ》 ᠢ ᠨᠡᠶᠢᠲᠡᠯᠡᠪᠡ ᠄

9 ᠤ ᠡᠳᠦᠷ 2 ᠰᠠᠷ᠎ᠠ ᠶᠢᠨ 2015 ᠄ ᠨᠡᠶᠢᠲᠡᠯᠡᠭᠰᠡᠨ ᠠᠵᠢᠯ ᠤᠨ ᠬᠡᠯᠡᠯᠴᠡᠭᠡᠨ ᠂ ᠪᠦᠲᠦᠭᠡᠯ ᠂ ᠰᠤᠷᠭᠠᠭᠤᠯᠢ ᠶᠢᠨ ᠤᠳᠤᠷᠢᠳᠤᠯᠭ᠎ᠠ ᠶᠢᠨ ᠪᠣᠳᠣᠯᠭ᠎ᠠ ᠶᠢᠨ ᠬᠦᠮᠦᠵᠢᠯ ᠤᠨ

ᠨᠡᠶᠢᠲᠡᠯᠡᠪᠡ ᠄ ᠪᠦᠬᠦ ᠳᠤ ᠵᠢᠷᠭᠤᠭᠠᠨ 26 ᠵᠦᠢᠯ ᠤᠨ ᠰᠤᠷᠭᠠᠭᠤᠯᠢ ᠶᠢᠨ ᠤᠳᠤᠷᠢᠳᠤᠯᠭ᠎ᠠ ᠶᠢᠨ ᠪᠣᠳᠣᠯᠭ᠎ᠠ ᠶᠢᠨ ᠬᠦᠮᠦᠵᠢᠯ ᠤᠨ ᠠᠵᠢᠯ ᠤᠨ

ᠪᠣᠳᠣᠯᠭ᠎ᠠ᠂ ᠰᠤᠷᠭᠠᠭᠤᠯᠢ ᠶᠢᠨ ᠬᠥᠭᠵᠢᠯ ᠤᠨ ᠠᠵᠢᠯ᠂ ᠰᠤᠷᠭᠠᠭᠤᠯᠢ ᠶᠢᠨ ᠨᠡᠶᠢᠭᠡᠮ ᠦᠨ ᠠᠵᠢᠯ ᠶᠢᠨ ᠬᠠᠮᠢᠶ᠎ᠠ ᠳᠤ ᠬᠠᠮᠠᠷᠤᠭᠳᠠᠬᠤ ᠪᠣᠳᠣᠯᠭ᠎ᠠ ᠢ ᠣᠯᠠᠨ ᠲᠠᠯ᠎ᠠ ᠡᠴᠡ ᠨᠡᠶᠢᠲᠡᠯᠡᠭᠰᠡᠨ

ᠰᠤᠷᠭᠠᠭᠤᠯᠢ ᠶᠢᠨ ᠣᠯᠠᠨ ᠨᠡᠶᠢᠲᠡ ᠶᠢᠨ ᠠᠵᠢᠯ ᠤᠨ ᠬᠡᠯᠡᠯᠴᠡᠭᠡᠨ ᠳᠦ ᠂ ᠪᠦᠬᠦ ᠳᠤ ᠄ 112 ᠵᠦᠢᠯ ᠪᠠᠢᠨ᠎ᠠ ᠄ ᠡᠨᠡ ᠬᠦ ᠶᠢᠨ ᠰᠤᠷᠭᠠᠭᠤᠯᠢ ᠶᠢᠨ ᠤᠳᠤᠷᠢᠳᠤᠯᠭ᠎ᠠ

ᠰᠤᠷᠭᠠᠭᠤᠯᠢ ᠶᠢᠨ ᠪᠣᠳᠣᠯᠭ᠎ᠠ ᠶᠢᠨ ᠵᠦᠢᠯ 43 ᠵᠦᠢᠯ ᠪᠠᠢᠨ᠎ᠠ ᠄ 10 ᠰᠠᠷ᠎ᠠ ᠳᠤ᠂ ᠡᠨᠡ ᠬᠦ ᠳᠤ ᠨᠡᠶᠢᠲᠡᠯᠡᠭᠰᠡᠨ ᠰᠤᠷᠭᠠᠭᠤᠯᠢ ᠶᠢᠨ ᠤᠳᠤᠷᠢᠳᠤᠯᠭ᠎ᠠ ᠶᠢᠨ

ᠬᠦᠮᠦᠵᠢᠯ ᠤᠨ ᠬᠢᠷᠢ ᠬᠡᠮᠵᠢᠶ᠎ᠡ ᠢ ᠲᠣᠭᠲᠠᠭᠠᠪᠠ ᠄ 2014 ᠣᠨ ᠤ 8 ᠰᠠᠷ᠎ᠠ ᠳᠤ᠂ ᠰᠢᠨᠬᠤᠸᠠ ᠶᠢᠨ ᠮᠡᠳᠡᠭᠡ ᠶᠢᠨ ᠠᠭᠡᠨᠲᠯᠢᠭ ᠤᠨ ᠦᠨᠳᠦᠰᠦᠨ ᠬᠦᠮᠦᠵᠢᠯ ᠤᠨ ᠪᠠᠷᠢᠮᠲᠠ ᠶᠢᠨ ᠲᠤᠬᠠᠢ ᠳᠤ

ᠬᠥᠭᠵᠢᠭᠦᠯᠦᠯᠲᠡ ᠶᠢᠨ ᠴᠢᠭᠯᠡᠯ ᠳᠦ ᠰᠤᠷᠭᠠᠭᠤᠯᠢ ᠶᠢᠨ ᠬᠦᠮᠦᠵᠢᠯ ᠂ ᠬᠡᠪᠯᠡᠯ ᠦᠨ ᠪᠣᠳᠣᠯᠭ᠎ᠠ ᠂ ᠰᠤᠷᠭᠠᠭᠤᠯᠢ ᠶᠢᠨ ᠬᠥᠭᠵᠢᠯ ᠦᠨ ᠬᠠᠷᠢᠴᠠᠭ᠎ᠠ ᠶᠢᠨ ᠬᠢᠷᠢ ᠬᠡᠮᠵᠢᠶ᠎ᠡ ᠶᠢ

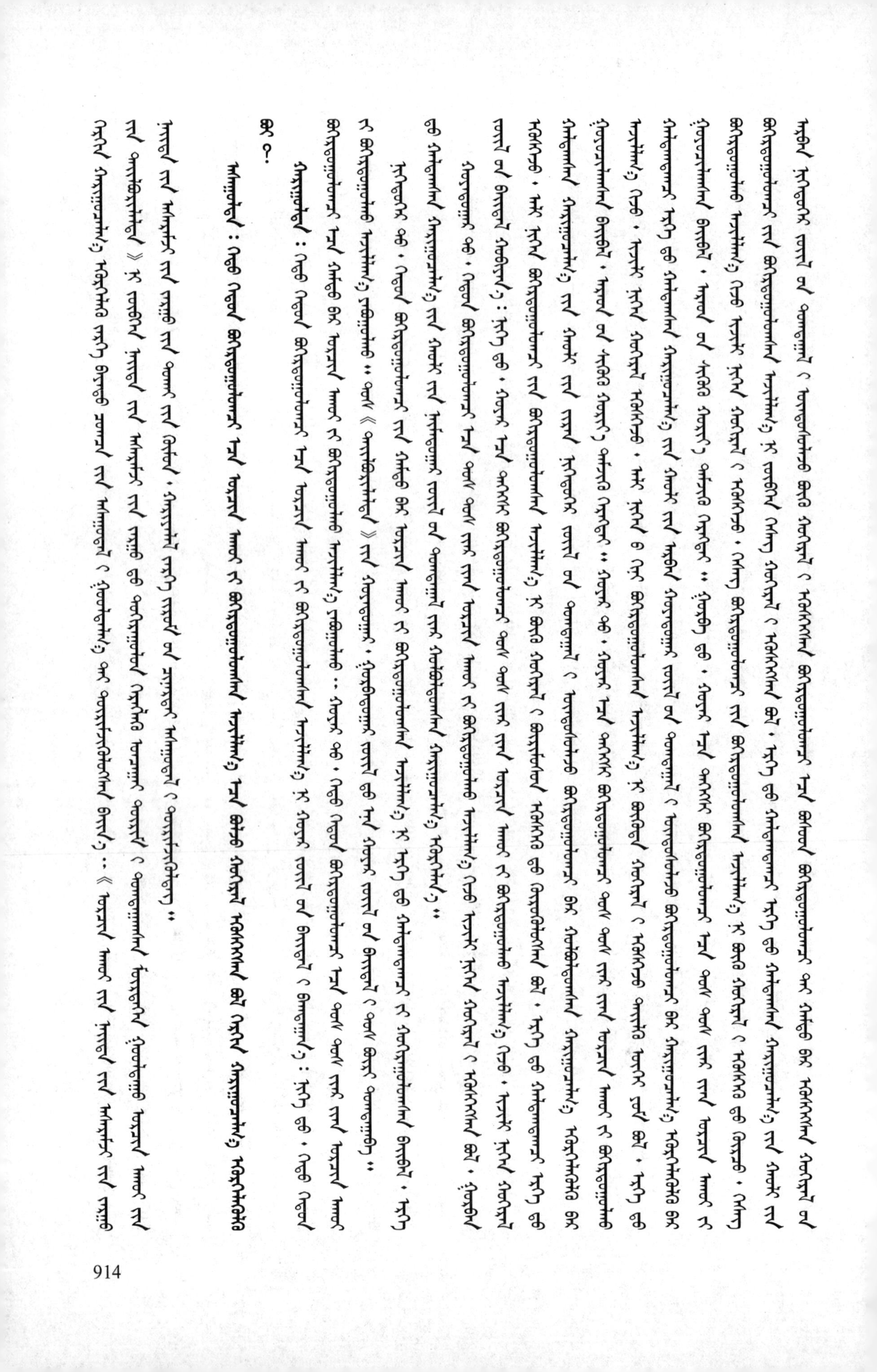

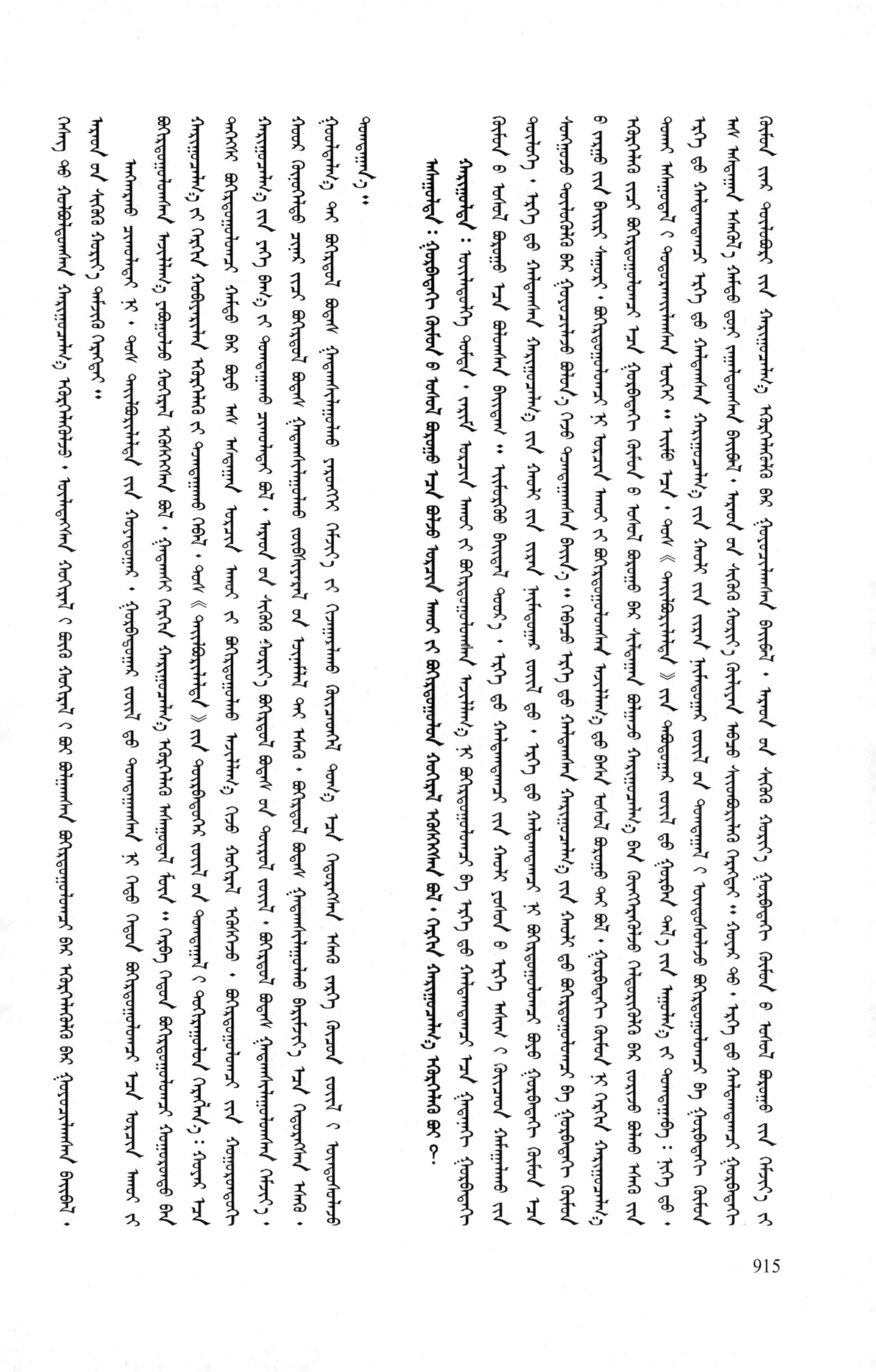

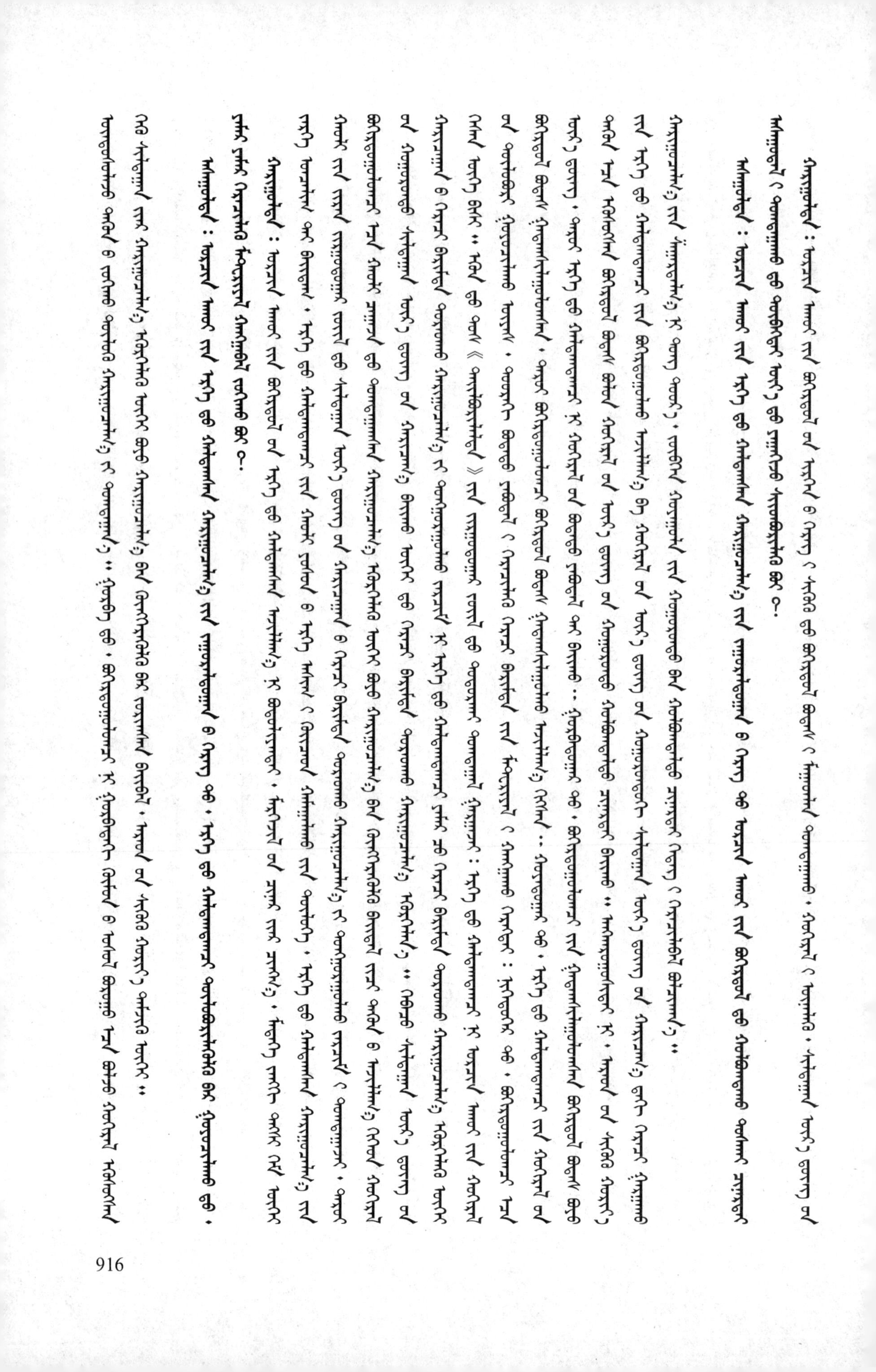

[illegible]

ᠶᠠᠪᠤᠳᠠᠯ ᠳᠤ ᠬᠡᠷᠡᠭᠵᠢᠭᠦᠯᠬᠦ ᠶᠢ ᠭᠦᠢᠴᠡᠳᠬᠡᠬᠦ ᠶᠠᠭᠤᠨ ᠪᠣᠯᠬᠤ ᠪᠣᠯᠪᠠᠰᠤᠷᠠᠯ ᠤᠨ ᠰᠤᠷᠭᠠᠭᠤᠯᠢ᠂ ᠰᠤᠷᠭᠠᠭᠤᠯᠢ ᠶᠢᠨ ᠪᠠᠭᠰᠢ᠂ ᠰᠤᠷᠭᠠᠭᠤᠯᠢ ᠪᠠᠭᠰᠢ ᠨᠠᠷ ᠤᠨ ᠳᠤ ᠣᠷᠴᠢᠭᠤᠯᠤᠭᠰᠠᠨ ᠪᠣᠯᠪᠠᠰᠤᠷᠠᠭᠤᠯᠤᠭᠰᠠᠨ ᠪᠠᠶᠢᠨ᠎ᠠ ᠃ ᠭᠡᠪᠡᠴᠦ ᠂ ᠣᠷᠴᠢᠭᠤᠯᠤᠭᠴᠢ ᠨᠢ ᠪᠠᠶᠢᠬᠤ ᠶᠢᠨ ᠳᠤᠯᠠᠭᠠᠨ ᠤᠨ ᠪᠣᠯᠪᠠᠰᠤᠷᠠᠭᠤᠯᠬᠤ ᠪᠠᠶᠢᠳᠠᠯ ᠳᠤ ᠵᠢᠷᠤᠮ ᠬᠢᠴᠢᠶᠡᠯ ᠳᠦ ᠰᠤᠷᠭᠠᠭᠤᠯᠬᠤ ᠬᠡᠷᠡᠭᠲᠡᠶ ᠲᠠᠶ ᠪᠣᠯᠪᠠᠰᠤ ᠂ ᠣᠷᠴᠢᠭᠤᠯᠤᠭᠴᠢ ᠶᠢᠨ ᠰᠤᠷᠭᠠᠯᠲᠠ ᠬᠦᠮᠦᠵᠢᠯ ᠦᠨ ᠬᠠᠮᠢᠶ᠎ᠠ ᠲᠠᠢ ᠪᠠᠶᠢᠳᠠᠭ ᠃ ᠣᠷᠴᠢᠭᠤᠯᠤᠭᠴᠢ ᠨᠢ ᠰᠤᠷᠤᠯᠴᠠᠬᠤ ᠶᠢᠨ ᠬᠠᠮᠲᠤ ᠂ ᠲᠤᠰ ᠮᠡᠷᠭᠡᠵᠢᠯ ᠦᠨ ᠤᠳᠬ᠎ᠠ ᠶᠢ ᠲᠤᠬᠢᠷᠠᠭᠤᠯᠬᠤ ᠪᠣᠯᠪᠠᠰᠤᠷᠠᠯ ᠲᠠᠢ ᠪᠣᠯᠬᠤ ᠬᠡᠷᠡᠭᠲᠡᠶ ᠃ ᠣᠷᠴᠢᠭᠤᠯᠤᠭᠴᠢ ᠪᠣᠯ ᠮᠡᠷᠭᠡᠵᠢᠯ ᠦᠨ ᠪᠣᠯᠪᠠᠰᠤᠷᠠᠯ ᠲᠠᠢ ᠂ ᠣᠷᠴᠢᠭᠤᠯᠭ᠎ᠠ ᠶᠢᠨ ᠰᠤᠷᠭᠠᠭᠤᠯᠢ ᠶᠢᠨ ᠪᠣᠯᠪᠠᠰᠤᠷᠠᠯ ᠲᠠᠢ ᠂ ᠪᠠᠰᠠ ᠲᠤᠰ ᠰᠤᠷᠭᠠᠭᠤᠯᠢ ᠶᠢᠨ ᠰᠤᠷᠤᠯᠴᠠᠭᠰᠠᠳ ᠲᠤ ᠪᠠᠶᠢᠬᠤ ᠂ ᠭᠡᠷ 《 ᠣᠷᠴᠢᠭᠤᠯᠤᠭᠴᠢ 》 ᠶᠢ ᠰᠤᠷᠭᠠᠬᠤ ᠶᠢᠨ ᠮᠡᠷᠭᠡᠵᠢᠯ ᠦᠨ ᠬᠢᠴᠢᠶᠡᠯ ᠦᠨ ᠪᠠᠶᠢᠭᠤᠯᠤᠯᠭ᠎ᠠ ᠳᠤ ᠣᠷᠤᠯᠴᠠᠬᠤ ᠪᠣᠯᠪᠠᠰᠤᠷᠠᠯ ᠲᠠᠢ ᠃ ᠣᠷᠴᠢᠭᠤᠯᠤᠭᠴᠢ ᠶᠢᠨ ᠰᠤᠷᠭᠠᠯᠲᠠ ᠨᠢ ᠮᠡᠷᠭᠡᠵᠢᠯ ᠦᠨ ᠤᠳᠬ᠎ᠠ ᠶᠢᠨ ᠬᠦᠮᠦᠵᠢᠯ ᠦᠨ ᠰᠤᠷᠭᠠᠭᠤᠯᠢ ᠶᠢᠨ ᠬᠡᠮᠵᠢᠶ᠎ᠡ ᠪᠣᠯᠤᠨ ᠮᠡᠷᠭᠡᠵᠢᠯ ᠦᠨ ᠪᠣᠯᠪᠠᠰᠤᠷᠠᠯ ᠤᠨ ᠰᠤᠷᠭᠠᠭᠤᠯᠢ ᠶᠢᠨ ᠬᠡᠮᠵᠢᠶ᠎ᠡ ᠶᠢ ᠬᠠᠮᠤᠷᠤᠨ᠎ᠠ ᠃ ᠣᠷᠴᠢᠭᠤᠯᠤᠭᠴᠢ ᠶᠢᠨ ᠮᠡᠷᠭᠡᠵᠢᠯ ᠦᠨ ᠰᠤᠷᠭᠠᠯᠲᠠ ᠪᠣᠯ ᠣᠷᠴᠢᠭᠤᠯᠭ᠎ᠠ ᠶᠢᠨ ᠮᠡᠷᠭᠡᠵᠢᠯ ᠦᠨ ᠬᠦᠮᠦᠰ ᠦᠨ ᠰᠤᠷᠤᠯᠴᠠᠭ᠎ᠠ ᠶᠢᠨ ᠴᠢᠬᠤᠯᠠ ᠬᠡᠰᠡᠭ ᠪᠣᠯᠤᠨ᠎ᠠ ᠃ ᠲᠤᠰ ᠮᠡᠷᠭᠡᠵᠢᠯ ᠦᠨ ᠣᠷᠴᠢᠭᠤᠯᠤᠭᠴᠢ ᠪᠣᠯ ᠮᠡᠷᠭᠡᠵᠢᠯ ᠦᠨ ᠲᠦᠪᠰᠢᠨ ᠳᠦ ᠬᠦᠷᠴᠦ ᠂ ᠮᠡᠷᠭᠡᠵᠢᠯ ᠦᠨ ᠪᠣᠯᠪᠠᠰᠤᠷᠠᠯ ᠤᠨ ᠬᠢᠴᠢᠶᠡᠯ ᠢ ᠰᠤᠷᠤᠯᠴᠠᠭᠰᠠᠨ ᠪᠠᠶᠢᠬᠤ ᠬᠡᠷᠡᠭᠲᠡᠢ ᠂ ᠲᠡᠭᠦᠨ ᠦ ᠰᠤᠷᠭᠠᠭᠤᠯᠢ ᠶᠢᠨ ᠮᠡᠷᠭᠡᠵᠢᠯ ᠦᠨ ᠣᠷᠴᠢᠭᠤᠯᠭ᠎ᠠ ᠶᠢᠨ ᠮᠡᠷᠭᠡᠵᠢᠯ ᠦᠨ ᠤᠳᠬ᠎ᠠ (专业性) ᠮᠡᠷᠭᠡᠵᠢᠯ ᠦᠨ ᠪᠣᠯᠪᠠᠰᠤᠷᠠᠯ ᠂ ᠣᠷᠴᠢᠭᠤᠯᠤᠭᠴᠢ ᠶᠢᠨ ᠬᠡᠯᠡᠨ ᠦ ᠪᠣᠯᠪᠠᠰᠤᠷᠠᠯ ᠤᠨ ᠬᠠᠮᠲᠤ ᠣᠷᠴᠢᠭᠤᠯᠭ᠎ᠠ ᠶᠢᠨ ᠠᠷᠭ᠎ᠠ ᠪᠠᠷᠢᠯ ᠤᠨ ᠤᠳᠬ᠎ᠠ (技术性) ᠂ ᠣᠷᠴᠢᠭᠤᠯᠤᠭᠴᠢ ᠶᠢᠨ ᠤᠷᠠᠨ ᠴᠢᠳᠠᠪᠤᠷᠢ ᠶᠢ ᠬᠠᠮᠤᠷᠤᠨ᠎ᠠ ᠃

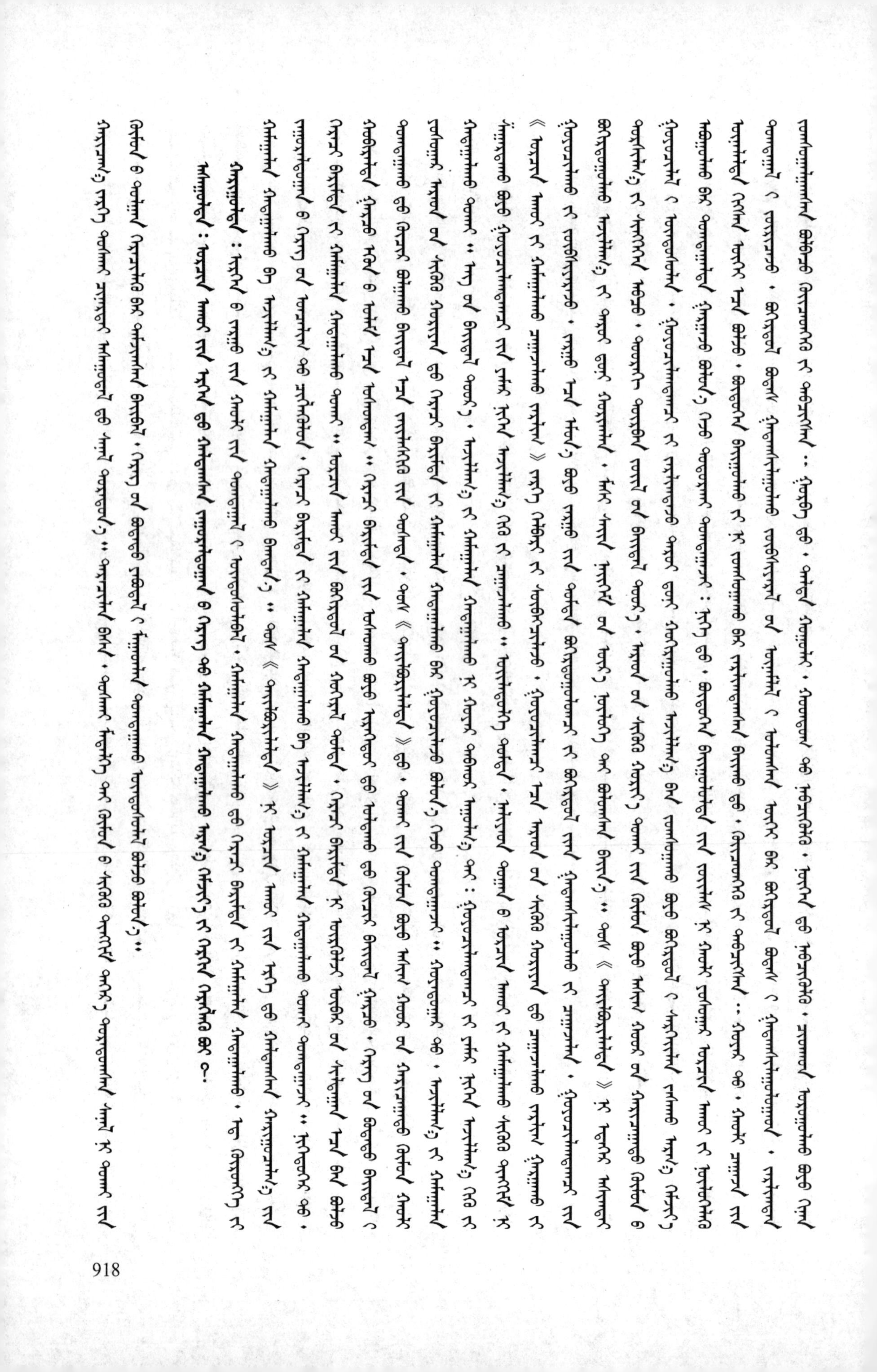

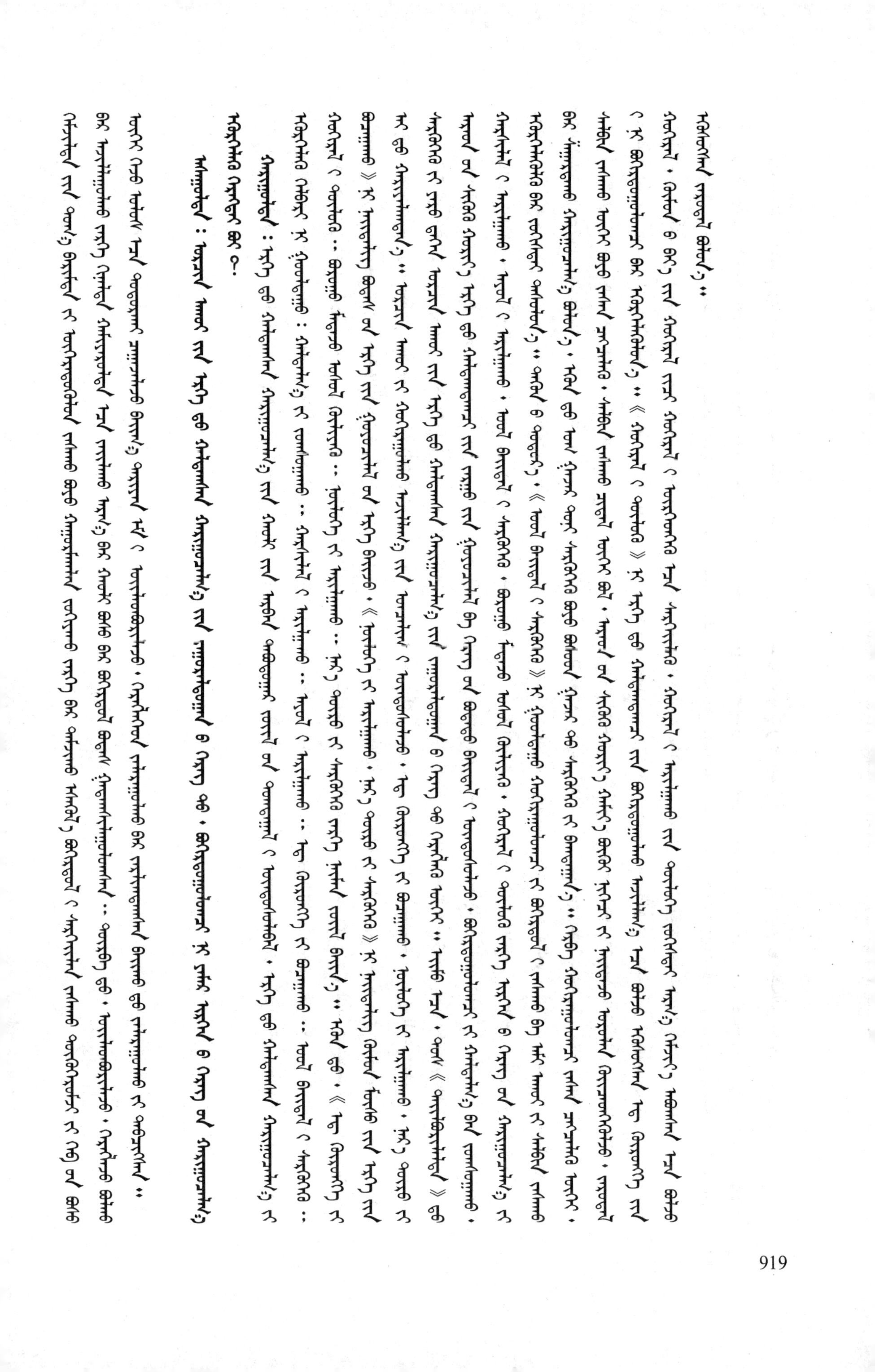

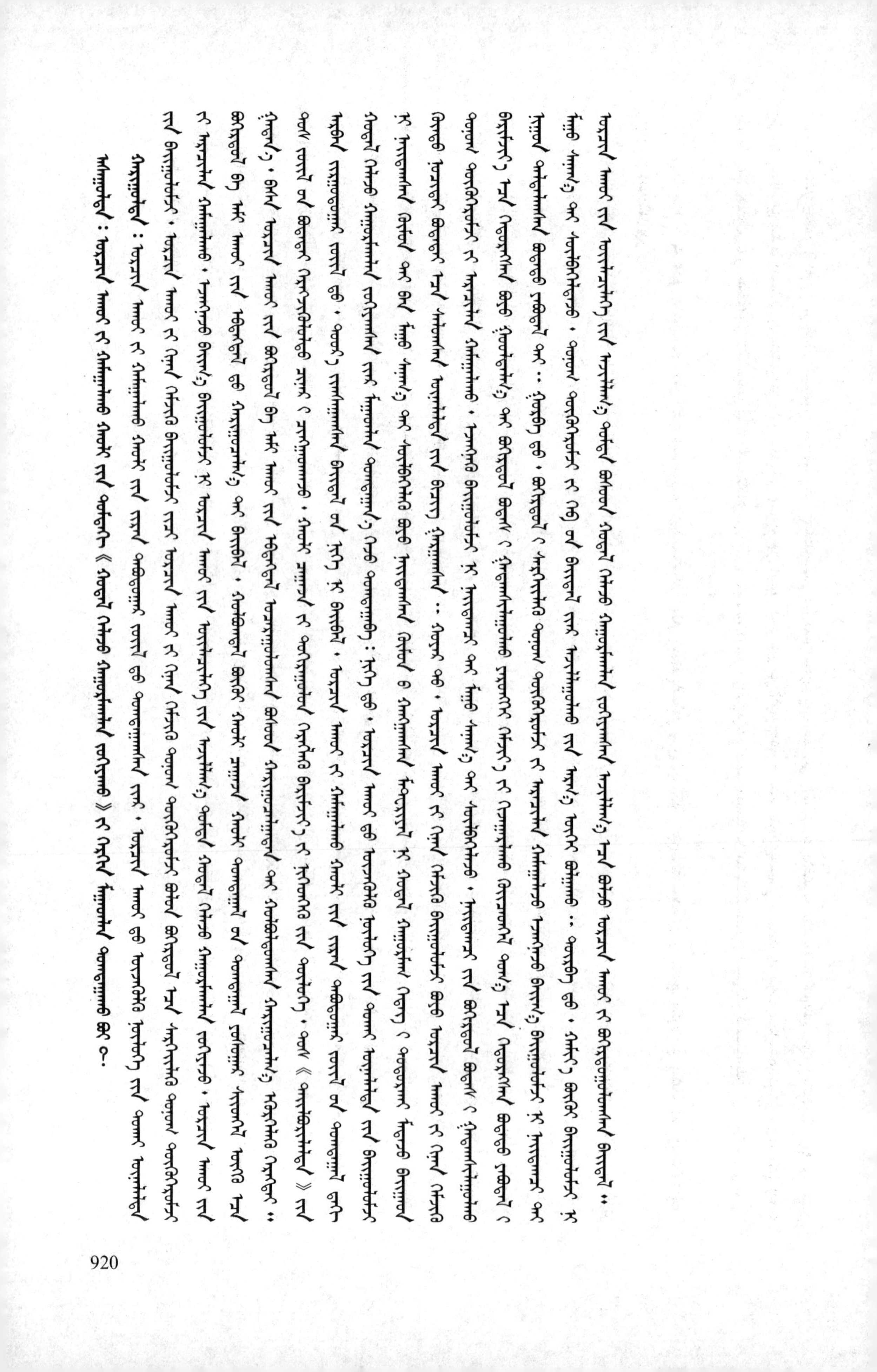

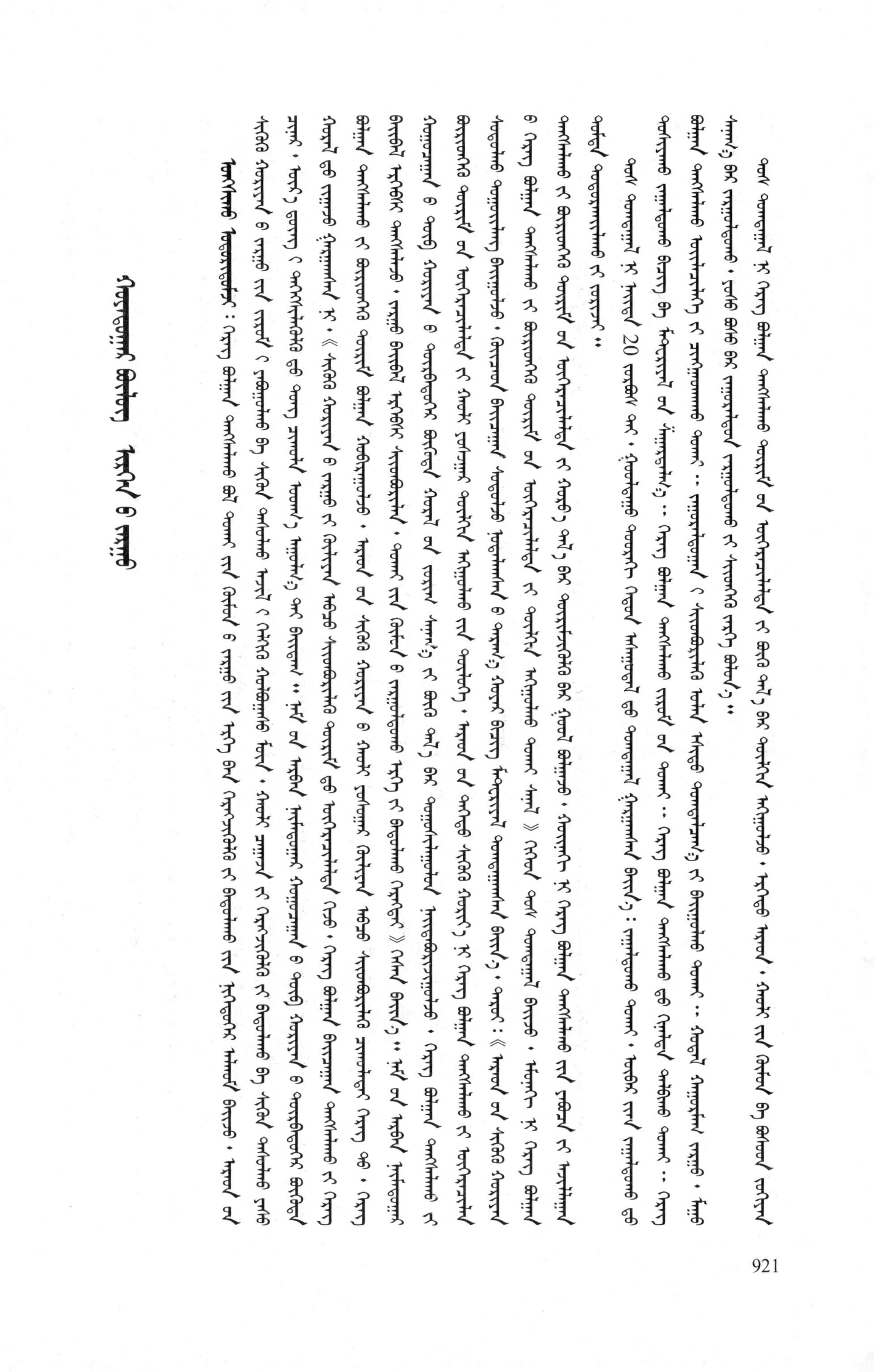

ᠪᠣᠯᠪᠠᠰᠤᠷᠠᠯ ᠤᠨ ᠬᠠᠮᠲᠤ ᠶᠢᠨ ᠪᠠᠢᠭᠤᠯᠤᠯᠭ᠎ᠠ ᠶᠢᠨ ᠬᠡᠷᠡᠭ ᠦᠨ ᠦᠢᠯᠡᠳᠪᠦᠷᠢ ᠶᠢᠨ ᠠᠵᠢᠯ ᠤᠨ ᠪᠠᠢᠳᠠᠯ ᠢ ᠰᠠᠢᠵᠢᠷᠠᠭᠤᠯᠬᠤ ᠳᠤ ᠳᠦᠬᠦᠮ ᠪᠣᠯᠬᠤ ᠪᠠᠢᠳᠠᠯ ᠢ ᠪᠦᠷᠢᠯᠳᠦᠭᠦᠯᠬᠦ ᠂ ᠣᠯᠠᠨ ᠨᠡᠶᠢᠲᠡ ᠶᠢᠨ ᠬᠦᠮᠦᠨ ᠦ ᠤ
ᠪᠠᠢᠳᠠᠯ ᠢ ᠰᠠᠢᠵᠢᠷᠠᠭᠤᠯᠬᠤ ᠳᠤ ᠪᠠᠲᠤᠯᠠᠭ᠎ᠠ ᠭᠠᠷᠭᠠᠬᠤ ᠶᠣᠰᠤᠲᠠᠢ ᠃

ᠬᠠᠮᠲᠤ ᠶᠢᠨ ᠪᠠᠢᠭᠤᠯᠤᠯᠭ᠎ᠠ ᠶᠢᠨ ᠤ

ᠲᠥᠷᠥ ᠶᠢᠨ ᠵᠥᠪᠯᠡᠯ ᠦᠨ ᠬᠡᠷᠡᠭ ᠬᠡᠷᠡᠭᠵᠢᠭᠦᠯᠬᠦ ᠶᠠᠮᠤᠨ ᠤ ᠬᠠᠮᠲᠤ ᠶᠢᠨ ᠪᠠᠢᠭᠤᠯᠤᠯᠭ᠎ᠠ ᠶᠢᠨ ᠠᠵᠢᠯ ᠢ ᠨᠡᠮᠡᠭᠳᠡᠭᠦᠯᠬᠦ ᠲᠤᠬᠠᠢ ᠳᠤᠭᠤᠳᠤᠯ

ᠵᠥᠪᠯᠡᠯ ᠦᠨ ᠠᠯᠪᠠᠨ ᠪᠢᠴᠢᠭ〔2015〕8 ᠳ᠋ᠤᠭᠠᠷ ᠳ᠋ᠤᠭᠠᠷ

(2015 ᠣᠨ ᠤ 4 ᠰᠠᠷ᠎ᠠ ᠶᠢᠨ 13 ᠤ ᠡᠳᠦᠷ ᠲᠥᠷᠥ ᠶᠢᠨ ᠵᠥᠪᠯᠡᠯ ᠦᠨ ᠪᠠᠶᠢᠩᠭᠤ ᠬᠤᠷᠠᠯ ᠳᠤ
1647 ᠳ᠋ᠤᠭᠠᠷ ᠤᠳᠠᠭᠠᠨ ᠤ ᠬᠤᠷᠠᠯ ᠢᠶᠠᠷ ᠪᠠᠲᠤᠯᠠᠭᠰᠠᠨ 2015 ᠣᠨ ᠤ 4 ᠰᠠᠷ᠎ᠠ ᠶᠢᠨ 15 ᠤ ᠡᠳᠦᠷ ᠲᠥᠷᠥ ᠶᠢᠨ ᠵᠥᠪᠯᠡᠯ ᠦᠨ ᠵᠠᠷᠯᠢᠭ
ᠵᠠᠷᠯᠢᠭ ᠤᠨ ᠬᠡᠯᠪᠡᠷᠢ ᠪᠡᠷ ᠨᠡᠶᠢᠲᠡᠯᠡᠭᠰᠡᠨ 2015 ᠣᠨ ᠤ 5 ᠰᠠᠷ᠎ᠠ ᠶᠢᠨ 1 ᠦ ᠡᠳᠦᠷ ᠡᠴᠡ ᠡᠬᠢᠯᠡᠨ ᠬᠡᠷᠡᠭᠵᠢᠭᠦᠯᠦᠨ᠎ᠡ)

ᠬᠠᠮᠲᠤ ᠶᠢᠨ ᠪᠠᠢᠭᠤᠯᠤᠯᠭ᠎ᠠ ᠶᠢᠨ ᠣᠯᠠᠨ ᠨᠡᠶᠢᠲᠡ ᠶᠢᠨ ᠰᠤᠷᠭᠠᠨ ᠬᠦᠮᠦᠵᠢᠯ ᠦᠨ ᠬᠡᠷᠡᠭ ᠦᠨ ᠪᠠᠢᠭᠤᠯᠤᠯᠭ᠎ᠠ ᠶᠢᠨ ᠬᠡᠷᠡᠭ ᠂ ᠬᠠᠮᠲᠤ ᠶᠢᠨ ᠠᠵᠢᠯ ᠤᠨ ᠠᠵᠢᠯᠯᠠᠭ᠎ᠠ ᠶᠢ ᠪᠠᠢᠭᠤᠯᠬᠤ ᠬᠡᠷᠡᠭ ᠂ ᠬᠠᠮᠲᠤ ᠶᠢᠨ ᠬᠡᠷᠡᠭ ᠦᠨ ᠬᠠᠮᠲᠤ
ᠪᠠᠢᠭᠤᠯᠤᠯᠭ᠎ᠠ ᠶᠢᠨ ᠣᠷᠳᠣᠨ ᠤ ᠬᠡᠷᠡᠭ ᠂ ᠬᠠᠮᠲᠤ ᠶᠢᠨ ᠬᠡᠷᠡᠭ ᠦᠨ 《ᠪᠠᠢᠭᠤᠯᠤᠯᠭ᠎ᠠ ᠶᠢᠨ ᠬᠠᠮᠲᠤ ᠶᠢᠨ ᠪᠠᠢᠭᠤᠯᠤᠯᠭ᠎ᠠ》 ᠂ 《ᠪᠠᠢᠭᠤᠯᠤᠯᠭ᠎ᠠ ᠶᠢᠨ ᠬᠠᠮᠲᠤ ᠶᠢᠨ ᠪᠠᠢᠭᠤᠯᠤᠯᠭ᠎ᠠ》 ᠶᠢᠨ ᠬᠡᠷᠡᠭ ᠦᠨ
ᠬᠡᠷᠡᠭ ᠦᠨ ᠪᠠᠢᠭᠤᠯᠤᠯᠭ᠎ᠠ ᠶᠢᠨ ᠬᠠᠮᠲᠤ ᠶᠢᠨ 《ᠪᠠᠢᠭᠤᠯᠤᠯᠭ᠎ᠠ ᠶᠢᠨ ᠬᠠᠮᠲᠤ ᠶᠢᠨ ᠪᠠᠢᠭᠤᠯᠤᠯᠭ᠎ᠠ》 ᠶᠢᠨ ᠬᠡᠷᠡᠭ ᠦᠨ ᠠᠵᠢᠯ ᠤᠨ ᠬᠡᠷᠡᠭ ᠦᠨ ᠪᠠᠢᠳᠠᠯ ᠢ ᠰᠠᠢᠵᠢᠷᠠᠭᠤᠯᠤᠶ᠎ᠠ ᠃
ᠬᠠᠮᠲᠤ ᠶᠢᠨ ᠪᠠᠢᠭᠤᠯᠤᠯᠭ᠎ᠠ ᠶᠢᠨ ᠬᠡᠷᠡᠭ (ᠬᠡᠷᠡᠭ ᠦᠨ ᠪᠠᠢᠭᠤᠯᠤᠯᠭ᠎ᠠ ᠶᠢᠨ ᠬᠡᠷᠡᠭ) ᠬᠠᠮᠲᠤ ᠶᠢᠨ ᠪᠠᠢᠭᠤᠯᠤᠯᠭ᠎ᠠ ᠶᠢᠨ ᠣᠯᠠᠨ ᠨᠡᠶᠢᠲᠡ ᠶᠢᠨ ᠰᠤᠷᠭᠠᠨ ᠬᠦᠮᠦᠵᠢᠯ ᠦᠨ ᠬᠡᠷᠡᠭ
ᠶᠢᠨ ᠬᠡᠷᠡᠭ ᠦᠨ ᠪᠠᠢᠭᠤᠯᠤᠯᠭ᠎ᠠ ᠶᠢᠨ ᠬᠡᠷᠡᠭ ᠂ ᠬᠠᠮᠲᠤ ᠶᠢᠨ ᠬᠡᠷᠡᠭ ᠦᠨ ᠪᠠᠢᠭᠤᠯᠤᠯᠭ᠎ᠠ ᠶᠢᠨ ᠬᠡᠷᠡᠭ ᠦᠨ ᠬᠠᠮᠲᠤ ᠶᠢᠨ ᠬᠡᠷᠡᠭ ᠦᠨ ᠪᠠᠢᠭᠤᠯᠤᠯᠭ᠎ᠠ
ᠪᠠᠢᠭᠤᠯᠤᠯᠭ᠎ᠠ ᠶᠢᠨ ᠬᠡᠷᠡᠭ ᠃

ᠬᠠᠮᠲᠤ ᠶᠢᠨ ᠪᠠᠢᠭᠤᠯᠤᠯᠭ᠎ᠠ ᠶᠢᠨ ᠬᠡᠷᠡᠭ ᠂ ᠬᠠᠮᠲᠤ ᠶᠢᠨ ᠬᠡᠷᠡᠭ (ᠬᠡᠷᠡᠭ ᠂ ᠬᠠᠮᠲᠤ ᠶᠢᠨ ᠬᠡᠷᠡᠭ) ᠬᠡᠷᠡᠭ ᠦᠨ ᠪᠠᠢᠭᠤᠯᠤᠯᠭ᠎ᠠ ᠶᠢᠨ ᠬᠠᠮᠲᠤ ᠶᠢᠨ ᠪᠠᠢᠭᠤᠯᠤᠯᠭ᠎ᠠ ᠶᠢᠨ ᠤ

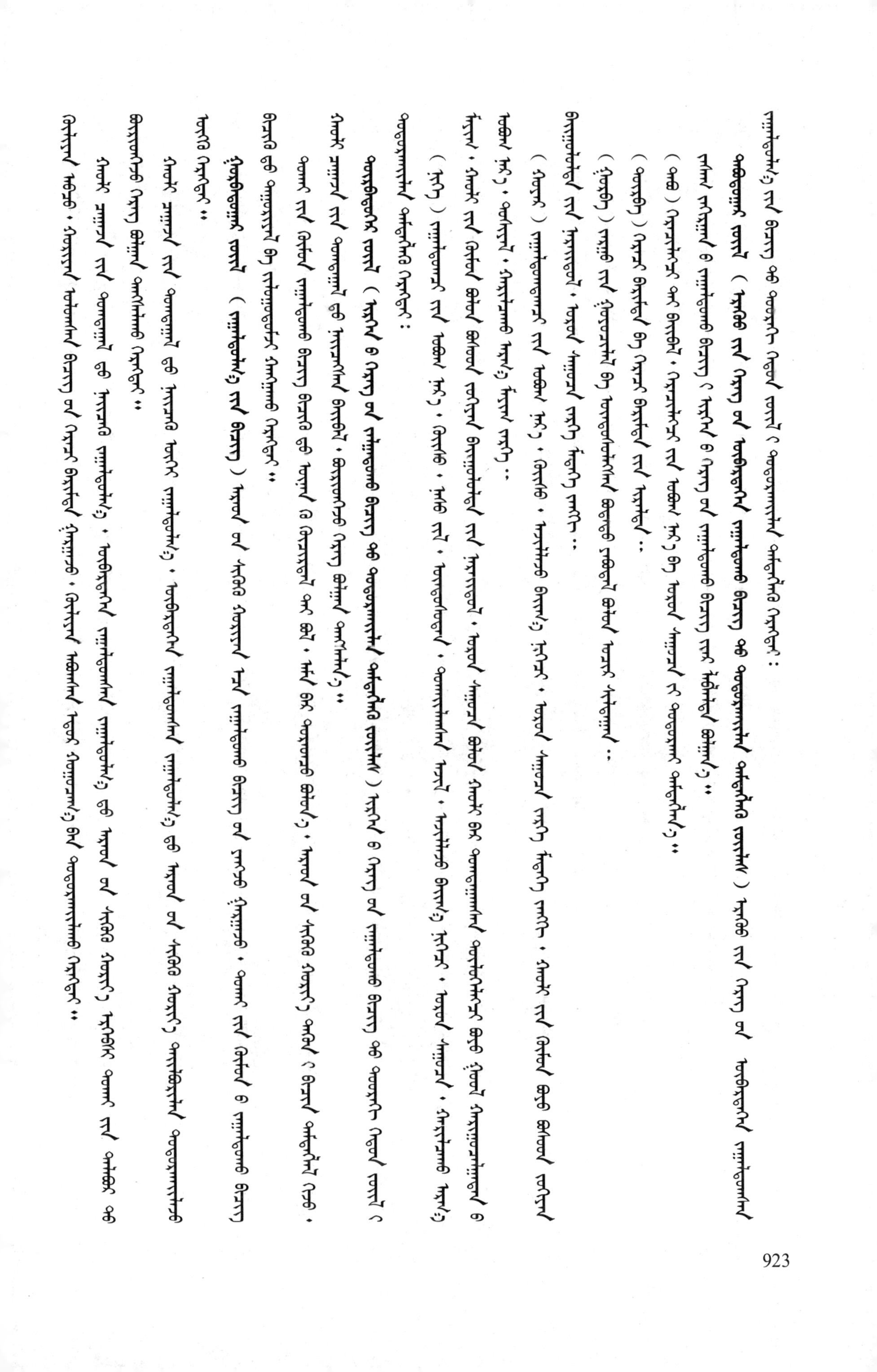

(ᠨᠢᠭᠡ) [illegible]

(ᠬᠣᠶᠠᠷ) [illegible]

(ᠭᠤᠷᠪᠠ) [illegible]

(ᠳᠥᠷᠪᠡ) [illegible]

(ᠲᠠᠪᠤ) [illegible]

(ᠵᠢᠷᠭᠤᠭ᠎ᠠ) [illegible]

[illegible] [illegible]

(ᠨᠢᠭᠡ) [illegible]

(ᠬᠣᠶᠠᠷ) [illegible]

(ᠭᠤᠷᠪᠠ) [illegible]

(ᠳᠥᠷᠪᠡ) [illegible]

(ᠲᠠᠪᠤ) [illegible]

[illegible] [illegible]

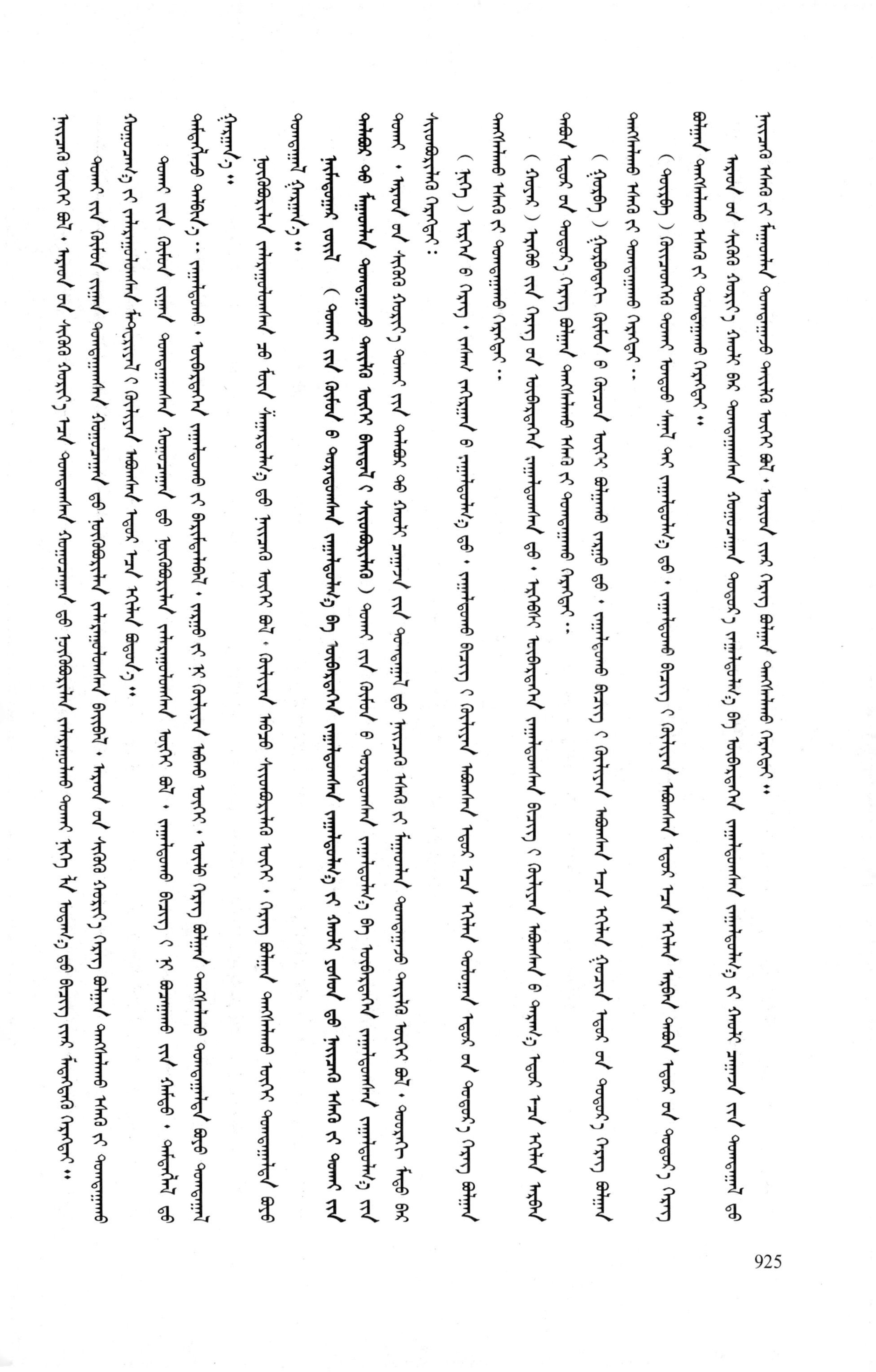

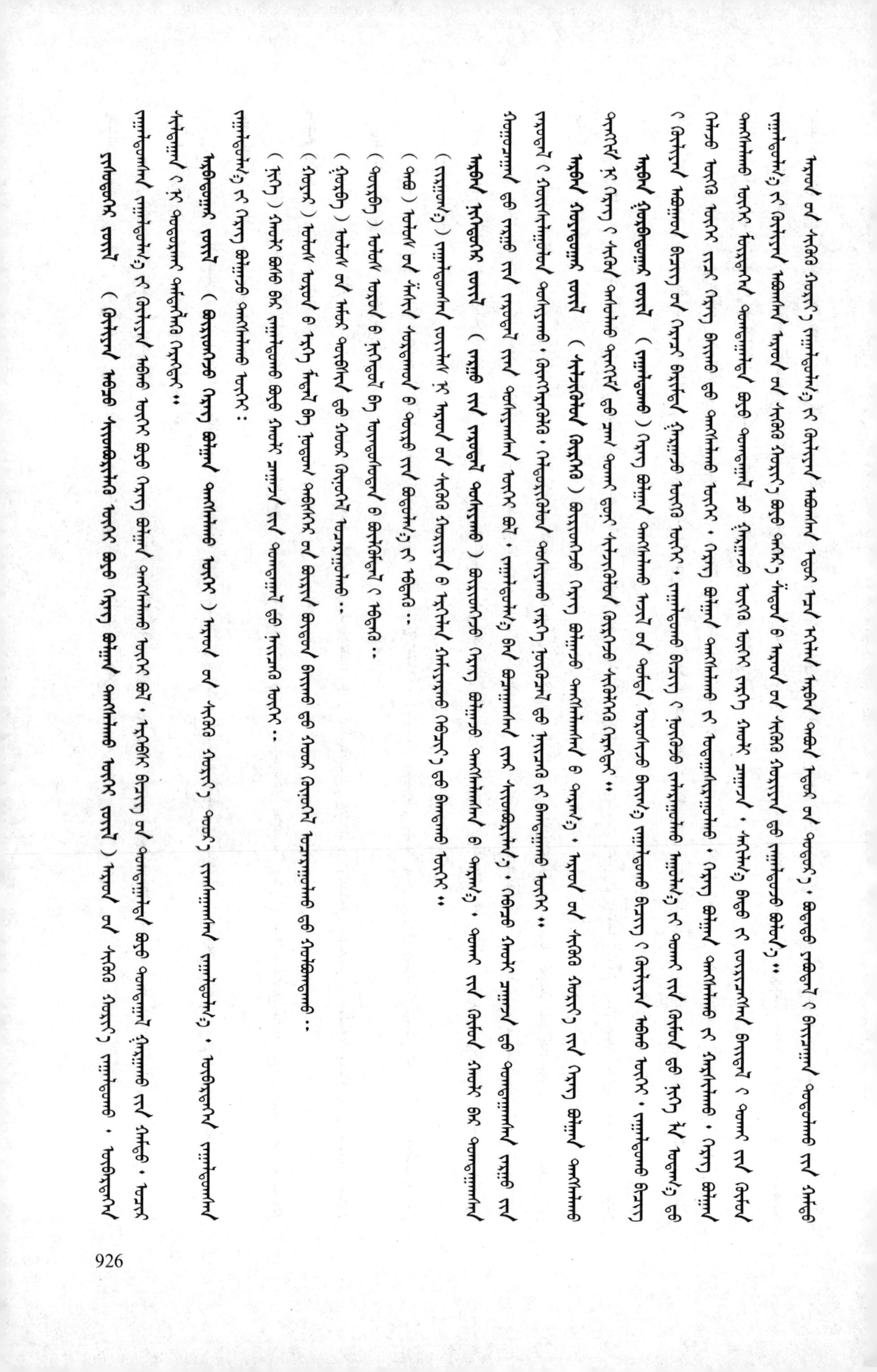

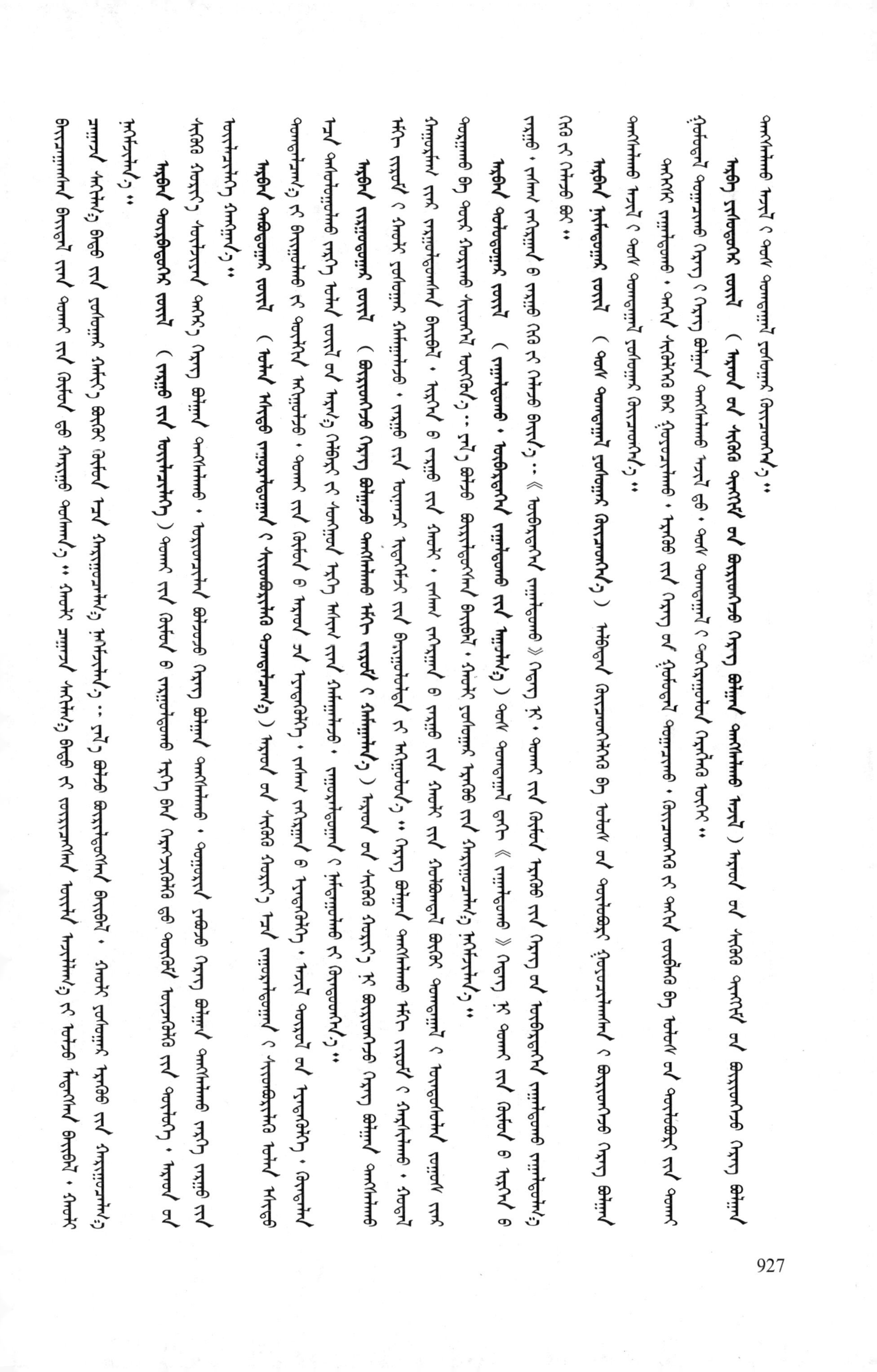

[illegible] ᠤᠨ [illegible] [illegible] [illegible] [illegible] ᠠᠷᠠᠳ [illegible] ᠤᠨ [illegible] [illegible] ᠂ ᠠᠷᠠᠳ [illegible] [illegible] [illegible] ᠃

[illegible] [illegible] ([illegible] ᠤᠨ [illegible]) ᠠᠷᠠᠳ [illegible] ᠤ 2015 ᠣᠨ ᠤ 5 ᠰᠠᠷ᠎ᠠ ᠶᠢᠨ 1 ᠦ ᠡᠳᠦᠷ [illegible] [illegible] [illegible] ᠃ [illegible] [illegible] [illegible] [illegible] [illegible]

ᠮᠡᠷᠭᠡᠵᠢᠯ ᠪᠣᠯᠪᠠᠰᠤᠷᠠᠯ : ᠮᠡᠷᠭᠡᠵᠢᠯ ᠦᠨ ᠰᠤᠷᠭᠠᠭᠤᠯᠢ ᠶᠢᠨ ᠬᠠᠷᠢᠶᠠᠯᠠᠯ ᠤᠨ ᠬᠠᠮᠢᠶᠠᠷᠤᠯᠲᠠ ᠶᠢᠨ ᠠᠵᠢᠯ ᠬᠡᠷᠡᠭᠵᠢᠭᠦᠯᠬᠦ ᠶᠢ ᠰᠠᠶᠢᠵᠢᠷᠠᠭᠤᠯᠬᠤ ᠪᠣᠯᠪᠠᠰᠤᠷᠠᠯ ᠤᠨ ::

ᠬᠠᠮᠢᠶ᠎ᠠ ᠪᠣᠯᠪᠠᠰᠤᠷᠠᠯ ᠤᠨ ᠬᠠᠷᠢᠶᠠᠯᠠᠯ ᠤᠨ ᠬᠠᠮᠢᠶᠠᠷᠤᠯᠲᠠ ᠶᠢᠨ ᠠᠵᠢᠯ ᠢ ᠰᠠᠶᠢᠵᠢᠷᠠᠭᠤᠯᠬᠤ ᠪᠠᠶᠢᠭᠤᠯᠤᠯ ᠂ ᠮᠡᠷᠭᠡᠵᠢᠯ ᠦᠨ ᠰᠤᠷᠭᠠᠭᠤᠯᠢ ᠶᠢᠨ ᠬᠠᠷᠢᠶᠠᠯᠠᠯ ᠤᠨ ᠬᠠᠮᠢᠶᠠᠷᠤᠯᠲᠠ ᠶᠢ 10 ᠵᠢᠯ ᠦᠨ ᠳᠣᠲᠣᠷ᠎ᠠ ᠬᠡᠷᠡᠭᠵᠢᠭᠦᠯᠬᠦ ᠪᠠᠷ ᠪᠠᠶᠢᠨ᠎ᠠ ::

ᠮᠡᠷᠭᠡᠵᠢᠯ ᠦᠨ ᠰᠤᠷᠭᠠᠭᠤᠯᠢ ᠶᠢᠨ ᠬᠠᠷᠢᠶᠠᠯᠠᠯ ᠤ

ᠪᠣᠯᠪᠠᠰᠤᠷᠠᠭᠤᠯᠬᠤ ᠬᠦᠮᠦᠵᠢᠯ ᠤᠨ ᠠᠮᠠ ᠶᠢᠨ ᠪᠣᠯᠤᠨ ᠬᠠᠮᠢᠶᠠᠷᠤᠯᠲᠠ ᠶᠢᠨ ᠠᠵᠢᠯ ᠢ ᠰᠠᠶᠢᠵᠢᠷᠠᠭᠤᠯᠬᠤ ᠲᠤᠬᠠᠢ ᠮᠡᠳᠡᠭᠳᠡᠯ

ᠬᠦᠳᠡᠯᠮᠦᠷᠢ ᠶᠢᠨ ᠶᠠᠮᠤ [2010] 2 ᠳ᠋ᠤᠭᠠᠷ ᠪᠢᠴᠢᠭ

(2009 ᠣᠨ ᠤ 11 ᠰᠠᠷ᠎ᠠ ᠶᠢᠨ 23 ᠤ ᠡᠳᠦᠷ ᠬᠦᠳᠡᠯᠮᠦᠷᠢ ᠶᠢᠨ ᠶᠠᠮᠤᠨ ᠤ ᠠᠵᠢᠯ ᠬᠡᠷᠡᠭᠵᠢᠭᠦᠯᠬᠦ ᠬᠤᠷᠠᠯ ᠤᠨ 1477 ᠳ᠋ᠤᠭᠠᠷ ᠬᠤᠷᠠᠯ ᠳᠤ ᠪᠠᠲᠤᠯᠠᠭᠰᠠᠨ 2010 ᠣᠨ ᠤ 1 ᠰᠠᠷ᠎ᠠ ᠶᠢᠨ 12 ᠨᠤ ᠡᠳᠦᠷ ᠶᠠᠮᠤᠨ ᠤ ᠲᠣᠭᠲᠠᠭᠠᠯ ᠪᠡᠷ ᠨᠡᠶᠢᠲᠡᠯᠡᠭᠦᠯᠦᠭᠰᠡᠨ 2010 ᠣᠨ ᠤ 1 ᠰᠠᠷ᠎ᠠ ᠶᠢᠨ 14 ᠤ ᠡᠳᠦᠷ ᠡᠴᠡ ᠡᠬᠢᠯᠡᠨ ᠬᠡᠷᠡᠭᠵᠢᠭᠦᠯᠦᠨ᠎ᠡ)

ᠠᠵᠢᠯ ᠤᠨ ᠪᠠᠶᠢᠳᠠᠯ ᠤᠨ ᠬᠠᠮᠢᠶᠠᠷᠤᠯᠲᠠ ᠶᠢᠨ ᠠᠵᠢᠯ ᠢ ᠰᠠᠶᠢᠵᠢᠷᠠᠭᠤᠯᠬᠤ ᠳᠤ ᠮᠡᠷᠭᠡᠵᠢᠯ ᠦᠨ ᠰᠤᠷᠭᠠᠭᠤᠯᠢ ᠶᠢᠨ ᠬᠠᠷᠢᠶᠠᠯᠠᠯ ᠤᠨ ᠬᠠᠮᠢᠶᠠᠷᠤᠯᠲᠠ ᠶᠢᠨ ᠠᠵᠢᠯ ᠢ ᠪᠣᠯᠪᠠᠰᠤᠷᠠᠭᠤᠯᠬᠤ ᠪᠣᠯᠤᠨ 《 ᠬᠦᠳᠡᠯᠮᠦᠷᠢ ᠶᠢᠨ ᠶᠠᠮᠤ 》 ᠶᠢᠨ ᠵᠢᠭᠠᠯ ᠂ 《 ᠮᠡᠷᠭᠡᠵᠢᠯ ᠦᠨ ᠰᠤᠷᠭᠠᠭᠤᠯᠢ ᠶᠢᠨ

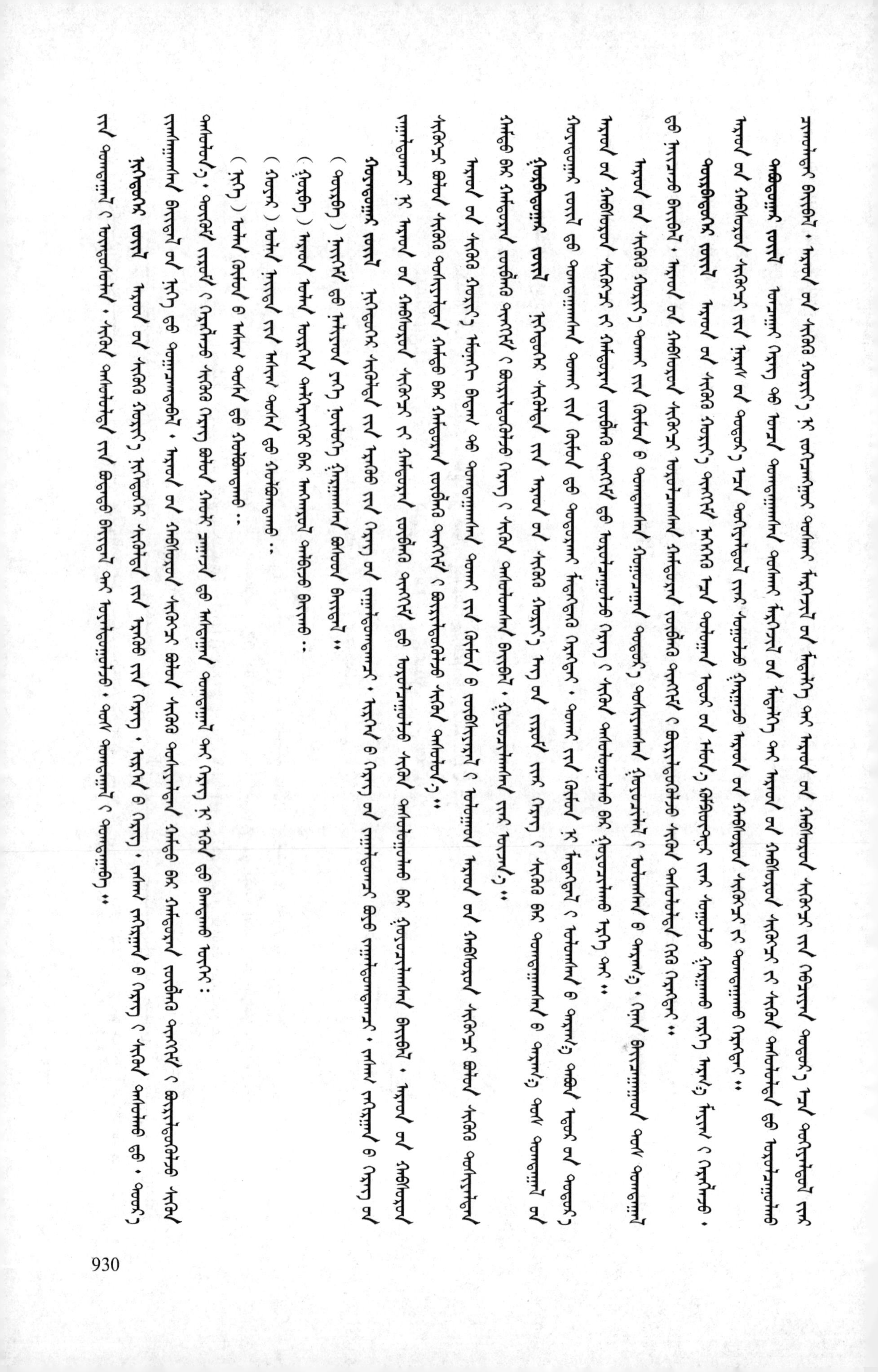

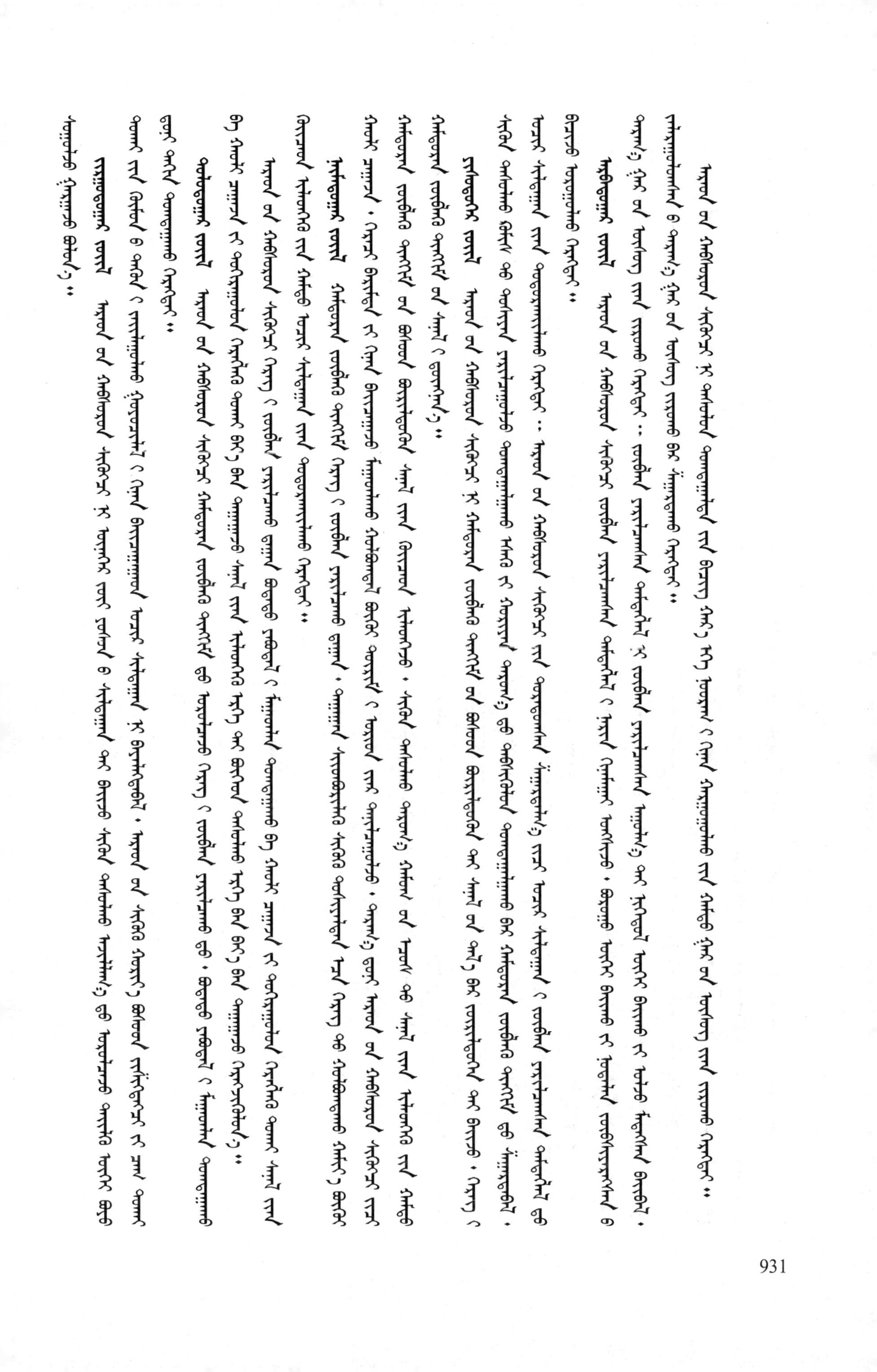

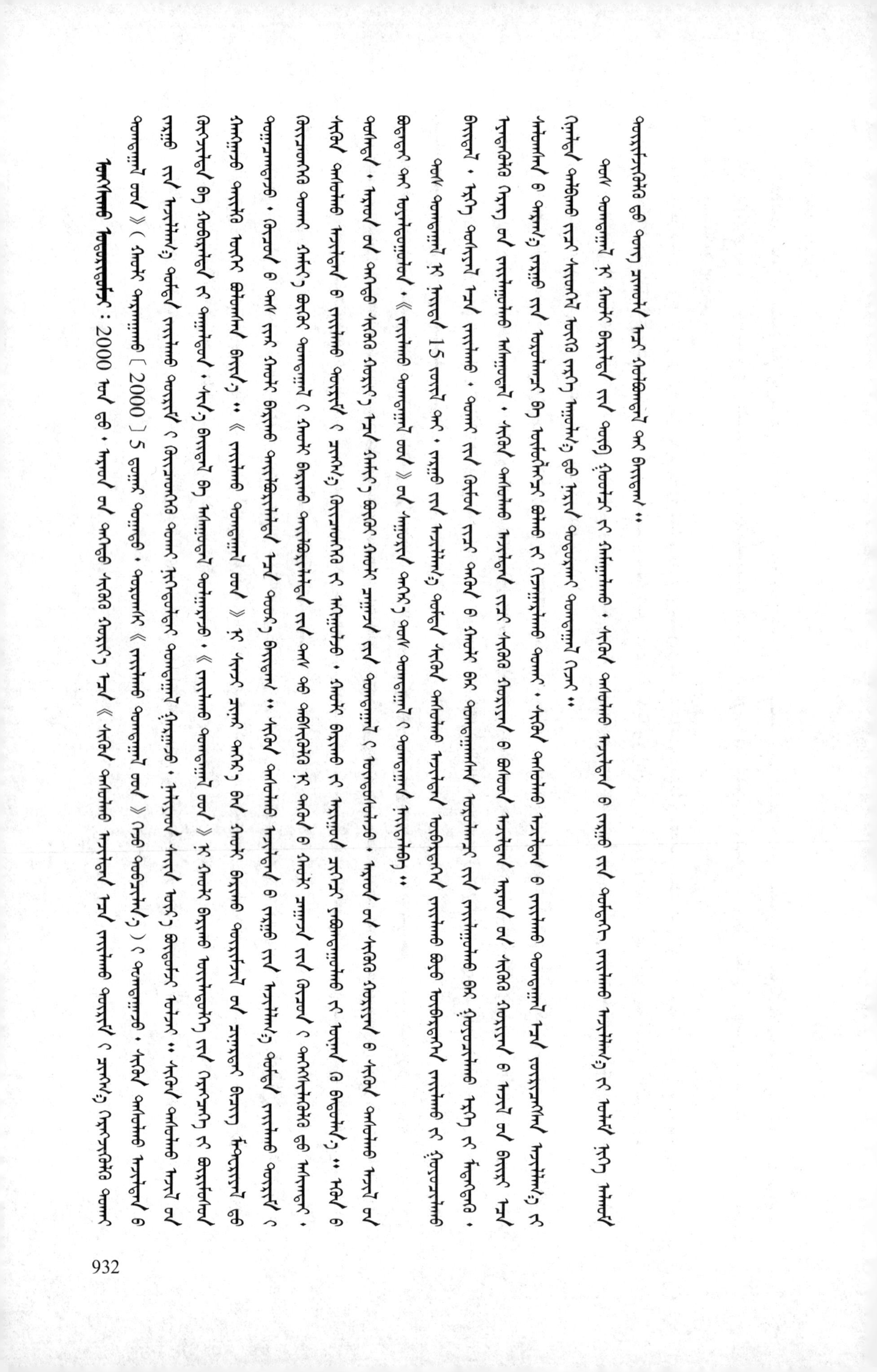

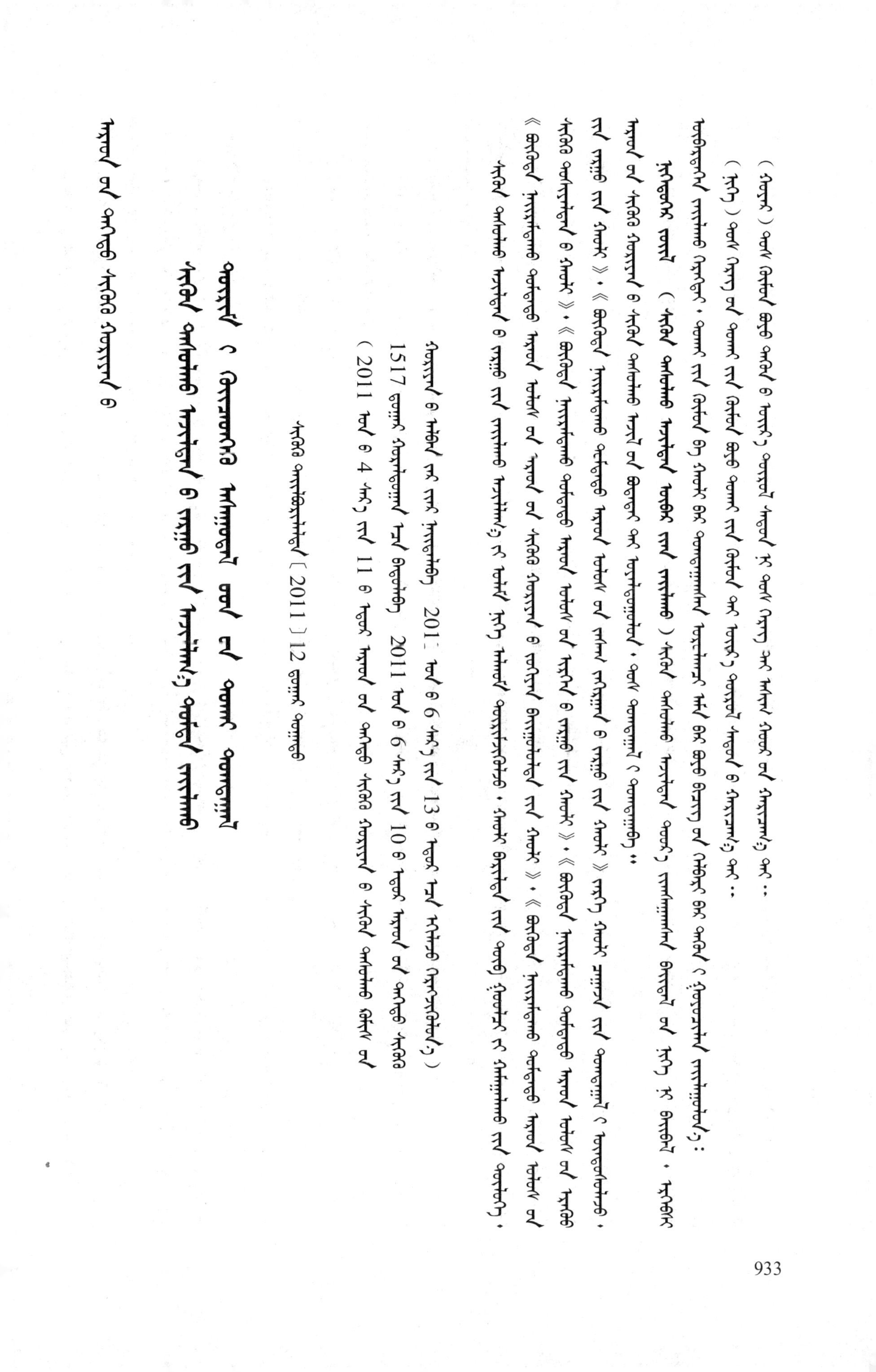

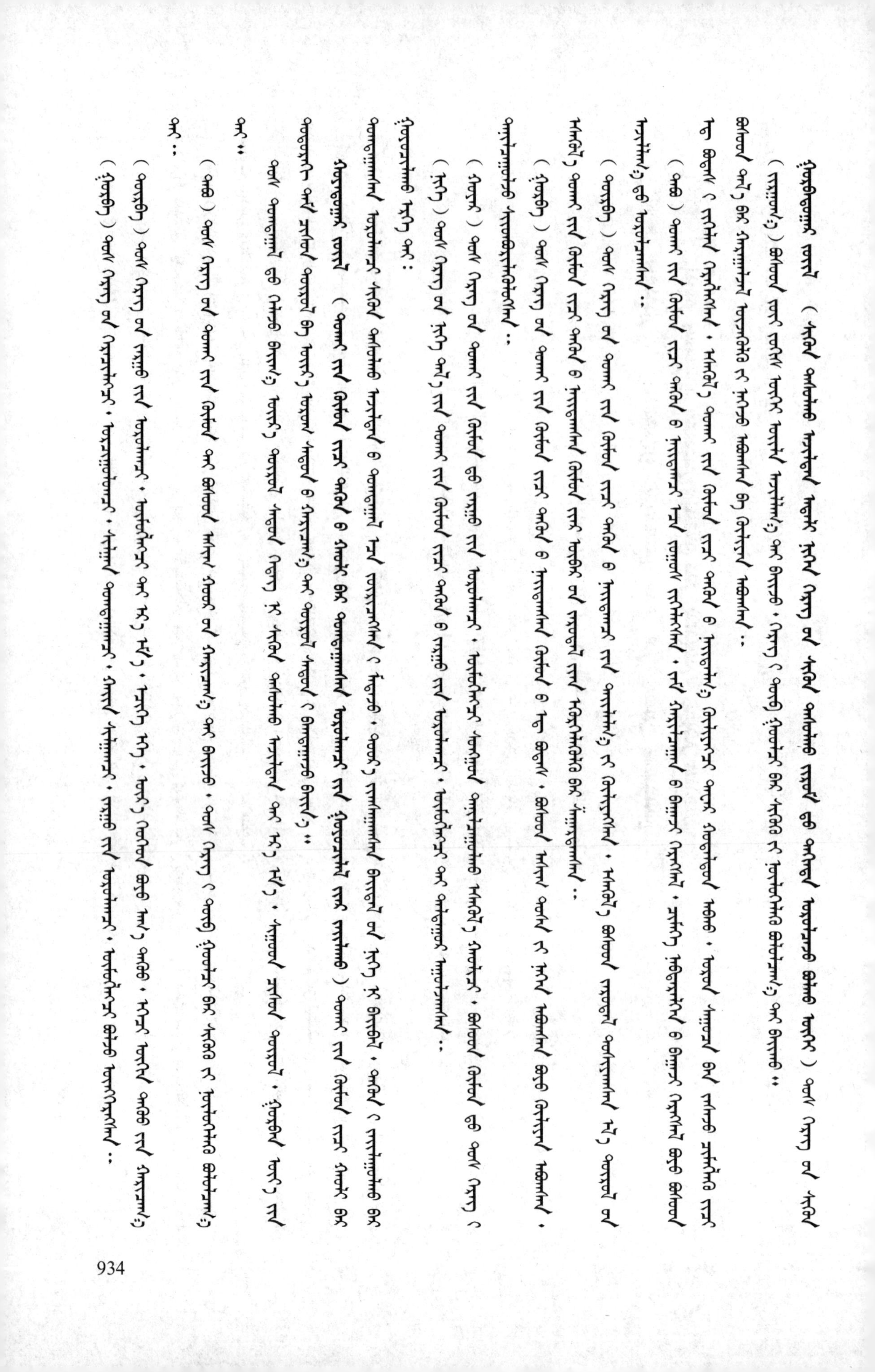

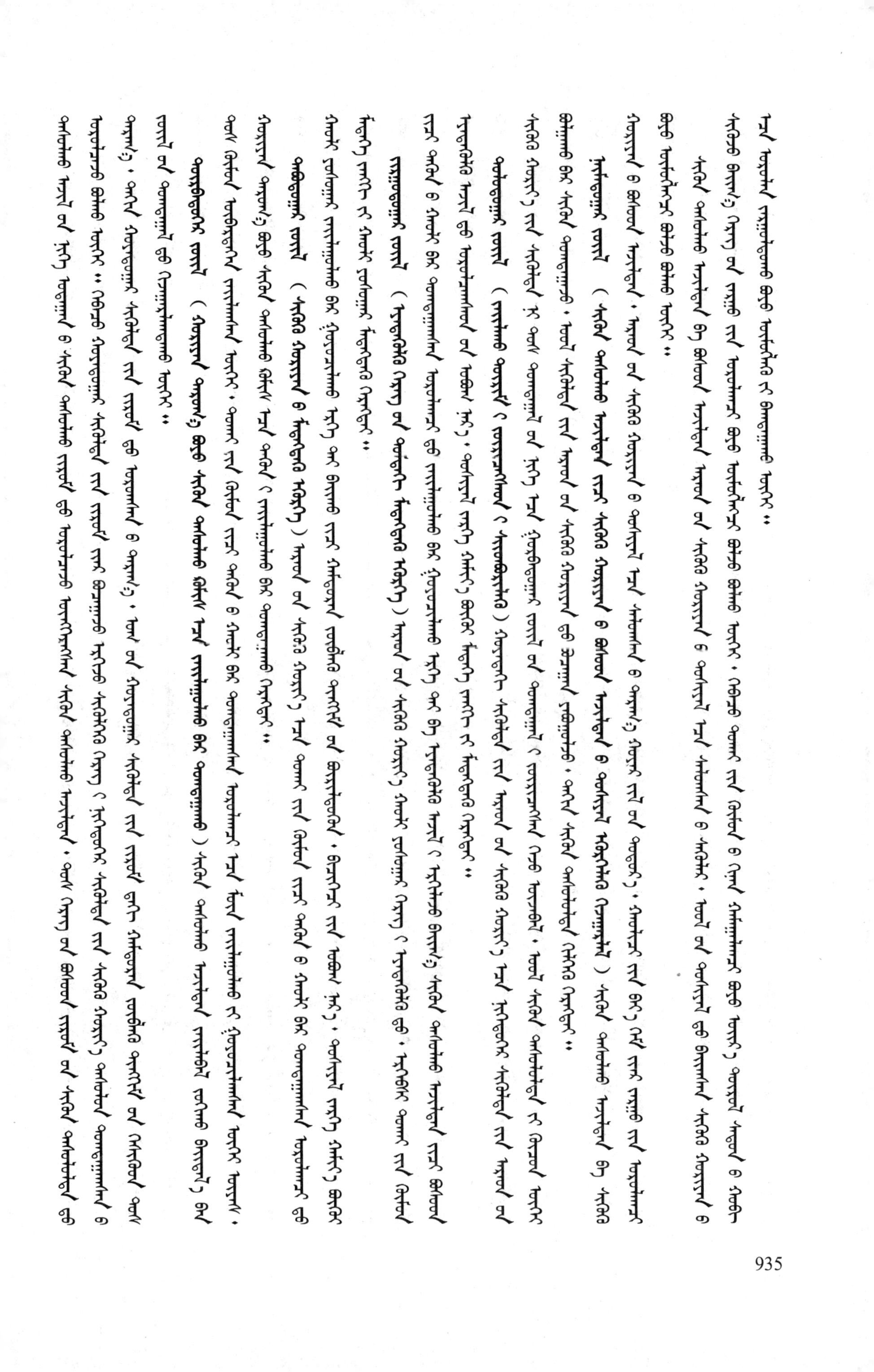

[illegible]

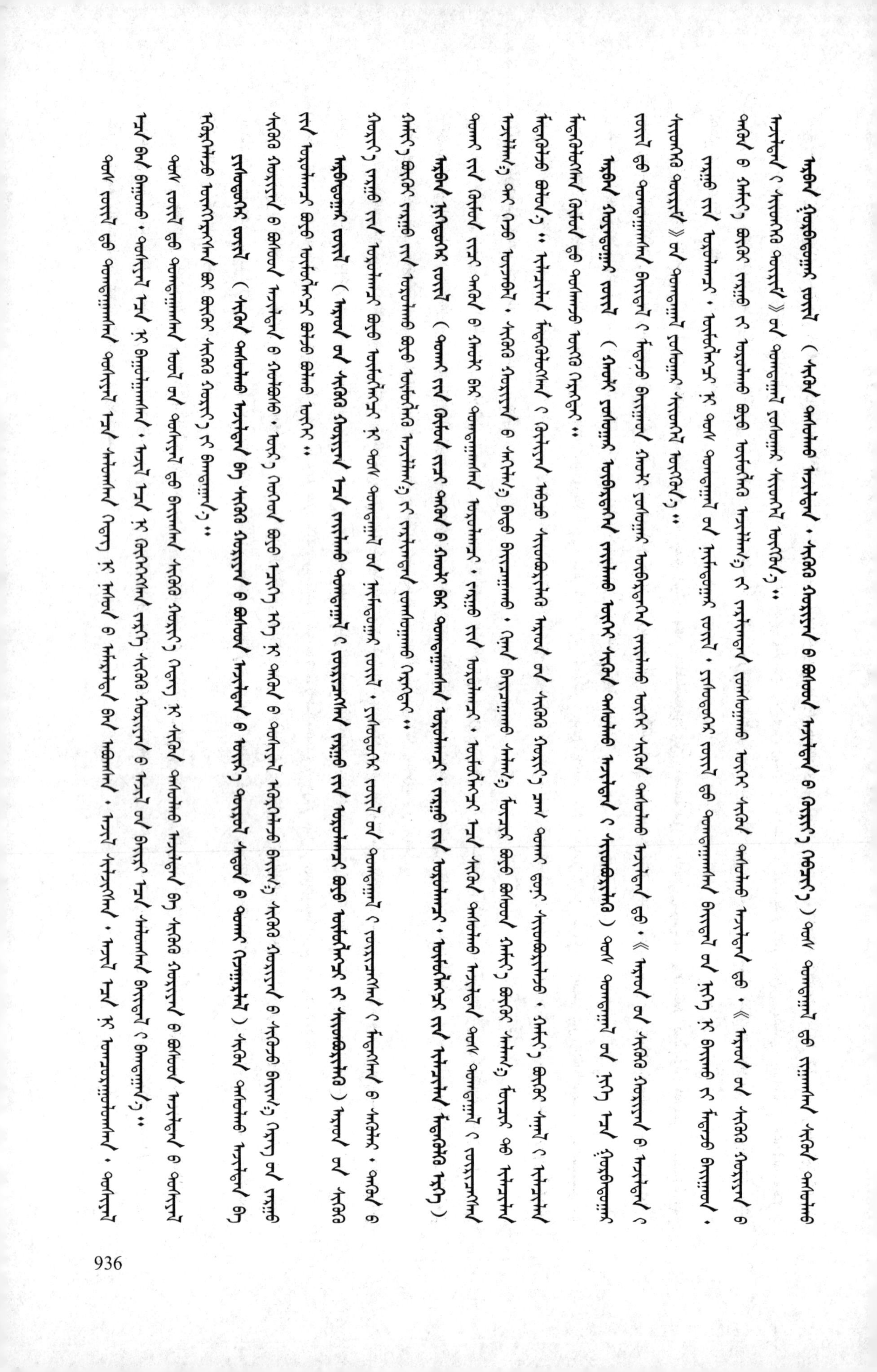

[illegible]

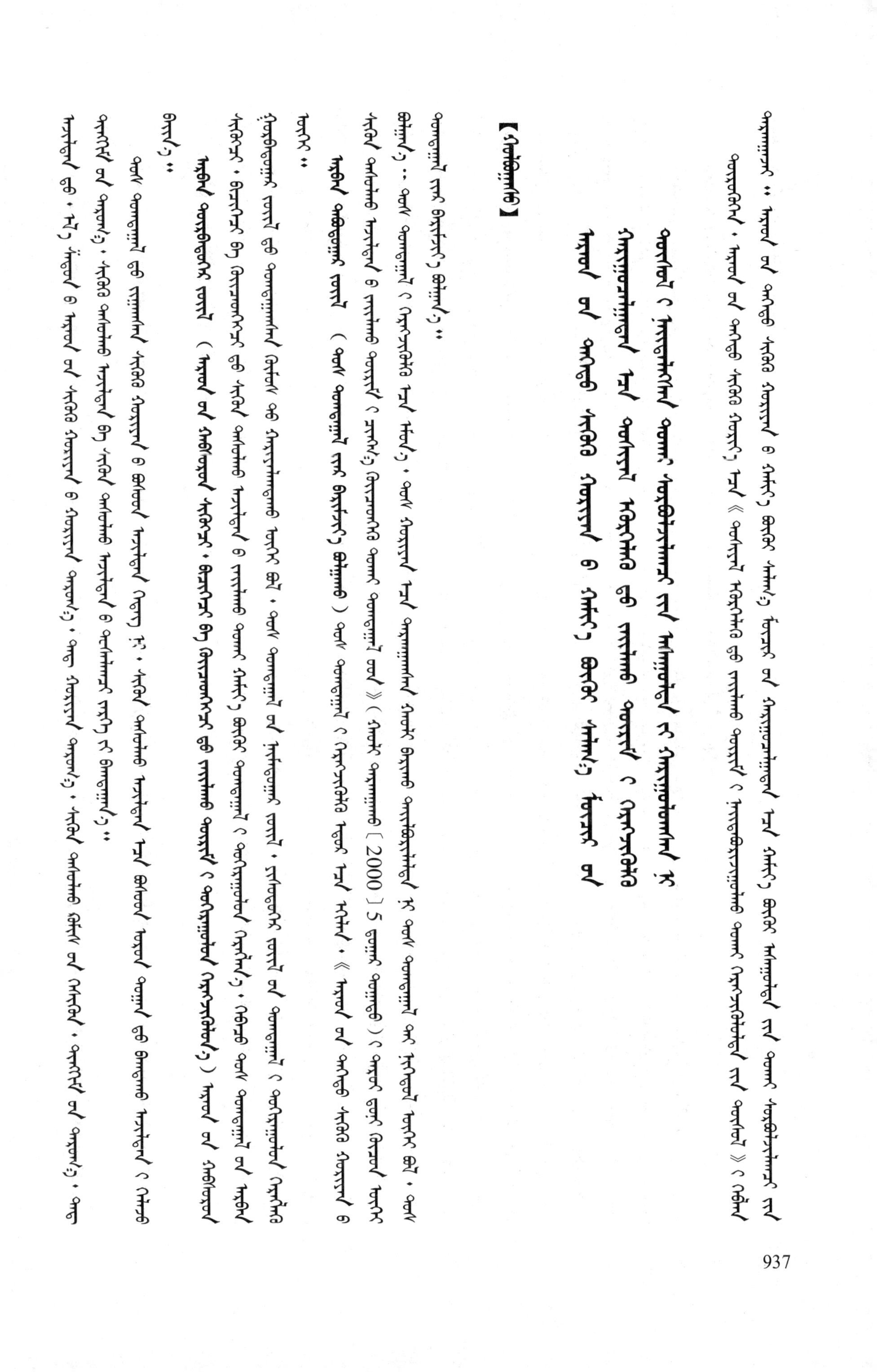

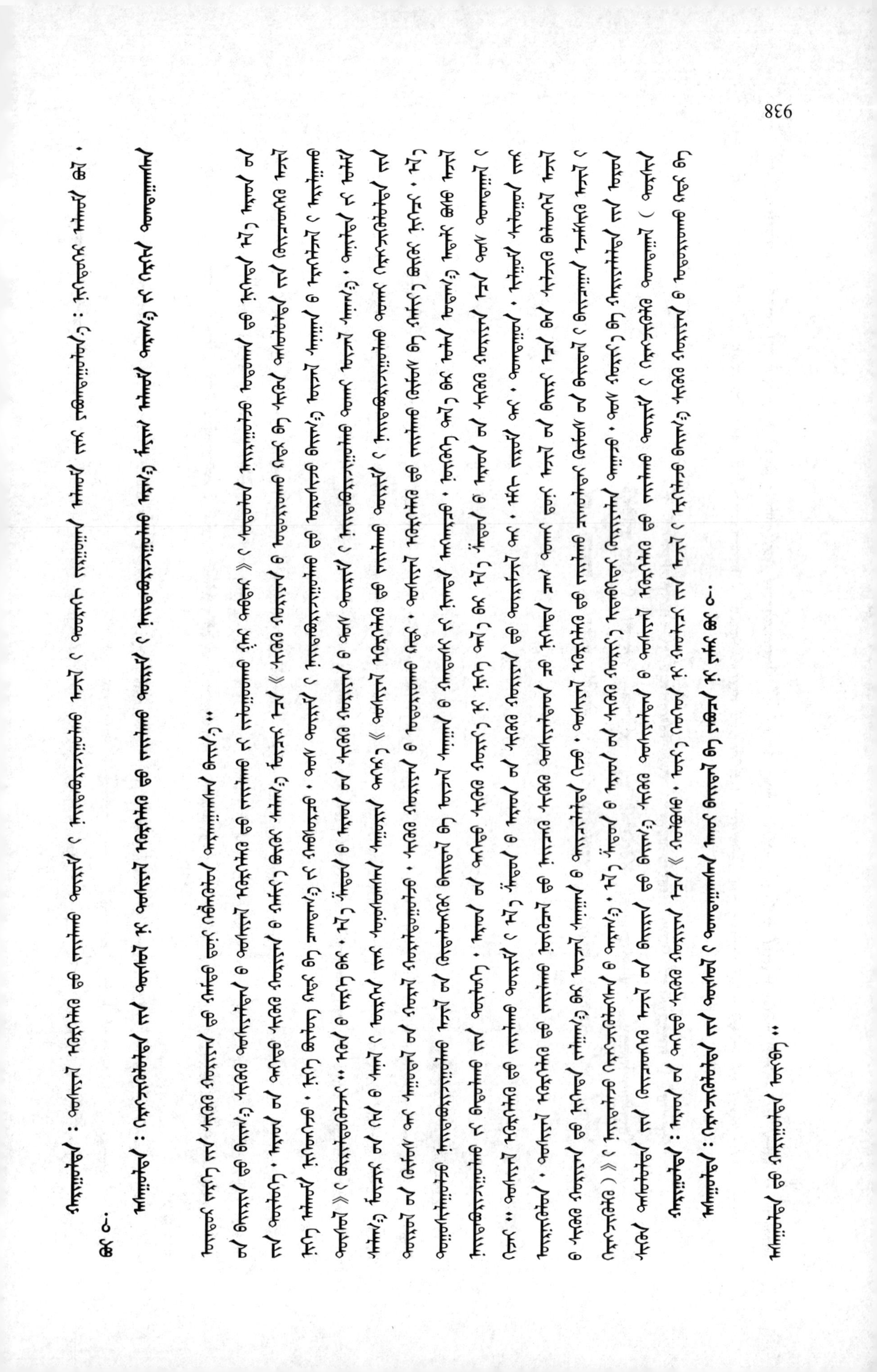

[illegible] : [illegible] ᠪᠣᠢ ᠃

[illegible] : [illegible] ᠪᠣᠢ ᠃

[illegible] ᠃

[illegible] ᠃

[illegible] : [illegible] ᠪᠣᠢ ᠃

[illegible] : [illegible] ᠃

[illegible] ᠃

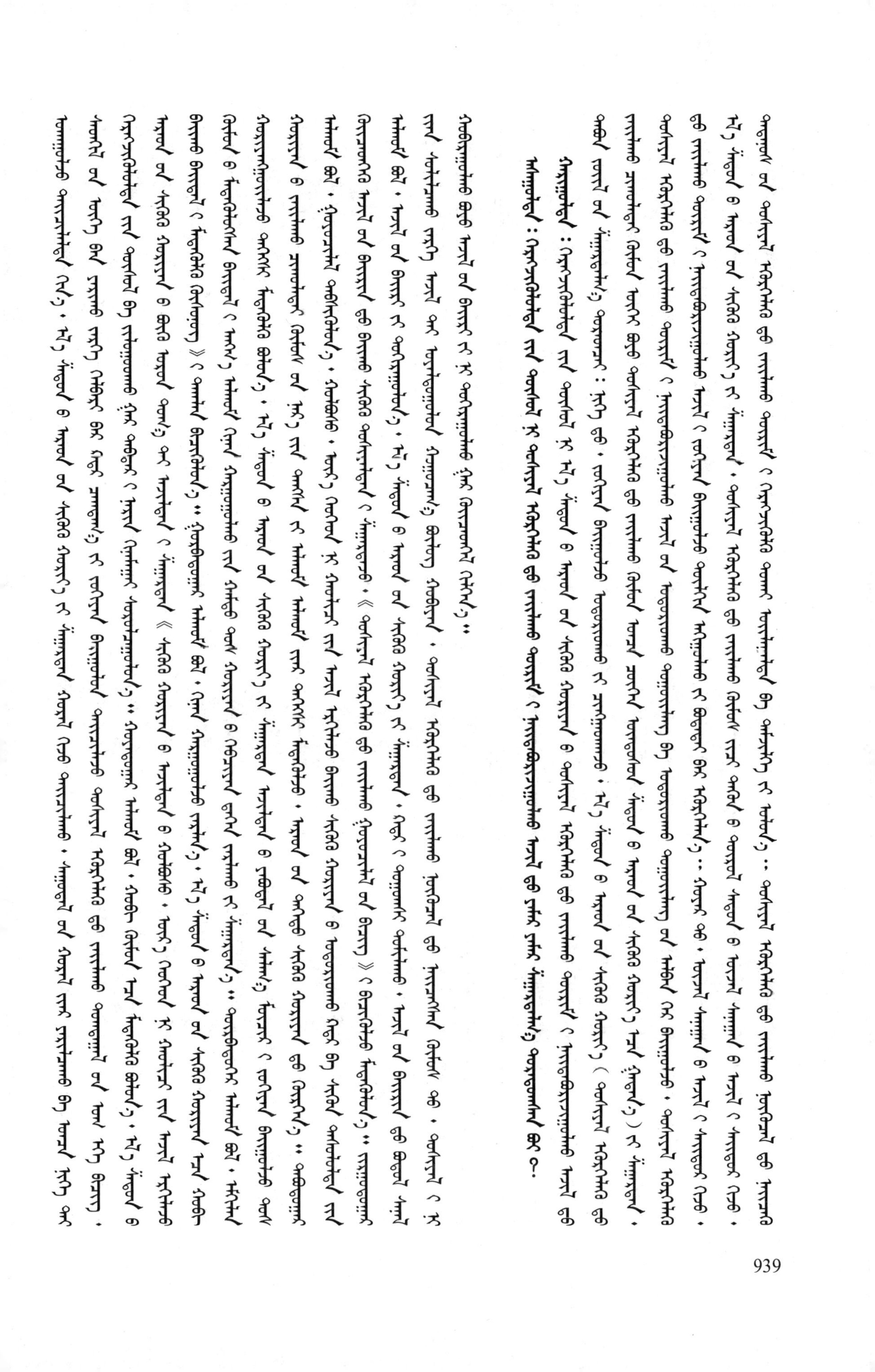

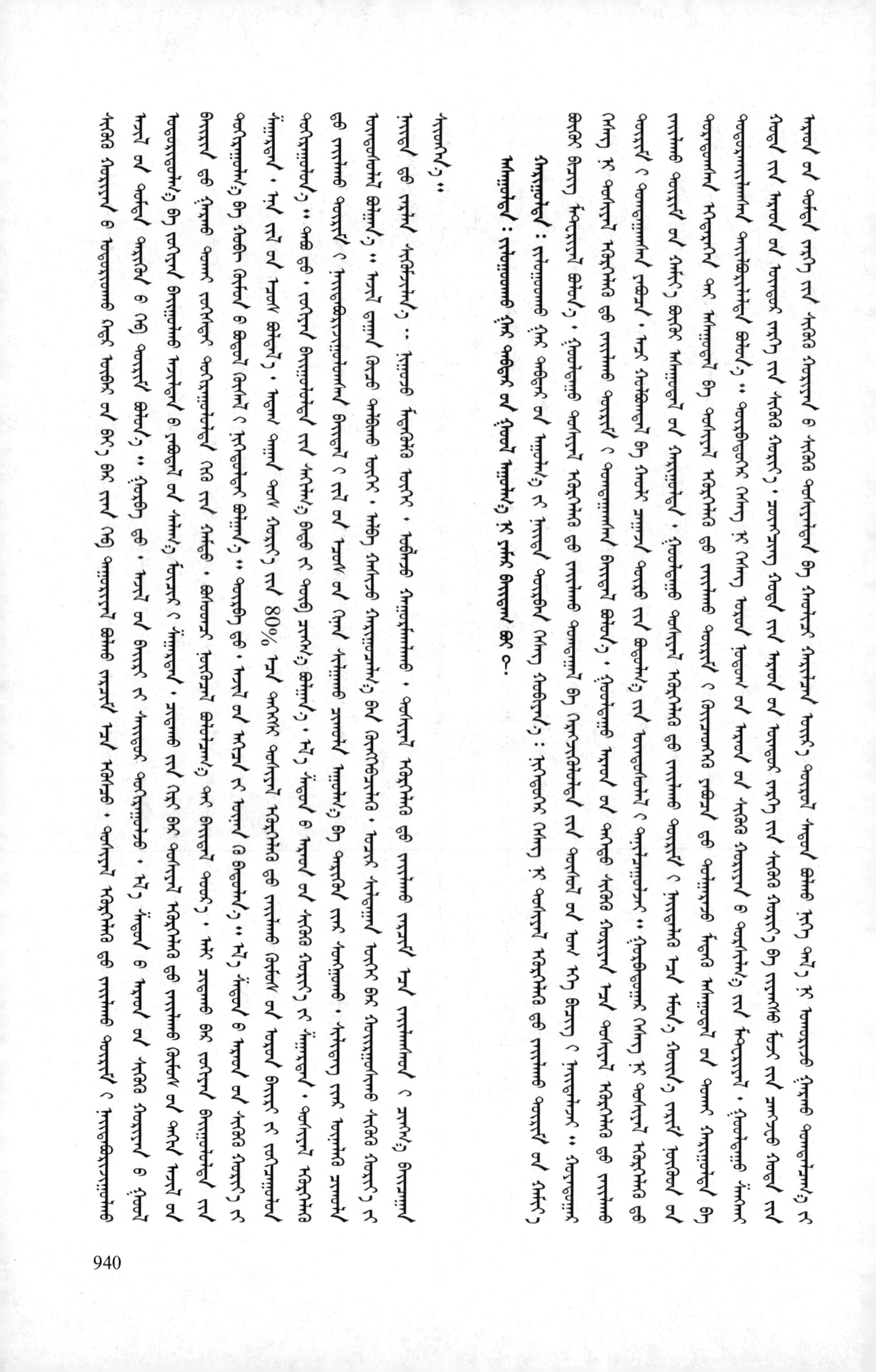

ᠬᠡᠮᠡᠨ ᠰᠢᠨᠵᠢᠯᠡᠬᠦ ᠲᠡᠭᠦᠰᠬᠡᠯ ᠦᠨ ᠬᠥᠭᠵᠢᠯᠲᠡ ᠶᠢᠨ ᠳᠦ ᠨᠡᠢᠭᠡᠮ ᠦᠨ ᠰᠤᠳᠤᠯᠭ᠎ᠠ᠂ ᠡᠨᠡ ᠨᠢ ᠬᠡᠷᠡᠭ ᠦᠨ ᠳᠤ ᠰᠤᠳᠤᠯᠤᠯ ᠤᠨ ᠪᠣᠯᠪᠠᠰᠤᠷᠠᠯ ᠢ ᠳᠡᠭᠡᠭᠰᠢᠯᠡᠭᠦᠯᠬᠦ ᠳᠦ ᠶᠡᠬᠡ ᠴᠢ ᠬᠣᠯᠪᠣᠭᠳᠠᠯ ᠲᠠᠢ ᠪᠣᠯᠤᠨ᠎ᠠ ::

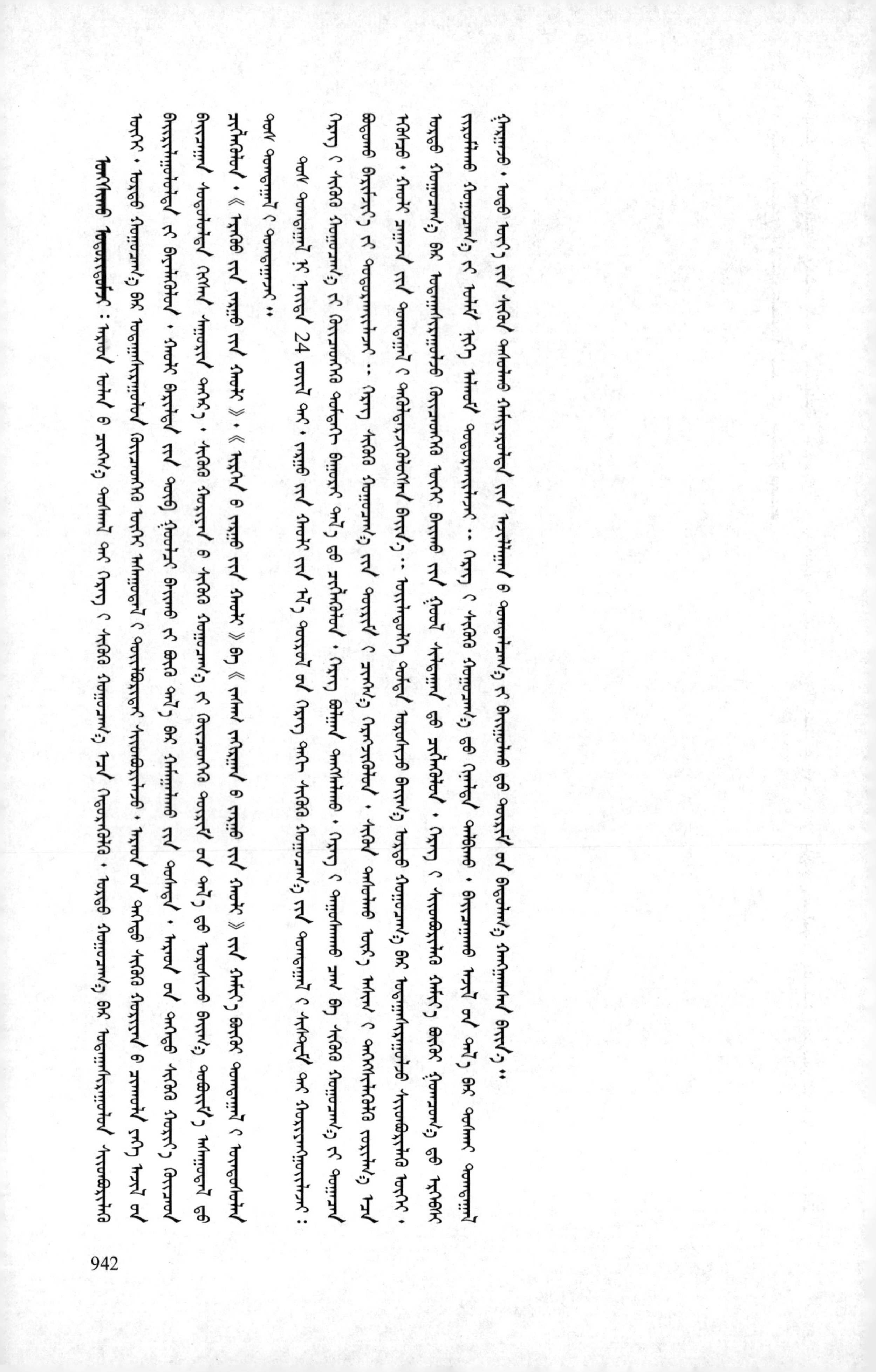

[illegible]

[illegible]

[illegible] 24 [illegible]

[illegible]

[illegible] [illegible]

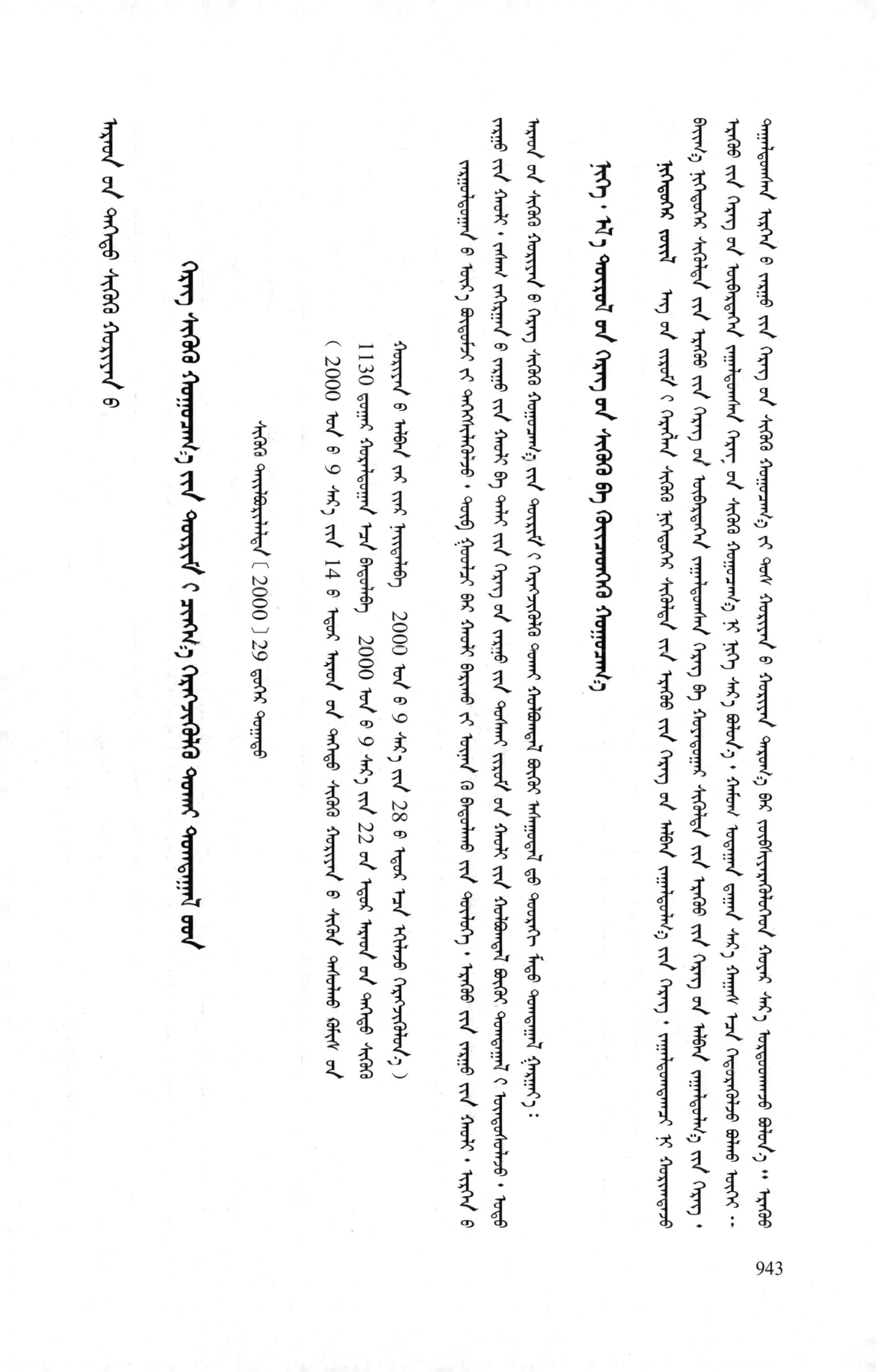

[illegible] ::

[illegible]

[illegible]

[illegible] :

[illegible] (2000 [illegible] 9 [illegible] 14 [illegible] 1130 [illegible] 2000 [illegible] 9 [illegible] 22 [illegible] 2000 [illegible] 9 [illegible] 28 [illegible])

[illegible] 〔2000〕 29 [illegible]

[illegible]

[illegible]

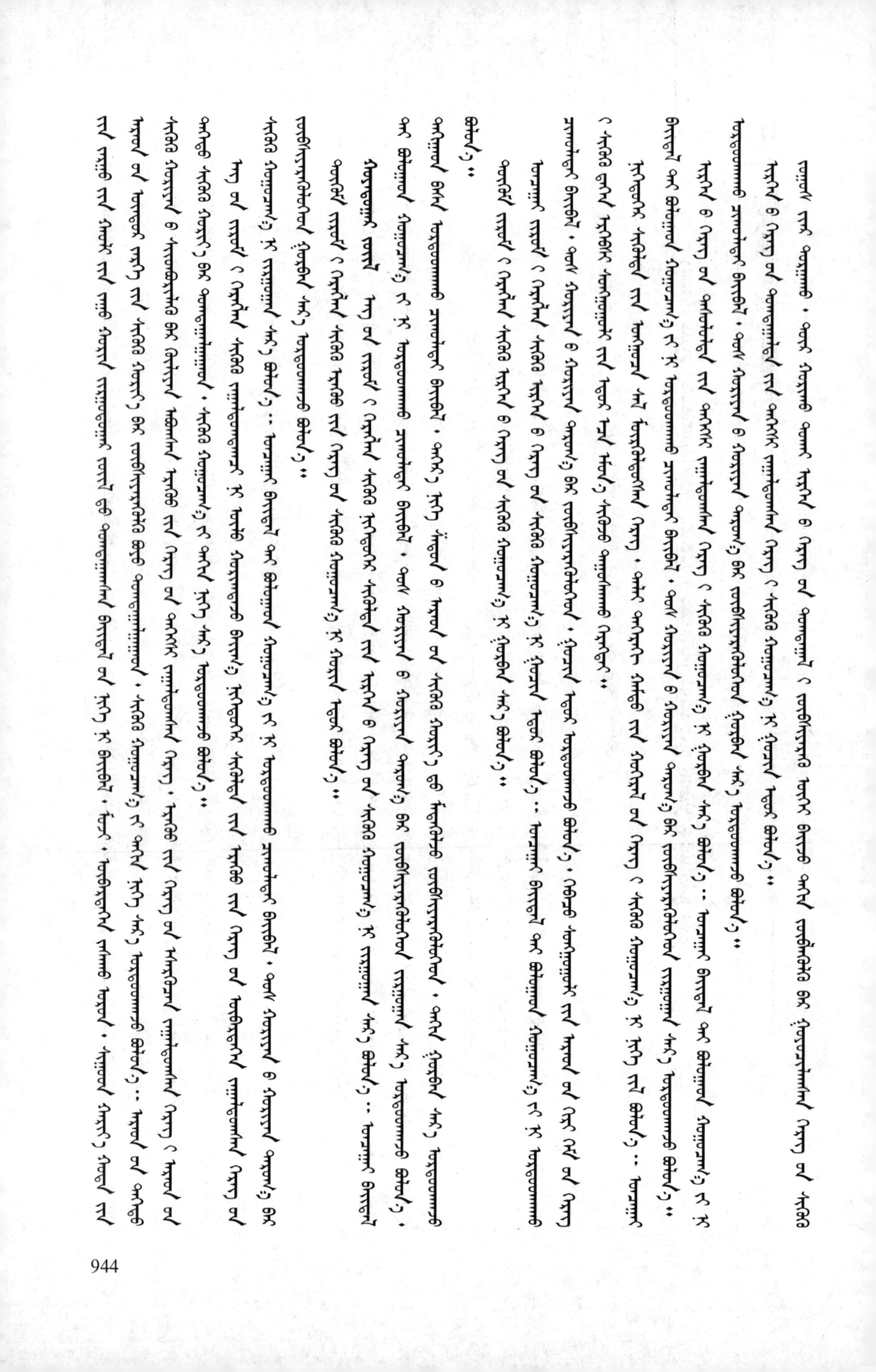

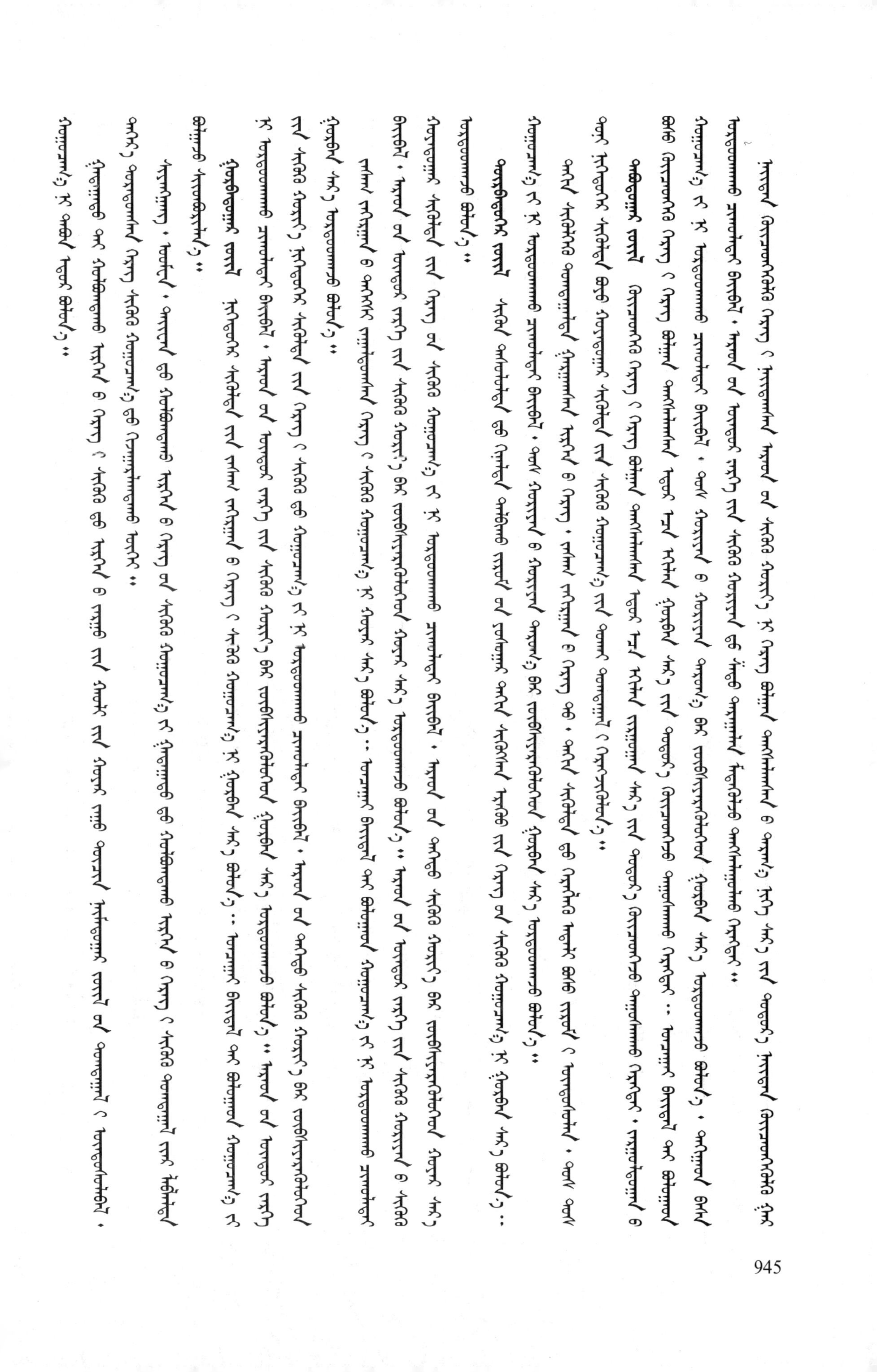

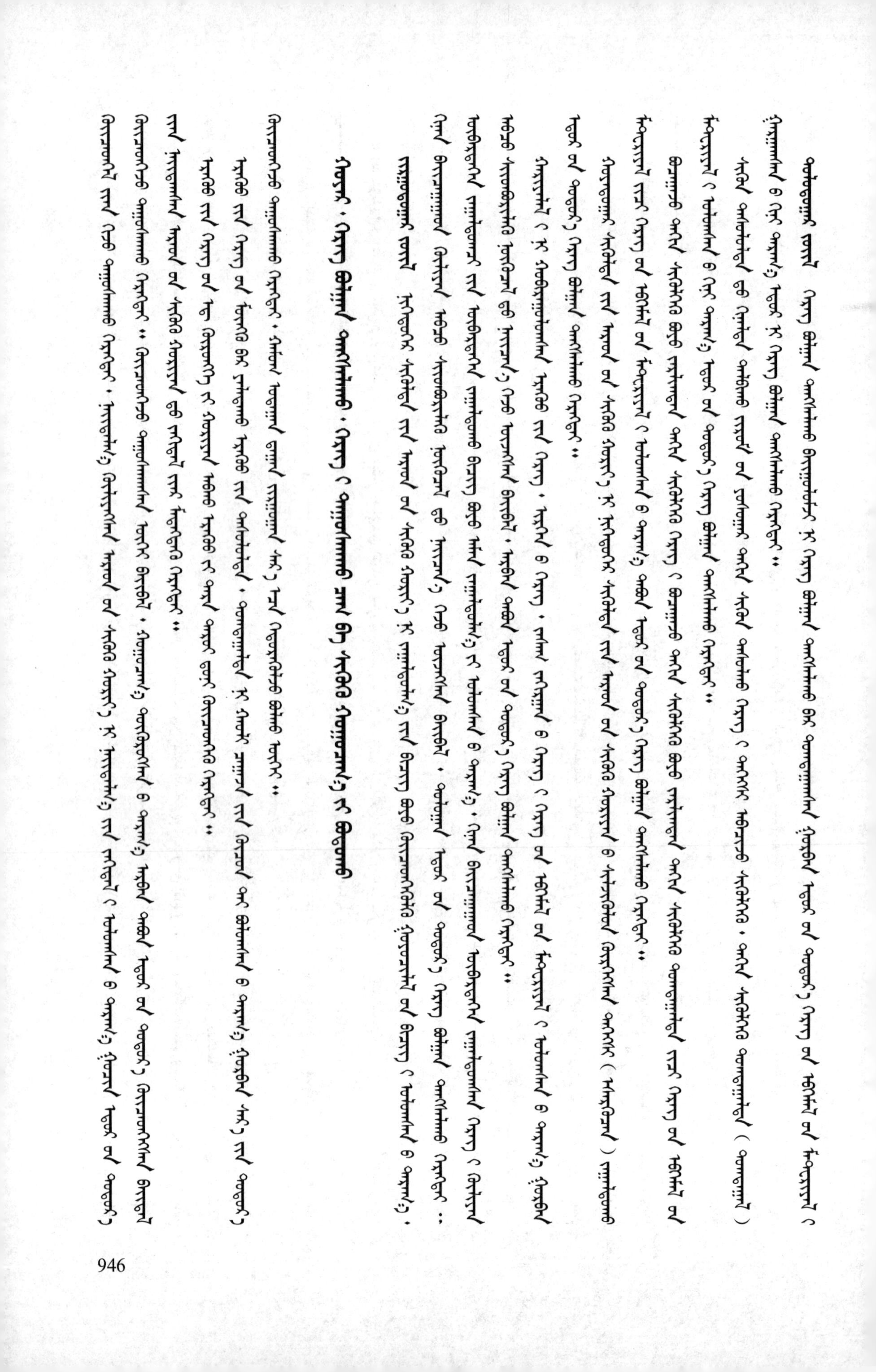

[illegible]

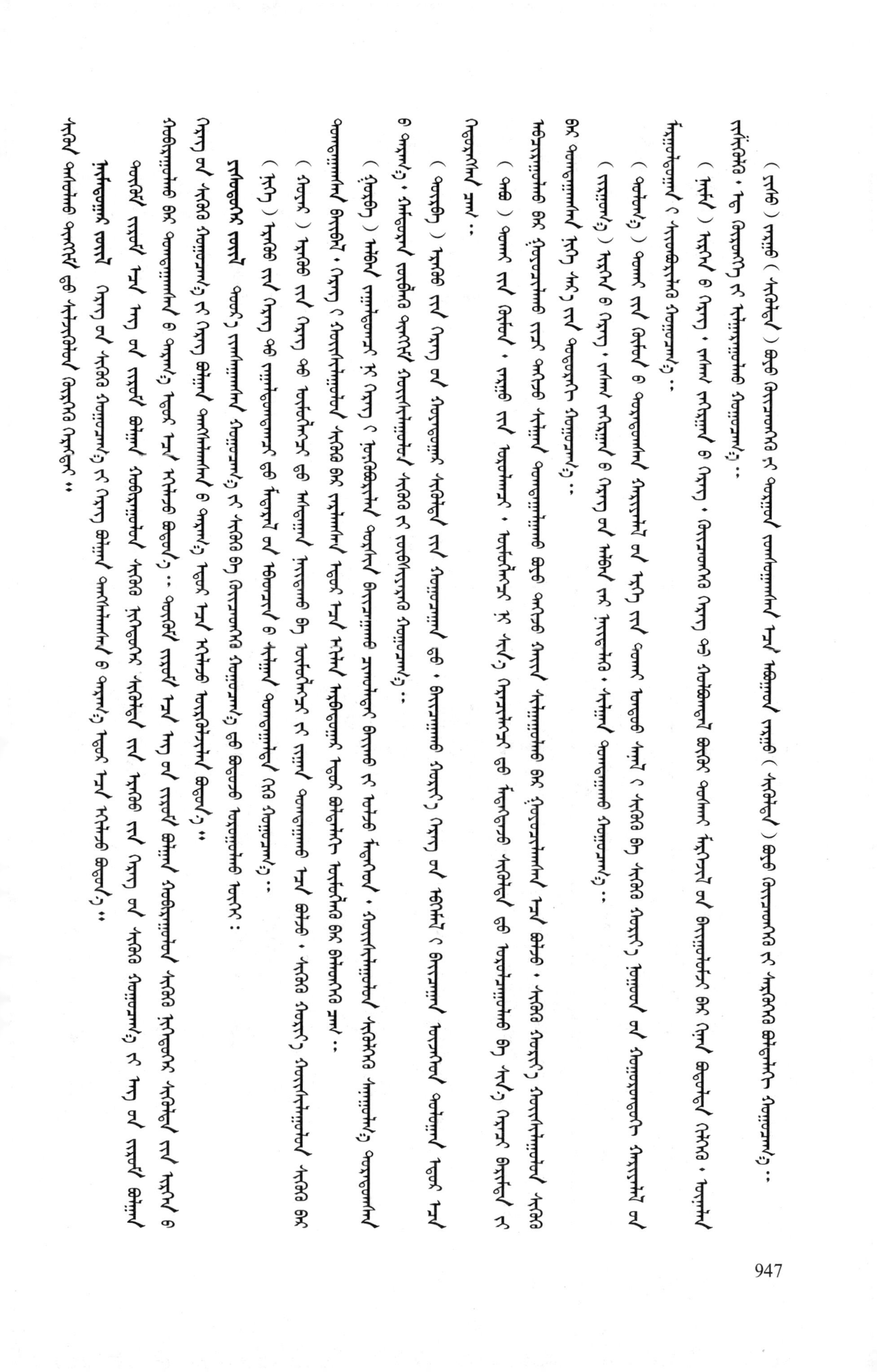

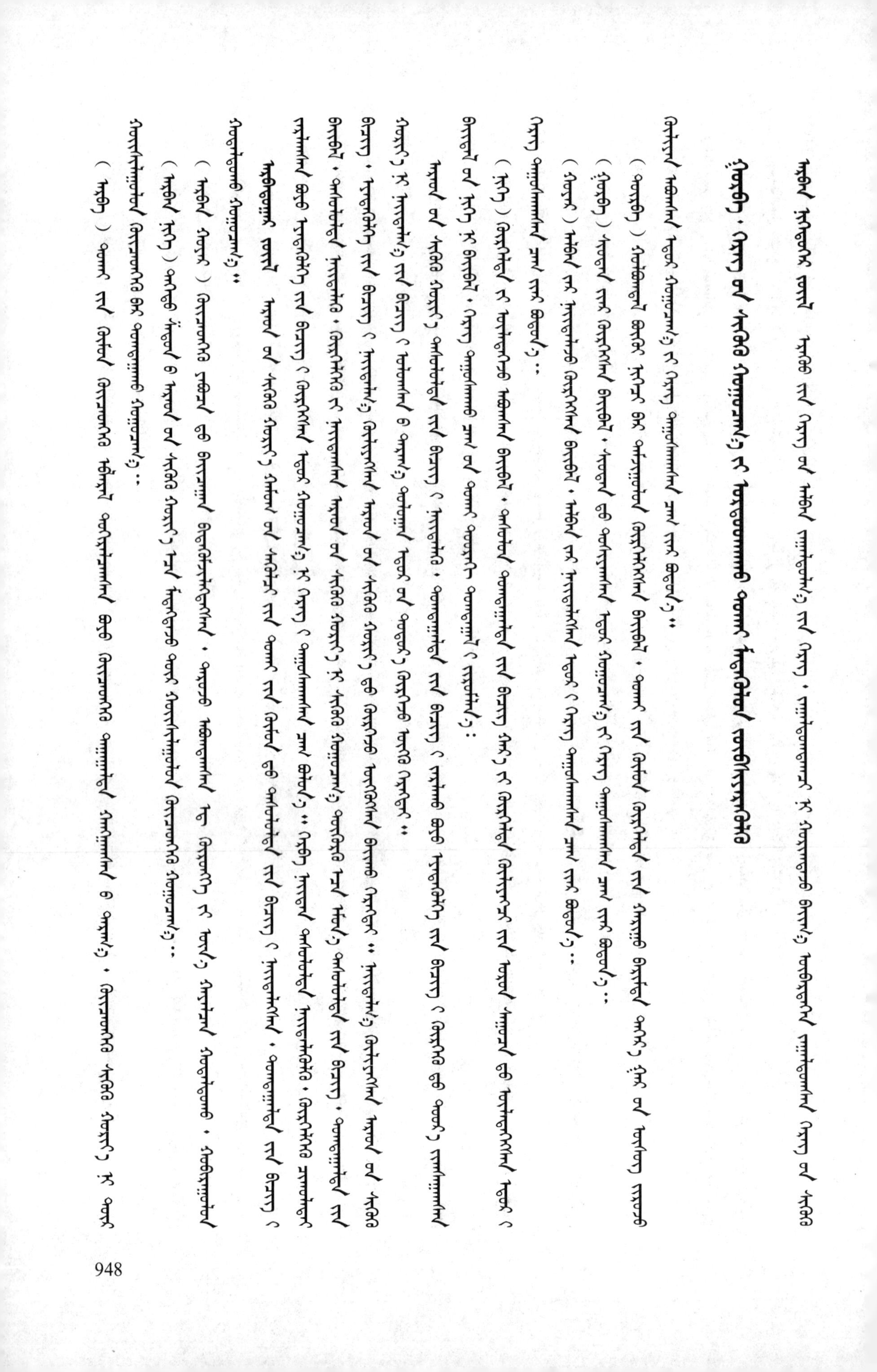

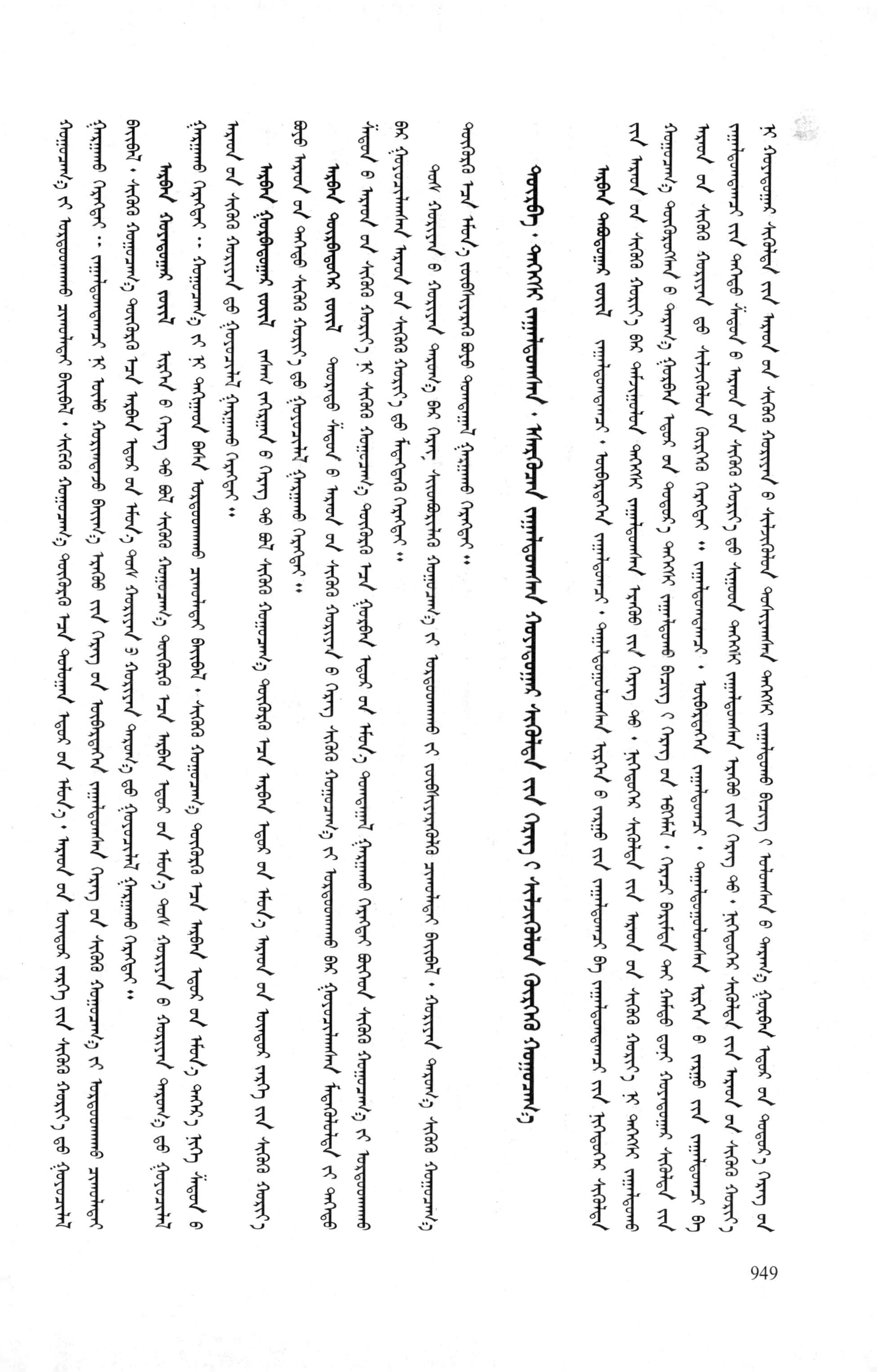

[illegible]

[illegible]

[illegible]

[illegible]

[illegible]

[illegible]

[illegible]

[illegible]

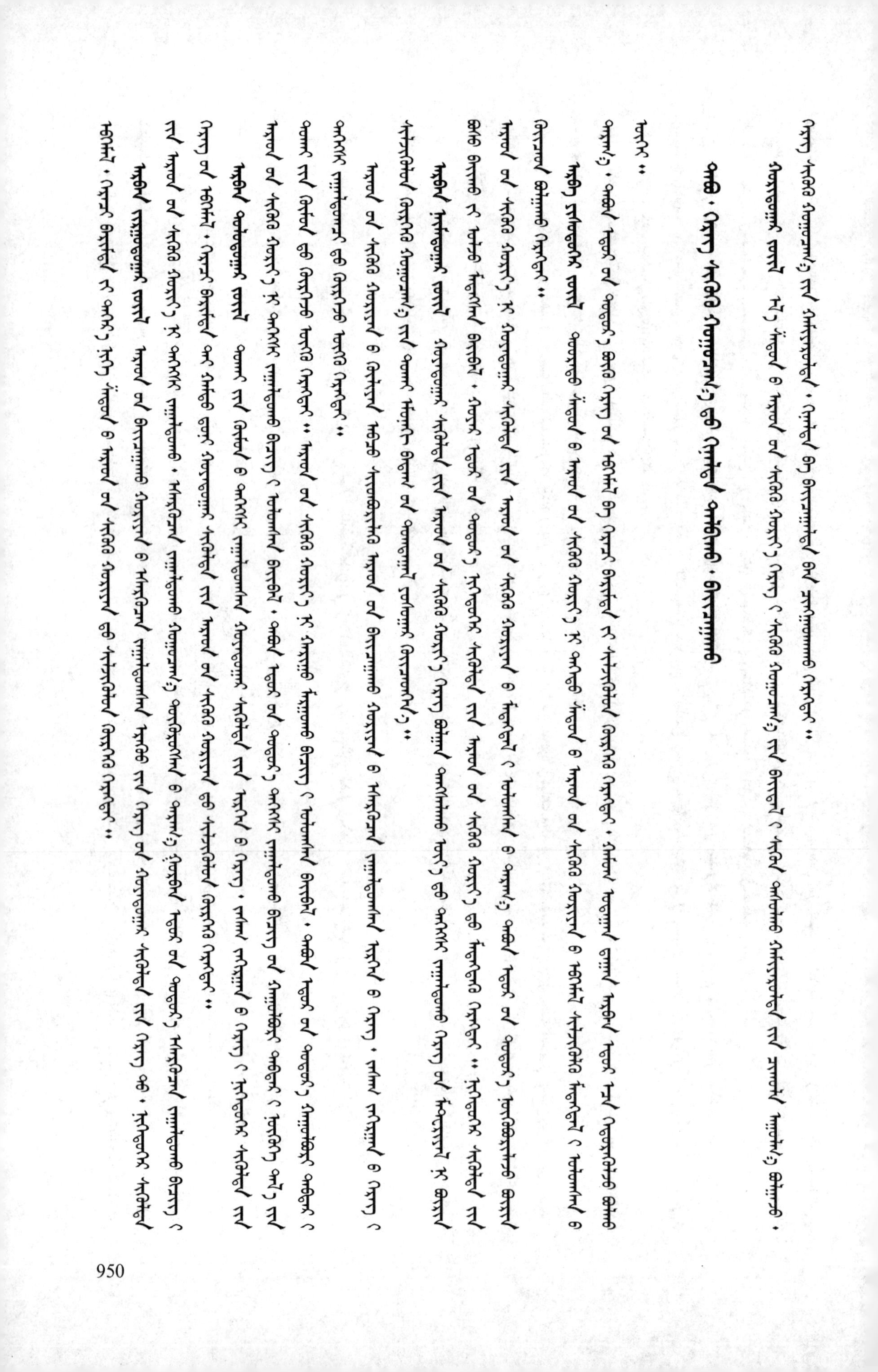

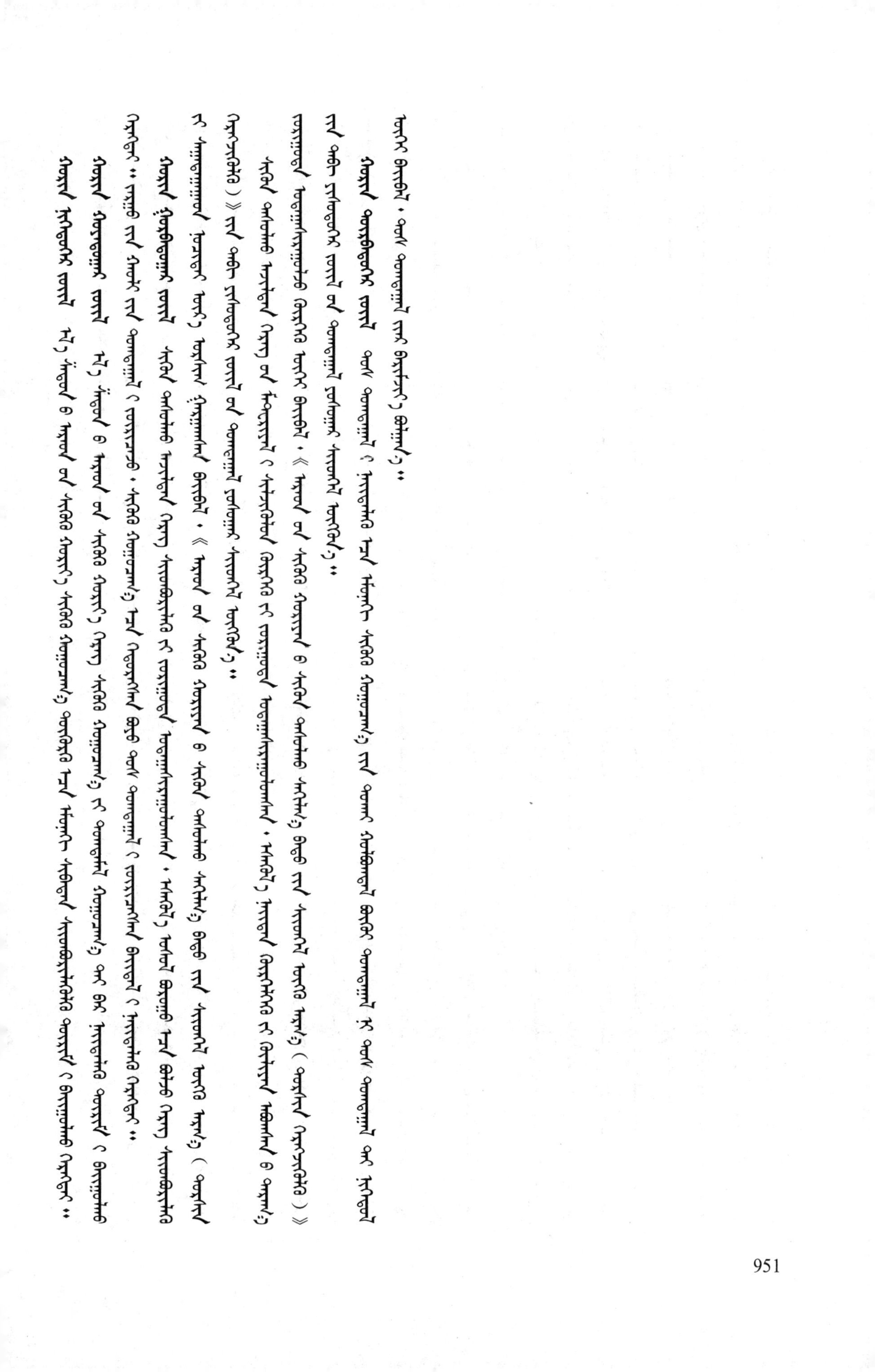

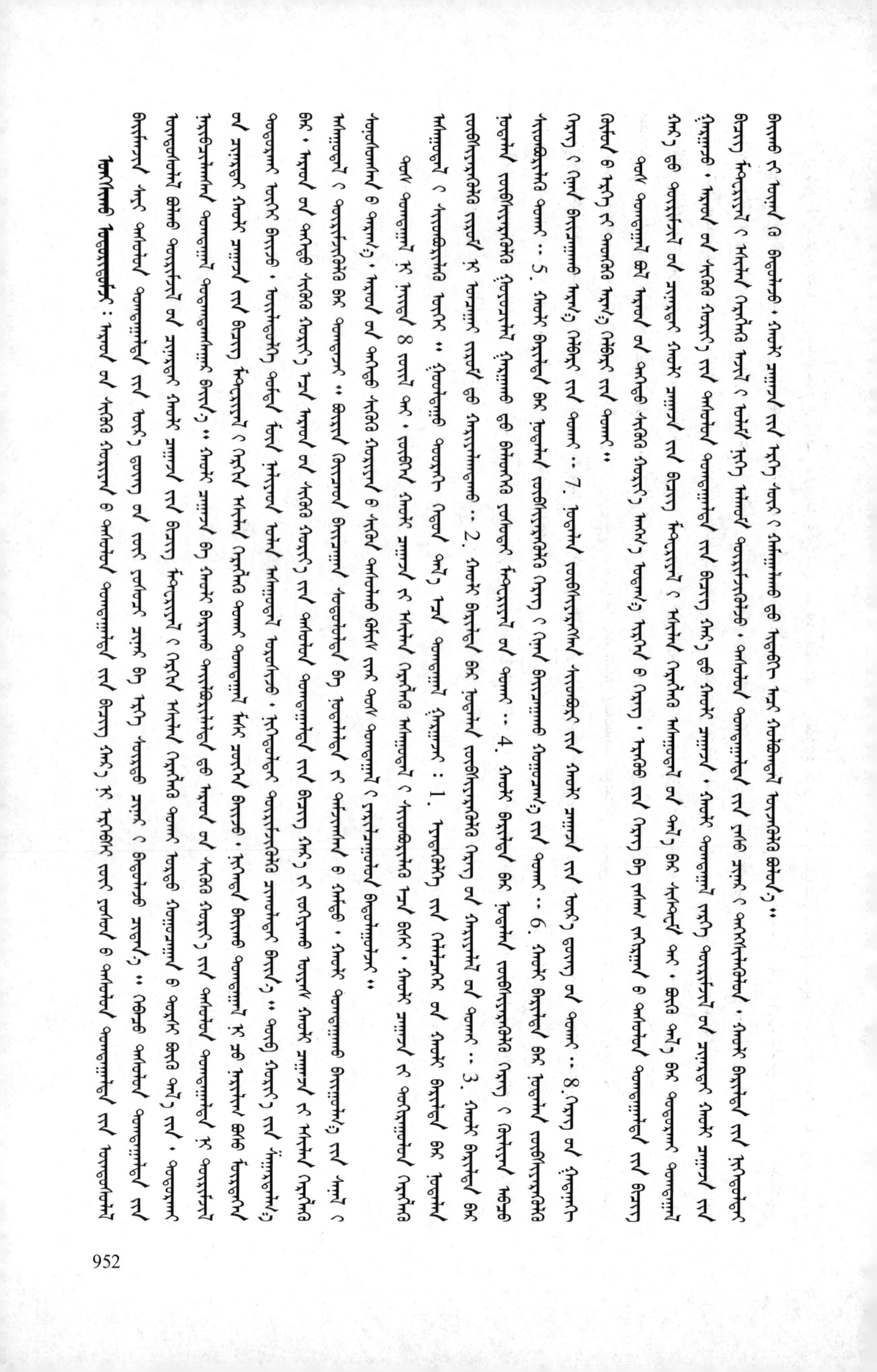

ᠲᠡᠭᠡᠳ (ᠪᠣᠳᠠᠯ ᠂ ᠳᠦᠷᠢᠮ) ᠲᠡᠢ ᠪᠡᠷ ᠬᠠᠷᠢᠯᠴᠠᠬᠤ ᠠᠵᠢᠯᠯᠠᠬᠤ ᠠᠵᠢᠯᠯᠠᠨ᠎ᠠ ᠄᠄

ᠬᠡᠷᠡᠭᠵᠢᠭᠦᠯᠬᠦ ᠂ ᠲᠡᠭᠡᠳ ᠪᠠᠶᠢᠳᠠᠯ ᠤᠨ ᠳᠦᠩᠨᠡᠯᠲᠡ ᠶᠢᠨ ᠲᠠᠢᠯᠤᠨ ᠪᠣᠯᠪᠠᠰᠤᠷᠠᠭᠤᠯᠬᠤ ᠪᠠᠷᠢᠮᠲᠠ ᠶᠢ ᠪᠣᠯᠪᠠᠰᠤᠷᠠᠭᠤᠯᠤᠭᠰᠠᠨ ᠠᠵᠢᠯᠯᠠᠨ᠎ᠠ ᠂ ᠪᠠᠷᠢᠮᠲᠠ ᠲᠡᠭᠡᠳ ᠲᠠᠯᠠᠪᠤᠷᠢ ᠶᠢᠨ ᠬᠠᠷᠢᠶᠠᠯᠠᠬᠤ ᠠᠵᠢᠯᠯᠠᠬᠤ ᠪᠣᠯᠪᠠᠰᠤᠷᠠᠯ ᠂ ᠪᠣᠳᠠᠯ
ᠬᠠᠷᠢᠶᠠᠲᠤ ᠠᠵᠢᠯᠯᠠᠬᠤ ᠠᠯᠪᠠᠨ ᠬᠠᠭᠠᠴᠢ ᠪᠣᠯᠪᠠᠰᠤᠷᠠᠭᠤᠯᠬᠤ ᠪᠠᠶᠢᠭᠤᠯᠤᠯᠭ᠎ᠠ ᠪᠠᠷᠢᠮᠲᠠ ᠠᠵᠢᠯᠯᠠᠨ᠎ᠠ ᠄᠄ ᠬᠠᠷᠢᠶᠠᠲᠤ ᠠᠵᠢᠯᠯᠠᠬᠤ ᠪᠠᠶᠢᠳᠠᠯ ᠤᠨ ᠵᠣᠬᠢᠶᠠᠨ ᠪᠠᠶᠢᠭᠤᠯᠤᠯᠲᠠ ᠶᠢᠨ ᠳᠦᠷᠢᠮ ᠢ ᠲᠠᠯᠠᠪᠤᠷᠢ ᠶᠢᠨ ᠪᠣᠳᠠᠯ ᠢ ᠲᠡᠭᠦᠨ ᠳᠦ ᠲᠠᠰᠤᠷᠠᠯ ᠦᠭᠡᠢ ᠲᠡᠭᠦᠨ ᠳᠦ ᠬᠡᠷᠡᠭᠵᠢᠭᠦᠯᠬᠦ
ᠮᠡᠳᠡᠯᠡᠯ ᠤᠨ ᠪᠣᠯᠪᠠᠰᠤᠷᠠᠯ ᠢ ᠪᠡᠷ ᠲᠡᠭᠡᠳ ᠲᠡᠭᠦᠨ ᠦ ᠬᠡᠷᠡᠭᠵᠢᠭᠦᠯᠬᠦ ᠠᠷᠭ᠎ᠠ ᠬᠡᠮᠵᠢᠶ᠎ᠡ ᠢ ᠮᠡᠳᠡᠯᠡᠯ ᠤᠨ ᠠᠵᠢᠯ ᠂ ᠮᠡᠳᠡᠯᠡᠯ ᠬᠡᠷᠡᠭᠯᠡᠬᠦ ᠲᠡᠭᠡᠳ ᠪᠠᠶᠢᠭᠤᠯᠬᠤ ᠠᠵᠢᠯ ᠤᠨ ᠲᠡᠭᠦᠨ ᠦ ᠬᠡᠮᠵᠢᠶ᠎ᠡ ᠶᠢᠨ ᠮᠡᠳᠡᠯᠡᠯ ᠬᠡᠷᠡᠭᠵᠢᠭᠦᠯᠬᠦ ᠲᠤ ᠮᠡᠳᠡᠯᠡᠯ ᠤᠨ ᠠᠵᠢᠯ
ᠪᠣᠰᠬᠠᠭᠰᠠᠨ ᠲᠡᠭᠡᠳ ᠲᠡᠭᠦᠨ ᠳᠦ ᠬᠡᠷᠡᠭᠵᠢᠭᠦᠯᠬᠦ ᠪᠠᠶᠢᠭᠤᠯᠬᠤ ᠬᠡᠮᠵᠢᠶ᠎ᠡ ᠲᠡᠭᠡᠳ ᠲᠡᠭᠦᠨ ᠦ ᠪᠣᠯᠪᠠᠰᠤᠷᠠᠯ ᠤᠨ ᠬᠡᠷᠡᠭᠵᠢᠭᠦᠯᠬᠦ ᠲᠤ ᠬᠠᠷᠢᠶᠠᠲᠤ ᠪᠣᠯᠪᠠᠰᠤᠷᠠᠯ ᠪᠠᠶᠢᠭᠤᠯᠬᠤ ᠮᠡᠳᠡᠯᠡᠯ ᠢ (ᠮᠡᠳᠡᠯᠡᠯ ᠤᠨ ᠲᠡᠭᠦᠨ ᠦ) ᠮᠡᠳᠡᠯᠡᠯ ᠤᠨ ᠬᠡᠮᠵᠢᠶ᠎ᠡ ᠪᠠᠶᠢᠳᠠᠯ ᠢ ᠪᠠᠶᠢᠭᠤᠯᠤᠯᠲᠠ ᠶᠢᠨ
ᠮᠡᠳᠡᠯᠡᠯ ᠤᠨ ᠪᠣᠯᠪᠠᠰᠤᠷᠠᠯ ᠢ ᠪᠠᠶᠢᠭᠤᠯᠬᠤ ᠮᠡᠳᠡᠯᠡᠯ ᠤᠨ ᠮᠡᠳᠡᠯᠡᠯ ᠢ ᠮᠡᠳᠡᠭᠦᠯᠦᠨ᠎ᠡ ᠄᠄
ᠬᠡᠮᠵᠢᠶ᠎ᠡ ᠮᠡᠳᠡᠯᠡᠯ ᠲᠡᠭᠡᠳ ᠲᠡᠭᠦᠨ ᠦ ᠪᠣᠯᠪᠠᠰᠤᠷᠠᠭᠤᠯᠬᠤ ᠲᠡᠭᠦᠨ ᠳᠦ ᠬᠠᠮᠢᠶᠠᠷᠤᠭᠤᠯᠤᠨ᠎ᠠ ᠂ 《 ᠪᠣᠯᠪᠠᠰᠤᠷᠠᠯ ᠬᠠᠷᠢᠶᠠᠯᠠᠬᠤ ᠪᠠᠶᠢᠭᠤᠯᠬᠤ ᠬᠡᠮᠵᠢᠶ᠎ᠡ ᠶᠢᠨ ᠪᠣᠯᠪᠠᠰᠤᠷᠠᠯ ᠤᠨ ᠬᠡᠮᠵᠢᠶ᠎ᠡ 》 ᠲᠡᠭᠦᠨ ᠳᠦ ᠬᠡᠮᠵᠢᠶ᠎ᠡ ᠲᠡᠭᠡᠳ
ᠬᠡᠮᠵᠢᠶ᠎ᠡ ᠶᠢᠨ ᠪᠣᠯᠪᠠᠰᠤᠷᠠᠯ ᠬᠠᠷᠢᠶᠠᠲᠤ ᠬᠡᠷᠡᠭᠵᠢᠭᠦᠯᠬᠦ ᠂ ᠮᠡᠳᠡᠯᠡᠯ ᠤᠨ ᠬᠡᠮᠵᠢᠶ᠎ᠡ ᠲᠡᠭᠡᠳ ᠬᠣᠶᠠᠷ ᠲᠤᠬᠠᠢ ᠶᠢᠨ ᠪᠠᠶᠢᠭᠤᠯᠤᠯᠲᠠ ᠂ ᠬᠡᠮᠵᠢᠶ᠎ᠡ ᠪᠣᠯᠪᠠᠰᠤᠷᠠᠭᠤᠯᠬᠤ ᠶᠢ ᠲᠤᠬᠠᠢ ᠪᠠᠶᠢᠭᠤᠯᠬᠤ ᠶᠢ ᠬᠡᠮᠵᠢᠶ᠎ᠡ ᠳᠦ ᠪᠠᠶᠢᠭᠤᠯᠤᠨ᠎ᠠ ᠂
ᠪᠠᠶᠢᠭᠤᠯᠬᠤ ᠮᠡᠳᠡᠯᠡᠯ ᠤᠨ ᠲᠡᠭᠡᠳ ᠲᠡᠭᠦᠨ ᠳᠦ ᠬᠡᠮᠵᠢᠶ᠎ᠡ ᠂ ᠬᠡᠮᠵᠢᠶ᠎ᠡ ᠮᠡᠳᠡᠯᠡᠯ ᠤᠨ ᠲᠡᠭᠦᠨ ᠳᠦ ᠪᠣᠯᠪᠠᠰᠤᠷᠠᠭᠤᠯᠬᠤ ᠲᠤ ᠬᠠᠮᠢᠶᠠᠷᠤᠭᠤᠯᠬᠤ ᠬᠡᠮᠵᠢᠶ᠎ᠡ ᠲᠡᠭᠡᠳ ᠲᠡᠭᠦᠨ ᠦ ᠪᠣᠯᠪᠠᠰᠤᠷᠠᠭᠤᠯᠬᠤ ᠶᠢᠨ ᠬᠡᠷᠡᠭᠵᠢᠭᠦᠯᠬᠦ ᠪᠠᠶᠢᠭᠤᠯᠬᠤ

ᠭᠠᠳᠠᠭᠠᠳᠤ ᠶᠠᠮᠤᠨ ᠤ ᠬᠦᠷᠢᠶᠡᠯᠡᠩ ᠤᠨ ᠬᠡᠮᠵᠢᠶ᠎ᠡ 2009 ᠣᠨ ᠤ 11 ᠰᠠᠷ᠎ᠠ ᠶᠢᠨ 4 ᠤ ᠡᠳᠦᠷ ᠲᠤ ᠬᠡᠷᠡᠭᠵᠢᠭᠦᠯᠬᠦ ᠪᠣᠯᠪᠠᠰᠤᠷᠠᠭᠤᠯᠤᠯᠲᠠ)
1470 ᠳᠤᠭᠠᠷ ᠬᠡᠮᠵᠢᠶ᠎ᠡ ᠶᠢᠨ ᠪᠠᠶᠢᠭᠤᠯᠬᠤ 2009 ᠣᠨ ᠤ 10 ᠰᠠᠷ᠎ᠠ ᠶᠢᠨ 26 ᠤ ᠡᠳᠦᠷ ᠬᠡᠮᠵᠢᠶ᠎ᠡ ᠶᠢᠨ ᠪᠠᠶᠢᠭᠤᠯᠬᠤ
(2009 ᠣᠨ ᠤ 7 ᠰᠠᠷ᠎ᠠ ᠶᠢᠨ 13 ᠤ ᠡᠳᠦᠷ ᠬᠡᠮᠵᠢᠶ᠎ᠡ ᠶᠢᠨ ᠪᠠᠶᠢᠭᠤᠯᠬᠤ ᠭᠠᠳᠠᠭᠠᠳᠤ ᠶᠠᠮᠤᠨ ᠤ ᠬᠡᠮᠵᠢᠶ᠎ᠡ ᠪᠠᠶᠢᠭᠤᠯᠬᠤ ᠲᠤ

ᠬᠡᠮᠵᠢᠶ᠎ᠡ ᠪᠣᠯᠪᠠᠰᠤᠷᠠᠭᠤᠯᠬᠤ 〔 2009 〕 14 ᠳᠤᠭᠠᠷ ᠬᠡᠮᠵᠢᠶ᠎ᠡ

ᠪᠣᠯᠪᠠᠰᠤᠷᠠᠭᠤᠯᠬᠤ ᠶᠢᠨ ᠬᠡᠮᠵᠢᠶ᠎ᠡ ᠮᠡᠳᠡᠯᠡᠯ ᠤᠨ ᠲᠡᠭᠡᠳ ᠲᠡᠭᠦᠨ ᠦ ᠪᠣᠯᠪᠠᠰᠤᠷᠠᠭᠤᠯᠬᠤ ᠢ ᠬᠡᠷᠡᠭᠵᠢᠭᠦᠯᠬᠦ ᠪᠠᠶᠢᠭᠤᠯᠬᠤ ᠮᠡᠳᠡᠯᠡᠯ ᠮᠡᠳᠡᠯᠡᠯ
ᠬᠡᠮᠵᠢᠶ᠎ᠡ ᠮᠡᠳᠡᠯᠡᠯ ᠤᠨ ᠲᠡᠭᠡᠳ ᠲᠡᠭᠦᠨ ᠳᠦ ᠬᠡᠮᠵᠢᠶ᠎ᠡ ᠂ ᠬᠡᠮᠵᠢᠶ᠎ᠡ ᠮᠡᠳᠡᠯᠡᠯ ᠤᠨ

ᠭᠠᠳᠠᠭᠠᠳᠤ ᠶᠢᠨ ᠬᠡᠮᠵᠢᠶ᠎ᠡ ᠶᠢᠨ ᠪᠣᠯᠪᠠᠰᠤᠷᠠᠭᠤᠯᠬᠤ ᠤ

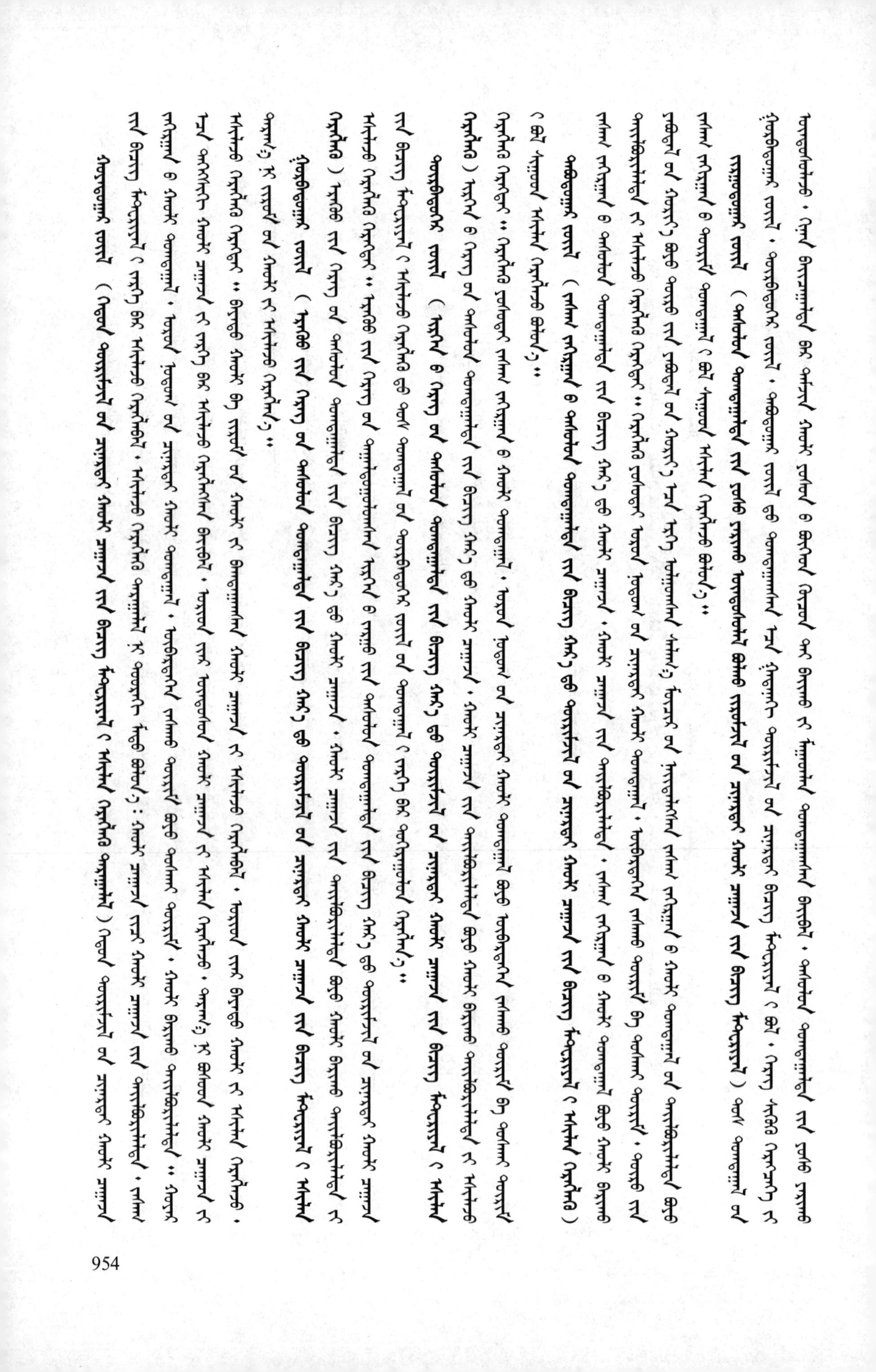

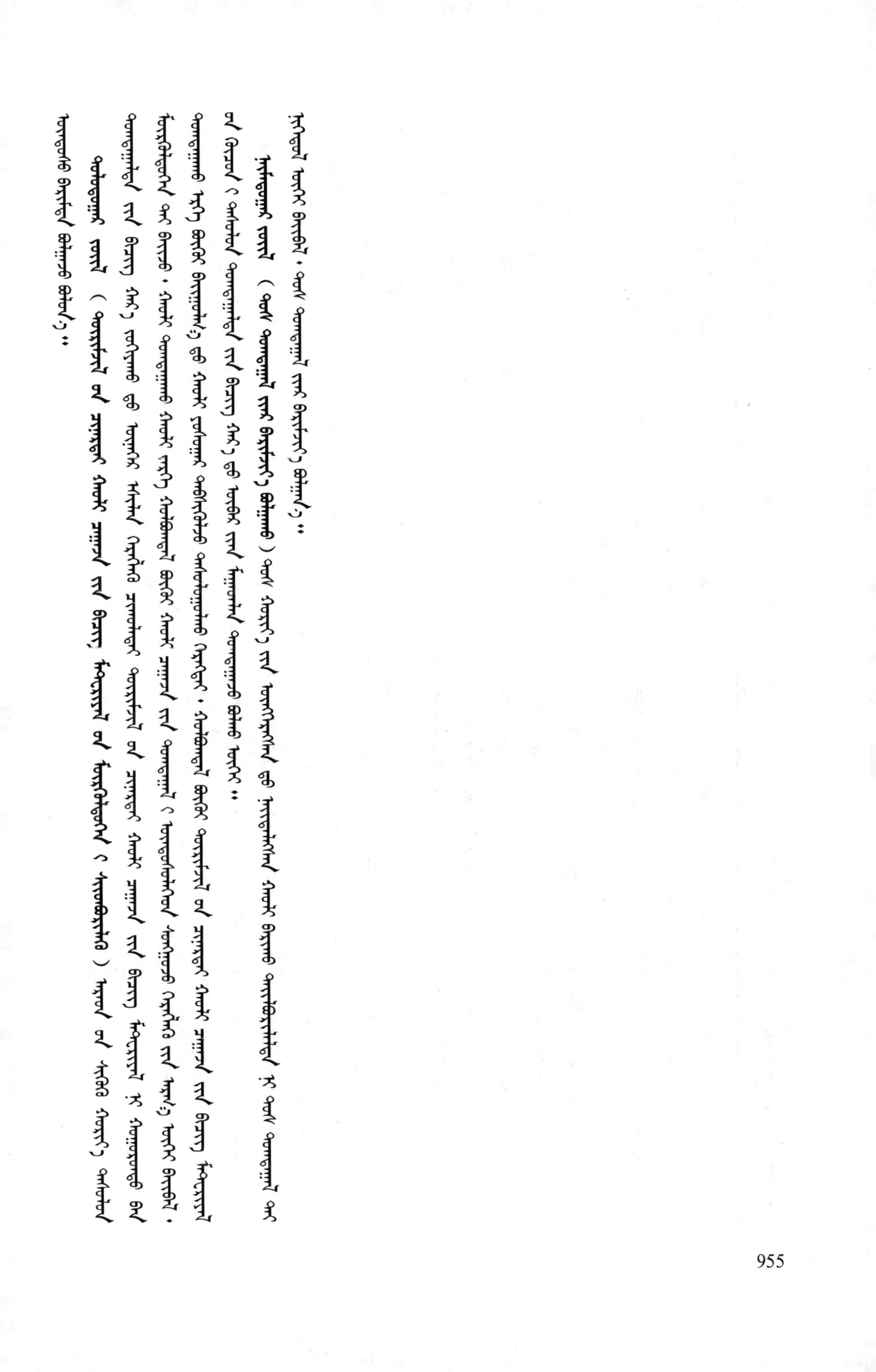

[illegible] ::

[illegible] (**[illegible]**) [illegible] ::

[illegible] ::

[illegible] (**[illegible]**) [illegible] ::

[illegible] · [illegible] 5 ᠰᠠᠷ᠎ᠠ ᠶᠢᠨ 24 ᠤ ᠡᠳᠦᠷ [illegible] · 6 ᠰᠠᠷ᠎ᠠ ᠶᠢᠨ 6 [illegible] ᠡᠳᠦᠷ [illegible] ::
[illegible] 》（ [illegible] 《 [illegible] 》 [illegible] ）[illegible] 2005 ᠣᠨ ᠤ 1 ᠰᠠᠷ᠎ᠠ ᠶᠢᠨ 13 ᠤ ᠡᠳᠦᠷ · [illegible] 《 [illegible] · [illegible] ::

[illegible] ::

[illegible] 》（ [illegible]〔1999〕146 [illegible] ）[illegible] · [illegible] 1999 ᠣᠨ ᠤ 9 ᠰᠠᠷ᠎ᠠ ᠶᠢᠨ 2 [illegible] ᠡᠳᠦᠷ 《 [illegible] 《 9 [illegible] 》 [illegible] ）:: 《 9 [illegible] 》 [illegible] · [illegible] 》（ [illegible]〔1999〕9 [illegible] · [illegible]

《 [illegible] 》 [illegible] · [illegible] 1999 ᠣᠨ ᠤ 1 ᠰᠠᠷ᠎ᠠ ᠶᠢᠨ 22 [illegible] ᠡᠳᠦᠷ 《〈 [illegible] 》（ [illegible] 《 [illegible] 》 [illegible] ）[illegible] ::

[illegible] 《 [illegible]

[illegible] : 1998 ᠣᠨ ᠤ 12 ᠰᠠᠷ᠎ᠠ ᠶᠢᠨ 29 ᠤ ᠡᠳᠦᠷ · [illegible]

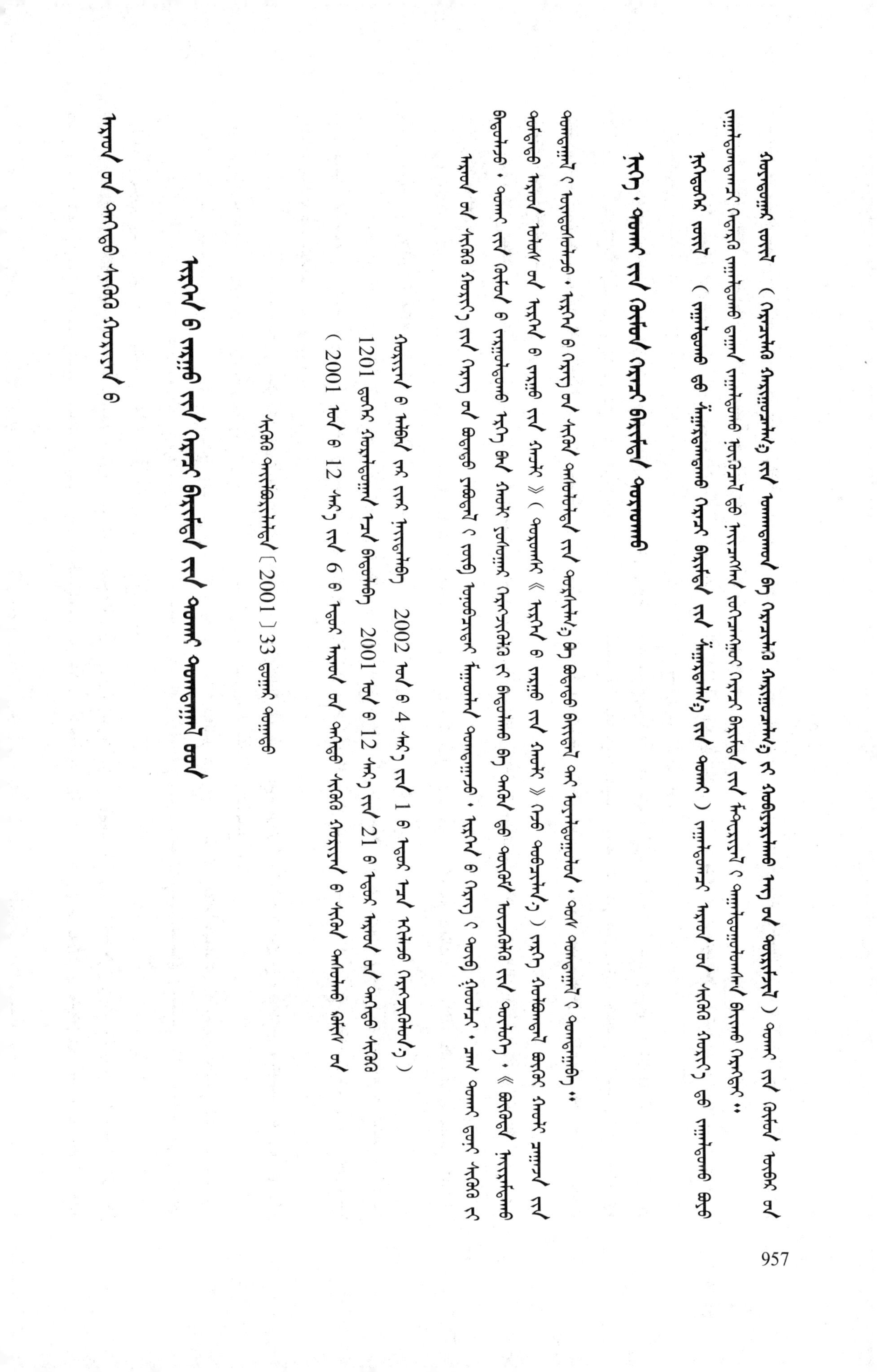

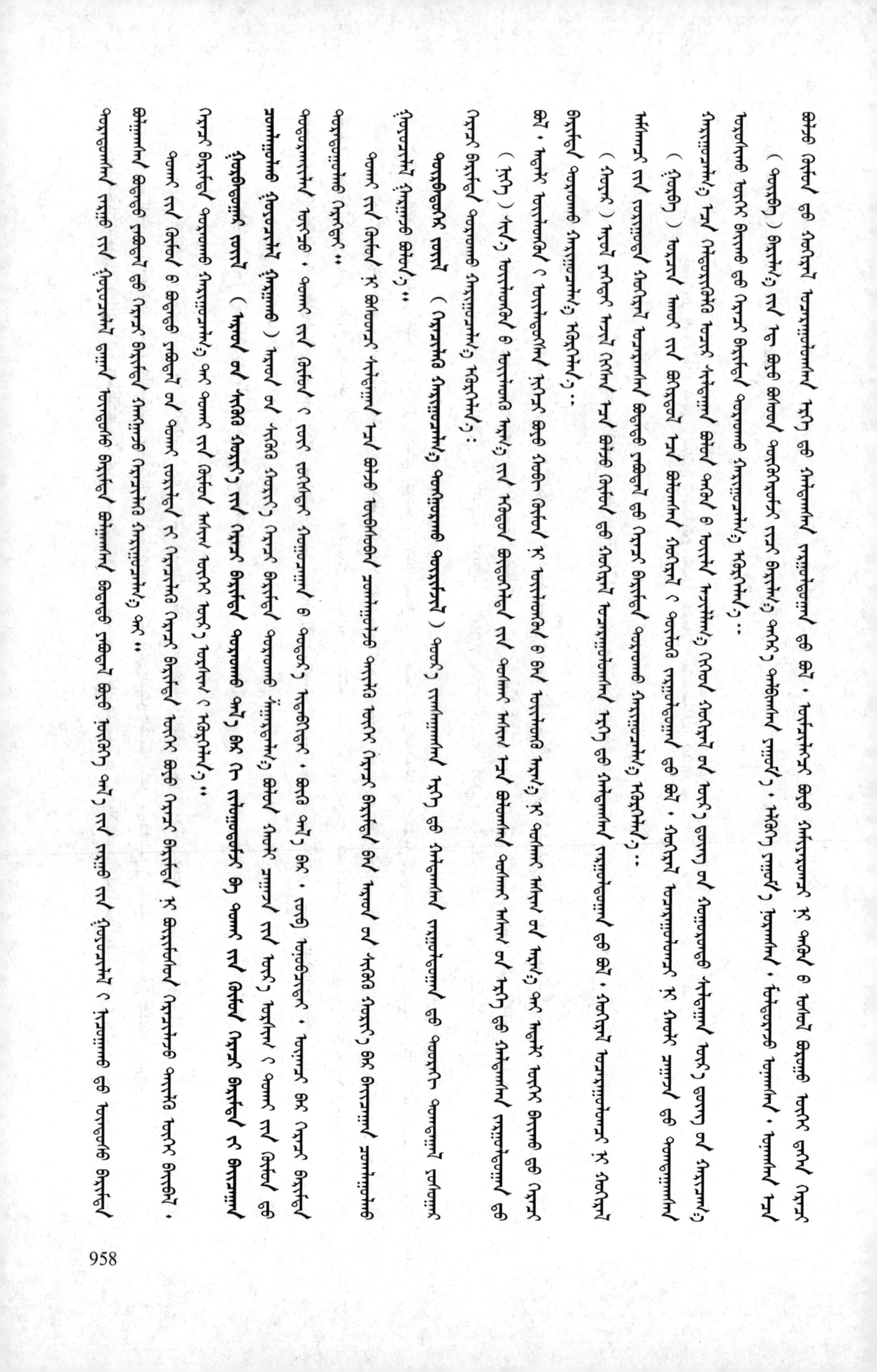

[illegible] ᠨᠥᠬᠥᠨ ᠲᠥᠯᠥᠬᠦ ᠬᠠᠷᠢᠭᠤᠴᠠᠭ᠎ᠠ ᠬᠦᠯᠢᠶᠡᠨ᠎ᠡ᠃

(ᠲᠠᠪᠤ) [illegible] ᠨᠥᠬᠥᠨ ᠲᠥᠯᠥᠬᠦ ᠬᠠᠷᠢᠭᠤᠴᠠᠭ᠎ᠠ ᠬᠦᠯᠢᠶᠡᠨ᠎ᠡ᠃

(ᠵᠢᠷᠭᠤᠭ᠎ᠠ) [illegible] ᠨᠥᠬᠥᠨ ᠲᠥᠯᠥᠬᠦ ᠬᠠᠷᠢᠭᠤᠴᠠᠭ᠎ᠠ ᠬᠦᠯᠢᠶᠡᠨ᠎ᠡ᠃

(ᠲᠣᠯᠣᠭ᠎ᠠ) [illegible] ᠨᠥᠬᠥᠨ ᠲᠥᠯᠥᠬᠦ ᠬᠠᠷᠢᠭᠤᠴᠠᠭ᠎ᠠ ᠬᠦᠯᠢᠶᠡᠨ᠎ᠡ᠃

(ᠨᠠᠢᠮᠠ) [illegible] ᠨᠥᠬᠥᠨ ᠲᠥᠯᠥᠬᠦ ᠬᠠᠷᠢᠭᠤᠴᠠᠭ᠎ᠠ ᠬᠦᠯᠢᠶᠡᠨ᠎ᠡ᠃

[illegible]

[illegible] ([illegible]) [illegible]

[illegible]

[illegible]

[illegible] ([illegible]) [illegible]

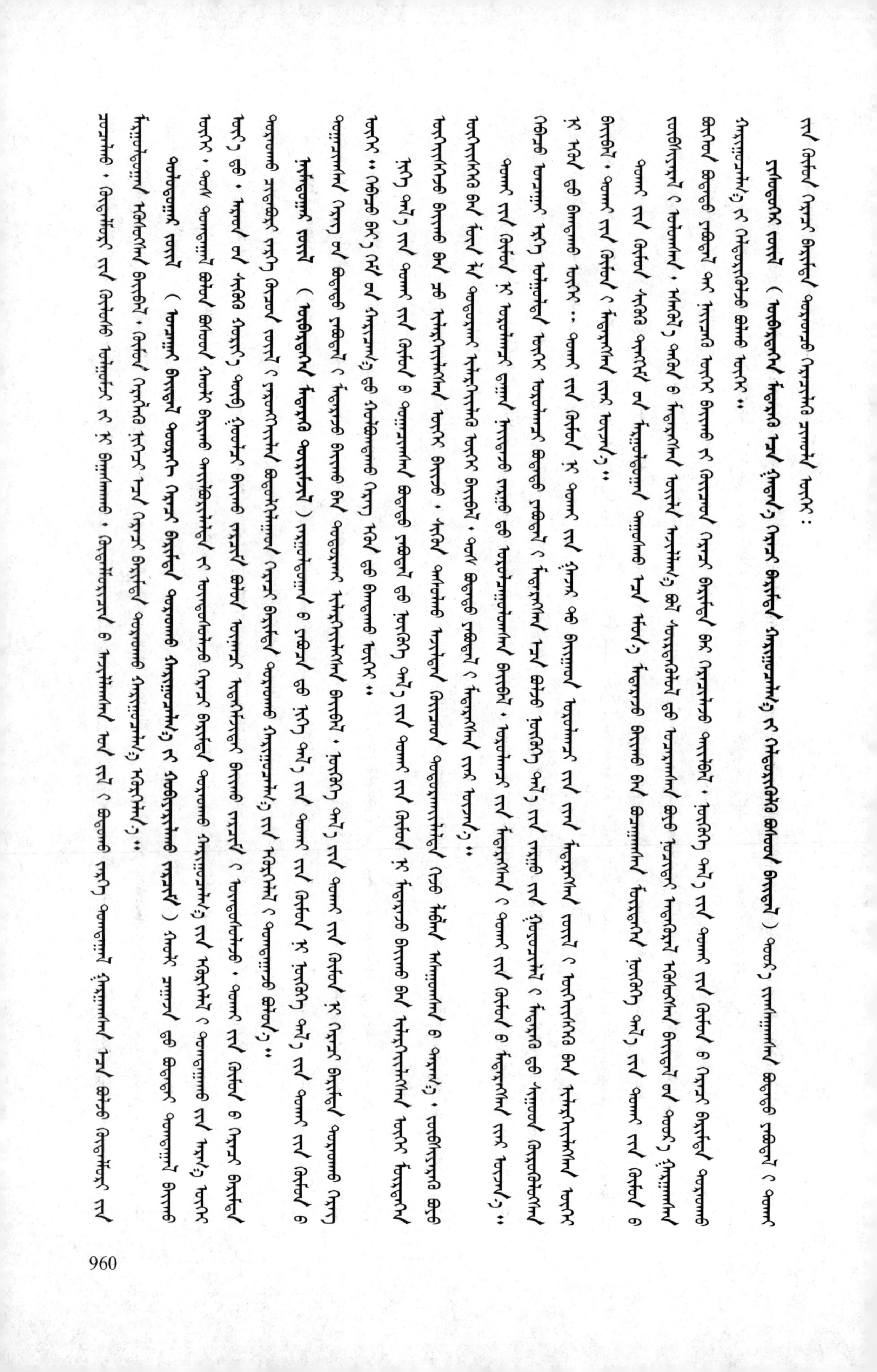

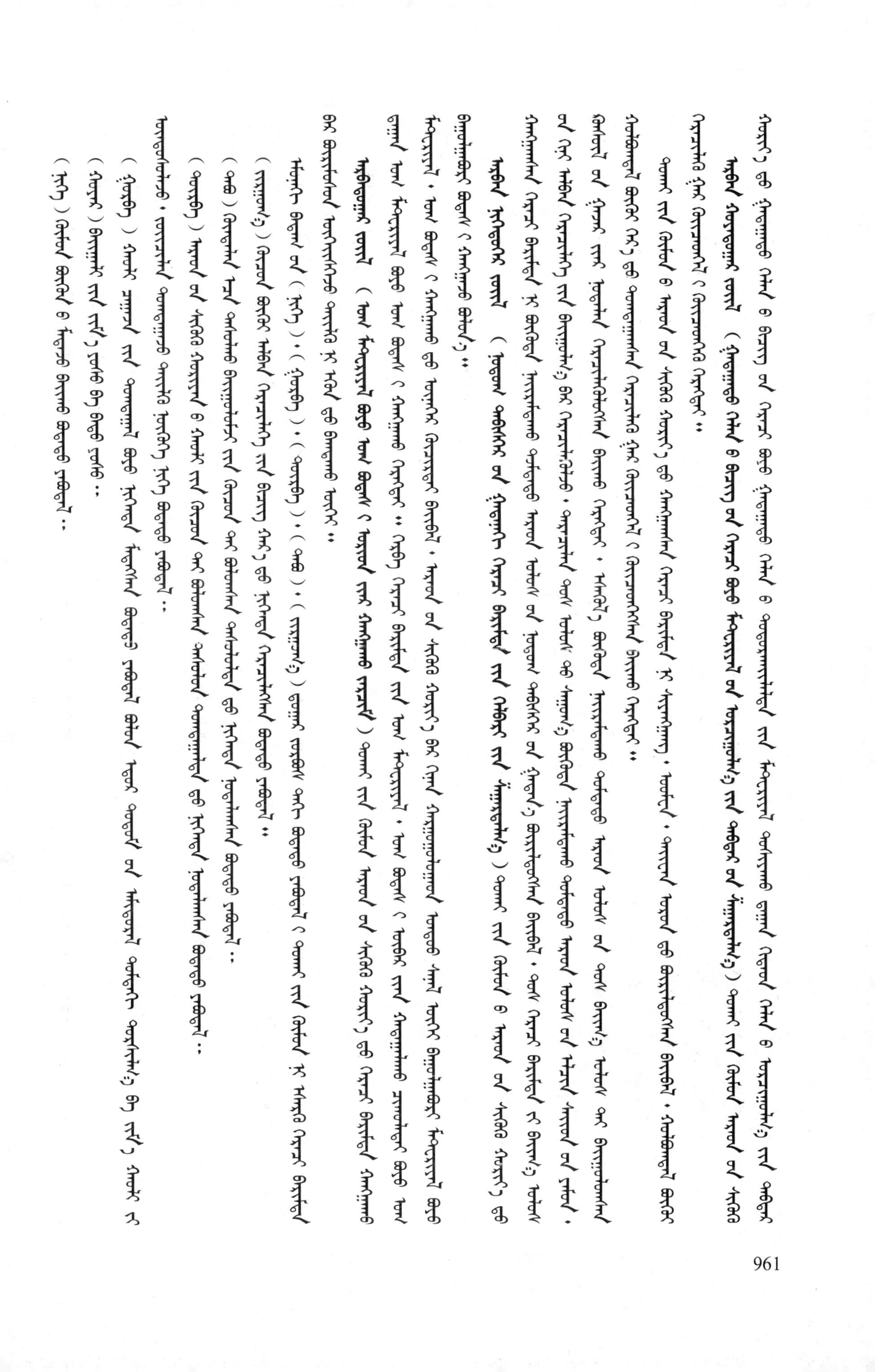

[illegible] ::

[illegible] ([illegible]) [illegible] ::

[illegible] ::

[illegible] ::

[illegible] ([illegible]) [illegible] ::

[illegible] ::

[illegible] ([illegible]) [illegible] ::

[illegible] ([illegible]) ، ([illegible]) ، ([illegible]) ، ([illegible]) ، ([illegible]) [illegible] ::

([illegible]) [illegible] ::

([illegible]) [illegible] ::

([illegible]) [illegible] ::

([illegible]) [illegible] ::

([illegible]) [illegible] ::

([illegible]) [illegible] ::

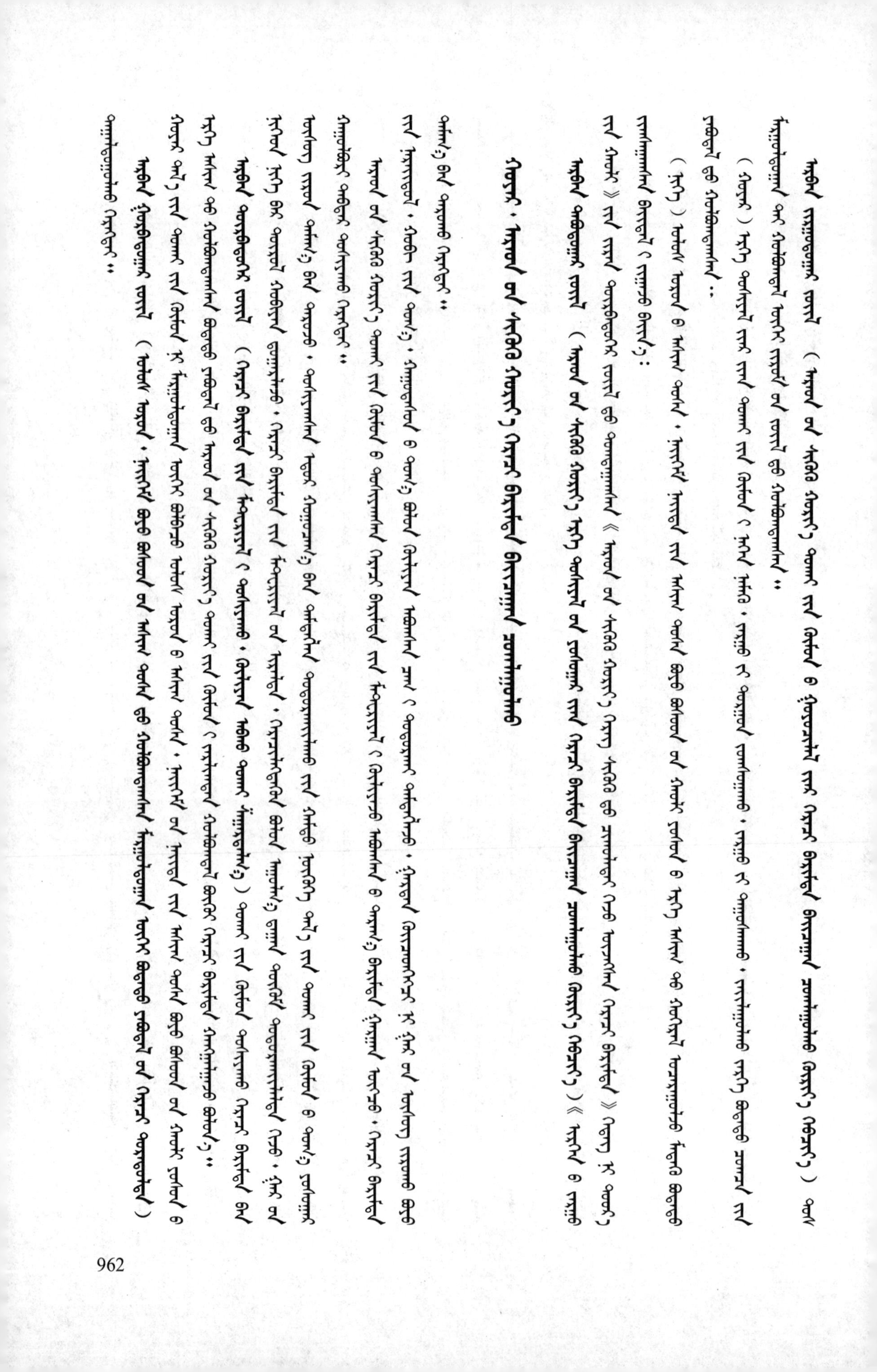

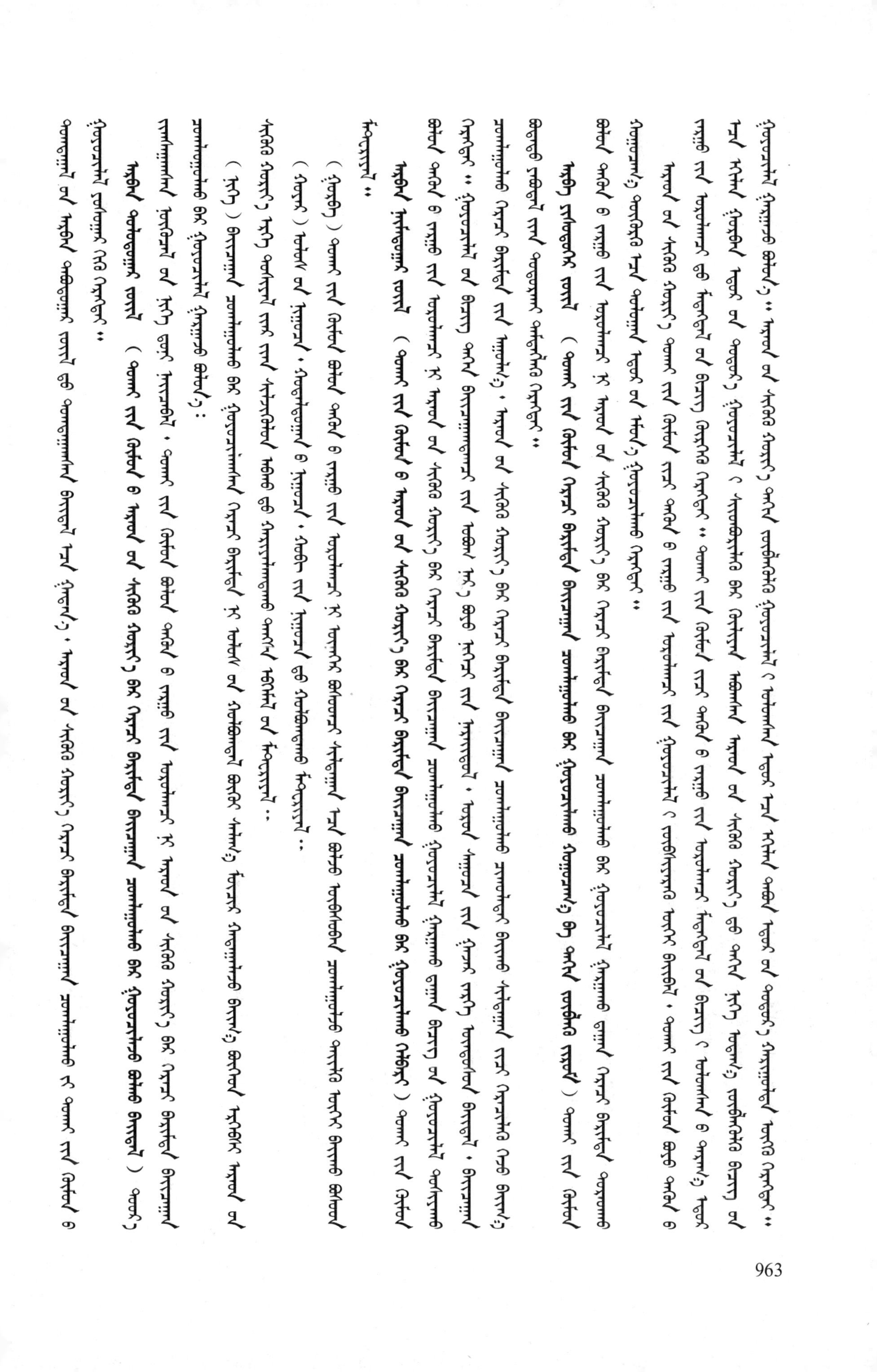

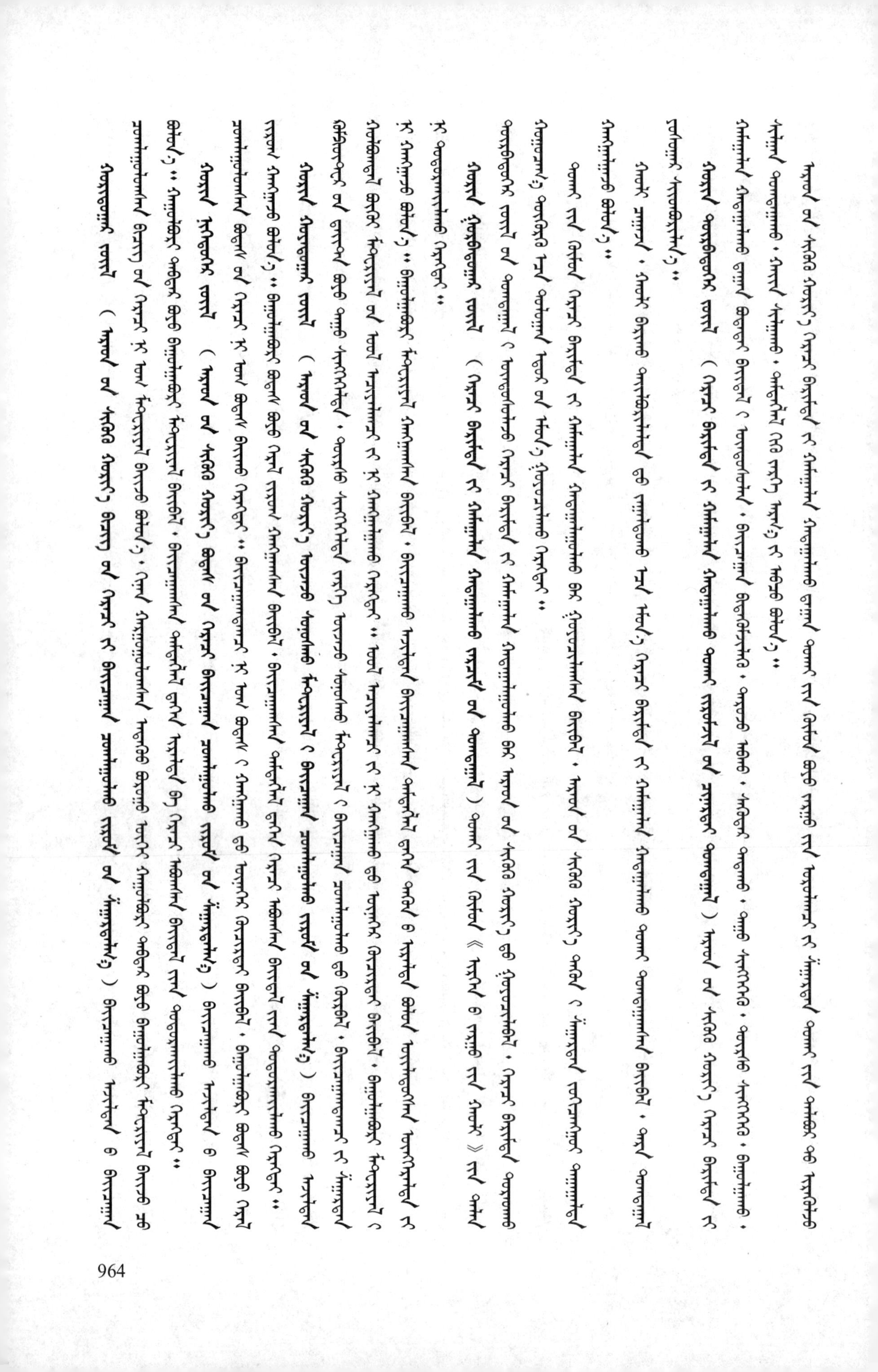

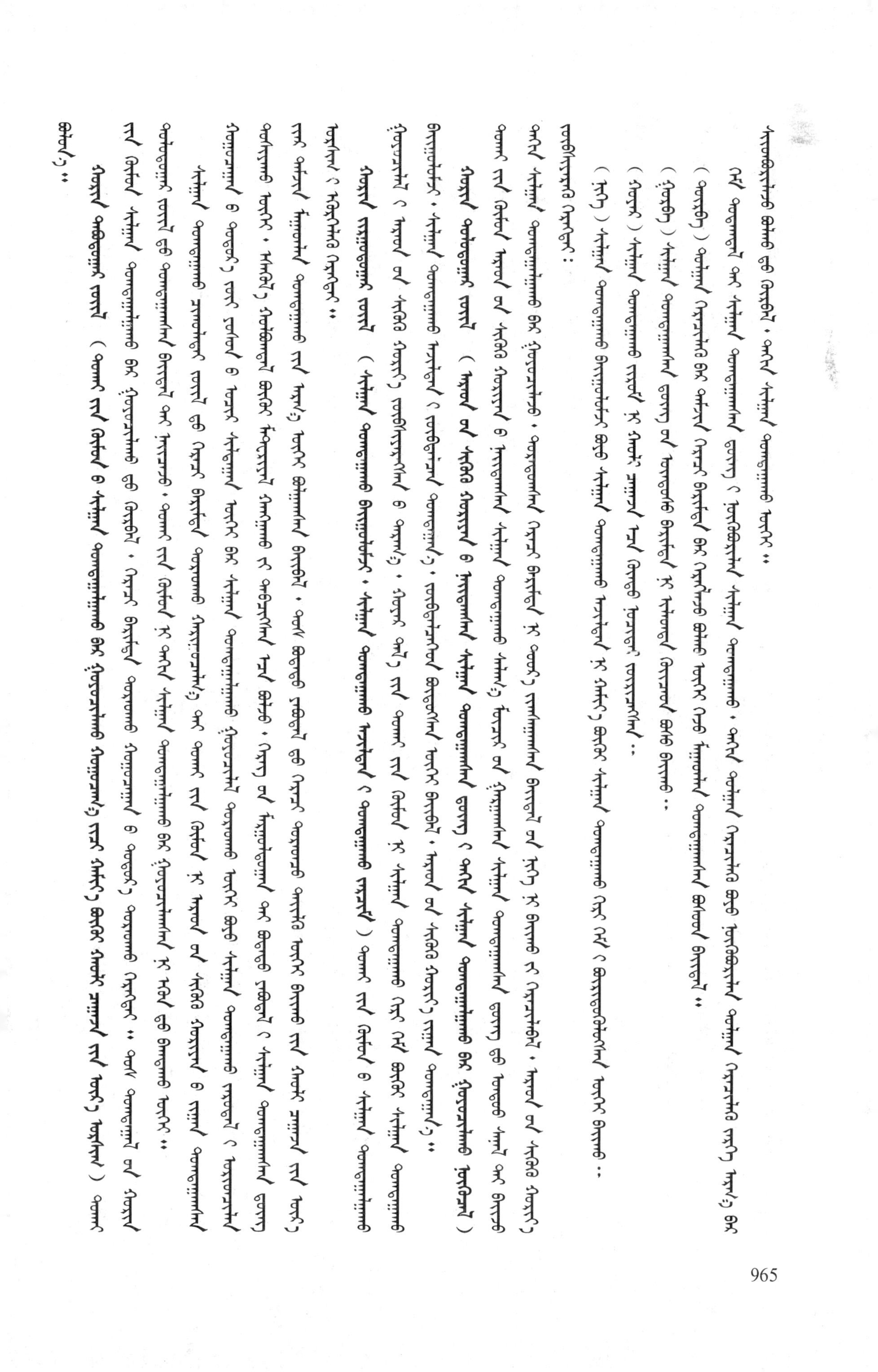

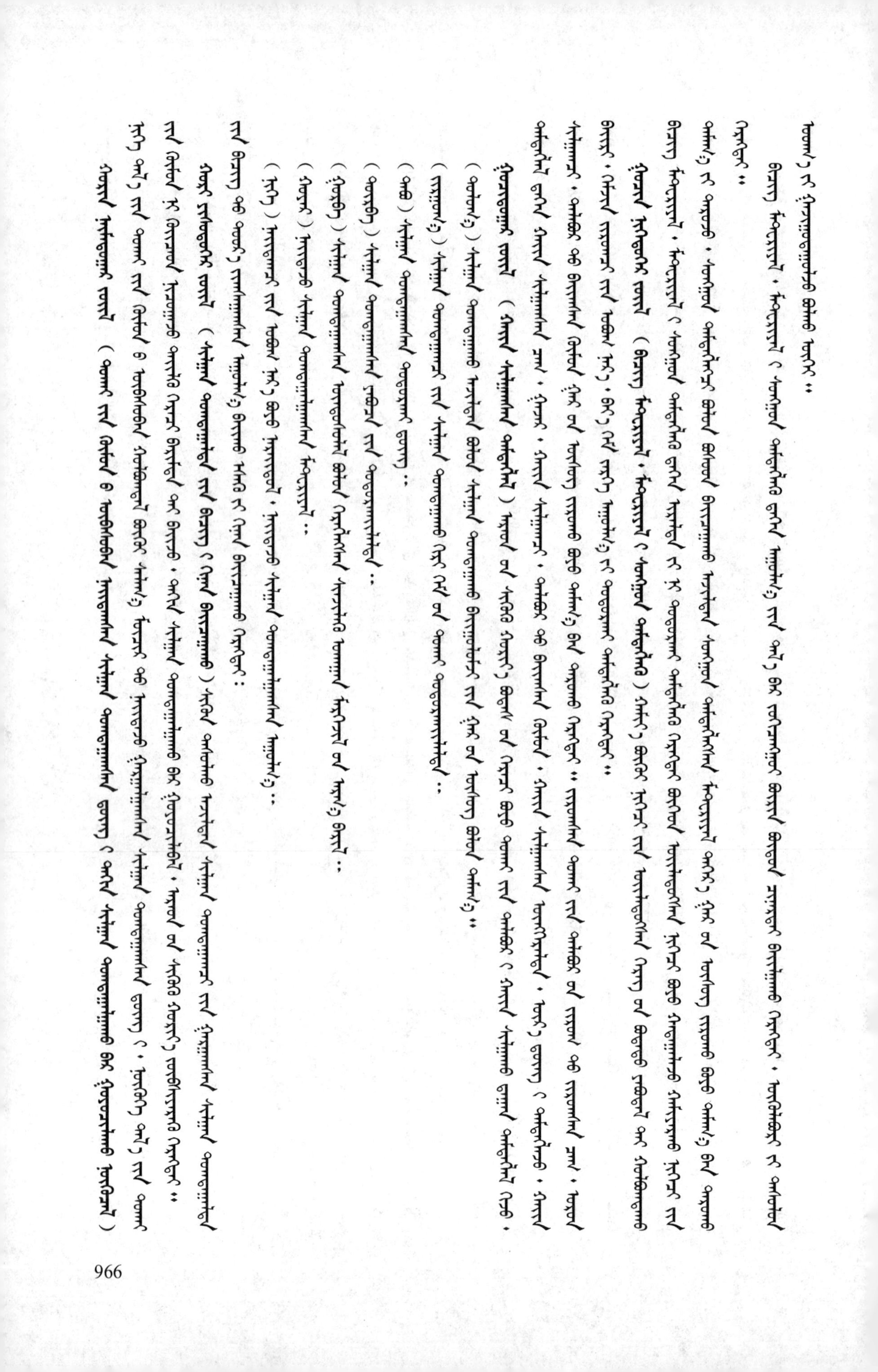

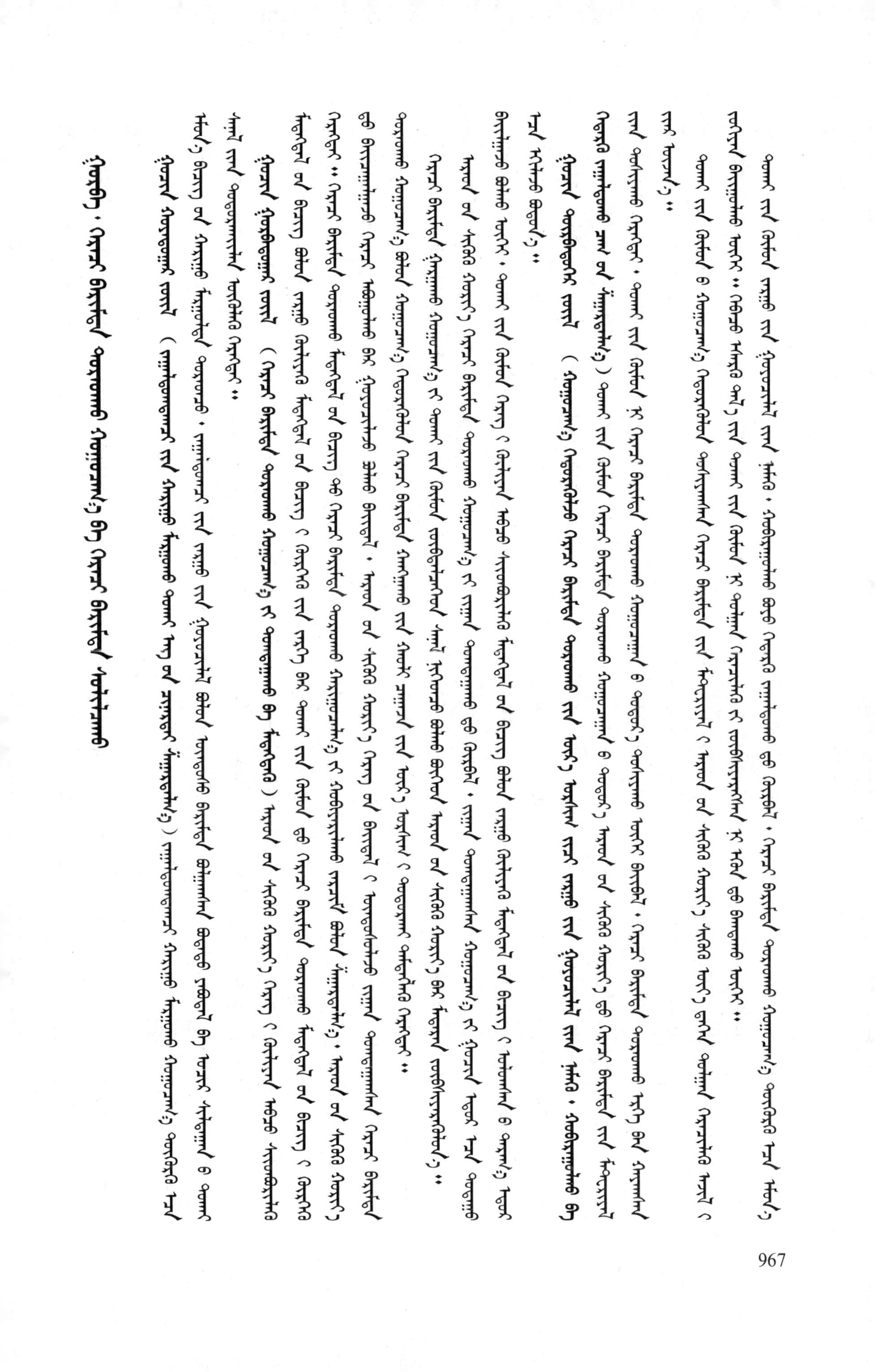

[illegible] ᠪᠠᠶᠢᠨ᠎ᠠ ᠃

ᠭᠤᠴᠢᠨ ᠲᠠᠪᠤᠳᠤᠭᠠᠷ ᠵᠦᠢᠯ ([illegible]) [illegible] ᠃

[illegible] ᠃

[illegible] ᠃

ᠭᠤᠴᠢᠨ ᠵᠢᠷᠭᠤᠳᠤᠭᠠᠷ ᠵᠦᠢᠯ ([illegible]) [illegible] ᠃

[illegible] ᠃

ᠭᠤᠴᠢᠨ ᠳᠣᠯᠤᠳᠤᠭᠠᠷ ᠵᠦᠢᠯ ([illegible]) [illegible] ᠃

[illegible] ᠃

ᠭᠤᠴᠢᠨ ᠨᠠᠢᠮᠠᠳᠤᠭᠠᠷ ᠵᠦᠢᠯ ([illegible]) [illegible] ᠃

[illegible] ᠃

[illegible] ᠃

ᠭᠤᠴᠢᠨ ᠶᠢᠰᠦᠳᠦᠭᠡᠷ ᠵᠦᠢᠯ ([illegible]) [illegible] ᠃

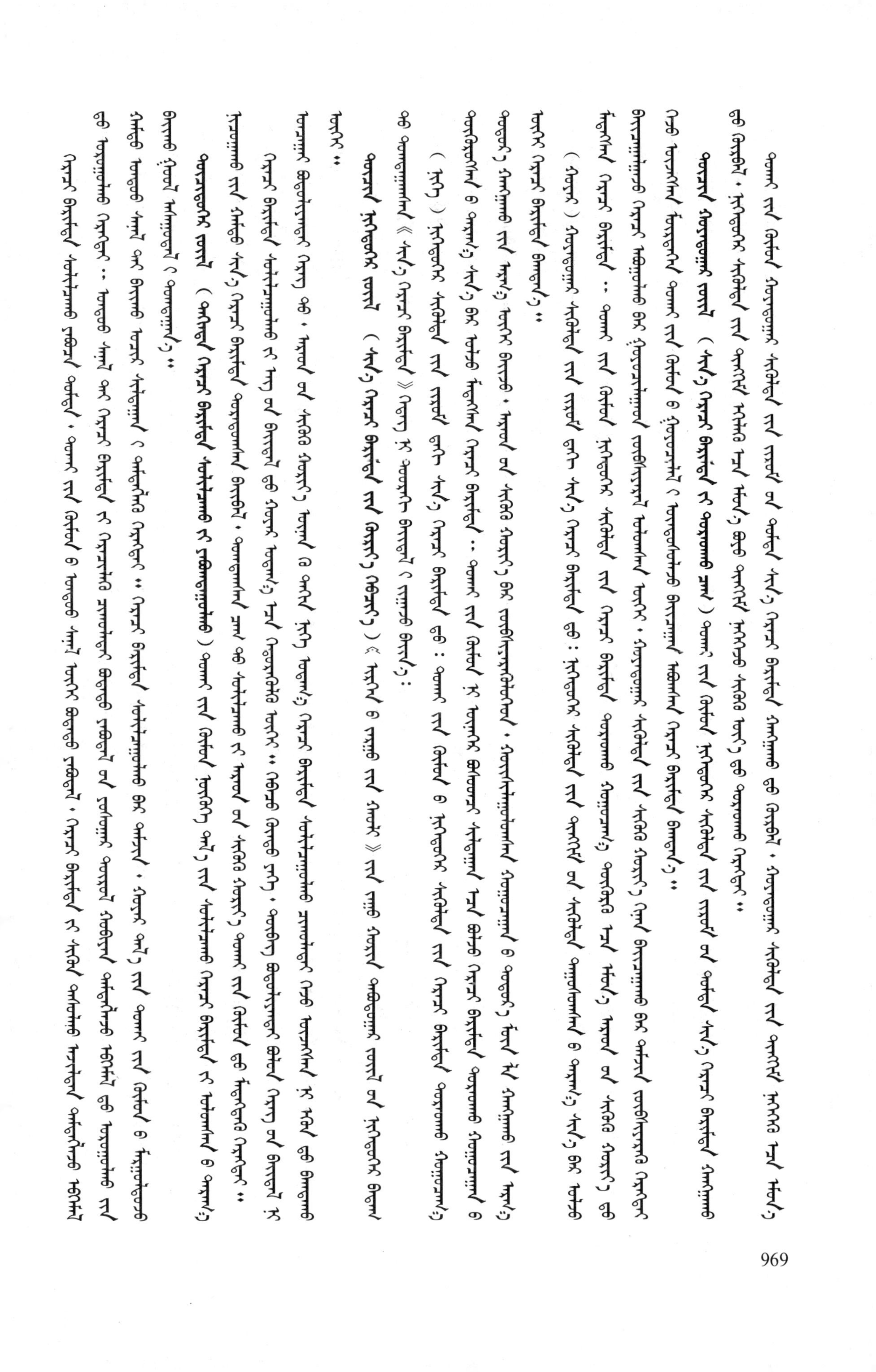

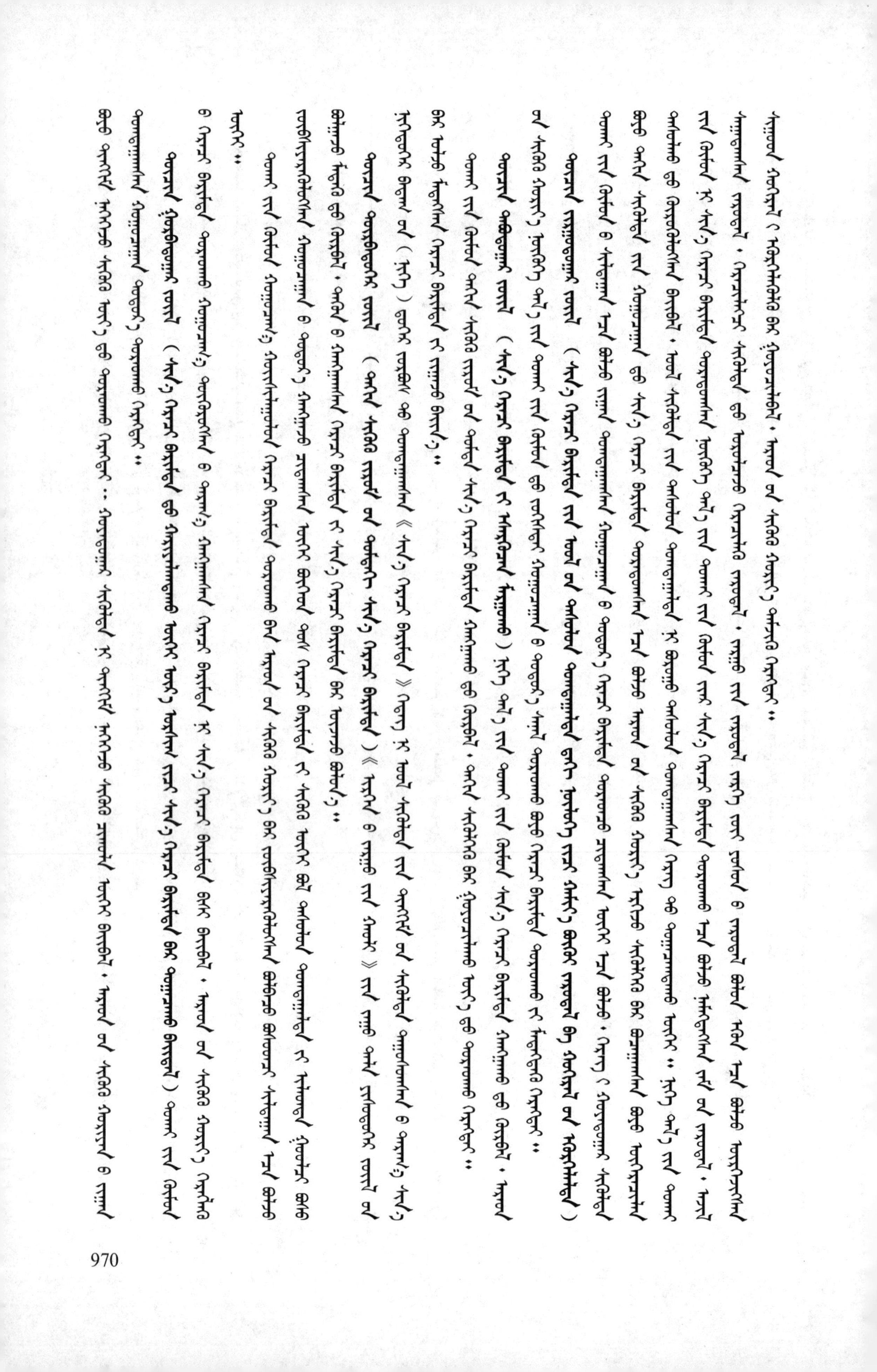

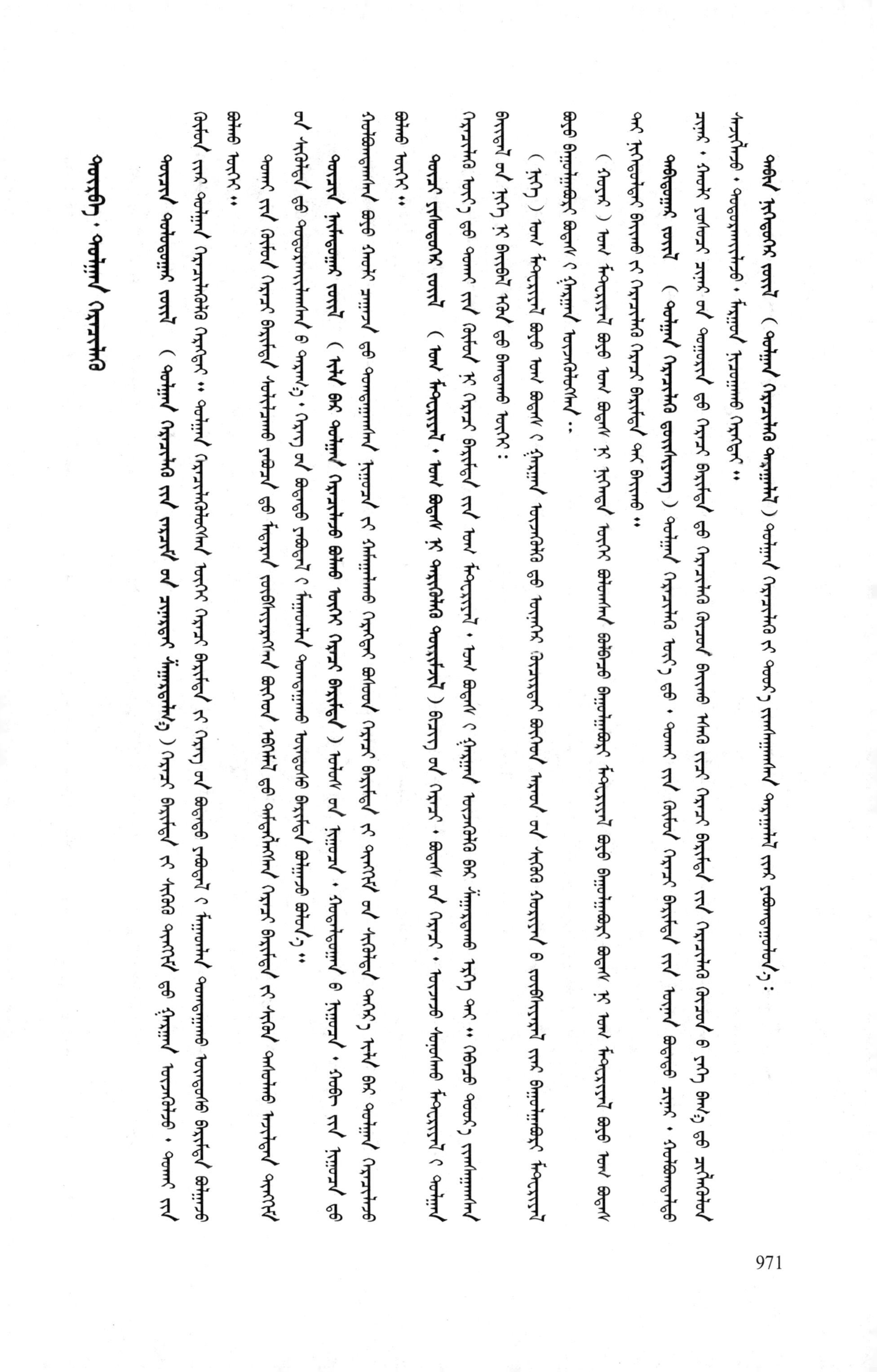

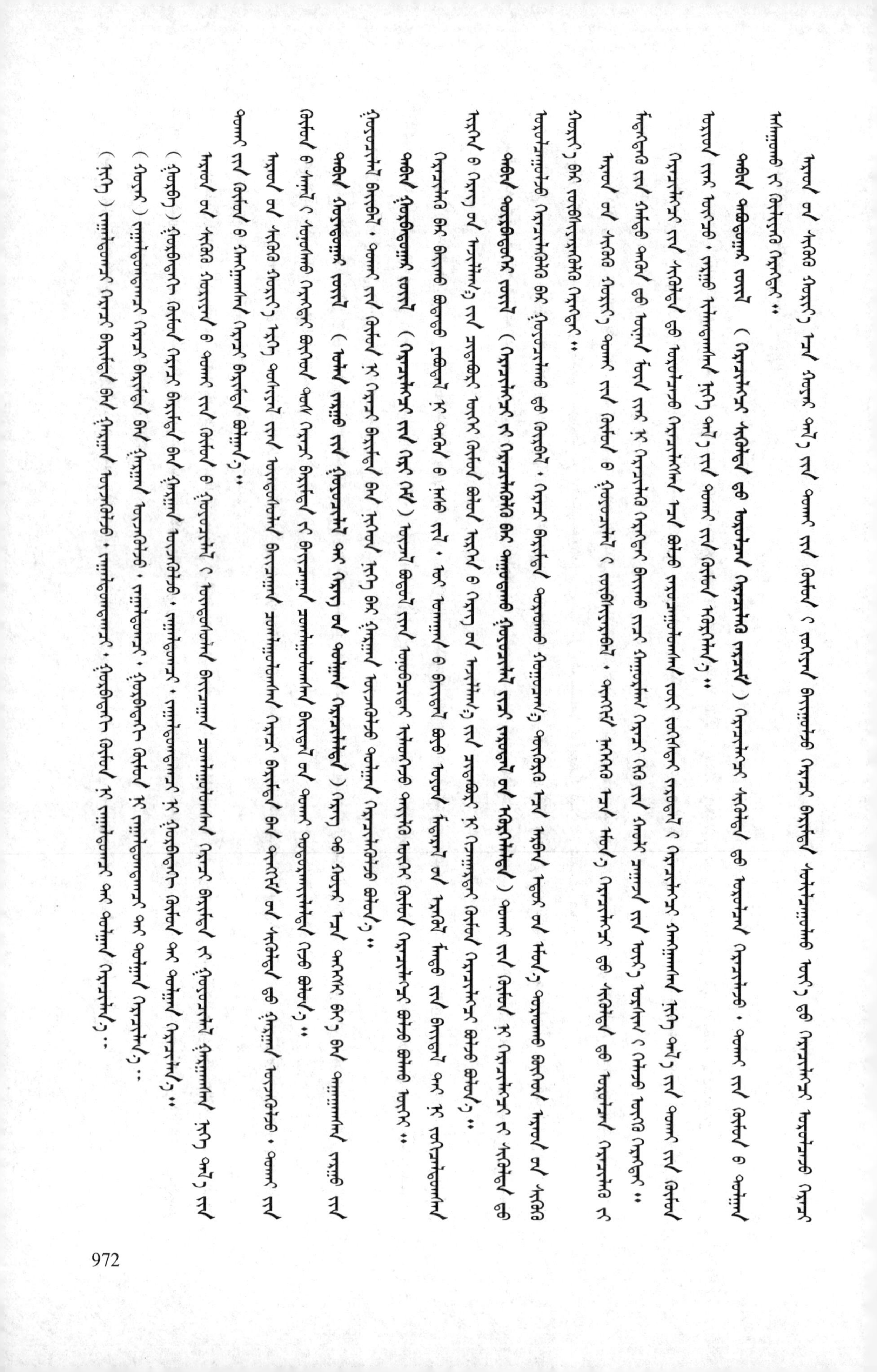

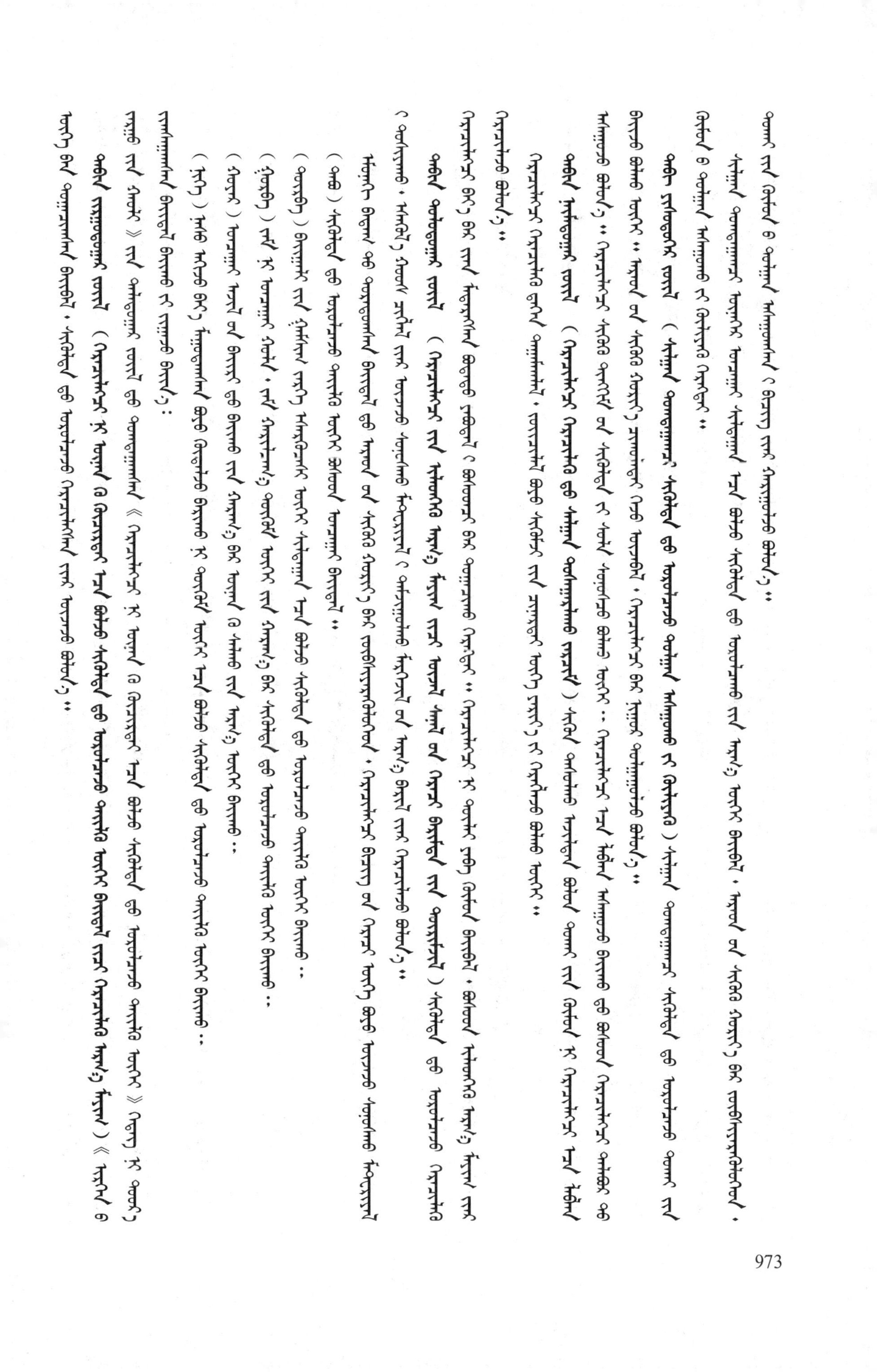

[illegible]

ᠳᠥᠷᠪᠡ᠂ ᠮᠣᠩᠭᠣᠯ ᠪᠢᠴᠢᠭ᠌ ᠦᠨ ᠬᠡᠯᠡ ᠵᠢᠷᠤᠮᠵᠢᠭᠤᠯᠬᠤ ᠰᠤᠷᠭᠠᠯᠲᠠ ᠶᠢ ᠪᠣᠯᠪᠠᠰᠤᠷᠠᠭᠤᠯᠬᠤ

[illegible]

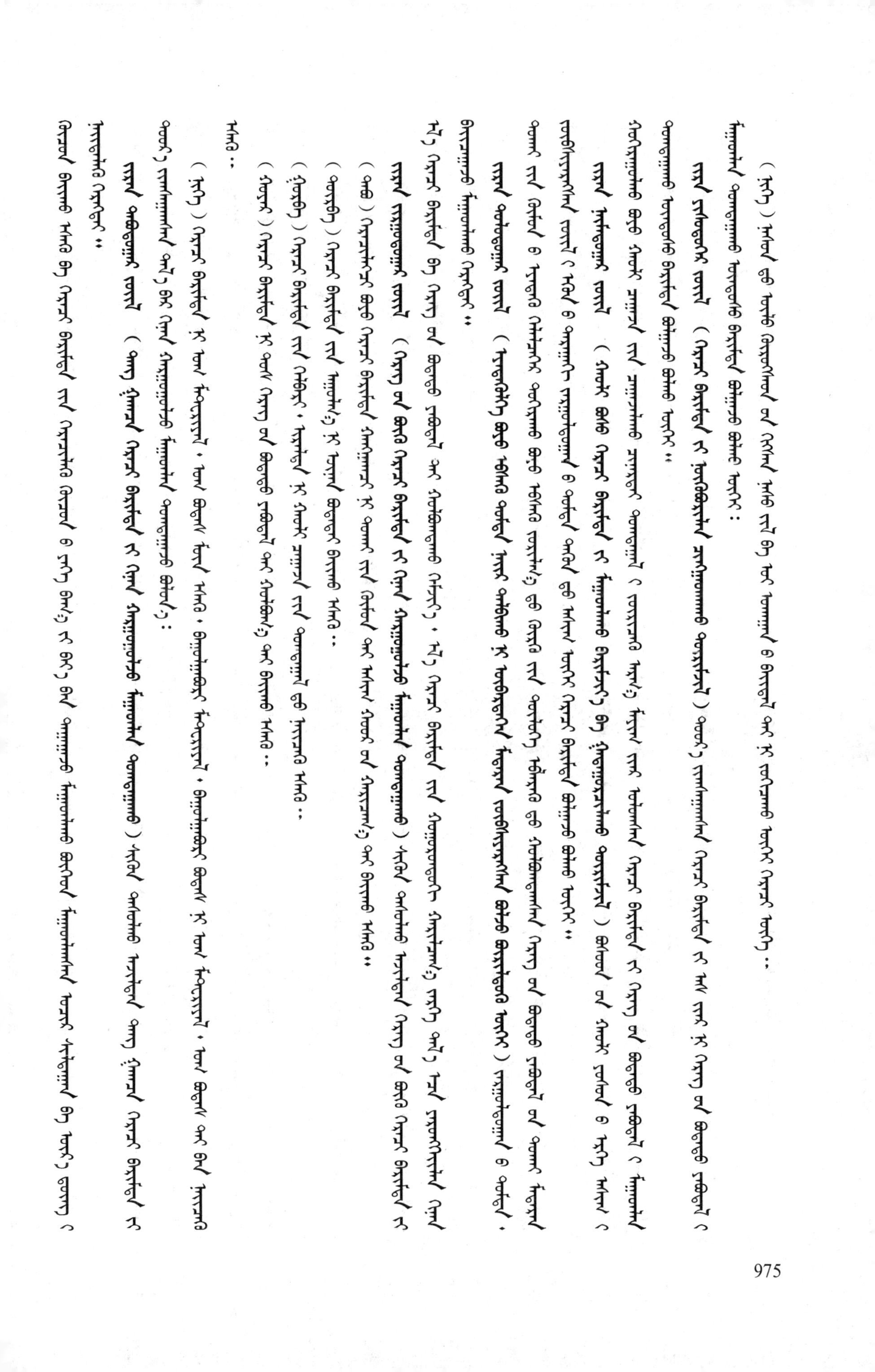

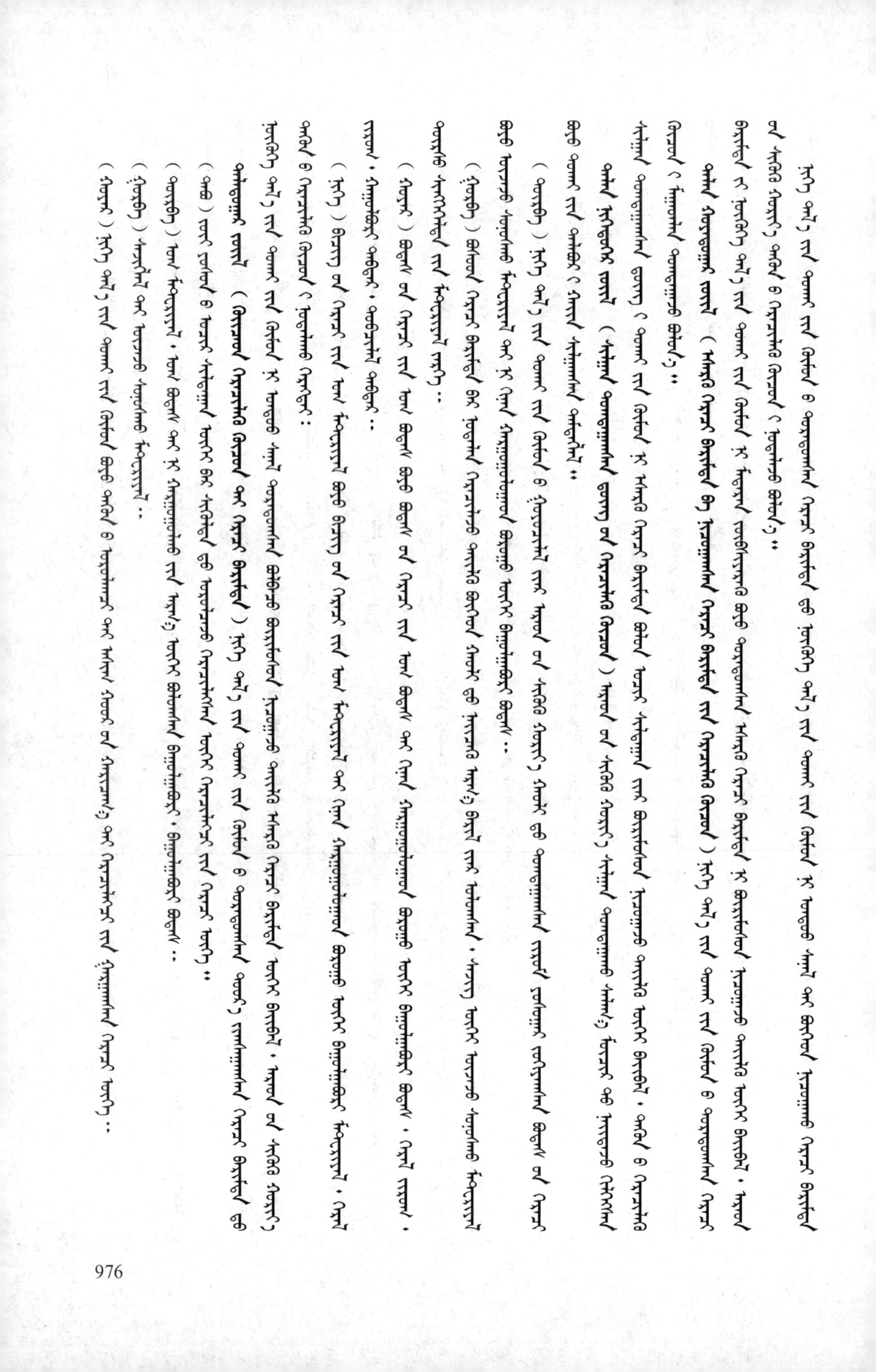

[illegible]

[illegible]

[illegible]

[illegible]

([illegible]) [illegible]

([illegible]) [illegible]

([illegible]) [illegible]

([illegible]) [illegible]

[illegible]

[illegible]

([illegible]) [illegible]

([illegible]) [illegible]

([illegible]) [illegible]

([illegible]) [illegible]

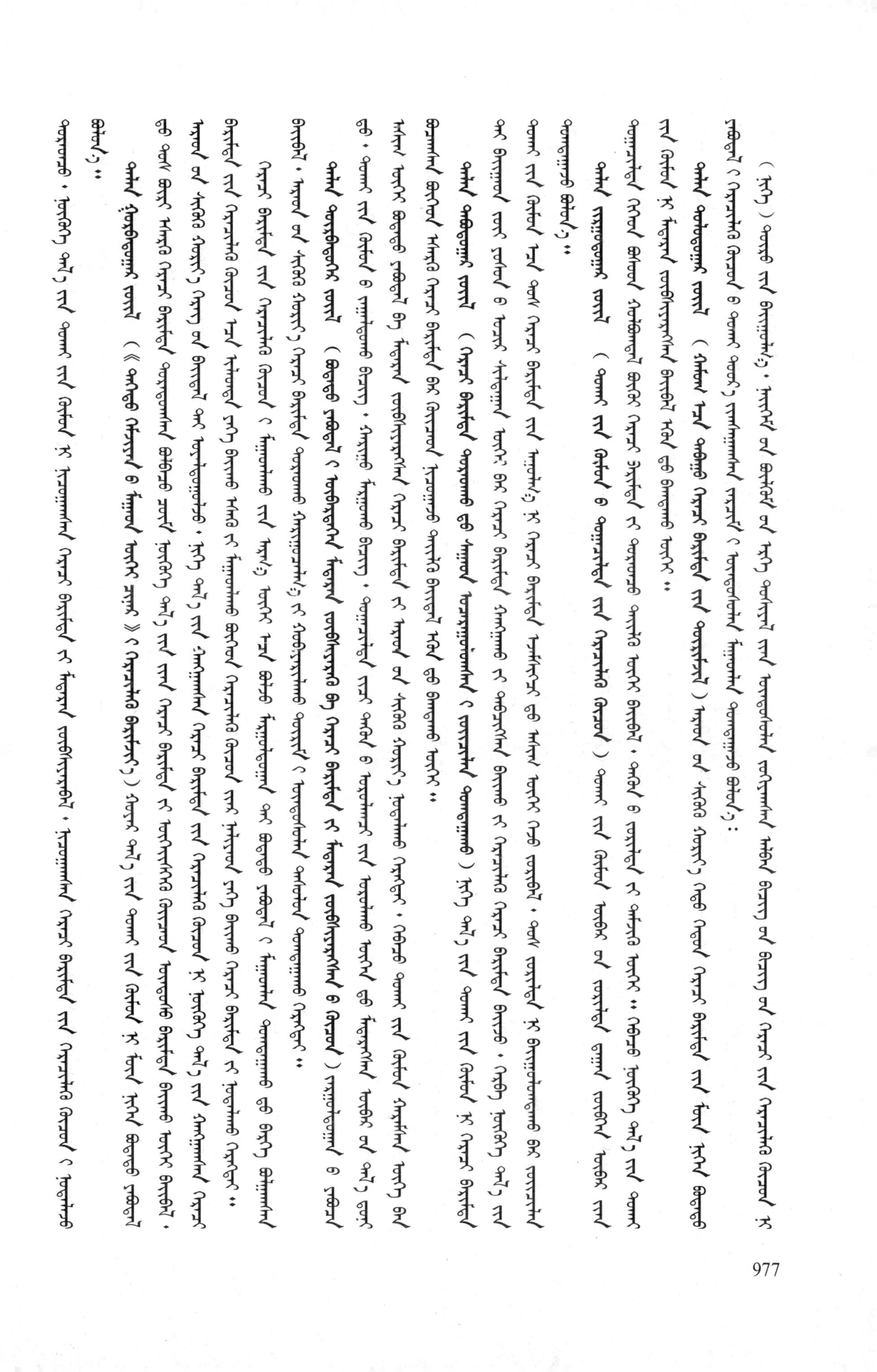

977

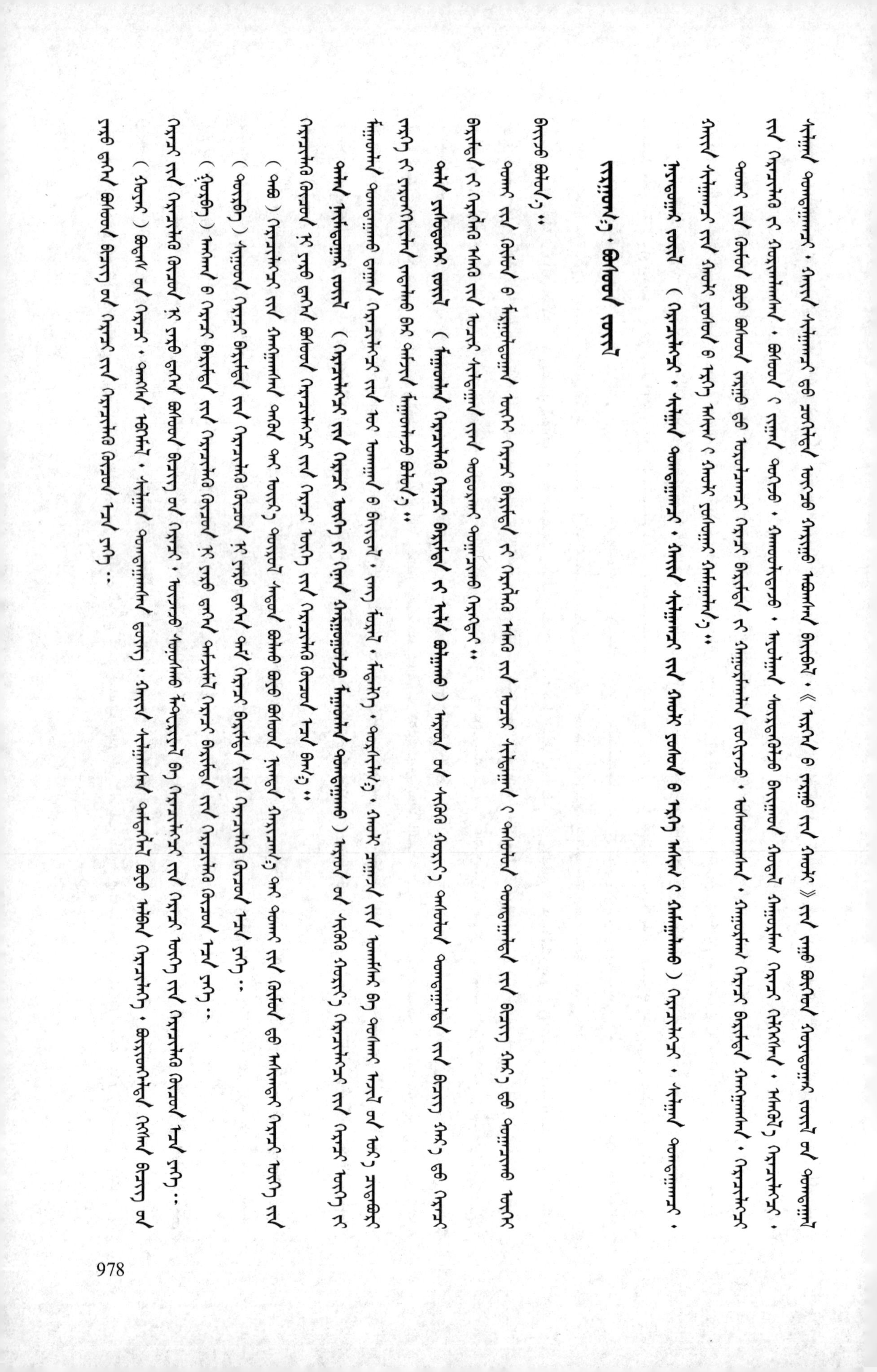

《[illegible] 》([illegible]) ᠶ 2001 [illegible] :

(2001 ᠣᠨ ᠤ 12 ᠰᠠᠷ᠎ᠠ ᠶᠢᠨ 30 ᠤ ᠡᠳᠦᠷ)

[illegible] 》 ᠢ [illegible] 《 [illegible] 》

【[illegible]】

[illegible] ••

[illegible] 《 [illegible] 》 [illegible] ••

[illegible] ••

[illegible] ᠣᠨ ᠤ 4 ᠰᠠᠷ᠎ᠠ ᠶᠢᠨ 1 ᠤ ᠡᠳᠦᠷ [illegible]

[illegible] ([illegible]) [illegible] 2002 ᠣᠨ ᠤ 4 ᠰᠠᠷ᠎ᠠ ᠶᠢᠨ 1 ᠤ ᠡᠳᠦᠷ [illegible] •• 2002 [illegible] ••

[illegible] ([illegible]) [illegible] ••

[illegible] ([illegible]) [illegible] ••

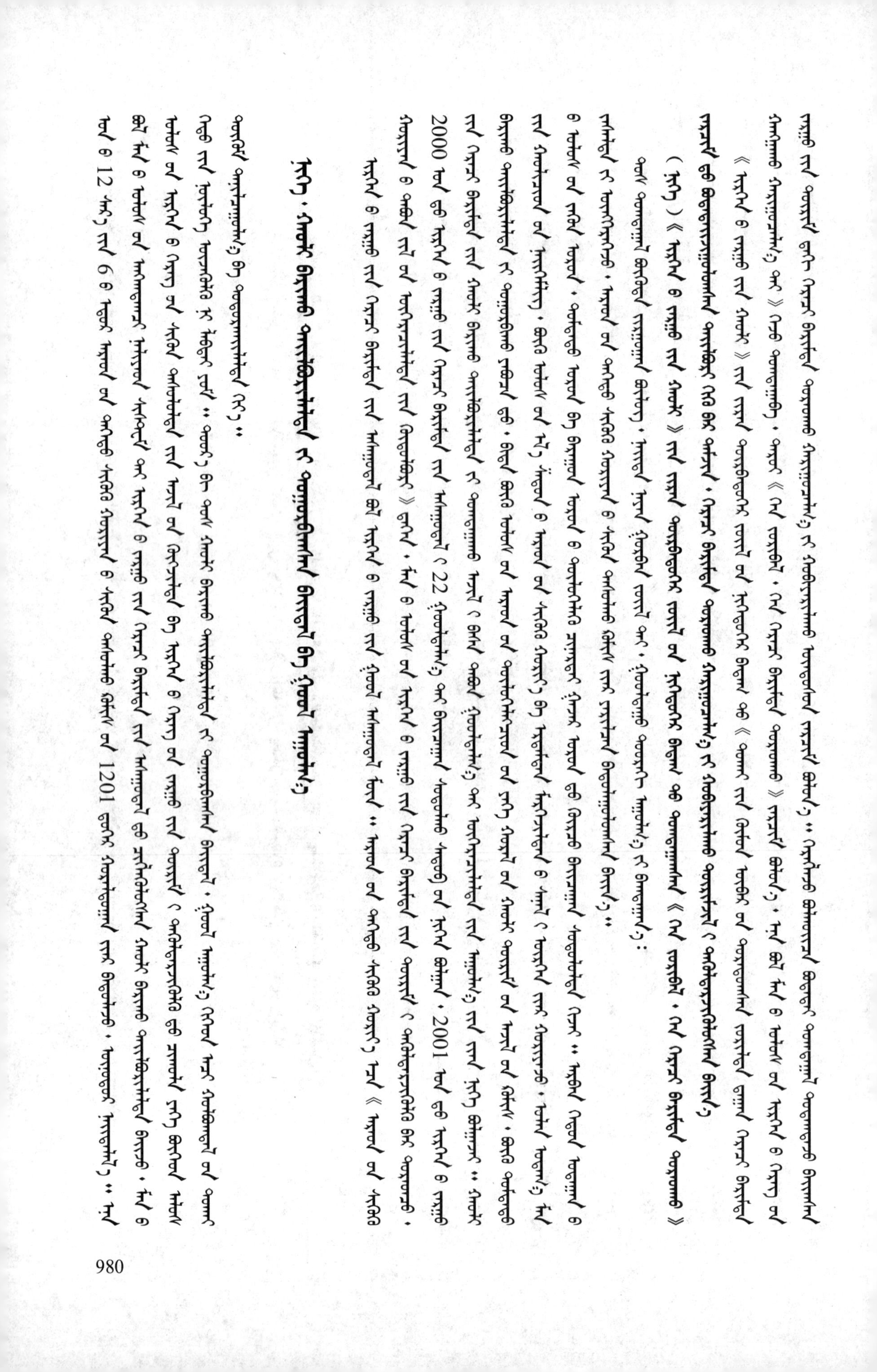

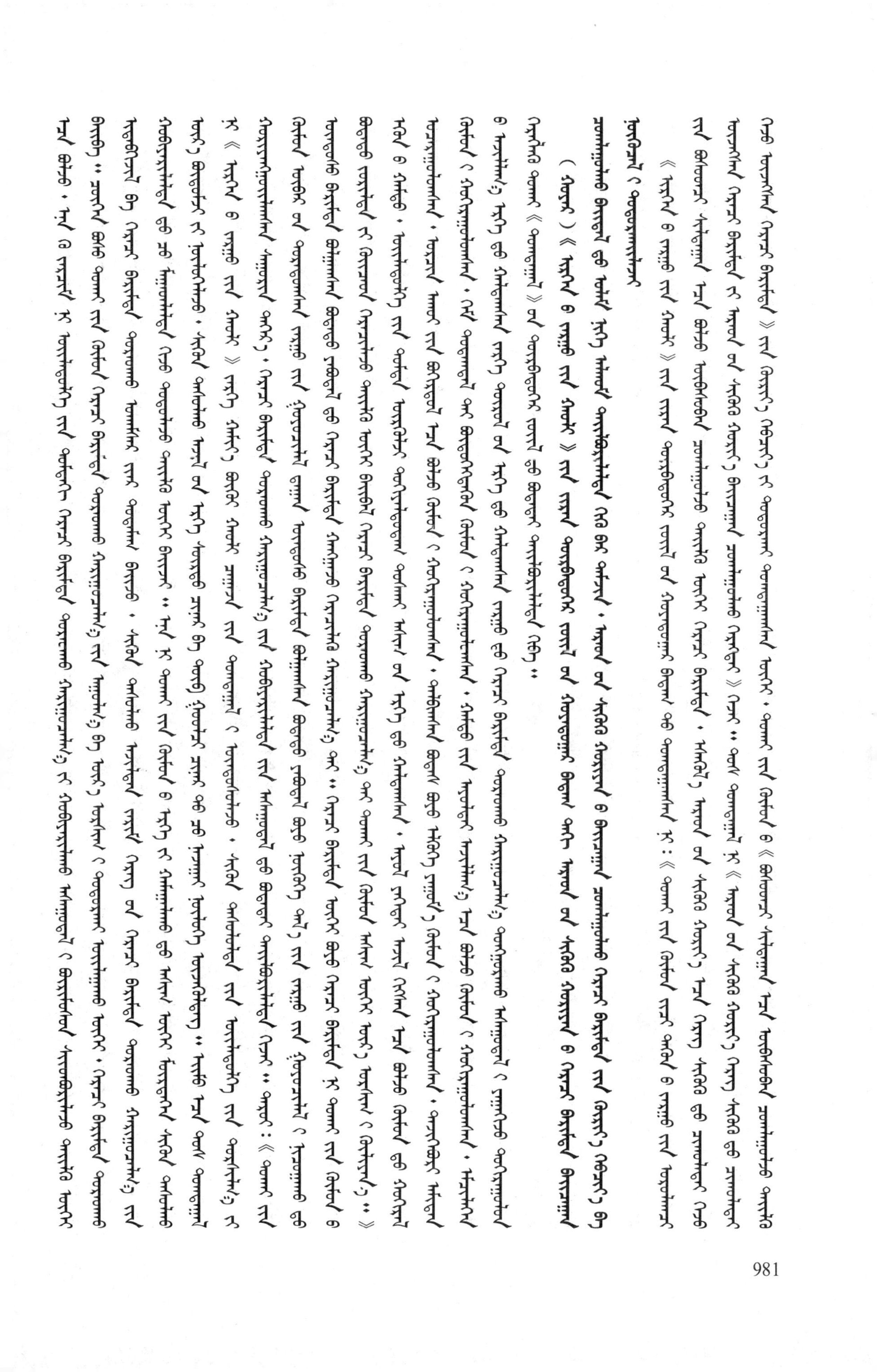

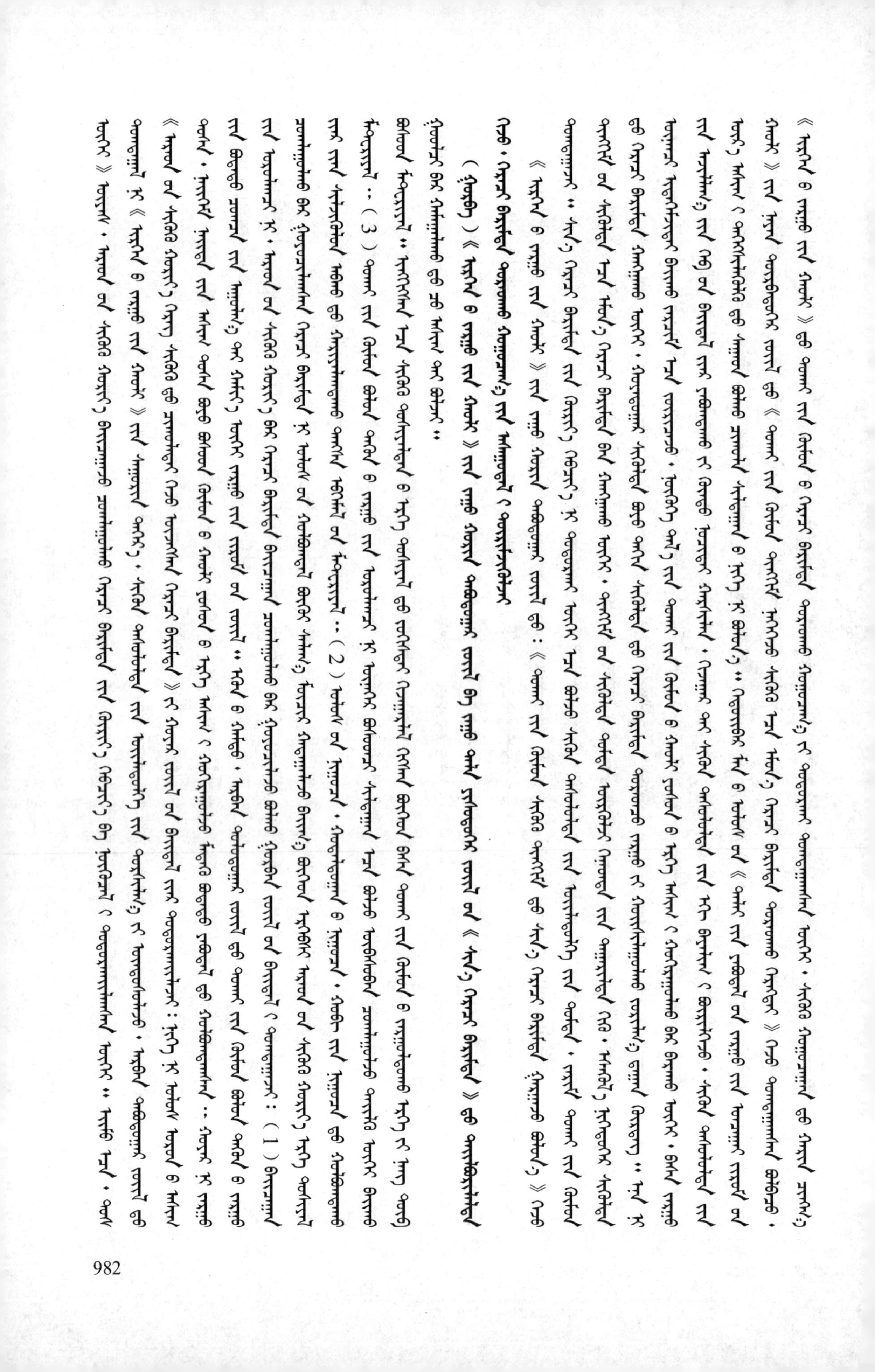

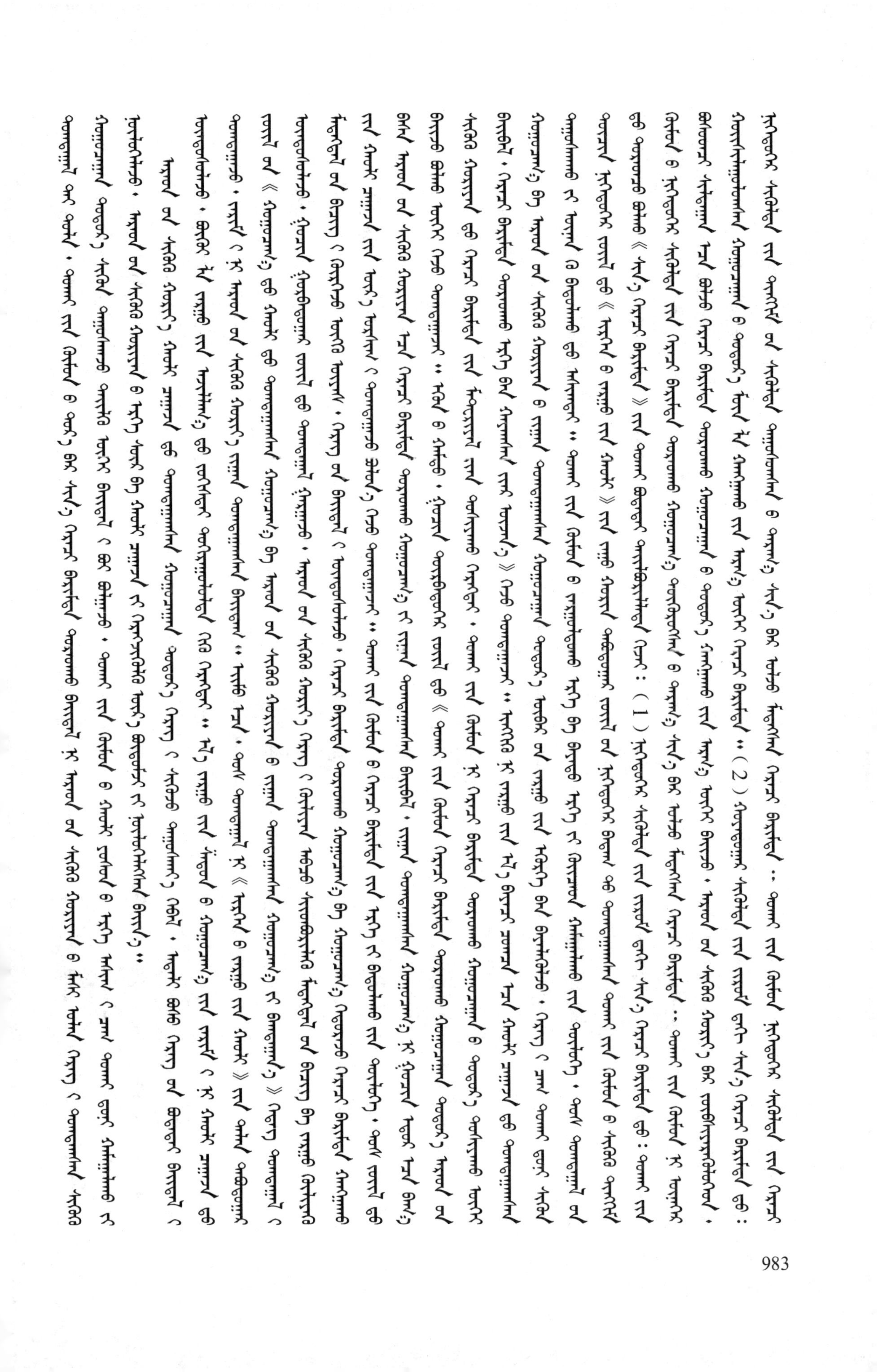

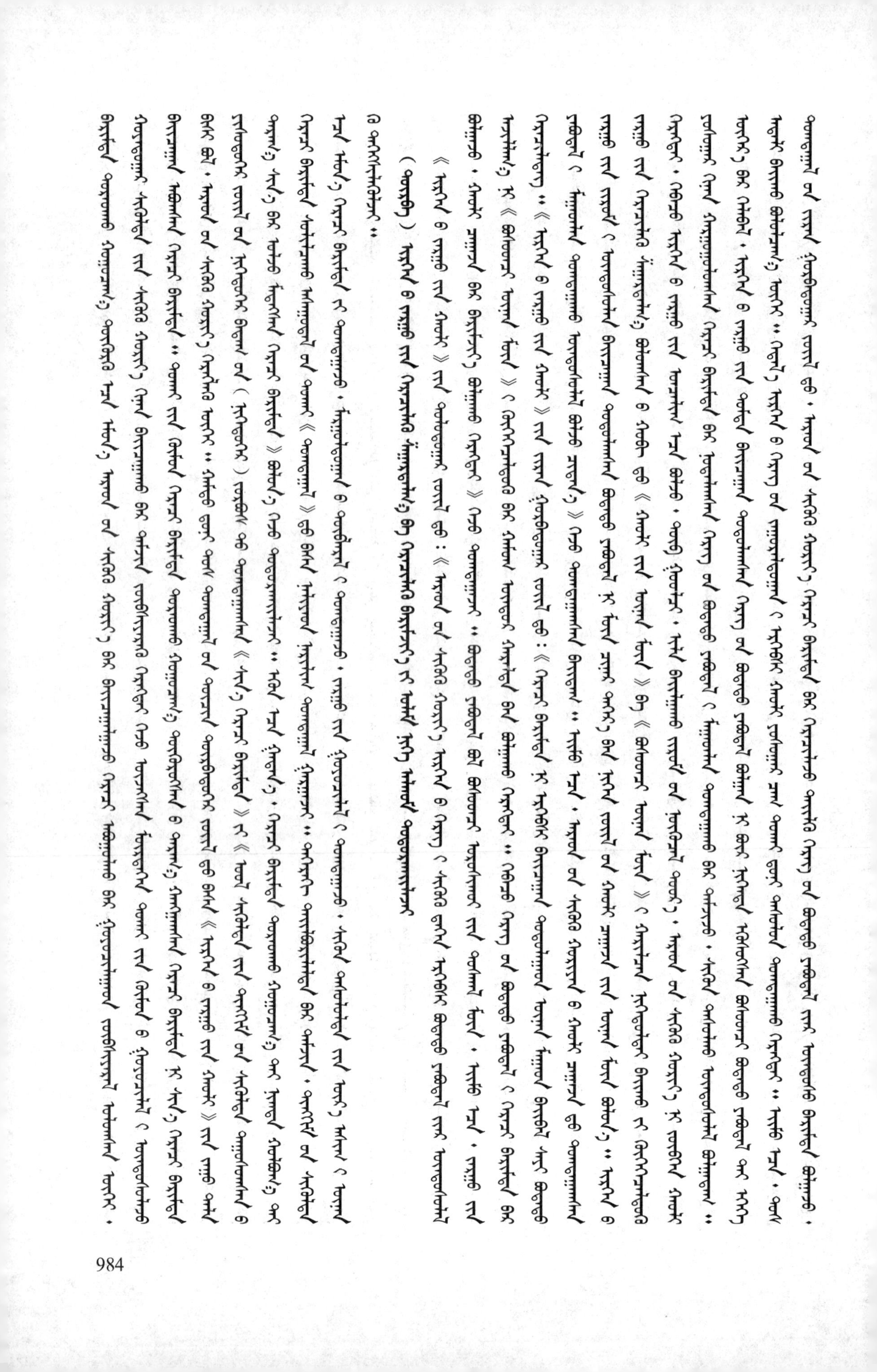

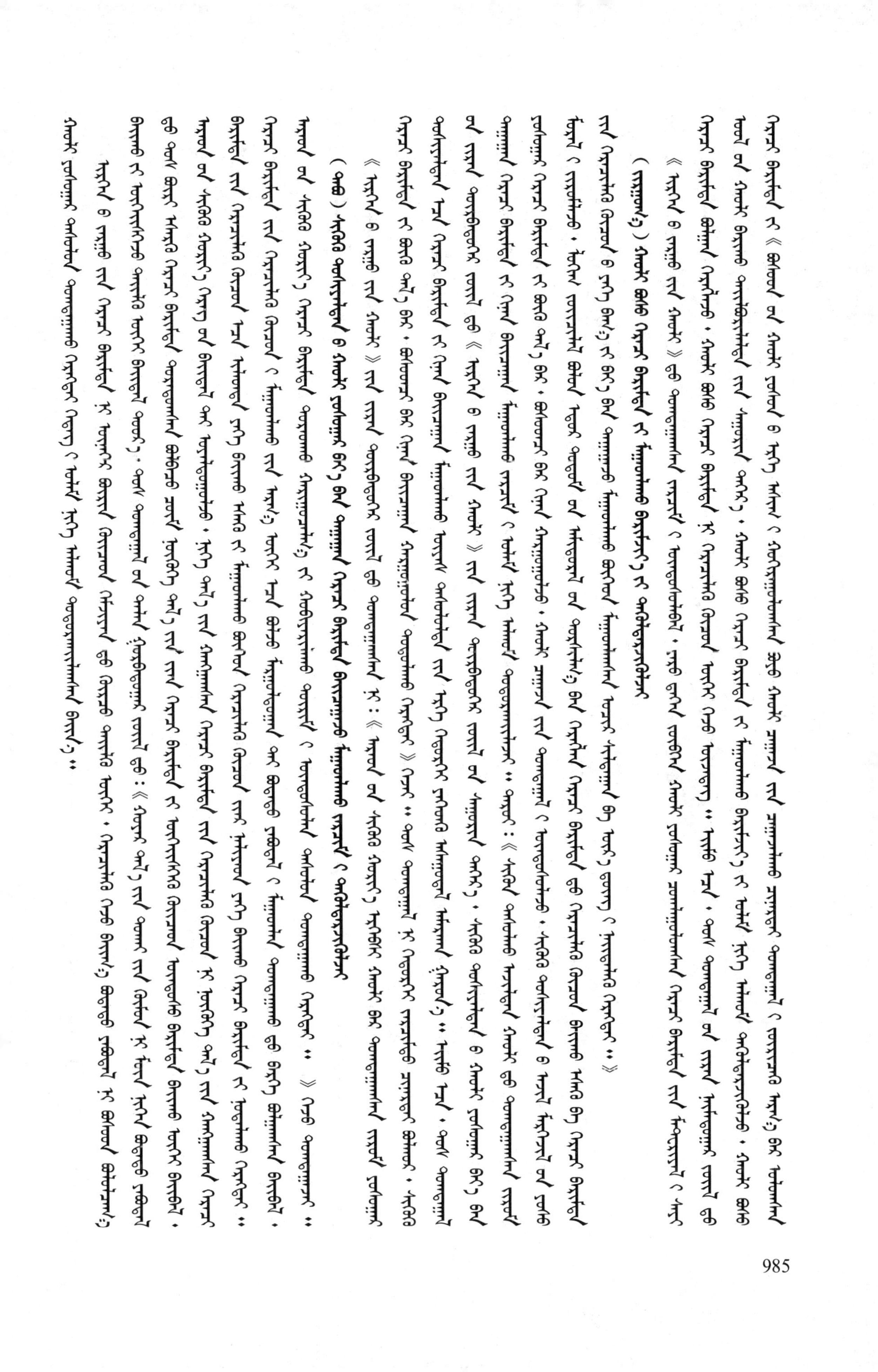

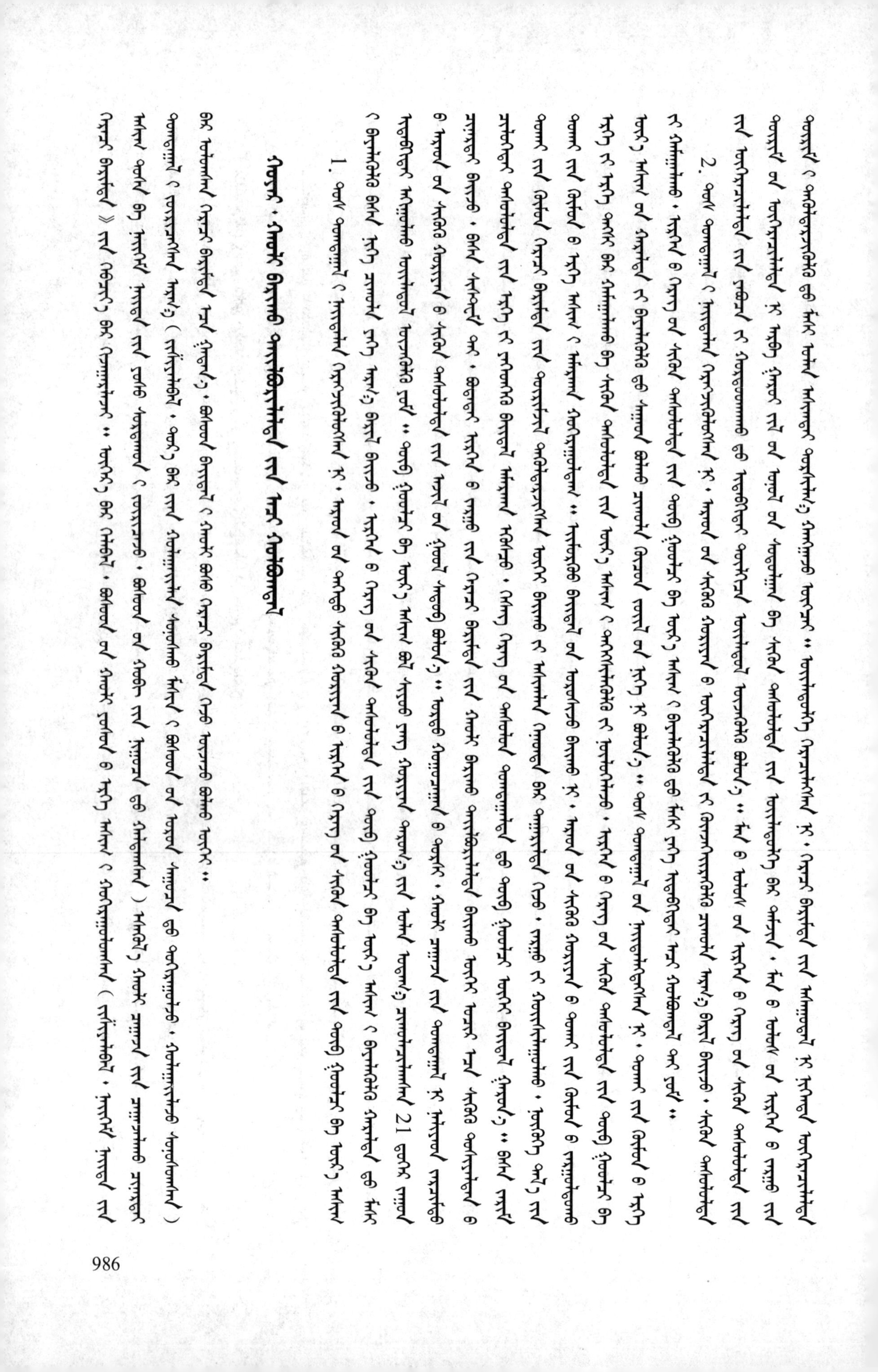

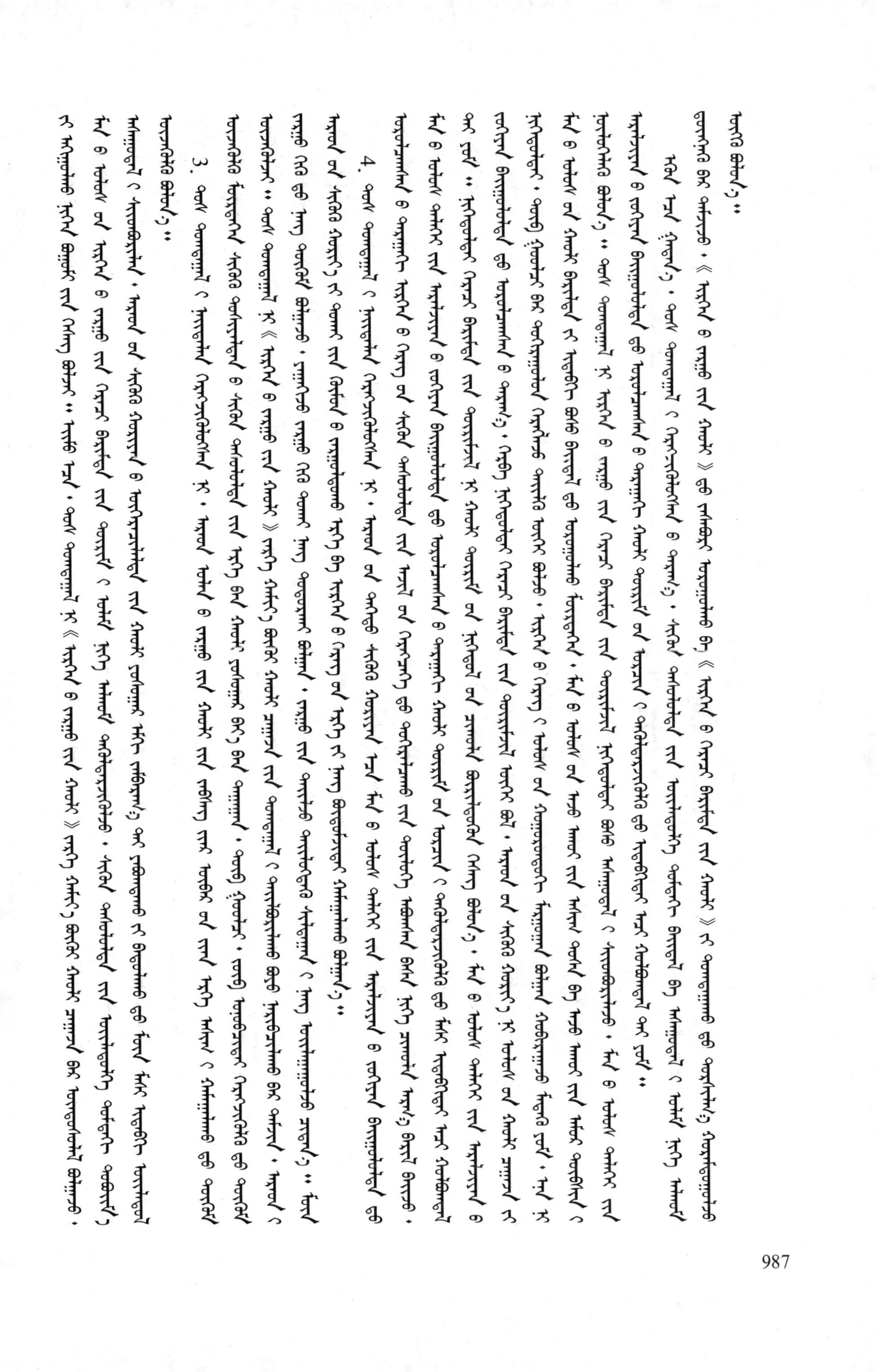

ᠮᠣᠩᠭᠣᠯ ᠤᠨ ᠨᠢᠭᠤᠴᠠ ᠲᠣᠪᠴᠢᠶᠠᠨ ᠤ ᠰᠤᠳᠤᠯᠤᠯ ᠤᠨ ᠰᠤᠳᠤᠯᠭ᠎ᠠ ᠳᠤ
ᠵᠢᠷᠤᠭ ᠤᠨ ᠪᠢᠴᠢᠭ 《 ᠮᠣᠩᠭᠣᠯ ᠤᠨ ᠨᠢᠭᠤᠴᠠ ᠲᠣᠪᠴᠢᠶᠠᠨ 》 ᠤ
ᠣᠷᠤᠰᠢᠯ ᠳᠤ

[illegible]

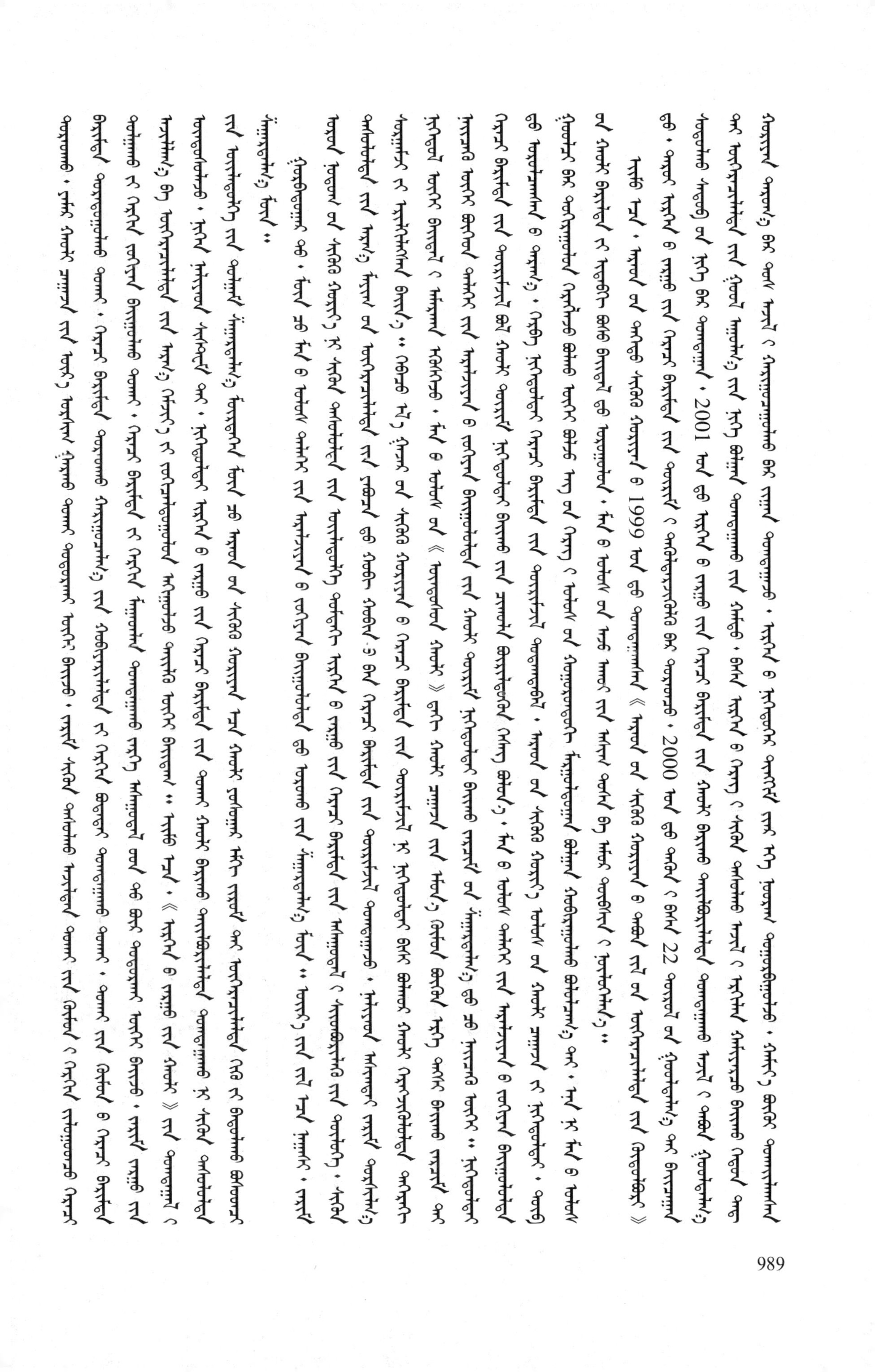

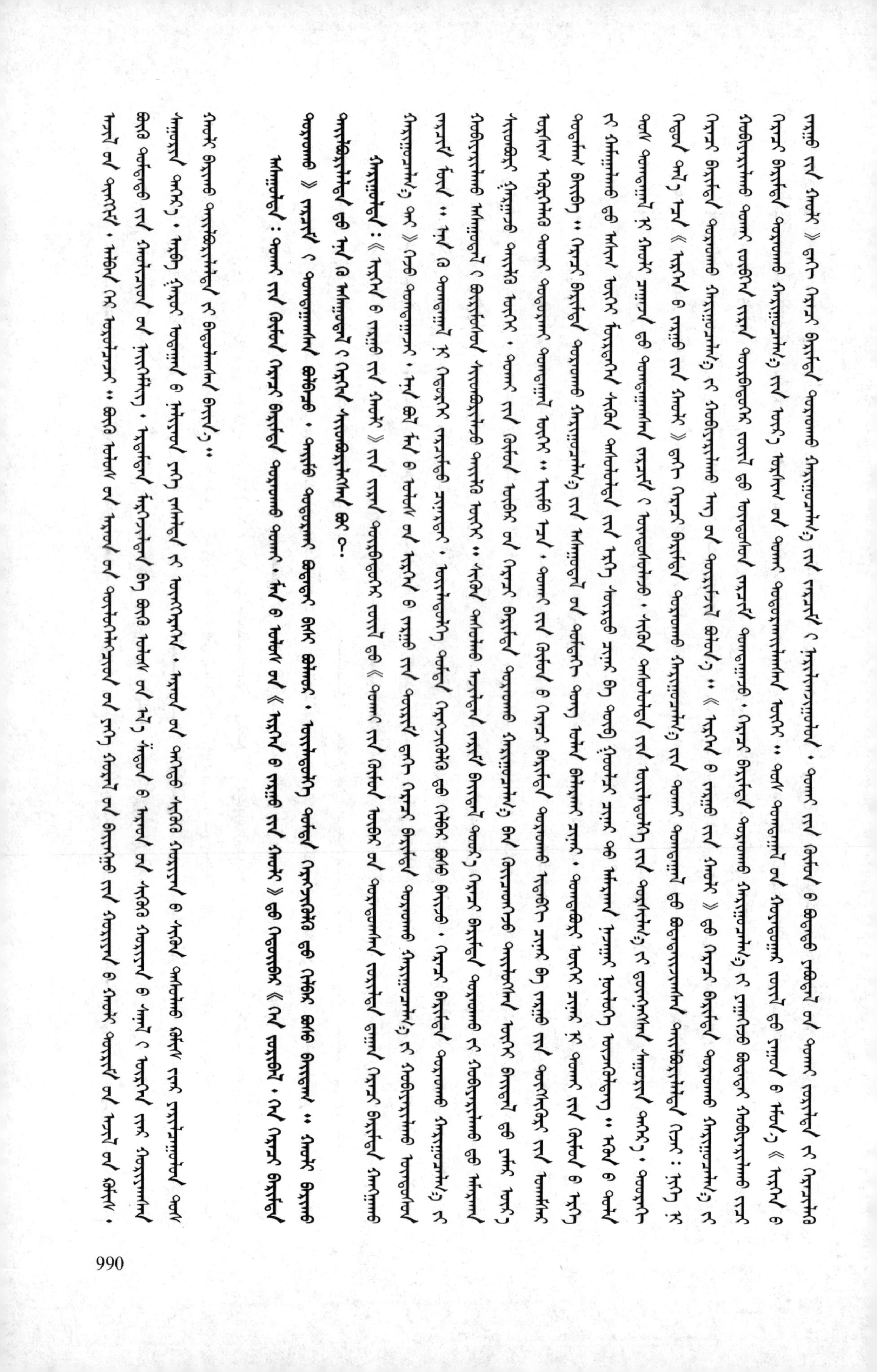

[illegible]

[illegible]

[illegible]

[illegible]

[illegible]

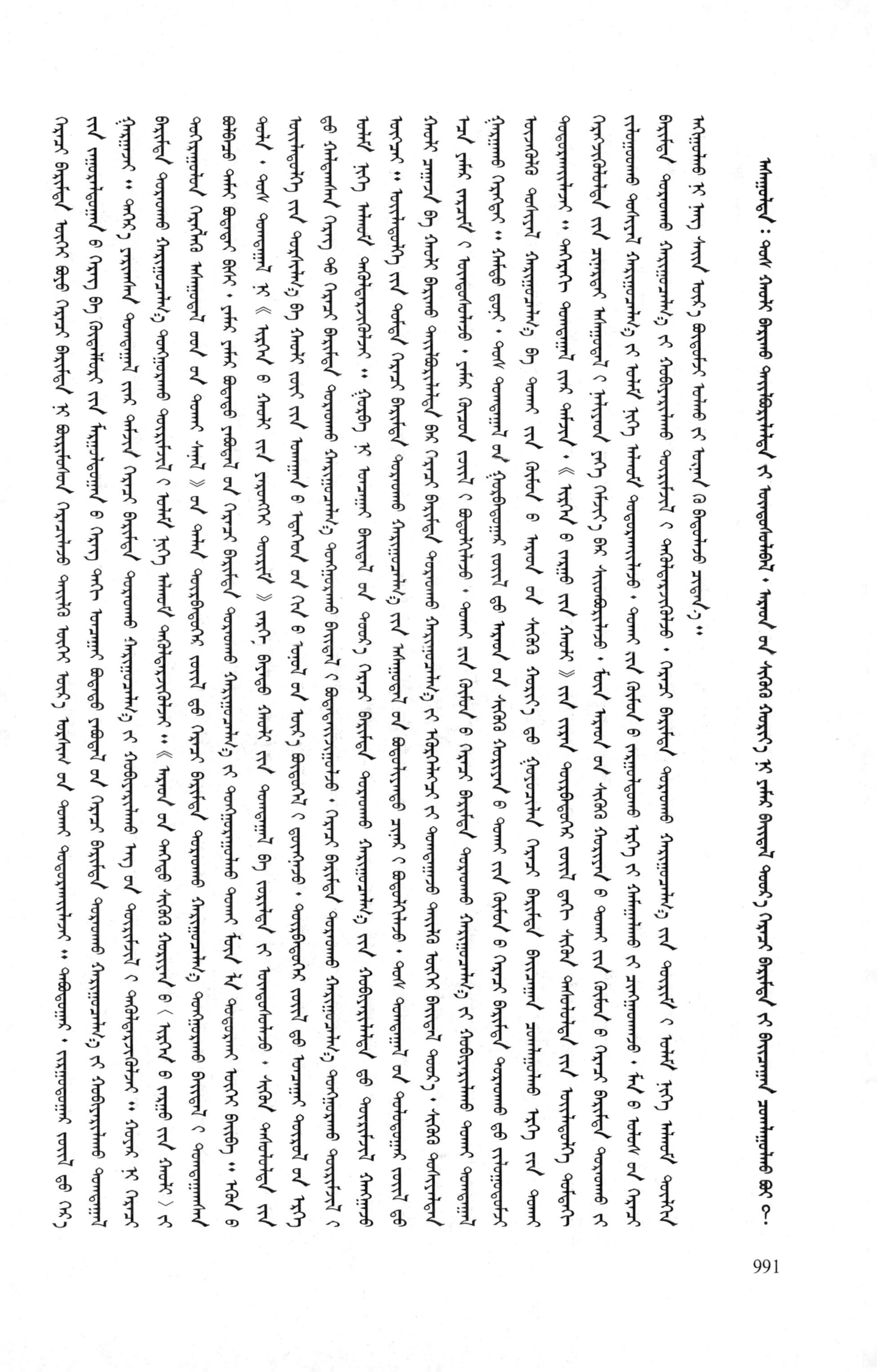

[illegible]

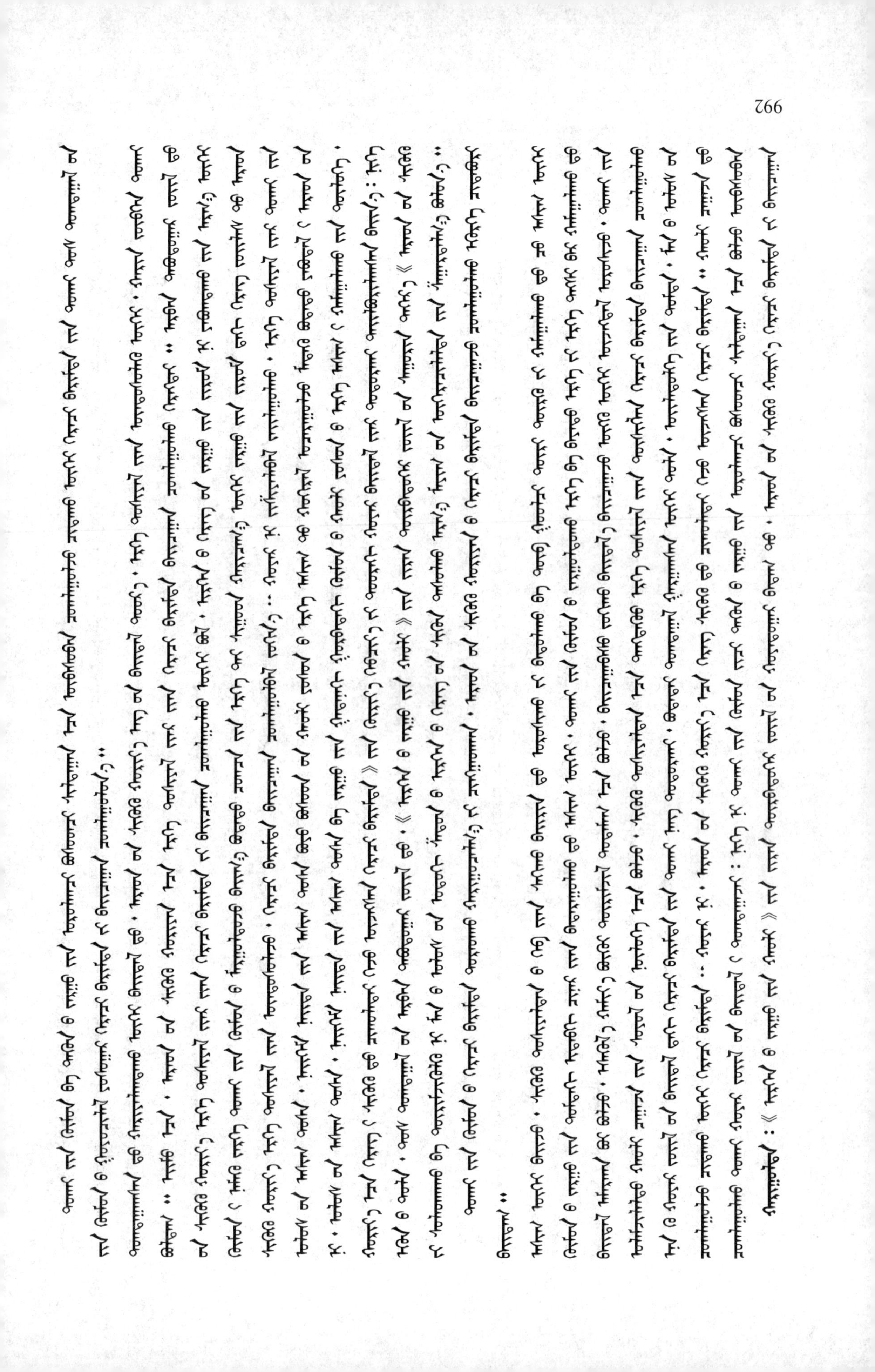

[illegible]

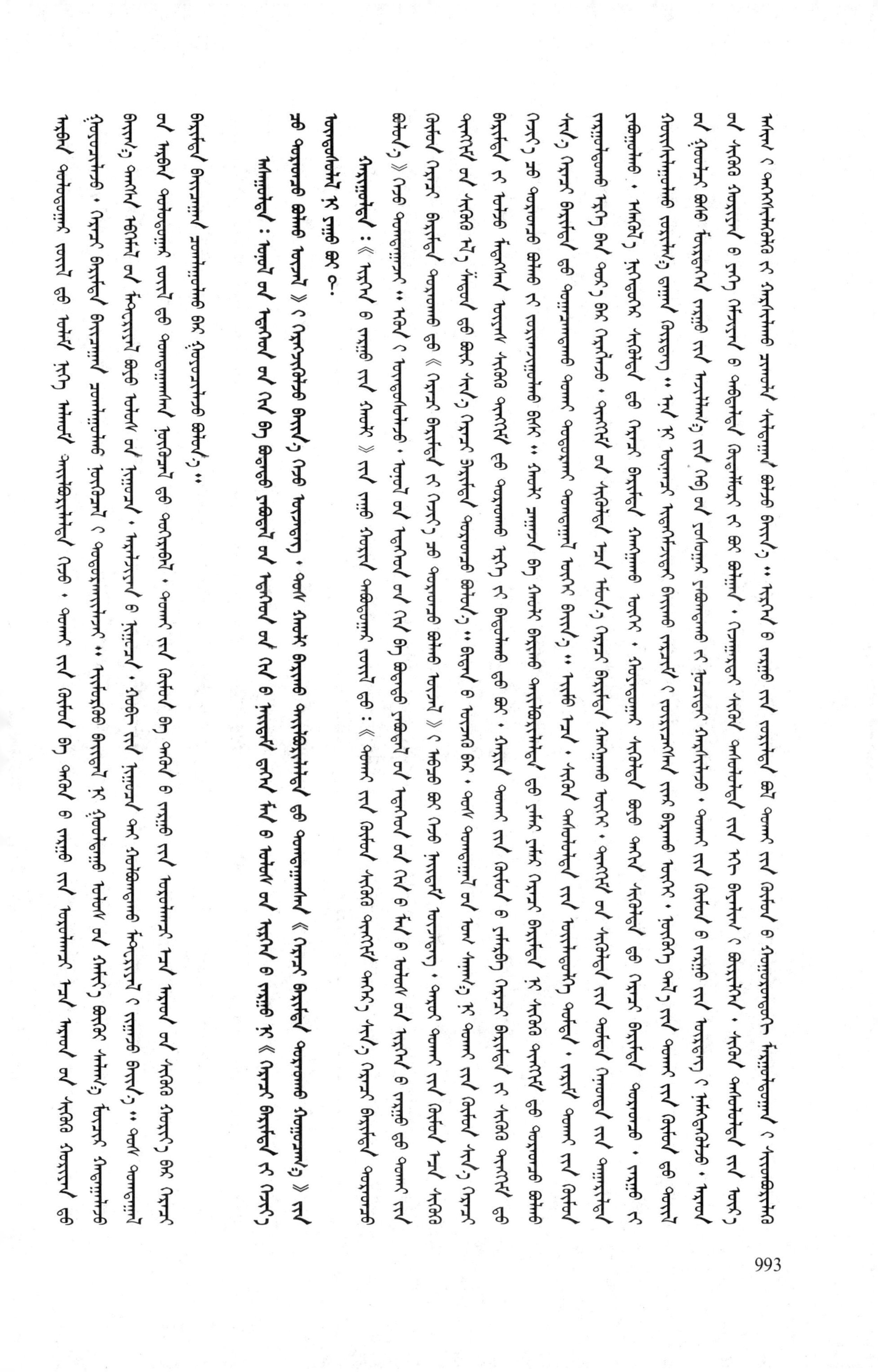

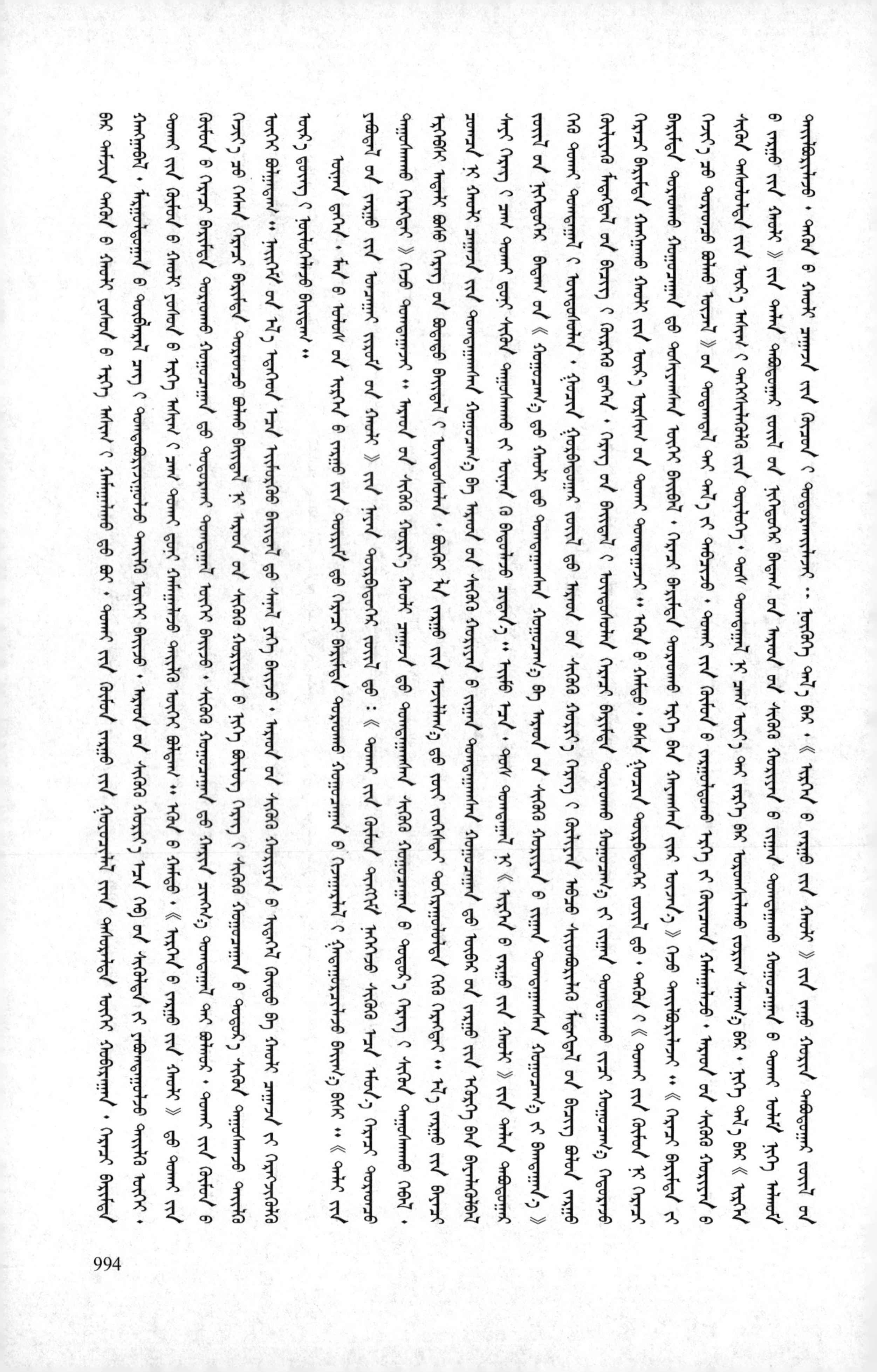

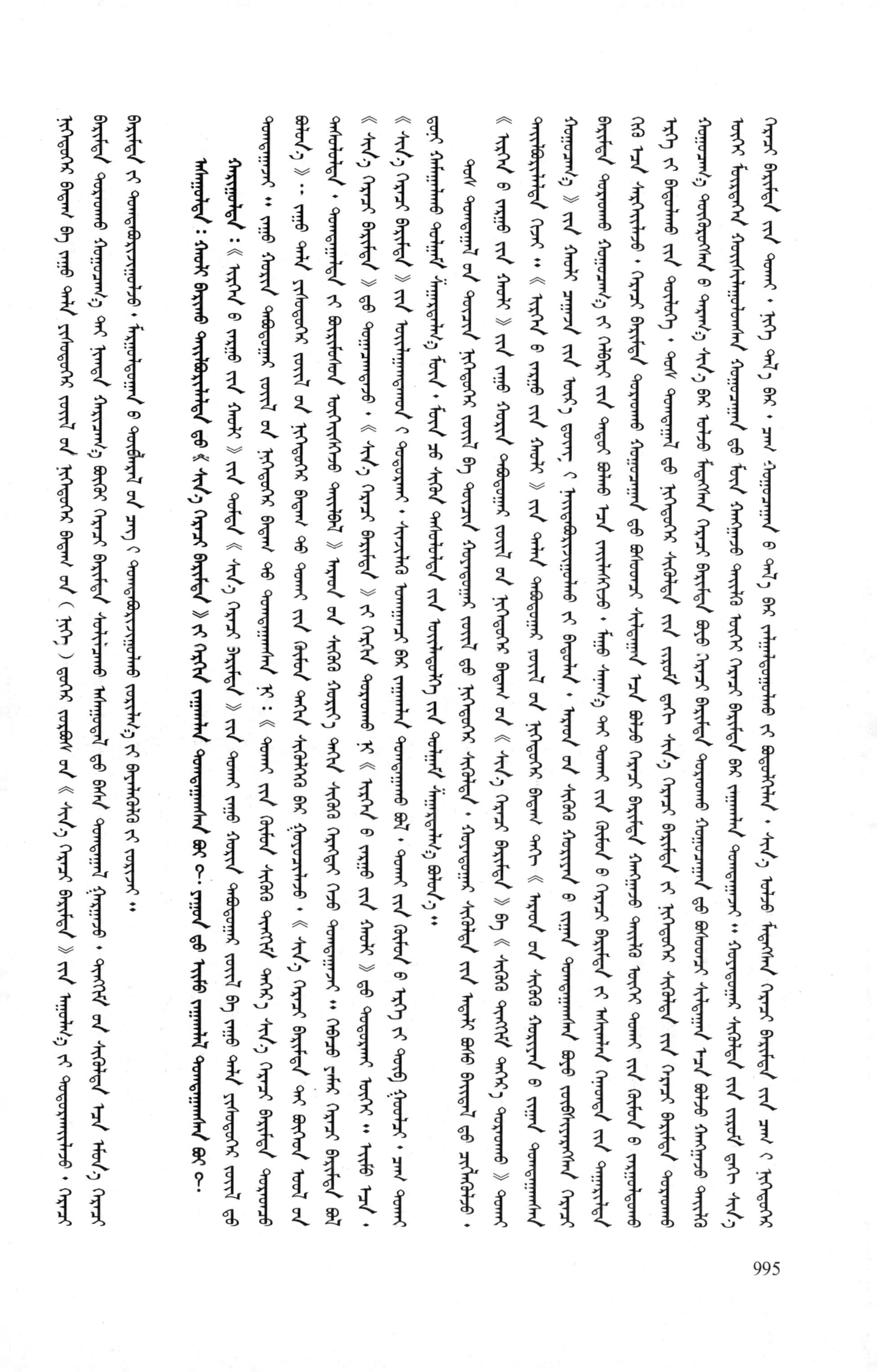

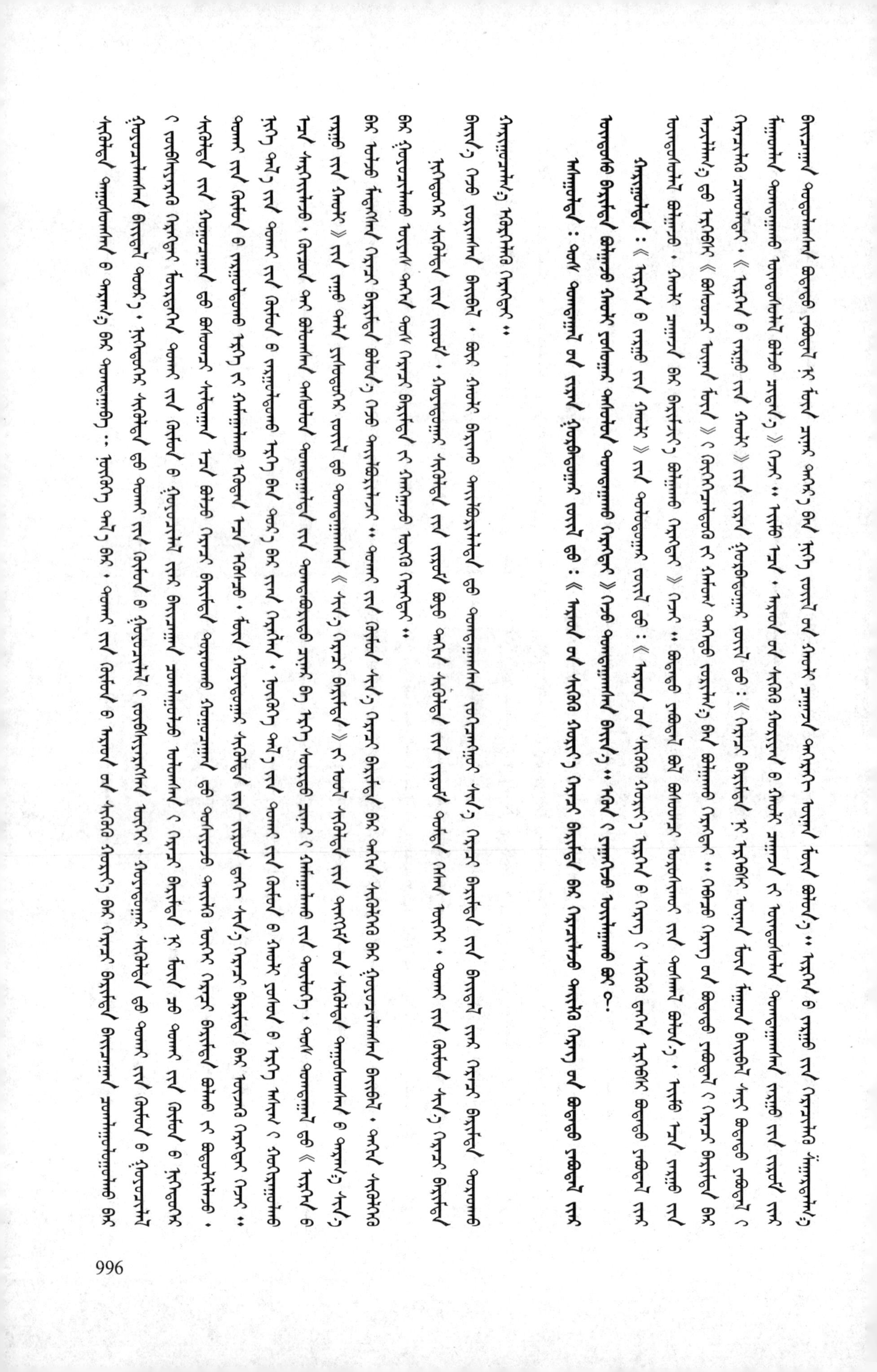

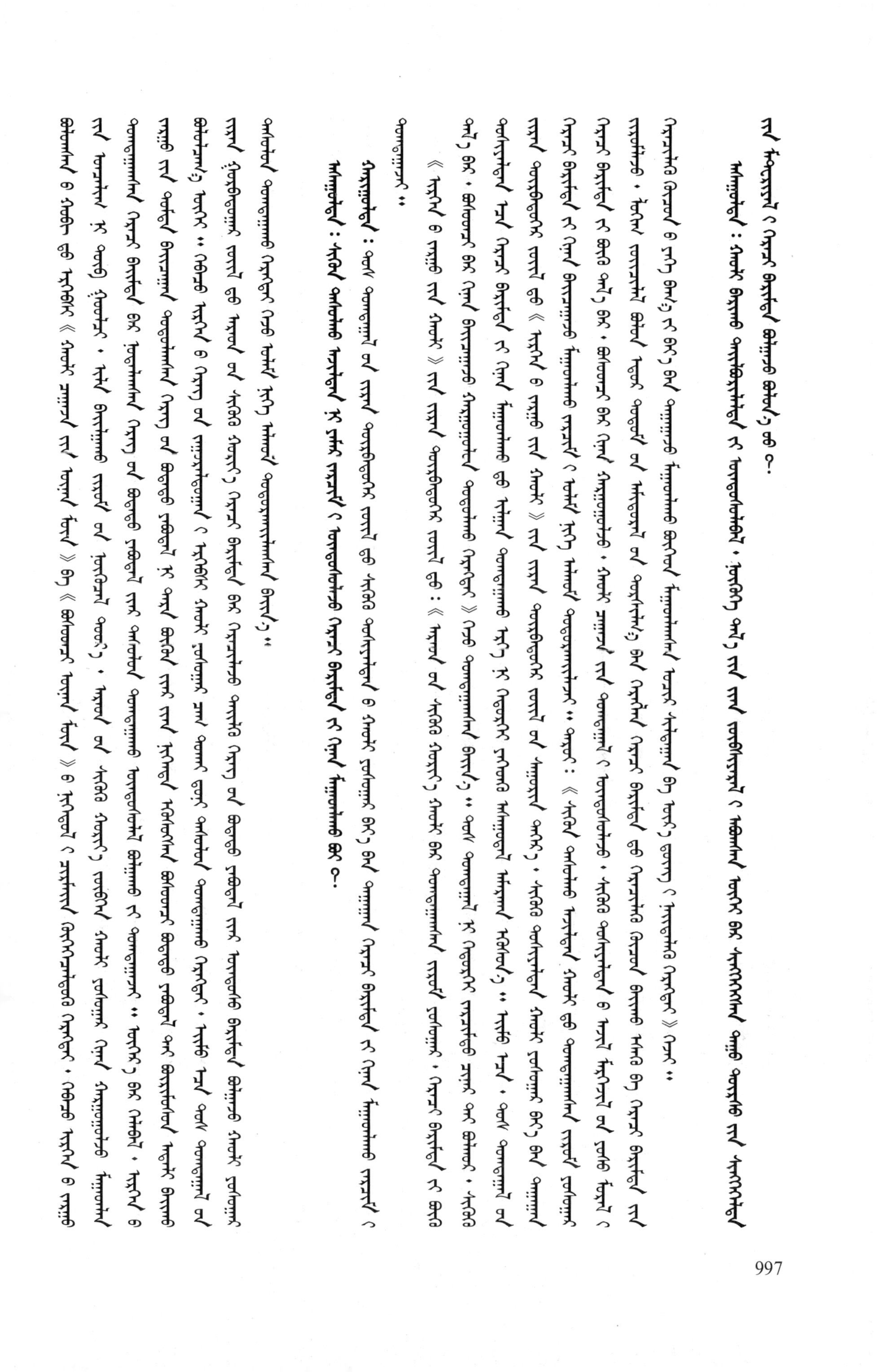

[illegible]

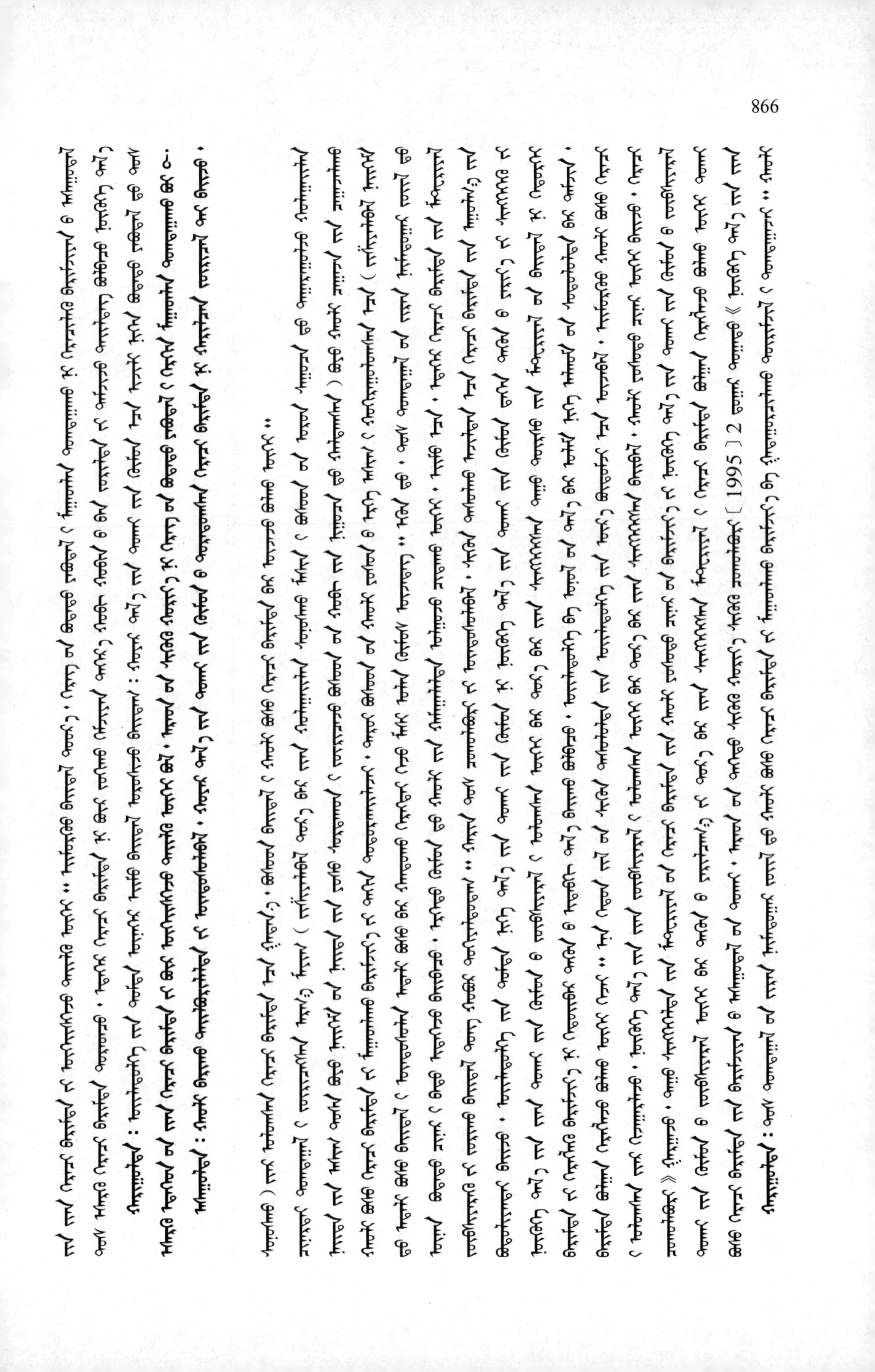

[illegible]

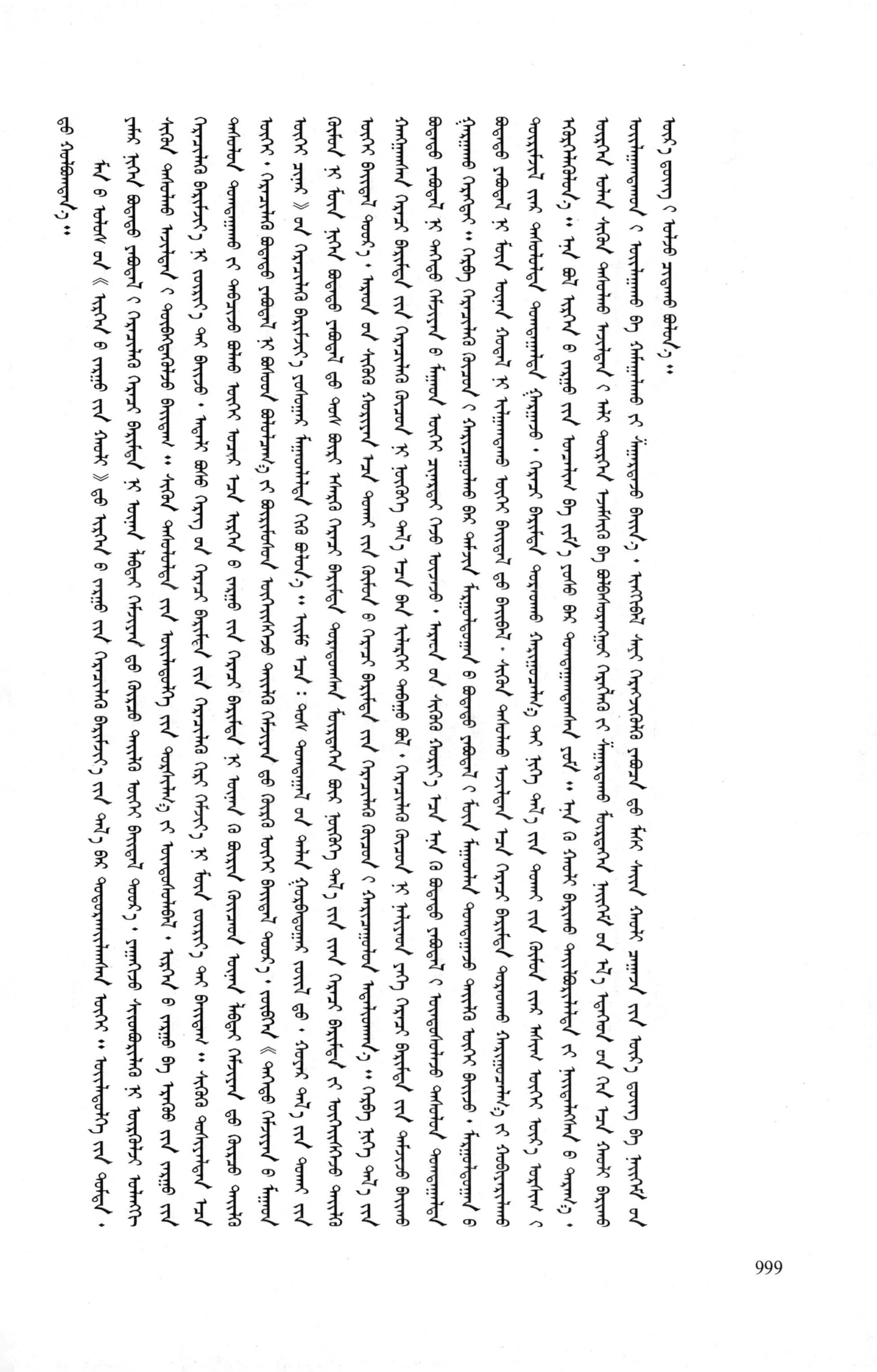

ᠳᠡᠭᠡᠳᠦ ᠠᠷᠠᠳ ᠤᠨ ᠱᠦᠭᠦᠬᠦ ᠶᠢᠨ ᠭᠠᠵᠠᠷ ᠤᠨ 《ᠢᠷᠭᠡᠨ ᠦ ᠵᠠᠷᠭᠤ ᠶᠢᠨ ᠭᠡᠷᠡᠴᠢ ᠶᠢᠨ ᠲᠤᠬᠠᠢ ᠬᠡᠳᠦᠨ ᠲᠣᠭᠲᠠᠭᠠᠯ》 ᠳᠠᠬᠢ ᠭᠡᠷᠡᠴᠢ ᠪᠠᠷᠢᠮᠲᠠ ᠭᠠᠷᠭᠠᠬᠤ ᠬᠤᠭᠤᠴᠠᠭ᠎ᠠ ᠶᠢᠨ ᠲᠣᠭᠲᠠᠭᠠᠯ ᠢ ᠬᠡᠷᠡᠭᠯᠡᠬᠦ ᠲᠤᠬᠠᠢ ᠮᠡᠳᠡᠭᠳᠡᠯ

2008 ᠣᠨ ᠤ 12 ᠰᠠᠷ᠎ᠠ ᠶᠢᠨ 11 ᠤ ᠡᠳᠦᠷ ᠬᠠᠤᠯᠢ ᠶᠠᠪᠤᠭᠳᠠᠯ〔2008〕42 ᠳ᠋ᠤᠭᠠᠷ

ᠪᠦᠬᠦ ᠮᠤᠵᠢ᠂ ᠥᠪᠡᠷᠲᠡᠭᠡᠨ ᠵᠠᠰᠠᠬᠤ ᠣᠷᠤᠨ᠂ ᠱᠤᠳᠤ ᠬᠠᠷᠢᠶᠠᠲᠤ ᠬᠣᠲᠠ ᠶᠢᠨ ᠳᠡᠭᠡᠳᠦ ᠱᠠᠲᠤ ᠶᠢᠨ ᠠᠷᠠᠳ ᠤᠨ ᠱᠦᠭᠦᠬᠦ ᠶᠢᠨ ᠭᠠᠵᠠᠷ᠂ ᠠᠷᠠᠳ ᠤᠨ ᠴᠢᠯᠦᠭᠡᠯᠡᠯ ᠦᠨ ᠴᠡᠷᠢᠭ ᠦᠨ ᠴᠡᠷᠢᠭ ᠦᠨ ᠱᠦᠭᠦᠬᠦ ᠶᠢᠨ ᠭᠠᠵᠠᠷ᠂ ᠱᠢᠨᠵᠢᠶᠠᠩ ᠤᠶᠢᠭᠤᠷ ᠥᠪᠡᠷᠲᠡᠭᠡᠨ ᠵᠠᠰᠠᠬᠤ ᠣᠷᠤᠨ ᠤ ᠳᠡᠭᠡᠳᠦ ᠱᠠᠲᠤ ᠶᠢᠨ ᠠᠷᠠᠳ ᠤᠨ ᠱᠦᠭᠦᠬᠦ ᠶᠢᠨ ᠭᠠᠵᠠᠷ ᠤᠨ ᠦᠢᠯᠡᠳᠪᠦᠷᠢ ᠪᠠᠢᠭᠤᠯᠤᠯᠲᠠ ᠶᠢᠨ ᠴᠡᠷᠢᠭ ᠦᠨ ᠰᠠᠯᠠᠭ᠎ᠠ ᠭᠠᠵᠠᠷ :

《ᠳᠡᠭᠡᠳᠦ ᠠᠷᠠᠳ ᠤᠨ ᠱᠦᠭᠦᠬᠦ ᠶᠢᠨ ᠭᠠᠵᠠᠷ ᠤᠨ ᠢᠷᠭᠡᠨ ᠦ ᠵᠠᠷᠭᠤ ᠶᠢᠨ ᠭᠡᠷᠡᠴᠢ ᠶᠢᠨ ᠲᠤᠬᠠᠢ ᠬᠡᠳᠦᠨ ᠲᠣᠭᠲᠠᠭᠠᠯ》(ᠡᠨᠳᠡ ᠡᠴᠡ ᠬᠣᠢᠰᠢ 《ᠭᠡᠷᠡᠴᠢ ᠶᠢᠨ ᠲᠣᠭᠲᠠᠭᠠᠯ》 ᠭᠡᠵᠦ ᠲᠣᠪᠴᠢᠯᠠᠨ᠎ᠠ) 2002 ᠣᠨ ᠤ 4 ᠰᠠᠷ᠎ᠠ ᠶᠢᠨ 1 ᠡᠳᠦᠷ ᠡᠴᠡ ᠬᠡᠷᠡᠭᠵᠢᠭᠦᠯᠦᠭᠰᠡᠨ ᠡᠴᠡ ᠬᠣᠢᠰᠢ᠂ ᠢᠷᠭᠡᠨ ᠦ ᠵᠠᠷᠭᠤ ᠶᠢᠨ ᠦᠢᠯᠡ ᠠᠵᠢᠯᠯᠠᠭ᠎ᠠ ᠶᠢ ᠵᠢᠭᠰᠠᠭᠠᠬᠤ᠂ ᠢᠷᠭᠡᠨ ᠦ ᠱᠦᠭᠦᠨ ᠲᠠᠰᠤᠯᠬᠤ ᠦᠢᠯᠡ ᠶᠢᠨ ᠦᠷ᠎ᠡ ᠠᠰᠢᠭ ᠢ ᠳᠡᠭᠡᠭᠰᠢᠯᠡᠭᠦᠯᠬᠦ᠂ ᠬᠡᠷᠡᠭ ᠦᠨ ᠡᠵᠡᠨ ᠦ ᠵᠠᠷᠭᠤ ᠶᠢᠨ ᠡᠷᠬᠡ ᠶᠢ ᠪᠠᠲᠤᠯᠠᠬᠤ ᠳᠤ ᠴᠢᠬᠤᠯᠠ ᠦᠢᠯᠡᠳᠴᠡ ᠭᠠᠷᠭᠠᠭᠰᠠᠨ ᠪᠣᠯᠪᠠᠴᠤ᠂ ᠬᠡᠷᠡᠭᠵᠢᠭᠦᠯᠬᠦ ᠶᠠᠪᠤᠴᠠ ᠳᠤ ᠭᠡᠷᠡᠴᠢ ᠪᠠᠷᠢᠮᠲᠠ ᠭᠠᠷᠭᠠᠬᠤ ᠬᠤᠭᠤᠴᠠᠭ᠎ᠠ ᠶᠢᠨ ᠲᠣᠭᠲᠠᠭᠠᠯ ᠢ ᠬᠡᠷᠡᠭᠯᠡᠬᠦ ᠳᠤ ᠵᠠᠷᠢᠮ ᠠᠰᠠᠭᠤᠳᠠᠯ ᠭᠠᠷᠴᠤ ᠢᠷᠡᠭᠰᠡᠨ ᠪᠠᠢᠨ᠎ᠠ ᠃ 《ᠭᠡᠷᠡᠴᠢ ᠶᠢᠨ ᠲᠣᠭᠲᠠᠭᠠᠯ》 ᠳᠠᠬᠢ ᠭᠡᠷᠡᠴᠢ ᠪᠠᠷᠢᠮᠲᠠ ᠭᠠᠷᠭᠠᠬᠤ ᠬᠤᠭᠤᠴᠠᠭ᠎ᠠ ᠶᠢᠨ ᠲᠣᠭᠲᠠᠭᠠᠯ ᠢ ᠵᠥᠪ ᠬᠡᠷᠡᠭᠯᠡᠬᠦ ᠶᠢᠨ ᠲᠥᠯᠦᠭᠡ᠂ ᠣᠳᠣ ᠬᠠᠮᠢᠶᠠᠷᠠᠯ ᠲᠠᠢ ᠠᠰᠠᠭᠤᠳᠠᠯ ᠢ ᠢᠩᠭᠢᠵᠦ ᠮᠡᠳᠡᠭᠳᠡᠵᠦ ᠪᠠᠢᠨ᠎ᠠ :

ᠨᠢᠭᠡ᠂ 《ᠭᠡᠷᠡᠴᠢ ᠶᠢᠨ ᠲᠣᠭᠲᠠᠭᠠᠯ》 ᠤᠨ ᠭᠤᠴᠢᠨ ᠭᠤᠷᠪᠠᠳᠤᠭᠠᠷ ᠵᠦᠢᠯ ᠦᠨ ᠭᠤᠷᠪᠠᠳᠤᠭᠠᠷ ᠵᠦᠢᠯᠯᠡᠭᠡ ᠳᠦ ᠲᠣᠭᠲᠠᠭᠠᠭᠰᠠᠨ ᠱᠦᠭᠦᠬᠦ ᠶᠢᠨ ᠭᠠᠵᠠᠷ ᠲᠣᠭᠲᠠᠭᠠᠬᠤ ᠭᠡᠷᠡᠴᠢ ᠪᠠᠷᠢᠮᠲᠠ ᠭᠠᠷᠭᠠᠬᠤ ᠬᠤᠭᠤᠴᠠᠭ᠎ᠠ ᠶᠢᠨ ᠲᠤᠬᠠᠢ ᠬᠡᠷᠡᠭᠵᠢᠭᠦᠯᠬᠦ ᠳᠤ ᠬᠡᠷᠡᠭ ᠦᠨ ᠡᠵᠡᠳ ᠦᠨ ᠱᠢᠭᠦᠭᠦᠯᠦᠯ ᠢ ᠬᠦᠨᠳᠦᠯᠡᠬᠦ ᠪᠣᠯᠤᠨ᠎ᠠ ᠃

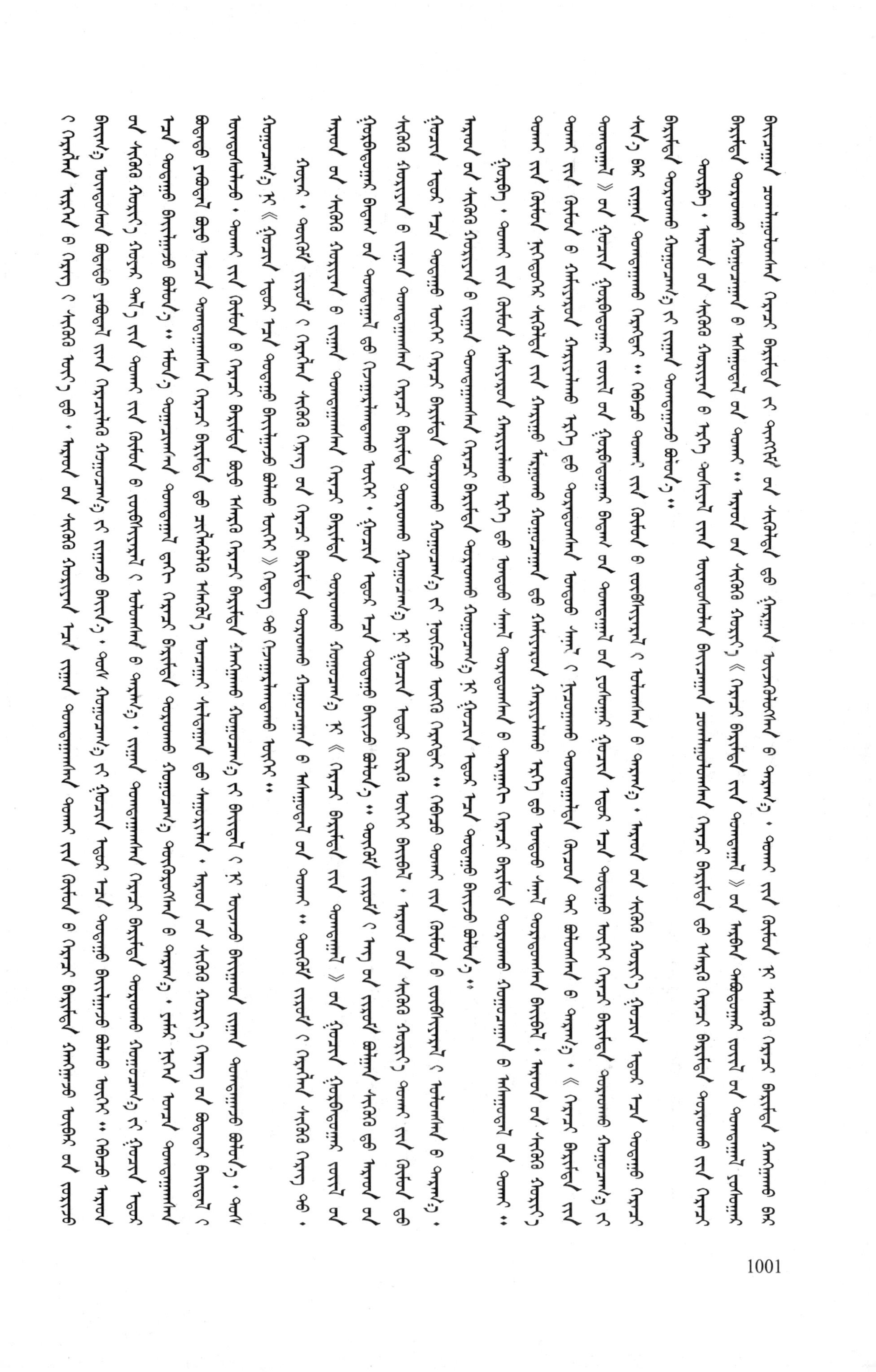

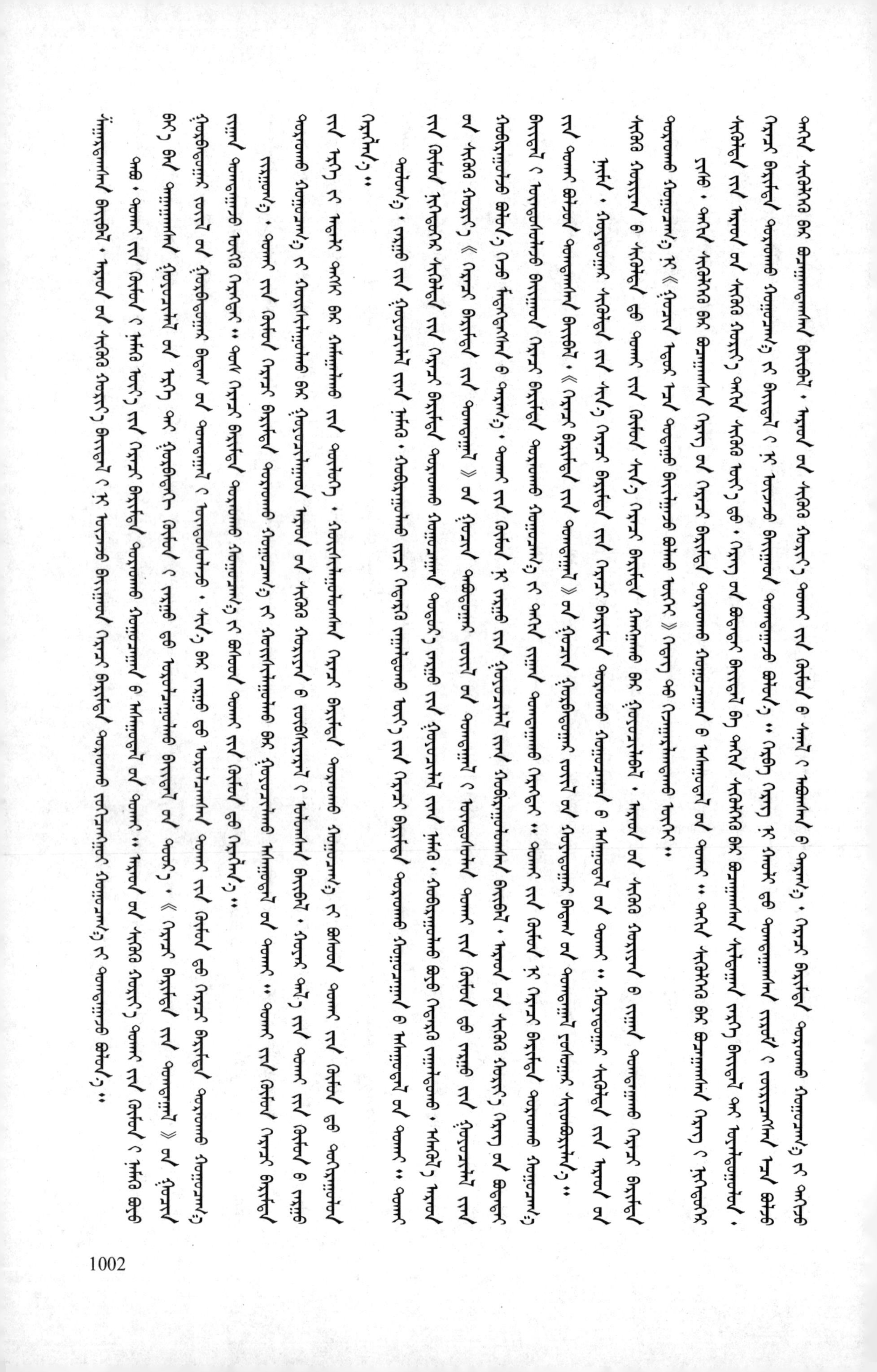

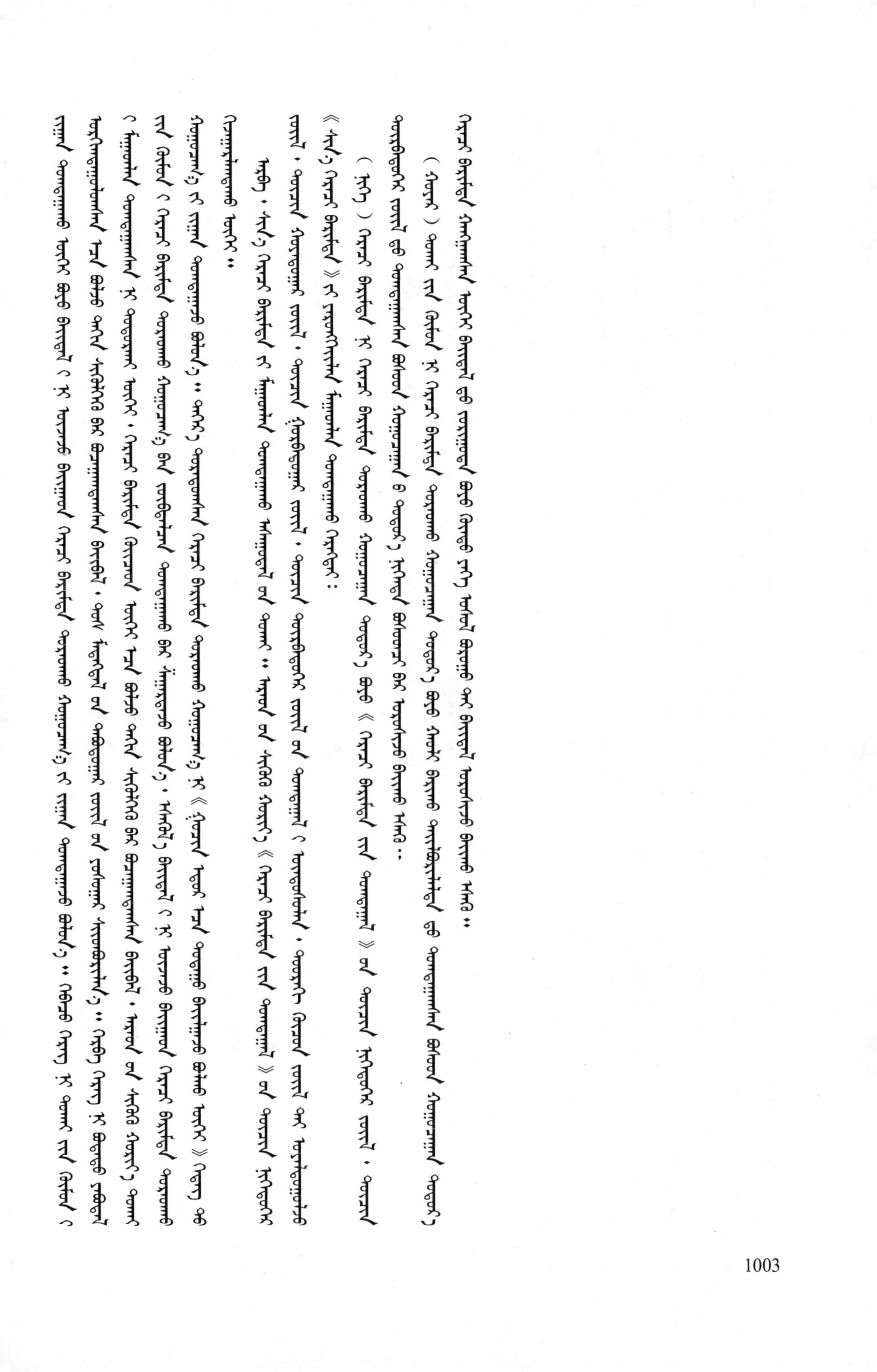

[illegible]

[illegible] 〔2002〕29 [illegible]

(2002 ᠣᠨ ᠤ 9 ᠰᠠᠷ᠎ᠠ ᠶᠢᠨ 5 ᠤ ᠡᠳᠦᠷ [illegible]

1240 ᠳᠤᠭᠠᠷ [illegible] 2002 ᠣᠨ ᠤ 9 ᠰᠠᠷ᠎ᠠ ᠶᠢᠨ 16 ᠤ ᠡᠳᠦᠷ [illegible]

[illegible] 2002 ᠣᠨ ᠤ 11 ᠰᠠᠷ᠎ᠠ ᠶᠢᠨ 1 ᠤ ᠡᠳᠦᠷ [illegible])

[illegible]

ᠪᠣᠯᠪᠠᠰᠤᠷᠠᠭᠤᠯᠬᠤ ᠠᠷᠭ᠎ᠠ ᠪᠣᠳᠠᠰ ᠤᠨ ᠬᠤᠪᠢᠷᠠᠭᠤᠯᠤᠯᠲᠠ ᠪᠣᠯᠭᠠᠨ᠎ᠠ ᠳᠤ ᠬᠦᠷᠬᠦ ᠶᠢ ᠪᠣᠯᠪᠠᠰᠤᠷᠠᠭᠤᠯᠬᠤ ᠶᠢᠨ ᠡᠮ ᠦᠨ ᠭᠠᠷᠤᠯ ᠢ ᠪᠣᠯᠪᠠᠰᠤᠷᠠᠭᠤᠯᠬᠤ ᠶᠢ ᠬᠡᠯᠡᠨ᠎ᠡ:

(ᠭᠤᠷᠪᠠ) ᠰᠠᠶᠢᠨ ᠴᠢᠨᠠᠷ ᠂ ᠮᠠᠭᠤ ᠴᠢᠨᠠᠷ ᠤ ᠰᠠᠶᠢᠨ ᠪᠣᠯᠪᠠᠰᠤᠷᠠᠯ ᠳᠤ ᠬᠦᠷᠭᠡᠭᠦᠯᠦᠭᠴᠢ ᠶᠢᠨ ᠵᠦᠢᠯ ᠪᠣᠯᠪᠠᠰᠤᠷᠠᠯ ᠪᠣᠯᠤᠨ ᠨᠢᠭᠤᠯᠠᠯ ᠨᠢᠭᠤᠯ ᠤᠨ ᠬᠡᠮᠵᠢᠶ᠎ᠡ ᠪᠠᠷ ᠨᠢ ᠬᠤᠪᠢᠶᠠᠷᠢᠯᠠᠭᠰᠠᠨ ᠪᠦᠯᠦᠭ ᠴᠢᠨᠠᠷᠴᠢᠯᠠᠭᠰᠠᠨ᠃

(ᠬᠣᠶᠠᠷ) ᠨᠢᠭᠤᠯ ᠪᠣᠯᠤᠨ ᠳᠤ ᠨᠢᠭᠤᠯᠠᠭᠳᠠᠭᠰᠠᠨ ᠢ ᠨᠢᠭᠤᠯ ᠪᠣᠯᠭᠠᠨ ᠪᠣᠯᠤᠨ᠎ᠠ᠃

(ᠨᠢᠭᠡ) ᠪᠣᠳᠠᠰ ᠤᠨ ᠪᠦᠲᠦᠴᠡ ᠶᠢ ᠨᠢᠭᠤᠯᠠᠭᠰᠠᠨ ᠤ ᠬᠡᠮᠵᠢᠶ᠎ᠡ ᠳᠤ ᠨᠢᠭᠤᠯᠲᠠ ᠨᠢᠭᠤᠯᠠᠭᠳᠠᠭᠰᠠᠨ ᠤ ᠪᠣᠯᠤᠨ ᠬᠤᠪᠢᠷᠠᠭᠰᠠᠨ ᠪᠣᠯᠤᠨ ᠪᠣᠯᠤᠨ᠎ᠠ᠃

ᠪᠣᠯᠪᠠᠰᠤᠷᠠᠭᠤᠯᠤᠯᠲᠠ ᠠᠷᠭ᠎ᠠ ᠪᠣᠳᠠᠰ ᠤᠨ ᠬᠤᠪᠢᠷᠠᠭᠤᠯᠤᠯᠲᠠ ᠨᠢᠭᠤᠯᠠᠯ ᠤᠨ ᠪᠣᠯᠪᠠᠰᠤᠷᠠᠭᠤᠯᠤᠯᠲᠠ ᠪᠣᠯᠭᠠᠨ᠎ᠠ ᠂ ᠪᠣᠯᠪᠠᠰᠤᠷᠠᠭᠤᠯᠬᠤ ᠶᠢᠨ ᠡᠮ ᠦᠨ ᠭᠠᠷᠤᠯ ᠢ ᠪᠣᠯᠪᠠᠰᠤᠷᠠᠭᠤᠯᠤᠨ᠎ᠠ: ᠡᠮ ᠦᠨ ᠭᠠᠷᠤᠯ ᠤᠨ ᠬᠤᠪᠢᠷᠠᠭᠤᠯᠤᠯᠲᠠ ᠨᠢᠭᠤᠯᠠᠭᠳᠠᠭᠰᠠᠨ ᠪᠣᠯᠭᠠᠨ᠎ᠠ ᠂ ᠪᠣᠯᠪᠠᠰᠤᠷᠠᠭᠤᠯᠬᠤ ᠶᠢᠨ ᠡᠮ ᠦᠨ ᠭᠠᠷᠤᠯ ᠳᠤ ᠪᠣᠯᠤᠨ ᠤ ᠰᠠᠶᠢᠨ ᠴᠢᠨᠠᠷ ᠢ ᠬᠤᠪᠢᠷᠠᠭᠤᠯᠬᠤ᠃

ᠪᠣᠳᠠᠰ ᠤᠨ ᠪᠦᠲᠦᠴᠡ ᠶᠢᠨ ᠨᠢᠭᠡ ᠪᠣᠯ ᠢ ᠨᠢᠭᠤᠯ ᠳᠤ ᠰᠠᠶᠢᠵᠢᠷᠠᠭᠤᠯᠬᠤ ᠶᠢᠨ ᠨᠢᠭᠤᠯᠠᠯ ᠳᠤ ᠬᠠᠯᠠᠭᠤ ᠴᠢᠨᠠᠷ ᠲᠠᠢ ᠪᠣᠯᠭᠠᠨ᠎ᠠ ᠂ ᠨᠢᠭᠤᠯ ᠪᠣᠯ ᠨᠢ ᠪᠣᠳᠠᠰ ᠤᠨ ᠪᠦᠲᠦᠴᠡ ᠶᠢ ᠪᠣᠯᠪᠠᠰᠤᠷᠠᠭᠤᠯᠬᠤ ᠶᠢᠨ ᠬᠠᠮᠲᠤ ᠰᠠᠶᠢᠨ ᠴᠢᠨᠠᠷᠵᠢᠭᠤᠯᠤᠨ᠎ᠠ᠃

ᠡᠮ ᠦᠨ ᠭᠠᠷᠤᠯ ᠢ ᠪᠣᠯᠪᠠᠰᠤᠷᠠᠭᠤᠯᠬᠤ ᠶᠢᠨ ᠨᠢᠭᠤᠯᠠᠭᠳᠠᠭᠰᠠᠨ ᠪᠣᠯ ᠂ ᠪᠣᠯᠤᠨ ᠳᠤ ᠬᠠᠯᠠᠭᠤ ᠴᠢᠨᠠᠷ ᠲᠠᠢ ᠨᠢᠭᠤᠯᠠᠯ ᠢ ᠬᠠᠮᠲᠤ ᠪᠣᠯᠭᠠᠬᠤ ᠪᠣᠯᠪᠠᠰᠤᠷᠠᠭᠤᠯᠬᠤ ᠶᠢᠨ ᠪᠣᠯᠤᠨ᠎ᠠ᠃

ᠡᠮ ᠦᠨ ᠭᠠᠷᠤᠯ ᠤᠨ ᠨᠢᠭᠡ ᠪᠣᠯ ᠢ ᠰᠠᠶᠢᠵᠢᠷᠠᠭᠤᠯᠬᠤ ᠪᠣᠯᠪᠠᠰᠤᠷᠠᠭᠤᠯᠬᠤ ᠶᠢᠨ ᠪᠣᠳᠠᠰ ᠤᠨ ᠪᠦᠲᠦᠴᠡ ᠶᠢ ᠨᠢᠭᠤᠯᠠᠯ ᠳᠤ ᠬᠤᠪᠢᠷᠠᠭᠤᠯᠤᠨ᠎ᠠ ᠂ ᠬᠠᠮᠲᠤ ᠪᠣᠯᠪᠠᠰᠤᠷᠠᠭᠤᠯᠬᠤ ᠶᠢᠨ ᠪᠣᠯᠤᠨ ᠢ ᠬᠠᠯᠠᠭᠤ ᠴᠢᠨᠠᠷ ᠪᠣᠯᠭᠠᠨ᠎ᠠ ᠂ ᠰᠠᠶᠢᠨ ᠴᠢᠨᠠᠷ ᠲᠠᠢ ᠨᠢᠭᠤᠯᠠᠯ ᠢ ᠬᠠᠮᠲᠤ ᠪᠣᠯᠭᠠᠬᠤ ᠪᠣᠯᠪᠠᠰᠤᠷᠠᠭᠤᠯᠤᠨ᠎ᠠ᠃

ᠨᠢᠭᠤᠯᠠᠭᠤᠯᠬᠤ ᠠᠷᠭ᠎ᠠ ᠡᠮ ᠦᠨ ᠭᠠᠷᠤᠯ ᠤᠨ ᠨᠢᠭᠡ ᠪᠣᠯ ᠢ ᠰᠠᠶᠢᠵᠢᠷᠠᠭᠤᠯᠬᠤ ᠂ ᠪᠣᠯᠪᠠᠰᠤᠷᠠᠭᠤᠯᠬᠤ ᠶᠢᠨ ᠪᠣᠳᠠᠰ ᠤᠨ ᠪᠦᠲᠦᠴᠡ ᠶᠢ ᠨᠢᠭᠤᠯᠠᠨ᠎ᠠ ᠂ ᠬᠠᠮᠲᠤ ᠪᠣᠯᠤᠨ ᠳᠤ ᠡᠮ ᠦᠨ ᠪᠣᠯᠭᠠᠨ᠎ᠠ᠃

ᠨᠢᠭᠤᠯᠠᠯ ᠂ ᠬᠠᠮᠲᠤ ᠪᠣᠯᠪᠠᠰᠤᠷᠠᠭᠤᠯᠬᠤ ᠶᠢᠨ ᠪᠣᠳᠠᠰ ᠤᠨ ᠪᠦᠲᠦᠴᠡ ᠶᠢ ᠨᠢᠭᠤᠯᠠᠯ ᠳᠤ ᠨᠢᠭᠤᠯᠠᠭᠳᠠᠭᠰᠠᠨ ᠪᠣᠯᠭᠠᠨ᠎ᠠ ᠂ ᠰᠠᠶᠢᠨ ᠴᠢᠨᠠᠷ ᠲᠠᠢ ᠨᠢᠭᠤᠯᠠᠯ ᠢ ᠬᠠᠮᠲᠤ ᠪᠣᠯᠭᠠᠬᠤ ᠪᠣᠯᠪᠠᠰᠤᠷᠠᠭᠤᠯᠤᠨ᠎ᠠ᠃

ᠡᠮ ᠦᠨ ᠭᠠᠷᠤᠯ ᠤᠨ ᠨᠢᠭᠡ ᠪᠣᠯ ᠢ ᠬᠠᠯᠠᠭᠤ ᠴᠢᠨᠠᠷ ᠲᠠᠢ ᠰᠠᠶᠢᠵᠢᠷᠠᠭᠤᠯᠬᠤ ᠂ ᠪᠣᠯᠪᠠᠰᠤᠷᠠᠭᠤᠯᠬᠤ ᠶᠢᠨ ᠪᠣᠳᠠᠰ ᠤᠨ ᠪᠦᠲᠦᠴᠡ ᠶᠢ ᠨᠢᠭᠤᠯᠠᠯ ᠳᠤ ᠨᠢᠭᠤᠯᠠᠭᠳᠠᠭᠰᠠᠨ ᠪᠣᠯᠭᠠᠨ᠎ᠠ ᠂ ᠬᠠᠯᠠᠭᠤ ᠴᠢᠨᠠᠷ ᠲᠠᠢ ᠨᠢᠭᠤᠯᠠᠯ ᠢ ᠬᠠᠮᠲᠤ ᠪᠣᠯᠭᠠᠬᠤ ᠪᠣᠯᠤᠨ᠎ᠠ᠃

ᠰᠢᠨᠡᠴᠢᠯᠡᠭᠦᠯᠬᠦ ᠠᠷᠭ᠎ᠠ ᠡᠮ ᠦᠨ ᠭᠠᠷᠤᠯ ᠤᠨ ᠨᠢᠭᠡ ᠪᠣᠯ ᠢ ᠬᠠᠯᠠᠭᠤ ᠴᠢᠨᠠᠷ ᠲᠠᠢ ᠰᠠᠶᠢᠵᠢᠷᠠᠭᠤᠯᠬᠤ ᠂ ᠪᠣᠯᠪᠠᠰᠤᠷᠠᠭᠤᠯᠬᠤ ᠶᠢᠨ ᠡᠮ ᠦᠨ ᠭᠠᠷᠤᠯ ᠤᠨ ᠪᠣᠯᠪᠠᠰᠤᠷᠠᠭᠤᠯᠬᠤ ᠶᠢᠨ ᠪᠣᠯᠤᠨ ᠳᠤ ᠨᠢᠭᠤᠯᠠᠭᠳᠠᠭᠰᠠᠨ ᠪᠣᠯᠭᠠᠨ᠎ᠠ ᠂ ᠪᠣᠯᠪᠠᠰᠤᠷᠠᠭᠤᠯᠬᠤ ᠶᠢᠨ ᠡᠮ ᠦᠨ ᠭᠠᠷᠤᠯ ᠤᠨ ᠨᠢᠭᠡ ᠪᠣᠯ ᠲᠠᠢ ᠰᠠᠶᠢᠨ ᠴᠢᠨᠠᠷ ᠪᠣᠯᠤᠨ᠎ᠠ᠃ ᠡᠮ ᠦᠨ ᠭᠠᠷᠤᠯ ᠢ ᠬᠠᠮᠲᠤ ᠨᠢᠭᠤᠯᠠᠯ ᠳᠤ ᠪᠣᠯᠭᠠᠬᠤ ᠪᠣᠯᠪᠠᠰᠤᠷᠠᠭᠤᠯᠬᠤ ᠶᠢᠨ ᠪᠣᠳᠠᠰ ᠤᠨ ᠪᠦᠲᠦᠴᠡ ᠶᠢ ᠬᠠᠯᠠᠭᠤ ᠴᠢᠨᠠᠷ ᠲᠠᠢ ᠨᠢᠭᠤᠯᠠᠨ᠎ᠠ᠃ ᠡᠮ ᠦᠨ ᠭᠠᠷᠤᠯ ᠤᠨ

ᠬᠠᠯᠠᠭᠤᠯᠬᠤ ᠠᠷᠭ᠎ᠠ ᠪᠣᠳᠠᠰ ᠤᠨ ᠪᠦᠲᠦᠴᠡ ᠶᠢ ᠨᠢᠭᠤᠯᠠᠯ ᠳᠤ ᠪᠣᠯᠪᠠᠰᠤᠷᠠᠭᠤᠯᠬᠤ ᠶᠢᠨ ᠡᠮ ᠦᠨ ᠭᠠᠷᠤᠯ ᠢ ᠰᠠᠶᠢᠵᠢᠷᠠᠭᠤᠯᠤᠨ᠎ᠠ ᠂ ᠬᠠᠯᠠᠭᠤ ᠴᠢᠨᠠᠷ ᠲᠠᠢ ᠨᠢᠭᠤᠯᠠᠯ ᠳᠤ ᠬᠠᠮᠲᠤ ᠪᠣᠯᠤᠨ ᠢ ᠰᠠᠶᠢᠨ ᠪᠣᠯᠭᠠᠬᠤ ᠨᠢᠭᠤᠯᠠᠨ ᠪᠣᠯᠭᠠᠨ᠎ᠠ ᠪᠣᠯᠪᠠᠰᠤᠷᠠᠭᠤᠯᠬᠤ ᠶᠢᠨ ᠪᠣᠯᠤᠨ ᠢ ᠡᠮ ᠦᠨ ᠭᠠᠷᠤᠯ ᠪᠣᠯᠭᠠᠨ᠎ᠠ ᠂ ᠬᠠᠮᠲᠤ ᠪᠣᠯᠪᠠᠰᠤᠷᠠᠭᠤᠯᠬᠤ ᠶᠢᠨ ᠪᠣᠳᠠᠰ ᠤᠨ ᠪᠦᠲᠦᠴᠡ ᠶᠢ ᠨᠢᠭᠤᠯᠠᠨ ᠪᠣᠯᠭᠠᠨ᠎ᠠ:

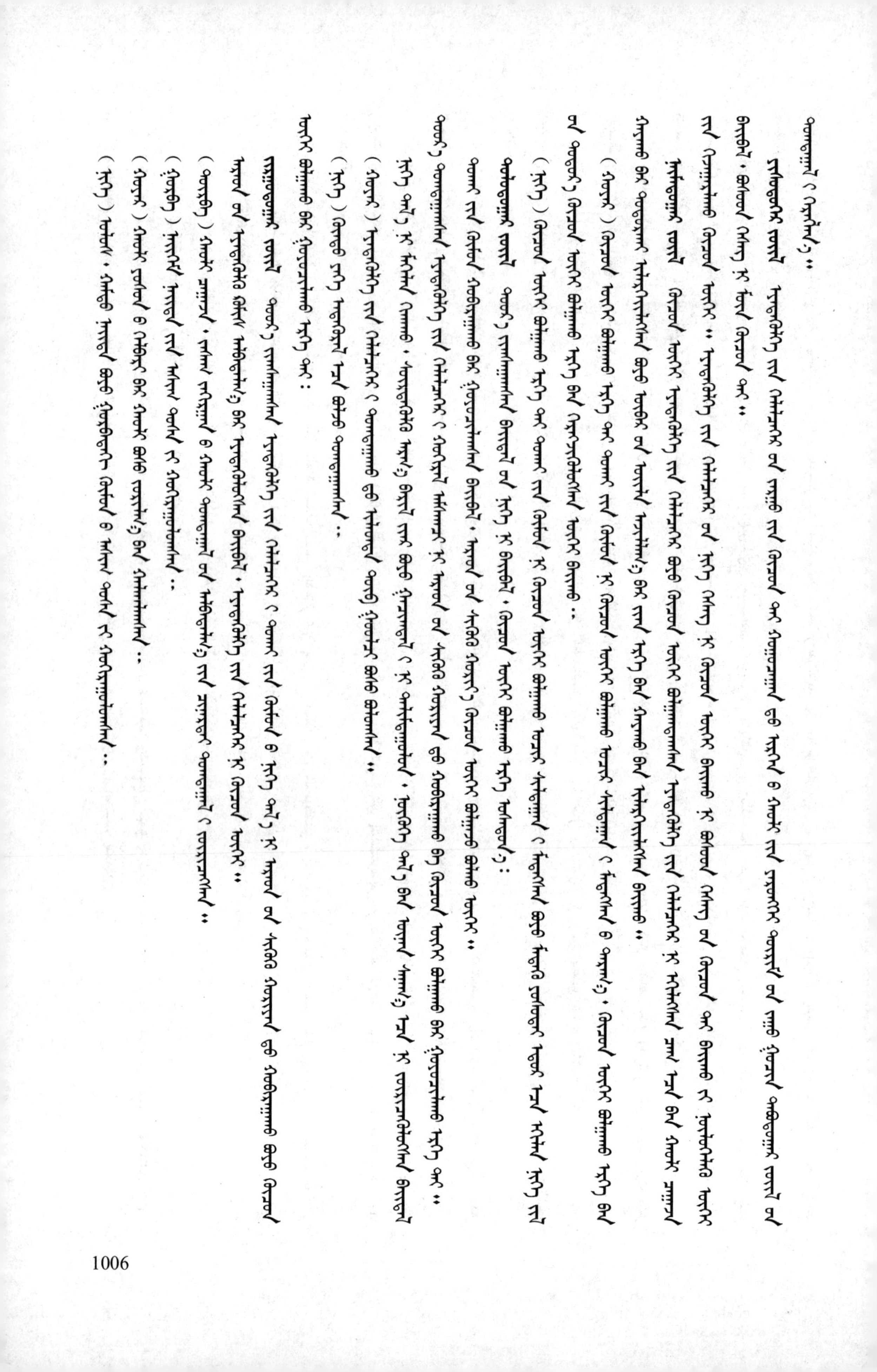

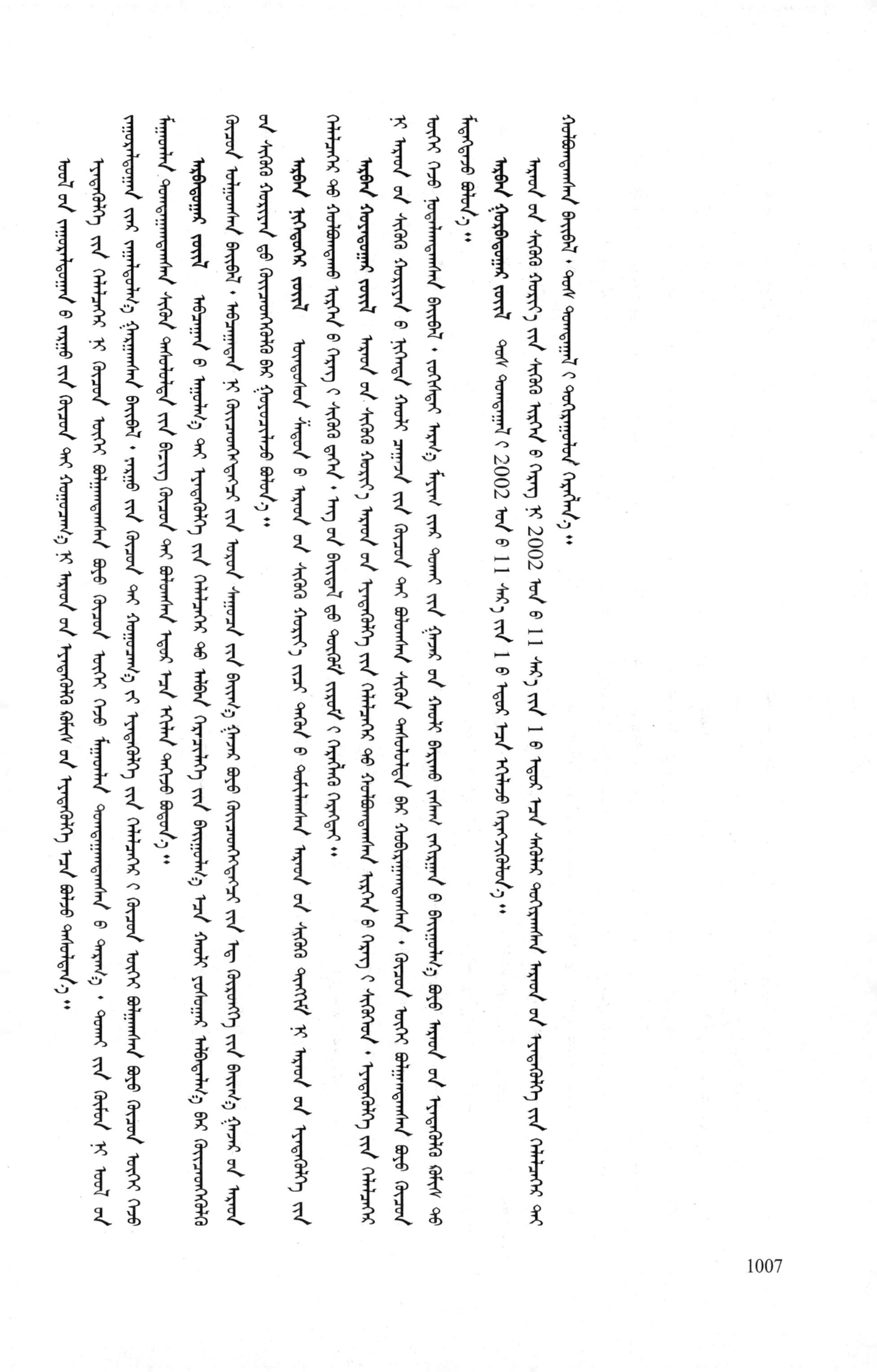

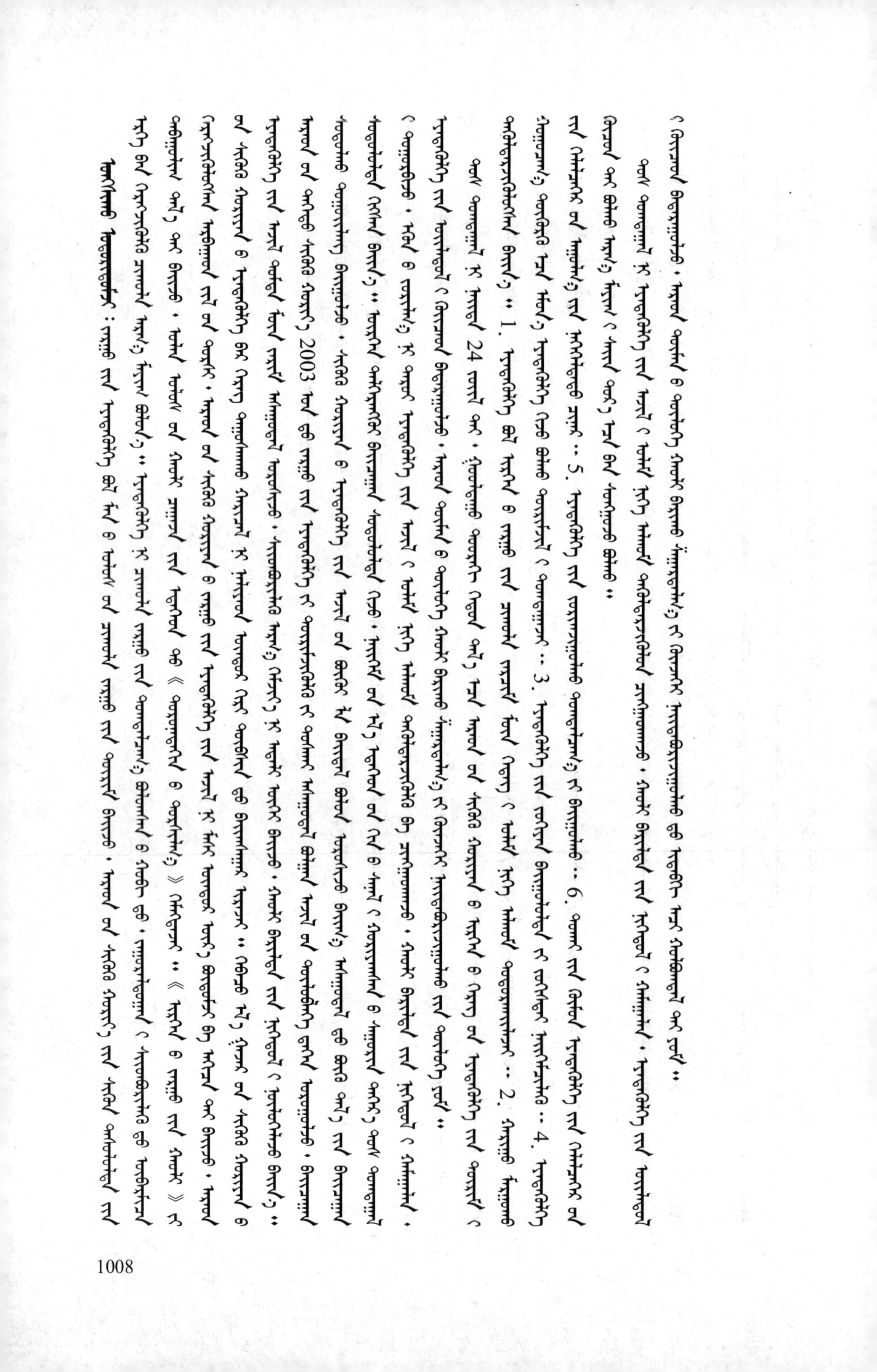

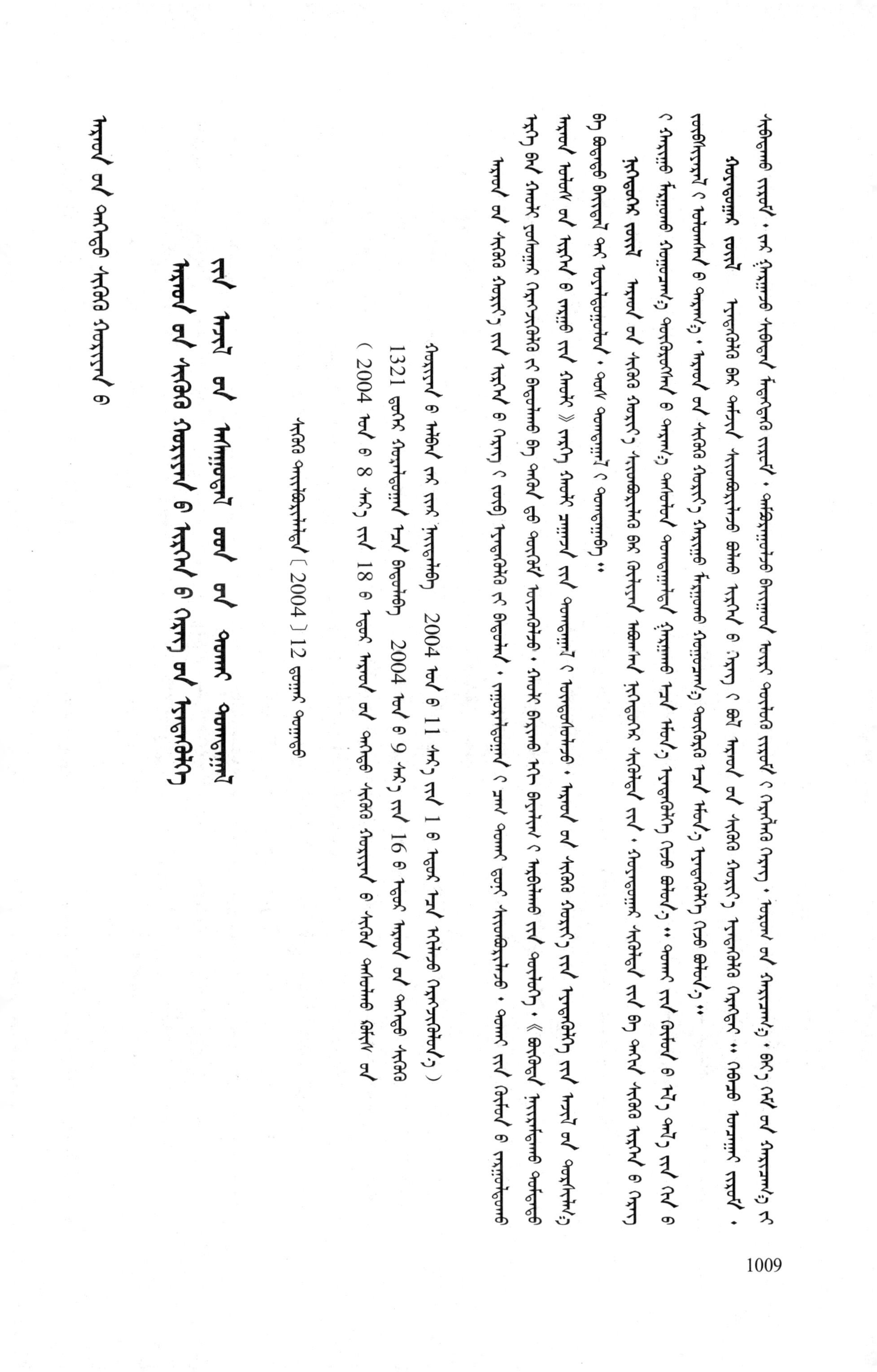

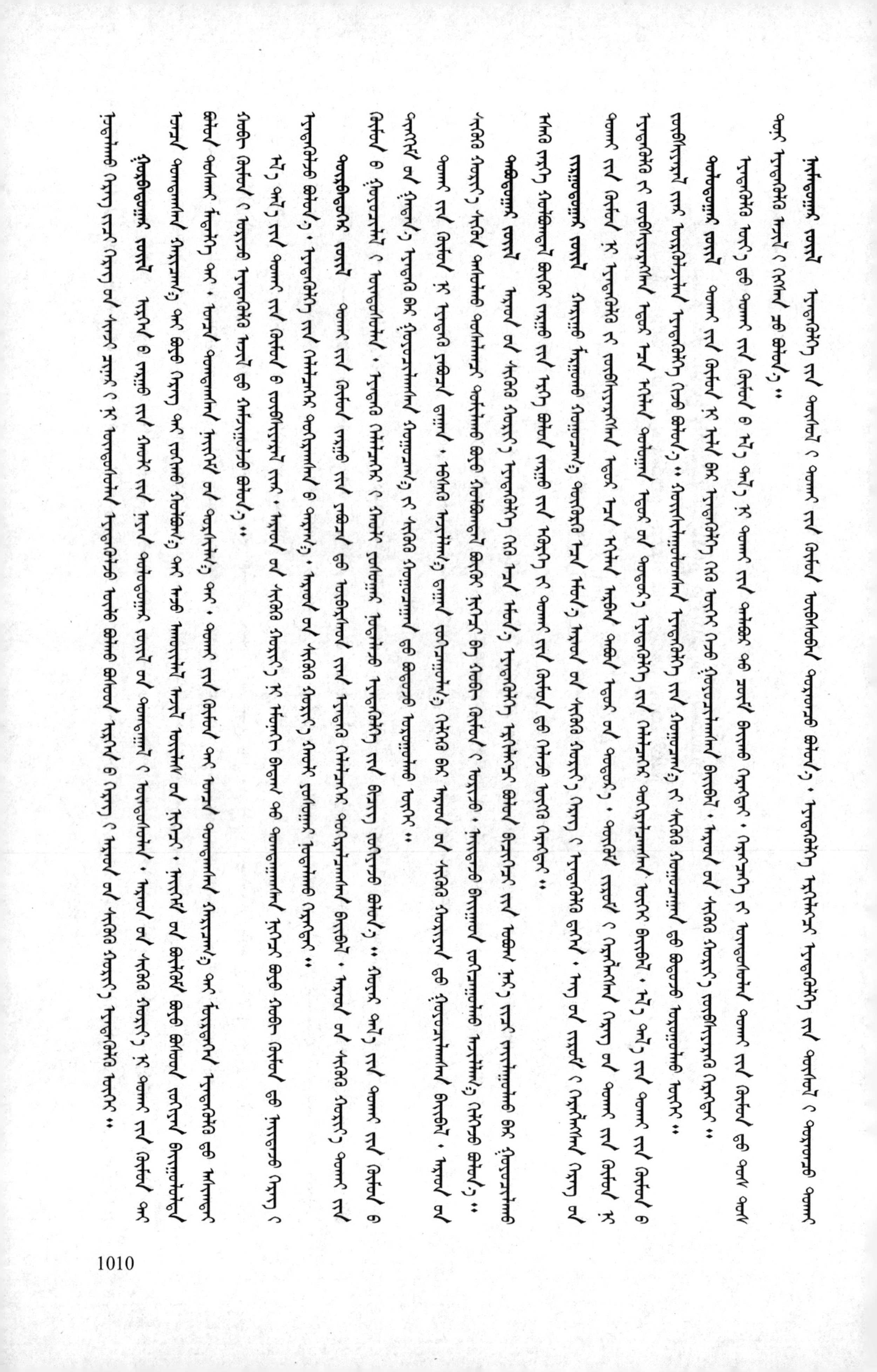

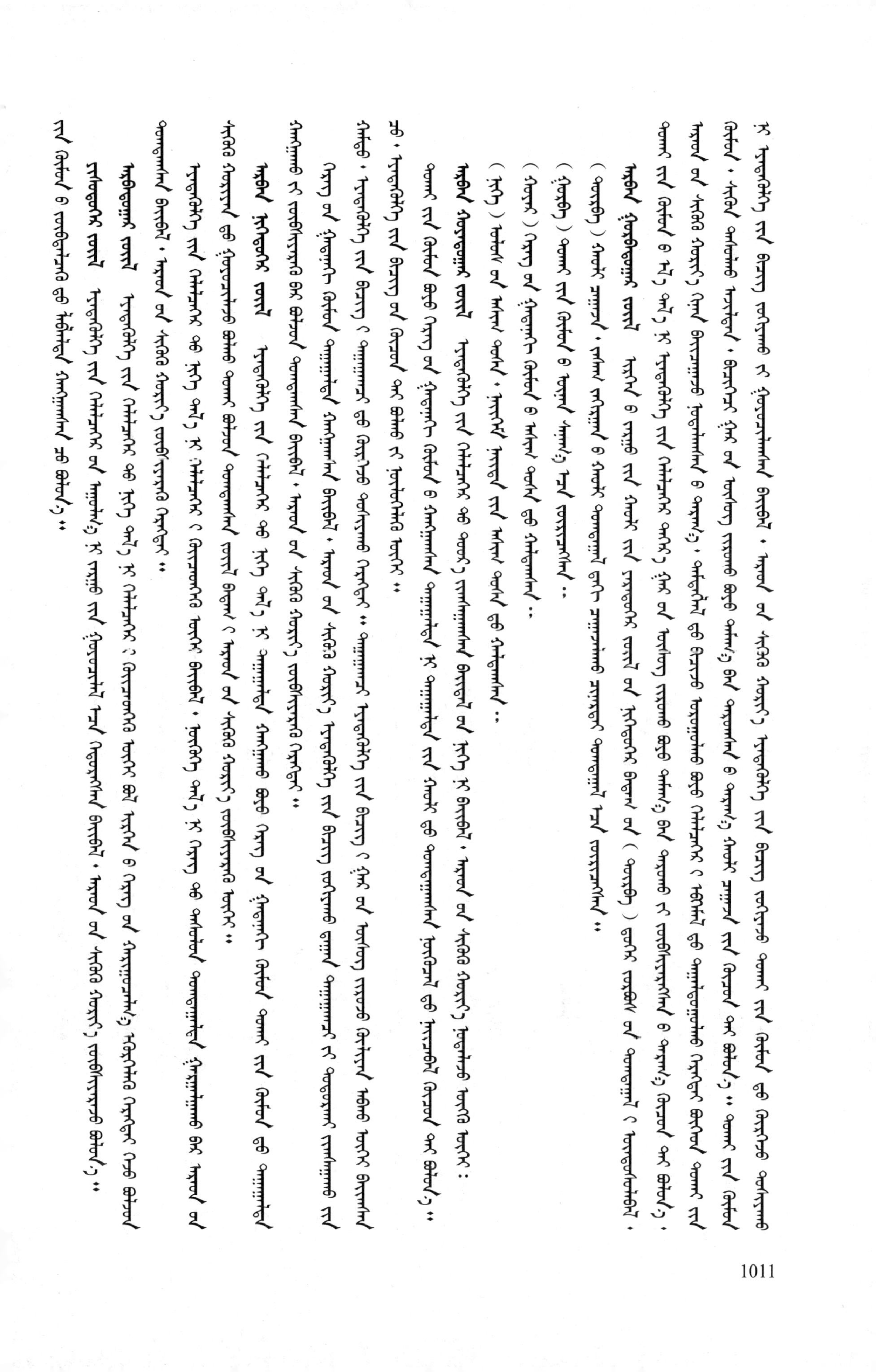

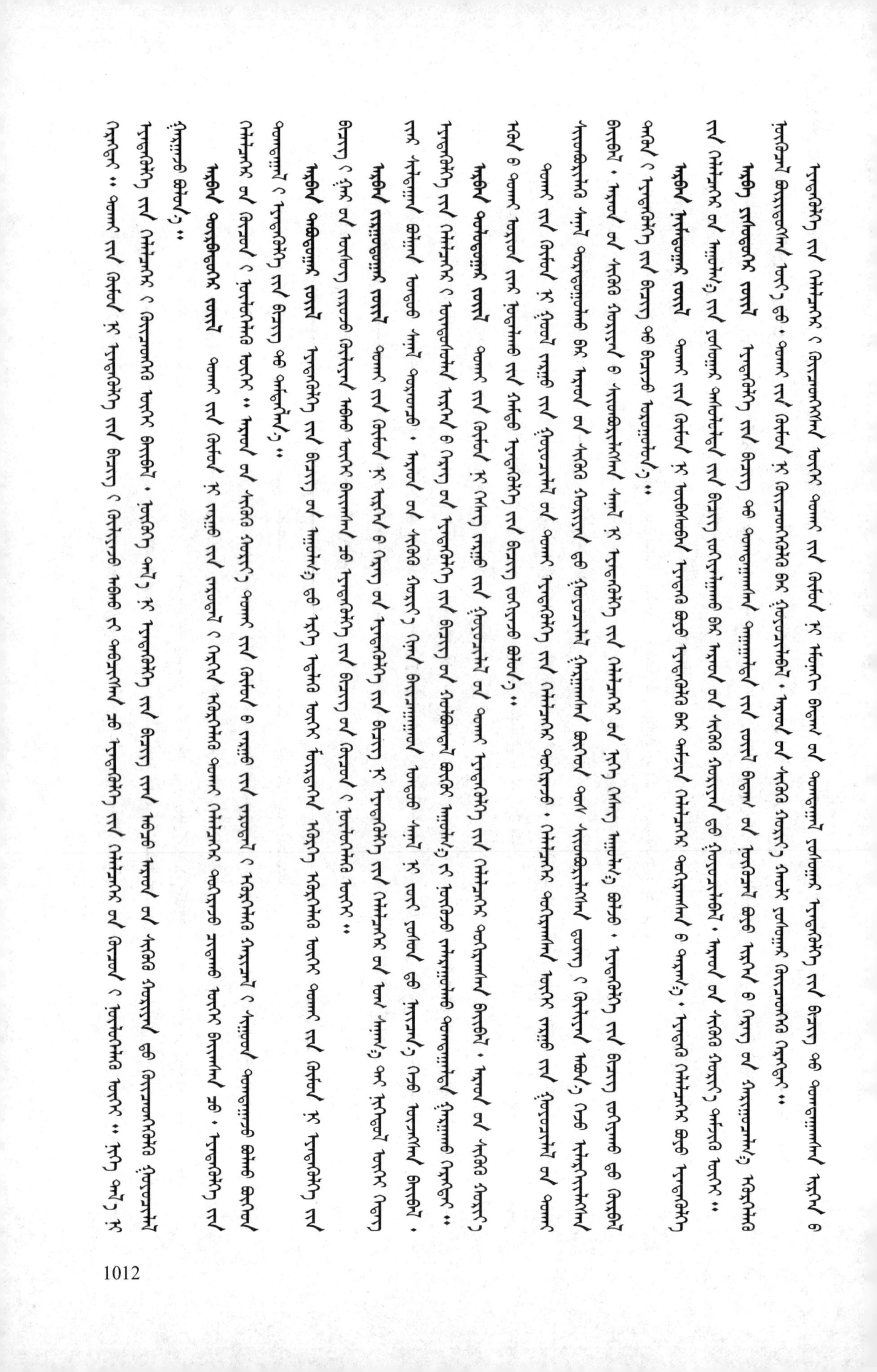

ᠤᠨ ᠰᠤᠷᠭᠠᠭᠤᠯᠢ ᠶᠢᠨ ᠤᠨ ᠬᠠᠤᠯᠢ ᠴᠠᠭᠠᠵᠠ 》 (ᠳᠣᠲᠣᠷ᠎ᠠ 《 ᠬᠠᠤᠯᠢ ᠴᠠᠭᠠᠵᠠ 》 ᠭᠡᠵᠦ ᠲᠣᠪᠴᠢᠯᠠᠨ᠎ᠠ) ᠢ ᠬᠡᠷᠡᠭᠵᠢᠭᠦᠯᠬᠦ ᠪᠡᠷ ᠪᠠᠢᠨ᠎ᠠ · 11 ᠰᠠᠷ᠎ᠠ ᠶᠢᠨ 1 ᠡᠴᠡ ᠡᠬᠢᠯᠡᠨ ᠬᠡᠷᠡᠭᠵᠢᠭᠦᠯᠦᠨ᠎ᠡ ᠪᠡᠷ

ᠬᠠᠤᠯᠢ ᠴᠠᠭᠠᠵᠠ 》 ᠤᠨ ᠪᠦᠬᠦ ᠲᠣᠭᠠᠴᠠᠭᠤᠯᠤᠭᠰᠠᠨ ᠤᠨ ᠰᠤᠷᠭᠠᠭᠤᠯᠢ ᠶᠢ ᠬᠡᠷᠡᠭᠵᠢᠭᠦᠯᠬᠦ ᠶᠢᠨ

【ᠲᠠᠢᠯᠪᠤᠷᠢ】

ᠲᠤᠰᠬᠠᠢ ᠪᠠᠢᠭᠤᠯᠤᠯᠭ᠎ᠠ ᠬᠠᠷᠢᠶ᠎ᠠ ᠪᠣᠯᠤᠨ᠎ᠠ ᠪᠣᠯᠪᠠᠰᠤᠷᠠᠯ ᠤᠨ 2004 ᠣᠨ ᠤ 11 ᠰᠠᠷ᠎ᠠ ᠶᠢᠨ 1 ᠡᠴᠡ ᠡᠬᠢᠯᠡᠨ ᠬᠡᠷᠡᠭᠵᠢᠭᠦᠯᠦᠨ᠎ᠡ ::

1013

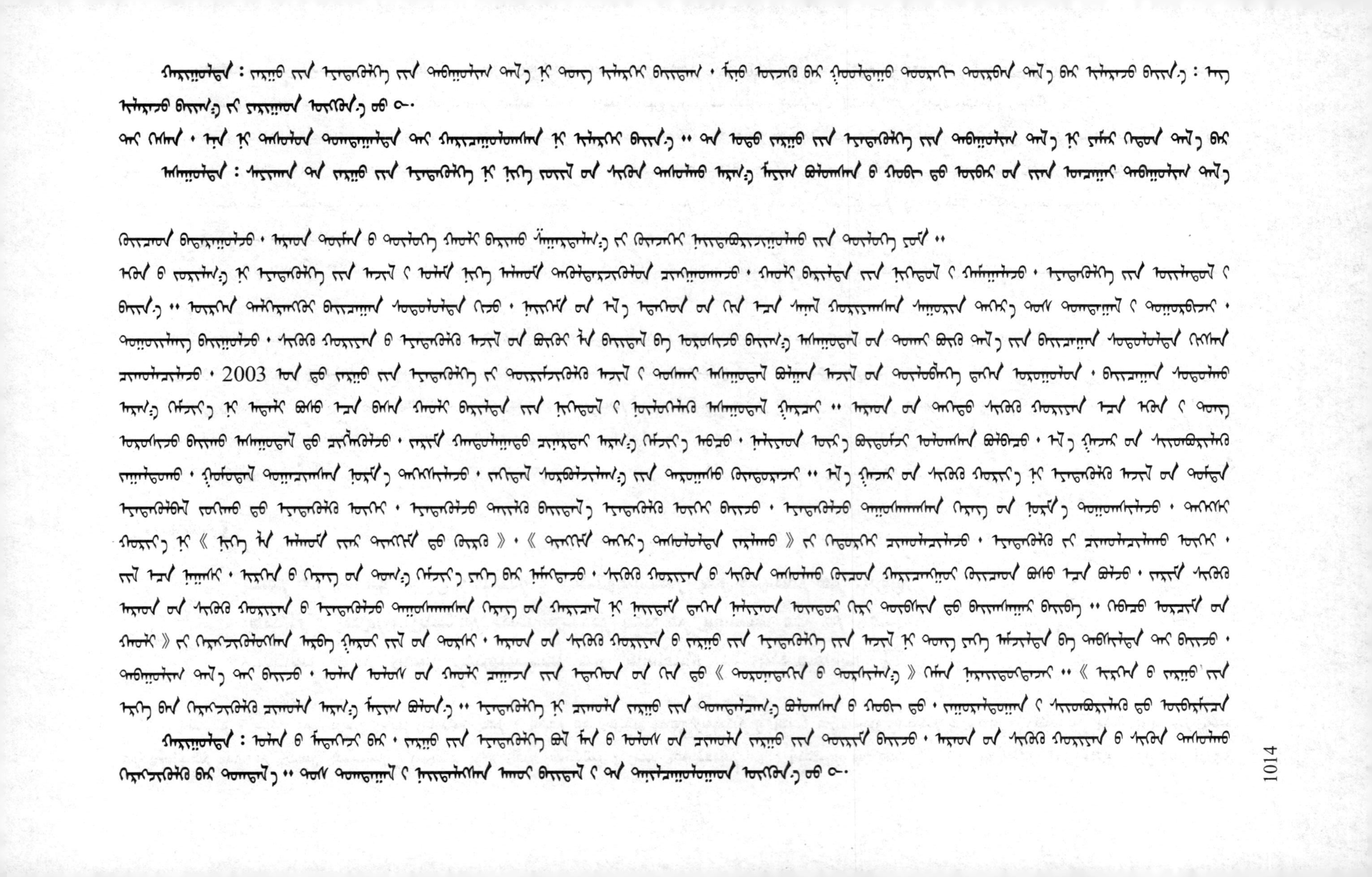

[illegible]

[illegible]

[illegible] 2003 [illegible]

[illegible]

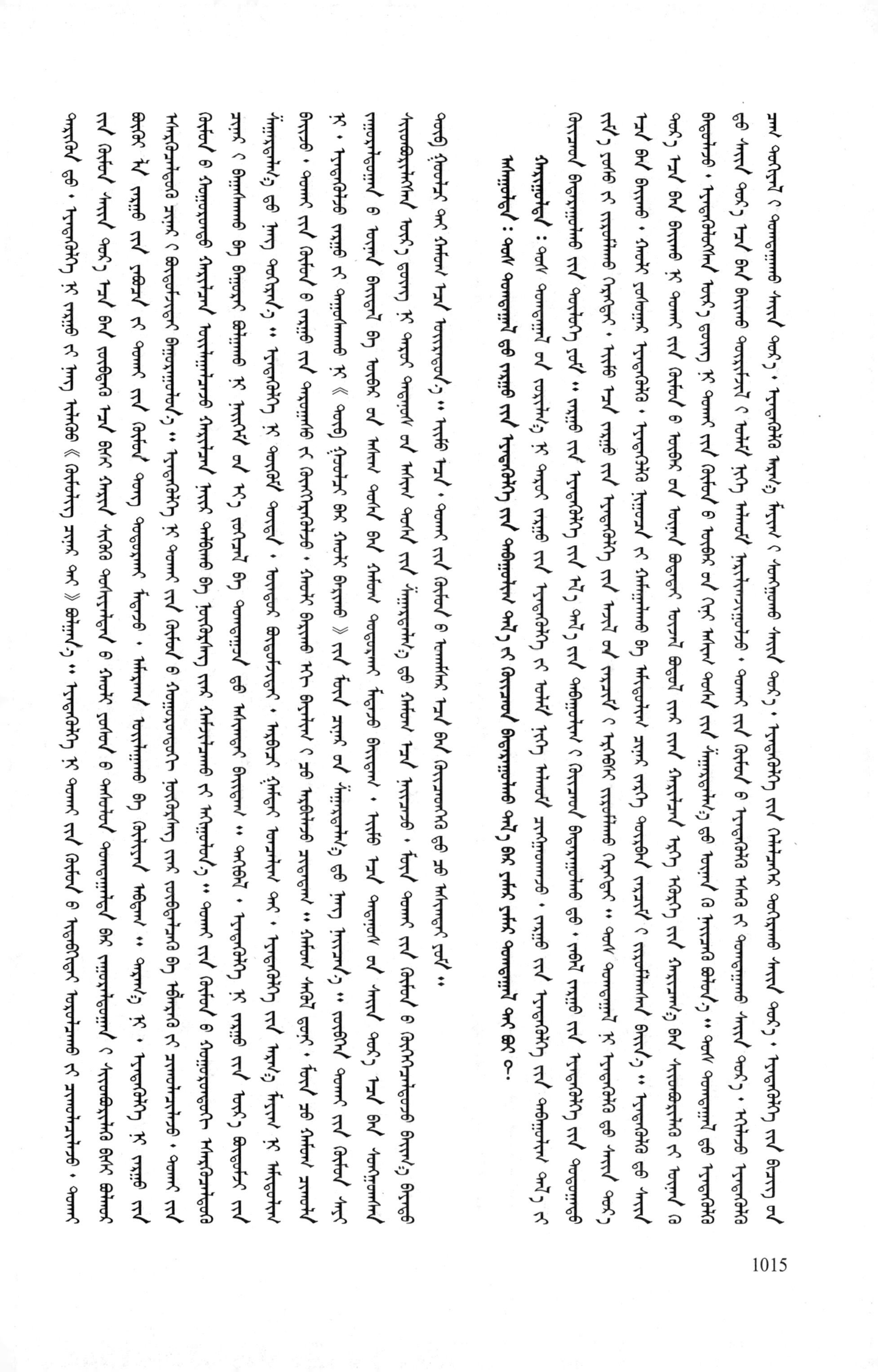

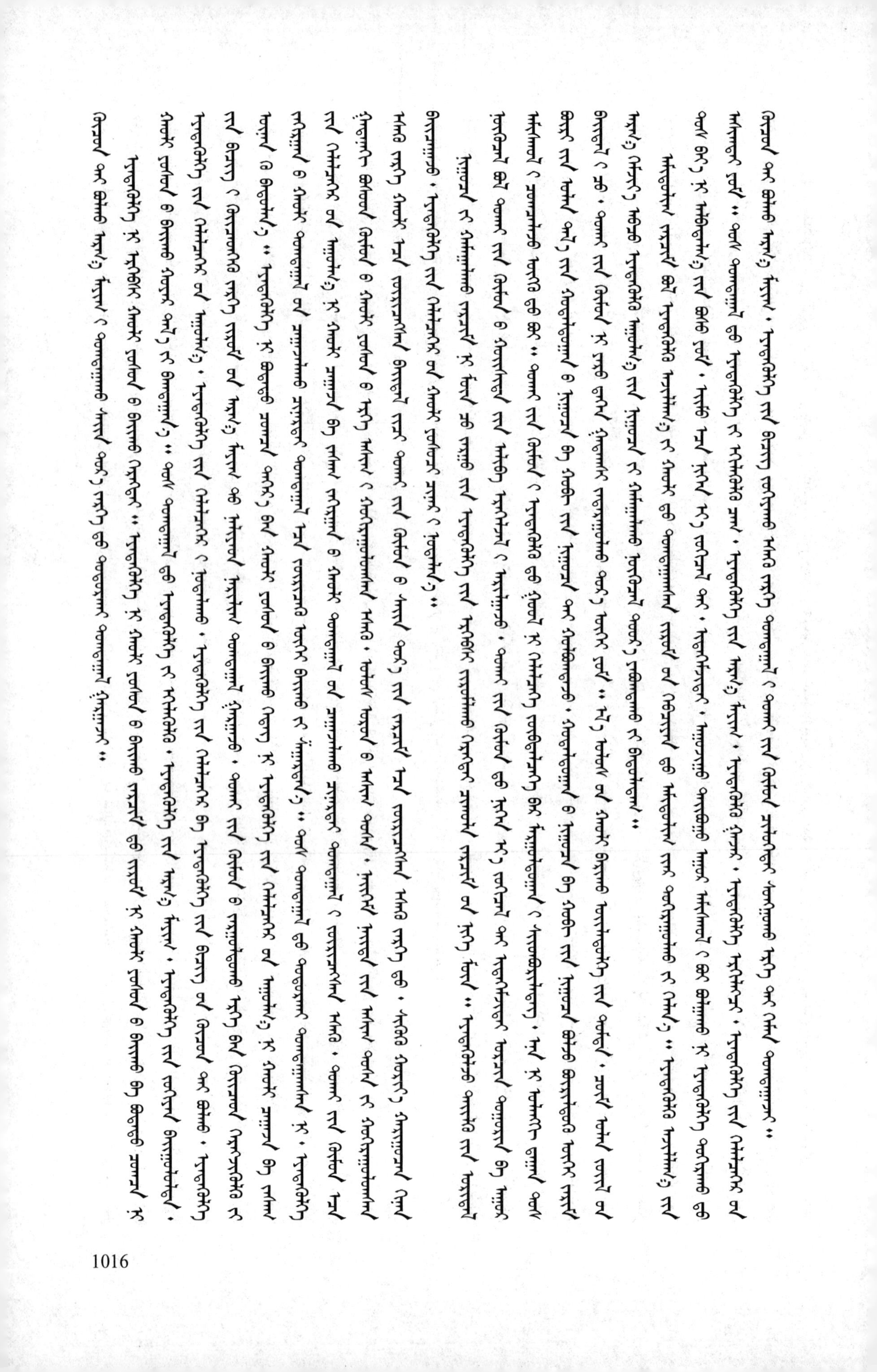

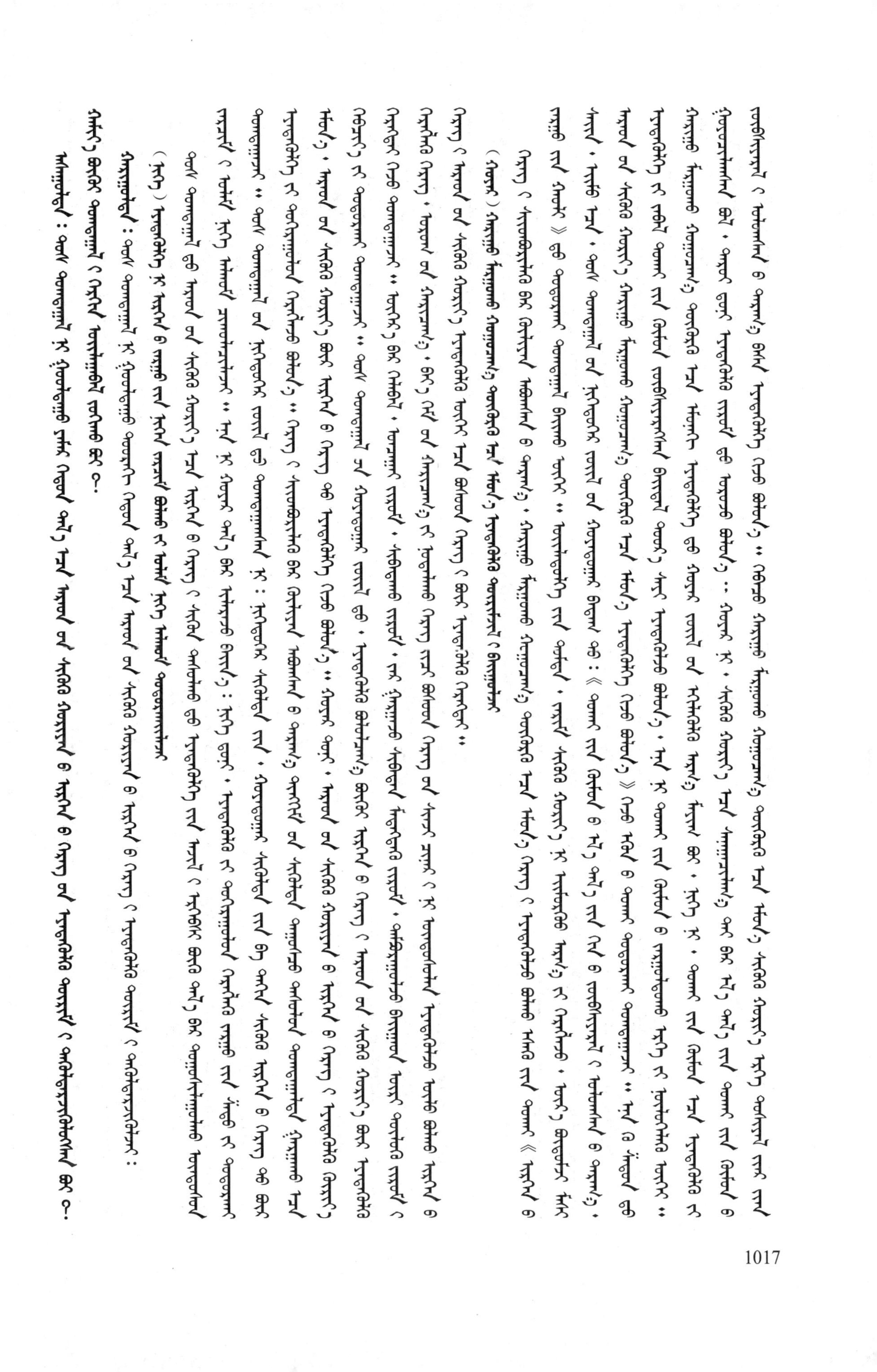

[illegible]

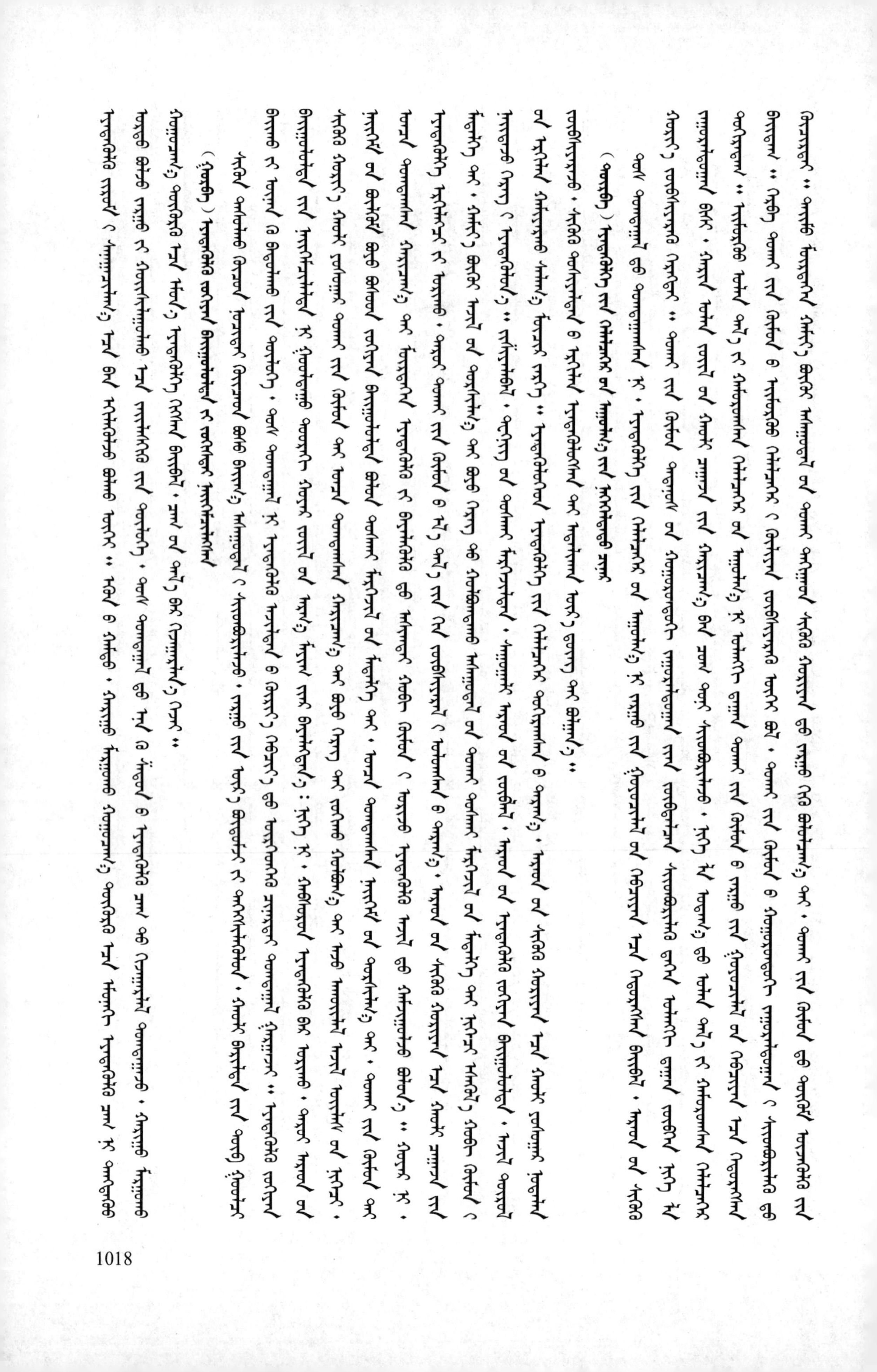

[illegible]

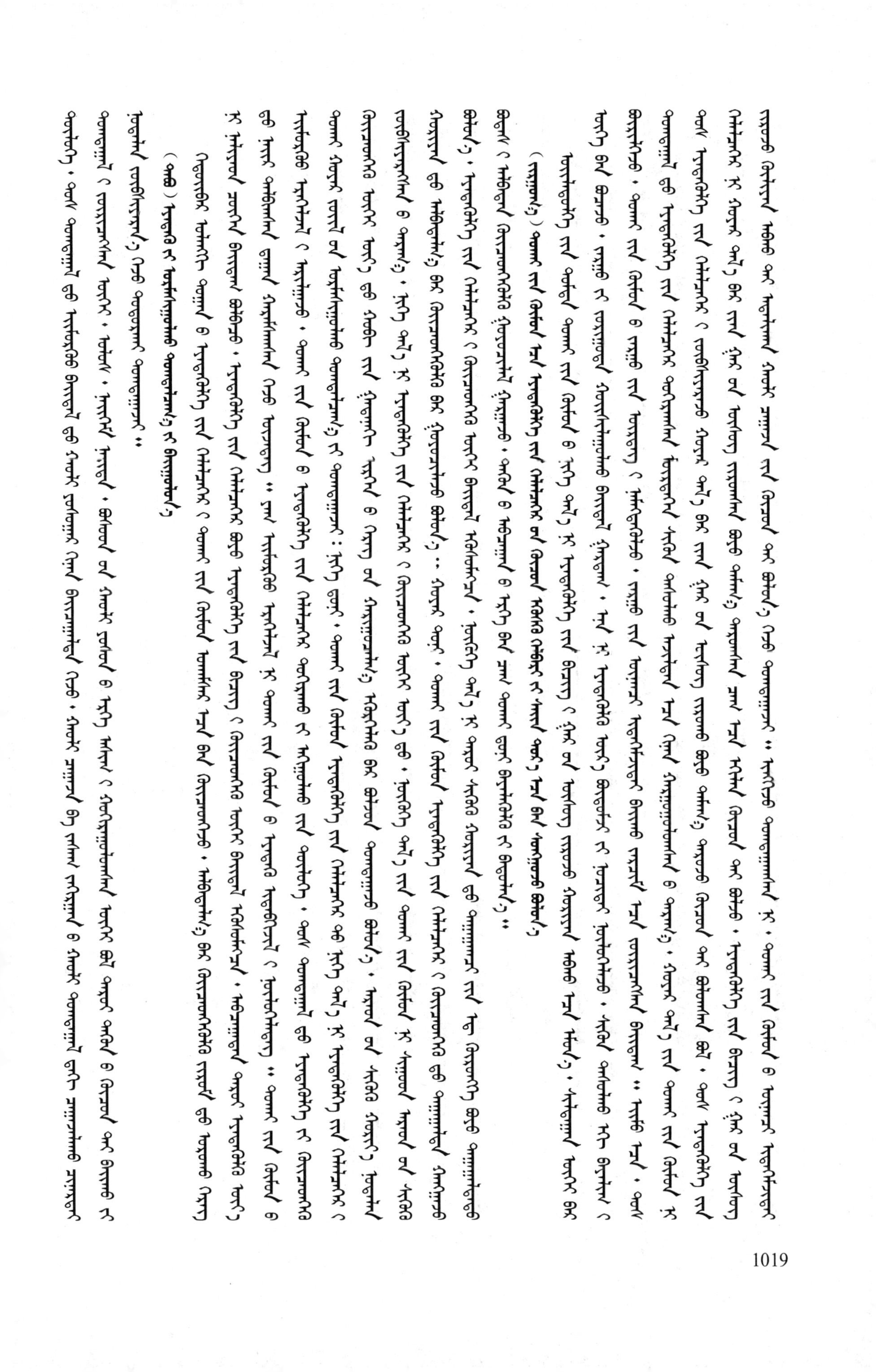

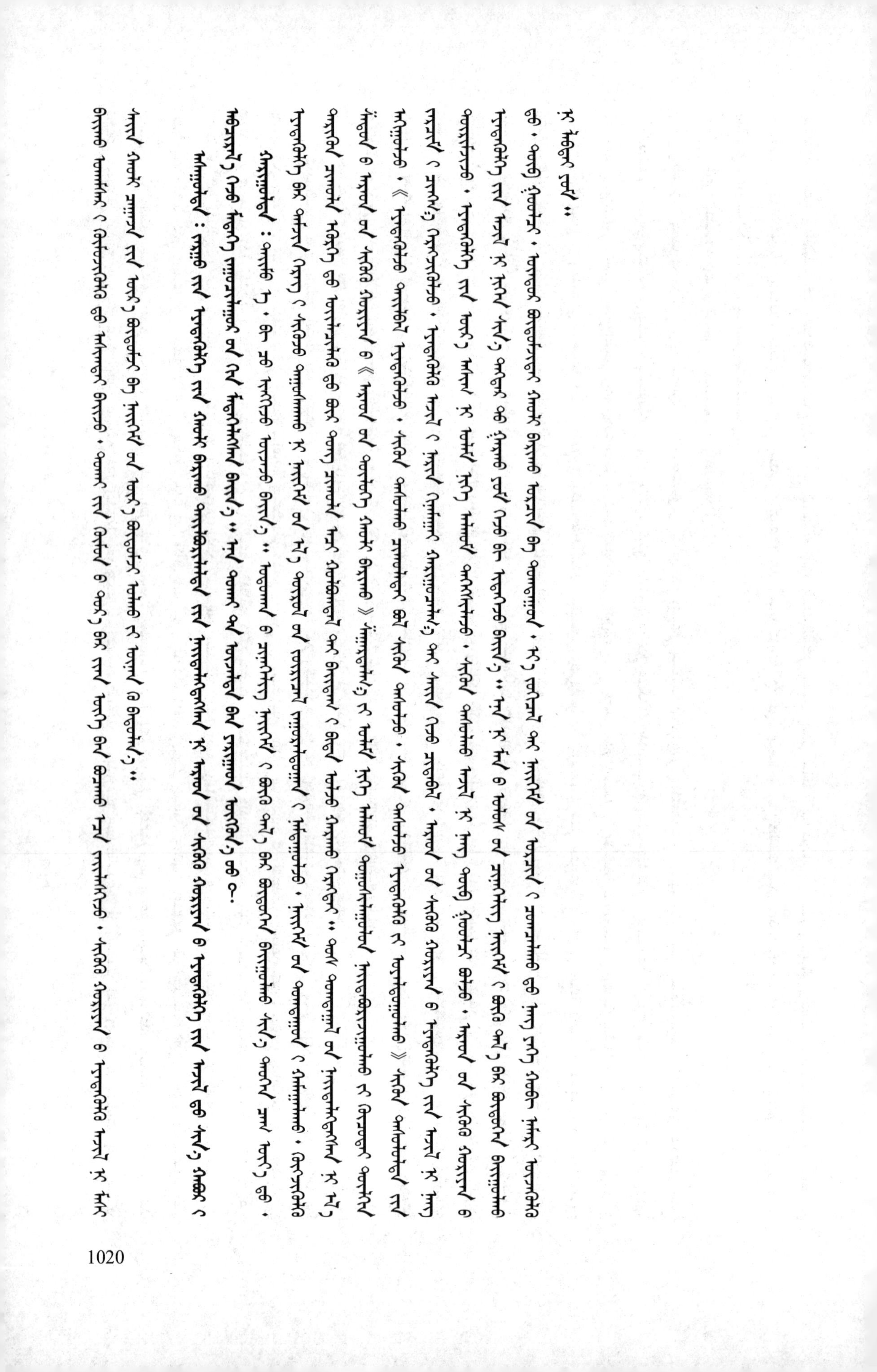

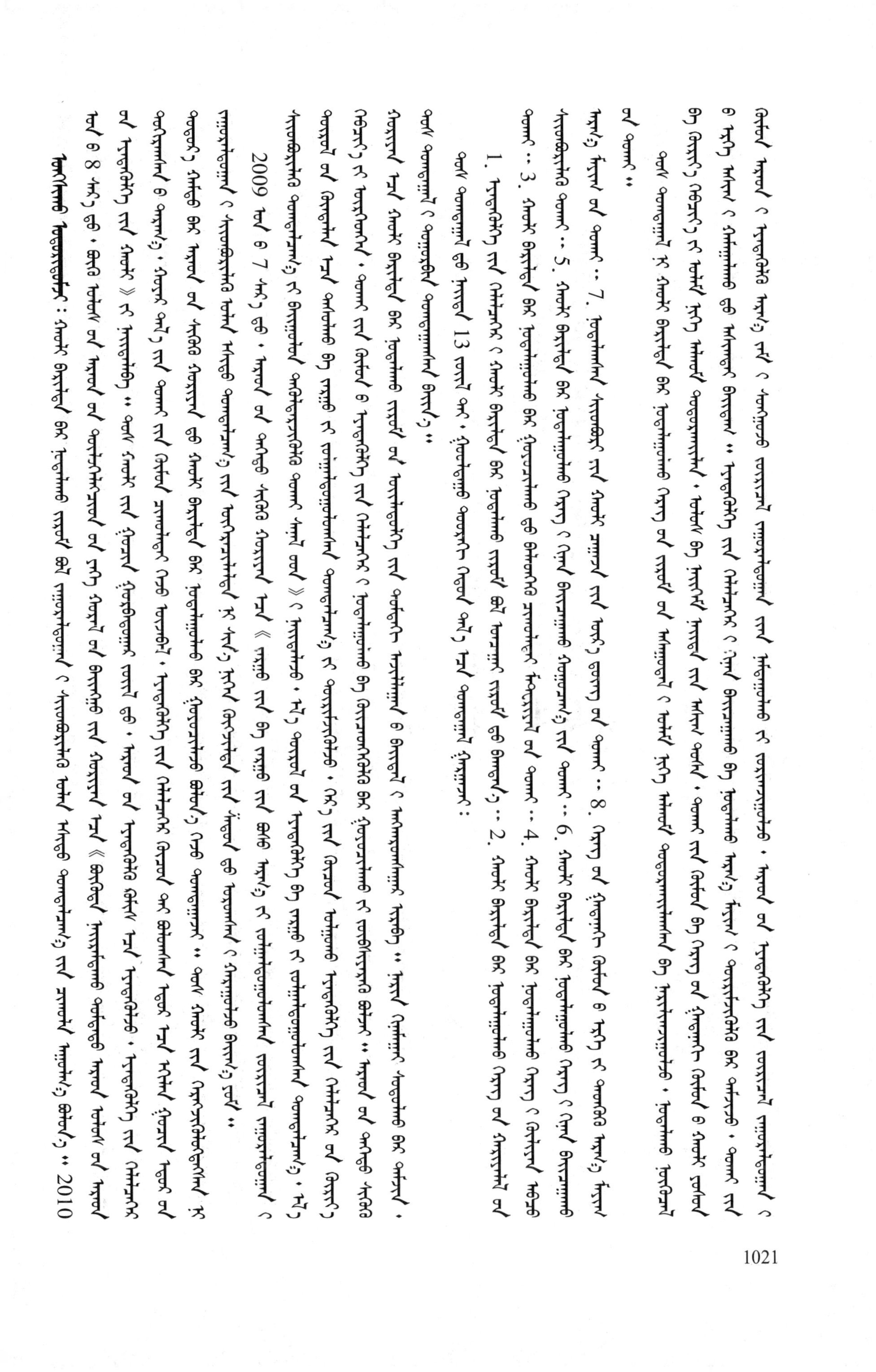

[illegible] : [illegible] 2010 [illegible] 8 [illegible]

2009 [illegible] 7 [illegible]

[illegible] 13 [illegible] :

1. [illegible] 2. [illegible] 3. [illegible] 4. [illegible] 5. [illegible] 6. [illegible] 7. [illegible] 8. [illegible]

[illegible]

[illegible]

[illegible]

[illegible]

[illegible]

[illegible] 〔 2011 〕 5 [illegible]

(2011 ᠣᠨ ᠤ 3 ᠰᠠᠷ᠎ᠠ ᠶᠢᠨ 21 ᠦ ᠡᠳᠦᠷ ᠳᠡᠭᠡᠳᠦ ᠠᠷᠠᠳ ᠤᠨ ᠱᠡᠭᠦᠬᠡ ᠶᠢᠨ ᠭᠠᠵᠠᠷ ᠤᠨ ᠱᠡᠭᠦᠨ ᠲᠠᠰᠤᠯᠬᠤ ᠵᠥᠪᠯᠡᠯ ᠦᠨ 1515 ᠳᠤᠭᠠᠷ ᠬᠤᠷᠠᠯ ᠳᠠᠭᠠᠨ ᠪᠠᠲᠤᠯᠠᠭᠰᠠᠨ 2011 ᠣᠨ ᠤ 3 ᠰᠠᠷ᠎ᠠ ᠶᠢᠨ 23 ᠦ ᠡᠳᠦᠷ ᠳᠡᠭᠡᠳᠦ ᠠᠷᠠᠳ ᠤᠨ ᠱᠡᠭᠦᠬᠡ ᠶᠢᠨ ᠭᠠᠵᠠᠷ ᠤᠨ ᠮᠡᠳᠡᠭᠳᠡᠯ ᠢᠶᠡᠷ ᠨᠡᠢᠲᠡᠯᠡᠭᠰᠡᠨ 2011 ᠣᠨ ᠤ 3 ᠰᠠᠷ᠎ᠠ ᠶᠢᠨ 30 ᠦ ᠡᠳᠦᠷ ᠡᠴᠡ ᠡᠬᠢᠯᠡᠨ ᠬᠡᠷᠡᠭᠵᠢᠭᠦᠯᠦᠨ᠎ᠡ)

[illegible]

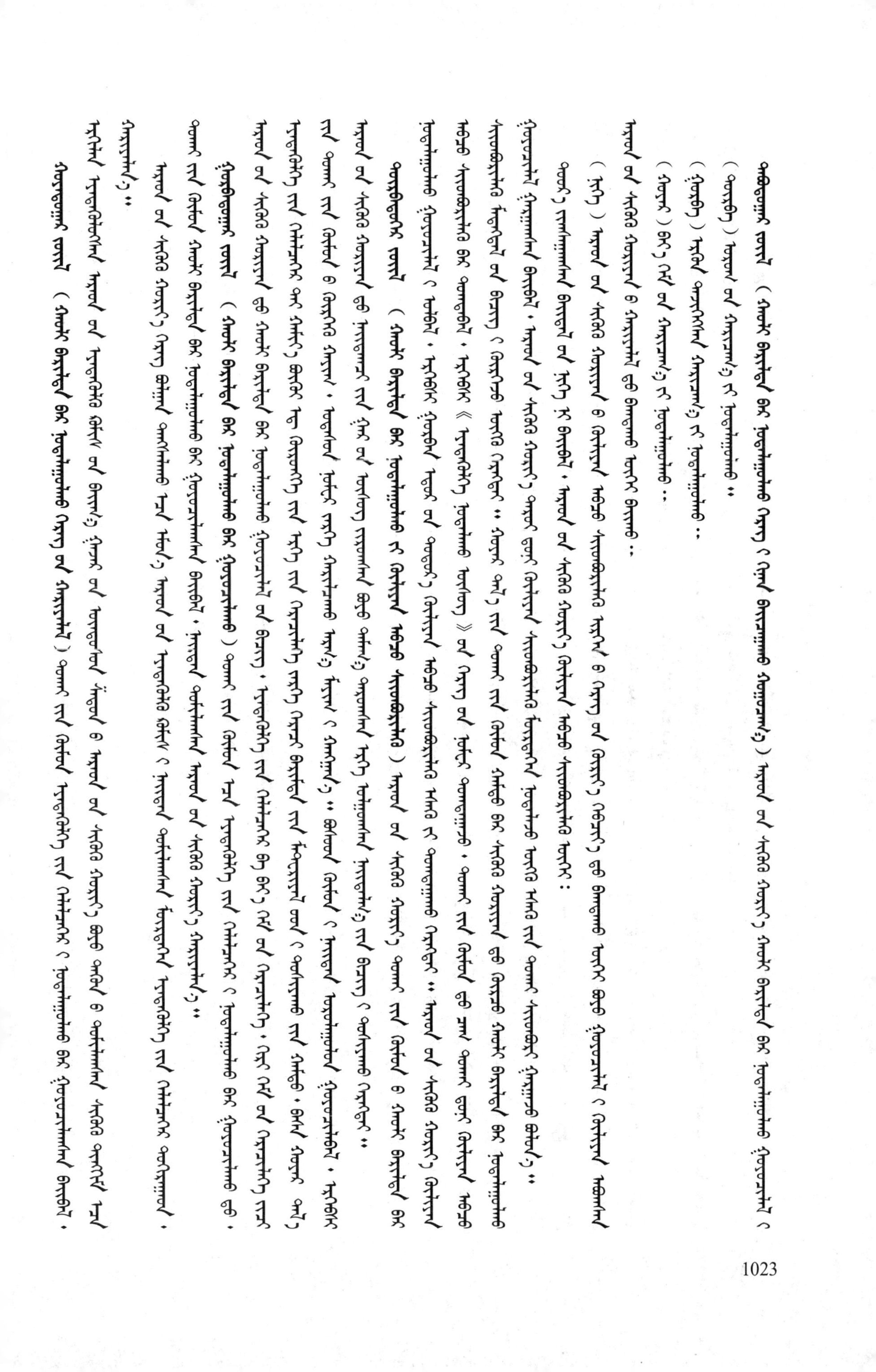

[illegible] ([illegible]) [illegible]

([illegible]) [illegible] ::

([illegible]) [illegible] ::

([illegible]) [illegible] ::

[illegible] ::

([illegible]) [illegible] :

[illegible] ::

[illegible] ([illegible]) [illegible] ::

[illegible] ([illegible]) [illegible] ::

[illegible] ::

[illegible] ([illegible]) [illegible] ::

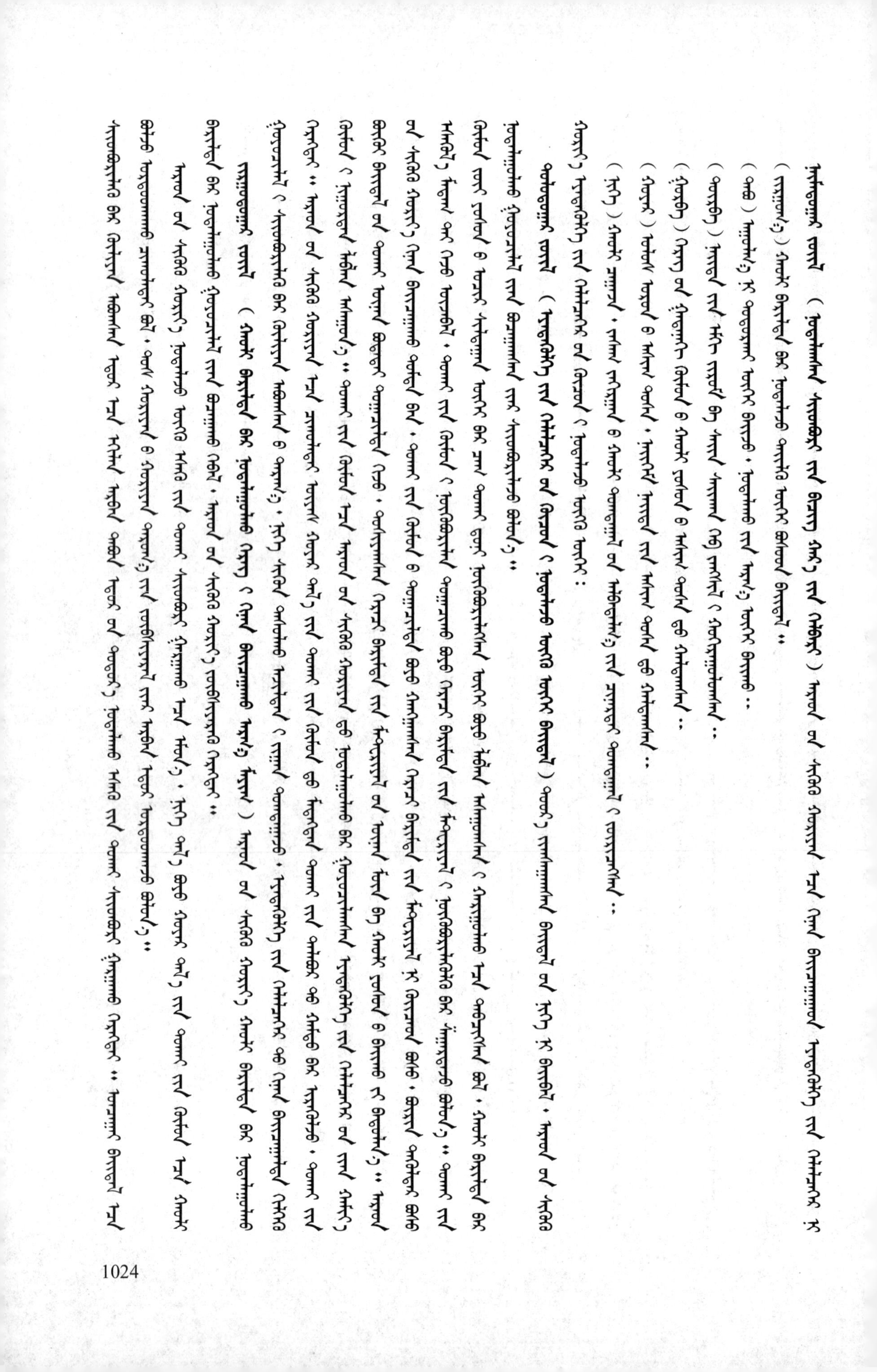

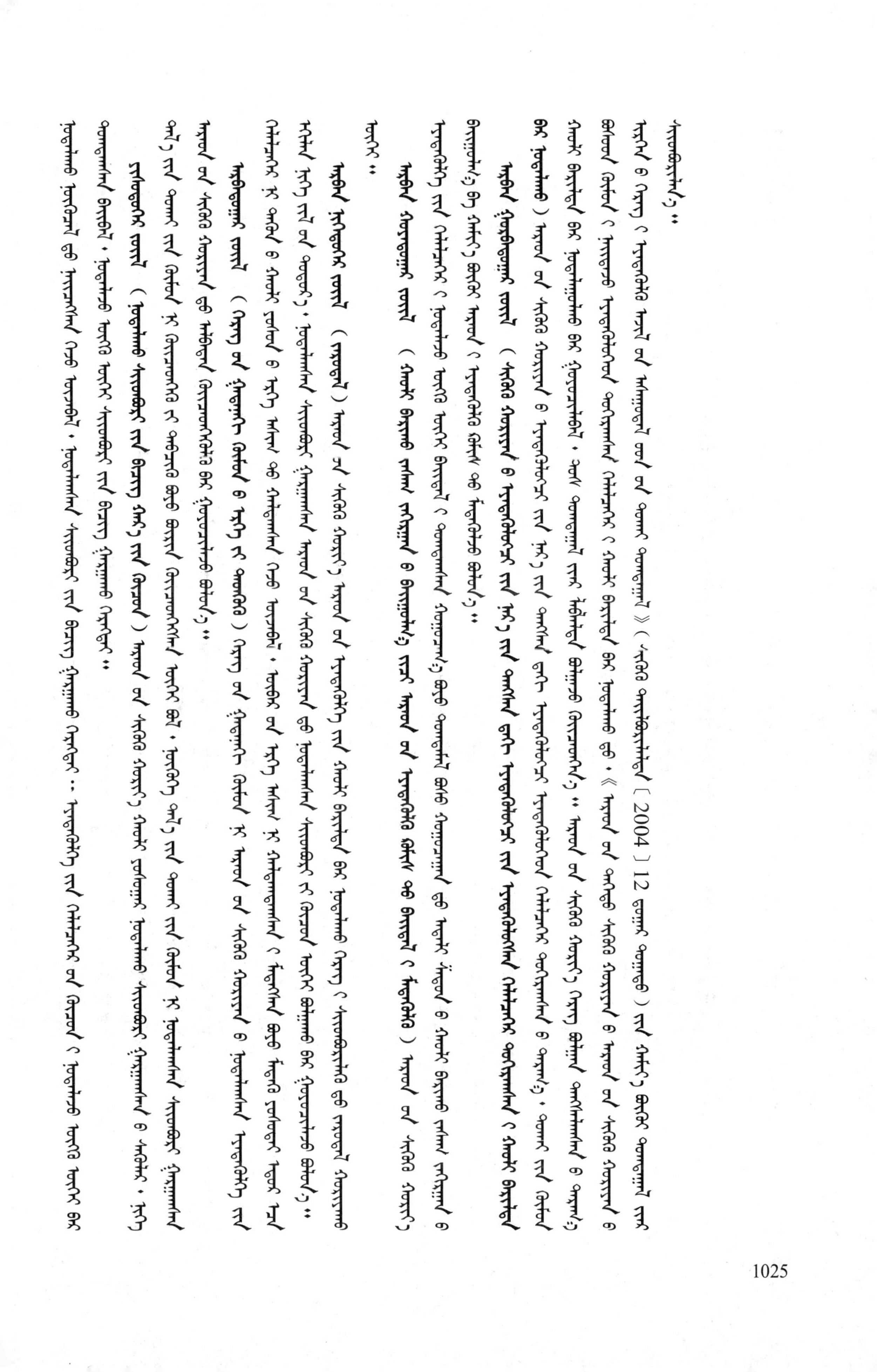

2009 ᠣᠨ ᠤ 7 ᠰᠠᠷ᠎ᠠ ᠳᠤ᠂ [illegible] 《[illegible]》 [illegible] ::

[illegible] :: [illegible] ᠰᠠᠷ᠎ᠠ ᠶᠢᠨ 28 ᠤ ᠡᠳᠦᠷ᠂ 《[illegible]》 [illegible]᠂ 2011 ᠣᠨ ᠤ 1 ᠰᠠᠷ᠎ᠠ ᠶᠢᠨ 1 ᠤ [illegible] :: 2010 ᠣᠨ ᠤ 8

[illegible]᠂ 《[illegible]》 [illegible]

[illegible] ::

[illegible] 《[illegible]》 [illegible] ([illegible] 《[illegible]》 [illegible]) [illegible]

[illegible] 《[illegible]》 [illegible] :

(2011 ᠣᠨ ᠤ 3 ᠰᠠᠷ᠎ᠠ ᠶᠢᠨ 29 ᠤ ᠡᠳᠦᠷ)

[illegible] 《[illegible]》 [illegible]

《[illegible]

【[illegible]】

[illegible]

ᠬᠣᠶᠠᠷ ᠂ 《ᠮᠣᠩᠭᠣᠯ ᠬᠡᠯᠡ》 ᠶᠢᠨ ᠲᠣᠪᠴᠢᠶᠠᠨ

[illegible]

ᠴᠠᠭ :: 2011 ᠣᠨ ᠤ 3 ᠰᠠᠷ᠎ᠠ ᠳᠤ ᠂ ᠥᠪᠦᠷ ᠮᠣᠩᠭᠣᠯ ᠤᠨ ᠠᠷᠠᠳ ᠤᠨ ᠬᠡᠪᠯᠡᠯ ᠦᠨ ᠬᠣᠷᠢᠶ᠎ᠠ ᠪᠠᠷ 《ᠮᠣᠩᠭᠣᠯ ᠬᠡᠯᠡ》 [illegible]

[illegible]

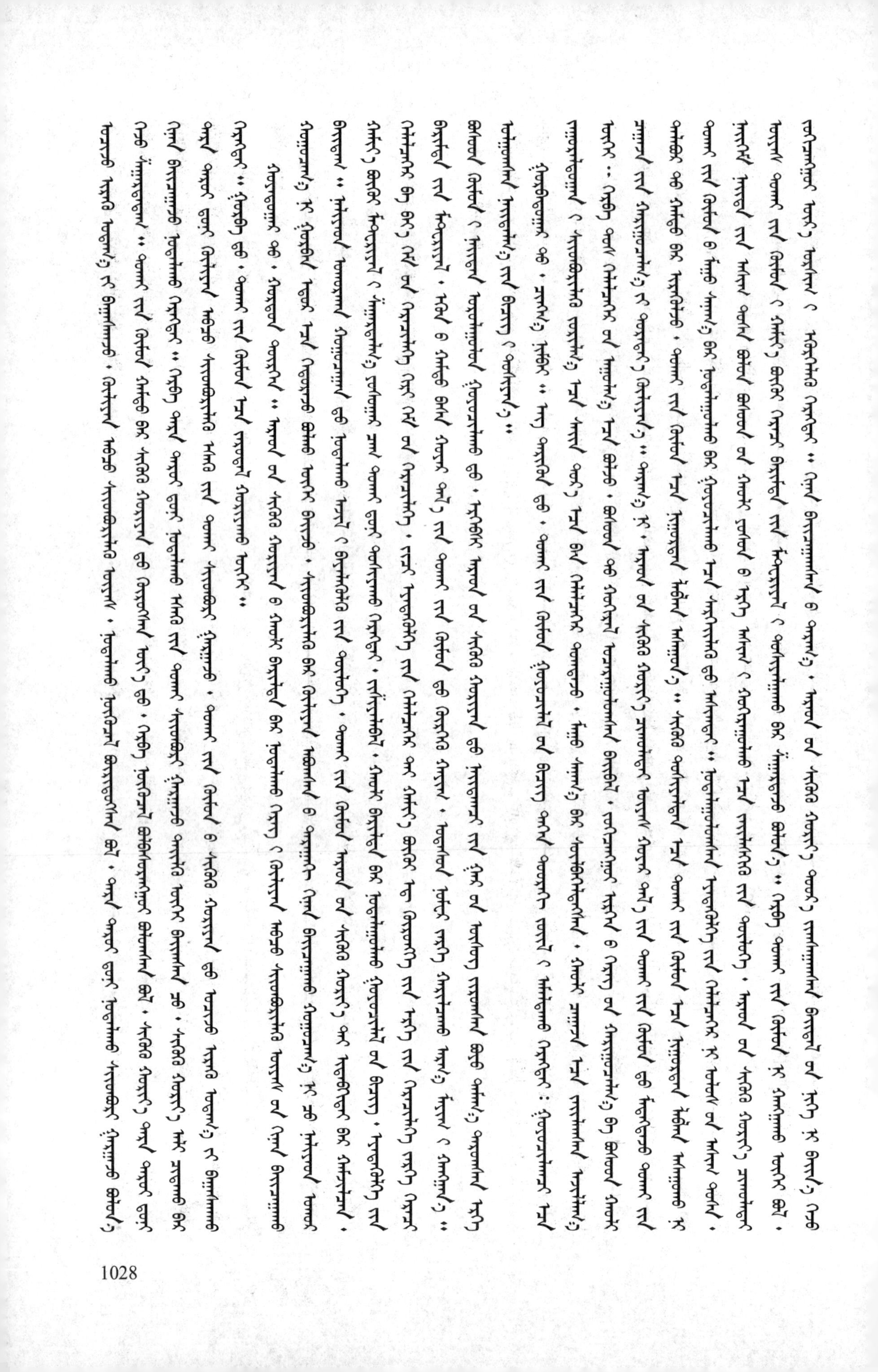

ᠳᠥᠷᠪᠡ᠂《ᠮᠣᠩᠭᠣᠯ ᠬᠡᠯᠡ》 ᠶᠢᠨ ᠳᠦᠷᠢᠮ ᠰᠤᠷᠭᠠᠯ

ᠰᠤᠷᠭᠠᠭᠤᠯᠢ ᠶᠢᠨ ᠰᠤᠷᠤᠭᠴᠢ ᠳᠤ ᠬᠡᠯᠡ ᠪᠢᠴᠢᠭ ᠤᠨ ᠮᠡᠳᠡᠯᠭᠡ ᠥᠭᠬᠦ ᠪᠣᠯ ᠰᠤᠷᠭᠠᠨ ᠬᠦᠮᠦᠵᠢᠯ ᠤᠨ ᠴᠢᠬᠤᠯᠠ ᠠᠭᠤᠯᠭ᠎ᠠ ᠮᠥᠨ ᠃

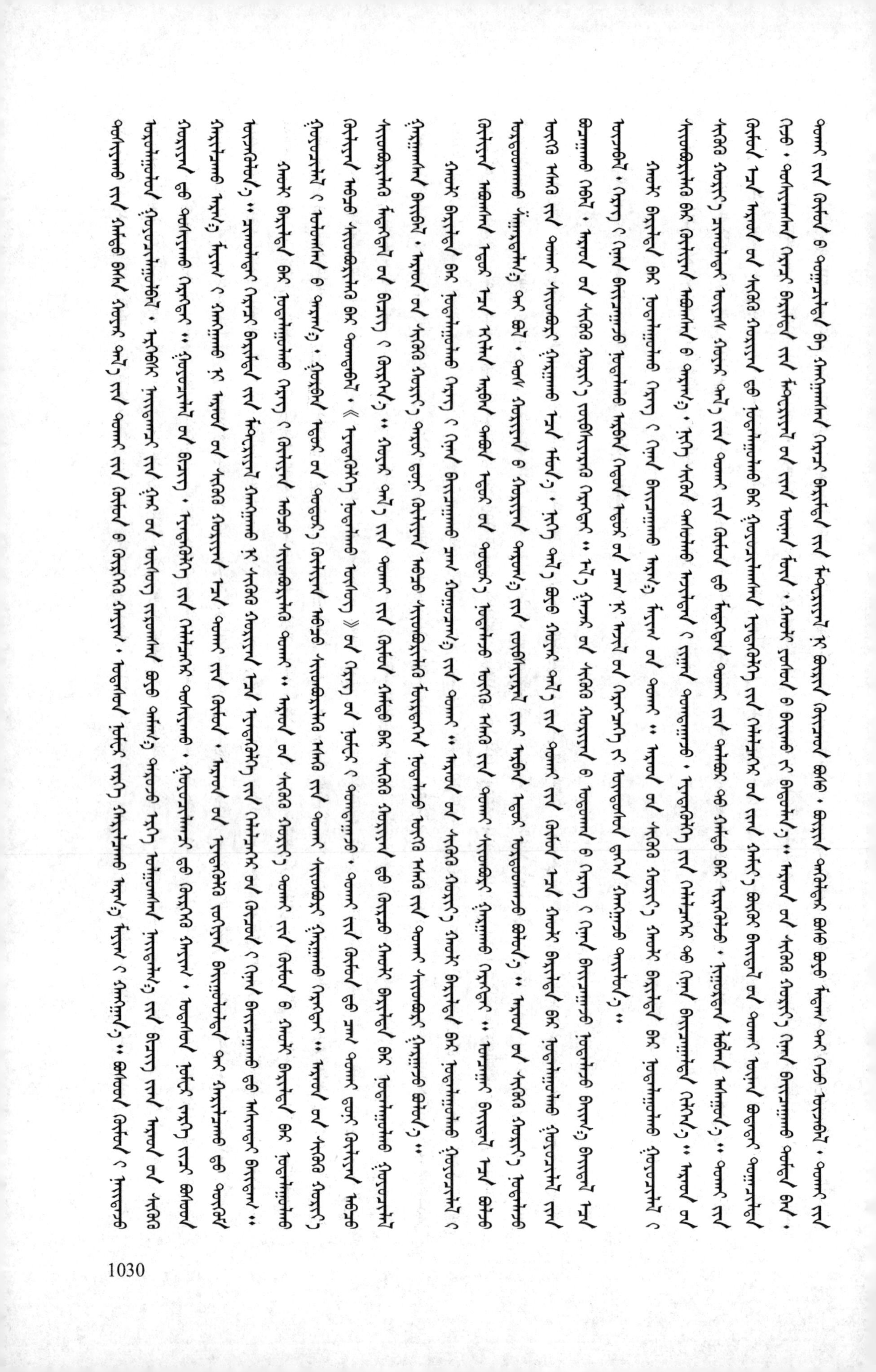

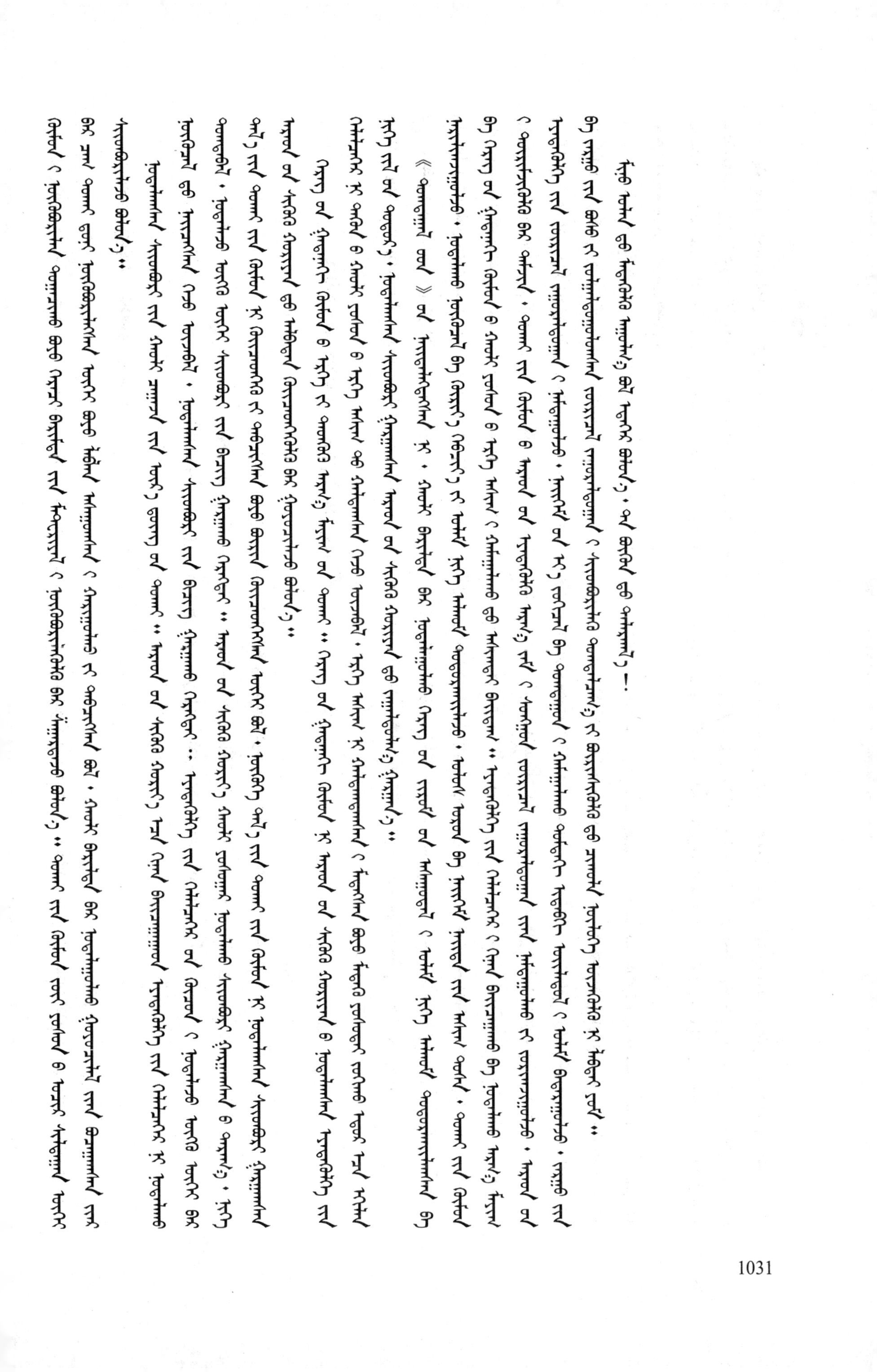

[illegible] : 2006 ᠣᠨ ᠤ 12 ᠰᠠᠷ᠎ᠠ ᠶᠢᠨ 19 ᠦ ᠡᠳᠦᠷ ᠂ [illegible] 《 [illegible] 》 ᠢ [illegible] ᠂ 2007 ᠣᠨ ᠤ 4 ᠰᠠᠷ᠎ᠠ ᠶᠢᠨ 1 ᠦ ᠡᠳᠦᠷ ᠡᠴᠡ [illegible] ᠃ [illegible] 《 〈 [illegible] 〉 ᠶᠢ [illegible] 》 ᠢ [illegible] ᠃

《 [illegible] 》 [illegible] 56 [illegible] ᠂ [illegible] ᠃

[illegible] 2007 ᠣᠨ ᠤ 4 ᠰᠠᠷ᠎ᠠ ᠶᠢᠨ 20 ᠦ ᠡᠳᠦᠷ 《 〈 [illegible] 〉 ᠶᠢ [illegible] 》 [illegible] 《 [illegible] 》 ᠶᠢ [illegible] ᠃

[illegible]

(2006 ᠣᠨ ᠤ 12 ᠰᠠᠷ᠎ᠠ ᠶᠢᠨ 19 ᠦ ᠡᠳᠦᠷ [illegible] 481 [illegible] 2007 ᠣᠨ ᠤ 4 ᠰᠠᠷ᠎ᠠ ᠶᠢᠨ 1 ᠦ ᠡᠳᠦᠷ ᠡᠴᠡ [illegible])

[illegible]

[illegible] 《 [illegible] 》 ([illegible]) [illegible]

ᠪᠣᠯᠪᠠᠰᠤᠷᠠᠭᠤᠯᠬᠤ ᠠᠷᠭ᠎ᠠ [illegible] :

[illegible] ::

([illegible]) [illegible] ::

([illegible]) [illegible] ::

([illegible]) [illegible] ::

[illegible] ᠠᠷᠭ᠎ᠠ [illegible] :

[illegible]

[illegible] ::

[illegible] ::

[illegible] ᠠᠷᠭ᠎ᠠ [illegible] ::

[illegible] ᠠᠷᠭ᠎ᠠ [illegible] ::

[illegible] ᠠᠷᠭ᠎ᠠ [illegible] ::

[illegible] ᠠᠷᠭ᠎ᠠ [illegible] ::

[illegible] ::

《 [illegible] 》 ([illegible]) [illegible]

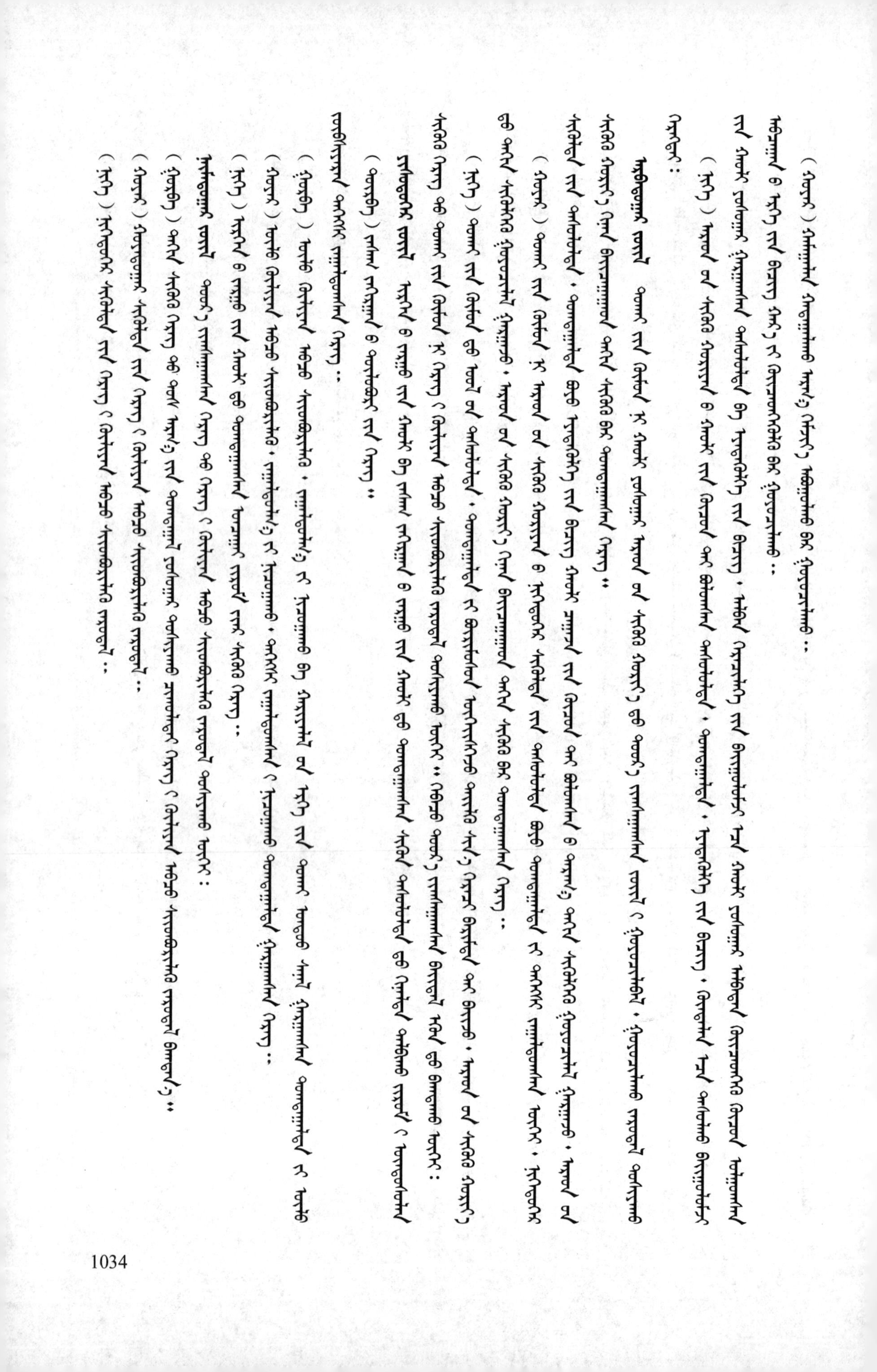

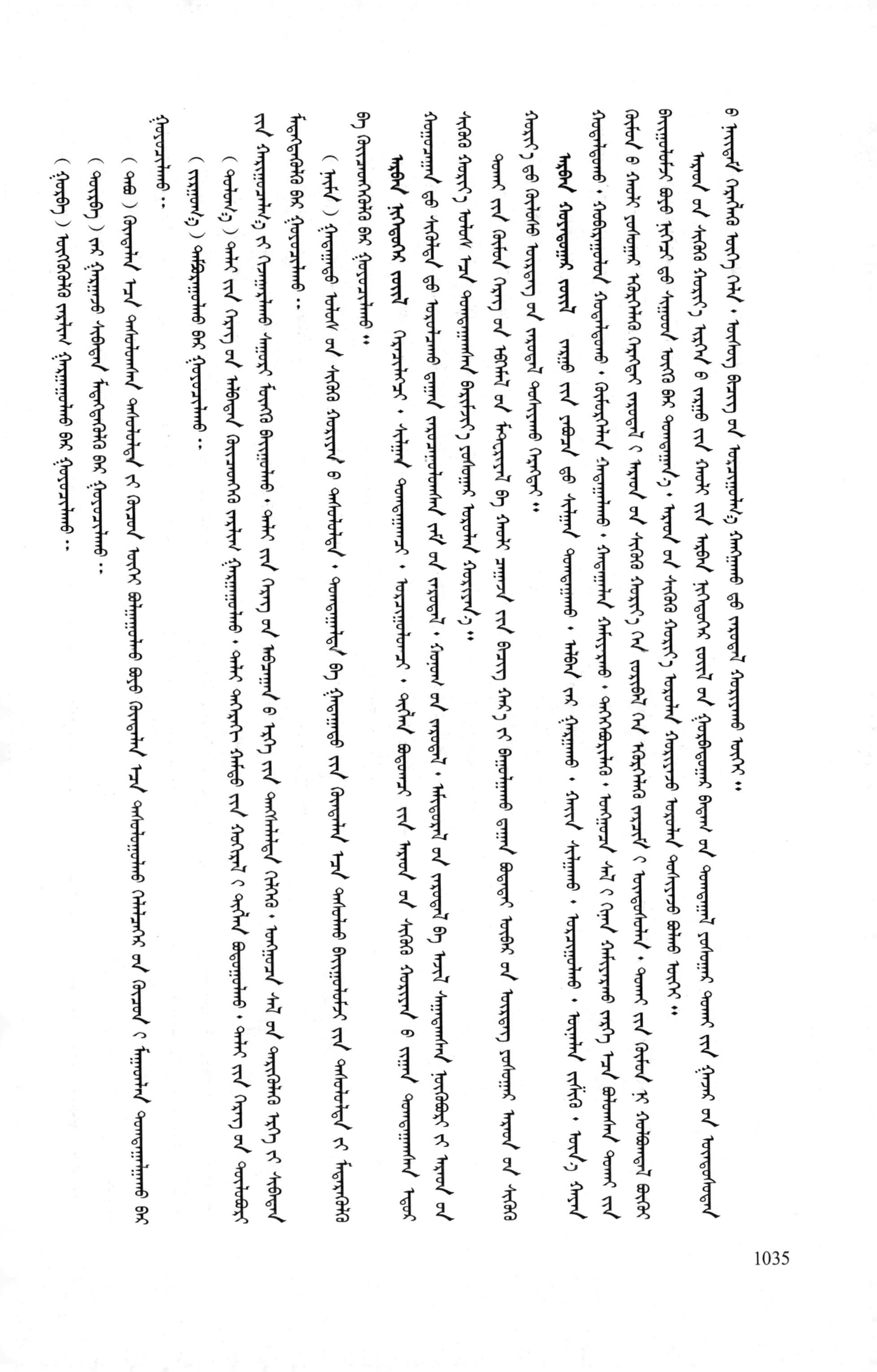

ᠭᠤᠷᠪᠠᠳᠤᠭᠠᠷ ᠪᠦᠯᠦᠭ ᠵᠠᠷᠭᠤ ᠶᠢᠨ ᠵᠠᠷᠳᠠᠯ ᠢ ᠲᠤᠰᠢᠶᠠᠬᠤ ᠪᠠᠷᠢᠮᠵᠢᠶ᠎ᠠ

ᠠᠷᠪᠠᠨ ᠭᠤᠷᠪᠠᠳᠤᠭᠠᠷ ᠵᠦᠢᠯ ᠬᠡᠷᠡᠭ ᠬᠦᠯᠢᠶᠡᠨ ᠠᠪᠬᠤ ᠵᠠᠷᠳᠠᠯ ᠢ ᠳᠣᠣᠷᠠᠬᠢ ᠪᠠᠷᠢᠮᠵᠢᠶ᠎ᠠ ᠪᠠᠷ ᠲᠤᠰ ᠲᠤᠰ ᠲᠤᠰᠢᠶᠠᠨ᠎ᠠ :

(ᠨᠢᠭᠡ) ᠡᠳ ᠬᠥᠷᠥᠩᠭᠡ ᠶᠢᠨ ᠬᠡᠷᠡᠭ ᠢ ᠵᠠᠷᠭᠤ ᠶᠢᠨ ᠰᠢᠭᠠᠷᠳᠠᠯᠭ᠎ᠠ ᠶᠢᠨ ᠮᠥᠩᠭᠦᠨ ᠳᠦᠩ ᠪᠤᠶᠤ ᠦᠨ᠎ᠡ ᠶᠢᠨ ᠳᠦᠩ ᠢ ᠦᠨᠳᠦᠰᠦᠯᠡᠨ ᠳᠣᠣᠷᠠᠬᠢ ᠬᠤᠪᠢ ᠬᠡᠮᠵᠢᠶ᠎ᠡ ᠪᠡᠷ ᠬᠡᠰᠡᠭᠴᠢᠯᠡᠨ ᠨᠡᠮᠡᠵᠦ ᠲᠤᠰᠢᠶᠠᠨ᠎ᠠ :

1. 1 ᠲᠦᠮᠡᠨ ᠶᠤᠸᠠᠨ ᠳᠤ ᠬᠦᠷᠬᠦ ᠦᠭᠡᠢ ᠪᠤᠯ᠂ ᠬᠡᠷᠡᠭ ᠪᠦᠷᠢ 50 ᠶᠤᠸᠠᠨ ᠲᠤᠰᠢᠶᠠᠨ᠎ᠠ ::

2. 1 ᠲᠦᠮᠡᠨ ᠶᠤᠸᠠᠨ ᠡᠴᠡ ᠳᠡᠭᠡᠭᠰᠢ 10 ᠲᠦᠮᠡᠨ ᠶᠤᠸᠠᠨ ᠬᠦᠷᠲᠡᠯᠡᠬᠢ ᠬᠡᠰᠡᠭ ᠢ 2.5% ᠪᠠᠷ ᠲᠤᠰᠢᠶᠠᠨ᠎ᠠ ::

3. 10 ᠲᠦᠮᠡᠨ ᠶᠤᠸᠠᠨ ᠡᠴᠡ ᠳᠡᠭᠡᠭᠰᠢ 20 ᠲᠦᠮᠡᠨ ᠶᠤᠸᠠᠨ ᠬᠦᠷᠲᠡᠯᠡᠬᠢ ᠬᠡᠰᠡᠭ ᠢ 2% ᠢᠶᠠᠷ ᠲᠤᠰᠢᠶᠠᠨ᠎ᠠ ::

4. 20 ᠲᠦᠮᠡᠨ ᠶᠤᠸᠠᠨ ᠡᠴᠡ ᠳᠡᠭᠡᠭᠰᠢ 50 ᠲᠦᠮᠡᠨ ᠶᠤᠸᠠᠨ ᠬᠦᠷᠲᠡᠯᠡᠬᠢ ᠬᠡᠰᠡᠭ ᠢ 1.5% ᠪᠠᠷ ᠲᠤᠰᠢᠶᠠᠨ᠎ᠠ ::

5. 50 ᠲᠦᠮᠡᠨ ᠶᠤᠸᠠᠨ ᠡᠴᠡ ᠳᠡᠭᠡᠭᠰᠢ 100 ᠲᠦᠮᠡᠨ ᠶᠤᠸᠠᠨ ᠬᠦᠷᠲᠡᠯᠡᠬᠢ ᠬᠡᠰᠡᠭ ᠢ 1% ᠪᠠᠷ ᠲᠤᠰᠢᠶᠠᠨ᠎ᠠ ::

6. 100 ᠲᠦᠮᠡᠨ ᠶᠤᠸᠠᠨ ᠡᠴᠡ ᠳᠡᠭᠡᠭᠰᠢ 200 ᠲᠦᠮᠡᠨ ᠶᠤᠸᠠᠨ ᠬᠦᠷᠲᠡᠯᠡᠬᠢ ᠬᠡᠰᠡᠭ ᠢ 0.9% ᠪᠠᠷ ᠲᠤᠰᠢᠶᠠᠨ᠎ᠠ ::

7. 200 ᠲᠦᠮᠡᠨ ᠶᠤᠸᠠᠨ ᠡᠴᠡ ᠳᠡᠭᠡᠭᠰᠢ 500 ᠲᠦᠮᠡᠨ ᠶᠤᠸᠠᠨ ᠬᠦᠷᠲᠡᠯᠡᠬᠢ ᠬᠡᠰᠡᠭ ᠢ 0.8% ᠪᠠᠷ ᠲᠤᠰᠢᠶᠠᠨ᠎ᠠ ::

8. 500 ᠲᠦᠮᠡᠨ ᠶᠤᠸᠠᠨ ᠡᠴᠡ ᠳᠡᠭᠡᠭᠰᠢ 1000 ᠲᠦᠮᠡᠨ ᠶᠤᠸᠠᠨ ᠬᠦᠷᠲᠡᠯᠡᠬᠢ ᠬᠡᠰᠡᠭ ᠢ 0.7% ᠪᠠᠷ ᠲᠤᠰᠢᠶᠠᠨ᠎ᠠ ::

9. 1000 ᠲᠦᠮᠡᠨ ᠶᠤᠸᠠᠨ ᠡᠴᠡ ᠳᠡᠭᠡᠭᠰᠢ 2000 ᠲᠦᠮᠡᠨ ᠶᠤᠸᠠᠨ ᠬᠦᠷᠲᠡᠯᠡᠬᠢ ᠬᠡᠰᠡᠭ ᠢ 0.6% ᠪᠠᠷ ᠲᠤᠰᠢᠶᠠᠨ᠎ᠠ ::

10. 2000 ᠲᠦᠮᠡᠨ ᠶᠤᠸᠠᠨ ᠡᠴᠡ ᠳᠡᠭᠡᠭᠰᠢ ᠬᠡᠰᠡᠭ ᠢ 0.5% ᠪᠠᠷ ᠲᠤᠰᠢᠶᠠᠨ᠎ᠠ ::

(ᠬᠣᠶᠠᠷ) ᠡᠳ ᠬᠥᠷᠥᠩᠭᠡ ᠶᠢᠨ ᠪᠤᠰᠤ ᠬᠡᠷᠡᠭ ᠢ ᠳᠣᠣᠷᠠᠬᠢ ᠪᠠᠷᠢᠮᠵᠢᠶ᠎ᠠ ᠪᠠᠷ ᠲᠤᠰᠢᠶᠠᠨ᠎ᠠ :

1. ᠭᠡᠷ ᠪᠦᠯᠢ ᠲᠠᠰᠤᠷᠠᠬᠤ ᠬᠡᠷᠡᠭ ᠲᠦ ᠬᠡᠷᠡᠭ ᠪᠦᠷᠢ ᠳᠦ 50 ᠶᠤᠸᠠᠨ ᠡᠴᠡ 300 ᠶᠤᠸᠠᠨ ᠬᠦᠷᠲᠡᠯ᠎ᠡ ᠲᠤᠰᠢᠶᠠᠨ᠎ᠠ :: ᠡᠳ ᠬᠥᠷᠥᠩᠭᠡ ᠬᠤᠪᠢᠶᠠᠬᠤ ᠳᠤ ᠬᠠᠮᠢᠶᠠᠷᠠᠬᠤ ᠪᠥᠭᠡᠳ ᠡᠳ ᠬᠥᠷᠥᠩᠭᠡ ᠶᠢᠨ ᠨᠡᠶᠢᠲᠡ ᠳᠦᠩ 20 ᠲᠦᠮᠡᠨ ᠶᠤᠸᠠᠨ ᠳᠤ ᠬᠦᠷᠦᠭᠡᠳᠦᠢ ᠪᠤᠯ ᠲᠤᠰᠠᠭᠠᠷ ᠲᠤᠰᠢᠶᠠᠬᠤ ᠦᠭᠡᠢ ; 20 ᠲᠦᠮᠡᠨ ᠶᠤᠸᠠᠨ ᠡᠴᠡ ᠳᠡᠭᠡᠭᠰᠢ ᠬᠡᠰᠡᠭ ᠢ 0.5% ᠪᠠᠷ ᠲᠤᠰᠢᠶᠠᠨ᠎ᠠ ::

2. ᠨᠡᠷ᠎ᠡ ᠶᠢᠨ ᠡᠷᠬᠡ ᠂ ᠨᠡᠷᠡᠶᠢᠳᠦᠯ ᠦᠨ ᠡᠷᠬᠡ ᠂ ᠬᠥᠷᠥᠭ ᠦᠨ ᠡᠷᠬᠡ ᠂ ᠨᠡᠷ᠎ᠡ ᠲᠥᠷᠥ ᠶᠢᠨ ᠡᠷᠬᠡ ᠂ ᠴᠣᠯ ᠤᠨ ᠡᠷᠬᠡ ᠪᠤᠯᠤᠨ ᠪᠤᠰᠤᠳ ᠬᠦᠮᠦᠨ ᠴᠢᠨᠠᠷ ᠤᠨ ᠡᠷᠬᠡ ᠪᠡᠷ ᠬᠣᠬᠢᠷᠠᠭᠠᠭᠰᠠᠨ ᠬᠡᠷᠡᠭ ᠲᠦ ᠬᠡᠷᠡᠭ ᠪᠦᠷᠢ ᠳᠦ 100 ᠶᠤᠸᠠᠨ ᠡᠴᠡ 500 ᠶᠤᠸᠠᠨ ᠬᠦᠷᠲᠡᠯ᠎ᠡ ᠲᠤᠰᠢᠶᠠᠨ᠎ᠠ :: ᠬᠣᠬᠢᠷᠠᠯ ᠢ ᠨᠥᠬᠥᠨ ᠲᠥᠯᠥᠭᠦᠯᠬᠦ ᠳᠦ ᠬᠠᠮᠢᠶᠠᠷᠠᠬᠤ ᠪᠥᠭᠡᠳ ᠨᠥᠬᠥᠨ ᠲᠥᠯᠥᠭᠦᠯᠬᠦ

1. ᠪᠦᠷᠢᠳᠬᠡᠭᠦᠯᠦᠭᠰᠡᠨ ᠵᠢᠷᠤᠮ ᠤᠨ ᠳᠠᠭᠠᠤ ᠪᠠᠷ ᠬᠢᠭᠡ ᠦᠭᠡᠢ ᠬᠡᠷᠡᠭ ᠪᠣᠯᠪᠠᠯ · ᠨᠢᠭᠡ ᠪᠦᠷᠢ ᠳᠦ 50 ᠶᠤᠸᠠᠨ ᠡᠴᠡ 500 ᠶᠤᠸᠠᠨ ᠲᠠᠯᠪᠢᠨ᠎ᠠ ::
ᠪᠠᠷᠢᠭᠤᠯᠤᠨ ᠵᠠᠰᠠᠬᠤ ᠲᠠᠯᠪᠢᠨ᠎ᠠ :

(ᠬᠣᠶᠠᠷ) ... ᠨᠢᠭᠡ ᠪᠦᠷᠢ ᠳᠦ ... ᠪᠠᠷᠢᠭᠤᠯᠤᠨ ᠵᠠᠰᠠᠬᠤ ᠲᠠᠯᠪᠢᠨ᠎ᠠ :

ᠨᠢᠭᠡ ᠪᠦᠷᠢ ᠳᠦ 50 ᠶᠤᠸᠠᠨ ᠡᠴᠡ 100 ᠶᠤᠸᠠᠨ ᠲᠠᠯᠪᠢᠨ᠎ᠠ ::

2. ... ᠨᠢᠭᠡ ᠪᠦᠷᠢ ᠳᠦ 50 ᠶᠤᠸᠠᠨ ᠲᠠᠯᠪᠢᠨ᠎ᠠ ::

1. ... ᠨᠢᠭᠡ ᠪᠦᠷᠢ ᠳᠦ 100 ᠶᠤᠸᠠᠨ ᠲᠠᠯᠪᠢᠨ᠎ᠠ ::

(ᠨᠢᠭᠡ) ... ᠪᠠᠷᠢᠭᠤᠯᠤᠨ ᠵᠠᠰᠠᠬᠤ ᠲᠠᠯᠪᠢᠨ᠎ᠠ :

(ᠬᠣᠶᠠᠷ) ... ᠨᠢᠭᠡ ᠪᠦᠷᠢ ᠳᠦ 10 ᠶᠤᠸᠠᠨ ᠲᠠᠯᠪᠢᠨ᠎ᠠ ::

... ᠪᠠᠷᠢᠭᠤᠯᠤᠨ ᠵᠠᠰᠠᠬᠤ ᠲᠠᠯᠪᠢᠨ᠎ᠠ ::

... ᠨᠢᠭᠡ ᠪᠦᠷᠢ ᠳᠦ 500 ᠶᠤᠸᠠᠨ ᠡᠴᠡ 1000 ᠶᠤᠸᠠᠨ ᠲᠠᠯᠪᠢᠨ᠎ᠠ :: ...

(ᠭᠤᠷᠪᠠ) ...

3. ... ᠨᠢᠭᠡ ᠪᠦᠷᠢ ᠳᠦ 50 ᠶᠤᠸᠠᠨ ᠡᠴᠡ 100 ᠶᠤᠸᠠᠨ ᠲᠠᠯᠪᠢᠨ᠎ᠠ ::

... 1% ᠢᠶᠠᠷ ᠲᠠᠯᠪᠢᠨ᠎ᠠ :: 10 ... ᠡᠴᠡ ... 0.5% ᠢᠶᠠᠷ ᠲᠠᠯᠪᠢᠨ᠎ᠠ ::

... 5 ... ᠡᠴᠡ ... :: 5 ... ᠡᠴᠡ ... 10 ...

1. ᠠᠮᠢᠨ ᠤ ᠬᠣᠬᠢᠷᠠᠯ ᠢ ᠬᠠᠷᠢᠭᠤᠴᠠᠬᠤ ᠶᠢᠨ ᠵᠢᠷᠤᠮ ᠢ ᠵᠥᠷᠢᠴᠡᠭᠰᠡᠨ ᠪᠣᠯ ᠲᠣᠭᠠᠨ ᠲᠠᠭᠠᠷᠠᠬᠤ ᠬᠡᠮᠵᠢᠶ᠎ᠡ ᠪᠡᠷ ᠲᠣᠰᠬᠠᠨ ᠪᠠᠷᠢᠬᠤ᠂ ᠲᠠᠭᠰᠢ ᠮᠥᠩᠭᠦ 1000 ᠲᠥᠭᠦᠷᠢᠭ ᠬᠦᠷᠲᠡᠯ

(ᠨᠢᠭᠡᠳᠦᠭᠡᠷ) ᠠᠮᠢᠨ ᠤ ᠬᠣᠬᠢᠷᠠᠯ ᠢ ᠲᠣᠭᠠᠴᠠᠬᠤ ᠡᠷᠬᠡ ᠶᠢᠨ ᠪᠠᠶᠢᠭᠤᠯᠤᠯᠭ᠎ᠠ ᠳᠣᠷ᠎ᠠ ᠳᠤᠷᠠᠳᠤᠭᠰᠠᠨ ᠵᠢᠷᠤᠮ ᠢᠶᠠᠷ ᠪᠣᠯᠭᠠᠨ᠎ᠠ:

ᠲᠣᠭᠠᠴᠠᠭ᠎ᠠ ᠳᠤ ᠮᠡᠳᠡᠭᠳᠡᠬᠦ ᠶᠢᠨ ᠬᠠᠮᠲᠤ ᠲᠠᠢ ᠪᠣᠯᠭᠠᠨ᠎ᠠ᠂ ᠮᠡᠳᠡᠭᠳᠡᠭᠰᠡᠨ ᠡᠳᠦᠷ ᠡᠴᠡ 30 ᠡᠳᠦᠷ ᠦᠨ ᠳᠣᠲᠣᠷ᠎ᠠ ᠲᠣᠰᠬᠠᠨ ᠪᠠᠷᠢᠬᠤ ᠦᠭᠡᠢ᠃

(ᠬᠣᠶᠠᠳᠤᠭᠠᠷ) ᠠᠮᠢᠨ ᠤ ᠬᠣᠬᠢᠷᠠᠯ ᠢ ᠲᠣᠭᠠᠴᠠᠭᠰᠠᠨ ᠪᠣᠯ ᠬᠣᠬᠢᠷᠠᠯ ᠤᠨ ᠬᠡᠮᠵᠢᠶ᠎ᠡ ᠶᠢᠨ ᠡᠴᠡ ᠪᠣᠯᠭᠠᠨ ᠢ ᠲᠣᠭᠠᠴᠠᠵᠤ ᠬᠠᠷᠢᠭᠤᠴᠠᠬᠤ᠂ ᠬᠣᠬᠢᠷᠠᠯ ᠤᠨ ᠲᠣᠭᠠ ᠶᠢ ᠲᠣᠭᠠᠴᠠᠭᠰᠠᠨ ᠬᠡᠮᠵᠢᠶ᠎ᠡ ᠶᠢᠨ

ᠲᠣᠰᠬᠠᠨ ᠪᠠᠷᠢᠬᠤ᠂ ᠲᠠᠭᠰᠢ ᠮᠥᠩᠭᠦ 400 ᠲᠥᠭᠦᠷᠢᠭ ᠪᠣᠯᠭᠠᠨ᠎ᠠ᠃

(ᠭᠤᠷᠪᠠᠳᠤᠭᠠᠷ) ᠬᠣᠬᠢᠷᠠᠯ ᠤᠨ ᠬᠡᠮᠵᠢᠶ᠎ᠡ ᠶᠢ ᠲᠣᠭᠠᠴᠠᠭᠰᠠᠨ ᠪᠣᠯ ᠲᠣᠭᠠᠴᠠᠭᠰᠠᠨ ᠬᠡᠮᠵᠢᠶ᠎ᠡ ᠶᠢᠨ ᠬᠣᠬᠢᠷᠠᠯ ᠤᠨ ᠲᠣᠭᠠ ᠶᠢ ᠲᠣᠭᠠᠴᠠᠵᠤ ᠪᠠᠶᠢᠭᠤᠯᠬᠤ ᠪᠡᠷ

(ᠳᠥᠷᠪᠡᠳᠦᠭᠡᠷ) ᠪᠤᠰᠤᠳ ᠬᠣᠬᠢᠷᠠᠯ ᠤᠨ ᠲᠣᠭᠠᠴᠠᠭ᠎ᠠ ᠶᠢᠨ ᠵᠢᠷᠤᠮ ᠢᠶᠠᠷ ᠲᠣᠰᠬᠠᠨ ᠪᠠᠷᠢᠬᠤ᠂ ᠲᠠᠭᠰᠢ ᠮᠥᠩᠭᠦ 100 ᠲᠥᠭᠦᠷᠢᠭ ᠪᠣᠯᠭᠠᠨ᠎ᠠ᠃

ᠤᠨ 1/3 ᠪᠡᠷ ᠪᠣᠯᠭᠠᠨ᠎ᠠ᠃

(ᠲᠠᠪᠤᠳᠤᠭᠠᠷ) ᠬᠣᠬᠢᠷᠠᠯ ᠤᠨ ᠲᠣᠭᠠᠴᠠᠭ᠎ᠠ ᠶᠢᠨ ᠵᠢᠷᠤᠮ ᠢᠶᠠᠷ ᠲᠣᠰᠬᠠᠨ ᠪᠠᠷᠢᠬᠤ᠂ ᠬᠣᠬᠢᠷᠠᠯ ᠤᠨ ᠲᠣᠭᠠ ᠶᠢ ᠲᠣᠭᠠᠴᠠᠭᠰᠠᠨ ᠬᠡᠮᠵᠢᠶ᠎ᠡ ᠶᠢᠨ ᠲᠣᠭᠠᠴᠠᠭ᠎ᠠ ᠳᠤ ᠮᠡᠳᠡᠭᠳᠡᠬᠦ

ᠲᠥᠭᠦᠷᠢᠭ ᠬᠦᠷᠲᠡᠯ ᠲᠣᠰᠬᠠᠨ ᠪᠠᠷᠢᠬᠤ ᠦᠭᠡᠢ᠃

0.5% ᠪᠡᠷ ᠪᠣᠯᠭᠠᠨ᠎ᠠ᠃ ᠲᠣᠭᠠᠴᠠᠬᠤ ᠡᠳᠦᠷ ᠤᠨ ᠬᠣᠬᠢᠷᠠᠯ ᠤᠨ ᠲᠣᠭᠠᠴᠠᠭ᠎ᠠ ᠶᠢᠨ ᠵᠢᠷᠤᠮ ᠢᠶᠠᠷ ᠲᠣᠰᠬᠠᠨ ᠪᠠᠷᠢᠬᠤ ᠪᠣᠯ ᠪᠠᠶᠢᠭᠤᠯᠤᠯᠭ᠎ᠠ ᠳᠣᠷ᠎ᠠ ᠲᠣᠭᠠᠨ 5000

ᠪᠣᠯᠭᠠᠨ᠎ᠠ᠃ 1000 ᠲᠥᠭᠦᠷᠢᠭ ᠬᠦᠷᠲᠡᠯ ᠬᠡᠰᠡᠭ 10 ᠡᠳᠦᠷ ᠲᠥᠭᠦᠷᠢᠭ ᠪᠡᠷ ᠲᠣᠰᠬᠠᠨ ᠪᠠᠷᠢᠬᠤ ᠬᠡᠮᠵᠢᠶ᠎ᠡ 1% ᠪᠡᠷ ᠪᠣᠯᠭᠠᠨ᠎ᠠ᠃ 10 ᠡᠳᠦᠷ ᠲᠥᠭᠦᠷᠢᠭ ᠬᠦᠷᠲᠡᠯ ᠲᠣᠰᠬᠠᠭᠰᠠᠨ ᠬᠡᠮᠵᠢᠶ᠎ᠡ

ᠬᠣᠬᠢᠷᠠᠯ ᠤᠨ ᠡᠳᠦᠷ ᠲᠤ 1000 ᠲᠥᠭᠦᠷᠢᠭ ᠬᠦᠷᠲᠡᠯ ᠲᠣᠰᠬᠠᠨ ᠪᠠᠷᠢᠬᠤ ᠪᠣᠯ ᠬᠣᠬᠢᠷᠠᠯ ᠤᠨ ᠡᠳᠦᠷ ᠲᠤ ᠲᠣᠭᠠᠴᠠᠬᠤ ᠦᠭᠡᠢ ᠪᠣᠯᠭᠠᠨ᠎ᠠ᠂ ᠲᠠᠭᠰᠢ ᠮᠥᠩᠭᠦ 30 ᠲᠥᠭᠦᠷᠢᠭ

ᠡᠷᠬᠡ ᠶᠢᠨ ᠪᠠᠶᠢᠭᠤᠯᠤᠯᠭ᠎ᠠ ᠳᠣᠷ᠎ᠠ ᠲᠣᠭᠠᠴᠠᠭ᠎ᠠ ᠪᠣᠯᠭᠠᠨ᠎ᠠ:

(ᠵᠢᠷᠭᠤᠳᠤᠭᠠᠷ) ᠲᠣᠭᠠᠴᠠᠬᠤ ᠬᠡᠮᠵᠢᠶ᠎ᠡ ᠶᠢᠨ ᠵᠢᠷᠤᠮ ᠢᠶᠠᠷ ᠲᠣᠰᠬᠠᠨ ᠪᠠᠷᠢᠬᠤ᠂ ᠪᠤᠰᠤᠳ ᠲᠣᠭᠠᠴᠠᠬᠤ ᠬᠡᠮᠵᠢᠶ᠎ᠡ ᠬᠣᠬᠢᠷᠠᠯ ᠤᠨ ᠡᠳᠦᠷ ᠲᠤ ᠲᠣᠭᠠᠴᠠᠭᠰᠠᠨ

ᠲᠣᠭᠠᠴᠠᠭ᠎ᠠ ᠶᠢᠨ ᠲᠣᠭᠠ ᠶᠢ ᠪᠣᠯᠭᠠᠬᠤ ᠦᠭᠡᠢ᠃

ᠬᠡᠮᠵᠢᠶ᠎ᠡ ᠶᠢᠨ ᠲᠣᠭᠠᠴᠠᠬᠤ ᠪᠠᠶᠢᠭᠤᠯᠤᠯᠭ᠎ᠠ ᠪᠣᠯ ᠬᠣᠬᠢᠷᠠᠯ ᠤᠨ ᠲᠣᠭᠠᠴᠠᠭᠰᠠᠨ ᠡᠷᠬᠡ ᠶᠢᠨ ᠲᠣᠰᠬᠠᠨ ᠪᠠᠷᠢᠬᠤ᠂ ᠲᠠᠭᠰᠢ ᠶᠢᠨ ᠬᠣᠬᠢᠷᠠᠯ ᠤᠨ ᠲᠣᠭᠠ

3. ᠬᠣᠬᠢᠷᠠᠯ ᠤᠨ ᠲᠣᠭᠠᠴᠠᠭ᠎ᠠ ᠶᠢᠨ ᠡᠷᠬᠡ ᠶᠢᠨ ᠪᠠᠶᠢᠭᠤᠯᠤᠯᠭ᠎ᠠ ᠳᠣᠷ᠎ᠠ ᠲᠣᠭᠠᠴᠠᠬᠤ ᠬᠡᠮᠵᠢᠶ᠎ᠡ ᠪᠡᠷ ᠲᠣᠰᠬᠠᠨ ᠪᠠᠷᠢᠬᠤ᠂ ᠪᠤᠰᠤᠳ ᠲᠣᠭᠠᠴᠠᠬᠤ ᠬᠡᠮᠵᠢᠶ᠎ᠡ ᠦᠭᠡᠢ ᠲᠣᠭᠠᠴᠠᠬᠤ ᠡᠳᠦᠷ

ᠡᠳᠦᠷ ᠲᠥᠭᠦᠷᠢᠭ ᠬᠦᠷᠲᠡᠯ ᠲᠣᠰᠬᠠᠭᠰᠠᠨ ᠬᠡᠮᠵᠢᠶ᠎ᠡ 0.1% ᠪᠡᠷ ᠪᠣᠯᠭᠠᠨ᠎ᠠ᠃

ᠲᠣᠭᠠᠴᠠᠬᠤ ᠦᠭᠡᠢ ᠬᠡᠮᠵᠢᠶ᠎ᠡ 1% ᠪᠡᠷ ᠪᠣᠯᠭᠠᠨ᠎ᠠ᠃ 500 ᠡᠳᠦᠷ ᠲᠥᠭᠦᠷᠢᠭ ᠬᠦᠷᠲᠡᠯ ᠬᠡᠰᠡᠭ 1000 ᠡᠳᠦᠷ ᠲᠥᠭᠦᠷᠢᠭ ᠲᠣᠭᠠᠴᠠᠬᠤ ᠦᠭᠡᠢ ᠬᠡᠮᠵᠢᠶ᠎ᠡ 0.5% ᠪᠡᠷ ᠪᠣᠯᠭᠠᠨ᠎ᠠ᠃ 1000

1 ᠡᠳᠦᠷ ᠲᠥᠭᠦᠷᠢᠭ ᠬᠦᠷᠲᠡᠯ ᠬᠡᠰᠡᠭ 50 ᠡᠳᠦᠷ ᠲᠥᠭᠦᠷᠢᠭ ᠲᠣᠭᠠᠴᠠᠬᠤ ᠦᠭᠡᠢ ᠬᠡᠮᠵᠢᠶ᠎ᠡ 1.5% ᠪᠡᠷ ᠪᠣᠯᠭᠠᠨ᠎ᠠ᠃ 50 ᠡᠳᠦᠷ ᠲᠥᠭᠦᠷᠢᠭ ᠬᠦᠷᠲᠡᠯ ᠬᠡᠰᠡᠭ 500 ᠡᠳᠦᠷ ᠲᠥᠭᠦᠷᠢᠭ

2. ᠲᠣᠭᠠᠴᠠᠭᠰᠠᠨ ᠬᠣᠬᠢᠷᠠᠯ ᠤᠨ ᠡᠳᠦᠷ ᠲᠤ ᠲᠣᠭᠠ ᠶᠢᠨ ᠡᠳᠦᠷ ᠲᠤ 1 ᠡᠳᠦᠷ ᠲᠥᠭᠦᠷᠢᠭ ᠬᠦᠷᠲᠡᠯ ᠲᠣᠰᠬᠠᠨ ᠪᠠᠷᠢᠬᠤ ᠦᠭᠡᠢ ᠪᠣᠯᠭᠠᠨ᠎ᠠ᠂ ᠲᠠᠭᠰᠢ ᠮᠥᠩᠭᠦ 50 ᠲᠥᠭᠦᠷᠢᠭ ᠪᠣᠯᠭᠠᠨ᠎ᠠ᠃

ᠬᠡᠷᠡᠭᠵᠢᠭᠦᠯᠦᠨ᠎ᠡ ᠪᠣᠯᠤᠨ᠎ᠠ ᠬᠡᠷᠡᠭ ᠪᠠᠢᠳᠠᠯ ᠪᠦᠷᠢ::

ᠭᠤᠷᠪᠠᠳᠤᠭᠠᠷ ᠵᠦᠢᠯ ᠰᠢᠶᠠᠨ ᠤ ᠳᠡᠭᠡᠭᠰᠢ ᠠᠷᠠᠳ ᠤᠨ ᠵᠠᠰᠠᠭ ᠤᠨ ᠭᠠᠵᠠᠷ ᠤᠨ ᠮᠠᠯ ᠤᠨ ᠡᠮᠨᠡᠯᠭᠡ ᠶᠢᠨ ᠵᠠᠬᠢᠷᠭᠠᠨ ᠤ ᠡᠷᠬᠡ ᠪᠦᠬᠦᠢ ᠭᠠᠵᠠᠷ ᠪᠤᠶᠤ ᠪᠤᠰᠤᠳ ᠡᠷᠬᠡᠲᠡᠨ ᠠᠵᠢᠯᠲᠠᠨ ᠪᠠ ᠬᠠᠮᠢᠶᠠᠷᠤᠭᠰᠠᠨ ᠪᠠᠢᠭᠤᠯᠤᠯᠭ᠎ᠠ ᠶᠢᠨ ᠪᠠᠷᠢᠮᠲᠠ ᠪᠠᠷ ᠰᠢᠶᠠᠳᠬᠠᠨ᠎ᠠ:: ᠬᠡᠷᠡᠭ ᠪᠠᠢᠳᠠᠯ ᠨᠢ ᠬᠦᠨᠳᠦ ᠪᠣᠯ ᠰᠢᠶᠠᠨ ᠤ ᠳᠡᠭᠡᠭᠰᠢ ᠠᠷᠠᠳ ᠤᠨ ᠵᠠᠰᠠᠭ ᠤᠨ ᠭᠠᠵᠠᠷ ᠪᠠᠷ ᠰᠢᠶᠠᠳᠬᠠᠨ᠎ᠠ::

ᠲᠠᠪᠤᠳᠤᠭᠠᠷ ᠪᠦᠯᠦᠭ ᠬᠠᠤᠯᠢ ᠶᠢᠨ ᠬᠠᠷᠢᠭᠤᠴᠠᠯᠭ᠎ᠠ

ᠳᠥᠴᠢᠨ ᠳᠤᠭᠠᠷ ᠵᠦᠢᠯ ᠡᠨᠡ ᠬᠠᠤᠯᠢ ᠶᠢᠨ ᠵᠠᠯᠠᠯ ᠢ ᠵᠦᠷᠴᠢᠵᠦ ᠰᠢᠶᠠᠨ ᠤ ᠳᠡᠭᠡᠭᠰᠢ ᠠᠷᠠᠳ ᠤᠨ ᠵᠠᠰᠠᠭ ᠤᠨ ᠭᠠᠵᠠᠷ ᠤᠨ ᠮᠠᠯ ᠤᠨ ᠡᠮᠨᠡᠯᠭᠡ ᠶᠢᠨ ᠵᠠᠬᠢᠷᠭᠠᠨ ᠤ ᠭᠠᠵᠠᠷ ᠪᠠᠷ ᠰᠢᠶᠠᠳᠬᠠᠨ᠎ᠠ::

ᠳᠥᠴᠢᠨ ᠲᠠᠪᠤᠳᠤᠭᠠᠷ ᠵᠦᠢᠯ ᠡᠨᠡ ᠬᠠᠤᠯᠢ ᠶᠢᠨ ᠵᠠᠯᠠᠯ ᠢ ᠵᠦᠷᠴᠢᠭᠰᠡᠨ ᠪᠣᠯ ᠰᠢᠶᠠᠨ ᠤ ᠳᠡᠭᠡᠭᠰᠢ ᠠᠷᠠᠳ ᠤᠨ ᠵᠠᠰᠠᠭ ᠤᠨ ᠭᠠᠵᠠᠷ ᠤᠨ ᠮᠠᠯ ᠤᠨ ᠡᠮᠨᠡᠯᠭᠡ ᠶᠢᠨ ᠵᠠᠬᠢᠷᠭᠠᠨ ᠤ ᠭᠠᠵᠠᠷ ᠠᠴᠠ ᠰᠢᠶᠠᠳᠬᠠᠨ᠎ᠠ::

ᠳᠥᠴᠢᠨ ᠵᠢᠷᠭᠤᠭᠠᠳᠤᠭᠠᠷ ᠵᠦᠢᠯ ᠰᠢᠶᠠᠨ ᠤ ᠳᠡᠭᠡᠭᠰᠢ ᠠᠷᠠᠳ ᠤᠨ ᠵᠠᠰᠠᠭ ᠤᠨ ᠭᠠᠵᠠᠷ ᠤᠨ ᠮᠠᠯ ᠤᠨ ᠡᠮᠨᠡᠯᠭᠡ ᠶᠢᠨ ᠵᠠᠬᠢᠷᠭᠠᠨ ᠤ ᠭᠠᠵᠠᠷ ᠪᠠᠷ ᠰᠢᠶᠠᠳᠬᠠᠨ᠎ᠠ::

ᠳᠥᠴᠢᠨ ᠳᠣᠯᠤᠳᠤᠭᠠᠷ ᠵᠦᠢᠯ ᠰᠢᠶᠠᠨ ᠤ ᠳᠡᠭᠡᠭᠰᠢ ᠠᠷᠠᠳ ᠤᠨ ᠵᠠᠰᠠᠭ ᠤᠨ ᠭᠠᠵᠠᠷ ᠤᠨ ᠮᠠᠯ ᠤᠨ ᠡᠮᠨᠡᠯᠭᠡ ᠶᠢᠨ ᠵᠠᠬᠢᠷᠭᠠᠨ ᠤ ᠭᠠᠵᠠᠷ ᠪᠠᠷ ᠰᠢᠶᠠᠳᠬᠠᠨ᠎ᠠ::

ᠳᠥᠴᠢᠨ ᠨᠠᠢᠮᠠᠳᠤᠭᠠᠷ ᠵᠦᠢᠯ ᠰᠢᠶᠠᠨ ᠤ ᠳᠡᠭᠡᠭᠰᠢ ᠠᠷᠠᠳ ᠤᠨ ᠵᠠᠰᠠᠭ ᠤᠨ ᠭᠠᠵᠠᠷ ᠤᠨ ᠮᠠᠯ ᠤᠨ ᠡᠮᠨᠡᠯᠭᠡ ᠶᠢᠨ ᠵᠠᠬᠢᠷᠭᠠᠨ ᠤ ᠭᠠᠵᠠᠷ ᠪᠠᠷ ᠰᠢᠶᠠᠳᠬᠠᠨ᠎ᠠ::

ᠳᠥᠴᠢᠨ ᠶᠢᠰᠦᠳᠦᠭᠡᠷ ᠵᠦᠢᠯ ᠡᠨᠡ ᠬᠠᠤᠯᠢ ᠶᠢᠨ ᠵᠠᠯᠠᠯ ᠢ ᠵᠦᠷᠴᠢᠭᠰᠡᠨ ᠪᠣᠯ ᠵᠣᠬᠢᠬᠤ ᠠᠵᠢᠯᠯᠠᠭᠤᠯᠬᠤ ᠵᠢᠭᠠᠵᠤ ᠲᠣᠪᠴᠢ ᠲᠣᠭᠲᠠᠭᠠᠨ᠎ᠠ:: ᠶᠤᠸᠠᠨ

5. ᠮᠠᠯ ᠤᠨ ᠡᠮᠨᠡᠯᠭᠡ ᠶᠢᠨ ᠵᠠᠬᠢᠷᠭᠠᠨ ᠤ ᠭᠠᠵᠠᠷ ᠠᠴᠠ ᠬᠣᠷᠢᠭᠯᠠᠵᠤ ᠲᠣᠪᠴᠢ ᠲᠠᠯᠪᠢᠨ᠎ᠠ: ᠶᠤᠸᠠᠨ ᠡᠴᠡ 1000 ᠶᠤᠸᠠᠨ ᠬᠦᠷᠲᠡᠯ᠎ᠡ ᠲᠣᠪᠴᠢ ᠲᠣᠭᠲᠠᠭᠠᠨ᠎ᠠ::

4. ᠮᠠᠯ ᠤᠨ ᠡᠮᠨᠡᠯᠭᠡ ᠶᠢᠨ ᠡᠮ ᠢ ᠬᠠᠮᠢᠶᠠᠷᠤᠭᠰᠠᠨ ᠪᠠᠢᠭᠤᠯᠤᠯᠭ᠎ᠠ ᠪᠠᠷ ᠬᠣᠷᠢᠭᠯᠠᠵᠤ ᠲᠣᠪᠴᠢ ᠲᠠᠯᠪᠢᠨ᠎ᠠ: ᠶᠤᠸᠠᠨ ᠡᠴᠡ 1000 ᠶᠤᠸᠠᠨ ᠬᠦᠷᠲᠡᠯ᠎ᠡ ᠲᠣᠪᠴᠢ ᠲᠣᠭᠲᠠᠭᠠᠨ᠎ᠠ::

3. ᠮᠠᠯ ᠤᠨ ᠡᠮᠨᠡᠯᠭᠡ ᠶᠢᠨ ᠡᠮ ᠢ ᠬᠡᠷᠡᠭᠯᠡᠭᠰᠡᠨ ᠪᠠᠢᠭᠤᠯᠤᠯᠭ᠎ᠠ ᠪᠠᠷ ᠬᠣᠷᠢᠭᠯᠠᠵᠤ ᠲᠣᠪᠴᠢ ᠲᠠᠯᠪᠢᠨ᠎ᠠ: ᠶᠤᠸᠠᠨ ᠡᠴᠡ 1000 ᠶᠤᠸᠠᠨ ᠡᠴᠡ 5000 ᠶᠤᠸᠠᠨ ᠬᠦᠷᠲᠡᠯ᠎ᠡ ᠲᠣᠪᠴᠢ ᠲᠣᠭᠲᠠᠭᠠᠨ᠎ᠠ::

2. ᠮᠠᠯ ᠤᠨ ᠡᠮᠨᠡᠯᠭᠡ ᠶᠢᠨ ᠡᠮ ᠢ ᠬᠠᠮᠢᠶᠠᠷᠤᠭᠰᠠᠨ ᠪᠠᠢᠭᠤᠯᠤᠯᠭ᠎ᠠ ᠪᠠᠷ ᠬᠣᠷᠢᠭᠯᠠᠵᠤ ᠲᠣᠪᠴᠢ ᠲᠠᠯᠪᠢᠨ᠎ᠠ: ᠶᠤᠸᠠᠨ ᠡᠴᠡ 1000 ᠶᠤᠸᠠᠨ ᠡᠴᠡ 5000 ᠶᠤᠸᠠᠨ ᠬᠦᠷᠲᠡᠯ᠎ᠡ ᠲᠣᠪᠴᠢ ᠲᠣᠭᠲᠠᠭᠠᠨ᠎ᠠ::

1 ᠣᠷᠣᠨ ᠲᠣᠭᠲᠠᠭᠠᠨ᠎ᠠ ᠪᠣᠯᠤᠨ᠎ᠠ::

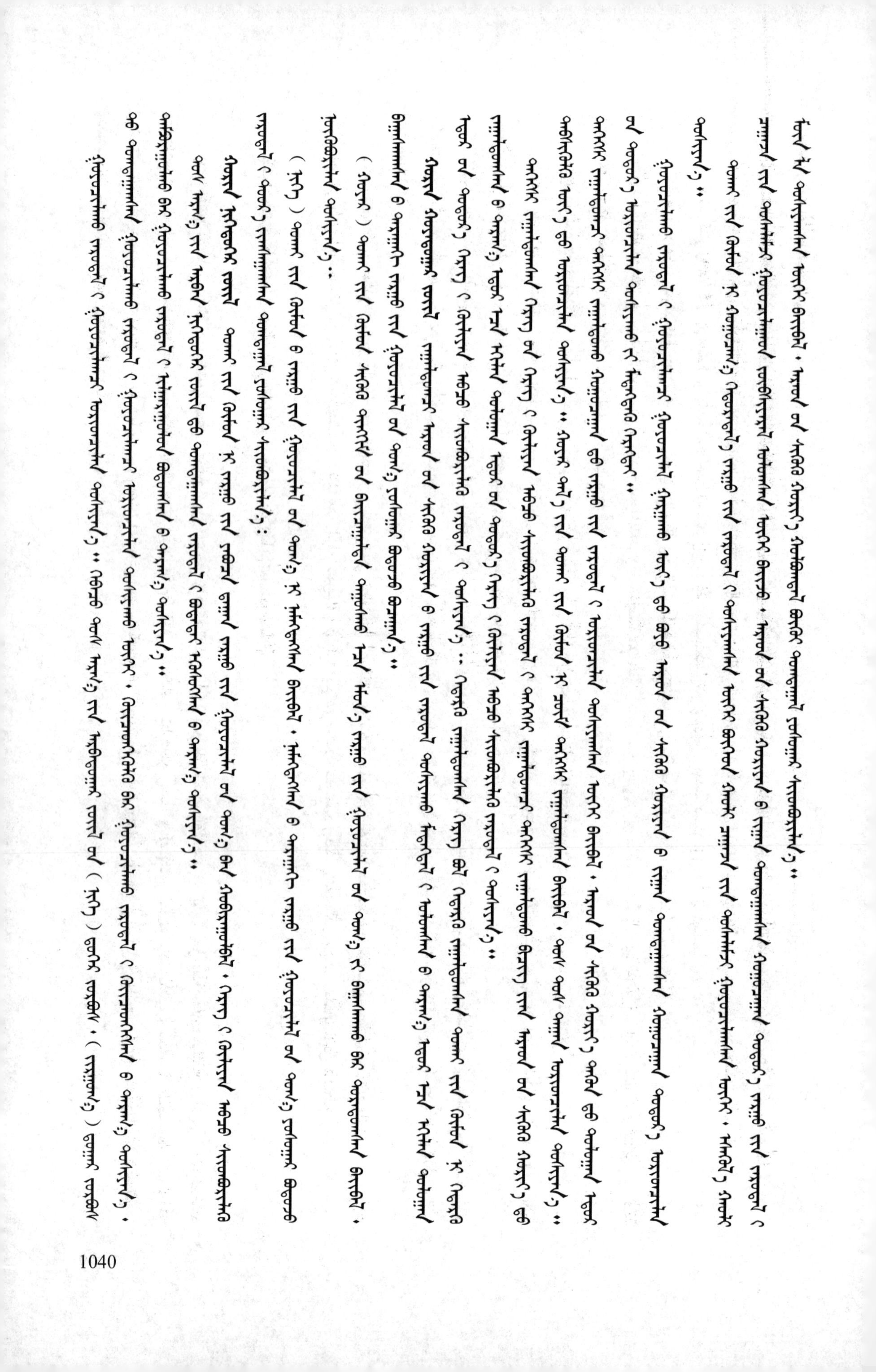

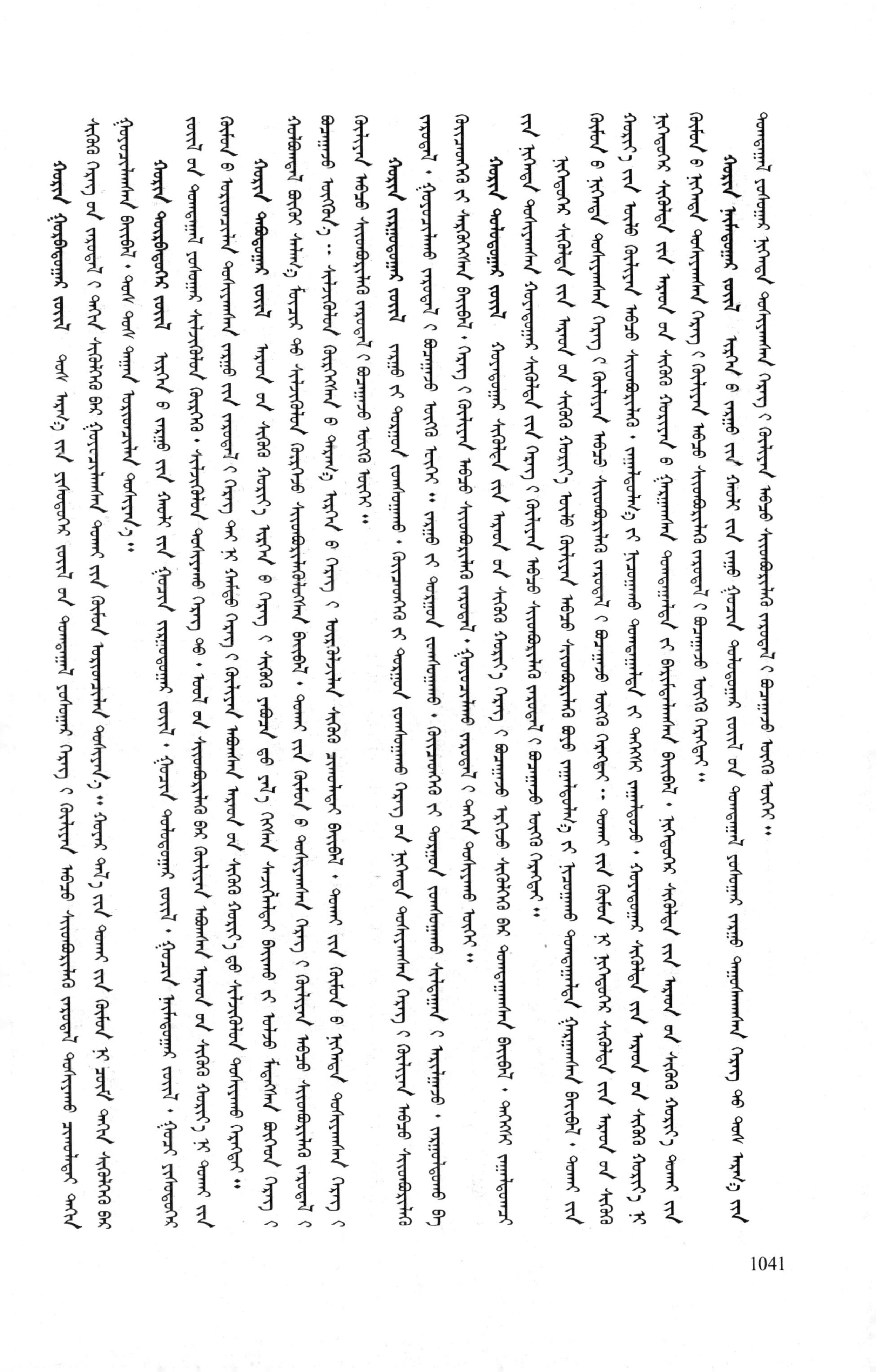

[illegible]

[illegible]

[illegible]

[illegible]

[illegible]

[illegible]

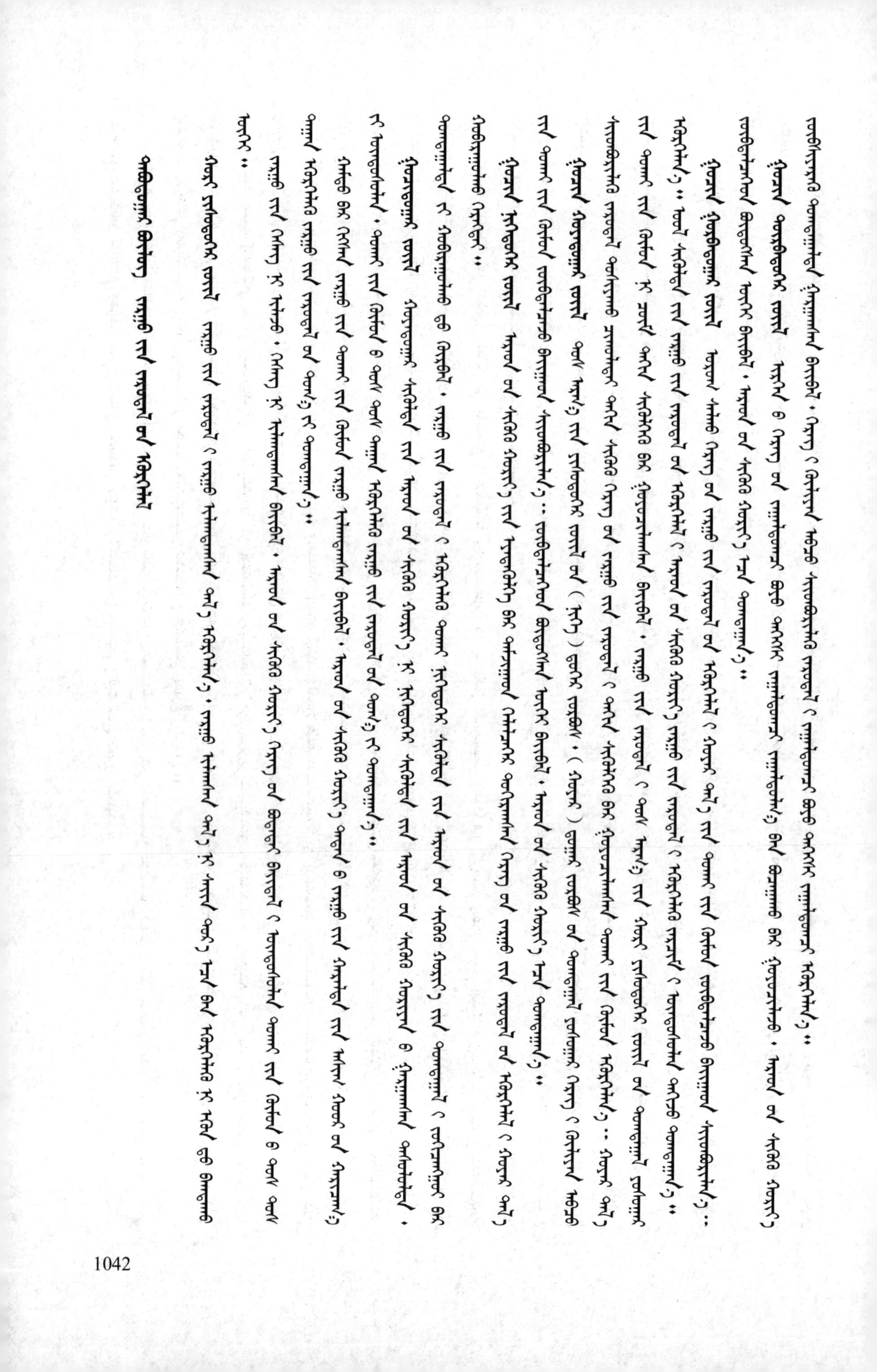

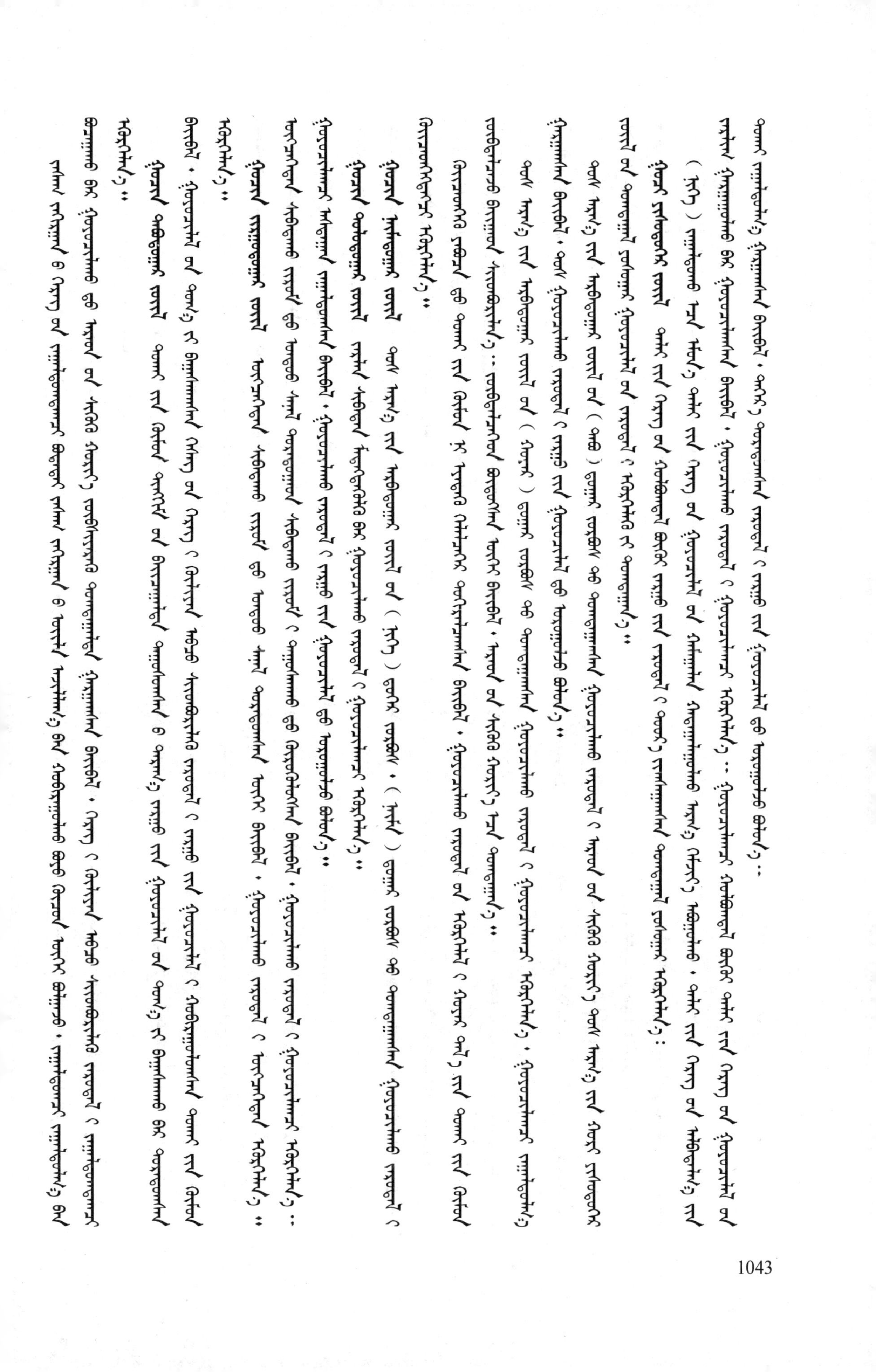

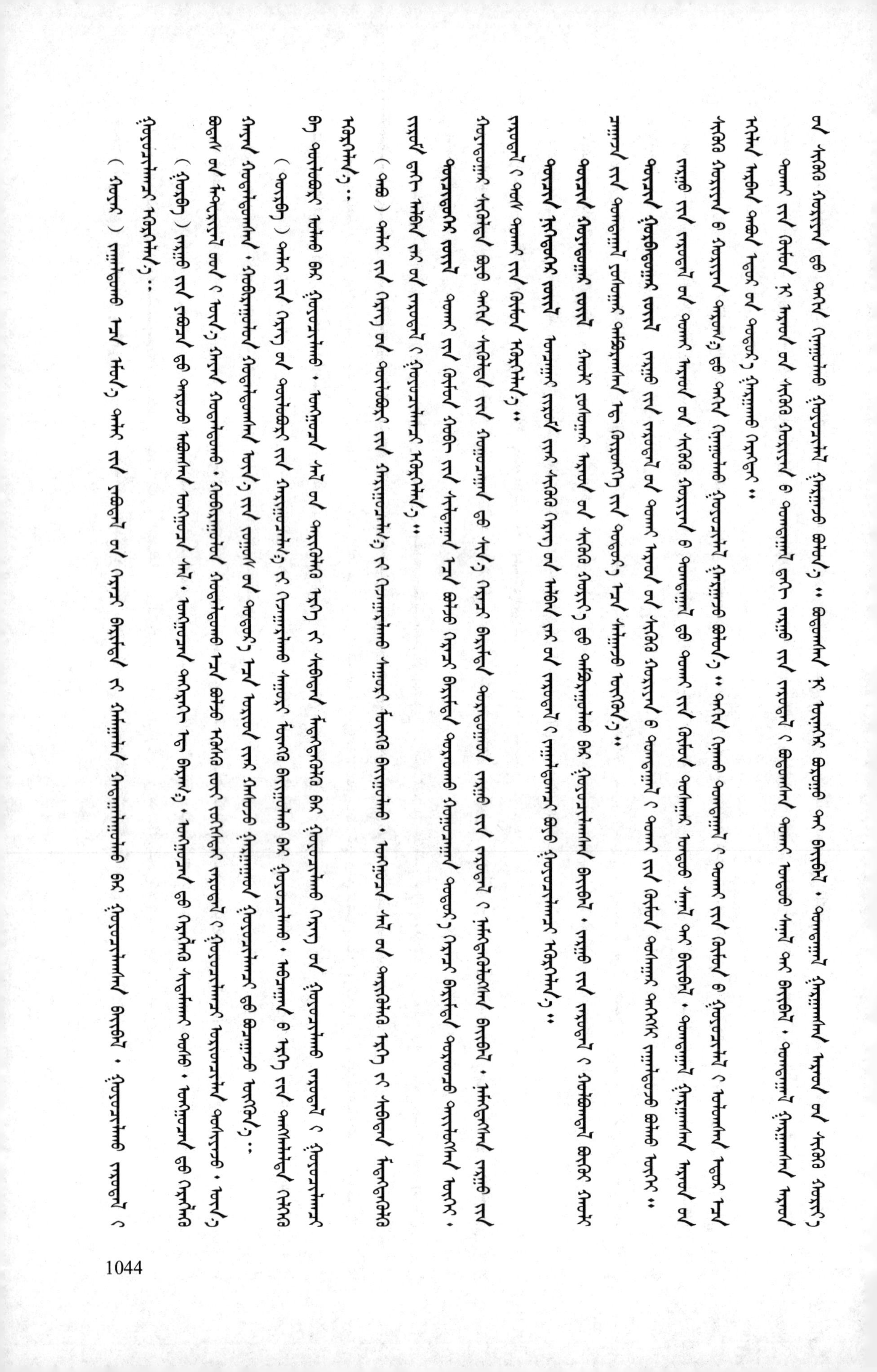

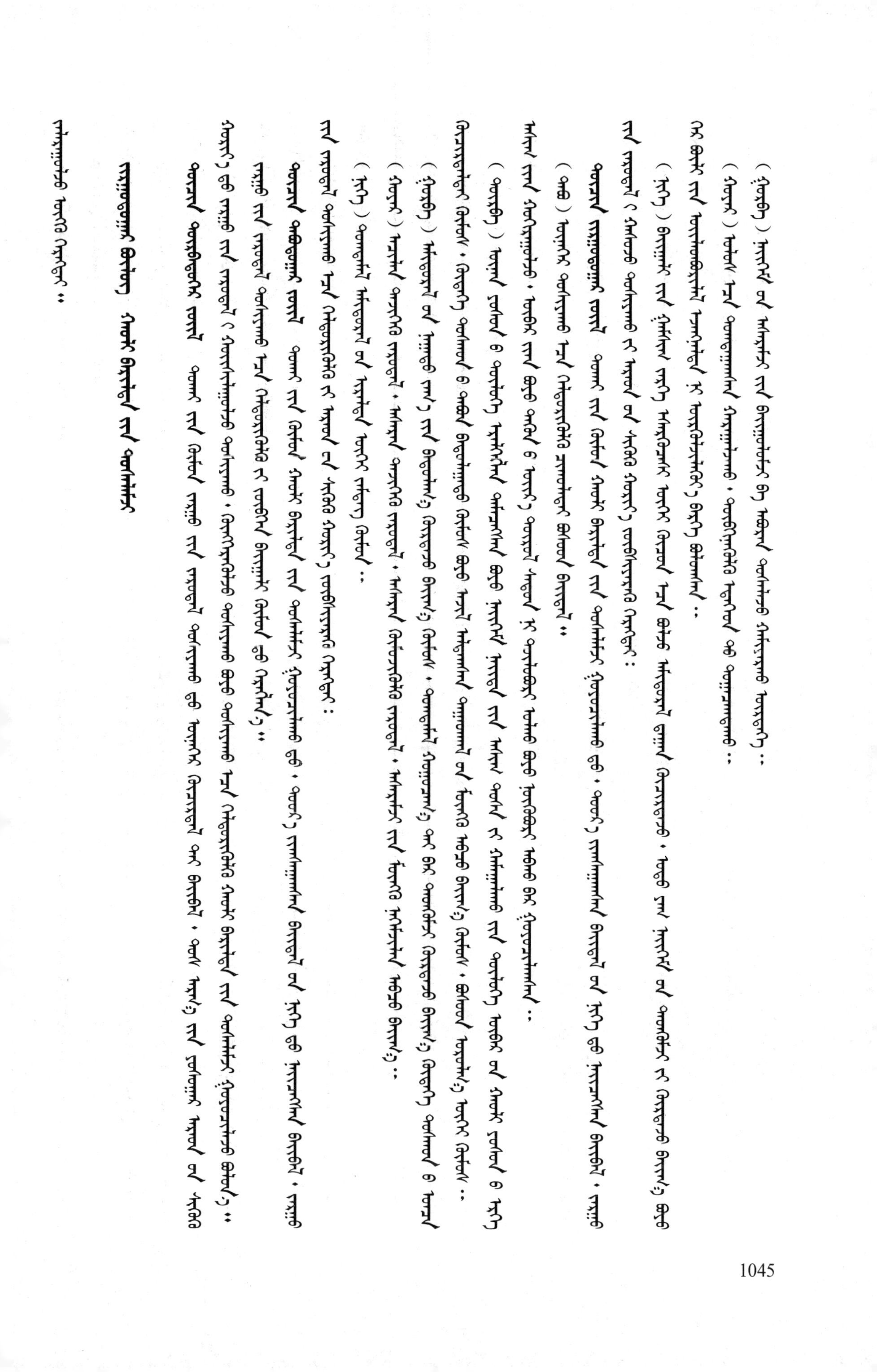

[illegible] ::

[illegible] ::

[illegible] ::

[illegible] :

[illegible] [illegible]

[illegible] ::

[illegible] ::

[illegible] ::

[illegible] ::

[illegible] ::

[illegible] ::

[illegible] :

[illegible] [illegible] ::

[illegible] ::

[illegible] [illegible]

[illegible]

[illegible] ::

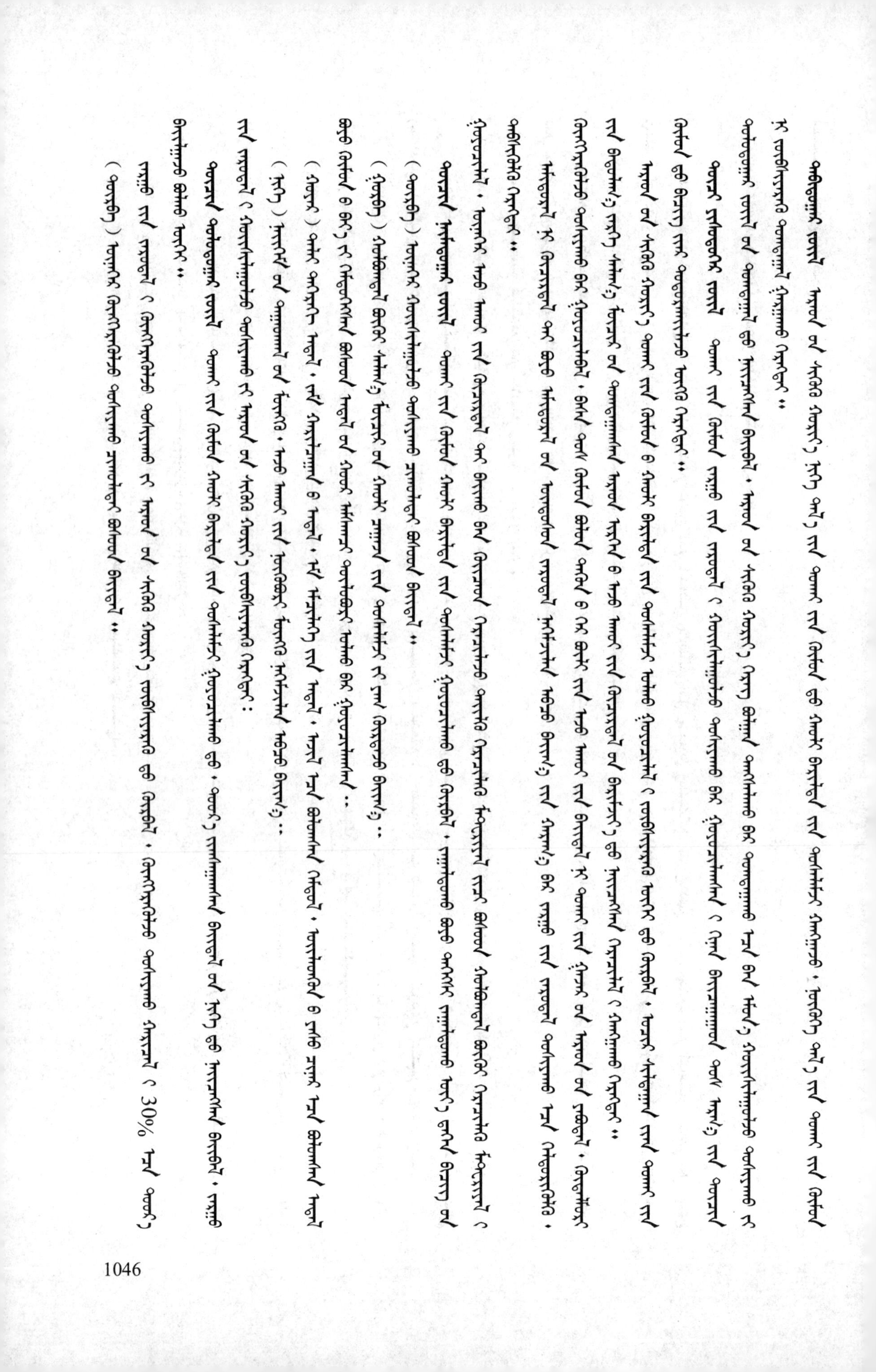

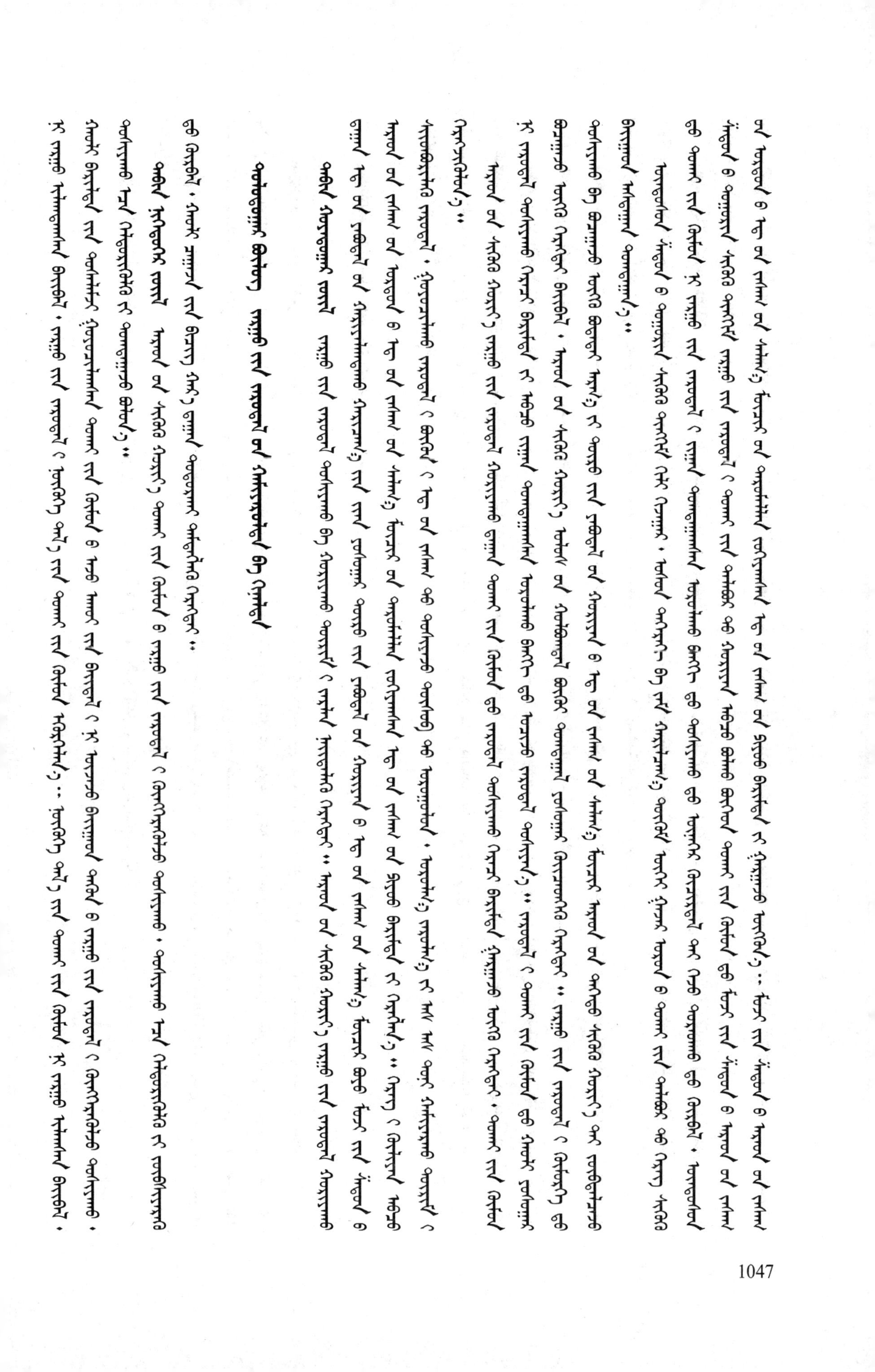

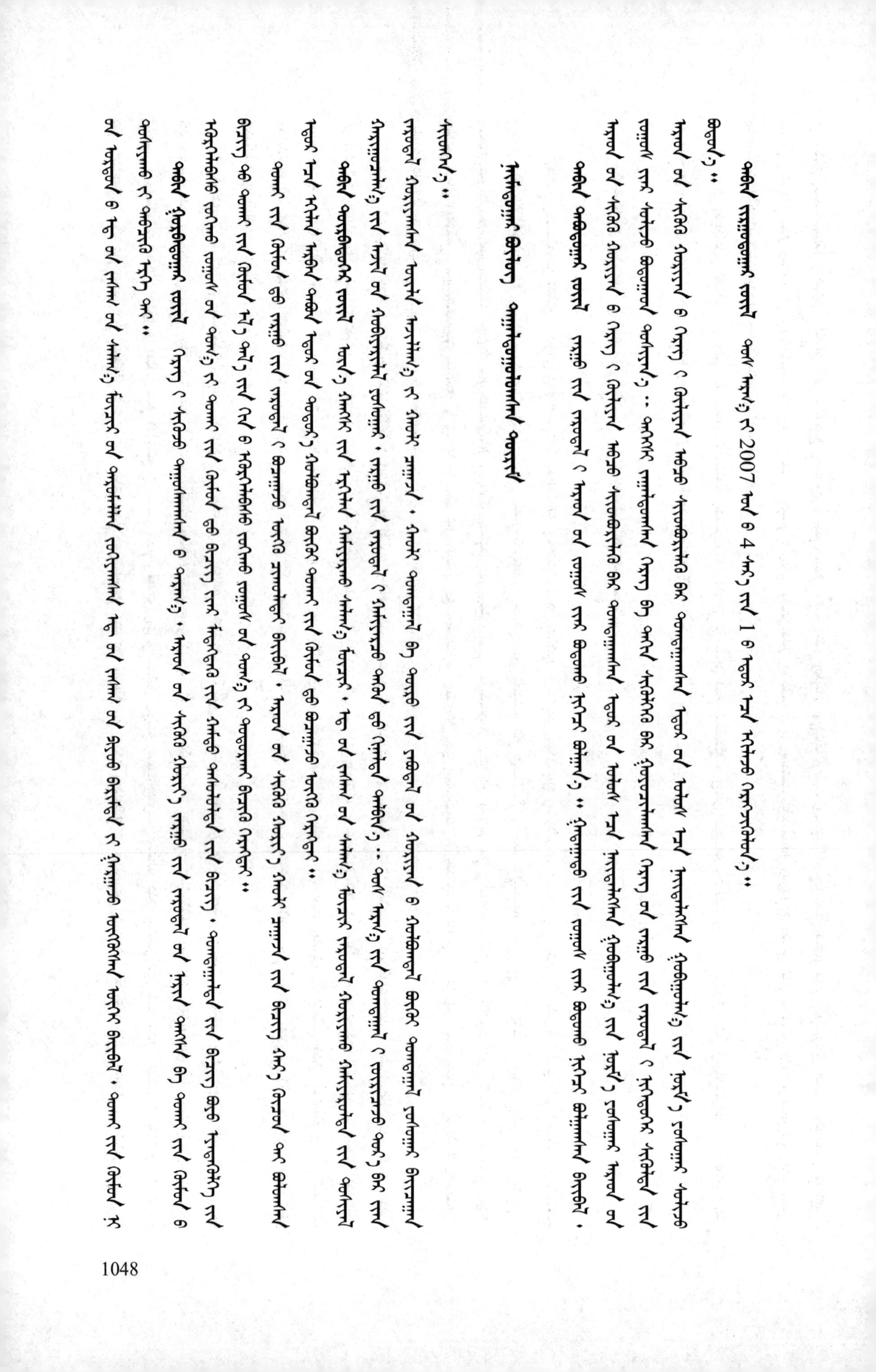

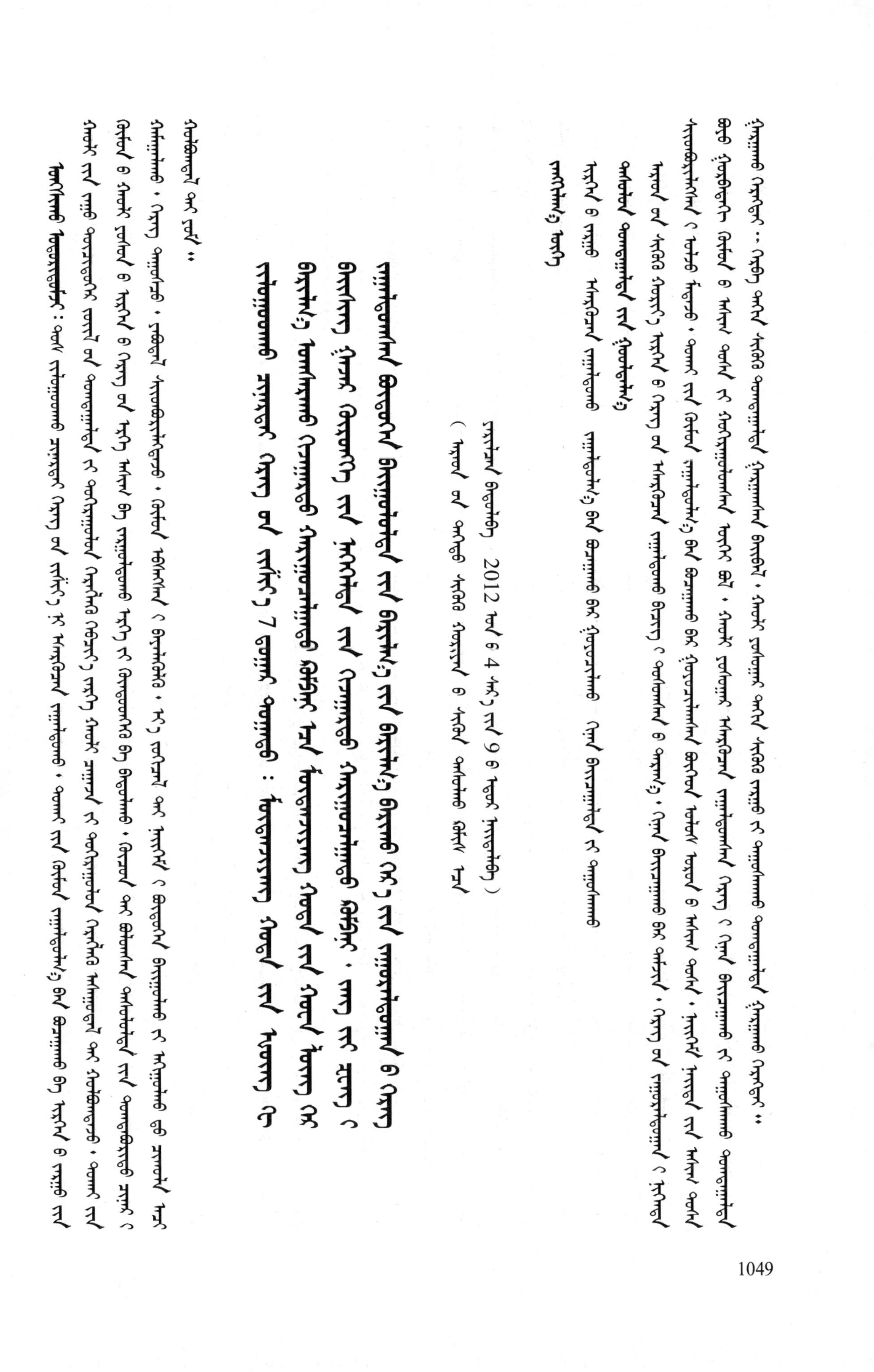

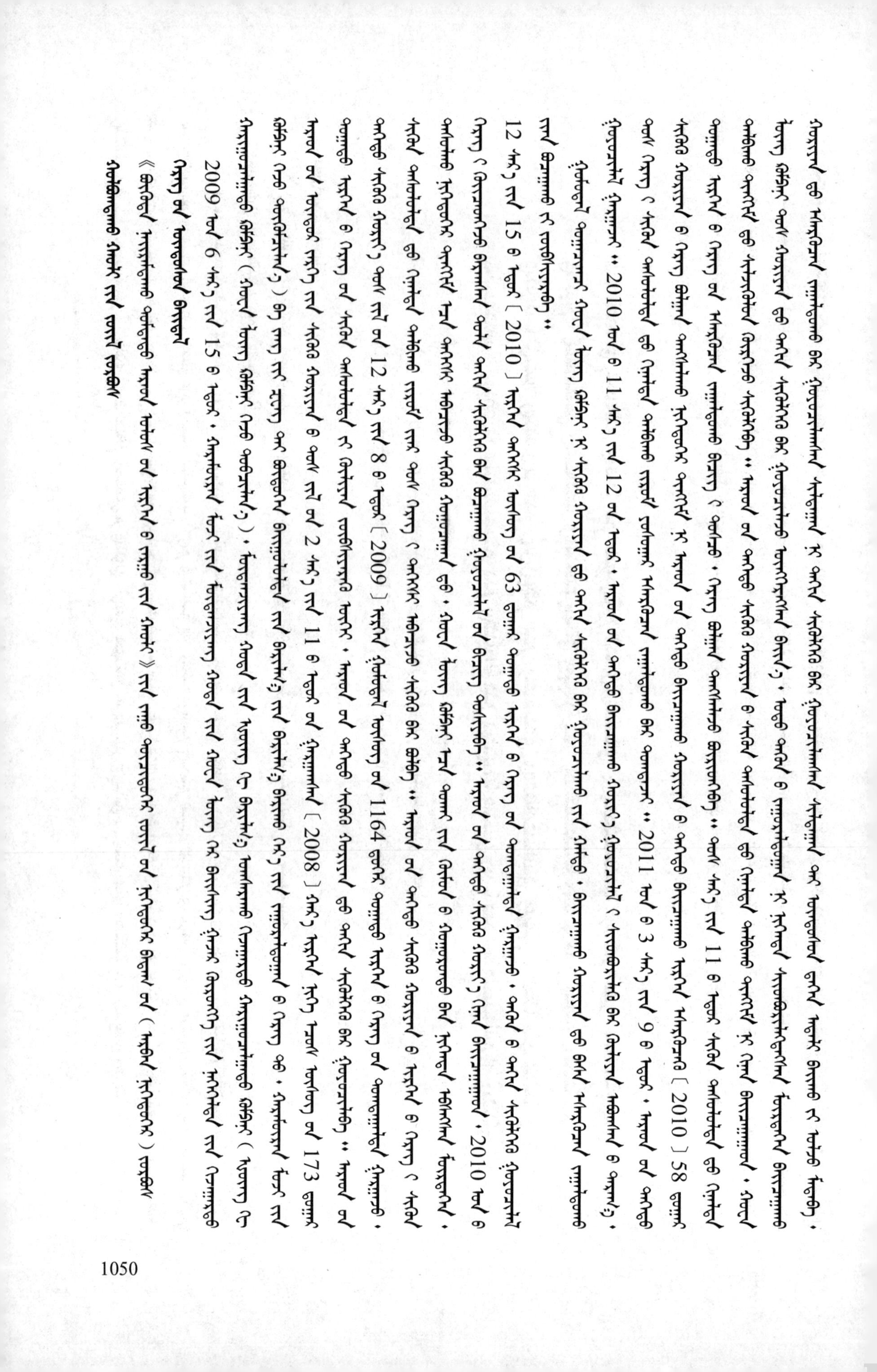

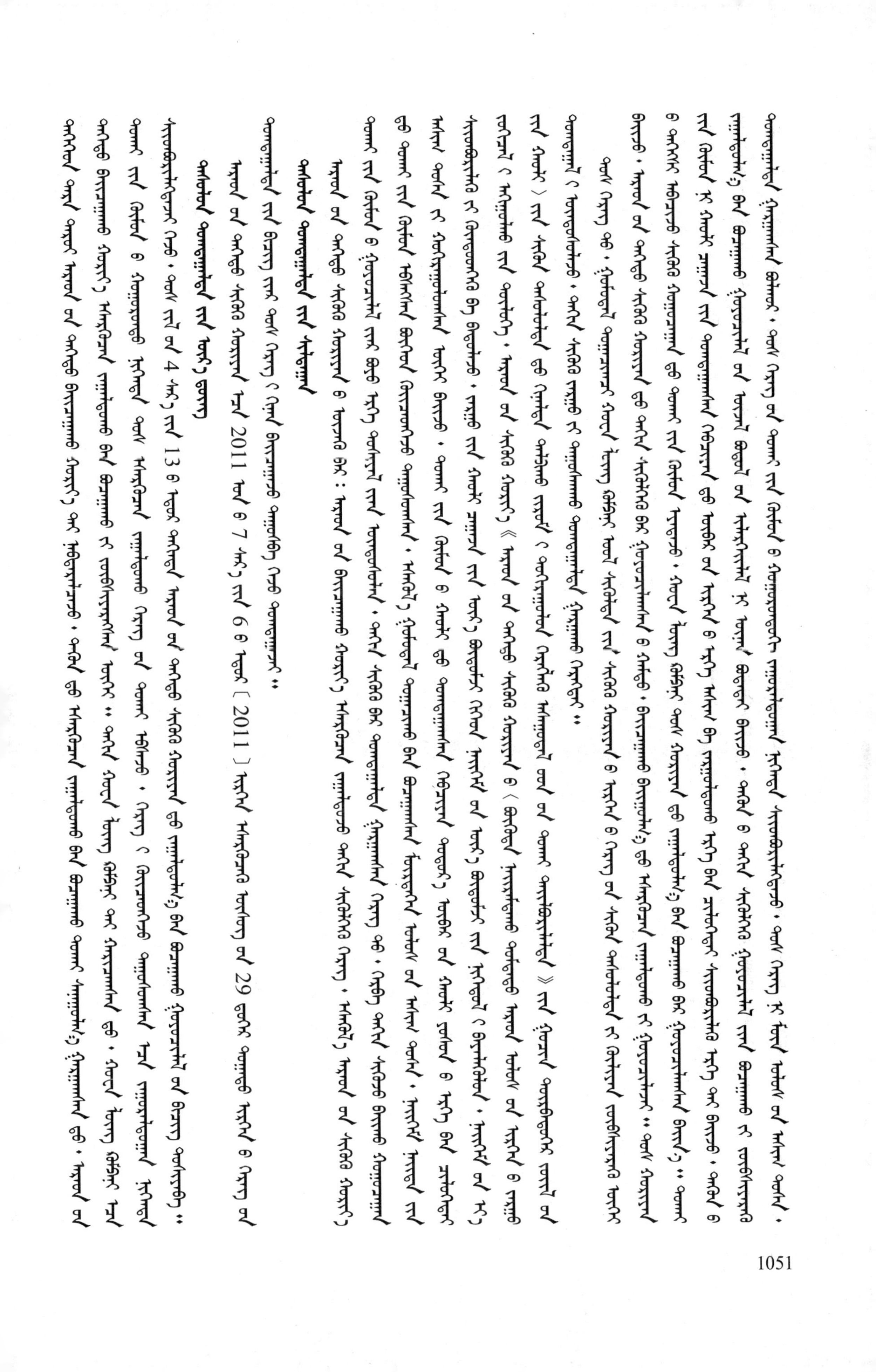

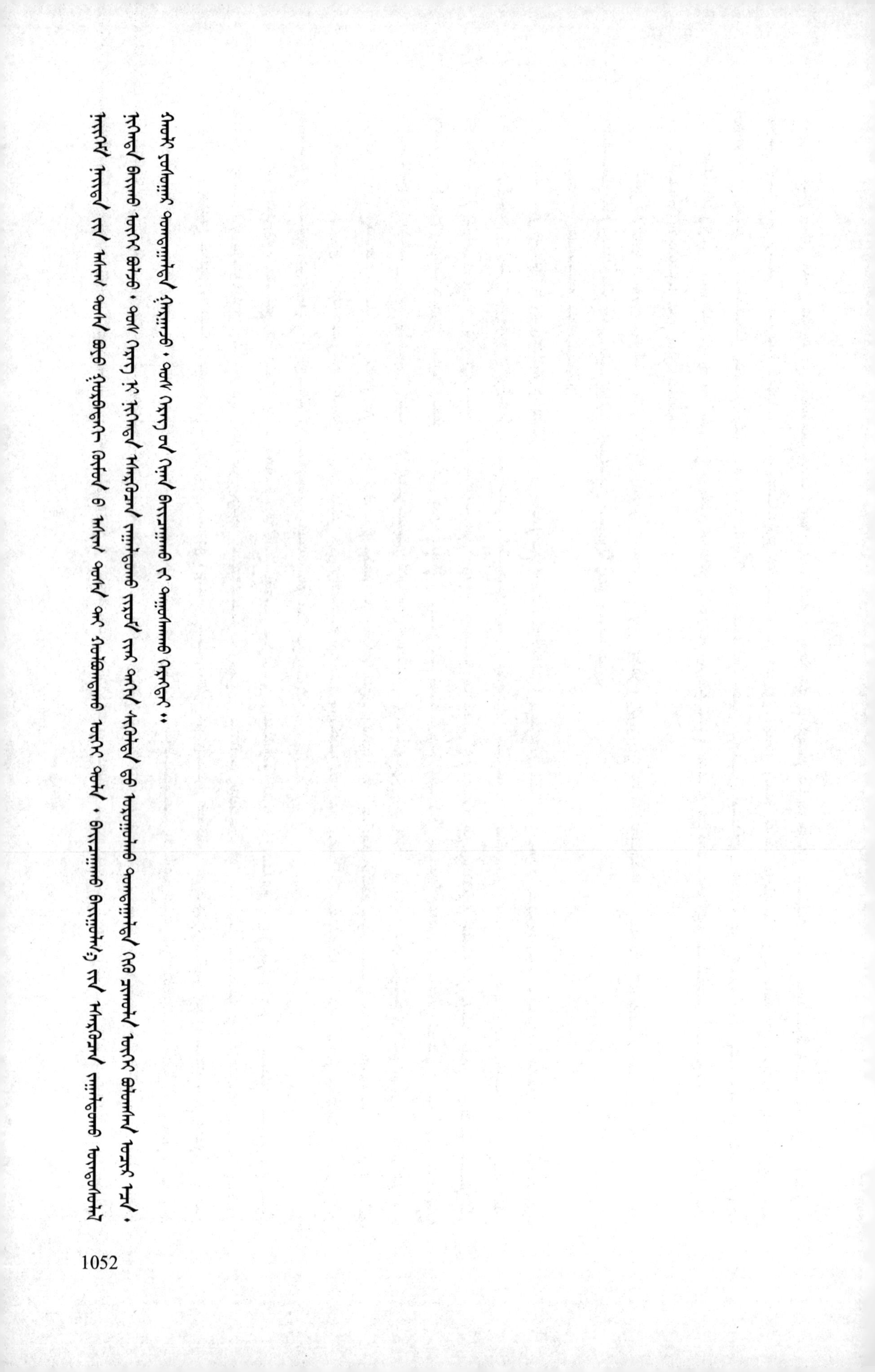

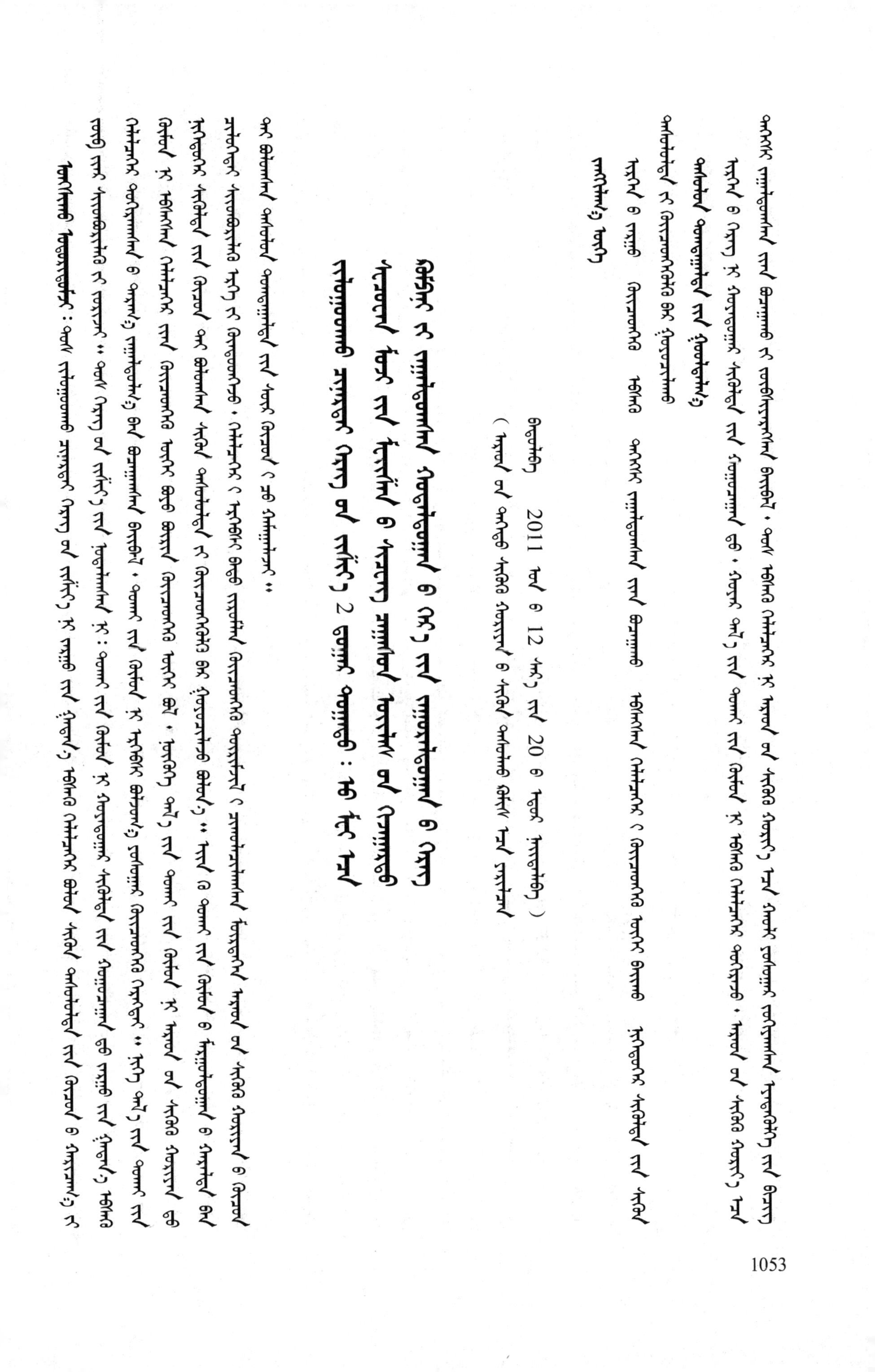

[illegible]

[illegible] 2 [illegible]

([illegible] 2011 [illegible] 12 [illegible] 20 [illegible])

[illegible]

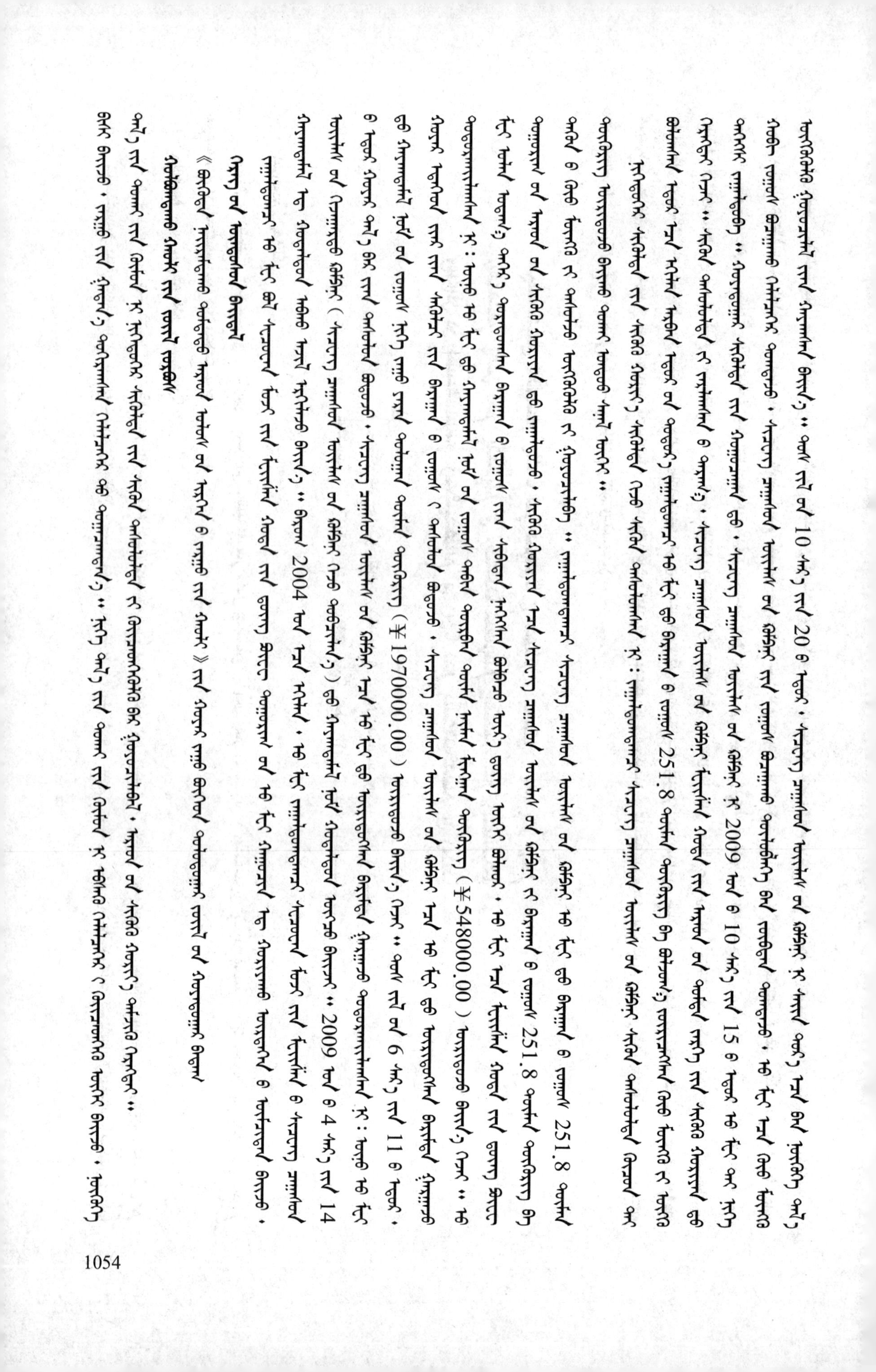

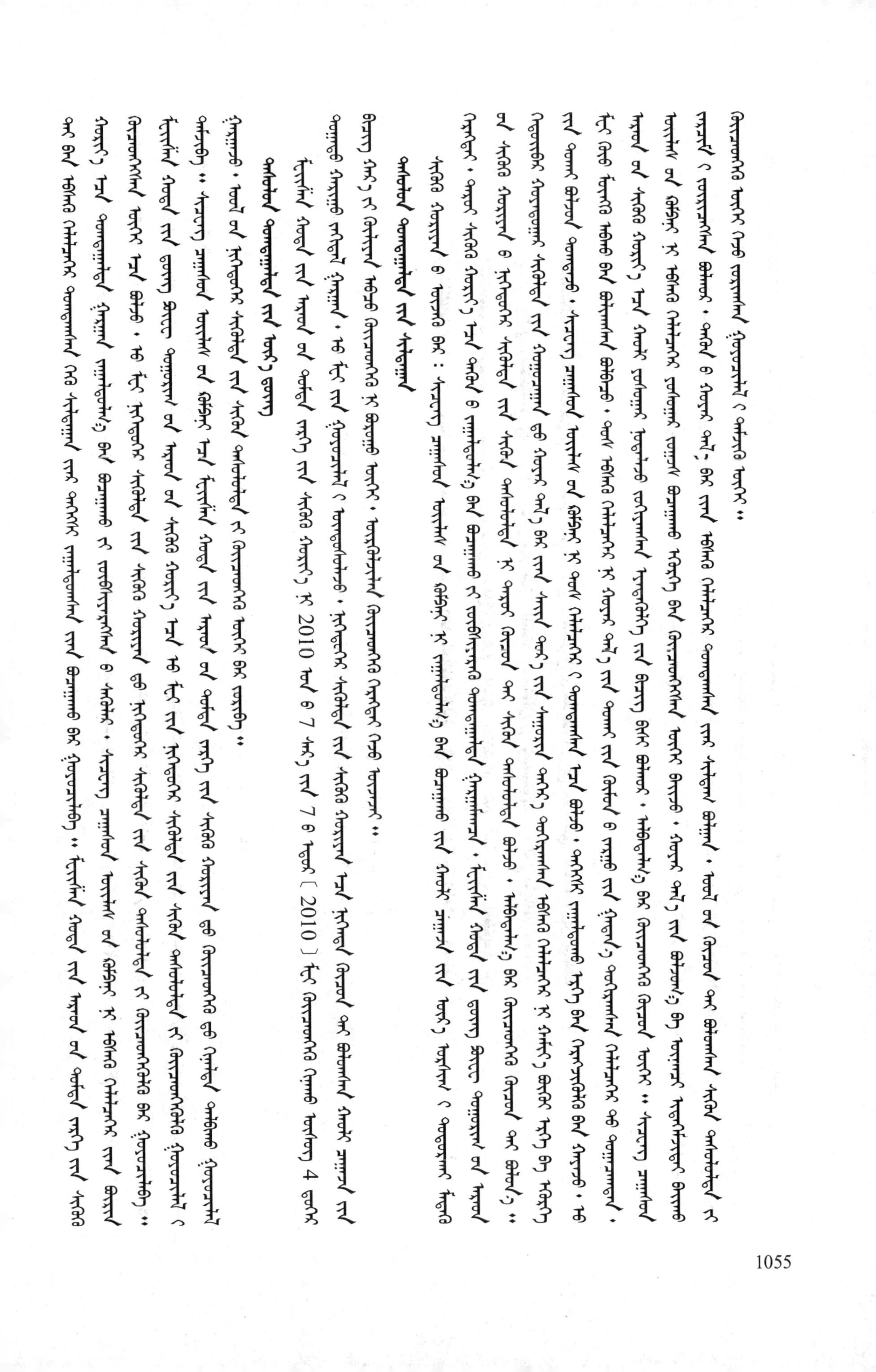

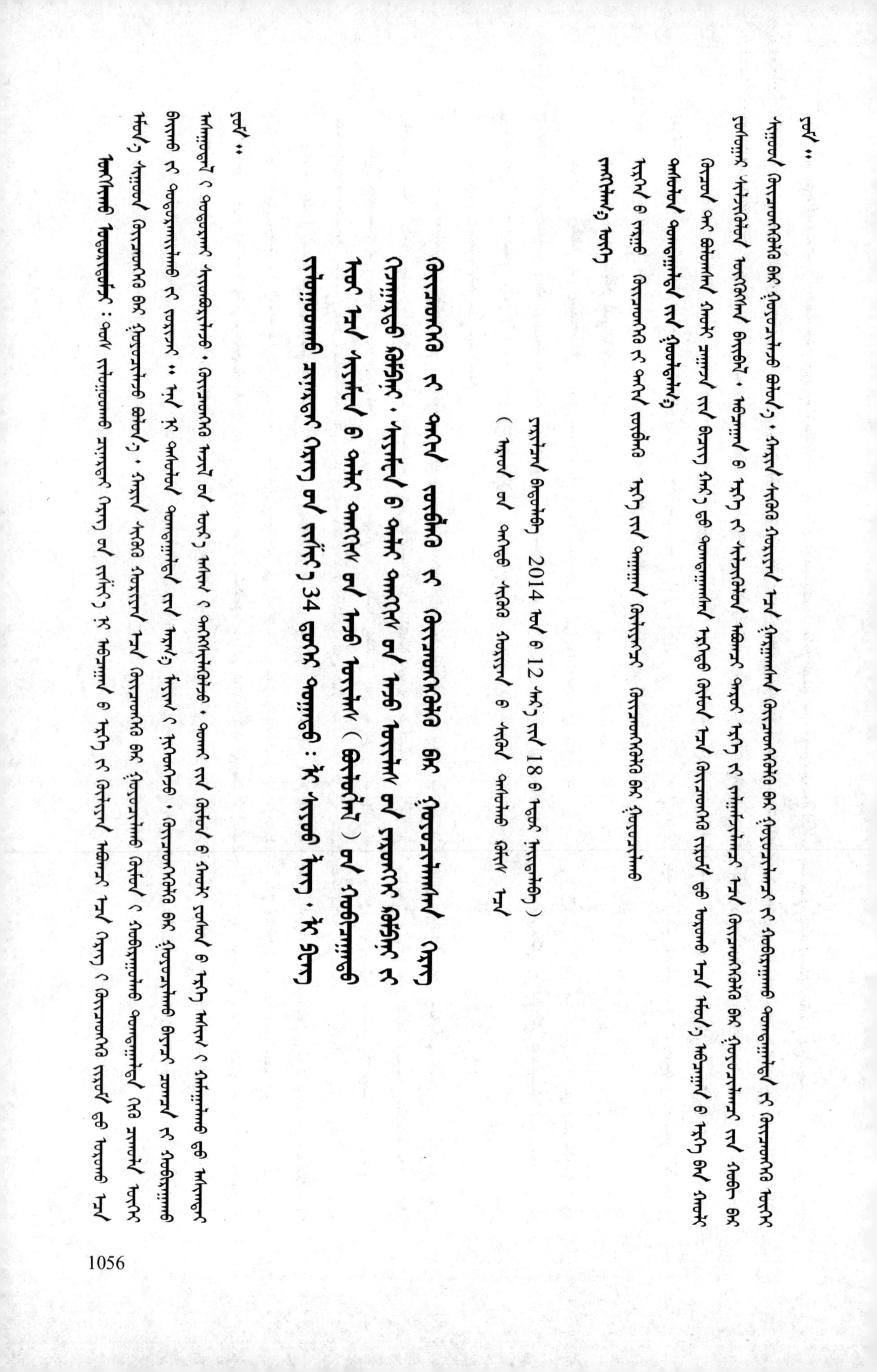

[illegible] ᠲᠠᠢ ::

[illegible] 34 [illegible]

([illegible] 2014 [illegible] 12 [illegible] 18 [illegible])

[illegible] ᠲᠠᠢ ::

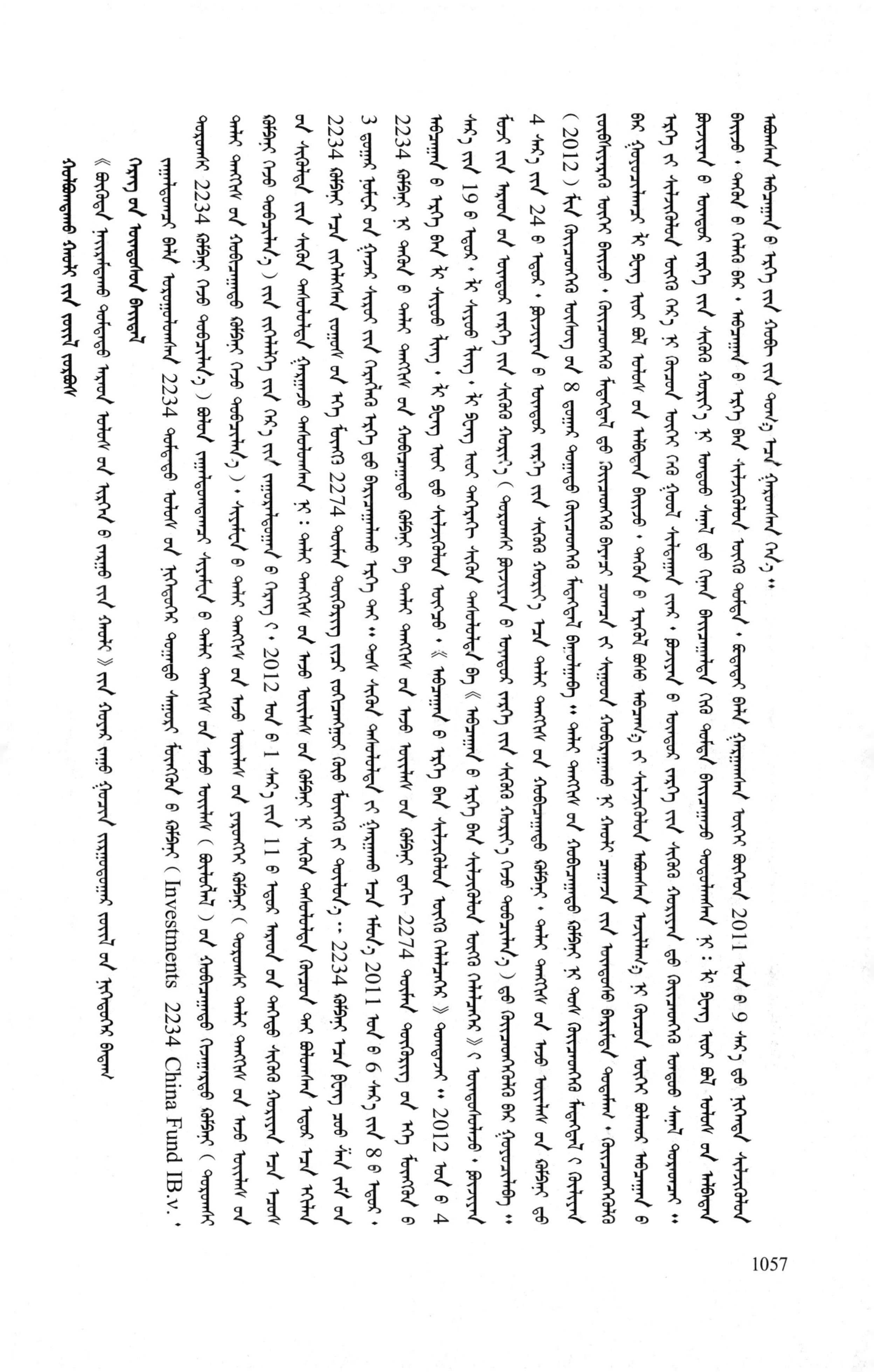

ᠬᠠᠮᠢᠶᠠᠷᠤᠯᠲᠠᠢ ᠪᠠᠢᠭᠤᠯᠤᠯᠭ᠎ᠠ 2234 ᠬᠤᠪᠢᠶᠠᠨ ᠬᠣᠶᠠᠷ ᠤᠨ ᠬᠥᠷᠥᠩᠭᠡ ᠣᠷᠣᠭᠤᠯᠤᠯᠲᠠ ᠬᠤᠪᠢᠶᠠᠨ ᠤ ᠬᠣᠷᠢᠶ᠎ᠠ (Investments 2234 China Fund IB.v. ᠂

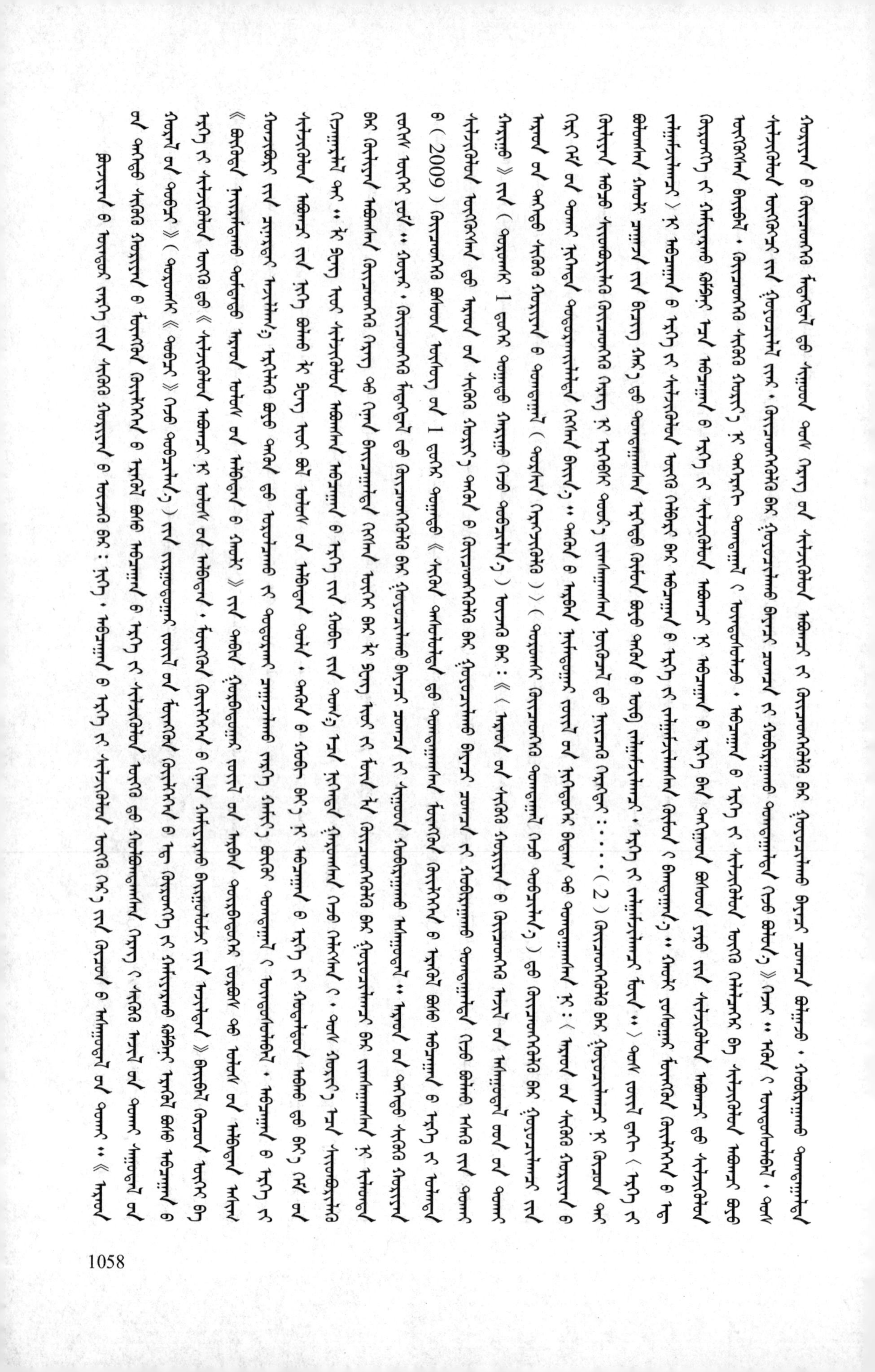

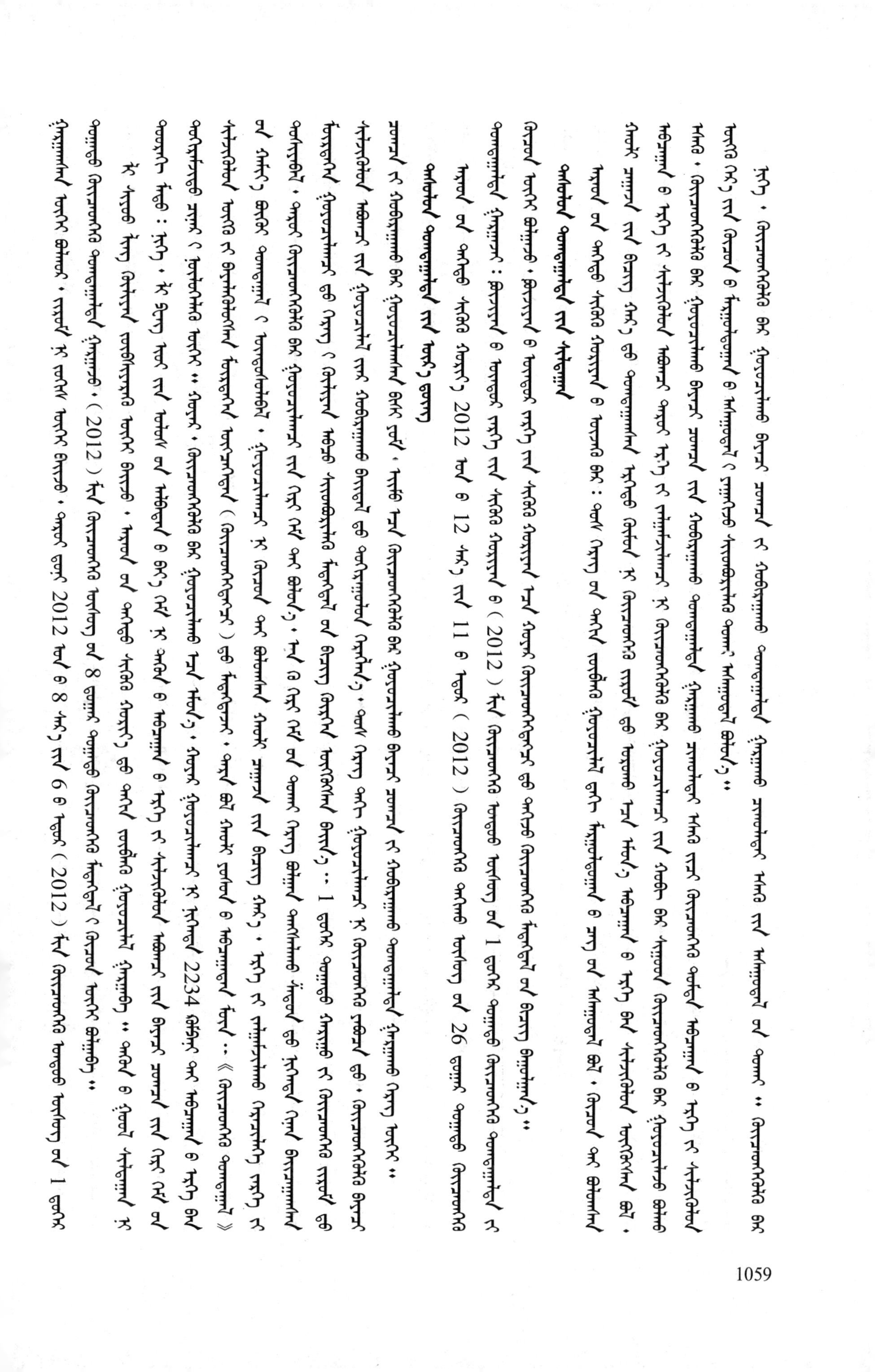

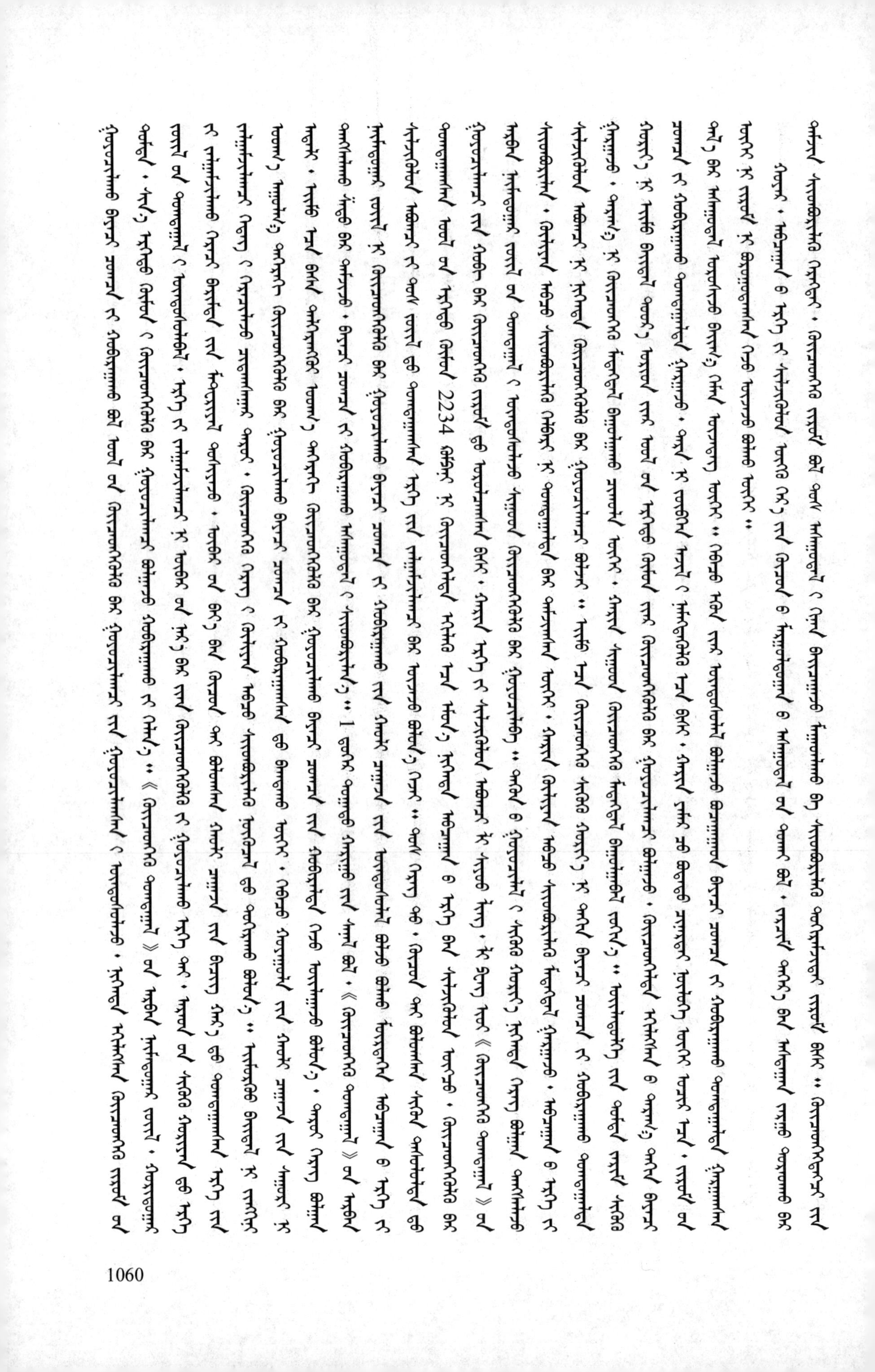

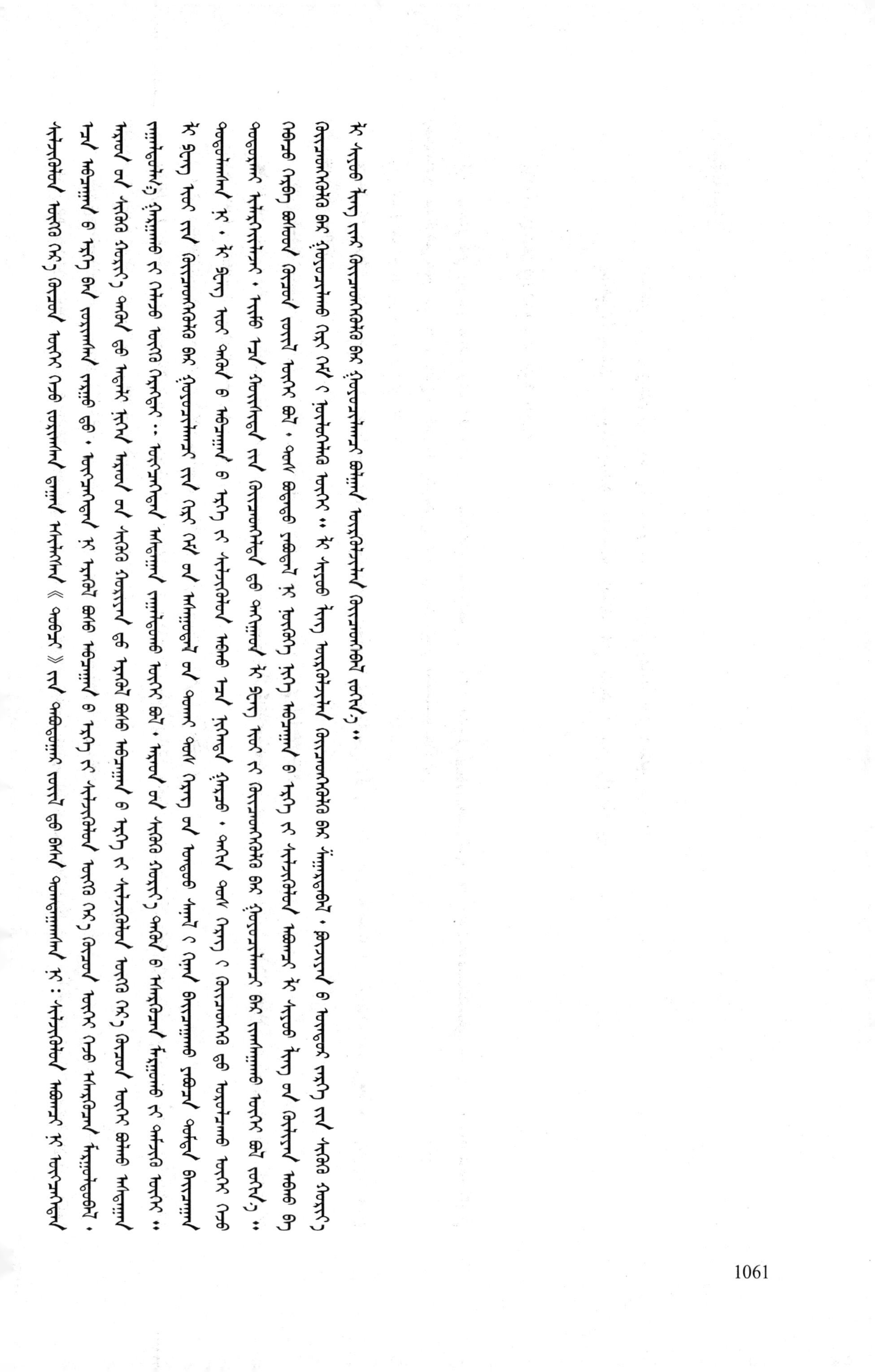

[illegible] ᠃

ᠤᠯᠤᠰ ᠤᠨ ᠠᠵᠤ ᠠᠬᠤᠢ ᠬᠤᠳᠠᠯᠳᠤᠭᠠᠨ ᠤ ᠵᠥᠪᠯᠡᠯ ᠦᠨ〔1996〕28 ᠳ᠋ᠤᠭᠠᠷ ᠪᠢᠴᠢᠭ ᠪᠠᠷ ᠨᠡᠶᠢᠲᠡᠯᠡᠭᠰᠡᠨ ᠢ ᠳᠠᠭᠠᠨ ᠮᠥᠷᠳᠡᠬᠦ ᠵᠢᠭᠠᠯᠲᠠ ᠶᠢᠨ ᠮᠡᠳᠡᠭᠳᠡᠯ ᠤᠨ ᠲᠤᠬᠠᠢ
（ᠵᠥᠪᠯᠡᠯ ᠨᠡᠶᠢᠲᠡᠯᠡᠭᠰᠡᠨ〔1998〕2 ᠳ᠋ᠤᠭᠠᠷ ᠪᠢᠴᠢᠭ 1998 ᠣᠨ ᠤ 2 ᠰᠠᠷ᠎ᠠ ᠶᠢᠨ 10 ᠤ ᠡᠳᠦᠷ）

ᠤᠯᠤᠰ ᠤᠨ ᠠᠵᠤ ᠠᠬᠤᠢ ᠬᠤᠳᠠᠯᠳᠤᠭᠠᠨ ᠤ ᠵᠥᠪᠯᠡᠯ ᠦᠨ ᠪᠠᠶᠢᠭᠤᠯᠤᠯᠲᠠ ᠶᠢᠨ ᠪᠠᠷ ᠪᠤ ᠦᠢᠯᠡᠳᠪᠦᠷᠢ ᠶᠢᠨ ᠬᠡᠷᠡᠭ ᠪᠠᠶᠢᠳᠠᠯ ᠢ ᠰᠠᠶᠢᠵᠢᠷᠠᠭᠤᠯᠬᠤ ᠤᠳᠤᠷᠢᠳᠤᠯᠭ᠎ᠠ ᠶᠢᠨ ᠠᠵᠢᠯ ᠤᠨ ᠬᠡᠷᠡᠭᠵᠢᠭᠦᠯᠬᠦ ᠶᠢᠨ ᠠᠷᠭ᠎ᠠ ᠵᠢ ᠪᠠᠶᠢᠭᠤᠯᠬᠤ ᠲᠤᠬᠠᠢ ᠮᠡᠳᠡᠭᠳᠡᠯ ᠤᠨ ᠲᠤᠬᠠᠢ ᠵᠢᠭᠠᠯᠲᠠ
（ᠵᠥᠪᠯᠡᠯ ᠨᠡᠶᠢᠲᠡᠯᠡᠭᠰᠡᠨ〔1997〕4 ᠳ᠋ᠤᠭᠠᠷ ᠪᠢᠴᠢᠭ 1997 ᠣᠨ ᠤ 9 ᠰᠠᠷ᠎ᠠ ᠶᠢᠨ 3 ᠤ ᠡᠳᠦᠷ）

ᠤᠨ ᠲᠤᠬᠠᠢ ᠤᠯᠤᠰ ᠤᠨ ᠠᠵᠤ ᠠᠬᠤᠢ ᠬᠤᠳᠠᠯᠳᠤᠭᠠᠨ ᠤ ᠮᠡᠳᠡᠭᠳᠡᠯ
ᠤᠯᠤᠰ ᠤᠨ ᠵᠥᠪᠯᠡᠯ ᠬᠤᠳᠠᠯᠳᠤᠭ᠎ᠠ ᠶᠢᠨ ᠠᠵᠢᠯᠲᠠᠨ ᠤ ᠮᠡᠷᠭᠡᠵᠢᠯ ᠦᠨ ᠪᠣᠯᠪᠠᠰᠤᠷᠠᠯ ᠤᠨ ᠰᠤᠷᠭᠠᠭᠤᠯᠢ ᠶᠢᠨ ᠬᠠᠮᠢᠶᠠᠷᠤᠯᠲᠠ ᠶᠢ ᠰᠠᠶᠢᠵᠢᠷᠠᠭᠤᠯᠬᠤ ᠲᠤᠬᠠᠢ ᠮᠡᠳᠡᠭᠳᠡᠯ
（ᠵᠥᠪᠯᠡᠯ ᠨᠡᠶᠢᠲᠡᠯᠡᠭᠰᠡᠨ〔1997〕1 ᠳ᠋ᠤᠭᠠᠷ ᠪᠢᠴᠢᠭ 1997 ᠣᠨ ᠤ 7 ᠰᠠᠷ᠎ᠠ ᠶᠢᠨ 14 ᠤ ᠡᠳᠦᠷ）

ᠶᠢᠨ ᠲᠤᠬᠠᠢ ᠵᠢᠭᠠᠯᠲᠠ
ᠤᠯᠤᠰ ᠤᠨ ᠠᠵᠤ ᠠᠬᠤᠢ ᠬᠤᠳᠠᠯᠳᠤᠭᠠᠨ ᠤ ᠬᠤᠷᠠᠯ ᠤᠨ ᠭᠡᠰᠢᠭᠦᠨ ᠦ ᠲᠥᠯᠥᠭᠡᠯᠡᠭᠴᠢ ᠶᠢᠨ ᠪᠠᠶᠢᠳᠠᠯ ᠬᠠᠮᠢᠶᠠᠷᠤᠯᠲᠠ ᠶᠢᠨ ᠵᠠᠰᠠᠭ ᠤᠨ ᠪᠠᠶᠢᠭᠤᠯᠤᠯᠭ᠎ᠠ ᠶᠢᠨ ᠵᠠᠷᠢᠮ ᠬᠡᠰᠡᠭ ᠦᠨ ᠠᠵᠢᠯᠯᠠᠭ᠎ᠠ ᠶᠢᠨ ᠵᠢᠭᠠᠯᠲᠠ
（1988 ᠣᠨ ᠤ 4 ᠰᠠᠷ᠎ᠠ ᠶᠢᠨ 2 ᠨᠤ ᠡᠳᠦᠷ）

ᠬᠠᠮᠢᠶᠠᠷᠤᠯᠲᠠ ᠮᠡᠳᠡᠭᠳᠡᠯ ᠤᠨ ᠲᠤᠬᠠᠢ ᠬᠠᠭᠤᠯᠢ（ᠲᠦᠷ ᠰᠢᠨ ᠬᠠᠮᠢᠶᠠᠷᠤᠯᠲᠠ）》 ᠢ ᠨᠡᠶᠢᠲᠡᠯᠡᠭᠰᠡᠨ ᠪᠠᠶᠢᠳᠠᠯ ᠮᠡᠳᠡᠭᠳᠡᠯ
※ ᠤᠯᠤᠰ ᠤᠨ ᠠᠵᠤ ᠠᠬᠤᠢ ᠬᠤᠳᠠᠯᠳᠤᠭᠠᠨ ᠤ ᠵᠥᠪᠯᠡᠯ 《〈ᠬᠤᠪᠢ ᠬᠥᠷᠥᠩᠭᠡ ᠪᠠᠶᠢᠭᠤᠯᠬᠤ ᠤᠯᠤᠰ ᠤᠨ ᠠᠵᠤ ᠠᠬᠤᠢ ᠶᠢᠨ ᠪᠠᠶᠢᠭᠤᠯᠤᠯᠭ᠎ᠠ ᠶᠢᠨ ᠵᠢᠭᠠᠯᠲᠠ ᠪᠠᠷ〉ᠢ ᠨᠡᠶᠢᠲᠡᠯᠡᠬᠦ

ᠲᠠᠪᠤ᠂ ᠬᠠᠷᠢᠶᠠᠯᠠᠬᠤ ᠪᠠᠶᠢᠭᠤᠯᠤᠯᠭ᠎ᠠ ᠨᠡᠶᠢᠲᠡᠯᠡᠭᠰᠡᠨ

ᠨᠡᠶᠢᠲᠡᠯᠡᠭᠰᠡᠨ᠂ ᠰᠢᠯᠭᠠᠨ ᠪᠠᠲᠤᠯᠠᠬᠤ ᠵᠢᠷᠤᠮ ᠬᠠᠷᠢᠶ᠎ᠠ ᠶᠢᠨ ᠬᠡᠯᠡᠯᠴᠡᠭᠡᠨ ᠦ ᠬᠠᠮᠢᠶᠠᠷᠤᠯᠲᠠ
ᠤᠯᠤᠰ ᠤᠨ ᠠᠵᠤ ᠠᠬᠤᠢ ᠬᠤᠳᠠᠯᠳᠤᠭᠠᠨ ᠤ ᠵᠥᠪᠯᠡᠯ ᠦᠨ ᠬᠠᠷᠢᠶ᠎ᠠ ᠶᠢᠨ ᠬᠠᠷᠢᠶᠠᠯᠠᠬᠤ ᠪᠠᠶᠢᠭᠤᠯᠤᠯᠭ᠎ᠠ

ᠮᠡᠳᠡᠭᠳᠡᠵᠡᠢ᠃

ᠬᠠᠷᠢᠭᠤᠯᠲᠠ

(ᠠᠯᠪᠠ ᠨᠡᠢᠲᠡᠯᠡᠯ 〔1998〕3 ᠳ᠋ᠤᠭᠠᠷ ᠳ᠋ᠤᠭᠠᠷ 1998 ᠣᠨ ᠤ 2 ᠰᠠᠷ᠎ᠠ ᠶᠢᠨ 13 ᠤ ᠡᠳᠦᠷ)

ᠤᠯᠤᠰ ᠤᠨ ᠠᠯᠪᠠ ᠶᠠᠮᠤᠨ ᠤ 《〈 [illegible] 〉 [illegible] 》 [illegible] ᠬᠠᠷᠢᠭᠤᠯᠲᠠ

(ᠠᠯᠪᠠ ᠨᠡᠢᠲᠡᠯᠡᠯ 〔1998〕5 ᠳ᠋ᠤᠭᠠᠷ ᠳ᠋ᠤᠭᠠᠷ 1998 ᠣᠨ ᠤ 4 ᠰᠠᠷ᠎ᠠ ᠶᠢᠨ 17 ᠤ ᠡᠳᠦᠷ)

ᠤᠯᠤᠰ ᠤᠨ ᠠᠯᠪᠠ ᠶᠠᠮᠤᠨ ᠤ [illegible] ᠬᠠᠷᠢᠭᠤᠯᠲᠠ

(ᠠᠯᠪᠠ ᠨᠡᠢᠲᠡᠯᠡᠯ 〔1998〕10 ᠳ᠋ᠤᠭᠠᠷ ᠳ᠋ᠤᠭᠠᠷ 1998 ᠣᠨ ᠤ 5 ᠰᠠᠷ᠎ᠠ ᠶᠢᠨ 19 ᠤ ᠡᠳᠦᠷ)

ᠤᠯᠤᠰ ᠤᠨ ᠠᠯᠪᠠ ᠶᠠᠮᠤᠨ ᠤ [illegible]

(ᠠᠯᠪᠠ ᠨᠡᠢᠲᠡᠯᠡᠯ 〔1998〕11 ᠳ᠋ᠤᠭᠠᠷ ᠳ᠋ᠤᠭᠠᠷ 1998 ᠣᠨ ᠤ 5 ᠰᠠᠷ᠎ᠠ ᠶᠢᠨ 22 ᠨᠤ ᠡᠳᠦᠷ)

ᠤᠯᠤᠰ ᠤᠨ ᠠᠯᠪᠠ ᠶᠠᠮᠤᠨ ᠤ [illegible] ᠬᠠᠷᠢᠭᠤᠯᠲᠠ

(ᠠᠯᠪᠠ ᠨᠡᠢᠲᠡᠯᠡᠯ 〔1998〕12 ᠳ᠋ᠤᠭᠠᠷ ᠳ᠋ᠤᠭᠠᠷ 1998 ᠣᠨ ᠤ 6 ᠰᠠᠷ᠎ᠠ ᠶᠢᠨ 23 ᠤ ᠡᠳᠦᠷ)

ᠤᠯᠤᠰ ᠤᠨ ᠠᠯᠪᠠ ᠶᠠᠮᠤᠨ ᠤ [illegible] ([illegible])

(ᠠᠯᠪᠠ ᠨᠡᠢᠲᠡᠯᠡᠯ 〔1998〕14 ᠳ᠋ᠤᠭᠠᠷ ᠳ᠋ᠤᠭᠠᠷ 1998 ᠣᠨ ᠤ 7 ᠰᠠᠷ᠎ᠠ ᠶᠢᠨ 6 ᠤ ᠡᠳᠦᠷ)

ᠤᠯᠤᠰ ᠤᠨ ᠠᠯᠪᠠ ᠶᠠᠮᠤᠨ ᠤ [illegible] ᠬᠠᠷᠢᠭᠤᠯᠲᠠ

(ᠠᠯᠪᠠ ᠨᠡᠢᠲᠡᠯᠡᠯ 〔1998〕15 ᠳ᠋ᠤᠭᠠᠷ ᠳ᠋ᠤᠭᠠᠷ 1998 ᠣᠨ ᠤ 7 ᠰᠠᠷ᠎ᠠ ᠶᠢᠨ 8 ᠤ ᠡᠳᠦᠷ)

ᠤᠯᠤᠰ ᠤᠨ ᠠᠯᠪᠠ ᠶᠠᠮᠤᠨ ᠤ [illegible]

(ᠠᠯᠪᠠ ᠨᠡᠢᠲᠡᠯᠡᠯ 〔1998〕16 ᠳ᠋ᠤᠭᠠᠷ ᠳ᠋ᠤᠭᠠᠷ 1998 ᠣᠨ ᠤ 7 ᠰᠠᠷ᠎ᠠ ᠶᠢᠨ 21 ᠤ ᠡᠳᠦᠷ)

[illegible]

([illegible] [illegible] 〔1998〕27 ᠳᠤᠭᠠᠷ ᠳ᠋ᠤᠭᠠᠷ 1998 ᠣᠨ ᠤ 10 ᠰᠠᠷ᠎ᠠ ᠶᠢᠨ 26 ᠤ ᠡᠳᠦᠷ)

[illegible]

([illegible] [illegible] 〔1998〕26 ᠳᠤᠭᠠᠷ ᠳ᠋ᠤᠭᠠᠷ 1998 ᠣᠨ ᠤ 8 ᠰᠠᠷ᠎ᠠ ᠶᠢᠨ 31 ᠤ ᠡᠳᠦᠷ)

[illegible]

([illegible] [illegible] 〔1998〕25 ᠳᠤᠭᠠᠷ ᠳ᠋ᠤᠭᠠᠷ 1998 ᠣᠨ ᠤ 9 ᠰᠠᠷ᠎ᠠ ᠶᠢᠨ 3 ᠤ ᠡᠳᠦᠷ)

[illegible]

[illegible]

([illegible] [illegible] 〔1998〕24 ᠳᠦᠭᠡᠷ ᠳ᠋ᠤᠭᠠᠷ 1998 ᠣᠨ ᠤ 9 ᠰᠠᠷ᠎ᠠ ᠶᠢᠨ 2 ᠨ ᠡᠳᠦᠷ)

[illegible]

[illegible]

([illegible] [illegible] 〔1998〕22 ᠳᠤᠭᠠᠷ ᠳ᠋ᠤᠭᠠᠷ 1998 ᠣᠨ ᠤ 8 ᠰᠠᠷ᠎ᠠ ᠶᠢᠨ 31 ᠤ ᠡᠳᠦᠷ)

[illegible]

[illegible]

([illegible] [illegible] 〔1998〕21 ᠳᠦᠭᠡᠷ ᠳ᠋ᠤᠭᠠᠷ 1998 ᠣᠨ ᠤ 8 ᠰᠠᠷ᠎ᠠ ᠶᠢᠨ 31 ᠤ ᠡᠳᠦᠷ)

[illegible]

[illegible]

([illegible] [illegible] 〔1998〕19 ᠳᠦᠭᠡᠷ ᠳ᠋ᠤᠭᠠᠷ 1998 ᠣᠨ ᠤ 8 ᠰᠠᠷ᠎ᠠ ᠶᠢᠨ 10 ᠤ ᠡᠳᠦᠷ)

[illegible]

[illegible]

([illegible] [illegible] 〔1998〕17 ᠳᠤᠭᠠᠷ ᠳ᠋ᠤᠭᠠᠷ 1998 ᠣᠨ ᠤ 7 ᠰᠠᠷ᠎ᠠ ᠶᠢᠨ 30 ᠤ ᠡᠳᠦᠷ)

[illegible]

[illegible]
[illegible]
([illegible] [1998] 28 [illegible] 1998 ᠣᠨ ᠤ 11 ᠰᠠᠷ᠎ᠠ ᠶᠢᠨ 14 ᠦ ᠡᠳᠦᠷ)

[illegible]
([illegible] [1998] 29 [illegible] 1998 ᠣᠨ ᠤ 11 ᠰᠠᠷ᠎ᠠ ᠶᠢᠨ 27 ᠦ ᠡᠳᠦᠷ)

[illegible]
[illegible]
([illegible] [1998] 31 [illegible] 1998 ᠣᠨ ᠤ 12 ᠰᠠᠷ᠎ᠠ ᠶᠢᠨ 29 ᠦ ᠡᠳᠦᠷ)

[illegible]
[illegible]
([illegible] [1999] 4 [illegible] 1999 ᠣᠨ ᠤ 2 ᠰᠠᠷ᠎ᠠ ᠶᠢᠨ 9 ᠦ ᠡᠳᠦᠷ)

[illegible]
[illegible]
([illegible] [1999] 5 [illegible] 1999 ᠣᠨ ᠤ 2 ᠰᠠᠷ᠎ᠠ ᠶᠢᠨ 11 ᠦ ᠡᠳᠦᠷ)

[illegible]
[illegible]
([illegible] [1999] 6 [illegible] 1999 ᠣᠨ ᠤ 2 ᠰᠠᠷ᠎ᠠ ᠶᠢᠨ 11 ᠦ ᠡᠳᠦᠷ)

[illegible]
[illegible]
([illegible] [1999] 7 [illegible] 1999 ᠣᠨ ᠤ 2 ᠰᠠᠷ᠎ᠠ ᠶᠢᠨ 11 ᠦ ᠡᠳᠦᠷ)

[illegible]
[illegible]

ᠬᠠᠮᠢᠶᠠᠷᠤᠯᠤᠨ ᠤ ᠪᠠᠢᠳᠠᠯ ᠮᠡᠳᠡᠭᠳᠡᠯ

ᠤᠯᠤᠰ ᠤᠨ ᠰᠢᠶᠠᠨ ᠤ ᠲᠥᠷᠥ ᠶᠢᠨ ᠬᠡᠯᠡᠯᠴᠡᠭᠡᠨ ᠤ ᠤᠯᠤᠰ ᠤᠨ ᠪᠦᠬᠦ ᠬᠡᠯᠡᠯᠴᠡᠭᠡᠨ ᠤ ᠪᠣᠳᠣᠯᠭ᠎ᠠ ᠪᠠᠷ ᠪᠠᠢᠭᠤᠯᠬᠤ ᠶᠢᠨ ᠲᠤᠬᠠᠢ ᠮᠡᠳᠡᠭᠳᠡᠯ

(ᠲᠥᠷᠥ ᠪᠠᠷᠢᠮᠲᠠ ᠪᠢᠴᠢᠭ〔2000〕6 ᠳ᠋ᠤᠭᠠᠷ ᠪᠢᠴᠢᠭ 2000 ᠣᠨ ᠤ 2 ᠰᠠᠷ᠎ᠠ ᠶᠢᠨ 29 ᠤ ᠡᠳᠦᠷ)

ᠪᠠᠢᠭᠤᠯᠬᠤ ᠠᠵᠢᠯ ᠤᠨ ᠲᠤᠬᠠᠢ ᠬᠠᠮᠢᠶᠠᠷᠤᠯᠤᠨ ᠤ ᠪᠠᠢᠳᠠᠯ ᠪᠠᠷᠢᠮᠲᠠ

ᠤᠯᠤᠰ ᠤᠨ ᠰᠢᠶᠠᠨ ᠤ ᠲᠥᠷᠥ ᠶᠢᠨ ᠬᠡᠯᠡᠯᠴᠡᠭᠡᠨ ᠤ ᠲᠥᠪ ᠤᠨ ᠲᠥᠷᠥ ᠶᠢᠨ ᠬᠡᠯᠡᠯᠴᠡᠭᠡᠨ ᠤ ᠰᠢᠨ᠎ᠡ ᠠᠵᠢᠯ ᠢ ᠪᠠᠢᠭᠤᠯᠬᠤ ᠶᠢᠨ ᠲᠤᠬᠠᠢ ᠤᠯᠤᠰ ᠤᠨ ᠲᠥᠷᠥ ᠶᠢᠨ

(ᠲᠥᠷᠥ ᠪᠠᠷᠢᠮᠲᠠ ᠪᠢᠴᠢᠭ〔2000〕3 ᠳ᠋ᠤᠭᠠᠷ ᠪᠢᠴᠢᠭ 2000 ᠣᠨ ᠤ 1 ᠰᠠᠷ᠎ᠠ ᠶᠢᠨ 24 ᠤ ᠡᠳᠦᠷ)

ᠪᠠᠢᠭᠤᠯᠬᠤ ᠪᠠᠢᠳᠠᠯ ᠪᠠᠷᠢᠮᠲᠠᠯᠠᠯ

ᠤᠯᠤᠰ ᠤᠨ ᠰᠢᠶᠠᠨ ᠤ ᠲᠥᠷᠥ ᠶᠢᠨ ᠬᠡᠯᠡᠯᠴᠡᠭᠡᠨ ᠤ ᠠᠵᠢᠯ ᠤᠨ ᠬᠡᠰᠡᠭ ᠦᠨ ᠰᠠᠯᠠᠭ᠎ᠠ ᠶᠢᠨ ᠬᠡᠷᠡᠭ ᠤᠨ ᠤᠯᠤᠰ ᠤᠨ ᠪᠦᠬᠦ ᠠᠵᠢᠯ ᠢ ᠪᠠᠢᠭᠤᠯᠬᠤ ᠶᠢᠨ ᠲᠤᠬᠠᠢ ᠮᠡᠳᠡᠭᠳᠡᠯ

(ᠲᠥᠷᠥ ᠪᠠᠷᠢᠮᠲᠠ ᠪᠢᠴᠢᠭ〔1999〕13 ᠳ᠋ᠤᠭᠠᠷ ᠪᠢᠴᠢᠭ 1999 ᠣᠨ ᠤ 6 ᠰᠠᠷ᠎ᠠ ᠶᠢᠨ 25 ᠤ ᠡᠳᠦᠷ)

ᠬᠠᠮᠢᠶᠠᠷᠤᠯᠤᠨ ᠤ ᠪᠠᠢᠳᠠᠯ ᠮᠡᠳᠡᠭᠳᠡᠯ

ᠤᠯᠤᠰ ᠤᠨ ᠰᠢᠶᠠᠨ ᠤ ᠲᠥᠷᠥ ᠶᠢᠨ ᠬᠡᠯᠡᠯᠴᠡᠭᠡᠨ ᠤ ᠠᠵᠢᠯ ᠤᠨ ᠬᠡᠰᠡᠭ ᠦᠨ ᠰᠠᠯᠠᠭ᠎ᠠ ᠶᠢᠨ ᠬᠡᠷᠡᠭ ᠤᠨ ᠠᠵᠢᠯ ᠢ ᠪᠠᠢᠭᠤᠯᠬᠤ ᠶᠢᠨ ᠲᠤᠬᠠᠢ ᠮᠡᠳᠡᠭᠳᠡᠯ

(ᠲᠥᠷᠥ ᠪᠠᠷᠢᠮᠲᠠ ᠪᠢᠴᠢᠭ〔1999〕11 ᠳ᠋ᠤᠭᠠᠷ ᠪᠢᠴᠢᠭ 1999 ᠣᠨ ᠤ 6 ᠰᠠᠷ᠎ᠠ ᠶᠢᠨ 9 ᠤ ᠡᠳᠦᠷ)

ᠪᠠᠢᠭᠤᠯᠬᠤ ᠠᠵᠢᠯ ᠤᠨ ᠬᠠᠮᠢᠶᠠᠷᠤᠯᠤᠨ ᠤ ᠪᠠᠢᠳᠠᠯ ᠤᠯᠤᠰ ᠤᠨ ᠰᠢᠶᠠᠨ ᠤ ᠲᠥᠷᠥ ᠶᠢᠨ ᠬᠡᠯᠡᠯᠴᠡᠭᠡᠨ ᠤ ᠮᠡᠳᠡᠭᠳᠡᠯ

ᠤᠯᠤᠰ ᠤᠨ ᠲᠥᠷᠥ ᠶᠢᠨ ᠬᠡᠯᠡᠯᠴᠡᠭᠡᠨ ᠤ ᠠᠵᠢᠯ ᠤᠨ ᠬᠡᠰᠡᠭ ᠦᠨ ᠰᠠᠯᠠᠭ᠎ᠠ ᠶᠢᠨ ᠬᠡᠷᠡᠭ ᠤᠨ ᠠᠵᠢᠯ ᠢ ᠪᠠᠢᠭᠤᠯᠬᠤ ᠶᠢᠨ ᠲᠤᠬᠠᠢ ᠮᠡᠳᠡᠭᠳᠡᠯ

(ᠲᠥᠷᠥ ᠪᠠᠷᠢᠮᠲᠠ ᠪᠢᠴᠢᠭ〔1999〕10 ᠳ᠋ᠤᠭᠠᠷ ᠪᠢᠴᠢᠭ 1999 ᠣᠨ ᠤ 4 ᠰᠠᠷ᠎ᠠ ᠶᠢᠨ 27 ᠤ ᠡᠳᠦᠷ)

ᠤᠯᠤᠰ ᠤᠨ ᠲᠥᠷᠥ ᠶᠢᠨ ᠬᠡᠯᠡᠯᠴᠡᠭᠡᠨ ᠤ ᠪᠠᠢᠭᠤᠯᠬᠤ ᠠᠵᠢᠯ ᠤᠨ ᠲᠤᠬᠠᠢ ᠮᠡᠳᠡᠭᠳᠡᠯ

ᠪᠠᠢᠭᠤᠯᠬᠤ ᠪᠠᠢᠳᠠᠯ ᠤᠨ ᠠᠵᠢᠯ ᠤᠨ ᠬᠡᠰᠡᠭ ᠦᠨ ᠠᠵᠢᠯ ᠤᠨ ᠲᠤᠬᠠᠢ ᠤᠯᠤᠰ ᠤᠨ ᠰᠢᠶᠠᠨ ᠤ ᠲᠥᠷᠥ ᠶᠢᠨ ᠬᠡᠯᠡᠯᠴᠡᠭᠡᠨ ᠤ ᠠᠵᠢᠯ ᠤᠨ ᠪᠠᠢᠭᠤᠯᠬᠤ ᠶᠢᠨ ᠲᠤᠬᠠᠢ

ᠤᠯᠤᠰ ᠤᠨ ᠰᠢᠶᠠᠨ ᠤ ᠲᠥᠷᠥ ᠶᠢᠨ ᠬᠡᠯᠡᠯᠴᠡᠭᠡᠨ ᠤ ᠪᠠᠢᠳᠠᠯ ᠤᠨ ᠠᠵᠢᠯ ᠤᠨ ᠬᠡᠰᠡᠭ ᠦᠨ ᠲᠥᠷᠥ ᠶᠢᠨ ᠬᠡᠯᠡᠯᠴᠡᠭᠡᠨ ᠤ ᠠᠵᠢᠯ ᠤᠨ ᠠᠵᠢᠯ ᠤᠨ ᠲᠤᠬᠠᠢ

(ᠲᠥᠷᠥ ᠪᠠᠷᠢᠮᠲᠠ ᠪᠢᠴᠢᠭ〔1999〕9 ᠳ᠋ᠤᠭᠠᠷ ᠪᠢᠴᠢᠭ 1999 ᠣᠨ ᠤ 3 ᠰᠠᠷ᠎ᠠ ᠶᠢᠨ 29 ᠤ ᠡᠳᠦᠷ)

ᠤᠨ ᠠᠵᠢᠯ ᠤᠨ ᠬᠡᠰᠡᠭ ᠦᠨ ᠠᠵᠢᠯ ᠢ ᠪᠠᠢᠭᠤᠯᠬᠤ ᠶᠢᠨ ᠲᠤᠬᠠᠢ ᠪᠠᠢᠳᠠᠯ ᠪᠠᠷᠢᠮᠲᠠᠯᠠᠯ

ᠤᠯᠤᠰ ᠤᠨ ᠰᠢᠶᠠᠨ ᠤ ᠲᠥᠷᠥ ᠶᠢᠨ ᠬᠡᠯᠡᠯᠴᠡᠭᠡᠨ ᠤ ᠠᠵᠢᠯ ᠤᠨ ᠬᠡᠰᠡᠭ ᠦᠨ ᠰᠠᠯᠠᠭ᠎ᠠ ᠶᠢᠨ ᠬᠡᠷᠡᠭ ᠤᠨ ᠤᠯᠤᠰ ᠤᠨ ᠲᠥᠷᠥ ᠶᠢᠨ ᠠᠵᠢᠯ ᠤᠨ ᠪᠠᠢᠭᠤᠯᠬᠤ ᠶᠢᠨ ᠲᠤᠬᠠᠢ

(ᠲᠥᠷᠥ ᠪᠠᠷᠢᠮᠲᠠ ᠪᠢᠴᠢᠭ〔1999〕8 ᠳ᠋ᠤᠭᠠᠷ ᠪᠢᠴᠢᠭ 1999 ᠣᠨ ᠤ 2 ᠰᠠᠷ᠎ᠠ ᠶᠢᠨ 12 ᠨᠤ ᠡᠳᠦᠷ)

(ᠰᠤᠶᠤᠯ ᠤᠨ ᠥᠪ ᠦᠨ ᠲᠣᠪᠴᠢᠶ᠎ᠠ〔2000〕38 ᠳ᠋ᠤᠭᠠᠷ ᠪᠢᠴᠢᠭ 2000 ᠣᠨ ᠤ 12 ᠰᠠᠷ᠎ᠠ ᠶᠢᠨ 1 ᠦ ᠡᠳᠦᠷ)

ᠦᠨᠳᠦᠰᠦᠲᠡᠨ ᠦ ᠰᠤᠶᠤᠯ ᠤᠨ ᠥᠪ ᠦᠨ ᠲᠣᠪᠴᠢᠶ᠎ᠠ ᠶᠢᠨ ᠰᠠᠢᠳ ᠤᠨ ᠬᠤᠷᠠᠯ ᠤᠨ ᠲᠣᠭᠲᠠᠭᠠᠯ ᠢ ᠬᠡᠷᠡᠭᠵᠢᠭᠦᠯᠬᠦ ᠲᠤᠬᠠᠢ ᠮᠡᠳᠡᠭᠳᠡᠯ

ᠵᠠᠰᠠᠭ ᠤᠨ ᠣᠷᠳᠣᠨ ᠤ ᠰᠤᠶᠤᠯ ᠤᠨ ᠭᠠᠵᠠᠷ ᠤᠨ ᠬᠡᠯᠡᠯᠴᠡᠭᠡᠨ ᠦ ᠬᠤᠷᠠᠯ ᠤᠨ ᠲᠡᠮᠳᠡᠭᠯᠡᠯ ᠢ ᠳᠠᠮᠵᠢᠭᠤᠯᠤᠨ ᠬᠦᠷᠭᠡᠬᠦ ᠲᠤᠬᠠᠢ ᠮᠡᠳᠡᠭᠳᠡᠯ

(ᠰᠤᠶᠤᠯ ᠤᠨ ᠥᠪ ᠦᠨ ᠲᠣᠪᠴᠢᠶ᠎ᠠ〔2000〕34 ᠳ᠋ᠤᠭᠠᠷ ᠪᠢᠴᠢᠭ 2000 ᠣᠨ ᠤ 11 ᠰᠠᠷ᠎ᠠ ᠶᠢᠨ 15 ᠦ ᠡᠳᠦᠷ)

ᠦᠨᠳᠦᠰᠦᠲᠡᠨ ᠦ ᠰᠤᠶᠤᠯ ᠤᠨ ᠥᠪ ᠦᠨ ᠲᠣᠪᠴᠢᠶ᠎ᠠ ᠶᠢᠨ 《ᠰᠤᠶᠤᠯ ᠤᠨ ᠥᠪ ᠢ ᠬᠠᠮᠠᠭᠠᠯᠠᠬᠤ ᠬᠠᠤᠯᠢ》 ᠶᠢ ᠰᠤᠷᠲᠠᠯᠴᠢᠯᠠᠬᠤ ᠲᠤᠬᠠᠢ ᠮᠡᠳᠡᠭᠳᠡᠯ

(ᠰᠤᠶᠤᠯ ᠤᠨ ᠥᠪ ᠦᠨ ᠲᠣᠪᠴᠢᠶ᠎ᠠ〔2000〕29 ᠳ᠋ᠤᠭᠠᠷ ᠪᠢᠴᠢᠭ 2000 ᠣᠨ ᠤ 9 ᠰᠠᠷ᠎ᠠ ᠶᠢᠨ 22 ᠨᠤ ᠡᠳᠦᠷ)

※ ᠦᠨᠳᠦᠰᠦᠲᠡᠨ ᠦ ᠰᠤᠶᠤᠯ ᠤᠨ ᠥᠪ ᠦᠨ ᠲᠣᠪᠴᠢᠶ᠎ᠠ ᠶᠢᠨ ᠰᠤᠶᠤᠯ ᠤᠨ ᠥᠪ ᠦᠨ ᠬᠠᠮᠠᠭᠠᠯᠠᠯᠲᠠ ᠶᠢᠨ ᠠᠵᠢᠯ ᠢ ᠴᠢᠩᠭᠠᠳᠬᠠᠬᠤ ᠲᠤᠬᠠᠢ ᠮᠡᠳᠡᠭᠳᠡᠯ

(ᠰᠤᠶᠤᠯ ᠤᠨ ᠥᠪ ᠦᠨ ᠲᠣᠪᠴᠢᠶ᠎ᠠ〔2000〕25 ᠳ᠋ᠤᠭᠠᠷ ᠪᠢᠴᠢᠭ 2000 ᠣᠨ ᠤ 8 ᠰᠠᠷ᠎ᠠ ᠶᠢᠨ 8 ᠤ ᠡᠳᠦᠷ)

ᠰᠤᠶᠤᠯ ᠤᠨ ᠥᠪ ᠦᠨ ᠬᠠᠮᠠᠭᠠᠯᠠᠯᠲᠠ ᠶᠢᠨ ᠠᠵᠢᠯ ᠤᠨ ᠲᠤᠬᠠᠢ ᠮᠡᠳᠡᠭᠳᠡᠯ

ᠦᠨᠳᠦᠰᠦᠲᠡᠨ ᠦ ᠰᠤᠶᠤᠯ ᠤᠨ ᠥᠪ ᠦᠨ ᠲᠣᠪᠴᠢᠶ᠎ᠠ ᠶᠢᠨ ᠵᠢᠯ ᠦᠨ ᠰᠢᠯᠭᠠᠨ ᠪᠠᠢᠴᠠᠭᠠᠯᠲᠠ ᠶᠢᠨ ᠠᠵᠢᠯ ᠢ ᠰᠠᠢᠨ ᠪᠣᠯᠭᠠᠬᠤ ᠲᠤᠬᠠᠢ ᠮᠡᠳᠡᠭᠳᠡᠯ

(ᠰᠤᠶᠤᠯ ᠤᠨ ᠥᠪ ᠦᠨ ᠲᠣᠪᠴᠢᠶ᠎ᠠ〔2000〕23 ᠳ᠋ᠤᠭᠠᠷ ᠪᠢᠴᠢᠭ 2000 ᠣᠨ ᠤ 7 ᠰᠠᠷ᠎ᠠ ᠶᠢᠨ 25 ᠤ ᠡᠳᠦᠷ)

ᠦᠨᠳᠦᠰᠦᠲᠡᠨ ᠦ ᠰᠤᠶᠤᠯ ᠤᠨ ᠥᠪ ᠦᠨ ᠲᠣᠪᠴᠢᠶ᠎ᠠ ᠶᠢᠨ ᠰᠤᠶᠤᠯ ᠤᠨ ᠥᠪ ᠦᠨ ᠪᠠᠢᠭᠤᠯᠤᠯᠭ᠎ᠠ ᠶᠢᠨ ᠠᠵᠢᠯ ᠢ ᠰᠠᠢᠵᠢᠷᠠᠭᠤᠯᠬᠤ ᠲᠤᠬᠠᠢ ᠮᠡᠳᠡᠭᠳᠡᠯ

(ᠰᠤᠶᠤᠯ ᠤᠨ ᠥᠪ ᠦᠨ ᠲᠣᠪᠴᠢᠶ᠎ᠠ〔2000〕18 ᠳ᠋ᠤᠭᠠᠷ ᠪᠢᠴᠢᠭ 2000 ᠣᠨ ᠤ 7 ᠰᠠᠷ᠎ᠠ ᠶᠢᠨ 10 ᠤ ᠡᠳᠦᠷ)

ᠰᠤᠶᠤᠯ ᠤᠨ ᠥᠪ ᠦᠨ ᠬᠠᠮᠠᠭᠠᠯᠠᠯᠲᠠ ᠶᠢᠨ ᠠᠵᠢᠯ ᠤᠨ ᠬᠠᠷᠢᠭᠤᠴᠠᠯᠭ᠎ᠠ ᠶᠢᠨ ᠲᠣᠭᠲᠠᠭᠠᠯ ᠢ ᠬᠡᠪᠯᠡᠨ ᠨᠡᠢᠲᠡᠯᠡᠬᠦ ᠲᠤᠬᠠᠢ ᠮᠡᠳᠡᠭᠳᠡᠯ

(ᠰᠤᠶᠤᠯ ᠤᠨ ᠥᠪ ᠦᠨ ᠲᠣᠪᠴᠢᠶ᠎ᠠ〔2000〕17 ᠳ᠋ᠤᠭᠠᠷ ᠪᠢᠴᠢᠭ 2000 ᠣᠨ ᠤ 7 ᠰᠠᠷ᠎ᠠ ᠶᠢᠨ 10 ᠤ ᠡᠳᠦᠷ)

ᠦᠨᠳᠦᠰᠦᠲᠡᠨ ᠦ ᠰᠤᠶᠤᠯ ᠤᠨ ᠥᠪ ᠦᠨ ᠲᠣᠪᠴᠢᠶ᠎ᠠ ᠶᠢᠨ ᠰᠤᠶᠤᠯ ᠤᠨ ᠥᠪ ᠦᠨ ᠠᠵᠢᠯ ᠢ ᠰᠠᠢᠵᠢᠷᠠᠭᠤᠯᠬᠤ ᠲᠤᠬᠠᠢ ᠮᠡᠳᠡᠭᠳᠡᠯ

(ᠰᠤᠶᠤᠯ ᠤᠨ ᠥᠪ ᠦᠨ ᠲᠣᠪᠴᠢᠶ᠎ᠠ〔2000〕16 ᠳ᠋ᠤᠭᠠᠷ ᠪᠢᠴᠢᠭ 2000 ᠣᠨ ᠤ 7 ᠰᠠᠷ᠎ᠠ ᠶᠢᠨ 10 ᠤ ᠡᠳᠦᠷ)

ᠮᠡᠳᠡᠭᠳᠡᠯ (ᠬᠡᠰᠡᠭ)

※ ᠤᠯᠤᠰ ᠤᠨ ᠭᠦᠢᠴᠡᠳᠬᠡᠬᠦ ᠵᠥᠪᠯᠡᠯ ᠦᠨ ᠠᠯᠪᠠᠨ ᠲᠢᠩᠬᠢᠮ ᠤ 《 ᠪᠠᠭ᠎ᠠ ᠰᠤᠷᠭᠠᠭᠤᠯᠢ ᠶᠢᠨ ᠰᠤᠷᠭᠠᠨ ᠬᠦᠮᠦᠵᠢᠯ ᠦᠨ ᠡᠷᠢᠯᠲᠡ ᠶᠢᠨ ᠬᠣᠢᠢᠲᠤ 》 ᠢ ᠨᠡᠢᠲᠡᠯᠡᠬᠦ ᠲᠤᠬᠠᠢ ᠮᠡᠳᠡᠭᠳᠡᠯ

(ᠤᠯᠤᠰ ᠠᠯᠪᠠᠨ ᠮᠡᠳᠡᠭᠳᠡᠯ 〔2001〕28 ᠳ᠋ᠤᠭᠠᠷ ᠪᠢᠴᠢᠭ 2001 ᠣᠨ ᠤ 9 ᠰᠠᠷ᠎ᠠ ᠶᠢᠨ 21 ᠤ ᠡᠳᠦᠷ)

ᠤᠯᠤᠰ ᠤᠨ ᠭᠦᠢᠴᠡᠳᠬᠡᠬᠦ ᠵᠥᠪᠯᠡᠯ ᠦᠨ ᠠᠯᠪᠠᠨ ᠲᠢᠩᠬᠢᠮ ᠤ ᠪᠠᠭ᠎ᠠ ᠳᠤᠮᠳᠠ ᠰᠤᠷᠭᠠᠭᠤᠯᠢ ᠶᠢᠨ ᠰᠤᠷᠤᠯᠴᠠᠭᠴᠢ ᠶᠢᠨ ᠠᠴᠢᠶ᠎ᠠ ᠶᠢ ᠬᠥᠩᠭᠡᠯᠡᠬᠦ ᠠᠵᠢᠯ ᠢ ᠰᠠᠶᠢᠵᠢᠷᠠᠭᠤᠯᠬᠤ ᠲᠤᠬᠠᠢ ᠮᠡᠳᠡᠭᠳᠡᠯ

(ᠤᠯᠤᠰ ᠠᠯᠪᠠᠨ ᠮᠡᠳᠡᠭᠳᠡᠯ 〔2001〕26 ᠳ᠋ᠤᠭᠠᠷ ᠪᠢᠴᠢᠭ 2001 ᠣᠨ ᠤ 8 ᠰᠠᠷ᠎ᠠ ᠶᠢᠨ 27 ᠤ ᠡᠳᠦᠷ)

ᠤᠯᠤᠰ ᠤᠨ ᠭᠦᠢᠴᠡᠳᠬᠡᠬᠦ ᠵᠥᠪᠯᠡᠯ ᠦᠨ ᠠᠯᠪᠠᠨ ᠲᠢᠩᠬᠢᠮ ᠤ ᠰᠤᠷᠭᠠᠨ ᠬᠦᠮᠦᠵᠢᠯ ᠦᠨ ᠶᠠᠮᠤᠨ ᠤ ᠪᠠᠭ᠎ᠠ ᠳᠤᠮᠳᠠ ᠰᠤᠷᠭᠠᠭᠤᠯᠢ ᠶᠢᠨ ᠬᠠᠮᠢᠶ᠎ᠠ ᠪᠦᠬᠦᠢ ᠲᠥᠯᠦᠪᠯᠡᠬᠡᠨ ᠦ ᠰᠤᠷᠭᠠᠭᠤᠯᠢ ᠶᠢᠨ ᠪᠣᠯᠪᠠᠰᠤᠷᠠᠯ ᠤᠨ ᠬᠥᠷᠥᠩᠭᠡ ᠵᠠᠷᠤᠯᠲᠠ ᠶᠢᠨ ᠠᠵᠢᠯ ᠢ ᠰᠠᠢᠵᠢᠷᠠᠭᠤᠯᠬᠤ ᠲᠤᠬᠠᠢ ᠮᠡᠳᠡᠭᠳᠡᠯ ᠢ ᠳᠠᠮᠵᠢᠭᠤᠯᠤᠨ ᠨᠡᠢᠲᠡᠯᠡᠬᠦ ᠲᠤᠬᠠᠢ ᠮᠡᠳᠡᠭᠳᠡᠯ

(ᠤᠯᠤᠰ ᠠᠯᠪᠠᠨ ᠮᠡᠳᠡᠭᠳᠡᠯ 〔2001〕14 ᠳ᠋ᠤᠭᠠᠷ ᠪᠢᠴᠢᠭ 2001 ᠣᠨ ᠤ 4 ᠰᠠᠷ᠎ᠠ ᠶᠢᠨ 16 ᠤ ᠡᠳᠦᠷ)

ᠲᠤᠬᠠᠢ ᠮᠡᠳᠡᠭᠳᠡᠯ

※ ᠤᠯᠤᠰ ᠤᠨ ᠭᠦᠢᠴᠡᠳᠬᠡᠬᠦ ᠵᠥᠪᠯᠡᠯ ᠦᠨ ᠠᠯᠪᠠᠨ ᠲᠢᠩᠬᠢᠮ ᠤ ᠪᠣᠯᠪᠠᠰᠤᠷᠠᠯ ᠤᠨ ᠶᠠᠮᠤᠨ ᠤ ᠬᠦᠳᠡᠭᠡ ᠶᠢᠨ ᠰᠤᠷᠭᠠᠨ ᠬᠦᠮᠦᠵᠢᠯ ᠦᠨ ᠰᠢᠨᠡᠳᠬᠡᠯ ᠢ ᠬᠥᠭᠵᠢᠭᠦᠯᠬᠦ ᠲᠤᠬᠠᠢ ᠰᠠᠨᠠᠯ ᠢ ᠳᠠᠮᠵᠢᠭᠤᠯᠤᠨ ᠨᠡᠢᠲᠡᠯᠡᠬᠦ ᠲᠤᠬᠠᠢ ᠮᠡᠳᠡᠭᠳᠡᠯ

(ᠤᠯᠤᠰ ᠠᠯᠪᠠᠨ ᠮᠡᠳᠡᠭᠳᠡᠯ 〔2001〕13 ᠳ᠋ᠤᠭᠠᠷ ᠪᠢᠴᠢᠭ 2001 ᠣᠨ ᠤ 4 ᠰᠠᠷ᠎ᠠ ᠶᠢᠨ 10 ᠤ ᠡᠳᠦᠷ)

ᠤᠨ ᠬᠡᠮᠵᠢᠶᠡᠯᠡᠯ ᠢ ᠲᠣᠭᠲᠠᠭᠠᠭᠰᠠᠨ ᠤ᠂ ᠤᠯᠤᠰ ᠤᠨ ᠠᠯᠪᠠᠨ ᠲᠤᠰᠢᠶᠠᠯ ᠤᠨ ᠪᠠᠢᠭᠤᠯᠤᠯᠲᠠ ᠶᠢᠨ ᠥᠭᠡᠷᠡᠴᠢᠯᠡᠯᠲᠡ ᠶᠢᠨ ᠲᠤᠬᠠᠢ ᠮᠡᠳᠡᠭᠳᠡᠯ

ᠤᠯᠤᠰ ᠤᠨ ᠭᠦᠢᠴᠡᠳᠬᠡᠬᠦ ᠵᠥᠪᠯᠡᠯ ᠦᠨ ᠠᠯᠪᠠᠨ ᠲᠢᠩᠬᠢᠮ ᠤ ᠲᠥᠪ ᠦᠨ ᠪᠠᠢᠭᠤᠯᠤᠯᠲᠠ ᠶᠢᠨ ᠬᠡᠯᠲᠡᠰ ᠦᠨ ᠤᠯᠤᠰ ᠤᠨ ᠠᠯᠪᠠᠨ ᠲᠤᠰᠢᠶᠠᠯ ᠤᠨ ᠬᠡᠮᠵᠢᠶᠡᠯᠡᠯ ᠦᠨ ᠬᠤᠪᠢᠶᠠᠷᠢ᠂ ᠤᠯᠤᠰ ᠤᠨ ᠠᠯᠪᠠᠨ ᠲᠤᠰᠢᠶᠠᠯ

(ᠤᠯᠤᠰ ᠠᠯᠪᠠᠨ ᠮᠡᠳᠡᠭᠳᠡᠯ 〔2001〕7 ᠳ᠋ᠤᠭᠠᠷ ᠪᠢᠴᠢᠭ 2001 ᠣᠨ ᠤ 3 ᠰᠠᠷ᠎ᠠ ᠶᠢᠨ 8 ᠤ ᠡᠳᠦᠷ)

ᠲᠤᠬᠠᠢ ᠮᠡᠳᠡᠭᠳᠡᠯ

ᠤᠯᠤᠰ ᠤᠨ ᠭᠦᠢᠴᠡᠳᠬᠡᠬᠦ ᠵᠥᠪᠯᠡᠯ ᠦᠨ ᠠᠯᠪᠠᠨ ᠲᠢᠩᠬᠢᠮ ᠤ ᠤᠯᠤᠰ ᠤᠨ ᠬᠦᠳᠡᠭᠡ ᠶᠢᠨ ᠠᠵᠤ ᠠᠬᠤᠢ ᠶᠢᠨ ᠪᠦᠲᠦᠭᠡᠯ ᠦᠨ ᠪᠦᠷᠢᠯᠳᠦᠭᠦᠨ ᠦ ᠪᠠᠢᠳᠠᠯ ᠢ ᠪᠠᠢᠴᠠᠭᠠᠨ ᠰᠢᠯᠭᠠᠬᠤ ᠠᠵᠢᠯ ᠢ ᠰᠠᠢᠵᠢᠷᠠᠭᠤᠯᠬᠤ ᠲᠤᠬᠠᠢ ᠮᠡᠳᠡᠭᠳᠡᠯ

(ᠤᠯᠤᠰ ᠠᠯᠪᠠᠨ ᠮᠡᠳᠡᠭᠳᠡᠯ 〔2001〕2 ᠳ᠋ᠤᠭᠠᠷ ᠪᠢᠴᠢᠭ 2001 ᠣᠨ ᠤ 1 ᠰᠠᠷ᠎ᠠ ᠶᠢᠨ 8 ᠤ ᠡᠳᠦᠷ)

ᠤᠯᠤᠰ ᠤᠨ ᠭᠦᠢᠴᠡᠳᠬᠡᠬᠦ ᠵᠥᠪᠯᠡᠯ ᠦᠨ ᠠᠯᠪᠠᠨ ᠲᠢᠩᠬᠢᠮ ᠤ ᠠᠵᠢᠯ ᠤᠨ ᠳᠦᠷᠢᠮ ᠢ ᠨᠡᠢᠲᠡᠯᠡᠬᠦ ᠲᠤᠬᠠᠢ ᠮᠡᠳᠡᠭᠳᠡᠯ

(ᠤᠯᠤᠰ ᠠᠯᠪᠠᠨ ᠮᠡᠳᠡᠭᠳᠡᠯ 〔2000〕46 ᠳ᠋ᠤᠭᠠᠷ ᠪᠢᠴᠢᠭ 2000 ᠣᠨ ᠤ 12 ᠰᠠᠷ᠎ᠠ ᠶᠢᠨ 13 ᠤ ᠡᠳᠦᠷ)

ᠬᠡᠷᠡᠭᠵᠢᠭᠦᠯᠬᠦ ᠲᠤᠬᠠᠢ ᠤᠯᠤᠰ ᠤᠨ ᠠᠯᠪᠠᠨ ᠲᠤᠰᠢᠶᠠᠯ ᠤᠨ ᠪᠠᠢᠭᠤᠯᠤᠯᠲᠠ ᠶᠢᠨ ᠥᠭᠡᠷᠡᠴᠢᠯᠡᠯᠲᠡ ᠶᠢᠨ ᠰᠠᠨᠠᠯ ᠤᠨ ᠲᠤᠬᠠᠢ ᠮᠡᠳᠡᠭᠳᠡᠯ

ᠤᠯᠤᠰ ᠤᠨ ᠭᠦᠢᠴᠡᠳᠬᠡᠬᠦ ᠵᠥᠪᠯᠡᠯ ᠦᠨ ᠠᠯᠪᠠᠨ ᠲᠢᠩᠬᠢᠮ ᠤ ᠤᠯᠤᠰ ᠤᠨ ᠪᠠᠢᠭᠤᠯᠤᠯᠲᠠ ᠶᠢᠨ ᠠᠯᠪᠠᠨ ᠪᠠᠢᠭᠤᠯᠤᠯᠭ᠎ᠠ ᠳᠤ ᠠᠵᠢᠯᠯᠠᠬᠤ ᠠᠵᠢᠯᠲᠠᠨ ᠢ ᠰᠣᠩᠭᠣᠨ ᠰᠢᠯᠭᠠᠬᠤ ᠰᠢᠯᠭᠠᠯᠲᠠ ᠶᠢᠨ ᠠᠵᠢᠯ ᠢ

([illegible]〔2001〕30 [illegible] 2001 ᠣᠨ ᠤ 12 ᠰᠠᠷ᠎ᠠ ᠶᠢᠨ 25 ᠤ ᠡᠳᠦᠷ)

※ [illegible]

([illegible]〔2001〕33 [illegible] 2001 ᠣᠨ ᠤ 12 ᠰᠠᠷ᠎ᠠ ᠶᠢᠨ 21 ᠤ ᠡᠳᠦᠷ)

[illegible]

([illegible]〔2002〕5 [illegible] 2002 ᠣᠨ ᠤ 2 ᠰᠠᠷ᠎ᠠ ᠶᠢᠨ 25 ᠤ ᠡᠳᠦᠷ)

[illegible]

([illegible]〔2002〕14 [illegible] 2002 ᠣᠨ ᠤ 6 ᠰᠠᠷ᠎ᠠ ᠶᠢᠨ 18 ᠤ ᠡᠳᠦᠷ)

[illegible]

([illegible]〔2002〕15 [illegible] 2002 ᠣᠨ ᠤ 6 ᠰᠠᠷ᠎ᠠ ᠶᠢᠨ 18 ᠤ ᠡᠳᠦᠷ)

[illegible]

([illegible]〔2002〕16 [illegible] 2002 ᠣᠨ ᠤ 6 ᠰᠠᠷ᠎ᠠ ᠶᠢᠨ 20 ᠤ ᠡᠳᠦᠷ)

[illegible]

([illegible]〔2002〕19 [illegible] 2002 ᠣᠨ ᠤ 7 ᠰᠠᠷ᠎ᠠ ᠶᠢᠨ 18 ᠤ ᠡᠳᠦᠷ)

[illegible]

([illegible]〔2002〕20 [illegible] 2002 ᠣᠨ ᠤ 7 ᠰᠠᠷ᠎ᠠ ᠶᠢᠨ 19 ᠤ ᠡᠳᠦᠷ)

[illegible]

(ᠬᠠᠤᠯᠢ ᠲᠠᠢᠯᠪᠤᠷᠢᠯᠠᠯ [2002] 22 ᠳᠤᠭᠠᠷ ᠳᠤᠭᠠᠷ 2002 ᠣᠨ ᠤ 7 ᠰᠠᠷ᠎ᠠ ᠶᠢᠨ 11 ᠤ ᠡᠳᠦᠷ)

ᠤᠯᠤᠰ ᠤᠨ ᠳᠡᠭᠡᠳᠦ ᠠᠷᠠᠳ ᠤᠨ ᠱᠦᠭᠦᠬᠦ ᠶᠢᠨ ᠬᠤᠷᠠᠯ ᠤᠨ ᠬᠡᠷᠡᠭ ᠪᠦᠷᠢᠳᠬᠡᠯ ᠤᠨ ᠠᠰᠠᠭᠤᠳᠠᠯ ᠢ ᠰᠢᠢᠳᠪᠦᠷᠢᠯᠡᠬᠦ ᠲᠤᠬᠠᠢ ᠬᠠᠤᠯᠢ ᠲᠠᠢᠯᠪᠤᠷᠢᠯᠠᠯ ᠤᠨ ᠲᠤᠬᠠᠢ ᠠᠰᠠᠭᠤᠳᠠᠯ ᠤᠨ ᠬᠠᠷᠢᠭᠤ

(ᠬᠠᠤᠯᠢ ᠲᠠᠢᠯᠪᠤᠷᠢᠯᠠᠯ [2002] 24 ᠳᠤᠭᠠᠷ ᠳᠤᠭᠠᠷ 2002 ᠣᠨ ᠤ 7 ᠰᠠᠷ᠎ᠠ ᠶᠢᠨ 31 ᠤ ᠡᠳᠦᠷ)

※ ᠤᠯᠤᠰ ᠤᠨ ᠳᠡᠭᠡᠳᠦ ᠠᠷᠠᠳ ᠤᠨ ᠱᠦᠭᠦᠬᠦ ᠶᠢᠨ ᠬᠤᠷᠠᠯ ᠤᠨ ᠬᠡᠷᠡᠭ ᠦᠨ ᠲᠤᠬᠠᠢ ᠬᠠᠤᠯᠢ ᠲᠠᠢᠯᠪᠤᠷᠢᠯᠠᠯ ᠤᠨ ᠠᠰᠠᠭᠤᠳᠠᠯ ᠤᠨ ᠬᠠᠷᠢᠭᠤ

(ᠬᠠᠤᠯᠢ ᠲᠠᠢᠯᠪᠤᠷᠢᠯᠠᠯ [2002] 29 ᠳᠤᠭᠠᠷ ᠳᠤᠭᠠᠷ 2002 ᠣᠨ ᠤ 9 ᠰᠠᠷ᠎ᠠ ᠶᠢᠨ 16 ᠤ ᠡᠳᠦᠷ)

ᠤᠯᠤᠰ ᠤᠨ ᠳᠡᠭᠡᠳᠦ ᠠᠷᠠᠳ ᠤᠨ ᠱᠦᠭᠦᠬᠦ ᠶᠢᠨ ᠬᠤᠷᠠᠯ ᠤᠨ ᠬᠡᠷᠡᠭ ᠦᠨ ᠲᠤᠬᠠᠢ ᠠᠰᠠᠭᠤᠳᠠᠯ ᠤᠨ ᠬᠠᠷᠢᠭᠤ

(ᠬᠠᠤᠯᠢ ᠲᠠᠢᠯᠪᠤᠷᠢᠯᠠᠯ [2002] 39 ᠳᠤᠭᠠᠷ ᠳᠤᠭᠠᠷ 2002 ᠣᠨ ᠤ 11 ᠰᠠᠷ᠎ᠠ ᠶᠢᠨ 15 ᠤ ᠡᠳᠦᠷ)

※ ᠤᠯᠤᠰ ᠤᠨ ᠳᠡᠭᠡᠳᠦ ᠠᠷᠠᠳ ᠤᠨ ᠱᠦᠭᠦᠬᠦ ᠶᠢᠨ ᠬᠤᠷᠠᠯ ᠤᠨ ᠬᠡᠷᠡᠭ ᠦᠨ ᠲᠤᠬᠠᠢ ᠬᠠᠤᠯᠢ ᠲᠠᠢᠯᠪᠤᠷᠢᠯᠠᠯ
ᠬᠡᠷᠡᠭᠯᠡᠬᠦ ᠲᠤᠬᠠᠢ ᠲᠠᠢᠯᠪᠤᠷᠢᠯᠠᠯ

(ᠬᠠᠤᠯᠢ ᠲᠠᠢᠯᠪᠤᠷᠢᠯᠠᠯ [2003] 7 ᠳᠤᠭᠠᠷ ᠳᠤᠭᠠᠷ 2003 ᠣᠨ ᠤ 4 ᠰᠠᠷ᠎ᠠ ᠶᠢᠨ 28 ᠤ ᠡᠳᠦᠷ)

ᠤᠯᠤᠰ ᠤᠨ ᠳᠡᠭᠡᠳᠦ ᠠᠷᠠᠳ ᠤᠨ ᠱᠦᠭᠦᠬᠦ ᠶᠢᠨ ᠬᠤᠷᠠᠯ ᠤᠨ 《 ᠪᠦᠭᠦᠳᠡ ᠨᠠᠢᠷᠠᠮᠳᠠᠬᠤ ᠳᠤᠮᠳᠠᠳᠤ ᠠᠷᠠᠳ ᠤᠯᠤᠰ ᠤᠨ ᠬᠠᠤᠯᠢ
ᠶᠢᠨ ᠵᠦᠢᠯ 》 ᠢ ᠬᠡᠷᠡᠭᠯᠡᠬᠦ ᠲᠤᠬᠠᠢ ᠲᠠᠢᠯᠪᠤᠷᠢᠯᠠᠯ

(ᠬᠠᠤᠯᠢ ᠲᠠᠢᠯᠪᠤᠷᠢᠯᠠᠯ [2003] 11 ᠳᠤᠭᠠᠷ ᠳᠤᠭᠠᠷ 2003 ᠣᠨ ᠤ 6 ᠰᠠᠷ᠎ᠠ ᠶᠢᠨ 25 ᠤ ᠡᠳᠦᠷ)

ᠤᠯᠤᠰ ᠤᠨ ᠳᠡᠭᠡᠳᠦ ᠠᠷᠠᠳ ᠤᠨ ᠱᠦᠭᠦᠬᠦ ᠶᠢᠨ ᠬᠤᠷᠠᠯ ᠤᠨ ᠬᠡᠷᠡᠭ ᠦᠨ ᠲᠤᠬᠠᠢ ᠬᠠᠤᠯᠢ ᠲᠠᠢᠯᠪᠤᠷᠢᠯᠠᠯ ᠤᠨ
ᠠᠰᠠᠭᠤᠳᠠᠯ ᠤᠨ ᠬᠠᠷᠢᠭᠤ

(ᠬᠠᠤᠯᠢ ᠲᠠᠢᠯᠪᠤᠷᠢᠯᠠᠯ [2003] 13 ᠳᠤᠭᠠᠷ ᠳᠤᠭᠠᠷ 2003 ᠣᠨ ᠤ 8 ᠰᠠᠷ᠎ᠠ ᠶᠢᠨ 27 ᠤ ᠡᠳᠦᠷ)

ᠤᠯᠤᠰ ᠤᠨ ᠳᠡᠭᠡᠳᠦ ᠠᠷᠠᠳ ᠤᠨ ᠱᠦᠭᠦᠬᠦ ᠶᠢᠨ ᠬᠤᠷᠠᠯ ᠤᠨ ᠬᠡᠷᠡᠭ ᠦᠨ ᠲᠤᠬᠠᠢ ᠠᠰᠠᠭᠤᠳᠠᠯ ᠤᠨ ᠬᠠᠷᠢᠭᠤ

(ᠬᠠᠤᠯᠢ ᠲᠠᠢᠯᠪᠤᠷᠢᠯᠠᠯ [2003] 15 ᠳᠤᠭᠠᠷ ᠳᠤᠭᠠᠷ 2003 ᠣᠨ ᠤ 9 ᠰᠠᠷ᠎ᠠ ᠶᠢᠨ 10 ᠤ ᠡᠳᠦᠷ)

※ ᠤᠯᠤᠰ ᠤᠨ ᠳᠡᠭᠡᠳᠦ ᠠᠷᠠᠳ ᠤᠨ ᠱᠦᠭᠦᠬᠦ ᠶᠢᠨ ᠬᠤᠷᠠᠯ ᠤᠨ 《 ᠪᠦᠭᠦᠳᠡ ᠨᠠᠢᠷᠠᠮᠳᠠᠬᠤ ᠳᠤᠮᠳᠠᠳᠤ ᠠᠷᠠᠳ ᠤᠯᠤᠰ ᠤᠨ ᠬᠠᠤᠯᠢ ᠶᠢᠨ ᠵᠦᠢᠯ 》 ᠢ ᠬᠡᠷᠡᠭᠯᠡᠬᠦ ᠲᠤᠬᠠᠢ
ᠲᠠᠢᠯᠪᠤᠷᠢᠯᠠᠯ (ᠬᠡᠰᠡᠭ)

(ᠬᠠᠤᠯᠢ ᠲᠠᠢᠯᠪᠤᠷᠢᠯᠠᠯ [2003] 19 ᠳᠤᠭᠠᠷ ᠳᠤᠭᠠᠷ 2003 ᠣᠨ ᠤ 12 ᠰᠠᠷ᠎ᠠ ᠶᠢᠨ 25 ᠤ ᠡᠳᠦᠷ)

ᠬᠠᠷᠢ ᠶᠢᠨ ᠬᠠᠮᠲᠤ ᠠᠵᠢᠯᠯᠠᠭᠠᠨ ᠤ ᠬᠡᠷᠡᠭ ᠤᠨ ᠬᠠᠷᠢᠶᠠᠯᠠᠯ ᠢ ᠪᠡᠬᠢᠵᠢᠭᠦᠯᠦᠨ ᠵᠣᠬᠢᠴᠠᠭᠤᠯᠬᠤ ᠬᠢᠭᠡᠳ ᠬᠠᠮᠠᠭᠠᠯᠠᠨ ᠵᠣᠬᠢᠴᠠᠭᠤᠯᠬᠤ · ᠬᠠᠮᠠᠭᠠᠯᠠᠯᠲᠠ ᠵᠣᠬᠢᠴᠠᠭᠤᠯᠬᠤ ᠲᠤᠬᠠᠢ ᠬᠠᠷᠢ ᠶᠢᠨ ᠠᠵᠢᠯᠯᠠᠭᠠᠨ ᠤ ᠬᠠᠮᠲᠤ ᠠᠵᠢᠯᠯᠠᠭᠠᠨ ᠤ
(ᠬᠠᠮᠲᠤ ᠠᠵᠢᠯᠯᠠᠭᠠᠨ 〔2004〕15 ᠳ᠋ᠤᠭᠠᠷ ᠪᠢᠴᠢᠭ 2004 ᠣᠨ ᠤ 11 ᠰᠠᠷ᠎ᠠ ᠶᠢᠨ 4 ᠤ ᠡᠳᠦᠷ)

ᠬᠠᠷᠢ ᠶᠢᠨ ᠬᠠᠮᠲᠤ ᠠᠵᠢᠯᠯᠠᠭᠠᠨ ᠤ ᠬᠠᠷᠢᠶᠠᠯᠠᠯ ᠤᠨ ᠬᠠᠮᠢᠶ᠎ᠠ ᠶᠢᠨ ᠪᠦᠷᠢᠯᠳᠦᠬᠦᠨ ᠢ ᠪᠡᠬᠢᠵᠢᠭᠦᠯᠬᠦ · ᠰᠠᠢᠵᠢᠷᠠᠭᠤᠯᠬᠤ · ᠰᠢᠨᠡᠴᠢᠯᠡᠬᠦ ᠲᠤᠬᠠᠢ ᠲᠣᠭᠲᠠᠭᠠᠯ ᠢ ᠬᠡᠪᠯᠡᠨ ᠨᠡᠢᠲᠡᠯᠡᠬᠦ ᠲᠤᠬᠠᠢ ᠮᠡᠳᠡᠭᠳᠡᠯ
(ᠬᠠᠮᠲᠤ ᠠᠵᠢᠯᠯᠠᠭᠠᠨ 〔2004〕14 ᠳ᠋ᠤᠭᠠᠷ ᠪᠢᠴᠢᠭ 2004 ᠣᠨ ᠤ 10 ᠰᠠᠷ᠎ᠠ ᠶᠢᠨ 25 ᠤ ᠡᠳᠦᠷ)

※ ᠬᠠᠷᠢ ᠶᠢᠨ ᠠᠵᠢᠯᠯᠠᠬᠤ ᠬᠠᠮᠲᠤ ᠠᠵᠢᠯᠯᠠᠭᠠᠨ ᠤ ᠪᠣᠳᠣᠯᠭ᠎ᠠ ᠶᠢ ᠪᠡᠬᠢᠵᠢᠭᠦᠯᠬᠦ ᠲᠤᠬᠠᠢ ᠬᠠᠷᠢ ᠶᠢᠨ ᠠᠵᠢᠯᠯᠠᠭᠠᠨ ᠤ ᠬᠠᠮᠲᠤ ᠠᠵᠢᠯᠯᠠᠭᠠᠨ ᠤ ᠪᠦᠷᠢᠯᠳᠦᠬᠦᠨ ᠢ ᠵᠣᠬᠢᠴᠠᠭᠤᠯᠬᠤ ᠲᠤᠬᠠᠢ ᠮᠡᠳᠡᠭᠳᠡᠯ
(ᠬᠠᠮᠲᠤ ᠠᠵᠢᠯᠯᠠᠭᠠᠨ 〔2004〕13 ᠳ᠋ᠤᠭᠠᠷ ᠪᠢᠴᠢᠭ 2004 ᠣᠨ ᠤ 9 ᠰᠠᠷ᠎ᠠ ᠶᠢᠨ 17 ᠤ ᠡᠳᠦᠷ)

ᠬᠠᠷᠢ ᠶᠢᠨ ᠠᠵᠢᠯᠯᠠᠬᠤ ᠬᠠᠮᠲᠤ ᠠᠵᠢᠯᠯᠠᠭᠠᠨ ᠤ ᠬᠠᠮᠲᠤ ᠠᠵᠢᠯᠯᠠᠭᠠᠨ ᠤ ᠰᠢᠯᠢᠨ ᠰᠣᠩᠭᠣᠯᠲᠠ ᠶᠢᠨ ᠠᠵᠢᠯ ᠢ ᠰᠠᠢᠵᠢᠷᠠᠭᠤᠯᠬᠤ ᠲᠤᠬᠠᠢ ᠮᠡᠳᠡᠭᠳᠡᠯ
(ᠬᠠᠮᠲᠤ ᠠᠵᠢᠯᠯᠠᠭᠠᠨ 〔2004〕12 ᠳ᠋ᠤᠭᠠᠷ ᠪᠢᠴᠢᠭ 2004 ᠣᠨ ᠤ 9 ᠰᠠᠷ᠎ᠠ ᠶᠢᠨ 16 ᠤ ᠡᠳᠦᠷ)

※ ᠬᠠᠷᠢ ᠶᠢᠨ ᠠᠵᠢᠯᠯᠠᠬᠤ ᠬᠠᠮᠲᠤ ᠠᠵᠢᠯᠯᠠᠭᠠᠨ ᠤ ᠬᠠᠷᠢ ᠶᠢᠨ ᠬᠠᠮᠲᠤ ᠠᠵᠢᠯᠯᠠᠭᠠᠨ ᠤ ᠬᠡᠷᠡᠭ ᠤᠨ ᠬᠠᠷᠢᠶᠠᠯᠠᠯ ᠤᠨ ᠬᠠᠮᠢᠶ᠎ᠠ ᠶᠢᠨ ᠮᠡᠳᠡᠭᠳᠡᠯ ᠢ ᠰᠢᠨᠡᠴᠢᠯᠡᠨ ᠵᠣᠬᠢᠴᠠᠭᠤᠯᠬᠤ ᠲᠤᠬᠠᠢ ᠮᠡᠳᠡᠭᠳᠡᠯ
(ᠬᠠᠮᠲᠤ ᠠᠵᠢᠯᠯᠠᠭᠠᠨ 〔2004〕9 ᠳ᠋ᠤᠭᠠᠷ ᠪᠢᠴᠢᠭ 2004 ᠣᠨ ᠤ 7 ᠰᠠᠷ᠎ᠠ ᠶᠢᠨ 26 ᠤ ᠡᠳᠦᠷ)

ᠬᠠᠷᠢ ᠶᠢᠨ ᠠᠵᠢᠯᠯᠠᠬᠤ ᠬᠠᠮᠲᠤ ᠠᠵᠢᠯᠯᠠᠭᠠᠨ ᠤ ᠮᠡᠳᠡᠭᠳᠡᠯ ᠦᠨ ᠰᠢᠰᠲᠡᠮ ᠢ ᠪᠡᠬᠢᠵᠢᠭᠦᠯᠬᠦ ᠲᠤᠬᠠᠢ ᠮᠡᠳᠡᠭᠳᠡᠯ
(ᠬᠠᠮᠲᠤ ᠠᠵᠢᠯᠯᠠᠭᠠᠨ 〔2004〕8 ᠳ᠋ᠤᠭᠠᠷ ᠪᠢᠴᠢᠭ 2004 ᠣᠨ ᠤ 7 ᠰᠠᠷ᠎ᠠ ᠶᠢᠨ 26 ᠤ ᠡᠳᠦᠷ)

ᠬᠠᠷᠢ ᠶᠢᠨ ᠠᠵᠢᠯᠯᠠᠬᠤ ᠬᠠᠮᠲᠤ ᠠᠵᠢᠯᠯᠠᠭᠠᠨ ᠤ ᠬᠡᠷᠡᠭ ᠤᠨ ᠬᠠᠷᠢᠶᠠᠯᠠᠯ ᠤᠨ ᠪᠦᠷᠢᠳᠬᠡᠯ ᠦᠨ ᠠᠵᠢᠯ ᠢ ᠰᠠᠢᠵᠢᠷᠠᠭᠤᠯᠬᠤ ᠲᠤᠬᠠᠢ ᠮᠡᠳᠡᠭᠳᠡᠯ
(ᠬᠠᠮᠲᠤ ᠠᠵᠢᠯᠯᠠᠭᠠᠨ 〔2004〕5 ᠳ᠋ᠤᠭᠠᠷ ᠪᠢᠴᠢᠭ 2004 ᠣᠨ ᠤ 6 ᠰᠠᠷ᠎ᠠ ᠶᠢᠨ 21 ᠤ ᠡᠳᠦᠷ)

ᠬᠠᠷᠢ ᠶᠢᠨ ᠠᠵᠢᠯᠯᠠᠬᠤ ᠬᠠᠮᠲᠤ ᠠᠵᠢᠯᠯᠠᠭᠠᠨ ᠤ ᠠᠵᠢᠯ ᠤᠨ ᠬᠦᠴᠦᠨ ᠦ ᠬᠠᠮᠲᠤ ᠠᠵᠢᠯᠯᠠᠭᠠᠨ ᠤ ᠮᠡᠳᠡᠭᠳᠡᠯ ᠦᠨ ᠰᠢᠰᠲᠡᠮ ᠢ ᠪᠡᠬᠢᠵᠢᠭᠦᠯᠬᠦ ᠲᠤᠬᠠᠢ ᠮᠡᠳᠡᠭᠳᠡᠯ
(ᠬᠠᠮᠲᠤ ᠠᠵᠢᠯᠯᠠᠭᠠᠨ 〔2003〕20 ᠳ᠋ᠤᠭᠠᠷ ᠪᠢᠴᠢᠭ 2003 ᠣᠨ ᠤ 12 ᠰᠠᠷ᠎ᠠ ᠶᠢᠨ 26 ᠤ ᠡᠳᠦᠷ)

ᠬᠠᠷᠢ ᠶᠢᠨ ᠠᠵᠢᠯᠯᠠᠬᠤ ᠬᠠᠮᠲᠤ ᠠᠵᠢᠯᠯᠠᠭᠠᠨ ᠤ ᠬᠡᠷᠡᠭ ᠤᠨ ᠬᠠᠷᠢᠶᠠᠯᠠᠯ ᠤᠨ ᠬᠠᠮᠢᠶ᠎ᠠ ᠶᠢᠨ ᠪᠦᠷᠢᠯᠳᠦᠬᠦᠨ ᠢ ᠵᠣᠬᠢᠴᠠᠭᠤᠯᠬᠤ ᠲᠤᠬᠠᠢ ᠮᠡᠳᠡᠭᠳᠡᠯ

ᠪᠠᠶᠢᠨ᠎ᠠ

(ᠬᠠᠤᠯᠢ ᠲᠠᠶᠢᠯᠪᠤᠷᠢᠯᠠᠯᠲᠠ [2004] 16 ᠳ᠋ᠤᠭᠠᠷ ᠪᠢᠴᠢᠭ 2004 ᠣᠨ ᠤ 11 ᠰᠠᠷ᠎ᠠ ᠶᠢᠨ 15 ᠤ ᠡᠳᠦᠷ)

ᠳᠡᠭᠡᠳᠦ ᠠᠷᠠᠳ ᠤᠨ ᠱᠢᠭᠦᠬᠦ ᠶᠠᠮᠤᠨ ᠤ [illegible] ᠲᠤᠬᠠᠢ ᠬᠠᠷᠢᠭᠤ

(ᠬᠠᠤᠯᠢ ᠲᠠᠶᠢᠯᠪᠤᠷᠢᠯᠠᠯᠲᠠ [2004] 18 ᠳ᠋ᠤᠭᠠᠷ ᠪᠢᠴᠢᠭ 2004 ᠣᠨ ᠤ 11 ᠰᠠᠷ᠎ᠠ ᠶᠢᠨ 22 ᠨᠤ ᠡᠳᠦᠷ)

ᠳᠡᠭᠡᠳᠦ ᠠᠷᠠᠳ ᠤᠨ ᠱᠢᠭᠦᠬᠦ ᠶᠠᠮᠤᠨ ᠤ [illegible] ᠲᠤᠬᠠᠢ ᠬᠠᠷᠢᠭᠤ

(ᠬᠠᠤᠯᠢ ᠲᠠᠶᠢᠯᠪᠤᠷᠢᠯᠠᠯᠲᠠ [2004] 17 ᠳ᠋ᠤᠭᠠᠷ ᠪᠢᠴᠢᠭ 2004 ᠣᠨ ᠤ 11 ᠰᠠᠷ᠎ᠠ ᠶᠢᠨ 25 ᠤ ᠡᠳᠦᠷ)

※ ᠳᠡᠭᠡᠳᠦ ᠠᠷᠠᠳ ᠤᠨ ᠱᠢᠭᠦᠬᠦ ᠶᠠᠮᠤᠨ ᠤ [illegible] ᠲᠤᠬᠠᠢ ᠬᠠᠷᠢᠭᠤ

(ᠬᠠᠤᠯᠢ ᠲᠠᠶᠢᠯᠪᠤᠷᠢᠯᠠᠯᠲᠠ [2005] 1 ᠳ᠋ᠤᠭᠠᠷ ᠪᠢᠴᠢᠭ 2005 ᠣᠨ ᠤ 1 ᠰᠠᠷ᠎ᠠ ᠶᠢᠨ 25 ᠤ ᠡᠳᠦᠷ)

※ ᠳᠡᠭᠡᠳᠦ ᠠᠷᠠᠳ ᠤᠨ ᠱᠢᠭᠦᠬᠦ ᠶᠠᠮᠤᠨ ᠤ [illegible] ([illegible])

(ᠬᠠᠤᠯᠢ ᠲᠠᠶᠢᠯᠪᠤᠷᠢᠯᠠᠯᠲᠠ [2005] 4 ᠳ᠋ᠤᠭᠠᠷ ᠪᠢᠴᠢᠭ 2005 ᠣᠨ ᠤ 5 ᠰᠠᠷ᠎ᠠ ᠶᠢᠨ 24 ᠤ ᠡᠳᠦᠷ)

※ ᠳᠡᠭᠡᠳᠦ ᠠᠷᠠᠳ ᠤᠨ ᠱᠢᠭᠦᠬᠦ ᠶᠠᠮᠤᠨ ᠤ [illegible]

(ᠬᠠᠤᠯᠢ ᠲᠠᠶᠢᠯᠪᠤᠷᠢᠯᠠᠯᠲᠠ [2005] 5 ᠳ᠋ᠤᠭᠠᠷ ᠪᠢᠴᠢᠭ 2005 ᠣᠨ ᠤ 6 ᠰᠠᠷ᠎ᠠ ᠶᠢᠨ 18 ᠤ ᠡᠳᠦᠷ)

ᠳᠡᠭᠡᠳᠦ ᠠᠷᠠᠳ ᠤᠨ ᠱᠢᠭᠦᠬᠦ ᠶᠠᠮᠤᠨ ᠤ [illegible]

(ᠬᠠᠤᠯᠢ ᠲᠠᠶᠢᠯᠪᠤᠷᠢᠯᠠᠯᠲᠠ [2005] 6 ᠳ᠋ᠤᠭᠠᠷ ᠪᠢᠴᠢᠭ 2005 ᠣᠨ ᠤ 7 ᠰᠠᠷ᠎ᠠ ᠶᠢᠨ 29 ᠤ ᠡᠳᠦᠷ)

ᠳᠡᠭᠡᠳᠦ ᠠᠷᠠᠳ ᠤᠨ ᠱᠢᠭᠦᠬᠦ ᠶᠠᠮᠤᠨ ᠤ ᠲᠠᠷᠢᠶᠠᠯᠠᠩ ᠤᠨ ᠭᠠᠵᠠᠷ [illegible]

ᠤᠯᠤᠰ ᠤᠨ ᠪᠠᠶᠢᠴᠠᠭᠠᠨ ᠬᠢᠨᠠᠨ ᠵᠠᠰᠠᠬᠤ ᠶᠢᠨ «ᠪᠠᠷᠢᠮᠵᠢᠶ᠎ᠠ ᠶᠢᠨ ᠬᠡᠮᠵᠢᠶ᠎ᠡ ᠶᠢᠨ ᠤᠯᠤᠰ ᠤᠨ ᠰᠢᠯᠭᠠᠯᠲᠠ ᠶᠢᠨ ᠪᠠᠶᠢᠭᠤᠯᠤᠯᠭ᠎ᠠ ᠶᠢᠨ ᠲᠣᠭᠲᠠᠭᠠᠯ» ᠢ ᠨᠡᠶᠢᠲᠡᠯᠡᠬᠦ ᠲᠤᠬᠠᠢ ᠮᠡᠳᠡᠭᠳᠡᠯ ᠦᠨ ᠤ

(ᠬᠢᠨᠠᠨ ᠮᠡᠳᠡᠭᠳᠡᠯ [2006] 6 ᠳ᠋ᠤᠭᠠᠷ ᠳ᠋ᠤᠭᠠᠷᠯᠠᠯ 2006 ᠣᠨ ᠤ 8 ᠰᠠᠷ᠎ᠠ ᠶᠢᠨ 14 ᠤ ᠡᠳᠦᠷ)

ᠤᠯᠤᠰ ᠤᠨ ᠪᠠᠶᠢᠴᠠᠭᠠᠨ ᠬᠢᠨᠠᠨ ᠵᠠᠰᠠᠬᠤ ᠶᠢᠨ ᠨᠢᠭᠡᠳᠦᠭᠡᠷ ᠬᠡᠯᠲᠡᠰ ᠦᠨ ᠤ ᠨᠠᠷᠢᠨ ᠵᠦᠢᠯ ᠪᠠᠶᠢᠭᠤᠯᠤᠯᠭ᠎ᠠ ᠶᠢᠨ ᠮᠡᠳᠡᠭᠳᠡᠯ ᠦᠨ ᠤ

※ ᠤᠯᠤᠰ ᠤᠨ ᠪᠠᠶᠢᠴᠠᠭᠠᠨ ᠬᠢᠨᠠᠨ ᠵᠠᠰᠠᠬᠤ ᠶᠢᠨ ᠪᠠᠷᠢᠮᠵᠢᠶ᠎ᠠ ᠶᠢᠨ ᠬᠡᠮᠵᠢᠶ᠎ᠡ ᠶᠢᠨ ᠮᠡᠳᠡᠭᠳᠡᠯ

(ᠬᠢᠨᠠᠨ ᠮᠡᠳᠡᠭᠳᠡᠯ [2006] 5 ᠳ᠋ᠤᠭᠠᠷ ᠳ᠋ᠤᠭᠠᠷᠯᠠᠯ 2006 ᠣᠨ ᠤ 8 ᠰᠠᠷ᠎ᠠ ᠶᠢᠨ 10 ᠤ ᠡᠳᠦᠷ)

ᠤᠯᠤᠰ ᠤᠨ ᠪᠠᠶᠢᠴᠠᠭᠠᠨ ᠬᠢᠨᠠᠨ ᠵᠠᠰᠠᠬᠤ ᠶᠢᠨ ᠪᠠᠶᠢᠭᠤᠯᠤᠯᠭ᠎ᠠ ᠶᠢᠨ ᠬᠡᠮᠵᠢᠶ᠎ᠡ ᠶᠢᠨ ᠬᠠᠮᠢᠶᠠᠷᠤᠯᠲᠠ ᠶᠢᠨ ᠬᠡᠯᠲᠡᠰ ᠦᠨ ᠤ ᠲᠤᠬᠠᠢ ᠮᠡᠳᠡᠭᠳᠡᠯ

(ᠬᠢᠨᠠᠨ ᠮᠡᠳᠡᠭᠳᠡᠯ [2006] 2 ᠳ᠋ᠤᠭᠠᠷ ᠳ᠋ᠤᠭᠠᠷᠯᠠᠯ 2006 ᠣᠨ ᠤ 3 ᠰᠠᠷ᠎ᠠ ᠶᠢᠨ 21 ᠤ ᠡᠳᠦᠷ)

ᠤᠯᠤᠰ ᠤᠨ ᠪᠠᠶᠢᠴᠠᠭᠠᠨ ᠬᠢᠨᠠᠨ ᠵᠠᠰᠠᠬᠤ ᠶᠢᠨ ᠬᠡᠮᠵᠢᠶ᠎ᠡ ᠶᠢᠨ ᠪᠠᠶᠢᠭᠤᠯᠤᠯᠭ᠎ᠠ ᠶᠢᠨ ᠮᠡᠳᠡᠭᠳᠡᠯ

(ᠬᠢᠨᠠᠨ ᠮᠡᠳᠡᠭᠳᠡᠯ [2005] 14 ᠳ᠋ᠤᠭᠠᠷ ᠳ᠋ᠤᠭᠠᠷᠯᠠᠯ 2005 ᠣᠨ ᠤ 12 ᠰᠠᠷ᠎ᠠ ᠶᠢᠨ 14 ᠤ ᠡᠳᠦᠷ)

ᠤᠯᠤᠰ ᠤᠨ ᠬᠢᠨᠠᠨ ᠪᠠᠶᠢᠴᠠᠭᠠᠬᠤ ᠪᠠᠷᠢᠮᠵᠢᠶ᠎ᠠ ᠶᠢᠨ ᠬᠡᠮᠵᠢᠶ᠎ᠡ ᠶᠢᠨ ᠤᠯᠤᠰ ᠤᠨ ᠪᠠᠶᠢᠴᠠᠭᠠᠨ ᠬᠢᠨᠠᠨ ᠵᠠᠰᠠᠬᠤ ᠶᠢᠨ ᠮᠡᠳᠡᠭᠳᠡᠯ

(ᠬᠢᠨᠠᠨ ᠮᠡᠳᠡᠭᠳᠡᠯ [2005] 11 ᠳ᠋ᠤᠭᠠᠷ ᠳ᠋ᠤᠭᠠᠷᠯᠠᠯ 2005 ᠣᠨ ᠤ 8 ᠰᠠᠷ᠎ᠠ ᠶᠢᠨ 15 ᠤ ᠡᠳᠦᠷ)

ᠪᠠᠷᠢᠮᠵᠢᠶ᠎ᠠ ᠶᠢᠨ ᠬᠡᠮᠵᠢᠶ᠎ᠡ ᠶᠢᠨ ᠤᠯᠤᠰ ᠤᠨ ᠪᠠᠶᠢᠭᠤᠯᠤᠯᠭ᠎ᠠ ᠶᠢᠨ ᠮᠡᠳᠡᠭᠳᠡᠯ ᠦᠨ ᠤ

ᠤᠯᠤᠰ ᠤᠨ ᠪᠠᠶᠢᠴᠠᠭᠠᠨ ᠬᠢᠨᠠᠨ ᠵᠠᠰᠠᠬᠤ ᠶᠢᠨ ᠤᠯᠤᠰ ᠤᠨ ᠪᠠᠷᠢᠮᠵᠢᠶ᠎ᠠ ᠶᠢᠨ ᠬᠡᠮᠵᠢᠶ᠎ᠡ ᠶᠢᠨ ᠮᠡᠳᠡᠭᠳᠡᠯ

(ᠬᠢᠨᠠᠨ ᠮᠡᠳᠡᠭᠳᠡᠯ [2005] 9 ᠳ᠋ᠤᠭᠠᠷ ᠳ᠋ᠤᠭᠠᠷᠯᠠᠯ 2005 ᠣᠨ ᠤ 8 ᠰᠠᠷ᠎ᠠ ᠶᠢᠨ 1 ᠤ ᠡᠳᠦᠷ)

ᠤᠯᠤᠰ ᠤᠨ ᠪᠠᠶᠢᠴᠠᠭᠠᠨ ᠬᠢᠨᠠᠨ ᠵᠠᠰᠠᠬᠤ ᠶᠢᠨ ᠤᠯᠤᠰ ᠤᠨ ᠪᠠᠷᠢᠮᠵᠢᠶ᠎ᠠ ᠶᠢᠨ ᠬᠡᠮᠵᠢᠶ᠎ᠡ ᠶᠢᠨ ᠮᠡᠳᠡᠭᠳᠡᠯ ᠦᠨ ᠤ

(ᠬᠢᠨᠠᠨ ᠮᠡᠳᠡᠭᠳᠡᠯ [2005] 8 ᠳ᠋ᠤᠭᠠᠷ ᠳ᠋ᠤᠭᠠᠷᠯᠠᠯ 2005 ᠣᠨ ᠤ 7 ᠰᠠᠷ᠎ᠠ ᠶᠢᠨ 26 ᠤ ᠡᠳᠦᠷ)

ᠤᠯᠤᠰ ᠤᠨ ᠬᠢᠨᠠᠨ ᠪᠠᠶᠢᠴᠠᠭᠠᠬᠤ ᠪᠠᠷᠢᠮᠵᠢᠶ᠎ᠠ ᠶᠢᠨ ᠬᠡᠮᠵᠢᠶ᠎ᠡ ᠶᠢᠨ ᠮᠡᠳᠡᠭᠳᠡᠯ ᠦᠨ ᠤ

ᠤᠯᠤᠰ ᠤᠨ ᠪᠠᠶᠢᠴᠠᠭᠠᠨ ᠬᠢᠨᠠᠨ ᠵᠠᠰᠠᠬᠤ ᠶᠢᠨ ᠪᠠᠷᠢᠮᠵᠢᠶ᠎ᠠ ᠶᠢᠨ ᠬᠡᠮᠵᠢᠶ᠎ᠡ ᠶᠢᠨ ᠮᠡᠳᠡᠭᠳᠡᠯ

(ᠬᠢᠨᠠᠨ ᠮᠡᠳᠡᠭᠳᠡᠯ [2005] 7 ᠳ᠋ᠤᠭᠠᠷ ᠳ᠋ᠤᠭᠠᠷᠯᠠᠯ 2005 ᠣᠨ ᠤ 7 ᠰᠠᠷ᠎ᠠ ᠶᠢᠨ 25 ᠤ ᠡᠳᠦᠷ)

(ᠬᠣᠲᠠ ᠶᠢᠨ ᠠᠯᠪᠠᠨ ᠪᠢᠴᠢᠭ [2008] 17 ᠳ᠋ᠤᠭᠠᠷ ᠪᠢᠴᠢᠭ 2008 ᠣᠨ ᠤ 12 ᠰᠠᠷ᠎ᠠ ᠶᠢᠨ 22 ᠨᠳ᠋ᠤ ᠬᠡᠪᠯᠡᠪᠡ)

[illegible]

ᠬᠣᠲᠠ ᠶᠢᠨ ᠠᠷᠠᠳ ᠤᠨ ᠵᠠᠰᠠᠭ ᠤᠨ ᠠᠯᠪᠠᠨ ᠲᠡᠩᠬᠢᠮ ᠤ [illegible]

(ᠬᠣᠲᠠ ᠶᠢᠨ ᠠᠯᠪᠠᠨ ᠪᠢᠴᠢᠭ [2008] 14 ᠳ᠋ᠤᠭᠠᠷ ᠪᠢᠴᠢᠭ 2008 ᠣᠨ ᠤ 11 ᠰᠠᠷ᠎ᠠ ᠶᠢᠨ 25 ᠤ ᠳ᠋ᠤ ᠬᠡᠪᠯᠡᠪᠡ)

[illegible]

ᠬᠣᠲᠠ ᠶᠢᠨ ᠠᠷᠠᠳ ᠤᠨ ᠵᠠᠰᠠᠭ ᠤᠨ ᠠᠯᠪᠠᠨ ᠲᠡᠩᠬᠢᠮ ᠤ 《 [illegible] 》 [illegible]

(ᠬᠣᠲᠠ ᠶᠢᠨ ᠠᠯᠪᠠᠨ ᠪᠢᠴᠢᠭ [2008] 13 ᠳ᠋ᠤᠭᠠᠷ ᠪᠢᠴᠢᠭ 2008 ᠣᠨ ᠤ 11 ᠰᠠᠷ᠎ᠠ ᠶᠢᠨ 3 ᠤ ᠳ᠋ᠤ ᠬᠡᠪᠯᠡᠪᠡ)

[illegible]

ᠬᠣᠲᠠ ᠶᠢᠨ ᠠᠷᠠᠳ ᠤᠨ ᠵᠠᠰᠠᠭ ᠤᠨ ᠠᠯᠪᠠᠨ ᠲᠡᠩᠬᠢᠮ ᠤ 《 [illegible] 》 [illegible]

(ᠬᠣᠲᠠ ᠶᠢᠨ ᠠᠯᠪᠠᠨ ᠪᠢᠴᠢᠭ [2008] 11 ᠳ᠋ᠤᠭᠠᠷ ᠪᠢᠴᠢᠭ 2008 ᠣᠨ ᠤ 8 ᠰᠠᠷ᠎ᠠ ᠶᠢᠨ 21 ᠤ ᠳ᠋ᠤ ᠬᠡᠪᠯᠡᠪᠡ)

[illegible]

※ ᠬᠣᠲᠠ ᠶᠢᠨ ᠠᠷᠠᠳ ᠤᠨ ᠵᠠᠰᠠᠭ ᠤᠨ ᠠᠯᠪᠠᠨ ᠲᠡᠩᠬᠢᠮ ᠤ [illegible]

(ᠬᠣᠲᠠ ᠶᠢᠨ ᠠᠯᠪᠠᠨ ᠪᠢᠴᠢᠭ [2008] 9 ᠳ᠋ᠤᠭᠠᠷ ᠪᠢᠴᠢᠭ 2008 ᠣᠨ ᠤ 7 ᠰᠠᠷ᠎ᠠ ᠶᠢᠨ 3 ᠤ ᠳ᠋ᠤ ᠬᠡᠪᠯᠡᠪᠡ)

[illegible]

ᠬᠣᠲᠠ ᠶᠢᠨ ᠠᠷᠠᠳ ᠤᠨ ᠵᠠᠰᠠᠭ ᠤᠨ ᠠᠯᠪᠠᠨ ᠲᠡᠩᠬᠢᠮ ᠤ [illegible]

(ᠬᠣᠲᠠ ᠶᠢᠨ ᠠᠯᠪᠠᠨ ᠪᠢᠴᠢᠭ [2008] 4 ᠳ᠋ᠤᠭᠠᠷ ᠪᠢᠴᠢᠭ 2008 ᠣᠨ ᠤ 4 ᠰᠠᠷ᠎ᠠ ᠶᠢᠨ 17 ᠤ ᠳ᠋ᠤ ᠬᠡᠪᠯᠡᠪᠡ)

ᠬᠣᠲᠠ ᠶᠢᠨ ᠠᠷᠠᠳ ᠤᠨ ᠵᠠᠰᠠᠭ ᠤᠨ ᠠᠯᠪᠠᠨ ᠲᠡᠩᠬᠢᠮ ᠤ [illegible]

(ᠬᠣᠲᠠ ᠶᠢᠨ ᠠᠯᠪᠠᠨ ᠪᠢᠴᠢᠭ [2007] 17 ᠳ᠋ᠤᠭᠠᠷ ᠪᠢᠴᠢᠭ 2007 ᠣᠨ ᠤ 12 ᠰᠠᠷ᠎ᠠ ᠶᠢᠨ 12 ᠨᠳ᠋ᠤ ᠬᠡᠪᠯᠡᠪᠡ)

[illegible]

ᠬᠣᠲᠠ ᠶᠢᠨ ᠠᠷᠠᠳ ᠤᠨ ᠵᠠᠰᠠᠭ ᠤᠨ ᠠᠯᠪᠠᠨ ᠲᠡᠩᠬᠢᠮ ᠤ [illegible]

(ᠬᠣᠲᠠ ᠶᠢᠨ ᠠᠯᠪᠠᠨ ᠪᠢᠴᠢᠭ [2006] 7 ᠳ᠋ᠤᠭᠠᠷ ᠪᠢᠴᠢᠭ 2006 ᠣᠨ ᠤ 8 ᠰᠠᠷ᠎ᠠ ᠶᠢᠨ 23 ᠤ ᠳ᠋ᠤ ᠬᠡᠪᠯᠡᠪᠡ)

[illegible]

※ ᠤᠯᠤᠰ ᠤᠨ ᠠᠯᠪᠠᠨ ᠵᠥᠪᠯᠡᠯ ᠦᠨ ᠲᠢᠩᠬᠢᠮ ᠤᠨ ᠠᠵᠢᠯ ᠤᠨ ᠬᠡᠯᠲᠡᠰ ᠦᠨ ᠮᠡᠳᠡᠭᠳᠡᠯ ᠲᠤᠬᠠᠢ

(ᠤᠯᠤᠰ ᠠᠯᠪᠠᠨ ᠲᠢᠩᠬᠢᠮ 〔2009〕11 ᠳ᠋ᠤᠭᠠᠷ ᠪᠢᠴᠢᠭ 2009 ᠣᠨ ᠤ 7 ᠰᠠᠷ᠎ᠠ ᠶᠢᠨ 30 ᠤ ᠡᠳᠦᠷ)

ᠤᠯᠤᠰ ᠤᠨ ᠠᠯᠪᠠᠨ ᠵᠥᠪᠯᠡᠯ ᠦᠨ ᠲᠢᠩᠬᠢᠮ ᠤᠨ ᠮᠡᠳᠡᠭᠳᠡᠯ ᠲᠤᠬᠠᠢ ᠮᠡᠳᠡᠭᠳᠡᠯ

(ᠤᠯᠤᠰ ᠠᠯᠪᠠᠨ ᠲᠢᠩᠬᠢᠮ 〔2009〕8 ᠳ᠋ᠤᠭᠠᠷ ᠪᠢᠴᠢᠭ 2009 ᠣᠨ ᠤ 5 ᠰᠠᠷ᠎ᠠ ᠶᠢᠨ 15 ᠤ ᠡᠳᠦᠷ)

ᠤᠯᠤᠰ ᠤᠨ ᠠᠯᠪᠠᠨ ᠵᠥᠪᠯᠡᠯ ᠦᠨ ᠲᠢᠩᠬᠢᠮ ᠤᠨ ᠮᠡᠳᠡᠭᠳᠡᠯ ᠲᠤᠬᠠᠢ ᠮᠡᠳᠡᠭᠳᠡᠯ

(ᠤᠯᠤᠰ ᠠᠯᠪᠠᠨ ᠲᠢᠩᠬᠢᠮ 〔2009〕7 ᠳ᠋ᠤᠭᠠᠷ ᠪᠢᠴᠢᠭ 2009 ᠣᠨ ᠤ 5 ᠰᠠᠷ᠎ᠠ ᠶᠢᠨ 14 ᠤ ᠡᠳᠦᠷ)

ᠤᠯᠤᠰ ᠤᠨ ᠠᠯᠪᠠᠨ ᠵᠥᠪᠯᠡᠯ ᠦᠨ ᠲᠢᠩᠬᠢᠮ ᠤᠨ ᠮᠡᠳᠡᠭᠳᠡᠯ ᠲᠤᠬᠠᠢ ᠮᠡᠳᠡᠭᠳᠡᠯ

(ᠤᠯᠤᠰ ᠠᠯᠪᠠᠨ ᠲᠢᠩᠬᠢᠮ 〔2009〕6 ᠳ᠋ᠤᠭᠠᠷ ᠪᠢᠴᠢᠭ 2009 ᠣᠨ ᠤ 5 ᠰᠠᠷ᠎ᠠ ᠶᠢᠨ 11 ᠤ ᠡᠳᠦᠷ)

ᠤᠯᠤᠰ ᠤᠨ ᠠᠯᠪᠠᠨ ᠵᠥᠪᠯᠡᠯ ᠦᠨ ᠲᠢᠩᠬᠢᠮ ᠤᠨ ᠮᠡᠳᠡᠭᠳᠡᠯ ᠲᠤᠬᠠᠢ ᠮᠡᠳᠡᠭᠳᠡᠯ

(ᠤᠯᠤᠰ ᠠᠯᠪᠠᠨ ᠲᠢᠩᠬᠢᠮ 〔2009〕4 ᠳ᠋ᠤᠭᠠᠷ ᠪᠢᠴᠢᠭ 2009 ᠣᠨ ᠤ 4 ᠰᠠᠷ᠎ᠠ ᠶᠢᠨ 24 ᠤ ᠡᠳᠦᠷ)

ᠤᠯᠤᠰ ᠤᠨ ᠠᠯᠪᠠᠨ ᠵᠥᠪᠯᠡᠯ ᠦᠨ ᠲᠢᠩᠬᠢᠮ ᠤᠨ ᠮᠡᠳᠡᠭᠳᠡᠯ ᠲᠤᠬᠠᠢ ᠮᠡᠳᠡᠭᠳᠡᠯ

(ᠤᠯᠤᠰ ᠠᠯᠪᠠᠨ ᠲᠢᠩᠬᠢᠮ 〔2009〕2 ᠳ᠋ᠤᠭᠠᠷ ᠪᠢᠴᠢᠭ 2009 ᠣᠨ ᠤ 3 ᠰᠠᠷ᠎ᠠ ᠶᠢᠨ 9 ᠤ ᠡᠳᠦᠷ)

ᠤᠯᠤᠰ ᠤᠨ ᠠᠯᠪᠠᠨ ᠵᠥᠪᠯᠡᠯ ᠦᠨ ᠲᠢᠩᠬᠢᠮ ᠤᠨ ᠮᠡᠳᠡᠭᠳᠡᠯ ᠲᠤᠬᠠᠢ ᠮᠡᠳᠡᠭᠳᠡᠯ

(ᠤᠯᠤᠰ ᠠᠯᠪᠠᠨ ᠲᠢᠩᠬᠢᠮ 〔2008〕18 ᠳ᠋ᠤᠭᠠᠷ ᠪᠢᠴᠢᠭ 2008 ᠣᠨ ᠤ 12 ᠰᠠᠷ᠎ᠠ ᠶᠢᠨ 16 ᠤ ᠡᠳᠦᠷ)

ᠤᠯᠤᠰ ᠤᠨ ᠠᠯᠪᠠᠨ ᠵᠥᠪᠯᠡᠯ ᠦᠨ ᠲᠢᠩᠬᠢᠮ ᠤᠨ 《 ... 》 ᠶᠢᠨ ᠮᠡᠳᠡᠭᠳᠡᠯ

ᠬᠢᠲᠠᠳ ᠤᠨ ᠰᠤᠷᠭᠠᠭᠤᠯᠢ ᠶᠢᠨ ᠬᠥᠭᠵᠢᠯ ᠰᠢᠨᠡᠳᠬᠡᠯ ᠦᠨ ᠬᠠᠮᠤᠭ ᠤᠨ ᠵᠢᠷᠤᠮᠯᠠᠯ

ᠤᠯᠤᠰ ᠤᠨ ᠡᠷᠬᠢᠮ ᠶᠠᠮᠤᠨ ᠤ ᠠᠯᠪᠠᠨ ᠲᠢᠩᠬᠠᠮ ᠤᠨ ᠰᠤᠷᠭᠠᠭᠤᠯᠢ ᠶᠢᠨ ᠪᠠᠭᠤᠯᠭᠠᠬᠤ ᠪᠣᠯᠤᠨ ᠪᠣᠯᠪᠠᠰᠤᠷᠠᠯ ᠤᠨ ᠪᠠᠷᠢᠮᠵᠢᠶᠠᠯᠠᠯ ᠢ ᠪᠠᠷᠢᠮᠲᠠᠯᠠᠬᠤ ᠪᠠᠷᠤᠭ ᠪᠣᠯᠪᠠᠰᠤᠷᠠᠯ ᠤᠨ ᠠᠵᠢᠯ ᠢ ᠰᠠᠢᠵᠢᠷᠠᠭᠤᠯᠬᠤ ᠲᠤᠬᠠᠢ ᠮᠡᠳᠡᠭᠳᠡᠯ
(ᠶᠠᠮᠤ ᠪᠢᠴᠢᠭ [2010] 13 ᠳ᠋ᠤᠭᠠᠷ ᠪᠢᠴᠢᠭ 2010 ᠣᠨ ᠤ 10 ᠰᠠᠷ᠎ᠠ ᠶᠢᠨ 26 ᠤ ᠡᠳᠦᠷ)

ᠪᠢᠴᠢᠭ ᠮᠡᠳᠡᠭᠳᠡᠯ

ᠤᠯᠤᠰ ᠤᠨ ᠡᠷᠬᠢᠮ ᠶᠠᠮᠤᠨ ᠤ ᠠᠯᠪᠠᠨ ᠲᠢᠩᠬᠠᠮ ᠤᠨ ᠬᠥᠮᠦᠵᠢᠯ ᠦᠨ ᠲᠥᠯᠥᠪᠯᠡᠭᠡᠨ ᠤ ᠬᠢᠲᠠᠳ ᠤᠨ ᠰᠤᠷᠭᠠᠭᠤᠯᠢ ᠶᠢᠨ ᠰᠢᠨᠡᠳᠬᠡᠯ ᠢ ᠵᠢᠷᠤᠮᠯᠠᠬᠤ ᠬᠦᠳᠡᠯᠭᠡᠭᠡᠨ ᠳᠦ ᠪᠣᠳᠤᠯᠭ᠎ᠠ ᠶᠢᠨ ᠲᠥᠰᠦᠯ ᠦᠨ ᠲᠤᠬᠠᠢ
(ᠶᠠᠮᠤ ᠪᠢᠴᠢᠭ [2010] 12 ᠳ᠋ᠤᠭᠠᠷ ᠪᠢᠴᠢᠭ 2010 ᠣᠨ ᠤ 9 ᠰᠠᠷ᠎ᠠ ᠶᠢᠨ 13 ᠤ ᠡᠳᠦᠷ)

ᠪᠢᠴᠢᠭ ᠪᠠᠷᠢᠮᠲᠠᠯᠠᠯ (ᠬᠡᠰᠡᠭ)

※ ᠤᠯᠤᠰ ᠤᠨ ᠡᠷᠬᠢᠮ ᠶᠠᠮᠤᠨ ᠤ ᠠᠯᠪᠠᠨ ᠲᠢᠩᠬᠠᠮ ᠤᠨ ᠪᠣᠯᠪᠠᠰᠤᠷᠠᠯ ᠤᠨ ᠬᠥᠲᠥᠯᠪᠦᠷᠢ ᠶᠢᠨ ᠬᠢᠲᠠᠳ ᠤᠨ ᠰᠤᠷᠭᠠᠭᠤᠯᠢ ᠶᠢᠨ ᠰᠢᠨᠡᠳᠬᠡᠯ ᠢ ᠵᠢᠷᠤᠮᠯᠠᠬᠤ ᠬᠦᠳᠡᠯᠭᠡᠭᠡᠨ ᠳᠦ ᠪᠣᠳᠤᠯᠭ᠎ᠠ ᠶᠢᠨ ᠲᠥᠰᠦᠯ ᠦᠨ ᠲᠤᠬᠠᠢ
(ᠶᠠᠮᠤ ᠪᠢᠴᠢᠭ [2010] 8 ᠳ᠋ᠤᠭᠠᠷ ᠪᠢᠴᠢᠭ 2010 ᠣᠨ ᠤ 7 ᠰᠠᠷ᠎ᠠ ᠶᠢᠨ 1 ᠤ ᠡᠳᠦᠷ)

ᠤᠯᠤᠰ ᠤᠨ ᠡᠷᠬᠢᠮ ᠶᠠᠮᠤᠨ ᠤ ᠠᠯᠪᠠᠨ ᠲᠢᠩᠬᠠᠮ ᠤᠨ ᠪᠠᠶᠢᠭᠤᠯᠤᠯᠭ᠎ᠠ ᠶᠢᠨ ᠬᠠᠮᠲᠤ ᠬᠣᠷᠢᠶ᠎ᠠ ᠶᠢ ᠪᠠᠶᠢᠭᠤᠯᠬᠤ ᠪᠢᠴᠢᠭ ᠮᠡᠳᠡᠭᠳᠡᠯ ᠦᠨ
(ᠶᠠᠮᠤ ᠪᠢᠴᠢᠭ [2010] 5 ᠳ᠋ᠤᠭᠠᠷ ᠪᠢᠴᠢᠭ 2010 ᠣᠨ ᠤ 3 ᠰᠠᠷ᠎ᠠ ᠶᠢᠨ 3 ᠤ ᠡᠳᠦᠷ)

ᠵᠢᠷᠤᠮ ᠢ ᠪᠣᠳᠤᠯᠭ᠎ᠠ ᠶᠢᠨ ᠲᠥᠰᠦᠯ ᠦᠨ ᠤᠨ ᠤ ᠪᠢᠴᠢᠭ ᠪᠠᠷᠢᠮᠲᠠᠯᠠᠯ

ᠤᠯᠤᠰ ᠤᠨ ᠡᠷᠬᠢᠮ ᠶᠠᠮᠤᠨ ᠤ ᠠᠯᠪᠠᠨ ᠲᠢᠩᠬᠠᠮ ᠤᠨ ᠪᠣᠯᠪᠠᠰᠤᠷᠠᠯ ᠤᠨ ᠬᠠᠮᠲᠤ ᠰᠢᠨᠡᠳᠬᠡᠯ ᠦᠨ ᠬᠥᠲᠥᠯᠪᠦᠷᠢ ᠶᠢᠨ ᠪᠤᠳᠤᠯᠭ᠎ᠠ ᠶᠢ ᠬᠢᠲᠠᠳ ᠤᠨ ᠰᠤᠷᠭᠠᠭᠤᠯᠢ ᠶᠢᠨ ᠰᠢᠨᠡᠳᠬᠡᠯ
(ᠶᠠᠮᠤ ᠪᠢᠴᠢᠭ [2010] 2 ᠳ᠋ᠤᠭᠠᠷ ᠪᠢᠴᠢᠭ 2010 ᠣᠨ ᠤ 1 ᠰᠠᠷ᠎ᠠ ᠶᠢᠨ 12 ᠨᠤ ᠡᠳᠦᠷ)

※ ᠤᠯᠤᠰ ᠤᠨ ᠡᠷᠬᠢᠮ ᠶᠠᠮᠤᠨ ᠤ ᠠᠯᠪᠠᠨ ᠲᠢᠩᠬᠠᠮ ᠤᠨ ᠤᠯᠤᠰ ᠤᠨ ᠰᠤᠷᠭᠠᠭᠤᠯᠢ ᠶᠢᠨ ᠶᠠᠮᠤᠨ ᠤ ᠰᠢᠨᠡᠳᠬᠡᠯ ᠦᠨ ᠬᠥᠲᠥᠯᠪᠦᠷᠢ ᠶᠢᠨ ᠪᠣᠳᠤᠯᠭ᠎ᠠ ᠶᠢᠨ ᠲᠥᠰᠦᠯ ᠦᠨ ᠤᠨ ᠤ ᠪᠢᠴᠢᠭ ᠮᠡᠳᠡᠭᠳᠡᠯ
(ᠶᠠᠮᠤ ᠪᠢᠴᠢᠭ [2009] 17 ᠳ᠋ᠤᠭᠠᠷ ᠪᠢᠴᠢᠭ 2009 ᠣᠨ ᠤ 11 ᠰᠠᠷ᠎ᠠ ᠶᠢᠨ 12 ᠨᠤ ᠡᠳᠦᠷ)

ᠤᠯᠤᠰ ᠤᠨ ᠡᠷᠬᠢᠮ ᠶᠠᠮᠤᠨ ᠤ ᠠᠯᠪᠠᠨ ᠲᠢᠩᠬᠠᠮ ᠤᠨ ᠤᠯᠤᠰ ᠤᠨ ᠬᠢᠲᠠᠳ ᠤᠨ ᠰᠤᠷᠭᠠᠭᠤᠯᠢ ᠶᠢᠨ ᠪᠠᠶᠢᠭᠤᠯᠭ᠎ᠠ ᠶᠢᠨ ᠬᠢᠲᠠᠳ ᠤᠨ ᠶᠠᠮᠤ ᠲᠥᠰᠦᠯ ᠦᠨ ᠤᠨ ᠤ ᠪᠢᠴᠢᠭ ᠮᠡᠳᠡᠭᠳᠡᠯ
(ᠶᠠᠮᠤ ᠪᠢᠴᠢᠭ [2009] 16 ᠳ᠋ᠤᠭᠠᠷ ᠪᠢᠴᠢᠭ 2009 ᠣᠨ ᠤ 11 ᠰᠠᠷ᠎ᠠ ᠶᠢᠨ 12 ᠨᠤ ᠡᠳᠦᠷ)

ᠰᠤᠷᠭᠠᠭᠤᠯᠢ ᠶᠢᠨ ᠮᠡᠳᠡᠭᠳᠡᠯ ᠦᠨ

ᠤᠯᠤᠰ ᠤᠨ ᠶᠠᠮᠤ ᠰᠤᠷᠭᠠᠭᠤᠯᠢ ᠶᠢᠨ ᠵᠢᠷᠤᠮᠯᠠᠬᠤ ᠲᠥᠰᠦᠯ ᠦᠨ ᠰᠠᠩ ᠰᠤᠷᠭᠠᠭᠤᠯᠢ ᠰᠤᠷᠭᠠᠭᠤᠯᠢ ᠶᠢᠨ ᠪᠤᠶᠤ ᠰᠤᠷᠭᠠᠭᠤᠯᠢ ᠰᠤᠷᠭᠠᠭᠤᠯᠢ ᠶᠢᠨ ᠬᠡᠷᠡᠭ ᠦᠨ ᠪᠢᠴᠢᠭ ᠤᠯᠤᠰ ᠤᠨ ᠡᠷᠬᠢᠮ ᠶᠠᠮᠤ
(ᠶᠠᠮᠤ ᠪᠢᠴᠢᠭ [2009] 14 ᠳ᠋ᠤᠭᠠᠷ ᠪᠢᠴᠢᠭ 2009 ᠣᠨ ᠤ 10 ᠰᠠᠷ᠎ᠠ ᠶᠢᠨ 26 ᠤ ᠡᠳᠦᠷ)

ᠶᠢᠨ ᠪᠠᠭᠰᠢ ᠨᠠᠷ ᠤᠨ ᠬᠥᠮᠦᠵᠢᠯ ᠬᠢᠲᠠᠳ ᠪᠢᠴᠢᠭ ᠮᠡᠳᠡᠭᠳᠡᠯ

(ᠱᠡᠭᠦᠨ ᠲᠠᠶᠢᠯᠪᠤᠷᠢᠯᠠᠯ 〔2011〕21 ᠳ᠋ᠤᠭᠠᠷ ᠪᠢᠴᠢᠭ 2011 ᠣᠨ ᠤ 9 ᠰᠠᠷ᠎ᠠ ᠶᠢᠨ 7 ᠤ ᠡᠳᠦᠷ)

ᠠᠷᠠᠳ ᠤᠨ ᠱᠡᠭᠦᠨ ᠬᠣᠷᠢᠶ᠎ᠠ ᠶᠢᠨ [illegible] ᠠᠷᠠᠳ ᠤᠨ ᠳᠡᠭᠡᠳᠦ ᠱᠡᠭᠦᠨ ᠬᠣᠷᠢᠶ᠎ᠠ ᠶᠢᠨ [illegible]

(ᠱᠡᠭᠦᠨ ᠲᠠᠶᠢᠯᠪᠤᠷᠢᠯᠠᠯ 〔2011〕18 ᠳ᠋ᠤᠭᠠᠷ ᠪᠢᠴᠢᠭ 2011 ᠣᠨ ᠤ 8 ᠰᠠᠷ᠎ᠠ ᠶᠢᠨ 9 ᠤ ᠡᠳᠦᠷ)

[illegible] ([illegible])

※ ᠠᠷᠠᠳ ᠤᠨ ᠳᠡᠭᠡᠳᠦ ᠱᠡᠭᠦᠨ ᠬᠣᠷᠢᠶ᠎ᠠ ᠶᠢᠨ 《 [illegible] 》 [illegible]

(ᠱᠡᠭᠦᠨ ᠲᠠᠶᠢᠯᠪᠤᠷᠢᠯᠠᠯ 〔2011〕15 ᠳ᠋ᠤᠭᠠᠷ ᠪᠢᠴᠢᠭ 2011 ᠣᠨ ᠤ 6 ᠰᠠᠷ᠎ᠠ ᠶᠢᠨ 14 ᠤ ᠡᠳᠦᠷ)

[illegible]

ᠠᠷᠠᠳ ᠤᠨ ᠳᠡᠭᠡᠳᠦ ᠱᠡᠭᠦᠨ ᠬᠣᠷᠢᠶ᠎ᠠ ᠶᠢᠨ [illegible]

(ᠱᠡᠭᠦᠨ ᠲᠠᠶᠢᠯᠪᠤᠷᠢᠯᠠᠯ 〔2011〕12 ᠳ᠋ᠤᠭᠠᠷ ᠪᠢᠴᠢᠭ 2011 ᠣᠨ ᠤ 6 ᠰᠠᠷ᠎ᠠ ᠶᠢᠨ 10 ᠤ ᠡᠳᠦᠷ)

※ ᠠᠷᠠᠳ ᠤᠨ ᠳᠡᠭᠡᠳᠦ ᠱᠡᠭᠦᠨ ᠬᠣᠷᠢᠶ᠎ᠠ ᠶᠢᠨ [illegible]

(ᠱᠡᠭᠦᠨ ᠲᠠᠶᠢᠯᠪᠤᠷᠢᠯᠠᠯ 〔2011〕11 ᠳ᠋ᠤᠭᠠᠷ ᠪᠢᠴᠢᠭ 2011 ᠣᠨ ᠤ 5 ᠰᠠᠷ᠎ᠠ ᠶᠢᠨ 3 ᠤ ᠡᠳᠦᠷ)

ᠠᠷᠠᠳ ᠤᠨ ᠳᠡᠭᠡᠳᠦ ᠱᠡᠭᠦᠨ ᠬᠣᠷᠢᠶ᠎ᠠ ᠶᠢᠨ [illegible]

(ᠱᠡᠭᠦᠨ ᠲᠠᠶᠢᠯᠪᠤᠷᠢᠯᠠᠯ 〔2011〕5 ᠳ᠋ᠤᠭᠠᠷ ᠪᠢᠴᠢᠭ 2011 ᠣᠨ ᠤ 3 ᠰᠠᠷ᠎ᠠ ᠶᠢᠨ 23 ᠤ ᠡᠳᠦᠷ)

※ ᠠᠷᠠᠳ ᠤᠨ ᠳᠡᠭᠡᠳᠦ ᠱᠡᠭᠦᠨ ᠬᠣᠷᠢᠶ᠎ᠠ ᠶᠢᠨ [illegible]

(ᠱᠡᠭᠦᠨ ᠲᠠᠶᠢᠯᠪᠤᠷᠢᠯᠠᠯ 〔2011〕2 ᠳ᠋ᠤᠭᠠᠷ ᠪᠢᠴᠢᠭ 2011 ᠣᠨ ᠤ 1 ᠰᠠᠷ᠎ᠠ ᠶᠢᠨ 7 ᠤ ᠡᠳᠦᠷ)

[illegible]

[illegible]

ᠠᠷᠠᠳ ᠤᠨ ᠳᠡᠭᠡᠳᠦ ᠱᠡᠭᠦᠨ ᠬᠣᠷᠢᠶ᠎ᠠ ᠶᠢᠨ [illegible]

(ᠱᠡᠭᠦᠨ ᠲᠠᠶᠢᠯᠪᠤᠷᠢᠯᠠᠯ 〔2010〕19 ᠳ᠋ᠤᠭᠠᠷ ᠪᠢᠴᠢᠭ 2010 ᠣᠨ ᠤ 12 ᠰᠠᠷ᠎ᠠ ᠶᠢᠨ 27 ᠤ ᠡᠳᠦᠷ)

[illegible]

ᠠᠷᠠᠳ ᠤᠨ ᠳᠡᠭᠡᠳᠦ ᠱᠡᠭᠦᠨ ᠬᠣᠷᠢᠶ᠎ᠠ ᠶᠢᠨ [illegible]

(ᠱᠡᠭᠦᠨ ᠲᠠᠶᠢᠯᠪᠤᠷᠢᠯᠠᠯ 〔2010〕16 ᠳ᠋ᠤᠭᠠᠷ ᠪᠢᠴᠢᠭ 2010 ᠣᠨ ᠤ 12 ᠰᠠᠷ᠎ᠠ ᠶᠢᠨ 9 ᠤ ᠡᠳᠦᠷ)

※ ᠳᠡᠭᠡᠳᠦ ᠠᠷᠠᠳ ᠤᠨ ᠱᠦᠭᠦᠬᠦ ᠶᠠᠮᠤᠨ ᠤ ᠬᠤᠳᠠᠯᠳᠤᠨ ᠠᠪᠬᠤ ᠬᠤᠳᠠᠯᠳᠤᠬᠤ ᠭᠡᠷ᠎ᠡ ᠶᠢᠨ ᠮᠠᠷᠭᠤᠯᠳᠤᠭᠠᠨ ᠤ ᠬᠡᠷᠡᠭ ᠢ ᠱᠦᠭᠦᠬᠦ ᠳᠦ ᠬᠠᠤᠯᠢ ᠬᠡᠷᠡᠭᠯᠡᠬᠦ ᠠᠰᠠᠭᠤᠳᠠᠯ
ᠤᠨ ᠲᠤᠬᠠᠢ ᠲᠠᠶᠢᠯᠪᠤᠷᠢᠯᠠᠯ

(ᠱᠦᠭᠦᠬᠦ ᠲᠠᠶᠢᠯᠪᠤᠷᠢᠯᠠᠯ〔2012〕8 ᠳ᠋ᠤᠭᠠᠷ ᠪᠢᠴᠢᠭ 2012 ᠣᠨ ᠤ 5 ᠰᠠᠷ᠎ᠠ ᠶᠢᠨ 10 ᠤ ᠡᠳᠦᠷ)

ᠳᠡᠭᠡᠳᠦ ᠠᠷᠠᠳ ᠤᠨ ᠱᠦᠭᠦᠬᠦ ᠶᠠᠮᠤᠨ ᠤ ᠬᠡᠷᠡᠭ ᠦᠨ ᠳᠦ ᠬᠠᠤᠯᠢ ᠬᠡᠷᠡᠭᠯᠡᠬᠦ ᠠᠰᠠᠭᠤᠳᠠᠯ ᠤᠨ ᠲᠤᠬᠠᠢ ᠲᠠᠶᠢᠯᠪᠤᠷᠢᠯᠠᠯ

(ᠱᠦᠭᠦᠬᠦ ᠲᠠᠶᠢᠯᠪᠤᠷᠢᠯᠠᠯ〔2012〕10 ᠳ᠋ᠤᠭᠠᠷ ᠪᠢᠴᠢᠭ 2012 ᠣᠨ ᠤ 7 ᠰᠠᠷ᠎ᠠ ᠶᠢᠨ 17 ᠤ ᠡᠳᠦᠷ)

ᠳᠡᠭᠡᠳᠦ ᠠᠷᠠᠳ ᠤᠨ ᠱᠦᠭᠦᠬᠦ ᠶᠠᠮᠤᠨ ᠤ ᠬᠡᠷᠡᠭ ᠦᠨ ᠳᠦ ᠬᠠᠤᠯᠢ ᠬᠡᠷᠡᠭᠯᠡᠬᠦ ᠠᠰᠠᠭᠤᠳᠠᠯ ᠤᠨ ᠲᠤᠬᠠᠢ ᠲᠠᠶᠢᠯᠪᠤᠷᠢᠯᠠᠯ

(ᠱᠦᠭᠦᠬᠦ ᠲᠠᠶᠢᠯᠪᠤᠷᠢᠯᠠᠯ〔2012〕11 ᠳ᠋ᠤᠭᠠᠷ ᠪᠢᠴᠢᠭ 2012 ᠣᠨ ᠤ 8 ᠰᠠᠷ᠎ᠠ ᠶᠢᠨ 28 ᠤ ᠡᠳᠦᠷ)

ᠳᠡᠭᠡᠳᠦ ᠠᠷᠠᠳ ᠤᠨ ᠱᠦᠭᠦᠬᠦ ᠶᠠᠮᠤᠨ ᠤ ᠬᠡᠷᠡᠭ ᠦᠨ ᠳᠦ ᠬᠠᠤᠯᠢ ᠬᠡᠷᠡᠭᠯᠡᠬᠦ ᠠᠰᠠᠭᠤᠳᠠᠯ ᠤᠨ
ᠲᠤᠬᠠᠢ ᠲᠠᠶᠢᠯᠪᠤᠷᠢᠯᠠᠯ

(ᠱᠦᠭᠦᠬᠦ ᠲᠠᠶᠢᠯᠪᠤᠷᠢᠯᠠᠯ〔2012〕14 ᠳ᠋ᠤᠭᠠᠷ ᠪᠢᠴᠢᠭ 2012 ᠣᠨ ᠤ 9 ᠰᠠᠷ᠎ᠠ ᠶᠢᠨ 4 ᠤ ᠡᠳᠦᠷ)

※ ᠳᠡᠭᠡᠳᠦ ᠠᠷᠠᠳ ᠤᠨ ᠱᠦᠭᠦᠬᠦ ᠶᠠᠮᠤᠨ ᠤ ᠬᠡᠷᠡᠭ ᠦᠨ ᠳᠦ ᠬᠠᠤᠯᠢ ᠬᠡᠷᠡᠭᠯᠡᠬᠦ ᠠᠰᠠᠭᠤᠳᠠᠯ ᠤᠨ
ᠲᠤᠬᠠᠢ ᠲᠠᠶᠢᠯᠪᠤᠷᠢᠯᠠᠯ

(ᠱᠦᠭᠦᠬᠦ ᠲᠠᠶᠢᠯᠪᠤᠷᠢᠯᠠᠯ〔2012〕19 ᠳ᠋ᠤᠭᠠᠷ ᠪᠢᠴᠢᠭ 2012 ᠣᠨ ᠤ 11 ᠰᠠᠷ᠎ᠠ ᠶᠢᠨ 27 ᠤ ᠡᠳᠦᠷ)

ᠳᠡᠭᠡᠳᠦ ᠠᠷᠠᠳ ᠤᠨ ᠱᠦᠭᠦᠬᠦ ᠶᠠᠮᠤᠨ ᠤ ᠬᠡᠷᠡᠭ ᠦᠨ ᠳᠦ ᠬᠠᠤᠯᠢ ᠬᠡᠷᠡᠭᠯᠡᠬᠦ ᠠᠰᠠᠭᠤᠳᠠᠯ
ᠤᠨ ᠲᠤᠬᠠᠢ ᠲᠠᠶᠢᠯᠪᠤᠷᠢᠯᠠᠯ

(ᠱᠦᠭᠦᠬᠦ ᠲᠠᠶᠢᠯᠪᠤᠷᠢᠯᠠᠯ〔2012〕23 ᠳ᠋ᠤᠭᠠᠷ ᠪᠢᠴᠢᠭ 2012 ᠣᠨ ᠤ 12 ᠰᠠᠷ᠎ᠠ ᠶᠢᠨ 28 ᠤ ᠡᠳᠦᠷ)

ᠳᠡᠭᠡᠳᠦ ᠠᠷᠠᠳ ᠤᠨ ᠱᠦᠭᠦᠬᠦ ᠶᠠᠮᠤᠨ ᠤ《ᠪᠦᠭᠦᠳᠡ ᠨᠠᠶᠢᠷᠠᠮᠳᠠᠬᠤ ᠳᠤᠮᠳᠠᠳᠤ ᠠᠷᠠᠳ ᠤᠯᠤᠰ ᠤᠨ ᠬᠠᠤᠯᠢ》ᠢ ᠬᠡᠷᠡᠭᠵᠢᠭᠦᠯᠬᠦ ᠲᠤᠬᠠᠢ
ᠶᠢᠨ ᠬᠡᠷᠡᠭᠯᠡᠬᠦ ᠠᠰᠠᠭᠤᠳᠠᠯ ᠤᠨ ᠲᠤᠬᠠᠢ ᠲᠠᠶᠢᠯᠪᠤᠷᠢᠯᠠᠯ (ᠨᠢᠭᠡ)

(ᠱᠦᠭᠦᠬᠦ ᠲᠠᠶᠢᠯᠪᠤᠷᠢᠯᠠᠯ〔2012〕24 ᠳ᠋ᠤᠭᠠᠷ ᠪᠢᠴᠢᠭ 2012 ᠣᠨ ᠤ 12 ᠰᠠᠷ᠎ᠠ ᠶᠢᠨ 28 ᠤ ᠡᠳᠦᠷ)

※ ᠳᠡᠭᠡᠳᠦ ᠠᠷᠠᠳ ᠤᠨ ᠱᠦᠭᠦᠬᠦ ᠶᠠᠮᠤᠨ ᠤ ᠬᠡᠷᠡᠭ ᠦᠨ ᠳᠦ ᠬᠠᠤᠯᠢ ᠬᠡᠷᠡᠭᠯᠡᠬᠦ ᠠᠰᠠᠭᠤᠳᠠᠯ ᠤᠨ ᠲᠤᠬᠠᠢ
ᠪᠣᠯᠤᠨ ᠲᠠᠶᠢᠯᠪᠤᠷᠢᠯᠠᠯ (ᠬᠣᠶᠠᠷ)

(ᠱᠦᠭᠦᠬᠦ ᠲᠠᠶᠢᠯᠪᠤᠷᠢᠯᠠᠯ〔2013〕4 ᠳ᠋ᠤᠭᠠᠷ ᠪᠢᠴᠢᠭ 2013 ᠣᠨ ᠤ 1 ᠰᠠᠷ᠎ᠠ ᠶᠢᠨ 18 ᠤ ᠡᠳᠦᠷ)

ᠠᠷᠠᠳ ᠤᠨ ᠵᠠᠰᠠᠭ ᠤᠨ ᠭᠠᠵᠠᠷ ᠤᠨ ᠠᠯᠪᠠᠨ ᠲᠠᠰᠤᠭ ᠤᠨ ᠵᠢᠭᠦᠯᠦᠨ ᠬᠥᠳᠡᠯᠮᠦᠷᠢ ᠶ᠋ᠢᠨ ᠬᠠᠮᠠᠭᠠᠯᠠᠯᠲᠠ ᠶ᠋ᠢᠨ ᠪᠣᠳᠣᠯᠭ᠎ᠠ ᠶ᠋ᠢ ᠬᠡᠷᠡᠭᠵᠢᠭᠦᠯᠬᠦ ᠲᠤᠬᠠᠢ
ᠤ ᠪᠤᠢ ᠬᠣᠷᠢᠶᠠᠯᠠᠭᠰᠠᠨ ᠤ ᠲᠤᠰᠬᠠᠢ ᠬᠡᠪᠯᠡᠯ ᠤᠨ ᠬᠡᠷᠡᠭᠵᠢᠭᠦᠯᠬᠦ ᠬᠢᠨᠠᠯᠲᠠ ᠶ᠋ᠢᠨ ᠵᠢᠷᠤᠮ ᠤᠨ ᠬᠡᠷᠡᠭᠵᠢᠭᠦᠯᠦᠯᠲᠡ ᠶ᠋ᠢᠨ ᠠᠷᠭ᠎ᠠ ᠬᠡᠮᠵᠢᠶ᠎ᠡ
ᠬᠡᠷᠡᠭᠵᠢᠭᠦᠯᠬᠦ ᠲᠤᠬᠠᠢ ᠮᠡᠳᠡᠭᠳᠡᠯ
(ᠥᠪᠵᠠ ᠠᠯᠪᠠᠨᠲᠤᠰᠬᠢᠭ [2013] 11 ᠳ᠋ᠦᠭᠡᠷ ᠪᠢᠴᠢᠭ 2013 ᠣᠨ ᠤ 4 ᠰᠠᠷ᠎ᠠ ᠶ᠋ᠢᠨ 7 ᠤ ᠡᠳᠦᠷ)

ᠠᠷᠠᠳ ᠤᠨ ᠵᠠᠰᠠᠭ ᠤᠨ ᠭᠠᠵᠠᠷ ᠤᠨ ᠠᠯᠪᠠᠨ ᠲᠠᠰᠤᠭ ᠤᠨ ᠬᠦᠨ ᠠᠮᠠ ᠵᠢᠨ ᠡᠷᠦᠯ ᠬᠡᠮᠵᠢᠶ᠎ᠡ ᠶ᠋ᠢᠨ ᠬᠢᠨᠠᠯᠲᠠ ᠶ᠋ᠢ ᠬᠡᠷᠡᠭᠵᠢᠭᠦᠯᠬᠦ ᠪᠠᠰᠠ ᠮᠡᠳᠡᠭᠳᠡᠯ ᠳᠤᠷ
(ᠥᠪᠵᠠ ᠠᠯᠪᠠᠨᠲᠤᠰᠬᠢᠭ [2013] 17 ᠳ᠋ᠤᠭᠠᠷ ᠪᠢᠴᠢᠭ 2013 ᠣᠨ ᠤ 7 ᠰᠠᠷ᠎ᠠ ᠶ᠋ᠢᠨ 16 ᠤ ᠡᠳᠦᠷ)

ᠠᠷᠠᠳ ᠤᠨ ᠵᠠᠰᠠᠭ ᠤᠨ ᠭᠠᠵᠠᠷ ᠤᠨ ᠠᠯᠪᠠᠨ ᠲᠠᠰᠤᠭ ᠤᠨ ᠵᠢᠭᠦᠯᠦᠨ ᠨᠢᠭᠤᠯᠭᠠᠯ ᠤᠨ ᠬᠡᠮᠵᠢᠶ᠎ᠡ · ᠪᠠᠷᠢᠮᠲᠠ ᠶ᠋ᠢᠨ ᠠᠵᠢᠯ ᠢ ᠰᠠᠢᠵᠢᠷᠠᠭᠤᠯᠬᠤ ᠪᠠᠰᠠ ᠮᠡᠳᠡᠭᠳᠡᠯ
(ᠥᠪᠵᠠ ᠠᠯᠪᠠᠨᠲᠤᠰᠬᠢᠭ [2013] 20 ᠳ᠋ᠤᠭᠠᠷ ᠪᠢᠴᠢᠭ 2013 ᠣᠨ ᠤ 8 ᠰᠠᠷ᠎ᠠ ᠶ᠋ᠢᠨ 29 ᠤ ᠡᠳᠦᠷ)

ᠠᠷᠠᠳ ᠤᠨ ᠵᠠᠰᠠᠭ ᠤᠨ ᠭᠠᠵᠠᠷ ᠤᠨ ᠠᠯᠪᠠᠨ ᠲᠠᠰᠤᠭ ᠤᠨ ᠬᠠᠮᠢᠶᠠᠷᠤᠯᠲᠠ ᠶ᠋ᠢᠨ ᠬᠡᠯᠡᠯᠴᠡᠭᠡᠨ ᠦ ᠵᠢᠷᠤᠮ ᠢ ᠪᠡᠬᠵᠢᠭᠦᠯᠬᠦ ᠲᠤᠬᠠᠢ ᠥᠪᠥᠷ ᠮᠣᠩᠭᠣᠯ ᠤᠨ ᠥᠪᠡᠷᠲᠡᠭᠡᠨ ᠵᠠᠰᠠᠬᠤ ᠣᠷᠣᠨ ᠤ ᠰᠢᠢᠳᠪᠦᠷᠢ ᠶ᠋ᠢ ᠪᠡᠶᠡᠯᠡᠭᠦᠯᠬᠦ
ᠪᠠᠰᠠ ᠮᠡᠳᠡᠭᠳᠡᠯ
(ᠥᠪᠵᠠ ᠠᠯᠪᠠᠨᠲᠤᠰᠬᠢᠭ [2013] 23 ᠳ᠋ᠤᠭᠠᠷ ᠪᠢᠴᠢᠭ 2013 ᠣᠨ ᠤ 9 ᠰᠠᠷ᠎ᠠ ᠶ᠋ᠢᠨ 12 ᠨᠤ ᠡᠳᠦᠷ)

※ ᠠᠷᠠᠳ ᠤᠨ ᠵᠠᠰᠠᠭ ᠤᠨ ᠭᠠᠵᠠᠷ ᠤᠨ ᠠᠯᠪᠠᠨ ᠲᠠᠰᠤᠭ ᠤᠨ ᠬᠣᠲᠠ ᠶ᠋ᠢᠨ ᠡᠳ᠋ ᠦᠨ ᠠᠵᠢᠯ ᠤᠨ ᠬᠥᠭᠵᠢᠯᠲᠡ ᠶ᠋ᠢ ᠳᠡᠮᠵᠢᠬᠦ ᠲᠤᠬᠠᠢ ᠥᠪᠥᠷ ᠮᠣᠩᠭᠣᠯ ᠤᠨ ᠥᠪᠡᠷᠲᠡᠭᠡᠨ ᠵᠠᠰᠠᠬᠤ ᠣᠷᠣᠨ ᠤ ᠰᠢᠢᠳᠪᠦᠷᠢᠯᠡᠭᠰᠡᠨ
ᠬᠡᠷᠡᠭᠵᠢᠭᠦᠯᠬᠦ ᠪᠠᠷᠢᠮᠲᠠ ᠶ᠋ᠢᠨ ᠪᠠᠰᠠ ᠮᠡᠳᠡᠭᠳᠡᠯ
(ᠥᠪᠵᠠ ᠠᠯᠪᠠᠨᠲᠤᠰᠬᠢᠭ [2013] 28 ᠳ᠋ᠤᠭᠠᠷ ᠪᠢᠴᠢᠭ 2013 ᠣᠨ ᠤ 12 ᠰᠠᠷ᠎ᠠ ᠶ᠋ᠢᠨ 23 ᠤ ᠡᠳᠦᠷ)

※ ᠠᠷᠠᠳ ᠤᠨ ᠵᠠᠰᠠᠭ ᠤᠨ ᠭᠠᠵᠠᠷ ᠤᠨ ᠠᠯᠪᠠᠨ ᠲᠠᠰᠤᠭ ᠤᠨ ᠠᠷᠠᠳ ᠤᠨ ᠵᠠᠰᠠᠭ ᠤᠨ ᠭᠠᠵᠠᠷ ᠤᠨ ᠪᠠᠶᠢᠩᠭ᠎ᠠ ᠶ᠋ᠢᠨ ᠬᠤᠷᠠᠯ ᠤᠨ ᠰᠢᠢᠳᠪᠦᠷᠢ ᠶ᠋ᠢ ᠬᠡᠷᠡᠭᠵᠢᠭᠦᠯᠬᠦ ᠲᠤᠬᠠᠢ ᠪᠠᠰᠠ ᠮᠡᠳᠡᠭᠳᠡᠯ
(ᠥᠪᠵᠠ ᠠᠯᠪᠠᠨᠲᠤᠰᠬᠢᠭ [2015] 8 ᠳ᠋ᠤᠭᠠᠷ ᠪᠢᠴᠢᠭ 2015 ᠣᠨ ᠤ 4 ᠰᠠᠷ᠎ᠠ ᠶ᠋ᠢᠨ 15 ᠤ ᠡᠳᠦᠷ)

※ ᠠᠷᠠᠳ ᠤᠨ ᠵᠠᠰᠠᠭ ᠤᠨ ᠭᠠᠵᠠᠷ ᠤᠨ ᠠᠯᠪᠠᠨ ᠲᠠᠰᠤᠭ ᠤᠨ ᠬᠠᠮᠢᠶᠠᠷᠤᠯᠲᠠ ᠶ᠋ᠢᠨ ᠬᠡᠮᠵᠢᠶ᠎ᠡ ᠶ᠋ᠢᠨ ᠰᠢᠨᠡᠳᠬᠡᠯ ᠦᠨ ᠲᠤᠬᠠᠢ ᠥᠪᠥᠷ ᠮᠣᠩᠭᠣᠯ ᠤᠨ ᠥᠪᠡᠷᠲᠡᠭᠡᠨ ᠵᠠᠰᠠᠬᠤ ᠣᠷᠣᠨ ᠤ ᠬᠡᠷᠡᠭᠵᠢᠭᠦᠯᠬᠦ ᠪᠠᠷᠢᠮᠲᠠ
ᠳ᠋ᠤ ᠬᠠᠷᠢᠭᠤ ᠪᠠᠰᠠ ᠮᠡᠳᠡᠭᠳᠡᠯ ᠬᠠᠷᠢᠭᠤᠴᠠᠯᠠᠭᠰᠠᠨ
(ᠥᠪᠵᠠ ᠠᠯᠪᠠᠨᠲᠤᠰᠬᠢᠭ [2015] 12 ᠳ᠋ᠤᠭᠠᠷ ᠪᠢᠴᠢᠭ 2015 ᠣᠨ ᠤ 6 ᠰᠠᠷ᠎ᠠ ᠶ᠋ᠢᠨ 1 ᠤ ᠡᠳᠦᠷ)

※ ᠠᠷᠠᠳ ᠤᠨ ᠵᠠᠰᠠᠭ ᠤᠨ ᠭᠠᠵᠠᠷ ᠤᠨ ᠠᠯᠪᠠᠨ ᠲᠠᠰᠤᠭ ᠤᠨ ᠬᠠᠮᠲᠤᠷᠠᠯᠲᠠ ᠶ᠋ᠢᠨ ᠬᠥᠳᠡᠯᠮᠦᠷᠢ ᠶ᠋ᠢ ᠰᠠᠢᠵᠢᠷᠠᠭᠤᠯᠬᠤ ᠲᠤᠬᠠᠢ ᠥᠪᠥᠷ ᠮᠣᠩᠭᠣᠯ ᠤᠨ ᠥᠪᠡᠷᠲᠡᠭᠡᠨ ᠵᠠᠰᠠᠬᠤ ᠣᠷᠣᠨ ᠤ ᠬᠡᠷᠡᠭᠵᠢᠭᠦᠯᠬᠦ ᠪᠠᠷᠢᠮᠲᠠ
ᠳᠤᠷ ᠤᠨ ᠪᠠᠰᠠ ᠮᠡᠳᠡᠭᠳᠡᠯ
(ᠥᠪᠵᠠ ᠠᠯᠪᠠᠨᠲᠤᠰᠬᠢᠭ [2015] 18 ᠳ᠋ᠤᠭᠠᠷ ᠪᠢᠴᠢᠭ 2015 ᠣᠨ ᠤ 8 ᠰᠠᠷ᠎ᠠ ᠶ᠋ᠢᠨ 6 ᠤ ᠡᠳᠦᠷ)

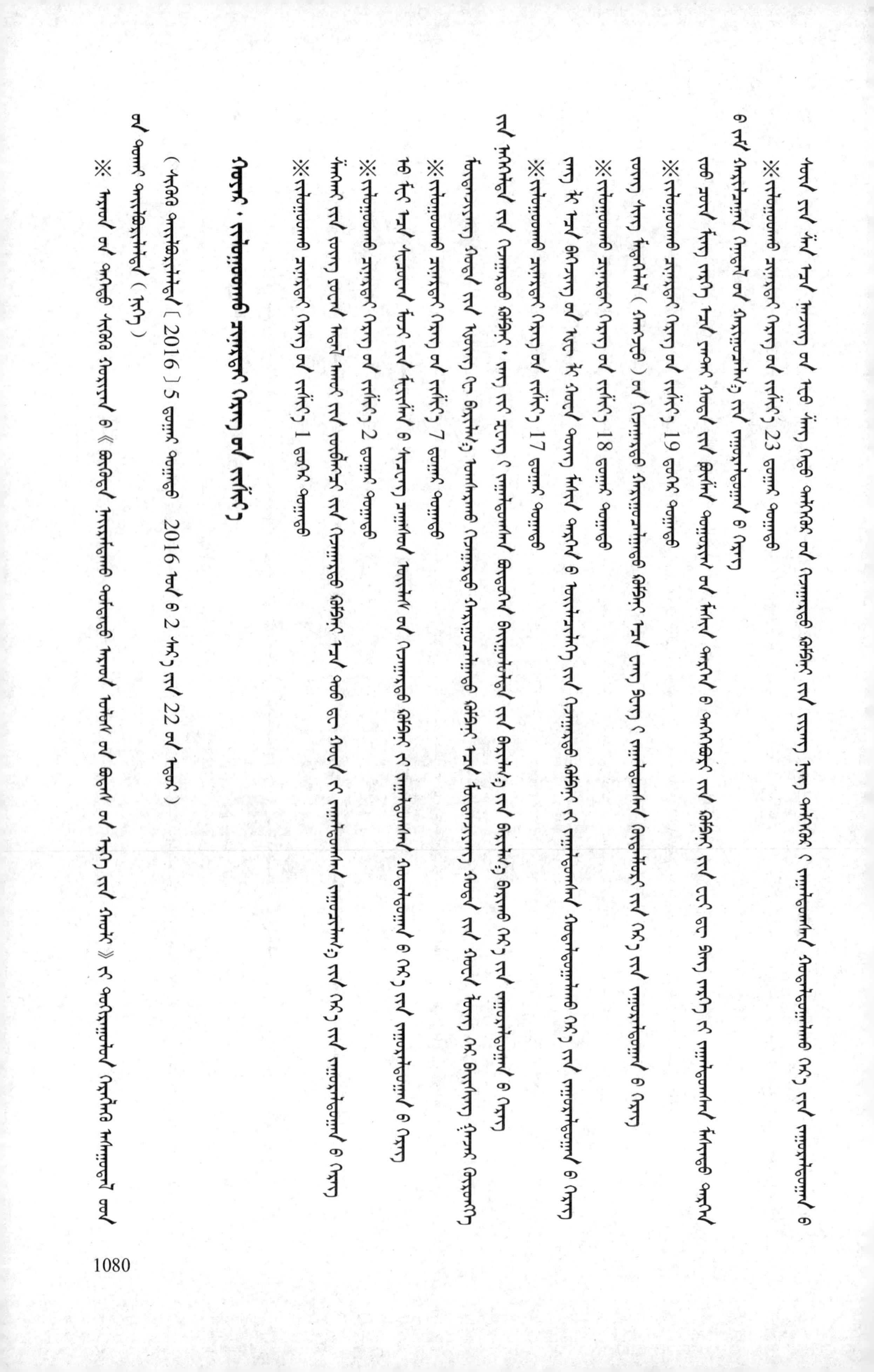

※ [illegible] 《[illegible]》 [illegible]
[illegible] ([illegible])

([illegible] 〔2016〕5 [illegible] 2016 [illegible] 2 [illegible] 22 [illegible])

[illegible]

※[illegible] 1 [illegible]

[illegible]

※[illegible] 2 [illegible]

[illegible]

※[illegible] 7 [illegible]

[illegible]

※[illegible] 17 [illegible]

[illegible]

※[illegible] 18 [illegible]

[illegible]

※[illegible] 19 [illegible]

[illegible]

※[illegible] 23 [illegible]

[illegible]

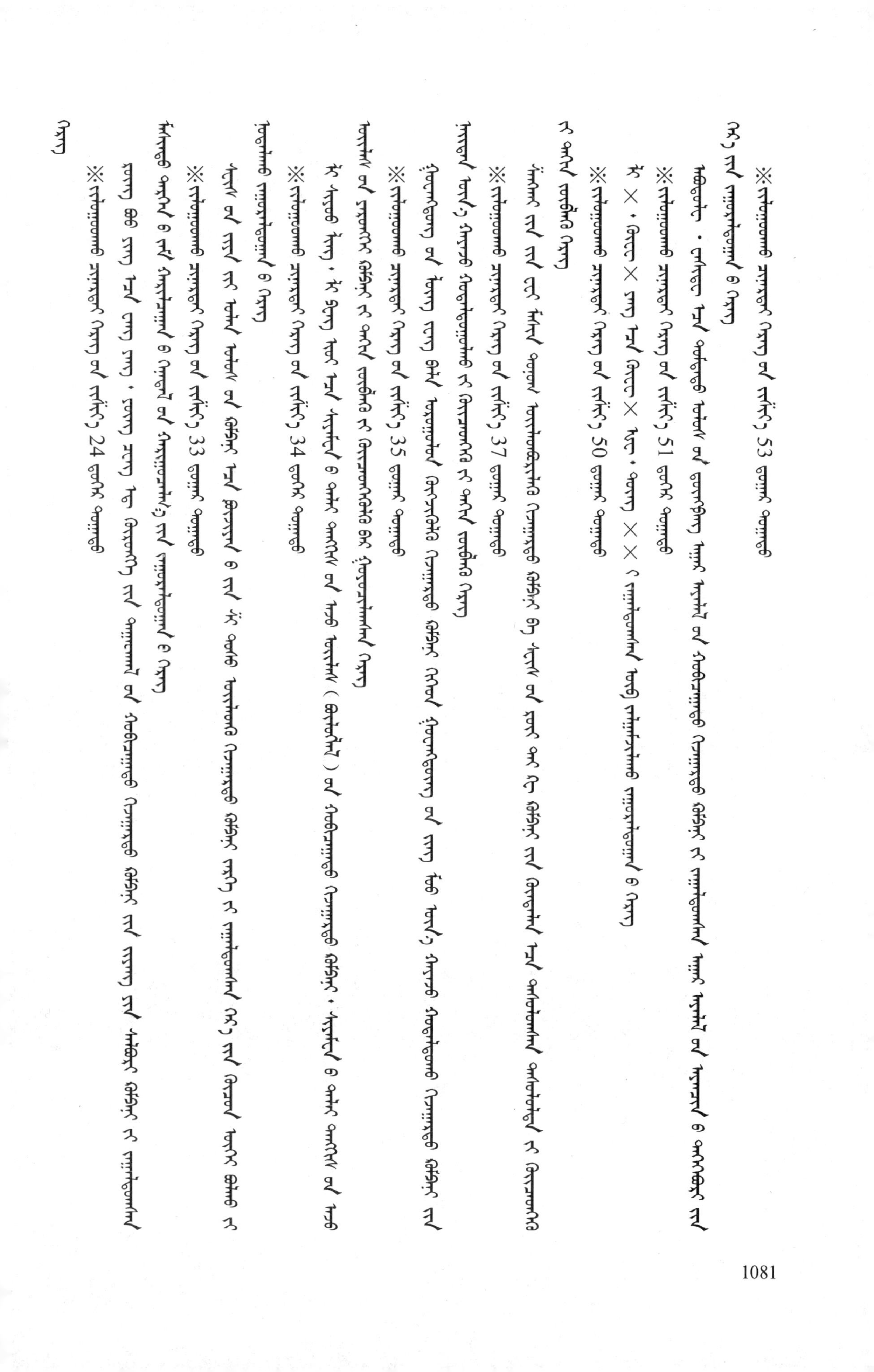

[illegible]

※[illegible] 24 [illegible]

[illegible] , [illegible]
[illegible]

※[illegible] 33 [illegible]

[illegible]
[illegible]

※[illegible] 34 [illegible]

[illegible] , [illegible] , [illegible] ([illegible]) [illegible]
[illegible]

※[illegible] 35 [illegible]

[illegible]
[illegible]

※[illegible] 37 [illegible]

[illegible]
[illegible]

※[illegible] 50 [illegible]

[illegible] × , [illegible] × [illegible] × [illegible] , [illegible] × × [illegible]

※[illegible] 51 [illegible]

[illegible] , [illegible]
[illegible]

※[illegible] 53 [illegible]

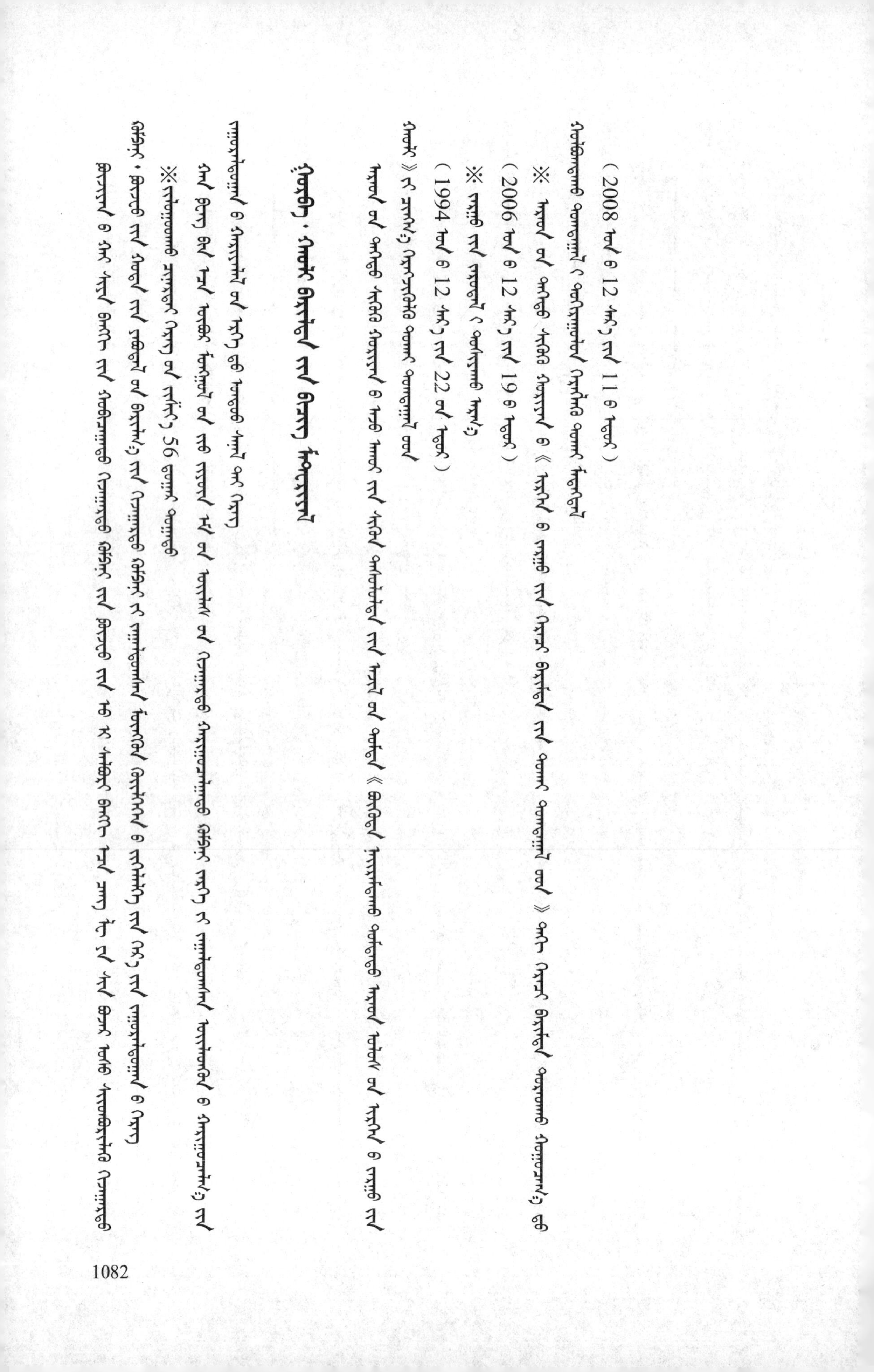

后　记

《双语（汉蒙 / 汉藏 / 汉维）法律文化出版工程》（以下简称双语工程）由最高人民法院政治部组织实施，最高人民法院党组和周强院长高度重视。双语工程是在新媒体传播时代为促进民族团结、法治建设、文化发展潜心打造的一项大型双语法律文化工程。该工程得到了国家新闻出版署国家出版基金规划管理办公室的指导与资助，得到了国家民族事务委员会及其下属民族出版社的鼎力支持，内蒙古、西藏、甘肃、青海、新疆等民族地区法院干警积极参与，由人民法院出版社具体实施并与民族出版社联合出版。

本次共有 10 本图书作为阶段性成果第一批先期付梓。我们希望以双语工程成果为依托，一方面，为双语法官培训提供丰富、全面、具有时效性、实务性的司法实务教材，提升法官司法能力水平，为培养精通审判业务的双语法官提供支持；另一方面，以法治宣传为切入点，加强和保护少数民族语言的运用，特别是在诉讼过程中，通过运用少数民族语言沟通交流，方便少数民族群众诉讼，保障其诉讼权利。

双语工程从策划到如今取得阶段性成果历时 7 年，前后共有 7 个省、自治区法院上百名双语干警参与了丛书的编译工作，国家民委系统倾力相助，整个工程参与人员达数百人。如果没有各方的戮力同心、迎难而上、坚持不懈、攻克难关，就不可能取得现阶段的胜利。

调研立项

长期以来，人民法院出版社秉承“立足审判，服务法治”的办社宗旨，以强烈的责任担当精神，始终关注民族地区法治建设需求，特别是关注双语法官司法裁判需要。早在 2012 年，最高人民法院政治部就进行过专门调研，形成了十多万字的《关于民族地区双语法官队伍建设和双语法官培训的调研报告》。报告指出，民族地区双语法律人才

非常短缺，民族地区人民群众用本民族语言进行诉讼的法律权利没有得到很好的保障。这份报告坚定了我们策划出版双语工程的信心和决心。从2012年起，历时3年、经过十余次论证，我们形成的策划方案达3万余字，2014年7月申报国家出版基金，并以其作者权威、受众广泛、意义重大和影响深远，赢得了国家出版基金专家组高度认可，获2015年度国家出版基金资助。

组织落实

最高人民法院政治部统筹谋划、精心部署

2016年1月8日，为加强统筹协调，加快推进实施双语工程，最高人民法院政治部组织召开了“双语法官培训教材、词典编撰工作协调会”。最高人民法院政治部、国家民委有关领导以及承担书籍编写任务的各民族地区高级人民法院有关负责同志等近百人参加了会议。会议决定双语工程由人民法院出版社提供大部分稿件的汉字通稿；浙江、内蒙、西藏、甘肃、青海、新疆、四川、云南等各高院共同参与完成相关书籍的编撰翻译任务。同时，为确保内容政治导向正确，表意准确，会议建议双语工程图书由人民法院出版社与民族出版社联合出版。

2017年6月，历时一年多，在各方不懈努力下，双语工程取得了重大进展，全部汉字通稿撰写工作完成95%，翻译工作完成约80%。双语工程57个品种有35个基本完成了翻译工作。为此，最高人民法院政治部再次组织召开“双语工程工作协调会”。同时，会议决定，为深入贯彻学习习近平新时代中国特色社会主义思想和党的十九大精神，深刻理解人民法院作为政法机关的政治属性，坚持党对人民法院工作的绝对领导，由最高人民法院政治部编写《双语法官思想政治教育学习资料汇编》作为内部培训资料免费发放，以引导民族地区法院干警提高政治站位，增强“四个意识”，坚定“四个自信”，把用习近平新时代中国特色社会主义思想武装干警头脑放在突出地位。

特别要提及的是，在历时两三年的工程实施过程中，最高人民法院政治部相关领导与负责同志不厌其烦地听取人民法院出版社汇报论证，多次与国家民委协调出版事宜，与各省（自治区）高院反反复复沟通协调，为工程的组织统筹协调工作付出了艰苦卓绝的努力。

各民族地区法院干警、翻译人员协同运作、艰辛努力

由于之前各民族地区法律法规、司法解释以及词典、教材等翻译工作较为薄弱，译本极少，且通常只在部分法院内部参阅，指导性、权威性稍有不足，双语工程的翻译工作基本上是从零开始、从无到有。各省（自治区）高院在人手不足、任务繁重的情况下，全力以赴、发挥水平、认真落实、通力配合，在第一时间组织了优秀的双语法官以及当地双语师资库教师等精干力量参与编译。为了鼓励和支持翻译专家高质高效完成开创性的翻译工作，各省（自治区）高院党组高度重视，从人财物等多方面给予双语工程充分的配合和支持。各省（自治区）法院双语工程负责人、执行人及翻译人员付出了艰辛的努力、克服了重重困难才得以在较短的时间内完成繁重的翻译工作。同时，在出版之前，内蒙、西藏、甘肃等高院先后派双语法官在盛夏酷暑来京跟机校对、补充翻译，与民族出版社编辑一同办公一个多月，为双语工程付出了艰苦卓绝的努力。

特别要说明的是，汉维系列图书是双语工程中着手较早、开展比较顺利的部分。新疆高院高度重视，前期投入了大量人力物力，特别是新疆高院的项目执行人，克服了重重困难，开展了大量协调沟通和推进落实工作，付出了艰辛的努力。目前，双语工程维文系列翻译工作已基本完成（汉维系列共 18 本，汉文约 3070 千字，维文约 7650 千字）。但是，由于对规范维文法律术语有统一要求，汉维系列图书只好暂缓相关编辑工作，待术语统一后，再推进出版。

国家民委系统鼎力支持、全力配合

国家民委及其下属民族出版社对双语工程给予了大力支持和全力配合。2016 年 10 月，民族出版社负责人带领蒙文、藏文和维文编辑室主任到人民法院出版社商讨双语工程出版工作，两社达成共同协作完成出版任务的一致意见。2017 年初，译稿陆续交民族出版社进行三审三校，民族出版社编辑本着严谨规范、质量第一的宗旨，在审读过程中将译稿与汉字稿逐字对照，开展了大量的补充翻译、统一术语、规范用词等繁琐的文字编辑工作，倾注了比其他书稿更多的心血。民族出版社是国家民委所属公益性事业单位，一直以政治类图书的编译出版为首要任务，特别是近一年多来，在十九大以及“两会”召开期间，他们的骨干编辑一直在集中封闭进行十九大报告、《中华人民共和国宪法》《中

国共产党章程》《习近平谈治国理政》等重大政治读物的编译出版，为了不耽误双语工程的如期出版，他们常常只能利用休息时间加班加点审读稿件，为双语工程付出了艰苦卓绝的努力。

人民法院出版社组织协调、具体实施

双语工程涉及的省份众多，产品种类多样、体系庞大，在综合协调和组织落实上困难重重。主管人民法院出版社的最高人民法院副院长高度重视、直接指导，人民法院出版社前后三届社党委对该工程高度关注。特别是2018年以来，新一届社党委更是将双语工程作为重中之重。面对参与协调各方众多、编撰及翻译任务繁重、双语翻译及编辑人员严重紧缺、出版时间要求紧迫、书稿质量要求严格等现实困难，面对工程推进过程中不断出现的各种预想不到的新问题新情况，社党委做了大量的组织协调工作，多次召开社党委会，就工程中细节问题专事专议特事特办，并要求工程组做到任务分解、责任分工、到人到事。

为保证工程内容的权威性、针对性和实用性，人民法院出版社邀请最高人民法院立案庭专门编写了《双语诉讼指南普法折页》，邀请浙江高院承担了《双语人民法院审判实务技能丛书》汉字通稿的改写工作。在最高人民法院各审判业务庭（室）及权威审判专家的指导帮助下，人民法院出版社的编辑们不仅完成双语工程前期57个品种的策划，而且完成了300多万字汉字稿件的编撰汇编整理工作，前期做了大量的沟通协调工作，付出了艰苦卓绝的努力，为双语工程后期编辑出版工作奠定了良好的基础。2017年10月起，编辑们为了第一批次图书的出版，鼓足干劲，事无巨细，深耕出版前的所有环节，做了大量卓有成效的工作，打通从稿件到图书出版的最后一公里。

结　语

"大鹏之动，非一羽之轻也；骐骥之速，非一足之力也。"回顾双语工程从调研立项到组织落实到付梓出版的整个过程，我们感慨万千。如果没有上述各方的科学统筹、积极配合、坚决推动，就没有今天双语工程阶段性成果的取得。我们希望，双语工程的

出版，能够切实推动民族语言文字繁荣发展，提升民族地区司法审判质效，促进民族地区健全普法宣传教育机制，增强公民法治观念，能够更好地发挥法治的引领和规范作用，为民族地区经济社会发展提供有力的法治保障。我们愿意将更多语种，如哈萨克语、朝鲜语等纳入双语工程二期，服务更大范围民族地区的法治建设，服务更多双语司法人才，发挥更深层次的社会价值，将双语工程产品做好做精。

全书汉文部分由人民法院出版社负责编辑审定，少数民族语言文字部分由民族出版社负责编辑审定。书中诸多不足与缺憾，敬请读者批评斧正。

本书编写组

2018 年 9 月 20 日

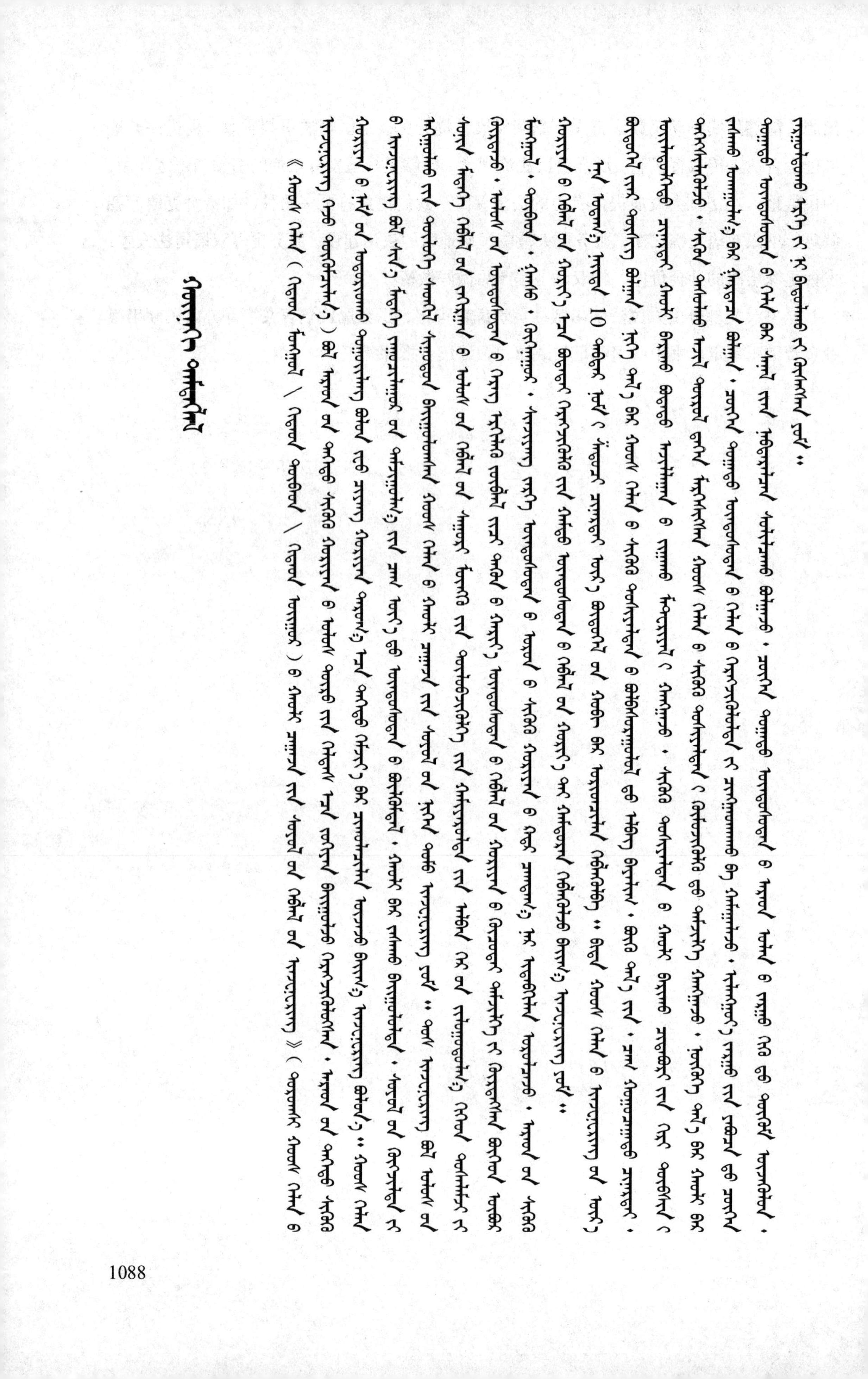

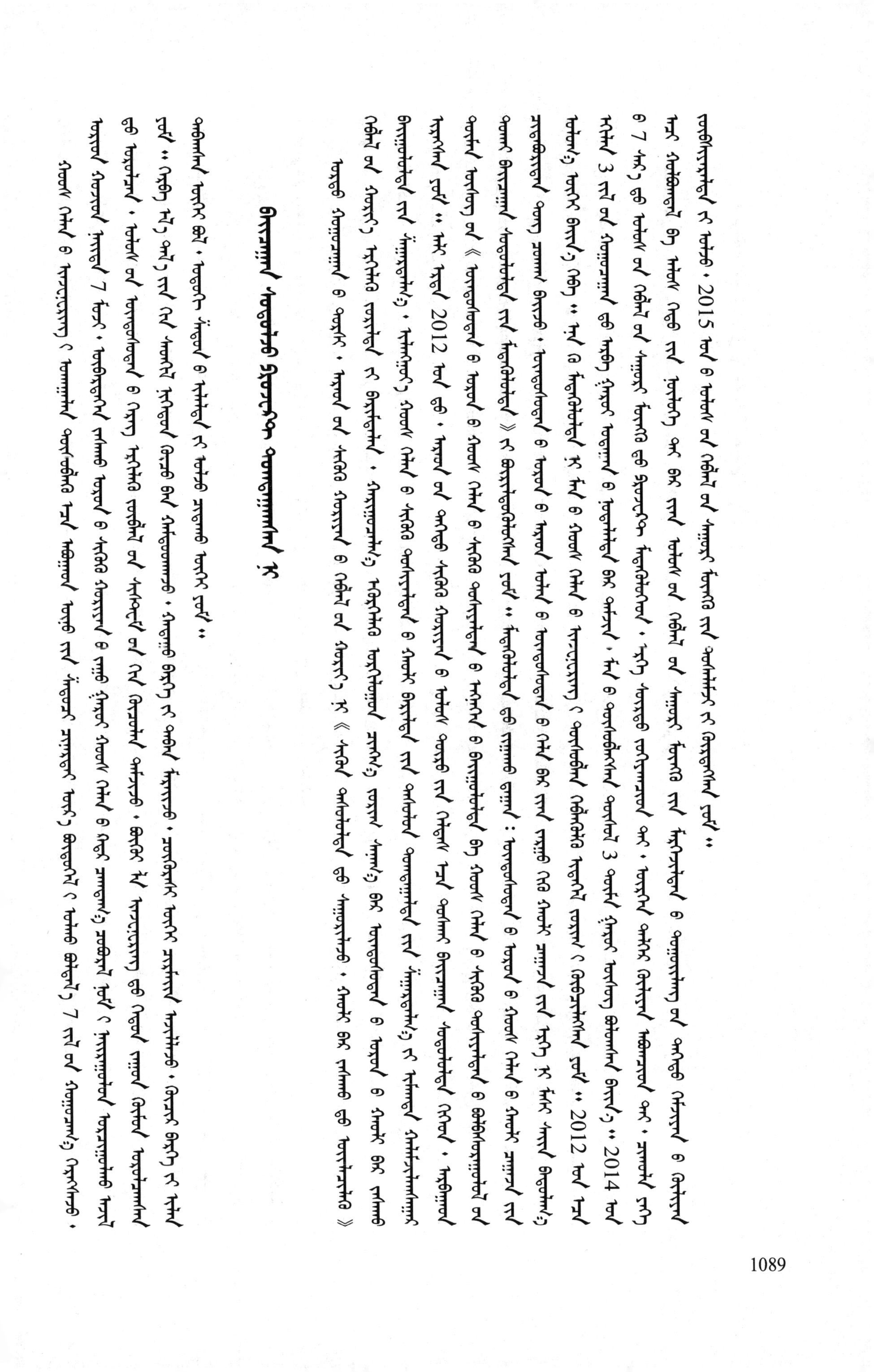

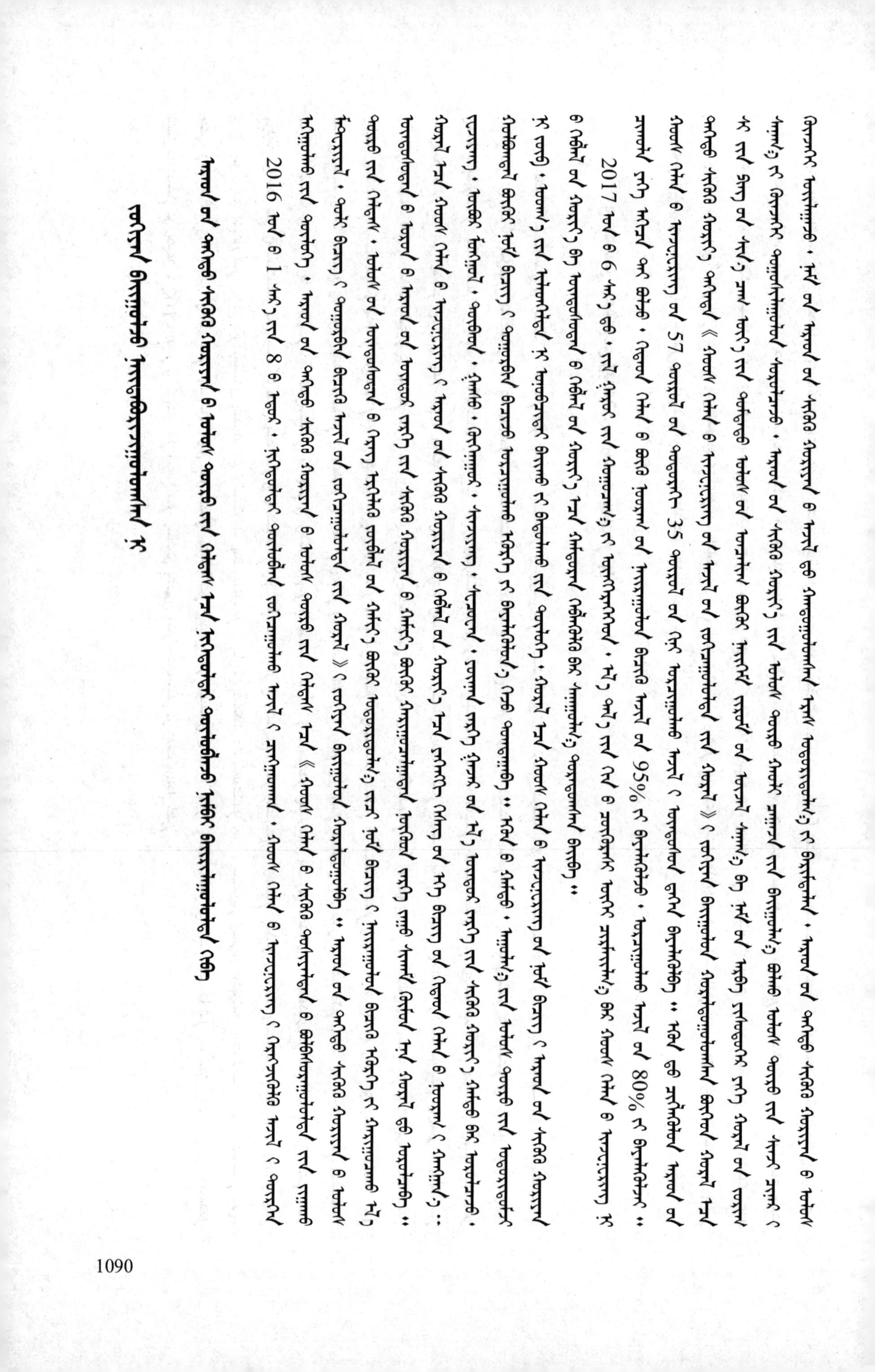

[illegible]

[illegible]

2016 [illegible] 1 [illegible] 8 [illegible]

2017 [illegible] 6 [illegible] 95% [illegible] 80% [illegible] 57 [illegible] 35 [illegible]

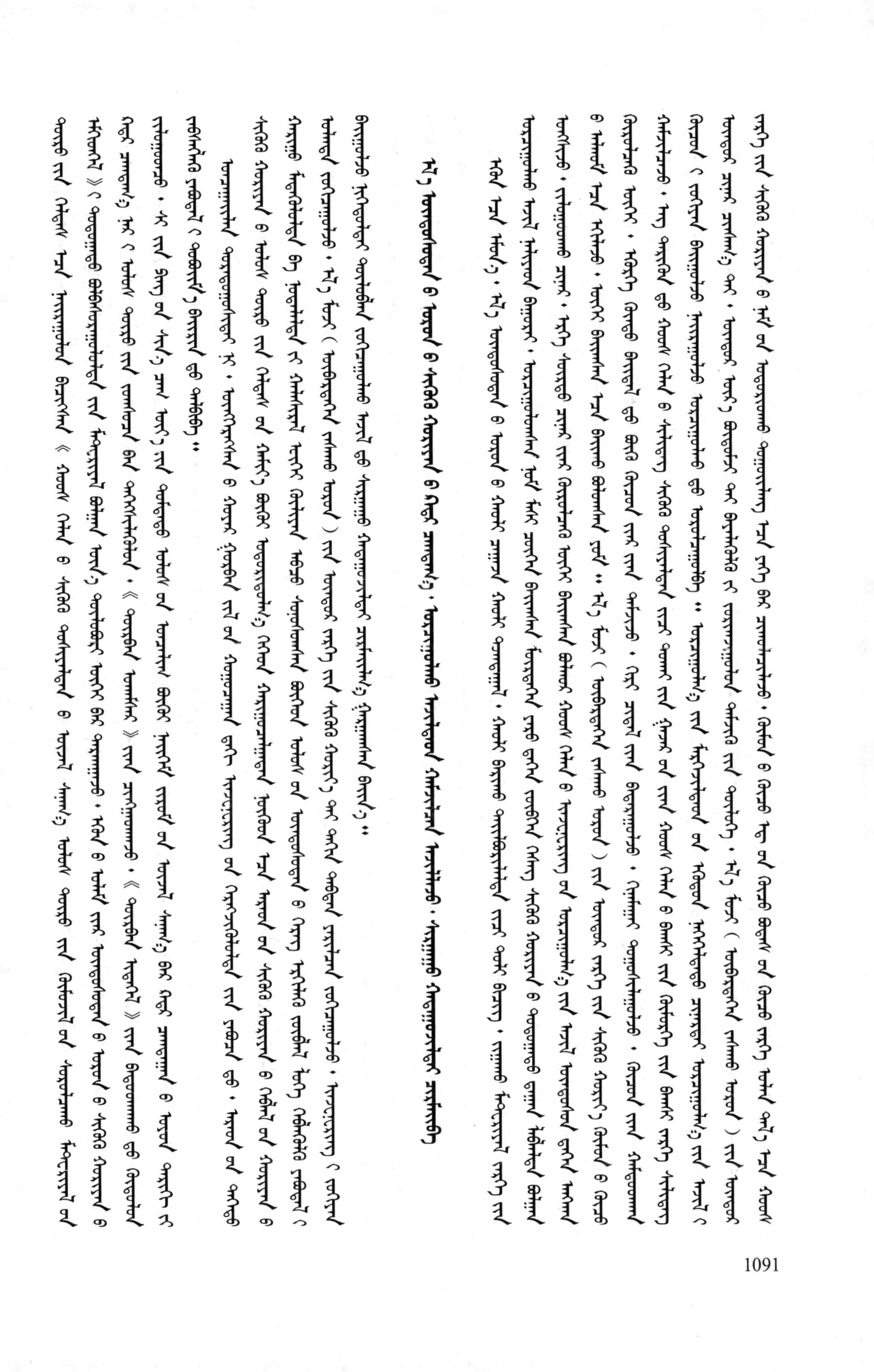

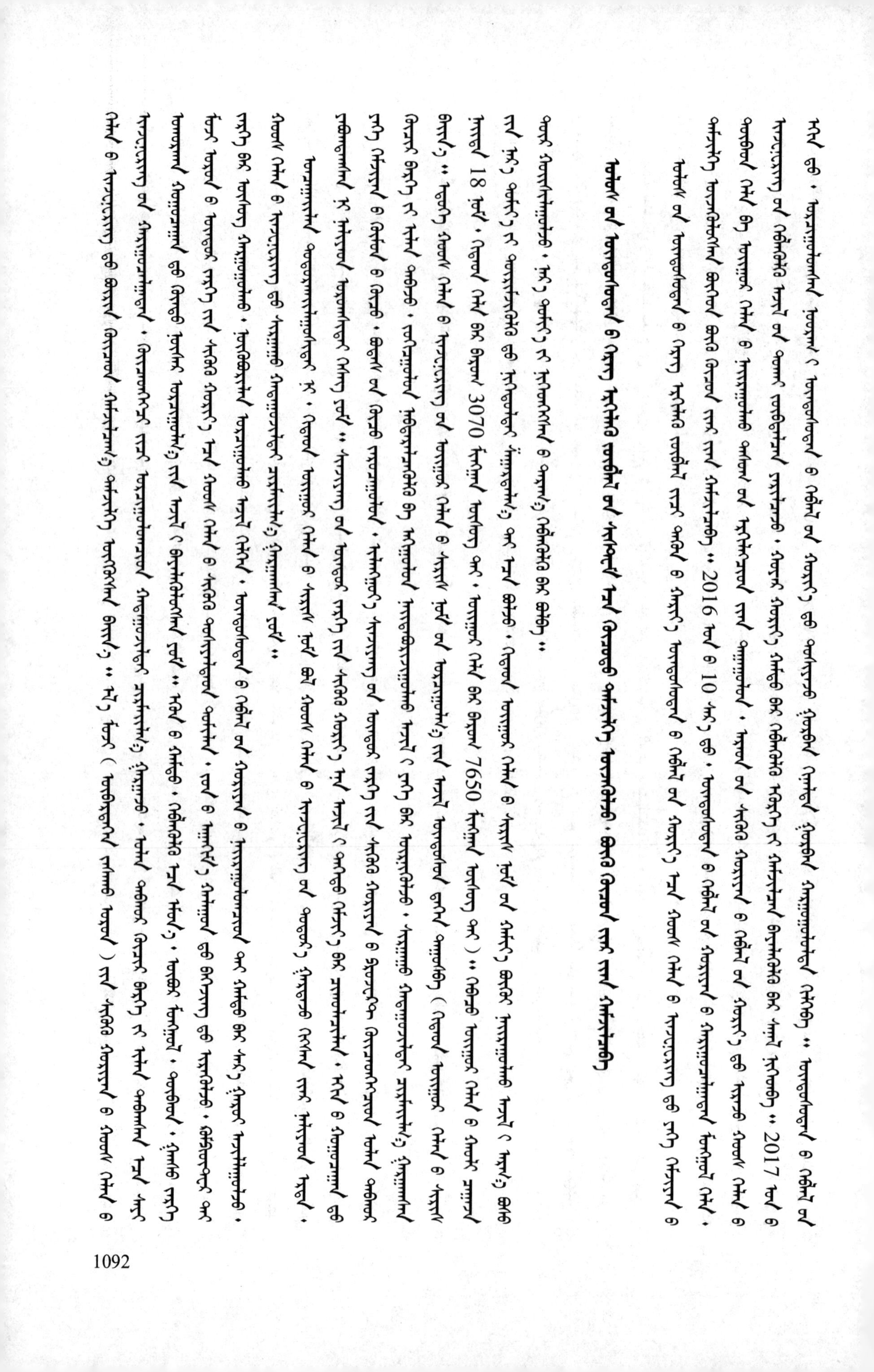

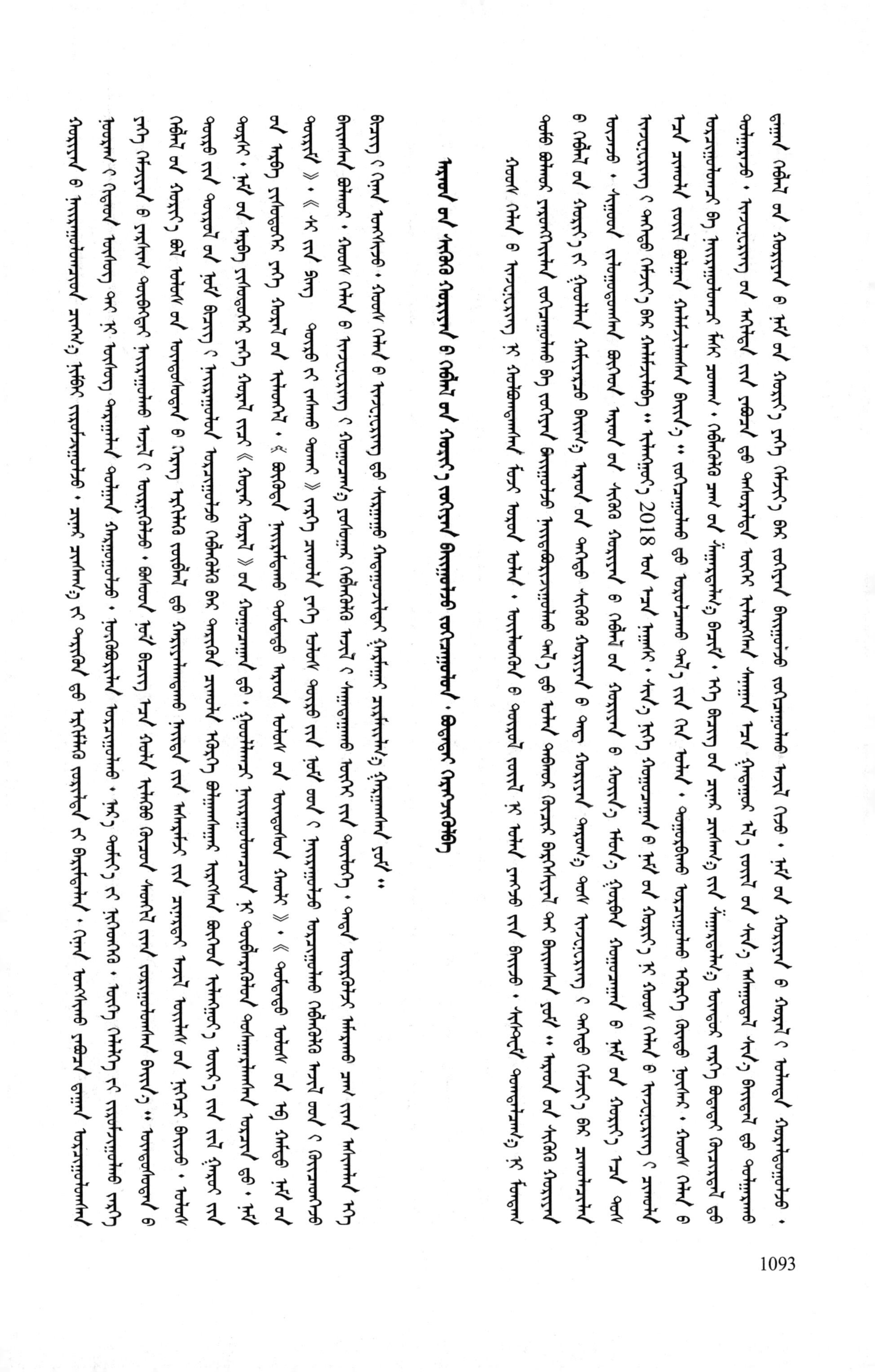

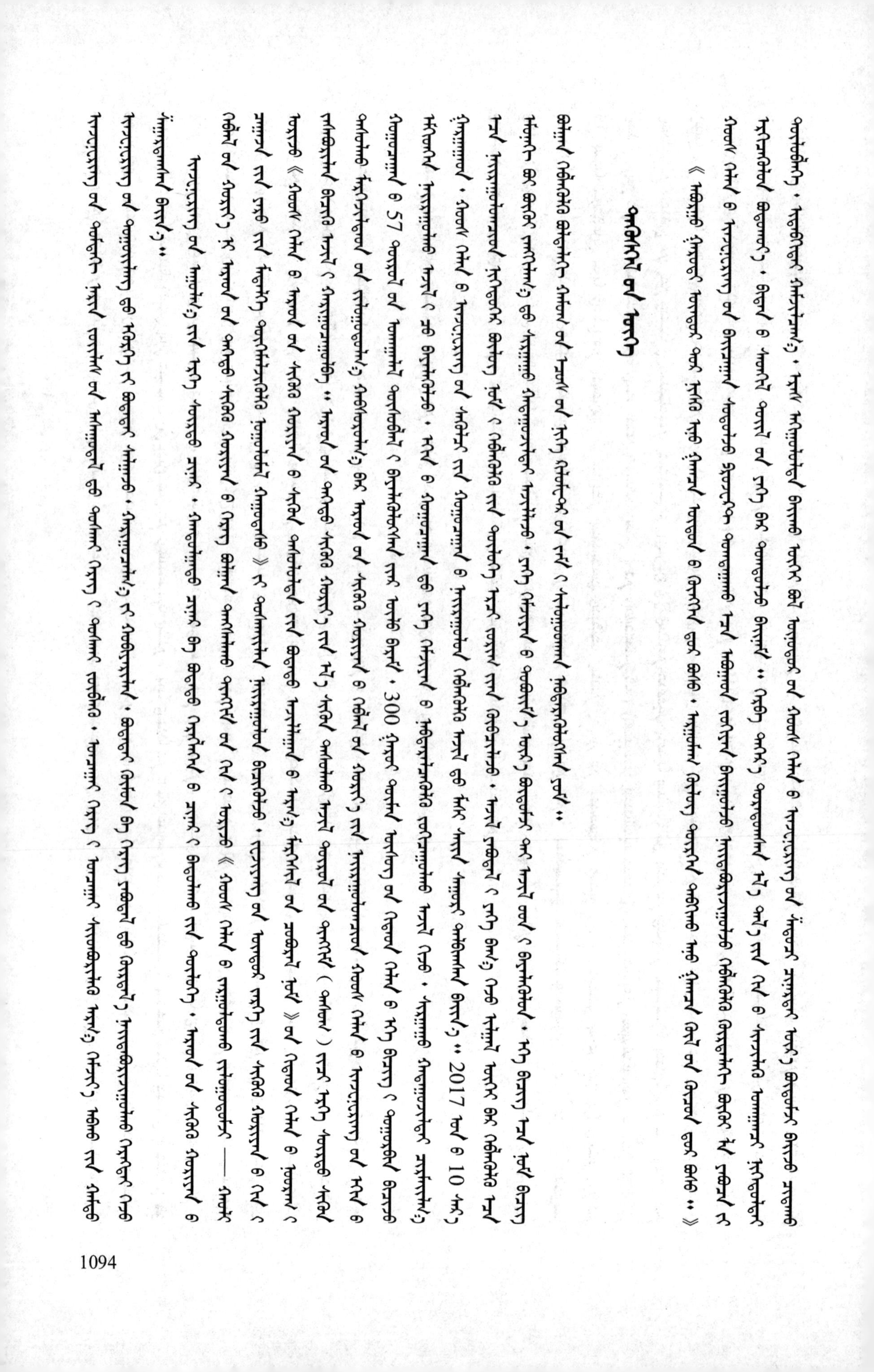

[illegible] :: 《[illegible]》 ::

[illegible]

[illegible] ::

[illegible] :: 2017 [illegible] 10 [illegible] 300 [illegible] 57 [illegible] :: [illegible] ([illegible]) [illegible] :: [illegible] 《[illegible]》 [illegible] 《[illegible]》 [illegible] 《[illegible]》 [illegible] —— [illegible] 《[illegible]》 [illegible]

[illegible] ::

[illegible]

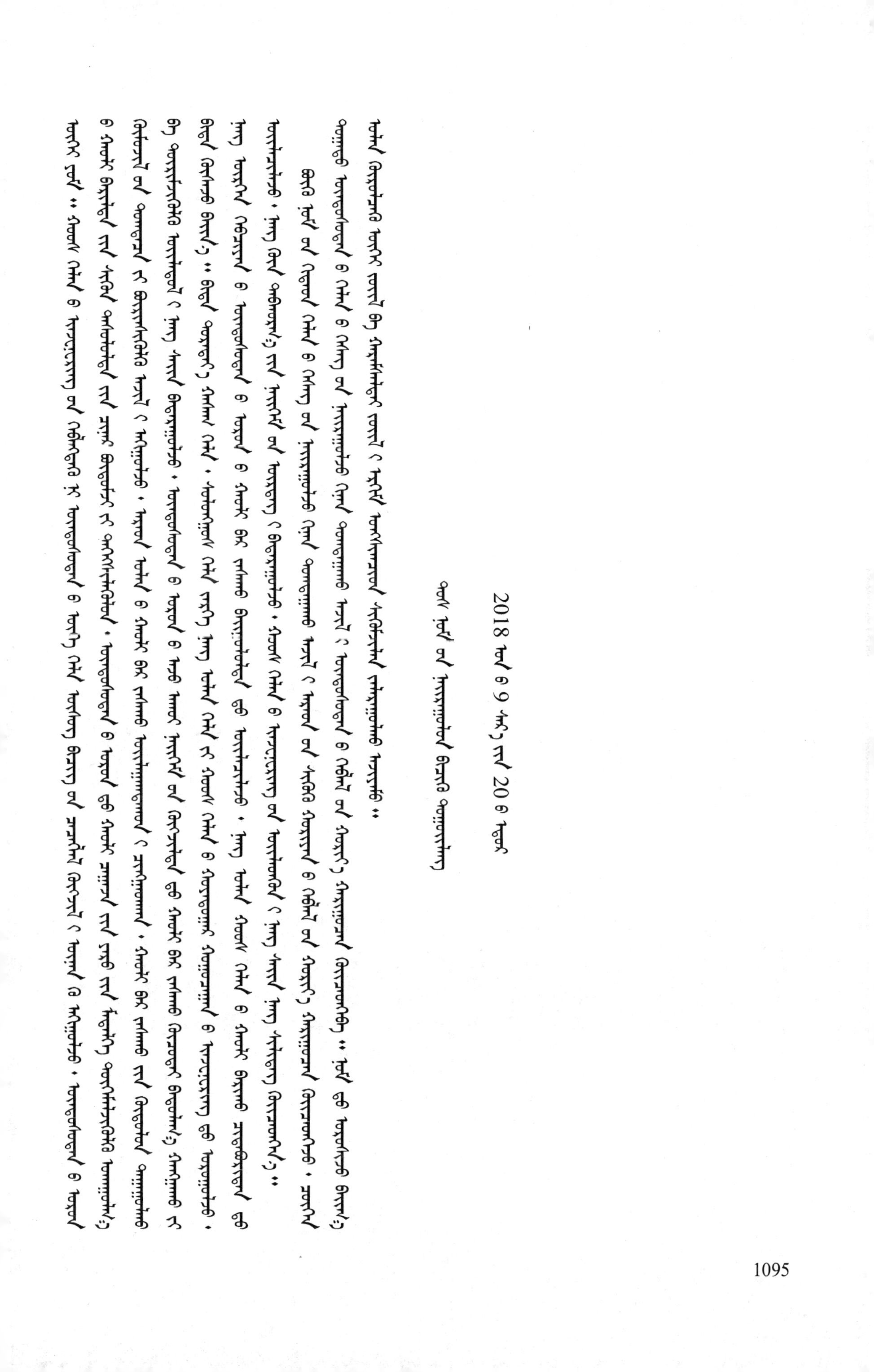